Emmerich/Sonnenschein
Miete

Sammlung Guttentag

# Miete

## Handkommentar

**§§ 535 bis 580a des Bürgerlichen Gesetzbuches**
**2. Wohnraumkündigungsschutzgesetz**
**Gesetz zur dauerhaften sozialen Verbesserung der Wohnungssituation im Land Berlin**

**von**
**Volker Emmerich und Jürgen Sonnenschein**
**5., neubearbeitete Auflage**

1989
Walter de Gruyter · Berlin · New York

Die 1. bis 3. Auflage erschien im J. Schweitzer Verlag, München

Dr. VOLKER EMMERICH, o. Professor an der Universität Bayreuth,
Richter am OLG Nürnberg
Dr. JÜRGEN SONNENSCHEIN, o. Professor an der Universität Kiel

**Aufteilung der Bearbeitung**

| | |
|---|---|
| §§ 535–555 | VOLKER EMMERICH |
| §§ 556–557a | JÜRGEN SONNENSCHEIN |
| §§ 558–563 | VOLKER EMMERICH |
| §§ 564–565e | JÜRGEN SONNENSCHEIN |
| §§ 566–568 | VOLKER EMMERICH |
| §§ 569–569b | JÜRGEN SONNENSCHEIN |
| §§ 570–580a | VOLKER EMMERICH |
| Art 1 2. WKSchG | JÜRGEN SONNENSCHEIN |
| Art 3 2. WKSchG §§ 1–3 MHRG | VOLKER EMMERICH |
| Art 3 2. WKSchG §§ 4–10 MHRG, Art 4–8 2. WKSchG | JÜRGEN SONNENSCHEIN |
| GVW | VOLKER EMMERICH |

**Zitiervorschlag:** z. B. EMMERICH-SONNENSCHEIN, Miete, §§ 535, 536 Rz 1

**Stand der Bearbeitung**

1. Juli 1989

*CIP-Titelaufnahme der Deutschen Bibliothek*

**Emmerich, Volker:**
Miete : Handkommentar ; §§ 535–580a d. Bürgerlichen Gesetzbuches ; 2. Wohnraumkündigungsschutzgesetz ; Gesetz zur dauerhaften sozialen Verbesserung der Wohnungssituation im Land Berlin / von Volker Emmerich u. Jürgen Sonnenschein. – 5., neubearb. Aufl. – Berlin ; New York : de Gruyter, 1989
(Sammlung Guttentag)
ISBN 3-11-012263-4
NE: Sonnenschein, Jürgen:



Gedruckt auf säurefreiem Papier.



Satz und Druck: Wagner GmbH, Nördlingen.
Buchbinderische Verarbeitung: Lüderitz & Bauer GmbH, Berlin.

# Vorwort zur fünften Auflage

Nachdem die vierte Auflage ein unveränderter Nachruck der dritten Auflage von 1986 gewesen war, ergänzt um eine Kommentierung des Berliner GVW, bringt die fünfte Auflage den Kommentar nunmehr auf den neuesten Stand. Die gesamte in der Zwischenzeit veröffentlichte Literatur und Rechtsprechung ist zu diesem Zweck umfassend ausgewertet worden. Verschiedene Abschnitte, etwa die Kommentierung des Leasings, sind ganz neu geschrieben worden. Wir hoffen, daß der Kommentar daher jetzt wieder seinem Zweck, als zuverlässiger Leitfaden für die Mietrechtspraxis zu dienen, vollauf gerecht werden kann.

Bayreuth und Kiel, im Juni 1989

VOLKER EMMERICH, JÜRGEN SONNENSCHEIN

# Vorwort zur ersten Auflage

Der vorliegende, in erster Linie für die Praxis bestimmte Handkommentar enthält die Erläuterung der §§ 535 bis 580a BGB sowie des 2. Wohnraumkündigungsschutzgesetzes und damit eine Gesamtdarstellung des geltenden Mietprivatrechts. Der Inhalt des Buches deckt sich mithin auf den ersten Blick mit dem unseres „großen“ Kommentars zum Mietrecht, der 1981 in zweiter Auflage vorgelegt wurde. Wenn wir uns gleichwohl entschlossen haben, zusätzlich einen mittleren Kommentar zum Mietrecht vorzulegen, so vor allem aus folgenden Gründen: Ein Großkommentar kann aus in der Sache liegenden Gründen immer nur in einem mehrjährigen Rhythmus erscheinen. Er gerät daher unvermeidlich stets in die Gefahr, zumindest in einzelnen Beziehungen zu veralten. Diese Gefahr besteht in besonderem Maße im Mietrecht, das in der letzten Zeit einen Schwerpunkt des gesetzgeberischen, vor allem politisch motivierten Interesses gebildet hat. Ein Beispiel ist das Mietrechtsänderungsgesetz vom Dezember 1982, das zu einem Hauptstreitpunkt im Bundestagswahlkampf von 1983 wurde. Hinzu kommt die schnelle Entwicklung der Praxis, gefördert vor allem durch die unaufhörlich wachsende Zahl von Rechtsentscheiden.

Wir sind daher der Meinung, daß neben dem Großkommentar zum Mietrecht für die Praxis unverkennbar ein Bedürfnis für einen mittleren Handkommentar besteht, der in möglichst rascher Folge erscheint, um immer auf dem neuesten Stand zu sein. Diesem Zweck dient das vorliegende Werk. Entsprechend der angedeuteten Zielsetzung steht dabei die umfassende Auswertung der höchstrichterlichen Rechtsprechung im Mittelpunkt der Darstellung. Vor allem die Rechtsentscheide sind lückenlos ausgewertet worden. Wir haben darüber aber unser Ziel, eine systematische Darstellung des Mietrechts im Rahmen des gesamten deutschen Privatrechts zu geben und unnötigen Sonderentwicklungen vorzubeugen, nicht aus dem Auge verloren. Es ist und bleibt unsere Hoffnung und unser Ziel, das Mietrecht wieder so weit wie möglich in das allgemeine Privatrecht und damit auch in die Marktwirtschaft einzuordnen.

Bayreuth und Kiel, im Sommer 1983

VOLKER EMMERICH, JÜRGEN SONNENSCHEIN

# Inhalt

# Allgemeine Literatur zum Mietrecht

| | |
|---|---|
| Barthelmess . . . . . . . . | Kommentar zum 2. Wohnraumkündigungsschutzgesetz und zum Miethöhegesetz (3. Aufl 1984) |
| Beuermann . . . . . . . . . | Miete und Mieterhöhung bei preisfreiem Wohnraum (1988) |
| Bub-Graf v. Westphalen . . | Das AGB-Gesetz und seine Auswirkungen auf das Mietvertragsrecht, insbesondere auf Formularverträge (1979) |
| Emmerich . . . . . . . . . . | Das Recht der Leistungsstörungen (2. Aufl 1986) |
| Emmerich-Sonnenschein . . | Mietrecht (2. Aufl 1981; zitiert: Mietrecht) |
| Enneccerus-Lehmann . . . | Schuldrecht (15. Bearbeitung 1958) |
| Erman . . . . . . . . . . . | Handkommentar zum Bürgerlichen Gesetzbuch (7. Aufl 1981) |
| Esser-E Schmidt . . . . . . | Schuldrecht, Allgemeiner Teil (6. Aufl 1984) |
| Esser-Weyers . . . . . . . . | Schuldrecht, Besonderer Teil (6. Aufl 1984) |
| Derleder . . . . . . . . . . | Alternativkommentar zum BGB, §§ 535 ff (1979) |
| Fischer-Dieskau/ Pergande/Schwender . . . | Wohnungsbaurecht (Stand 1989) |
| Gitter . . . . . . . . . . . . | Gebrauchsüberlassungsverträge (1988) |
| Gutekunst-Forster . . . . . | Modernisierungs- und Energieeinsparungsgesetz (1979) |
| Hans . . . . . . . . . . . . | Das neue Mietrecht in den weißen Kreisen (1965 ff) |
| Heck . . . . . . . . . . . . | Grundriß des Schuldrechts (1929/1958) |
| Herpers . . . . . . . . . . . | Wohnraummietrecht (1980) |
| Hoppmann . . . . . . . . . . | Miete und Recht (1983) |
| Jauernig ua . . . . . . . . . | Bürgerliches Gesetzbuch (4. Aufl 1987) |
| Kiefersauer-Glaser . . . . | Grundstücksmiete (11. Aufl 1965) |
| Köhler . . . . . . . . . . . | Handbuch der Wohnraummiete (3. Aufl 1988) |
| Larenz . . . . . . . . . . . | Lehrbuch des Schuldrechts I (14. Aufl 1987), II/1 (13. Aufl 1986) |
| Leonhard . . . . . . . . . . | Besonderes Schuldrecht des BGB (1931) |
| Löning . . . . . . . . . . . | Die Grundstücksmiete als dingliches Recht (1930) |
| Mietrecht . . . . . . . . . . | s Emmerich-Sonnenschein |
| Mittelstein . . . . . . . . . | Die Miete nach dem Rechte des deutschen Reiches (4. Aufl 1932) |
| MünchKomm-Voelskow . . | BGB, §§ 535 ff (2. Aufl. 1988) |
| Niendorff . . . . . . . . . . | Mietrecht nach dem BGB (10. Aufl 1914) |
| Palandt . . . . . . . . . . . | Bürgerliches Gesetzbuch (48. Aufl 1989) |
| Pergande . . . . . . . . . . | Wohnraummietrecht (1968) |
| PiG 10 . . . . . . . . . . . | Grundsätze des Wohnraummietverhältnisses (1983) |
| PiG 13 . . . . . . . . . . . | Der Mietzins für Wohnraum unter besonderer Berücksichtigung des neuen Mietrechts (1983) |
| PiG 16 . . . . . . . . . . . | Erhaltung des Wohnungsbestandes durch Instandhaltung, Instandsetzung und bauliche Änderung (1984) |
| PiG 20 . . . . . . . . . . . | Gestaltung von Mietverträgen (1985) |
| PiG 23 . . . . . . . . . . . | Mietnebenkosten (1986) |
| PiG 26 . . . . . . . . . . . | Beendigung des Mietverhältnisses (1987) |
| PiG 28 . . . . . . . . . . . | Verwendung und Verwaltung der Mieterleistungen durch den Vermieter (1988) |
| BGB-RGRK-Gelhaar . . . | BGB, §§ 535 ff (12. Aufl 1977) |

ROQUETTE . . . . . . . . . . Das Mietrecht des BGB (1966)
SCHADE-SCHUBART-WIENICKE Wohn- und Mietrecht (1989)
SCHMIDT-FUTTERER/BLANK . . Wohnraumschutzgesetze (6. Aufl 1988)
SOERGEL-KUMMER . . . . . . BGB, §§ 535 ff (11. Aufl 1980)
SONNENSCHEIN . . . . . . . . Die Bereinigung des Mietrechts im BGB (1985)
STERNEL . . . . . . . . . . . Mietrecht (3. Aufl 1988)
THIELER-FRANTZIOCH-UETZMANN . . . . . . . . . . Rechtsentscheide Mietrecht (1982 ff)
GRAF V. WESTPHALEN . . . . Der Leasingvertrag (3. Aufl 1987)
WEIMAR . . . . . . . . . . . Die Sachmängelhaftung im Mietrecht (1957)
WOLF-ECKERT . . . . . . . . Handbuch des gewerblichen Miet-, Pacht- und Leasingrechts (5. Aufl 1987)
WOLTER . . . . . . . . . . . Mietrechtlicher Bestandsschutz. Historische Entwicklung seit 1800 und geltendes Wohnraum-Kündigungsschutzrecht (1984)

# Abkürzungsverzeichnis

A

| | |
|---|---|
| aaO | am angegebenen Ort |
| AbbauG | Gesetz über den Abbau der Wohnungszwangswirtschaft und über ein soziales Miet- und Wohnrecht vom 23. 6. 1960 (BGBl I 389, BGBl III 4 Nr 402–24) |
| abl | ablehnend |
| ABl | Amtsblatt |
| ABlMR AmZ | Amtsblatt der Militärregierung Deutschland, Amerikanisches Kontrollgebiet (zitiert nach Ausgabe und Seite) |
| ABlMR BrZ | Amtsblatt der Militärregierung Deutschland, Britisches Kontrollgebiet (zitiert nach Nr und Seite) |
| Abs | Absatz |
| Abschn | Abschnitt |
| abw | abweichend |
| AcP | Archiv für die civilistische Praxis (zitiert nach Band und Seite) |
| aE | am Ende |
| Änd | Änderung |
| ÄndG | Änderungsgesetz (zum jeweils datierten Regelungskomplex) |
| aF | alte Fassung |
| AG | Amtsgericht (zitiert mit jeweiligem Ortsnamen); in Verbindung mit einer Gesetzesabkürzung auch Ausführungsgesetz (zB AGBGB) |
| AGB | Allgemeine Geschäftsbedingungen |
| AGBG | Gesetz zur Regelung des Rechts der Allgemeinen Geschäftsbedingungen vom 9. 12. 1976 (BGBl I 3317) |
| allgM | allgemeine Meinung |
| ALR | Allgemeines Landrecht für die preußischen Staaten von 1794 |
| Alt | Alternative |
| aM | anderer Meinung |
| AMVO | Altbaumietenverordnung vom 23. 7. 1958 (BGBl I 549, BGBl III 4 Nr 402–21) |
| Anh | Anhang |
| Anl | Anlage |
| Anm | Anmerkung |
| AnwBl | Anwaltsblatt, Nachrichten für die Mitglieder des Deutschen Anwaltvereins (zitiert nach Jahr und Seite) |
| ArchBürgR | Archiv für Bürgerliches Recht (zitiert nach Band und Seite) |
| Art | Artikel |
| AT | Allgemeiner Teil |
| Aufl | Auflage |
| AVB FernwärmeV | Verordnung über Allgemeine Bedingungen für die Versorgung mit Fernwärme vom 20. 6. 1980 (BGBl I 742) |

| | |
|---|---|
| AVB WasserV | Verordnung über Allgemeine Bedingungen für die Versorgung mit Wasser vom 20. 6. 1980 (BGBl I 750) |
| Az | Aktenzeichen |

B

| | |
|---|---|
| BAG | Bundesarbeitsgericht |
| BAGE | Entscheidungen des Bundesarbeitsgerichts (zitiert nach Band und Seite) |
| BAnz | Bundesanzeiger |
| BauGB | Baugesetzbuch vom 8. 12. 1986 (BGBl I 2253) |
| Bay | Bayern |
| BayNotZ | Mitteilungen des Bayerischen Notarvereins (Bayerische Notarzeitschrift, zitiert nach Jahr und Seite) |
| BayObLG | Bayerisches Oberstes Landesgericht |
| BayObLGZ | Sammlung von Entscheidungen des Bayerischen Obersten Landesgerichts in Zivilsachen (zitiert nach Band und Seite; ab 1948/50 zitiert nach Jahr und Seite) |
| BayVBl | Bayerische Verwaltungsblätter (zitiert nach Jahr und Seite) |
| BB | Betriebs-Berater (zitiert nach Jahr und Seite) |
| BBauBl | Bundesbaublatt (zitiert nach Jahr und Seite) |
| Bd | Band |
| bearb | bearbeitet |
| Bearb | Bearbeitung |
| Begr | Begründung |
| Beil | Beilage |
| Bekl | Beklagte(r) |
| Bem | Bemerkungen |
| ber | berichtigt |
| betr | betreffend |
| Betrieb | Der Betrieb (zitiert nach Jahr und Seite) |
| BetrVerfG | Betriebsverfassungsgesetz idF vom 23. 12. 1988 (BGBl I 1989, 1) |
| BeurkG | Beurkundungsgesetz vom 28. 8. 1969 (BGBl I 1513) |
| BFH | Bundesfinanzhof |
| BFHE | Sammlung der Entscheidungen (und Gutachten) des Bundesfinanzhofs (zitiert nach Band und Seite) |
| BGB | Bürgerliches Gesetzbuch vom 18. 8. 1896 (RGBl 195, BGBl III Nr 400–2) |
| BGBl I; II; III | Bundesgesetzblatt Teil I; II; III |
| BGH | Bundesgerichtshof |
| BGHSt | Entscheidungen des Bundesgerichtshofes in Strafsachen (zitiert nach Band und Seite) |
| BGH WarnR | Warneyer, Die Rechtsprechung des Bundesgerichtshofs in Zivilsachen (zitiert nach Jahr und Nr) |
| BGHZ | Entscheidungen des Bundesgerichtshofes in Zivilsachen (zitiert nach Band und Seite) |
| BJagdG | Bundesjagdgesetz idF vom 29. 9. 1976 (BGBl I 2849) |
| BlGBW | Blätter für Grundstücks-, Bau- und Wohnungsrecht (zitiert nach Jahr und Seite) |

| | |
|---|---|
| BM . . . . . . . . . . . . . | Bundesminister, Bundesministerium (mit Kürzel für das jeweilige Ressort) |
| BMietG (jeweils mit entsprechender Ordnungsziffer) . . | Gesetz über Maßnahmen auf dem Gebiete des Mietpreisrechtes (Bundesmietengesetz): BMietG I vom 27. 7. 1955 (BGBl I 458, BGBl III 4 Nr 402–19); BMietG II vom 23. 6. 1960 (BGBl I 389, BGBl III 4 Nr 402–24); BMietG III vom 24. 8. 1965 (BGBl I 969, 971); BMietG IV vom 11. 12. 1967 (BGBl I 1251); BMietG V vom 20. 12. 1968 (BGBl I 1411); BMietG VI vom 19. 12. 1969 (BGBl I 2358); BMietG VII vom 18. 6. 1970 (BGBl I 786); BMietG VIII vom 30. 10. 1972 (BGBl I 2052); BMietG IX vom 30. 10. 1972 (BGBl I 2054); BMietG X vom 17. 11. 1975 (BGBl I 2868); BMietG XI vom 24. 7. 1979 (BGBl I 1202); BMietG XII vom 3. 8. 1982 (BGBl I 1106) |
| BNotO . . . . . . . . . . . | Bundesnotarordnung vom 24. 2. 1961 (BGBl I 98, BGBl III 3 Nr 303–1) |
| BR . . . . . . . . . . . . . | Bundesrat |
| BR-Drucks . . . . . . . . . | Bundesrats-Drucksache |
| BReg . . . . . . . . . . . . | Bundesregierung |
| BStBl I; II; III . . . . . . . . | Bundessteuerblatt Teil I; II; III |
| BT . . . . . . . . . . . . . | Besonderer Teil; Bundestag |
| BT-Drucks . . . . . . . . . | Bundestags-Drucksache |
| BVerfG . . . . . . . . . . . | Bundesverfassungsgericht |
| BVerfGE . . . . . . . . . . | Entscheidungen des Bundesverfassungsgerichts (zitiert nach Band und Seite) |
| BVerwG . . . . . . . . . . . | Bundesverwaltungsgericht |
| BVerwGE . . . . . . . . . . | Entscheidungen des Bundesverwaltungsgerichts (zitiert nach Band und Seite) |
| II. BVO . . . . . . . . . . . | Verordnung über wohnungswirtschaftliche Berechnungen (Zweite Berechnungsverordnung) idF vom 5. 4. 1984 (BGBl I 553) |
| BW . . . . . . . . . . . . . | Baden-Württemberg |
| bzw . . . . . . . . . . . . . | beziehungsweise |
| **C** | |
| ca . . . . . . . . . . . . . . | circa |
| cic . . . . . . . . . . . . . | culpa in contrahendo |
| CR . . . . . . . . . . . . . | Computer und Recht |
| **D** | |
| DEMV . . . . . . . . . . . | Deutscher Einheitsmietvertrag in der Bekanntmachung vom 7. 3. 1934 (DJ 1934, 304) |
| Denkschr . . . . . . . . . . | Denkschrift; auch Denkschrift zum Entwurf eines Bürgerlichen Gesetzbuchs nebst Anlagen I bis III (Stenographische Berichte über die Verhandlungen des Reichtages, 9. Legislaturperiode – IV. Session 1895/97, Erster Anlagenband, RT-Drucks zu Nr 87; zitiert nach Seite) |
| ders . . . . . . . . . . . . . | derselbe |
| dgl . . . . . . . . . . . . . | desgleichen; dergleichen |

DGVZ . . . . . . . . . . . . Deutsche Gerichtsvollzieher-Zeitung (zitiert nach Jahr und Seite)
dh . . . . . . . . . . . . . . das heißt
dies . . . . . . . . . . . . . dieselbe(n)
Diss . . . . . . . . . . . . . Dissertation
DJ . . . . . . . . . . . . . . Deutsche Justiz (zitiert nach Jahr und Seite)
DJT . . . . . . . . . . . . . Deutscher Juristentag
DJZ . . . . . . . . . . . . . Deutsche Juristenzeitung (zitiert nach Jahr und Spalte)
DNotZ . . . . . . . . . . . Deutsche Notarzeitschrift (früher Zeitschrift des Deutschen Notarvereins; zitiert nach Band und Seite)
DÖV . . . . . . . . . . . . Die Öffentliche Verwaltung (zitiert nach Jahr und Seite)
DR . . . . . . . . . . . . . . Deutsches Recht (zitiert nach Jahr und Seite)
DRiZ . . . . . . . . . . . . Deutsche Richterzeitung (ab 1950 vereinigt mit Justiz und Verwaltung; zitiert nach Jahr und Seite)
DRpflZ . . . . . . . . . . Deutsche Rechtspfleger Zeitschrift (zitiert nach Jahr und Seite)
DRZ . . . . . . . . . . . . Deutsche Rechtszeitschrift (zitiert nach Jahr und Seite)
dt . . . . . . . . . . . . . . deutsch(e, er)
DVBl . . . . . . . . . . . . Deutsches Verwaltungsblatt (zitiert nach Jahr und Seite)
DVO . . . . . . . . . . . . Durchführungsverordnung (zum jeweiligen Regelungskomplex, abgekürzt zitiert)
DWohnA . . . . . . . . . . Deutsches Wohnungsarchiv (zitiert nach Jahr und Seite)
DWW . . . . . . . . . . . . Deutsche Wohnungswirtschaft. Organ des Zentralverbandes der Deutschen Haus-, Wohnungs- und Grundeigentümer (zitiert nach Jahr und Seite)

E
E I; II; III . . . . . . . . . . Entwürfe zum BGB (zitiert mit dem jeweiligen Paragraphen)
EG . . . . . . . . . . . . . Einführungsgesetz (zu einem unter seiner Abkürzung anschließend zitierten Gesetz, zB EGBGB)
EGBGB . . . . . . . . . . Einführungsgesetz zum Bürgerlichen Gesetzbuch vom 18. 8. 1896 (RGBl 604, BGBl III 4 Nr 400-1)
EheG . . . . . . . . . . . . Ehegesetz vom 20. 2. 1946 (KRABl 77, BGBl III 4 Nr 404–1)
Einf . . . . . . . . . . . . . Einführung
Einl . . . . . . . . . . . . . Einleitung
einschr . . . . . . . . . . . einschränkend
EMV . . . . . . . . . . . . Einheitsmietvertrag für Baugeräte in der Bekanntmachung vom 6. 6. 1940 (RAnz Nr 132)
EMW . . . . . . . . . . . . s Glaser
entspr . . . . . . . . . . . . entsprechend
Entw . . . . . . . . . . . . Entwurf
EnWiG . . . . . . . . . . . Gesetz zur Förderung der Energiewirtschaft (Energiewirtschaftsgesetz) vom 13. 12. 1935 (RGBl I 1451)
ErbbVO . . . . . . . . . . Verordnung über das Erbbaurecht (Erbbaurechtsverordnung) vom 15. 1. 1919 (RGBl 72, BGBl III 4 Nr 403–6)
Erl . . . . . . . . . . . . . . Erlaß, Erläuterungen
ES . . . . . . . . . . . . . . Entscheidungssammlung
EStG . . . . . . . . . . . . Einkommensteuergesetz idF vom 27. 2. 1987 (BGBl I 657)
eV . . . . . . . . . . . . . . eingetragener Verein

F

f, ff . . . . . . . . . . . . . . . folgend(e)

FamRZ . . . . . . . . . . . . Zeitschrift für das gesamte Familienrecht. Ehe und Familie im privaten und öffentlichen Recht (zitiert nach Jahr und Seite)

FAZ . . . . . . . . . . . . . . Frankfurter Allgemeine Zeitung für Deutschland (zitiert nach Datum und Seite)

Fn . . . . . . . . . . . . . . . Fußnote

FS . . . . . . . . . . . . . . . Festschrift

FWW . . . . . . . . . . . . . Die freie Wohnungswirtschaft. Zeitschrift des Bundesverbandes freier Wohnungsunternehmen eV (zitiert nach Jahr und Seite)

G

G . . . . . . . . . . . . . . . Gesetz

GBA . . . . . . . . . . . . . Grundbuchamt

GBl . . . . . . . . . . . . . . Gesetzblatt

GBO . . . . . . . . . . . . . Grundbuchordnung idF vom 5. 8. 1935 (RGBl I 1073, BGBl III 3 Nr 315–11)

GE . . . . . . . . . . . . . . s GrundE

gem . . . . . . . . . . . . . . gemäß; gemeinsam

GemWW . . . . . . . . . . Gemeinnütziges Wohnungswesen. Organ des Gesamtverbandes Gemeinnütziger Wohnungsunternehmen (vor 1950 Gemeinnützige Wohnungswirtschaft; zitiert nach Jahr und Seite)

GG . . . . . . . . . . . . . . Grundgesetz für die Bundesrepublik Deutschland vom 23. 5. 1949 (BGBl 1, BGBl III 1 Nr 100–1)

ggf . . . . . . . . . . . . . . gegebenenfalls

Glaser . . . . . . . . . . . . Entscheidungssammlung für das gesamte Miet- und Wohnungsrecht, hrsg von Glaser (zitiert nach Sachgruppe und Seite)

GRMG . . . . . . . . . . . . Gesetz zur Regelung der Miet- und Pachtverhältnisse über Geschäftsräume und gewerblich genutzte unbebaute Grundstücke (Geschäftsraummietengesetz) vom 25. 6. 1952 (BGBl I 338, BGBl III 4 Nr 402–18)

Gruchot . . . . . . . . . . . Beiträge zur Erläuterung des Deutschen Rechts, begründet von Gruchot (zitiert nach Band und Seite)

GrundE . . . . . . . . . . . Das Grundeigentum. Zeitschrift für die gesamte Grundstücks-, Haus- und Wohnungswirtschaft. Organ des Verbandes der Berliner Haus- und Grundbesitzervereine eV (zitiert nach Jahr und Seite)

GS . . . . . . . . . . . . . . . Großer Senat (kennzeichnet im Anschluß an das Kürzel für das Reichsgericht oder ein Bundesgericht seine Urheberschaft für die Entscheidung); auch Gesetzsammlung

GVBl . . . . . . . . . . . . . Gesetz- und Verordnungsblatt (mit Kürzel des jeweiligen [Bundes-]Staates)

GVW . . . . . . . . . . . . . Gesetz zur dauerhaften sozialen Verbesserung der Wohnungssituation im Land Berlin vom 14. 7. 1987 (BGBl I 1625)

GWB . . . . . . . . . . . . . Gesetz gegen Wettbewerbsbeschränkungen idF vom 24. 9. 1980 (BGBl I 1761)

| | |
|---|---|
| GWW | s GemWW |

H

| | |
|---|---|
| H | Heft |
| HansGZ | Hanseatische Gerichtszeitung (zitiert nach Jahr und Seite) |
| HansOLG | Hanseatisches Oberlandesgericht |
| HansRGZ | Hanseatische Rechts- und Gerichts-Zeitschrift (zitiert nach Jahr, Abteilung und Spalte) |
| HausratVO | Verordnung über die Behandlung der Ehewohnung und des Hausrats (Sechste Durchführungsverordnung zum Ehegesetz) vom 21. 10. 1944 (RGBl I 256); Überschrift geändert durch 1. EheRG vom 14. 7. 1976 (BGBl I 1421) |
| HaustürWG | Gesetz über den Widerruf von Haustürgeschäften und ähnlichen Geschäften vom 16. 1. 1986 (BGBl I 122) |
| HeimG | Gesetz über Altenheime, Altenwohnheime und Pflegeheime für Volljährige (Heimgesetz) vom 7. 8. 1974 (BGBl I 1873) |
| HeizkostenVO | Verordnung über die verbrauchsabhängige Abrechnung der Heiz- und Warmwasserkosten (Verordnung über Heizkostenabrechnung) idF vom 20. 1. 1989 (BGBl I 115) |
| HEZ | Höchstrichterliche Entscheidungen. Sammlung von Entscheidungen der Oberlandesgerichte und der obersten Gerichte in Zivilsachen (zitiert nach Band und Seite) |
| HGA | Hypothekengewinnabgabe |
| HGB | Handelsgesetzbuch vom 10. 5. 1897 (RGBl 219, BGBl III 4 Nr 4100–1) |
| hL | herrschende Lehre |
| hM | herrschende Meinung |
| HMR | Handbuch des gesamten Miet- und Raumrechts, hrsg von FISCHER (zitiert nach Stichwort und Blatt, Rechtsprechungsbeilage nach Jahr und Nr) |
| HöfeO | Höfeordnung idF vom 26. 7. 1976 (BGBl I 1933) |
| HRR | Höchstrichterliche Rechtsprechung (zitiert nach Jahr und Nr) |
| hrsg | herausgegeben |
| Hrsg | Herausgeber |
| HS | Halbsatz |
| HuW | Haus und Wohnung (zitiert nach Jahr und Seite) |

I

| | |
|---|---|
| idF | in der Fassung |
| idR | in der Regel |
| iE | im Ergebnis |
| iS | im Sinne |
| iVm | in Verbindung mit |

J

| | |
|---|---|
| JA | Juristische Arbeitsblätter (zitiert nach Jahr und Seite) |
| JbAkDR | Jahrbuch der Akademie für Deutsches Recht (zitiert nach Jahr und Seite) |

| | |
|---|---|
| JBl | Justizblatt (mit Kürzel für den jeweiligen Oberlandesgerichtsbezirk; zitiert nach Jahr und Seite) |
| JFG | Jahrbuch für Entscheidungen in Angelegenheiten der freiwilligen Gerichtsbarkeit und des Grundbuchrechts (zitiert nach Band und Seite) |
| Jg | Jahrgang |
| Jh | Jahrhundert |
| JherJb | Jherings Jahrbücher für die Dogmatik des bürgerlichen Rechts (zitiert nach Band und Seite) |
| JMBl | Justizministerialblatt |
| JR | Juristische Rundschau (zitiert nach Jahr und Seite) |
| JurA | Juristische Analysen (zitiert nach Jahr und Seite) |
| Jura | Juristische Ausbildung (zitiert nach Jahr und Seite) |
| JurBüro | Das juristische Büro (zitiert nach Jahr und Spalte) |
| JurJb | Juristen-Jahrbuch (zitiert nach Band und Seite) |
| JuS | Juristische Schulung (zitiert nach Jahr und Seite) |
| Justiz | Die Justiz. Amtsblatt des Justizministeriums Baden-Württemberg (zitiert nach Jahr und Seite) |
| JVBl | Justizverwaltungsblatt (zitiert nach Jahr und Seite) |
| JW | Juristische Wochenschrift (zitiert nach Jahr und Seite) |
| JZ | Juristenzeitung (zitiert nach Jahr und Seite) |
| **K** | |
| Kap | Kapitel |
| KG | Kammergericht; Kommanditgesellschaft |
| KGBl | Blätter für Rechtspflege im Bezirk des Kammergerichts (zitiert nach Jahr und Seite) |
| KGJ | Jahrbuch für Entscheidungen des Kammergerichts in Sachen der freiwilligen Gerichtsbarkeit, in Kosten-, Stempel- und Strafsachen (zitiert nach Band, Abteilung und Seite) |
| KO | Konkursordnung idF vom 20. 5. 1898 (RGBl 612, BGBl III 3 Nr 311–4) |
| Komm | Kommission |
| KRABl | Amtsblatt des Kontrollrats in Deutschland (zitiert nach Jahr und Seite) |
| KRG | Kontrollratsgesetz |
| krit | kritisch |
| KSchG | Kündigungsschutzgesetz idF vom 25. 8. 1969 (BGBl I 1317, BGBl III 8 Nr 800–2) |
| KTS | Zeitschrift für Konkurs-, Treuhand- und Schiedsgerichtswesen (zitiert nach Jahr und Seite) |
| **L** | |
| LG | Landgericht (zitiert mit jeweiligem Ortsnamen) |
| Lit | Literatur |
| LM | Lindenmaier-Möhring, Nachschlagewerk des Bundesgerichtshofs (zitiert nach Paragraph und Ordnungsziffer) |
| LPachtG | Gesetz über das landwirtschaftliche Pachtwesen (Landpachtgesetz) vom 25. 6. 1952 (BGBl I 343, BGBl III 7 Nr 7813–2) |
| LS | Leitsatz |

| | |
|---|---|
| LZ | Leipziger Zeitschrift für Deutsches Recht (zitiert nach Jahr und Spalte) |

M

| | |
|---|---|
| m | mit |
| MDR | Monatsschrift für Deutsches Recht (zitiert nach Jahr und Seite) |
| mE | meines Erachtens |
| MHRG | Gesetz zur Regelung der Miethöhe (Art 3 WKSchG II) vom 18. 12. 1974 (BGBl I 3604) |
| MietRÄndG I; II; III | Gesetz zur Änderung mietrechtlicher Vorschriften: I / vom 29. 7. 1963 (BGBl I 505); II / vom 14. 7. 1964 (BGBl I 457); III / vom 21. 12. 1967 (BGBl I 1248) |
| MietschAusnVO | Verordnung über Ausnahmen vom Mieterschutz vom 27. 11. 1951 (BGBl I 926) |
| MietschG | Mieterschutzgesetz idF vom 15. 12. 1942 (RGBl I 712, BGBl III 4 Nr 402–12) |
| Mitt | Mitteilungen (zitiert in Verbindung mit der jeweils sie herausgebenden Körperschaft) |
| MMV | Mustermietvertrag 1976, hrsg vom Bundesminister der Justiz (Beil Nr 2 z BAnz Nr 22 vom 3. 2. 1976) |
| ModEnG | Gesetz zur Förderung der Modernisierung von Wohnungen und von Maßnahmen zur Einsparung von Heizenergie (Modernisierungs- und Energieeinsparungsgesetz) idF vom 12. 7. 1978 (BGBl I 993); s WoModG |
| Mot | Motive zu dem Entwurfe eines Bürgerlichen Gesetzbuches für das Deutsche Reich (1888; zitiert nach Band und Seite) |
| MR | Militärregierung |
| MRVerbG | Gesetz zur Verbesserung des Mietrechts und zur Begrenzung des Mietanstiegs sowie zur Regelung von Ingenieur- und Architektenleistungen vom 4. 11. 1971 (BGBl I 1745) |
| mwN | mit weiteren Nachweisen |

N

| | |
|---|---|
| NdsRpfl | Niedersächsische Rechtspflege (zitiert nach Jahr und Seite) |
| NeubauMietVO | Verordnung über die Ermittlung der zulässigen Miete für preisgebundene Wohnungen (Neubaumietenverordnung) idF vom 5. 4. 1984 (BGBl I 579) |
| nF | neue Fassung; neue Folge |
| NJW | Neue Juristische Wochenschrift (zitiert nach Jahr und Seite) |
| NJW-RR | NJW-Rechtsprechungs-Report Zivilrecht (zitiert nach Jahr und Seite) |
| NMVO | s NeubauMietVO |
| Nr | Nummer |
| NRW | Nordrhein-Westfalen |

O

| | |
|---|---|
| OGHBrZ | Oberster Gerichtshof für die Britische Zone, auch Entscheidungen des Obersten Gerichtshofes für die Britische Zone in Zivilsachen (zitiert nach Band und Seite) |

OHG . . . . . . . . . . . . Offene Handelsgesellschaft
OLG . . . . . . . . . . . . Oberlandesgericht (zitiert mit jeweiligem Ortsnamen)
OLGE . . . . . . . . . . . Die Rechtsprechung der Oberlandesgerichte auf dem Gebiete des Zivilrechts (zitiert nach Band und Seite)
OLGZ . . . . . . . . . . . Entscheidungen der Oberlandesgerichte in Zivilsachen einschließlich der freiwilligen Gerichtsbarkeit (zitiert nach Jahr und Seite)
ORDO . . . . . . . . . . . Jahrbuch für die Ordnung von Wirtschaft und Gesellschaft (zitiert nach Band und Seite)
OVG . . . . . . . . . . . . Oberverwaltungsgericht
OVGE . . . . . . . . . . . Entscheidungen der Oberverwaltungsgerichte für das Land Nordrhein-Westfalen in Münster sowie für die Länder Niedersachsen und Schleswig-Holstein in Lüneburg mit Entscheidungen des Verfassungsgerichtshofes Nordrhein-Westfalen und des Niedersächsischen Staatsgerichtshofes (zitiert nach Band und Seite)
OWiG . . . . . . . . . . . Gesetz über Ordnungswidrigkeiten idF vom 19. 2. 1987 (BGBl I 602)

P
PiG . . . . . . . . . . . . Partner im Gespräch, Schriftenreihe des Evangelischen Siedlungswerkes in Deutschland
PiG 10 . . . . . . . . . . . Grundsätze des Wohnraummietverhältnisses (1983)
PiG 13 . . . . . . . . . . . Der Mietzins für Wohnraum unter besonderer Berücksichtigung des neuen Mietrechts (1983)
PiG 16 . . . . . . . . . . . Erhaltung des Wohnungsbestandes durch Instandhaltung, Instandsetzung und bauliche Änderung (1984)
PiG 20 . . . . . . . . . . . Gestaltung von Mietverträgen (1985)
PiG 23 . . . . . . . . . . . Mietnebenkosten (1986)
PiG 26 . . . . . . . . . . . Beendigung des Mietverhältnisses (1987)
PiG 28 . . . . . . . . . . . Verwendung und Verwaltung der Mieterleistungen durch den Vermieter (1988)
Pr, pr . . . . . . . . . . . Preußen, preußisch(e, r)
Prot . . . . . . . . . . . . Protokolle der Kommission für die zweite Lesung des Entwurfs des Bürgerlichen Gesetzbuchs (1897–1899; zitiert nach Band und Seite)

R
RAnz . . . . . . . . . . . . Deutscher Reichsanzeiger (zitiert nach Jahr und Seite)
RAussch . . . . . . . . . . Rechtsausschuß
RdA . . . . . . . . . . . . Recht der Arbeit (zitiert nach Jahr und Seite)
RdL . . . . . . . . . . . . Recht der Landwirtschaft (zitiert nach Jahr und Seite)
Rdnr . . . . . . . . . . . . Randnummer
RE . . . . . . . . . . . . . Rechtsentscheid in Wohnraummietsachen nach Art III MietRÄndG III idF des ÄndG vom 5. 6. 1980 (BGBl I 657)
Recht . . . . . . . . . . . . Das Recht (zitiert nach Jahr und Nr der Entscheidung bzw Seite des Aufsatzes)
RechtsVO . . . . . . . . . Rechtsverordnung
REGAmZ . . . . . . . . . Rückerstattungsgesetz Amerikanische Zone, Gesetz Nr 59: Rückerstattung feststellbarer Vermögensgegen-

| | |
|---|---|
| | stände (ABlMR AmZ Ausgabe G, 1 = BayGVBl 1947, 221) |
| REGBrZ | Rückerstattungsgesetz Britische Zone, Gesetz Nr 59: Rückerstattung feststellbarer Vermögensgegenstände an Opfer der nationalsozialistischen Unterdrückungsmaßnahmen (ABlMR BrZ Nr 28, 1169 = VOBl BrZ 152) |
| RegE | Regierungsentwurf |
| RE Miet | Rechtsentscheide Mietrecht (Sammlung mit Nachlieferungen von THIELER-FRANTZIOCH-UETZMANN, 1982 ff) |
| RFH | Reichsfinanzhof |
| RFHE | Sammlung der Entscheidungen und Gutachten des Reichsfinanzhofs (zitiert nach Band und Seite) |
| RG | Reichsgericht |
| RGBl I; II | Reichsgesetzblatt Teil I; II |
| RGSt | Entscheidungen des Reichsgerichts in Strafsachen (zitiert nach Band und Seite) |
| RG WarnR | WARNEYER, Die Rechtsprechung des Reichsgerichts in Zivilsachen (zitiert nach Jahr und Nr) |
| RGZ | Entscheidungen des Reichsgerichts in Zivilsachen (zitiert nach Band und Seite) |
| Rh-Pf | Rheinland-Pfalz |
| RJA | Reichsjustizamt; Entscheidungssammlung in Angelegenheiten der freiwilligen Gerichtsbarkeit und des Grundbuchrechts (zitiert nach Band und Seite) |
| RM | Reichsministerium; Reichsminister (mit Kürzel für das jeweilige Ressort) |
| RMBl | Reichsministerialblatt |
| Rpfleger | Der Deutsche Rechtspfleger (zitiert nach Jahr und Seite) |
| Rspr | Rechtsprechung |
| RStBl | Reichssteuerblatt (zitiert nach Jahr und Seite) |
| RT | Reichstag |
| Rz | Randzahl |

S

| | |
|---|---|
| s | siehe |
| S | Satz; Seite |
| SchiffsRG | Gesetz über Rechte an eingetragenen Schiffen und Schiffsbauwerken (Schiffsrechtegesetz) vom 15. 11. 1940 (RGBl I 1499, RGBl III 4 Nr 403–4) |
| SchlHAnz | Schleswig-Holsteinische Anzeigen (zitiert nach Jahr und Seite) |
| SchlHOLG | Schleswig-Holsteinisches Oberlandesgericht |
| SchlTermG I; II; III | Gesetz zur Änderung des Schlußtermins für den Abbau der Wohnungszwangswirtschaft und über weitere Maßnahmen auf dem Gebiet des Mietpreisrechts: I / vom 4. 8. 1965 (BGBl I 969); II / vom 19. 1. 1969 (BGBl I 2357); III / vom 30. 10. 1972 (BGBl I 2051) |
| SeuffA | SEUFFERT's Archiv für Entscheidungen der obersten Gerichte in den deutschen Staaten (zitiert nach Band und Nr) |
| SeuffBl | SEUFFERT's Blätter für Rechtsanwendung (zitiert nach Band und Seite) |

| | |
|---|---|
| SJZ | Süddeutsche Juristen-Zeitung (zitiert nach Jahr und Seite oder Spalte) |
| SoergRspr | Soergels Rechtsprechung zum BGB, EGzBGB, CPO, KO, GBO und RFG; wechselnde Titel, zuletzt (ab 1932): Jahrbuch des Zivil-, Handels- und Prozeßrechts (zitiert nach Band und Nr oder Seite) |
| sog | sogenannt |
| Sp | Spalte |
| StAnz | Staatsanzeiger |
| Sten Ber | Stenographische Berichte |
| StGB | Strafgesetzbuch idF vom 10. 3. 1987 (BGBl I 945, ber 1160) |
| str | streitig |
| stRspr | ständige Rechtsprechung |

U

| | |
|---|---|
| u | und |
| U | Umschlagseite |
| ua | unter anderem; und andere |
| uä | und ähnliches |
| Urt | Urteil |
| UStG | Umsatzsteuergesetz idF vom 26. 11. 1979 (BGBl I 1953) |
| usw | und so weiter |
| uU | unter Umständen |
| UWG | Gesetz gegen den unlauteren Wettbewerb vom 7. 6. 1909 (RGBl 499, BGBl III 4 Nr. 43–1) |

V

| | |
|---|---|
| v | von; vom |
| VerfGH | Verfassungsgerichtshof |
| VerglO | Vergleichsordnung vom 26. 2. 1935 (RGBl I 321, BGBl III 3 Nr 311–1) |
| Verh | Verhandlungen |
| VersR | Versicherungsrecht. Juristische Rundschau für die Individualversicherung (zitiert nach Jahr und Seite) |
| VG | Verwaltungsgericht |
| VGH | Verwaltungsgerichtshof |
| vgl | vergleiche |
| VO | Verordnung |
| VOBl | Verordnungsblatt (in Verbindung mit der jeweiligen Körperschaft) |
| Vorbem | Vorbemerkung |

W

| | |
|---|---|
| WarnJb | Warneyers Jahrbuch der Entscheidungen auf dem Gebiete des Zivil-, Handels- und Prozeßrechts (wechselnde Titel; zitiert nach Jahr, Seite, Paragraph und Gesetz) |
| WarnR | Die Rechtsprechung des Reichsgerichts auf dem Gebiete des Zivilrechts, hrsg von Warneyer (zitiert nach Jahr und Nr) |
| WBewG | Wohnraumbewirtschaftungsgesetz idF vom 23. 6. 1960 (BGBl I 389, 418, BGBl III 2 Nr 234–1) |
| WEG | Gesetz über das Wohnungseigentum und das Dauerwohn- |

| | |
|---|---|
| | recht (Wohnungseigentumsgesetz) vom 15. 3. 1951 (BGBl I 175, BGBl III 4 Nr 403–1) |
| WGG | Gesetz über die Gemeinnützigkeit im Wohnungswesen (Wohnungsgemeinnützigkeitsgesetz) vom 29. 2. 1940 (RGBl I 437) |
| WiStrG | Gesetz zur weiteren Vereinfachung des Wirtschaftsstrafrechts (Wirtschaftsstrafgesetz) idF vom 3. 6. 1975 (BGBl I 1313) |
| WKSchG I; II | I / Gesetz über den Kündigungsschutz für Mietverhältnisse über Wohnraum vom 25. 11. 1971 (BGBl I 1839); II / Zweites Gesetz über den Kündigungsschutz für Mietverhältnisse über Wohnraum (Zweites Wohnraumkündigungsschutzgesetz) vom 18. 12. 1974 (BGBl I 3603) |
| WM | Wertpapier-Mitteilungen (zitiert nach Jahr und Seite) |
| WobauÄndG | WobauÄndG 1965: Gesetz zur verstärkten Eigentumsbildung im Wohnungsbau und zur Sicherung der Zweckbestimmung von Sozialwohnungen (Wohnungsbauänderungsgesetz 1965) vom 24. 8. 1965 (BGBl I 945); WobauÄndG 1968: Gesetz zur Fortführung des sozialen Wohnungsbaues (Wohnungsbauänderungsgesetz 1968) vom 17. 7. 1968 (BGBl I 821); WobauÄndG 1971: Gesetz zur Durchführung des langfristigen Wohnungsbauprogramms (Wohnungsbauänderungsgesetz 1971) vom 17. 12. 1971 (BGBl I 1993); WobauÄndG 1973: Gesetz zur Änderung des Wohnungsbindungsgesetzes 1965 und des Zweiten Wohnungsbaugesetzes (Wohnungsbauänderungsgesetz 1973) vom 21. 12. 1973 (BGBl I 1970); WobauÄndG 1980: Gesetz zur Änderung des Wohnungsbindungsgesetzes und des Zweiten Wohnungsbaugesetzes (Wohnungsbauänderungsgesetz 1980) vom 20. 2. 1980 (BGBl I 159); Gesetz zur Änderung des Zweiten Wohnungsbaugesetzes und des Wohnungsbaugesetzes für das Saarland (Wohnungsbauänderungsgesetz 1988) vom 21. 2. 1989 (BGBl I 242) |
| WobauG I; II | I / Erstes Wohnungsbaugesetz idF vom 25. 8. 1953 (BGBl I 1047); II / Zweites Wohnungsbaugesetz (Wohnungsbau- und Familienheimgesetz) idF vom 11. 7. 1985 (BGBl I 1284) |
| WoG | Wohnungsgesetz vom 8. 3. 1946 (KRABl 117) |
| WoBindG | Gesetz zur Sicherung der Zweckbestimmung von Sozialwohnungen (Wohnungsbindungsgesetz) idF vom 22. 7. 1982 (BGBl I 972) |
| WoGeldG | Wohngeldgesetz idF vom 11. 7. 1985 (BGBl I 1421, 1661) |
| WoGeldVO | Wohngeldverordnung idF vom 25. 5. 1988 (BGBl I 647) |
| WoModG | Gesetz zur Förderung der Modernisierung von Wohnungen (Wohnungsmodernisierungsgesetz) vom 23. 8. 1976 (BGBl I 2429); s ModEnG |
| WoVereinfG | Gesetz zur Vereinfachung wohnungsrechtlicher Vorschriften (Wohnungsrechtsvereinfachungsgesetz) vom 11. 7. 1985 (BGBl I 1277) |
| WoVermittlG | Gesetz zur Regelung der Wohnungsvermittlung vom 4. 11. 1971 (BGBl I 1745, 1747) |
| WRP | Wettbewerb in Recht und Praxis (zitiert nach Jahr und Seite) |

| | |
|---|---|
| WRV | Verfassung des Deutschen Reiches (Weimarer Reichsverfassung) vom 11. 8. 1919 (RGBl 1383, BGBl III 1 Nr 100–2) |
| WuB | Entscheidungssammlung zum Wirtschafts- und Bankrecht, hrsg von den WM |
| WuM | Wohnungswirtschaft und Mietrecht (zitiert nach Jahr und Seite) |
| WuW | Wirtschaft und Wettbewerb (zitiert nach Jahr und Seite) |
| WuW/E | WuW-Entscheidungssammlung zum Kartellrecht (zitiert nach Entscheidungsträger und Seite) |

Z

| | |
|---|---|
| z | zum |
| ZAkDR | Zeitschrift der Akademie für Deutsches Recht (zitiert nach Jahr und Seite) |
| zB | zum Beispiel |
| ZfgWBay | Zeitschrift für das gemeinnützige Wohnungswesen in Bayern |
| ZGB | Zivilgesetzbuch (in Verbindung mit dem jeweils erlassenden Staat) |
| ZGenW | Zeitschrift für das gesamte Genossenschaftswesen (zitiert nach Jahr und Seite) |
| Ziff | Ziffer |
| ZIP | Zeitschrift für Wirtschaftsrecht |
| ZMR | Zeitschrift für Miet- und Raumrecht (zitiert nach Jahr und Seite) |
| ZPO | Zivilprozeßordnung idF vom 12. 9. 1950 (BGBl I 535, BGBl III 3 Nr 310–4) |
| ZRP | Zeitschrift für Rechtspolitik (zitiert nach Jahr und Seite) |
| zT | zum Teil |
| zust | zustimmend |
| ZVG | Gesetz über die Zwangsversteigerung und die Zwangsverwaltung (Zwangsversteigerungsgesetz) vom 24. 3. 1897 (RGBl 97, BGBl III 3 Nr 310–14) |
| zw | zweifelhaft |

# Bürgerliches Gesetzbuch

vom 18. August 1896 (RGBl 195)

## §§ 535–580a

### Vorbemerkungen zu den §§ 535, 536

#### Übersicht



### I. Einführung

Die Miete ist im BGB die **Grundform** der entgeltlichen Überlassung von Sachen und insbes von Grundstücken zum Gebrauch an andere und damit die bei weitem wichtigste Erscheinungsform der sog Gestattungs- oder besser Gebrauchsüberlassungsverträge, zu denen namentlich noch die Pacht und die Leihe gehören. Die **soziale Bedeutung** der Miete kann kaum überschätzt werden, da in Deutschland nach wie vor mehr als die Hälfte der Bevölkerung zur Miete wohnt. Die gesetzliche Regelung der Miete ist deshalb seit jeher von existenzieller Bedeutung für den überwiegenden Teil der Bevölkerung, woraus sich namentlich die besondere Anfälligkeit des Mietrechts für gesetzgeberische Interventionen erklärt. 1

Ihre gesetzliche Regelung hat die Miete heute im BGB (§§ 535 bis 580 a) sowie in einer Fülle von Nebengesetzen gefunden, unter denen das Miethöheregelungsgesetz (**MHRG**) herausragt, weshalb es in diesem Kommentar mitbehandelt wird. Die meisten anderen Nebengesetze betreffen hingegen das öffentliche Mietpreis- 2 recht, dessen Bedeutung ständig zurückgeht, so daß sich hier eine Behandlung erübrigt.

3 **Gegenstand** der Miete können bewegliche und unbewegliche Sachen sein. Obwohl nun Fahrnismiete und Grundstücksmiete – zumindest in rechtssoziologischer Sicht – unverkennbar erhebliche Unterschiede aufweisen, hatte doch das BGB ursprünglich beide Formen der Miete im wesentlichen gleich behandelt und nur wenige Sondervorschriften für die Grundstücksmiete (einschließlich der Raummiete, s § 580) gebracht (s bes §§ 559–563, 566, 571–579). Mittlerweile hat sich jedoch vor allem die **Wohnraummiete** wegen ihrer überragenden, sozialen Bedeutung weitgehend gegenüber der Fahrnismiete verselbständigt. Eine immer größere Zahl von mietrechtlichen Vorschriften gilt nur noch für sie oder doch nur für die Raummiete. Indessen darf hieraus nicht der Schluß gezogen werden, daß die Fahrnismiete jede praktische und damit rechtliche Bedeutung verloren hätte; die zunehmende Verbreitung der Leasingverträge belegt das Gegenteil.

## II. Geschichte[1]

4 **1.** Das Mietrecht des BGB hatte ursprünglich nur wenig Rücksicht auf die besondere, soziale Schutzbedürftigkeit des Wohnraummieters genommen. Unter dem Eindruck der wachsenden Wohnungsnot während des ersten Weltkriegs war es deshalb ungefähr ab 1917 in zunehmendem Maße durch das sog **Mietnotrecht** verdrängt worden (wegen der Einzelheiten s Jenkins ORDO 32, 146 ff). Dieses Mietnotrecht umfaßte zuletzt eine hoheitliche Erfassung und Verteilung des Wohnraums, einen umfassenden Kündigungsschutz für den Mieter und eine Mietpreisbindung.

5 Nachdem in den Jahren von 1925 bis 1936 die Wohnungszwangswirtschaft fortlaufend gelockert worden war, brachten die folgenden Jahre zunächst eine Rückkehr zur totalen Wohnraumbewirtschaftung, die erst ab 1960 wieder systematisch abgebaut wurde (sog **Lücke-Plan**). Zugleich wurde das Mietrecht des BGB in wesentlichen Punkten mit dem Ziel eines stärkeren Mieterschutzes geändert (**soziales Mietrecht**).

6 Erhebliche Mietpreissteigerungen ab Ende der sechziger Jahre veranlaßten dann jedoch den Gesetzgeber ab 1971 zu einer partiellen Rückkehr zum längst überwunden geglaubten Mieterschutz. Durch das 1. Wohnraumkündigungsschutzgesetz (**WKSchG I**) v 25. 11. 1971 (BGBl I 1839) wurde deshalb das Kündigungsrecht des Vermieters erheblich eingeschränkt. Zum Ausgleich wurden aber dem Vermieter gleichzeitig Mietzinserhöhungen in einem besonderen Verfahren einmal jährlich bis zur Höhe der sog ortsüblichen Vergleichsmiete gestattet.

7 Diese Regelung war ursprünglich bis Ende 1974 befristet gewesen, wurde aber

[1] **Schrifttum:** Mietrecht Vorbem 1 ff zu §§ 535, 536; Biedenkopf-Miegel, Wohnungsbau am Wendepunkt (1978); Blumenroth, Deutsche Wohnungspolitik seit der Reichsgründung (1975); Heuer, Lehrbuch der Wohnungswirtschaft (1979); H K Schneider-Kornemann, Soziale Wohnungsmarktwirtschaft (1977); Wolter, Mietrechtlicher Bestandsschutz (1984).

durch das 2. Wohnraumkündigungsschutzgesetz (**WKSchG II**) v 18. 12. 1974 (BGBl I 3603), dessen Kern das MHRG ist, in ein *Dauerrecht* verwandelt. In den folgenden Jahren ging der Mietwohnungsbau – aus welchen Gründen auch immer – erheblich zurück. Deshalb entschloß sich der Gesetzgeber mit Wirkung vom 1. 1. 1983 ab wieder zu einer gewissen *Lockerung* des neuen Mieterschutzes (Gesetz zur Erhöhung des Angebots von Mietwohnungen v 20. 12. 1982, BGBl I 1912). Seitdem ist vor allem die Vereinbarung von Staffelmieten wieder zulässig.

**2.** Eine gesetzliche **Mietpreisbindung** galt zuletzt noch in großem Umfang in **8**
Berlin für sog Altbauwohnungen; sie ist jedoch auch dort Ende 1987 aufgehoben worden; an ihre Stelle trat auf Grund des sog GVW vom 14. 7. 1987 (BGBl I 1625) eine Übergangsregelung. Gesetzliche Beschränkungen der Mietzinshöhe bestehen darüber hinaus im ganzen Bundesgebiet für bestimmte Wohnungen aufgrund des WoBindG von 1974 idF v 22. 7. 1982 (BGBl I 972) sowie des II. WoBauG v 1965 idF v 11. 7. 1985 (BGBl I 1284, 1661). Im übrigen ist an die Stelle des alten Mietnotrechts das neue, soziale Mietrecht getreten (oben Vorbem 5–7).

**3.** Die gesetzliche Entwicklung ist in den letzten Jahren im Grunde in eine ganz **9**
falsche Richtung gelaufen. Die einzigen Schritte in die richtige Richtung waren der Lücke-Plan von 1960 und der Beginn der Subjektförderung durch das WohngeldG von 1965 idF v 11. 7. 1985 (BGBl I 1421, 1661). Ganz verfehlt waren hingegen die partielle Rückkehr zur Zwangswirtschaft und die ständig ausgebaute Objektförderung, die mittlerweile niemand mehr bezahlen kann. Unter solchen Rahmenbedingungen sollte sich niemand über den ständigen Rückgang des freien Wohnungsbaus wundern, mögen auch zu dieser Entwicklung im einzelnen zahlreiche, verschiedene Ursachen beigetragen haben.

Was heute in der Wohnungswirtschaft nottut, ist *mehr Mut zum Markt.* Der Ge- **10**
setzgeber sollte sich daher endlich aufraffen, die Wohnungszwangswirtschaft (die noch keine Wohnung zusätzlich geschaffen hat) für immer zu verabschieden und den Markt von allen Fesseln zu befreien, zumal in Deutschland mittlerweile fast überall ein Überangebot an Wohnungen besteht, so daß für eine staatliche Regulierung beim besten Willen kein Anlaß mehr zu erkennen ist.[2]

## III. Überblick

### 1. Schuldverhältnis

Der Mietvertrag ist ein normaler, gegenseitiger, schuldrechtlicher Vertrag, durch **11**
den ein Dauerschuldverhältnis begründet wird. Die allgemeinen Vorschriften des

[2] S zuletzt Frankfurter Institut, Mehr Markt in der Wohnungswirtschaft (1984); Hesse, in: Oberender (Hrsg), Marktstruktur und Wettbewerb (1984), S 53; H. Honsell AcP 186 (1986), 115; ders, in: Giger-Linder, Sozialismus – Ende einer Illusion, 1988, S 483; Jenkins BB 1984, Beilage Nr 5; ders ORDO 32, 141; 38, 253.

BGB über Verträge und über Schuldverhältnisse gelten daher grundsätzlich auch für die Miete, soweit nicht die §§ 535 bis 580 a und das MHRG Sonderregeln enthalten. Ein **dingliches Recht** des Mieters wird hingegen durch den Mietvertrag **nicht** begründet (s aber P Koch ZMR 1985, 187). § 571, der dem Grundstücksmieter einen sonst dem Schuldrecht unbekannten Schutz gegen Dritte zubilligt, hat allein mieterschützende Funktion und bedeutet keine Verdinglichung der Miete (s unten § 571 Rz 2 f).

## 2. Erscheinungsformen

12 a) Aufgrund der Entwicklung des Mietrechts muß man heute vor allem die **Wohnraummiete** von der sonstigen Raum- und Grundstücksmiete unterscheiden (s oben Vorbem 3 ff). Maßgebend für die Abgrenzung ist dabei in erster Linie die **Zweckbestimmung** der Räume nach dem Abreden der Parteien. Wohnraummiete ist mithin nur anzunehmen, wenn zum privaten Aufenthalt von Menschen geeignete Räume gerade für diesen Zweck vermietet werden[3]. Folglich liegt keine Wohnraummiete vor, wenn der Mieter eines Grundstücks dieses erst selbst mit einem Wohnhaus (das nach § 95 in seinem Eigentum verbleibt) bebaut (BGHZ 92, 1 m Anm Sonnenschein JZ 1985, 44) oder wenn an sich für Wohnzwecke geeignete Räume tatsächlich für andere Zwecke vermietet werden (BGH LM Nr 1 zu § 554b BGB = WM 1969, 625). Deshalb handelt es sich nicht um Wohnraummiete, wenn in Räume, die für gewerbliche Zwecke vermietet worden sind, mit Kenntnis des Vermieters eine Wohngemeinschaft zusammen mit dem Mieter einzieht (LG Berlin GE 1988, 143). Ebensowenig liegt Wohnraummiete vor, wenn die Anmietung von Räumen zum Zwecke der Weitervermietung, zB an die Mitarbeiter des Mieters erfolgt, selbst wenn der Mieter damit ausschließlich gemeinnützige Zwecke verfolgt; die Parteien können nichts Gegenteiliges vereinbaren.[4] Die Frage ist freilich nach wie vor umstritten (anders zB weiterhin LG Hamburg WuM 1986, 317; LG Aachen NJW-RR 1988, 914). Jedenfalls handelt es sich um Wohnraummiete, wenn die Räume an eine Wohngemeinschaft mit ständig wechselnden Untermietern vermietet werden (zB AG Essen WuM 1987, 88). Bewohnt der Mieter einen Teil der im übrigen weiter vermieteten Räume selbst, so gelten schließlich die Regeln über Mischmietverhältnisse (u Rdn 13), so daß es auf den vorherrschenden Vertragszweck ankommt (OLG Stuttgart WuM 1986, 10).

13 b) Werden gleichzeitig Wohnräume und sonstige Räume vermietet, so handelt es sich um ein sog **Mischmietverhältnis.** In diesem Fall folgt jeder Vertrag seinen

---

[3] RGZ 124, 4, 6; BGH LM Nr 1 zu § 564b BGB; Nr 4 zu Berl AltbaumietenVO = WM 1979, 148; 1982, 390; LM Nr 1 zu § 29a ZPO = NJW 1981, 1377; WM 1985, 612; BayObLG WuM 1985, 51 = 39 in RE Miet; LG Hamburg ZMR 1985, 54; LG Berlin GE 1985, 737, 739; zB Emmerich, PiG 26, S 115 f; Sonnenschein, PiG 20, S 73 ff.

[4] RG, BGH und BayObLG (o Fußn 3); BGH LM Nr 45 zu § 249 (Bb) BGB = NJW 1988, 486, 487; OLG Karlsruhe WuM 1984, 10; OLG Braunschweig WuM 1984, 237; OLG Stuttgart WuM 1985, 80; 1986, 10; OLG Frankfurt WuM 1986, 273 = NJW-RR 1986, 1211; AG Frankfurt WuM 1988, 316.

eigenen Regeln, wenn die Verträge über die Wohnräume und über die sonstigen Räume nur äußerlich verbunden, rechtlich aber selbständig sind (OLG Hamburg ZMR 1979, 279). Andernfalls bildet der Vertrag hingegen stets eine Einheit, so daß er nur einheitlich entweder den besonderen Regeln für die Wohnraummiete oder den allgemeinen Regeln für die Grundstücksmiete unterworfen werden kann, je nachdem, worauf nach dem *wirklichen* Willen der Parteien der Schwerpunkt liegt, dh welcher Verwendungszweck für die Parteien tatsächlich im Vordergrund steht, wofür die Berechnung des Mietzinses und die Flächenanteile der unterschiedlich genutzten Räume nur Indizien sind[5]. Gewerbliche Miete sind hiernach idR die Vermietung (oder Verpachtung) einer Gaststätte mit Wohnung (OLG Hamm ZMR 1986, 11; LG Berlin GE 1987, 195), die Vermietung einer Anwaltskanzlei nebst Wohnung (BGH LM Nr 106 zu § 535 BGB = ZMR 1986, 278 = WuM 1986, 274) sowie die Vermietung einer Zahnarztpraxis mit Wohnung (KG GE 1988, 353). Auf die räumliche Verbindung der unterschiedlich genutzten Räume kommt es dabei nicht an, sondern nur darauf, ob sie wirtschaftlich eine Einheit bilden und als solche vermietet sind (AG Tiergarten GE 1986, 509). Hingegen überwiegt der Wohnungszweck, so daß einheitliche Wohnraummiete vorliegt, wenn nur zwei Zimmer einer Wohnung gewerblich genutzt werden (LG Berlin GE 1987, 1217 = MDR 1988, 146). In solchen Fällen handelt es sich selbst dann um Wohnraummiete, wenn die Parteien etwas Abweichendes vereinbart haben (LG Hamburg WuM 1988, 406). Überhaupt ist in allen Zweifelsfällen zum Schutze des Mieters Wohnraummiete anzunehmen (LG Berlin GE 1988, 941 = WuM 1989, 6). Dasselbe gilt, wenn Wohnraum- und Geschäftsraummiete gleichberechtigt nebeneinander stehen[5a]. Handelt es sich hiernach um eine gewerbliche Miete, so findet auf das gesamte Mietverhältnis § 29a ZPO ebenfalls keine Anwendung (OLG Karlsruhe NJW-RR 1988, 401; anders zB LG Köln, WuM 1988, 313 = ZMR 1989, 63 = NJW-RR 1989, 403). Ebenso ist kein Raum für die Anwendung des Wohnraummietrechts, wenn in einem gemischten Vertrag die Pachtelemente überwiegen wie zB bei der Überlassung eines Guts mit Wohnhaus (OLG Köln WM 1987, 1308 = WuM 1987, 377).

## IV. Abgrenzung

### 1. Pacht und Leihe

**a)** Die **Pacht** ist eine Sonderform der Miete (vgl. § 581 Abs 2). Sie unterscheidet **14**
sich von der Miete vor allem dadurch, daß Gegenstand der Pacht auch Rechte sein

---

[5] Insbes BGH LM Nr 1 zu § 554b BGB = WM 1969, 625; LM Nr 1 zu § 564b BGB = WM 1979, 148; grdl LM Nr 106 zu § 535 BGB = NJW-RR 1986, 877 m Anm EMMERICH JuS 1986, 908; OLG Schleswig WuM 1982, 266; OLG Hamm ZMR 1986, 11; KG GE 1988, 353; OLG Karlsruhe NJW-RR 1988, 401; LG Berlin MDR 1980, 407; GE 1985, 737; 1985, 935; 1987, 137; 1987, 195; 1987, 1217; 1988, 108; 1988, 941 usw; KINNE GE 1989, 68, 118.

[5a] OLG Hamburg ZMR 1979, 279; OLG Schleswig WuM 1982, 266; OLG Stuttgart WuM 1986, 10.

können und daß der Pächter im Gegensatz zum Mieter die Früchte ziehen darf, soweit sie nach den Regeln einer ordnungsmäßigen Wirtschaft als Ertrag der Sache anzusehen sind (§ 581 Abs 1). Die Abgrenzung im einzelnen ist häufig schwierig (s Staudinger-Emmerich Vorbem 45 ff zu § 581; Sonnenschein, PiG 20, S 79 f).

15 **b)** Miete und Pacht sind stets entgeltliche, gegenseitige Verträge (§§ 535, 581). Jede unentgeltliche Überlassung von Sachen zum Gebrauch ist hingegen nach § 598 **Leihe.** Eine andere Möglichkeit besteht nicht, so daß in der unentgeltlichen Überlassung von Sachen zum Gebrauch niemals zugleich eine Schenkung gesehen werden kann (BGHZ 82, 354; BGH LM Nr 5 zu § 598 BGB = NJW 1985, 1553; BFHE 140, 199 u 234; Gitter S 150 ff; Nehlsen/v Stryck AcP 187, 552). Selbst bei Einräumung eines lebenslänglichen Wohnrechts bedarf daher der Vertrag (als Leihe) nicht der Schriftform des § 566 (BGH LM Nr 5 zu § 598 BGB = NJW 1985, 1553).

**2. Kauf**

16 Die Miete als gesetzlich geregelte Grundform der auf Gebrauchsüberlassung gerichteten Verträge steht in begrifflichem Gegensatz zu allen Veräußerungsverträgen, die auf die **endgültige** Übertragung des Eigentums an Sachen gerichtet sind. Gleichwohl kann im Einzelfall die Abgrenzung erhebliche Schwierigkeiten bereiten, weil Miete und Kauf beliebig kombiniert werden können und weil außerdem ein einheitlicher Vertrag stets gleichzeitig Elemente der Miete und des Kaufs in sich aufnehmen kann. In einem solchen Fall gilt das Kaufrecht einschließlich des **AbzG** bzw ab 1990 des VerbrKrG grundsätzlich nur für den kaufrechtlichen Teil des Vertrages, sofern nur die Gegenleistung des Mieters und Käufers entsprechend aufgeschlüsselt werden kann (BGH NJW 1983, 2027 = LM Nr 17 zu § 1 AbzG). Für die Annahme eines Kaufvertrages spricht dabei immer die Einräumung eines Erwerbsrechts an den Käufer (s unten Rz 23; grdl BGHZ 94, 195, 199 m Anm Emmerich JuS 1985, 911).

**3. Werkvertrag**

17 Verträge auf Überlassung von Maschinen oder Fahrzeugen mit Bedienungspersonal können Miet- oder Werkverträge sein. Die mietvertraglichen Elemente überwiegen dabei, wenn sich die Vertragspflicht des Überlassenden auf die Überlassung der Maschine oder des Fahrzeugs sowie die Stellung des Bedienungspersonals beschränkt. Hingegen handelt es sich um einen Werkvertrag, wenn außerdem gerade ein bestimmtes Werk geschuldet wird, wenn maW auch die Betriebstätigkeit der überlassenen Maschine Vertragsinhalt geworden ist (zB BGH LM Nr 40 zu § 535 BGB; WM 1978, 620; 1985, 360; Wolf-Eckert Tz 4 f). Die Überlassung eines Pferdefuhrwerks mit Kutscher für einen Betriebsausflug ist hiernach stets Miete (OLG Karlsruhe MDR 1988, 1056). Hingegen überwiegen die werkvertraglichen Elemente, wenn sich jemand verpflichtet, Plakate eines anderen an bestimmten Stellen anzubringen (BGH WM 1984, 1286; anders LG Düsseldorf MDR 1986, 54). Verträge, durch die jemand einem anderen eine Kiesgrube oder

einen Steinbruch zur Ablagerung von Abfällen überläßt, sind schließlich wieder reine Mietverträge (BGHZ 86, 71; OLG Karlsruhe BB 1988, 2130).

## V. Leasing

Schrifttum: Mietrecht Vorbem 45 ff zu §§ 535, 536; Berger, Typus und Rechtsnatur des Herstellerleasings (1988); Bernstein Betrieb 1985, 1877; 1987, 1236; J Blomeyer NJW 1987, 973; Canaris NJW 1982, 305; Ebenroth JuS 1978, 588; 1985, 425; ders Betrieb 1978, 2109; Eckstein BB 1986, 1244; Fehl BB 1987 Beil 10; 1988 Beil 6 zu H 14; Flume, Leasing in zivilrechtlicher und steuerrechtlicher Sicht (1972); Gitter, Gebrauchsüberlassungsverträge (1988), § 11 (S 277 ff); Koch, Störungen beim Finanzierungsleasing (1981); Lieb Betrieb 1986, 2167; 1988, 946; 1988, 2495; Frh v Marschall, Leasingverträge im Handelsverkehr (1980); Ose BB 1987, 1835; Papapostolou, Die Risikoverteilung bei dem Finanzierungsleasingvertrag über bewegliche Sachen (1987), Peters NJW 1985, 1498; N Reich JuS 1973, 480; Reinicke/Tiedtke, Kaufrecht (3. Aufl. 1987), S 321 ff; dies Betrieb 1985, 2085; dies BB 1982, 1142; Reinking ZIP 1984, 1319; Seifert Betrieb 1983 Beil Nr 1 zu H 1; Sonnenberger NJW 1983, 2217; Sternberg BB 1987, 12; P Ulmer/H Schmidt Betrieb 1983, 2258, 2615; MünchKomm/Voelskow vor § 535 Rdn 42 ff; Walz Betrieb 1985 Beil 10 zu H 48; Graf v Westphalen, Der Leasingvertrag, 3. Aufl. (1987); ders CR 1987, 477; ders BB 1986 Beil 3 zu H 12, S 7; ders Betrieb 1982 Beil 6 zu H 11; ders ZIP 1983, 1021; 1985, 1033; 1985, 1436; ders BB 1984, 2093; 1988, 1829; Wolf/Eckert, Handbuch, Tz 453 ff (S 306 ff).

### 1. Einleitung

Bei dem Leasing handelt es sich der Sache nach um eine vor allem steuer- und 18 bilanzrechtlich bedingte Verbindung von Elementen aus Kauf und Miete mit der Folge, daß die steuerrechtliche Behandlung des Leasings die Vertragspraxis entscheidend prägt. Im Vordergrund steht dabei die Frage, wann im Sinne des § 39 Abs 2 AO ertrags- und vermögenssteuerrechtlich das Leasinggut dem Leasinggeber und nicht dem Leasingnehmer zuzuordnen ist, weil davon die steuerrechtlichen Vorteile des Leasings abhängen. Als Grundsatz ist hier davon auszugehen, daß das Leasinggut dem Leasinggeber nur dann zugerechnet wird, wenn die Dauer des Leasingvertrages mindestens 40% und höchstens 90% der steuerrechtlichen Nutzungsdauer des Leasingguts beträgt[6].

Auf diese steuerrechtlichen Vorgaben ist die Vertragspraxis ganz ausgerichtet, 19 wobei sich die Einzelheiten durchweg aus umfangreichen Geschäftsbedingungen der Leasinggeber ergeben. In der Rechtsprechung nimmt dementsprechend die Inhaltskontrolle gegenüber den Geschäftsbedingungen der Leasinggeber eine zentrale Rolle ein. Die Maßstäbe, von denen sich die Rechtsprechung hierbei leiten läßt, hängen in erster Linie von der Art des jeweiligen Leasingvertrages ab.

[6] Grdl BFHE 97, 466 = NJW 1970, 1148; Erlasse des BFM vom 19. 4. 1971 (BB 1971, 506), vom 21. 3. 1972 (BB 1972, 433) und vom 22. 12. 1975 (BB 1976, 72); s im übrigen Graf v Westphalen Tz 18 ff (S 14 ff).

**2. Erscheinungsformen**

20 **a)** Man muß zunächst das Operating- von dem Finanzierungsleasing, der wichtigsten Form der Leasingverträge, unterscheiden. Unter Operatingleasing versteht man dabei üblicherweise die entgeltliche Überlassung von Investitionsgütern entweder für eine im voraus bestimmte kurze Vertragsdauer oder auf unbestimmte Zeit mit der Möglichkeit der Kündigung seitens des Leasingnehmers. Solche Verträge sind normale Mietverträge, für die keine Besonderheiten gelten. Von den Teilamortisationsverträgen unterscheiden sie sich vor allem dadurch, daß der Mieter im Falle der Kündigung keine Abschlußzahlung schuldet, so daß die ganze Vertragsgestaltung von vornherein auf die mehrfache Vermietung der Sache angelegt ist[7]. Haftungsausschlüsse des Leasinggebers sind bei solchen Verträgen nur im Rahmen der §§ 9, 11 Nr 10 und 24 AGBG zulässig. Unzulässig sind außerdem sog. Verfallklauseln, durch die der Leasinggeber versucht, bei Zahlungsverzug des Leasingnehmers ein Kündigungsrecht mit der Fälligkeit aller noch ausstehenden Leasingraten zu kombinieren[8].

21 Das *Finanzierungsleasing* ist hingegen durch die Einschaltung eines Dritten, des Leasinggebers, in die Vertragsbeziehungen gekennzeichnet, der die Aufgabe der Finanzierung hat. Vertragsbeziehungen bestehen infolgedessen hier lediglich einerseits zwischen dem Hersteller und dem Leasinggeber, sowie andererseits zwischen dem Leasinggeber und dem Leasingnehmer. Der Vertrag zwischen Hersteller und Leasinggeber ist in aller Regel Kauf, während der Vertrag zwischen Leasinggeber und Leasingnehmer den eigentlichen Leasingvertrag darstellt.

22 **b)** Innerhalb des Finanzierungsleasings unterscheidet man idR weiter das Mobilien- und Immobilienleasing. In der Praxis steht das Mobilienleasing im Vordergrund, so daß sich die folgenden Ausführungen in erster Linie auf diese Form der Finanzierungsleasingverträge beziehen. Mit dem Immobilienleasing wird vor allem versucht, die Anerkennung des Leasinggebers als Bauherr zu erreichen, wodurch sich für den Leasingnehmer zusätzliche Abschreibungsmöglichkeiten eröffnen können.

23 Finanzierungsleasingverträge über bewegliche Sachen kommen in zwei Grundformen vor, die als Voll- und Teilamortisationsverträge bezeichnet werden. *Vollamortisationsverträge* sind solche, die von vornherein über 90% der betriebsgewöhnlichen Nutzungsdauer laufen, damit sichergestellt ist, daß während der Vertragsdauer an den Leasinggeber sämtliche Finanzierungsmittel einschließlich eines Gewinn- und Risikozuschlages zurückfließen. Bei den *Teilamortisationsverträgen* hat der Leasingnehmer hingegen nach Ablauf einer festen Grundmietzeit von mindestens 40% und höchstens 90% der betriebsgewöhnlichen Nutzungsdauer idR ein ordentliches Kündigungsrecht, bei dessen Ausübung er eine Ausgleichs- oder Abschlußzahlung in Höhe der durch die bis dahin gezahlten Leasingraten nicht gedeckten Kosten des Leasinggebers zu erbringen hat, abzüglich

---

[7] Graf v Westphalen Tz 12 ff (S 10 ff).

[8] BGHZ 71, 196, 204 f; BGH WM 1979, 1385, 1387.

freilich von 90% des vom Leasinggeber erzielten Veräußerungserlöses[9]. Die Teilamortisationsverträge sind mithin in Wirklichkeit ebenfalls auf eine *Vollamortisation* der Kosten des Leasinggebers angelegt. Hieraus ergibt sich, daß der Leasingnehmer bei einer vorzeitigen Kündigung stets ohne weiteres, dh auch ohne besondere Abreden bloß aufgrund des Vertrages, zur Erbringung einer Abschlußzahlung in der genannten Höhe verpflichtet ist[10].

Für die Berechnung der *Abschlußzahlung* ist von den noch ausstehenden Leasing- **24** raten, abgezinst auf den Zeitpunkt der Kündigung auszugehen, wobei derselbe Zinssatz wie bei der ursprünglichen Kalkulation der Leasingraten zugrundegelegt werden muß[11]. Die Einzelheiten müssen in den Geschäftsbedingungen des Leasinggebers transparent und nachvollziehbar geregelt sein. Jeder Verstoß der Geschäftsbedingungen gegen dieses Transparenzgebot führt zu ihrer Unwirksamkeit mit der Folge, daß die Abschlußzahlung dann konkret unter genauer Berücksichtigung aller ersparten Kosten des Leasinggebers berechnet werden muß. Die Verjährung des Anspruchs auf die Abschlußzahlung richtet sich freilich nicht nach § 558 BGB, weil der Anspruch Entgeltcharakter besitzt[12].

Beim *Kraftfahrzeugleasing* kann bestimmt werden, daß der Wert des Fahrzeugs **25** bei Vertragsende von einem Sachverständigen, etwa nach den Händlereinkaufspreisen, zu schätzen ist. Die Differenz zu dem kalkulierten Restwert muß dann nachgezahlt werden[13]. Solche Klauseln sind richtiger Meinung nach keine Schiedsgutachtenvereinbarungen, weil die Leasingnehmer durch die Anwendung des § 317 BGB übermäßig benachteiligt würden (s. auch § 11 Nr 15 AGBG). Der Sachverständige muß bei der Bewertung außerdem ein faires Verfahren einhalten und den Leasingnehmer deshalb von vornherein an der Bewertung beteiligen[14]. Liegt dem Kraftfahrzeugleasing eine Mischkalkulation zugrunde, so können sich weitere Modifikationen ergeben[15].

**c)** Eine Sonderform des Leasings ist das sog. *Hersteller-* oder Händler*leasing,* bei **26** dem der Lieferant selbst die Finanzierung des Absatzes seiner Produkte durch den Abschluß von Leasingverträgen übernimmt. Der Sache nach handelt es sich dabei um nichts anderes als um eine Sonderform des Operatingleasings, d h. um normale Mietverträge, so daß der Hersteller hier ebenso wie jeder Vermieter haften muß; Haftungsbeschränkungen wie beim Finanzierungsleasing sind nicht möglich[16]. Davon zu trennen ist jedoch das markengebundene Leasing, d h. die Finanzierung des Absatzes durch mit dem Hersteller wirtschaftlich verbundene

[9] S den Erlaß des BFM BB 1976, 72; Reinike/Tiedtke, Kaufrecht, S 344; Graf v Westphalen Tz 67, 95, 383 ff; Wolf/Eckert Tz 513 ff.

[10] Grdl BGHZ 95, 39, 48 ff.

[11] Wolf/Eckert Tz 516.

[12] BGHZ 95, 39, 48 ff; 97, 65; BGH LM § 9 (Bb) AGBG Nrn 11 und 13; LM Nr 42 zu § 6 AbzG; OLG Hamm WM 1986, 1362, 1366; OLG Hamburg WM 1987, 1436.

[13] OLG Frankfurt WM 1987, 1402.

[14] LG Frankfurt BB 1988, 2274.

[15] S. Wolf/Eckert Tz 517 (S 365 f); BGHZ 97, 65.

[16] OLG Frankfurt WM 1982, 723; LG Berlin BB 1982, 1880.

Leasinggesellschaften[17]. Denn auch in diesen Fällen kommt es zu der für das Finanzierungsleasing typischen Dreiecksbeziehung zwischen Lieferant, Leasinggeber und Leasingnehmer, so daß die Regeln über das Finanzierungsleasing uneingeschränkt anzuwenden sind[18].

### 3. Rechtsnatur

#### a) Miete

27 Die zutreffende rechtliche Einordnung der Finanzierungsleasingverträge ist umstritten[19]. Sie werden z T. als Kaufverträge, z T. als Verträge sui generis, ganz überwiegend aber als Mietverträge eingestuft. Vor allem die Rechtsprechung behandelt diese Verträge heute durchgehend als Mietverträge, betont dabei aber zunehmend ihre Besonderheiten[20]. Bei der Inhaltskontrolle gegenüber den Geschäftsbedingungen der Leasinggeber ist folglich ebenso wie bei der Behandlung aller Fragen, die durch die Geschäftsbedingungen nicht (wirksam) geregelt sind, von dem gesetzlichen Leitbild der Miete auszugehen. Das bedeutet zB, daß der Leasinggeber zur Gebrauchsüberlassung während der ganzen Vertragsdauer verpflichtet ist (§ 536). Bei Mängeln haftet er nach den §§ 537 ff., während den Leasingnehmer die Anzeigepflicht des § 545 trifft. Bei Nichtlieferung oder bloßer Teillieferung hat der Leasingnehmer das Kündigungsrecht des § 542 BGB, während Ersatzansprüche des Leasinggebers grundsätzlich nach § 558 BGB verjähren (s u. § 558 Rdn 2). Erfüllungsort für die Verpflichtung des Leasingnehmers zur Zahlung der Leasingraten ist ebenso wie bei der Miete der Wohnsitz des Leasingnehmers (BGH BB 1988, 1067). Unanwendbar ist hingegen § 56 Abs 1 Nr 6 GewO, da dieser nur für Darlehensverträge gilt (BGH WM 1988, 1845). Aus § 549 folgt weiterhin, daß die Ansprüche des Leasingnehmers gegen den Leasinggeber nach den §§ 851 und 857 ZPO grundsätzlich nicht pfändbar sind (OLG Düsseldorf NJW 1988, 1676). Bei verspäteter Rückgabe der Sache ist § 557 anzuwenden (BGH WM 1989, 742; OLG Frankfurt WM 1987, 1402). Schließlich haben die Erben des Leasingnehmers bei dessen Tod ein Kündigungsrecht nach § 569, ohne danach zu einer Abschlußzahlung verpflichtet zu sein (LG Gießen NJW 1986, 2116; str.).

#### b) AbzG

28 Die Position des Leasingnehmers, der nicht im Handelsregister eingetragen ist (§ 8 AbzG), kann durch die Anwendung des AbzG auf den Leasingvertrag wesentlich verbessert werden (s. insbes. die §§ 1a, 1b und 5 AbzG). Dementspre-

---

[17] Anders LG Frankfurt NJW 1985, 2278; LG Berlin BB 1982, 1880.

[18] BGHZ 97, 65.

[19] S. zuletzt Gitter S 301 ff; Lieb Betrieb 1988, 946; Graf v Westphalen Tz 332 ff; ders BB 1988, 1829.

[20] BGHZ 68, 117; 71, 189; 71, 196; 96, 103, 106 f; BGH LM Nr 21 zu § 537 BGB usw. bis WM 1987, 1338; 1988, 1845; BB 1988, 1067.

chend umstritten ist die Frage, unter welchen Voraussetzungen das AbzG auf Finanzierungsleasingverträge anwendbar ist. Entgegen dem Schrifttum, das in dieser Frage idR einen großzügigen Standpunkt einnimmt[21], verfolgt die Rechtsprechung insoweit eine ausgesprochen restriktive Linie. Die Anwendung des AbzG kommt hiernach nur in Betracht, wenn der Vertrag wirtschaftlich im Ergebnis auf endgültigen Sacherwerb gegen Teilzahlung gerichtet ist (§ 6 AbzG). Dies wird nur angenommen, wenn entweder dem Leasingnehmer im Vertrag ausdrücklich oder konkludent ein Erwerbsrecht eingeräumt wird, wofür es freilich bereits genügt, wenn er sich selbst für den Fall der normalen Vertragsabwicklung als Käufer benennen darf, *oder* wenn schon bei Vertragsschluß für beide Parteien feststeht, daß die Sache bei Vertragsende für den Leasingnehmer wirtschaftlich keinen Wert mehr haben wird. Hingegen genügt es nicht, wenn sich der Leasinggeber nur allgemein bereit erklärt, gegebenenfalls über eine Verlängerung des Vertrags zu verhandeln, wenn allein der Leasingnehmer verpflichtet ist, bei Ablauf der Grundmietzeit die Sache auf Verlangen des Leasinggebers zu erwerben (sog. Andienungsrecht), oder wenn ihm lediglich eine Beteiligung an dem Verkaufserlös eingeräumt wird[22].

Das AbzG kann auf den Finanzierungsleasingvertrag auch anwendbar sein, wenn 29
die Zusage des Erwerbsrechts nicht vom Leasinggeber, sondern vom Lieferanten stammt, jedenfalls wenn beide dem Leasingnehmer als wirtschaftliche Einheit gegenübertreten und der Leasinggeber dem Lieferanten ein Rückkaufsrecht eingeräumt hat[23]. Die Zusage kann außerdem jederzeit mündlich erfolgen, schon weil Individualabreden stets den Vorrang vor den Geschäftsbedingungen des Leasinggebers haben (BGH WM 1988, 84). In dem neuen Verbraucherkreditgesetz ist eine entsprechende Regelung geplant, da nach § 1 Abs 2 S 2 aaO Finanzierungsleasingverträge nur dann als Kreditverträge anzusehen sind, wenn die Leasingsache ihrer Substanz nach endgültig auf den Verbraucher übertragen werden soll.

### 4. Abschluß

**a)** Die Auswahl des Vertragsobjektes erfolgt in aller Regel durch den Leasing- 30
nehmer direkt bei dem Lieferanten. Hieraus resultiert das Problem, in welchem Umfang der Leasinggeber später an etwaige Zusagen des Lieferanten hinsichtlich der Sache und der Vertragsgestaltung gebunden ist, da in aller Regel der Lieferant keine Vertretungsmacht für den Leasinggeber hat. Gleichwohl wächst die Tendenz, den Leasinggeber unter unterschiedlichen Vorzeichen an etwaige Zusagen des Lieferanten zu binden[24]. Der BGH ist hierzu jedoch bisher nur in Ausnahmefällen bereit (WM 1988, 1669). Grundsätzlich wird daher der Leasinggeber nach

---

[21] S. z B. Berger ZIP 1984, 1440; Ehlke BB 1979, 1001; Graf v Westphalen Tz 536.

[22] BGHZ 94, 195; 94, 180; 94, 226; BGH, LM Nr 11 zu § 9 (Bb) AGBG; LM § 6 AbzG Nrn 32, 42 und 43; WM 1986, 228; 1988, 84; 1989, 797; OLG Düsseldorf BB 1988, 1001.

[23] BGH NJW 1988, 2463; OLG Düsseldorf NJW 1988, 1331.

[24] OLG Düsseldorf BB 1988, 434; MDR 1988, 1055; Graf v Westphalen Tz 157 ff; Wolf/Eckert Tz 457 ff.

wie vor durch Zusagen des Lieferanten – mangels Vertretungsmacht – nicht gebunden.

31 **b)** Wenn der Leasinggeber dem Lieferanten im wesentlichen die Verhandlungen überläßt, ist der Lieferant als sein Verhandlungsgehilfe anzusehen, so daß der Leasinggeber für eine falsche Beratung des Leasingnehmers durch den Lieferanten ebenso wie für später nicht eingehaltene Zusagen über den Inhalt des Leasingvertrages aus *cic* haften muß[25]. Außerdem gilt der Lieferant unter den genannten Voraussetzungen nicht als Dritter iS des § 123 Abs 2 BGB, so daß der Leasingnehmer bei einer Täuschung durch den Lieferanten den Leasingvertrag wegen arglistiger Täuschung anfechten kann (BGH WM 1988, 1669). Neben dem Leasinggeber kann schließlich auch der Lieferant selbst aus cic haften, namentlich wegen mangelhafter Aufklärung des Leasingnehmers oder falscher Beratung[26]. Die Ansprüche des Leasingnehmers aus cic werden in diesen Fällen idR auf Aufhebung des Leasingvertrages gerichtet sein.

32 **c)** Wenn die *Abnahme* des Leasingobjekts nach den Abreden der Parteien unmittelbar durch den Leasingnehmer erfolgt, ist dieser insoweit Erfüllungsgehilfe des Leasinggebers, so daß ihn, jedenfalls unter Kaufleuten, für den Leasinggeber die Rügepflicht des § 377 HGB trifft (BGH WM 1984, 694). Umgekehrt ist der Lieferant dann Erfüllungsgehilfe des Leasinggebers hinsichtlich der Übergabe der Sache, nicht jedoch hinsichtlich der späteren Gebrauchsüberlassung (BGH LM Nr 102 zu § 278 BGB = WM 1987, 1338). Stellt der Leasingnehmer eine unrichtige Abnahmebestätigung aus – nach den Geschäftsbedingungen der Leasinggeber idR Voraussetzung für die Auszahlung des Kaufpreises an den Lieferanten –, so macht er sich dem Leasinggeber schadensersatzpflichtig; im übrigen hat die unrichtige Abnahmebestätigung (nur) dieselbe Wirkung wie eine unrichtige Quittung[27].

### 5. Gefahrtragung

33 **a)** In den Leasingverträgen wird üblicherweise die Preis- oder Gegenleistungsgefahr auf den Leasingnehmer abgewälzt, so daß dieser bei einer von ihm nicht zu vertretenden Verschlechterung oder Vernichtung der Sache (entgegen § 323 BGB) zur Fortzahlung der Leasingraten verpflichtet bleibt, ohne Lieferung eines neuen Gegenstandes verlangen zu können[28]. Dies gilt freilich nur solange, wie sich die Sache im Einflußbereich des Leasingnehmers befindet. Ist dieser hingegen berechtigt oder verpflichtet, die Sache etwa zwecks Reparatur einem Dritten zu übergeben, so bleibt es bei der gesetzlichen Regel des § 323 BGB bei Untergang der Leasingsache (BGHZ 94, 40, 54 f). Besonderheiten gelten außerdem für Kraftfahrzeugleasingverträge, da bei ihnen die Rechtsprechung dem Leasingneh-

---

[25] BGHZ 95, 170 m Anm Emmerich JuS 1985, 909; BGH WM 1988, 84; 1988, 1669; OLG Hamburg NJW-RR 1988, 438.

[26] BGH LM Nr 41 zu § 477 BGB m Anm Emmerich JuS 1985, 145.

[27] BGH LM Nr 27 zu § 536 BGB = WM 1987, 1131; OLG Frankfurt NJW 1987, 2447.

[28] Gebilligt durch BGHZ 61, 169 m Anm Emmerich JuS 1978, 632; BGH LM Nr 102 zu § 278 BGB = WM 1987, 1338; OLG Frankfurt BB 1983, 1812.

mer bei unverschuldetem Untergang oder wesentlicher Verschlechterung der Leasingsache ein kurzfristiges, außerordentliches Kündigungsrecht zubilligt, durch dessen Ausübung sich der Vertrag freilich in einen Teilamortisationsvertrag verwandelt, so daß der Leasingnehmer jetzt eine Abschlußzahlung erbringen muß[29]. Bei langfristigen Verträgen gilt der Leasingnehmer außerdem als Kraftfahrzeughalter iS des StVG (BGHZ 87, 133).

**b)** Die geschilderte Gefahrverteilung ist für den Leasingnehmer nur bei einer 34
*Versicherung* der Leasingsache zumutbar, die dementsprechend durchweg in den Geschäftsbedingungen der Leasinggeber vorgesehen ist. Werden zugleich die etwaigen Versicherungsleistungen an die Leasinggeber abgetreten, so muß dieser stets die Versicherungsleistungen bei einer Beschädigung der Leasingsache zur Bezahlung der Reparaturkosten verwenden, während sie bei Untergang der Sache zwingend mit den noch offenen Leasingraten zu verrechnen sind; eine andere Verwendung der Versicherungsleistungen ist nicht zulässig (BGHZ 93, 391).

**6. Unmöglichkeit und Verzug**

**a)** Sobald feststeht, daß der Leasinggeber nicht mehr liefern kann, wird der 35
Leasingnehmer frei (§ 323 BGB; BGHZ 96, 103, 107); außerdem kann der Leasingnehmer dann nach § 542 kündigen. Abweichende Regelungen in Geschäftsbedingungen sind nicht möglich (LG Mannheim BB 1985, 144). Diese Regeln gelten auch im Falle einer bloßen Teilleistung des Leasinggebers, so daß der Leasingnehmer dann ebenfalls in erster Linie das Kündigungsrecht des § 542 hat[30]. In den Geschäftsbedingungen der Leasinggeber kann für die genannten Fälle nicht bestimmt werden, daß der Leasingnehmer dem Leasinggeber zumindest seine Aufwendungen zu ersetzen hat, da das Finanzierungsleasing (nur) Miete und nicht zugleich Auftrag oder Geschäftsbesorgung ist (BGHZ 96, 103, 108 ff.).

**b)** Bei *Verzug* des Leasinggebers mit der Lieferung des Leasingobjekts kann der 36
Leasingnehmer in jedem Fall nach den §§ 326 und 542 vorgehen; abweichende Bestimmungen in den Geschäftsbedingungen der Leasinggeber sind nicht möglich[31]. Unter Kaufleuten ist es lediglich als zulässig anzusehen, daß der Leasinggeber seine eigene Haftung aus § 326 durch die Abtretung seiner Ansprüche aus § 326 gegen den Lieferanten an den Leasingnehmer ersetzt[32].

**c)** Bei *Zahlungsverzug* des Leasingnehmers gilt § 554, so daß der Leasinggeber 37
kündigen und Schadensersatz verlangen kann (grdl. BGHZ 94, 195, 215). Der Schaden des Leasinggebers besteht dabei grundsätzlich in den ihm entgehenden Leasingraten, abgezinst auf den Zeitpunkt der Kündigung sowie abzüglich eines etwaigen Erlöses aus der Weiterveräußerung oder Weitervermietung der Sache

[29] BGH LM Nr 14 zu § 9 (Bb) AGBG mit Anm Emmerich JuS 1987, 233; LM Nr 102 zu § 278 BGB; s o. Rdn 23 f.

[30] BGH LM Nr 27 zu § 536 BGB = WM 1987, 1131; WM 1988, 979, 983; str.

[31] §§ 9 Abs 2 Nr 1, 11 Nr 8 und 24 AGBG; OLG Hamm ZMR 1979, 109, 111; LG Mannheim BB 1985, 144; wohl auch BGHZ 96, 103.

[32] S. Graf v Westphalen Tz 218 ff.

sowie etwaiger ersparter Kosten und Steuern, worunter insbes. die Kosten für die Versicherung der Sache, für die allgemeine Verwaltung, für die Abdeckung des Vertragsrisikos sowie die Objektsteuern fallen[33].

**38** Aus dem Gesagten folgt, daß die üblichen *Verfallklauseln* unzulässig sind, nach denen der Leasinggeber trotz Kündigung des Vertrages (§ 554) berechtigt sein soll, alle noch ausstehenden Leasingraten fälligzustellen[34]. Unbedenklich ist hingegen die Abrede, daß der Leasinggeber bei Zahlungsverzug des Leasingnehmers die Sache bis zur Bezahlung der Rückstände zurückverlangen kann, während der Leasingnehmer die jeweils fälligen Leasingraten weiter zahlen muß[35]. Ein derartiges Sicherstellungsrecht des Leasinggebers muß indessen gesondert vereinbart sein; andernfalls steht dem Leasinggeber ein derartiges Recht nicht zu[36]. Im Konkurs des Leasingnehmers gelten schließlich die §§ 19 und 21 KO[37].

### 7. Mängelhaftung

**39** **a)** In den Geschäftsbedingungen der Leasinggeber wird in aller Regel die eigene Haftung des Leasinggebers für Sach- und Rechtsmängel nach den §§ 537 bis 543 durch die Abtretung der Gewährleistungsrechte des Leasinggebers gegen den Lieferanten aus dem Kaufvertrag ersetzt. Diese »Lösung« hat mittlerweile die Billigung der Rechtsprechung gefunden, und zwar nicht nur für den kaufmännischen Verkehr (§ 24 AGBG), sondern entgegen dem insoweit eindeutigen § 11 Nr 10 lit a AGBG zu Unrecht auch für den nichtkaufmännischen Verkehr[38]. Voraussetzung ist jedoch, daß die Abtretung der Gewährleistungsrechte oder die Ermächtigung des Leasingnehmers zu deren Geltendmachung umfassend und unbedingt ist. Fehlt es hieran, so ist der Haftungsausschluß unwirksam, so daß dem Leasingnehmer dann wieder uneingeschränkt die Gewährleistungsrechte eines Mieters aufgrund der §§ 537–543 zustehen[39]. Außerdem darf der Leasingnehmer nicht mit zusätzlichen Kosten und Aufwendungen, etwa den Reparaturkosten belastet werden[40]. Ein Recht auf Ersatzlieferung hat der Leasinggeber ebenfalls nur, wenn es ihm ausdrücklich eingeräumt worden ist[41]. Tritt aber der Leasinggeber zugleich seine Rechte gegen den Leasingnehmer an den Lieferanten

---

[33] Grdl BGH LM Nr 34 zu § 249 (Cb) BGB = NJW 1987, 1690; s im übrigen noch BGHZ 82, 121; 94, 180; 95, 39, 44 ff; BGH LM Nr 12 zu § 554 BGB mit Anm Emmerich JuS 1985, 144 usw.

[34] BGHZ 71, 196, 204 f; 82, 121; BGH LM Nr 12 zu § 554 BGB m Anm Emmerich JuS 1985, 144; OLG Düsseldorf WM 1988, 744; unrichtig OLG Frankfurt WM 1982, 107; 1983, 665.

[35] §§ 320, 324; BGH BB 1978, 523; WM 1981, 1378.

[36] BGHZ 82, 121; OLG Hamm MDR 1981, 934.

[37] S. BGHZ 71, 189 m Anm Emmerich JuS 1978, 705; BGH LM Nr 90 zu § 535 BGB = WM 1984, 1217; OLG Frankfurt Betrieb 1979, 2125; Gitter S 367 f.

[38] BGHZ 68, 118; 81, 298; 94, 44; 94, 180; 97, 135 usw.

[39] BGH LM Nr 15 zu § 9 (Bb) AGBG = NJW 1987, 1072; NJW 1988, 2465.

[40] Graf v Westphalen Tz 272.

[41] BGH LM Nr 238 zu § 242 (Cd) BGB = NJW 1982, 873.

ab, so stehen sich fortan Lieferant und Leasingnehmer ebenso wie die Parteien eines Kaufvertrages gegenüber[42].

Die Verweisung des Leasingnehmers auf die kaufrechtlichen Gewährleistungs- 40
rechte des Leasinggebers aus seinem Vertrag mit dem Lieferanten hat zur Folge, daß für den Leasingnehmer – anders als für jeden Mieter – die kurze Verjährungsfrist des § 477 BGB gilt; außerdem muß er, zumindest unter Kaufleuten, die Rügepflicht des § 377 HGB beachten. Darüber hinaus kann sich für ihn eine weitere Einschränkung seiner Rechte aus der Verletzung seiner Anzeigepflicht – jetzt wieder als Mieter – aufgrund des § 545 ergeben[43].

**b)** Wandelung und Minderung sind vollzogen, sobald sich der Lieferant auf 41
Verlangen des Leasingnehmers damit einverstanden erklärt hat (§ 465); dies kann auch durch Vergleich geschehen und bedarf weder der Zustimmung noch der Mitwirkung des Leasinggebers (BGHZ 94, 44). Ist der Lieferant hingegen nicht einverstanden, so muß der Leasingnehmer gegen ihn aufgrund der abgetretenen Gewährleistungsrechte Klage erheben. Der Vollzug der Wandelung oder Minderung tritt dann mit Rechtskraft des Urteils ein, das auch gegen den Leasinggeber wirkt[44]. Die Folge ist, daß rückwirkend entweder (im Falle der Wandelung) die Verpflichtung des Leasingnehmers zur Zahlung von Leasingraten endet oder doch im Umfang der Minderung herabgesetzt wird[45].

Aus dem Gesagten folgt nicht etwa, daß der Leasingnehmer in jedem Fall bis zur 42
rechtskräftigen Entscheidung des Rechtsstreits mit dem Lieferanten vorläufig zur *Fortzahlung* der Leasingraten verpflichtet wäre (so aber OLG Hamburg WM 1985, 586); die Zahlungspflicht endet vielmehr spätestens, wenn er die Wandelungs- oder Minderungsklage erhebt. Hatte der Leasinggeber gegen ihn bereits Zahlungsklage erhoben, so muß dieser Rechtsstreit bis zur rechtskräftigen Entscheidung über die Wandelungs- oder Minderungsklage des Leasingnehmers ausgesetzt werden, um einander widersprechende Entscheidungen zu verhindern[46]. Nutzt der Leasingnehmer trotz Erhebung der Wandelungsklage die Sache weiter, so ist er zur Zahlung einer Nutzungsentschädigung, sei es aufgrund der §§ 812 Abs 1 und 818 Abs 2[47], sei es nach Rücktrittsrecht (§ 347) verpflichtet[48].

In bestimmten Fällen ist dem Leasingnehmer schließlich die Erhebung der Wan- 43
delungsklage gegen den Lieferanten nicht mehr zuzumuten, so daß er die Wandelungseinrede direkt dem Zahlungsanspruch des Leasinggebers entgegensetzen kann[49]. So verhält es sich namentlich, wenn der Lieferant in *Konkurs* gefallen ist, wenn er sonst vermögenslos ist oder wenn er unauffindbar verschwunden ist.

---

[42] BGH LM Nr 34 zu § 537 BGB m Anm Emmerich JuS 1985, 413.

[43] S. BGH LM Nr 15 zu § 9 (Bb) AGBG = WM 1987, 349.

[44] BGHZ 81, 298 m. Anm Emmerich JuS 1982, 138.

[45] S. insbes. BGHZ 68, 118; 81, 298; 94, 44; 94, 180; 97, 135 m Anm Emmerich JuS 1986, 649; BGH LM Nr 89 zu § 535 BGB; Nr 12 zu § 554 BGB usw.

[46] BGHZ 97, 135 m Anm Emmerich JuS 1986, 649; eingehend Graf v Westphalen Tz 278 ff; Wolf/Eckert Tz 488 ff.

[47] So BGH LM Nr 34 zu § 537 BGB = NJW 1985, 796.

[48] So Reinicke/Tiedtke, Kaufrecht, S 333.

[49] So Reinicke/Tiedtke, Kaufrecht, S 335.

Durch die Geschäftsbedingungen der Leasinggeber kann nichts anderes bestimmt werden. Insbesondere ist es nicht zulässig, das Insolvenzrisiko hinsichtlich des Lieferanten in den Geschäftsbedingungen auf den Leasingnehmer abzuwälzen[50].

**44** Nach Vollzug der Wandelung erfolgt die *Rückabwicklung* des Kaufvertrages ausschließlich zwischen Leasinggeber und Lieferant. Folglich muß der Leasingnehmer, wenn er jetzt die Leasingsache unmittelbar an den Lieferanten zurückgibt, auf das Interesse des Leasinggebers Rücksicht nehmen, Zug um Zug den Kaufpreis vom Lieferanten zurückzuerhalten, widrigenfalls sich der Leasingnehmer schadensersatzpflichtig macht[51].

### 8. Beendigung des Vertrages

**45** **a)** Das ordentliche Kündigungsrecht des Leasingnehmers ist in aller Regel ausgeschlossen; eine Ausnahme gilt nur für die Teilamortisationsverträge (dazu o. Rdn 23 f). Ein außerordentliches Kündigungsrecht steht dem Leasinggeber insbesondere bei Zahlungsverzug des Leasingnehmers aufgrund des § 554 zu (dazu o. Rdn 37 f). Außerdem kann er wie jeder andere Vermieter aus wichtigem Grunde kündigen, wenn ihm die Fortsetzung des Vertrages mit dem Leasingnehmer wegen dessen treuwidrigen Verhaltens nicht mehr zuzumuten ist[52].

**46** **b)** Für die Abwicklung gelten dann in jedem Fall die mietrechtlichen Vorschriften. Der Leasingnehmer ist folglich zur Rückgabe der Leasingsache verpflichtet (§ 556). Nutzt er die Sache statt dessen weiter, so findet § 557 BGB Anwendung, so daß er die Leasingraten fortzahlen muß (BGH WM 1989, 742; OLG Frankfurt WM 1987, 1402). Außerdem ist dann an die Anwendung des § 568 zu denken. Für die Verjährung der beiderseitigen Ansprüche nach Vertragsende gilt schließlich § 558 (s u. § 558 Rdn 2).

## VI. Weitere Sonderformen

### 1. Automatenverträge[53]

**47** Automatenverträge sind Mietverträge nur, wenn ihr Gegenstand die Aufstellung von Automaten des Mieters in den gemieteten Räumen ist (BGHZ 47, 202, 206). Hingegen handelt es sich bei den verbreiteten **Automatenaufstellverträgen,** deren Gegenstand die Aufstellung von Automaten der einen Partei in den Räumen der

---

[50] BGH LM Nr 89 zu § 535 BGB m Anm Emmerich JuS 1985, 146; unrichtig OLG Frankfurt Betrieb 1985, 2500; NJW-RR 1986, 278.

[51] BGHZ 94, 44; BGH LM Nr 89 zu § 535 BGB m Anm Emmerich JuS 1985, 146; LM Nr 15 zu § 9 (Bb) AGBG.

[52] BGH LM Nr 5 zu § 9 (Ci) AGBG = NJW 1984, 871; Graf v Westphalen Tz 464.

[53] **Schrifttum:** Mietrecht Vorbem 51 ff zu §§ 535, 536; insbes Gitter § 9 (S 220 ff); von Olshausen-K Schmidt, Automatenrecht (1972); Raisch BB 1968, 526; Schopp ZMR 1972, 197; Wolf-Eckert Tz 536 ff (S 388 ff).

anderen, insbes in Gastwirtschaften, ist, um Verträge eigener Art, deren Wesen in der Eingliederung der Automaten in den fremden, gewerblichen Betrieb besteht (BGHZ 42, 202; 51, 55; 71, 80; OLG Düsseldorf ZMR 1985, 91). Bei diesen Verträgen ist stets eine sorgfältige Überprüfung der Geschäftsbedingungen der Automatenaufsteller auf ihre Vereinbarkeit mit § 138 und dem AGBG erforderlich.[54]

Hiernach sind **bedenklich** namentlich eine mehr als zehnjährige Vertragsdauer, **48**
eine Ersatzpflicht des Wirtes für jede Beschädigung der Geräte ohne Rücksicht auf Verschulden, die Garantie einer Mindestvergütung für den Aufsteller durch den Wirt, das Recht des Aufstellers, einseitig alle Rechte und Pflichten auf Dritte zu übertragen oder Geräte nach Belieben abzuräumen oder auszutauschen, die Kumulierung von Vertragsstrafen und Schadensersatzansprüchen sowie idR die sog Erweiterungs- und Nachfolgeklauseln.

**2. Beherbergungsverträge**

Hotelaufnahme- und Pensionsverträge sind in erster Linie Mietverträge, wenn **49**
auch häufig gemischt mit verschiedenen, anderen Vertragselementen wie Kauf, Verwahrung, Dienst- und Werkvertrag.[55] Dies hat für den Gast den unschätzbaren Vorteil, daß er in den Genuß der strengen Garantiehaftung des Wirts für sämtliche anfänglichen Mängel des Hotels aus § 538 Abs 1 Fall 1 kommt. Geht ein Reservierungsvertrag mit einem Reisebüro voraus, so kann das Büro nach Handelsbrauch idR drei bis vier Wochen vor dem Termin den Vertrag stornieren, dh zurücktreten, wenn der Kunde das Zimmer nicht mehr benötigt (OLG Frankfurt WM 1986, 838; NJW-RR 1986, 1229).

Bei Verträgen über die **Aufnahme von Patienten** in Krankenhäusern, Kliniken **50**
und Sanatorien steht hingegen die Behandlung des Patienten und damit das dienstvertragliche Element ganz im Vordergrund (BGHZ 2, 94; 4, 138, 148 ff). Soweit es sich um Kassenpatienten handelt, wurde dabei früher überwiegend ein Vertrag zwischen Krankenkasse und Krankenhausträger zugunsten des Patienten angenommen (BGH aaO), während die Praxis jetzt zur Annahme eines Vertrages zwischen dem Patienten selbst und dem Krankenhausträger (mit Kostenerstattungspflicht der Krankenkasse) tendiert (BGHZ 89, 250, 254 ff; 95, 63 m Anm Emmerich JuS 1984, 990; BGHZ 96, 360). Es spielt dabei keine Rolle, ob die Parteien (so der Regelfall) einen totalen Krankenhausaufnahmevertrag oder einen Aufnahmevertrag mit Arztzusatzvertrag abschließen. Immer haftet der Krankenhausträger (nur) nach Dienstvertragsrecht (s Emmerich aaO; Gitter S 211 ff).

**Internatsverträge** sind ebenfalls überwiegend Dienstverträge, und zwar zu Gun- **51**

---

[54] BGHZ 51, 55; BGH LM Nr 78 zu § 242 (Ba) BGB; Nr 50 zu § 138 (Bb) BGB = NJW 1982, 1693; 1983, 159; BGH BB 1973, 496; 1983, 662; 1984, 1511; NJW 1985, 53; WM 1985, 608, 611; OLG Hamburg NJW 1983, 1502; s Wolf-Horn-Lindacher, AGBG (1984), § 9 Rz A 101 ff.

[55] RGZ 169, 84; BGHZ 63, 333; 71, 175; 73, 350; BGH LM Nr 10 zu § 537 BGB = NJW 1963, 1449; NJW 1985, 2588 = LM Nr 21 zu § 836 BGB; Gitter § 8 (S 203 ff).

sten der aufgenommenen Kinder. Für ihre Kündigung gelten mithin die §§ 626 und 628 und nicht etwa mietrechtliche Regeln.[56] Bei den **Heimpflegeverträgen** kommt es schließlich auf die Vertragsgestaltung im Einzelfall an, ob die mietvertraglichen oder dienstvertraglichen Elemente überwiegen; generelle Aussagen sind hier nicht möglich.[57] Ergänzend sind hier stets das Heimgesetz vom 7. 8. 1974 (BGBl I 1873) und die Heimsicherungsverordnung vom 24. 4. 1978 (BGBl I 553) zu berücksichtigen. Entsprechendes gilt noch für sog Body-building-Verträge (LG Frankfurt NJW 1985, 1717).

### 3. Werkförderungsverträge

52 Werkförderungsverträge nennt man Darlehensverträge zwischen Arbeitgebern und privaten oder öffentlichen Bauherren, durch die die Finanzierung des Baus von Wohnungen für die Mitarbeiter des Darlehensgebers ermöglicht werden soll. Solche Verträge sind **keine** Mietverträge, enthalten aber häufig Mietzins- und Kündigungsbeschränkungen zugunsten der Mieter und Arbeitnehmer des Darlehensgebers.[58]

## VII. Abschluß des Mietvertrages

### 1. Allgemeines

53 a) Ein Mietvertrag ist erst zustandegekommen, wenn sich die Parteien über sämtliche Punkte geeinigt haben, über die nach dem Willen auch nur einer Partei eine Einigung herbeigeführt werden soll. Grundsätzlich genügt dafür freilich schon die Einigung über Gegenstand und Dauer des Vertrages sowie über den Mietzins (BGHZ 55, 248, 249; BGH ZMR 1963, 82; OLG Oldenburg ZMR 1987, 425). Fehlt hingegen eine Einigung über den **Mietzins**, so ist idR davon auszugehen, daß der ortsübliche Mietzins gelten soll (BGHZ 94, 98, 100 f; KG NJW 1955, 949). Mangels besonderer Abreden der Parteien umfaßt dabei der vereinbarte Mietzins auch stets alle Nebenkosten, soweit nicht die Heizkostenverordnung von 1981 eingreift. Bei den Vertragsverhandlungen trifft den Vermieter außerdem eine weitgehende **Aufklärungspflicht** namentlich hinsichtlich der Höhe der zu erwartenden Nebenkosten, bei deren Verletzung er aus cic dem Mieter ersatz-

---

[56] BGH LM Nr 129 zu § 823 (Dc) BGB = NJW 1980, 1744; LM Nr 27 zu § 626 BGB = NJW 1984, 2091; LM Nr 6 zu § 628 BGB = NJW 1984, 2093; LM Nr 2 zu § 620 BGB = NJW 1985, 2585; OLG Hamburg NJW 1984, 2107; Picker JZ 1985, 641, 693.

[57] BGHZ 73, 150; BGH LM Nr 3 zu MiethöheRegG; Nr 26 zu § 571 BGB = NJW 1981, 341; 1982, 221; WM 1989, 799; LG Göttingen ZMR 1981, 274; AG Hamburg WuM 1985, 145. Zur Anwendbarkeit des § 571 s unten § 571 Rz 5, zu der des MHRG s unten Vorbem 12 zu § 1 MHRG.

[58] OLG Hamm WuW 1986, 169 = ZMR 1986, 287; OLG Düsseldorf ZMR 1985, 125; wegen der Einzelheiten, auch hinsichtlich des öffentlichen Preisrechts, s Mietrecht Vorbem 67 ff zu §§ 535, 536; Soergel/Kummer Vorbem 44 ff zu § 535.

pflichtig werden kann (LG Frankfurt WuM 1979, 24; OLG Hamm WuM 1981, 102; LG Berlin GE 1985, 935; LG Frankfurt NJW-RR 1987, 659; AG Frankfurt WuM 1987, 252). Der Mieter muß außerdem informiert werden, wenn Zwangsversteigerung oder Zwangsverwaltung angeordnet ist (OLG Hamm NJW-RR 1988, 784 = BB 1988, 1842). Schließlich darf der Vermieter den Mieter nicht unvorbereitet mit einem umfangreichen neuen Vertrag überfallen, ohne ihm Bedenkzeit zu lassen (LG Hamburg MDR 1986, 58).

**b)** Für die **Anfechtung** des Mietvertrages gelten uneingeschränkt die allgemeinen **54**
Regeln der §§ 119 ff (RGZ 102, 225; 157, 173; LG Köln ZMR 1984, 278 = WuM 1984, 297; str). Der bloße Irrtum des Vermieters über die Vermögensverhältnisse des Mieters fällt freilich nicht unter § 119 Abs 2 (LG Ravensburg WuM 1984, 297). Jedoch darf der Vermieter den Mieter durchaus nach seinen Vermögens- und Familienverhältnissen fragen, so daß er bei einer unrichtigen Antwort des Mieters gegebenenfalls den Mietvertrag nach § 123 Abs 1 anfechten kann.[59] Außerdem muß der Mieter den Vermieter darauf hinweisen, daß er den Mietzins von vornherein nur mit Hilfe des Sozialamtes bezahlen kann (AG Frankfurt NJW-RR 1988, 784).

## 2. Beteiligung mehrerer Personen

**a)** Wenn mehrere Personen gemeinsam eine Wohnung mieten, sind sie grundsätz- **55**
lich Gesamtschuldner. In ihrem Innenverhältnis wird idR eine BGB-Innengesellschaft vorliegen (OLG Hamm BB 1976, 529; ZMR 1983, 381; anders LG Saarbrücken WuM 1985, 294 f; s G. Scholz WuM 1986, 5; zum Sonderfall der Wohngemeinschaften s unten § 549 Rz 5). Die Folge ist, daß das Mietverhältnis von dem Vermieter stets nur einheitlich gegenüber allen Mietern gekündigt werden kann, wobei es eine Frage des Einzelfalles ist, ob ein Kündigungsgrund, der nur in der Person eines der Mitmieter vorliegt, zur Kündigung auch gegenüber allen anderen Mitmietern berechtigt (vgl BGHZ 26, 102, 104 ff; BGH WM 1986, 165; OLG Düsseldorf NJW-RR 1987, 1369; LG Berlin GE 1986, 1169; 1989, 145, 147). Genügt wie zB bei § 564b schon die Vertragsverletzung eines Mitmieters zur Kündigung gegenüber allen, so kann aber der Vermieter im Einzelfall nach § 242 verpflichtet sein, dem anderen Mitmieter nach der Kündigung den Abschluß eines neuen Vertrages anzubieten (LG Darmstadt NJW 1983, 52). Die Rückgabe schulden die Mitmieter folglich gesamtschuldnerisch; entgegen § 425 wird dabei zudem idR jeder für ein Verschulden der anderen haften müssen (OLG Düsseldorf NJW-RR 1987, 911; 1987, 1371). Sobald aber ein Mieter endgültig ausgezogen ist, kann der Vermieter Herausgabe nur noch von dem anderen verlangen (OLG Schleswig NJW 1982, 2672).

Umgekehrt sind die Mitmieter je nach den Abreden der Parteien entweder **56**
Gesamt- oder Gesamthandsgläubiger (OLG Hamm ZMR 1983, 381); ohne Rücksicht darauf kann aber jeder Mitmieter stets vom Vermieter die Vornahme aller

[59] LG Köln ZMR 1984, 278 = WuM 1984, 297; LG Landau ZMR 1985, 127 Nr 7; AG Hannover WuM 1983, 142; AG Gelsenkirchen/Buer WuM 1984, 295; Hille WuM 1984, 292.

zur Erhaltung der Mietsache erforderlichen Maßnahmen verlangen (LG Kaiserslautern MDR 1982, 851). Hingegen können auch die Mitmieter grundsätzlich *nur gemeinsam kündigen*. Eine formularmäßig im Mietvertrag vorgesehene, gegenseitige Bevollmächtigung der Mieter erstreckt sich nur auf die Entgegennahme einer Vermieterkündigung, begründet jedoch kein Recht eines Mitmieters, mit Wirkung für die anderen zu kündigen.[60]

57 **b)** Das Gesagte gilt uneingeschränkt auch für den Fall, daß **Ehegatten** gemeinsam eine Wohnung mieten: Folglich sind beide als Mitmieter Gesamtschuldner, nur daß in ihrem Innenverhältnis ein familienrechtliches Verhältnis vorliegt, aus dem sich keiner der Ehegatten einseitig durch Auszug oder Kündigung lösen kann; das Ausscheiden eines Ehegatten aus dem Vertrag ist vielmehr stets nur im Zusammenwirken aller drei Beteiligten möglich (BayObLG WuM 1983, 107 = 15 in RE Miet; OLG Koblenz ZMR 1984, 30, 31 = 7 in RE Miet; LG Berlin GE 1985, 743; 1986, 312). Die Kündigung muß daher stets von beiden ausgehen; bei einer intakten Ehe wird der Vermieter freilich im Regelfall auf die Vertretungsmacht des kündigenden Ehegatten vertrauen dürfen (s LG Hannover ZMR 1987, 18; LG Mönchengladbach ZMR 1986, 438 u 439). Während des Getrenntlebens ist der neue § 1361 b zu beachten (s Finger NJW 1987, 1001). Nach der Scheidung der Ehe richtet sich die Auseinandersetzung hinsichtlich der Wohnung stets ausschließlich nach der HausratsVO v 21. 10. 1944 (RGBl I 256; OLG Hamm ZMR 1983, 381; LG Berlin GE 1987, 281). Hatte hingegen zunächst der eine Ehegatte die Wohnung allein gemietet und erst danach geheiratet, so darf er stets den Ehegatten in die Wohnung aufnehmen (s OLG Hamm WuM 1982, 318 = 21 in RE Miet). Ebenso ist die Rechtslage schließlich im Ergebnis, wenn von den Ehegatten nur einer den Mietvertrag abschließt. Dann wird der andere zwar nicht Mieter, ist aber in den Schutzbereich des Mietvertrages einbezogen. Außerdem hat er Besitz und Besitzrecht hinsichtlich der Ehewohnung bis zur rechtskräftigen Scheidung der Ehe (BGHZ 12, 388, 399 f; 71, 216, 222 f), woraus zB folgt, daß zur Räumungsvollstreckung gegen Eheleute stets ein Titel gegen beide Ehegatten erforderlich ist (anders die hM, zB AG Neuß NJW 1985, 2427). Unterschreibt ein Ehegatte nur den Vertrag, ohne in ihm als Mieter genannt zu sein, so erlangt er lediglich die Stellung eines Bürgen (LG Berlin GE 1986, 1119; ZMR 1988, 103). Bei **nichtehelichen Lebensgemeinschaften**[61] muß schließlich ebenfalls danach unterschieden werden, wer den Mietvertrag abgeschlossen hat. Sind dies beide Partner gewesen, so gilt das oben Rz 55 f Gesagte. Hat hingegen nur einer den Mietvertrag abgeschlossen, so muß lediglich entschieden werden, ob er den anderen in die Wohnung mitaufnehmen darf (s dazu unten §§ 535, 536 Rz 22,

[60] LG Berlin GE 1984, 633; 1984, 669 = MDR 1984, 849; ZMR 1984, 277; GE 1985, 109 = WuM 1985, 291; anders für den Konkursverwalter eines Mitmieters OLG Celle Betrieb 1974, 1109.

[61] S dazu insbes BGHZ 84, 36; Diederichsen NJW 1983, 1017; Langohr ZMR 1983, 222; Schwab ZMR 1983, 184; R Scholz, Die nichteheliche Lebensgemeinschaft in der Rechtspraxis (1982); ders NJW 1982, 1070; ders ZMR 1981, 225; de Witt/Hufmann, Nichteheliche Lebensgemeinschaft (1983); Soergel/Lange, 1989, Anh 3 nach § 1588 Rdnr 40 ff.

§ 549 Rz 1). Ein eigenes Besitzrecht erwirbt der aufgenommene Teil aber in keinem Fall (AG Hamburg NJW-RR 1989, 270).

c) Wenn **mehrere** Miteigentümer eine Sache **vermieten,** entsteht hinsichtlich des 58
Mietvertrages idR eine **Bruchteilsgemeinschaft** iS der §§ 741 ff (BGH WM 1983, 604; grdleg FLUME ZHR 136, 177, 203 f). Voraussetzung ist, daß alle Miteigentümer den Vertrag abgeschlossen oder doch dem Vertragsschluß durch einen von ihnen zugestimmt haben (BGH WM 1984, 1296, 1298; OLG Karlsruhe OLGZ 1981, 207 = 4 in RE Miet). Der Vertragsschluß ist dabei eine Verwaltungshandlung iS der §§ 745 und 2038, so daß darüber durch Mehrheit beschlossen werden kann; zugleich wird dadurch die Befugnis der Mehrheit zur Vertretung der Minderheit bei Abschluß des Vertrages begründet (BGHZ 56, 47, 49 ff; BGH aaO). Die Kündigung des Vertrages muß hingegen immer von allen Miteigentümern gemeinsam erklärt werden (LG Augsburg WuM 1984, 199; LG Berlin GE 1984, 531). Nur wenn die mehreren Vermieter eine **Gesellschaft** bilden, treten an die Stelle der genannten Regeln die für die jeweilige Gesellschaft maßgeblichen Vorschriften (s Mietrecht Vorbem 99 f zu §§ 535, 536).

### 3. Vormiete und ähnliche Gestaltungen

a) Unter einem **Vormietrecht** versteht man das Recht einer Person, in den von 59
dem Vermieter mit einem Dritten abgeschlossenen Mietvertrag einzutreten. Es entspricht in jeder Hinsicht dem Vorkaufsrecht, so daß auf das nicht geregelte Vormietrecht die §§ 504 ff entsprechend angewandt werden können. Daher bedarf weder die Begründung eines Vormietrechts noch dessen Ausübung durch den Berechtigten der Form des § 566 (§ 505 Abs 1 S 2; BGHZ 55, 71, 76 f). Durch die Ausübung des Vormietrechts kommt dann zwischen dem Berechtigten und dem Vermieter ein neuer selbständiger Mietvertrag zustande, dessen Inhalt sich freilich nach dem des ersten Vertrages richtet (BGH LM Nr 8 zu § 1098 BGB = NJW 1983, 682). Die Ausübung des Vormietrechts ist daher grundsätzlich unwirksam, wenn der Berechtigte gleichzeitig die Übernahme der Pflichten aus dem Vertrag ablehnt (BGH LM Nr 16 zu § 505 BGB = WM 1988, 92). Als **Anmietrecht** bezeichnet man hingegen die Verpflichtung des Vermieters, unter bestimmten Bedingungen die Mietsache zuerst dem Berechtigten anzubieten, wobei die Vertragsbedingungen erst nach Annahme dieses Angebots festgelegt werden sollen.

b) Ähnliche Rechtswirkungen wie mit Vormiet- und Anmietrechten können mit 60
**Optionen** erreicht werden. Dazu gehören auch die *Verlängerungsoptionen,* die dem Mieter das Recht geben, einen auf bestimmte Zeit abgeschlossenen Vertrag durch einseitige Erklärung für eine weitere, bestimmte Frist oder auf unbestimmte Zeit zu verlängern. Solche Optionen sind Gestaltungsrechte, die grundsätzlich vor Ablauf des ursprünglichen Mietvertrages ausgeübt werden müssen.[62] Vertraglich wird dabei oft eine besondere Frist für die Ausübung vorgeschrieben. Bei der Begründung solcher Optionen muß § 566 beachtet werden (BGH NJW-RR 1987,

---

[62] BGHZ 94, 29; BGH LM Nr 18 zu § 18 1. BMietG; Nr 78 zu § 535 BGB = NJW 1968, 551; 1982, 2710; BGH WM 1967, 935; OLG Düsseldorf ZMR 1987, 377; AG Hamburg ZMR 1986, 17.

1227 = LM Nr 18 zu § 566 BGB). Folge der Ausübung der Verlängerungsoption ist dann, daß der alte Vertrag für die vorgesehene Zeit weiterläuft (BGH LM Nr 57 zu § 535 BGB = WuM 1975, 222). Mit diesen Optionen dürfen nicht die verbreiteten *Verlängerungsklauseln* verwechselt werden, nach denen ein Vertrag, der auf feste Zeit abgeschlossen ist, auf bestimmte oder unbestimmte Zeit weiterläuft, wenn nicht eine Partei vorher der Verlängerung widerspricht. In solchen Fällen wird nicht etwa für den Verlängerungszeitraum konkludent ein neuer Mietvertrag abgeschlossen (so die hM); vielmehr läuft einfach der alte Vertrag mit verändertem Inhalt fort (vgl § 565 a Abs. 1; zust BGH WuW/E BGH 2055, 2057; KG WuW/E OLG 2916; LG Kaiserslautern NJW-RR 1986, 442 = ZMR 1986, 167). Außerdem kann die Klausel mit einer Verlängerungsoption für den anderen Teil kombiniert werden (BGH LM Nr 8 zu § 157 [Gg] BGB = NJW 1985, 2581 = WM 1985, 755).

### 4. Baukostenzuschüsse[63]

**61** **a)** Vor allem in der Nachkriegszeit waren Finanzierungsbeiträge, durch die der Mieter dem Vermieter die Finanzierung des Wiederaufbaus erleichtern wollte, überaus verbreitet. Im einzelnen unterscheidet man dabei je nach dem Verwendungszweck des Finanzierungsbeitrags vor allem Baukostenzuschüsse und (echte) Mieterdarlehen iwS. Während Baukostenzuschüsse speziell zur Finanzierung der Baukosten gegeben werden, ist der Vermieter bei den Mieterdarlehen iwS in der Verwendung frei. Im folgenden interessieren daher nur die eigentlichen Baukostenzuschüsse.

**62** **Baukostenzuschüsse** können als sog verlorene oder anrechenbare gewährt werden, je nachdem ob ihre Rückzahlung, idR durch entsprechende Minderung des Mietzinses, vorgesehen ist oder nicht. Bei den *anrechenbaren* Baukostenzuschüssen hat man dabei weiter zwischen den Mietzinsvorauszahlungen und den Mieterdarlehen ieS zu unterscheiden. Während bei den *Mietzinsvorauszahlungen* der Mietzins in Höhe des Zuschusses von vornherein gemindert wird, ist bei den **Mieterdarlehen ieS** – ohne Herabsetzung des Mietzinses – eine Rückzahlung während des Mietvertrages oder nach dessen Ende vereinbart; gegebenenfalls kann der Mieter dann mit seinem Rückzahlungsanspruch gegen die Mietzinsforderung des Vermieters aufrechnen.

**63** Alle diese Formen von Finanzierungsbeiträgen sind grundsätzlich zulässig. **Schranken** ergeben sich nur für die sog Sozialwohnungen aus § 9 WoBindG (iVm § 50 WoBauG II) sowie für Wohnraummietverhältnisse aus § 557 a und aus Art VI des Gesetzes zur Änderung des WoBauG II v 21. 7. 1961 (BGBl I 1041) idF v 24. 8. 1965 (BGBl I 969).

**64** **b)** In der Vereinbarung eines anrechenbaren Baukostenzuschusses (oben Vorbem 33) liegt im Zweifel (aber nicht notwendig) zugleich die Vereinbarung, daß das ordentliche **Kündigungsrecht** des Vermieters für den Anrechnungszeitraum ausge-

---

[63] **Schrifttum:** Mietrecht Vorbem 123 ff zu §§ 535, 536; BGB-RGRK-Gelhaar Vorbem 184 ff zu § 535; Frotz AcP 164, 309; Pflug AcP 169, 34; Roquette Nach § 537 Rz 1 ff; Soergel/Kummer Vorbem 141 ff zu § 535; Wunner NJW 1966, 2285.

schlossen sein soll, so daß der Vertrag für diesen Zeitraum als fest abgeschlossen gilt. Danach läuft er auf unbestimmte Zeit weiter (LG Kassel WuM 1960, 6; LG Stuttgart NJW 1960, 1255). Außerdem scheidet idR während des Anrechnungszeitraums auch eine **Mietzinserhöhung** aufgrund des MHRG aus (s unten § 1 MHRG Rz 7). Hingegen bleiben bei verlorenen Baukostenzuschüssen eine Kündigung und eine Mietzinserhöhung nach dem MHRG in aller Regel möglich.

**c)** Wird der Mietvertrag vorzeitig, dh vor Ablauf des Anrechnungszeitraums, **65** beendet, so richtet sich die **Rückzahlung** der anrechenbaren Baukostenzuschüsse (oben Vorbem 33) nach § 557 a. Bei verlorenen Baukostenzuschüssen muß man hingegen unterscheiden: Bei der Wohnraummiete greift die zwingende Regelung des Art VI des Gesetzes vom 21. 7. 1961 (oben Vorbem 34) ein, durch das der Sache nach verlorene Baukostenzuschüsse verboten worden sind. Anders hingegen bei allen anderen Mietverträgen: Hier wird die Verpflichtung des Vermieters zur Rückzahlung des verlorenen Zuschusses bei vorzeitiger Beendigung des Vertrages, soweit die Parteien darüber keine besonderen Abreden getroffen haben, idR aus § 812 hergeleitet, wobei die Bereicherung des Vermieters in der vorzeitigen Zurückerlangung des Nutzungsrechtes an der Wohnung bestehen soll.[64]

**d)** Veräußert der Vermieter das Grundstück, so geht die Rückzahlungspflicht aus **66** § 557 a nach § 571 auf den **Erwerber** über. *Vorausverfügungen* über den Mietzins durch die Anrechnungsvereinbarung wirken jedoch nur in den engen Grenzen der §§ 573 f und der §§ 57 a ff ZVG gegen den Erwerber. Weitergehende Wirkungen haben solche Vorausverfügungen durch die Vereinbarung der Anrechnung der Finanzierungsbeiträge auf den Mietzins nur unter folgenden Voraussetzungen: 1. Es muß eine Anrechnungsvereinbarung zwischen Mieter und Vermieter getroffen worden sein. 2. Die Leistungen müssen zum Auf- oder Ausbau des Mietgrundstückes bestimmt gewesen sein. 3. Der Wert des Grundstücks muß noch im Augenblick des Eigentumsübergangs tatsächlich erhöht worden sein. Und der Mieter muß 4. die fraglichen Leistungen gerade als Mieter für seine Wohnung und nicht etwa als Werkunternehmer aufgrund eines weiteren, selbständigen Vertrages mit dem Vermieter erbracht haben. Nur wenn alle diese Voraussetzungen zusammentreffen, wirkt die Anrechnungsvereinbarung in vollem Umfang gegen den Erwerber des Grundstücks oder gegen den Zwangsverwalter im Falle der Anordnung der Zwangsverwaltung.[65]

---

[64] S BGHZ 29, 289; 71, 243; BGH LM Nrn 34, 41, 62 und 75 zu § 812 BGB = NJW 1958, 1582; WM 1960, 497; NJW 1964, 37; 1967, 2255; OLG Frankfurt ZMR 1986, 358; zur Kritik s. Mietrecht aaO Rz 129b und 129c; zuletzt Reuter-Martinek, Ungerechtfertigte Bereicherung (1983) S 141 ff.

[65] BGHZ 6, 202; 15, 296; 16, 31; 37, 346; 53, 35; 54, 347; BGH LM Nr 2 zu § 574 BGB; Nr 3 zu § 57b ZVG = NJW 1967, 555; 1959, 380; WM 1989, 866;OLG Frankfurt MDR 1983, 669; OLG Hamm ZMR 1987, 465; LG Bochum WuM 1982, 135; LG München I WuM 1989, 257; s unten §§ 573, 574 Rz 6.

## VIII. Inhaltsschranken

### 1. Sittenwidrigkeit

67 Mietverträge können wie alle anderen Verträge sittenwidrig sein und verfallen dann der Nichtigkeit nach § 138 BGB. Beispiele sind – unter bestimmten Voraussetzungen – Miet- oder Pachtverträge über Bordelle (BGHZ 63, 365; BGH WM 1983, 393; OLG Hamm NJW 1983, 1564; OLG Hamburg MDR 1985, 319 ff) sowie vergleichbare Fallgestaltungen (vgl für die Kollusion des Vermieters mit dem Vertreter des Mieters OLG Düsseldorf ZMR 1988, 221). Unbedenklich ist aber selbstverständlich die Vermietung von Räumen an Paare, die in wilder Ehe leben, oder an Personen mit häufig wechselnden Partnern. Dasselbe gilt für die Vermietung an sog Modelle, solange davon keine Störungen ausgehen (AG Schöneberg GE 1987, 139). Die früher häufig vertretene, gegenteilige Meinung ist heute nicht mehr haltbar. Sittenwidrig können darüber hinaus auch Vertragsgestaltungen sein, mit denen eine **Umgehung des Mieterschutzes** bezweckt ist; Beispiele sind sog Mietverträge „auf Probe" (OLG Stuttgart NJW 1982, 2673 = 6 in RE Miet) sowie immer nur zu einem vorübergehenden Gebrauch abgeschlossene Kettenmietverträge (AG Tübingen WuM 1982, 275; zweifelhaft). Wirksam ist hingegen die Vermietung von **Sozialwohnungen** an Nichtberechtigte; § 4 WoBindG ist kein gesetzliches Verbot iS des § 134 (OLG Hamm NJW 1982, 2563; NJW-RR 1988, 1037 = ZMR 1988, 262). Ebenso unbedenklich ist die Vereinbarung sog *Abstandszahlungen* zwischen Mieter und Vormieter (anders zu Unrecht LG Frankfurt WuM 1989, 166).

### 2. Wucher[66]

68 Speziell gegen den Mietwucher richten sich die Strafvorschriften des § 302 a StGB und des § 5 WiStG; eine Mangellage iSd § 5 WiStG ist dabei schon gegeben, wenn einzelne Mietergruppen wie zB Studenten am Markt diskriminiert werden (OLG Hamm NJW-RR 1986, 812). Maßstab ist in beiden Fällen die konkrete Vergleichsmiete, wobei die Gerichte **Sozialwucher** im Sinne des § 5 WiStG schon annehmen, wenn die Vergleichsmiete um ungefähr **20%** überschritten wird, während § 302a StGB erst bei einer Überschreitung dieser Grenze um rund 50% eingreift[67]; hierbei steht es dem Richter frei, ob er die konkrete Vergleichsmiete durch Einholung eines Gutachtens oder an Hand eines Mietspiegels ermitteln will (OLG Hamm WuM 1984, 238 = 44 in RE Miet). Seit der Änderung des § 5 WiStG von

---

[66] S dazu Barthelmess § 2 MHRG Rz 24d ff; ders ZMR 1985, 289; Finger ZMR 1983, 37; 1984, 1; Kothe NJW 1982, 2803; Landfermann, Gesetz zur Erhöhung des Angebots an Mietwohnungen (1983) 55 ff; Pfeifer NJW 1984, 6; Schopp ZMR 1983, 145; Sternel MDR 1983, 356, 362; ZMR 1983, 73, 79 f; Vollmer NJW 1983, 555; Wolter, Mietrechtlicher Bestandsschutz (1984), 355 ff.

[67] S BGHSt 30, 280; BGHZ 89, 316, 321 ff = 29 in RE Miet; OLG Stuttgart OLGZ 1981, 467; WuM 1982, 129 = 1c und 3 in RE Miet; OLG Hamburg WuM 1983, 20 = 13 in RE Miet; OLG Hamm NJW 1983, 1622 = 32 in RE Miet.

1982 gelten jedoch Entgelte, die zur Deckung der laufenden Aufwendungen des Vermieters erforderlich sind, nicht mehr als unangemessen, solange nicht geradezu ein auffälliges Mißverhältnis (iS des § 302a StGB) vorliegt. Zu den laufenden Aufwendungen gehören dabei auch fiktive Zinsen auf das Eigenkapital (OLG Stuttgart NJW-RR 1989, 11). Auf der anderen Seite müssen bei den Mieterleistungen neben dem Mietzins alle sonstigen Finanzierungsbeiträge angesetzt werden (AG Hamburg WuM 1986, 346 u 347). Die praktische Bedeutung des § 5 WiStG dürfte daher nur noch gering sein (s OLG Karlsruhe NJW 1984, 62 = 29 in RE Miet).

Die Vorschriften des § 302a StGB und des § 5 WiStG sind gesetzliche Verbote iS **69** des **§ 134 BGB.** Folglich ist die Mietzinsvereinbarung, *soweit* sie hiernach überhöht ist, nichtig, wobei der objektive Verstoß gegen § 5 WiStG bereits genügt (LG Mannheim WuM 1987, 362; LG Stuttgart WuM 1989, 168). Dasselbe gilt für Umgehungsgeschäfte, zB für einen vertraglichen Verzicht des Mieters auf den Schutz des § 5 WiStG (LG Stuttgart aaO). Im Falle des § 5 WiStG liegt dabei freilich die Grenze, jenseits derer die Vereinbarung nichtig ist, nicht schon bei der konkreten Vergleichsmiete[68], sondern erst bei der erheblich höheren, jeweiligen Wesentlichkeitsgrenze,[69] die bei einer Überschreitung der Vergleichsmiete um 20% anzunehmen ist (AG Stuttgart ZMR 1986, 17 = WuM 1986, 222). Der Mieter kann kondizieren, was er hiernach zuviel an Mietzins bezahlt hat (§§ 812, 817), und zwar in dem besonderen Gerichtsstand des § 29a ZPO (BGHZ 89, 275, 281 ff = 28 in RE Miet). Dieser Anspruch verjährt analog § 194 in vier Jahren (OLG Hamburg WuM 1989, 126 = ZMR 1989, 146). Außerdem hat der Mieter einen Schadensersatzanspruch nach § 823 Abs 2 (LG Köln WuM 1989, 311).

### 3. Formularverträge[70]

**a)** Wegen der großen Verbreitung von Formularverträgen in der Mietvertragspraxis kommt dem AGBG hier eine ganz erhebliche Bedeutung zu. Dabei ist freilich **70** zu beachten, daß das Gesetz uneingeschränkt Geltung nur für den nichtkaufmän-

[68] So OLG Stuttgart 1c in RE Miet; OLG Karlsruhe NJW 1982, 129 = 18 in RE Miet; OLG Hamburg 13 in RE Miet; zum Übergangsrecht s OLG Hamburg NJW 1983, 2455 = 18 in RE Miet.

[69] Grdl BGHZ 89, 316, 321 ff = 29 in RE Miet; OLG Frankfurt WuM 1985, 139, beide im Anschluß an OLG Hamm Betrieb 1983, 2355 = 36 in RE Miet; AG Stuttgart ZMR 1986, 17; s dazu Emmerich JuS 1984, 390; Hager JuS 1985, 264; Pakirnus ZMR 1984, 329; Pfeifer DWW 1984, 6.

[70] **Schrifttum:** Mietrecht Vorbem 145 ff zu §§ 535, 536; Bub-Graf von Westphalen, Das AGBG und seine Auswirkungen auf das Mietvertragsrecht, insbes auf Formularmietverträge; I. Behr WuM 1984, 35; Bunte, Handbuch der AGB (1982); Gelhaar ZMR 1981, 255; Löwe-Graf von Westphalen-Trinkner, AGBG Bd III, Miet-AGB (2. Aufl 1985); Salje WuM 1983, 187, 215; Schopp ZMR 1981, 257; Schulte ZMR 1987, 41; Sternel Tz I 341 ff; Sonnenschein NJW 1980, 1489, 1713; von Stebut, Der soz Schutz als Regelungsproblem des Vertragsrechts (1982) 244 ff; Ulmer-Brandner-Hensen, AGBG (5. Aufl 1987), bes §§ 9–11 Anhang Rz 500 ff; Graf v Westphalen Betrieb 1984 Beil 8; Wolf-Lindacher-Horn, AGBG (2. Aufl 1989), § 9 Rz M 31 ff.

nischen Verkehr, insbes mithin für die gesamte Wohnraummiete, besitzt, während im kaufmännischen Verkehr nach § 24 AGBG die §§ 2 und 10–12 AGBG nicht anwendbar sind; anwendbar bleibt aber auch hier stets die alles überragende Generalklausel des § 9 AGBG.

**71** Bei der Anwendung der §§ 9–11 AGBG auf Formularmietverträge ist davon auszugehen, daß die gesetzliche Regelung der Miete im **BGB** und im **WKSchG II** eine unter sozialen Gesichtspunkten angemessene und ausgewogene Verteilung der Rechte und Pflichten zwischen den Parteien darstellt, so daß hiervon durch Formularverträge zum Nachteil des Mieters nur abgewichen werden darf, wenn es sich dabei um untergeordnete Punkte mehr technischer Art handelt oder wenn für die *Abweichung zwingende, sachliche Gründe* aus den Beziehungen der Parteien bestehen. Für **Altverträge** aus der Zeit vor dem 1. 4. 1977, auf die nach § 28 Abs 2 AGBG die Generalklausel des § 9 AGBG ebenfalls Anwendung findet, bedeutet dies, daß sie jedenfalls insoweit nichtig sind, als sie zu den grundlegenden Wertmaßstäben des AGBG in unerträglichem Widerspruch stehen (BGHZ 91, 375, 386 = 38 in RE Miet).

**72** Wegen der Einzelheiten ist auf Erläuterungen zu den einzelnen Vorschriften zu verweisen, wo durchweg die Auswirkungen des AGBG auf vom Gesetz abweichende Mietvertragsklauseln berücksichtigt sind. Im vorliegenden Zusammenhang genügt es daher, einige **Beispiele** hervorzuheben: Unzulässig sind Zugangsfiktionen und besondere Formvorschriften, zB für Kündigungen (§§ 10 Nr 6, 11 Nr 16 AGBG). Dasselbe gilt für die Fiktion von Willenserklärungen wie zB der Billigung der Nebenkostenabrechnung bei Unterlassung sofortigen Widerspruchs (§ 10 Nr 5 AGBG). Unzulässig ist auch die formularmäßige Erklärung, der Mieter habe die Räume in einwandfreiem Zustand vorgefunden oder billige deren Zustand (§§ 9 Abs 2 Nr 2, 11 Nr 15 lit b AGBG, zB OLG Stuttgart NJW-RR 1987, 143; LG Berlin GE 1985, 829; AG Tiergarten GE 1989, 249). Der Vermieter kann sich außerdem nicht vorbehalten, statt der vereinbarten eine andere Wohnung zu leisten (§ 10 Nr 4 AGBG). Ebensowenig kann die Haftung des Vermieters für die rechtzeitige Überlassung der Wohnung ausgeschlossen oder eingeschränkt werden (§ 9 Abs 2 AGBG). Und eine Beschränkung der Vermieterhaftung ist schließlich nur noch im Rahmen des § 11 Nr 7 und 8 AGBG möglich. Ebensowenig ist es auf der anderen Seite zulässig, die Haftung des Mieters durch Formularverträge über den gesetzlichen Rahmen hinaus zu erweitern, zB durch die Bestimmung, daß der Mieter selbst dann für die Verstopfung von Abflußrohren ersatzpflichtig sein solle, wenn sich die Ursachen der Verstopfung nicht mehr aufklären lassen (OLG Hamm WuM 1982, 201, 203 = 17 in RE Miet). Diese Verbote können schließlich auch nicht dadurch umgangen werden, daß formularmäßig die Sach- oder Preisgefahr auf den Mieter abgewälzt wird (LG Berlin BB 1982, 1880). Unanwendbar ist jedoch § 11 Nr 12 lit a AGBG über die Beschränkung der Bindungsdauer von Verträgen (BGH WM 1985, 542).

**73** **b)** Gewerbliche Mietverträge über bewegliche Sachen werden ebenfalls nahezu ausnahmslos aufgrund von Vertragsformularen abgeschlossen. Ein bekanntes und besonders wichtiges Beispiel sind **Kraftfahrzeugmietverträge** (s Mietrecht Vorbem 150 ff zu §§ 535, 536). Gerade diese Bedingungen sind häufig wegen ihrer ganz verwirrenden und widersprüchlichen Anordnung kaum verständlich, so daß schon deshalb oft zweifelhaft ist, ob sie überhaupt Vertragsbestandteil geworden sind (s §§ 2, 3 und 5 AGBG; ebenso zB OLG Karlsruhe MDR 1986, 674).

Meistens ist die **Haftung** des Mieters so geregelt, daß er grundsätzlich für jedes 74 Verschulden haften soll, sich aber durch die zusätzliche Zahlung der Prämie für eine Kaskoversicherung eine Haftungsbefreiung erkaufen kann, die freilich (entsprechend § 61 VVG) wieder entfällt, wenn er vorsätzlich oder grob fahrlässig gehandelt hat; idR ergibt sich dabei eine derartige Haftungsbefreiung schon konkludent aus der Abwälzung der Kaskoversicherungsprämie auf den Mieter (BGHZ 22, 109; 26, 282; 43, 295; 70, 304). Die Haftungsbefreiung wirkt dann in jedem Fall auch zugunsten des berechtigten Fahrers, selbst wenn er nicht Vertragspartner ist.[71] Inhaltlich muß die Haftungsbefreiung an dem Leitbild der Kaskoversicherung ausgerichtet sein (BGHZ 70, 304; BGH NJW 1982, 167 = LM Nr 1 zu § 9 [Cl] AGBG; WM 1983, 1009; 1986, 388; LM Nr 8 zu § 9 [Bb] AGBG = BB 1985, 1627). Deshalb trifft die *Beweislast* für die grobe Fahrlässigkeit oder den Vorsatz des Mieters (bei denen entsprechend § 61 VVG die Haftungsbefreiung wieder entfällt) zwingend den Kraftfahrzeugvermieter; abweichende Bestimmungen sind unwirksam (BGHZ 65, 118; BGH NJW 1982, 167; WM 1983, 1009; BB 1985, 1627 = LM Nr 8 zu § 9 [Bb] AGBG; OLG Frankfurt MDR 1985, 671). Jedoch kann der Vermieter bestimmen, daß die Haftungsbefreiung entfallen soll, wenn der Mieter bei einem Unfall nicht die Polizei zwecks Unfallaufnahme hinzuzieht (BGH NJW 1968, 2099; 1982, 167 = LM Nr 21 zu AGBG).

## 4. Wertsicherungsklauseln[72]

**a)** Wertsicherungsklauseln sind in der Vertragspraxis wegen der Langfristigkeit 75 von Mietverträgen überaus verbreitet. Ihre Zulässigkeit richtet sich nach § 3 WährG, nach dem Wertsicherungsklauseln grundsätzlich verboten sind, aber im **Einzelfall** von der Bundesbank **genehmigt** werden können. Die Bundesbank verfährt dabei nach von ihr bekannt gemachten sog Grundsätzen, deren letzte Fassung vom 9. 6. 1978 stammt (BAnz Nr 109 vom 15. 6. 1978, S 4 = Mietrecht Vorbem 171 zu §§ 535, 536).

§ 3 WährG wird von der Praxis restriktiv interpretiert. Deshalb liegt eine geneh- 76 migungsbedürftige Wertsicherungsklausel nur vor, wenn die Höhe des Mietzinses in unmittelbare *(automatische)* Abhängigkeit von der Vergleichsgröße gebracht ist (zB OLG Hamburg ZMR 1985, 237; OLG Köln ZMR 1986, 197). Wo diese Automatik fehlt, wird hingegen § 3 WährG nicht angewandt. Zulässig sind daher namentlich die verbreiteten **Leistungsvorbehalte** (BGHZ 53, 315; 62, 314; BGH

[71] BGHZ 22, 109, 122; 43, 295, 299; BGH LM Nr 232 und 239 zu § 242 (Cd) BGB = NJW 1981, 1211; 1982, 987; WM 1983, 1009; LG Osnabrück Betrieb 1982, 222; s außerdem noch OLG Köln OLGZ 1983, 371; OLG Hamm MDR 1982, 580; OLG Frankfurt Betrieb 1982, 948.

[72] **Schrifttum:** Mietrecht Vorbem 157 ff zu §§ 535, 536; Dürkes, Wertsicherungsklauseln (9. Aufl 1982); ders BB 1979, 805; Willms-Wahlig BB 1978, 973; Bilda, Anpassungsklauseln in Verträgen (2. Aufl 1973).

LM Nr 11, 13, 14, 15, 18 und 41 zu § 3 WährG; OLG Hamburg ZMR 1985, 237). Dasselbe gilt darüber hinaus für die Spannungsklauseln und die Kostenelementeklauseln (BGH LM Nr 20/21, 29 und 41 zu § 3 WährG). Voraussetzung ist aber bei den Spannungsklauseln, daß die in Bezug gesetzten Größen miteinander vergleichbar sind (zuletzt zB BGH LM Nr 41 zu § 3 WährG = NJW 1983, 1909; LM Nr 106 zu § 535 BGB m Anm Emmerich JuS 1986, 908 m Nachw).

77 b) Anders ist die Rechtslage indessen bei **Wohnraummietverträgen**, da hier, um Umgehungen des MHRG zu verhindern, nach den §§ 1 und 10 Abs 1 MHRG Wertsicherungsklauseln, Leistungsvorbehalte und Spannungsklauseln generell verboten sind (BGH WM 1980, 1456; OLG Koblenz OLGZ 1981, 459 = 2 in RE Miet; LG Saarbrücken WuM 1983, 145). Eine Ausnahme gilt lediglich aufgrund des ÄnderungsG von 1982 (BGBl I 1912) (mit Rückwirkung seit dem 1. 1. 1981) für sog Staffelmietvereinbarungen. Unbedenklich ist außerdem die Abrede, daß der Vermieter bei einer gewerblichen Nutzung der Räume einen von ihm festzusetzenden Zuschlag verlangen kann (BayObLGZ 1986, 78, 80).

## § 535

**[1]Durch den Mietvertrag wird der Vermieter verpflichtet, dem Mieter den Gebrauch der vermieteten Sache während der Mietzeit zu gewähren. [2]Der Mieter ist verpflichtet, dem Vermieter den vereinbarten Mietzins zu entrichten.**

## § 536

**Der Vermieter hat die vermietete Sache dem Mieter in einem zu dem vertragsmäßigen Gebrauche geeigneten Zustande zu überlassen und sie während der Mietzeit in diesem Zustande zu erhalten.**

**Übersicht**

## I. Gegenstand

### 1. Allgemeines

Gegenstand eines Mietvertrages können nur Sachen im Sinne des § 90, nicht hingegen Rechte sein (vgl § 535 gegenüber § 581). Zu den Sachen zählen dabei auch **Sachteile,** wenn ihr selbständiger Gebrauch möglich ist, so daß zB Wandflächen zu Reklamezwecken oder zur Anbringung von Automaten vermietet werden können (s § 580 Rz 2). Ebenso handelt es sich um Miete, wenn ein Grundstück zur Ablagerung von Schutt oder zur Auffüllung mit Klärschlamm entgeltlich einem anderen überlassen wird (BGHZ 86, 71). Außerdem können einzelne **Plätze** in einem Gebäude vermietet werden, und zwar selbst zu einem nur ganz vorübergehenden Gebrauch (s unten § 571 Rz 5). Schließlich ist es selbstverständlich möglich, die Mietsache nur gattungsmäßig zu bezeichnen, so daß dann eine **Gattungsschuld** vorliegt (BGH LM Nr 238 zu § 242 [Cd] BGB = NJW 1982, 873). 1

Keine Rolle spielt, in wessen Eigentum die vermietete Sache steht. Selbst wenn der Vermieter bei Vermietung einer **fremden** Sache nicht in der Lage ist, dem Mieter den Gebrauch der Sache zu verschaffen, ist der Vertrag keineswegs nichtig, da es sich lediglich um einen Fall anfänglichen Unvermögens handelt (vgl § 541). Schließlich kann dieselbe Sache **mehrfach** vermietet werden. Kein Mieter hat dann den Vorrang vor dem anderen; vielmehr wird jeder Mieter rechtmäßiger Besitzer, sobald ihm die Sache vom Vermieter übergeben wird (s unten § 541 Rz 6). 2

### 2. Mitvermietete Sachen

Der Mietvertrag erstreckt sich, sofern die Parteien nichts anderes vereinbart haben, auf die wesentlichen Bestandteile der Sache sowie auf das gesamte sog **Mietzubehör,** wozu bei einer Mietwohnung namentlich sämtliche Wohnungsschlüssel gehören, so daß der Vermieter keinen Schlüssel zurückbehalten darf (zuletzt LG Berlin GE 1985, 1259). Mitvermietet sind außerdem eine Einbauküche, die der Vermieter folglich nicht ausbauen darf (BGH LM Nr 13 zu § 56 ZPO = WM 1986, 800, 802), sämtliche eingebauten Haushaltsgeräte wie zB Öfen oder Wandschränke, außerdem alle zu den Räumen gehörigen Zu- und Abgänge sowie die gemeinschaftlich benutzten Räume und Grundstücksteile. Beispiele sind bei Mehrfamilienhäuser die Treppen und Flure, die Ein- und Ausgänge sowie sämtliche Zugänge (AG Köln WuM 1981, 183), die Terrassen (AG Köln WuM 1974, 258) und Waschküchen (LG München I ZMR 1969, 15 Nr 11) sowie die Böden, Speicher und Keller (s AG Spandau GE 1984, 925). Ein mitvermieteter Hofraum darf jedoch grundsätzlich nur zum Be- und Entladen, zum Teppichklopfen und zum Abstellen eines Mülleimers, nicht hingegen als Kinderspielplatz (anders jetzt LG Berlin NJW-RR 1986, 1144; AG Darmstadt WuM 1986, 211; AG Aachen NJW-RR 1987, 404) oder zum Abstellen von Kraftfahrzeugen oder Fahrrädern benutzt werden (s unten Rz 19). 3

Mitvermietet ist außerdem grundsätzlich die **Außenwand** der Wohnung, so daß der Mieter dort Blumenkästen und Hinweisschilder anbringen darf (zuletzt KG 4

GE 1987, 997). Daraus folgt jedoch nicht ein Recht des Mieters, an der Außenwand oder in den Fenstern der Wohnung **Wahlplakate** aufzuhängen.[1] Ob der Vermieter freilich deshalb auch fristlos kündigen kann (§§ 553, 554a), hängt stets ganz von der Schwere der Vertragsverletzung des Mieters im Einzelfall ab (BayObLG 16 und 22 in RE Miet). Mitvermietet sind schließlich noch in Mehrfamilienhäusern die vorhandenen Fahrstühle, außer wenn der Vermieter den Fahrstuhl erst nachträglich allein für seine persönlichen Zwecke einbauen läßt.[2] Die Erhaltungspflicht des Vermieters (u Rz 9 ff) erstreckt sich stets auf alle genannten, mitvermieteten Räume, Zu- und Abgänge, Hausteile und Fahrstühle (u Rz 13). Deshalb umfaßt, wenn einem Hotelgast ein Parkplatz angewiesen wird, der Beherbungsvertrag (Vorbem 25) auch diesen Parkplatz und damit das dort abgestellte Fahrzeug des Gastes (BGHZ 63, 333).

## II. Pflichten des Vermieters

5 Den Vermieter treffen nach den §§ 535 und 536 zwei Hauptleistungspflichten. Er muß einmal dem Mieter die Sache in einem zum vertragsmäßigen Gebrauch geeigneten Zustand **überlassen;** und er muß zum anderen die Sache während der ganzen Vertragsdauer in diesem Zustand **erhalten.**



### 1. Überlassung

6 **a)** Der Vermieter muß dem Mieter die Sache überlassen, dh grundsätzlich übergeben, soweit dies zur Durchführung des vertragsmäßigen Gebrauchs erforderlich ist (Mot II 369 f). Der Vermieter darf sich daher grundsätzlich nicht darauf beschränken, dem Mieter lediglich den Gebrauch zu gestatten; sondern er muß seinerseits alles erforderliche tun, um dem Mieter den vertragsmäßigen Gebrauch zu ermöglichen (vgl BGHZ 19, 85, 93 f). Bei beweglichen Sachen wird dazu grundsätzlich die **Übergabe** der Sache, dh die Verschaffung des unmittelbaren Besitzes gehören (BGHZ 65, 137); dafür reicht zB die Übergabe eines bloßen Türdrückers nicht aus; vielmehr ist stets die Übergabe sämtlicher Schlüssel erforderlich (LG Berlin NJW-RR 1988, 203). Jedoch ist nicht in jedem Fall die Verschaffung des unmittelbaren Besitzes nötig; maßgebend ist vielmehr stets der dem Mieter nach dem Vertrag geschuldete Gebrauch, so daß der Vermieter immer alles, aber auch nur das tun muß, was erforderlich ist, um dem Mieter diesen Gebrauch zu ermöglichen (RGZ 141, 99, 101 f; BGH WM 1989, 724). Dafür kann je nach den Umständen des Falles auch die Gestattung einer bloßen, vorübergehenden Benutzung der Sache, zB die Erlaubnis der Benutzung einer Garageneinfahrt ausreichen (OLG Karlsruhe ZMR 1988, 257; zust BGH aaO).

[1] Im einzelnen str; s insbes BVerfGE 7, 230 = NJW 1958, 259; BayOblGZ 1983, 50 = 16 in RE Miet; WuM 1984, 12 = 22 in RE Miet; LG Essen NJW 1973, 2290; LG Hamburg WuM 1980, 247; LG München I WuM 1983, 263; LG Darmstadt WuM 1983, 137; LG Tübingen ZMR 1985, 415; LG Hamburg NJW 1986, 320; LG Tübingen NJW 1986, 321.
[2] BGH BB 1971, 1302; LG Hamburg NJW 1976, 1320; OLG Karlsruhe ZMR 1984, 18.

Bei der Überlassung muß sich die Sache außerdem in einem zum vertragsmäßigen Gebrauch durch den Mieter geeigneten **Zustand** befinden (§ 536). Der Vermieter ist deshalb verpflichtet, etwaige Mängel der Sache vor der Überlassung zu beseitigen sowie sonstige Störungen des Mietgebrauchs, zB durch behördliche Verbote, zu verhindern (s unten Vorbem 9 zu § 537). 7

**b)** Kommt der Vermieter diesen Pflichten nicht nach, so hat der Mieter den Erfüllungsanspruch und kann obendrein die Bezahlung des Mietzinses verweigern, bis der Vermieter ordnungsgemäß erfüllt hat (**§ 320;** zB OLG Düsseldorf ZMR 1983, 376); außerdem kann er gegebenenfalls mindern (BGH LM Nr 20/21 zu § 3 WährG). Schließlich kann er idR vom Vermieter **Schadensersatz** verlangen. Dieser Ersatzanspruch ergibt sich bei der Raummiete im Falle der Verzögerung der Übergabe aus § 325, da die Raummiete grundsätzlich Fixcharakter trägt (Vorbem 11 zu § 537; BGHZ 85, 267; LG Köln WuM 1980, 100). Der Ersatzanspruch des Mieters setzt dabei zwar grundsätzlich Verschulden des Vermieters voraus (BGH ZMR 1963, 107); jedoch wird man bei der Raummiete in der vertraglichen Festlegung eines bestimmten Einzugstermins des Mieters in aller Regel die Übernahme einer Garantie seitens des Vermieters zu sehen haben, daß dieser Termin unbedingt eingehalten wird, so daß der Vermieter dann bei einer Verzögerung der Übergabe der Wohnung auch ohne Verschulden dem Mieter ersatzpflichtig ist (vgl BGH LM Nr. 24 zu § 242 [Be] BGB = MDR 1970, 756; LG Berlin FWW 1976, 24). Ein Ausschluß oder eine Einschränkung dieser Vermieterhaftung durch Formularverträge ist nicht möglich. Der Schadensersatzanspruch des Mieters umfaßt dabei vor allem die Kosten der Suche nach einer anderen Wohnung sowie gegebenenfalls die für die Ersatzwohnung zu zahlende, höhere Miete (LG Mannheim MDR 1970, 54). Hingegen kann der Mieter keinen Ersatz für die ihm abstrakt entgehenden Gebrauchsvorteile verlangen (BGHZ 66, 239; 66, 277; 70, 199; BGH LM Nr 79 zu § 249 [A] BGB = NJW 1987, 771; anders aber zT BGHZ [GS] 98, 212; BGHZ 101, 325; s Emmerich JuS 1987, 574; 1988, 485 m Nachw). 8

## 2. Erhaltung[3]

**a)** Der Vermieter muß die Sache dem Mieter nicht nur in einem zum vertragsmäßigen Gebrauch geeigneten Zustand überlassen; sondern er muß die Sache auch während der ganzen Vertragsdauer in diesem Zustand erhalten. Aus dieser Erhaltungspflicht folgen eine Instandhaltungs- und Instandsetzungspflicht des Vermieters sowie dessen Pflicht, alle Störungen des Mieters im vertragsmäßigen Gebrauch zu unterlassen und abzuwehren. Der Vermieter hat daher grundsätzlich kein Recht, die Mietwohnung gegen den Willen des Mieters zu betreten oder zu besichtigen. 9

**aa)** Sind die Räume zu gewerblichen Zwecken vermietet, so darf der Vermieter 10

[3] **Schrifttum:** Fricke ZMR 1979, 227; Glaser NJW 1953, 330; WRP 1963, 80; Joachim BB 1986 Beil 6 zu H 19; Müller ZMR 1970, 289; Roquette DR 1940, 570; Schopp ZMR 1953, 139; Weimar WuM 1972, 118; Wiethaup ZMR 1959, 289; MDR 1960, 632; 1969, 822.

den Mieter im vertragsmäßigen Gebrauch der Räume nicht dadurch behindern, daß er Räume im selben Haus an **Konkurrenzunternehmen** vermietet. Der Mieter genießt Konkurrenzschutz jedoch grundsätzlich nur gegen die Vermietung von Räumen im selben Haus an Geschäfte mit denselben *Hauptartikeln*, während Überschneidungen bei Nebenartikeln als unerheblich gelten[4]. Eine solche Überschneidung bei Hauptartikeln liegt zB vor bei den verschiedenen Formen der Lebensmittelgeschäfte sowie etwa im Verhältnis zwischen einer Kantine und einem Kaffee mit Eisdiele (BGH LM Nr 6 zu § 536 BGB), zwischen einer Apotheke und einer Drogerie, zwischen einer Drogerie und einem Supermarkt mit ausgebauter Drogerieabteilung (BGH LM Nr 11/12 zu § 536 BGB), nicht jedoch im Verhältnis zwischen einer Apotheke und einer Selbstbedienungsdrogerie (OLG Frankfurt NJW 1982, 707). Der Konkurrenzschutz beschränkt sich außerdem grundsätzlich auf *dasselbe Grundstück* im Sinne einer wirtschaftlichen Einheit (RGZ 131, 274) und umfaßt daher nur in Ausnahmefällen auch ein demselben Vermieter gehörendes Nachbargrundstück (OLG Celle MDR 1964, 59; BGH LM Nr 17 zu § 536 BGB; OLG Frankfurt NJW-RR 1988, 396). Das Gesagte gilt auch für Einkaufsstraßen, obwohl sich hier an sich Geschäft an Geschäft reiht (OLG Frankfurt NJW-RR 1988, 396; anders LG Frankfurt MDR 1982, 234). Die Pflicht zum Schutz des Mieters vor Konkurrenz besteht jedoch immer nur im Rahmen von Treu und Glauben (§ 242). Deshalb ist der Vermieter, wenn er einem Unternehmen auf seinem Grundstück eine bloße Lagerhalle vermietet, nicht gehindert, auf demselben Grundstück andere Lagerhallen an Konkurrenten zu vermieten (OLG Frankfurt NJW-RR 1987, 848). Außerdem haben vertragliche Abreden stets den Vorrang; jedoch trägt derjenige, der sich auf solche abweichenden Abreden beruft, dafür die Beweislast (BGH WM 1988, 876 = NJW-RR 1988, 717; OLG Hamburg NJW-RR 1987, 403).

**11** Dieselben Grundsätze gelten grundsätzlich für die Vermietung von Praxisräumen an Angehörige der freien Berufe wie Ärzte und Anwälte, so daß sie ebenfalls idR Konkurrenzschutz durch die Unterlassung der Vermietung an konkurrierende Praxen verlangen können (BGHZ 70, 79; BGH Betrieb 1976, 2151; OLG Karlsruhe NJW 1972, 2224; OLG Hamburg NJW-RR 1987, 403). Doch kommt hier alles ganz auf die Umstände des Einzelfalles an. So wird zB bei einem sog Ärztehaus grundsätzlich kein Arzt einen Konkurrenzschutz verlangen können, und zwar einfach deshalb, weil hier nach den ganzen Umständen ein solcher als konkludent ausgeschlossen gelten muß (s OLG Hamburg NJW-RR 1987, 403).

**12** **bb)** Der Vermieter muß den Mieter außerdem gegen alle Störungen im vertragsmäßigen Gebrauch schützen, die von Dritten, zB von Mitmietern, ausgehen (BGH LM Nr 8 zu § 536 BGB = BB 1966, 427), und zwar notfalls unter Inanspruchnahme polizeilicher Hilfe, etwa wenn der Mieter einer Halle an deren Benutzung durch Dritte gehindert werden soll (grdl BGHZ 99, 182 m Anm Emmerich JuS 1987, 489). Die wichtigsten (und schlimmsten) Störungen des Mieters sind jedoch **Lärm**belästigungen durch Dritte (eingehend Pfeifer, Lärmstörungen [5. Aufl 1988]). Deshalb dürfen zB in einer Mietwohnung Radios immer

---

[4] BGHZ 70, 79; BGH LM Nr 2, 3, 5, 6 11/12 und 17 zu § 536 BGB = BB 1955, 181; 1957, 167; 1960, 345; 1961, 466; 1968, 645; 1979, 490; OLG Hamm NJW-RR 1988, 911.

nur mit Zimmerlautstärke betrieben werden, so daß sie in anderen Wohnungen nicht mehr hörbar sind (LG Berlin GE 1988, 909). Stört ein Mieter seine Mitmieter durch unerträglichen Lärm, so können die Mitmieter außerdem vom Vermieter die fristlose Kündigung des Vertrages mit dem Störer fordern (LG Berlin GE 1988, 355). Ein weiteres Beispiel für Störungen, die der Mieter nicht hinzunehmen braucht, ist ein bordellartiger Betrieb in dem Haus (AG Hamburg WuM 1984, 280). Derartige Belästigungen des Mieters stellen schließlich stets zugleich einen Mangel der Wohnung im Sinne des § 537 BGB dar (s unten § 537 Rz 10).

**b)** Der Vermieter muß die vermietete Sache stets in einem zum vertragsmäßigen **13**
Gebrauch geeigneten Zustand erhalten (sog **Instandhaltungspflicht**) und, wenn die Sache sich nicht mehr in diesem Zustand befindet, sie wieder in diesen Zustand versetzen (sog **Instandsetzungspflicht**). Daraus folgt zunächst die Pflicht des Vermieters, schon vorbeugend sämtliche Maßnahmen zu ergreifen, die erforderlich sind, um von der Sache dem Mieter und seinen Angehörigen drohende Gefahren abzuwehren (sog **Verkehrssicherungspflicht**). Deshalb ist der Vermieter zB verpflichtet, für die Sicherung der vermieteten Räume gegen das Eindringen Unbefugter, insbes durch die Anbringung von Schlössern, zu sorgen (BGH LM Nr 2 zu § 535 BGB = ZMR 1953, 337; OLG Hamburg NJW-RR 1988, 1481; LG Berlin GE 1987, 523). Außerdem muß er alles Erforderliche tun, um die Sicherheit der Zu- und Abgänge, der Treppen und Flure sowie der sonstigen mitvermieteten Räume, Hausteile und Fahrstühle (o Rz 3 f) sicherzustellen[5]. Dazu gehören zB die Isolierung frei verlegter Rohre, um zu verhindern, daß sie bei Frost platzen können (BGH NJW-RR 1989, 76 = WM 1988, 1382), die Auswechslung von Bleirohren, wenn von ihnen konkrete Gefahren drohen (LG Berlin GE 1987, 243; AG Hamburg ZMR 1988, 101), die ständige Gewährleistung der Betriebsfähigkeit eines Aufzugs (LG Berlin ZMR 1986, 89), die Anpassung einer Fernsehantenne an die technische Entwicklung (AG Bad Oldesloe WuM 1986, 16) sowie die Erhaltung des Treppenhauses in einem gefahrlosen, ordnungsmäßigen Zustand (AG Tempelhof – Kreuzberg GE 1987, 1055; AG Tiergarten GE 1987, 1057; KG GE 1984, 81). Soweit der Mieter zur Vornahme dieser Arbeiten vorübergehend ausziehen muß, hat der Vermieter auch hierfür umfassend zu sorgen und die Kosten zu tragen (AG Gelsenkirchen WuM 1988, 13; AG Wuppertal WuM 1988, 15).

Der Vermieter muß weiterhin die vermieteten Sachen einschließlich aller mitver- **13a**
mieteten Teile und Räume in regelmäßigen Abständen daraufhin überprüfen, ob sie sich in einem ordnungsgemäßen Zustand befinden oder ob dem Mieter von ihnen Gefahren drohen; doch dürfen die Anforderungen an diese **Prüfungspflicht** des Vermieters nicht überspannt werden[6]. Abflußrohre brauchen daher nur dann regelmäßig überprüft zu werden, wenn Anhaltspunkte für Schäden vorliegen, wenn es zB wiederholt zu Verstopfungen gekommen ist (LG Berlin GE 1988,

---

[5] OLG Karlsruhe ZMR 1960, 306; KG WuM 1984, 42 = 22 in RE Miet; LG Berlin WuM 1978, 230.

[6] BGH VersR 1966, 81; WM 1976, 537; 1969, 1011; LM Nr 3 zu § 538 BGB = BB 1957, 494.

413). Wenn der Vermieter im selben Haus wohnt, muß er auch dafür Sorge tragen, daß von seiner Wohnung den Wohnungen der Mieter keine Gefahren drohen (BGH LM Nr 39 zu § 278 BGB). Er ist deshalb ersatzpflichtig, wenn er es unterläßt, einen Wasserhahn abzudrehen, so daß Wasser in die Wohnungen der Mieter eindringt (BGH LM Nr 6a zu § 536 BGB = NJW 1964, 33). Er ist außerdem verpflichtet, bei Schnee oder Eis die Zu- und Abgänge zu räumen und zu streuen (BGH NJW 1985, 484; VersR 1965, 364; KG NJW 1970, 2110). Er muß schließlich die Treppen und Flure beleuchten (str).

**13b** Alle genannten Pflichten, insbes die Pflicht zur Reinigung, zum Streuen bei Glatteis und zum Schneeräumen, die an sich dem Vermieter obliegen, können durch den Mietvertrag auf den Mieter **abgewälzt** werden; dies muß indessen ausdrücklich, klar und eindeutig geschehen, nicht hingegen an versteckter Stelle oder in verklausulierter Form in einer Hausordnung[7]. Genau dieselben Regeln gelten für die Müllbeseitigung; sie ist ebenfalls solange Sache des Vermieters, wie sie nicht wirksam auf die Mieter abgewälzt ist (LG Aachen NJW-RR 1988, 783; AG Lüdenscheid WuM 1986, 136). Treffen die genannten Pflichten hiernach den Mieter, so befreien ihn grundsätzlich **Alter** und Krankheit nicht, da er jederzeit eine Ersatzkraft mit der Erfüllung der genannten Aufgaben betrauen kann[7a].

**14** Die Instandsetzungspflicht des Vermieters erstreckt sich auf sämtliche **mitvermieteten Sachen** und Teile des Hauses, nicht aber auf die Zentralheizung, weil diese nicht mitvermietet ist (LG Berlin GE 1987, 1111). Sie entfällt außerdem bei geringfügigen Schäden wie zB bloßen Haarrissen im Deckenputz (LG Berlin GE 1988, 731), oder wenn ihre Erfüllung dem Vermieter – zB als bloßem Wohnungseigentümer – unmöglich ist (LG Berlin WuM 1988, 156). Von diesen Ausnahmefällen abgesehen, **endet** jedoch die Instandsetzungspflicht des Vermieters grundsätzlich erst bei völliger Zerstörung der vermieteten Sache (§ 275 Abs 1). Hier ergeben sich freilich schwierige Abgrenzungsprobleme, wenn die Sache nur teilweise zerstört ist (s unten Vorbem 6 zu § 537). Keine Rolle spielt jedenfalls die finanzielle Leistungsfähigkeit des Vermieters (§ 279; LG Hamburg NJW 1976, 1320; LG Berlin WuM 1978, 230; LG Essen WuM 1983, 139).

---

[7] S BGH LM Nr 142 zu § 823 (Dc) BGB = NJW 1985, 484; OLG Frankfurt WuM 1988, 399; LG Stuttgart WuM 1988, 399; AG Aachen WuM 1986, 315; AG Frankfurt/Höchst WuM 1988, 153.

[7a] § 275 Abs 2; zB LG Flensburg WuM 1987, 52; LG Wuppertal WuM 1987, 381; anders LG Darmstadt WuM 1988, 300; AG Frankfurt WuM 1985, 19; AG Hamburg WuM 1986, 84.

## III. Der vertragsmäßige Gebrauch[8]

### 1. Allgemeines

Der Begriff des vertragsmäßigen Gebrauchs bezeichnet exakt die Grenze zwischen den Rechten und Pflichten der Mietvertragsparteien. Der Vermieter hat während der ganzen Vertragsdauer alles zu tun, um dem Mieter den vertragsmäßigen Gebrauch zu ermöglichen (§§ 535, 536). Entsprechend muß sich der Mieter während der ganzen Vertragsdauer strikt an die Grenzen des vertragsmäßigen Gebrauchs halten. Jede Überschreitung dieser Grenze ist vertragswidrig (§§ 550, 553) und kann den Mieter ersatzpflichtig machen (§ 548). Was jeweils im einzelnen zum vertragsmäßigen Gebrauch des Mieters gehört, richtet sich dabei in erster Linie nach den Abreden der Parteien. Ergänzend sind stets die gesamten Umstände des Einzelfalles sowie insbes die Verkehrssitte zu berücksichtigen. Sind die Räume zB als Wohnräume vermietet, so dürfen sie grundsätzlich nicht für **gewerbliche Zwecke** genutzt werden (Glaser NJW 1956, 1265). Jedoch versteht es sich von selbst, daß die Angehörigen freier Berufe ebenso wie Wissenschaftler oder Schriftsteller normale Büroarbeiten in ihrer Wohnung ausüben dürfen. Aber auch sonstige, beschränkte, gewerbliche Tätigkeiten sind erlaubt, wenn davon keine Belästigung der anderen Mieter und keine Gefährdung des Mietobjektes zu besorgen sind, sofern nicht der Mietvertrag ausdrücklich das Gegenteil bestimmt (LG Wuppertal MDR 1971, 49; LG Osnabrück WuM 1986, 94). Deshalb sind idR zB zulässig die Erteilung von Unterricht an einzelne Schüler, geringfügige Heimarbeiten (LG Berlin WuM 1974, 258), geringfügige Büroarbeiten (LG Mannheim BB 1977, 1274; WuM 1978, 91), die gelegentliche Tätigkeit als Hellseher (LG Hamburg WuM 1985, 263), die Herstellung von Software (AG Münster WuM 1988, 429), die gewerbliche Nutzung eines gemieteten Tennisplatzes (AG Neuß NJW-RR 1988, 915) sowie die Beaufsichtigung von maximal drei fremden Kindern durch eine sog Tagesmutter (LG Hamburg NJW 1982, 2387). 15

Sind die Räume für bestimmte, gewerbliche Zwecke vermietet, so müssen sie auch zur Aufnahme gerade dieses Gewerbebetriebs **geeignet** sein; andernfalls sind die Räume mangelhaft.[9] Die vertragliche Bestimmung der Räume gerade für die Aufnahme eines bestimmten Gewerbebetriebes bedeutet dabei keine endgültige Festlegung des Mieters gerade auf diesen Betrieb; vielmehr sind normale **Erweiterungen** des Gewerbebetriebes stets erlaubt. Dasselbe gilt für die Erweiterung des Betriebs durch die Aufnahme neuer Geschäftszweige, sofern dem Vermieter aufgrund der gesamten Umstände nach Treu und Glauben die Veränderung zuzumuten ist, weil der Mieter an ihr ein berechtigtes Interesse hat und ihr keine 16

[8] **Schrifttum:** Mietrecht §§ 535, 536 Rz 54 ff; Glaser MDR 1962, 521; Betrieb 1964, 982; 1966 Beil Nr 4; 1973, 2176; 1974, 125; Leenen MDR 1980, 353; Mittelstein 243, 253, 267 ff; Müller ZMR 1970, 289; Niendorff 227 ff; Sternel Rz II 136 ff.

[9] BGH LM Nr 11 und 12/13 zu § 537 BGB; Nr 6 zu § 538 BGB = MDR 1964, 229 u 915; NJW 1963, 804; BGH BB 1958, 575.

legitimen Interessen des Vermieters entgegenstehen.[10] Unzulässig ist daher namentlich jede Umgestaltung eines Ladens oder einer Gaststätte, von der erhebliche Belästigungen der Nachbarn drohen, zB durch Aufnahme eines bordellartigen Betriebs[11]. Daher ist es zB unzulässig, als „Laden“ vermietete Räume als Restaurant, Spielsalon oder gar Bordell zu nutzen[11a]. Hingegen dürfen Räume, die als „Kiosk“ vermietet sind, durchaus auch zum Betrieb einer Imbißstube mit Gastraum genutzt werden (KG GE 1987, 571).

### 2. Bauliche Veränderungen

17 Bauliche Veränderungen sind dem Mieter **grundsätzlich verwehrt.** Ohne Zustimmung des Vermieters vorgenommene, bauliche Veränderungen müssen mithin bei Rückgabe der Sache beseitigt werden.[12] Die Beseitigungspflicht besteht selbst dann, wenn der Vermieter zunächst für die Dauer des Mietvertrages mit den Baumaßnahmen des Mieters einverstanden gewesen war (LG Berlin GE 1987, 39, 41). Kommt der Mieter seiner Beseitigungspflicht nicht unverzüglich nach, so macht er sich ohne weiteres schadensersatzpflichtig (OLG München NJW-RR 1986, 443; LG Berlin GE 1986, 389). Die Beseitigungspflicht entfällt jedoch, wenn der Vermieter die Mietsache nach Vertagsende sofort völlig umbaut, so daß die Wiederherstellung des früheren Zustandes sinnlos wäre (§ 242; BGHZ 96, 141 m Anm Sonnenschein JZ 1986, 287). Beispiele für hiernach grundsätzlich zu beseitigende Änderungen sind erhebliche bauliche Veränderungen eines Pächters (KG GE 1987, 571), die Aufstellung einer Sauna auf der Loggia (LG Hannover WuM 1984, 129; AG Dortmund WuM 1985, 263), der Einbau einer Gasetagenheizung (LG Berlin GE 1985, 1259) oder einer Decke aus feuergefährlichem Material (LG Braunschweig ZMR 1985, 274) sowie die Auswechslung alter Fenster gegen neue Kunststoffenster (LG Berlin MDR 1985, 57). **Anders** zu beurteilen sind indessen solche baulichen Veränderungen, bei denen es sich um notwendige Verwendungen handelt (vgl §§ 538, 547). Erlaubt sind außerdem das Anbringen von Dübeln und Haken (LG Mannheim WuM 1975, 50), weiter das Bohren von Löchern, der Einbau von Klingelknöpfen und Türspionen (LG Berlin GE 1984, 863; AG Hamburg WuM 1980, 190; 1985, 256; AG Münster WuM 1983, 176), die Verlegung von Teppichböden sowie die Aufstellung einer modernen Duschkabine im Badezimmer (LG Berlin ZMR 1975, 27), weil dies alles heute zum normalen, vertragsmäßigen Gebrauch bei einer Mietwohnung gehört.

---

[10] BGH LM Nr 1, 2 und 3 zu § 550 BGB = ZMR 1954, 211; NJW 1957, 1833; DMR 1961, 225; BGH NJW 1984, 221; WM 1985, 233; OLG Karlsruhe ZMR 1987, 419, 421.

[11] BGH NJW 1984, 2213; LG Wiesbaden ZMR 1954, 372; LG Passau NJW 1983, 1683.

[11a] BayObLG ZMR 1985, 206 = WuM 1985, 207; WuM 1985, 235; 1985, 238; KG ZMR 1985, 207 = WuM 1985, 236; WuM 1986, 287; NJW-RR 1987, 1160; OLG Zweibrücken NJW-RR 1987, 464.

[12] BGH LM Nr 54 zu § 535 BGB = NJW 1974, 1463; LG Mannheim MDR 1969, 763; LG Berlin GE 1984, 761; MDR 1985, 57; LG Düsseldorf NJW-RR 1987, 1043.

### 3. Anlagen des Mieters

Aufgrund des technischen Fortschritts gehört heute die Aufstellung von **Waschmaschinen,** Trockenautomaten und Geschirrspülmaschinen zum selbstverständlichen Inhalt des vertragsmäßigen Gebrauchs bei der Wohnraummiete, so daß abweichende Bestimmungen in Mietverträgen nicht mehr möglich sind (§ 138 Abs. 1; § 9 AGBG).[13] Ebenso hat jeder Mieter ein unbedingtes Recht auf Installierung eines Fernsprechanschlusses (RGZ 116, 93; OLG Köln MDR 1968, 763; LG Hannover ZMR 1984, 308) sowie auf Teilnahme am Rundfunk- und Fernsehprogramm, so daß er stets die dafür notwendigen **Außenantennen** anbringen darf, solange nicht der Vermieter eine den Ansprüchen der Mieter genügende Gemeinschaftsantenne zur Verfügung stellt; der Vermieter bleibt jedoch berechtigt, den Standort etwa erforderlicher Außenantennen der Mieter zu bestimmen.[14] Der Mieter hat außerdem das Recht, sich an das Kabelnetz der Bundespost anzuschließen, vorausgesetzt, daß dem Vermieter dadurch keinerlei Folgekosten entstehen können (LG Heidelberg WuM 1987, 17; LG Siegen NJW-RR 1989, 521; AG Wuppertal MDR 1986, 412; anders zB AG Spandau GE 1988, 1115; enger auch LG Berlin GE 1989, 93, 95; s Bestgen ZUM 1989, 17). Die Grenzen des vertragsmäßigen Gebrauchs werden hingegen überschritten, wenn der Mieter eine Funksprechanlage oder eine Funkantenne anbringt, so daß hier in jedem Fall eine ausdrückliche Zustimmung des Vermieters erforderlich ist, zu deren Erteilung er nur (ausnahmsweise) verpflichtet ist.[15] 18

### 4. Fahrzeuge des Mieters

Ein **Kraftfahrzeug** darf der Mieter auf dem Grundstück des Vermieters nur abstellen, wenn ihm dies vertraglich, zB durch die Vermietung einer Garage, erlaubt ist, sonst jedoch grundsätzlich nicht (LG Berlin ZMR 1964, 270; LG Oldenburg ZMR 1966, 208; LG Düsseldorf WuM 1984, 82). Hingegen darf der Mieter, sofern nicht ausdrücklich etwas anderes vereinbart ist, **Fahrräder und Mopeds** in der Wohnung oder im Keller abstellen, sofern dort nicht leicht brennbare Flüssigkeiten gelagert sind (LG Berlin NJW 1957, 265; LG Augsburg NJW 1956, 1563). Ein Abstellen dieser Fahrzeuge im Hof braucht der Vermieter jedoch nicht zu dulden (oben Rz 3; LG Berlin ZMR 1964, 270). Eine etwaige Duldung des Vermieters kann dessen Rechtsnachfolger daher jederzeit widerrufen, solange nicht dem Mieter ein vertragliches Recht auf Abstellen des Fahrzeugs im Hof eingeräumt ist (LG Berlin GE 1988, 587). Kinderwagen dürfen schließlich 19

---

[13] ZB LG Essen ZMR 1966, 211; AG Hildesheim NJW 1973, 519; AG Mülheim WuM 1981, 12; AG Karlsruhe MDR 1969, 577; Glaser MDR 1969, 539; OLG Hamburg WuM 1989, 9.

[14] BayObLGZ 1981, 1 = 3 in RE Miet = NJW 1981, 1275; LG Berlin GE 1984, 585; LG Hamburg ZMR 1965, 188; 1965, 381; 1978, 140; WuM 1978, 190.

[15] § 242; BayObLGZ 1981, 1; AG Aachen WuM 1982, 74; Glaser ZMR 1981, 193; Kleffmann ZMR 1981, 326.

stets im Hausflur abgestellt werden (LG Berlin GE 1985, 735; AGe Charlottenburg und Hagen WuM 1984, 80).

**5. Musikausübung**

**20** Der Betrieb von Rundfunk- und Fernsehgeräten sowie die Musikausübung, zB durch gelegentliches Klavierspiel, sind dem Mieter im normalen Rahmen gestattet. Die damit unvermeidlich verbundenen Störungen müssen die Mitmieter hinnehmen, soweit nicht im Mietvertrag ausdrücklich etwas anderes bestimmt ist, zB durch den (zulässigen) Verzicht auf jedes Musizieren in den Mieträumen[15a]. Überhaupt sind gelegentliche Lärmbelästigungen, etwa durch Familienfeiern oder kleine Kinder, bei dem Zusammenleben mehrerer Menschen in einem größeren Miethaus unvermeidlich und daher erlaubt. Die Grenzziehung im einzelnen ist freilich schwierig. Unzulässig ist jedenfalls jede Störung der Mitmieter während der üblichen Ruhestunden von 13 bis 16 Uhr und von 22 bis 8 Uhr (LG Ellwangen WuM 1985, 256: nächtliche Umbauarbeiten). Auch Störungen, die den Rahmen des Normalen überschreiten, sind unzulässig, so daß nicht nur die Mitmieter (§§ 862, 906 analog), sondern auch der Vermieter aufgrund des Mietvertrages Unterlassung verlangen können (s o Rz 12).

**6. Tierhaltung**

**21** Die Haltung von Tieren ist dem Mieter als Bestandteil des normalen, vertragsmäßigen Gebrauchs nur bei **Kleintieren** gestattet, von denen ihrer Art nach irgendwelche Störungen und Schädigungen unter keinen Umständen ausgehen können (AG Steinfurt WuM 1981, 230; AG Köln WuM 1984, 78; LG Mönchengladbach ZMR 1989, 21: Katze). Abgesehen von diesem Ausnahmefall bedarf hingegen die Tierhaltung in der Mietwohnung stets der **Zustimmung** des Vermieters. Das gilt – entgegen einer verbreiteten Meinung (zB LG Mannheim ZMR 1965, 191) – namentlich für die Hundehaltung, weil sich bei ihr niemals ganz die Gefahr einer Gefährdung oder Belästigung von Mitbewohnern oder Nachbarn ausschließen läßt.[16] Der Vermieter kann daher die Tierhaltung in der Wohnung durchaus vertraglich generell verbieten (BVerfG WuM 1981, 77; OLG Hamm 5 in RE Miet; LG Nürnberg-Fürth WuM 1981, 77). Hält der Mieter gleichwohl Tiere in der Wohnung, so kann der Vermieter stets Unterlassung der Tierhaltung verlangen, ohne genötigt zu sein, konkrete Störungen durch das Tier nachzuweisen (OLG Hamm aaO; OLG Hamburg ZMR 1963, 40; LG Hamburg MDR 1982, 146). Wenn sich hingegen der Vermieter im Mietvertrag die **Zustimmung zur Tierhaltung vorbehält**, hängt die Bedeutung dieser Klausel von den Umständen ab. Die Klausel kann zunächst die Bedeutung haben, daß der Vermieter nach freiem

---

[15a] OLG Hamm NJW 1981, 465; OLG Frankfurt OLGZ 1984, 407 = NJW 1985, 2138; OLG München NJW-RR 1986, 638; Gramlich NJW 1985, 2131; Pfeifer Lärmstörungen (5. Aufl 1988); ders ZMR 1987, 361.

[16] OLG Hamm OLGZ 1981, 74 = 5 in RE Miet; LG Berlin WuM 1984, 130; LG Bonn ZMR 1989, 179; Sojka WuM 1983, 127; 1984, 259; Blank WuM 1981, 121; Sternel Rz II 163 ff.

Ermessen über die Genehmigung der Tierhaltung entscheiden kann. In diesem Fall bedarf die Verweigerung der Genehmigung keiner Begründung; dem Vermieter ist es lediglich verwehrt, die Mieter grundlos unterschiedlich zu behandeln, so daß er, wenn er selbst ein Tier hält oder anderen Mietern die Tierhaltung genehmigt hat, weiteren Mietern nicht ohne sachliche Gründe die Tierhaltung untersagen kann[16a]. Aber selbst in diesem Fall kann die Genehmigung (selbstverständlich) verweigert werden, wenn andere Mieter gegen das betreffende Tier allergisch sind (AG Köln WuM 1988, 122) oder wenn es sich um besonders gefährliche Tiere wie große Hunde oder gar Schlangen handelt (AG Charlottenburg GE 1988, 1051; AG Rüsselsheim WuM 1987, 144; AG Kassel WuM 1987, 144). Außerdem darf der Mieter niemals große, gefährliche Hunde frei im Flur herumlaufen lassen (OLG Köln ZMR 1988, 97 = WuM 1988, 122). Die Genehmigungspflicht erstreckt sich in einem solchen Fall außerdem auf Hunde häufiger Besucher, zB der Freundin des Mieters (AG Frankfurt NJW-RR 1988, 783). Das Urteil auf Unterlassung der Tierhaltung wird dann nach § 887 ZPO vollstreckt (LG Hamburg ZMR 1985, 302). Ein Anspruch auf Genehmigung besteht jedoch grundsätzlich bei der Haltung von Blindenhunden (AG Hamburg-Blankenese WuM 1985, 256).

Der **Genehmigungsvorbehalt** kann jedoch im Einzelfall auch die weitergehende **21a**
Bedeutung haben, daß die Erlaubnis zur Tierhaltung nur aus sachlichen Gründen verweigert werden darf. Entgegen einer verbreiteten Meinung (insbes LG Mannheim NJW 1984, 59) ist dies indessen nicht zu vermuten. Sobald der Vermieter aber einmal die Erlaubnis zu der Tierhaltung erteilt hat, kann er diese nur noch **widerrufen**, wenn er hierfür wichtige Gründe hat, namentlich wenn von dem Tier konkrete nachweisbare Störungen ausgehen (OLG Hamburg ZMR 1957, 39; FWW 1962, 478; LG Berlin ZMR 1975, 217; Sojka WuM 1983, 127). Außerdem verwirkt der Vermieter sein Widerspruchsrecht, wenn er zunächst jahrelang nichts gegen die Tierhaltung unternommen hat (LG Essen WuM 1987, 117; str.).

### 7. Die Aufnahme Dritter

Zum vertragsmäßigen Gebrauch gehören die **Aufnahme** der nächsten Angehöri- **22**
gen, der Hausangestellten und des Pflegepersonals in der Wohnung (BGHZ 40, 252; 84, 36), sowie die kurzfristige Aufnahme von Besuchern, die auch durch den Mietvertrag nicht verboten werden kann (AG Altenkirchen WuM 1989, 175). Hingegen ist die früher ganz allgemeine Meinung, daß vom vertragsmäßigen Gebrauch außerdem die längere Aufnahme sonstiger Personen, zB der Besucher, Freunde oder Lebensgefährten umfaßt werde, solange ihnen nur nicht ein selbständiger Gebrauch an den Räumen eingeräumt wird, mittlerweile aufgegeben, so daß diese Fälle heute grundsätzlich unter § 549 fallen (s im einzelnen u § 549 Rz 1 f).

---

[16a] Im einzelnen str, s LG Hamburg MDR 1986, 937 = WuM 1987, 212 = ZMR 1986, 440; LG Berlin WuM 1987, 213; GE 1987, 1111; 1989, 41, 43; LG Braunschweig NJW-RR 1988, 910; LG Stuttgart WuM 1988, 121; LG Bonn ZMR 1989, 179.

## 8. Heizung[17]

### a) Allgemeines

23 Wenn eine Wohnung mit Heizung vermietet wird, ist der Vermieter verpflichtet, die Wohnung zu heizen. Die Versorgung mit Wärme gehört in diesem Fall zu dem dem Mieter vom Vermieter geschuldeten, vertragsmäßigen Gebrauch. Folglich kann der Mieter vom Vermieter Erfüllung verlangen, wenn der Vermieter nicht die erforderliche Wärme zur Verfügung stellt. Außerdem kann er mindern (§ 537), Schadensersatz verlangen (§ 538) sowie gegebenenfalls kündigen (§ 542). Der Umfang der **Heizpflicht des Vermieters** richtet sich dabei ganz nach den Umständen. Entgegen einer verbreiteten Meinung beschränkt sie sich insbes nicht auf die sog Heizperiode von Oktober bis April (vgl zB LG Mannheim ZMR 1962, 312; Glaser ZMR 1978, 33; Weimar WuM 1978, 21); vielmehr muß der Vermieter stets in der Weise heizen, daß in der Wohnung die für die Zwecke des Mieters erforderliche Temperatur erreicht werden kann. Er muß deshalb zu jeder Jahreszeit und zu jeder Tages- und Nachtzeit die Heizung so betreiben, daß der Mieter, wenn er es wünscht, in seinen Räumen eine Wärme von 20 bis 22° erreichen kann.[18] In einem Formularvertrag kann nichts Gegenteiliges bestimmt werden (LG Göttingen ZMR 1988, 179; LG Hamburg WuM 1988, 153). Ein Urteil auf ordnungsmäßige Heizung wird dann nach § 890 ZPO (LG Koblenz ZMR 1986, 506), nach anderen nach § 888 ZPO vollstreckt (LG Berlin ZMR 1985, 343). Der Vermieter darf die Heizung auch nicht abstellen, um Forderungen gegen den Mieter durchzusetzen. § 320 ist insoweit nicht anwendbar; ein solches Verhalten stellt vielmehr eine strafbare Nötigung dar (§ 240 StGB; OLG Hamm NJW 1983, 1505).

24 Der **Mieter** braucht hingegen **nicht** zu heizen. Es besteht keine Abnahmepflicht des Mieters hinsichtlich der vom Vermieter bereitgestellten Wärme; er kann vielmehr auf die Beheizung seiner Räume verzichten, solange er nur dafür Sorge trägt, daß davon dem Mietobjekt keine Gefahren drohen (AG Steinfurt WuM 1981, 230; AG Nürnberg WuM 1984, 109; AG Tempelhof-Kreuzberg GE 1987, 283). Selbst bei einer Etagenheizung besteht folglich keine Betriebspflicht des Mieters (LG Hannover ZMR 1961, 295).

---

[17] **Schrifttum:** Mietrecht §§ 535, 536 Rz 77 bis 91; s auch unten § 4 MHRG Rz 2 ff; sowie Blümmel, Heizung und Heizkostenabrechnung (1982); Böttcher-Meinert, Verbrauchsabhängige Wärmekostenabrechnung (1981); Emmerich, PiG 23, S 87; Glaser, Die Sammelheizung in Rechtsprechung und Schrifttum (8. Aufl 1980); ders Rechtsfragen zur Ölheizung im Mietwohnhaus (1964); Hanke und Hannig, PiG 13, S 155 und 179; Hampel, Wärmekostenabrechnung (1981); Hanke, PiG 23, S 101; Hentschel GE 1984, 945, 1041; Jennissen ZMR 1982, 228; Rodenberg, Die Nebenkosten im Wohnraummietrecht (1982); Peruzzo, Heizkostenabrechnung nach Verbrauch (3. Aufl 1985); ders NJW 1981, 801; Sternel Rz II 293 ff; ders, PiG 23, S 55; ders, PiG 28, S 101; Schopp ZMR 1986, 301.

[18] LG Kassel WuM 1964, 71; LG Hamburg ZMR 1961, 292; AG Hannover WuM 1984, 196; AG Köln WuM 1984, 198; 1986, 136; LG Landshut NJW-RR 1986, 640; LG Hamburg WuM 1988, 151 = ZMR 1988, 388; LG Göttingen ZMR 1988, 179; Pfeilschifter WuM 1986, 199; Stöver WuM 1978, 138.

**b) Umlage der Kosten**

**aa)** Für Wohnungen, die dem WoBindG unterliegen, gelten für die Umlage der Heizkosten ausschließlich die §§ 20 und 22 NMV 1970 idF vom 18. 7. 1979 (BGBl I 1103; vgl dazu BGH LM Nr 9 zu WoBindG 1965). Bei allen anderen Räumen richtet sich hingegen seit dem 1. 3. 1981 die Umlage der Heizkosten nach der **HeizkostenVO** vom 23. 2. 1981 (BGBl I 261) idF der ÄnderungVO von 1989 (BGBl I S 116; dazu MÜLLER GE 1989, 214). Diese Verordnung gilt für den Betrieb zentraler Heizungsanlagen und zentraler Warmwasserversorgungsanlagen sowie für die Lieferung von Fernwärme und Fernwasser (§ 1 Abs 1 VO). Ihr Anwendungsbereich ergibt sich im einzelnen aus den §§ 1 bis 3 und 11 (vgl auch die Übergangsbestimmung in § 12). Aufgrund der Verordnung ist die sog **Kaltmiete** jetzt die gesetzliche Regel. Der Vermieter muß deshalb die Räume mit Wärmezählern oder Heizkostenverteilern versehen (§§ 4, 5 VO). Der so erfaßte Energieverbrauch ist zu mindestens 50 und höchstens 70% verbrauchsabhängig auf die Mieter umzulegen, während für die übrigen Kosten andere Verteilungsmaßstäbe in Betracht kommen (§§ 6 bis 9). Welche Kosten umgelegt werden können, sagen dabei im einzelnen die §§ 7 Abs 2 bis 4 und 8 Abs 2 bis 4. Abweichende Vereinbarungen sind nur noch in ganz engen Grenzen möglich (§§ 2 und 10 VO). Daraus wird überwiegend der Schluß gezogen, daß die HeizkostenVO den generellen **Vorrang** vor allen alten und neuen Vereinbarungen über eine Warmmiete hat. Folglich müssen jetzt alte Vereinbarungen dieser Art ebenfalls der HeizkostenVO angepaßt werden, indem der (fiktive) Heizkostenanteil aus der Miete herausgerechnet und anschließend stets verbrauchsabhängig auf die Mieter umgelegt wird (OLG Schleswig WuM 1986, 330; OLG Hamm WuM 1986, 267; insbes BayObLG NJW-RR 1988, 1293 = WuM 1988, 257). Ergänzend greift § 4 MHRG ein, nach dem der Vermieter insbesondere jede Erhöhung der Betriebskosten auf die Mieter umlegen darf. 25

**bb)** Jenseits des Anwendungsbereichs der NMV und der HeizkostenVO ist hingegen weiterhin die sog **Warmmiete** die gesetzliche Regel (vgl § 546), so daß mangels abweichender Vereinbarungen der Parteien davon auszugehen ist, daß mit dem Mietzins sämtliche Leistungen des Vermieters einschließlich der Heizung der Räume abgegolten sind[19]. Haben die Parteien eine **abweichende Vereinbarung** getroffen, so richtet es sich ganz nach ihren Abreden, welche Kosten im einzelnen umgelegt werden dürfen. Eine solche Abrede kann (selbstverständlich) auch konkludent zustande kommen, etwa dadurch, daß der Mieter über lange Zeit unbeanstandet die vom Vermieter ihm in Rechnung gestellten Nebenkosten bezahlt (AG Wuppertal WuM 1985, 343; AG Brühl WuM 1985, 344; viel enger hingegen OLG Hamburg MDR 1988, 1059). Als allgemeine Richtlinie gilt hierbei, daß Klauseln über die Abwälzung der Nebenkosten auf den Mieter möglichst eindeutig und klar sein müssen, so daß sie in jedem Zweifelsfalle gegen den 26

[19] BGH WM 1970, 95; OLG Frankfurt WuM 1972, 42; OLG Düsseldorf ZMR 1984, 20; OLG Stuttgart WuM 1983, 285 = 7 in RE Miet; OLG Hamm WuM 1984, 121 = 43 in RE Miet.

Vermieter auszulegen sind[20]. Hierdurch wird der Vermieter indessen nicht gehindert, zur näheren Umschreibung der abgewälzten Nebenkosten einfach auf § 27 der II BV (mit Anlagen) Bezug zu nehmen[21]. Aus den §§ 4 und 10 MHRG in Verb mit § 27 der II BV ergibt sich zugleich, daß bei der Wohnraummiete überhaupt **nur** die in der Anlage des § 27 der II BV genannten Nebenkosten auf die Mieter umgelegt werden können, weil alles andere Grundmiete ist, deren Erhöhung bei der Wohnraummiete ausschließlich nach § 2 MHRG möglich ist[21a]. Werden die Räume mit Fernwärme versorgt, so darf der Vermieter schließlich i Zw vom Mieter Ersatz sämtlicher Kosten verlangen, die er seinerseits auf Grund des Liefervertrages dem Versorgungsunternehmen erstatten muß (BGH LM Nr 28 zu § 157 [C] BGB = NJW 1984, 971; str).

**c) Abrechnung**

**27** Soweit die Heizkosten nach dem Gesagten umlagefähig sind, ist der vom Mieter geschuldete Betrag erst **fällig,** wenn der Vermieter darüber abgerechnet hat (BGH GE 1986, 601; LG Wiesbaden ZMR 1985, 273). Die Abrechnung muß § 259 entsprechen und nachprüfbar sein. Der Mieter muß sie namentlich *nachvollziehen* können. Deshalb muß die Abrechnung klar, übersichtlich und verständlich sein. Auch bei großen Mietobjekten müssen dazu im einzelnen die Gesamtkosten, der Verteilungsschlüssel, die Berechnung des Anteils der einzelnen Mieter und die Vorauszahlungen angegeben werden.[22] Bloße Schätzungen reichen nicht aus (LG Köln WuM 1985, 294; AG München GE 1984, 673; AG Neukölln GE 1986, 261). Der Mieter muß außerdem die Möglichkeit haben, die Abrechnung **nachzuprüfen.** Dazu genügt es nicht, wenn der Vermieter dem Mieter die Möglichkeit gibt, die Belege in seiner Wohnung einzusehen; der Vermieter muß vielmehr die Belege dem Mieter auf Verlangen in dessen Wohnung vorlegen.[23] Ob der Mieter hinsichtlich der Nebenkosten ein Zurückbehaltungsrecht bis zur Vorlage aller Belege und Kopien hat, ist umstr (verneinend LG Berlin GE 1984, 133). Die *Beweislast* für die Richtigkeit aller Einzelposten trägt der Vermieter (LG Köln ZMR 1969, 14; s aber für Verdunstungsgeräte LG Hannover ZMR 1989, 97). Sobald aber der Mieter auf die Schlußabrechnung hin vorbehaltlos gezahlt hat, sind damit alle gegenseitigen

---

[20] Zuletzt zB OLG Düsseldorf ZMR 1984, 20; OLG Frankfurt WuM 1985, 91; 1986, 15; BayObLG WuM 1985, 18 = 37 in RE Miet; LG Braunschweig NJW 1986, 639.

[21] BGH WM 1970, 95; BayObLGZ 1984, 38 = WuM 1984, 104 = 28 in RE Miet; BayObLG WuM 1984, 192 = 29 in RE Miet; OLG Karlsruhe WuM 1986, 9; AG Köln WuM 1980, 278; AG Wangen WuM 1981, 131; anders zB LG Göttingen ZMR 1989, 95.

[21a] Grdl OLG Koblenz OLGZ 1986, 117 = NJW 1986, 995 = ZMR 1986, 87; zustimmend OLG Karlsruhe NJW-RR 1988, 136 = WuM 1988, 204; LG Bremen WuM 1988, 397; LG Bonn WuM 1988, 398; LG Hannover ZMR 1987, 58; LG Göttingen ZMR 1989, 95; AG Königstein NJW-RR 1989, 270.

[22] Grdleg BGH NJW 1982, 573 = LM Nr 21 zu § 259 BGB; WuM 1984, 127 = 33 in RE Miet; GE 1986, 601; LG Hannover WuM 1985, 346; OLG Hamm WuM 1981, 62; 1982, 72; LG Freiburg WuM 1983, 265; LG Berlin GE 1985, 309, 367.

[23] § 269; LG Hanau WuM 1981, 102; 1985, 346; LG Mainz WuM 1979, 116; LG Berlin WuM 1983, 208; AG Hagen ZMR 1984, 119 Nr 3; Kleffmann ZMR 1984, 109; anders zB AG Wetter ZMR 1984, 119 Nr 2; AG Hagen ZMR 1985, 343 m Anm Kleffmann.

Forderungen erledigt (OLG Hamburg NJW-RR 1987, 1495; LG Aachen WuM 1987, 50; LG Lüneburg MDR 1979, 759; LG Marburg ZMR 1980, 153; LG Wuppertal WuM 1982, 300).

Der Vermieter darf die Abrechnung nicht ungebührlich verzögern, sondern muß **28** binnen angemessener **Frist** abrechnen. Andernfalls erlangt der Mieter ein Zurückbehaltungsrecht hinsichtlich etwaiger Vorauszahlungen (u Rz 29; grdleg BGHZ 91, 62, 71 f; BGH NJW 1984, 1684 = LM Nr 85 zu § 535 BGB; OLG Köln ZMR 1986, 197; LG Saarbrücken WuM 1985, 349). Diese Frist beträgt höchstens ein Jahr (OLG Hamburg NJW-RR 1989, 82 = GE 1988, 1163 = ZMR 1989, 18; LG Osnabrück WuM 1987, 118: 3 Monate; LG Berlin GE 1989, 153: 9 Monate). Außerdem läuft der Vermieter dann Gefahr, daß er den Anspruch gegen den Mieter auf Erstattung der Heizkosten **verwirkt**. Entgegen einer früher verbreiteten Meinung genügt hierfür indessen noch nicht der bloße Zeitablauf; vielmehr kommt es dafür immer ganz auf die gesamten Umstände des Einzelfalles und insbesondere darauf an, ob der Mieter darauf vertrauen durfte, daß der Vermieter von ihm keine Heizkostenerstattung mehr verlangen werde.[24]

Auch aus dem Umstand, daß der Vermieter in bestimmter Höhe **Vorauszahlungen** **29** verlangt hatte (vgl § 4 Abs 1 MHRG), ergibt sich allein noch kein Vertrauenstatbestand zugunsten des Mieters, so daß Nachforderungen grundsätzlich unbegrenzt möglich sind, wenn sich später die Kosten als wesentlich höher erweisen (OLG Stuttgart WuM 1982, 272 m abl Anm Lechner WuM 1983, 5 = 5 in RE Miet). Indessen macht die bewußt zu niedrige Festsetzung der Vorauszahlungen den Mieter aus cic ersatzpflichtig, so daß der Vermieter dann später keine Nachzahlungen mehr verlangen kann (AG Rendsburg NJW-RR 1988, 398). Das gilt allgemein, wenn die Nachforderungen die Vorauszahlungen um ein Mehrfaches übersteigen (AG Ahrensberg NJW-RR 1988, 397). Die Verpflichtung zur Zahlung von Vorauszahlung muß stets ausdrücklich im Vertrag begründet werden und kann daher nicht nachträglich im Wege ergänzender Auslegung dem Vertrag entnommen werden (OLG Düsseldorf ZMR 1988, 397). All dies gilt auch für den öffentlich geförderten Wohnungsbau, so daß selbst hier für die Nachforderung durch die Vorauszahlung nicht gedeckter Kosten keine besonderen Fristen bestehen (BGHZ 91, 62). Ergibt die Abrechnung hingegen, daß der Mieter zuviel gezahlt hat, so hat er einen Rückzahlungsanspruch aus § 812 BGB, der gemäß § 197 in vier Jahren verjährt (OLG Hamburg WuM 1988, 83 = ZMR 1988, 92).

Nur wenn eine Heizkosten**pauschale** vereinbart worden ist, entfällt eine Abrech- **30** nung über die tatsächlichen Kosten. Eine solche Abrede kann, muß aber nicht zugleich bedeuten, daß der Vermieter keine Erhöhung bei einer zwischenzeitlichen Kostensteigerung verlangen kann[25]. Bleibt hiernach eine Erhöhung der Pauschale wegen zwischenzeitlicher Kostensteigerungen möglich, so richtet sich

---

[24] BGHZ 91, 62, 71; BGH NJW 1984, 1684 = 36 und 33 in RE Miet; KG WuM 1981, 270 = 5 in RE Miet; OLG Karlsruhe WuM 1981, 271 = 8 in RE Miet; OLG Hamm WuM 1982, 72; 1983, 107= 31 in RE Miet; LG Karlsruhe WuM 1982, 132; AG Wuppertal ZMR 1983, 31; 1983, 32; OLG Köln WM 1987, 1308, 1310; AG Hamburg ZMR 1988, 467.

[25] Vgl OLG Zweibrücken WuM 1981, 153 = 2 in RE Miet; LG Essen ZMR 1982, 79; LG Münster WuM 1978, 230; AG Wuppertal MDR 1989, 162, 163.

die Erhöhung nach § 4 Abs 2 MHRG. Eine pauschale Mehrbelastungsklausel, dh die **generelle Abwälzung** der Mehrkosten verstößt dann aber gegen § 5 AGBG (AG Koblenz WuM 1985, 343). Im übrigen ist hier stets der Vorrang der HeizkostenVO zu beachten (o Rz 25). Soweit er eingreift, sind Abreden über Heizkostenpauschalen auf eine verbrauchsabhängige Heizkostenabrechnung umzustellen, wobei dem Mieter etwaige Vorteile durch eine zu niedrige Heizkostenpauschale erhalten bleiben müssen (LG Hamburg WuM 1986, 851; AG Köln WuM 1986, 213; OLG Hamburg GE 1986, 851; AG Köln WuM 1986, 321).

**30a** Die Einzelheiten der Abrechnung sind vielfältig umstritten, und zwar auch jenseits des Anwendungsbereichs der HeizkostenVO. Hier genügen folgende Bemerkungen: Der Umlegungsmaßstab muß grundsätzlich im Vertrag festgelegt werden (OLG Koblenz NJW-RR 1987, 1043). Er muß möglichst verbrauchsnah sein und sollte deshalb bei einer großen Wohnanlage von der Größe der einzelnen Häuser ausgehen (AG Köln WuM 1985, 343; anders LG Hannover WuM 1985, 346). Die Orientierung an der Größe der Wohnung, gemessen in Quadratmetern, kann dabei durchaus billig sein (OLG Hamm WuM 1983, 315 = ZMR 1984, 14). Durch eine ständige Vertragsübung kann der Maßstab geändert werden (LG Berlin MDR 1981, 405). Dabei muß außerdem darauf geachtet werden, daß die Abrechnung möglichst billig bleibt; der Mieter darf nicht mit ganz unangemessenen Abrechnungskosten belastet werden (AG Hannover WuM 1985, 348). Erweist sich eine Abrechnung jedoch als falsch, so ist es grundsätzlich nicht Aufgabe der Gerichte, sie anschließend im Rechtsstreit zu korrigieren (LG Berlin GE 1984, 455). Anders nur, wenn der Mieter einzelne unberechtigte Posten mühelos herausrechnen kann (AG Neuß NJW-RR 1987, 849). So verhält es sich zB, wenn in der Abrechnung gewerblich genutzte Räume ebenso wie Wohnräume behandelt werden (LG München I WuM 1985, 348) oder wenn bei der Abrechnung tatsächlich nicht beheizte Zimmer mit berücksichtigt werden (AG Charlottenburg GE 1986, 399). Zieht der Mieter während der Abrechnungsperiode aus, so muß der Gesamtverbrauch auf die beiden Mieter möglichst genau aufgeteilt werden, am besten durch eine Zwischenablesung (LG Berlin GE 1986, 281; AG Bremerhaven WuM 1986, 120; sehr str).

**30b** Außerdem dürfen immer nur die tatsächlich entstandenen **Kosten** umgelegt werden, nicht hingegen fiktive Kosten, zB bei Eigenleistungen des Vermieters (AG Neuß NJW-RR 1987, 849). Zu den umlegungsfähigen Kosten gehören dabei auch die Kosten der Bedienung, Wartung und Reinigung der Heizung, wenn sie tatsächlich angefallen sind (AG Hagen ZMR 1987, 59). Von ihm erzielte Rabatte muß der Vermieter aber bei der Abrechnung an die Mieter weitergeben (LG Berlin GE 1988, 463). Überhaupt muß der Vermieter stets möglichst wirtschaftlich vorgehen und sich deshalb grundsätzlich an den billigsten Angeboten orientieren (anders zu Unrecht LG Berlin GE 1984, 83; 1985, 483; AG Frankfurt ZMR 1983, 191). Hat er zu unterschiedlichen Preisen Öl eingekauft, so muß der Abrechnung zunächst der niedrige erste Preis zugrundegelegt werden, weil dieses Öl als erstes verbraucht wird (OLG Koblenz WuM 1986, 282).

## IV. Pflichten des Mieters

### 1. Mietzins[26]

#### a) Allgemeines

Hauptleistungspflicht des Mieters ist die Zahlung des Mietzinses (§ 535 S 2). In der Vereinbarung von Art und Höhe des Mietzinses sind die Parteien frei (BGH WM 1989, 724, 726), soweit nicht ausnahmsweise, insbes aufgrund des WoBindG oder in Berlin auf Grund des § 3 GVW, gesetzliche Vorschriften eingreifen. Für die Erhöhung des Mietzinses gilt bei Wohnraummietverhältnissen jedoch das MHRG. In jedem Fall ist die Mietzinsschuld eine einheitliche Schuld des Mieters, wobei der Mietzins sowohl in einer einmaligen Leistung als auch in wiederkehrenden Leistungen in beliebigen Zeitabschnitten bestehen kann (BGH LM Nr 2 zu § 69 KO = NJW 1976, 2264). Die Höhe des Mietzinses kann außerdem ganz oder teilweise nach den vom Mieter erzielten Umsätzen bestimmt werden. Bei Vereinbarung einer solchen **Umsatzmiete** liegt ein sog partiarisches Rechtsverhältnis, nur ausnahmsweise hingegen eine Gesellschaft im Sinne des § 705 vor (RGZ 149, 88; 160, 361; insbes BGH BB 1988, 12 = ZMR 1988, 49). Verbreitet sind solche Abreden bei Miet- oder Pachtverträgen über Unternehmen, Landgüter, freiberufliche Praxen oder Apotheken (BGH ZMR 1979, 238). **31**

Erbringt der Mieter nur Teilleistungen, so gilt für deren Verrechnung § 366, so daß das Bestimmungsrecht grundsätzlich dem Mieter zusteht (BGH LM Nr 4 zu § 366 BGB = NJW 1965, 1373; LG Mannheim WuM 1975, 97; Oske WuM 1981, 49). Abweichende Bestimmungen sind zwar möglich (LG Mannheim WuM 1975, 97); jedoch darf sich der Vermieter in einem Formularvertrag nicht ein einseitiges Bestimmungsrecht vorbehalten; vielmehr muß dann im Mietvertrag selbst die von § 366 BGB abweichende Reihenfolge festgelegt werden (BGHZ 91, 375 = NJW 1984, 2404 = 38 in RE Miet). **Mehrwertsteuer** auf den Mietzins kann der Vermieter idR nicht verlangen, da Mietverträge über Grundstücke grundsätzlich von der Umsatzsteuer befreit sind (§ 4 Nr 12 a UmsStG; LG Mannheim WuM 1976, 92). Bei der gewerblichen Miete kann der Vermieter jedoch gemäß § 9 UmsStG für die Mwst optieren; dies gilt dann auch für die Mehrwertsteuer auf die Nebenkosten (LG Karlsruhe ZMR 1989, 178). **31a**

#### b) Zahlung des Mietzinses

Erfüllungsort für den Mieter ist grundsätzlich der Wohnsitz oder der Ort der gewerblichen Niederlassung des Mieters bei Vertragsschluß, selbst wenn das Mietgrundstück an einem anderen Ort gelegen ist (§ 269; BGH BB 1988, 1067 = WM 1988, 1072). Im letzteren Fall wird sich jedoch häufig aus den Abreden der Parteien etwas anderes ergeben (RGZ 99, 257; 140, 67, 69 ff). Hieraus und aus § 270 folgt, daß die Mietzinsschuld grundsätzlich **Schickschuld** und nicht Bringschuld ist, so daß der Mieter nur die Transportgefahr, nicht jedoch die sog **32**

---

[26] **Schrifttum:** Mietrecht §§ 535, 536 Rz 99 ff; Beuermann WuM 1979, 253; Derleder, PiG 23, S 15; Eisenschmid, PiG 23, S 37; Mittelstein 15, 390 ff; Niendorff 18 ff; Oske WuM 1981, 49; Sonnenschein, PiG 28, S 11; Sternel Rz III 1 ff.

Verzögerungsgefahr trägt. Er hat mithin rechtzeitig geleistet, wenn er den geschuldeten Betrag nur rechtzeitig abgesandt hat. Zur Anwendung des § 320 s oben Rz 8. Eine Lohnabtretung in einem Formularmietvertrag verstößt gegen § 3 AGBG (LG Lübeck WuM 1986, 14).

**c) Verzug**

33 Im Falle des Verzugs des Mieters mit der Mietzinszahlung verdrängt § 554 für seinen Anwendungsbereich den § 326, so daß spätestens nach Übergabe der Sache an den Mieter ein Rücktritt des Vermieters aufgrund des § 326 nicht mehr möglich ist. An die Stelle des Rücktritts tritt vielmehr das **Kündigungsrecht** des Vermieters (BGHZ 50, 312). Unberührt bleibt jedoch auf jeden Fall der Schadensersatzanspruch des Vermieters aus § 283 oder § 326. Die Folgen des Konkurses der Parteien regeln die §§ 19–21 KO (s Emmerich, PiG 28, S 145, 154 ff).

**d) Verjährung**

34 Die Verjährungsfrist für Mietzinsansprüche beträgt **4 Jahre** (§ 197). Dieselbe Verjährungsfrist gilt für Nebenkostenansprüche des Vermieters (zB BGHZ 91, 62, 71); jedoch beginnt die Verjährungsfrist hier erst mit der Belastung des Vermieters mit den Nebenkosten und mit Vorlage einer nachprüfbaren Berechnung der Nebenkostenansprüche (oben Rz 27) zu laufen, weil der Anpruch vorher nicht fällig ist; § 224 findet keine Anwendung (OLG Hamm WuM 1982, 72; OLG Frankfurt ZMR 1983, 374 und 410). Nur für die gewerbsmäßige Vermietung beweglicher Sachen gilt nach § 196 Abs 1 Nr 6 eine Verjährungsfrist von **zwei Jahren.** Zur Verwirkung von Nebenkostenansprüchen s schon Rz 28.

**2. Abnahmepflicht**

35 Den Mieter trifft grundsätzlich keine Abnahme- und Gebrauchspflicht. Er ist zum vertragsmäßigen Gebrauch der ihm vermieteten Sache lediglich berechtigt, nicht aber verpflichtet, so daß er durch die Nichtentgegennahme der Sache nur in Annahmeverzug gerät, ohne daß sich dadurch freilich etwas an seiner Verpflichtung zur Mietzinszahlung änderte (BGH LM Nr 8 zu § 581 BGB; Nr 4 zu § 133 [A] BGB; Nr 20 zu § 138 [Bc] BGB = ZMR 1979, 238). Jedoch kann eine **Gebrauchspflicht** des Mieters jederzeit, auch konkludent, vereinbart werden (RGZ 138, 192; 138, 202; BGH WM 1983, 531). So kann sich insbes bei der Vermietung gewerblicher Objekte aus der Vereinbarung einer Umsatzmiete zugleich eine Betriebspflicht des Mieters ergeben; notwendig ist dieser Schluß jedoch selbst hier nicht.[27] Auch bei Einfamilienhäusern wird sich aus der Obhutspflicht des Mieters häufig konkludent zugleich eine Abnahmepflicht des Mieters ergeben (AG Mönchengladbach-Rheydt ZMR 1981, 210). Soweit eine solche Pflicht jedoch zu verneinen ist, ist der Mieter jederzeit zur **Rückgabe** der Sache noch vor Vertragsende berechtigt (LG Mannheim WuM 1982, 298).

[27] RGZ 149, 88, 90 f; 160, 361, 368 f: BGH LM Nr 3 zu § 242 [Bf] BGB; Nr 20 zu § 138 [Bc] BGB = BB 1954, 426; ZMR 1979, 238.

### 3. Obhutspflicht

Sobald dem Mieter die Sache überlassen worden ist, muß er mit der fremden Sache des Vermieters sorgfältig und pfleglich umgehen. Eine besondere Ausprägung dieser Obhutspflicht ist die Anzeigepflicht des Mieters aufgrund des § 545 (BGHZ 68, 281; RGZ 84, 222; 93, 39; 106, 133). Die Obhutspflicht *beginnt,* sobald dem Mieter die Sache überlassen worden ist, und endet erst mit der tatsächlichen Rückgabe der Mietsache ohne Rücksicht darauf, ob der Vertrag schon früher abgelaufen ist (BGH LM Nr 2 zu § 556 BGB = NJW 1967, 1803). Sie erstreckt sich nicht nur auf das eigentliche Vertragsobjekt, sondern *umfaßt* außerdem sämtliche, mitvermieteten Sachen und Räume (RGZ 59, 161; 75, 118; 106, 133). *Inhaltlich* geht die Obhutspflicht vor allem dahin, alle genannten Sachen sorgfältig und pfleglich zu behandeln und nach Möglichkeit vor Schäden zu bewahren (OLG Düsseldorf ZMR 1965, 51; LG Mannheim WuM 1982, 298). Folglich muß der Mieter, wenn er für längere Zeit *verreist,* dafür Sorge tragen, daß in der Zwischenzeit auftretende Mängel erkannt und behoben werden können, weshalb er verpflichtet ist, die Wohnungsschlüssel einer vertrauenswürdigen Person oder dem Vermieter zu übergeben (BGH LM Nr 49 zu § 535 BGB = NJW 1972, 34; AG Köln WuM 1986, 86; AG Hersbruck WuM 1986, 307; AG Tempelhof/Kreuzberg GE 1988, 781). Kümmert sich jedoch der Dritte, dem der Mieter die Schlüssel übergeben hat, nicht um die Wohnung, so haftet der Mieter für dadurch verursachte Schäden nach § 278 (LG Berlin ZMR 1982, 86; 1987, 335). Der Mieter ist außerdem verpflichtet, die Räume ordnungsgemäß zu *säubern* und zu lüften (zB LG Berlin ZMR 1985, 90; Heitgress WuM 1985, 107), ohne daß der Vermieter freilich dem Mieter insoweit ins einzelne gehende Vorschriften machen könnte (LG Kaiserslautern MDR 1981, 144). Deshalb muß der Mieter zB durch ausreichende Heizung dafür sorgen, daß die Rohre im Badezimmer nicht einfrieren (AG Neukölln GE 1988, 203). Ebensowenig darf er die Wohnung derartig mit Gerümpel vollstopfen, daß sogar Schäden an der Bausubstanz drohen (AG Rheine WuM 1987, 153). Beim Auftreten von Mängeln ist der Mieter schließlich zur Duldung von Erhaltungsmaßnahmen verpflichtet, wenn nur so eine Behebung der Mängel möglich ist (s §§ 541 a, 541 b Rz 2 ff). Bei **Verstößen** gegen die Obhutspflicht kann der Vermieter Schadensersatz und Unterlassung verlangen; in schwerwiegenden Fällen kann er außerdem kündigen (§§ 550, 553; BGH LM Nr 2 zu § 566 BGB = NJW 1967, 1803). 36

### 4. Duldungspflicht[28]

Duldungspflichten des Mieters können sich aus den §§ 541 a, 541 b und 559 ff sowie im Einzelfall aus § 242 ergeben. Darüber hinaus ist umstritten, ob der Mieter verpflichtet ist, eine **Besichtigung** der Wohnung durch den Vermieter zu dulden. Ohne ausdrückliche Abrede kann es jedoch kein Besichtigungsrecht des 37

[28] **Schrifttum:** Mietrecht §§ 535, 536 Rz 138 ff; Glaser ZMR 1954, 4; Mittelstein 357 ff; Oswald ZMR 1960, 129; Stegmaier ZMR 1963, 166; Sternel Rz II 292 ff; Weimar BlGBW 1974, 107.

Vermieters gegen den Willen des Mieters geben (anders LG Stuttgart ZMR 1985, 273). Etwas anderes kann nur gelten, wenn der Sache schwere Gefahren drohen (LG Bremen BlGBW 1964, 159), wenn der Vermieter das Haus verkaufen will und Kaufinteressenten das Haus besichtigen wollen, sowie nach Kündigung des Mieters, da der Vermieter die Möglichkeit haben muß, neuen Mietinteressenten die Wohnung vorzuführen (RGZ 106, 270), weiter wenn der Mieter Mängel behauptet, da der Vermieter dies überprüfen können muß (AG Köln WuM 1986, 86), sowie wenn der Vermieter Modernisierungsmaßnahmen durchführen will (AG Schöneberg GE 1987, 629). Ein Besichtigungsrecht kann außerdem für bestimmte Fälle, nicht jedoch generell durch den Mietvertrag begründet werden. Aber selbst dann kann der Vermieter vom Mieter nicht die Duldung der Besichtigung der Wohnung durch Personen verlangen, die für den Mieter unzumutbar sind (AG Hamburg WuM 1987, 379). Außerdem kommt eine Besichtigung immer nur in angemessenen Abständen zu den üblichen Tageszeiten und nach vorheriger Anmeldung in Betracht[28a].

### 5. Schönheitsreparaturen[29]

#### a) Begriff

38 Unter den Schönheitsreparaturen versteht man das Tapezieren, Anstreichen oder Kalken der Wände und Decken, das Streichen der Fußböden, Heizkörper, Heizrohre und Innentüren sowie der Fenster und Außentüren von innen.[30] Zu den Schönheitsreparaturen gehört mithin nur die Beseitigung solcher Mängel, die durch das normale Abwohnen hervorgerufen werden, nicht jedoch die Beseitigung sonstiger Mängel (zB AG Hamburg WuM 1984, 197; 1986, 310). Beispiele für Schönheitsreparaturen sind die Beseitigung eines vom Mieter verlegten Teppichbodens (LG Hannover ZMR 1971, 26; 1971, 27), die Erneuerung einer Wandbespannung anstelle einer Tapete (BGH ZMR 1980, 378, 380), nicht jedoch das Abschleifen oder Versiegeln von Fußböden, das Auswechseln oder Reinigen (str) von Teppichböden, die Beseitigung von Dübeln oder Feuchtigkeitsschäden oder die Erneuerung einer Badewanne.[30a]

---

[28a] LG Berlin WuM 1980, 185; LG Mannheim DWW 1976, 261; AG Neustadt WuM 1979, 153; AG Freiburg WuM 1983, 112; AG Tiergarten GE 1987, 1163.

[29] **Schrifttum:** Emmerich JuS 1986, 16; ders FWW 1987, 122; ders PiG 26, S 113; Finger WuM 1987, 293; Frotz NJW 1963, 884; Glaser, Das Recht der Schönheitsreparaturen (3. Aufl 1982); ders ZMR 1986, 109; 1989, 1; Gundlach NJW 1976, 787; Hadding JuS 1969, 407; Hanke, in: Erhaltung des Wohnungsbestandes (Partner im Gespräch, Bd 16, 1984) 83; Krappen ZMR 1978, 193; Oske, Schönheitsreparaturen (3. Aufl 1988); Otto GE 1984, 782; ders ZMR 1989, 81; Rodenberg, Schönheitsreparaturen im Wohnungsmietrecht (1981); Röchling WuM 1982, 171; 1984, 39; Salje WuM 1983, 187, 215; Sonnenschein JZ 1988, 100; Sternel Rz II 379 ff.

[30] BGHZ 49, 56; 92, 363 m Anm Emmerich JuS 1985, 311; BGH ZMR 1980, 378, 380; OLG Hamburg OLGZ 1984, 106 = ZMR 1984, 342; LG Marburg ZMR 1980, 180; AG Wedding GE 1988, 259.

[30a] BGHZ 69, 359, 364; KG GE 1985, 249, 251; AG Köln WuM 1984, 197; AG Hamburg WuM 1986, 310; AG Braunschweig WuM 1986, 310; LG Hannover ZMR 1987, 58; LG

**b) Schuldner**

**aa)** Gemäß § 536 obliegen alle Schönheitsreparaturen an sich dem Vermieter.[31] IdR wird jedoch vertraglich die Verpflichtung des Vermieters zur Vornahme der Schönheitsreparaturen auf den Mieter abgewälzt. Eine Verkehrssitte dieses Inhalts gibt es gleichwohl nicht; die **Abwälzung** bedarf vielmehr stets einer ausdrücklichen und eindeutigen Vereinbarung der Parteien.[32] Deshalb genügen zB Klauseln, nach denen der Mieter die Wohnung in vertragsmäßigem oder ordnungsgemäßem Zustand zurückzugeben habe, für die Abwälzung der Schönheitsreparaturen ebenso wenig wie der Umstand, daß der Mieter selbst wiederholt freiwillig die Schönheitsreparaturen durchgeführt hat[33]. Außerdem ist der Vermieter vorleistungspflichtig: Weist die Wohnung Mängel auf, so muß der Vermieter zunächst stets diese Mängel beseitigen, bevor er vom Mieter die Vornahme der Schönheitsreparaturen verlangen kann (LG Berlin WuM 1987, 147). 39

**bb) Schranken** für die Abwälzung der Schönheitsreparaturen auf den Mieter können sich im Einzelfall aus den §§ 550 a und 557 a sowie aus § 9 WoBindG ergeben. Dagegen verstoßen insbes alle Klauseln, nach denen der Mieter – über die Durchführung der allgemeinen Schönheitsreparaturen während der Vertragsdauer hinaus – für den Fall der Vertragsbeendigung *nochmals* zusätzlich zur *vollständigen* Renovierung der gesamten Wohnung verpflichtet wird. Für Formularverträge folgt dies obendrein aus § 9 Abs 2 AGBG in Verb mit § 536[34]. Im übrigen kann der Mieter jedoch nach hM[35] selbst durch **Formularvertrag** dazu verpflichtet werden, während der Vertragsdauer entsprechend einem üblichen Wirtschaftsplan die turnusmäßig notwendigen Schönheitsreparaturen durchzuführen, weil dies ein Teil der Gegenleistung des Mieters sei. Das soll selbst für gemeinnützige Wohnungsunternehmen gelten, jedenfalls wenn der Mietzins entsprechend gemindert wird (OLG Hamm OLGZ 1981, 470 = 9 in RE Miet). Es soll hierbei keine Rolle spielen, ob die Wohnung bei ihrer Übergabe an den Mieter 40

---

Darmstadt WuM 1987, 315; LG Duisburg WuM 1989, 10; LG Köln WuM 1989, 70; AG Freiburg WuM 1989, 233; LG Berlin WuM 1989, 283.

[31] BGHZ 92, 363 m Anm EMMERICH JuS 1985, 311; OLG Karlsruhe WuM 1982, 292 = 22 in RE Miet; LG Köln WuM 1975, 37; LG Mannheim WuM 1976, 49; LG Hamburg WuM 1977, 119; LG Berlin GE 1984, 175; 1985, 255; insbes BGHZ 92, 363.

[32] OLG Celle WuM 1980, 185; LG Berlin ZMR 1964, 362; MDR 1984, 316; GE 1984, 175; WuM 1989, 232; AG Hannover WuM 1981, 84.

[33] § 548; LG Koblenz MDR 1976, 143; LG Köln WuM 1975, 245; LG Mannheim ZMR 1968, 321; LG Berlin GE 1984, 175; LG München II WuM 1985, 62; HERPERS WuM 1976, 45.

[34] OLG Hamm OLGZ 1981, 211 = 6 in RE Miet; OLG Frankfurt WuM 1981, 272 = 3 in RE Miet; LG Mannheim WuM 1981, 87; LG Kassel WuM 1983, 84; LG Karlsruhe WuM 1984, 126; AG Hannover WuM 1981, 84; 1982, 72; AG Frankfurt WuM 1981, 86; LG Kassel WuM 1983, 84; AG Leonberg WuM 1981, 84.

[35] Grdl BGHZ 92, 363; 101, 253; 105, 71 = NJW 1988, 2790 (dazu EMMERICH JuS 1985, 311; 1986, 16; 1987, 909; 1989, 62 und SONNENSCHEIN JZ 1985, 428; 1988, 96; 1989, 196); OLG Karlsruhe OLGZ 1981, 466 = 6 in RE Miet; OLG Hamm OLGZ 1981, 470 = 9 in RE Miet; OLG Stuttgart WuM 1982, 124 = 4 in RE Miet; OLG Bremen NJW 1983, 689 = 2 in RE Miet; OLG Schleswig WuM 1983, 75 = 6 in RE Miet.

**renoviert** war oder nicht, sofern nur die Fristen für die laufende Renovierung durch den Mieter erst **mit Übergabe** zu laufen beginnen; renoviert in diesem Fall der Mieter bei Einzug die Wohnung freiwillig, so steht dies dementsprechend der Gültigkeit der Abwälzung der Schönheitsreparaturen gleichfalls nicht entgegen[36].

**40a** Selbst gegen sog **Quotenklauseln** hat die Rechtsprechung heute unter den genannten Voraussetzungen keine Bedenken mehr. Unter der Voraussetzung, daß die Renovierungsfristen für den Mieter erst mit seinem Einzug zu laufen beginnen, kann er daher sogar bei Übergabe einer nicht renovierten Wohnung anteilig an den Kosten der jeweiligen Schönheitsreparaturen beteiligt werden, wenn er vor Ablauf der Renovierungsfristen wieder auszieht[37]. Der Mieter kann sich jedoch der Verpflichtung zur anteiligen Abgeltung der noch nicht fälligen Schönheitsreparaturen dadurch entziehen, daß er freiwillig die Wohnung bei Auszug renoviert (BGHZ 105,71 = NJW 1988, 2790). In Ausnahmefällen kann die Forderung des Vermieters zudem rechtsmißbräuchlich sein (§ 242; BGH aaO). Als unzulässig gilt jedoch nach wie vor die Verpflichtung des Mieters zur erneuten **vollständigen** Renovierung der Wohnung, wenn er vor Fälligkeit der Schönheitsreparaturen auszieht (s o Rz 40), sowie die Verpflichtung, immer schon *„bei Bedarf"* zu renovieren, namentlich nach Ablauf der verschiedenen Fristen, da solche Klauseln zur Folge haben, daß der Mieter bei Übergabe einer nicht renovierten Wohnung alles sofort renovieren muß (grdl OLG Stuttgart WuM 1989, 127 = NJW-RR 1989, 520). Diese ganze Rechtsprechung ist schon im Ansatz verfehlt: Sie widerspricht dem Wortlaut des Gesetzes und dem Willen des Gesetzgebers (§ 536 BGB; § 9 AGBG), begünstigt einseitig ohne gesetzliche Grundlage die Vermieterseite und führt zu einer unzumutbaren Belastung des Mieters, der durch sie bei Übergabe einer nicht renovierten Wohnung im Ergebnis dazu gezwungen wird, die Wohnung gleich *dreimal* zu renovieren, nämlich bei Einzug, während der Miete und wieder bei Auszug[38].

### c) Umfang

**41** Der konkrete Umfang der von dem Mieter geschuldeten Schönheitsreparaturen hängt stets von den (eng auszulegenden) Abreden der Parteien ab, so daß sich allgemeine Regeln kaum aufstellen lassen (LG Mannheim FWW 1977, 94). Insbesondere ist es eine Frage der Auslegung der Parteiabreden im Einzelfall, ob der Mieter schon *während* der Vertragsdauer die jeweils fällig werdenden Schönheitsreparaturen durchführen muß oder ob er, wenn er sich mit dem mangelhaften Zustand seiner Wohnung abfindet, damit bis Vertragsende warten kann. Im Zweifel ist aber nach hM davon auszugehen, daß der Vermieter schon während

---

[36] BGHZ 101, 253 = NJW 1987, 2575 m Anm Emmerich JuS 1987, 909; BGHZ 105, 71 = NJW 1988, 2790 m Anm Emmerich JuS 1989, 62 m zahlr Nachw.

[37] BGHZ 105, 71= NJW 1988, 2790 m Anm Emmerich JuS 1989, 62; s auch schon OLG Stuttgart WuM 1982, 124; 1984, 266.

[38] S im einzelnen Emmerich JuS 1985, 311; 1986, 16; 1987, 909; 1989, 62; FWW 1987, 122; PiG 26, S 113; Finger WuM 1987, 293; Kretzschmar WuM 1989, 226; Sonnenschein NJW 1980, 1713 und JZ 1988, 100; Sternel aaO, alle m Nachw.

des Laufs des Vertrages den **Erfüllungsanspruch** auf Vornahme der jeweils fälligen Schönheitsreparaturen haben soll.

Die **Fälligkeit** der einzelnen Maßnahmen richtet sich ebenfalls nach den Abreden der Parteien. Orientieren sich die Parteien hierbei für die Festlegung der Fristen an dem sog. Mustermietvertrag des BMJ, so bestehen dagegen jedenfalls bei Vereinbarung der Kostenmiete durch gemeinnützige Wohnungsunternehmen und wohl auch sonst keine Bedenken (BayObLGZ 1987, 243 = WuM 1987, 344, 346), während bei Vereinbarung kürzerer Fristen ein Verstoß gegen § 9 AGBG in Betracht kommt (AG Frankfurt WuM 1989, 233). Nur wenn solche Abreden ganz fehlen, ist davon auszugehen, daß die einzelnen Maßnahmen fällig sind, wenn sich die Räume nicht mehr in einem zur Weitervermietung geeigneten Zustand befinden (BGH WuM 1982, 296). Auf jeden Fall fällig sind die Schönheitsreparaturen, wenn der Mieter dreizehn Jahre lang nichts getan hat (OLG Köln ZMR 1987, 461). Aus Gründen der leichteren Rechtsanwendung gehen die Gerichte im übrigen idR davon aus, daß der Mieter die Schönheitsreparaturen nach einem normalen **Wirtschaftsplan** durchführen lassen muß, wobei für Wohnräume meistens ein fünf- bis sechsjähriger, für Küche und Bad ein zwei- bis dreijähriger sowie für die übrigen Räume ein siebenjähriger Renovierungsturnus angenommen werden.[39] Wenn der Mieter diesen Turnus nicht eingehalten hat, spricht der erste Anschein für eine Renovierungsbedürftigkeit der Wohnung, so daß der Mieter gegebenenfalls das Gegenteil behaupten und beweisen muß (LG Berlin GE 1985, 259). 42

Hat der Mieter hingegen diesem Wirtschaftsplan entsprechend alle jeweils fälligen Schönheitsreparaturen durchgeführt, und zwar entsprechend den jeweils üblichen Standards (LG Hamburg WuM 1987, 261), so hat er damit alles getan, wozu er verpflichtet ist. Mangels abweichender Abreden braucht er dann bei *Vertragsende* **nicht** erneut die Wohnung zu renovieren, selbst wenn inzwischen einzelne Räume schon wieder abgewohnt sind,[40] außer wenn die Parteien eine sog Quotenklausel (o Rz 40a) vereinbart haben. Entgegen einer verbreiteten Meinung kann der Vermieter in diesem Fall also nicht verlangen, daß sich auch bei Vertragsende sämtliche Räume in einem Zustand befinden, der es ihm erlaubt, die Räume sofort ohne weitere Arbeiten zu Wohnzwecken wieder zu vermieten.[41] Jedoch kann der Mieter durch eine besondere, zusätzliche Abrede die Verpflichtung übernehmen, daß sich bei seinem Auszug stets die ganze Wohnung in einem zur Weitervermietung geeigneten Zustand befindet. Das muß aber ausdrücklich und eindeutig geschehen und ist nur durch Individualabrede möglich (o Rz 40; LG Aachen WuM 1988, 55). 43

[39] Grdleg BGHZ 92, 363; OLG Bremen WuM 1982, 317 = 2 in RE Miet; AG Tiergarten GE 1987, 291; LG Köln WuM 1989, 70; s Emmerich JuS 1985, 311 f; 1986, 16.

[40] BGH WM 1982, 333 = WuM 1982, 296; OLG Hamm MDR 1965, 548; OLG Bremen WuM 1982, 317 = 2 in RE Miet; OLG Karlsruhe WuM 1982, 291 = 22 in RE Miet; anders offenbar BGHZ 85, 267, 273 f (anteilige Zahlungspflicht des Mieters aufgrund ergänzender Vertragsauslegung (?)); AG Tempelhof-Kreuzberg GE 1987, 883.

[41] So aber BGHZ 49, 56, 58; BGH WarnR 1965 Nr 181; LG Koblenz MDR 1978, 55; OLG Düsseldorf DWW 1989, 85; vgl auch BGHZ 85, 267, 273 f = 17 in RE Miet.

44 Streitig ist die Rechtslage, wenn der Vermieter sofort nach Auszug des Mieters mit umfangreichen **Umbauarbeiten** beginnt, die sämtliche Renovierungsarbeiten des Mieters als sinnlos erscheinen lassen. Nach Meinung des BGH hat dieser Umstand grundsätzlich keinen Einfluß auf die Verpflichtung des Mieters zur Durchführung der Schönheitsreparaturen, weil es sich dabei um einen Teil der Gegenleistung des Mieters handele, so daß hier im Wege der ergänzenden Vertragsauslegung ein **Ausgleichsanspruch** an die Stelle der jetzt nicht mehr möglichen Schönheitsreparaturen treten soll; ist der Mieter freilich befugt, die Schönheitsreparaturen durch Eigenleistungen vorzunehmen, so beschränkt sich der Ausgleichsanspruch auf den geschätzten Wert derartiger Eigenleistungen[42]. Anders wird die Rechtslage jedoch gelegentlich bei der gewerblichen Miete beurteilt, jedenfalls wenn der Vermieter während der Vertragsdauer genügend Möglichkeiten hatte, seine Rechte gegen den Mieter durchzusetzen (BGH NJW 1985, 2413 m Anm Emmerich JuS 1986, 228). Diese Praxis ist ebenfalls abzulehnen, weil sie auf der verfehlten Annahme beruht, bei den Schönheitsreparaturen handele es sich um einen Teil der Gegenleistung des Mieters[43].

### d) Schadensersatzanspruch

45 Wenn der Mieter die Verpflichtung zur Vornahme der Schönheitsreparaturen übernimmt, handelt es sich um eine Hauptleistungspflicht, die gleichberechtigt neben die Verpflichtung zur Mietzinszahlung tritt.[44] Folglich kann der Vermieter von dem Mieter unter den Voraussetzungen des § 326 Schadensersatz verlangen, wenn der Mieter auszieht, ohne die geschuldeten Schönheitsreparaturen durchgeführt zu haben, sofern der Mieter in Verzug ist; hieran kann es zB fehlen, wenn der Vermieter den Mieter nicht gemahnt hatte (§ 284 Abs 1; LG Berlin MDR 1983, 319) oder wenn der Mieter dem Vermieter vergeblich Verhandlungen über die Modalitäten der Renovierung angeboten hatte (§ 285; LG Mannheim WuM 1975, 144; ZMR 1976, 143). Die **Mahnung** muß spezifiziert sein, dh die geforderten Reparaturen so genau bezeichnen, daß der Mieter ohne weiteres erkennen kann, was von ihm gefordert wird (LG Hamburg WuM 1986, 214; LG Berlin GE 1986, 805); die Beschreibung des Zustandes der Wohnung gehört dazu freilich idR wohl nicht (anders LG Berlin GE 1986, 807). Setzt der Vermieter dem Mieter in der Mahnung eine Frist, so kommt der Mieter erst nach Ablauf dieser Frist in

[42] BGHZ 77, 301, 304 f; 85, 267, 273 f; 92, 363; OLG Schleswig WuM 1983, 75; KG WuM 1985, 285; OLG Düsseldorf ZMR 1988, 96; LG Berlin WuM 1986, 112; GE 1986, 398; 1988, 943.

[43] S im einzelnen Eisenschmid WuM 1980, 241; Emmerich JuS 1981, 145; 1985, 311; 1986, 16; Herpers WuM 1984, 175; Niebling ZMR 1985, 114; Rückert AcP 184, 105; Graefe NJW 1981, 48; Röchling WuM 1984, 39.

[44] BGHZ 77, 301; 85, 267, 273 = 17 in RE Miet; BGH LM Nr 20 zu § 326 (A) BGB; Nr 5 zu § 210 BGB; NJW 1977, 36; ZMR 1980, 373; ZMR 1981, 307 = WM 1981, 796; WuM 1982, 296 = LM Nr 20 zu § 320 BGB; WM 1982, 1329, 1331; OLG Karlsruhe WuM 1982, 291 = 22 in RE Miet; OLG Schleswig WuM 1983, 75 = 6 in RE Miet; OLG Hamm NJW 1983, 1332 = 30 in RE Miet; OLG Koblenz WuM 1985, 15 = 11 in RE Miet.

Verzug (LG Berlin GE 1986, 905; AG Tiergarten GE 1987, 1057; OSKE GE 1986, 931; anders LG Berlin GE 1988, 679).

45a Ist der Mieter in Verzug, so setzt der Anspruch des Vermieters außerdem grundsätzlich eine **Nachfristsetzung** mit Ablehnungsandrohung voraus (anders nur M SCHMID DWW 1985, 144; 1986, 117), wobei in der Nachfristsetzung der Zustand der einzelnen Räume ganz genau beschrieben und angegeben werden muß, welche Arbeiten erforderlich sind (LG Berlin GE 1984, 865; 1987, 241 = ZMR 1988, 177). Die bloße Aufforderung des Mieters zur Erklärung über seine Leistungsbereitschaft stellt dabei keine wirksame Nachfristsetzung dar (LG Berlin GE 1986, 747). Ebensowenig ist die Nachfristsetzung wirksam, wenn der Vermieter in ihr eine Renovierung durch Fachkräfte verlangt, sofern der Mieter auch zu Eigenleistungen berechtigt ist (LG Wiesbaden WuM 1987, 18). Eine Nachfrist von 5 bis 6 Tagen ist zudem zu kurz, wodurch aber nur eine angemessene Nachfrist in Lauf gesetzt wird (LG Berlin GE 1988, 411; 1989, 413). Durch Formularvertrag kann nichts Abweichendes bestimmt werden (§ 11 Nr 4 AGBG; OLG Karlsruhe WuM 1982, 291 = 22 in RE Miet; LG Berlin WuM 1980, 243; LG Freiburg ZMR 1981, 273; AG Tiergarten GE 1987, 291). In dem **Auszug** des Mieters ohne Durchführung der Schönheitsreparaturen wird jedoch oft eine endgültige Erfüllungsverweigerung liegen, die eine Nachfristsetzung entbehrlich macht; auch die Voraussetzungen des § 326 Abs 2 werden dann häufig erfüllt sein; im einzelnen schwanken die Anforderungen der Gerichte an die Annahme einer Erfüllungsverweigerung freilich stark (s BRÜCHERT WuM 1989, 227). Urteilen, die nur geringe Anforderungen stellen (insbes OLG München NJW-RR 1986, 443), steht eine Vielzahl von Entscheidungen gegenüber, die einen ganz engen Standpunkt einnehmen und eine Erfüllungsverweigerung nur bejahen, wenn der Mieter durch sein ganzes Verhalten unmißverständlich und eindeutig klar macht, daß er unter keinen Umständen mehr zur freiwilligen Durchführung der Schönheitsreparaturen bereit ist[45]. Schließlich kann durch Individualvertrag noch bestimmt werden, daß der Vermieter nach fruchtloser Fristsetzung zur Ersatzvornahme auf Kosten des Mieters berechtigt sein soll (BGH NJW 1985, 267; s aber LG Stuttgart WuM 1986, 135).

45b Als **Schäden** des Vermieters werden idR die Reparaturkosten, die Wertminderung der Wohnung und der infolgedessen ihm entgehende, zusätzliche Mietzins im Falle der Weitervermietung in Betracht kommen (BGHZ 49, 56, 60f; OLG Hamm WuM 1983, 76, 77 = 30 in RE Miet), wobei dieser Schaden durchaus auch abstrakt berechnet werden kann (OLG Hamburg OLGZ 1984, 106; LG Berlin GE 1987, 519; anders zB AG Köln WuM 1987, 150). Die Kosten eines Sachverständigen gehören zu dem Schaden nur, wenn die Sachlage objektiv schwierig war, weil die Kosten sonst nicht erforderlich sind (LG Darmstadt WuM 1987, 315; AG Ahrensburg WuM 1986, 309). Nicht ersatzfähig sind außerdem überhöhte Handwerkerrechnungen, weil immer nur die objektiv erforderlichen Reparaturkosten

[45] S im einzelnen BGHZ 49, 56, 59f; BGH WuM 1981, 260; 1982, 296; WM 1988, 909, 912; GE 1989, 37; OLG Celle WuM 1982, 317; OLG Köln ZMR 1987, 461; LG Berlin GE 1986, 1011; 1986, 1175; 1987, 241; 1987, 677; 1988, 177; 1988, 297; 1988, 411; 1989, 101, 103; LG Aachen ZMR 1988, 60; WuM 1988, 55; LG Landau WuM 1988, 119.

geschuldet werden (§ 249 S 2; OLG Köln ZMR 1987, 375). Nach hM entfällt der Schadensersatzanspruch des Vermieters nicht, wenn es ihm im Falle der Weitervermietung der Wohnung gelingt, die vom ersten Mieter vertragswidrig unterlassenen Schönheitsreparaturen auf den neuen Mieter abzuwälzen[46]. Dabei ist jedoch übersehen worden, daß die beiden Mieter Gesamtschuldner sind, so daß der Vermieter die Schönheitsreparaturen von ihnen auf jeden Fall nur einmal verlangen kann[47]. Hingegen stellt es stets einen eindeutigen ersatzfähigen Schaden dar, wenn der Mieter die Schönheitsreparaturen selbst nicht ordnungsgemäß durchführt, so daß die Arbeiten insgesamt mangelhaft sind[48].

### 6. Reparaturpflicht

46 Die Instandhaltungs- oder Instandsetzungspflicht des Vermieters kann durch *Individualabrede* ganz oder partiell auf den Mieter abgewälzt werden. Besonders häufig ist die Abrede, daß der Mieter alle Reparaturen bis zu einem bestimmten Höchstbetrag übernimmt oder sich an sämtlichen Reparaturen bis zu einem bestimmten Betrag beteiligen muß (s OLG Köln ZMR 1968, 10; LG Frankfurt ZMR 1968, 112). Solche Klauseln sind stets eng auszulegen. Deshalb bedeutet die Übernahme der Instandhaltungspflicht durch den Mieter nicht zugleich die Übernahme der weitergehenden Instandsetzungspflicht, die folglich beim Vermieter verbleibt (LG Mannheim ZMR 1976, 209; DWW 1976, 165; LG Hamburg WuM 1976, 146). Auch müssen die übernommenen Pflichten für den Mieter überschaubar bleiben. Danach zuweit gehende Klauseln können im Einzelfall durchaus sittenwidrig sein (§ 138 Abs 1; AG Köln WuM 1980, 245; 1981, 101). Weitere Schranken können sich im Einzelfall aus § 9 Abs 7 WoBindG und generell aus § 537 Abs 3 ergeben. Lebhaft umstritten ist, welche Schranken sich für vergleichbare Klauseln in **Formularverträgen** aus § 9 AGBG ergeben[49]. Die überwiegende Meinung geht hier mit Recht dahin, daß die generelle Abwälzung aller Reparaturen oder der Reparaturen einzelner Einrichtungen oder Anlagen, weil unübersehbar und unbegrenzt, durch Formularvertrag nicht möglich ist[50]. Als zulässig kann daher nur die Abwälzung der sog **Kleinreparaturen** bis zu 100,– DM angesehen

---

[46] BGHZ 49, 56, 61 ff; KG ZMR 1963, 137; NJW 1964, 725; OLG Köln ZMR 1968, 10; OLG Hamburg OLGZ 1984, 106.

[47] OLG Hamm NJW 1964, 1373; LG Kassel NJW 1975, 1842; LG Nürnberg-Fürth WuM 1984, 244; LG Berlin GE 1987, 241, 243; AG Wiesbaden WuM 1986, 135; AG Hanau WuM 1987, 149.

[48] LG Nürnberg-Fürth 1980, 101; LG Berlin GE 1987, 241, 243; 1989, 43; LG Hamburg ZMR 1986, 56; AG Freiburg WuM 1986, 242; AG Köln WuM 1987, 150; 1989, 136; LG Köln WuM 1989, 136; LG Kassel WuM 1989, 135 u Anm Lützenkirchen S 110.

[49] S im einzelnen Beuermann GE 1988, 746; Pfeilschifter WuM 1988, 138; Salje WuM 1983, 187; Sternel Rz II, 361 ff; Wolter NJW 1988, 2001.

[50] Grdl OLG Stuttgart NJW 1988, 1150; BGH WM 1989, 1028 = WuM 1989, 324; OLG Stuttgart WuM 1989, 128, 129 f; LG Rottweil WuM 1989, 288; ebenso zB LG Wiesbaden NJW 1985, 1562; WuM 1986, 241; LG Düsseldorf ZMR 1986, 166; LG Berlin GE 1986, 745 = ZMR 1986, 443; LG Hannover ZMR 1987, 58; WuM 1988, 259; LG Stuttgart WuM 1987, 254; LG Köln WuM 1988, 263 usw.

werden, wenn zugleich eine jährliche **Obergrenze** für die etwaige Belastung des Mieters festgelegt wird. Weitergehende Klauseln, insbes eine anteilige Beteiligung des Mieters auch an Großreparaturen und Neuanschaffungen, sind hingegen nicht zulässig[51].

## Vorbemerkungen zu § 537

## Leistungsstörungen bei der Miete

### Übersicht



**Schrifttum:** Beuthien, Zweckerreichung und Zweckstörung im Schuldverhältnis (1969); Brox-Elsing JuS 1976, 1; Diederichsen JZ 1964, 24; Emmerich, Das Recht der Leistungsstörungen (2. Aufl, 1986); Gillig, Nichterfüllung und Sachmängelgewährleistung (1984); Hager, Die Gefahrtragung beim Kauf (1982); Hassold NJW 1974, 1743; 1975, 1863; ders. JuS 1975, 550; I Koller, Die Risikozurechnung bei Vertragsstörungen in Austauschverträgen (1979); Köhler, Unmöglichkeit und Geschäftsgrundlage bei Zweckstörungen im Schuldverhältnis (1971); Larenz, Geschäftsgrundlage und Vertragserfüllung (3. Aufl 1965); Otto JuS 1985, 848; Schopp ZMR 1982, 193; Sternel Rz II 484 ff; Stötter NJW 1971, 2282; Todt, Die Schadensersatzansprüche des Käufers, Mieters und Werkbestellers aus Sachmängeln (1970); ders BB 1971, 680; Weimar, Die Sachmängelhaftung im Mietrecht (1957).

In den §§ 537 bis 544 regelt das Gesetz verschiedene Formen der **Leistungsstörungen** bei Mietverträgen, so daß zunächst das Verhältnis dieser speziellen, mietrechtlichen Vorschriften zu den allgemeinen Vorschriften über Leistungsstörungen geklärt werden muß, bevor in die Erörterung der Einzelheiten eingetreten werden kann. Zu beginnen ist dabei mit der Betrachtung der Unmöglichkeit. 1

## I. Unmöglichkeit

### 1. Anfängliche Unmöglichkeit

**a)** Nach § 306 ist ein Mietvertrag nichtig, wenn die vermietete Sache bei Vertragsschluß nicht existiert, es sei denn, der Vermieter hätte ausdrücklich oder konkludent mit dem Vertrag die Verpflichtung zur Herstellung der Sache übernommen (BGHZ 93, 142 m Anm Emmerich JuS 1985, 811). Bei der Vermietung einer bei 2

[51] Sehr str, s zB außer den Genannten noch AG Münster WuM 1986, 309; AG Frankfurt WuM 1987, 18; AG Bonn WuM 1987, 148; AG Neukölln GE 1988, 525 usw.

Vertragsabschluß *noch* nicht vorhandenen Sache wird sogar in aller Regel eine Verschaffungsschuld vorliegen, so daß dann für die Anwendung des § 306 kein Raum ist. Ebenso geht bei anfänglichen Rechtsmängeln § 541 dem § 306 vor.

3 Ist die Mietsache schon bei Vertragsschluß mit **Mängeln** behaftet, so war früher umstr, ob § 306 oder § 538 den Vorrang hat (vgl zuletzt OLG Hamm ZMR 1968, 200; OLG Celle OLGZ 1974, 197). Die Frage ist heute zugunsten des generellen Vorrangs des § 538 entschieden. Selbst wenn es sich um unbehebbare Mängel handelt, greift folglich in jedem Fall die Garantiehaftung des Vermieters für anfängliche Mängel ein; § 306 ist auf solche Fälle nicht anwendbar, und zwar ohne Rücksicht darauf, ob dem Mieter die Sache bereits überlassen worden ist oder nicht.[1]

4 **b)** Keine Geltung besitzt § 306 für Fälle des anfänglichen **Unvermögens** des Vermieters, wie sie etwa vorliegen, wenn sich die vermietete Sache im Besitz oder im Eigentum eines Dritten befindet. Der Vertrag ist folglich wirksam, so daß der Mieter stets Erfüllung und bei Nichterfüllung Schadensersatz verlangen kann. Dies gilt insbes dann, wenn der Vormieter nicht rechtzeitig auszieht, so daß der Vermieter die Sache dem Nachmieter nicht übergeben kann; der Nachmieter braucht dann auch keinen Mietzins zu zahlen (BGHZ 85, 267 mit Anm EMMERICH JuS 1983, 391). Für die Mehrzahl der Fälle folgt dieses Ergebnis schon aus den §§ 325, 538 und 541, im übrigen aus der Garantiehaftung des Vermieters für seine Leistungsfähigkeit im Augenblick des Vertragsschlusses (vgl EMMERICH, Leistungsstörungen 33 ff sowie unten § 541 Rz 4).

### 2. Nachträgliche Unmöglichkeit

5 **a)** Die §§ 537 bis 544 enthalten nur insoweit eine Sonderregelung der Leistungsstörungen, als es um die Folgen von Sach- und Rechtsmängeln geht, nicht hingegen für den Fall der völligen **Zerstörung** der Mietsache, so daß sich hier die Rechtsfolgen allein nach den allgemeinen Vorschriften über die Unmöglichkeit richten. Entscheidend ist mithin ausschließlich, wer die Unmöglichkeit zu vertreten hat, während es keine Rolle spielt, ob dem Mieter die Sache bereits überlassen war oder nicht.[2]

6 **aa)** Wenn der Vermieter die Unmöglichkeit *nicht* zu vertreten hat, wird er frei (§ 275). Anders als im Falle der bloßen Beschädigung der Sache (§ 536) ist er dann nicht zur Neuherstellung der Sache verpflichtet. Für die häufig schwierige **Abgrenzung** zwischen der Zerstörung der Sache und ihrer bloßen Beschädigung kommt es vor allem darauf an, ob die partielle Zerstörung der Sache wirtschaftlich ihrer vollständigen Zerstörung gleichsteht (BGH LM Nr 15 zu § 536 BGB = NJW 1976, 1506; VersR 1977, 526), sowie darauf, ob die Wiederherstellungskosten dem

---

[1] Grdleg BGHZ 93, 142 = NJW 1985, 1025; BGH LM Nr 26 zu § 537 BGB = NJW 1980, 777; s EMMERICH, Leistungsstörungen, S 18; ders JuS 1980, 607; 1985, 811; OTTO JuS 1985, 848.

[2] RGZ 146, 60, 64 f; 157, 363, 367; BGHZ 38, 295, 301 f; BGH LM Nr 1 zu § 247 BGB; Nr 15 zu § 536 BGB; Nr 22 zu § 571 BGB; Nr 2 zu § 581 BGB; WM 1959, 538, 542; VersR 1977, 526; LG Köln ZMR 1985, 338.

Vermieter nach den gesamten Umständen noch zumutbar sind.[3] Besteht hiernach keine Wiederaufbaupflicht des Vermieters, so ist er auch nicht verpflichtet, mit dem alten Mieter erneut einen Mietvertrag abzuschließen, wenn er – trotz fehlender Verpflichtung hierzu – das Haus wieder aufbaut (OLG Hamm WuM 1981, 259).

**bb)** Ganz anders hingegen ist die Rechtslage, wenn der Vermieter die Unmöglichkeit zu **vertreten** hat, weil dann der Mieter nach § 325 entweder Schadensersatz wegen Nichterfüllung verlangen oder zurücktreten kann. Mit diesem Rücktrittsrecht konkurriert hier außerdem das Kündigungsrecht des Mieters aus § 542. Nur nach Überlassung der Sache an den Mieter wird das Rücktrittsrecht allgemein durch das Kündigungsrecht verdrängt (BGHZ 50, 312, 315). Hauptbeispiel ist der Fall, daß dem Mieter nach der **Zwangsversteigerung** des Grundstücks von dem Ersteher aufgrund des § 57 ZVG gekündigt wird (vgl auch § 24 KO; RGZ 63, 66, 68; BGH LM Nr 33 zu § 535 BGB = NJW 1966, 1703; WM 1959, 120; 1960, 1125). 7

**cc)** Hat hingegen der Mieter die Unmöglichkeit zu vertreten, so richten sich die Rechtsfolgen allein nach **§ 324**: Der Vermieter wird frei (§ 275), behält aber den Anspruch auf die Gegenleistung (BGHZ 66, 349; BGH LM Nr 15 zu § 536 BGB = NJW 1976, 1506; LG Köln ZMR 1985, 338). Dabei muß der Mieter für ein Verschulden seiner Arbeitnehmer einstehen (§ 278; RGZ 157, 363, 367; BGH BB 1969, 601; s unten Vorbem 10). 8

**b)** Die Fälle der bloßen **Mangelhaftigkeit** der Mietsache könnten an sich als solche der Teilunmöglichkeit aufgefaßt werden, jedenfalls wenn der Mangel unbehebbar ist. Da jedoch das Gesetz für diese Fälle in den §§ 537 ff eine Sonderregelung für die Zeit nach Überlassung der Sache an den Mieter enthält, muß man hier weiter unterscheiden: In der Zeit **vor Überlassung** der Sache an den Mieter ist für die Anwendung der §§ 537 ff noch kein Raum, so daß es bei der Anwendung der allgemeinen Unmöglichkeitsvorschriften bleibt, selbst wenn die Unmöglichkeit auf einem Mangel beruht (str). Der Mieter hat außerdem den Erfüllungsanspruch (§ 536) und kann die Annahme der mangelhaften Leistung ablehnen sowie die Erbringung der Gegenleistung verweigern (§ 320; BGH NJW 1951, 705). Weigert sich der Vermieter, schon vor Überlassung der Sache vorhandene Mängel zu beseitigen, so greift § 326 ein, während die Praxis – mit demselben Ergebnis – positive Vertragsverletzung annimmt (oben §§ 535, 536 Rz 7). 9

**Nach Überlassung** der Sache enthalten hingegen die §§ 537 ff eine die allgemeinen Vorschriften über die Unmöglichkeit für ihren Anwendungsbereich ausschließende Sonderregelung, so daß für den Schadensersatzanspruch und das Kündigungsrecht des Mieters die §§ 538 und 542 an die Stelle des § 325 treten (BGHZ 63, 132, 137; BGH LM Nr 6 zu § 538 BGB = NJW 1963, 804). Anwendbar bleibt hingegen § 324, wenn der Mieter den Mangel zu vertreten hat (s oben Vorbem 8). Der Vermieter wird also frei (§ 275), behält aber den Anspruch auf die Gegenlei- 10

[3] BGH LM Nr 4 und 4a zu § 536 BGB = NJW 1957, 826; 1959, 2300; LG Aachen WuM 1981, 260.

stung; außerdem kann der Mieter wegen eines Verstoßes gegen seine Obhutspflicht zum Schadensersatz verpflichtet sein.[4]

## II. Verzug

11 Ein Verzug des Vermieters kommt vor allem in Betracht, wenn er die Sache dem Mieter nicht rechtzeitig übergibt. Für eine Anwendung des § 326 ist in diesen Fällen gleichwohl nur selten Raum, da die Miete und insbes die Raummiete in aller Regel Fixcharakter aufweisen, so daß jede Verzögerung bei der Übergabe der Sache zur **Teilunmöglichkeit** und damit zur Anwendung des § 325 führt (ebenso zB BGH LM Nr 82 zu § 249 [A] BGB = WM 1987, 1530; s oben §§ 535, 536 Rz 8). § 326 greift daher nur in den seltenen Fällen ein, in denen ausnahmsweise einmal eine Nachholung der Vermieterleistung möglich ist wie gelegentlich bei der kurzfristigen Vermietung beweglicher Sachen (OLG Frankfurt BB 1977, 13; wesentlich weitergehend offenbar bei der Vermietung von Computern BGH WM 1988, 1451 = NJW-RR 1988, 1396). § 326 ist außerdem zumindest entsprechend anwendbar, wenn sich der Vermieter schon vor Übergabe der Sache weigert, einen Mangel zu beseitigen (oben Rz 9), oder wenn er bei einem langfristigen Vertrag bereits vor Fälligkeit seiner Übergabepflicht den Mieter in völlige Ungewißheit über seine Fähigkeit zu rechtzeitiger Erfüllung versetzt (BGH LM Nr 24 zu § 242 (Be) BGB; Nr 2 zu § 5 VOB/B = MDR 1970, 756; NJW 1983, 989). Hingegen kommt nach Überlassung der Sache an den Mieter eine Anwendung des § 326 in aller Regel nicht mehr in Betracht (zu weitgehend OLG Hamm ZMR 1984, 129, 132 = 41 in RE Miet).

## III. Positive Vertragsverletzung

12 Wegen des weiten Anwendungsbereichs des § 538 bleiben als Fälle positiver Vertragsverletzung im Mietrecht im Grunde nur Verstöße des Vermieters gegen solche Haupt- oder Nebenleistungspflichten übrig, die keinen Mangel der Mietsache zur Folge haben (s unten § 548 Rz 2; OLG Frankfurt WuM 1984, 78). Der praktisch bedeutsamste Fall ist eine unberechtigte Kündigung des Vermieters, weil er dadurch dem Mieter den Besitz der Sache streitig macht, namentlich eine Kündigung nach § 564 b unter **Vorspiegelung** eines tatsächlich gar nicht vorhandenen **Eigenbedarfs**.[5] Weitere Beispiele sind Hochwasserschäden, die auf einer mangelhaften Aufsicht des Vermieters beruhen (OLG Frankfurt aaO), jede sonstige Erfüllungsverweigerung des Vermieters, das unberechtigte Verlangen

---

[4] RGZ 157, 363; BGH LM Nr 15 zu § 536 BGB = NJW 1976, 1506; LG Hannover WuM 1982, 183; LG Hamburg ZMR 1984, 128.

[5] S im einzelnen unten § 564b Rz 88 ff sowie grdleg BGHZ 89, 296; BGH LM Nr 53 zu § 91a ZPO = WuM 1988, 118 = WM 1988, 553; OLG Hamm ZMR 1984, 129 = WuM 1984, 94 = 41 in RE Miet; OLG Zweibrücken NJW 1983, 694; Emmerich JuS 1982, 461; von Stebut NJW 1985, 289; Zipperer WuM 1985, 135.

einer Mietzinserhöhung (LG Landau WuM 1987, 27) sowie eine Verletzung seiner Aufklärungspflicht, etwa bei der Vermietung gefährlicher Maschinen (BGH VersR 1976, 1084). Die **Beweislast** für die Pflichtverletzung des Vermieters und für deren Kausalität für den eingetretenen Schaden trägt hierbei stets der Mieter; erst wenn der Mieter diesen Beweis geführt hat, ist es dann Sache des Vermieters, sich analog § 282 zu entlasten (BGH LM Nr 65 zu § 535 BGB = NJW 1978, 2197; LG Itzehoe WuM 1984, 225; s aber LG Hannover ZMR 1987, 57).

## IV. Wegfall der Geschäftsgrundlage

### 1. Allgemeines

Unter der Geschäftsgrundlage versteht die Praxis die bei Geschäftsabschluß zu **13** Tage getretene und vom Gegner in ihrer Bedeutsamkeit erkannte und nicht beanstandete Vorstellung einer Partei oder die gemeinsamen Vorstellungen beider Parteien vom Sein, vom Fortbestand oder vom Eintritt gewisser Umstände, auf deren Grundlage sich der Geschäftswille aufbaut.[6] Fehlt die so verstandene Geschäftsgrundlage von Anfang an oder fällt sie später weg *und* ist der dadurch betroffenen Partei infolgedessen die unveränderte Fortsetzung des Vertrages nicht mehr zuzumuten, so kommt als Rechtsfolge in erster Linie eine *Anpassung* des Vertrages an die veränderten Verhältnisse in Betracht (BGHZ 62, 20, 24 ff; s Emmerich, Leistungsstörungen, S 320 ff). Nur in ganz besonders schwerwiegenden Fällen hat die betroffene Partei stattdessen das Recht, den Vertrag wegen des Wegfalls der Geschäftsgrundlage zu *kündigen*, dies freilich nur, soweit nicht eines der gesetzlich geregelten Kündigungsrechte (§§ 542, 544, 553 und 554 a) eingreift, da die letzteren den Vorrang vor dem praeter legem entwickelten Kündigungsrecht wegen Wegfalls der Geschäftsgrundlage haben.[7]

Für die Anwendung des außerordentlichen Kündigungsrechts wegen Wegfalls der **14** Geschäftsgrundlage ist jedoch kein Raum, wenn der Vertrag ohnehin nur noch kurze Zeit läuft oder doch jederzeit kurzfristig durch Kündigung aufgelöst werden kann (BGH LM Nr 15 und 91 zu § 242 [Bb] BGB). Die Annahme eines Wegfalls der Geschäftsgrundlage darf außerdem nicht zu einer Veränderung der gesetzlichen oder vertraglichen **Risikoverteilung** führen, so daß insbes bei allen Umständen, die – positiv oder negativ – unter die Regelung der §§ 537 bis 544 für Sach- und Rechtsmängel fallen, niemals zugleich ein Wegfall der Geschäftsgrundlage angenommen werden kann.[8] Ebenso hat stets die vertragliche Risikoverteilung

[6] ZB BGHZ 74, 370; 77, 194; 84, 1; BGH LM Nr 91 und 92 zu § 242 (Bb) BGB = MDR 1978, 658; NJW 1978, 2390; s Emmerich, Leistungsstörungen, S 276 f m Nachw.

[7] Im einzelnen str; s bes BGHZ 24, 91, 95 f; BGH LM Nr 2 zu § 242 (Ba) BGB; Nr 92 zu § 242 (Bb) BGB = NJW 1951, 836; 1978, 2390; LM Nr 1 zu § 247 BGB; WM 1973, 694; 1981, 66; Emmerich, aaO, S 323.

[8] RGZ 135, 339, 346; 161, 330, 337; BGHZ 60, 319, 321; BGH LM Nr 92 zu § 242 (Bb) BGB; Emmerich, aaO, S 286 ff.

den Vorrang vor dem Wegfall der Geschäftsgrundlage.[9] Soweit der Mieter nach dem Vertrag ausdrücklich oder konkludent das Risiko eines bestimmten Umstandes übernommen hat, darf folglich diese von den Parteien selbst getroffene Risikoverteilung nicht nachträglich über die Annahme eines Wegfalls der Geschäftsgrundlage (oder über die eines Mangels) korrigiert werden (BGH NJW 1981, 2405 = LM Nr 27 zu § 537 BGB).

## 2. Einzelfälle

15 **a)** Besondere Zurückhaltung ist nach dem Gesagten bei der Annahme eines Wegfalls der Geschäftsgrundlage unter dem Gesichtspunkt der **Zweckvereitelung** geboten, da nach Gesetz und Vertrag der Mieter grundsätzlich das sog Verwendungsrisiko trägt.[10] Der Mieter bleibt folglich zur Fortzahlung des Mietzinses verpflichtet, selbst wenn er jetzt mit der gemieteten Sache entgegen seinen Erwartungen nichts mehr anfangen kann, weil sich zB auf dem gemieteten Grundstück wider Erwarten keine gewinnbringenden Geschäfte betreiben lassen[11] oder weil ihm die Mittel zu der geplanten Bebauung des Grundstücks fehlen (BGH LM Nr 22 zu § 566 BGB).

16 Es gibt jedoch zahlreiche Fälle, in denen die Praxis über die Annahme eines Mangels (§ 537), der Unmöglichkeit (§ 323) oder des Wegfalls der Geschäftsgrundlage der Sache nach doch dem Mieter das Verwendungsrisiko abgenommen hat.[12] Dies ist jedoch im Grunde nur vertretbar, wenn der Vermieter den Verwendungszweck des Mieters gekannt hat *und* es nach seinem bisherigen Verhalten obendrein geradezu treuwidrig wäre, wenn er jetzt versuchte, den Mieter an dem Vertrag festzuhalten, obwohl der Verwendungszweck nicht mehr erreichbar ist (s EMMERICH, Leistungsstörungen 311 ff; KÖHLER, Unmöglichkeit 140 ff; I KOLLER, Risikozurechnung 306 ff).

17 **b)** Bei langfristigen Mietverträgen stellt sich oft die Frage, ob selbst ohne Vereinbarung einer Wertsicherungsklausel wegen des zwischenzeitlichen Währungsverfalls unter dem Gesichtspunkt der **Äquivalenzstörung** eine Anpassung des Mietzinses in Betracht kommt. Diese Frage ist, von Ausnahmefällen abgesehen, zu verneinen, da die Gerichte heute keine generelle Befugnis zur Aufwertung von Geldschulden mehr besitzen (BGH LM Nr 34, 39, 49, 71, 76, 81 und 86 zu § 242 [Bb] BGB; WM 1969, 1323). Ausnahmen kommen nur bei solchen Mietverträgen in Betracht, die ausgesprochenen Versorgungscharakter tragen (BGHZ 61, 31;

---

[9] BGH LM Nr 92 zu § 242 (Bb) BGB; WM 1968, 1306; 1983, 527; 1985, 32; 1985, 608; EMMERICH, aaO, S 282 ff.

[10] BGHZ 71, 293; 74, 370; BGH LM Nr 33, 60, 92 zu § 242 (Bb) BGB; Nr 22 zu § 566 BGB = MDR 1966, 44; NJW 1970, 1313; 1978, 2390; 1974, 1081; BGH WM 1975, 917; 1981, 1113; 1985, 608; EMMERICH, Leistungsstörungen 310 f.

[11] BGH LM Nr 60 und 92 zu § 242 (Bb) BGB; Nr 46 zu § 581 BGB = NJW 1982, 2062; BGH WM 1978, 1008; 1979, 1104; 1981, 1113.

[12] ZB BGH LM Nr 14 zu § 157 (A) BGB; Nr 57 zu § 242 (Ba) BGB = Betrieb 1962, 1371; WM 1971, 1300; OLG Celle NJW 1978, 2510; OLG Bremen NJW 1953, 1393; vgl im übrigen auch § 537 Rz 9.

BGH LM Nr 39 und 49 zu § 242 (Bb) BGB = NJW 1966, 105), weiter in Fällen, in denen zu dem Kaufkraftverlust noch hinzukommt, daß sich der innere Wert der Vermieterleistung so sehr erhöht hat, daß sich das Verhältnis von Leistung und Gegenleistung geradezu in sein Gegenteil verkehrt hat (BGH aaO; Betrieb 1958, 1325; WM 1980, 1458), sowie nach der jüngsten Praxis überhaupt bei besonders **langfristigen** Verträgen wie zB Verträgen aus der Vorkriegszeit, wenn in der Zwischenzeit die Lebenshaltungskosten um mehr als 150% gestiegen sind und der Vermieter dieses Risiko nicht etwa konkludent übernommen hat.[13]

## V. Formularverträge

Die gesetzliche Regelung der Leistungsstörungen ist bei der Miete ebenso wie bei **18**
allen anderen Schuldverträgen grundsätzlich dispositiv, so daß abweichende Regelungen durch Formularverträge an sich möglich sind, soweit nicht das Gesetz wie insbes in den §§ 537 Abs 3 und 543 S 2 ausdrücklich das Gegenteil bestimmt. Jedoch ergeben sich heute für Abänderungen der Vorschriften über die Leistungsstörungen zum Nachteil des Mieters durch Formularverträge wesentliche Schranken aus dem AGBG. Unabdingbar ist hiernach namentlich im nichtkaufmännischen Verkehr die Haftung des Vermieters für Vorsatz und grobe Fahrlässigkeit (§ 11 Nr 7 AGBG; BayObLGZ 1984, 299, 302 f = 40 in RE Miet). Dies gilt nicht nur für Unmöglichkeit und Verzug, sondern auch für sämtliche anderen Formen der Leistungsstörungen einschließlich der cic, der positiven Vertragsverletzung und der Fälle des § 538. Für den kaufmännischen Verkehr folgt dasselbe für den Regelfall aus den §§ 9 und 24 AGBG. Man darf jedoch hierbei nicht stehen bleiben, sondern muß annehmen, daß darüber hinaus sogar die Haftung des Vermieters für einfache oder leichte Fahrlässigkeit heute nicht mehr durch Formularverträge ausgeschlossen werden kann, jedenfalls soweit es sich um die Verletzung vertragswesentlicher Pflichten handelt (§§ 9, 24 AGBG).

Bei Unmöglichkeit und Verzug kann außerdem das Rücktrittsrecht des Mieters **19**
durch Formularverträge weder ausgeschlossen noch eingeschränkt werden (§ 11 Nr 8 AGBG). Dasselbe gilt für das Kündigungsrecht des Mieters, soweit es bei Unmöglichkeit und Verzug an die Stelle des Rücktrittsrechts aus den §§ 325 und 326 tritt. Für das Kündigungsrecht des Mieters aus § 542 folgt dies ohnehin schon aus § 543 S 2. Bei Teilunmöglichkeit sind schließlich nach § 11 Nr 9 AGBG auch die sog Totalrechte des Mieters aus § 325 Abs 1 S 2 unabdingbar. Das ist wichtig für den **Verzug** des Vermieters, soweit die Miete Fixgeschäft ist, weil der Verzug dann stets zugleich zur Teilunmöglichkeit führt, so daß in diesem Fall dem Mieter die weitgehenden Rechte des § 325 Abs 1 S 2 nicht mehr durch Formularvertrag genommen werden können (s Sternel Rz I 369 ff).

---

[13] So jedenfalls für die Vereinbarung von Erbbauzinsen neuerdings BGHZ 77, 194; 86, 167; 90, 227; 91, 32 = NJW 1980, 2241; 1983, 1301; 1984, 2212; 1985, 126; BGH NJW 1981, 1668; BB 1981, 1121; s Emmerich JuS 1981, 145; ders, Leistungsstörungen, S 305 ff.

## § 537

**(1) [1]Ist die vermietete Sache zur Zeit der Überlassung an den Mieter mit einem Fehler behaftet, der ihre Tauglichkeit zu dem vertragsmäßigen Gebrauch aufhebt oder mindert, oder entsteht im Laufe der Miete ein solcher Fehler, so ist der Mieter für die Zeit, während deren die Tauglichkeit aufgehoben ist, von der Entrichtung des Mietzinses befreit, für die Zeit, während deren die Tauglichkeit gemindert ist, nur zur Entrichtung eines nach den §§ 472, 473 zu bemessenden Teiles des Mietzinses verpflichtet. [2]Eine unerhebliche Minderung der Tauglichkeit kommt nicht in Betracht.**
**(2) [1]Absatz 1 Satz 1 gilt auch, wenn eine zugesicherte Eigenschaft fehlt oder später wegfällt. [2]Bei der Vermietung eines Grundstücks steht die Zusicherung einer bestimmten Größe der Zusicherung einer Eigenschaft gleich.**
**(3) Bei einem Mietverhältnis über Wohnraum ist eine zum Nachteil des Mieters abweichende Vereinbarung unwirksam.**

### Übersicht



**Schrifttum:** S die Vorbemerkungen zu § 537 sowie DIEDERICHSEN AcP 165 (1965), 150; FRANK WuM 1986, 75; JOACHIM Betrieb 1986, 2649; ders BB 1989, 779; I KOLLER NJW 1982, 201; LAMMEL BlGBW 1985, 145; PIEPER NJW 1961, 300; SÖLLNER JuS 1970, 159; TRENCK-HINTERBERGER JuS 1975, 501; WETEKAMP GE 1988, 15.

**1** Nach § 537, dessen geltende Fassung auf das 2. MietRÄndG v 14. 7. 1964 (BGBl I 457) zurückgeht, wird der Mietzins kraft Gesetzes gemindert, wenn die vermietete Sache mangelhaft ist oder wenn ihr eine zugesicherte Eigenschaft fehlt. Abweichende Vereinbarungen sind in Wohnraummietverträgen nicht mehr möglich. In den genannten Fällen kann der Mieter unter den Voraussetzungen des § 538 außerdem Schadensersatz verlangen sowie unter den Voraussetzungen des § 542 kündigen. In bestimmten Fällen ist das Minderungsrecht des Mieters jedoch kraft Gesetzes ausgeschlossen (§§ 539, 545 Abs 2 HS 2).

### I. Fehler

#### 1. Begriff

**2** **a)** Die Mietsache ist nach § 537 Abs 1 S 1 mangelhaft, wenn sie mit einem Fehler behaftet ist, der ihre Tauglichkeit zu dem vertragsmäßigen Gebrauch aufhebt oder mindert. **Maßstab** für das Vorliegen eines Fehlers (oder Mangels) ist mithin der Zustand der Sache, der erforderlich ist, um dem Mieter uneingeschränkt den ihm zustehenden, vertragsmäßigen Gebrauch zu ermöglichen (s schon oben §§ 535, 536 Rz 15 ff). Oder anders gewendet: Jede negative Abweichung des tatsächlichen Zustandes der Sache von der durch die Erfordernisse des vertragsmäßigen Gebrauchs definierten Sollbeschaffenheit der Sache, dh jede Untauglichkeit der Sache zum Vertragszweck bildet bereits einen Fehler.[1]

Im Interesse eines weit gespannten Mieterschutzes wird dieser sog subjektive **3** Fehlerbegriff sehr *weit* ausgelegt (vgl insbes BGHZ 49, 350; OLG Celle OLGZ 1974, 197). Daher spielt es keine Rolle, ob die Untauglichkeit der Sache zu dem Vertragszweck auf dem Zustand der Sache selbst oder auf sonstigen rechtlichen, tatsächlichen oder wirtschaftlichen Verhältnissen beruht, die infolge ihrer Art und Dauer nach der Verkehrsanschauung einen Einfluß auf die Brauchbarkeit und Wertschätzung der Sache auszuüben pflegen.[2] Deshalb bilden auch sämtliche äußeren Gefahrenquellen und **Immissionen**, durch die der Mieter in dem vertragsmäßigen Gebrauch gestört oder beeinträchtigt wird, einen Fehler.[3] Für die Annahme eines Fehlers genügt es sogar schon, wenn die Sache nur in Befürchtung einer **Gefahr** benutzt werden kann, die vermöge des Zustandes der Sache den Eintritt eines Schadens erwarten läßt, ohne daß es darauf ankäme, ob die Gefahr dem Mieter bekannt ist oder ob er sie überhaupt zu erkennen vermag.[4] Aus dem Gesagten folgt, daß **Umwelteinflüsse** ebenfalls durchaus zu einem Mangel iS des § 537 führen können, sofern der Mieter dadurch gestört wird und zwar ohne Rücksicht darauf, ob der Vermieter überhaupt in der Lage ist, diese Gefahrenquelle zu beeinflussen[4a]. Selbst die Verseuchung des Bodens, auf dem das gemietete Haus steht, kann daher von Fall zu Fall einen Mangel begründen, jedenfalls wenn dadurch die konkrete Gefahr begründet wird, daß jederzeit mit ernsthaften Schäden gerechnet werden muß (grdl OLG Hamm NJW-RR 1987, 968). Dasselbe gilt für den überhöhten Nitratgehalt des Wassers (AG Osnabrück NJW-RR 1987, 971 = ZMR 1987, 342) sowie für eine überhöhte Formaldehydkonzentration in der Luft der gemieteten Räume (AG Köln NJW-RR 1987, 972). Denn es spielt keine Rolle, ob den Vermieter ein **Verschulden** an dem fraglichen Zustand trifft oder nicht. Für die Anwendung des § 537 ist lediglich dann kein Raum, wenn es

[1] ZB BGH LM Nr 28 zu § 537 BGB = NJW 1982, 696; OLG Celle WuM 1985, 9 = 8 in RE Miet; LG Frankfurt NJW 1976, 1355; LG Köln WuM 1981, 14; OLG Hamm ZMR 1987, 300, 302; LG Nürnberg-Fürth ZMR 1989, 23.

[2] ZB BGH LM Nr 47 zu § 535 BGB; Nr 19 zu § 537 BGB = NJW 1971, 424; MDR 1972, 411; BGH LM Nr 83 zu § 823 (Bf) BGB = NJW 1983, 2936; OLG Düsseldorf MDR 1983, 229; LG Köln MDR 1976, 44; OLG Hamm ZMR 1987, 267 = NJW-RR 1987, 968.

[3] BGH LM Nr 8 zu § 536 BGB; Nr 20 zu § 537 BGB = MDR 1966, 497; 1972, 944; BGH NJW 1983, 2935 f.

[4] BGHZ 49, 350; BGH LM Nr 10 und 20 zu § 537 BGB = NJW 1963, 1449; 1972, 944; BGH WM 1977, 743.

[4a] Grdl BGH LM Nr 83 zu § 823 (Bf) BGB = NJW 1983, 2935; OLG Hamm NJW-RR 1987, 968 = ZMR 1987, 267 = WuM 1987, 248; sehr str, anders zB LG Kleve NJW-RR 1986, 1344 = WuM 1986, 333 für Störungen durch Tauben.

gerade der Mieter ist, der den mangelhaften Zustand der Sache zu vertreten hat (§ 324 Abs 1; s oben Vorbem 10 zu § 537).

4 **b)** Der Fehler muß entweder schon **bei Überlassung** der Sache an den Mieter vorliegen oder *im Laufe* der Mietzeit nach Überlassung entstehen, da nach § 536 der Vermieter verpflichtet ist, die Mietsache während der ganzen Vertragsdauer in einem zum vertragsmäßigen Gebrauch geeigneten Zustand zu erhalten. In der Zeit **vor** Überlassung der Sache an den Mieter ist hingegen kein Raum für die Anwendung des § 537 (BGH WM 1983, 44; LG Berlin NJW-RR 1988, 203: deshalb Geltung der §§ 323 ff; s oben Vorbem 9), während es danach keine Rolle spielt, ob in den Vertrag ein neuer Vermieter (§ 571) oder ein neuer Mieter eintritt, sofern es sich dabei nur um eine Fortsetzung des alten Vertrages handelt (Pieper NJW 1961, 300).

### 2. Einzelfälle

#### a) Baumängel

5 Die bei weitem wichtigsten Fehler sind bei der Grundstücksmiete die sog Baumängel, wobei es unerheblich ist, ob der Fehler den vermieteten Räumen selbst oder den bloß mitvermieteten Räumen, Treppen, Fluren, Böden, Kellern oder Zugängen anhaftet. Alle diese Räume und Gebäudeteile müssen sich in einem Zustand befinden, der **Gefahren für die Gesundheit** der Benutzer ausschließt (vgl § 544). Ein Mangel liegt daher zB vor, wenn die Räume durch Ungeziefer verseucht sind (OLG Schleswig SchlHAnz 1970, 159; AG Lahnstein WuM 1988, 55), wenn das Dach durchlässig oder morsch ist, wenn die Tragfähigkeit der Decken zu gering ist oder wenn die Fundamente des Hauses zu schwach sind (BGH LM Nr 11 zu § 537 BGB; Nr 6 zu § 538 BGB = ZMR 1964, 79; NJW 1963, 804).

6 Weitere **Beispiele** für Baumängel sind Feuchtigkeitsschäden sowie Flecken- und Schimmelbildung, außer wenn deren Ursache in einer mangelhaften Lüftung der Räume durch den Mieter liegt (§ 324 Abs 1),[5] weiter eine übermäßige Hellhörigkeit der Räume infolge mangelnder Isolierung (LG Hamburg ZMR 1971, 134; LG Berlin GE 1985, 257; AG Schöneberg WuM 1982, 183; AG Rheine WuM 1985, 260), die ungenügende Wärmedämmung oder eine unwirtschaftliche Konstruktion der Heizung, undichte Fenster (BGH ZMR 1962, 83; OLG Düsseldorf WuM 1984, 54; LG Berlin WuM 1982, 184; AG Münster WuM 1985; 235), unverschlossene Rauchrohröffnungen (BGHZ 49, 350), gefährliche Badeeinrichtungen in Hotels (RGZ 169, 84; BGH LM Nr 10 zu § 537 BGB), Mängel der elektrischen Installation (BGH LM Nr 20 zu § 537), das Fehlen von Schutzvorrichtungen gegen Überschwemmungen in hochwassergefährdeten Gebieten (BGH LM Nr 47 zu § 535 BGB = NJW 1971, 424), die Funktionsuntüchtigkeit etwa erforderlicher Rückstausicherungen,[6] bei einem Gewerbebetrieb Mängel der Einrichtung, die zu

---

[5] S u Rz 18 sowie zB OLG Celle WuM 1985, 9; LG Berlin GE 1989, 149; LG Braunschweig ZMR 1988, 142; Lammel WuM 1982, 261; Heitgress WuM 1985, 107; Teitge ZMR 1983, 397; Sternel Rz II, 516, 581.

[6] BGH LM Nr 33 zu § 328 BGB = MDR 1968, 402; ZMR 1962, 82; Betrieb 1976, 817; OLG Düsseldorf NJW-RR 1988, 906 = ZMR 1988, 222; LG Freiburg WuM 1987, 383;

einer behördlichen Schließung führen können (s unten Rz 7 sowie BGH WM 1983, 660), die übermäßige Beeinträchtigung von Licht und Luft durch eine zu enge Bebauung (OLG Hamm ZMR 1983, 273), uU sogar bloße optische Mängel (LG Hamburg WuM 1983, 290), bei Gastarbeiterheimen die Verletzung der dafür maßgeblichen, behördlichen Richtlinien (BGH LM Nr 22 zu § 537 BGB = NJW 1976, 796) sowie insbes stets eine mangelhafte Beheizung der vermieteten Räume[6a]. Umstritten ist dabei, von welchem **Standard** insbes hinsichtlich der Isolierung des Hauses und der Wirtschaftlichkeit der Heizungsanlage auszugehen ist. ZT wird hier auf die bei Errichtung des Hauses geltenden, idR viel niedrigeren Standards abgestellt (LG Konstanz WuM 1988, 353; LG Kassel WuM 1988, 355; LG Berlin GE 1989, 411; wohl auch LG Hamburg ZMR 1989, 63 = NJW-RR 1988, 907). Überwiegend geht die Praxis indessen mit Recht von den heute maßgeblichen Standards aus, so daß jedenfalls dann ein Mangel vorliegt, wenn der Mieter nur durch übermäßiges, nicht mehr zumutbares Heizen und Lüften Schäden vermeiden kann, weil damit kein Mieter, auch nicht bei einem Altbau, zu rechnen braucht[6b].

Als Baumängel sind in der jüngeren Praxis außerdem etwa anerkannt worden die 6
Benutzung des Gartens und des Treppenhauses als Baustelle (AG Ahrensburg WuM 1986, 213), eine mangelhafte Konstruktion des Balkons mit der Folge, daß Wasser in die Wohnung eindringt (LG Berlin GE 1987, 193), der Ausfall des Fahrstuhls (AG Bremen WuM 1987, 383), die Verlegung von Bleirohren mit der Folge, daß das Wasser verbleit ist (AG Hamburg ZMR 1988, 101), Verschmutzungen durch Tauben (AG Hamburg WuM 1988, 121; anders zu Unrecht LG Kleve WuM 1986, 333 = NJW-RR 1986, 1344) sowie schließlich das Fehlen der nötigen Mülltonnen (AG Köln WuM 1985, 261; zahlr weitere Beispiele bei Sternel Rz II, 514 ff). **Keinen** Mangel bilden hingegen das Fehlen von Vorkehrungen gegen ganz seltene und ungewöhnliche Naturkatastrophen (BGH LM Nr 33 zu § 328 BGB; Nr 47 zu § 535 BGB) sowie die Verursachung ständig steigender Kosten durch eine an sich einwandfrei funktionierende Klimaanlage (BGH WM 1980, 108, 112; OLG Düsseldorf WuM 1986, 16; Gegenbeispiel: OLG Hamm NJW-RR 1987, 969 = ZMR 1987, 300).

**b) Öffentlich-rechtliche Beschränkungen**

Öffentlich-rechtliche Gebrauchsbeschränkungen oder -verbote sind ein Fehler, 7
sofern sie ihre Ursache gerade in der Beschaffenheit oder der Lage der Mietsache

anders AG Köln WuM 1987, 383; OLG Frankfurt WuM 1984, 78: positive Vertragsverletzung; s oben Vorbem 12.

[6a] OLG Frankfurt WuM 1972, 42; OLG Düsseldorf MDR 1983, 229; ZMR 1985, 236; WuM 1986, 16; AG Ahrensburg WuM 1986, 213 (defekte Thermostaten); OLG Hamm NJW-RR 1987, 969 (überdimensionierte Lüftung); LG Karlsruhe WuM 1987, 382 (mangelhafter Kamin); LG Köln WuM 1988, 351 (Unterlassung der geschuldeten Heizung); LG Hamburg WuM 1989, 285; anders aber für zu hohe Heizkosten infolge schlechter Isolierung des Hauses LG Hamburg NJW-RR 1988, 907 = WuM 1988, 350.

[6b] LG Hamburg WuM 1988, 353; LG Flensburg WuM 1988, 354; LG Hannover WuM 1988, 354; AG Rheine WuM 1988, 302; AG Köln WuM 1988, 358.

und nicht lediglich in den persönlichen Verhältnissen des Mieters haben.[7] Daher sind zu gewerblichen Zwecken vermietete Räume mangelhaft, wenn der Aufnahme des vertraglich vorgesehenen Gewerbebetriebs in den Räumen privat- oder öffentlich-rechtliche Hindernisse entgegenstehen (BGH LM Nr 92 zu § 242 [Bb] BGB; Nr 50 zu § 535 BGB; Nr 46 zu § 581 BGB; NJW-RR 1987, 906). Fehlt eine hiernach erforderliche behördliche Genehmigung, so ist es grundsätzlich Sache des Vermieters, diese beizubringen (OLG Hamm ZMR 1982, 206). Dieses Risiko kann nicht durch Geschäftsbedingungen generell auf den Mieter abgewälzt werden (grdl BGH NJW 1988, 2864 = ZMR 1988, 376). Wird die Erteilung der Genehmigung von bestimmten baulichen Veränderungen abhängig gemacht, so ist der Vermieter nach § 536 außerdem verpflichtet, diese Baumaßnahmen durchzuführen (RGZ 94, 138; s BGH NJW-RR 1987, 906).

8 **Beispiele** sind das polizeiliche Verbot einer Fabrik (RG JW 1913, 596), ein behördliches Verbot der Errichtung neuer Geschäfte oder Betriebe (RGZ 147, 157; 147, 304; 157, 363) sowie die Verweigerung der für den auf einem Grundstück geplanten Kiesabbau erforderlichen, behördlichen Genehmigung (BGH LM Nr 46 zu § 581 BGB = NJW 1982, 2062).

9 Öffentlich-rechtliche Beschränkungen stellen hingegen dann **keinen** Mangel dar, wenn der Mieter ohne weiteres in der Lage ist, das Verbot abzuwenden oder ihm auszuweichen (OLG Hamm ZMR 1971, 87; OLG Hamburg ZMR 1960, 304), wenn es sich vorerst noch um reine, stadtplanerische Maßnahmen handelt, die sich erst in einer fernen Zukunft auswirken können (BGH WM 1968, 1306; 1983, 660 f), oder wenn die Behörde den rechtswidrigen Zustand vorerst unbeschränkt duldet, zB von einem Abrißgebot absieht (OLG Düsseldorf OLGZ 1973, 311). Auch darf nicht durch eine zu weite Ausdehnung des Fehlerbegriffs dem Mieter das gesamte Verwendungsrisiko abgenommen werden (s oben Vorbem 15 f zu § 537; BGH LM Nr 27 und 28 zu § 537 BGB = NJW 1981, 2405 und BB 1981, 2030). Ein Mangel liegt daher nur vor, wenn das öffentlich-rechtliche Verbot seine Ursache tatsächlich gerade in der Beschaffenheit der *konkreten*, vermieteten Sache und nicht in sonstigen allgemein vorliegenden Umständen hat (Mietrecht § 537 Rz 26). Deshalb sind (entgegen RGZ 87, 277; 88, 96; 89, 203; 91, 54; 94, 267) für ein Gebiet während des Krieges generell erlassene Tanzverbote ebensowenig wie Bade- oder Betriebsverbote oder eine generelle Kürzung der Polizeistunde Mängel im Sinne des § 537 (BGH LM Nr 28 zu § 537 BGB).

**c) Störungen des Mieters**

10 Immissionen begründen einen Fehler ohne Rücksicht darauf, ob sie vom Vermieter, von Mitmietern oder von Dritten ausgehen. Das gilt insbes für alle **Lärmbelästigungen** unabhängig von deren Ursache (s §§ 535, 536 Rz 12 und 20). Ein Mangel liegt namentlich vor, wenn die Schallisolierung der Mieträume hinter den

---

[7] RGZ 79, 92 usw bis RGZ 157, 363; BGHZ 68, 294, 296; BGH LM Nrn 17 und 26 zu § 537 BGB; Nr 6 zu § 538 BGB; Nr 46 zu § 581 BGB; NJW-RR 1987, 906; NJW 1988, 2664; BayObLG NJW-RR 1986, 690.

üblicherweise geforderten Werten zurückbleibt.[8] Dasselbe gilt bei übermäßigem Lärm der Mitmieter (vgl zB LG Göttingen NJW 1954, 1205; LG Köln ZMR 1971, 241; AG Lünen NJW-RR 1988, 1041; AG Neuß NJW-RR 1989, 206). Aber auch Lärmbelästigungen, die von Dritten ausgehen, können zur Folge haben, daß die Wohnung mit einem Mangel behaftet ist. Beispiele sind der Lärm einer Gastwirtschaft in der Nachbarschaft (BGH LM Nr 6 zu § 542 BGB; Nr 36 zu § 906 BGB = MDR 1971, 119), der Lärm eines benachbarten Gewerbebetriebes (BGH LM Nr 15 zu § 823 [Ef] BGB = MDR 1971, 37), der Lärm einer Großbaustelle in der Nähe einer als besonders ruhig vermieteten Ferienwohnung (LG Hamburg NJW 1973, 2254) sowie überhaupt übermäßiger Baulärm in einem Neubaugebiet (BayObLGZ 1987, 36; AG Darmstadt WuM 1984, 245).

Ein Mangel wurde in der jüngsten Praxis außerdem bejaht bei dem übermäßigen **10a** Lärm einer steilen Einfahrt in eine Tiefgarage (AG Osnabrück WuM 1986, 334), bei dem Lärm einer Tanzschule in der Nachbarschaft (AG Köln WuM 1988, 56), bei ständig störenden Klopfgeräuschen der Heizung (AG Hamburg WuM 1987, 382) sowie bei durchaus vermeidbarem, übermäßigen Kinderlärm jedenfalls während der üblichen Ruhezeiten (AG Neuß WuM 1988, 264). Hingegen wurde aus unterschiedlichen Gründen eine relevante Störung des Mieters verneint bei normalen Bauarbeiten in der Nachbarschaft (AG München ZMR 1986, 58; AG Augsburg ZMR 1988, 341), sowie bei dem üblichen Kinderlärm aus einem Innenhof oder von einem Spielplatz (LG München I WuM 1987, 121; AG Neukölln GE 1988, 259; AG Charlottenburg GE 1988, 947; LG Berlin GE 1989, 93: Hellhörigkeit eines Altbaus). Dabei spielt zT die Überlegung mit, hier sei **§ 906** entsprechend anwendbar, so daß der Mieter ortsübliche Immissionen hinnehmen müsse (s LG Bonn WuM 1986, 115). Diese Meinung hat sich indessen nicht durchgesetzt; das Minderungsrecht des Mieters bei Lärmstörungen ist vielmehr unabhängig davon, ob der Vermieter überhaupt in der Lage ist, gegen die störenden Dritten nach § 906 vorzugehen (grdl BayObLGZ 1987, 36 = NJW 1987, 1950 m Anm Emmerich JuS 1987, 823). Weitere hierher gehörende Beispiele sind schließlich noch der Betrieb eines Bordells im selben Haus (AGe Hamburg, Wandsbeck und Kassel WuM 1984, 280) sowie Belästigungen des Mieters durch üble Gerüche (AG Köln WuM 1989, 234) oder durch übermäßig viele, herumstreunende Katzen oder Mäuse (AG Säckingen WuM 1986, 113; AG Bonn WuM 1986, 113; 1986, 212 = NJW 1986, 1114; AG Rendsburg WuM 1989, 284).

**d) Fahrnismiete**

Das bisher zum Fehlerbegriff Ausgeführte gilt uneingeschränkt auch für die **11** Vermietung beweglicher Sachen. Ein vermietetes Flugzeug ist folglich zB mangelhaft, wenn die Lackierung und die Außenhaut Schäden aufweisen (BGH LM Nr 37 zu § 537 BGB = WM 1987, 219). EDV-Anlagen sind überdies mangelhaft, wenn eine ordnungsmäßige Bedienungsanleitung fehlt (OLG Frankfurt NJW 1985, 2278), wenn sie trotz regelmäßiger Wartung dauernd gestört sind (OLG Karlsruhe Betrieb 1978, 2313), wenn die von der Anlage ausgedruckten Rechnun-

[8] KG WuM 1980, 255; LG Hamburg ZMR 1971, 134; LG Berlin GE 1985, 257, 259; AG Schöneberg WuM 1982, 183; o Rz 6.

gen für den Mieter wertlos sind, weil sie von den Abnehmern nicht akzeptiert werden (BGH LM Nr 28 zu § 537 BGB = NJW 1982, 696), oder wenn die Speicherkapazität des Computers nicht ausreicht, so daß ständig die Gefahr des Verlustes wertvoller Daten besteht; anders jedoch, wenn in das Programm eine Unterbrechung eingebaut ist, um Mißbräuche zu verhindern, der berechtigte Mieter die Unterbrechung aber immer überbrücken kann.[9]

### 3. Erheblichkeit

12 Ein Fehler wird jedoch nur berücksichtigt, wenn er eine erhebliche Minderung der Tauglichkeit zur Folge hat (§ 537 Abs 1 S 3). Daran fehlt es, wenn der Fehler leicht erkennbar ist und schnell und mit geringen Kosten beseitigt werden kann (LG Freiburg ZMR 1976, 210). So verhält es sich etwa, wenn die Wohnungsgröße nur geringfügig hinter den Angaben im Mietvertrag zurückbleibt (sehr weitgehend LG Würzburg WuM 1984, 213), wenn ein Garagentor nicht schließt (AG Kassel WuM 1989, 171), wenn die Badewanne geringfügig verkleinert wird (AG Dortmund WuM 1989, 172), wenn ein Waschmaschinenanschluß fehlt (AG Bayreuth WuM 1985, 260) oder wenn die Müllschluckanlage stillgelegt wird (AG Hamburg WuM 1985, 260). Die Beweislast für diese Ausnahme trägt dabei der Vermieter (OLG Celle ZMR 1985, 10, 12 = 8 in RE Miet).

## II. Zugesicherte Eigenschaften

### 1. Begriff

13 Nach § 537 Abs 2 kommt eine Minderung außerdem in Betracht, wenn der Sache eine zugesicherte Eigenschaft fehlt oder diese später wegfällt, wobei bei der Vermietung eines Grundstücks die Zusicherung einer bestimmten Größe stets der Zusicherung einer Eigenschaft gleichsteht (dazu zB LG Würzburg WuM 1984, 213). Ebenso wie bei § 459 Abs 2 ist die Zusicherung jedoch nur erheblich, wenn sie **Vertragsinhalt** geworden ist. Die Zusicherung muß folglich vom Mieter als vertragsmäßige verlangt und vom Vermieter in vertragsmäßig bindender Weise, dh insbesondere auch in der erforderlichen Form (s § 566!), abgegeben worden sein. Sie muß obendrein die maßgeblichen Eigenschaften so genau bezeichnen, daß ihr Inhalt und Umfang im einzelnen festgestellt werden können (BGH LM Nr 26 zu § 537 BGB = NJW 1980, 777; WM 1968, 1306; RG JW 1937, 675). IdR wird die Zusicherung deshalb ausdrücklich erfolgen müssen; notwendig ist dies jedoch nicht (BGH WM 1962, 1379). Es ist daher immer eine Frage der Auslegung der Parteierklärungen im Einzelfall, ob in bestimmten Angaben des Vermieters zugleich eine Zusicherung liegt. Grundsätzlich reicht dafür jedoch die bloße Umschreibung des vertragsmäßigen Gebrauchs ebensowenig aus wie die bloße

[9] BGH LM Nr 8 zu § 542 BGB = NJW 1981, 2684; LM Nr 65 zu § 139 BGB = NJW 1987, 2004; weitere Beispiele in BGH Betrieb 1967, 118; WM 1977, 743; 1982, 1230.

Einräumung einer Verlängerungsoption (BGH LM Nr 26 zu § 537 BGB; WM 1968, 1306).

Umstritten ist, welche Folgerungen hieraus für die Qualifizierung von Angaben über die **Wohnungsgröße** im Mietvertrag zu ziehen sind. Darin liegt jedenfalls dann eine Zusicherung der betreffenden Größe, wenn der Mieter darauf besonderen Wert gelegt hatte (LG Mannheim WuM 1989, 11) oder wenn sich nach ihr die Berechnung des Mietzinses oder der Nebenkosten richtet (AG Ahrensburg NJW-RR 1988, 1424), wobei der Berechnung idR die alte (nicht mehr gültige) DIN 283 oder die §§ 44 ff der II BV zugrundegelegt werden. Sind die genannten Voraussetzungen nicht erfüllt, tendiert die Praxis heute hingegen überwiegend dazu, in der Angabe über die Wohnungsgröße *keine* Zusicherung, sondern eine bloße Beschaffenheitsangabe zu sehen, so daß der Mieter gegebenenfalls lediglich mindern kann (LG Würzburg WuM 1984, 213; LG Berlin WuM 1987, 49 = ZMR 1987, 95; LG Freiburg WuM 1988, 263; LG Kleve WuM 1988, 13; AG Köln WuM 1988, 14; anders aber zB LG München I WuM 1987, 217; LG Mönchengladbach ZMR 1988, 178; AG Duisburg WuM 1987, 217). **13a**

### 2. Beispiele

In der bisherigen Praxis ist eine Zusicherung zB angenommen worden bei Angaben des Vermieters über die Tragfähigkeit der Mieträume bei Vermietung eines Lagerhauses (BGH LM Nr 12/13 zu § 537 BGB = MDR 1964, 915), bei Angaben über den Umsatz im Falle der Verpachtung einer Gastwirtschaft (RG JW 1937, 675), bei der Zusicherung der sog Brauereifreiheit einer Gastwirtschaft (RGZ 95, 175), bei dem Versprechen der Beseitigung von Mängeln binnen einer Frist (LG Braunschweig WuM 1985, 259) sowie bei der Zusicherung der Möglichkeit, ein Grundstück zu bebauen (RG BayZ 1913, 252). Ebenso sichert der Vermieter von Wandflächen auf Sportplätzen zu, daß auf dem Platz tatsächlich noch Veranstaltungen stattfinden (KG LZ 1917, 691 Nr 10). **14**

## III. Minderung

### 1. Allgemeines

**a)** Wenn die Mietsache mit einem Mangel behaftet ist oder wenn ihr eine zugesicherte Eigenschaft fehlt, ist der Mieter für die Zeit, während deren die Gebrauchstauglichkeit der Sache durch den Mangel ganz aufgehoben ist, von der Entrichtung des Mietzinses völlig befreit, und für die Zeit, während deren die Tauglichkeit lediglich gemindert ist, nur zur Entrichtung eines verhältnismäßig herabgesetzten Mietzinses verpflichtet. Die Minderung tritt dabei **automatisch**, dh ohne weiteres kraft Gesetzes ein, sobald und solange die Gebrauchstauglichkeit der Sache durch den Fehler aufgehoben oder herabgesetzt ist. Die Minderung ist folglich bei der Miete anders als beim Kauf (s § 462) weder ein Gestaltungsrecht noch ein Anspruch und kann daher nicht verjähren (vgl BGH LM Nr 3a zu § 557 BGB = NJW 1961, 916; BGH NJW 1958, 785; WM 1985, 1213; LG Hannover **15**

WuM 1980, 130). Aus demselben Grund kann sich der Mieter gegenüber der Zahlungsklage des Vermieters stets noch nachträglich („rückwirkend") auf die Minderung wegen früherer Mängel berufen, sofern kein Ausschlußtatbestand (unten Rz 18) eingreift (LG Lübeck WuM 1979, 189; iE auch LG Saarbrücken WuM 1982, 187).

16 **b)** Die Minderung erfolgt nach dem entsprechend anwendbaren § 472 durch eine *verhältnismäßige* Herabsetzung des Mietzinses nach der Formel: Alter Mietzins: neuer Mietzins = Wert der mangelfreien Sache: Wert der mangelhaften Sache, wobei Mietzins in diesem Sinne stets die sog Bruttomiete (einschließlich der Nebenkosten) ist (LG Hamburg WuM 1983, 290; AG Hamburg ZMR 1983, 277). Ob der Vermieter den Mangel zu vertreten hat, spielt dabei keine Rolle (unrichtig AG Köln WuM 1983, 53). Hat der Vermieter den Mietzinsanspruch zT abgetreten, so erfaßt die Minderung beide Teilforderungen verhältnismäßig (BGHZ 46, 242, 244; BGH LM Nr 44 zu § 398 BGB = NJW 1983, 1902). Das **Ausmaß** der Minderung hängt stets ganz von den Umständen des Einzelfalles und insbes von der Schwere des Mangels ab, so daß sich allgemeine Regeln kaum aufstellen lassen.[10] Den Mieter trifft infolgedessen grundsätzlich kein Verschulden, wenn er sich bei der Berechnung der Minderung verrechnet und daher zuviel mindert (LG Kassel WuM 1981, 185; LG Braunschweig WuM 1985, 259). Aber wenn der Vermieter die Mietsache zur Beseitigung schwerer Mängel zurücknehmen muß, so daß der Mieter den Besitz verliert, ist die Gebrauchstauglichkeit völlig aufgehoben, so daß die Verpflichtung zur Zahlung des Mietzinses ganz entfällt (BGH LM Nr 37 zu § 537 BGB = NJW 1987, 432). Dasselbe gilt generell, wenn die Räume für die Mieterzwecke völlig ungeeignet sind (LG Berlin GE 1988, 683 = ZMR 1988, 306).

17 **c)** Durch die Minderung wird der Erfüllungsanspruch des Mieters aus § 536 nicht ausgeschlossen. Infolgedessen berührt die Möglichkeit der Minderung des Mietzinses nicht die Einrede des nichterfüllten Vertrages; vielmehr gibt § 320 dem Mieter die zusätzliche Möglichkeit, durch **Zurückbehaltung** des fälligen, von der Minderung nicht erfaßten Teils des Mietzinses den Vermieter zur Erfüllung seiner Pflicht aus § 536 anzuhalten. Dem steht eine etwaige Vorleistungspflicht des Mieters nicht entgegen[11]. Durch die Geschäftsbedingungen des Vermieters kann gleichfalls nichts anderes bestimmt werden (LG Berlin ZMR 1986, 168). Jedoch bleibt § 320 Abs 2 zu beachten, weshalb die Praxis das Zurückbehaltungsrecht des Mieters idR auf das Drei- bis Fünffache der Minderungsquote beschränkt (LG Hamburg ZMR 1984, 128 = MDR 1984, 494; AG München WuM 1987, 216). Und das Zurückbehaltungsrecht entfällt sogar ganz, wenn der Mieter selbst endgültig kein Interesse an der Erfüllung mehr hat (BGH LM Nr 20 zu § 320 BGB = NJW 1982, 874) oder wenn durch den Mangel die Gebrauchstauglichkeit der Sache nur unerheblich gemindert wird (analog §§ 537 Abs 1 S 2, 320 Abs 2; AG Tiergarten GE 1987, 1115).

---

[10] S Mietrecht § 537 Rz 49c; Kamphausen WuM 1982, 3; Sternel Rz II 546ff; Thieler/Vetter, Mietminderungsliste (1983); Zinburg ZMR 1984, 110.

[11] Grdleg BGHZ 84, 42; LG Hamburg WuM 1981, 229; ZMR 1984, 128; RG JW 1906, 333; Kubis MDR 1983, 285.

## 2. Ausschluß

### a) Kraft Gesetzes

Eine Minderung ist ausgeschlossen in den Fällen der §§ 539 und 545 Abs 2 sowie dann, wenn der Mieter den Mangel zu vertreten hat (§ 324 Abs 1; s oben Vorbem 10 zu § 537). Die bei weitem wichtigsten Fälle sind heute Schimmelbildung, Stockflecken und sonstige **Feuchtigkeitsschäden** in den Mieträumen, vorausgesetzt daß sie ihre Ursache im Verhalten des Mieters haben und nicht auf Mängeln des Hauses beruhen (s schon o Rz 5). Diese Fälle haben in den letzten Jahren eine ungewöhnliche Bedeutung in der Praxis erlangt, seitdem in großem Umfang namentlich in alten Häusern neue, isolierverglaste Fenster eingebaut worden sind mit der Folge, daß auf einmal der unerläßliche Luftaustausch nur noch gewährleistet ist, wenn die Räume ordnungsmäßig gelüftet und geheizt werden. Deswegen steht fest, daß der Mieter wegen der genannten Feuchtigkeitsschäden nicht mindern kann, wenn diese tatsächlich ihre Ursache darin haben, daß er die Räume nicht ordnungsgemäß, vor allem nicht ausreichend gelüftet oder geheizt hat[12]. Die Einzelheiten sind indessen lebhaft umstritten, zumal sich die Ursachen solcher Feuchtigkeitsschäden im Nachhinein häufig nicht mehr eindeutig feststellen lassen. In solchen Fällen sollte von den folgenden Grundsätzen ausgegangen werden: Weder in einem Alt- noch in einem Neubau kann von dem Mieter, nur um Feuchtigkeitsschäden zu vermeiden, ein übermäßiges Heizen oder Lüften der Räume verlangt werden; vielmehr ist ein Gebäude mangelhaft, in dem nur durch ein solches wirtschaftlich unvernünftiges Verhalten Feuchtigkeitsschäden vermieden werden können[13]. Außerdem gehört es zu dem vertragsmäßigen Gebrauch, daß der Mieter Möbelstücke an jedem beliebigen Platz in der Wohnung direkt an der Wand aufstellen kann. Die Wohnung ist mangelhaft, wenn zur Vermeidung von Feuchtigkeitsschäden Möbelstücke nur an bestimmten Stellen und deutlich abgerückt von der Wand aufgestellt werden können[14]. 18

Zentrale Bedeutung kommt der Frage der **Beweislast** zu, da sich die Ursache der Feuchtigkeitsschäden später häufig nicht mehr aufklären läßt. Hier gilt, daß die Beweislast für den Ausnahmetatbestand des § 324 grundsätzlich der *Vermieter* trägt. Folglich muß der Vermieter zunächst sämtliche Ursachen ausräumen, die aus seinem Gefahrenbereich herrühren, insbes solche, die mit der Beschaffenheit des Gebäudes zusammenhängen. Erst wenn dem Vermieter dies gelungen ist, kann von der Vermutung ausgegangen werden, daß die Feuchtigkeitsschäden in dem unsorgfältigen und deshalb schuldhaften Verhalten des Mieters bei der Belüftung oder Beheizung der Räume ihre Ursache haben (§ 324), so daß der 18a

---

[12] Statt aller OLG Celle ZMR 1985, 10, 12 sowie zuletzt zB AG Steinfurt ZMR 1987, 179; LG Lüneburg ZMR 1987, 224; 1987, 336; LG München I ZMR 1987, 468; WuM 1988, 352; LG Nürnberg-Fürth WuM 1988, 155 = ZMR 1989, 23; LG Saarbrücken WuM 1988, 351 usw, weitere Nachw s Voraufl Rz 18.

[13] S zB zuletzt LG Saarbrücken WuM 1988, 351; LG München I WuM 1988, 352; LG Kassel WuM 1988, 355; LG Berlin GE 1989, 39; AG Neukölln GE 1989, 253.

[14] ZB AG Neuß WuM 1987, 214; LG Berlin GE 1988, 35; 1988, 37; 1988, 1111.

Mieter das Gegenteil beweisen muß[15]. Dabei ist außerdem zu berücksichtigen, daß der Vermieter, zumal bei Neubauten, wenn von vornherein erkennbar die Gefahr von Feuchtigkeitsschäden droht, den Mieter sorgfältig über die gebotenen Maßnahmen zur Vermeidung dieser Gefahren belehren muß, widrigenfalls er wiederum allein die Verantwortung trägt[15a].

**18** Analog § 539 ist die Minderung außerdem ausgeschlossen, wenn der Mieter den Mangel nachträglich **erkennt,** gleichwohl aber den Gebrauch der gemieteten Sache über eine längere Zeit hinweg vorbehaltlos fortsetzt, namentlich den Mietzins in voller Höhe weiter zahlt[16]. Das Rügerecht des Mieters erlischt in diesem Fall auch für die Zukunft, so daß er für die Zukunft gleichfalls nicht mehr mindern kann, außer wenn der Mietzins vom Vermieter wesentlich erhöht wird (OLG Düsseldorf ZMR 1987, 263 = NJW-RR 1987, 911). Unberührt bleibt aber selbst in diesem Fall stets der Erfüllungsanspruch des Mieters aus § 536. Anders wird die Rechtslage außerdem beurteilt, wenn der Mieter den Mietzins lediglich unter Vorbehalt fortzahlt und nachdrücklich auf der Beseitigung der Mängel besteht oder wenn der Vermieter die Beseitigung der Mängel zusagt und der Mieter hierauf vertrauen darf[17].

**b) Durch Vertrag**

**19** **aa)** Nach § 537 Abs 3 ist bei Mietverhältnissen über **Wohnraum** eine zum Nachteil des Mieters von § 537 abweichende Vereinbarung unwirksam. Die Minderung darf deshalb hier weder durch Individualabrede noch durch Formularvertrag ausgeschlossen oder eingeschränkt werden. Unzulässig sind insbes Klauseln, die die Minderung von zusätzlichen Bedingungen wie einer Anzeige oder der Einhaltung von Fristen abhängig machen oder den Fehlerbegriff einschränkend definieren (LG Hamburg WuM 1980, 126; LG Berlin GE 1986, 1011, 1013; AG Koblenz WuM 1987, 19). Keine Anwendung findet § 537 Abs 3 jedoch auf Pachtverträge, selbst wenn mit einem Gut zugleich ein Wohnhaus verpachtet ist (OLG Köln WM 1987, 1308, 1310).

**20** **bb)** § 537 Abs 3 gilt nur für die Wohnraummiete. Bei allen anderen Mietverhält-

---

[15] OLG Celle ZMR 1985, 10, 12 = WuM 1985, 9 usw bis LG Köln NJW-RR 1986, 313; LG Kiel ZMR 1986, 123; LG Göttingen WuM 1986, 308; LG Berlin ZMR 1987, 378; GE 1988, 35; 1988, 1111; 1989, 41; AG Tiergarten GE 1987, 1271; LG Nürnberg-Fürth WuM 1988, 155 = ZMR 1989, 23; AG Schöneberg GE 1988, 781; LG Kassel WuM 1988, 355; LG Braunschweig WuM 1988, 356; AG Hamburg WuM 1988, 357; LG Düsseldorf WuM 1989, 13; AG Mühlheim ZMR 1989, 182.

[15a] LG Stade WuM 1985, 23; LG Mannheim WuM 1985, 24; LG Köln WuM 1985, 24; LG Düsseldorf WuM 1989, 13; LG Berlin GE 1989, 39 usw.

[16] ZB BGH LM Nr 51 zu § 139 BGB; Nr 19 zu § 537 BGB; Nr 6 zu § 539 BGB; Nr 6 zu § 542 BGB = NJW 1974, 2233; BGH WM 1967, 515; 1967, 850; OLG Düsseldorf ZMR 1987, 329; 1987, 263 = NJW-RR 1987, 911; OLG Frankfurt WM 1987, 1201, 1203; LG Berlin ZMR 1986, 54; LG Köln WuM 1988, 15; LG Paderborn MDR 1989, 455.

[17] BGH LM Nr 51 zu § 139 BGB = ZMR 1976, 138, 141; LM Nr 19 zu § 537 BGB; Nr 6 zu § 539 BGB; Nr 6 zu § 542 BGB = NJW 1974, 2233; LG Hannover WuM 1986, 311; AG Waldbröl WuM 1989, 71; LG Düsseldorf WuM 1987, 150; AG Hamburg WuM 1989, 172; zur Kritik s Mietrecht § 537 Rz 56.

nissen kann mithin § 537 vertraglich eingeschränkt oder ausgeschlossen werden (BGHZ 29, 289, 295 f). Solche Klauseln, so verbreitet sie auch sein mögen, sind jedoch grundsätzlich restriktiv auszulegen, da sie den Mieter in ganz besonderem Maße belasten und benachteiligen (OLG Hamm ZMR 1982, 206; OLG Düsseldorf MDR 1982, 850; OLG Schleswig SchlHAnz 1970, 159). Bei **Formularverträgen** muß außerdem stets die Schranke des § 11 Nr 10 lit a AGBG berücksichtigt werden, so daß jedenfalls im nichtkaufmännischen Verkehr ein Ausschluß der Gewährleistungsansprüche des Mieters nicht mehr möglich ist (OLG Nürnberg MDR 1977, 580; OLG Düsseldorf WuM 1985, 59). Anders freilich die neuere Praxis, nach der auf Gebrauchsüberlassungsverträge § 11 Nr 10 AGBG generell unanwendbar sein soll (so zu Unrecht BGHZ 94, 180 m Anm Emmerich JuS 1985, 910), so daß bei der gewerblichen Miete die Minderung durch Formularverträge sogar gänzlich ausgeschlossen werden kann (OLG München ZMR 1987, 16; OLG Frankfurt WuM 1987, 143 = NJW-RR 1987, 656).

### IV. Beweislast

Wenn sich der Mieter gegenüber dem Mietzinsanspruch des Vermieters auf **21**
Minderung beruft, trifft ihn nach hM die Beweislast für das Vorliegen von Mängeln (OLG Celle ZMR 1985, 10, 12 f = 8 in RE Miet). Steht jedoch fest, daß die Mietsache mangelhaft ist, so muß der Vermieter beweisen, daß nur eine unerhebliche Minderung der Tauglichkeit vorliegt oder der Mieter den Mangel zu vertreten hat (o Rz 18). Eine abweichende Regelung durch Formularverträge ist nicht möglich (§ 537 Abs 3; §§ 9, 11 Nr 15, 24 AGBG).

## § 538

**(1) Ist ein Mangel der in § 537 bezeichneten Art bei dem Abschluß des Vertrages vorhanden oder entsteht ein solcher Mangel später infolge eines Umstandes, den der Vermieter zu vertreten hat, oder kommt der Vermieter mit der Beseitigung eines Mangels in Verzug, so kann der Mieter unbeschadet der in § 537 bestimmten Rechte Schadensersatz wegen Nichterfüllung verlangen.**
**(2) Im Falle des Verzugs des Vermieters kann der Mieter den Mangel selbst beseitigen und Ersatz der erforderlichen Aufwendungen verlangen.**

### Übersicht

**Schrifttum:** S schon Vorbem zu § 537 und bei § 537 sowie noch Krampe, Die Garantiehaftung des Vermieters für Sachmängel. Ein Beitrag zur Kasuistik (1980); Weimar MDR 1960, 555; ders ZMR 1965, 163; 1978, 4; 1979, 260.

## I. Allgemeines

1 Wenn die Mietsache bei ihrer Überlassung an den Mieter mit einem Mangel behaftet ist, hat der Mieter in erster Linie das Minderungsrecht des § 537. Zusätzlich kann er nach § 538 in drei Fällen Schadensersatz verlangen, nämlich 1. wenn der Mangel schon bei Vertragsschluß vorlag, 2. wenn der Mangel erst nach Vertragsschluß infolge eines vom Vermieter zu vertretenden Umstandes entstanden ist sowie schließlich 3. wenn der Vermieter mit der Beseitigung des Mangels in Verzug ist; in dem zuletzt genannten Fall hat der Mieter außerdem das Recht, den Mangel selbst zu beseitigen und Ersatz seiner Aufwendungen zu verlangen. § 538 hat den Vorrang vor den Vorschriften über die anfängliche Unmöglichkeit (§§ 306 ff), wobei seine Anwendung insoweit nicht voraussetzt, daß die Sache dem Mieter bereits überlassen ist (s o Vorbem zu § 537 Rz 3; insbes BGHZ 93, 142 m Anm Emmerich JuS 1985, 811; BGH WM 1987, 141). § 538 ist entsprechend anwendbar auf sog Träger-Bewerberverträge, aufgrund derer dem Bewerber vorläufig entgeltlich die Nutzung des ihm später zu übereignenden Hauses überlassen worden ist (BGHZ 56, 136, 138 ff).

## II. Haftungstatbestände

### 1. Garantiehaftung für anfängliche Mängel

2 **a)** Die Haftung des Vermieters für schon bei Vertragsschluß vorhandene Mängel setzt kein Verschulden voraus; ebensowenig kommt es darauf an, ob der Vermieter den Mangel überhaupt erkennen und vermeiden konnte: In jedem Fall haftet er für alle Mängel der Sache, die schon bei Vertragsschluß vorhanden waren (sog Garantiehaftung; BGHZ 9, 320, 321; 63, 333, 335; 68, 294; BGH LM Nr 5 zu § 538 BGB = NJW 1962, 908). Diese strenge Haftung des Vermieters für anfängliche Mängel ist zwar viel kritisiert worden (zuletzt Gillig 343 ff), rechtfertigt sich aber durch die Notwendigkeit eines umfassenden Mieterschutzes.

3 **b)** Maßgeblicher **Zeitpunkt** für die Auslösung der Garantiehaftung ist stets der des Vertragsschlusses. Tritt ein neuer Mieter in der Weise in den Mietvertrag ein, daß der mit dem alten Mieter abgeschlossene Vertrag mit ihm fortgesetzt wird, so bleibt es folglich bei dem ersten Vertragsschluß mit dem alten Mieter als dem maßgeblichen Zeitpunkt (BGH LM Nr 21 a zu § 535 BGB = ZMR 1960, 77; Pieper NJW 1961, 300). Wird aber ein zunächst formlos abgeschlossener Mietvertrag durch einen schriftlichen Vertrag ersetzt, so kommt es für die Auslösung der Garantiehaftung des Vermieters idR auf den Zeitpunkt des zweiten, schriftlichen Vertragsschlusses an (BGH NJW 1968, 885, 886). § 538 ist darüber hinaus entsprechend anwendbar, wenn Vertragsgegenstand eine erst noch *herzustellende*

Sache ist und der Mangel entweder bei deren Übergabe oder bei deren Fertigstellung vorliegt.[1]

In jedem Fall genügt es außerdem, daß in dem maßgeblichen Zeitpunkt nur die **Ursachen** der späteren Schädigung des Mieters vorhanden waren. Hingegen ist es nicht erforderlich, daß der Mangel damals bereits hervorgetreten war; erst recht braucht noch kein Schaden eingetreten zu sein, so daß der Vermieter sogar die Gefahr aller geheimen Mängel der Mietsache trägt (BGH WM 1982, 1230, 1231; OLG Frankfurt MDR 1985, 1027). Das gilt selbst dann, wenn bei Vertragsabschluß lediglich die Ursachen späterer, behördlicher Verbote oder Beschränkungen vorlagen, sofern nur damals nach den gesamten Umständen schon mit einem Einschreiten der Behörden zu rechnen war (BGHZ 68, 294). Die irrtümliche Annahme eines solchen Mangels reicht indessen nicht aus für die Anwendung des § 538, so daß der Mieter keinen Schadensersatz verlangen kann, wenn er aufgrund eines solchen Irrtums eine Ersatzsache gemietet hat (AG Bühl MDR 1989, 64). **4**

**c)** Eine Garantiehaftung des Vermieters kommt hiernach **zB** in Betracht, wenn der Boden einer vermieteten Kegelbahn mit einem zum Schwitzen neigenden Fußbodenbelag versehen ist (BGH LM Nr 19 zu § 537 BGB = MDR 1972, 411), wenn sich in den vermieteten Räumen eine unverschlossene Rauchrohröffnung befindet (BGHZ 49, 350), wenn die Installation eines Hotelzimmers schadhaft ist (RGZ 169, 84; BGH LM Nr 10 zu § 537 BGB = NJW 1963, 1449), wenn der auf dem Hotelparkplatz abgestellte Wagen des Gastes durch herabstürzende Äste eines innerlich faulen Baumes beschädigt wird (BGHZ 63, 333; OLG Frankfurt MDR 1985, 1027), sowie dann, wenn ein vermietetes Fahrzeug einen Konstruktionsfehler aufweist, der sich erst später unter besonderen Umständen schädlich auswirkt (BGH WM 1982, 1230). **5**

## 2. Verschuldenshaftung für nachträgliche Mängel

Der Vermieter ist außerdem zum Schadensersatz verpflichtet, wenn nach Vertragsschluß ein Mangel infolge eines Umstandes entsteht, den er im Sinne der §§ 276–279 zu vertreten hat. Diese Haftung kommt insbes in Betracht, wenn der Vermieter gegen seine regelmäßige Prüfungspflicht verstößt oder wenn der Mieter durch seine Erfüllungsgehilfen geschädigt wird (s OLG Karlsruhe NJW-RR 1988, 528). Beispiele sind das unsachgemäße Bohnern einer Treppe durch eine Putzfrau (BGH LM Nr 10a zu § 538 BGB = NJW 1967, 154), unsachgemäße Reparaturen durch vom Vermieter beauftragte Handwerker (AG Wiesbaden WuM 1980, 245), fortgesetzte Störungen durch ein Restaurant, dem der Vermieter trotz der Möglichkeit hierzu nicht gekündigt hat (LG Hamburg WuM 1987, 218), sowie den Mieter schädigende Änderungen der vermieteten Sache (LG Mannheim WuM 1976, 150). **6**

---

[1] BGHZ 9, 320; 56, 136, 140; BGH LM Nr 33 zu § 328 BGB; Nr 6 zu § 538 BGB = MDR 1968, 402; NJW 1963, 804; OLG Karlsruhe MDR 1988, 1056.

### 3. Verzug

7 Eine Schadensersatzpflicht des Vermieters kommt schließlich noch in Betracht, wenn er mit der Beseitigung eines Mangels in Verzug gerät. Der Mangel kann dabei durchaus auch schon von Anfang an vorliegen (LG Berlin GE 1987, 1271). Die praktische Bedeutung dieses Falles ist gering. Es genügt deshalb der Hinweis, daß hier eine Haftung des Vermieters erst eintritt, wenn alle Voraussetzungen des Verzugs aufgrund der §§ 284 ff erfüllt sind. Grundsätzlich muß deshalb der Mieter den Vermieter mahnen (§ 284 Abs 1), wobei in der bloßen Mängelrüge oder in der Anzeige nach § 545 idR noch keine derartige **Mahnung** liegt, wohl aber in der Anfrage, welche Handwerker der Vermieter jetzt beauftragt habe (LG Itzehoe WuW 1988, 87). Jedoch hindert den Mieter nichts, beides miteinander zu verbinden. In Ausnahmefällen kann die Mahnung zudem entbehrlich sein (LG Hagen WuM 1984, 125; AG Bonn WuM 1987, 219; AG Frankfurt WuM 1988, 157; grdl RGZ 100, 42).

## II. Rechtsfolgen

### 1. Schadensersatzanspruch

8 **a)** In allen genannten Fällen (oben Rz 2–7) kann der Mieter in erster Linie Schadensersatz wegen Nichterfüllung verlangen. Durch die Formulierung des § 538 Abs 1 ist außerdem klargestellt, daß sich **Minderung** und Schadensersatz nicht gegenseitig ausschließen. Umfaßt jedoch schon der Schadensersatzanspruch die Wertminderung der vermieteten Sache, so scheidet daneben eine erneute Minderung wegen desselben Mangels aus (BGH ZMR 1963, 107, 109; WM 1984, 1541). Auch durch eine **Kündigung** des Vertrages aufgrund der §§ 542 und 544 wird der Schadensersatzanspruch nicht ausgeschlossen (OLG Hamm NJW 1983, 1332 = 30 in RE Miet); vielmehr umfaßt der Anspruch dann alle durch die Kündigung des Vertrages verursachten, zusätzlichen Schäden (s unten Rz 9).

9 **b)** Zu ersetzen ist stets der **gesamte Nichterfüllungsschaden** des Mieters sowie aller sonstigen, in den Schutzbereich des Vertrages einbezogenen Personen.[2] Entgegen einer verbreiteten Meinung im Schrifttum wird dabei nicht zwischen Mangel- und Mangelfolgeschäden unterschieden; vielmehr sind unterschiedslos alle auf den Haftungstatbestand adäquat kausal zurückgehenden Schäden des Mieters vom Vermieter zu ersetzen einschließlich etwaiger Gesundheitsschäden.[3] **Beispiele** sind Gesundheitsschäden der Angehörigen oder Arbeitnehmer des Mieters (OLG Düsseldorf VersR 1974, 1113), jeder dem Mieter infolge des Mangels entgangene Gewinn (RG LZ 1916, 1292), die vertretbaren Kosten der Rechtsverfolgung des

---

[2] BGHZ 2, 94, 96 f; 49, 350, 354; BGH LM Nr 28, 33 und 41 zu § 328 BGB = NJW 1965, 1757; MDR 1968, 402; 1970, 320; BGH NJW 1983, 2935.

[3] BGHZ 49, 350; BGH LM Nr 47 zu § 535 BGB; Nr 10 zu § 537 BGB; Nr 5 und 12/13 zu § 538 BGB = NJW 1971, 424; 1963, 1449; 1962, 908; WM 1979, 1481; LG Offenburg WuM 1974, 300 f; OLG Karlsruhe WuM 1984, 7 = 32 in RE Miet.

Mieters einschließlich der Kosten eines etwa erforderlichen Gutachtens,[3a] der Prozeßkosten und der Kosten eines Beweissicherungsverfahrens (LG Hannover WuM 1980, 211; LG Offenburg WuM 1984, 300) sowie im Falle der Kündigung des Mieters die bis dahin entstandenen nutzlosen Aufwendungen, zB für ein mangelhaftes Wohnmobil (OLG Karlsruhe ZMR 1988, 223, 225; str), sowie die Kosten für die Suche einer anderen Wohnung, die Umzugskosten und die höhere Miete für die neue Wohnung, diese freilich nur für den Zeitraum, bis zu dem der Vermieter selbst den Vertrag frühestens ordentlich kündigen konnte.[4]

**c)** In jedem Fall ist § 254 zu beachten, so daß durch **mitwirkendes Verschulden** des 10
Mieters der Schadensersatzanspruch wieder gemindert werden kann. Das gilt in engen Grenzen auch gegenüber der Garantiehaftung des Vermieters für anfängliche Mängel (vgl RGZ 68, 282; BGH LM Nr 47 zu § 535 BGB; Nr 10 zu § 537 BGB; KG GE 1989, 355). Beispiele für mitwirkendes Verschulden sind dabei namentlich die Unterlassung einer dem Mieter möglichen und zumutbaren Beseitigung des Mangels (vgl § 538 Abs 2) sowie eine übermäßige Verzögerung der Kündigung des Vertrages oder des Auszugs aus der Wohnung (vgl §§ 542 und 544).

### 2. Aufwendungsersatzanspruch

**a)** Wenn der Vermieter mit der Beseitigung eines Mangels in Verzug ist, hat der 11
Mieter nach § 538 Abs 2 ein **Wahlrecht** (OLG Hamm WuM 1983, 76, 78 = 30 in RE Miet). Er kann entweder Schadensersatz wegen Nichterfüllung verlangen oder den Mangel selbst beseitigen und dann Aufwendungsersatz fordern. Bei diesem Beseitigungsrecht des Mieters handelt es sich mithin um ein bloßes Recht, nicht um eine Pflicht des Mieters, so daß eine entsprechende Anwendung der Vorschriften über die Geschäftsführung ohne Auftrag nicht möglich ist (str). Das Beseitigungsrecht erstreckt sich dabei auf alle mitvermieteten Sachen und Sachteile. § 538 Abs 2 ist daher zB anwendbar, wenn sich der Vermieter trotz Mahnung des Mieters um eine defekte Heizung überhaupt nicht kümmert (AG Friedberg WuM 1987, 52). In Notfällen, in denen sofort gehandelt werden muß, setzt das Selbsthilferecht des Mieters außerdem keine Mahnung voraus (o Rz 7; zB AG Bonn WuM 1987, 219). Es besteht schließlich auch bei anfänglichen Mängeln, mit deren Beseitigung der Vermieter von Anfang an in Verzug ist (LG Berlin GE 1987, 1271; LG München I ZMR 1987, 225; s o Rz 1).

**b)** Zu ersetzen sind die dem Mieter durch die Mängelbeseitigung entstandenen 12
Aufwendungen, soweit sie bei Anwendung der im Verkehr erforderlichen Sorgfalt erforderlich waren und bis Vertragsende entstanden sind (BGH LM Nr 126 zu

---

[3a] LG Hamburg WuM 1983, 291; AG Hamburg WuM 1984, 299; AG Koblenz WuM 1987, 19; AG Bensheim WuM 1987, 315; enger LG Berlin GE 1987, 193: Vorrang der §§ 91 ff ZPO.

[4] BGH LM Nr 50 zu § 535 BGB; Nr 12/13 zu § 537 BGB; Nr 9 zu § 538 BGB; Nr 4 zu § 554 a BGB = MDR 1965, 125; WM 1974, 345; LG Mannheim MDR 1969, 313 f; LG Kassel WuM 1982, 188; LG Hamburg WuM 1989, 285; LG Ulm WuM 1989, 285, 286; Mietrecht § 538 Rz 30; s unten § 542 Rz 3.

§ 256 ZPO = ZMR 1984, 124; LG Berlin GE 1985, 309; 1987, 39). Die Aufwendungen müssen aber gerade auf dem Verzug des Vermieters beruhen (AG Charlottenburg GE 1988, 1063). Deshalb ist streitig, ob der Anspruch auch die Kosten der Anschaffung neuer Geräte umfaßt, wenn sich die Reparatur der alten, defekten Geräte als unwirtschaftlich erweist (mit Recht bejahend LG Itzehoe WuM 1988, 87; anders aber LG Hamburg WuM 1988, 87). Anwendbar sind außerdem die §§ 256 und 257. Vor Durchführung der erforderlichen Arbeiten kann der Mieter schließlich vom jeweiligen Vermieter (§ 571) analog § 633 Abs 3 einen **Vorschuß** verlangen, gegen den der Vermieter wegen seiner Zweckgebundenheit nicht mit anderen Gegenansprüchen aufrechnen kann[4a]. Der Aufwendungsersatzanspruch verjährt in der Frist des § 558 (BGH LM Nr 22 zu § 538 BGB = NJW 1974, 743). Durch Formularvertrag kann der Anspruch nicht ausgeschlossen werden (LG Frankfurt WuM 1984, 214).

**13** c) Für seinen Anwendungsbereich verdrängt der Aufwendungsersatzanspruch des § 538 Abs 2 den allgemeinen Verwendungsersatzanspruch des Mieters aus § 547, so daß der Mieter vom Vermieter (zu dessen Schutz) Aufwendungsersatz **nur** unter den engen Voraussetzungen des § 538 Abs 2 verlangen kann.[5] Nur soweit die Voraussetzungen des § 538 Abs 2 nicht erfüllt sind, kommt daher ein Rückgriff auf § 547 in Betracht.[6] Auch eine Schadensersatzpflicht des Mieters ist denkbar (BGHZ 56, 136, 140), während die Voraussetzungen des § 812 hier wohl niemals vorliegen dürften (LG Berlin WuM 1970, 116; LG Kassel WuM 1980, 137; LG Hamburg WuM 1988, 87; anders LG Berlin GE 1987, 195 = WuM 1989, 16).

## III. Ausschlußtatbestände

**14** Für § 538 gelten dieselben Ausschlußtatbestände wie für § 537 (s deshalb oben § 537 Rz 18 f). § 537 Abs 3 ist jedoch nicht entsprechend anwendbar, so daß ein vertraglicher Haftungsausschluß hier auch bei der Wohnraummiete möglich ist. Derartige **Haftungsausschlußklauseln** sind jedoch eng und gegen den Vermieter auszulegen, so daß sie versteckte Mängel der Mietsache grundsätzlich nicht erfassen (BGHZ 63, 333, 334; BGH LM Nr 10a zu § 538 BGB = NJW 1967, 154; Betrieb 1967, 118). Soweit danach wirksam die Haftung des Vermieters ausgeschlossen ist, gilt dies zugleich für etwaige konkurrierende Deliktsansprüche des Mieters (OLG Frankfurt VersR 1973, 425; OLG Hamm BB 1975, 1219). Bei **Formularverträgen** sind zusätzlich die Schranken der §§ 9, 11 Nr 7 und 8 sowie 24

[4a] BGHZ 47, 272; 56, 136, 141; insbes KG NJW-RR 1988, 1039 = WuM 1988, 142 = ZMR 1988, 219; LG Berlin GE 1987, 39 = ZMR 1987, 19; LG Kleve WuM 1989, 14; LG Berlin GE 1989, 151: Der Anspruch entfällt aber wieder bei Annahmeverzug des Mieters.

[5] BGH LM Nr 22 zu § 538 BGB; Nr 2 zu § 558 BGB; Nr 126 zu § 256 ZPO = NJW 1974, 743; 1959, 1629; ZMR 1984, 124; OLG Hamm WuM 1984, 289 = 45 in RE Miet; LG Berlin GE 1984, 1081; anders LG Berlin ZMR 1986, 443; insbes GE 1987, 195 = WuM 1989, 16; AG Wedding WuM 1989, 15.

[6] BGH LM Nr 51 zu § 139 BGB = ZMR 1976, 138; LG Mannheim ZMR 1977, 220; OLG Bamberg OLGZ 1976, 195, 200; anders zB LG Rottweil WuM 1989, 288.

AGBG zu beachten, so daß die Haftung des Vermieters für Vorsatz und grobe Fahrlässigkeit generell nicht mehr ausgeschlossen werden kann, wohl aber dessen Haftung für leichte Fahrlässigkeit; hiergegen verstoßende Klauseln sind **insgesamt** nichtig.[7]

### IV. Beweislast

Der Mieter trägt die volle Beweislast für sämtliche Voraussetzungen des § 538. 15
Lediglich wenn der feststehende Mangel zum Risikobereich des Vermieters gehört, wird die Beweislast umgekehrt, so daß sich der Vermieter entlasten muß (BGH LM Nr 6a zu § 536 BGB = NJW 1964, 33).

## § 539

**[1]Kennt der Mieter bei dem Abschlusse des Vertrags den Mangel der gemieteten Sache, so stehen ihm die in den §§ 537, 538 bestimmten Rechte nicht zu. [2]Ist dem Mieter ein Mangel der in § 537 Abs. 1 bezeichneten Art infolge grober Fahrlässigkeit unbekannt geblieben oder nimmt er eine mangelhafte Sache an, obschon er den Mangel kennt, so kann er diese Rechte nur unter den Voraussetzungen geltend machen, unter welchen dem Käufer einer mangelhaften Sache nach den §§ 460, 464 Gewähr zu leisten ist.**

**Schrifttum:** Glaser JR 1967, 201; Weimar, Die Sachmängelhaftung im Mietrecht (1957) 34; ders ZMR 1961, 254; J Wilhelm JZ 1982, 488.

### 1. Überblick

Nach § 539 sind in drei verschiedenen Fällen unter bestimmten Voraussetzungen 1
die Gewährleistungsrechte des Mieters ausgeschlossen. Unter denselben Voraussetzungen entfällt außerdem das Kündigungsrecht des Mieters aus § 542 (s § 543 S 1). Darüber hinaus kann auch ein Verstoß gegen die Anzeigepflicht nach § 545 Abs 2 HS 2 zum Verlust bestimmter Gewährleistungsrechte führen. § 539 wird schließlich entsprechend angewandt, wenn der Mieter nachträglich einen Mangel erkennt, gleichwohl aber den Gebrauch der gemieteten Sache über eine längere Zeit hinweg vorbehaltlos fortsetzt (s oben § 537 Rz 18).

§ 539 bezieht sich nur auf die Rechte des Mieters aus den §§ 537 und 538 (sowie 2
aus § 541 und aus § 542), so daß der **Erfüllungsanspruch** des Mieters aus § 536 in jedem Fall **unberührt** bleibt (BGH LM Nr 26 zu § 537 BGB = NJW 1980, 777; LM Nr 20 zu § 320 BGB = WM 1982, 335; insbes WM 1987, 968, 972: für Schönheitsreparaturen; LG Essen ZMR 1983, 131); im Einzelfall kann jedoch in dem Vertragsschluß in Kenntnis eines bestimmten Mangels die Billigung des

[7] BayObLGZ 1984, 299, 302 f = WuM 1985, 49 = 40 in RE Miet; OLG Stuttgart WuM 1984, 187 = 9 in RE Miet; OLG Hamburg ZMR 1985, 236.

Zustandes der Sache liegen, so daß dann der Erfüllungsanspruch ebenfalls ausgeschlossen ist (LG Hamburg WuM 1977, 119). In den Fällen der §§ 537 Abs 2 und 541 (Fehlen zugesicherter Eigenschaften und Rechtsmängel) findet jedoch nur der Ausschlußtatbestand des § 539 S 1 (Kenntnis des Mangels bei Vertragsschluß) Anwendung, nicht hingegen die anderen Ausschlußtatbestände (s §§ 539 S 2 und 541; s u Rz 7). Unberührt bleiben weiter, wie sich schon aus dem Wortlaut des § 539 ergibt, Ansprüche aus positiver Vertragsverletzung (str), Deliktsansprüche sowie das Kündigungsrecht des Mieters aus § 544. Für die Anwendung des § 539 ist schließlich auch dann kein Raum, wenn der Vermieter die Beseitigung des Mangels verspricht.

**2. Kenntnis bei Vertragsabschluß**

3 **a)** Wenn der Mieter den fraglichen Mangel schon bei Vertragsschluß kennt, kann er wegen dieses Mangels weder mindern noch Schadensersatz oder Aufwendungsersatz verlangen (§ 539 S 1; BGH LM Nr 51 zu § 139 BGB = ZMR 1976, 138). Ersatzansprüche wegen des Fehlens zugesicherter Eigenschaften oder wegen eines Rechtsmangels sind dann ebenfalls ausgeschlossen (s § 541; BGH LM Nr 1 zu § 539 BGB = NJW 1952, 1131). Dies alles gilt selbst bei Arglist des Vermieters (BGH LM Nr 5 zu § 539 BGB = NJW 1972, 249; WM 1978, 227).

4 § 539 S 1 wird **entsprechend** angewandt, wenn die Parteien den Vertrag stillschweigend verlängern (OLG Breslau JW 1929, 2895), wenn der Mieter in Kenntnis eines Mangels eine Verlängerungsoption ausübt (BGH NJW 1970, 1740, 1742) oder wenn die Parteien nachträglich eine Erhöhung des Mietzinses vereinbaren (BGH LM Nr 9 zu § 18 1. BMietG; Nr 3 zu § 539 BGB). Jedoch kann dieser Rechtssatz nicht auf Mietzinserhöhungen nach dem MHRG übertragen werden; insbesondere die regelmäßigen Mietzinserhöhungen nach § 2 MHRG können schwerlich zu einem ebenso regelmäßigen Ausschluß aller Mietrechte führen (ebenso allg LG Hamburg WuM 1983, 290).

5 **b)** Die **Kenntnis** des Mieters muß sich bei Vertragsschluß gerade auf die konkreten Mängel und auf deren Auswirkungen auf die Gebrauchstauglichkeit der Sache beziehen, so daß zB die bloße Kenntnis der tatsächlichen Umstände, die einem Bauverbot zugrunde liegen, ohne Kenntnis des Bauverbotes selbst nicht für die Anwendung des § 539 S 1 ausreicht (BGH LM Nr 6 zu § 439 BGB; WM 1962, 1379; OLG Bamberg OLGZ 1976, 195; OLG Düsseldorf WuM 1984, 54; OLG Hamm ZMR 1987, 300, 303). Daher führt bei Rechtsmängeln die bloße Kenntnis der Tatsachen, aus denen der Rechtsmangel folgt, allein nicht zur Anwendung des § 539 S 1, sofern der Mieter aus den Tatsachen falsche, rechtliche Schlußfolgerungen gezogen hat (BGHZ 63, 132, 140; BGH LM Nr 6 zu § 439 BGB; Nr 1 zu § 539 BGB). Denn grundsätzlich darf der Mieter, solange er nicht konkrete Anhaltspunkte für das Gegenteil hat, davon ausgehen, daß der Vermieter vertragstreu ist und ein mangelfreies Objekt übergeben wird (s für Neubauten LG Hamburg WuM 1976, 205). Folglich schadet ihm ein formularmäßiges Anerkenntnis des vertragsmäßigen Zustandes der Sache nur, wenn er dabei den Mangel der Sache positiv gekannt hat (BGH LM Nr 3 zu § 539 BGB; BB 1973, 1236). Heute sind in

Formularverträgen solche Klauseln bei der Wohnraummiete ohnehin stets nichtig (§§ 9, 11 Nr 14 lit b AGBG).

c) Bei **mehreren** Mietern genügt nach hM entsprechend § 166 die Kenntnis eines einzigen Mieters, um zum Nachteil aller Mieter die Rechtsfolgen des § 539 auszulösen (BGH LM Nr 5 zu § 539 BGB = NJW 1972, 249; krit dazu Mietrecht § 539 Rz 11). 6

### 3. Grob fahrlässige Unkenntnis

a) Der Mieter verliert die Rechte aus den §§ 537 Abs 1 und 538 außerdem, wenn ihm bei Vertragsschluß ein Mangel im Sinne des § 537 *Abs 1* nur infolge grober Fahrlässigkeit unbekannt geblieben ist, außer wenn der Vermieter die Abwesenheit des Fehlers zugesichert oder den Fehler arglistig verschwiegen hat (§ 539 S 2 iVm § 460 S 2). Anders als bei § 539 S 1 werden mithin durch grob fahrlässige Unkenntnis des Mieters nur Rechte aus Mängeln im Sinne des § 537 Abs 1, nicht hingegen aus Mängeln infolge des Fehlens zugesicherter Eigenschaften oder aus Rechtsmängeln ausgeschlossen (s § 541). 7

b) Der Begriff der **groben** Fahrlässigkeit ist hier derselbe wie in § 277, so daß eine besonders schwere und ungewöhnliche Sorgfaltsverletzung erforderlich ist (BGH LM Nr 26 zu § 537 BGB = NJW 1980, 777; WM 1985, 230; ZMR 1962, 82, 85 f). Dabei ist stets zu berücksichtigen, daß den Mieter grundsätzlich keine Prüfungspflicht trifft (BGHZ 68, 281, 285), so daß grobe Fahrlässigkeit idR nur angenommen werden kann, wenn nach den gesamten Umständen der Verdacht eines Mangels besonders nahe liegt und deshalb von dem Mieter ohne weiteres verlangt werden kann, daß er die Sache daraufhin überprüft, sofern bei einer auch nur oberflächlichen Prüfung der Mangel ohne weiteres zu erkennen gewesen wäre (vgl BGH ZMR 1959, 70; 1962, 82, 85 f; LM Nr 26 zu § 537 BGB). Der Mieter eines gewerblichen Grundstücks, der die einschlägigen Vorschriften genau kennen muß, handelt aber grob fahrlässig, wenn er übersieht, daß das fragliche Grundstück nur bedingt für den von ihm beabsichtigten Betrieb geeignet ist (BGH LM Nr 20 zu § 320 BGB = WM 1982, 335, 336). 8

### 4. Vorbehaltlose Annahme

a) Die Gewährleistungsrechte des Mieters sind schließlich ausgeschlossen, wenn er eine mangelhafte Sache annimmt, obwohl er den Mangel kennt, ohne sich dabei seine Rechte wegen des Mangels bei der Annahme vorzubehalten (§ 539 S 2 iVm § 464). Dieser Ausschlußtatbestand gilt wiederum nur für Mängel im Sinne des § 537 Abs 1, also nicht für zugesicherte Eigenschaften sowie für Rechtsmängel (str). Hingegen spielt es hier keine Rolle, ob der Vermieter den Mangel arglistig verschwiegen hat (ebenfalls str). Annahme bedeutet dabei dasselbe wie Überlassung im Sinne des § 535 (s oben §§ 535, 536 Rz 6). 9

b) Der **Vorbehalt** ist eine einseitige, empfangsbedürftige Willenserklärung, die grundsätzlich derselben Form wie der Vertrag bedarf (s § 566!) und in der die Mängel, derentwegen sich der Mieter seine Rechte vorbehalten will, genau bezeichnet werden müssen (s im einzelnen oben § 537 Rz 18). Eine vorbehaltlose 10

Annahme liegt jedoch nicht vor, wenn der Vermieter die Beseitigung der Mängel zusagt, wenn der Mieter den Vermieter zur Beseitigung der Mängel auffordert oder wenn der Mieter lediglich einer Verschiebung der gebotenen Ausbesserung nicht widerspricht (RGZ 89, 384; 90, 65; RG JW 1916, 903; BGH ZMR 1961, 359).

**5. Beweislast**

11 Die Kenntnis des Mieters von dem Mangel oder dessen grob fahrlässige Unkenntnis muß der Vermieter beweisen (BGH WM 1962, 1379), während den Mieter die Beweislast trifft, wenn er sich darauf berufen will, daß er sich seine Rechte bei der Annahme der Sache vorbehalten hat, daß der Vermieter den Mangel arglistig verschwiegen hat oder daß er die Beseitigung des Mangels zugesichert hat.

## § 540

**Eine Vereinbarung, durch welche die Verpflichtung des Vermieters zur Vertretung von Mängeln der vermieteten Sache erlassen oder beschränkt wird, ist nichtig, wenn der Vermieter den Mangel arglistig verschweigt.**

1 **1.** In Übereinstimmung mit den §§ 476 und 637 bestimmt § 540, daß jeder Ausschluß und jede Beschränkung der Gewährleistungsrechte des Mieters nichtig ist, wenn der Vermieter den Mangel arglistig verschweigt. Das gilt auch für Rechtsmängel (§ 541). Bei Formularverträgen ist daneben stets der wesentlich weitergehende § 11 Nr 7 AGBG zu beachten (s oben Vorbem 18 f zu § 537).

2 **2. Arglist** des Vermieters setzt voraus, daß er selbst den Mangel positiv kennt; grobe Fahrlässigkeit genügt nicht (BGH LM Nr 1 zu § 463 BGB). Außerdem muß den Vermieter eine **Aufklärungspflicht** treffen, weil nur dann das Verschweigen des Mangels rechtswidrig und damit arglistig sein kann. Der Vermieter muß insbes dann wahrheitsgemäß Auskunft erteilen, wenn sich der Mieter nach Mängeln erkundigt. Bei mehreren Vermietern genügt dabei bereits die Arglist eines einzigen zur Anwendung des § 540 (BGH WM 1976, 323). Gleich steht in jedem Fall die Vorspiegelung einer nicht vorhandenen Eigenschaft. Der Vermieter handelt jedoch nicht arglistig, wenn er annahm oder nach Lage des Falles annehmen durfte, daß der Mangel dem Mieter bekannt sei (OLG Dresden OLGE 33, 301).

3 **3.** Im Falle des § 540 ist die Ausschlußklausel nichtig. Die Auswirkungen der Nichtigkeit auf den restlichen Vertrag beurteilen sich an sich nach § 139; im Interesse des Mieterschutzes wird jedoch grundsätzlich von der Wirksamkeit des restlichen Vertrages auszugehen sein. Die **Beweislast** für die Arglist des Vermieters trifft dabei stets den Mieter (s BGH BB 1969, 1412).

## § 541

**Wird durch das Recht eines Dritten dem Mieter der vertragsmäßige Gebrauch der gemieteten Sache ganz oder zum Teil entzogen, so finden die Vorschriften der §§ 537, 538, des § 539 Satz 1 und des § 540 entsprechende Anwendung.**

**Schrifttum:** Josef LZ 1925, 1304; Riezler AcP 98 (1906) 372; Weimar ZMR 1960, 197.

### 1. Allgemeines

Nach § 541 finden die §§ 537 bis 540 auf Rechtsmängel erst Anwendung, wenn 1 durch das Recht eines Dritten dem Mieter der vertragsmäßige Gebrauch der gemieteten Sache ganz oder teilweise entzogen wird (sog **Eviktionshaftung**). Rechte Dritter an oder auf die Sache sind mithin solange unbeachtlich, als durch ihre Ausübung der Mieter nicht in dem ihm zustehenden, vertragsmäßigen Gebrauch gestört wird; Nichterfüllung liegt vielmehr erst vor, sobald derartige Rechte Dritter geltend gemacht werden, so daß der Vermieter seinen vertraglichen Pflichten gegenüber dem Mieter nicht mehr in vollem Umfang nachkommen kann.[1] Im Falle der Untermiete reicht es jedoch für die Geltendmachung des Rechts aus, daß der Eigentümer und Hauptvermieter dem Hauptmieter gekündigt und anschließend dem Untermieter Räumung angedroht hat, sofern er nicht fortan an ihn zahlt (OLG Hamm WuM 1987, 346). § 541 schließt dabei für seinen Anwendungsbereich einen Rückgriff auf die allgemeinen Vorschriften der §§ 323 bis 326 aus, so daß der Schadensersatzanspruch nicht zusätzlich von der Erfüllung der Voraussetzungen des § 326 abhängig ist (BGHZ 63, 132, 137; OLG Düsseldorf ZMR 1988, 22).

### 2. Rechtsmangel

**a)** Rechte Dritter im Sinne des § 541 sind nur **Privatrechte**, so daß öffentlich- 2 rechtliche Beschränkungen und Verbote nicht unter § 541 fallen, sondern einen Sachmangel begründen oder zur Unmöglichkeit führen (s oben § 537 Rz 7 ff).

Bei den Privatrechten Dritter spielt es hingegen keine Rolle, ob es sich um Rechte 3 an der Sache oder auf die Sache handelt. Auch **obligatorische** Rechte Dritter fallen daher unter § 541, sofern nur durch sie der Mieter in dem ihm zustehenden, vertragsmäßigen Gebrauch gestört wird (s unten Rz 6; BGH LM Nr 3 zu § 541 BGB = NJW 1961, 917). Es spielt außerdem keine Rolle, ob das Recht des Dritten von Anfang an bestand oder erst nachträglich, zB durch Pfändung der vermieteten Sache, begründet wurde (BGHZ 63, 132, 138). Das Recht muß sich jedoch stets auf die Sache selbst beziehen, so daß bloße Ansprüche Dritter gegen den Vermieter als solchen die Rechtsfolgen des § 541 nicht auslösen (BGH LM Nr 3 zu § 537 BGB). Ebensowenig gehören hierher rechtswidrige Störungen des

[1] Grdl BGH LM Nr 35 zu § 242 (Bc) BGB = NJW-RR 1987, 526 = WM 1987, 431 = WuM 1987, 116; WM 1989, 153, 155; OLG Köln MDR 1981, 406 = WuM 1981, 103; OLG Hamm WuM 1987, 346; LG Ulm WuM 1989, 285, 286.

Mieters durch Dritte. Wichtigster Fall des § 541 ist natürlich das Eigentum oder der Nießbrauch Dritter an der Mietsache. Ein weiteres Beispiel sind Grunddienstbarkeiten, die dem vertragsmäßigen Gebrauch entgegenstehen (BGH WM 1989, 153, 155).

4 **b)** § 541 ist sowohl anwendbar, wenn dem Mieter infolge des Rechts des Dritten der vertragsmäßige Gebrauch der gemieteten Sache ganz oder teilweise **entzogen** wird, als auch dann, wenn ihm mit Rücksicht auf dieses Recht die Sache von Anfang an **nicht überlassen** wird (BGH LM Nr 3 zu § 541 BGB; OLG Köln WuM 1977, 69). § 541 regelt daher auch die Fälle des anfänglichen Unvermögens des Vermieters, wenn sie ihren Grund in dem Rechte eines Dritten haben. Wegen der übrigen Fälle vgl oben Vorbem 4 zu § 537.

5 Maßstab dafür, ob eine Entziehung vorliegt, ist der dem Mieter nach dem Vertrag geschuldete, vertragsmäßige Gebrauch; jede Beeinträchtigung des Mieters in diesem Gebrauch reicht für die Anwendung des § 541 aus (BGHZ 63, 132, 138). Dabei genügt selbst eine mündliche Geltendmachung des Rechts des Dritten, sofern der Mieter daraufhin den Gebrauch unterläßt oder aufgibt (OLG Hamburg OLGE 34, 32). Unanwendbar ist hingegen § 541, wenn das Recht des Dritten nicht geltend gemacht wird (s oben Rz 1).

6 **c)** Im Falle der **Doppelmiete** sind alle Verträge gültig ohne Rücksicht darauf, daß der Vermieter nur einen erfüllen kann (s oben §§ 535, 536 Rz 2; BGH LM Nr 4 zu § 541 BGB = ZMR 1962, 175). Ein Mieter kann folglich nach § 541 Schadensersatz verlangen, wenn der Vermieter ihm eine Sache vermietet, die er schon einem anderen Mieter überlassen hat und deren Herausgabe der andere Mieter mit Rücksicht auf sein Besitzrecht verweigert (BGH LM Nr 3 und 4 zu § 541 BGB; Nr 40 zu § 256 ZPO). Dasselbe gilt im Ergebnis, wenn der Vermieter dem ersten Mieter zwar schon wirksam gekündigt hatte, dieser aber tatsächlich nicht räumt (str; s BGHZ 85, 267). Nur wenn ausnahmsweise der Erfüllungsanspruch des Mieters gegen den Vermieter noch durchsetzbar ist, kommt auch die Leistungsklage in Betracht (LG Berlin GE 1987, 241 = ZMR 1988, 178). § 541 greift schließlich ein, wenn der Vermieter den ersten Mieter während des Laufs des Vertrages zu Unrecht aus der Wohnung setzt und diese anschließend einem neuen Mieter überläßt (LG Mannheim ZMR 1962, 332, 334).

### 3. Rechtsfolgen

7 In den Fällen des § 541 hat der Mieter in erster Linie den Erfüllungsanspruch (BGH WM 1975, 897); außerdem kann er unter den Voraussetzungen des § 542 kündigen. Ergänzend verweist § 541 auf die §§ 537 und 538, so daß der Mieter obendrein mindern oder Schadensersatz verlangen kann. Da es sich hierbei um eine Rechtsgrundverweisung handelt, kann der Mieter von dem Vermieter Schadensersatz ohne Verschulden nur verlangen, wenn es sich um anfängliche Rechtsmängel handelt (BGHZ 63, 132, 139). Als Schadensersatz kann der Mieter dann, wenn ihm zB ein schon gemietetes Ferienhaus vorenthalten wird, sogar Ersatz für die vertane Urlaubszeit fordern (BGHZ 77, 116 m Anm Emmerich JuS 1980, 909).

**4. Ausschlußtatbestände**

**a)** Dem Mieter schadet nur positive Kenntnis des Rechtsmangels bei Vertragsschluß (§ 541 mit § 539 S 1); grob fahrlässige Unkenntnis steht nicht gleich (s § 539 Rz 1, 7 f). Ebensowenig die vorbehaltlose Annahme der Sache in Kenntnis des Mangels; jedoch kann in einem solchen Verhalten des Mieters unter Umständen ein Verzicht auf etwaige Ansprüche wegen des Mangels gesehen werden. Zu beachten ist schließlich stets noch § 545 Abs 2. **8**

**b)** § 541 ist nicht zwingend, so daß **Ausschlußklauseln**, jedoch nur in den Grenzen der §§ 537 Abs 3 und 540 sowie des AGBG, möglich sind. Folglich kann in Formularverträgen niemals die Haftung des Vermieters für anfängliche Rechtsmängel sowie für die rechtzeitige Überlassung der Sache ausgeschlossen werden. Und auch hinsichtlich nachträglicher Rechtsmängel ist allenfalls ein Ausschluß von Schadensersatzansprüchen des Mieters bei leichter Fahrlässigkeit des Vermieters, auf keinen Fall aber ein Ausschluß des Minderungsrechts und des Kündigungsrechts möglich (§§ 9, 11 Nr 7 und 8 AGBG). **9**

**5. Beweislast**

Die Beweislast für den Rechtsmangel und die Entziehung des vertragsmäßigen Gebrauchs trifft den Mieter, während der Vermieter gegebenenfalls beweisen muß, daß einer der Ausschlußtatbestände vorliegt. **10**

**§ 541 a**

**Der Mieter von Räumen hat Einwirkungen auf die Mietsache zu dulden, die zur Erhaltung der Mieträume oder des Gebäudes erforderlich sind.**

**§ 541 b**

**(1) Maßnahmen zur Verbesserung der gemieteten Räume oder sonstiger Teile des Gebäudes oder zur Einsparung von Heizenergie hat der Mieter zu dulden, es sei denn, daß die Maßnahme insbesondere unter Berücksichtigung der vorzunehmenden Arbeiten, der baulichen Folgen, vorausgegangener Verwendungen des Mieters oder der zu erwartenden Erhöhung des Mietzinses für den Mieter oder seine Familie eine Härte bedeuten würde, die auch unter Würdigung der berechtigten Interessen des Vermieters und anderer Mieter in dem Gebäude nicht zu rechtfertigen ist; die zu erwartende Erhöhung des Mietzinses ist nicht zu berücksichtigen, wenn die gemieteten Räume oder sonstigen Teile des Gebäudes lediglich in einen Zustand versetzt werden, wie er allgemein üblich ist.**

**(2) [1]Der Vermieter hat dem Mieter zwei Monate vor Beginn der Maßnahme deren Art, Umfang, Beginn und voraussichtliche Dauer sowie die zu erwartende Erhöhung des Mietzinses schriftlich mitzuteilen. [2]Der Mieter ist berechtigt, bis zum Ablauf des Monats, der auf den Zugang der Mitteilung folgt, für den Ablauf des nächsten Monats zu kündigen. [3]Hat der Mieter gekündigt, ist die Maßnahme bis**

**zum Ablauf der Mietzeit zu unterlassen. [4]Diese Vorschriften gelten nicht bei Maßnahmen, die mit keiner oder nur mit einer unerheblichen Einwirkung auf die vermieteten Räume verbunden sind und zu keiner oder nur zu einer unerheblichen Erhöhung des Mietzinses führen.**

**(3) Aufwendungen, die der Mieter infolge der Maßnahme machen mußte, hat der Vermieter in einem den Umständen nach angemessenen Umfang zu ersetzen; auf Verlangen hat der Vermieter Vorschuß zu leisten.**

**(4) Bei einem Mietverhältnis über Wohnraum ist eine zum Nachteil des Mieters abweichende Vereinbarung unwirksam.**

**Übersicht**



**Schrifttum:** Blank ZMR 1981, 289, 321; Degen WuM 1983, 275; Blumenstein, Der Einbau von Thermostatventilen usw, ZMR 1987, 401; Blümmel, Grundsatzentscheidungen zur Modernisierung, GE 1984, 690; ders, Die richtige Ankündigung von Modernisierungsmaßnahmen, GE 1988, 854; ders-Kinne, Recht auf Mieterhöhung nach Modernisierungsmaßnahmen abhängig von formgerechter Ankündigung, DWW 1988, 302; Derleder NJW 1975, 1677; ders, Erhaltung, Modernisierung und Umstrukturierung des Wohnungsbestandes, PiG 16, S 11; Emmerich, Recht des Vermieters zur baulichen Änderung, PiG 16, S 43; ders FWW 1987, 122; Engelhard, Kabelanschluß und Satellitenantenne, ZMR 1988, 281; Freund-Barthelmess NJW 1976, 2191; ZMR 1977, 1, 33; Frost WuM 1976, 1; Glaser, Die Sammelheizung in Rechtsprechung und Schrifttum (8. Aufl 1980); Gellwitzky ZMR 1980, 353; Gundlach WuM 1983, 82; Gramlich, Mietrechtliche Probleme beim Anschluß an das Breitbandkabelnetz, NJW 1984, 1433; Halberstadt WuM 1981, 25; Harke WuM 1977, 197; Hummel ZMR 1970, 65; Kahlen ZMR 1983, 82; Kummer WuM 1983, 227; Landfermann NJW 1982, 2344; Marschollek, Keine Mitwirkungspflicht aus § 541 a, ZMR 1985, 1; ders-Schläger, Zu den Mitwirkungspflichten des Mieters ZMR 1986, 346, 348; G Meier, Breitbandverkabelung, ZMR 1984, 294; H-D Müller, Die Duldung von Modernisierungsmaßnahmen usw, GE 1986, 526; Pfeifer, Kabelfernsehen, ZMR 1985, 181 und ArchPF 1984, 242; Pfeilschifter, Die neue Anschlußmöglichkeit an das Kabelfernsehen, WuM 1987, 279; Röchling, Der „allgemein übliche Zustand", WuM 1984, 203; Röder NJW 1983, 2665; Rottmann, Breitbandverkabelung, NJW 1985, 2009; Schläger, Mitwirkungspflicht?, ZMR 1985, 193; Sternel Rz II 306 ff; ders, MDR 1983, 265; Schopp ZMR 1965, 193; 1983, 109; Ude, Belastungen des Mieters durch bauliche Veränderungen, PiG 16, S 59; Völskow, Pflicht des Vermieters zur Instandhaltung, PiG 16, S 31.

## I. Geschichte

Die unmittelbar zusammengehörigen §§ 541 a und 541 b regeln abschließend die Frage, unter welchen Voraussetzungen der Mieter verpflichtet ist, Einwirkungen des Vermieters auf die Mietsache durch Baumaßnahmen zu dulden. § 541 a ist durch das 2. MietRÄndG von 1964 (BGBl I 457), § 541 b erst durch das Änderungsgesetz vom 20. 12. 1982 (BGBl I 1912) in das BGB eingefügt worden (s LANDFERMANN 24 f). Dabei wurde zugleich im Anschluß an den früheren § 20 ModEnG klargestellt, daß bei der Prüfung der Duldungspflicht des Mieters gegenüber Modernisierungsmaßnahmen des Vermieters auch die infolgedessen zu erwartende Mietzinserhöhung (s § 3 MHRG) zu berücksichtigen ist. Der Gesetzgeber wollte damit vor allem der Gefahr sog Luxusmodernisierungen begegnen (s die Begr z RegE, BT-Drucks 9/2079, 9 f; den Ausschußbericht, BT-Drucks 9/2284, 2). Eine weitergehende Duldungspflicht des Mieters kann sich schließlich im Einzelfall aus § 4 Abs 2 HeizkostenVO (s LG Berlin ZMR 1986, 444) und aus § 18 AVB-Fernwärme ergeben (s LG Düsseldorf u BVerfG WuM 1986, 266 f). 1

§ 541 b begründet eine bloße Duldungspflicht des Mieters, so daß aus ihm keine Renovierungspflicht des Vermieters abgeleitet werden kann (AG Schöneberg GE 1987, 631). Hat aber der Mieter einer Wohnung nach § 541 b erfolgreich die Duldung einzelner Modernisierungsmaßnahmen abgelehnt, so kann ihn der Vermieter anschließend von der Nutzung der gleichwohl durchgeführten, von den übrigen Mietern geduldeten Maßnahmen ausschließen (LG Berlin GE 1988, 941). 1a

## II. Erhaltungsmaßnahmen

**1.** Nach § 541 a muß der Mieter von Räumen Einwirkungen auf die Mietsache dulden, die zur Erhaltung der Mieträume oder des Gebäudes erforderlich sind. Raummiete ist dabei nicht nur die Wohnraummiete, sondern auch die gewerbliche Raummiete (BGH LM Nr 1 zu § 541 a BGB). Für alle diese Mietverhältnisse soll § 541 a dem Vermieter die Erfüllung seiner aus § 536 folgenden Erhaltungspflicht ermöglichen, so daß unter § 541 a sämtliche Maßnahmen zur Verhinderung oder Beseitigung drohender oder schon entstandener *Schäden* an der Mietsache fallen (vgl auch § 3 Abs 4 ModEnG). Dementsprechend sind unter Erhaltungsmaßnahmen im Sinne des § 541 a nur solche Maßnahmen des Vermieters zu verstehen, die zur Sicherung der Sache in ihrem *ursprünglichen*, wirtschaftlichen Bestand objektiv erforderlich sind. Beispiele sind der Anschluß des Hauses an die Kanalisation (AG Miesbach WuM 1984, 198), die bloße Ersetzung einer schadhaften Gemeinschaftsantenne durch einen Kabelanschluß mit derselben Leistung (KG WuM 1985, 248), der Ersatz alter, verkrusteter Wasserleitungen (LG Berlin GE 1986, 443) oder schadhafter Fenster (AG Neuß NJW-RR 1986, 891), die Erneuerung defekter Gasöfen, bei denen Explosionsgefahr besteht (AG Münster WuM 1987, 256), sowie alle Maßnahmen zur Beseitigung der normalen Verschleißschäden wie etwa die Schönheitsreparaturen (EMMERICH 49). Den Gegensatz bilden vor allem Verbesserungsmaßnahmen im Sinne des § 541 b sowie bloße Veränderungen der Mietsache, bei denen sich eine Duldungspflicht des Mieters immer nur im Einzel- 2 fall unter besonderen Umständen aus § 242 ergeben kann (BGH LM Nr 1 zu § 541 a BGB; LG Düsseldorf MDR 1970, 848; Mietrecht § 541 a Rz 38). Um eine derartige Veränderung der Mietsache, die nicht mehr unter § 541 a fällt, handelt es sich zB, wenn der Vermieter alte Holzkastendoppelfenster durch isolierverglaste Fenster mit Kunststoffrahmen ersetzen will (LG Berlin GE 1987, 1001 = WuM 1987, 384), wenn er eine unwirtschaftliche Heizungsanlage durch eine moderne Anlage ersetzen will (AG Köln WuM 1987, 385) oder wenn er aus ästhetischen Gründen die Fassade vereinheitlichen will (LG Berlin GE 1988, 145 = ZMR 1988, 180). Sind schließlich mit Erhaltungsmaßnahmen untrennbar auch Verbesserungsmaßnahmen iS des § 541 b verbunden, so richtet sich die Duldungspflicht des Mieters allein nach § 541 b (str; anders zB Schopp ZMR 1983, 111).

3 **2.** Bei Erhaltungsmaßnahmen in dem genannten Sinne (oben Rz 2) ist der Mieter nach § 541 a grundsätzlich unbedingt zur Duldung der von ihnen ausgehenden Einwirkungen verpflichtet, so daß er zB nicht seine Duldung davon abhängig machen kann, ob der Vermieter zuvor ausdrücklich den Ersatz etwaiger Kosten und Schäden übernimmt (AG Neuß NJW-RR 1986, 891). Der Begriff der **Einwirkungen** umfaßt dabei im weitesten Sinne jede Störung des Mieters in dem vertragsmäßigen Gebrauch durch die Erhaltungsmaßnahmen. Beispiele sind Belästigungen des Mieters durch Lärm, Erschütterungen und Schmutz sowie die Entziehung von Licht und Luft durch den Bau von Gerüsten (s LG Hannover DWW 1980, 99). **Grenzen** für die Duldungspflicht des Mieters gegenüber solchen Einwirkungen können sich nur in Ausnahmefällen aus den §§ 226 und 242 ergeben (sehr weitgehend AG Bad Schwartau WuM 1984, 215). Jenseits dieser äußersten Grenze muß der Mieter jedoch jede Hinderung der Arbeiten unterlassen sowie dem Vermieter und den von diesem beauftragten Leuten den Zugang zu seiner Wohnung zur Planung und Durchführung der Arbeiten gewähren (LG Frankfurt ZMR 1968, 141, 172). In Ausnahmefällen kann er sogar verpflichtet sein, vorübergehend die vermieteten Räume zu verlassen, sofern die zur Erhaltung erforderlichen Maßnahmen nur auf diese Weise durchgeführt werden können (OLG Braunschweig DWW 1965, 85). In keinem Fall ist der Mieter jedoch zur Mitwirkung bei den Vermietermaßnahmen verpflichtet (str).

4 **3.** Nach Durchführung der Erhaltungsmaßnahmen muß der Vermieter sämtliche dadurch verursachten Beschränkungen des Mieters in dem vertragsmäßigen Gebrauch beseitigen (§ 536). Außerdem hat der Mieter stets das **Minderungsrecht** des § 537, wenn und soweit durch die Einwirkungen sein vertragsmäßiger Gebrauch beeinträchtigt wird (LG Mannheim DWW 1978, 45; AG Köln ZMR 1980, 87). Schließlich kann der Mieter nach § 538 Abs 1 Fall 2 vom Vermieter **Ersatz** für alle ihm durch die Einwirkungen verursachten Kosten und Schäden verlangen (str).

## III. Verbesserungsmaßnahmen

### 1. Begriff

§ 541 b, der an die Stelle des alten § 541 a Abs 2 sowie des § 20 ModEnG getreten 5
ist, regelt die Frage, wann der Mieter Maßnahmen zur Verbesserung der gemieteten Räume oder sonstiger Teile des Gebäudes oder zur Einsparung von Heizenergie (sog Verbesserungsmaßnahmen) dulden muß. Man versteht darunter allgemein sämtliche Maßnahmen des Vermieters, durch die **objektiv** der Gebrauchs- und Substanzwert der vermieteten Räume oder des Gebäudes erhöht wird.[1] Darunter können durchaus auch Maßnahmen an anderen Teilen des vermieteten Hauses, zB an der Fassade, fallen, jedenfalls wenn sie sich über eine Mietzinserhöhung auf den Mieter auswirken können (KG NJW-RR 1988, 1420 = WuM 1988, 389; LG Berlin WuM 1986, 138; GE 1987, 1219, 1221). Der Begriff ist weiter als in § 3 MHRG, da hier keine „nachhaltige" Erhöhung des Wohnwerts erforderlich ist (LG Hamburg WuM 1984, 217; AG Schöneberg GE 1984, 763; str). Nicht erfaßt werden jedoch einerseits die bloße Erneuerung einer schon vorhandenen Ausstattung (KG und LG Hamburg aaO) und andererseits eine völlige Veränderung der Mietsache, zB durch den Umbau einer alten Dachwohnung in ein Luxusappartement.[1a]

Gleich stehen alle **energiesparende** Maßnahmen, bei denen indessen weder eine 5a
Erhöhung des Wohnwerts noch ein sonstiger Vorteil für den Mieter für die Anwendung des § 541 b erforderlich sind (OVG Berlin GE 1984, 713). Darunter fallen deshalb sämtliche Maßnahmen zur Verbesserung der Wärmedämmung einschließlich einer neuen Fassadenverkleidung, vorausgesetzt freilich, daß die Maßnahmen wirtschaftlich vernünftig sind, dh daß sie zu einer spürbaren Energieeinsparung führen. Dies ist zwar noch der Fall, wenn die damit verbundene Erhöhung des Mietzinses doppelt so hoch wie die Energieeinsparung ist, nicht mehr jedoch, wenn das Verhältnis 5:1 beträgt oder wenn lediglich 3–5% der bisher verbrauchten Energie eingespart werden können[2].

Unter § 541 b werden hiernach **idR** folgende Maßnahmen fallen: die Anbringung 5b
einer Gemeinschaftsantenne und der Anschluß an das neue Kabelfernsehnetz[3],

[1] Grdl KG GE 1984, 763; NJW 1985, 2301 m Anm EMMERICH JuS 1985, 992; NJW 1986, 137 m Anm EMMERICH JuS 1986, 230; LG Berlin GE 1986, 1069; LG Mannheim WuM 1987, 385; EMMERICH 51.

[1a] AG Köln WuM 1984, 220; s DEGEN WuM 1983, 276; EMMERICH 51; zur gleichwohl uU möglichen Kündigung des Vermieters nach § 564 b Abs 3 s BayObLGZ 1983, 271.

[2] OVG Berlin GE 1984, 715; LG Berlin GE 1987, 521; 1987, 1219, 1221; VG Berlin GE 1984, 723; 1985, 791; 1986, 33; 1986, 35.

[3] Sehr str; wie hier grdl KG OLGZ 1985, 347 = NJW 1985, 2031 = WuM 1985, 248 m Anm EMMERICH JuS 1985, 992; LG Hannover WuM 1988, 259, 261; LG Berlin NJW 1983, 2948 = WuM 1983, 341 m Anm HEITGRESS; AG Tempelhof WuM 1983, 53 m Anm KAHLEN 31; AG Tempelhof-Kreuzberg WuM 1983, 260; AG Offenbach WuM 1984, 216; wenn aber schon eine Antennenanlage vorhanden ist, gilt dies nur, wenn über den Kabelanschluß derselbe Empfang möglich ist; andernfalls muß die Antennenanlage beibehalten werden (LG Tübingen ZMR 1986, 203; LG Berlin NJW-RR 1986, 890; GE 1987, 537); – anders,

der Einbau einer Etagenheizung[4], der Einbau einer Zentralheizung oder deren Umstellung von Koks auf Öl oder auf ein sonstiges modernes System[5], der Einbau einer Warmwasserheizungsanlage (LG Berlin GE 1985, 141) oder einer Nachtstromspeicherheizung (AG Charlottenburg GE 1985, 369; LG Frankfurt WuM 1986, 312), weiter der Anschluß des Hauses an das Fernwärmeversorgungsnetz (LG Berlin GE 1985, 141, 361), der Einbau eines Drehstromzählers als Voraussetzung für den Anschluß an eine elektrische Heizung (AG Leonberg WuM 1984, 216), die Wandverkachelung im Bad (LG Hamburg WuM 1984, 217), der Einbau einer neuen Elektroinstallation (KG GE 1984, 757), ebenso die Verstärkung der Steigleitungen oder der Wasserleitungen und der Einbau einer Wechselsprechanlage (LG Berlin GE 1985, 141, 791; 1986, 443; AG Schöneberg NJW 1986, 2059), der Einbau neuer isolierverglaster Fenster (LG Berlin GE 1984, 141; VG Berlin GE 1984, 727; 1985, 785; anders im Einzelfall OVG Berlin GE 1986, 1251), überhaupt der Einbau von Zwischenwänden, Türen, Fenstern und sanitären Anlagen (LG Köln WuM 1970, 41; LG Hamburg ZMR 1976, 145; LG Mannheim WuM 1987, 385; LG Berlin GE 1989, 99), die Verlegung neuer Fußbodenbeläge, die Modernisierung der Beleuchtungsanlage (OVG Berlin GE 1985, 683 und 689), der Einbau eines Fahrstuhls (AG Charlottenburg GE 1986, 1213), die Ausstattung der Küche mit modernen Geräten (LG Berlin GE 1989, 99) sowie die Verbesserung des Schallschutzes. **Keine** Modernisierungsmaßnahmen sind hingegen die bloße Vergrößerung eines Zimmers auf Kosten eines anderen (KG GE 1984, 757), eine bloße Umstellung der Spannung (OVG Berlin GE 1985, 885), die Isolierverglasung des Treppenhauses (OVG Berlin GE 1985, 687), die Versiegelung des Parketts (OVG Berlin GE 1985, 877) sowie die bloße Umstellung einer Etagenheizung auf eine Zentralheizung (OVG Berlin GE 1986, 1217, 1219; VG Berlin GE 1986, 47; LG Berlin GE 1988, 731, 733).

**2. Duldungspflicht**

6 **a)** Verbesserungsmaßnahmen der genannten Art (oben Rz 5) hat der Mieter nach § 541 b Abs 1 grundsätzlich zu dulden; dh er muß dem Vermieter und den von diesem beauftragten Leuten das Betreten seiner Räume gestatten sowie die zur Modernisierung erforderlichen Arbeiten trotz der damit für ihn verbundenen Beeinträchtigungen hinnehmen. Eine Mitwirkungspflicht trifft ihn hingegen grundsätzlich nicht, da unter Duldung iS des § 541 b nichts anderes als ein bloßes, passives Verhalten des Mieters in Kenntnis der Vermietermaßnahmen zu verste-

---

wenn schon eine Gemeinschaftsantenne vorhanden ist: LG Berlin WuM 1984, 82; GE 1984, 1125; AG Siegburg WuM 1984, 245; AGe Charlottenburg u Wedding WuM 1985, 153 f; s N Meier ZMR 1984, 294; Gramlich NJW 1984, 1433; Pfeifer DWW 1983, 293; ZMR 1985, 181 und ArchPF 1984, 242.

[4] AG Bochum WuM 1983, 140; LG Berlin WuM 1984, 219; GE 1985, 475; 1985, 479; 1986, 1069.

[5] LG Düsseldorf ZMR 1973, 81; LG Braunschweig FWW 1976, 26; VG Berlin GE 1984, 721 u 723; 1985, 785; AG Köln WuM 1986, 313 (Fußleistenheizung).

hen ist[5a]. Die Duldungspflicht entfällt jedoch, wenn die fraglichen Maßnahmen für ihn oder seine Familie eine nicht zu rechtfertigende **Härte** bedeuteten. Mit dieser Formulierung hat der Gesetzgeber bewußt an § 20 ModEnG und an § 556 a angeknüpft, dabei freilich zugleich betont, daß in der Sache auch eine weitgehende Übereinstimmung mit der Regelung des früheren § 541 a Abs 2 bestehe (s die Begr z RegE, BT-Drucks 9/2079, 12). § 541 a Abs 2 hatte der Duldungspflicht des Mieters jedoch in einzelnen Beziehungen engere Grenzen als § 20 ModEnG gezogen, so daß dasselbe für den neuen § 541 b gelten dürfte.[6]

**b)** Verbesserungsmaßnahmen bedeuten somit schon dann für den Mieter oder seine Familie eine nicht zu rechtfertigende Härte, wenn sie für ihn **unzumutbar** 7
sind (vgl § 541 a Abs 2 S 1 aF sowie die Begr z RegE aaO). Folglich kann über die Duldungspflicht des Mieters immer nur im Einzelfall aufgrund einer umfassenden **Interessenabwägung** entschieden werden, in die auf der Seite des Mieters die Interessen seiner Familie und auf der Seite des Vermieters die Interessen der anderen Mieter des Gebäudes einzubeziehen sind (vgl schon KG WuM 1981, 198; 1982, 293 = 4 und 10 in RE Miet). Unklar ist, welche Personen dabei zur **Familie** des Mieters gehören. Da § 541 b dem § 556 a nachgebildet ist, dürften dazu alle Verwandten gehören, die mit dem Mieter einen Hausstand bilden (unten § 556 a Rz 12; str). Bei einer **Mehrheit** von Mietern genügt es außerdem, wenn die fraglichen Maßnahmen nur für einen von ihnen unzumutbar sind (unten § 556 a Rz 13). Auf der anderen Seite dürfen die Interessen der **übrigen Mieter** wohl nur berücksichtigt werden, wenn es sich um Vertragspartner desselben Vermieters handelt **und** wenn sie den Maßnahmen bereits ganz überwiegend zugestimmt haben.[7]

**Sachlich** sind auf der Seite des Vermieters alle legitimen Interessen mit Ausnahme 8
des bloßen Interesses an einer Mietzinserhöhung zu berücksichtigen (vgl § 564 b Abs 2 Nr 3 S 2; § 1 MHRG), während auf der Seite des Mieters und seiner Familie nach § 541 b Abs 1 Halbs 1 „insbesondere“ die vorzunehmenden Arbeiten, die baulichen Folgen, die vorausgegangenen Verwendungen des Mieters sowie die zu erwartende Erhöhung des Mietzinses ins Gewicht fallen. Die Duldungspflicht des Mieters kann daher zunächst stets wegen der mit den Maßnahmen verbundenen **Beeinträchtigungen** für den Mieter oder seine Familie entfallen; so verhält es sich zB, wenn infolge der zu erwartenden Verschmutzung oder des Baulärms eine erhebliche Verschlimmerung einer Erkrankung des Mieters oder seiner Familienangehörigen ernsthaft zu befürchten ist und ihnen auch ein vorübergehender, anderweitiger Aufenthalt nicht zugemutet werden kann (AG Hamburg WuM 1988, 359). Insofern ist jedoch stets eine strenge, an den konkreten Umständen des Einzelfalls ausgerichtete Prüfung erforderlich, so daß bloße allgemeine Behauptungen über Gesundheitsgefahren bei Einbau einer Heizung

[5a] Grdl KG NJW-RR 1988, 1420 = WuM 1988, 389; s dazu SCHLÄGER ZMR 1985, 193; 1986, 348; MARSCHOLLEK ZMR 1986, 346.

[6] Ebenso KG WuM 1983, 128 = 14 und 15 in RE Miet; wegen der Einzelheiten s Mietrecht § 541 a Rz 27 ff, 33 a ff; DEGEN WuM 1983, 275; EMMERICH 51 ff; KÖHLER 9 ff; LANDFERMANN 25; RÖDER NJW 1983, 2665; STERNEL MDR 1983, 265 ff.

[7] EMMERICH 52; KÖHLER 15 f; SCHOPP ZMR 1983, 110; STERNEL MDR 1983, 267.

nicht ausreichen (AG Wedding GE 1986, 561, 563). Und wenn der Vermieter seinerseits die Fortsetzung des Vertrags nach § 556 a dulden muß, sind im Interesse der Gleichbehandlung der Parteien an die Duldungspflicht des Mieters gleichfalls strengere Anforderungen zu stellen (AG Bad Schwartau WuM 1986, 216).

8a Außerdem müssen die baulichen **Auswirkungen** der Modernisierungsmaßnahme berücksichtigt werden. Sie stellen zB dann eine besondere Härte für den Mieter oder seine Familie dar, wenn die Wohnfläche (s LG Frankfurt WuM 1986, 138), die Zahl der Räume oder die Raumeinteilung (s LG Hamburg WuM 1989, 174) so verändert werden, daß die Wohnung fortan den Bedürfnissen des Mieters nicht mehr gerecht wird. Schließlich können bei der Abwägung noch die Auswirkungen der Maßnahmen auf vorausgegangene, **eigene Verwendungen** des Mieters eine Rolle spielen, weil für den Mieter, der die Räume bereits auf eigene Kosten modernisiert hat, Verbesserungsmaßnahmen des Vermieters eher eine Härte bedeuten als für andere Mieter. Hierbei kommt es im einzelnen darauf an, ob der Vermieter den Maßnahmen des Mieters zugestimmt hatte, welches Gewicht sie hatten und ob sie inzwischen abgewohnt sind, wobei idR ein Betrag in Höhe einer Jahresmiete als in 4 Jahren abgewohnt gilt (LG Berlin GE 1985, 361, 363). Hauptbeispiel ist der vom Vermieter betriebene Einbau einer Zentralheizung nach Anschaffung einer Etagen- oder Nachtspeicherheizung seitens des Mieters mit Zustimmung des Vermieters.[8]

9 Vor allem aber muß bei der Abwägung die zu erwartende **Erhöhung des Mietzinses** (wozu auch die Nebenkosten gehören) berücksichtigt werden, außer wenn die gemieteten Räume oder sonstigen Teile des Gebäudes lediglich in einen Zustand versetzt werden, wie er allgemein üblich ist. Das Gesetz folgt insoweit der schon zu § 541 a Abs 2 a F überwiegend vertretenen Meinung.[9] Der Gesetzgeber wollte damit vor allem der Gefahr der **Luxusmodernisierung** begegnen (dazu bes Degen WuM 1983, 275; Sternel MDR 1983, 266). Auszugehen ist mithin von dem vermutlichen, zukünftigen Mietzins, der sich bei preisgebundenem Wohnraum aus den verschiedenen Preisvorschriften, bei anderem Wohnraum hingegen in erster Linie aus § 3 MHRG ergibt; unerheblich ist hingegen, welchen Betrag der Vermieter zuvor dem Mieter entsprechend § 541 b Abs 2 (s unten Rz 11) mitgeteilt hatte (Kummer WuM 1983, 227). Der so ermittelte Erhöhungsbetrag ist sodann in Relation zu setzen einerseits zu den individuellen Einkommensverhältnissen des Mieters, andererseits zu dem Wert der Verbesserungsmaßnahmen für ihn; dabei muß berücksichtigt werden, ob der Mieter Anspruch auf **Wohngeld** hat, während es keine Rolle spielt, ob er diesen Anspruch tatsächlich geltend macht (KG WuM 1982, 293; LG Frankfurt WuM 1986, 312, 313).

9 Wegen der Unbestimmtheit der genannten Maßstäbe (oben Rz 9) finden sich in

[8] LG Hamburg MDR 1983, 1026 = ZMR 1984, 60; LG Berlin GE 1985, 361; Emmerich 53; vgl dazu auch Gundlach ZMR 1983, 218.

[9] KG WuM 1981, 198; 1982, 293 = 4 und 10 in RE Miet; OLG Hamburg OLGZ 1981, 340 = 2 in RE Miet; zweifelnd aber OLG Hamm WuM 1981, 129 = 8 in RE Miet; zur Neuregelung s insbes Degen WuM 1983, 275, 277; Emmerich 53 ff; Kummer WuM 1983, 227; Röder NJW 1983, 2665, 2666; Sternel MDR 1983, 265, 266.

Literatur und Rechtsprechung verbreitete Versuche, **objektive Grenzen** anzugeben, jenseits derer die Mietzinserhöhung auf jeden Fall für den Mieter unzumutbar ist, wobei in der Regel von dem monatlichen Nettoeinkommen des Mieters ausgegangen wird. Als Grenze wird dabei häufig ein Prozentsatz von 25–30% des monatlichen Nettoeinkommens des Mieters genannt (LG Berlin GE 1985, 1099; 1985, 1257), während ein Satz von 20% als tragbar angesehen wird (LG Frankfurt WuM 1986, 312, 313). Als unzumutbar gilt hingegen in jedem Fall eine Mietzinsbelastung von über 300,– DM bei einem Arbeitslosen mit einer Unterstützung von 800,– DM monatlich (grdl KG NJW 1986, 137 m Anm EMMERICH JuS 1986, 230; LG Berlin GE 1986, 1069); ebenso ein Betrag von 57% des monatlichen Nettoeinkommens (LG Hamburg WuM 1984, 217; LG Berlin ZMR 1985, 338) sowie eine Verdoppelung oder gar Verdreifachung des Mietzinses oder eine Erhöhung des Mietzinses auf einen Betrag, der die ortsübliche Vergleichsmiete um mehr als 20% übersteigt[10]. Indessen kann sich der Mieter auf die Unzumutbarkeit der Mietzinserhöhung dann nicht berufen, wenn er in Kenntnis der Modernisierungspläne des Vermieters eine gutbezahlte Stellung aufgegeben hat und deshalb jetzt den erhöhten Mietzins nicht mehr tragen kann (LG Berlin GE 1985, 479). Die Entwicklung solcher objektiven Grenzen ist jedoch problematisch, weil das Gesetz mit gutem Grund solche Schranken selbst nicht aufgestellt hat. Denn jede derartige Regelung kommt sofort in bedenkliche und gefährliche Nähe zu einer staatlichen Mietpreiskontrolle (s EMMERICH 54).

Diese Regeln gelten indessen nicht ausnahmslos, da nach § 541 b Abs 1 HS 2 die **9b**
finanziellen Auswirkungen bei solchen Maßnahmen unberücksichtigt bleiben, durch die die gemieteten Räume oder sonstige Teile des Gebäudes lediglich in einen **allgemein üblichen Zustand** versetzt werden. Was damit gemeint ist, ist unklar und umstr.[11] Das Problem rührt daher, daß es der Gesetzgeber versäumt hat anzugeben, nach welchem **Maßstab** sich der „allgemein übliche" Zustand beurteilen soll. Die Frage wird insbesondere aktuell bei einer Modernisierung von Altbauwohnungen, namentlich durch den Einbau einer Zentralheizung. Man kommt hier nur weiter, wenn man an den Gesetzeszweck anknüpft, der darin besteht, wohnungswirtschaftlich sinnvolle Modernisierungen nach Möglichkeit zu erleichtern. Maßgebend kann von daher gesehen nur der bei sämtlichen Wohnungen insgesamt durchschnittlich bereits erreichte Standard sein, woraus freilich wiederum sehr unterschiedliche Schlußfolgerungen gezogen werden (s Voraufl Rz 9b). Die jüngste Rechtsprechung hat sich insoweit auf den denkbar engsten Standpunkt gestellt, da nach ihr der Durchschnitt *sämtlicher* Wohnungen im Bundesgebiet maßgebend sein soll, wobei jedoch nur derjenige Zustand als allgemein üblich anerkannt werden könne, der inzwischen bei 90% der Wohnungen im gesamten Bundesgebiet erreicht sei[12]. Die Gerichte haben hieraus den Schluß gezogen, dementsprechend bestehe keine generelle Duldungspflicht hin-

[10] LG Braunschweig WuM 1982, 208; LG Essen WuM 1983, 139; AG Köln WuM 1984, 220; dagegen LG Frankfurt 1986, 312, 313.

[11] S im einzelnen DEGEN WuM 1982, 277; EMMERICH 54 f; ders JuS 1986, 230; KAHLEN ZMR 1983, 83; RÖCHLING WuM 1984, 203; RÖDER NJW 1983, 2666; STERNEL MDR 1983, 266.

[12] KG WuM 1985, 335 = NJW 1986, 137 = GE 1985, 1093 m abl Anm EMMERICH JuS 1986,

sichtlich des Einbaus von Sammelheizungen (KG NJW 1986, 137; LG Berlin GE 1986, 1069) oder hinsichtlich des Einbaus von Kunststoff-Isolierglasfenstern (LG Wiesbaden WuM 1986, 244; AG Nürnberg WuM 1988, 123). Diese unnötig restriktive Auslegung des Gesetzes steht jedoch im direkten Widerspruch zum Gesetzeszweck und ist deshalb abzulehnen. Maßgeblich ist vielmehr der Standard, der heute bei der Mehrzahl der Wohnungen im Bundesgebiet bereits erreicht ist, weil nur so der Gesetzeszweck überhaupt verwirklicht werden kann.

**10** c) Die Aufzählung der berücksichtigungsfähigen Umstände in § 541 b Abs 1 HS 1 ist nicht abschließend, so daß von Fall zu Fall mit unterschiedlichem Gewicht noch **andere Umstände** Bedeutung erlangen können (KG WuM 1985, 248, 250; Degen WuM 1983, 278). Als solche sind aus der bisherigen Praxis zu § 541 a Abs 2 aF etwa zu nennen schwere Invalidität oder hohes Alter des Mieters, ein kurz bevorstehendes Vertragsende sowie eine wesentliche Veränderung der vermieteten Räume (s Mietrecht § 541 a Rz 29 ff m Nachw).

### 3. Mitteilungspflicht

**11** a) Nach § 541 b Abs 2 hat der Vermieter dem Mieter zwei Monate vor dem Beginn der Verbesserungsmaßnahme deren Art, Umfang, Beginn und voraussichtliche Dauer sowie die zu erwartende Erhöhung des Mietzinses schriftlich mitzuteilen (vgl schon § 20 Abs 2 ModEnG). Die Mitteilungspflicht entfällt jedoch nach der **Bagatellklausel** des § 541 b Abs 2 S 4 bei solchen Maßnahmen, die mit keiner oder nur mit einer unerheblichen Einwirkung auf die vermieteten Räume verbunden sind und zu keiner oder nur zu einer unerheblichen Erhöhung des Mietzinses führen, wovon jedoch schon bei einer Mietzinserhöhung von mehr als 5% keine Rede mehr sein kann[13]; ebensowenig bei einer Verlegung mehrerer Rohre, die drei Tage dauern soll (LG Berlin GE 1986, 609), wohl aber bei einer bloßen Auswechslung der Heizkörperventile (LG Berlin GE 1986, 741 = ZMR 1986, 444).

**11a** b) Die Mitteilung muß von sämtlichen Vermietern ausgehen (LG Berlin GE 1986, 333) und an sämtliche Mieter gerichtet sein, so daß der Zugang bei nur einem Mieter lediglich dann ausreicht, wenn die Mieter sich gegenseitig zum Empfang von Erklärungen des Vermieters bevollmächtigt haben. Die Mitteilung muß außerdem die geplante Maßnahme, ihre Bedeutung und ihre Auswirkungen sowie die vermutliche Mietzinserhöhung so konkret wie möglich beschreiben[14], so daß allgemeine Angaben nicht ausreichen, sondern konkrete Angaben über die betreffende, individuelle Wohnung erforderlich sind. Außerdem müssen Beginn und Dauer der Maßnahmen ganz genau bezeichnet werden, so daß bloße Ungefährangaben oder Angaben über den „umgehenden" oder „sofortigen" Beginn

---

230; LG Wiesbaden WuM 1986, 244; LG Berlin GE 1986, 1069; AG Nürnberg WuM 1988, 123.

[13] ZB LG Berlin GE 1986, 1121 = ZMR 1987, 337; WuM 1987, 386; s Emmerich 55 f; Röder NJW 1983, 2667; Sternel MDR 1983, 267.

[14] S wegen der Einzelheiten Beuermann GE 1986, 7; Blümmel GE 1988, 854; ders-Kinne DWW 1988, 302; Kummer WuM 1983, 227.

der Maßnahmen nicht genügen[15]. Diese Grundsätze gelten auch bei Maßnahmen im Außenbereich, dh außerhalb der Wohnung, etwa an der Fassade (LG Berlin GE 1986, 1121 = ZMR 1987, 337). Soll eine Heizung eingebaut werden, so bedeutet das Gesagte zB, daß Angaben über die Anzahl, die Bauart, die Heizleistung und den Ort der Aufstellung der Heizkörper sowie über die vermutlichen, zusätzlichen Heizkosten erforderlich sind. Verzögern sich die Maßnahmen, so ist eine erneute, vollständige Mitteilung erforderlich (LG Berlin GE 1989, 415, 417). Die Mitteilung kann jedoch unbedenklich auf mehrere Schreiben nacheinander aufgeteilt werden, nur daß dann die Frist von zwei Monaten erst mit dem letzten Schreiben zu laufen beginnt (LG Berlin GE 1987, 1219, 1221). Da die Mitteilung schriftlich erfolgen muß, ist § 126 zu beachten. Wird ein Vertreter für den Vermieter tätig, so findet außerdem § 174 entsprechende Anwendung. Der Mangel der Form ist jedoch im Rechtsstreit heilbar. Mit der Klage auf Duldung kann daher die vollständige und formgültige Mitteilung nachgeholt werden; freilich beginnt dann auch die Zwei-Monatsfrist erst mit der nachgeholten Mitteilung während des Rechtsstreits zu laufen.

Die vollständige und rechtzeitige Erfüllung der Mitteilungspflicht stellt eine **11b**
Voraussetzung für die **Fälligkeit** der Duldungspflicht des Mieters dar. Verstößt der Vermieter gegen seine Mitteilungspflicht, so entfällt mithin die Duldungspflicht des Mieters und damit zugleich das Recht des Vermieters, den Mietzins gegebenenfalls nach § 3 MHRG zu erhöhen, solange nicht der Mieter den Maßnahmen nachträglich doch noch zugestimmt hat[16]. Die Duldungspflicht entfällt außerdem, wenn Vermieter die voraussichtliche Mietzinserhöhung in der Mitteilung deutlich zu **niedrig** beziffert hat. Hatte der Mieter im Vertrauen auf diese Mitteilung die Maßnahme geduldet, so kann der Vermieter später nicht eine größere Mietzinserhöhung verlangen (Röder NJW 1983, 2667). Dies folgt zumindest aus der Schadensersatzpflicht des Vermieters bei schuldhaften Verstößen gegen die Mitteilungspflicht (§§ 249, 276; str, s Emmerich 55 f). Eine weitere, vergleichbare Hinweispflicht des Vermieters kann sich schließlich noch aus § 3 Abs 2 MHRG ergeben. Verzögert der Mieter die Duldung der Maßnahmen trotz der Fälligkeit seiner Duldungspflicht weiter, so gelangt er nach Mahnung des Vermieters in **Verzug** (§ 284 BGB), so daß er schadensersatzpflichtig wird (§ 286 BGB; AG Wedding GE 1984, 927).

### 4. Mieterrechte

**a)** § 541 b läßt ebenso wie § 541 a die §§ 536 bis 538 unberührt (s oben Rz 4; Begr **12**
z RegE, BT-Drucks 9/2079, 13). Der Mieter kann folglich Erfüllung verlangen

[15] ZB LG Berlin GE 1986, 747, 749 = MDR 1986, 852 = ZMR 1986, 441; GE 1987, 521, 523; WuM 1987, 386; GE 1987, 1111; AG Hamburg WuM 1987, 220; Blümmel und Blümmel-Kinne aaO.

[16] So grdl KG NJW-RR 1988, 1420 = GE 1988, 993 m Anm Blümmel 963 = WuM 1988, 389 = ZMR 1988, 422 m Anm Schultz 460; LG Hannover WuM 1981, 38; LG Essen ZMR 1983, 13; LG Berlin GE 1984, 1125; LG Stuttgart WuM 1987, 252; LG Mannheim WuM 1987, 385.

durch Beseitigung jeder Beeinträchtigung des vertragsmäßigen Gebrauchs; er kann außerdem mindern, wenn und solange der vertragsmäßige Gebrauch beeinträchtigt ist (LG Hannover WuM 1986, 311; LG Mannheim WuM 1986, 139; AG Hamburg-Altona WuM 1986, 245); und ihm steht schließlich gegebenenfalls ein Schadensersatzanspruch zu (Emmerich 56 f).

13 **b)** Der Mieter hat außerdem einen **Aufwendungsersatzanspruch** (§ 541 b Abs 3). Beispiele für derartige Aufwendungen sind die Kosten für die vorübergehende Auslagerung der Möbel, für die Erneuerung und Änderung der Dekoration, und zwar ohne Rücksicht darauf, ob der Mieter die Schönheitsreparaturen übernommen hat oder nicht (LG Hamburg WuM 1985, 262), weiter die Kosten der Bewachung und Reinigung der Räume (LG Hamburg WuM 1987, 386), die Kosten neuer Tapeten oder neuer Möbelstücke (LG Essen WuM 1981, 67), Hotelkosten (LG Hamburg WuM 1987, 387) sowie Kosten einer etwaigen Umstellung der Haushaltsgeräte. Führt der Mieter die erforderlich gewordenen Renovierungsarbeiten selbst durch, so kann er außerdem Aufwendungsersatz für die eigene Arbeitsleistung verlangen (LG Hamburg WuM 1987, 386). Alle diese Kosten sind jedoch stets nur in einem den Umständen nach angemessenen Umfang, dh insoweit zu ersetzen, wie sie objektiv erforderlich sind. Die Aufwendungen müssen außerdem mit 4% jährlich verzinst werden (§§ 246, 256). Schließlich kann der Mieter **Vorschuß** verlangen (§ 541 b Abs 3 H 2; vgl AG Köln WuM 1981, 95). Solange der Vermieter diesen Vorschuß nicht geleistet hat, hat der Mieter ein Zurückhaltungsrecht, so daß er die Durchführung der Verbesserungsmaßnahmen nicht zu dulden braucht (§ 273 Abs 1). Solange kann er folglich auch nicht in Verzug geraten.

14 **c)** Dem Mieter steht schließlich nach § 541 b Abs 2 S 2 ein **Sonderkündigungsrecht** zu, damit er sich kurzfristig aus dem Mietverhältnis lösen kann, wenn er die Maßnahmen dulden müßte, das Mietverhältnis jedoch unter diesen Umständen nicht mehr fortsetzen will. Das Kündigungsrecht kann aber nur bis zum Ablauf des nächsten Monats, der auf den Zugang der Mitteilung folgt, ausgeübt werden (s Sternel MDR 1983, 267). Für die Form der Kündigung gilt § 564 a. Obwohl das Gesetz darüber schweigt, muß das Kündigungsrecht (erst recht) dann bestehen, wenn der Mieter an sich nicht zur Duldung der Maßnahmen verpflichtet ist oder wenn der Vermieter gegen die Mitteilungspflicht verstoßen hat; auf jeden Fall ergibt sich das Kündigungsrecht in diesen Fällen aus den §§ 542, 554 a. Erhöht der Vermieter mit Rücksicht auf die Modernisierung der Wohnung den Mietzins nach § 3 MHRG, so ergibt sich ein weiteres, außerordentliches Kündigungsrecht des Mieters aus § 9 MHRG.

15 Macht der Mieter von dem besonderen Kündigungsrecht des § 541 b Abs 2 S 2 Gebrauch, so darf der Vermieter mit der Durchführung der Verbesserungsmaßnahmen nicht vor Ablauf der Mietzeit *beginnen* (§ 541 b Abs 2 S 3). Unbedenklich sind jedoch vorbereitende Maßnahmen wie zB die Ausmessung oder die Besichtigung der Räumlichkeiten oder das Abladen von Baumaterial.

## IV. Abweichende Vereinbarungen

**1.** Nach § 541 b Abs 4 sind bei Mietverhältnissen über Wohnraum Vereinbarungen unwirksam, die von § 541 b zum Nachteil des Mieters abweichen (LG Berlin GE 1986, 609 = MDR 1988, 589; LG Stuttgart WuM 1987, 252: für AGB), und zwar auch bei Genossenschaftswohnungen (LG München I WuM 1986, 312). Das gilt sowohl für eine Erweiterung der Duldungspflicht des Mieters als auch für jede Einschränkung seiner Gegenrechte. Eine Beseitigung oder Einschränkung der Mitteilungspflicht ist daher ebenfalls unwirksam. Unbedenklich ist hingegen jede **Erweiterung** der Mieterrechte, zB eine vertragliche Beschränkung der Mietzinserhöhung im Einzelfall. Außerdem kann der Mieter jederzeit im Einzelfall einer bestimmten Maßnahme des Vermieters *zustimmen*, selbst wenn die Voraussetzungen des § 541b nicht erfüllt sind, mit der Folge, daß der Vermieter dann auch zur Mietzinserhöhung nach § 3 MHRG berechtigt ist (grdl KG NJW-RR 1988, 1420; s Blümmel-Kinne DWW 1988, 302, 308). Der Mieter kann jedoch seine Zustimmungserklärung anfechten, wenn ihn der Vermieter zuvor nicht vollständig informiert hatte (§§ 119 Abs 2, 123 Abs 1; Schopp ZMR 1983, 111). **16**

**2.** Eine dem § 541 b Abs 1 entsprechende Bestimmung fehlt bei **§ 541 a**; gleichwohl ist davon auszugehen, daß auch hier die Duldungspflicht des Mieters jedenfalls nicht durch Formularverträge über den Rahmen des § 541 a hinaus erweitert werden kann (§ 9 Abs 2 AGBG). **16a**

## V. Prozessuales

**1.** Der Duldungsanspruch des Vermieters kann grundsätzlich nicht durch **einstweilige Verfügung** durchgesetzt werden, da es in aller Regel schon an der Eilbedürftigkeit fehlen dürfte und da hierdurch das Ergebnis des Rechtsstreits in der Hauptsache vorweggenommen würde; Ausnahmen sind freilich denkbar.[17] Hingegen ist eine Durchsetzung des Vorschußanspruchs des Mieters durch einstweilige Verfügung unbedenklich (AG Köln WuM 1981, 95). **17**

**2.** Die **Beweislast** für alle Voraussetzungen des Duldungsanspruchs trägt der Vermieter (AG Neukölln WuM 1985, 262). Dazu gehören auch diejenigen seiner Interessen und der übrigen Mieter, die in die Interessenabwägung (oben Rz 7 f) eingehen sollen. Der Mieter muß hingegen beweisen, daß die Duldung der Verbesserungsmaßnahmen ausnahmsweise für ihn oder seine Familie eine nicht zu rechtfertigende Härte bedeutete; außerdem trägt er die Beweislast für alle Gegenrechte (LG Essen WuM 1983, 139; LG Hamburg WuM 1984, 217; LG Berlin GE 1984, 1125). **18**

---

[17] LG Köln WuM 1984, 199; LG Frankfurt MDR 1968, 328; AG Unna WuM 1980, 179; AG Wuppertal WuM 1980, 180; LG Hamburg WuM 1986, 243 (für § 541 a); AG Neuß WuM 1986, 244.

19 3. Der **Streitwert** einer Klage des Vermieters auf Duldung von Modernisierungsmaßnahmen berechnet sich nach der dadurch ermöglichten Mietzinserhöhung, nicht nach den Kosten der Maßnahmen (LG Mannheim WuM 1976, 131). Der Gebührenwert richtet sich hingegen nach dem dreifachen Jahresbetrag der Mietzinserhöhung für die fragliche Wohnung (LG Hamburg ZMR 1985, 127; WuM 1987, 61; LG Berlin ZMR 1985, 343).

## § 542

**(1) [1]Wird dem Mieter der vertragsmäßige Gebrauch der gemieteten Sache ganz oder zum Teil nicht rechtzeitig gewährt oder wieder entzogen, so kann der Mieter ohne Einhaltung einer Kündigungsfrist das Mietverhältnis kündigen. [2]Die Kündigung ist erst zulässig, wenn der Vermieter eine ihm von dem Mieter bestimmte angemessene Frist hat verstreichen lassen, ohne Abhilfe zu schaffen. [3]Der Bestimmung einer Frist bedarf es nicht, wenn die Erfüllung des Vertrages infolge des die Kündigung rechtfertigenden Umstandes für den Mieter kein Interesse hat.**
**(2) Wegen einer unerheblichen Hinderung oder Vorenthaltung des Gebrauchs ist die Kündigung nur zulässig, wenn sie durch ein besonderes Interesse des Mieters gerechtfertigt wird.**
**(3) Bestreitet der Vermieter die Zulässigkeit der erfolgten Kündigung, weil er den Gebrauch der Sache rechtzeitig gewährt oder vor dem Ablaufe der Frist die Abhilfe bewirkt habe, so trifft ihn die Beweislast.**

## § 543

**[1]Auf das dem Mieter nach § 542 zustehende Kündigungsrecht finden die Vorschriften der §§ 539 bis 541 sowie die für die Wandelung bei dem Kauf geltenden Vorschriften der §§ 469 bis 471 entsprechende Anwendung.[2]Bei einem Mietverhältnis über Wohnraum ist eine Vereinbarung, durch die das Kündigungsrecht ausgeschlossen oder eingeschränkt wird, unwirksam.**

**Übersicht**



**Schrifttum:** Brox-Elsing JuS 1976, 1; Glaser NJW 1951, 301; Hassold NJW 1975, 1863; ders JuS 1975, 550; Molitor, Die Kündigung (2. Aufl 1951); Sternel ZMR 1988, 201; Weimar, Die Sachmängelhaftung im Mietrecht (1957) 23; ders MDR 1969, 449.

## I. Konkurrenzen

Nach § 542 kann der Mieter unter bestimmten Voraussetzungen den Mietvertrag fristlos kündigen, wenn ihm der vertragsmäßige Gebrauch nicht rechtzeitig gewährt oder wieder entzogen wird. Ein vergleichbares Kündigungsrecht steht dem Mieter nach § 544 bei Gesundheitsgefährdung zu. Diese beiden Kündigungsrechte treten in den Fällen von Sach- und Rechtsmängeln bei der Miete an die Stelle der Wandelung bei Kauf- und Werkvertrag. Hieraus ergibt sich eine Reihe von Konkurrenzproblemen, auf die zunächst einzugehen ist (s im einzelnen Mietrecht § 542 Rz 1–6). 1

**1.** Durch § 542 sollten die Mieterrechte gegenüber den allgemeinen Rechtsbehelfen bei Leistungsstörungen verstärkt werden (Mot II 419). Daraus folgt zunächst, daß der Mieter in der Zeit zwischen Vertragsschluß und Überlassung der Sache unter den Voraussetzungen der §§ 325 und 326 die **Wahl** zwischen dem Rücktritt und der Kündigung nach § 542 hat. Der Mieter kann in dieser Zeitspanne außerdem dann kündigen, wenn schon jetzt feststeht, daß bei Beginn des Mietverhältnisses die Voraussetzungen des § 542 erfüllt sein werden, weil zB eine Beseitigung des Mangels unmöglich ist oder vom Vermieter verweigert wird (OLG Colmar OLGE 22, 289). Anders freilich, wenn lediglich Zweifel an der Leistungsfähigkeit oder -bereitschaft des Vermieters bestehen (BGH LM Nr 1 zu § 542 BGB = ZMR 1960, 10; LG Hamburg MDR 1974, 583; s oben Vorbem 11 zu § 537). 2

**2.** Durch eine Kündigung nach § 542 wird der Mieter nicht gehindert, für die Vergangenheit die Rechte aus den §§ 537 und 538 geltend zu machen (OLG Karlsruhe ZMR 1988, 223, 225). Der **Schadensersatzanspruch** aus § 538 umfaßt dabei auch die dem Mieter gerade erst durch die Kündigung entstandenen Schäden wie namentlich die Umzugskosten und den etwaigen höheren Mietzins für eine Ersatzwohnung (§ 538 Rz 9; LG Duisburg WuM 1989, 14; AG Kassel WuM 1984, 280), wobei freilich streitig ist, ob zu diesen Schäden auch die nutzlosen Aufwendungen für die Herrichtung der ersten Wohnung gehören (bejahend AG Kassel aaO). Richtigerweise ist die Frage zu verneinen, da der Mieter hier Anspruch auf das positive Interesse hat, zu dem nutzlose Aufwendungen nur in Ausnahmefällen gehören (LG Duisburg aaO). Erfolgt die Kündigung hingegen wegen eines Umstandes, der nicht zugleich einen Mangel im Sinne der §§ 537 f und 541 darstellt, so kommt es darauf an, ob der Vermieter den fraglichen Umstand und damit die Kündigung zu vertreten hat, so daß er aus positiver Vertragsverletzung haftet (RGZ 64, 381, 383; 76, 367, 369; BGH LM Nr 4 zu § 554 a BGB = WM 1974, 345). 3

**3.** Zwischen den verschiedenen Kündigungsrechten des Mieters aufgrund der §§ 542, 544 und 554 a besteht **kein Rangverhältnis**; der Mieter hat vielmehr die Wahl, auf welche dieser Vorschriften er jeweils seine Kündigung stützen will (BGH LM Nr 39 zu § 705 BGB = NJW 1983, 749, 750; str). 4

## II. Voraussetzungen

### 1. Nichtgewährung des Gebrauchs

5 Der Mieter kann nach § 542 zunächst kündigen, wenn ihm der vertragsmäßige Gebrauch der gemieteten Sache ganz oder zum Teil nicht rechtzeitig gewährt wird. Daher greift § 542 zB ein, wenn bei Vermietung eines Computers mit Programm nur der Computer, nicht jedoch die zugehörige Software geliefert werden (BGH LM Nr 27 zu § 536 BGB = WM 1987, 1131 m Anm Emmerich WuB I J 2 Nr 9.87). Der Grund für die Nichterfüllung ist dabei unerheblich. Insbes spielt es keine Rolle, ob der Vermieter die Nichterfüllung zu vertreten hat (RGZ 98, 101, 103; BGH LM Nr 6 zu § 542 BGB = NJW 1974, 2233). IdR wird es sich um einen Sach- oder Rechts*mangel* im Sinne der §§ 537 und 541 handeln.[1] Notwendig ist dies jedoch nicht; vielmehr kann der Mieter auch bei **Unmöglichkeit** oder **Verzögerung** der Überlassung der Sache nach § 542 kündigen. Etwas anderes gilt nur, solange der Mieter aus Gründen, die in seiner Person liegen, am Mietgebrauch gehindert ist. Selbst dann lebt jedoch sein Kündigungsrecht wieder auf, sobald er zu erkennen gibt, daß er die Mietsache wieder gebrauchen will und kann und der Vermieter dann nicht erfüllungsbereit ist (BGHZ 38, 295, 299 ff; BGH LM Nr 3 zu § 542 BGB = NJW 1970, 1791).

### 2. Gebrauchsentziehung

6 Der Mieter kann außerdem kündigen, wenn ihm der vertragsmäßige Gebrauch der gemieteten Sache ganz oder zum Teil wieder entzogen wird. Darunter fällt jede **Störung** des Mieters in dem ihm zustehenden, vertragsmäßigen Gebrauch (OLG Köln NJW 1972, 1814). Der wichtigste Grund für eine solche Störung ist das nachträgliche Auftreten eines Sach- oder Rechtsmangels (BGH WM 1983, 660 f). **Beispiele** sind das Auftreten von Ungeziefer oder Ratten, die ungenügende Heizung der vermieteten Räume (RGZ 75, 354; BGH WarnR 1969 Nr 347; LG Landshut WuM 1989, 175), umfangreiche Reparaturarbeiten in mehreren Zimmern, außer wenn die Voraussetzungen der §§ 541 a oder 541 b vorliegen (AG Darmstadt WuM 1980, 131), das Verbot nächtlicher Damenbesuche (LG Duisburg WuM 1975, 123), das Fehlen zugesicherter Eigenschaften, das Auftreten unangenehmer Gerüche (LG Augsburg WuM 1986, 137), bordellartige Zustände in einer Gastwirtschaft (BGH WM 1967, 515; LG Frankfurt WuM 1987, 55; OLG Düsseldorf MDR 1988, 866), die Störung des Mieters durch den Lärm des Vermieters, der Mitmieter oder Dritter (OLG Hamburg MDR 1972, 953; LG Duisburg WuM 1988, 264; LG Hamburg WuM 1985, 313: Großbaustelle), die vertragswidrige Verweigerung der Erlaubnis zur Untervermietung (BGHZ 89, 308 = 30 in RE Miet), die vertragswidrige Vorenthaltung der alleinigen Kellerbenutzung (AG Ahrensburg WuM 1984, 199), weiter das Herausgabeverlangen des Vermieters gegenüber dem Untermieter nach Kündigung des Hauptmietvertra-

[1] BGH LM Nr 22 zu § 537 BGB = NJW 1976, 796; LM Nr 6 zu § 542 BGB; WM 1967, 515; 1975, 897; 1982, 151.

ges, selbst wenn der Untermieter wohnen bleibt (BGHZ 63, 132, 138; BGH WM 1975, 897), die Aufnahme Prostituierter in dem Haus (LG Kassel WuM 1987, 122), Mängel eines vermieteten Wohnmobils, die dessen Fahrtüchtigkeit beeinträchtigen (OLG Karlsruhe ZMR 1988, 223), der Austritt rostverfärbten, dunklen, gesundheitsgefährdenden Wassers aus den Hähnen (LG Köln WuM 1987, 122), das Fehlen abgeschlossener Räume in einer „Ferienwohnung" (LG Berlin GE 1988, 629) sowie schließlich sämtliche, öffentlich-rechtlichen Beschränkungen und Verbote, die zu einem Mangel führen.[2]

### 3. Erheblichkeit

Nach § 542 Abs 2 ist eine Kündigung wegen Nichtgewährung des Gebrauchs oder 7 Gebrauchsentziehung nur zulässig, wenn die Störung erheblich ist oder wenn dic Kündigung durch ein besonderes Interesse des Mieters gerechtfertigt wird. Die Frage der Erheblichkeit der Störung kann dabei immer nur im Einzelfall nach den gesamten Umständen des Falles beurteilt werden. Grundsätzlich ist aber davon auszugehen, daß eine Störung des Mieters in dem ihm zustehenden, vertragsmäßigen Gebrauch erheblich ist. Dies gilt insbes für das Fehlen zugesicherter Eigenschaften. Eine Störung kann deshalb nur dann als unerheblich qualifiziert werden, wenn es sich allenfalls um einen marginalen Mangel handelt.[3] Darüber hinaus kann der Mieter in Ausnahmefällen nach Treu und Glauben verpflichtet sein, in ihm vom Vermieter angebotene Ersatzräume auszuweichen, so daß es dann an einer erheblichen Störung fehlt (RG WarnR 1913/14 Nr 216). Aber selbst wenn hiernach nur eine unerhebliche Störung vorliegt, ist die fristlose Kündigung doch zulässig, wenn sie bei objektiver Beurteilung nach den Umständen des Falles durch ein besonderes Interesse des Mieters gerechtfertigt wird (§ 542 Abs 2).

### 4. Fristsetzung

**a)** Nach § 542 Abs 1 S 2 ist die Kündigung grundsätzlich erst zulässig, nachdem 8 der Mieter dem Vermieter erfolglos eine angemessene Frist zur Beseitigung der Störung gesetzt hatte (vgl § 326 Abs 1). Die Fristsetzung ist dabei schon möglich, sobald die Störung, zB durch die Aufnahme Prostituierter in das Haus, überhaupt erst droht; der Mieter muß in einem solchen Fall nicht etwa erst den Eintritt der Störung abwarten, bevor er die Frist setzen kann (LG Kassel WuM 1987, 122). Die Fristsetzung erfolgt durch formlose, empfangsbedürftige Willenserklärung. In dieser müssen die zu beseitigende Störung und die dafür gesetzte Frist so genau wie möglich bezeichnet werden, so daß die bloße Mängelanzeige nach § 545 hierfür nicht ausreicht (RG WarnR 1916/18 Nr 74). Die **Länge** der dem Vermieter zu setzenden Frist hängt dabei ganz von den Umständen des Falles ab. Ist kurzfristige Abhilfe möglich, so genügt sogar das Verlangen nach sofortiger oder

[2] RGZ 88, 96, 99; 98, 101, 103; KG OLGE 33, 304; HRR 1937 Nr 502; LG Frankfurt NJW 1977, 1885; OLG Düsseldorf OLGZ 1988, 482 = NJW-RR 1988, 1424.

[3] BGH LM Nr 3 zu § 542 BGB; Nr 22 zu § 537 BGB; OLG Köln MDR 1960, 498; LG Köln WuM 1975, 167.

unverzüglicher Abhilfe (RGZ 75, 354; KG OLGE 9, 2; 10, 256; HRR 1936 Nr 393). Ist die vom Mieter gesetzte Frist zu kurz, so tritt an die Stelle der zu kurzen Frist einfach die angemessene Frist, die notfalls durch Urteil bestimmt werden muß (RG HRR 1934 Nr 1444; LG Berlin GE 1986, 37; LG Frankfurt WuM 1987, 55).

9 **b)** In bestimmten Fällen ist die Fristsetzung **entbehrlich.** Das gilt zunächst in den Fällen des Interessewegfalls (§ 542 Abs 1 S 3; s § 326 Abs 2) sowie in den Fällen der Gesundheitsgefährdung (§ 544). Die Frage des Interessewegfalls ist dabei objektiv nach der Situation des Mieters zu beurteilen und zB anzunehmen, wenn die Heizung längere Zeit trotz wiederholter Reparaturversuche ausfällt (BGH WarnR 1969 Nr 347), nicht jedoch ohne weiteres, wenn der Vermieter die Wohnung nicht rechtzeitig übergeben kann, weil der Vormieter die Wohnung nicht pünktlich räumt (AG Essen-Borbeck ZMR 1988, 343).

10 Eine Fristsetzung ist außerdem entbehrlich, wenn der Vermieter auf dieses Erfordernis verzichtet, zB durch das Angebot der Abhilfe. Dasselbe gilt, wenn eine Abhilfe von vornherein mit Rücksicht auf die Art der Störung nicht möglich ist, wenn sie übermäßig lange dauerte oder mit für den Mieter unzumutbaren Belästigungen verbunden wäre sowie wenn der Vermieter von vornherein eine Abhilfe ernstlich und endgültig verweigert.[4] Entsprechend kann der Mieter außerdem schon vor Fristablauf kündigen, wenn der Vermieter nach der Fristsetzung jede Abhilfe strikt ablehnt.

### 5. Fristablauf

11 Das Recht des Mieters zur fristlosen Kündigung des Vertrages setzt schließlich noch voraus, daß der Vermieter die ihm vom Mieter gesetzte Frist fruchtlos verstreichen läßt. Die Gründe hierfür spielen keine Rolle. § 542 greift auch ein, wenn den Vermieter an der Unterlassung der Abhilfe kein Verschulden trifft (RGZ 98, 101, 103; 98, 286; BGH LM Nr 6 zu § 542 BGB; WM 1967, 515). Eine nur partielle Beseitigung der Störung reicht ebenfalls grundsätzlich nicht aus. Kündigt aber der Mieter nicht sofort nach Ablauf der Frist, so kann der Vermieter immer noch für Abhilfe sorgen mit der Folge, daß der Mieter dann das Kündigungsrecht verliert (OLG Düsseldorf OLGZ 1988, 485 = MDR 1988, 866; str).

## III. Kündigung

12 **1.** Unter den Voraussetzungen des § 542 kann der Mieter kündigen, muß dies aber nicht tun. Ebenso steht es ihm frei, ob er mit oder ohne **Frist** kündigen will (RGZ 75, 354; 82, 363, 373). Er braucht die Kündigung auch nicht sofort nach Fristablauf auszusprechen, sondern kann damit für einen angemessenen Zeitraum zuwarten. Nur bei übermäßiger **Verzögerung** des Ausspruchs der Kündigung läuft

---

[4] Vgl RGZ 94, 29; 98, 101; RG WarnR 1916/18 Nr 74; BGH LM NR 22 und 26 zu § 537 BGB = NJW 1976, 796; 1980, 777; BGH WM 1967, 515; OLG Karlsruhe ZMR 1988, 233; LG Hamburg WuM 1986, 313; AG Jever NJW 1971, 1086.

er Gefahr, sein Kündigungsrecht zu verwirken (RGZ 82, 363; BGH WM 1967, 515; OLG Düsseldorf OLGZ 1988, 485).

**2.** In der **Kündigungserklärung** muß deutlich zum Ausdruck kommen, daß der Mieter von dem Recht des § 542 Gebrauch macht. Bei Wohnraummietverhältnissen ist für die Kündigungserklärung Schriftform iS des § 126 vorgeschrieben, wofür die Zustellung eines vom Prozeßbevollmächtigten des Mieters beglaubigten Schriftsatzes ausreicht, sofern die Erklärung von dem Prozeßbevollmächtigten selbst ausgeht; andernfalls verlangt die Praxis den Zugang einer von dem Mieter unterzeichneten Abschrift des Schriftsatzes bei dem Gegner, während die Zustellung nur einer beglaubigten Abschrift von Anwalt zu Anwalt oder von Amts wegen nicht ausreichen soll (grdl BGH NJW-RR 1987, 395 = ZMR 1987, 56 = WM 1986, 1419; OLG Celle ZMR 1985, 160). Außerdem sollen in dem Kündigungsschreiben die Kündigungsgründe genannt werden (§ 564 a Abs 1); hierbei handelt es sich jedoch um eine bloße Sollvorschrift, so daß die Wirksamkeit der Kündigung nicht von ihrer **Begründung** abhängt.[5] Das hat die weitere, wichtige Folge, daß ein Nachschieben von Gründen stets möglich ist.[6] Bei anderen Mietverhältnissen als Wohnraummietverhältnissen ist generell für die Kündigung weder eine besondere Form noch eine Begründung erforderlich (BGH WM 1959, 538; 1975, 897; Mietrecht § 542 Rz 36 c). 13

**3.** Liegen die Voraussetzungen des § 542 nicht vor, so kann die fristlose Kündigung des Mieters nur in Ausnahmefällen in eine ordentliche Kündigung unter Einhaltung der gesetzlichen Kündigungsfrist **umgedeutet** werden. Voraussetzung ist, daß aus der Kündigungserklärung für den Vermieter ohne weiteres eindeutig erkennbar wird, daß der Mieter das Mietverhältnis auf jeden Fall, notfalls auch unter Einhaltung der gesetzlichen Kündigungsfrist, beenden wollte (s BGH WM 1980, 1397; 1981, 253; LG Berlin ZMR 1986, 54, 55; GE 1987, 1265). Hingegen scheidet eine Umdeutung der unwirksamen Kündigung in einen Antrag auf Abschluß eines Aufhebungsvertrages in aller Regel aus.[7] 14

**4.** Aus § 543 S 1 iVm den §§ 469 bis 471 folgt an sich die Zulässigkeit einer **Teilkündigung.** Tatsächlich handelt es sich dabei jedoch um seltene Ausnahmefälle.[8] Namentlich bei der Grundstücks- und Wohnraummiete ist grundsätzlich 15

[5] S unten § 564 a Rz 7 bis 10; BGH WM 1975, 897; BayObLGZ 1981, 232 = 7 in RE Miet; OLG Zweibrücken WuM 1981, 177 = 1 in RE Miet; insbes OLG Karlsruhe NJW 1982, 2004 = 19 in RE Miet; OLG Celle ZMR 1985, 160; Mietrecht § 542 Rz 36 ff.

[6] BGH WarnR 1969 Nr 374; WM 1959, 538; 1982, 94; OLG Zweibrücken 1 in RE Miet; OLG Karlsruhe 19 in RE Miet.

[7] BGH LM Nr 43 zu § 581 BGB = NJW 1981, 976; LM Nr 43 zu § 133 (C) BGB = NJW 1981, 43; WM 1984, 171; 1984, 370 = GE 1984, 377; LG Freiburg WuM 1984, 129; 1989, 7; AG Offenbach WuM 1989, 7; LG Lüneburg WuM 1989, 8.

[8] S unten § 564 Rz 20 f; OLG Schleswig WuM 1982, 266, 269 = 4 in RE Miet; OLG Karlsruhe WuM 1983, 166 = 26 in RE Miet; KG HRR 1937 Nr 502; AG Nürnberg WuM 1983, 144.

davon auszugehen, daß das vermietete Grundstück oder die vermietete Wohnung eine Einheit bilden, so daß eine Teilkündigung, etwa hinsichtlich einzelner Räume, ausscheidet (KG HRR 1937 Nr 502; OLG Celle MDR 1964, 294). Folglich kann zB bei der Vermietung einer Wohnung mit **Garage,** Autoabstellplatz, Hofraum oder Garten die Kündigung grundsätzlich nicht auf die Wohnung oder auf die Garage, den Abstellplatz, den Garten oder den Hofraum beschränkt werden, weil beide in der Regel eine Einheit bilden[9]. Das gilt im Zweifel selbst dann, wenn die Garage erst nachträglich in den Mietvertrag einbezogen worden ist (OLG Karlsruhe WuM 1983, 166; AG Augsburg WuM 1987, 25; AG Nürtingen WuM 1987, 157), wenn nachträglich das Eigentum an Wohnung und Garage getrennt wird (AG Rastatt WuM 1988, 127) oder wenn in der Zwischenzeit Wohnung und Garage durch Vereinbarungen der Parteien ausgewechselt worden sind (AG Hannover WuM 1989, 6). Dies ist indessen kein zwingendes Recht, so daß abweichende Vereinbarungen der Parteien möglich sind; sie müssen jedoch ausdrücklich und eindeutig erfolgen, da solche Vereinbarungen nicht zu vermuten sind. Getrennte Verträge liegen aber immer vor, wenn die Vermieter von Wohnung und Garage von Anfang an verschiedene Personen waren[10].

## IV. Ausschlußtatbestände

16 Das Kündigungsrecht ist nach § 543 S 1 zunächst unter den in den §§ 539 bis 541 genannten Voraussetzungen ausgeschlossen. Dasselbe gilt, wenn der Mieter die Störung allein oder überwiegend zu vertreten hat (§ 324 Abs 1; RGZ 98, 286; BGHZ 66, 349, 350).

17 Das Kündigungsrecht kann außerdem durch **Vereinbarung** der Parteien ausgeschlossen oder beschränkt werden. Nur bei Mietverhältnissen über Wohnraum sind derartige Vereinbarungen nach § 543 S 2 generell unwirksam. Bei allen anderen Mietverhältnissen ergeben sich ähnliche Schranken für Formularverträge aus dem AGBG (§§ 9 Abs 2, 11 Nr 8 lit a und 10 lit a; s Mietrecht § 542 Rz 43).

## V. Beweislast

18 Die Beweislast für alle Voraussetzungen des § 542 trifft den Mieter (BGH LM Nr 6 zu § 9 [Bb] AGBG = NJW 1985, 2328), während der Vermieter nach § 542 Abs 3 beweisen muß, daß er den Gebrauch der Sache rechtzeitig gewährt oder vor Fristablauf Abhilfe geschaffen habe. Dasselbe gilt, wenn str ist, ob die Störung

---

[9] OLG Karlsruhe WuM 1983, 166; AG Wedding GE 1986, 1013; AG Augsburg WuM 1987, 25; LG Hildesheim WuM 1987, 50; AG Dortmund NJW-RR 1987, 207; AG Nürtingen WuM 1987, 157; LG Duisburg WuM 1987, 211; AG Rastatt WuM 1988, 127; AG Hannover WuM 1989, 6; Hummel ZMR 1987, 81; Schulte ZMR 1988, 81.

[10] OLG Karlsruhe WuM 1983, 166; LG Braunschweig ZMR 1986, 165; AG Frankfurt WuM 1986, 254; LG Duisburg NJW-RR 1986, 121; LG Hamburg WuM 1986, 338; LG Berlin GE 1986, 1173 = ZMR 1987, 18; WuM 1987, 211; LG Stuttgart WuM 1987, 379 usw.

erheblich oder unerheblich im Sinne des § 542 Abs 2 ist (BGH LM Nr 22 zu § 537 BGB).

## § 544

**Ist eine Wohnung oder ein anderer zum Aufenthalte von Menschen bestimmter Raum so beschaffen, daß die Benutzung mit einer erheblichen Gefährdung der Gesundheit verbunden ist, so kann der Mieter das Mietverhältnis ohne Einhaltung einer Kündigungsfrist kündigen, auch wenn er die gefahrbringende Beschaffenheit bei dem Abschlusse des Vertrages gekannt oder auf die Geltendmachung der ihm wegen dieser Beschaffenheit zustehenden Rechte verzichtet hat.**

**Schrifttum:** Harsch WuM 1989, 162; Schäfer SeuffBl 67 (1902) 257; Weimar ZMR 1960, 226; Wiethaup ZMR 1975, 257.

### 1. Allgemeines

Der **Zweck** der aus sozialpolitischen Gründen in das Gesetz eingefügten Vorschrift besteht in dem Schutz des öffentlichen Interesses an der allgemeinen Volksgesundheit. In den Schutzbereich des § 544 werden deshalb alle Angehörigen und Mitarbeiter des Mieters einbezogen (BGHZ 29, 289). Die praktische Bedeutung des § 544 beschränkt sich im wesentlichen darauf, die fristlose Kündigung bei Gesundheitsgefährdung über den Rahmen der §§ 542 und 543 hinaus zu erleichtern. Doch hindert den Mieter nichts, in den hier geregelten Fällen anstatt nach § 544 nach dem allgemeinen § 542 vorzugehen. Unberührt bleiben in jedem Fall außerdem die Gewährleistungsrechte des Mieters (§§ 537 und 538), wobei jedoch je nach den Umständen des Falles in einer übermäßigen Verzögerung der Kündigung ein mitwirkendes Verschulden des Mieters liegen kann (RG WarnR 1916 Nr 133; AG Köln WuM 1973, 41, 43; LG Saarbrücken WuM 1982, 187). 1

### 2. Voraussetzungen

**a)** Nach § 544 kann der Mieter fristlos kündigen, wenn eine Wohnung oder ein anderer zum Aufenthalt von Menschen bestimmter Raum so beschaffen ist, daß ihre Benutzung mit einer erheblichen Gesundheitsgefahr verbunden ist. Zu einer **Wohnung** gehören hierbei alle zu Wohnzwecken vermieteten Räume (s oben Vorbem 11 zu §§ 535, 536). Ein anderer zum Aufenthalt von Menschen bestimmter *Raum* ist hingegen anzunehmen, wenn in dem fraglichen Raum nach den Abreden der Parteien zumindest vorübergehend Menschen verweilen sollen. Beispiele sind Büros, Lager, Werkstätten, Fabrikhallen, Spülküchen sowie Bier- und Weinkeller. 2

**b)** Eine fristlose Kündigung kommt in Betracht, wenn die genannten Räume so beschaffen sind, daß ihre Benutzung mit einer erheblichen **Gefährdung der Gesundheit** des Mieters oder der anderen, geschützten Personen (oben Rz 1) verbunden ist. Eine Gesundheitsgefährdung braucht also noch nicht eingetreten 3 zu sein; sie muß jedoch konkret drohen, dh naheliegend sein (RGZ 88, 168; KG JW 1930, 2975). Die Gefahr muß außerdem erheblich sein, so daß ein bloßes, vorübergehendes Unbehagen eine fristlose Kündigung durch den Mieter nicht zu rechtfertigen vermag (RGZ 51, 210; RG WarnR 1911 Nr 323; JW 1912, 288). Maßgebender Zeitpunkt für die Beurteilung der Frage, ob diese Voraussetzungen vorliegen, ist dabei der der Kündigung, wobei ein *objektiver Maßstab* anzulegen ist, so daß letztlich auf die allgemeinen, gesundheitlichen Anforderungen in dem jeweiligen Zeitpunkt abzustellen ist (KG DR 1939, 642; AG Köln WuM 1979, 75; LG Saarbrücken WuM 1982,187). Ohne Zuziehung eines medizinischen Sachverständigen wird diese Frage daher idR nicht beurteilt werden können (LG Mannheim WuM 1988, 360).

**4** Damit ist aber nur gesagt, daß die individuellen Verhältnisse des einzelnen Mieters außer Betracht bleiben. Hingegen kommt es sehr wohl darauf an, ob es sich um jüngere oder ältere Mieter oder um Mieter mit oder ohne Kinder handelt, weil je nachdem auch die allgemeinen, gesundheitlichen Anforderungen ganz unterschiedlich sind. Die **Ursache** der Gesundheitsgefährdung ist aber in jedem Fall unerheblich. Die Gefahren können durchaus von anderen Mietern oder von Dritten ausgehen (RG JW 1906, 713). Ebensowenig kommt es darauf an, ob der Vermieter die Gefahr zu vertreten hat (AG Bremerhaven WuM 1975, 147).

**5** **c)** Umstr ist die Rechtslage, wenn der Umstand, von dem die Gefahr ausgeht, ohne weiteres **behebbar** und der Vermieter zur sofortigen Abhilfe bereit ist; nach überwiegender Meinung entfällt dann ebenso wie bei bloß vorübergehenden Störungen das Kündigungsrecht aus § 544 (RGZ 88, 168; RG Recht 1912 Nr 991; SeuffA 71 [1916] Nr 229; OLG Celle NdsRpfl 1964, 154; AG Köln NJW-RR 1987, 972; AG Miesbach WuM 1987, 221). Vergleichbare Probleme ergeben sich, wenn innerhalb einer Wohnung *nur einzelne* Räume gesundheitsgefährdend sind. In diesem Falle hängt die Anwendbarkeit des § 544 von der Bedeutung der betreffenden Räume für den Mieter ab (s LG Berlin GE 1988, 733; AG Köln aaO).

**6** **d)** § 544 greift hiernach *zB* ein bei übermäßiger Lärmbelästigung des Mieters (RG JW 1906, 713; BGHZ 29, 289; AG Köln WuM 1979, 75), bei dauerndem Eindringen unerträglicher Gerüche (RGZ 88, 168; RG JW 1912, 288; LG Mannheim WuM 1969, 41), bei übermäßiger Feuchtigkeit der Wohnung, zB einer Außenwand eines von zwei Zimmern (LG Mannheim ZMR 1977, 154; LG Saarbrücken WuM 1982, 187; LG Berlin GE 1988, 733), weiter bei Pilz- und Schwammbefall, bei Schimmelbildung (LG Düsseldorf WuM 1989, 13; AG Langenfeld WuM 1986, 314; AG Köln WuM 1986, 94), bei ungenügender Heizung (LG Mannheim ZMR 1977, 154; AG Waldbröl WuM 1986, 337) sowie bei Einsturzgefahr (KG JW 1930, 2975). Weitere Beispiele sind die Unbewohnbarkeit einer Wohnung nach einem Hochwasser (AG Regensburg WuM 1988, 361), der Befall der Wohnung mit Kakerlaken (LG Freiburg WuM 1986, 246) sowie eine übermäßige Formaldehydkonzentration in der Luft in den Zimmern (AG Köln NJW-RR 1987, 972 = WuM 1987, 120). Die Anwendung des § 544 wurde hingegen **verneint** bei einer vorübergehenden Beschränkung der Lichtzufuhr durch ein Baugerüst (LG Berlin GE 1986, 911 = ZMR 1986, 54), bei bloßer Feuchtigkeit in einem großen Lager, das nur gelegentlich von Menschen betreten wird (OLG Düsseldorf ZMR 1987, 263), bei Versorgung der Wohnung mit

Wasser durch Bleirohre, solange keine akute Gesundheitsgefahr besteht und etwaige Gefahren jederzeit durch einfache Maßnahmen verhindert werden können (AG Frankfurt NJW-RR 1988, 908), sowie bei einer zu geringen Höhe der Räume gemessen an den bauordnungsrechtlichen Vorschriften, weil es sich dabei um eine bloße abstrakte Gefahr handelt (AG Köln WuM 1988, 265).

**3. Kündigung**

Für die Kündigung gilt dasselbe wie bei § 542 mit dem einen Unterschied, daß hier eine Fristsetzung entbehrlich ist (s deshalb im einzelnen oben § 542 Rz 12 ff). Für die Form der Kündigung ist § 564 a zu beachten (str). In den Fällen des § 544 entfällt nach hM die Anzeigepflicht des Mieters aus § 545 (s Mietrecht § 544 Rz 20). Das Kündigungsrecht steht aber in jedem Fall nur dem Mieter, nicht etwa dem Vermieter zu (LG Kassel WuM 1982, 188). 7

**4. Ausschlußtatbestände**

**a)** § 544 unterscheidet sich auch dadurch von § 542, daß hier durch die **Kenntnis** des Mieters von dem Mangel das Kündigungsrecht nicht ausgeschlossen wird. § 544 ist außerdem zwingend, so daß jede Vereinbarung, durch die das Kündigungsrecht entgegen dem Gesetz ausgeschlossen oder beschränkt wird, nichtig ist (BGHZ 29, 289, 295 f). Das muß in den Fällen des § 544 entsprechend für den Schadensersatzanspruch des Mieters aus § 538 gelten (Mietrecht § 544 Rz 24). 8

**b)** Str ist die Rechtslage, wenn der Mieter den gesundheitsgefährdenden Zustand **selbst** schuldhaft **herbeigeführt** hat. Entgegen der hM (RGZ 51, 210, 212) kann ein solches Verhalten des Mieters nur zum Ausschluß seines Schadensersatzanspruchs, nicht jedoch zum Ausschluß seines Kündigungsrechtes führen, da durch dieses auch die Angehörigen und die Arbeitnehmer des Mieters geschützt werden sollen (oben Rz 1). 9

**5. Beweislast**

Die Beweislast für sämtliche Voraussetzungen des § 544 trägt der Mieter (LG Waldshut-Tiengen WuM 1989, 175). Hingegen hat der Vermieter die Umstände zu beweisen, aus denen sich ausnahmsweise ein Ausschluß des Kündigungsrechts ergibt. 10

## § 545

**(1) [1]Zeigt sich im Laufe der Miete ein Mangel der gemieteten Sache oder wird eine Vorkehrung zum Schutze der Sache gegen eine nicht vorhergesehene Gefahr erforderlich, so hat der Mieter dem Vermieter unverzüglich Anzeige zu machen. [2]Das gleiche gilt, wenn sich ein Dritter ein Recht an der Sache anmaßt.**

**(2) Unterläßt der Mieter die Anzeige, so ist er zum Ersatze des daraus entstehenden Schadens verpflichtet; er ist, soweit der Vermieter infolge der Unterlassung**

**der Anzeige Abhilfe zu schaffen außerstande war, nicht berechtigt, die im § 537 bestimmten Rechte geltend zu machen oder nach § 542 Abs. 1 Satz 3 ohne Bestimmung einer Frist zu kündigen oder Schadensersatz wegen Nichterfüllung zu verlangen.**

**Schrifttum:** Bruck ArchBürgR 27, 110; Klein, Anzeigepflicht im Schuldrecht (1907); Roquette ZMR 1973, 195; Weimar Betrieb 1972, 615.

### 1. Bedeutung

1 § 545 regelt als Ausschnitt aus der allgemeinen Obhutspflicht (s oben §§ 535, 536 Rz 36) die **Anzeigepflicht** des Mieters; damit ist vor allem *bezweckt,* den Vermieter vor Schäden an seiner Sache zu bewahren und ihm Gelegenheit zur Erfüllung seiner Erhaltungspflicht aus § 536 zu geben (BGHZ 68, 281, 284 ff; BGH LM Nr 10 zu § 537 BGB = NJW 1963, 1449). Aus § 545 darf daher weder eine Reparatur- noch eine Prüfungspflicht des Mieters gefolgert werden (BGH LM Nr 1 zu § 545 BGB = MDR 1976, 753); vielmehr soll die Anzeigepflicht dem Vermieter die Erfüllung seiner Prüfungs- und Erhaltungspflicht gerade erleichtern. Die Anzeigepflicht ist eine echte Nebenleistungs*pflicht* des Mieters, keine bloße Obliegenheit, so daß § 278 anwendbar ist, wenn der Mieter ihre Erfüllung Dritten überträgt (BGH ZMR 1969, 271). § 545 gilt auch für Leasingverträge, insbes im Falle der Unwirksamkeit des Haftungsausschlusses (grdl BGH LM Nr 15 zu § 9 [Bb] AGBG = NJW 1987, 1072 m Anm Emmerich WuB I J 2 Nr 7.87).

### 2. Voraussetzungen

2 **a)** Die Anzeigepflicht besteht zunächst, wenn sich im Laufe der Miete ein **Mangel** der gemieteten Sache zeigt. Der Begriff wird hier weiter als in den §§ 537 und 538 verstanden und umfaßt jeden Fehler im weitesten Sinne, dh jeden schlechten Zustand der Sache, der dem Vermieter Anlaß zum Eingreifen geben kann (BGHZ 68, 281, 283), einschließlich solcher Mängel, die nach einer nur teilweise erfolgreichen Mängelbeseitigung weiterhin fortbestehen (OLG Düsseldorf NJW-RR 1987, 1232 = ZMR 1987, 376). Unerheblich ist, ob sich der Mangel an der vermieteten Sache selbst oder an mitvermieteten Einrichtungen, Sachen und Gebäudeteilen zeigt, so daß der Mieter zB auch Mängel der Treppen und Zugänge dem Vermieter anzeigen muß (RGZ 59, 161; 75, 118; RG JW 1905, 46; 1906, 546). Keine Anzeigepflicht besteht hingegen hinsichtlich Mängeln an den nicht vermieteten Teilen des Hauses, solange sich diese nicht auf die gemieteten Teile auswirken (str).

3 Die Anzeigepflicht setzt weiter voraus, daß sich der Mangel gerade erst **während** des Laufs der Miete, dh während des Mietverhältnisses zeigt. Der Lauf der Miete beginnt dabei mit der tatsächlichen Übergabe der Sache und endet erst mit der tatsächlichen Rückgabe der Sache, beides ohne Rücksicht auf die rechtliche Dauer des Vertrages (BGH LM Nr 2 zu § 556 BGB = NJW 1967, 1803; KG DR 1940, 395).

Schließlich ist noch erforderlich, daß sich der Mangel während der fraglichen Zeit **gezeigt** hat, zB durch einen ohne weiteres erkennbaren Rückstau von Dusch- und Badewasser im Badezimmer (LG Berlin GE 1987, 929 = WuM 1987, 387). Die Anzeigepflicht beschränkt sich mithin auf solche Mängel, die der Mieter erkannt hat oder nur infolge grober Fahrlässigkeit übersehen hat (BGHZ 68, 281, 284 ff m Anm Treier LM Nr 2 zu § 545 BGB). Hinsichtlich **verborgener** Mängel besteht hingegen keine Anzeigepflicht, schon weil den Mieter keine Prüfungs- und Nachforschungspflicht trifft. Der Mieter genügt daher in jedem Fall seiner Anzeigepflicht, wenn er einen sich ihm aufdrängenden Verdacht dem Vermieter unverzüglich mitteilt. 4

**b)** Eine Anzeigepflicht besteht außerdem, wenn eine **Vorkehrung** zum Schutze der Sache gegen eine nicht vorhergesehene Gefahr, zB gegen die Gefahr des Einsturzes einer Decke, gegen Sturmschäden oder Wassereinbrüche, erforderlich wird oder wenn sich ein Dritter ein *Recht* an der Sache *anmaßt*. Die Anzeigepflicht soll hier dem Vermieter Gelegenheit geben, sofort die erforderlichen Gegenmaßnahmen zu ergreifen. 5

**3. Anzeige**

**a)** Die Anzeige ist eine sog rechtserhebliche Handlung, für die weder Geschäftsfähigkeit erforderlich noch eine besondere Form vorgeschrieben ist. Sie muß aber gegenüber dem Vermieter oder dessen Vertreter erfolgen (AG Köln MDR 1974, 47); auf den Zugang der Anzeige sind dabei die §§ 130 ff entsprechend anzuwenden. 6

Die Anzeige muß **unverzüglich,** dh ohne schuldhaftes Zögern erfolgen. Das Maß der hiernach geschuldeten Sorgfalt hängt stets von der Dringlichkeit der Gefahr ab. Je ernster die Gefahr ist, desto schneller muß die Anzeige erfolgen. 7

**b)** Die Anzeigepflicht **entfällt,** wenn dem Mieter ihre Erfüllung unmöglich ist (§ 275; s Mietrecht § 545 Rz 18–19 a), zB weil der Mangel außerhalb seines Macht- und Einflußbereiches liegt (BGH LM Nr 1 zu § 545 BGB). Dasselbe gilt, wenn die Erstattung der Anzeige unsinnig wäre, etwa weil der Vermieter den Mangel ohnehin kennt oder leicht erkennen kann, wobei sich der Vermieter die Kenntnis der Handwerker, die den Mangel verschuldet haben, zurechnen lassen muß (LG Berlin GE 1986, 1011), oder wenn dem Vermieter Abhilfe gar nicht möglich ist (vgl BGHZ 68, 281, 284; BGH LM Nr 10 zu § 537 BGB; WM 1967, 515; OLG Karlsruhe ZMR 1988, 52). 8

**4. Rechtsfolgen**

**a)** Bei Verletzung der Anzeigepflicht ist der Mieter zunächst zum **Schadensersatz** verpflichtet. Die Ersatzpflicht setzt Verschulden des Mieters und Kausalität zwischen der Unterlassung oder Verspätung der Anzeige und dem eingetretenen Schaden voraus, so daß ein Ersatzanspruch nur in Betracht kommt, wenn der Vermieter in der Lage gewesen wäre, den Schaden bei rechtzeitiger Anzeige zu verhindern. Wenn aber der Mieter seiner Anzeigepflicht nachgekommen ist, fallen fortan sämtliche weiteren Schäden infolge der Unterlassung der erforderli- 9 chen Maßnahmen in den Verantwortungsbereich des Vermieters, so daß der Vermieter hierfür vom Mieter unter keinem Gesichtspunkt Ersatz verlangen kann (LG Lübeck WuM 1987, 151).

10 **b)** Eine Unterlassung der Anzeige hat außerdem gewisse **Rechtsverluste** für den Mieter zur Folge. Soweit nämlich der Vermieter infolge der Unterlassung der Anzeige außerstande war, Abhilfe zu schaffen, entfallen die Minderung (§ 537), der Schadensersatzanspruch wegen Nichterfüllung (§ 538) und die Berechtigung des Mieters, nach § 542 Abs 1 S 3 fristlos ohne Bestimmung einer Abhilfefrist zu kündigen; im übrigen bleibt aber das Kündigungsrecht des Mieters unberührt. **Abhilfe** bedeutet hierbei die Herstellung des vertragsmäßigen Zustandes gem § 536, so daß Voraussetzung des Rechtsverlustes ist, daß die Abhilfe durch Herstellung dieses Zustandes ursprünglich möglich war und gerade durch den Verstoß des Mieters gegen § 545 unmöglich geworden ist, wofür der Vermieter die Beweislast trägt; der Rechtsverlust tritt maW nicht ein, wenn der Schaden auch bei rechtzeitiger Anzeige eingetreten wäre (BGHZ 68, 281, 287; insbes BGH LM Nr 15 zu § 9 [Bb] AGBG = NJW 1987, 1972 m Anm Emmerich WuB I J 2 Nr 7.87). Der Rechtsverlust gilt schließlich nur für den Zeitraum, in dem der Vermieter infolge der Unterlassung der Mängelanzeige nicht für Abhilfe sorgen konnte. Für die spätere Zeit wird mithin der Mietzins – trotz Unterlassung der Anzeige – wieder gemindert (LG Köln MDR 1966, 761).

**5. Beweislast**

11 Der Vermieter muß beweisen, daß der Mangel dem Mieter bekannt oder erkennbar war sowie daß sein etwaiger Schaden gerade auf der Unterlassung oder Verspätung der Anzeige beruht (BGH LM Nr 15 zu § 9 [Bb] AGBG = NJW 1987, 1072 = WM 1987, 349, 352). Hingegen muß der Mieter beweisen, daß er die Anzeige rechtzeitig erstattet hat oder daß die Anzeigepflicht ausnahmsweise nicht bestand (OLG Düsseldorf ZMR 1987, 376).

## § 546

**Die auf der vermieteten Sache ruhenden Lasten hat der Vermieter zu tragen.**

1 **1.** Unter den **Lasten,** die nach § 546 grundsätzlich der Vermieter tragen muß, versteht man sämtliche Verbindlichkeiten, die auf der Sache selbst ruhen (BGH LM Nr 4 zu § 2126 BGB = NJW 1980, 2465). Es spielt dabei keine Rolle, ob es sich um privatrechtliche oder öffentlich-rechtliche Lasten handelt, so daß hierher auch alle Steuern, Gebühren und Beiträge gehören, die auf der Sache selbst lasten. Den Gegensatz bilden diejenigen Verbindlichkeiten einschließlich der Steuern, Gebühren und Beiträge, die den Vermieter oder Mieter persönlich treffen wie zB die Vermögenssteuer und die Lastenausgleichsabgabe (RGZ 122, 335; BGH LM Nr 11 zu § 535 BGB = BB 1957, 1124).

2 **2.** § 546 ist nicht zwingend, so daß die genannten Lasten in beliebigem Umfang

durch den Mietvertrag auf den **Mieter abgewälzt** werden können. Derartige Klauseln sind jedoch grundsätzlich eng und im Zweifel gegen den Vermieter auszulegen (OLG Hamm ZMR 1986, 198; OLG Hamburg WuM 1988, 347). Hat zB der Mieter nur die „üblichen Nebenkosten und Hausabgaben" übernommen, so gehören die Grundsteuern dazu idR nicht (OLG Celle WuM 1983, 291); selbst der Pächter trägt dementsprechend grundsätzlich nicht solche außerordentlichen Lasten, die wie die Anlieger- und Erschließungsbeiträge den Wert eines Grundstücks auf Dauer erhöhen (OLG Celle OLGZ 1984, 109 = MDR 1983, 402). Sind in dem Mietvertrag die **Lasten** des Grundstücks auf den Mieter abgewälzt, so sind damit gewöhnlich nur die bei Vertragsschluß bekannten, öffentlichen Lasten wie namentlich die Grundsteuern gemeint (s zB AG Frankfurt ZMR 1987, 186; Teitge ZMR 1986, 261). Lediglich dann, wenn der Mieter schlechthin sämtliche öffentliche Lasten übernommen hat, werden solche Klauseln weitergehend den Sinn haben, daß der Mieter darüber hinaus auch die erst nach Vertragsabschluß neu eingeführten Steuern tragen muß (RGZ 119, 304; 122, 335; BGHZ 6, 240; BGH LM Nr 3 zu § 133 [B] BGB = BB 1953, 302; LM Nr 11 zu § 535 BGB). Für eine solche Auslegung ist freilich kein Raum, wenn sich die Parteien über den Inhalt ihrer Abreden einig sind (BGH ZMR 1984, 337).

**3.** Für die sog. **Nebenkosten** gilt im wesentlichen dasselbe. Wegen der Einzelheiten s oben §§ 535, 536 Rz 23 ff. 3

## § 547

**(1) [1]Der Vermieter ist verpflichtet, dem Mieter die auf die Sache gemachten notwendigen Verwendungen zu ersetzen. [2]Der Mieter eines Tieres hat jedoch die Fütterungskosten zu tragen.**
**(2) Die Verpflichtung des Vermieters zum Ersatz sonstiger Verwendungen bestimmt sich nach den Vorschriften über die Geschäftsführung ohne Auftrag.**

**Übersicht**



**Schrifttum:** Breetzke NJW 1954, 171; Feiler, Aufgedrängte Bereicherung bei den Verwendungen des Mieters oder Pächters (1968); Haas AcP 176 (1976) 1; Jacobs AcP 167 (1967) 350; Klauser NJW 1965, 513; Schindler AcP 165 (1965) 499; Schopp ZMR 1969, 257; Weimar ZMR 1979, 260; Wolf AcP 166 (1966) 188.

## I. Konkurrenzen

1 Nach § 547 kann der Mieter unter bestimmten Voraussetzungen vom Vermieter Ersatz für von ihm vorgenommene Verwendungen auf die Mietsache verlangen. Damit konkurrieren häufig andere Verwendungsersatzansprüche des Mieters, so daß hier zunächst zu den wichtigsten, daraus resultierenden Konkurrenzproblemen Stellung zu nehmen ist (eingehend Mietrecht § 547 Rz 3–9).

2 1. Wenn der Mieter auf dem gemieteten Grundstück ein **Gebäude errichtet,** so geschieht dies grundsätzlich zu einem vorübergehenden Zweck, so daß er nach § 95 Abs 1 S 1 Eigentümer des Gebäudes bleibt (st Rspr seit RGZ 55, 281; 87, 48 usw). Anders jedoch, wenn der Vermieter nach dem Vertrag bei dessen Beendigung das Bauwerk (oder die sonstigen Einbauten) entgeltlich oder unentgeltlich übernehmen muß oder darf.[1] Bleibt das Bauwerk hingegen im Eigentum des Mieters, so kann der Vermieter nach § 1004 bei Vertragsende Beseitigung des Gebäudes verlangen.

3 2. Die Vorschriften der **§§ 994 ff** über den Verwendungsersatzanspruch des Besitzers gegenüber dem Eigentümer gelten nur für den unrechtmäßigen Besitzer, hingegen nicht für den, der aufgrund eines Vertrages ein Besitzrecht hat (BGHZ 34, 122, 128 ff; BGH LM Nr 2 zu § 1000 BGB; Nr 75 zu § 812 BGB = NJW 1955, 340; 1967, 2255). Folglich kann zB der Untermieter von dem Hauptvermieter Ersatz etwaiger Verwendungen nur nach den Vorschriften über die Geschäftsführung ohne Auftrag oder nach Bereicherungsrecht verlangen (RGZ 158, 394, 402; BGH LM Nr 14 zu § 276 [Hb] BGB = NJW 1969, 40; LM Nr 4 zu § 994 BGB). Zu dem umstrittenen Verhältnis des § 547 zu dem Aufwendungsersatzanspruch des Mieters aus § 538 Abs 2 s schon oben § 538 Rz 13.

## II. Notwendige Verwendungen

### 1. Begriff

4 Nach § 547 Abs 1 kann der Mieter vom Vermieter Ersatz der von ihm auf die Sache gemachten, notwendigen Verwendungen verlangen. Als Verwendungen gelten dabei nur solche Maßnahmen, die nach dem Willen des Mieters geradezu darauf abzielen, den Bestand der Sache als solchen zu erhalten, wiederherzustellen oder den Zustand der Sache zu verbessern, nicht hingegen solche Maßnahmen, durch die der Zustand der Sache verändert wird (BGHZ 34, 122, 127 f; 41, 157; 87, 104, 106 f; BGH LM Nr 2 zu § 1000 BGB; OLG Bamberg OLGZ 1976, 195; OLG Hamburg ZMR 1985, 237). Entscheidend ist daher der mit der fraglichen Maßnahme vom Mieter verfolgte *Zweck*. Wird der Mieter vorwiegend im eigenen Interesse tätig, so ist für die Anwendung des § 547 kein Raum.

---

[1] ZB BGHZ 8, 1, 5 ff; 10, 171, 175 f; BGH WM 1973, 560; 1984, 1236; 1987, 290; LM Nr 20 zu § 95 BGB = NJW 1985, 789; OLG München NJW 1985, 90.

Dasselbe gilt, wenn durch die Maßnahmen der Zustand der Sache verändert wird, so daß namentlich die **Bebauung** eines bisher nicht bebauten Grundstücks durch den Mieter grundsätzlich keine Verwendung darstellt, für die der Mieter Ersatz verlangen kann; Ausnahmen sind freilich denkbar.[2]

Die Verwendungen müssen außerdem **notwendig** gewesen sein, um den unbedingten Ersatzanspruch des Mieters auszulösen. Dies trifft nur für solche Verwendungen zu, die die Sache vor einer unmittelbar bevorstehenden Verschlechterung oder vor dem Untergang bewahren sollen (zB BGHZ 87, 104, 107; LG Berlin GE 1984, 1081; OLG Hamburg ZMR 1985, 237, 239 = WuM 1986, 82, 84; LG Rottweil WuM 1989, 288; AG Lüdenscheid WuM 1988, 303, 304). Notwendige Verwendungen sind daher namentlich alle Maßnahmen, durch die die Bewohnbarkeit der gemieteten Räume gegen unmittelbar drohende *Gefahren* gesichert werden soll, nicht hingegen sonstige Reparaturen. So sind zB in der jüngsten Praxis als notwendige Verwendungen anerkannt worden die Beseitigung eines Rohrbruchs oder einer Rohrverstopfung (AG Schöneberg GE 1984, 873; 1988, 305), der Ölkauf des Mieters, um die Heizung zu betreiben (AG Weilheim WuM 1987, 221), sowie die Erneuerung der ausgefallenen Heizung, weil es sich dabei nicht um die bloße Beseitigung eines Mangels handelt (AG Spandau GE 1987, 1167). *Keine* notwendigen Verwendungen sind hingegen die normalen Reparaturen, die nicht unmittelbar dringend sind (AG Schöneberg GE 1984, 873), der Umbau eines Ladenlokals in eine Gaststätte (BGH LM Nr 75 zu § 812 BGB) oder der Ausbau einer Wohnung zu einer ärztlichen Praxis (OLG Karlsruhe NJW 1972, 2224; weitere Beispiele s Mietrecht § 547 Rdnr 15). 5

### 2. Ersatzanspruch

Der Mieter hat einen unbedingten Anspruch auf Ersatz der von ihm vorgenommenen, notwendigen Verwendungen (vgl auch die §§ 256, 257). Der Anspruch entsteht mit der Vornahme der Verwendungen (BGHZ 5, 197, 199) und verjährt in den Fristen des § 558. Grundsätzlich richtet sich der Ersatzanspruch mithin gegen denjenigen Vermieter, der im Augenblick der Vornahme der Verwendungen Eigentümer des Grundstücks war, nicht hingegen gegen einen späteren Erwerber; werden die Ansprüche jedoch nach den Abreden der Parteien erst später fällig, so ist maßgebend, wer in diesem Augenblick Eigentümer des Grundstücks ist (BGH LM Nr 29 zu § 571 BGB = WuM 1988, 16 = ZMR 1988, 20). Der Anspruch entfällt jedoch, wenn der Vermieter einen Anspruch auf Beseitigung der baulichen Maßnahmen des Mieters hat (BGH LM Nr 54 zu § 535 BGB). 6

### 3. Sonstige Verwendungen

**a)** Für alle sonstigen Verwendungen, namentlich für die sog nützlichen Verwendungen, kann der Mieter Ersatz nur nach den Vorschriften über die Geschäfts- 7

[2] BGHZ 10, 171, 177; 41, 157; BGH LM Nr 22 zu § 538 BGB = NJW 1974, 743; LM Nr 3/4 zu § 558 BGB; Nr 6 zu § 946 BGB; ZMR 1966, 144; WM 1967, 1147; 1973, 560, 563.

führung ohne Auftrag verlangen (§ 547 Abs 2 iVm den §§ 677 ff). Der Ersatzanspruch des Mieters setzt hiernach vor allem voraus, daß der Mieter den Willen gehabt hat, gerade *für* den Vermieter um der Sache willen tätig zu werden (§ 677; zB LG Berlin GE 1986, 501, 503). Folglich kann der Mieter **keinen** Ersatz verlangen, wenn er die Verwendungen nur für seine Zwecke und in seinem **eigenen** Interesse gemacht hat.[3] In diesen Fällen ist der Mieter vielmehr auf Bereicherungsansprüche verwiesen (§ 684 S 1 iVm den §§ 812 ff).

**8** Hat der Mieter ausnahmsweise mit Fremdgeschäftsführungswillen gehandelt, so setzt der Verwendungsersatzanspruch außerdem voraus, daß die Verwendung sowohl dem Interesse als auch dem wirklichen oder mutmaßlichen Willen des Vermieters entspricht (§ 683 S 1). Hieran fehlt es schon dann, wenn sich die Parteien über die Maßnahme nicht einigen konnten (BGH LM Nr 3 zu § 683 BGB). Der Vermieter kann dann aber immer noch die Verwendungen des Mieters genehmigen (§ 684 S 2). Jedoch ist bei der Annahme einer solchen **Genehmigung** stets große Vorsicht geboten (BGH aaO; LM Nr 6 zu § 547 BGB = NJW 1959, 2163; OLG Karlsruhe NJW 1972, 2225; OLG Hamburg WuM 1986, 82, 84; AG Tiergarten GE 1987, 1161, 1163). Der Anspruch des Mieters **entfällt** auf jeden Fall, wenn der Mieter von vornherein keinen Ersatz vom Vermieter haben wollte (§ 685; BGH WM 1984, 1613), wenn er aufgrund des Vertrages zur Vornahme der fraglichen Maßnahmen verpflichtet ist (BGH LM Nr 11 zu § 558 BGB; Nr 75 zu § 812 BGB), wenn die Verwendungen Teil des von ihm geschuldeten Mietzinses sind (BGH LM Nr 28 zu § 662 BGB = NJW 1982, 1752) oder wenn er zur Beseitigung der Verwendungen bei Vertragsende verpflichtet ist (s oben Rz 2).

**9** **b)** Liegen die Voraussetzungen einer berechtigten Geschäftsführung ohne Auftrag nicht vor, so kann der Mieter Verwendungsersatz nur nach **§ 812 Abs 1 S 1** erhalten (§§ 547 Abs 2, 684 S 1, 685). Dieser Anspruch entfällt zwar ebenfalls, wenn der Mieter vertraglich zur Vornahme der fraglichen Maßnahmen verpflichtet ist oder wenn alle Verwendungsersatzansprüche des Mieters durch den Vertrag ausgeschlossen sind (BGH LM Nr 75 zu § 812 BGB; WM 1970, 1142; OLG Hamburg ZMR 1983, 60, 62). Eine abweichende Beurteilung ist indessen selbst dann möglich, wenn der Vertrag **vorzeitig** beendet wird und der Vermieter infolgedessen früher als vereinbart in den Genuß der Mieterverwendungen gelangt.[4] Die Bereicherung des Vermieters entspricht dabei grundsätzlich der Erhöhung des Ertragswertes des Grundstücks (AG Lüdenscheid WuM 1988, 303, 305). Der Anspruch kann jedoch, jedenfalls bei der gewerblichen Miete, vertraglich ausgeschlossen werden (OLG Karlsruhe NJW-RR 1986, 1394).

---

[3] BGH LM Nr 3 zu § 683 BGB; Nr 75 zu § 812 BGB; Nr 2 zu § 30 MSchG = BB 1955, 241; NJW 1967, 2255; 1963, 1299; OLG Hamburg ZMR 1985, 237, 239 = WuM 1986, 82, 84; AG Tiergarten GE 1987, 1161, 1163.

[4] ZB RGZ 158, 394, 401 ff; RG JW 1932, 2977; SeuffArch 87 Nr 88; 88 Nr 49 usw bis BGH NJW 1985, 313 = LM Nr. 5 zu § 598; WM 1985, 233, 235; KG GE 1986, 497; OLG Karlsruhe NJW-RR 1986, 1394.

### III. Gebrauchsaufwand

Aus § 547 Abs 1 S 2 folgt der allgemeine Grundsatz, daß der Mieter den **gesamten** Gebrauchsaufwand tragen muß. Darunter fallen außer den vom Gesetz erwähnten Fütterungskosten bei der Miete eines Tieres zB die Kosten der Betriebs- und Schmierstoffe bei der Miete beweglicher Sachen und Maschinen sowie bei der Miete einer Wohnung die Kosten von Gas und Strom. **10**

### IV. Abweichende Vereinbarungen

§ 547 ist unanwendbar, wenn es sich bei den fraglichen Maßnahmen des Mieters nach den Abreden der Parteien um eine Mietvorauszahlung oder um einen Baukostenzuschuß handelt (zuletzt OLG Frankfurt ZMR 1986, 358, 359). Auch sonst können die Parteien jederzeit von § 547 abweichende Vereinbarungen treffen. Jedoch stellen sog **Verfallklauseln,** nach denen der Mieter bei vorzeitiger Vertragsbeendigung keinen Ersatz für die Verwendungen verlangen kann, unter § 343 fallende Vertragsstrafenversprechen dar (BGH LM Nr 6 und 13 zu § 339 BGB = NJW 1960, 1568; 1968, 1625; OLG Karlsruhe NJW-RR 1986, 1394 ff). Bei der Wohnraummiete sind solche Klauseln heute generell verboten (§ 550 a). Bei allen anderen Mietverhältnissen ergibt sich dasselbe für Verfallklauseln in Formularverträgen aus den §§ 9 und 11 Nr 6 AGBG (s Mietrecht § 547 Rz 32–34). **11**

### V. Beweislast

Die Beweislast für sämtliche Voraussetzungen des Verwendungsersatzanspruchs trägt der Mieter. **12**

## § 547 a

**(1) Der Mieter ist berechtigt, eine Einrichtung, mit der er die Sache versehen hat, wegzunehmen.**
**(2) Der Vermieter von Räumen kann die Ausübung des Wegnahmerechts des Mieters durch Zahlung einer angemessenen Entschädigung abwenden, es sei denn, daß der Mieter ein berechtigtes Interesse an der Wegnahme hat.**
**(3) Eine Vereinbarung, durch die das Wegnahmerecht des Mieters von Wohnraum ausgeschlossen wird, ist nur wirksam, wenn ein angemessener Ausgleich vorgesehen ist.**

**Schrifttum:** Brinckman, Wegnahmerecht des Mieters (1922); Eckert MDR 1989, 135; Heitgress WuM 1982, 31; Roquette DR 1944, 396; Ruge, Das Wegnahmerecht (1905); Weimar NJW 1965, 1163; ders ZMR 1965, 198; ders Betrieb 1971, 1756.

### 1. Allgemeines

1 § 547 a regelt das Wegnahmerecht des Mieters, der eine Einrichtung mit der Mietsache verbunden hat, in der Zeit nach Vertragsende. Die Vorschrift enthält daher weder eine Aussage darüber, ob der Mieter überhaupt berechtigt ist, eine solche Einrichtung anzubringen (diese Frage beurteilt sich ausschließlich nach dem Vertrag und hilfsweise nach § 535), noch eine Aussage darüber, ob der Mieter die Einrichtung bei Vertragsende wieder wegnehmen muß; eine solche Wegnahmepflicht des Mieters kann sich vielmehr immer nur im Einzelfall aus § 556 oder aus den Abreden der Parteien ergeben (s BGH WM 1966, 765; LG Bochum NJW 1967, 2015). Das Wegnahmerecht ist nur bedeutsam nach dem Ende des Mietverhältnisses, da es sich von selbst versteht, daß der Mieter *während* des Mietverhältnisses von ihm mit der Mietsache verbundene Einrichtungen – ohne Rücksicht auf die Eigentumsverhältnisse – wieder abtrennen darf.

### 2. Einrichtungen

2 Unter Einrichtungen versteht man bewegliche Sachen, die vom Mieter mit dem Mietobjekt körperlich verbunden werden und die dazu bestimmt sind, dem wirtschaftlichen Zweck der Mietsache zu dienen, dh eine bessere, wirtschaftliche Benutzung der Hauptsache zu ermöglichen (zB RGZ 106, 49, 51; BGHZ 101, 37, 41; BGH LM Nr 14 zu § 276 [Hb] BGB; Nr 8 zu § 558 BGB = NJW 1969, 40; 1965, 1225; BGH MDR 1966, 498; ZMR 1969, 340). **Eigentümer** der Einrichtungen wird idR der Mieter bleiben (s § 95); notwendig ist dies jedoch nicht. § 547 a gilt auch, wenn die Einrichtungen durch die Verbindung in das Eigentum des Vermieters übergegangen sind (§ 947).

3 **Keine** Einrichtungen sind hingegen sämtliche, baulichen Veränderungen und alle zur Herstellung in das Mietobjekt eingefügten Sachen wie namentlich Balken, Steine oder Leitungen, weil sie zur Hauptsache selbst gehören.

4 Einrichtungen sind hiernach **zB** die Heizungsanlage (BGH LM Nr 3 zu § 547 BGB = NJW 1958, 2109), Bade- und Kücheneinrichtungen (OLG Düsseldorf MDR 1972, 147), eine Kinoeinrichtung (BGHZ 101, 37, 41 f) sowie Beleuchtungsanlagen und Anschlußgleise (BGH MDR 1966, 498). *Keine* Einrichtungen sind hingegen vom Mieter errichtete Gebäude (BGH LM Nr 6 zu § 946 BGB), eine Einbauküche des Mieters (OLG München WuM 1985, 90) sowie sämtliche, beweglichen Sachen, die der Mieter auf das Mietgrundstück gebracht hat wie zB ein dort abgestellter Wohnwagen.

### 3. Wegnahmerecht

5 Nach § 547 a hat der Mieter hinsichtlich der von ihm angebrachten Einrichtungen lediglich ein Wegnahmerecht im Sinne des § 258 (s BGHZ 81, 146, 150; OLG Frankfurt ZMR 1986, 358, 359). Dies bedeutet vor allem, daß der Vermieter nicht zur Herausgabe der Einrichtungen verpflichtet ist, sondern lediglich auf Verlangen des Mieters die Wegnahme *dulden* muß. Soweit die Einrichtungen in das Eigentum des Vermieters übergegangen sind (Rz 2), umfaßt das Wegnahmerecht

zugleich ein Aneignungsrecht des Mieters (BGHZ 81, 146, 150). Das Wegnahmerecht des Mieters wird dabei als **dinglicher** Anspruch qualifiziert, so daß der Vermieter bis zur Geltendmachung des Wegnahmerechts ein Besitzrecht an den Einrichtungen hat und daher keine Nutzungsentschädigung schuldet, wenn er die Einrichtungen nach Rückgabe der Sache mit dieser zusammen selbst nutzt (RGZ 109, 128; BGHZ 81, 146, 151). Sobald aber der Mieter von seinem Wegnahmerecht Gebrauch gemacht hat, wird der Vermieter zum unberechtigten Besitzer, so daß der Mieter jetzt von ihm eine **Nutzungsentschädigung** verlangen kann (grdl BGHZ 101, 37, 42 f). Der Anspruch des Mieters auf Duldung der Wegnahme verjährt jedoch in der kurzen Frist des § 558 (BGHZ 81, 146, 151; 101, 37, 43). Die Verjährung hat zur Folge, daß der Vermieter fortan rechtmäßiger Besitzer der Einrichtungen ist, so daß er jetzt unter keinem rechtlichen Gesichtspunkt mehr zur Nutzungsentschädigung gegenüber dem Mieter verpflichtet ist (BGHZ 81, 146, 151 f; 101, 37, 43 m abl Anm Eckert MDR 1989, 135). Die kurze Verjährungsfrist des § 558 wird dabei insbesondere nicht dadurch gehemmt, daß der Vermieter an den im Eigentum des Mieters gebliebenen Einrichtungen sein Vermieterpfandrecht geltend macht (§ 202 Abs 2 analog; grdl BGHZ 101, 37, 44 ff).

Dingliche Ansprüche werden im übrigen grundsätzlich wie schuldrechtliche Ansprüche behandelt (ebenso BGH ZMR 1960, 304). Der Wegnahme- und Duldungsanspruch des Mieters kann daher zB abgetreten werden (BGH LM Nr 14 zu § 276 [Hb] BGB = NJW 1969, 40). Die Verweigerung der Wegnahme durch den Vermieter kann zugleich eine positive Vertragsverletzung gegenüber dem Mieter darstellen (BGH aaO). Bei einer Veräußerung des Grundstücks nach Anbringung der Einrichtungen dürfte sich der Wegnahmeanspruch des Mieters gegen den neuen Eigentümer im Augenblick der Vertragsbeendigung richten (str; s BGH LM Nr 29 zu § 571 BGB = WuM 1988, 16 = ZMR 1988, 20; LM Nr 8 zu § 558 BGB). 6

### 4. Abwendungsbefugnis

Bei der Raummiete, worunter sowohl die Wohnraummiete als auch die gewerbliche Raummiete fallen, kann der Vermieter die Ausübung des Wegnahmerechts durch Zahlung einer angemessenen Entschädigung abwenden, außer wenn der Mieter ein berechtigtes Interesse an der Wegnahme hat (§ 547 a Abs 2). Das Wegnahmerecht des Mieters entfällt hiernach nur, wenn der Vermieter dem Mieter bei Vertragsende tatsächlich eine Entschädigung anbietet; solange es hieran fehlt, besteht das Wegnahmerecht fort (AG Aachen WuM 1987, 123). Bei der Ermittlung dieser **Entschädigung** ist zwar von dem Zeitwert der Einrichtung auszugehen; davon sind jedoch die vom Mieter ersparten Kosten, insbes die Kosten der Wiederherstellung des früheren Zustandes (§ 258), sowie der mit dem Ausbau der Einrichtung typischerweise verbundene Wertverlust wieder abzuziehen (BGH ZMR 1969, 340). Der Mieter ist freilich nicht verpflichtet, seine Absicht, von seinem Wegnahmerecht Gebrauch zu machen, vorher dem Vermieter **anzuzeigen,** um ihm Gelegenheit zur Ausübung seiner Abwendungsbefugnis zu geben (str; s Mietrecht § 547 a Rz 21). Die Abwendungsbefugnis des Vermie- 7 ters entfällt außerdem, wenn der Mieter ein berechtigtes *Interesse* an der Wegnahme hat, wenn es sich zB bei der Einrichtung um ein wertvolles und unersetzliches Erbstück handelt.

### 5. Ausschluß des Wegnahmerechts

8 a) Das Wegnahmerecht des Mieters **entfällt,** wenn er vertraglich zur Vornahme der Einrichtungen verpflichtet ist, wenn der Vermieter von seinem Abwendungsrecht Gebrauch macht oder wenn das Wegnahmerecht vertraglich ausgeschlossen ist. Solche Klauseln sind grundsätzlich zulässig (BGH LM Nr 3 und 9 zu § 547 BGB); bei Formularverträgen ist jedoch § 11 Nr 6 AGBG zu beachten.

9 b) Bei der *Wohnraummiete* ist ein vertraglicher Ausschluß des Wegnahmerechts des Mieters hingegen nur zulässig, wenn dafür im Mietvertrag ein angemessener **Ausgleich** vorgesehen wird, der nicht notwendigerweise in einer Geldentschädigung zu bestehen braucht, vielmehr auch in einem sonstigen Entgegenkommen des Vermieters liegen kann. Beispiele sind außer der Herabsetzung des Mietzinses eine vorzeitige Entlassung des Mieters aus dem Vertrag oder eine besonders lange Vertragsdauer.

### 6. Prozessuales

10 Wenn der Mieter seinen Wegnahmeanspruch gerichtlich geltend machen will, muß er auf Duldung der Wegnahme, nicht auf Herausgabe klagen (RGZ 109, 128; BGHZ 81, 146; 101, 37). Die Beweislast für alle Voraussetzungen des Wegnahmeanspruchs trägt dabei der Mieter (BGH ZMR 1969, 340).

## § 548

**Veränderungen oder Verschlechterungen der gemieteten Sache, die durch den vertragsmäßigen Gebrauch herbeigeführt werden, hat der Mieter nicht zu vertreten.**

**Schrifttum:** Bunn ZMR 1988, 9; Herpers WuM 1975, 29, 45; Hoepner ZMR 1962, 289; Schopp ZMR 1983, 253; Wichardt ZMR 1979, 197.

### 1. Erlaubte Verschlechterungen

1 Der Mieter zahlt den Mietzins dafür, daß er die Sache in der durch Vertrag und Gesetz umschriebenen Weise vorübergehend gebrauchen und damit auch entsprechend abnutzen darf. Dies wird durch § 548, der an sich überflüssig ist, nochmals bekräftigt. Eine Haftung des Mieters für Verschlechterungen der vermieteten Sache kommt mithin nur in Betracht, wenn er dabei die Grenzen des ihm zustehenden, vertragsmäßigen Gebrauchs überschritten hat (grdleg RGZ 84, 222). Folglich kann der Vermieter idR **keinen Ersatz** verlangen für die unvermeidbare Verschmutzung der Wände, Tapeten und Decken sowie für das mäßige

Abtreten der Fußböden einschließlich solcher Schäden, die durch die (vorübergehend der Mode entsprechenden) sog Pfennigabsätze verursacht wurden (aM LG Mannheim MDR 1974, 314). Dasselbe gilt für die Anbringung von Dübeln, Haken und Schrauben einschließlich der dazu etwa erforderlichen Durchbohrung von Kacheln und Fliesen (LG Mannheim WuM 1975, 50; LG Darmstadt NJW-RR 1988, 80; AG Speyer WuM 1983, 138) sowie für die bloße Abnutzung einer Badewanne (LG Köln WuM 1985, 258): All dies wird durch den vertragsmäßigen Gebrauch gedeckt und begründet mithin keine Ersatzpflicht des Mieters.

**2. Verbotene Verschlechterungen**

Der Mieter ist hingegen wegen Verletzung seiner Obhutspflicht aus **positiver 2**
**Vertragsverletzung** schadensersatzplichtig, wenn er die Grenzen des ihm zustehenden, vertragsmäßigen Gebrauchs überschreitet und dadurch die Mietsache verschlechtert oder verändert. Nach § 278 muß der Mieter dabei für alle *Erfüllungsgehilfen* einstehen, zu denen nicht nur seine Familienangehörigen und seine Angestellten, sondern auch sämtliche von ihm beauftragten Handwerker und Lieferanten gehören (RGZ 84, 222; 106, 133; BGHZ 66, 349, 354; wegen des Untermieters s § 549 Abs 3), weiter die Besucher des Mieters (AG Köln WuM 1987, 21) sowie von ihm mit der Bewachung der Mietsache beauftragte Personen (OLG Düsseldorf ZMR 1988, 222 = MDR 1988, 584), nicht jedoch der von der Mieterin getrennt lebende Ehemann, der sich rechtswidrig Zugang zu der Wohnung verschafft hat (AG Frankfurt ZMR 1987, 471 = WuM 1988, 12). Der Mieter ist daher zB ersatzpflichtig, wenn er bei Entfernung eines Teppichbodens den Bodenbelag beschädigt (LG Mannheim WuM 1976, 49; 1976, 181; 1976, 205). Dasselbe gilt für Brandschäden infolge der falschen Aufstellung oder Installation von Öfen (BGH LM Nr 2 zu § 556 BGB; OLG Köln VersR 1960, 860; OLG Düsseldorf ZMR 1965, 51), für Schäden, die durch den Wasseraustritt aus einer Waschmaschine entstehen, wenn er diese zB längere Zeit unbeaufsichtigt laufen läßt (OLG Hamm NJW 1985, 332; OLG Hamburg WuM 1985, 252; LG Berlin WuM 1971, 9), für Schäden infolge der mangelhaften Durchführung einer elektrischen Installation durch Laien (LG Mannheim WuM 1975, 50), für Feuchtigkeitsschäden infolge mangelhafter Lüftung (s oben § 537 Rz 6, 18) sowie für das Einfrieren der Heizkörper infolge des Abstellens der Heizung trotz großer Kälte (AG Köln WuM 1985, 258) oder infolge eines plötzlichen Stromausfalls, auf den hin der Mieter keinerlei Gegenmaßnahmen ergreift (LG Münster NJW-RR 1988, 1234). Weitere Beispiele sind das Abplatzen der Emaille an der Badewanne (AG Köln WuM 1986, 85), die Verstopfung der Leitung durch Monatsbinden (LG Regensburg WuM 1987, 19) sowie das Umlackieren der Fenster von weiß in schwarz (LG Aachen WuM 1988, 300). Hingegen handelt der Mieter nicht fahrlässig, wenn er einen Wäschetrockner unbeaufsichtigt laufen läßt, weil davon keine besonderen Gefahren drohen (LG Saarbrücken NJW-RR 1987, 1496), oder wenn es zu einem Brand infolge einer Explosion des Fernsehers kommt, weil damit heute niemand zu rechnen braucht (OLG Köln WuM 1988, 278 = ZMR 1988, 381).

### 3. Abweichende Vereinbarungen

3 Die §§ 535 und 548 sind nicht zwingend, so daß die Haftung des Mieters durch Vertrag sowohl beschränkt als auch erweitert werden kann. Eine solche **Haftungserweiterung** liegt vor allem in der Abwälzung der Schönheitsreparaturen sowie der Instandhaltungs- oder Instandsetzungspflicht auf den Mieter (s oben §§ 535, 536 Rz 38, 46 ff). Bei Formularverträgen ergeben sich jedoch enge Schranken für solche Klauseln aus den §§ 9 und 11 AGBG. Danach kann durch Formularvertrag insbes nicht eine generelle Haftung des Mieters für Zufallsschäden begründet werden (OLG Hamm WuM 1982, 201, 203 = NJW 1982, 2005; LG Saarbrücken NJW-RR 1987, 1496 = WuM 1986, 367; OLG München WuM 1989, 128, 131f; AG Frankfurt WuM 1989, 171; AG Neukölln GE 1987, 1167). Ebensowenig ist es möglich, auf diese Weise die Haftung des Mieters für Dritte über den Rahmen des § 278 hinaus zu erweitern (OLG München aaO; LG München I ZMR 1988, 143, 145 f) oder dem Mieter die Verpflichtung zur Zahlung einer Entschädigung für die Abnützung der Böden aufzuerlegen (LG Frankenthal ZMR 1985, 342; unrichtig AG Bad Dürckheim ZMR 1984, 408). In Individualverträgen dürfte die generelle Abwälzung der Zufallsschäden auf den Mieter ebenfalls häufig gegen § 138 Abs 1 verstoßen, jedenfalls bei der Wohnraummiete.

### 4. Beweislast

4 Nach hM trifft den Vermieter die Beweislast nur für den ordnungsmäßigen Zustand der Sache bei Übergabe; hingegen soll es Sache des Mieters sein, sich zu entlasten, wenn die Sache während seines Gebrauchs beschädigt wird, so daß ihn insbesondere die volle Beweislast trifft, wenn die Mietsache in dieser Zeit durch Brand zerstört wird.[1] Voraussetzung ist freilich, daß der Schaden seine Ursache gerade im **Obhutsbereich** des Mieters, dh in dem von ihm bewohnten und genutzten Bereich hat; kommen hingegen auch noch **andere** Ursachen in Betracht, so bleibt es solange bei der vollen Beweislast des Vermieters, wie nicht diese anderen, möglichen Ursachen ausgeschlossen sind.[2] Das gilt sogar für Brand-, Wasser- und sonstige Feuchtigkeitsschäden: Immer muß der Vermieter erst sämtliche möglichen, aus seinem Verantwortungsbereich herrührenden Schadensursachen ausräumen, bevor eine Beweislast des Mieters in Betracht kommt.[3]

---

[1] Grdl BGHZ 66, 349; ebenso RGZ 122, 292; BGH WM 1982, 333, 335; OLG Düsseldorf OLGZ 1975, 318; ZMR 1987, 460; OLG Stuttgart NJW-RR 1987, 143, 144 = WuM 1987, 250.

[2] Grdl OLG Karlsruhe NJW 1985, 141 m Anm Emmerich JuS 1985, 233; OLG Hamm NJW 1982, 2005; OLG Hamburg ZMR 1988, 300; OLG Saarbrücken NJW-RR 1988, 652 = WuM 1989, 133; OLG München WuM 1989, 128, 131f; LG Saarbrücken NJW-RR 1986, 1343; LG Regensburg WM 1987, 19; LG Berlin ZMR 1987, 378; 1989, 22 usw.

[3] Für Feuchtigkeitsschäden s schon o § 537 Rz 18 sowie zB OLG Hamburg ZMR 1988, 300; OLG Hamm NJW 1982, 2005; OLG Karlsruhe NJW 1985, 141 m Anm Emmerich JuS 1985, 233; OLG Saarbrücken NJW-RR 1988, 652; OLG München WuM 1989, 128, 131f; LG Saarbrücken NJW-RR 1986, 1343 = WuM 1986, 367; LG Regensburg WuM 1987, 19; LG Berlin ZMR 1987, 378; GE 1989, 357.

Daher trifft den Vermieter insbes die Beweislast dafür, daß der Mieter eine etwaige *Verstopfung* der Abflußleitungen zu vertreten hat, weil dafür noch zahlreiche andere Ursachen denkbar sind, die nicht zum Risikobereich des Mieters gehören.[4] Eine **abweichende** Regelung durch Formularverträge ist mit Rücksicht auf § 11 Nr 15 lit a AGBGB **nicht** mehr möglich.[5] Hat der Vermieter in einem Abnahmeprotokoll die Mangelfreiheit der Sache bescheinigt, so sind damit ohnehin alle Ansprüche des Vermieters wegen einer Beschädigung der Sache ausgeschlossen (AG Wesel WuM 1987, 84). Für konkurrierende Deliktansprüche des Vermieters kommt ebenfalls niemals eine Umkehr der Beweislast zum Nachteil des Mieters in Betracht. Für solche Ansprüche trägt vielmehr stets der Vermieter in vollem Umfang die Beweislast (grdl BGHZ 104, 6, 18 = NJW 1988, 1778 = WM 1988, 909, 913). 5

## § 549

**(1) [1]Der Mieter ist ohne Erlaubnis des Vermieters nicht berechtigt, den Gebrauch der gemieteten Sache einem Dritten zu überlassen, insbesondere die Sache weiter zu vermieten. [2]Verweigert der Vermieter die Erlaubnis, so kann der Mieter das Mietverhältnis unter Einhaltung der gesetzlichen Frist kündigen, sofern nicht in der Person des Dritten ein wichtiger Grund vorliegt.**

**(2) [1]Entsteht für den Mieter von Wohnraum nach dem Abschluß des Mietvertrages ein berechtigtes Interesse, einen Teil des Wohnraums einem Dritten zum Gebrauch zu überlassen, so kann er von dem Vermieter die Erlaubnis hierzu verlangen; dies gilt nicht, wenn in der Person des Dritten ein wichtiger Grund vorliegt, der Wohnraum übermäßig belegt würde oder sonst dem Vermieter die Überlassung nicht zugemutet werden kann. [2]Ist dem Vermieter die Überlassung nur bei einer angemessenen Erhöhung des Mietzinses zuzumuten, so kann er die Erlaubnis davon abhängig machen, daß der Mieter sich mit einer solchen Erhöhung einverstanden erklärt. [3]Eine zum Nachteil des Mieters abweichende Vereinbarung ist unwirksam.**

**(3) Überläßt der Mieter den Gebrauch einem Dritten, so hat er ein dem Dritten bei dem Gebrauche zur Last fallendes Verschulden zu vertreten, auch wenn der Vermieter die Erlaubnis zur Überlassung erteilt hat.**

**Übersicht**



---

[4] Ebenso OLG Hamm WuM 1982, 201 = NJW 1982, 2005; zust OLG Karlsruhe NJW 1985, 141 = WuM 1984, 267 m Anm EMMERICH JuS 1985, 233; s SCHOPP ZMR 1983, 253.

[5] OLG Hamm NJW 1982, 2005 = WuM 1982, 201, 202 f; OLG Stuttgart NJW-RR 1987, 143, 144 = WuM 1987, 250; vgl auch schon zur Abwälzung des Risikos von Zufallsschäden auf den Mieter o Rz 3.

**Schrifttum:** ALTVATER AcP 95 (1904), 379; BARTSCH ZMR 1983, 256; BRANDNER NJW 1960, 127; BUNN, Das Vertragsverhältnis des Untermieters nach Beendigung des gewerblichen Hauptmietvertrages, WuM 1988, 386; CRANZ JR 1955, 127; CREZELIUS JZ 1984, 70; DERLEDER, Die Rechtsstellung des Wohnraummieters bei Vermögensverfall bei Zwischenvermietung, ZIP 1988, 415; DOMMNICH NJW 1955, 1620; FLIEDNER, Zur Wohnraumüberlassung an eheähnliche Gemeinschaften, ZMR 1984, 39; FINGER, Untermiete, WuM 1985, 71; 1983, 8; GATHER, Die Beendigung des Hauptmietverhältnisses bei gewerblicher Zwischenvermietung, PiG 26, S 149; GLASER, Das Recht der Untervermietung (1949); GURSKY JR 1983, 265; HERSCHEL JuS 1968, 562; HILLE WuM 1983, 46; KRAUSE JZ 1982, 16; KÜRZEL ZMR 1965, 97; LANGOHR ZMR 1983, 222; LENHARD ZMR 1978, 68; LÖNING, Die Grundstücksmiete als dingliches Recht (1930); MATHIES, Mieterschutz und gewerbliche Zwischenvermietung, NJW 1988, 1631; NASSALL MDR 1983, 9; ZMR 1983, 333; 1984, 182; REINELT, Der Räumungsschutz des gutgläubigen Untermieters, NJW 1984, 2869; ROQUETTE NJW 1952, 1395; BB 1963, 1387; Betrieb 1965, 281; SCHOPP ZMR 1961, 281; SÖLLNER JuS 1967, 449; SONNENSCHEIN, Untervermietung und sonstige Gebrauchsüberlassung an Dritte, PiG 23, S 167; W SCHULZ, „Parteistellen" bei der Geschäftsraummiete?, ZMR 1985, 8; TRAUMANN, Untervermietung gewerblicher Räume, BB 1985, 628; WANGARD, Die Aufnahme eines Dritten in die Wohnung, ZMR 1976, 73; WETEKAMP, Das Recht der Untermiete, GE 1989, 386.

## I. Anwendungsbereich

1 Nach § 549 darf der Mieter nur mit Erlaubnis des Vermieters den Gebrauch der gemieteten Sache einem Dritten überlassen, insbes die Sache weitervermieten. Der wichtigste Anwendungsfall des § 549 ist die verbreitete Untermiete. Hieraus war bis vor kurzem allgemein der Schluß gezogen worden, daß sich der Anwendungsbereich des § 549 auf solche Fälle beschränke, in denen dem Dritten ein *selbständiger,* dh vom Mieter unabhängiger Gebrauch an der gemieteten Sache oder einem Teil von ihr eingeräumt wird (so noch BGH WM 1968, 252; zuletzt LG Berlin GE 1986, 39; s Mietrecht § 549 Rz 3 ff). Das hatte vor allem die wichtige Folge, daß das Recht des Mieters zur vorübergehenden Aufnahme Dritter in der Wohnung zu bloßem, unselbständigen Mitgebrauch neben ihm unberührt blieb. Diese Meinung ist jedoch inzwischen vom OLG Hamm abgelehnt worden.[1] Danach fällt nunmehr auch die auf eine gewisse *Dauer* angelegte Überlassung des bloßen, *unselbständigen Mitgebrauchs* an der Mietsache an einen Dritten unter § 549; eine Ausnahme gilt nur für die Aufnahme der nächsten Angehörigen und der Bediensteten des Mieters in der Wohnung (s oben §§ 535, 536 Rz 22). Dies

[1] OLGZ 1982, 481 = NJW 1982, 2876 = WuM 1982, 318 = 21 in RE Miet; zust BayObLGZ 1983, 285, 287 f = MDR 1984, 316; OLG Karlsruhe WuM 1987, 180 = ZMR 1987, 263; s dazu BOSCH FamRZ 1983, 273; EMMERICH JuS 1983, 222; FINGER WuM 1983, 8; LANGOHR ZMR 1983, 222; NASSALL ZMR 1983, 333, 334 f; SONNENSCHEIN aaO.

bedeutet im einzelnen: Die Aufnahme der zuletzt genannten Personen, zB des *Ehegatten* oder der Kinder, ist dem Mieter immer gestattet; der Mietvertrag kann nichts anderes bestimmen (BayObLGZ 1983, 228, 229 f = NJW 1984, 60; BayObLGZ 1983, 285, 287 ff = WuM 1984, 13; OLG Karlsruhe WuM 1987, 180 = ZMR 1987, 263; AG Koblenz WuM 1989, 175; AG Münster WuM 1989, 235). Ebenso zu behandeln ist zB die Aufnahme des Stiefsohnes des Mieters (LG Kassel WuM 1988, 125), der Tochter des Mieters (LG Berlin GE 1988, 409; AG Koblenz aaO) sowie gegebenenfalls sogar eine kurzfristige Aufnahme des Freundes der Tochter (LG Berlin ZMR 1986, 313, 314; anders aber für den Verlobten der Tochter LG Berlin GE 1988, 409). Die *Grenze* ist aber in jedem Fall die *vollständige* Überlassung der Wohnung an Angehörige (AG Frankfurt WuM 1989, 237) sowie die *Überbelegung* der Wohnung, die zB anzunehmen ist, wenn Eheleute in eine kleine Wohnung von 40 qm ihre drei erwachsenen Kinder aufnehmen (AG Neukölln GE 1988, 633) oder wenn sich in einer Wohnung von 54 qm acht Personen aufhalten (OLG Karlsruhe WuM 1987, 180 = ZMR 1987, 263). In diesem Fall kann der Vermieter stets nach § 553 kündigen.[1a] Unzulässig bleibt außerdem nach der keineswegs einheitlichen Praxis die Überlassung der Wohnung an den Sohn zum selbständigen Gebrauch (AG Schöneberg GE 1987, 289) oder die endgültige Aufnahme des Lebenspartners bei einer sog. eheähnlichen Lebensgemeinschaft (OLG Hamburg NJW-RR 1988, 1481, 1482; sehr str). Soweit nach dem Gesagten ein Recht namentlich zur Aufnahme des Ehepartners in die Wohnung besteht, folgt daraus schließlich kein Anspruch des Vermieters auf Abschluß eines zusätzlichen Mietvertrages mit dem aufgenommenen Ehepartner (LG Aachen NJW-RR 1987, 1373).

Anders ist die Rechtslage hingegen bei der Aufnahme aller *anderen Personen* in **1a**
die Wohnung, sofern sie nur auf eine gewisse Dauer angelegt ist.[1b] Hier gilt stets § 549 Abs 1, so daß der Vermieter zustimmen muß. Anwendbar ist aber auch (unmittelbar oder entsprechend) § 549 Abs 2, so daß der Mieter grundsätzlich einen **Anspruch** auf die Zustimmung des Vermieters hat, außer wenn dem Vermieter die Aufnahme des Dritten nicht zuzumuten ist (unten Rz 13). Abweichende Bestimmungen im Mietvertrag sind unwirksam (§ 549 Abs 2 S 3 analog; str). Der Dritte erlangt dadurch freilich **kein** eigenes **Besitzrecht** hinsichtlich der Wohnung, so daß ihm der Mieter jederzeit wieder den Zutritt zu der Wohnung verweigern kann (AG Hamburg NJW-RR 1989, 271; zu Wohngemeinschaften s auch unten Rz 5).

---

[1a] BayObLGZ 1983, 228, 229 f = NJW 1984, 60; OLG Karlsruhe WuM 1987, 180 = ZMR 1987, 263; LG Berlin GE 1988, 409; AG Neukölln GE 1988 633; AG Köln WuM 1985, 262.

[1b] Vgl zB BGHZ 1983, 285 = MDR 1984, 316 = WuM 1984, 13; LG Berlin ZMR 1986, 313, 314; AG Heidelberg WuM 1987, 316; LG Kassel NJW-RR 1987, 1495, 1496.

## II. Übertragung der Mieterrechte

2 **1. a)** Von der Überlassung der gemieteten Sache an einen Dritten im Sinne des § 549 muß die Übertragung der Mieterrechte auf einen Dritten, zB durch **Abtretung,** unterschieden werden. Eine derartige Abtretung der Mieterrechte ist grundsätzlich nur mit Zustimmung des Vermieters möglich, da die Miete nach hM unter § 399 fällt (RG JW 1931, 2946; OGHZ 3, 298; BGH LM Nr 13 zu 399 BGB = NJW 1972, 2036). Verweigert der Vermieter die hiernach zur Abtretung der Mieterrechte erforderliche Zustimmung, so hat der Mieter jedoch entsprechend § 549 Abs 1 S 2 ein außerordentliches, befristetes Kündigungsrecht.

3 **b)** Bei einer Abtretung der Mieterrechte erwirbt der Zessionar nur einzelne der vertraglichen Rechte des Mieters, der im übrigen Vertragspartner des Vermieters bleibt. Hierin unterscheidet sich die Abtretung von dem ebenfalls möglichen **Eintritt** eines neuen Mieters anstelle oder neben dem alten Mieter in den Mietvertrag. Für einen derartigen Eintritt eines neuen Mieters kommen vor allem zwei Wege in Betracht (grdleg BGHZ 72, 394; 95, 88 m Anm Emmerich JuS 1986, 63; BGHZ 96, 302 m Anm Emmerich WuB IV A § 143 BGB Nr 1.86): Der alte Mieter kann zunächst mit dem neuen Mieter mit Zustimmung des Vermieters einen Vertrag des Inhalts abschließen, daß der neue Mieter anstelle des alten Mieters oder neben diesem in den Mietvertrag eintreten soll. Statt dessen ist auch ein dreiseitiger Vertragsschluß zwischen allen Beteiligten unbedenklich möglich. In jedem Fall gilt unabhängig von der gewählten rechtlichen Konstruktion für alle Abreden der Parteien das Formerfordernis des § 566 (BGHZ 65, 49; 72, 394). Außerdem ist der zustimmende Teil niemals Dritter iS des § 123 Abs 2, so daß bei einer arglistigen Täuschung durch ihn stets eine Anfechtung des Übernahmevertrages, und zwar durch Erklärung gegenüber den beiden anderen Beteiligten, möglich ist (BGHZ 96, 302 m Anm Emmerich aaO). Die Zustimmung des Vermieters zu dem Eintritt des neuen Mieters kann dabei jederzeit auch konkludent erklärt werden (OLG Düsseldorf ZMR 1988, 304, 306). Der Vorteil dieser beiden Konstruktionen liegt darin, daß das übergehende Mietverhältnis seine Identität grundsätzlich nicht ändert, so daß es mit dem neuen Mieter unverändert fortgesetzt wird.[2] Das bedeutet jedoch nicht, daß etwa der neue Mieter ohne weiteres für die Schulden des alten Mieters haften müßte (OLG Frankfurt WuM 1988, 13). Kommt es den Parteien jedoch nicht auf die unveränderte Fortsetzung des alten Mietverhältnisses an, so können sie statt dessen natürlich auch den Weg wählen, einfach das alte Mietverhältnis aufzuheben und anschließend mit dem neuen Mieter einen neuen Mietvertrag abzuschließen (s Emmerich JuS 1986, 63 m Nachw).

4 **2.** Der Zustimmung des Vermieters bedarf es hiernach insbes, wenn ein Kauf-

---

[2] Vgl zB BGHZ 95, 88 m Anm Emmerich JuS 1986, 63; BGHZ 96, 302; BGH LM Nr 4 zu § 437 BGB; Nr 21 a zu § 535 BGB; Nr 16 zu § 581 BGB = NJW 1970, 556; ZMR 1966, 77; MDR 1958, 90; BGH WM 1963, 217; 1967, 796; 1970, 195; 1978, 1017; 1982, 431; 1984, 93; OLG Frankfurt WuM 1988, 13; ganz eingehend Nörr-Scheyhing, Sukzessionen (1983), §§ 16ff (S 246ff); s auch u Rz 5a.

mann sein *Geschäft,* das er in gemieteten Räumen betreibt, an einen Dritten veräußert und der Dritte in den Mietvertrag eintreten will; häufig wird sich jedoch in derartigen Fällen schon aus dem Mietvertrag ausdrücklich oder konkludent die Zustimmung des Vermieters zum Eintritt des Geschäftserwerbers in den Vertrag ergeben (s OGHZ 3, 298; BGH LM Nr 17 zu § 705 BGB = NJW 1967, 821; s eingehend SONNENSCHEIN aaO, S 83ff). Die Zustimmung des Vermieters ist außerdem erforderlich bei *Aufnahme* eines Gesellschafters in das Geschäft (BGH LM Nr 55 zu § 242 [Cd] BGB; Nr 17 zu § 705 BGB), bei Einbringung des Geschäfts in eine schon bestehende Gesellschaft (RG JW 1931, 2946) sowie bei Übertragung des Geschäfts auf eine vom Mieter gegründete Gesellschaft. Hingegen ist es **ohne Einfluß** auf den Mietvertrag, wenn eine Gesellschaft als Vermieterin oder Mieterin unter Wahrung ihrer Identität ihre *Rechtsform ändert,* wenn sich zB eine oHG oder KG in eine BGB-Gesellschaft verwandelt oder wenn eine Kapitalgesellschaft in eine andere Gesellschaft umgewandelt wird. Dasselbe gilt bei *Ein- und Austritt* von Gesellschaftern, weil dadurch die Identität der Gesellschaft und damit der Vertragspartei nicht berührt wird (BGH LM Nr 2 zu § 553 BGB = NJW 1955, 1066; LM Nr 17 zu § 705 BGB; WM 1962, 10; 1975, 99).

**3.** Wenn der Vermieter an eine **Wohngemeinschaft** vermietet, liegt darin i Zw 5
konkludent die Zustimmung zu dem damit typischerweise verbundenen, ständigen Mieterwechsel (zB LG Braunschweig WuM 1982, 188; LG München I WuM 1982, 189; LG Karlsruhe NJW 1985, 1561; AG Tiergarten GE 1989, 247; anders zB LGe Freiburg, Hamburg und Lübeck WuM 1985, 82f; s BUNN MDR 1989, 127). Die jeweiligen Mitmieter haften als Gesamtschuldner, so daß in ihrem Innenverhältnis § 426 gilt (LG Berlin GE 1984, 533; 1985, 81). Ziehen alle Mitglieder der Wohngemeinschaft bis auf eine einzige Person aus, so haftet diese für den gesamten Mietzins, hat aber einen Anspruch auf Zustimmung des Vermieters zur Untervermietung oder zur Begründung einer neuen Wohngemeinschaft (LG Mainz WuM 1982, 191; LG Wiesbaden WuM 1985, 86; AG Freiburg WuM 1985, 84; NASSALL ZMR 1983, 336; aM zB LG Berlin WuM 1982, 192). Auf keinen Fall können jedoch die Mitglieder der Wohngemeinschaft einander gegenseitig kündigen, weil es sich bei ihnen um eine Gemeinschaft handelt, die nur nach den §§ 749 ff aufgelöst werden kann (AG Warendorf WuM 1982, 193). Der Vermieter muß ebenfalls stets gegenüber sämtlichen Mitgliedern der Wohngemeinschaft kündigen (LG Freiburg WuM 1985, 86).

**4.** Unbedenklich ist hingegen die Abtretung der Ansprüche des **Vermieters** als des 5a
Geldleistungsgläubigers. Selbst seinen Herausgabe- und Räumungsanspruch kann der Vermieter an Dritte abtreten (BGH LM Nr 9 zu § 556 BGB = NJW 1983, 112), nicht jedoch sein Kündigungsrecht (LG Wiesbaden WuM 1987, 392). Die Rolle des Vermieters als des Vertragspartners des Mieters wird dadurch freilich nicht berührt. Soll statt dessen anstelle des bisherigen Vermieters ein neuer Vermieter in den Vertrag eintreten, so bedarf es hierzu (ebenso wie in dem umgekehrten Fall des Eintritts eines neuen Mieters, s oben Rz 3) entweder eines Vertrags zwischen dem alten und dem neuen Vermieter mit Zustimmung des Mieters oder eines dreiseitigen Vertrages zwischen allen Beteiligten (grdl BGHZ

95, 88 m Anm Emmerich JuS 1986, 63; BGHZ 96, 302 m Anm Emmerich WuB IV A § 143 BGB Nr 1.86; OLG Hamm ZMR 1985, 162). Auf einen derartigen Vertrag ist § 401 entsprechend anwendbar, so daß eine Mietbürgschaft auch die Mietzinsansprüche des neuen Vermieters sichert (BGH und OLG Hamm aaO).

### III. Erlaubnis des Vermieters

6 **1.** Die Überlassung des Gebrauchs der gemieteten Sache an einen Dritten und insbes die Untervermietung bedürfen nach § 549 Abs 1 S 1 grundsätzlich der Erlaubnis des Vermieters. Die Einholung der Erlaubnis ist allein Sache des Mieters, der hierzu grundsätzlich den Namen des Dritten, dem die Mietsache überlassen werden soll, insbes also den Namen des Untermieters, dem Vermieter mitteilen muß (LG Berlin GE 1988, 33). Die Erlaubnis des Vermieters ist eine einseitige, empfangsbedürftige Willenserklärung, durch die der vertragsmäßige Gebrauch des Mieters in Richtung Untervermietung erweitert wird (BGH LM Nr 13 zu § 549 BGB = NJW 1987, 1692) und auf die je nach den Umständen des Falles durchaus die Vorschriften über Willenserklärungen und insbes die §§ 116 ff und 130 angewandt werden können (RGZ 81, 59; BGHZ 59, 3, 7). Die Erlaubnis kann vom Vermieter schon im voraus im Vertrag allgemein oder doch für eine bestimmte Art von Untermietern erteilt werden (dazu grdl BGHZ 89, 308 = 30 in RE Miet = NJW 1984, 1032). Das braucht nicht ausdrücklich zu geschehen; vielmehr kann sich eine solche **generelle Erlaubnis** konkludent aus dem Vertragszweck ergeben, etwa wenn der Vermieter weiß, daß der Mieter die gemietete Sache in seinem Gewerbebetrieb weitervermieten will.

6a Stets bleibt aber der Vermieter in einem solchen Fall berechtigt, im Einzelfall die Erlaubnis aus wichtigem Grund zu **widerrufen** (BGH aaO; LM Nr 13 zu § 549 BGB; LG Frankfurt MDR 1967, 216). Ein derartiger wichtiger Grund liegt namentlich vor, wenn der Mieter dem Untermieter einen weitergehenden Gebrauch gestatten will, als er ihm selbst nach dem Mietvertrag erlaubt ist, oder wenn etwa ein normaler gewerblicher Mieter die Räume an einen sog Sex-Shop untervermieten will (BGH aaO). Unklar ist die Rechtslage, sobald der Mieter aufgrund der ihm vom Vermieter erteilten Erlaubnis einen Untermietvertrag abgeschlossen hat (s zB Wolf-Eckert Rz 346). Nach überwiegender Meinung soll der Vermieter dann immer noch berechtigt sein, jedenfalls aus wichtigem Grunde die Erlaubnis zu widerrufen, etwa wenn der Untermieter trotz Abmahnung einen vertragswidrigen Gebrauch fortsetzt, während ein genereller Widerrufsvorbehalt in einem Formularvertrag mit § 9 AGBG auf jeden Fall unvereinbar ist (BGH LM Nr 13 zu § 549 BGB = NJW 1987, 1692); nach anderen ist die Erlaubnis dann hingegen unwiderruflich (LG Hannover MDR 1958, 242). Richtiger Meinung nach sollte man darauf abstellen, ob der Vermieter wegen des Verhaltens des Untermieters zur fristlosen Kündigung gegenüber dem Hauptmieter und Untervermieter berechtigt ist; in einem solchen Fall muß man ihm auch die Befugnis einräumen, statt dessen einfach die Erlaubnis zur Untervermietung zu widerrufen.

7 Sofern die Parteien keine Abreden über diesen Punkt getroffen haben, steht die

Erteilung der Erlaubnis im *Ermessen* des Vermieters (BGHZ 49, 3, 6; BGH WM 1968, 650). Eine besondere **Form** ist für die Erlaubnis nicht vorgeschrieben. § 566 gilt für sie selbst dann nicht, wenn der Mietvertrag nach § 566 formbedürftig ist (RG SeuffA 77 Nr 125). Eine vertraglich vorgeschriebene Schriftform hat grundsätzlich nur deklaratorische Bedeutung (vgl LG Mannheim MDR 1962, 410).

**2.** Hat der Vermieter die Überlassung der Sache an einen Dritten erlaubt, so 8
behandelt das Gesetz den Dritten in § 549 Abs 3 als **Erfüllungsgehilfen** des Mieters gegenüber dem Vermieter, so daß der *Mieter* insbes für jede schuldhafte Schädigung der Sache durch den Dritten dem Vermieter *haftet.* Ist hingegen die Gebrauchsüberlassung mangels Erlaubnis des Vermieters unberechtigt, so liegt bereits in der Überlassung des Gebrauchs an den Dritten eine schuldhafte Vertragsverletzung, die den Mieter für jeden daraus entstehenden Schaden ersatzpflichtig macht (Mot II 397).

## IV. Kündigung bei Verweigerung der Erlaubnis

**1.** Bei Verweigerung der Erlaubnis kann der Mieter das Mietverhältnis unter 9
Einhaltung der gesetzlichen Frist kündigen, sofern nicht in der Person des Dritten ein wichtiger Grund vorliegt (§ 549 Abs 1 S 2). Die Verweigerung der Erlaubnis muß dabei grundsätzlich ausdrücklich erfolgen (AG Hamburg-Wandsbeck WuM 1986, 314); es genügt hierfür aber bereits, wenn der Vermieter die vom Mieter für die Erteilung der Erlaubnis gesetzte Frist untätig verstreichen läßt (AG Hamburg-Wandsbeck aaO) oder wenn er die Erlaubnis von zusätzlichen, durch § 549 oder durch den Vertrag nicht gedeckten Bedingungen abhängig macht (RGZ 74, 176, 179; BGHZ 59, 3, 7; BGH WM 1973, 383). Der Mieter braucht dann nicht unbedingt zum ersten, möglichen Termin zu kündigen, sondern kann durchaus eine angemessene Überlegungsfrist in Anspruch nehmen (BGHZ 59, 3, 9 f). Für die Kündigung selbst gilt § 565 Abs 5 sowie hinsichtlich der Form bei Wohnraummietverträgen § 564 a Abs 1. Hat schließlich der Mieter nach dem Vertrag einen Anspruch auf Erlaubnis der Untervermietung, so stellt die unberechtigte Verweigerung der Erlaubnis eine Vertragsverletzung dar, die den Mieter zur Kündigung nach § 542 berechtigt (BGHZ 89, 308 = 30 in RE Miet).

**2.** Ein vertraglicher **Ausschluß** des Kündigungsrechts ist grundsätzlich möglich. 10
Ausnahmen gelten jedoch für Wohnraummietverhältnisse (§ 549 Abs 2 S 3; str) sowie für Formularverträge (LG Ellwangen WuM 1982, 297). Eine Kündigung scheidet außerdem aus, wenn in der Person des Dritten ein **wichtiger Grund** vorliegt, der die Verweigerung der Erlaubnis zur Gebrauchsüberlassung an den Dritten rechtfertigt. Dies ist der Fall, wenn dem Vermieter nach den Umständen des Einzelfalls die Überlassung des Gebrauchs seiner Sache an den Dritten nicht zuzumuten ist. So verhält es sich etwa, wenn eine Überbelegung der vermieteten Räume droht (KG DR 1940, 1430; BayOLGZ 1983, 228), wenn die Gebrauchsüberlassung an den Dritten zu einer Änderung des Verwendungszwecks der Sache führen müßte (OLG Hamburg OLGE 13, 364), wenn zB bisher gewerblich

genutzte Räume als Wohnung untervermietet werden sollen (OLG Koblenz NJW-RR 1986, 1343 = MDR 1986, 496), wenn der Dritte mit dem Vermieter oder mit anderen Mietern verfeindet ist oder wenn von ihm eine Beeinträchtigung der Mitmieter oder ein nicht vertragsmäßiger Gebrauch der Sache drohen (RGZ 74, 176) sowie wenn von dem Dritten eine Konkurrenz für den Vermieter oder andere Mieter zu befürchten ist.[3] Hingegen stellt es keinen wichtigen Grund iS des § 549 Abs 1 S 2 dar, wenn der Vermieter infolge der Untervermietung Schäden an der Wohnung und dem Mobilar befürchtet, sofern er auf andere Weise rechtliche Vorsorge gegen solche Gefahren treffen kann (LG Bremen WuM 1987, 152; zweifelhaft).

## V. Wohnraummiete

11 **1.** Besonderheiten gelten nach dem 1964 in das Gesetz eingefügten § 549 Abs 2 für die Wohnraummiete. Insbesondere hat hier der Mieter einen Anspruch gegen den Vermieter auf Erlaubnis der Untervermietung, wenn für ihn **nach** Abschluß des Mietvertrages ein berechtigtes Interesse hieran entstanden ist. Dafür genügt *jedes* berechtigte **Interesse** des Mieters einschließlich bloßer wirtschaftlicher und persönlicher Interessen, dh jeder einleuchtende, vernünftige Grund einschließlich höchstpersönlicher Motive, sofern sie nur **nach** Vertragsschluß entstanden und mit der Rechtsordnung vereinbar sind.[4] Beispiele sind die Aufnahme des Ehegatten und der Kinder, soweit dies nicht ohnehin schon zum vertragsmäßigen Gebrauch gehört (BGHZ 40, 252), die Bildung einer Wohngemeinschaft mit einem Dritten (OLG Hamm WuM 1982, 318; LG Berlin ZMR 1985, 384; GE 1988, 143), weiter die Verkleinerung der Familie durch den Tod oder den Auszug einzelner Familienangehöriger (AG Friedberg WuM 1981, 231), die Trennung von Eheleuten (LG Frankfurt WuM 1981, 39; AG Hamburg WuM 1985, 88), insbesondere wenn der in der Wohnung verbleibende Teil jetzt einen neuen Partner aufnehmen will (LG Berlin GE 1986, 659 = WuM 1987, 221; LG Kassel WuM 1989, 72) oder wenn er wegen seiner geringen Einkünfte fortan auf die Untervermietung angewiesen ist (LG Berlin GE 1986, 505), weiter die Schwangerschaft einer berufstätigen Mieterin (LG Berlin GE 1985, 479), Heiratsabsichten des Untermieters, der den hochbetagten Mieter pflegt (AGe Hamburg-Blankenese u Tiergarten WuM 1985, 88), sowie Arbeitslosigkeit oder eine sonstige Einschränkung der Berufstätigkeit des Mieters (LG Hamburg WuM 1983, 261). Hingegen genügen zB **nicht**

---

[3] BGH LM Nr 24 zu § 157 [C] BGB = ZMR 1982, 11; s NASSALL ZMR 1983, 336; vgl auch OLG Hamm WuM 1982, 318, 322 = 21 in RE Miet; LG Oldenburg NJW-RR 1989, 81.

[4] Grdl BGHZ 92, 213 = NJW 1985, 130 = 43 in RE Miet m Anm EMMERICH JuS 1985, 233; KG ZMR 1984, 376; LG Berlin GE 1985, 479; 1986, 505; 1986, 659; 1988, 143; ZMR 1985, 384; OLG Hamm WuM 1982, 318, 321 = OLGZ 1982, 481 = 21 in RE Miet; LG Mainz WuM 1982, 191; LG Hamburg WuM 1983, 261; AG Friedberg WuM 1981, 231; AG Lörrach WuM 1988, 361; NASSALL ZMR 1983, 333, 335 f; Mietrecht § 549 Rz 38 ff; viel enger hingegen früher LG Berlin MDR 1982, 234; 1982, 850; 1983, 132; GE 1981, 909.

das bloße Interesse des Mieters an der Beaufsichtigung seiner Wohnung während einer längeren Abwesenheit (LG Berlin MDR 1982, 850), der Umzug des Mieters in eine andere Wohnung (AG Tiergarten GE 1987, 523), der Auszug der Partner bei einer Wohngemeinschaft (LG Berlin aaO; o Rz 5), das bloße Interesse an der Erzielung hoher Einnahmen, wenn deren Rückgang schon bei Vertragsschluß vorauszusehen war (AG Neukölln GE 1984, 1083), sowie der Bruch eines Verlöbnisses (LG Berlin MDR 1983, 132 = GE 1982, 1043).

**2.** Unter den Voraussetzungen des § 549 Abs 2 S 1 hat der Mieter in erster Linie **12**
einen **Anspruch** auf Erteilung der Erlaubnis gegen den Vermieter, wobei der Mieter grundsätzlich die generelle Erlaubnis der Untervermietung verlangen kann (LG Berlin GE 1985, 479). Er ist jedoch nicht auf diesen Rechtsbehelf beschränkt, sondern kann im Falle der Erlaubnisverweigerung statt dessen auch nach § 549 Abs 1 S 2 vorgehen und **kündigen.** Schließlich stellt die Erlaubnisverweigerung in diesem Fall noch eine positive Vertragsverletzung des Vermieters dar, so daß der Mieter außerdem nach § 542 kündigen (o Rz 9) sowie **Schadensersatz** verlangen kann (RG JW 1934, 3193). Zur Untervermietung ohne Erlaubnis trotz Anspruchs darauf s u Rz 21.

**3.** Der **Anspruch auf Erlaubniserteilung entfällt** jedoch in den Fällen des § 549 **13**
Abs 2 S 1 HS 2. In ihnen kommt es letztlich immer darauf an, ob dem Vermieter die Aufnahme eines Dritten durch den Mieter *zugemutet* werden kann oder nicht. Hierbei ist davon auszugehen, daß die Mieterinteressen im Falle des § 549 Abs 2 grundsätzlich den Vorrang vor den Interessen des Vermieters haben sollen (grdl BGHZ 92, 213, 220 = NJW 1985, 130 = 43 in RE Miet). Ob einer der Fälle vorliegt, in denen demgegenüber ausnahmsweise den Vermieterinteressen der Vorrang gebührt, kann immer nur im Einzelfall aufgrund einer umfassenden Interessenabwägung festgestellt werden (vgl auch OLG Hamm WuM 1982, 318, 322 = 21 in RE Miet). Um dem Vermieter diese Prüfung zu ermöglichen, muß ihm der Mieter die Gründe vortragen, aus denen er ein nach Vertragsschluß entstandenes, berechtigtes Interesse an der Untervermietung herleitet; außerdem muß der Mieter dem Vermieter den Namen desjenigen Dritten benennen, an den er untervermieten will (BGH aaO; LG Berlin GE 1988, 33; AG Tiergarten GE 1989, 247). Demgegenüber ist es sodann Sache des Vermieters, die Gründe vorzutragen und gegebenenfalls zu beweisen, aus denen sich ausnahmsweise für ihn die Unzumutbarkeit der Untervermietung ergibt (BGH aaO).

Hiernach liegt in wichtiger Grund zwar vor, wenn von dem Dritten eine Störung **13a**
oder Belästigung des Vermieters oder anderer Mieter zu befürchten ist (LG Bamberg WuM 1974, 197) oder wenn eine kleine Wohnung durch eine Verdoppelung der Benutzerzahl total überbelegt würde,[5] nicht aber, wenn der Untermieter einen Abstand an den Mieter gezahlt hat (BGH NJW 1963, 1299), wenn er

[5] Vgl BayOLGZ 1983, 228 = WuM 1983, 309 = 18 in RE Miet; OLG Hamm WuM 1982, 323 = 24 in RE Miet; KG DR 1940, 1430; nach dem LG Berlin (WuM 1987, 221) müssen für jede erwachsene Person mindestens 9 qm und für jedes Kind bis zu sechs Jahren mindestens 6 qm vorhanden sein.

Ausländer ist (LG Köln WuM 1978, 50) oder wenn er mit der Mieterin in einem eheähnlichen Verhältnis zusammenlebt (OLG Hamm WuM 1982, 318 = 21 in RE Miet).

14 **4.** Nach § 549 Abs 2 S 2 kann der Vermieter außerdem die Erlaubnis von einer angemessenen Erhöhung des Mietzinses abhängig machen, wenn ihm die Überlassung nur unter dieser Voraussetzung zuzumuten ist (sog **Untermietzuschlag**). Praktische Bedeutung besitzt die Regelung nicht (s aber zB OLG Hamm WuM 1983, 108, 111 = 32 in RE Miet).

15 **5.** Die Regelung des § 549 Abs 2 ist zugunsten des Wohnraummieters zwingend (§ 549 Abs 2 S 3). **Unwirksam** sind hiernach zB ein generelles Verbot der Untermiete, die Vereinbarung der freien Widerruflichkeit der Erlaubnis sowie die generelle Verpflichtung zur Zahlung eines im voraus festgelegten Untermietzuschlags (LG Mainz WuM 1982, 191).

### VI. Untermiete

#### 1. Allgemeines

16 Der Untermietvertrag – der wichtigste Anwendungsfall des § 549 – ist in seiner Gültigkeit stets unabhängig von der Erlaubnis des Vermieters (RGZ 81, 59). Es handelt sich bei ihm um einen **normalen Mietvertrag** im Sinne der §§ 535 bis 580 a, so daß für langfristige Untermietverträge die *Form*vorschrift des § 566 gilt (BGHZ 81, 46; BGH WM 1982, 431). Die *Kündigung* des Untermietvertrages richtet sich dementsprechend nach den §§ 564 ff und 565 ff, so daß die Kündigungsschutzvorschriften der §§ 556 a und 564 b dem Untermieter von Wohnraum (nur) im Verhältnis zu seinem Vermieter, dem Hauptmieter, zugute kommen (BGHZ 84, 90; vgl auch BGHZ 94, 11 m Anm Emmerich JuS 1985, 642). Ein berechtigtes Interesse des Mieters und Untervermieters an der Beendigung des Untermietverhältnisses im Sinne des § 564 b ist dabei freilich schon dann anzunehmen, wenn ihm selbst vom Vermieter wirksam gekündigt worden ist (LG Kiel WuM 1982, 194; dagegen Nassall ZMR 1983, 338 f). In diesem Fall muß der Untermieter alle baulichen Veränderungen beseitigen, selbst wenn sie ihm vom Mieter gestattet worden sind, weil dies nichts an der Rechtswidrigkeit des Eingriffs in die Vermieterrechte ändert (LG Berlin WuM 1982, 245). Scheitert hingegen eine rechtzeitige Kündigung des Untermietervertrages, so daß der Mieter, nachdem ihm gekündigt worden ist, die Mietsache dem Vermieter nicht zurückgeben kann, so greift § 557 zu Lasten des Mieters ein (grdl BGHZ 90, 145). Um diese Schwierigkeiten zu vermeiden, kann der Mieter jedenfalls bei der gewerblichen Miete (s § 565 a Abs 2) von vornherein die Dauer des Untermietvertrages von der des Hauptmietvertrages abhängig machen; bei der Aufhebung des Hauptmietvertrages darf er sich dann freilich nicht einseitig über die Interessen des Untermieters hinwegsetzen; außerdem ist § 281 anwendbar, wenn er vom Vermieter für die Aufhebung des Hauptmietvertrages eine Entschädigung enthält

(grdl BGH LM Nr 8 zu § 281 BGB = WM 1985, 270 = NJW-RR 1986, 234). Der Herausgabeanspruch des Mieters gegen den Untermieter bei Beendigung der Untermiete ergibt sich aus § 556 (OLG München NJW-RR 1989, 524).

**2. Verhältnis des Untermieters zum Vermieter**

**a)** Zwischen Vermieter und Untermieter bestehen **keine** vertraglichen Beziehungen (BGHZ 70, 327; 79, 232; LG Berlin GE 1984, 821). Der Untermieter ist nicht in den Schutzbereich des Hauptmietvertrages einbezogen (BGHZ 70, 327; BGH WM 1979, 307; OLG Karlsruhe WuM 1983, 251, 253; LG Berlin GE 1989, 413). Der Vermieter haftet daher dem Untermieter nicht, wenn er dem Mieter zu Unrecht kündigt und der Untermieter daraufhin auszieht (OLG Hamm BB 1978, 1589). **17**

Wenn der Hauptmietvertrag, aus welchen Gründen auch immer, endet, erlangt der Vermieter einen quasi-vertraglichen **Herausgabeanspruch** gegen den Untermieter (§ 556 Abs 3; s dazu § 556 Rz 27 ff). Dies bedeutet, daß der Untermieter mit dem Ende des Hauptmietvertrages stets ohne weiteres, dh ohne Rücksicht auf seinen eigenen Vertrag, sein Besitz- und Nutzungsrecht verliert (BGHZ 79, 232; 84, 90 = 6 in RE Miet). Folglich kann er jetzt vom Vermieter selbst dann keinen Schadensersatz für den Verlust des Besitzes mehr verlangen, wenn ihm der Vermieter den Besitz der Sache durch verbotene Eigenmacht entzieht (s § 556 Rz 28; BGHZ 79, 232). Bleibt der Untermieter trotz der Beendigung des Hauptmietverhältnisses wohnen, so kommt er unter den allgemeinen Voraussetzungen (§§ 284 ff) mit seiner Herausgabepflicht aus § 556 Abs 3 in Verzug, so daß er dem Vermieter schadensersatzpflichtig ist (§ 286; LG Düsseldorf WuM 1988, 163; s LG Freiburg WuM 1989, 287). Vollstrecken kann der Hauptvermieter gegen den Untermieter jedoch nur aufgrund eines Titels gegen den Untermieter; ein Titel gegen den Mieter allein reicht hierfür nicht aus (OLG Celle NJW-RR 1988, 913) Zahlt der Untermieter nach Beendigung des Hauptmietverhältnisses den Mietzins fortan an den Hauptvermieter, wozu er jederzeit berechtigt ist (LG Mannheim WuM 1988, 361), so liegt darin allein noch nicht der Abschluß eines neuen, konkludenten Mietvertrages zwischen Untermieter und Hauptvermieter (OLG Düsseldorf ZMR 1988, 22), da sich die Zahlungspflicht des (alten) Untermieters in einem solchen Fall auch schon aus den §§ 812 und 818 oder 987 ff ergibt. Umgekehrt kann der Untermieter dann auch Verwendungsersatzansprüche aus den §§ 994ff gegen den Vermieter haben (LG Köln WuM 1989, 181; fraglich). **18**

**b)** In einer Reihe von Fällen genießt jedoch der Untermieter **Besitz- oder Bestandsschutz** gegenüber dem Vermieter (trotz des § 556 Abs 3).[6] Im wesentlichen handelt es sich dabei um die folgenden Fälle: Das Herausgabeverlangen des Vermieters ist zunächst dann mißbräuchlich und deshalb unbeachtlich, wenn **19**

---

[6] Schrifttum: unten § 556 Rz 28; Bartsch ZMR 1983, 256; Crezelius JZ 1984, 70; Emmerich JuS 1982, 777; Finger WuM 1985, 71; Grund NJW 1953, 491; Haase JR 1983, 9; Hille WuM 1983, 46; Maute WuM 1982, 287; Nassall MDR 1983, 9; ders ZMR 1983, 333, 337 f; 1984, 182; Reinelt NJW 1984, 2869; Roquette NJW 1952, 1395.

Vermieter und (Haupt-)Mieter in unredlicher Weise *zusammenwirken,* etwa durch Aufhebung des Vertrages, nur um den Untermieter zu vertreiben,[7] wovon aber keine Rede sein kann, wenn die Aufhebung des Hauptmietvertrages bei der gewerblichen Miete aus vernünftigen Gründen erfolgt, etwa um dem Vermieter eine bessere Vermietung als bisher zu ermöglichen (KG ZMR 1988, 137). Der Untermieter genießt weiter dann einen besonderen Bestandsschutz, wenn von vornherein beide Verträge nur deshalb hintereinander geschaltet werden, um dem Untermieter den Kündigungsschutz zu nehmen (BGHZ 84, 90 m Anm Emmerich JuS 1982, 777; LG Berlin GE 1984, 821). Schließlich kann sich der Untermieter dann noch auf den Schutz der §§ 556 a und 564 b gegenüber dem (Haupt-)-Vermieter – trotz des Fehlens vertraglicher Beziehungen – berufen, wenn der Vermieter, namentlich durch Einschaltung eines gewerblichen Vermietungsunternehmens, den Untermieter selbst in diese Rolle gedrängt hat, *ohne* ihn hierüber ordnungsgemäß *aufzuklären,* so daß sich der Untermieter ohne weiteres für den (Haupt-)Mieter halten durfte; zum Ausgleich muß der Untermieter dann freilich nach § 242 eine angemessene Nutzungsentschädigung (vgl § 2 MHRG und § 557) an den Vermieter zahlen.[8] Der Untermieter verliert außerdem diesen besonderen Kündigungsschutz gegenüber dem Vermieter, wenn er von diesem oder dem Mieter bei Abschluß des Untermietvertrages ordnungsgemäß über die Rechtslage aufgeklärt worden ist (so jedenfalls BGHZ 84, 90; LG München I WuM 1984, 246 f; AG Charlottenburg GE 1987, 625, 627), wofür der Vermieter die Beweislast trägt (LG München I aaO). Deshalb besteht insbes bei Werkmietwohnungen, bei denen der Untermieter die Verhältnisse stets genau kennt, generell kein Kündigungsschutz für den Untermieter (OLG Karlsruhe WuM 1983, 251). Schließlich kann der Untermieter auch immer ohne weiteres auf diesen besonderen Bestandsschutz verzichten und bei Verlust des Besitzrechts durch Auflösung des Hauptmietvertrages gegenüber seinem Vermieter, dem Hauptmieter kündigen (§ 542), etwa weil er sich an eine von dem letzteren ihm gestellte Kaution halten will (AG München WuM 1986, 316).

**19a** Die geschilderte Praxis befriedigt wenig (ebenso OLG Stuttgart ZMR 1985, 14, 15). Sie ist in den **Voraussetzungen** zu eng und bedenkt nicht die Rechtsfolgen. Unrichtig ist zunächst die Anknüpfung des Bestandsschutzes zugunsten des Untermieters an das negative Merkmal seiner fehlenden Aufklärung über seine Rechtsposition; die Folge ist nämlich, daß der Bestandsschutz durch alle Vermietungsunternehmen mühelos dadurch wieder beseitigt werden kann, daß sie den Untermieter formularmäßig eingehend über seine (schlechte) Rechtslage informieren. Auf dieses Merkmal darf daher ebenso wenig wie etwa bei finanzierten Abzahlungs-

---

[7] Grdleg BGHZ 84, 90; KG ZMR 1988, 137; OLG Hamm WuM 1982, 49; 1982, 290 = 13 und 20 in RE Miet; LG Köln WuM 1981, 252; LG Stade WuM 1980, 103; AG Charlottenburg GE 1987, 625, 627; noch weiter LG Freiburg ZMR 1983, 200; enger hingegen OLG Karlsruhe WuM 1981, 249; 1983, 251 = 9 und 28 in RE Miet.

[8] Grdleg BGHZ 84, 90 m Anm Emmerich JuS 1982, 777; OLG Hamm WuM 1982, 49; 1982, 290 = 13 und 20 in RE Miet; OLG Stuttgart ZMR 1985, 14 f = 12 in RE Miet; AG Kempten WuM 1984, 221; AG Charlottenburg GE 1987, 625, 627; offengelassen für andere Fälle in BGHZ 94, 11, 17 f m Anm Emmerich JuS 1985, 642.

käufen abgestellt werden. Unklar sind außerdem die **Rechtsfolgen** der neuen Praxis. Der pauschale Hinweis auf § 242 hilft nicht weiter. Auf die Dauer wird man daher hier ohne eine Erstreckung des Untermietvertrages auf den Hauptvermieter nicht auskommen (s MAUTE WuM 1982, 287; NASSALL MDR 1983, 9, 14 f).

### 3. Haftung des Mieters

**a)** Die Haftung des Mieters gegenüber dem Untermieter richtet sich nach den §§ 537 ff und damit insbes nach § 541, wobei zu den Rechten Dritter vor allem der Herausgabeanspruch des Vermieters gegenüber dem Untermieter gehört (§§ 556 Abs 3, 985). Folglich ist der Mieter dem Untermieter ersatzpflichtig, wenn bei Abschluß des Untermietvertrages die Erlaubnis des Vermieters fehlte und dem Untermieter deshalb später der Besitz entzogen wird (RGZ 81, 59; BGH LM Nr 1 zu § 542). Dasselbe gilt, wenn der Vermieter nachträglich den Hauptmietvertrag, etwa wegen Zahlungsverzugs des Mieters, kündigt und anschließend Herausgabe der Sache von dem Untermieter verlangt (BGHZ 63, 132; 79, 232; LG Ulm WuM 1989, 285f). Denn eine solche Kündigung hat der Mieter nach § 279 stets zu vertreten. **20**

**b)** Nach § 549 Abs 3 wird bei der berechtigten Gebrauchsüberlassung an einen Dritten dieser Dritte, namentlich also der Untermieter, als **Erfüllungsgehilfe** des Mieters gegenüber dem Vermieter behandelt, so daß der Mieter dem Vermieter für jede durch den vertragsmäßigen Gebrauch nicht gedeckte Beschädigung der Sache durch den Untermieter einstehen muß. Dasselbe gilt für unerlaubte Handlungen des Untermieters, die in einem inneren Zusammenhang mit dem Mietverhältnis stehen, wozu auch Unterschlagungen durch den Untermieter gehören (OLG München NJW-RR 1987, 727). Daraus folgt zugleich, daß der Mieter aus Mängeln der Mietsache, die der Untermieter zu vertreten hat, keine Rechte gegenüber dem Vermieter herleiten kann (§§ 324, 278; RGZ 158, 363, 367 f). War hingegen die Gebrauchsüberlassung an den Dritten unberechtigt, weil ihr der Vermieter nicht zugestimmt hatte, so liegt bereits in der Überlassung des Gebrauchs an den Dritten eine schuldhafte Vertragsverletzung, die den Mieter dem Vermieter gegenüber für alle daraus entstehenden Schäden ersatzpflichtig macht (s sogleich Rz 21). **20a**

### 4. Rechte des Vermieters bei unberechtigter Untervermietung

Eine Untervermietung ohne Erlaubnis des Vermieters stellt eine Vertragsverletzung dar, gegen die der Vermieter nach den §§ 550 und 553 vorgehen kann, außer wenn der Mieter ein Recht auf Erlaubniserteilung nach § 549 Abs 2 hatte.[9] Hat der Mieter schuldhaft gehandelt, so kann der Vermieter außerdem wegen positiver Vertragsverletzung **Schadensersatz** verlangen; einen Anspruch auf Heraus- **21**

[9] § 242; OLG Hamburg NJW 1981, 1157 = 5 in RE Miet; LG Frankfurt WuM 1981, 39; LG Berlin GE 1986, 505; 1986, 659, 661; anders zB LG München I ZMR 1988, 266; s Mietrecht § 549 Rz 44, 60.

gabe des vom Mieter erlangten Untermietzinses verweigert ihm jedoch die hM, weil er insoweit nicht geschädigt sei.[10]

## § 550

**Macht der Mieter von der gemieteten Sache einen vertragswidrigen Gebrauch und setzt er den Gebrauch ungeachtet einer Abmahnung des Vermieters fort, so kann der Vermieter auf Unterlassung klagen.**

**Schrifttum:** MÜLLER ZMR 1970, 289; WEIMAR ZMR 1960, 327.

1 **1.** Nach § 550 kann der Vermieter vom Mieter bei einem vertragswidrigen Gebrauch der gemieteten Sache nach vorheriger Abmahnung **Unterlassung** verlangen. Das Gesetz zieht damit die Folgerung aus dem Umstand, daß dem Mieter der Gebrauch der gemieteten Sache immer nur in den durch Vertrag und Gesetz gezogenen Grenzen zusteht (s oben § 535, 536 Rz 15 ff). Überschreitet der Mieter diese Grenzen, so handelt er rechtswidrig, so daß der Vermieter außerdem gegebenenfalls nach § 553 fristlos kündigen und darüber hinaus bei Verschulden des Mieters Schadensersatz verlangen kann. Alle diese Rechte stehen dem Vermieter schon während des Bestehens des Mietverhältnisses zu (RGZ 105, 395, 397; BGH WM 1968, 252). Zum Schutz des Mieters hat das Gesetz jedoch die Rechte des Vermieters aus den §§ 550 und 553 an das Erfordernis einer vorherigen Abmahnung geknüpft, um dem Mieter noch eine letzte Gelegenheit zu vertragstreuem Verhalten zu geben (vgl § 326 Abs 1; RGZ 104, 26).

2 **2.** Die wichtigste Voraussetzung des Unterlassungsanspruchs des Vermieters aus § 550 ist, daß der Mieter von der gemieteten Sache einen **vertragswidrigen Gebrauch** macht. Maßstab hierfür ist allein der dem Mieter jeweils nach Vertrag, Verkehrssitte und Gesetz zustehende, vertragsmäßige Gebrauch (BayObLG WuM 1984, 12 = 22 in RE Miet). Gleich stehen der vertragswidrige Gebrauch der Mietsache *durch dritte Personen,* denen der Mieter die Sache überlassen hat, zB durch die Angehörigen und Arbeitnehmer des Mieters oder durch den Untermieter (§ 549 Abs 3; s o § 549 Rz 20a), sowie der vertragswidrige *Nichtgebrauch* der Sache, sofern den Mieter ausnahmsweise eine Gebrauchspflicht trifft, wie es namentlich bei Vereinbarung einer Umsatzmiete zutreffen kann (s oben §§ 535, 536 Rz 35; RGZ 148, 88, 90; 157, 363, 368; RG JR 1925 Nr 1742). Ein Unterlassungsanspruch des Vermieters kann schließlich in Betracht kommen, wenn der Mieter das gemietete oder gepachtete Geschäft schlecht führt und dadurch die

[10] BGHZ 59, 51, 57 f; BGH LM Nr 42 zu § 535 BGB; Nr 2 a zu § 549 BGB = WM 1969, 298; NJW 1964, 1853; SÖLLNER JuS 1967, 449; dagegen Mietrecht § 549 Rz 60 f m Nachw. Zur Anwendung des § 816 Abs 2 im Verhältnis von Vor- und Nachmieter s BGHZ 85, 267, 272 f.

Interessen des Vermieters (oder Verpächters) erheblich verletzt (RGZ 148, 88, 90 f).

**3.** Der Unterlassungsanspruch des Vermieters setzt grundsätzlich eine **Abmahnung** voraus, in der der beanstandete, vertragswidrige Gebrauch des Mieters so genau wie möglich bezeichnet werden muß (LG Aachen WuM 1988, 54). Die Abmahnung ist eine sog Rechtshandlung, die im wesentlichen den Vorschriften über Rechtsgeschäfte unterliegt (OLG Celle WuM 1982, 206) und vom Vermieter ausgehen muß, so daß der Mieter Abmahnungen Dritter zurückweisen kann (OLG Celle aaO; LG Gießen WuM 1981, 232). Ebenso kommt als Adressat der Abmahnung allein der Mieter in Betracht; Abmahnungen gegenüber Dritten sind unwirksam. 3

Eine Abmahnung ist nur **entbehrlich,** wenn der Mieter von vornherein endgültig und ernstlich die Erfüllung durch Einhaltung der Grenzen des vertragsmäßigen Gebrauchs verweigert (BGH LM Nr 13 zu § 553 BGB), wenn ihre Erfolglosigkeit von vornherein feststeht (BGH WM 1968, 252), sowie unter Umständen bei arglistigem Verhalten des Mieters (KG JW 1927, 2817). 4

**4.** Letzte Voraussetzung des Unterlassungsanspruchs ist, daß der Mieter *ungeachtet* der Abmahnung, dh in ihrer Kenntnis, den vertragswidrigen Gebrauch **fortsetzt,** zB die zu gewerblichen Zwecken vermieteten Räume weiter als Wohnung benutzt (OLG Düsseldorf ZMR 1987, 423, 424). Mehr als diese Fortsetzung ist nicht erforderlich. Der Unterlassungsanspruch setzt weder Wiederholungsgefahr noch Verschulden auf Seiten des Mieters voraus (RG JW 1920, 377). Bei einer *Mehrheit* von Mietern richtet sich der Unterlassungsanspruch nur gegen denjenigen Mieter, der vertragswidrig gehandelt hat (§ 425; str). Geht der vertragswidrige Gebrauch von *Dritten* aus, so bleibt der Mieter ebenfalls der Anspruchsgegner; er ist dann verpflichtet, das vertragswidrige Verhalten der betreffenden Dritten zu unterbinden. Der Unterlassungsanspruch umfaßt dabei stets den Anspruch auf Beseitigung eines vom Mieter geschaffenen, vertragswidrigen und deshalb den Vermieter störenden Zustandes und daher zB die Beseitigung unzulässiger, baulicher Veränderungen (BGH LM Nr 54 zu § 535 BGB = NJW 1974, 1463). 5

## § 550 a

**Eine Vereinbarung, durch die sich der Vermieter von Wohnraum eine Vertragsstrafe vom Mieter versprechen läßt, ist unwirksam.**

**Schrifttum:** Blank WuM 1985, 274; Beuthien, in: FS Larenz (1973) 495; Horschitz NJW 1973, 1958; Lindacher, Phänomenologie der Vertragsstrafe (1972); Weimar MDR 1965, 349.

**1.** Der 1964 in das Gesetz eingefügte § 550 a verfolgt mit dem generellen Verbot von Vertragsstrafenklauseln in Wohnraummietverträgen den *Zweck,* den Mieter 1 gegen Übervorteilung seitens des Vermieters zu schützen. Weitere Schranken für derartige Abreden können sich bei preisgebundenem Wohnraum aus § 9 WoBindG und bei allen anderen Mietverträgen aus den §§ 9, 10 Nr 7 und 11 Nr 5 und 6 ABGB ergeben. Mit dem AGBG unvereinbar sind zB der Verzicht auf das Erfordernis des Vorbehalts der Vertragsstrafe bei Annahme der Leistung (BGHZ 72, 222; BGH BB 1963, 663) sowie der generelle Verzicht auf das Verschuldenserfordernis als Voraussetzung des Verfalls der Vertragsstrafe (BGH WM 1984, 931 = GE 1984, 625; WM 1985, 57).

2 **2. a)** Der **Anwendungsbereich** des § 550 a beschränkt sich auf Wohnraummietverhältnisse. Er ist darüber hinaus auf Mischmietverhältnisse anwendbar, sofern sich die gesicherte Mieterpflicht gerade auf Wohnräume bezieht. § 550 a gilt außerdem nur für **Vertragsstrafenabreden.** Mit Rücksicht auf den sozialen Schutzzweck der Norm (oben Rz 1) ist jedoch insoweit eine ganz *weite* Auslegung geboten. Nicht nur die eigentlichen Vertragsstrafenabreden im Sinne der §§ 339 ff, sondern auch sämtliche, ähnlichen Abreden mit vergleichbaren Wirkungen einschließlich aller Umgehungsgeschäfte durch Einschaltung Dritter sind mithin bei Wohnraummietverträgen verboten. *Beispiele* sind Verwirkungs- und Verfallklauseln (s oben § 547 Rz 10; BGH LM Nr 6 und 13 zu § 339 BGB = NJW 1960, 1568; 1968, 1625) sowie alle Schadenspauschalierungen, jedenfalls wenn sie denselben Zweck und dieselbe Wirkung wie ein Vertragsstrafenversprechen haben (str).

3 **b)** Unter § 550 a fallen daher **zB** jede Vereinbarung fester Mahn- und Bearbeitungsgebühren bei Vertragsverletzungen des Mieters (AG Charlottenburg WuM 1981, 227), die Vereinbarung überhöhter Verzugszinsen oder einer Abfindung bei Verträgen auf unbestimmte Dauer im Falle des Auszugs vor Ablauf einer Mindestdauer (AG Wuppertal WuM 1981, 105; str) sowie eine Bestimmung, daß der Mieter bei einem Verstoß gegen seine Anzeigepflicht (§ 545) sämtliche Reparaturkosten tragen muß (LG Stuttgart WuM 1987, 254, 255) oder daß die Kaution bei kurzer Vertragsdauer verfallen soll (AG Karlsruhe WuM 1989, 73). Umstritten ist hingegen die Zulässigkeit von Klauseln, durch die sich der Mieter bei einer vorzeitigen Vertragsaufhebung oder einem vorzeitigen Mieterwechsel zur Zahlung einer sog Mietwechselgebühr oder einer sonstigen Gegenleistung für die vorzeitige Vertragsaufhebung, etwa in Höhe einer weiteren Monatsmiete, verpflichtet[1]. In engem Rahmen werden in der Tat gegen die Zulässigkeit derartiger Klauseln keine Bedenken erhoben werden können, da ein Mieterwechsel typischerweise für den Vermieter mit zusätzlichen Kosten verbunden ist.

4 **3.** Klauseln, die nach dem Gesagten gegen § 550 a verstoßen, sind *unwirksam.*

---

[1] Für die Zulässigkeit LG Lübeck WuM 1985, 114; LG Berlin GE 1987, 135; AG Hannover WuM 1987, 147; AGe Reinbeck u Norderstedt WuM 1985, 112; AG Hamburg WuM 1985, 113; dagegen zB LG Itzehoe WuM 1980, 247; LG Lübeck WuM 1981, 104; AG Rendsburg WuM 1981, 105; AG Bremen ZMR 1983, 22; s eingehend Blank WuM 1985, 274.

Die Wirksamkeit des restlichen Vertrages wird hiervon mit Rücksicht auf den sozialen Schutzzweck der Vorschrift nicht berührt.

## § 550 b

**(1) [1]Hat bei einem Mietverhältnis über Wohnraum der Mieter dem Vermieter für die Erfüllung seiner Verpflichtungen Sicherheit zu leisten, so darf diese das Dreifache des auf einen Monat entfallenden Mietzinses vorbehaltlich der Regelung in Absatz 2 Satz 3 nicht übersteigen. [2]Nebenkosten, über die gesondert abzurechnen ist, bleiben unberücksichtigt. [3]Ist eine Geldsumme bereitzustellen, so ist der Mieter zu drei gleichen monatlichen Teilleistungen berechtigt; die erste Teilleistung ist zu Beginn des Mietverhältnisses fällig.**
**(2) [1]Ist bei einem Mietverhältnis über Wohnraum eine als Sicherheit bereitzustellende Geldsumme dem Vermieter zu überlassen, so hat er sie von seinem Vermögen getrennt bei einer öffentlichen Sparkasse oder bei einer Bank zu dem für Spareinlagen mit gesetzlicher Kündigungsfrist üblichen Zinssatz anzulegen. [2]Die Zinsen stehen dem Mieter zu. [3]Sie erhöhen die Sicherheit.**
**(3) Eine zum Nachteil des Mieters abweichende Vereinbarung ist unwirksam.**
**(4) Bei Wohnraum, der Teil eines Studenten- oder Jugendwohnheims ist, besteht für den Vermieter keine Verpflichtung, die Sicherheitsleistung zu verzinsen.**

**Schrifttum:** Blank, Einmalige Mieterleistungen, PiG 28, S 131; Derleder, Die Sicherung der Kaution des Wohnraummieters gegenüber den Gläubigern des Vermieters, NJW 1988, 2988; ders-Stapelfeld, Die Lohn- und Gehaltsabtretung als Vermietersicherung, ZMR 1987, 123; Demuth ZMR 1976, 195; Eisenschmid, Die Abwicklung des Wohnraummietverhältnisses, WuM 1987, 243; Freund-Barthelmess NJW 1979, 2121; Glaser ZMR 1977, 161; Hüsstege ZMR 1983, 295; H-D Müller, Die Mietkaution, GE 1987, 156; Patzer DWW 1975, 157; Rödding BB 1968, 934; Rösch WuM 1975, 65; 1976, 113; M Schmid, Probleme der Kautionsverzinsung, GE 1985, 385; Schopp ZMR 1969, 1; W Schulz, Die Rückzahlung der Mieterkaution, DWW 1986, 170; Sternel Rz III 221 ff; ders MDR 1983, 265; Wiek, Die Rechte des Mieters aus der Sicherungsabrede bei nicht gleichzeitiger Abrechnung der Barkaution, DWW 1988, 136; Weimar WuM 1970, 1; Betrieb 1976, 1212; 1981, 1076; ; Zeuner ZMR 1980, 197.

**1.** Der erst durch das Änderungsgesetz von 1982 (BGBl I 1912) mit Wirkung vom 1. 1. 1983 in das Gesetz eingefügte § 550 b hat den **Zweck,** die verbreitete Rechtsunsicherheit, die bisher hinsichtlich der Leistung von Mietsicherheiten (Kautionen) bestand, wenigstens für Wohnraummietverhältnisse durch Einführung einer zwingenden Regelung zu beseitigen (vgl eingehend die Begr z RegE, BT-Drucks 9/2079, S 10 f, 13 f). Vorläufer des § 550 b sind der § 9 Abs 5 WoBindG und § 10 NMV gewesen. **1**

Der **Anwendungsbereich** des neuen § 550 b beschränkt sich seinem Zweck entsprechend auf Wohnraummietverhältnisse (s oben Vorbem 12 f zu §§ 535, 536). Besonderheiten gelten für Sozialwohnungen aufgrund des neuen § 9 Abs 5 S 1 WoBindG. **Keine** Anwendung findet § 550 b hingegen auf andere Mietverhältnisse, zB über gewerbliche Räume (LG Kiel ZMR 1983, 24), sowie auf Wohn- **1a** raummietverträge, die vor dem 1. 1. 1983 abgeschlossen worden sind (LG Hamburg WuM 1987, 316; anders AG Bremerhaven WuM 1989, 75). Eine Ausnahme gilt nach Art 4 Nr 2 des ÄnderungsG von 1982 nur für die Verzinsungspflicht, sofern sie nicht ausdrücklich durch Vertrag ausgeschlossen war, wobei dann Zinsen ab Zahlung der Kaution verlangt werden können; die Beweislast für die Zinshöhe trägt aber der Mieter.[1] Ein Ausschluß der Verzinsung durch Formularvertrag war dabei unwirksam, so daß in solchen Fällen ebenfalls eine Zinspflicht von Anfang an besteht.[1a]

2 Bei Wohnraummietverhältnissen erfaßt § 550 b ebenso wie § 572, der insoweit als Vorbild gedient hat, jede Form der **Sicherheitsleistung** des Mieters für die Erfüllung seiner Verpflichtungen gegenüber dem Vermieter. Das Gesetz verweist damit zugleich auf die Aufzählung in § 232 (s zB für die Bürgschaft OLG Köln WuM 1989, 136; LG Hamburg WuM 1989, 138). Die bei weitem üblichste Form der Sicherheitsleistung ist dabei heute die Zahlung einer sog *Barkaution* seitens des Mieters an den Vermieter, die dementsprechend im Mittelpunkt der Regelung des § 550 b steht. Daneben kommt als Kaution zB noch die Übergabe eines mit einem Sperrvermerk versehenen Sparbuchs in Betracht (BGH NJW 1984, 1749 = LM Nr 88 zu § 535 BGB; LG Wiesbaden WuM 1984, 82 f). Die Bezeichnung der fraglichen Leistungen in dem Vertrag spielt hierbei keine Rolle; vielmehr wird von § 550b jede Mieterleistung erfaßt, die die Funktion einer Kaution hat (zB AG Aachen WuM 1986, 336 für eine sog Teppichbodenkaution).

3 **2. a)** Nach § 550 b Abs 1 S 1 darf die Sicherheitsleistung grundsätzlich nicht das **Dreifache** eines Monatsmietzinses im Zeitpunkt der Vereinbarung über die Sicherheitsleistung übersteigen, wobei Nebenkosten, über die gesondert abzurechnen ist, unberücksichtigt bleiben (§ 550 b Abs 1 S 3). Diese Vorschrift gilt für jede Form der Sicherheit, nicht nur für Barkautionen, sondern zB auch für Bürgschaften, für die Hinterlegung von Wertpapieren usw, so daß der Vermieter, wenn er bereits eine Barkaution in der höchstzulässigen Höhe erhalten hat, vom Mieter keine weiteren Sicherheiten, etwa in Form einer Bürgschaft, verlangen kann; ein hiergegen verstoßender Bürgschaftsvertrag ist unwirksam (§ 134; OLG Köln WuM 1989, 136; LG Hamburg WuM 1989, 138; AG Köln ZMR 1984, 379; s unten Rz 9). Maßstab ist hierbei der Mietzins, den der Mieter gerade in dem Augenblick schuldet, in dem er sich mit dem Vermieter über die Leistung einer Kaution einigt; spätere Mietzinserhöhungen bleiben außer Betracht. Nebenkosten sind nur herauszurechnen, wenn über sie gesondert abgerechnet wird; der Vermieter steht sich hier folglich bei Vereinbarung einer Warmmiete oder von Nebenkostenpauschalen (weit) besser als bei Vereinbarung einer Netto- oder Kaltmiete (AG Wuppertal MDR 1989, 162). Wegen der Zinsen s unten Rz 6.

4 **b)** Die **Fälligkeit** der Sicherheitsleistung richtet sich, wenn sie in der Bereitstel-

---

[1] AG Ebersberg WuM 1984, 83; AG Köln WuM 1989, 19; AG Augsburg WuM 1984, 213; s. STERNEL MDR 1983, 269; anders AG Düsseldorf WuM 1984, 212; AG Walsrode WuM 1988, 158.

[1a] LG Frankfurt WuM 1986, 336; LG Berlin GE 1987, 135, 137; LG Nürnberg-Fürth WuM 1988, 158; LG Itzehoe WuM 1989, 290; anders zB LG Frankfurt WuM 1988, 307.

lung einer Geldsumme besteht, nach Satz 3 des § 550 b Abs 1. Der Gesetzgeber hat hier vor allem die Zahlung einer Barkaution an den Vermieter, daneben aber auch die Hinterlegung einer Geldsumme sowie die Anlage eines Kautionskontos auf den Namen des Mieters und dessen anschließende Verpfändung an den Vermieter im Auge gehabt (Begr, aaO 13). In allen diesen Fällen ist der Mieter berechtigt, die vereinbarte Sicherheit in drei gleichen, monatlichen **Teilleistungen** zu erbringen. Die erste Teilleistung ist dabei zu Beginn des Mietverhältnisses, dh bei Einzug und damit grundsätzlich mit dem ersten Mietzins zu zahlen (§ 271; LG Berlin GE 1988, 729 = WuM 1988, 266). Vereinbaren die Parteien einen späteren Zeitpunkt, so verschiebt sich entsprechend die Fälligkeit der beiden folgenden Raten, die im übrigen nicht gesetzlich geregelt ist, so daß insoweit Vertragsfreiheit besteht (aM Sternel MDR 1983, 268 f). Man wird aber annehmen dürfen, daß nach dem Sinn der gesetzlichen Regelung zwischen den einzelnen Raten jeweils mindestens ein Monat liegen muß. Aus dem Zweck der Kaution wird überwiegend gefolgert, daß der Mieter wegen angeblicher Mängel der Mietwohnung kein Zurückbehaltungsrecht hinsichtlich der Kaution hat, sondern auf die Rechte aus den §§ 537 f beschränkt ist (LG Köln WuM 1987, 257; AG Bonn WuM 1988, 266, 267); er kann lediglich nach Zahlung der ersten Rate die zweite und dritte Rate zurückbehalten, bis ihm die ordnungsgemäße Anlage der ersten Rate entsprechend § 550 b vom Vermieter nachgewiesen ist (AG Braunschweig WuM 1987, 275; AG Bremen WuM 1989, 74). Auch eine Aufrechnung des Mieters ist nur in engen Grenzen möglich (LG Baden-Baden WuM 1989, 73 f). Verstöße des Mietvertrags gegen die zwingende, gesetzliche Regelung über die Fälligkeit der Raten führen im übrigen nicht zur Nichtigkeit des Vertrages insgesamt, sondern nur zur Ersetzung der nichtigen Klauseln durch die gesetzliche Regelung (AG Wedding GE 1988, 1007; LG Berlin GE 1989, 147). Kommt schließlich der Mieter mit der Zahlung der Kaution in Verzug, so kann der Vermieter keine Verzugszinsen fordern, weil die Zinsen ohnehin dem Mieter zustehen (LG Köln WuM 1987, 257, 258; AG Braunschweig WuM 1987, 257).

c) Besteht die Sicherheitsleistung in einer **Barkaution,** so ist der Vermieter nach 5
§ 550 b Abs 2 außerdem verpflichtet, den Betrag von seinem Vermögen getrennt, dh auf einem treuhänderischen *Ander- oder Sonderkonto* bei einer öffentlichen Sparkasse, der Postsparkasse oder einer in- oder ausländischen Bank zu dem für Spareinlagen mit gesetzlicher Kündigungsfrist üblichen *Zinssatz* anzulegen. Der Mieter hat einen Anspruch gegen den Vermieter auf eine entsprechende Anlage seiner Kaution (zB AG München NJW-RR 1987, 786) sowie auf Auskunft darüber, ob der Vermieter dieser Verpflichtung nachgekommen ist; er kann jedoch nicht bis zur Erteilung der Auskunft die Leistung der weiteren Kautionsraten verweigern (s o Rz 4 sowie zB LG Kiel WuM 1988, 266; AG Braunschweig WuM 1989, 17; AG Norderstedt WuM 1987, 316; AG Langenfeld WuM 1987, 350). Die Pflicht zur gesonderten Anlage der Kaution auf einem treuhänderischen Ander- oder Sonderkonto besteht nach Treu und Glauben heute auch bei Altverträgen (AG Ludwigshafen WuM 1987, 350). Tritt nachträglich in den Vermögensverhältnissen des Vermieters eine wesentliche Verschlechterung ein, so kann der Mieter schließlich Rückgabe der Kaution verlangen, wenn nicht der Vermieter durch Abrede mit der Bank dafür Sorge trägt, daß fortan über die Kaution nur

noch mit Zustimmung des Mieters verfügt werden kann (AG Ludwigshafen aaO).

5a Durch die gesetzliche Regelung wird erreicht, daß der Kautionsbetrag dem Zugriff der Gläubiger des Vermieters entzogen ist. Pfändet ein solcher Gläubiger den auf dem Sonderkonto angelegten Betrag, so kann der Mieter folglich nach § 771 ZPO intervenieren, während er im Konkurs des Vermieters ein Aussonderungsrecht nach § 43 KO hat[2]. Da der Mieter einen Anspruch auf eine entsprechende Anlage der Kaution hat, handelt es sich um eine sog. kongruente Dekkung, so daß der Konkursverwalter über das Vermögen des Vermieters diese Anlage nur nach § 30 Abs 1 S 2 KO anfechten kann (BayObLGZ 1988, 109). Das Aussonderungsrecht des Mieters ist hierbei unabhängig davon, ob der fragliche Betrag unmittelbar aus dem Vermögen des Mieters stammt oder nachträglich vom Vermieter auf dem Treuhandkonto eingezahlt worden ist, nachdem er zunächst die Kautionsleistung des Mieters vereinnahmt hatte (BayObLG aaO). Durch die gesetzliche Regelung wird außerdem sichergestellt, daß sich das Pfandrecht der Kreditinstitute ebensowenig wie ihr Aufrechnungs- oder Zurückbehaltungsrecht aufgrund ihrer AGB auf den Kautionsbetrag erstrecken (BGH WM 1973, 894; BayObLG aaO). Der Vermieter ist dem Mieter (als Treugeber) über die Anlage und Verwendung des Geldes rechenschaftspflichtig und macht sich **ersatzpflichtig,** wenn er gegen seine gesetzlichen Pflichten hinsichtlich der Anlage des Geldes, zB durch Verfügung über das Anderkonto im eigenen Interesse, verstößt.[3] Solche Verfügungen können zudem von vornherein verhindert werden, wenn bei der Anlage des Geldes mit der Bank vereinbart wird, daß der Vermieter über das Konto nur mit Zustimmung des Mieters verfügen darf (s AG Ludwigshafen WuM 1987, 350).

6 3. Früher war lebhaft umstritten, ob der Vermieter zu einer **verzinslichen Anlage** der an ihn gezahlten Barkaution verpflichtet ist.[4] Die Frage ist durch § 550 b Abs 2 jetzt im positiven Sinne geklärt. Die Barkaution muß in jedem Fall zu dem für Spareinlagen mit gesetzlicher Kündigungsfrist üblichen Zinssatz angelegt werden. Die Zinsen und Zinseszinsen stehen dann dem Mieter zu (AG Mannheim WuM 1989, 176) und erhöhen die Sicherheit, selbst wenn infolgedessen der nach § 550 b Abs 1 S 1 zulässige Höchstbetrag der Kaution überschritten wird. Dasselbe gilt, wenn der Vermieter eine höherverzinsliche Anlageform wählt (Sternel MDR 1983, 269). **Auszahlung** der Zinsen kann der Mieter aber erst nach Ver-

---

[2] Grdl. BayObLGZ 1988, 109 = NJW 1988, 1796 = WuM 1988, 205 = ZMR 1988, 253; OLG Düsseldorf OLGZ 1988, 454 = NJW-RR 1988, 782 = ZMR 1988, 99 = BB 1988, 293.

[3] OLG Frankfurt WuM 1989, 138: Untreue; ebenso LG Aachen WuM 1989, 292; AG Hildesheim WuM 1988, 157: § 823 Abs 2; dazu Hänlein WuM 1988, 305; s außerdem insbes LG Kiel WuM 1989, 18; anders (keine Untreue) OLG Düsseldorf WuM 1989, 291.

[4] Dafür bes BGHZ 84, 345 = NJW 1982, 2186 = 9 in RE Miet; BayObLGZ 1981, 15 = 4 in RE Miet; LG München I WuM 1989, 236 – (auch kein Anschluß durch AGB); anders zB KG NJW 1982, 1416 = 6 in RE Miet; s Mietrecht Vorbem 139 zu §§ 535, 536; Emmerich JuS 1981, 608; 1983, 63.

tragsende zusammen mit der Kaution verlangen; bis zu diesem Zeitpunkt besteht mithin die Verpflichtung zur Verzinsung der Kaution (AG Wetzlar WuM 1987, 20); zugleich beginnt in diesem Zeitpunkt die vierjährige Verjährungsfrist des § 197 zu laufen (§§ 198, 201; HÜSSTEGE ZMR 1983, 295). **Ausgenommen** von der Verzinsungspflicht sind nur die Vermieter von Studenten- und Jugendwohnheimen (§§ 550 b Abs 4) sowie Altverträge, bei denen die Verzinsung ausdrücklich durch Individualvertrag (str) ausgeschlossen war (o Rz 1 a).

**4.** Solange der Mietvertrag läuft, hat der Mieter nur einen durch das Vertragsende 7
aufschiebend bedingten Anspruch auf **Rückzahlung** der Kaution zuzüglich etwaiger vom Vermieter gezogener Zinsen (BGHZ 84, 345 = 9 in RE Miet; BGH WM 1978, 1326). Die Folge ist, daß der Mieter bis Vertragsende mit seinem Rückzahlungsanspruch nicht gegen etwaige Zahlungsansprüche des Vermieters aufrechnen kann (BGH LM Nr 50 zu § 535 BGB = WM 1972, 335). Hingegen kann sich der Vermieter jederzeit aus der vom Mieter geleisteten Sicherheit wegen seiner offenstehenden Forderungen befriedigen, ohne hierzu freilich verpflichtet zu sein. Nimmt er die Kaution in Anspruch, so kann er außerdem jederzeit **Auffüllung** der Kaution auf die vereinbarte Höhe verlangen. Das gilt grundsätzlich auch noch nach Vertragsende (BGH WM 1981, 253), außer wenn schon jetzt feststeht, daß der Vermieter keine Ansprüche mehr gegen den Mieter hat (OLG Celle WuM 1983, 291). Verschlechtern sich die Vermögensverhältnisse des Vermieters während des Laufs des Vertrages erheblich, so ist schließlich § 321 entsprechend anzuwenden (s o Rz 5).

**5.** Mit Vertragsende entsteht der Rückzahlungsanspruch des Mieters. **Fällig** wird 8
der Anspruch indessen erst nach Ablauf einer angemessenen Überlegungs- und Prüfungsfrist für den Vermieter (grdl BGHZ 101, 144; BGH WM 1978, 1326; OLG Celle OLGZ 1966, 6). Die Angaben über die Länge dieser Frist schwanken erheblich; üblicherweise wird sie in der Rechtsprechung auf drei bis maximal sechs Monate bemessen[5]. Während des Laufs dieser Frist kann der Mieter mit dem Rückzahlungsanspruch noch nicht gegen etwaige Vermieterforderungen, zB auf Schadensersatz, aufrechnen (OLG Karlsruhe ZMR 1987, 148). Nach Ablauf der Frist ist der Vermieter unbedingt zur **Rückzahlung** der Kaution verpflichtet. Der Anspruch des Mieters verjährt in 30 Jahren (LG Köln WuM 1989, 290f). Hat der Vermieter jetzt noch offene Forderungen, zB wegen der Bezahlung von Nebenkosten, so darf er die Kaution gleichwohl nicht mehr zurückbehalten, wenn er die Nebenkosten noch nicht beziffern kann[6]. Folglich kann der Mieter fortan auch mit

[5] S zB OLG Karlsruhe ZMR 1987, 148; 1987, 215 = NJW-RR 1987, 720 (sechs Monate); OLG Hamburg NJW-RR 1988, 651 = WuM 1988, 124 = ZMR 1988, 264 (im Einzelfall mehr als sechs Monate); LG Mannheim WuM 1988, 362 (sechs Monate); AG Aachen WuM 1986, 315 (höchstens sechs Monate); WuM 1988, 17 (3–4 Monate); AG Herford WuM 1987, 131 (drei Monate) usw.

[6] Im einzelnen sehr str., s zB LG Mannheim WuM 1988, 362; AG Köln WuM 1987, 258; AG Aachen WuM 1988, 17; 1986, 315; vgl auch noch OLG Hamburg NJW-RR 1988, 651 = ZMR 1988, 264 = WuM 1988, 124.

dem jetzt fälligen Anspruch auf Rückzahlung der Kaution gegen etwaige andere Vermieterforderungen **aufrechnen** (zB BGH LM Nr 51 zu § 535 BGB = NJW 1972, 721; WM 1967, 515).

**8a** All dies hindert den Vermieter seinerseits nicht daran, gegen den Rückzahlungsanspruch des Mieters mit etwaigen inzwischen bereits **verjährten** Schadensersatzansprüchen, etwa wegen unterlassener Schönheitsreparaturen, aufzurechnen (§ 390 S. 2); aus der Fälligkeit des Rückzahlungsanspruch des Mieters nach Ablauf der Prüfungsfrist folgt kein Aufrechnungsverbot für den Vermieter[7]. Diese Schadensersatzansprüche müssen jedoch vom Vermieter im einzelnen spezifiziert werden; pauschale Angaben genügen nicht (AG Wennigsen/Deister WuM 1987, 258). Und haben die Parteien vereinbart, daß die Kaution nur die Ansprüche des Vermieters wegen der Schönheitsreparaturen sichern soll, so kann der Vermieter mit anderen Schadensersatzansprüchen nicht gegen den Rückzahlungsanspruch aufrechnen (LG Berlin GE 1987, 999). Fehlt es jedoch an solchen Abreden, so haftet die Kaution nach Vertragsende auch für etwaige Ansprüche des Vermieters aus § 557 (OLG Frankfurt WM 1979, 1318). Außerdem kann der Vermieter bis zum Ende der Überlegungsfrist stets noch die **Auffüllung** einer etwa schon ganz oder z. T. verbrauchten Kaution verlangen (OLG Hamburg NJW-RR 1988, 651). Gegen den **Zwangsverwalter** richtet sich der Rückzahlungsanspruch des Mieters jedoch nur, wenn ihm nach § 572 die Kaution ausgehändigt worden ist, so daß der Mieter gegen den Vermieter einen Anspruch auf Aushändigung der Kaution an den Zwangsverwalter hat (LG Köln WuM 1987, 351; AG Köln WuM 1987, 351; str). Der Streitwert der Klage auf Rückzahlung der Kaution richtet sich nach dem Kautionsbetrag zuzüglich der in der Zwischenzeit aufgelaufenen Zinsen (AG Michelstadt WuM 1987, 353).

**9** **6.** Bei Wohnraummietverhältnissen ist eine zum Nachteil des Mieters von § 550 b **abweichende Vereinbarung** unwirksam (§ 550 b Abs 3). Eine solche abweichende Vereinbarung liegt jedoch nicht vor, wenn die Parteien an Stelle der Anlegung der Kaution auf einem Treuhandkonto die Rückzahlung des Kautionsbetrages nebst Zinsen durch die Bürgschaft eines geeigneten Kreditinstituts absichern (Begr, BT-Drucks 9/2079, 14; dagegen aber Sternel MDR 1983, 269). Nicht geregelt sind die **Rechtsfolgen** eines Verstoßes gegen § 550 b; nach dem Zweck der gesetzlichen Regelung kommt jedoch als Rechtsfolge allein eine Reduktion der Vereinbarung über die Kaution auf den nach § 550 b zulässigen Inhalt in Betracht (s oben Rz 3 u 4; LG Hamburg WuM 1989, 138).

---

[7] So grdl BGHZ 101, 144 = WuM 1987, 310 = ZMR 1987, 412 im Anschluß an OLG Karlsruhe ZMR 1987, 148; anders zuvor OLG Celle NJW 1985, 1715; LG Wiesbaden WuM 1986, 253; wohl auch OLG Karlsruhe NJW-RR 1987, 720 = ZMR 1987, 215 = WuM 1987, 156.

## § 551

**(1) [1]Der Mietzins ist am Ende der Mietzeit zu enrichten. [2]Ist der Mietzins nach Zeitabschnitten bemessen, so ist er nach dem Ablaufe der einzelnen Teilabschnitte zu entrichten.**
**(2) Der Mietzins für ein Grundstück ist, sofern er nicht nach kürzeren Zeitabschnitten bemessen ist, nach dem Ablauf je eines Kalendervierteljahres am ersten Werktage des folgenden Monats zu entrichten.**

**1.** § 551 hat im Anschluß an frühere Partikularrechte die Vorleistungspflicht des *Vermieters* zur gesetzlichen Regel erhoben. Das Gesetz unterscheidet dabei im einzelnen zwischen beweglichen und unbeweglichen Sachen. Bei der Grundstücksmiete einschließlich der Raummiete (§ 580) ist der Mietzins ohne Rücksicht auf den Bemessungszeitraum stets spätestens nach Ablauf eines Kalendervierteljahres fällig (§ 551 Abs 2), während bei allen anderen Mietverträgen nach § 551 Abs 1 der Ablauf des jeweiligen Bemessungszeitraums maßgebend ist. **1**

**2.** Die praktische Bedeutung von § 551 ist gering, da in der Praxis heute die Vorleistungspflicht des *Mieters* überwiegt. Sebst dann bleibt freilich dem Mieter stets die Einrede des nicht erfüllten Vertrages (§ 320), wenn der Vermieter gegen seine Erhaltungspflicht verstößt (s oben § 537 Rz 17; grdlg BGHZ 84, 42; LG Hamburg ZMR 1984, 128). **2**

**3.** Umstritten ist die Vereinbarkeit von **Vorleistungsklauseln** in **Formularverträgen** mit § 11 Nr 2 AGBG. Die Frage läßt sich nicht einheitlich beantworten. Es kommt vielmehr darauf an, ob die Vorleistungsklausel zu einer mit Sinn und Zweck des § 11 Nr 2 AGBG unvereinbaren Einschränkung des § 320 führt. Ist dies der Fall, so sind Vorleistungsklauseln in Formularverträgen unwirksam (§ 9 Abs 2 AGBG).[1] Obwohl hierbei mit Rücksicht auf den Gerechtigkeitsgehalt des § 320 BGB und des § 11 Nr 2 AGBG grundsätzlich ein strenger Maßstab anzulegen ist, dürfte doch bei der Miete wegen der allgemeinen Üblichkeit von Vorleistungsklauseln in Abweichung von § 551 von der regelmäßigen Zulässigkeit solcher Klauseln auszugehen sein. **3**

## § 552

**[1]Der Mieter wird von der Entrichtung des Mietzinses nicht dadurch befreit, daß er durch einen in seiner Person liegenden Grund an der Ausübung des ihm zustehenden Gebrauchsrechts verhindert wird. [2]Der Vermieter muß sich jedoch den Wert der ersparten Aufwendungen sowie derjenigen Vorteile anrechnen lassen, welche er aus einer anderweitigen Verwertung des Gebrauchs erlangt. [3]Solange der**

---

[1] S zB BGHZ 84, 42; BGH LM Nr 3 zu § 9 (Cc) ABGB = WM 1984, 1056, 1058; LM Nr 13 zu § 9 (Cb) BGB = NJW 1985, 855 usw; statt aller Graf v Westphalen, in: Löwe-Graf v Westphalen-Trinkner, AGBG Bd II (2. Aufl 1983), § 11 Nr 2 Rz 9 ff; Hensen, in: Ulmer-Brandner-Hensen, AGBG (5. Aufl 1987), § 11 Nr 2 Rz 11 ff m Nachw.

**Vermieter infolge der Überlassung des Gebrauchs an einen Dritten außerstande ist, dem Mieter den Gebrauch zu gewähren, ist der Mieter zur Entrichtung des Mietzinses nicht verpflichtet.**

**Übersicht**



**Schrifttum:** Beuthien, Zweckerreichung und Zweckstörung im Schuldverhältnis (1969); Emmerich, Das Recht der Leistungsstörungen (2. Aufl 1986); Hager, Die Risikotragung beim Kauf (1982); Hönn MDR 1970, 19; Hüffer, Leistungsstörungen durch Gläubigerhandeln (1976); Köhler, Unmöglichkeit und Geschäftsgrundlage bei Zweckstörungen im Schuldverhältnis (1971); I Koller, Die Risikozurechnung bei Vertragsstörungen in Austauschverträgen (1979); Kramer, Gegenseitige Verträge (1904); Krönig MDR 1950, 209; Nassauer, Sphärentheorien (1978); Oske WuM 1979, 181; Röhrmann NJW 1971, 787; Röchling NJW 1981, 2782; Weimar ZMR 1971, 202; 1978, 129; Wichardt ZMR 1982, 161.

## I. Anwendungsbereich

1 **1. a)** Nach § 552 S 1 wird der Mieter von der Entrichtung des Mietzinses grundsätzlich nicht dadurch befreit, daß er durch einen in seiner Person liegenden Grund an der Ausübung des ihm zustehenden Gebrauchsrechts gehindert wird. Die volle Bedeutung dieser Bestimmung erschließt sich nur, wenn man sie vor dem Hintergrund der allgemeinen Vorschriften über die Leistungsstörungen sieht und dabei berücksichtigt, daß den Mieter grundsätzlich weder eine Abnahme- noch eine Gebrauchspflicht trifft (s oben § 535, 536 Rz 35). Dann zeigt sich nämlich, daß – entgegen der hM – für die Anwendung des § 552 kein Raum ist, wenn der Mieter von vornherein den ihm zustehenden und vom Vermieter ermöglichten Gebrauch **nicht antritt.** Durch ein solches Verhalten gerät er nämlich zunächst, da ihn keine Abnahmepflicht trifft, lediglich in Annahmeverzug. Dieser hat jedoch, da die Miete nahezu durchweg Fixcharakter trägt, fast ausnahmslos **Unmöglichkeit** der Erfüllung zur Folge, so daß sich die Verpflichtung des Mieters zur Zahlung des Mietzinses in diesem Fall schon aus *§ 324 Abs 1* ergibt; eines Rückgriffs auf § 552 bedarf es hier daher nicht (s eingehend Mietrecht § 552 Rz 4 ff). § 552 ist hier nur insofern bedeutsam, als er zeigt, daß das Gesagte nicht nur dann gilt, wenn der Mieter willentlich auf die Abnahme und den Gebrauch der Sache verzichtet, sondern auch dann, wenn er von vornherein aus *in seiner Person* liegenden Gründen an der Abnahme oder an dem Gebrauchsantritt gehindert wird. Tritt hingegen in einem solchen Fall ausnahmsweise einmal bloßer

**Annahmeverzug** ein, so ist ebenfalls kein Raum für die Anwendung des § 552, weil andernfalls der Mieter den Mietzins zweimal zahlen müßte.

Die Anwendung des § 552 ist außerdem – wiederum entgegen der hM[1] – entbehrlich, wenn der Mieter freiwillig auf den *Gebrauch* der ihm überlassenen Sache *verzichtet,* namentlich also wenn er **auszieht.** Denn in diesem Fall ergibt sich seine Verpflichtung zur Fortzahlung des Mietzinses schon daraus, daß ihn gar keine Gebrauchspflicht trifft, so daß es allein seine Entscheidung ist, ob er von der gemieteten Sache den vereinbarten Gebrauch machen will oder nicht (ebenso BGH WM 1980, 1397). Folglich braucht sich in einem derartigen Fall der vertragstreue Vermieter nicht um einen Ersatzmieter zu bemühen, sondern kann auf Erfüllung bestehen (BGH WM 1984, 171, 172). 2

**b)** Der **Anwendungsbereich** des § 552 beschränkt sich mithin entsprechend seinem Wortlaut auf diejenigen Fälle, in denen der Mieter nach Überlassung der Sache **unfreiwillig** an deren Gebrauch durch Gründe gehindert wird, die aus *seinem Risikobereich* stammen. Darin kommt der allgemeine Gedanke zum Ausdruck, daß es im Regelfall der Mieter als Sachleistungsgläubiger ist, der das Verwendungsrisiko tragen muß (s oben Vorbem 15 f zu § 537; OLG Hamm OLGZ 1987, 102). Nur bei Berücksichtigung dieses Grundsatzes läßt sich zudem eine befriedigende Abgrenzung der Fälle des § 552 von denen der (jedermann treffenden) Unmöglichkeit des Gebrauchs vornehmen, die ebenfalls nicht unter § 552 fallen, deren Rechtsfolgen sich vielmehr aus den allgemeinen Vorschriften über Leistungsstörungen ergeben (s oben Vorbem 5 ff zu § 537). 3

**2.** § 552 S 1 zeigt, daß man zwischen Hinderungsgründen aus der Person des Mieters und sonstigen Hinderungsgründen unterscheiden muß, mögen sie ihre Ursache in der Person des Vermieters oder in objektiven Umständen haben (RGZ 79, 92, 95; 147, 304, 309; BGHZ 38, 295, 297; OLG Frankfurt MDR 1981, 231). Wird der Mieter durch Gründe der letzteren Art an dem Gebrauch gehindert, so liegt Unmöglichkeit vor, so daß der Mieter frei wird (§ 323 Abs 1); außerdem ist der Vermieter gegebenenfalls zum Schadensersatz verpflichtet (s im einzelnen Mietrecht § 552 Rz 14 ff). Für die **Abgrenzung** zwischen Unmöglichkeit und Verwendungsrisiko des Mieters verweist das Gesetz dabei in § 552 S 1 letztlich auf das Kriterium der **Risikosphäre** des Mieters (RGZ 147, 304, 308 f; BGHZ 38, 295, 297 f; LG Koblenz NJW 1968, 492). § 552 stellt deshalb die Aufgabe, in jedem Fall die Risikosphäre des Mieters möglichst genau abzugrenzen, wobei stets von den Abreden der Parteien auszugehen ist. Hat hiernach eine der Parteien ein bestimmtes Risiko übernommen, so hat es dabei sein Bewenden (BGHZ 38, 295; vgl OLG Oldenburg WuM 1981, 125 = OLGZ 1981, 315). In den verbleibenden Fällen ist die im Vertrag getroffene Risikoverteilung sinngemäß nach den zur ergänzenden Vertragsauslegung entwickelten Grundsätzen fortzudenken, wobei stets zu berücksichtigen ist, daß es grundsätzlich der Mieter ist, der das Verwendungsrisiko der konkreten Mietsache tragen muß. 4

Unter § 552 fallen hiernach idR die folgenden **Fälle:** Krankheit und Tod des 5

---

[1] Grdl OLG Hamm OLGZ 1987, 102 = NJW 1986, 2321 m Anm Emmerich JuS 1986, 808; OLG Düsseldorf NJW-RR 1986, 507 = ZMR 1986, 164 = MDR 1986, 585.

Mieters oder eines seiner Angehörigen, Versetzung des Mieters (LG Kiel WuM 1976, 260; OLG Oldenburg WuM 1981, 125 = OLGZ 1981, 315; vgl aber § 570), der Antritt einr längeren Reise oder der Besuch eines Lehrgangs (AG Wuppertal ZMR 1976, 146), behördliche Verbote, die ihren Grund in der Person des Mieters und nicht in Eigenschaften des Mietobjektes haben, sowie die Verweigerung einer etwa erforderlichen Betriebsgenehmigung oder Konzession aus solchen Gründen (OLG Hamburg OLGE 16, 416). Der Mieter trägt außerdem das Verwendungsrisiko, wenn er von sich aus das gemietete Geschäft aufgibt (RG JW 1912, 859), wenn er deshalb keine Verwendung mehr für von ihm gemietete Apparate hat (KG OLGZ 1972, 4, 10), wenn er gemietete Geräte wegen eines Schlechtwettereinbruchs nicht mehr benutzen kann (LG Koblenz NJW 1968, 482), wenn er für ein Hotelzimmer keine Verwendung mehr hat (OLG Braunschweig NJW 1976, 570; AG Wuppertal ZMR 1976, 146) oder wenn er einen gemieteten Saal nicht mehr benötigt, weil die darin geplante Veranstaltung infolge einer Erkrankung der vorgesehenen Künstlerin nicht durchgeführt werden kann.[2]

## II. Anrechnungspflicht

### 1. Ersparte Aufwendungen

6 Nach § 552 S 2 muß sich der Vermieter in den Fällen des § 552 S 1 auf seinen Mietzinsanspruch den Wert ersparter Aufwendungen anrechnen lassen. Gemeint sind damit vor allem die **verbrauchsbedingten Betriebskosten** wie Strom- und Wassergeld sowie Heizungskosten. Daraus folgt zB für Beherbergungsverträge, daß bei der Bestellung von Zimmern zwecks Übernachtung ein Abschlag von 20% und bei Pensionsvereinbarungen ein Abschlag von 40% vorzunehmen ist, wenn der Gast von den Zimmern keinen Gebrauch macht (OLG Braunschweig NJW 1976, 570; AG Wuppertal ZMR 1976, 146). Bei Geräten kommt schließlich sogar eine abstrakte Berechnung in Betracht (OLG Düsseldorf OLGZ 1986, 65 = ZMR 1985, 382).

### 2. Vorteile einer anderweitigen Verwertung

7 Der Vermieter muß sich außerdem (nur) solche Vorteile anrechnen lassen, die er tatsächlich aus einer anderweitigen Verwertung des Gebrauchs erlangt hat, nicht hingegen solche Vorteile, deren Erwerb er nur unterlassen hat, da ihn grundsätzlich keine Pflicht zur anderweitigen Verwertung der Sache während der Gebrauchshinderung des Mieters trifft (grdl BGH LM Nr 42 zu § 6 AbzG = NJW 1987, 842 = WM 1987, 288, 289). Hauptanwendungsfall der Anrechnungspflicht ist der **vorzeitige Auszug** des Wohnraummieters. Hier liegt eine anderweitige Verwertung der Sache sowohl bei eigenem Gebrauch der Sache durch den

[2] Anders zu Unrecht OLG Bremen NJW 1953, 1993 „Marika Röck"; dagegen schon Donau NJW 1954, 177; Kraft NJW 1953, 1751; weitere Beispiele in OLG Frankfurt MDR 1981, 231; LG Freiburg MDR 1981, 56.

Vermieter als auch bei deren Überlassung an einen Dritten vor. Im Falle des Eigengebrauchs muß deshalb dessen Wert in Geld veranschlagt und sodann auf den Erfüllungsanspruch des Vermieters angerechnet werden. Ein geringfügiger Eigengebrauch durch die vorübergehende Unterbringung einzelner Gegenstände in den leerstehenden Räumen oder die Durchführung kleiner Reparaturen genügen hierfür jedoch nicht, wohl aber die Vornahme umfangreicher Reparaturen oder Umbauarbeiten (OLG Oldenburg NJW 1959, 340; LG Saarbrücken WuM 1979, 140; AG Schöneberg GE 1985, 577, 579).

**3. Ersatzvermietung**

**a)** Da den Vermieter grundsätzlich keine Pflicht zur anderweitigen Verwertung der Mietsache trifft (oben Rz 7), ist seit langem umstr, ob und unter welchen Voraussetzungen der Vermieter von Räumen verpflichtet ist, den Mieter *vorzeitig* gegen Aufnahme eines Ersatzmieters aus dem Mietvertrag zu entlassen (sog *Parteistellen*). Von der hM wird eine solche Verpflichtung des Vermieters heute nach Treu und Glauben unter engen Voraussetzungen anerkannt[3], immer vorbehaltlich abweichender Regelungen im Mietvertrag, die jederzeit möglich sind (s für die verbreitete Ersatzmieterklausel bes Sternel Rz I 97 ff; LG Berlin GE 1985, 577; ein anderes Beispiel in OLG Düsseldorf MDR 1987, 936). 8

**aa)** Der Anspruch des Mieters auf Entlassung aus dem Mietvertrag setzt vor allem voraus, daß er ein dringendes, berechtigtes *Interesse* an einem vorzeitigen Auszug hat, welches das Interesse des Vermieters an der Vertragsfortsetzung deutlich überwiegt, so daß bloße wirtschaftliche oder persönliche Gründe des Mieters nicht genügen, um einen Anspruch auf vorzeitige Vertragsentlassung zu begründen, insbes also nicht das Interesse an einer günstigeren oder besseren Wohnung oder das Interesse an dem Bezug des eigenen Hauses.[4] Es muß sich vielmehr um dringende und überwiegende Interessen des Mieters handeln, die ihm ein Festhalten an dem Vertrag aus Umständen unzumutbar machen, die er nicht bewußt herbeigeführt hat. **Beispiele** sind eine schwere Erkrankung des Mieters, ein dringender Arbeitsplatzwechsel oder eine nicht voraussehbare Vergrößerung oder Verkleinerung der Familie.[5] Ein Anspruch auf Vertragsentlassung besteht jedoch nicht, wenn die betreffenden Gründe wie die mangelnde Rentabilität oder Verwendbarkeit der Mietsache zum Risikobereich des Mieters gehören (insbes OLG 9

---

[3] S im einzelnen Mietrecht § 552 Rz 31–36; Emmerich JuS 1981, 841; Koller 364 ff; Röchling NJW 1981, 2782; Sternel Rz I 109 ff; W Schulz ZMR 1985, 8; Wichardt ZMR 1982, 161.

[4] S im einzelnen BGH WM 1980, 1397; LM Nr 42 zu § 6 AbzG = WM 1987, 288, 289; OLG Karlsruhe NJW 1981, 1741 m Anm Emmerich JuS 1981, 841; OLG Oldenburg OLGZ 1981, 315 = WuM 1981, 125; WuM 1982, 124 = ZMR 1982, 285; OLG Hamm NJW 1983, 1564 = ZMR 1983, 277; BayObLGZ 1985, 88 = WuM 1985, 140 = GE 1985, 471; LG Frankfurt ZMR 1984, 309; LG Hannover WuM 1988, 12; LG Berlin GE 1988, 251, 253; 1989, 415; AG Schöneberg GE 1988, 735; OLG Hamburg ZMR 1987, 93 = WuM 1987, 145 usw.

[5] OLG Karlsruhe NJW 1981, 1741; BayObLGZ 1985, 88 = WuM 1985, 40; LG Hamburg WuM 1988, 125 = NJW-RR 1988, 723; LG Köln WuM 1989, 283.

Hamburg ZMR 1987, 173 = NJW-RR 1987, 657; ZMR 1987, 93 = WuM 1987, 145), weiter wenn der Mieter aus von vornherein voraussehbaren Gründen ausziehen will, so daß angenommen werden muß, daß er die damit verbundenen Risiken bei Vertragsschluß bewußt eingegangen ist (s o Rz 4; OLG Oldenburg WuM 1981, 125), wenn der Mieter bisher seiner Verpflichtung zur Vornahme der Schönheitsreparaturen nicht nachgekommen ist (LG Berlin GE 1984, 531), überhaupt wenn der Mieter selbst nicht vertragstreu ist (LG Berlin GE 1988, 251, 253) sowie wenn der alte Vertrag ohnehin nur noch für kurze Zeit läuft oder mit einer Frist von wenigen Monaten gekündigt werden kann (OLG Oldenburg WuM 1982, 124 = ZMR 1982, 285).

**10** **bb)** Der Anspruch des Mieters auf Vertragsentlassung setzt außerdem voraus, daß der von ihm gestellte **Ersatzmieter** dem Vermieter **zumutbar** ist und daß dieser bereit ist, für die restliche Vertragsdauer uneingeschränkt in den alten Vertrag einzutreten. Die Auswahl des Ersatzmieters ist dabei ausschließlich Sache des Vermieters, und zwar schon deshalb, weil der Vermieter das Risiko der Zahlungsfähigkeit des neuen Mieters tragen muß (LG Köln WuM 1989, 18; LG Berlin GE 1989, 415). Der Mieter muß deshalb dem Vermieter eine ausreichende Zahl von Ersatzmietern vorschlagen, damit der Vermieter überhaupt eine Wahlmöglichkeit hat (AG Halle WuM 1986, 314). Außerdem muß er dem Vermieter eine Überlegungsfrist einräumen, weil anders der Vermieter die verschiedenen in Betracht kommenden Ersatzmieter nicht überprüfen kann (LG Köln WuM 1989, 18; LG Berlin GE 1988, 409). Wenn der Ersatzmieter nicht bereit ist, uneingeschränkt in den alten Vertrag einzutreten, insbes (nur) für die restliche Vertragsdauer, kann ihn der Vermieter ohne weiteres ablehnen (OLG Oldenburg OLGZ 1981, 315 = WuM 1981, 125; WuM 1982, 124 = ZMR 1982, 285). Der Vermieter kann den Ersatzmieter außerdem ablehnen, wenn gewichtige Gründe gegen den Ersatzmieter sprechen, so daß ihm ein Vertragsschluß mit diesem nicht zugemutet werden kann; hierüber kann aber immer nur im Einzelfall aufgrund einer umfassenden Interessenabwägung entschieden werden (OLG Hamm NJW 1982, 1564 = 33 in RE Miet). Das gilt insbes dann, wenn der Vermieter ein in wilder Ehe lebendes Paar aus ernstgemeinten, religiösen Gründen als Ersatzmieter zurückweist (OLG Hamm aaO). Ein bestimmter Ersatzmieter ist dem Vermieter darüber hinaus zB dann nicht zuzumuten, wenn er mit ihm verfeindet ist, wenn der Ersatzmieter anderen Mietern Konkurrenz machte oder wenn von ihm sonst Störungen drohen sowie wenn berechtigte Zweifel an seiner Solvenz bestehen (LG Hamburg WuM 1979, 144), nicht aber, wenn er Ausländer ist oder wenn er an den ersten Mieter einen Abstand gezahlt hat (BGH LM Nr 2 zu § 30 MSchG; Nr 44 zu § 535 BGB = NJW 1963, 1299; MDR 1970, 320).

**10a** **b)** Sobald der Vermieter mit dem neuen Mieter, dem Ersatzmieter, vorbehaltlos einen neuen Mietvertrag abgeschlossen hat, gilt der alte Mieter konkludent als aus dem Vertrag entlassen; der Vermieter kann den alten Mieter nicht gegen dessen Willen zusätzlich an dem Vertrag festhalten.[6] Ebensowenig kann der Vermieter von dem alten Mieter eine Bürgschaft für den Ersatzmieter verlangen; das Risiko

[6] § 242; s im einzelnen OLG Hamburg ZMR 1987, 173 = NJW-RR 1987, 657; LG Stuttgart WuM 1987, 352; LG Berlin GE 1988, 297 = MDR 1988, 675 = WuM 1988, 271.

der Zahlungsfähigkeit des neuen Mieter muß vielmehr grundsätzlich der Vermieter tragen, der den Ersatzmieter ausgewählt hat.[7]

**c) Lehnt** der Vermieter einen Ersatzmieter **ohne Grund ab,** so verletzt er damit eine sich aus dem Mietvertrag ergebende Treuepflicht, so daß er sich nach § 249 so behandeln lassen muß, als habe der Vertrag zu dem Zeitpunkt sein Ende gefunden, zu dem bei ordnungsmäßigem Vorgehen ein Vertrag mit dem Ersatzmieter zustande gekommen wäre. Folglich kann er dann für die Zukunft keinen Mietzins von dem Mieter mehr verlangen.[8] Der grundlosen Ablehnung eines Ersatzmieters steht es dabei gleich, wenn der Vermieter von ihm einen um 40% erhöhten Mietzins verlangt (LG Hamburg NJW-RR 1988, 723 = WuM 1988, 125; vgl aber auch OLG Hamburg NJW-RR 1987, 657 = ZMR 1987, 173). In Ausnahmefällen kann der Mieter schließlich vom Vermieter hier Schadensersatz verlangen (AG Hannover WuM 1985, 257; 1987, 146). Die Beweislast für das Vorliegen eines die Ablehnung des Ersatzmieters berechtigenden Grundes trägt dabei der Vermieter (AG Köln WuM 1987, 212). 11

## III. Erfüllungsbereitschaft

Nach § 552 S 3 wird der Mieter frei, wenn und solange der Vermieter infolge der Überlassung des Gebrauchs an einen Dritten zur Gebrauchsgewährung außerstande ist. Der Vermieter kann maW nur solange von dem Mieter Erfüllung verlangen, wie er selbst zur Erfüllung bereit und imstande ist (OLG Hamm BB 1976, 1049; ebenso § 323 Abs 1). Hauptanwendungsfall des Satzes 3 ist die **anderweitige Vermietung** der Sache, vorausgesetzt daß dem Vermieter infolgedessen die Gebrauchsgewährung an den Mieter nicht mehr möglich ist (OLG München HRR 1941 Nr 925). Daran fehlt es zB, wenn der Vermieter die Sache unter dem Vorbehalt jederzeitiger, fristloser Kündigung anderweitig vermietet (RGZ 52, 286; OLG Nürnberg OLGZ 1966, 12). § 552 S 3 wird außerdem entsprechend angewandt auf die *eigene Benutzung* der Sache durch den Vermieter, sofern infolgedessen Unmöglichkeit der Erfüllung eintritt; wichtigster Fall sind über das Übliche hinausgehende, besonders umfangreiche Reparatur- und Umbauarbeiten des Vermieters (BGHZ 38, 295, 298 f; LG Düsseldorf WuM 1975, 225). 12

Umstr ist die Rechtslage, wenn der Mieter **endgültig auszieht** und der Vermieter daraufhin die Sache anderweitig vermietet. Denn in diesem Fall kollidieren offenbar die Sätze 2 und 3 des § 552, so daß entschieden werden muß, von welcher Vorschrift auszugehen ist (s eingehend EMMERICH JuS 1986, 808 f). Die überwie- 13

---

[7] S insbes AG Dannenberg ZMR 1985, 417; LG Berlin GE 1988, 297 = MDR 1988, 675 = WuM 1988, 271; LG Köln WuM 1989, 18; anders offenbar OLG Düsseldorf DWW 1989, 85.

[8] OLG Hamm NJW 1983, 1564 = 33 in RE Miet; KG GE 1989, 409; LG Hannover WuM 1975, 242; LG Kassel WuM 1980, 178; LG Frankfurt ZMR 1984, 309; AG Gelsenkirchen WuM 1983, 231; AG Essen WuM 1983, 230; AG Hannover WuM 1985, 257; 1987, 146; LG Köln WuM 1986, 216; ZMR 1987, 11; LG Hamburg NJW-RR 1988, 723 = WuM 1988, 125.

gende Meinung rückt hier den S 2 des § 552 in den Vordergrund, so daß der Mieter verpflichtet bleibt, dem Vermieter eine etwaige Mietdifferenz zu erstatten.[9] Nach der Gegenmeinung ist hingegen von S 3 des § 552 auszugehen, so daß der Vermieter die Mietdifferenz vom Mieter nur verlangen kann, wenn er sich das Recht zur jederzeitigen sofortigen Kündigung des zweiten Mietvertrages vorbehalten hat oder wenn der Mieter aus anderen Gründen schadensersatzpflichtig ist (so zuletzt eingehend OLG Düsseldorf NJW-RR 1986, 507 = ZMR 1986, 164; ZMR 1985, 89). Im Anschluß an einen Rechtsentscheid des OLG Hamm[10] setzt sich jedoch neuerdings immer mehr eine vermittelnde Meinung durch, nach der es darauf ankommt, ob der Vermieter bei der Weitervermietung entsprechend dem **Willen** und im **Interesse** des ersten Mieters gehandelt hat. Der Vermieter muß hiernach in allen Zweifelsfällen zunächst eine Verständigung mit dem Mieter herbeiführen. Zieht der Mieter jedoch endgültig aus, so kann auch ohne Verständigung mit dem Mieter davon ausgegangen werden, daß die anderweitige Vermietung zugleich in dessen Interesse liegt. Der Anspruch des Vermieters auf die Bezahlung der Mietdifferenz setzt jedoch selbst dann analog § 677 voraus, daß der Vermieter den Willen hatte, zugleich im Interesse des Mieters tätig zu werden; außerdem muß der Vermieter immer in der gebotenen Weise auf die Interessen des Mieters Rücksicht nehmen und darf deshalb nicht zu einem niedrigeren Mietzins als dem Marktzins vermieten. Folglich entfällt der Anspruch des Vermieters auf die Mietdifferenz, wenn er allein im eigenen Interesse und nicht zugleich im Interesse des Mieters tätig wird, wie es etwa bei umfangreichen Verbesserungs- und Umbauarbeiten anzunehmen ist (LG Köln WuM 1987, 84). Der Mieter wird außerdem stets frei, wenn ihn der Vermieter selbst durch eine, wenn auch grundlose, fristlose Kündigung zum Auszug veranlaßt hat (BGH WM 1983, 45; LG Freiburg WuM 1983, 289; LG Gießen WuM 1985, 257).

### IV. Beweislast

14 Nach hM trifft den Mieter gegenüber dem Erfüllungsanspruch des Vermieters (§ 552 S 1) die Beweislast sowohl für die Ersparnis von Aufwendungen oder für die Erlangung anrechenbarer Vorteile (§ 552 S 2) als auch für die fehlende Erfüllungsbereitschaft des Vermieters (§ 552 S 3; RG JW 1912, 859; OLG Oldenburg OLGZ 1981, 202 = WuM 1981, 177; fraglich).

---

[9] RG JW 1913, 981; BGH LM Nr 24 zu § 157 (C) BGB; Nr 39 zu § 705 BGB = NJW 1982, 376; 1983, 749 f; OLG Nürnberg OLGZ 1966, 12.

[10] OLGZ 1987, 102 = NJW 1986, 2321 = WuM 1986, 201 = GE 1986, 649 m Anm Emmerich JuS 1986, 808; LG Köln WuM 1987, 84.

## § 552 a

**Der Mieter von Wohnraum kann entgegen einer vertraglichen Bestimmung gegen eine Mietzinsforderung mit einer Forderung aufgrund des § 538 aufrechnen oder wegen einer solchen Forderung ein Zurückbehaltungsrecht ausüben, wenn er seine Absicht dem Vermieter mindestens einen Monat vor der Fälligkeit des Mietzinses schriftlich angezeigt hat.**

**1.** Durch **Aufrechnungsverbote** wird der Mieter erfahrungsgemäß besonders 1
benachteiligt. Ihr generelles Verbot bei der Wohnraummiete (oben Vorbem 12 f zu §§ 535, 536) ist deshalb schon lange überfällig. Der Anwendungsbereich des erst 1964 ins Gesetz eingefügten § 552 a beschränkt sich demgegenüber (bedauerlicherweise) auf Forderungen des Mieters aus § 538. Und selbst mit solchen Forderungen kann der Mieter gegen eine Mietzinsforderung entgegen einem vertraglichen Aufrechnungsverbot stets erst nach einer vorherigen Anzeige aufrechnen.

§ 552 a ist nicht die einzige Vorschrift, aus der sich bei der Wohnraummiete 2
Schranken für vertragliche Aufrechnungsverbote ergeben; vielmehr wird § 552 a für Formularverträge durch die §§ 9, 11 Nr 2 und 3 AGBG ergänzt. Aufrechnungsverbote sind danach in Formularverträgen insbesondere unwirksam, wenn sie sich auf unbestrittene oder rechtskräftig festgestellte Forderungen beziehen (§ 11 Nr 3 AGBG), während „bloße" Beschränkungen der Aufrechnungsmöglichkeit des Mieters im Einzelfall nach § 9 AGBG zu beurteilen sind.[1] Dies bedeutet, daß selbst bei der Wohnraummiete das Verbot der Aufrechnung mit anderen als gerade unbestrittenen oder rechtskräftig festgestellten Forderungen zulässig ist, soweit nicht im Einzelfall § 11 Nr 2 AGBG (Zurückbehaltungsrecht) oder § 552 a BGB eingreifen oder das Aufrechnungsverbot sonst den Mieter übermäßig belastet.[2] Hingegen sind **generelle** Aufrechnungsverbote in Formularvertragen, die sich also auch auf unbestrittene oder rechtskräftig festgestellte Forderungen erstrecken, heute in jedem Fall unwirksam und können insbes nicht durch sog geltungserhaltende Reduktion auf einen zulässigen Kern beschränkt werden (BGHZ 91, 375; 92, 312; ebenso für die gewerbliche Miete OLG Celle WuM 1989, 234). Ebensowenig kann durch Geschäftsbedingungen die Aufrechnung mit Ansprüchen aus § 538 von einer vorherigen Ankündigung abhängig gemacht werden; das AGBG geht insoweit weiter als § 552 a BGB, der im Grunde Bedeutung nur noch für Individualverträge hat.[3] Außerdem finden stets alle vertraglichen Aufrechnungsverbote ohne weiteres ihr **Ende** mit dem Vertrag, auf dem sie beruhen, so daß der Mieter spätestens nach Räumung des

---

[1] S im einzelnen Hensen, in: Ulmer-Brandner-Hensen, AGBG (5. Aufl 1987), § 11 Nr 3 Rz 4 ff; Sternel Rz III, 123 ff; Graf v. Westphalen, in: Löwe-Graf v. Westphalen-Trinkner, AGBG Bd II (2. Aufl 1983), § 11 Nr 3 Rz 9 ff.

[2] ZB OLG Karlsruhe/Freiburg ZMR 1987, 261; LG Berlin WuM 1986, 187; GE 1986, 745; LG Mannheim WuM 1987, 317.

[3] So zutreffend LG Berlin ZMR 1986, 168; GE 1986, 909; LG Mannheim WuM 1987, 317; AG Bonn WuM 1987, 219, 220; enger offenbar LG Berlin GE 1986, 909.

Mietobjektes unbeschränkt mit sämtlichen Forderungen gegen die Vermieterforderungen aufrechnen kann.[4] Hinzuweisen ist in diesem Zusammenhang schließlich noch auf die §§ 537 Abs 3 S 1, 543 S 2, die hinsichtlich des Minderungs- und des Kündigungsrechts des Wohnraummieters zu demselben Ergebnis wie § 552 a führen.

3 **2.** Nach § 552 a kann der Mieter mit Ansprüchen aus § 538 gegen die Mietzinsforderung des Vermieters (nicht gegen andere Vermieterforderungen) entgegen einem (individual-)vertraglichen Aufrechnungsverbot nur aufrechnen, wenn er diese Absicht dem Vermieter mindestens einen Monat vor der Fälligkeit des Mietzinses schriftlich (§ 126) *angezeigt* hat. Die Berechnung der Monatsfrist richtet sich hierbei nach den §§ 187 Abs 1 und 188 Abs 2 und 3. Eine verspätete Anzeige wirkt zum nächsten, zulässigen Termin. Die Anzeige ist jedoch nur wirksam, wenn sich aus ihr klar die Absicht des Mieters ergibt, mit einer bestimmten, genau bezeichneten Forderung gegen eine ebenfalls genau bezeichnete Mietzinsforderung des Vermieters aufzurechnen. Der allgemeine Hinweis auf die Schadensersatzpflicht des Vermieters genügt nicht (AG Coesfeld WuM 1974, 148).

## § 553

**Der Vermieter kann ohne Einhaltung einer Kündigungsfrist das Mietverhältnis kündigen, wenn der Mieter oder derjenige, welchem der Mieter den Gebrauch der gemieteten Sache überlassen hat, ungeachtet einer Abmahnung des Vermieters einen vertragswidrigen Gebrauch der Sache fortsetzt, der die Rechte des Vermieters in erheblichem Maße verletzt, insbesondere einem Dritten den ihm unbefugt überlassenen Gebrauch beläßt, oder die Sache durch Vernachlässigung der dem Mieter obliegenden Sorgfalt erheblich gefährdet.**

### Übersicht



[4] Grdl BGH LM Nr 80 zu § 387 BGB = NJW-RR 1988, 329 = BB 1988, 293; OLG Celle OLGZ 1966, 6; LG Mannheim WuM 1974, 145; – anders zu Unrecht OLG Frankfurt WuM 1987, 142 = NJW 1987, 1650; OLG Karlsruhe/Freiburg ZMR 1987, 261; AG Bremerhaven WuM 1987, 152; Sternel Rz III 126.

**Schrifttum:** N Horn, Vertragsdauer, in: Gutachten und Vorschläge zur Überarbeitung des Schuldrechts Bd I (1981) 551; Lammel WuM 1986, 8; Sternel Rz IV 375 ff; Teubner, Gegenseitige Vertragsuntreue (1975); Weimar MDR 1966, 556; Betrieb 1972, 2452; Wolter, Mietrechtlicher Bestandsschutz (1984), S 288 ff.

## I. Überblick

Die §§ 553 bis 554 b regeln die Fälle, in denen der Vermieter fristlos aus wichtigem Grunde den Mietvertrag kündigen kann. Daneben kommt bei der Miete ebenso wie bei allen anderen Dauerschuldverhältnissen eine Kündigung aus wichtigem Grunde in Betracht, wenn einer Partei die Fortsetzung des Vertrages nicht mehr zuzumuten ist (unten Rz 9 ff). Alle diese Kündigungsrechte stehen grundsätzlich gleichberechtigt nebeneinander, so daß der Vermieter stets die **Wahl** hat, auf welchen Tatbestand er seine Kündigung stützen will.[1] Hingegen scheidet ein **Rücktritt** des Vermieters aufgrund des § 326 nach Überlassung der Sache an den Mieter aus, soweit eine fristlose Kündigung des Vermieters nach den genannten Bestimmungen in Betracht kommt (BGHZ 50, 312, 315). 1

## II. Kündigungsgründe

### 1. Vertragswidriger Gebrauch

**a)** Der Vermieter kann nach § 553 zunächst dann fristlos kündigen, wenn der Mieter trotz Abmahnung einen vertragswidrigen Gebrauch fortsetzt, dh wenn er die Grenzen des vertragsmäßigen Gebrauchs überschreitet (s oben § 550 Rz 2). **Auf ein Verschulden** des Mieters kommt es dabei nicht an, schon weil die Fortsetzung des vertragswidrigen Gebrauchs trotz Abmahnung ohnehin idR vorsätzlich erfolgen wird (RG JW 1920, 377; OLG Hamburg WuM 1982, 41, 42 = 5 in RE Miet). Bei *mehreren* Mietern genügt nach hM außerdem bereits ein vertragswidriger Gebrauch durch einen von ihnen, um den Vermieter zur Kündigung gegenüber allen zu berechtigen (OLG Düsseldorf NJW-RR 1987, 1370 = ZMR 1987, 423, 425). 2

**b)** § 553 ist dem § 550 nachgebildet. Der vertragswidrige Gebrauch allein reicht deshalb zur Begründung eines Kündigungsrechts des Vermieters nicht aus; vielmehr muß hinzukommen, daß der Mieter den vertragswidrigen Gebrauch obendrein **trotz** einer **Abmahnung** des Vermieters **fortsetzt** (wegen der Einzelheiten s oben § 550 Rz 3 f). Die Abmahnung muß der Kündigung vorausgehen (AG Tiergarten GE 1987, 285) und den beanstandeten, vertragswidrigen Gebrauch so genau wie möglich bezeichnen, damit der Mieter sich danach richten kann (LG Gießen WuM 1981, 232). Der Vermieter kann außerdem nur dann kündigen, 3

[1] S unten Rz 11 sowie BGH LM Nr 62 zu § 535 BGB = WM 1978, 271; LM Nr 39 zu § 705 BGB = NJW 1983, 749; OLG Hamburg WuM 1982, 41, 42 = 5 in RE Miet; aM zB LG Gießen WuM 1981, 232: Vorrang des § 553 vor § 554 a; vgl auch oben §§ 542, 543 Rz 4.

wenn der Mieter gerade den beanstandeten, vertragswidrigen Gebrauch (und nicht irgendeinen anderen) trotz der Abmahnung fortsetzt.

4 Das Gesetz verlangt jedoch grundsätzlich nur eine Abmahnung, hingegen keine Fristsetzung. Doch bedeutet dies nicht, daß der Vermieter Unmögliches vom Mieter fordern dürfte. Der Vermieter muß vielmehr dem Mieter nach Treu und Glauben eine angemessene **Frist** zur Beendigung des vertragswidrigen Zustandes einräumen, wenn eine sofortige Beendigung von vornherein ausgeschlossen ist. Besonders wichtig ist das im Falle der unberechtigten Untervermietung, so daß der Vermieter hier dem Mieter eine angemessene Frist gewähren muß, um die Sache von dem Untermieter zurückfordern zu können. Räumt der Untermieter dann binnen dieser Frist, so entfällt das Kündigungsrecht des Vermieters (RG JW 1920, 140; HRR 1933 Nr 282). Auch sonst *endet* das Kündigungsrecht stets, sobald der Mieter den vertragswidrigen Gebrauch aufgrund der Abmahnung noch vor Ausspruch der Kündigung aufgibt (RG BayZ 1925, 165; LG Duisburg NJW-RR 1988, 1345; WuM 1989, 76).

5 **c)** Die Abmahnung muß stets gegenüber dem oder den Mietern ausgesprochen werden. Auf sie kann nur in Ausnahmefällen **verzichtet** werden, etwa bei Arglist des Mieters, bei einer ernstlichen und endgültigen Erfüllungsverweigerung des Mieters sowie dann, wenn der Mieter mit Bedacht einen endgültigen Zustand geschaffen hat, dessen kurzfristige Änderung ohnehin nicht mehr möglich ist (BGH LM Nr 13 zu § 553 BGB = MDR 1975, 572; BGH WM 1968, 252; 1980, 312, 315; LG München I ZMR 1985, 384).

6 **d)** Die Kündigung setzt schließlich noch voraus, daß durch die Fortsetzung des vertragswidrigen Gebrauchs trotz Abmahnung die **Rechte** des Vermieters in erheblichem Maße **verletzt** werden. Ob dies der Fall ist, kann immer nur im Einzelfall aufgrund einer Interessenabwägung nach Treu und Glauben entschieden werden. Beispiele sind die Verwendung der gemieteten Sache für andere als im Vertrag festgelegte, unangemessene Zwecke, größere, bauliche Veränderungen der vermieteten Räume (LG München WuM 1963, 39), eine erhebliche Überbelegung eines Einzimmer-Appartements durch Aufnahme einer Frau mit vier Kindern (LG Düsseldorf WuM 1983, 141) und überhaupt jede Verletzung der Obhuts- und Anzeigepflicht des Mieters, wenn dadurch die vermietete Sache erheblich gefährdet wird (s unten Rz 7).

**2. Erhebliche Gefährdung der Sache**

7 § 553 hebt selbst als Kündigungsgrund besonders die erhebliche Gefährdung der Mietsache durch Vernachlässigung der dem Mieter obliegenden Sorgfalt hervor. Auch hier handelt es sich um einen Fall des vertragswidrigen Gebrauchs, so daß in diesem Fall die Kündigung ebenfalls eine vorherige **Abmahnung** des Vermieters und eine **Fortsetzung** des Gebrauchs trotz der Abmahnung voraussetzt (RGZ 104, 26). Beispiele sind die Anbringung und Duldung gefährlicher Installationen, wiederholte, erhebliche Wasserschäden (AG Aachen DWW 1974, 237), die Unterlassung jeglicher Vorsichtsmaßnahmen zB gegen Frost oder Diebstahl, die langjährige Unterlassung der Schönheitsreparaturen (LG Itzehoe WuM 1989,

76f) sowie in Ausnahmefällen eine schwere Erkrankung des Mieters (LG Düsseldorf ZMR 1970, 238).

**3. Unbefugte Überlassung an einen Dritten**

§ 553 nennt als Kündigungsgrund schließlich noch den Fall, daß der Mieter trotz **8** Abmahnung des Vermieters einem Dritten den ihm unbefugt überlassenen Gebrauch beläßt. Der wichtigste Anwendungsfall dieses Kündigungsgrundes ist die unberechtigte **Untervermietung** nach § 549 (s dazu § 549 Rz 21). Gleich steht der Fall, daß der Mieter nach Erlaubnis der Untervermietung selbst auszieht, da darin ebenfalls eine durch die Erlaubnis des Vermieters nicht mehr gedeckte Gebrauchsüberlassung an den Untermieter liegt (LG Berlin GE 1986, 1067). In diesen Fällen setzt die Kündigung nach nunmehr gefestigter Rechtsprechung[2] *nicht* zusätzlich eine erhebliche Verletzung der Vermieterinteressen voraus; ebensowenig muß der Vermieter zuvor gegen den Mieter auf Unterlassung klagen (OLG Frankfurt NJW-RR 1989, 10). Jedoch ist in jedem Einzelfall eine Interessenabwägung erforderlich, wobei freilich den Mieter die Beweislast für die Umstände trifft, die ausnahmsweise das Kündigungsrecht des Vermieters bei unbefugter Überlassung der Sache an einen Dritten ausschließen. Der bloße Umstand, daß der Mieter später ein Recht auf Erwerb des Grundstücks hat oder daß er das Grundstück bebaut hat, läßt allein die Kündigung des Vermieters noch nicht als treuwidrig erscheinen. Nötig bleibt außerdem als Voraussetzung der Kündigung eine vorherige Abmahnung des Mieters; auf dieses Erfordernis kann zudem nicht durch Formularvertrag verzichtet werden, weil dadurch dem Mieter die Chance genommen würde, den Mietvertrag noch nachträglich zu retten (LG Hannover MDR 1984, 670).

**III. Die Kündigung aus wichtigem Grunde**

**1.** Wie schon ausgeführt (oben Rz 1), kann der Vermieter – ebenso wie der Mieter **9** – ungeachtet der §§ 553 und 554 a das Mietverhältnis ebenso wie jedes andere Dauerschuldverhältnis aus wichtigem Grunde kündigen. Voraussetzung ist, daß ihm die Fortsetzung des Vertrages *nicht mehr zuzumuten* ist, insbes weil das gegenseitige Vertrauensverhältnis derart erschüttert ist, daß eine gedeihliche Zusammenarbeit der Parteien nicht mehr zu erwarten ist. Die Kündigungsgründe müssen dabei grundsätzlich in der Person des Kündigungsgegners liegen oder doch aus dessen Risikobereich stammen. Ist das gegenseitige Vertrauensverhältnis *beiderseits* völlig zerrüttet, so ist eine Interessenabwägung erforderlich, um festzustellen, ob einer oder sogar beiden Parteien eine Fortsetzung des Vertrages nicht mehr zuzumuten ist. Bei dieser Abwägung spielt stets das eigene Verhalten des Kündigenden eine erhebliche Rolle, so daß ein Kündigungsrecht durchaus entfal-

[2] Grdl BGH LM Nr 14 zu § 553 BGB = NJW 1985, 2527 = WuM 1985, 88 = ZMR 1985, 94; OLG Hamburg OLGZ 1982, 314 = WuM 1982, 41; OLG Frankfurt NJW-RR 1989, 10 = GE 1988, 1109 = WuM 1988, 395 = ZMR 1988, 461.

len kann, wenn er die beiderseitige Zerrüttung des Verhältnisses überwiegend verschuldet hat.[3] *Beispiele* sind die völlige Unklarheit des Vermieters über die Erfüllungsbereitschaft des Mieters, die totale Vernachlässigung der Vertragspflichten durch den Mieter (BGH WM 1973, 694), eine grundlose Erfüllungsverweigerung des Mieters, etwa durch eine unberechtigte Anfechtung des Mietvertrages (BGH LM Nr 37 zu § 537 BGB = NJW 1987, 432), namentlich der ständige Zahlungsverzug des Mieters, selbst wenn die Voraussetzungen des § 554 nicht erfüllt sind (§ 554 Rz 10), sowie der Umstand, daß der Mieter den Vermieter bewußt darüber im unklaren läßt, mit wem überhaupt der Vertrag zustande gekommen ist (BGH LM Nr 24 zu § 242 [Bc] BGB = NJW 1978, 416; OLG Celle BB 1978, 576).

**9a** Der *Mieter* kann hingegen aus wichtigem Grunde fristlos kündigen, wenn er zB vom Vermieter getäuscht wird (BGH WM 1967, 515; LG Frankfurt ZMR 1979, 112), wenn der Vermieter ständig entgegen seinen vertraglichen Pflichten die Beseitigung von Mängeln ablehnt (BGH LM Nr 62 zu § 535 BGB = ZMR 1978, 207) oder sich sonst ernstlich und endgültig weigert, seine Pflichten zu erfüllen (OLG Bamberg ZMR 1984, 373), daher auch, wenn bei der Untermiete der Hauptmieter und Untervermieter offenbar unfähig ist, die nötige Erlaubnis des Hauptvermieters beizubringen (§ 549), weil die damit verbundene Unsicherheit jedenfalls bei der gewerblichen Miete für den Untermieter unzumutbar ist (BGH LM Nr 35 zu § 242 [Bc] BGB = NJW-RR 1987, 526 = ZMR 1987, 143), weiter wenn bei der Miete eines Geschäfts in einem Einkaufszentrum die Geschäftsgrundlage entfällt, weil eine Vermietung der übrigen Geschäfte unmöglich ist (OLG Koblenz NJW-RR 1989, 400), wenn eine Fernsprechnebenstellenanlage wegen ihrer Mängel ständig ausfällt (OLG Köln NJW-RR 1989, 439), wenn dem Mieter infolge einer unvoraussehbaren Versetzung die Fortsetzung des Vertrages nicht mehr zuzumuten ist (BayObLGZ 1985, 88 = WuM 1985, 140 = GE 1985, 471, 475) oder wenn der Vermieter versucht, einseitig eine schwerwiegende Vertragsänderung durchzusetzen (OLG Köln WuM 1981, 103).

**10** **2.** Der Kündigung aus wichtigem Grunde muß idR entsprechend § 326 Abs 1 eine **Abmahnung** vorausgehen, außer wenn die Vertrauensgrundlage zwischen den Parteien völlig erschüttert ist (BGH LM Nr 26 zu § 242 [Bc] BGB = NJW 1981, 1264; GRUR 1983, 259, 260 = WM 1983, 940). Die Kündigung braucht außerdem nicht sofort, muß jedoch binnen angemessener *Frist* ausgesprochen werden (BGH LM Nr 2 zu § 242 [Ba] BGB; Nr 31 zu § 305 BGB = NJW 1985, 1894, 1895). Vertragliche Modifikationen dieses Kündigungsrechts sind nur in engen Grenzen möglich (BGH aaO; LM Nr 24 zu § 581 BGB = ZMR 1963, 233).

**11** **3.** Mit Rücksicht auf § 554 b ist umstritten, ob bei **Wohnraummietverhältnissen**

---

[3] RGZ 149, 88, 92; 150, 193, 204; 160, 361, 366; BGHZ 50, 312, 315; BGH LM Nr 2 und 57 zu § 242 (Ba) BGB; Nr 26 zu § 242 (Bc) BGB; Nr 62 zu § 535 BGB = NJW 1951, 836; WM 1971, 1300; NJW 1981, 1264; ZMR 1978, 207; LM Nr 2 und 24 zu § 581 BGB; WM 1982, 912; OLG Köln WuM 1981, 103; LG Essen ZMR 1982, 56; Mietrecht § 553 Rz 4 ff; GELHAAR MDR 1981, 839; HORN S 573, 625 ff.

eine derartige Kündigung aus wichtigem Grunde, die kein Verschulden voraussetzt, möglich ist. Von der hM wird diese Frage bejaht.[4] Daraus wird überwiegend der Schluß gezogen, daß der Vermieter selbst einem geisteskranken Mieter aus wichtigem Grunde kündigen kann, wenn zB der letztere die übrigen Mieter oder den Vermieter belästigt (LG Mannheim NJW 1976, 1407; LG Köln MDR 1974, 232; LG Berlin GE 1986, 911, 913 = WuM 1986, 251).

## IV. Kündigungserklärung

Unter den Voraussetzungen des § 553 kann der Vermieter (muß aber nicht) bei jedem Mietverhältnis fristlos kündigen. Die Kündigung muß dabei auf die Abmahnung folgen (AG Tiergarten GE 1987, 285), und zwar binnen angemessener Frist (OLG Karlsruhe ZMR 1987, 419, 421), und kann nur auf solche Gründe gestützt werden, die in der Abmahnung genannt sind, nicht hingegen auf andere Gründe, selbst wenn sie schon bei Ausspruch der Abmahnung vorgelegen haben (RG JW 1920, 377). Ohne Abmahnung kann die Kündigung aber immer noch nach § 554 a begründet sein (s oben Rz 1). Außerdem können die Abmahnung und die Kündigung durchaus noch **in** einem **Rechtsstreit nachgeholt** werden, sofern nur für den Mieter eindeutig erkennbar ist, daß die prozessualen Erklärungen des Vermieters zugleich materiellrechtliche Bedeutung haben sollen.[5] 12

Der Vermieter ist nicht gezwungen, dem Mieter fristlos zu kündigen, sondern kann ihm eine angemessene **Räumungsfrist** einräumen (vgl LG Hamburg WuM 1975, 227). Die Kündigung wird wirksam mit Zugang bei dem oder den Mietern und kann von diesem Augenblick an nicht mehr einseitig vom Vermieter widerrufen werden; vielmehr ist dann gegebenenfalls ein Neuabschluß des Vertrages erforderlich (BayObLGZ 1981, 232 = WuM 1981, 200 = 7 in RE Miet; OLG Karlsruhe WuM 1982, 14 = 12 in RE Miet). 13

§ 553 schreibt für die Kündigung keine besondere **Form** vor (BGH WM 1959, 539; 1975, 897). Nur bei der Wohnraummiete ist durch § 564 a Abs 1 für die Kündigung zwingend Schriftform angeordnet. Folglich muß dem Wohnraummieter, wenn ihm erst während eines Rechtsstreits gekündigt wird, zumindest ein vom Vermieter oder seinem Prozeßbevollmächtigten unterschriebener oder beglaubigter Schriftsatz mit der Kündigung zugehen.[6] Außerdem soll das Kündigungsschreiben die Kündigungsgründe angeben, so daß diese so konkret bezeichnet werden 14

---

[4] S oben Rz 1, unten § 554 a Rz 1 sowie BGH LM Nr 57 zu § 242 (Ba) BGB; Nr 62 zu § 535 BGB; Nr 1 zu § 554 b BGB = WM 1971, 1300; ZMR 1978, 207; 1969, 206; LM Nr 39 zu § 705 BGB = NJW 1983, 749; LG Essen ZMR 1982, 56; zurückhaltend aber LG Berlin GE 1987, 681 = ZMR 1987, 468; GE 1986, 911 = WuM 1986, 251; anders mit Recht LG Landau ZMR 1986, 361, 363 = WuM 1986, 144; AG Hamburg WuM 1988, 20.

[5] BGH LM Nr 1 zu § 554 b BGB; WM 1971, 1439; BayObLGZ 1981, 232 = WuM 1981, 200 = 7 in RE Miet; OLG Zweibrücken WuM 1981, 177 = 1 in RE Miet; OLG Hamm NJW 1982, 452 = 12 in RE Miet; LG Berlin ZMR 1978, 231.

[6] BayObLGZ 1981, 232 = 7 in RE Miet; OLG Zweibrücken WuM 1981, 177 = 1 in RE Miet; OLG Hamm WuM 1982, 44 = 12 in RE Miet; LG Berlin ZMR 1982, 238.

müssen, daß der Mieter genau weiß, aus welchen Gründen ihm fristlos gekündigt wird (LG Mannheim MDR 1971, 223; WuM 1978, 68). Indessen handelt es sich hierbei um eine bloße Sollvorschrift, so daß deren Verletzung grundsätzlich nichts an der Wirksamkeit der Kündigung ändert (BGH WM 1975, 877; 1980, 312; BayObLGZ 1981, 232 = 7 in RE Miet). Bei der allgemeinen Kündigung aus wichtigem Grunde (o Rz 9f) ist ohnehin keine Begründung erforderlich, so daß hier im Rechtsstreit jederzeit weitere Kündigungsgründe nachgeschoben werden können (zuletzt zB BGH LM Nr 37 zu § 537 BGB = NJW 1987, 432 = ZMR 1987, 51, 53). Stellt das Verhalten des Kündigungsgegners eine schuldhafte Vertragsverletzung dar, so ist er außerdem dem Kündigenden zum Ersatz des gesamten Schadens infolge der vorzeitigen Auflösung des Mietverhältnisses verpflichtet (s u § 554 Rz 18).

### V. Abweichende Vereinbarungen

15 § 553 ist an sich dispositiv, so daß er vertraglich sowohl erweitert als auch eingeschränkt werden kann. Ausnahmen gelten jedoch für die Wohnraummiete, für die aus den §§ 554 a und 554 b folgt, daß eine vertragliche Erweiterung des Kündigungsrechts nicht mehr möglich ist (s LG Hannover MDR 1984, 670). Ebensowenig ist es möglich, durch Formularvertrag generell auf das Erfordernis einer vorherigen Mahnung zu verzichten (AG Schöneberg GE 1986, 1125).

### VI. Beweislast

16 Die Beweislast für alle Voraussetzungen des Kündigungsrechts trägt stets der Vermieter. Verteidigt sich jedoch der Mieter mit dem Einwand, daß die unberechtigte Überlassung der Sache an einen Dritten ausnahmsweise die Interessen des Vermieters nicht erheblich verletzt, so obliegt ihm hierfür die Beweislast (OLG Hamburg WuM 1982, 41, 43 = 5 in RE Miet).

## § 554

**(1) [1]Der Vermieter kann das Mietverhältnis ohne Einhaltung einer Kündigungsfrist kündigen, wenn der Mieter**
**1. für zwei aufeinanderfolgende Termine mit der Entrichtung des Mietzinses oder eines nicht unerheblichen Teils des Mietzinses in Verzug ist, oder**
**2. in einem Zeitraum, der sich über mehr als zwei Termine erstreckt, mit der Entrichtung des Mietzinses in Höhe eines Betrages in Verzug gekommen ist, der den Mietzins für zwei Monate erreicht.**
**[2]Die Kündigung ist ausgeschlossen, wenn der Vermieter vorher befriedigt wird. [3]Sie wird unwirksam, wenn sich der Mieter von seiner Schuld durch Aufrechnung befreien konnte und unverzüglich nach der Kündigung die Aufrechnung erklärt.**
**(2) Ist Wohnraum vermietet, so gelten ergänzend die folgenden Vorschriften:**

**1. Im Falle des Absatzes 1 Satz 1 Nr. 1 ist der rückständige Teil des Mietzinses nur dann als nicht unerheblich anzusehen, wenn er den Mietzins für einen Monat übersteigt; dies gilt jedoch nicht, wenn der Wohnraum zu nur vorübergehendem Gebrauch vermietet ist.**

**2. [1]Die Kündigung wird auch dann unwirksam, wenn bis zum Ablauf eines Monats nach Eintritt der Rechtshängigkeit des Räumungsanspruchs hinsichtlich des fälligen Mietzinses und der fälligen Entschädigung nach § 557 Abs. 1 Satz 1 der Vermieter befriedigt wird oder eine öffentlichen Stelle sich zur Befriedigung verpflichtet. [2]Dies gilt nicht, wenn der Kündigung vor nicht länger als zwei Jahren bereits eine nach Satz 1 unwirksame Kündigung vorausgegangen ist.**

**3. Eine zum Nachteil des Mieters abweichende Vereinbarung ist unwirksam.**

**Übersicht**



**Schrifttum:** Both NJW 1970, 2197; Derleder NJW 1975, 1677; H Giger, Der zahlungsunwillige Mieter (Zürich 1987); Hiendl NJW 1964, 1946; Kamphausen ZMR 1983, 113; Korff NJW 1975, 2281; Mezger NJW 1972, 2071; Oske, Die Aufrechnung im Räumungsprozeß, WuM 1984, 178 = GE 1984, 512; Roquette NJW 1964, 377; Schläger, Von der fristlosen Kündigung des Wohnraummietvertrages (§ 554 BGB) bis zur Räumung, ZMR 1986, 421; Schneider NJW 1965, 140; G Scholz, Nachzahlung von Mietrückständen innerhalb der Schonfrist des § 554 Abs 2 Nr 2 BGB, WuM 1987, 135; Sternel Rz IV 401 ff; Wolter, Mietrechtlicher Bestandsschutz (1984), S 282 ff.

## I. Anwendungsbereich

Nach § 554 kann der Vermieter bei Zahlungsverzug des Mieters unter bestimmten Voraussetzungen fristlos kündigen. Bezweckt ist damit gleichermaßen ein Schutz des Vermieters, der häufig auf den regelmäßigen Eingang der Mietzinsen angewiesen ist, wie ein Schutz des Mieters vor der Gefahr, schon bei geringfügigen oder nur vorübergehenden Zahlungsrückständen seine Wohnung zu verlieren (insbes BGH LM Nr 291 zu § 242 [Cd] BGB = NJW 1987, 2506). Deshalb regelt § 554 die Folgen des Zahlungsverzugs des Mieters abweichend von § 326, so daß er diesen für seinen Anwendungsbereich verdrängt (BGHZ 50, 312; BGH LM Nr 6 zu § 326 [A] BGB = NJW 1957, 57). § 554 gilt für die Grundstücks- wie für die Fahrnismiete, enthält aber eine Reihe von Sondervorschriften für die Wohn- 1 raummiete. Bei der letzteren sind außerdem die §§ 564 a Abs 1, 564 b Abs 2 Nr 1 und § 9 Abs 2 MHRG zu beachten.

2 § 554 gilt nur für den Verzug des Mieters gerade mit der Zahlung des **Mietzinses,** wobei freilich zum Mietzins auch Pauschalen und Umlagen für Nebenkosten gehören, immer vorausgesetzt, daß es sich um periodisch wiederkehrende Leistungen handelt, weil § 554 seinem Wortlaut nach den Verzug mit mehreren Raten voraussetzt[1]. Unanwendbar ist § 554 mithin auf sämtliche **einmaligen** Zahlungspflichten des Mieters wie namentlich Nachforderungen für Nebenkosten[2], Baukostenzuschüsse und Mietvorauszahlungen (BGH LM Nr 6 zu § 326 [A] BGB), Kautionen (LG Hamburg WuM 1974, 54) sowie Schadensersatz- und Kostenerstattungsansprüche (LG Mannheim WuM 1975, 97), so daß bei einem Verzug des Mieters mit der Bezahlung dieser Forderungen für die Anwendung des § 554 kein Raum ist; vielmehr gilt dann wieder der allgemeine § 326, nur daß hier nach Überlassung der Mietsache an den Mieter an die Stelle des Rücktritts des Vermieters die Kündigung aus wichtigem Grunde tritt.

## II. Kündigungsgründe

### 1. Verzug an zwei aufeinanderfolgenden Terminen

3 Der Vermieter kann nach § 554 zunächst kündigen, wenn der Mieter für zwei aufeinanderfolgende Termine mit der Entrichtung des Mietzinses *oder* eines nicht unerheblichen Teils davon in Verzug ist (Nr 1 des § 554 Abs 1 S 1). Bei der Wohnraummiete ist hierbei der rückständige Teil nur dann erheblich, wenn er den Mietzins für einen Monat übersteigt (§ 554 Abs 2 Nr 1); dies gilt indessen nicht, wenn der Wohnraum zu nur vorübergehendem Gebrauch vermietet ist (vgl § 556 a Abs 8).

4 **a)** Erste Voraussetzung dieses Kündigungsrechts ist, daß der Mieter den Mietzins (s oben Rz 2) ganz oder teilweise an **zwei aufeinanderfolgenden Terminen** nicht gezahlt hat. Mit Terminen ist hierbei die Fälligkeit im Sinne des § 551 gemeint, so daß es sich dabei durchaus auch um Wochen-, Quartals- und Jahrestermine handeln kann, woraus sich freilich bei der Wohnraummiete bisher nicht gelöste Berechnungsprobleme ergeben (s BGH LM Nr 55 zu § 242 [Cd] BGB = MDR 1958, 766).

5 Schon immer stand fest, daß der Vermieter wegen **geringfügiger** Rückstände **nicht** fristlos kündigen darf (RGZ 86, 334). Dementsprechend bestimmt das Gesetz jetzt, daß Verzug mit einem nicht unerheblichen Teil des Mietzinses Voraussetzung der Kündigung ist, wobei bei der Wohnraummiete der rückständige Betrag nur dann als **erheblich** gilt, wenn er den Mietzins für einen Monat übersteigt

---

[1] BGH WM 1975, 877; OLG Karlsruhe WuM 1982, 241, 242 = 19 in RE Miet; insbes OLG Koblenz NJW 1984, 2369 = WuM 1984, 269 = ZMR 1984, 351; LG Berlin GE 1986, 501 = MDR 1986, 412.

[2] OLG Koblenz (vorige Fußn); LG Freiburg ZMR 1981, 370; LG Berlin GE 1986, 501 = MDR 1986, 412; AG Wesel WuM 1987, 222, 223.

(Abs 2 Nr 1 des § 554; s unten Rz 8). Entsprechendes gilt für sonstige Mietverhältnisse, so daß sich hier die Erheblichkeit der Rückstände ebenfalls nicht nach dem Betrag der einzelnen Rückstände (so die früher hM), sondern nach der gesamten Höhe aller Rückstände, bezogen auf die gesamte offene Miete beurteilt, wobei ein Rückstand in Höhe einer Monatsmiete stets als erheblich zu gelten hat (grdl BGH LM Nr 18 zu § 554 BGB = NJW-RR 1987, 903 = WM 1987, 932 = ZMR 1987, 289).

**b)** Außerdem muß sich der Mieter mit dem fraglichen Betrag in **Verzug** befinden. 6
Ob dies der Fall ist, beurteilt sich allein nach den §§ 284 und 285. Dabei ist zu beachten, daß der Mieter schon dann rechtzeitig gezahlt hat, wenn er den geschuldeten Betrag am letzten Tag der Frist abgesandt hat, sofern er nur überhaupt, wenn auch möglicherweise verspätet, bei dem Gläubiger eintrifft.[3] Durch Formularvertrag kann jedoch bestimmt werden, daß es auf den rechtzeitigen Eingang des Mietzinses beim Vermieter ankommen soll (AG Tiergarten GE 1987, 581). Das Gesetz verlangt nur einen Verzug des Mieters; deshalb darf die Kündigung nicht davon abhängig gemacht werden, daß der Vermieter zuvor einen Titel über die Rückstände erwirkt (BVerfG WuM 1989, 815).

Der Verzug setzt hier grundsätzlich **keine Mahnung** voraus (vgl § 284 Abs 2 iVm 7
§ 551). Es gibt jedoch Ausnahmen, namentlich wenn der Mieter in entschuldbarer Ungewißheit über die Höhe des Mietzinses ist, weil sich dieser nur durch eine komplizierte Berechnung ermitteln läßt. In solchen Fällen muß der Vermieter dem Mieter das Ergebnis seiner Berechnungen mitteilen, ihm überdies eine Überlegungsfrist einräumen und schließlich für deren Ablauf eine Mahnung aussprechen (vgl Mietrecht § 554 Rz 15, 15 a). Der Mieter kommt außerdem nicht in Verzug, wenn er eine **Einrede,** zB die Verjährungsreinrede oder ein Zurückbehaltungsrecht hat (LG Berlin MDR 1983, 843; LG Hamburg ZMR 1984, 128; s aber BGH LM Nr 18 zu § 554 BGB), wenn er mindern kann oder wenn er sich in einem entschuldbaren *Irrtum* über die Höhe des Mietzinses oder die Person des Vermieters befindet, zB weil er die Erben des Vermieters nicht kennt und auch nicht zu ermitteln vermag (BGH LM Nr 35 zu § 581 BGB = MDR 1973, 404; LG Berlin WuM 1983, 343; LG Kaiserslautern WuM 1985, 229). Der Mangel der zur Bezahlung der Mietzinsschulden erforderlichen Mittel vermag hingegen den Mieter ebensowenig wie etwa eine Krankheit zu entlasten (§ 279; LG Kiel WuM 1984, 55; AG Düren WuM 1981, 210). Dasselbe gilt, wenn der Mieter einfach den alten Mietzins trotz einer eindeutig berechtigten Mietzinserhöhung des Vermieters fortzahlt (BGH LM Nr 7 zu § 24 1. BMietG = ZMR 1964, 175).

**c)** Bei der **Wohnraummiete** gilt der rückständige Teil nur dann als erheblich, 8
wenn er den Mietzins für einen Monat übersteigt. Dies gilt jedoch nicht für Wohnraum, der nur zu vorübergehendem Gebrauch vermietet ist (§ 554 Abs 2 Nr 1). Maßgebend dafür ist der vertragliche Zweck der Gebrauchsüberlassung (wegen der Einzelheiten s unten § 556 a Rz 54 ff).

---

[3] BGHZ 44, 178; BGH LM Nr 17 zu § 284 BGB; Nr 1 zu § 36 VVG = NJW 1969, 875; 1964, 499; OLG Düsseldorf WM 1985, 585 m Nachw; AG Charlottenburg GE 1984, 925; s unten Rz 13.

**2. Verzug mit zwei Monatsraten**

9 Nach § 554 Abs 1 Nr 2 kann der Vermieter außerdem kündigen, wenn sich der Mieter in einem Zeitraum, der sich über **mehr als zwei** Zahlungstermine erstreckt, mit der Entrichtung des Mietzinses in Höhe eines Betrages in Verzug befindet, der den Mietzins für **zwei Monate** erreicht. Voraussetzungen dieses Kündigungsrechts sind mithin Verzug des Mieters mit der Zahlung des Mietzinses über einen Zeitraum hinweg, der länger als zwei Zahlungstermine ist, sowie ein dadurch aufgelaufener Mietzinsrückstand, der mindestens die Höhe des Mietzinses für zwei Monate erreicht, wobei von dem Mietzins im Augenblick der Kündigung, nicht von irgendeinem früheren, niedrigeren Mietzins auszugehen ist (LG Osnabrück WuM 1988, 268). Das Kündigungsrecht besteht daher nicht, wenn der Verzug zwischenzeitlich entfallen war.

**3. Dauernde unpünktliche Zahlung**

10 § 554 schließt den § 554 a nicht aus. Sind die Voraussetzungen des § 554 nicht erfüllt, so kann der Vermieter immer noch nach § 554 a kündigen. Dies kommt vor allem in Betracht, wenn der Mieter **ständig,** dh wiederholt und nicht nur einmal unpünktlich zahlt oder ständig Abzüge macht, die jedoch insgesamt nicht die Summe von zwei Monatsmietzinsen ergeben, sofern das vertragswidrige Verhalten des Mieters dem Vermieter die Fortsetzung des Mietverhältnisses unzumutbar macht. Dies gilt auch bei einer ständigen, unpünktlichen Zahlung der Nebenkosten. Jedoch setzt das Kündigungsrecht in diesen Fällen grundsätzlich eine vorherige Abmahnung des Mieters durch den Vermieter voraus (analog § 326 Abs 1), die sich gerade auf die Kündigung und nicht nur auf die ausstehenden Mietzinsraten beziehen muß.[4] Gleich steht die ernstliche Erfüllungsverweigerung des Mieters (OLG Köln NJW-RR 1987, 539).

10a Das Kündigungsrecht des Vermieters entfällt jedoch, sobald der Mieter wieder zur pünktlichen Zahlungsweise zurückkehrt, bevor der Vermieter gekündigt hat (LG Ravensburg WuM 1984, 297). Sobald aber der Vermieter einmal gekündigt hat, hat es hierbei sein Bewenden, selbst wenn jetzt der Mieter umgehend die Rückstände tilgt und die pünktliche Zahlungsweise wieder aufnimmt; § 554 Abs 2 Nr 2 kann hier nicht entsprechend angewandt werden (grdl BGH LM Nr 42 zu § 242 [Cd] BGB m Anm. EMMERICH JuS 1988, 403). Der Vermieter darf mit der Kündigung aber nicht übermäßig lange zuwarten, weil er sonst sein Kündigungs-

---

[4] BGH LM Nr 1 zu § 554 b BGB = WM 1969, 625; WuM 1979, 236 = ZMR 1979, 351; insbes LM Nr 42 zu § 242 (Cd) BGB = NJW-RR 1988, 87 m Anm EMMERICH JuS 1988, 403; LG Mannheim WuM 1976, 232; LG Kiel WuM 1977, 141; LG Hamburg ZMR 1983, 200 = MDR 1983, 319 Nr 61; ZMR 1985, 385 = WuM 1986, 338; LG Köln WuM 1985, 131; LG Berlin GE 1984, 863; 1984, 975; 1985, 481; 1986, 909; 1986, 1119 = ZMR 1987, 20; GE 1987, 1109 = WuM 1988, 57; GE 1987, 1269, 1271 = WuM 1988, 56; GE 1988, 947; 1989, 19; AG Charlottenburg GE 1988, 37, 39; KG GE 1984, 817; LG Hamburg NJW-RR 1986, 11; LG Dortmund WuM 1989, 178; LG Bochum WuM 1989, 179; AG Arnsberg DWW 1989, 143;s auch unten Rz 12.

recht verwirkt (BGH aaO.; LG Bochum WuM 1989, 179; s im übrigen u Rz 12). Und wenn die vorübergehende unpünktliche Zahlung mit der besonderen Situation des Mieters zusammenhängt (Stichwort: Arbeitslosigkeit), so besteht von vornherein kein Kündigungsrecht, wenn der Mieter nach der Besserung seiner wirtschaftlichen Situation wieder zur pünktlichen Zahlung der Mietzinsraten übergeht (LG Braunschweig WuM 1987, 201).

## III. Kündigung

11 Für die Erklärung der Kündigung sowie für die dabei zu beobachtenden Fristen und Formen gilt dasselbe wie bei § 553 (s deshalb oben § 553 Rz 12 f). Insbes ist keine Begründung erforderlich (LG Stuttgart ZMR 1985, 128). Für die Kündigungserklärung genügt im übrigen bei § 554 jedes Verhalten des Vermieters, aus dem sich für den Mieter eindeutig die Absicht des Vermieters zur sofortigen Beendigung des Mietverhältnisses ergibt. Das Wort Kündigung braucht dabei nicht verwandt zu werden, so daß durchaus auch in der Erhebung der Räumungsklage eine fristlose Kündigung liegen kann (RG HRR 1941 Nr 539; BGH WarnR 1971 Nr 197). Bei der Wohnraummiete ist jedoch § 564 a Abs 1 zu beachten.

## IV. Ausschlußtatbestände

### 1. Treuwidrigkeit

12 Selbst wenn an sich die Voraussetzungen des § 554 erfüllt sind, kann doch die fristlose Kündigung im Einzelfall treuwidrig und damit unwirksam sein. Dies kommt vor allem bei langfristigen Verträgen in Betracht, weil hier der Vermieter zu besonderer Rücksichtnahme auf den Mieter verpflichtet ist (RGZ 150, 232, 238 ff; LG Frankfurt WuM 1975, 53; LG Hannover WuM 1983, 263). Eine Kündigung ist außerdem bei widersprüchlichem oder arglistigem Verhalten des Vermieters unwirksam (BGH LM Nr 55 zu § 242 [Cd] BGB; AG Walsrode WuM 1973, 118; LG Nürnberg-Fürth MDR 1959, 845). Für die Annahme der Treuwidrigkeit reicht es indessen noch **nicht** aus, daß dem Vermieter, der eine bessere Verwertungsmöglichkeit gefunden hat, die Kündigung besonders gelegen kommt (BGH WarnR 1971 Nr 197) oder daß er wegen Zahlungsverzugs des Mieters kündigt, obwohl er sich aus einer Kaution befriedigen oder einen vom Mieter gestellten Bürgen in Anspruch nehmen könnte (BGH LM Nr 50 zu § 535 BGB = MDR 1972, 411). Wenn hingegen der Vermieter die unpünktliche Zahlungsweise des Mieters längere Zeit nicht beanstandet hat, kann er nach Treu und Glauben seine bisherige Haltung nicht plötzlich und unerwartet ändern und unvermittelt zur Kündigung nach § 554 oder nach § 554 a übergehen; in einem solchen Fall muß er vielmehr zuvor den Mieter darauf hinweisen, daß er fortan auf pünktlicher Zahlung bestehen und andernfalls von seinem Kündigungsrecht Gebrauch machen werde (s oben Rz 10 sowie BGH LM Nr 1 zu § 554 b BGB; WM 1971, 1020; 1971, 1439).

**2. Befriedigung des Vermieters**

13 Das Kündigungsrecht des Vermieters entfällt, wenn vor seiner Ausübung der Verzug durch Befriedigung des Vermieters geheilt wird (§ 554 Abs 1 S 2). Voraussetzung ist **vollständige** Befriedigung des Vermieters **vor** Wirksamwerden der Kündigung durch ihren Zugang beim Mieter (RG WarnR 1916 Nr 224; BGH WarnR 1970 Nr 191). Teilleistungen des Mieters stehen nicht gleich (§ 266; LG München I ZMR 1986, 125 Nr 10), wohl aber eine Zahlung unter Vorbehalt (LG Frankfurt WuM 1987, 318). Nicht erforderlich ist die zusätzliche Bezahlung etwaiger Verzugsschadensersatzansprüche des Vermieters, deren genaue Höhe der Mieter ohnehin gar nicht kennen kann (LG Berlin GE 1989, 45; str). Für die Rechtzeitigkeit der Leistung des Mieters vor Wirksamwerden der Kündigung genügt dabei die rechtzeitige Absendung des geschuldeten Betrages, während es nicht darauf ankommt, wann der Betrag beim Gläubiger eintrifft (RGZ 99, 257; AG Charlottenburg GE 1984, 925; str; s oben Rz 6).

**3. Aufrechnung**

14 Die Aufrechnung hat nach § 389 rückwirkende Kraft. Folglich kann der Mieter, wenn er im Augenblick der Kündigung (s LG Aachen WuM 1989, 294) gegen die Mietzinsforderung mit einer beliebigen Gegenforderung aufrechnen konnte, der Kündigung noch **nachträglich** durch die Erklärung der Aufrechnung die Grundlage entziehen (§ 554 Abs 1 S 3). Im Interesse der Rechtssicherheit hat der Gesetzgeber jedoch bestimmt, daß die Aufrechnung dann unverzüglich, dh ohne schuldhaftes Zögern (vgl § 121 Abs 1 S 1), erfolgen muß, woran es zB fehlt, wenn der Mieter mit der Aufrechnung zwei Wochen nach Zugang der Kündigung zuwartet (BGH WM 1971, 1020; LM Nr 18 zu § 554 BGB = NJW-RR 1987, 903 = WM 1987, 932, 933). Der Rechtsgrund der Gegenforderung ist dabei unerheblich, so daß § 554 selbst für Gegenforderungen des Mieters wegen arglistiger Täuschung durch den Vermieter gilt (RGZ 119, 360; BGH LM Nr 18 zu § 554 BGB). Voraussetzung ist nur, daß die Gegenforderung schon *vor* der Kündigung bestand, so daß schon vorher eine Aufrechnung möglich war (BGH LM Nr 1 zu § 3 MSchG = NJW 1959, 2017). Lediglich bei der *Wohnraummiete* gelten die genannten Einschränkungen nicht (s unten Rz 15).

**4. Wohnraummiete**

15 **a)** Zusätzlich zu den genannten Ausschlußgründen (oben Rz 12–14) ist dem Wohnraummieter durch die Nr 2 des § 554 Abs 2 noch eine sog **Schonfrist** eingeräumt worden. Die Kündigung ist hiernach unwirksam, wenn bis zum Ablauf eines Monats *nach* Eintritt der Rechtshängigkeit des Räumungsanspruchs der Vermieter hinsichtlich aller Rückstände (s LG München I WuM 1987, 153) befriedigt wird oder sich eine öffentliche Stelle zur Befriedigung verpflichtet. Bei einer Mehrheit von Mietern beginnt diese Frist einheitlich mit Zustellung der Klage an den letzten Mieter zu laufen (AG Hamburg WuM 1985, 263 f). Die Rückstände umfassen dabei sämtliche bis zum Augenblick der Befriedigung des

Vermieters aufgelaufenen Mietzinsen und Nutzungsentschädigungen nach § 557 (BGH ZMR 1971, 27). Die Befriedigung des Vermieters kann durch Aufrechnung des Mieters mit einer beliebigen Gegenforderung erfolgen, wobei es hier zudem anders als bei den übrigen Mietverhältnissen (s oben Rz 14) nicht erforderlich ist, daß die zur Aufrechnung gestellte Gegenforderung bereits im Augenblick der Kündigung fällig war; die Aufrechnung kann vielmehr mit solchen Gegenforderungen erfolgen, die erst **nach** der Kündigung bis zum Ablauf der Schonfrist fällig werden (LG Aachen WuM 1989, 294). Tilgt der Mieter die Rückstände durch Überweisung, so ist hier erforderlich, daß der Betrag innerhalb der Frist dem Konto des Gläubigers gutgeschrieben wird (so jedenfalls AG Tiergarten GE 1987, 883). Die Regelung des § 554 Abs 2 Nr 2 wird zT entsprechend auf die Kündigung des Vermieters nach § 564 b Abs 2 Nr 1 angewandt (LG Augsburg WuM 1987, 388). Unanwendbar ist sie aber auf jeden Fall auf die gewerbliche Miete, wenn der Vermieter wegen der ständigen unpünktlichen Zahlung des Mieters nach § 554 a kündigt (o Rz 10; insbes BGH LM Nr 42 zu § 242 [Cd] BGB m Anm EMMERICH JuS 1988, 403).

Der Befriedigung des Vermieters nach Eintritt der Rechtshängigkeit steht seine Befriedigung in der Zeit **zwischen** der Kündigung und der Erhebung der Räumungsklage gleich.[5] Dasselbe gilt schließlich, wenn sich eine **öffentliche Stelle** während der Schonfrist dem Vermieter gegenüber zur Befriedigung hinsichtlich sämtlicher bis dahin aufgelaufenen Rückstände verpflichtet. Als öffentliche Stellen kommen dabei in erster Linie die Träger der Sozialhilfe sowie die Wohngeldbehörden, darüber hinaus aber auch alle anderen juristischen Personen des öffentlichen Rechts einschließlich der christlichen Kirchen in Betracht. Die übliche Form, in der sich die genannten öffentlichen Stellen zur Befriedigung des Vermieters verpflichten, ist die sog Mietgarantie, namentlich der Sozialämter (dazu OVG Berlin NJW 1984, 2593; LG Saarbrücken NJW-RR 1987, 1372; LG Würzburg NJW-RR 1988, 1483). 16

**b)** Sind die Voraussetzungen der Nr 2 des § 554 Abs 2 erfüllt, so fingiert das Gesetz, daß die zunächst wirksame Kündigung wieder unwirksam wird, so daß das Mietverhältnis wiederauflebt.[6] Unberührt bleibt davon jedoch der bereits eingetretene Verzug des Mieters, so daß er trotz des Wiederauflebens des Mietverhältnisses durchaus weiterhin zum Schadensersatz verpflichtet sein kann (AG Sinsheim NJW-RR 1986, 1345). Die Fiktion greift nicht ein, wenn der Kündigung vor nicht länger als zwei Jahren bereits einmal eine nach S 1 der Nr 2 des § 554 Abs 2 unwirksame Kündigung vorausgegangen ist, da die Rechtswohltat der Schonfrist dem Wohnraummieter in einem Zeitraum von zwei Jahren immer nur **einmal** zugutekommen soll (LG Stuttgart ZMR 1985, 128). Die Zweijahresfrist wird dabei rückwärts vom Zugang der zweiten Kündigung gerechnet (KG WuM 1984, 93; LG Stuttgart ZMR 1985, 128), wobei es bei einer Mehrzahl von Mietern auf den Zugang der Kündigung bei dem letzten Mieter für den Fristbeginn ankommt 17

---

[5] KG WuM 1984, 93 = 27 in RE Miet; LG Stuttgart ZMR 1985, 128; LG Köln WuM 1976, 261; LG Berlin WuM 1980, 9.

[6] BGH LM Nr 1 zu § 31 a MSchG = NJW 1960, 2093; KG WuM 1984, 93, 94 = 22 in RE Miet; LG Stuttgart ZMR 1985, 128.

(AG Hamburg WuM 1985, 263). Der Anwendungsbereich dieser Ausnahmeregelung beschränkt sich streng auf den Fall des § 554 Abs 2 Nr 2; folglich ist für die Anwendung des S 3 aaO kein Raum, wenn die erste Kündigung ihre Wirksamkeit durch Aufrechnung nach § 554 Abs 1 S 3 verloren hatte (LG Mannheim WuM 1986, 250), wenn die erste Kündigung bereits zu einem Räumungsurteil geführt hatte, der Vermieter aus diesem aber nicht zur Vollstreckung geschritten war, so daß der Vertrag stillschweigend fortgesetzt wurde (LG Mannheim WuM 1988, 363), sowie wenn der Vertrag nach der ersten Kündigung (aufgrund des § 554) nach § 568 verlängert worden war (LG Berlin GE 1987, 1051, 1053 = ZMR 1988, 180 Nr 14). Anders aber wegen der völlig identischen Interessenlage, wenn der Vermieter nach der Wirksamkeit der ersten Kündigung auf die Rechte daraus verzichtet hatte, nachdem das Sozialamt eingesprungen war (AG Darmstadt WuM 1988, 159). Die Zweijahresfrist ist eine materiell-rechtliche, keine prozessuale Frist, so daß es gegen ihre Versäumung keine Wiedereinsetzung in den vorigen Stand nach der ZPO gibt (LG München I WuM 1983 141).

## V. Schadensersatzanspruch

**18** Die fristlose Kündigung des Vermieters wegen Zahlungsverzugs des Mieters (§ 554) schließt Schadensersatzansprüche des Vermieters aus Verzug nicht aus.[7] Der Schadensersatzanspruch beruht auf dem Mietvertrag und setzt (entgegen § 326 Abs 1) weder eine Nachfristsetzung noch eine Ablehnungsandrohung voraus (BGHZ 95, 39, 44; BGH LM Nr 12 zu § 554 BGB = NJW 1984, 2687 m Anm Emmerich JuS 1985, 144). Nach § 254 kann der Vermieter jedoch verpflichtet sein, sich um einen Ersatzmieter zu bemühen (BGH WM 1984, 171, 172; OLG Düsseldorf ZMR 1987, 375). Der Ersatzanspruch entfällt nach § 242, wenn der Mieter seinerseits schon vorher zur fristlosen Kündigung des Vertrages berechtigt gewesen war (OLG Bamberg ZMR 1984, 373, 374), nicht aber, wenn der Vermieter alsbald nach der Kündigung mit umfangreichen Umbauarbeiten beginnt, da § 552 S 3 hier nicht anwendbar ist (OLG Düsseldorf ZMR 1987, 375).

**18a** Der Ersatzanspruch des Vermieters umfaßt namentlich alle Schäden, die ihm gerade durch die Kündigung entstehen, insbes also den ihm entgehenden Mietzins für die vereinbarte, feste Vertragsdauer oder bis zu dem Zeitpunkt, zu dem der Mieter erstmals ordentlich kündigen konnte. Gelingt dem Vermieter die erneute Vermietung der Wohnung nur zu einem niedrigeren Mietzins als bisher, so schuldet der erste Mieter Ersatz der Mietzinsdifferenz ebenfalls bis zu dem genannten Zeitpunkt. Schließlich kann der Vermieter noch Ersatz der Kosten für die Suche eines neuen Mieters sowie der Rechtsverfolgungskosten verlangen.[8] Der Schadensersatzanspruch setzt jedoch Kausalität zwischen der (durch das

---

[7] § 286 Abs 1; RGZ 76, 367; BGHZ 82, 121; 95, 39, 43 ff; BGH LM Nr 70 zu § 535 BGB = ZMR 1979, 351; NJW 1984, 2687 = LM Nr 12 zu § 554 BGB m Anm Emmerich JuS 1985, 144; LM Nr 13 zu § 346 BGB = WM 1984, 936, 937; OLG Düsseldorf ZMR 1985, 297.

[8] Zuletzt zB BGHZ 95, 39, 47 ff; BGH LM Nr 12 zu § 554 BGB = NJW 1984, 2687 m Anm Emmerich JuS 1985, 144; LM Nr 11 zu § 554 BGB = MDR 1984, 572; OLG Düsseldorf

vertragswidrige Verhalten des Mieters veranlaßten) Kündigung und dem Schaden voraus; hieran fehlt es zB, wenn die Unvermietbarkeit der Wohnung ihren Grund ausschließlich in ihrem schlechten Zustand findet (LG Berlin WuM 1986, 211). Der Vermieter muß sich außerdem auf seinen Ersatzanspruch stets sämtliche ersparten Aufwendungen und alle sonstigen Vorteile infolge der Kündigung des Vertrages anrechnen lassen (zB BGHZ 95, 39, 44; BGH LM Nr 12 zu § 554 BGB). Dazu gehören auch Aufwendungen auf das Mietobjekt nach Auszug des Mieters, da sie dem Vermieter als Eigentümer des Objekts verbleiben (OLG Düsseldorf NJW-RR 1988, 652 = ZMR 1988, 94).

### VI. Abweichende Vereinbarungen

Bei der **Wohnraummiete** ist § 554 insgesamt zwingend und kann nicht zum **19**
Nachteil des Mieters, wohl aber zu dessen Gunsten abgeändert werden (vgl § 554 Abs 2 Nr 3, der als selbständiger 3. Absatz zu lesen ist; BGH WM 1989, 799). Bei allen **anderen** Mietverhältnissen sind vertragliche Abänderungen des § 554 hingegen grundsätzlich möglich, jedoch durchweg restriktiv auszulegen, so daß § 554 stets anwendbar bleibt, soweit er nicht ausdrücklich abgeändert ist.[9] Möglich ist aber bei der gewerblichen Miete zB die Abrede, daß bei Verzug des Mieters mit mehr als zwei Monatsraten der gesamte, restliche Mietzins auf einmal fällig sein soll (OLG Hamburg MDR 1983, 579). Abweichungen von § 554 durch **Formularverträge** zum Nachteil des Mieters sind hingegen generell unzulässig (§ 9 Abs 2 AGBG; ebenso grdl BGH LM Nr 291 zu § 242 [Cd] BGB = NJW 1987, 2506 m Anm Emmerich JuS 1987, 822). Daher kann durch Formularvertrag insbes nicht bestimmt werden, daß eine fristlose Kündigung bereits bei geringfügigen Rückständen mit nur einer einzigen Rate möglich sein soll (BGH aaO); ebensowenig kann auf das Verschuldenserfordernis als Voraussetzung des Verzugs verzichtet werden.[10] Genauso zu beurteilen ist schließlich eine Klausel, nach der schon die Abgabe einer eidesstattlichen Versicherung als Kündigungsgrund ausreichen soll (AG Hamburg WuM 1988, 362). Hingegen sind Verschärfungen des § 554 auch durch Formularverträge jederzeit möglich (zB BGH LM Nr 18 zu § 554 BGB = NJW-RR 1987, 903 = WM 1987, 932, 934). An derartige Klauseln ist der Vermieter selbst dann gebunden, wenn die Klausel im übrigen nach dem Gesagten wegen ihres Verstoßes gegen § 9 AGBG unwirksam ist (BGH LM Nr 291 zu § 242 [Cd] BGB = NJW 1987, 2506).

---

ZMR 1986, 164, 165; 1988, 94 = NJW-RR 1988, 652; OLG Köln NJW-RR 1987, 593; LG Berlin GE 1986, 1117.

[9] RGZ 85, 415; 150, 232, 238 ff; BGH LM Nr 55 zu § 242 (Cd) BGB; WM 1970, 1141.

[10] Insbes BGHZ 96, 182 m Anm Emmerich JuS 1986, 311; BGH LM Nr 11 zu § 9 (Bm) AGBG = NJW 1985, 1705; LM Nr 291 zu § 242 (Cd) BGB = NJW 1987, 2506 m Anm Emmerich JuS 1987, 822.

### VII. Prozessuales

20 **1.** In Räumungsprozessen besteht bei Wohnraummietverhältnissen **keine Mitteilungspflicht** des Gerichts und keine Pflicht, den Ablauf der Schonfrist abzuwarten. Es ist vielmehr allein Sache des Mieters, eine öffentliche Stelle rechtzeitig ausfindig zu machen, die noch während der Schonfrist die Verpflichtung zur Befriedigung des Vermieters übernimmt. Das Gericht ist jedoch nicht gehindert, noch vor Ablauf der Schonfrist ein Versäumnisurteil zu erlassen (LG Kiel NJW 1972, 1222).

21 **2.** Die **Beweislast** für alle Voraussetzungen des Kündigungsrechts trägt der Vermieter. Abweichende Vereinbarungen sind bei der Wohnraummiete ausgeschlossen und auch bei anderen Mietverhältnissen nur unter ganz engen Voraussetzungen möglich (BGH LM Nr 5 zu § 554 BGB = MDR 1960, 1006).

## § 554 a

**[1]Ein Mietverhältnis über Räume kann ohne Einhaltung einer Kündigungsfrist gekündigt werden, wenn ein Vertragsteil schuldhaft in solchem Maße seine Verpflichtungen verletzt, insbesondere den Hausfrieden so nachhaltig stört, daß dem anderen Teil die Fortsetzung des Mietverhältnisses nicht zugemutet werden kann. [2]Eine entgegenstehende Vereinbarung ist unwirksam**

**Schrifttum:** Müller ZMR 1970, 289; Schneider ZMR 1973, 131, 325; Tondorf WuM 1974, 229; Weimar MDR 1966, 556; Betrieb 1972, 2452; WuM 1971, 89; 1974, 49; Wolter, Mietrechtlicher Bestandsschutz (1984), S 288.

### I. Anwendungsbereich

1 **1.** Nach dem erst 1963 in das Gesetz eingefügten § 554 a können Vermieter wie Mieter bei Mietverhältnissen über Räume fristlos kündigen, wenn der andere Teil den Vertrag in besonders schwerem Maße schuldhaft verletzt. § 554 a enthält mithin eine Teilkodifikation des allgemeinen Kündigungsrechtes jeder Partei aus wichtigem Grunde, durch die aber, da § 554 a Verschulden voraussetzt, nach hM selbst bei Wohnraummietverhältnissen ein Rückgriff auf das allgemeine Kündigungsrecht aus wichtigem Grunde nicht ausgeschlossen wird; wichtig ist dies vor allem bei Geisteskrankheit einer Partei (s oben § 553 Rz 11). Auch sonst steht § 554 a in keinem Rangverhältnis zu den anderen Vorschriften, aus denen sich für Vermieter oder Mieter ein Recht zur fristlosen Kündigung des Vertrages ergibt (§§ 542, 544 bzw 553, 554). Die Parteien haben vielmehr stets die **Wahl,** auf welche Vorschrift sie sich stützen wollen, wenn sie den Vertrag fristlos kündigen (s oben § 542 Rz 4, § 553 Rz 1, 11). Hingegen schließt § 554 a nach Einzug des Mieters für seinen Anwendungsbereich das allgemeine **Rücktrittsrecht** aus den §§ 325 und 326 aus.

**2.** § 554 a gilt nur für die **Raummiete,** worunter sowohl die Wohnraummiete als auch die sonstige Raummiete, insbes die gewerbliche Raummiete fallen. Nicht hierher gehören hingegen die reine Grundstücksmiete, zB die Miete von Lager- und Parkplätzen, sowie die Fahrnismiete einschließlich des Leasings. Bei den zuletzt genannten Verträgen kommt daher in den Fällen des § 554 a nur ein Rückgriff auf die allgemeine Kündigung aus wichtigem Grunde in Betracht (s oben § 553 Rz 9 f). 2

## II. Vertragsverletzung

### 1. Begriff

**a)** Eine fristlose Kündigung nach § 554 a setzt voraus, daß der andere Vertragsteil 3
schuldhaft in solchem Maße seine Verpflichtungen verletzt, daß dem kündigenden Teil die Fortsetzung des Mietverhältnisses nicht mehr zugemutet werden kann. Dabei zeigt insbes der Vergleich mit § 564 b Abs 2 Nr 1 (nach dem bei der Wohnraummiete schon die ordentliche Kündigung eine nicht unerhebliche, schuldhafte Vertragsverletzung voraussetzt), daß in § 554 a an das Vorliegen einer zur fristlosen Kündigung ausreichenden, schwerwiegenden und schuldhaften Vertragsverletzung **strenge** Anforderungen zu stellen sind. Die Vertragsverletzung muß maW so *schwerwiegend* sein, daß sie der betroffenen Partei die Fortsetzung des Vertragsverhältnisses, und sei es auch nur bis zum Ablauf der ordentlichen Kündigungsfrist oder bis zum sonstigen, normalen Vertragsende, objektiv unzumutbar macht.[1] Ob dies der Fall ist, kann immer nur im Einzelfall aufgrund einer umfassenden Interessenabwägung anhand objektiver Maßstäbe beurteilt werden, wobei grundsätzlich nur Kündigungsgründe aus der Person des Vertragsgegners Berücksichtigung finden können. Gründe aus dem eigenen Risikobereich des Kündigenden wie etwa die Unrentabilität des vom Mieter betriebenen Unternehmens reichen hingegen niemals zur fristlosen Kündigung aus (BGH LM Nr 70 zu § 535 BGB = ZMR 1979, 351). Dasselbe gilt grundsätzlich für geringfügige Behinderungen einer Partei (BGH LM Nr 4 zu § 554 a BGB). Haben *beide* Parteien die Zerrüttung des Vertrauensverhältnisses verschuldet, so hängt es schließlich ganz von den Umständen des Einzelfalles ab, welcher Partei mit Rücksicht auf das eigene Verhalten und das der anderen eine Fortsetzung des Vertrages nicht mehr zuzumuten ist (BGH LM Nr 26 zu § 242 [Bc] BGB = WM 1981, 331; WM 1986, 172; AG Schöneberg GE 1987, 1165: bes strenge Anforderungen).

**b)** Die Vertragsverletzung muß außerdem **schuldhaft** begangen sein, wobei sich 4
aus den §§ 276 bis 279 ergibt, was die Parteien im einzelnen zu vertreten haben (s zB LG Oldenburg WuM 1983, 317). Hervorzuheben ist lediglich, daß hiernach jede Partei uneingeschränkt für ihre Erfüllungsgehilfen einzustehen hat (§ 278),

---

[1] BGH LM Nr 4 zu § 554 a BGB = ZMR 1974, 375; WM 1986, 172; BayObLG WuM 1983, 129 = 16 in RE Miet; LG Mannheim WuM 1974, 175; 1978, 68; AG Nürnberg WuM 1983, 262 = ZMR 1983, 352.

so daß der Vermieter auch bei schweren Störungen des Hausfriedens durch die Angehörigen und Arbeitnehmer des Mieters nach § 554 a kündigen kann (vgl zB LG Köln ZMR 1977, 332).

**2. Beispiele**

5 **a)** Das Gesetz nennt als Beispiel einer schweren, schuldhaften Vertragsverletzung selbst insbes die nachhaltige Störung des Hausfriedens durch eine Vertragspartei. Hieraus und aus dem Umstand, daß § 554 a aus dem alten § 2 MSchG hervorgegangen ist, folgt, daß Hauptanwendungsfall des § 554 a **Belästigungen** des anderen Vertragsteils sind. Man versteht darunter jede Beeinträchtigung des anderen Vertragsteils oder der Mitbewohner des Hauses in ihren persönlichen Rechten oder Vermögensinteressen im Zusammenhang mit dem Mietverhältnis (BGH LM Nr 1 zu § 2 MSchG = NJW 1953, 1390). Die wichtigsten Beispiele derartiger Belästigungen sind schwere Beleidigungen, Tätlichkeiten gegen den Vertragsgegner oder dessen Angehörige, übermäßiger Lärm, Streitereien und Zänkereien, entehrende Bestrafungen, die Ausübung der Gewerbsunzucht und ähnliches mehr. In jedem Fall muß es sich dabei aber mit Rücksicht auf § 564 b Abs 2 Nr 1 zumindest bei der Wohnraummiete um ganz **besonders schwerwiegende** Verstöße handeln, die eine sofortige Trennung der Parteien unausweichlich machen (o Rz 3), so daß einmalige Vorgänge idR ebensowenig genügen wie eine scharfe Bemerkung in einer erregten Auseinandersetzung. Gehen die Störungen von mehreren Mietern aus, so darf der Vermieter außerdem nicht willkürlich vorgehen, sondern muß sich grundsätzlich an denjenigen Mieter halten, der die Hauptverantwortung für die Störung trägt (LG Duisburg WuM 1975, 209).

6 Eine Anwendung des § 554 a kommt hiernach **zB** in Betracht, wenn der eine Teil den anderen in schwerer und unentschuldbarer Weise und vor allem wiederholt **beleidigt,**[2] wenn der Mieter den Vermieter gegenüber den Nachbarn oder sonst in der Öffentlichkeit verunglimpft oder gar durch ein Transparent an der Außenwand der Wohnung öffentlich anprangert,[3] wenn der Mieter wider besseres Wissen oder ohne vertretbaren Anlaß Strafanzeige gegen den Vermieter erstattet (AG Gelsenkirchen-Buer ZMR 1982, 56; AG Friedberg WuM 1985, 264), wenn er versucht, das Haus durch Gas in die Luft zu sprengen (AG Helmstedt ZMR 1988, 184 Nr 14), wenn er den Garten ständig unberechtigt nutzt und dabei die anderen, allein nutzungsberechtigten Mieter belästigt (AG Steinfurt WuM 1987, 260), wenn der Mieter den Vermieter mit Geiselnahme bedroht (LG Mannheim ZMR 1977, 180) sowie wenn er vorsätzlich schwerwiegende, falsche Vorwürfe gegen andere Mieter erhebt (LG Kaiserslautern WuM 1983, 263, s auch u Rz 8), wenn sich ein Teil zu Tätlichkeiten gegen den anderen Vertragsteil hinreißen läßt

---

[2] AG Köln WuM 1975, 37; 1976, 233; LG Mannheim WuM 1974, 175; 1978, 68; 1981, 17; LG Düsseldorf ZMR 1981, 116; AG Schwelm WuM 1985, 265; LG Berlin GE 1986, 747; WuM 1987, 56; AG Schöneberg GE 1986, 861; AG Köln WuM 1987, 388; Gegenbeispiele in AG Köln WuM 1988, 128; AG Charlottenburg GE 1988, 527.

[3] BayObLG WuM 1983, 129; LG München I WuM 1983, 263; LG Mannheim WuM 1985, 264; AG Schwelm WuM 1985, 265.

(LG Köln WuM 1981, 233), wenn der Vermieter grundlos mit einem Nachschlüssel in die Wohnung eindringt (AG Heidelberg WuM 1978, 69) oder wenn der eine den anderen schwerwiegend und anhaltend durch übermäßigen Lärm belästigt (LG Hannover ZMR 1979, 248; LG Köln ZMR 1977, 332; anders zu Unrecht AG Darmstadt WuM 1985, 264). Hingegen genügt es zB **nicht,** wenn der Mieter einen Kaufinteressenten sachgemäß über die Rechte der Mieter und über die Mängel der Wohnung informiert,[4] wenn es sich um bloße gegenseitige Nadelstiche oder Querelen handelt (LG Landau ZMR 1986, 361) oder wenn der Mieter lediglich die Kaution nicht bezahlt (LG Kassel NJW-RR 1987, 1495). Ebensowenig genügt schließlich die Ausübung der Gewerbsunzucht durch die Mieterin, sofern der Vermieter hiermit ursprünglich einverstanden war (AG Köln WuM 1984, 281).

**b)** In Ausnahmefällen kann den Vermieter die Aufnahme von **Besuchern** zur 7
fristlosen Kündigung berechtigen, sofern von den aufgenommenen Personen erhebliche Belästigungen ausgehen oder die Wohnung durch ihre Aufnahme total überbelegt würde. Hingegen genügt es in keinem Fall für eine fristlose Kündigung, daß der Mieter Personen anderen Geschlechts in der Wohnung aufnimmt und mit ihnen in der Wohnung geschlechtlich verkehrt (LG Kassel NJW-RR 1987, 1495). Das Privatleben des Mieters geht den Vermieter nichts an (str).

**c)** Eine fristlose Kündigung nach § 554 a kommt außerdem bei schwerwiegenden 8
Verstößen einer Partei gegen die beiderseitigen, vertraglichen **Treuepflichten** in Betracht. Beispiele sind neben der ständigen, unpünktlichen Zahlung des Mietzinses (dazu o § 554 Rz 10) die ernstliche und endgültige Erfüllungsverweigerung einer Partei (BGH LM Nr 4 zu § 554 a BGB; Nr 70 zu § 535 BGB = ZMR 1974, 375; 1979, 351), schwerwiegende Verletzungen der sich für jede Partei aus den Vertragsverhandlungen ergebenden Aufklärungspflichten (OLG Frankfurt BB 1978, 577), insbes jede Täuschung der anderen Partei (LG Mannheim ZMR 1965, 185; BGH WM 1986, 172) sowie die Unterstützung von Hausbesetzern (AG Wedding und AG Frankfurt WuM 1981, 210).

**d)** Weil § 554 a weder durch § 542 noch durch § 553 verdrängt wird (oben Rz 1), 9
kann ein Kündigungsrecht aus § 554 a auch in Fällen besonders schwerwiegender Verstöße des Vermieters gegen seine **Erhaltungspflicht** und des Mieters gegen seine Obhutspflicht in Betracht kommen. Beispiele sind die Verursachung eines unerträglichen Gestanks in der Wohnung (LG Hamburg WuM 1988, 18; AG Münster WuM 1988, 19) oder wiederholter, schwerer Wasserschäden (LG Berlin GE 1988, 145), die völlige Verwahrlosung der Wohnung nach Auszug des Mieters (LG Frankfurt WuM 1974, 55), die Entzündung des Mobiliars in Trunkenheit aus Verärgerung über eine Mietzinserhöhung oder eine Kündigung (LG Mannheim DWW 1976, 33), der wiederholte Ausfall der Heizung (AG Duisburg WuM 1980, 131), die beharrliche Weigerung des Vermieters zur Beseitigung schwerwiegender Mängel.[5] sowie die grundlose unerwartete Einschränkung des vertragsmäßigen

---

[4] AG Nürnberg WuM 1983, 262; AG Gummersbach WuM 1982, 209; vgl auch für eine Solidarisierung der Mieter LG Kassel WuM 1981, 211 sowie für die Verweigerung der Besichtigung AG Erkelenz WuM 1986, 251.

[5] LG Köln WuM 1977, 200; LG Heidelberg WuM 1977, 200; OLG Frankfurt WuM 1980, 133.

Gebrauchs des Mieters, zB durch ein plötzliches Benutzungsverbot für den Garten (LG Landshut WuM 1987, 389).

### III. Kündigungserklärung

10 Für Form und Frist der Kündigungserklärung gilt bei § 554 a dasselbe wie bei den §§ 553 und 554 (s deshalb oben § 553 Rz 14). Anders als bei § 553 braucht jedoch der Kündigung hier grundsätzlich **keine Abmahnung** vorauszugehen. Nur im Einzelfall kann sich aus § 242 etwas anderes ergeben (AG Köln WuM 1971, 205). Der Vermieter kann im Einzelfall auf Verlangen der Mitmieter zur Kündigung eines störenden Mieters verpflichtet sein (AG Emmendingen WuM 1989, 231).

### IV. Schadensersatzanspruch

11 Durch eine fristlose Kündigung werden Schadensersatzansprüche der kündigenden Partei wegen der schuldhaften Vertragsverletzung der anderen Partei niemals ausgeschlossen. Nach hM umfaßt dabei der Schadensersatzanspruch des kündigenden Teils namentlich alle Schäden, die ihm gerade erst durch die Kündigung entstanden sind (BGH LM Nr 70 zu § 535 BGB; Nr 4 zu § 554 a BGB; AG Hamburg-Wandsbek WuM 1989, 283f). Insoweit gilt hier nichts anderes als für eine Kündigung aufgrund der §§ 542 oder 554 (s deshalb im einzelnen oben § 542 Rz 3; § 554 Rz 18). Außerdem kann in den Fällen des § 554 a stets jede Partei von der anderen Unterlassung verlangen, anstatt zu kündigen (für den Vermieter s § 550).

### V. Abweichende Vereinbarungen

12 Nach S 2 des § 554 a sind entgegenstehende Vereinbarungen unwirksam. Folglich kann bei Mietverhältnissen über Räume das Kündigungsrecht des § 554 a weder zugunsten des Mieters noch zugunsten des Vermieters beschränkt oder gar ausgeschlossen werden. Hingegen beurteilt sich die Frage, ob eine Erweiterung des Kündigungsrechts möglich ist, nach § 554 b.

## § 554 b

**Eine Vereinbarung, nach welcher der Vermieter von Wohnraum zur Kündigung ohne Einhaltung einer Kündigungsfrist aus anderen als den im Gesetz genannten Gründen berechtigt sein soll, ist unwirksam.**

1 § 554 b verbietet bei der Wohnraummiete jede **vertragliche Erweiterung** des Rechts des Vermieters zur fristlosen Kündigung des Mietverhältnisses über die §§ 553, 554 und 554 a hinaus. Eine vertragliche Erweiterung des Kündigungs-

rechts des *Mieters* bleibt hingegen unbeschränkt möglich. Dasselbe gilt für vertragliche Erweiterungen des Kündigungsrechts des Vermieters bei allen anderen Mietverhältnissen einschließlich der gewerblichen Raummiete.

## § 555

Aufgehoben durch Artikel I Nr 13 des 2. Gesetzes zur Änderung mietrechtlicher Vorschriften vom 14. 7. 1964 (BGBl I 457); s jetzt § 557 a.

## § 556

**(1) Der Mieter ist verpflichtet, die gemietete Sache nach der Beendigung des Mietverhältnisses zurückzugeben.**
**(2) Dem Mieter eines Grundstücks steht wegen seiner Ansprüche gegen den Vermieter ein Zurückbehaltungsrecht nicht zu.**
**(3) Hat der Mieter den Gebrauch der Sache einem Dritten überlassen, so kann der Vermieter die Sache nach der Beendigung des Mietverhältnisses auch von dem Dritten zurückfordern.**

**Schrifttum:** Blank, Der Räumungsprozeß, in: Partner im Gespräch, Bd 26 (1987), 93; Brosette, Kostentragungspflicht bei der Zwangsräumung von Wohnraum, NJW 1989, 963; Brunn, Das Vertragsverhältnis des Untermieters nach Beendigung des gewerblichen Hauptmietvertrages, WuM 1988, 386; ders, Die Zwangsräumung von Wohnraum, NJW 1988, 1362; Derleder, Die Rechtsstellung der Wohnraummieter bei Vermögensverfall von Zwischenvermietern, ZIP 1988, 415; Eisenschmid, Abwicklung des Mietverhältnisses bei Ende der Mietzeit, in: Partner im Gespräch, Bd 26 (1987), 73; ders, Die Abwicklung des Wohnungsmietverhältnisses bei Ende der Mietzeit, WuM 1987, 243; Frisch, Rechtsfolgen bei vorzeitiger Rückgabe von Schlüsseln bei Beendigung des Mietverhältnisses, GrundE 1987, 896; Gather, Beendigung des Hauptmietverhältnisses bei gewerblicher Zwischenvermietung, in: Partner im Gespräch, Bd 26 (1987), 149; ders, Mietrechtliche Fragen bei der gewerblichen Zwischenvermietung, DWW 1988, 131; Hagmann, Nochmals: Mieterschutz und gewerbliche Zwischenvermietung, NJW 1989, 822; Hille, Bauherrenmodell gegen Mieterschutz? WuM 1983, 46; Hoffmann, Soziales Recht auch für den Untermieter? (Ein Beitrag zu dem Räumungsanspruch aus § 556 Abs 3 BGB), WuM 1967, 33; Karst, Auswirkungen des § 556 a BGB auf die Zulässigkeit einer Klage auf künftige Räumung gem § 259 ZPO, ZMR 1988, 453; Matthies, Mieterschutz und gewerbliche Zwischenvermietung, NJW 1988, 1631; Meier, Ausübung des Mietoptionsrechts trotz Räumungsurteil? BlGBW 1985, 276; H-D Müller, Nur scheinbar ein Routineproblem: Die Gewährung einer Räumungsfrist, GrundE 1988, 703; K Müller, Das Benutzungsverhältnis zwischen Vermieter und Mieter nach Gewährung einer Räumungsfrist gemäß § 721 ZPO, MDR 1971, 253; Mutter, Zum Recht des Mieters auf vorzeitige Rückgabe der Mietsache, ZMR 1989, 132; Nassall, Die Untermiete im Spiegel der Rechtsprechung, ZMR 1983, 333; ders, Zum Einwand des Rechtsmißbrauchs beim Räumungsverlangen nach § 556 Abs 3 BGB, ZMR 1984, 182; Noack, Zur Durchführung der Räumungsvollstreckung mit Nebenfolgen in der Praxis, ZMR 1981, 33; ders, Zur Erstattungsfähigkeit von Nebenkosten bei der Räumungsvollstrekkung, ZMR 1982, 225; Oske, Die Aufrechnung im Räumungsprozeß, WuM 1984, 178; Pfizenmayer, Mieterschutz und Vindikation bei der Wohnraummiete vom Nichteigentümer, Diss Heidelberg (1981); Reinelt, Der Räumungsschutz des gutgläubigen Untermieters, NJW 1984, 2869; Salje, Verletzung der Rückgabepflicht als Rechtsproblem beim „Verleih" von Videofilmkassetten, Betrieb 1983, 2453; Schläger, Von der fristlosen Kündigung des Wohnraum-Mietvertrages (§ 554 BGB) bis zur Räumung, ZMR 1986, 421; ders, Zur Räumungsklage gegen den ausgezogenen Mieter, ZMR 1976, 34; Schmeller, Bestandsschutz des Wohnraumuntermietverhältnisses bei Beendigung des Hauptmietverhältnisses (Diss München 1984); Scholz, Zwangsräumung und Vollstreckungsschutz, ZMR 1986, 227; Schumacher, Zur Frage gleichzeitiger Räumungsklage gegen den Haupt- und Untermieter, BlGBW 1961, 298; Sternel, Die Beendigung des Wohnraummietverhältnisses, ZMR 1988, 201; Tenbieg, Räumung mit Hindernissen, DGVZ 1988, 184; Weimar, Die Rückgabeverpflichtung des Mieters nach Beendigung des Mietverhältnisses, BlGBW 1978, 141; ders, Zurückbehaltungsrechte im Mietrecht, WuM 1965, 93; Wetekamp, Probleme der gewerblichen Zwischenvermietung, GrundE 1986, 415; Wolter, Mietrechtlicher Bestandsschutz (1984), 238 ff.

**Übersicht**



## I. Allgemeines

1 Die Vorschrift regelt die Rückgabe der Mietsache nach Beendigung des Mietverhältnisses. Die Pflicht zur Rückgabe ist eine selbständige Leistungspflicht des Mieters, die außerhalb des synallagmatischen Zusammenhangs steht. Es handelt sich um eine Abwicklungspflicht vertraglicher Natur (Esser-Weyers § 17 II; Larenz II, 1 § 48 II b aE, VII a). Die Ansprüche aus § 556 unterliegen nach § 195 der Verjährungsfrist von 30 Jahren. Dies gilt auch für den Anspruch auf Rückgabe von Zubehör, das der Mieter bei Rückgabe der Mietsache behält. Insoweit ist nicht die Verjährungsfrist des § 558 maßgebend (BGHZ 65, 86 = NJW 1975, 2103). Bei einer Verletzung der Rückgabepflicht greift in erster Linie § 557 ein. Hinzu kommen die allgemeinen Vorschriften über Verzug und Unmöglichkeit.

## II. Rückgabe der Mietsache (Abs 1)

### 1. Voraussetzungen

2 a) Zwischen den Parteien muß ein **Mietverhältnis** bestanden haben (Vorbem 11 ff zu §§ 535, 536). Gegenstand des Mietvertrags können bewegliche oder unbewegli-

che Sachen sein. Auch Nutzungsverträge der Wohnungsgenossenschaften werden erfaßt. Hingegen umfaßt der Anwendungsbereich des § 556 nicht die Überlassung von Wohnraum aufgrund dinglicher Wohnrechte (§ 1093 BGB; §§ 31 ff WEG) oder öffentlich-rechtlicher Vorschriften wie bei der Obdachloseneinweisung. Ebensowenig dient die Vorschrift der Auseinandersetzung einer Wohngemeinschaft (AG Warendorf WuM 1982, 193).

**b)** Weitere Voraussetzung ist die **Beendigung** des Mietverhältnisses. Der Grund für die Beendigung ist unerheblich. Soweit bei einem Mietverhältnis die Anfechtung mit rückwirkender Vernichtung zugelassen wird (vgl § 564 Rz 46), scheidet ein Rückgabeanspruch aus § 556 aus (RGZ 85, 133, 137). Beim Rücktritt (vgl § 564 Rz 44 f) wird nach überwiegender Meinung eine Rückwirkung ausgeschlossen (Palandt-Heinrichs Einf v § 346 Anm 1 b mwN), so daß § 556 anwendbar bleibt (anders noch RGZ 136, 33). Der Zeitpunkt der Beendigung ergibt sich aus § 564. Dies ist bei Mietverhältnissen auf bestimmte Zeit der Zeitpunkt, zu dem die vertraglich vereinbarte Mietzeit abläuft. Ist die Mietzeit nicht bestimmt, endet das Mietverhältnis mit dem Zeitpunkt, zu dem der Mieter oder Vermieter wirksam gekündigt hat. Bei einem Aufhebungsvertrag endet das Mietverhältnis zu dem vereinbarten Zeitpunkt (§ 305). Kündigt der Vermieter trotz vorangegangener Verhandlungen über einen Aufhebungsvertrag zu einem bestimmten Termin, so bindet er sich insoweit auch hinsichtlich des Zeitpunkts der Beendigung (LG Siegen WuM 1987, 390). 3

### 2. Rechtsfolgen

#### a) Gläubiger und Schuldner

Gläubiger des Rückgabeanspruchs ist der Vermieter, auch wenn er nicht Eigentümer der Mietsache ist (LG Kassel WuM 1957, 117). Ein Mitglied einer ungeteilten Erbengemeinschaft kann im Wege der Prozeßstandschaft zugleich den Herausgabeanspruch der übrigen Miterben geltend machen (LG Berlin WuM 1986, 326 [LS]). Die Vorschrift gilt im Verhältnis zwischen Haupt- und Untermieter (OLG München NJW-RR 1989, 524). Schuldner des Rückgabeanspruchs ist der Mieter, selbst wenn er nicht unmittelbarer Besitzer der Mietsache ist. Wird der Vertreter ohne Vertretungsmacht nach § 179 Abs 1 auf Erfüllung in Anspruch genommen, schuldet er nach Ablauf der an sich vorgesehenen Mietzeit die Herausgabe der Mietsache, auch wenn er die Sache später dem unberechtigt Vertretenen überlassen hat (OLG Düsseldorf ZMR 1984, 379). Aus der Rückgabepflicht des Mieters ergibt sich kein Anspruch gegen den Vermieter auf Ersatz eines in den gemieteten Geschäftsräumen geschaffenen Firmenwerts (BGH NJW 1986, 2306). 4

#### b) Art und Weise der Rückgabe

**aa)** Der Anspruch auf Rückgabe ist grundsätzlich auf **Einräumung des unmittelbaren Besitzes** gerichtet, selbst wenn der Mieter die gemietete Sache von vornherein einem Dritten überlassen hat, persönlich also nie unmittelbarer Besitzer war (BGHZ 56, 308, 310 f = NJW 1971, 2065 m krit Anm Jakobs NJW 1972, 624). Der Anspruch setzt nicht voraus, daß der Mieter noch im unmittelbaren oder 5 mittelbaren Besitz der Sache ist (BGHZ aaO; BGH NJW 1987, 2367, 2369). Der Mieter kann den Anspruch auch nicht dadurch abwehren, daß er den Vermieter darauf verweist, den besitzenden Dritten unmittelbar auf Herausgabe in Anspruch zu nehmen (BGHZ 56, 308, 311 = NJW 1971, 2065; OLG Düsseldorf NJW-RR 1987, 911). Da der Vermieter bei der Rückübertragung des Besitzes mitwirken muß, genügt die bloße Besitzaufgabe durch den Mieter im allgemeinen nicht, selbst wenn der Vermieter sich den Besitz an der verlassenen Mietsache verschaffen kann (OLG Düsseldorf DWW 1987, 330; OLG München ZMR 1985, 298; vgl aber LG Frankfurt WuM 1989, 295; LG Mannheim WuM 1974, 202).

6 Der Mieter erfüllt seine Rückgabepflicht nicht dadurch, daß er als **mittelbarer Besitzer** seine Herausgabeansprüche gegen den unmittelbaren Besitzer an den Vermieter abtritt (BGHZ 56, 308, 311 = NJW 1971, 2065, 2066) oder erklärt, ein Recht auf Besitz und Nutzung nicht mehr zu haben (OLG Bremen OLGZ 1972, 417). Auch wenn dem Vermieter ein eigener Anspruch gegen den unmittelbaren Besitzer zusteht, muß der Mieter dafür sorgen, daß das Besitzmittlungsverhältnis aufgelöst und der unmittelbare Besitz auf den Vermieter übertragen wird.

7 Falls der Mieter neben dem Vermieter **Mitbesitzer** ist, genügt es, daß er die tatsächliche Gewalt über die Sache aufgibt (§ 856 Abs 1), wenn dadurch der Vermieter Alleinbesitzer wird.

8 Mehrere **gemeinschaftliche Mieter** haften für die Rückgabe grundsätzlich als Gesamtschuldner (§§ 427, 431). Der Anspruch kann daher gegen alle Mitmieter gemeinsam oder gegen jeden Schuldner gesondert geltend gemacht werden (RGZ 89, 203, 207). Die einzelnen Mitmieter haben wechselseitig auf die Erfüllung der Rückgabepflicht hinzuwirken (OLG Düsseldorf DWW 1987, 330). Ebenso haftet der ausgeschiedene Komplementär einer KG, sofern das Mietverhältnis vor oder während seiner Zugehörigkeit zur Gesellschaft begründet worden ist (BGH NJW 1987, 2367). Ist das Mietverhältnis aufgrund des vertragswidrigen Verhaltens eines Mitmieters durch Kündigung des Vermieters beendet worden, kann im Einzelfall § 242 der Geltendmachung des Herausgabeanspruchs gegen den anderen Mitmieter entgegenstehen, wenn dieser den Neuabschluß eines Vertrags zu den bisherigen Bedingungen als Alleinmieter verlangt (LG Darmstadt WuM 1983, 54). Die Rückgabeschuld mehrerer Mieter ist aber nicht generell als gemeinschaftliche Schuld zu werten. Kann die Rückgabepflicht zweier Mieter vertragsgemäß nur durch Mitwirkung des einen Mieters erfüllt werden (zB einziger Führerscheininhaber bei PKW-Miete), so haftet dieser als Gesamtschuldner auch für die schuldhafte Verletzung der Rückgabepflicht durch den anderen (BGHZ 65, 226 = NJW 1976, 287). Einer von mehreren Mitmietern kann grundsätzlich selbst dann noch auf Rückgabe in Anspruch genommen werden, wenn er die gemeinsame Wohnung verlassen hat und es ihm nicht gelungen ist, die anderen Mitmieter zum Auszug zu bewegen (LG Mannheim DWW 1973, 19; Weimar BlGBW 1982, 25). Unerheblich ist, ob der ausgezogene Mieter erklärt, er betrachte sich nicht mehr als Mieter (OLG Düsseldorf ZMR 1987, 423) oder ob er den unmittelbaren Besitz tatsächlich aufgegeben hat (OLG Düsseldorf NJW-RR 1987, 911; aM AG Essen-Steele m abl Anm Schopp ZMR 1986, 172). Dies gilt aber nicht, wenn er den Besitz endgültig aufgegeben und den Vermieter davon in Kenntnis gesetzt hat, sofern die Räumungsleistung eines allein besitzenden Mitmieters ohne Mitwir-

kung des anderen Mitmieters erbracht werden kann (OLG Schleswig NJW 1982, 2672 = 5 in RE Miet; krit BOICZENKO MDR 1983, 895; WOLF-ECKERT Rz 293; vgl LG Wuppertal WuM 1984, 199 [LS]). Das gleiche ist anzunehmen, wenn der Mitmieter mit Kenntnis des Vermieters die Wohnung gar nicht bezogen hat (LG München II WuM 1989, 181).

Die gemietete Sache ist an den **Vermieter oder an eine von diesem zum Empfang ermächtigte Person** zurückzugeben, selbst wenn der Vermieter nicht Eigentümer ist und die Sache unbefugt vermietet hat (ROQUETTE § 556 Rz 8). Der Mieter kann sich nicht auf § 541 stützen, um die Rückgabe an den Vermieter zu verweigern, weil ein Dritter Eigentümer der Mietsache ist (RG JW 1925, 472 m Anm RAAPE). Eine zum Empfang ermächtigte Person kann auch der Nachmieter sein (LG Berlin WuM 1988, 271), idR aber nicht irgendein Nachbar (AG Köln WuM 1988, 111 [LS]). 9

**bb)** Die Rückgabepflicht erstreckt sich auf das **Zubehör**. Der Mieter hat sämtliche Haus- und Wohnungsschlüssel abzuliefern, die er erhalten hat (OLG München DWW 1987, 124 m Anm KELLERHALS). Im allgemeinen ist die Rückgabe der Schlüssel tatsächlich anzubieten (§ 294). Es genügt nicht, die Schlüssel in der ohne Kenntnis des Vermieters geräumten Wohnung zurückzulassen (OLG München ZMR 1985, 298). Bei Annahmeverzug ist der Mieter berechtigt, die Schlüssel auf andere geeignete Art und Weise zurückzugeben (LG Osnabrück WuM 1984, 2 [LS]). Er hat auch solche Schlüssel herauszugeben, die er sich auf eigene Kosten beschafft hat (GLASER ZMR 1983, 181; MünchKomm-VOELSKOW § 556 Rz 7), selbst wenn er vom Vermieter noch Ersatz der Kosten verlangen kann (LG Wuppertal WuM 1986, 316). Will der Vermieter die Aufwendungen des Mieters für zusätzliche Schlüssel nicht ersetzen, kann sich der Mieter durch Vernichtung der Schlüssel von der Herausgabepflicht befreien (SCHMIDT-FUTTERER-BLANK B 250). Für fehlende Schlüssel ist der Mieter grundsätzlich ersatzpflichtig. Der Vermieter hat jedoch nach Räumung der Mietsache keinen Mietzinsanspruch mehr, wenn noch einzelne Schlüssel fehlen, nach den Umständen des Falles der Wille des Mieters zur Aufgabe des Besitzes aber unverkennbar ist (OLG Düsseldorf DWW 1987, 129). Ein pauschalierter Schadensersatzanspruch für fehlende Schlüssel aufgrund eines Formularmietvertrags ist unter den Voraussetzungen des § 11 Nr 5 AGBG unwirksam. Eine verschuldensunabhängige Haftung des Mieters verstößt bei Formularmietverträgen gegen § 9 AGBG (STERNEL Rz I 393, II 11, 12; WALKER MDR 1987, 981). 10

**cc)** Die Mietsache ist grundsätzlich in dem **Zustand** zurückzugeben, in dem sie sich zur Zeit der Beendigung des Mietverhältnisses befindet (BGHZ 86, 204 = NJW 1983, 1049 m Anm HAASE JR 1983, 364; krit LARENZ II, 1 § 48 VII a). Der Mieter kann sich vertraglich verpflichten, den früheren Zustand wiederherzustellen. Ein hierauf gerichteter Hauptleistungsanspruch des Vermieters kann sich nicht mehr nach § 326 in einen Schadensersatzanspruch umwandeln, wenn er bereits vor dem Zeitpunkt, in dem die Nachfristsetzung mit Ablehnungsandrohung erfolgt oder entbehrlich wird, verjährt war (BGHZ 104, 6 = NJW 1988, 1778 m Anm PETERS JZ 1988, 762). Ein formularmäßig fingiertes Einverständnis des Mieters mit den Feststellungen des Vermieters über den Zustand beim Rückgabetermin ist nur unter den Voraussetzungen des § 10 Nr 5 AGBG wirksam (BUB 11

DWW 1977, 76, 79). Der Mieter muß sämtliche Sachen, die er bei der Miete von Räumen eingebracht hat, entfernen, soweit der Vermieter nicht ihre Zurücklassung aufgrund eines Vermieterpfandrechts beansprucht (LG Mannheim WuM 1978, 141). Da der Mieter während der Vertragszeit zur Obhut verpflichtet ist, hat er die Sache in einem ordnungsgemäßen Zustand zurückzugeben. Räume sind besenrein zu übergeben (Weimar BlGBW 1978, 227). Polstermöbel und Gardinen brauchen bei Vermietung möblierter Räume ohne ausdrückliche Vereinbarung vom Mieter nicht gereinigt zu werden (AG Köln WuM 1969, 203). Bei Rückgabe in einem nicht vertragsgemäßen Zustand kann der Vermieter die Rücknahme jedoch nicht verweigern, ohne sich den Folgen des Gläubigerverzugs auszusetzen. Er ist auf Schadensersatzansprüche angewiesen (BGHZ 86, 204 = NJW 1983, 1049 m Anm Haase JR 1983, 364; BGH WM 1974, 260, 261), die sich in erster Linie aus positiver Forderungsverletzung ergeben (Wolf-Eckert Rz 305). Sachverständigenkosten für die Feststellung von Schäden kann der Vermieter nur ersetzt verlangen, wenn Art und Umfang der Schäden die Begutachtung durch einen Sachverständigen erforderlich machen (LG Darmstadt WuM 1987, 315; vgl LG Braunschweig WuM 1986, 274). Bescheinigt der Vermieter in einem Abnahmeprotokoll die Mangelfreiheit der Wohnung, ohne sie untersucht zu haben, kann er wegen später festgestellter Schäden keine Ansprüche mehr geltend machen (AG Wesel WuM 1987, 84). Im übrigen ist der Mieter dafür beweispflichtig, daß die Schäden nicht während seiner Mietzeit entstanden sind (AG Köln WuM 1986, 359 [LS]).

**12** Der Mieter hat **Veränderungen oder Verschlechterungen** der Mietsache, die durch den vertragsmäßigen Gebrauch eingetreten sind, nach § 548 nicht zu vertreten. Er braucht sie deshalb vor der Rückgabe nicht zu beseitigen. Soweit § 548 nicht eingreift, hat der Mieter einen ordnungsgemäßen Zustand wiederherzustellen. Das gleiche gilt, wenn sich der Mieter zur Übernahme der Schönheitsreparaturen verpflichtet hat (§§ 535, 536 Rz 38 ff; Röchling WuM 1982, 171, 173). Diese Arbeiten müssen im Zeitpunkt der Beendigung des Mietverhältnisses abgeschlossen sein (OLG München NJW-RR 1986, 443; AG Hannover WuM 1983, 235 [LS]). Die Wirksamkeit der Rückgabe wird nicht dadurch beeinträchtigt, daß der Mieter die Räume entgegen seiner vertraglichen Verflichtung in unrenoviertem Zustand zurückgibt (OLG Düsseldorf DWW 1987, 129).

**13** Der Mieter muß **Einrichtungen**, mit denen er die gemietete Sache versehen hat, grundsätzlich entfernen (BGHZ 81, 146, 150 = NJW 1981, 2564, 2565; BGHZ 104, 285 = NJW 1988, 2665; LG Düsseldorf NJW-RR 1987, 1043). Zu den Einrichtungen gehören Sachen, die mit der Mietsache verbunden und dazu bestimmt sind, deren wirtschaftlichem Zweck zu dienen (BGH WM 1969, 1114, 1115), zB Maschinen, Lichtanlagen, Wandschränke, Sträucher im Garten. Eine Ausnahme gilt, wenn der Vermieter zugestimmt hat, daß die Einrichtung mit der Mietsache verbunden wurde, und wenn sich daraus ergibt, daß der Vermieter auf die Entfernung nach Beendigung des Mietverhältnisses verzichtet hat (LG Mannheim WuM 1975, 50). Dies gilt auch, wenn der Mieter solche Einrichtungen vom Vormieter übernommen hat (LG Berlin MDR 1987, 234; AG Dortmund WuM 1982, 86 [LS]). Der Mieter ist grundsätzlich verpflichtet, Namens-, Firmen- und Reklameschilder zu entfernen. Angehörigen der freien Berufe wird das Recht zugestanden, vorübergehend ein Schild mit dem Hinweis auf die neue Adresse anzubringen (RGZ 161, 330, 338). Das gleiche ist für gewerbliche Unternehmen und Privatpersonen anzunehmen.

**Bauliche Änderungen** der Mietsache durch den Mieter sind ohne Rücksicht auf die dadurch entstehenden Kosten grundsätzlich zu beseitigen (LG Berlin MDR 1987, 234; LG Düsseldorf NJW-RR 1987, 1043). Dies gilt auch bei der Errichtung von Gebäuden (BGH NJW 1966, 1409; LM Nr 28 zu § 951 BGB = WM 1971, 389, 390). Der Anspruch des Vermieters auf Wiederherstellung des alten Zustandes entfällt jedoch, wenn er die Räume nach Beendigung des Mietverhältnisses in einer Weise umbauen will, daß die Wiederherstellungsarbeiten des Mieters wieder beseitigt werden müßten. In diesem Fall steht dem Vermieter kein Ausgleichsanspruch in Geld zu (BGHZ 96, 141 = NJW 1986, 309 m Anm Sonnenschein JZ 1986, 288). Anders entscheidet die Rspr allerdings bei Schönheitsreparaturen, die durch einen Umbau zerstört würden, weil sie einen Teil des vom Mieter zu entrichtenden Entgelts darstellen (BGHZ 92, 363 = NJW 1985, 480 m Anm Sonnenschein JZ 1985, 430; hierzu Emmerich JuS 1986, 16; Niebling ZMR 1985, 114; OLG Düsseldorf DWW 1988, 43). Ein fest verklebter Fußbodenbelag einschließlich der Klebereste muß vom Mieter auf seine Kosten beseitigt werden (LG Düsseldorf WuM 1977, 49). Stimmt der Vermieter der baulichen Änderung zu, kann darin wegen der idR auf Dauer angelegten Maßnahme ein Verzicht auf das Recht zur Beseitigung gesehen werden (AG Mannheim WuM 1977, 167). Dies gilt nicht bei einer Gestattung des Untervermieters, es sei denn, daß der Hauseigentümer vom Mieter die Wiederherstellung des ursprünglichen Zustands nicht mehr verlangt (LG Berlin WuM 1982, 245). Haben die Parteien nach einer baulichen Änderung einen neuen Mietvertrag abgeschlossen, ohne daß der Vermieter deren Beseitigung ausbedungen hat, so ist ein dahin gehendes Recht entfallen, weil die Mieträume in der geänderten Gestalt Gegenstand des Mietvertrags geworden sind (KG JW 1934, 847). Eine ohne Zustimmung vorgenommene bauliche Änderung ist auch dann nicht zu beseitigen, wenn der Vermieter nach Treu und Glauben hätte zustimmen müssen (BGH ZMR 1975, 188, 189). 14

**dd)** Der Mieter ist bei Erfüllung der Rückgabepflicht grundsätzlich nicht zu **Teilleistungen** berechtigt (§ 266). Eine unzulässige Teilräumung ist gegeben, wenn der Mieter nur einen Teil der gemieteten Räume zurückgibt, einzelne Möbel nicht mitnimmt oder den Keller nicht leerräumt. Auf die Eigentumsverhältnisse an den zurückgelassenen Sachen kommt es nicht an (AG Frankfurt WuM 1989, 238). Dies gilt nicht für einzelne geringwertige Sachen, die den Vermieter nicht an der Inbesitznahme und Weitervermietung hindern (OLG Düsseldorf DWW 1987, 129; ZMR 1988, 175). 15

**c) Zeitpunkt der Rückgabe**

**aa)** Die Rückgabepflicht entsteht **mit der Beendigung** des Mietverhältnisses (BGH NJW 1989, 451, 452). Da eine nach bestimmten Zeitabschnitten bemessene Frist erst mit dem Ablauf des letzten Tages der Frist endet (§ 188), braucht der Mieter die Sache nicht schon am letzten Tag der Mietzeit zurückzugeben (aM Jauernig-Teichmann § 556 Anm 2 a). Die Rückgabepflicht ist erst am nächstfolgenden Tag zu erfüllen (AG Köln WuM 1985, 265 [LS]; MünchKomm-Voelskow 16

§ 556 Rz 15). Sie wird mit der Beendigung des Mietverhältnisses fällig, so daß der Mieter auch ohne Mahnung in Schuldnerverzug geraten kann (§ 284 Abs 2). Da eine fristlose Kündigung mit dem Zugang das Mietverhältnis beendet, kann es nach Treu und Glauben geboten sein, daß der Vermieter dem Mieter eine kurze Räumungsfrist von höchstens einer Woche zubilligt (LG München II WuM 1989, 181). Dies ist aber nicht erforderlich, wenn etwa bei Vertragsverletzungen des Mieters eine letztmalig gesetzte Abhilfefrist fruchtlos abgelaufen ist (AG Ahaus DWW 1989, 54). Fällt der Tag, an dem die Rückgabepflicht zu erfüllen ist, auf einen Sonnabend, Sonntag oder auf einen am Leistungsort (Rz 19) staatlich anerkannten allgemeinen Feiertag, ist nach § 193 der nächste Werktag maßgebend (OLG Hamm WuM 1981, 40). Verspricht der Vermieter für den Fall fristgerechter Räumung eine finanzielle Beteiligung an den Umzugskosten des Mieters, kann er ohne besonderen Vorbehalt hiergegen nicht mit Ersatzansprüchen wegen des Zustandes der zurückgegebenen Wohnung aufrechnen (LG München I WuM 1985, 114). Der Vermieter kann die vereinbarungsgemäß an den Mieter gezahlte Abfindung nach § 360 nicht zurückverlangen, wenn der Mieter die Wohnung abredewidrig erst nach dem vereinbarten Räumungstermin herausgegeben hat (LG Mannheim WuM 1988, 87).

17 **bb)** Der Zeitpunkt der Rückgabe kann durch eine **abweichende Vereinbarung** der Parteien (§ 305) oder durch gerichtliche Festsetzung einer Räumungsfrist (§§ 721, 794 a ZPO) bestimmt werden. Das Mietverhältnis bleibt damit grundsätzlich beendet. Auch der Eintritt des Verzugs wird durch Gewährung einer gerichtlichen Räumungsfrist nicht ausgeschlossen (BGH LM Nr 1 zu § 27 MietSchG = NJW 1953, 1586; OLG Celle MDR 1967, 1013).

18 **cc)** Der Mieter hat grundsätzlich das Recht, die Mietsache schon **vor Beendigung des Mietverhältnisses** zurückzugeben. Dies gilt aber nur im Zweifel und kann ausgeschlossen sein, wenn dem Vermieter Unterbringungsmöglichkeiten für die vorzeitig zurückgegebene Sache fehlen (§ 271 Abs 2). Der Mieter ist trotz vorzeitiger Rückgabe verpflichtet, den Mietzins bis zum Ende der Mietzeit zu entrichten. Er ist nur insoweit befreit, als der Vermieter die Sache anderweitig vermietet (AG Arnsberg WuM 1980, 162; AG Osnabrück WuM 1980, 63) oder ihm obliegende Instandsetzungs- oder umfangreiche Umbauarbeiten vornimmt, so daß auch eine weitere Gebrauchsüberlassung an den bisherigen Mieter ausscheidet (LG Saarbrücken WuM 1979, 140). Das gleiche gilt bei vorzeitiger Überlassung an den Nachmieter, damit dieser die Mietsache renovieren kann (AG Wuppertal WuM 1983, 235 [LS]). Eine einvernehmliche vorzeitige Rückgabe kann als Mietaufhebungsvertrag gedeutet werden (Oske WuM 1979, 181). Da der Mieter nicht zum Gebrauch verpflichtet ist, darf er aus einer gemieteten Wohnung schon vor Beendigung des Mietverhältnisses ausziehen und die Schlüssel bis zum Ende der Mietzeit behalten (LG Köln WuM 1976, 254).

### d) Ort der Rückgabe

19 Unbewegliche Sachen, insbesondere Grundstücke und Räume, können nur an dem Ort zurückgegeben werden, an dem sie sich befinden. Der Erfüllungsort ist für den Gerichtsstand maßgebend (§§ 29 Abs 1, 29 a ZPO). Bewegliche Sachen

sind am Wohnsitz des Vermieters zurückzugeben. Es handelt sich um eine Bringschuld.

**e) Prozessuales**

**aa)** Verweigert der Mieter die Rückgabe der Mietsache unberechtigt, kann der Vermieter **Klage auf Herausgabe** erheben (vgl Blank, in: Partner im Gespräch, Bd 26, 93; Schläger ZMR 1986, 421). Eine eigenmächtige Besitzergreifung ist nicht erlaubt (BGH WM 1971, 943; WM 1977, 1126, 1128). Auch wenn sich der Vermieter im Mietvertrag ein Selbsthilferecht hat einräumen lassen, ist die Besitzergreifung gegen den Willen des Mieters rechtswidrig (§ 858) und verpflichtet zum Schadensersatz (BGH NJW 1977, 1818). Für Klagen auf Räumung von Wohnraum oder anderen Räumen ist das Amtsgericht ohne Rücksicht auf den Wert des Streitgegenstandes sachlich zuständig (§ 23 Nr 2 a GVG). Die örtliche Zuständigkeit richtet sich nach § 29 a ZPO, selbst wenn die Klage auf den Herausgabeanspruch des Eigentümers aus § 985 gestützt wird (LG München I ZMR 1987, 271; 1987, 309 [LS]). Genügt ein das Klageverfahren auslösendes vorprozessuales Schreiben den formellen Anforderungen, muß das Gericht allen Behauptungen nachgehen, mit denen der Vermieter den bereits vorprozessual in Anspruch genommenen Tatbestand auszufüllen sucht (BVerfG NJW 1988, 2725). Wenn die Geltendmachung des Anspruchs auf Räumung eines Grundstücks oder eines Raumes, der anderen als Wohnzwecken dient, an den Eintritt eines Kalendertages geknüpft ist, kann der Vermieter nach § 257 ZPO ohne weiteres Klage auf zukünftige Räumung erheben. In allen Fällen kann er nach § 259 ZPO auf künftige Leistung klagen, wenn den Umständen nach die Besorgnis gerechtfertigt ist, daß sich der Mieter der rechtzeitigen Leistung entziehen werde. Dies ist nicht schon dann anzunehmen, wenn der Mieter eine Anfrage des Vermieters zur Räumungsbereitschaft unbeantwortet läßt (AG Köln WuM 1986, 94 [LS]). Die Klage auf zukünftige Räumung ist vor Ablauf der Widerspruchsfrist des § 556 a Abs 6 zulässig, wenn der Mieter der Kündigung bereits mit der Begründung widersprochen hat, der geltend gemachte Kündigungsgrund liege nicht vor (OLG Karlsruhe NJW 1984, 2953; LG Bonn NJW 1971, 433; Karst ZMR 1988, 453), oder wenn er unmißverständlich erklärt hat, er werde nach Ablauf der Kündigungsfrist nicht räumen (LG Bochum WuM 1983, 56; vgl LG Gießen WuM 1984, 255 [LS]), weil damit die in § 259 ZPO vorausgesetzte Besorgnis begründet wird. Anderenfalls ist die Klage unzulässig (LG Berlin WuM 1980, 135; aM Karst aaO). Ein Versäumnisurteil auf Räumung darf vor Ablauf der Schonfrist des § 554 Abs 2 Nr 2 S 1 nicht ergehen, damit dem Mieter ein befristetes materielles Recht nicht durch das Verfahrensrecht genommen wird (OLG Hamburg ZMR 1988, 225; aM Schläger aaO). Die Kosten einer mit der Kündigung anhängig gemachten Räumungsklage hat der Vermieter zu tragen, wenn der Mieter alsbald räumt und durch sein Verhalten keinen Anlaß gegeben hat, er werde auf die Kündigung nicht durch Räumung reagieren (LG Bremen NJW-RR 1988, 334; AG Neuss NJW-RR 1987, 789). Macht der Vermieter andererseits den Herausgabeanspruch erst einige Monate nach der Beendigung des Mietverhältnisses im Klagewege geltend, kann nicht ohne weiteres eine Verwirkung angenommen werden, wenn 20 der Vermieter unmißverständlich zu verstehen gegeben hat, daß er das Mietverhältnis nicht fortsetzen wolle (BGH WuM 1988, 125).

21 **bb)** Die **Zwangsvollstreckung** zur Erwirkung der Herausgabe richtet sich nach den §§ 883, 885, 886 ZPO (Noack ZMR 1981, 33; ders ZMR 1982, 225). Nimmt der Vermieter nach Erlaß eines Räumungsurteils wiederholt Mietzahlungen oder Nutzungsentschädigungen entgegen, kann darin der Abschluß eines neuen Mietvertrags liegen (LG Düsseldorf MDR 1979, 496; LG Hamburg WuM 1989, 32), was die Zwangsvollstreckung aus dem Urteil unzulässig macht (OLG Hamm NJW 1982, 341 m Anm Lammel WuM 1982, 123; LG Hagen MDR 1982, 582; AG Frankfurt NJW-RR 1988, 204). Der Räumungsschuldner ist durch die materielle Rechtskraft eines auf künftige Räumung erkennenden Urteils nicht daran gehindert, eine Vollstreckungsabwehrklage aus § 767 ZPO auf die Gestaltungsfolge einer erst nachträglich ausgeübten Verlängerungsoption zu stützen (BGHZ 94, 29 = NJW 1985, 2481; hierzu Meier BlGBW 1985, 276). Eine Zwangsräumung kann nach § 765 a ZPO gegen die guten Sitten verstoßen (vgl Schläger ZMR 1986, 421; Scholz ZMR 1986, 227). Im übrigen ist zu beachten, daß die Räumungsvollstreckung im Einklang mit dem aus dem Rechtsstaatsprinzip herzuleitenden Verhältnismäßigkeitsgrundsatz und dem verfassungsrechtlichen Gebot zum Schutz des Lebens und der körperlichen Unversehrtheit aus Art 2 Abs 1 GG stehen muß. Hiernach kann Vollstreckungsschutz bei Gefahr erheblicher gesundheitlicher, ggf lebensgefährlicher Schäden des Räumungsschuldners geboten sein (BVerfGE 52, 214 = NJW 1979, 2607). Die Zwangsräumung einer Wohnung wird von den immanenten Schranken der Wohnungsfreiheit iS des Art 13 GG gedeckt. Ist ein hierauf gerichteter Vollstreckungstitel von einem Richter erlassen, benötigt der Gerichtsvollzieher im Hinblick auf Art 13 Abs 2 GG keine besondere richterliche Anordnung mehr (OLG Düsseldorf NJW 1980, 458; vgl BVerfGE 51, 97 = NJW 1979, 1539 m Anm Wochner NJW 1979, 2509). Ein Räumungstitel gegen den Mieter bildet keine Grundlage für eine Zwangsräumung gegen den Untermieter (OLG Celle NJW-RR 1988, 913; vgl im übrigen Brunn NJW 1988, 1362).

**f) Konkurrenzen**

22 Der Anspruch auf Herausgabe der Mietsache nach Abs 1 beruht auf dem Mietvertrag. Ist der Vermieter Eigentümer der Sache oder steht ihm ein dingliches Recht zu, hat er auch einen Herausgabeanspruch aus § 985. Der dingliche Anspruch wird durch den schuldrechtlichen Herausgabeanspruch nicht ausgeschlossen. Vielmehr bestehen beide Ansprüche nebeneinander (vgl BGHZ 34, 122, 123 f = NJW 1961, 499; BGH NJW 1985, 141 = WM 1984, 1296). Ist der Eigentümer nicht Partei des Mietvertrags, hat er den Herausgabeanspruch aus § 985, sofern der Mieter ihm gegenüber kein Recht zum Besitz iS des § 986 hat. Wenn der Mietvertrag von vornherein nichtig ist oder später wirksam angefochten wird, ist der Tatbestand des Abs 1 nicht erfüllt, da das Mietverhältnis niemals bestanden hat (RGZ 85, 133, 137). In diesen Fällen ist der Vermieter auf einen Herausgabeanspruch aus § 985 oder § 812 angewiesen.

## III. Ausschluß des Zurückbehaltungsrechts (Abs 2)

**1.** Der Mieter eines Grundstücks hat wegen seiner Ansprüche gegen den Vermieter nach Abs 2 kein Zurückbehaltungsrecht. Der **Anwendungsbereich** der Vorschrift erstreckt sich auf die Bestandteile des Grundstücks sowie auf die Miete von Wohnräumen und anderen Räumen (§ 580). 23

**2.** Aus der Entstehungsgeschichte der Vorschrift (Prot II 189) folgt, daß der Ausschluß des Zurückbehaltungsrechts gegenüber einem auf den Mietvertrag gestützten Anspruch auf Herausgabe eines Grundstücks eine eng auszulegende **Sondervorschrift** ist, die grundsätzlich keiner ausdehnenden Auslegung zugänglich ist. Dies gilt unstreitig im Verhältnis zu Ansprüchen auf Herausgabe beweglicher Sachen. Die Vorschrift ist nach hM auch dann nicht entsprechend anzuwenden, wenn der Herausgabeanspruch auf Eigentum gestützt wird (RG JW 1907, 100, 101; RGZ 85, 133; BGH LM Nr 1 zu § 556 BGB = MDR 1960, 482; BGHZ 41, 341, 347 = NJW 1964, 1791, 1793; aM LG Ravensburg MDR 1960, 141). 24

**3.** Der Ausschluß des Zurückbehaltungsrechts gilt für alle **vertraglichen Ansprüche** des Mieters wie Verwendungsersatz, Rückzahlung nicht abgewohnter Mieterdarlehen und Baukostenzuschüsse (LG Köln MDR 1955, 170), Entschädigung für vorzeitige Kündigung (RGZ 108, 137), Rückzahlung einer Kaution sowie bei deliktischen Ansprüchen auf Schadensersatz. Die Berufung des Vermieters auf einen Ausschluß des Zurückbehaltungsrechts gegenüber einem Schadensersatzanspruch des Mieters aus vorsätzlicher unerlaubter Handlung kann eine nach § 242 unzulässige Rechtsausübung sein (RGZ 160, 88, 91 f). 25

**4.** Der Ausschluß des Zurückbehaltungsrechts ist nicht zwingend (RGZ 139, 17). Die Parteien können deshalb eine **abweichende Vereinbarung** treffen (vgl RG DWohnA 1932, 214). 26

## IV. Herausgabeanspruch gegen einen Dritten (Abs 3)

### 1. Allgemeines

Nach Abs 3 steht dem Vermieter nach der Beendigung des Mietverhältnisses ein **unmittelbarer Herausgabeanspruch** gegen einen Dritten zu, dem der Mieter den Gebrauch der Sache überlassen hat. Dies gilt für bewegliche und unbewegliche Sachen in gleicher Weise. Der Anspruch wurde aus praktischen Gründen geschaffen, da mit der Beendigung des Hauptmietverhältnisses nicht notwendig gleichzeitig das Untermietverhältnis beendet ist (Prot II 190; LG Frankfurt ZMR 1961, 269). Er steht dem Hauptvermieter als Gläubiger zu, auch wenn dieser nicht Eigentümer der Mietsache ist. Schuldner ist der Dritte. Als Dritter kommt auch die begünstigte Person aus einem Mietvertrag zugunsten Dritter in Betracht, selbst wenn ihr der Gebrauch der Sache nicht von dem Mieter als dem Versprechensempfänger, sondern unmittelbar vom Vermieter überlassen worden ist. 27

Hauptmieter und besitzender Dritter sind hinsichtlich der Rückgabepflicht Gesamtschuldner (OLG Celle NJW 1953, 1474, 1475). Die Regelung des § 281 über die Herausgabe eines Ersatzes ist entsprechend anwendbar, wenn der Bestand eines für längere Dauer begründeten Untermietverhältnisses an die Aufrechterhaltung des Hauptmietverhältnisses geknüpft ist und dieses gegen Zahlung einer Abfindung an den Untervermieter vorzeitig aufgehoben wird (BGH WuM 1986, 54).

**28** Der Untermieter kann sich gegenüber dem Herausgabeanspruch des Hauptvermieters mangels eines Mietverhältnisses nicht auf die ihm gegenüber dem Hauptmieter zustehenden **Kündigungsschutzbestimmungen** berufen. Hiervon ausgenommen sind die Fälle, in denen Hauptvermieter und -mieter zu Lasten des Untermieters rechtsmißbräuchlich zusammenwirken oder wenn dem Untermieter bei Abschluß des Vertrags nicht bekannt war, daß sein Vermieter nicht Wohnungseigentümer ist.[1] Unterläßt der gewerbliche Zwischenvermieter bei Vertragsabschluß die Aufklärung des Mieters über dessen Stellung als Untermieter, kann darin eine zur fristlosen Kündigung des Untermietverhältnisses berechtigende Vertragsverletzung liegen (LG Kiel WuM 1987, 319). Wenn sich der Untermieter auf die Kündigungsschutzbestimmungen beruft, trifft ihn die Beweislast, daß deren Voraussetzungen auch hinsichtlich seiner Unkenntnis von der Zwischenvermietung vorliegen (aM LG München I WuM 1984, 246). Einer Kenntnis kann es nicht gleichgestellt werden, wenn der Untermieter aus den Umständen hätte erkennen können, daß er ein Untermietverhältnis eingeht (aM LG München I WuM 1984, 246 f). Beruft er sich zu Recht auf den Kündigungsschutz, ist das Rechtsverhältnis zu dem Hauptvermieter hinsichtlich der beiderseitigen Rechte und Pflichten sowie deren Beendigung in vollem Umfang nach Maßgabe des bisherigen Untermietverhältnisses so zu beurteilen, als wenn zwischen beiden Parteien ein wirksames Mietverhältnis bestünde (Reinelt NJW 1984, 2869). Bei einem Mietvertrag zugunsten Dritter handelt es sich bei dem Dritten nicht um einen Untermieter, so daß der Kündigungsschutz allein aus der Rechtsnatur des im Deckungsverhältnis vorliegenden Mietvertrags zu beurteilen ist. Die normale Zwischenvermietung kann dem aber nicht gleichgestellt werden, selbst wenn die Parteien bereits im Hauptvertrag zum Ausdruck bringen, daß letztlich der Wohnbedarf einer bestimmten Person gedeckt werden soll (aM LG Hamburg WuM 1986, 317). Die Rspr zur Zwischenvermietung im Wohnraummietrecht kann nicht auf den Mietvertrag über Gewerberaum übertragen werden. Somit steht dem

---

[1] BGHZ 84, 90 = NJW 1982, 1696 = 6 in RE Miet m krit Anm Haase JR 1982, 456; hierzu Bartsch ZMR 1983, 256; Brunn WuM 1988, 386; Crezelius JZ 1984, 70; Gather, in: Partner im Gespräch, Bd 26, 149; ders DWW 1988, 131; Gursky JR 1983, 265; Hille WuM 1983, 46; Matthies NJW 1988, 1631; hierzu Hagmann NJW 1989, 822; Maute WuM 1982, 287; Nassall MDR 1983, 9; ders ZMR 1983, 333; Wetekamp GrundE 1986, 415; Wolter 238 ff; BGHZ 94, 11 = NJW 1985, 1772; OLG Karlsruhe NJW 1982, 1290 = 9 in RE Miet m Anm Wüstefeld WuM 1981, 251; OLG Karlsruhe NJW 1984, 313 = 28 in RE Miet; hierzu Nassall ZMR 1984, 182; AG Helmstedt WuM 1989, 19; AG Kempten WuM 1984, 221; AG Lebach WuM 1985, 265 [LS]; s auch § 556 a Rz 2 ff; Derleder ZIP 1988, 415; Pfizenmayer 101 ff; zum Hauptmietverhältnis § 556 a Rz 4, § 564 b Rz 4.

Untermieter der Einwand der unzulässigen Rechtsausübung nicht zu, wenn für die Parteien des Hauptmietvertrags ein vernünftiger Grund zur Vertragsbeendigung vorliegt (KG ZMR 1988, 137). Ist der Untermieter wegen der Beendigung des Hauptmietverhältnisses nicht mehr zum Besitz berechtigt, kann er Ersatz des Nutzungsschadens, der in der Beeinträchtigung der Gebrauchsmöglichkeit liegt, vom Hauptvermieter auch dann nicht verlangen, wenn dieser ihm den Besitz durch verbotene Eigenmacht entzogen hat (BGHZ 79, 232 = NJW 1981, 865 m Anm Haase JR 1981, 287).

**2. Voraussetzungen**

**a)** Es muß ein **Hauptmietverhältnis** bestanden haben. Dieser Vertrag muß wirksam gewesen sein, da die Pflicht des Dritten zur Herausgabe ebenso wie die des Hauptmieters darin ihre Grundlage findet. **29**

**b)** Die Mietsache muß dem **Dritten zum Gebrauch** überlassen sein. Ähnlich wie bei § 549 wurde bisher eine Überlassung zum selbständigen Gebrauch verlangt. Ein unselbständiges Mitgebrauchsrecht wie bei der Aufnahme eines nahen Angehörigen wurde für unzureichend erklärt (LG Düsseldorf ZMR 1957, 196). Nachdem im Rahmen des § 549 nicht mehr in dieser Weise differenziert wird (dort Rz 1; OLG Hamm NJW 1982, 2876 = 21 in RE Miet), ist hieran auch für § 556 Abs 3 nicht festzuhalten. Entscheidend ist allein, ob der Dritte durch Überlassung seitens des Mieters Besitzer oder Mitbesitzer der Mietsache geworden ist, weil er nur dann die Herausgabe schulden kann. Unzureichend ist die Stellung als Besitzdiener. Der typische Fall einer Gebrauchsüberlassung ist die Untermiete. Der Herausgabeanspruch gilt in gleicher Weise für andere Fälle der Gebrauchsüberlassung. Unerheblich ist, ob zwischen dem Mieter und dem besitzenden Dritten ein wirksames Rechtsverhältnis besteht. Es kommt auch nicht darauf an, ob der Mieter zur Überlassung an den Dritten berechtigt war (Roquette § 556 Rz 17). Wegen der Zwangsvollstreckung durch Überweisung eines Herausgabeanspruchs nach den §§ 883, 886 ZPO reicht hierfür wie bei § 985 mittelbarer Besitz aus. Ein Herausgabeanspruch des Hauptvermieters gegen den Untermieter entfällt deshalb, wenn dieser die Mietsache bereits an den Hauptmieter herausgegeben hat (LG Hamburg WuM 1980, 199). **30**

**c)** Das Hauptmietverhältnis muß **beendet** sein. Dies ist auch dann der Fall, wenn der Hauptmieter stirbt und niemand an seiner Stelle nach den §§ 569 ff in den Mietvertrag eintritt (AG Ansbach MDR 1965, 488). Entscheidend ist, wann das Mietverhältnis mit dem Hauptmieter rechtlich endet. Auf den Zeitpunkt, zu dem der Hauptmieter die tatsächlichen Beziehungen zu der Mietsache aufgibt, kommt es nicht an (RGZ 156, 150, 153). Auf die Entstehung des Herausgabeanspruchs ist es deshalb ohne Einfluß, ob der Hauptmieter den Besitz vorzeitig aufgibt oder über die Beendigung des Hauptmietverhältnisses hinaus beibehält (LG Mönchengladbach WuM 1964, 39). Bei Eintritt eines neuen Hauptmieters in ein bereits bestehendes Mietverhältnis tritt keine Beendigung ein, so daß auch kein Herausgabeanspruch gegen den Untermieter ausgelöst wird (AG Weinheim WuM 1978, 125). Der Räumungsanspruch gegen den Untermieter erlischt bei Abschluß eines neuen Hauptmietverhältnisses über die gesamte Wohnung mit einem Dritten, der **31**

mit dem Verbleib des Untermieters einverstanden ist (LG München WuM 1964, 118). Zieht der Hauptmieter aus der Wohnung aus, ohne daß das Hauptmietverhältnis beendet ist, und verbleibt der Untermieter in den Mieträumen, wobei er den Mietzins unmittelbar an den Hauptvermieter entrichtet, so rechtfertigt dies nicht ohne weiteres den Schluß, daß stillschweigend das bisherige Hauptmietverhältnis aufgehoben und ein neuer Hauptmietvertrag mit dem bisherigen Untermieter begründet worden seien (OLG Düsseldorf NJW-RR 1988, 202).

32 **d)** Aus dem unterschiedlichen Wortlaut in Abs 1 und Abs 3 schließt die hM, weitere Voraussetzung für die Entstehung des Herausgabeanspruchs sei dessen **Geltendmachung** gegenüber dem Dritten (RGZ 156, 150, 153 f; BGB-RGRK-Gelhaar § 556 Rz 17). Im Grunde liegt das Problem jedoch bei der Frage, in welchem Zeitpunkt der Untermieter in Verzug gerät und damit schadensersatzpflichtig werden kann. Deshalb ist bei § 284 Abs 2 anzusetzen und der Eintritt des Verzugs ohne Mahnung für eine Leistung abzulehnen, deren Fälligkeit der Untermieter nicht kennen kann (§ 242). Die Aufforderung, die von der hM als Tatbestandsmerkmal für die Entstehung des Herausgabeanspruchs vorausgesetzt wird, ist auf dieser Grundlage als Mahnung für den Eintritt des Verzugs erforderlich (§ 284 Abs 1; Mietrecht § 556 Rz 47 f). Auf keinen Fall ist der Untermieter zur Herausgabe verpflichtet, solange diese Verpflichtung auch den Hauptmieter noch nicht trifft (OLG Hamm WuM 1981, 40).

### 3. Rechtsfolgen

33 **a) Inhaltlich** entspricht die Herausgabepflicht des Dritten, der die Mietsache besitzt, im wesentlichen der Rückgabepflicht des Hauptmieters (Rz 4 ff). Der Anspruch tritt neben den Herausgabeanspruch des Untervermieters aus Abs 1 (OLG München NJW-RR 1989, 524). Aus Vereinbarungen zwischen Hauptmieter und Untermieter kann der Hauptvermieter keine eigenen Rechte herleiten, so etwa bei Übernahme der Schönheitsreparaturen durch den Untermieter. Möglich ist aber die Abtretung der Ansprüche des Hauptmieters. Das Recht des Hauptvermieters, von dem Untermieter im Rahmen des Herausgabeanspruchs die Beseitigung von Einrichtungen und baulichen Änderungen zu verlangen, ist nur ausgeschlossen, wenn der Hauptvermieter diesen Änderungen zugestimmt hat (aM Schmidt-Futterer-Blank B 290). Im übrigen ist es möglich, daß sich der Inhalt der Rückgabeverpflichtung nach Abs 1 von der Herausgabepflicht nach Abs 3 unterscheidet. Dies gilt auch hinsichtlich des Leistungsortes, weil der Anspruch aus Abs 1 bei beweglichen Sachen eine Bringschuld ist (Rz 19), bei Abs 3 es sich aber um eine Holschuld handelt. Bei der Miete von Grundstücken wird ein Zurückbehaltungsrecht des Dritten nach Abs 2 ausgeschlossen. Bleibt der Untermieter im Besitz der Mietsache, so darf der Hauptvermieter ihn auffordern, den Untermietzins unmittelbar an ihn, den Hauptvermieter, zu entrichten (OLG Hamm WuM 1987, 346; LG Mannheim WuM 1988, 361). Ansonsten schuldet der Untermieter dem Eigentümer von dem Zeitpunkt der Kenntnis vom Wegfall des Hauptmietverhältnisses an eine Nutzungsentschädigung nach den §§ 987, 990, 991 (LG Düsseldorf WuM 1988, 163). Unter den Voraussetzungen der §§ 994, 996

können ihm Ansprüche auf Ersatz von Verwendungen zustehen (LG Köln WuM 1989, 181).

b) Für die **Durchsetzung** des Herausgabeanspruchs aus Abs 3 gilt das gleiche wie bei dem Anspruch nach Abs 1 (Rz 20 f). Für die Zwangsvollstreckung gegen den Untermieter ist ein nur gegen den Hauptmieter ergangener Räumungstitel unzureichend (OLG Celle NJW-RR 1988, 913). Hauptmieter und Untermieter können wegen ihrer gesamtschuldnerischen Haftung gleichzeitig verklagt werden (RGZ 136, 33; LG Köln WuM 1961, 191). 34

c) Zur **Konkurrenz** des Anspruchs aus Abs 3 mit anderen Ansprüchen wird auf die Ausführungen zu Abs 1 verwiesen (Rz 22). 35

## § 556 a

**(1) [1]Der Mieter kann der Kündigung eines Mietverhältnisses über Wohnraum widersprechen und vom Vermieter die Fortsetzung des Mietverhältnisses verlangen, wenn die vertragsmäßige Beendigung des Mietverhältnisses für den Mieter oder seine Familie eine Härte bedeuten würde, die auch unter Würdigung der berechtigten Interessen des Vermieters nicht zu rechtfertigen ist. [2]Eine Härte liegt auch vor, wenn angemessener Ersatzwohnraum zu zumutbaren Bedingungen nicht beschafft werden kann. [3]Bei der Würdigung der berechtigten Interessen des Vermieters werden nur die in dem Kündigungsschreiben nach § 564 a Abs. 1 Satz 2 angegebenen Gründe berücksichtigt, soweit nicht die Gründe nachträglich entstanden sind.**

**(2) [1]Im Falle des Absatzes 1 kann der Mieter verlangen, daß das Mietverhältnis so lange fortgesetzt wird, wie dies unter Berücksichtigung aller Umstände angemessen ist. [2]Ist dem Vermieter nicht zuzumuten, das Mietverhältnis nach den bisher geltenden Vertragsbedingungen fortzusetzen, so kann der Mieter nur verlangen, daß es unter einer angemessenen Änderung der Bedingungen fortgesetzt wird.**

**(3) [1]Kommt keine Einigung zustande, so wird über eine Fortsetzung des Mietverhältnisses und über deren Dauer sowie über die Bedingungen, nach denen es fortgesetzt wird, durch Urteil Bestimmung getroffen. [2]Ist ungewiß, wann voraussichtlich die Umstände wegfallen, auf Grund deren die Beendigung des Mietverhältnisses für den Mieter oder seine Familie eine Härte bedeutet, so kann bestimmt werden, daß das Mietverhältnis auf unbestimmte Zeit fortgesetzt wird.**

**(4) Der Mieter kann eine Fortsetzung des Mietverhältnisses nicht verlangen,**
**1. wenn er das Mietverhältnis gekündigt hat;**
**2. wenn ein Grund vorliegt, aus dem der Vermieter zur Kündigung ohne Einhaltung einer Kündigungsfrist berechtigt ist.**

**(5) [1]Die Erklärung des Mieters, mit der er der Kündigung widerspricht und die Fortsetzung des Mietverhältnisses verlangt, bedarf der schriftlichen Form. [2]Auf Verlangen des Vermieters soll der Mieter über die Gründe des Widerspruchs unverzüglich Auskunft erteilen.**

**(6) [1]Der Vermieter kann die Fortsetzung des Mietverhältnisses ablehnen, wenn der Mieter den Widerspruch nicht spätestens zwei Monate vor der Beendigung des Mietverhältnisses dem Vermieter gegenüber erklärt hat. [2]Hat der Vermieter nicht**

**rechtzeitig vor Ablauf der Widerspruchsfrist den in § 564 a Abs. 2 bezeichneten Hinweis erteilt, so kann der Mieter den Widerspruch noch im ersten Termin des Räumungsrechtsstreits erklären.**
**(7) Eine entgegenstehende Vereinbarung ist unwirksam.**
**(8) Diese Vorschriften gelten nicht für Wohnraum, der zu nur vorübergehendem Gebrauch vermietet ist, und für Mietverhältnisse der in § 565 Abs. 3 genannten Art.**

**Schrifttum:** Bärmann, Historische Bedeutung und Entwicklung des Kündigungsschutzes im Mietrecht, in: Partner im Gespräch, Bd 26 (1987), 11; Bartsch, Probleme der Zwischenmietverhältnisse über Wohnraum, ZMR 1983, 256; Becker, Gestaltungsrecht und Gestaltungsgrund, AcP 188 (1988), 24; Brunn, Das Vertragsverhältnis des Untermieters nach Beendigung des gewerblichen Hauptmietvertrages, WuM 1988, 386; Bucher, Die Sozialklausel des § 556 a BGB, DRiZ 1966, 137; Cöppicus, Widerspruchsgründe nach § 556 a BGB, ZMR 1965, 164; Crezelius, Untermiete und Mieterschutz, JZ 1984, 70; Derleder, Ist der gesetzliche Kündigungsschutz unverzichtbar? in: Partner im Gespräch, Bd 26 (1987), 27; Gather, Mietrechtliche Fragen bei der gewerblichen Zwischenvermietung, DWW 1988, 131; Gursky, Kündigungsschutz zwischen Wohnungseigentümer und Untermieter, JR 1983, 265; Haake, Kündigungsschutz für Zweit-, Ferien- und Wochenendwohnungen? NJW 1985, 2935; Häring, Grundsätze zur Sozialklausel des § 556 a BGB und die Notwendigkeit ihrer Reform, WuM 1966, 89; Hagmann, Nochmals: Mieterschutz und gewerbliche Zwischenvermietung, NJW 1989, 822; Henschel, Eigentumsgewährleistung und Mieterschutz, NJW 1989, 937; Hille, Bauherrenmodell gegen Mieterschutz? WuM 1983, 46; Jakobs, Wohnraummiete bei Anmietung von Wohnungen zwecks Weitervermietung zu Wohnzwecken, ZMR 1981, 295; Hoffmann, Rechtsnatur der Kündigungswiderspruchsfrist des § 556 a Abs. 6 BGB, NJW 1966, 486; Karst, Auswirkungen des § 556 a BGB auf die Zulässigkeit einer Klage auf künftige Räumung gem § 259 ZPO, ZMR 1988, 453; Lammel, Zur Zukunft des sozialen Mietrechts, JZ 1986, 832; Matthies, Mieterschutz und gewerbliche Zwischenvermietung, NJW 1988, 1631; Maute, Vertragsübernahme kraft Richterspruches, WuM 1982, 287; Mitzkus, Zur Reichweite wohnraummietrechtlicher Schutzbestimmungen, ZMR 1982, 197; Nassall, Zum Einwand des Rechtsmißbrauchs beim Räumungsverlangen nach § 556 Abs 3 BGB, ZMR 1984, 182; ders, Kündigungsschutz zwischen Vermieter und Untermieter? MDR 1983, 9; ders, Die Untermiete im Spiegel der Rechtsprechung, ZMR 1983, 333; Pergande, Bedeutung und Probleme der Sozialklausel im Mietrecht, NJW 1966, 1481; ders, Die Kündigung von Wohnraum und die Sozialklausel im neuen Mietrecht, NJW 1964, 1925; Pfizenmayer, Mieterschutz und Vindikation bei der Wohnraummiete vom Nichteigentümer, Diss Heidelberg (1981); Reinelt, Der Räumungsschutz des gutgläubigen Untermieters, NJW 1984, 2869; Roesch, Zur Zweckbestimmung des § 556 a Abs. 1 BGB, WuM 1971, 17; Schmeller, Bestandsschutz des Wohnraumuntermietverhältnisses bei Beendigung des Hauptmietverhältnisses, Diss München (1984); Schmid, Wohnraum, Wohnung, Einfamilienhaus, Zweifamilienhaus, Mehrfamilienhaus, BlGBW 1985, 241; Schmidt-Futterer, Die Änderungen der §§ 556 a, 564 a BGB, WuM 1972, 37; ders, Die Pflicht des Mieters zur Beschaffung von Ersatzraum, NJW 1971, 1829; von Schoenebeck, Das Widerspruchsrecht nach der Sozialklausel. Eine Übersicht, WuM 1980, 213; Schüren, Mietrechtlicher Kündigungsschutz für Wohngemeinschaften, JZ 1989, 358; Sonnenschein, Von der Wohnraummiete über die Geschäftsraummiete zur Pacht – und zurück, in: FS Seuß (1987), 253; von Stebut, Der soziale Schutz als Regelungsproblem des Vertragsrechts. Die Schutzbedürftigkeit von Arbeitnehmern und Wohnungsmietern (1982); Sternel, Die Beendigung des Wohnraummietverhältnisses, ZMR 1988, 201; Strunz, Die Sozialklausel im Mietrecht, BlGBW 1984, 112; Weimar, Die Sozialklausel des § 556 a BGB unter besonderer Berücksichtigung der Rechtsprechung, WuM 1965, 110; WETEKAMP, Probleme der gewerblichen Zwischenvermietung, GrundE 1986, 415; WOLTER, Mietrechtlicher Bestandsschutz (1984), 238 ff, 299 f; ZIMMERMANN, Kündigungsschutz für Zweitwohnungen und Wochenendhäuser, WuM 1989, 1.

**Übersicht**



## I. Allgemeines

Die Regelung des § 556 a gehört als sog Sozialklausel zum Kern des sozialen Mietrechts im BGB. Hiernach hat der Mieter von Wohnraum in Härtefällen das Recht, einer Kündigung des Vermieters innerhalb einer bestimmten Frist zu widersprechen und zu verlangen, daß das Mietverhältnis fortgesetzt wird. Können sich die Parteien nicht einigen, so ist eine gerichtliche Entscheidung zulässig. Bei der Fortsetzung des Mietverhältnisses ist eine angemessene Änderung der Vertragsbedingungen möglich. Die Vorschrift dient dem Zweck, besondere soziale Härten auf seiten des Mieters berücksichtigen zu können. 1

## II. Voraussetzungen

### 1. Mietverhältnis über Wohnraum

**a)** Es muß sich um ein **Mietverhältnis** handeln. Das Mietverhältnis kann unbefristet, befristet mit Verlängerungsklausel oder auflösend bedingt sein (§ 565 a). Auf unbestimmte Zeit abgeschlossen ist ein Mietverhältnis auch dann, wenn ein Endtermin nicht festgelegt ist, aber die Kündigung für eine bestimmte Zeit 2 ausgeschlossen ist (Erman-Schopp § 564 Rz 4). Entscheidend ist in diesem Fall, daß das Mietverhältnis nur durch Kündigung beendet werden kann. Bei Mietverhältnissen auf bestimmte Zeit gilt § 556 b (vgl § 564 c). Soweit nicht Abs 8 eingreift, kommt auch ein Untermietverhältnis in Betracht. Der Geltungsbereich der Vorschrift beschränkt sich dann auf das Verhältnis von Hauptmieter und Untermieter, erstreckt sich also nicht auf den Herausgabeanspruch des Hauptvermieters nach § 556 Abs 3. Hiervon ausgenommen ist der Fall, daß Hauptvermieter und -mieter zu Lasten des Untermieters rechtsmißbräuchlich zusammenwirken. Das gleiche gilt, wenn dem Untermieter bei Abschluß des Vertrages nicht bekannt war, daß sein Vermieter nicht Wohnungseigentümer ist.[1] Die Versuche im Schrifttum (Brunn aaO; Crezelius aaO; Gursky aaO; Matthies aaO; Nassall MDR 1983, 9, 14; Pfizenmayer 101 ff), den Schutz des Untermieters wegen einer angeblichen Gesetzeslücke in Analogie zu §§ 185, 571, 1056 oder zu den Grundsätzen des finanzierten Abzahlungskaufs auszudehnen, berücksichtigen nicht, daß der Gesetzgeber den Bestandsschutz an eine unmittelbare mietvertragliche Beziehung zwischen den Parteien gebunden hat. Zudem wird Wohnraum als Mittelpunkt der Lebensführung nicht schlechthin geschützt, wie Mietverträge zu nur vorübergehendem Gebrauch (Abs 8), die unentgeltliche Gebrauchsüberlassung aufgrund eines Leihvertrags oder der rechtsgrundlose Besitz von Wohnraum zeigen. Daß der Untermieter gegenüber dem Hauptvermieter idR keinen Kündigungsschutz genießt, ist also keine Gesetzeslücke, sondern entspricht der gesetzlichen Grundkonzeption. Unmittelbare Vertragsbeziehungen zwischen Hauptvermieter und Untermieter werden auch nicht hergestellt, wenn die Parteien im Hauptvertrag zum Ausdruck bringen, daß durch ihn der Wohnbedarf einer bestimmten Person gedeckt werden soll (vgl aber LG Hamburg WuM 1986, 317). Anders ist es nur bei einem Mietvertrag zugunsten Dritter nach § 328. Der nach der Rspr einen Schutz ausschließenden Kenntnis kann es nicht gleichgestellt werden, wenn der Untermieter aus den Umständen hätte erkennen können, daß er ein Untermietverhältnis eingeht (aM LG München I WuM 1984, 246 f). Beruft er sich auf den Kündigungsschutz, trifft ihn die Beweislast, daß die Voraussetzungen auch hinsichtlich seiner Unkenntnis von der Zwischenvermietung vorliegen (aM LG München I WuM 1984, 246). Greift der Kündigungsschutz ausnahmsweise ein, ist das Rechtsverhältnis zu dem Hauptvermieter hinsichtlich der beiderseitigen Rechte und Pflichten sowie deren Beendigung in vollem Umfang nach Maßgabe des bisherigen Untermietverhältnisses so zu beurteilen, als wenn zwischen beiden Parteien ein wirksames Mietverhältnis bestünde (Reinelt NJW 1984, 2869).

---

[1] BGHZ 84, 90 = NJW 1982, 1696 = 6 in RE Miet m krit Anm Haase JR 1982, 456; hierzu Bartsch ZMR 1983, 256; Brunn WuM 1988, 386; Crezelius JZ 1984, 70; Gather, in: Partner im Gespräch, Bd 26, 149; ders DWW 1988, 131; Gursky JR 1983, 265; Hille WuM 1983, 46; Matthies NJW 1988, 1631; hierzu Hagmann NJW 1989, 822; Maute WuM 1982, 287; Nassall MDR 1983, 9; ders ZMR 1983, 333; Reinelt NJW 1984, 2869; Wetekamp GrundE 1986, 415; Wolter 238 ff; OLG Karlsruhe NJW 1982, 1290 = 9 in RE Miet m Anm Wüstefeld WuM 1981, 251; OLG Karlsruhe NJW 1984, 313 = 28 in RE Miet; hierzu Nassall ZMR 1984, 182; s auch Rz 4, § 556 Rz 28, § 564 b Rz 2.

b) Die Sozialklausel gilt nur bei Mietverhältnissen über **Wohnraum** (Vorbem 12 3
zu §§ 535, 536). Unerheblich ist, ob es sich um eine Zweitwohnung des Mieters handelt (STERNEL Rz I 164; vgl unten Rz 54f). Erfaßt wird auch Wohnraum in Heimen, sofern die Raumnutzung gegenüber den sonstigen Leistungen des Heims überwiegt (vgl BGHZ 73, 350 = NJW 1979, 1288; BGH WuM 1981, 42; NJW 1982, 221, 222) und nicht die Ausnahmeklausel des Abs 8 eingreift (Rz 54 ff). Die Vermietung eines Hauses zum Betrieb eines Wohnheims ist hingegen Geschäftsraummiete (LG Hamburg NJW-RR 1986, 441). Die Eigenschaft als Wohnraum wird nicht ohne weiteres dadurch beeinträchtigt, daß der Vermieter dem Mieter gestattet, in der Wohnung einen Beruf oder gewerbliche Heimarbeit auszuüben. Bei einer ausdrücklichen Gestattung ist allerdings zu beachten, daß die Schutzvorschriften des BGB über Wohnraum auf derartige Mischräume nur anzuwenden sind, wenn eine Gesamtbeurteilung die vermieteten Räume nicht als Geschäftsräume erscheinen läßt (Vorbem 13 zu §§ 535, 536). Hierfür ist der Vertragszweck entscheidend, wie er sich aus dem Parteiwillen ergibt. Mietzins- und Flächenanteile sind wichtige Anhaltspunkte (BGH WuM 1986, 274; LG Berlin WuM 1988, 22). Handelt es sich um ein einheitliches Mietverhältnis, bei dem der Geschäftsraumanteil überwiegt, ist die Sozialklausel wegen der Untrennbarkeit des Vertrags auch für den Wohnraumanteil unanwendbar (OLG Schleswig NJW 1983, 49 = 4 in RE Miet). Sind Geschäftsraum- und Wohnraumanteil gleichwertig, ist § 556 a wegen seines Schutzzwecks anwendbar (AG Friedberg WuM 1983, 237 [LS]). Läßt der Mietvertrag nicht erkennen, ob die Räume vornehmlich zu gewerblichen oder zu Wohnzwecken vermietet worden sind, und nutzt der Mieter die Räume überwiegend zu Wohnzwecken, so kann diese Nutzung als vom Vertragswillen der Parteien gedeckt angesehen werden (LG Berlin WuM 1989, 9). Ein Mischmietverhältnis mit nicht überwiegender Nutzung zu gewerblichen Zwekken kann wegen des nach Abs 7 zwingenden Charakters der Sozialklausel nicht durch Parteivereinbarung dem Mietrecht für Gewerberäume unterstellt werden (LG Hamburg WuM 1988, 406). Die Sozialklausel ist auch anwendbar, wenn Geschäftsräume, sei es auch baurechtswidrig, zu Wohnzwecken vermietet werden (LG Koblenz WuM 1984, 132). Ein Wohnraummietverhältnis wird aber nicht dadurch begründet, daß zu gewerblichen Zwecken vermietete Räume zu Wohnzwecken untervermietet (BGH WuM 1970, 77) oder selbst genutzt werden (LG Frankfurt ZMR 1971, 225). Der vorherrschende Vertragszweck müßte durch die abweichende Nutzung vielmehr einvernehmlich geändert werden (LG Berlin ZMR 1988, 180). Ebensowenig handelt es sich um ein Mietverhältnis über Wohnraum, wenn ein unbebautes Grundstück vermietet wird und der Mieter darauf ein Gebäude errichtet und bewohnt, das als Scheinbestandteil iS des § 95 in seinem Eigentum steht und nicht in den Mietvertrag einbezogen worden ist (BGHZ 92, 70 = NJW 1984, 2878 = 40 in RE Miet m Anm HAASE JR 1985, 60 u Anm SONNENSCHEIN JZ 1985, 45).

Die Sozialklausel greift auf der Grundlage der neueren Rspr nicht ein, wenn 4
**Behörden oder Unternehmen** Wohnräume mieten, um sie ihren Arbeitnehmern

oder sonstigen Mietern zu überlassen.[2] Entscheidend für die Beurteilung als Wohnraummietverhältnis ist der vertragsmäßige Gebrauch. Dieser ist nach dem zum Vertragsgegenstand gewordenen Zweck zu beurteilen, den der Mieter mit der Anmietung verfolgt. Bei der Anmietung von Räumen, die nach dem Mietvertrag Angestellte des Mieters als Dienstwohnung nutzen sollen, liegt der vertragsmäßige Gebrauch durch den Mieter nicht im Wohnen, sondern im Weitervermieten. Dies dient dem Geschäftsbetrieb, ist also ein wirtschaftlicher und kein Wohnzweck (BGH aaO; BGH WM 1982, 1390, 1392). Ein Kündigungsschutz des Hauptmieters scheidet deshalb aus. Das gleiche gilt, wenn der Mieter eine gemeinnützige Organisation ist, die die Weitervermietung zur Verfolgung eines sozialen, satzungsgemäßen Zwecks und nicht aus wirtschaftlichen Interessen beabsichtigt. Auch in diesem Fall handelt es sich rechtlich nach dem Vertragszweck nicht um Wohnräume, sondern um Geschäftsräume, weil hierunter alle Räume fallen, die zu anderen als Wohnzwecken bestimmt sind, selbst wenn sie nicht geschäftlich oder gewerblich genutzt werden (OLG Karlsruhe NJW 1984, 373 = 31 in RE Miet; OLG Braunschweig WuM 1984, 237 = 3 in RE Miet m Anm Eickhoff WuM 1984, 271 u Anm Eckert WuM 1984, 273; hierzu BVerfG WuM 1985, 335; OLG Stuttgart NJW 1985, 1966 = 12 in RE Miet). Ebensowenig ist Wohnraummiete anzunehmen, wenn ein Verein ein Wohnhaus mietet, das satzungsgemäß ausschließlich von seinen Mitgliedern bewohnt wird (OLG Frankfurt WuM 1986, 273). Es steht den Parteien allerdings frei, für das Hauptmietverhältnis den Kündigungsschutz des sozialen Wohnraummietrechts vertraglich zu übernehmen (BGHZ 94, 11, 17 = NJW 1985, 1772, 1773; BVerfG WuM 1985, 335; OLG Frankfurt aaO). Durch eine derartige Vereinbarung werden aber nicht der Vertragszweck und damit sein rechtlicher Charakter als Geschäftsraummiete geändert (AG Frankfurt WuM 1988, 316). Eine genauere Analyse derartiger gestufter Vertragsverhältnisse zeigt allerdings, daß es sich bei dem Hauptvertrag um Pacht handelt, wenn die Gebrauchsüberlassung zum Zweck der Erzielung von Erträgen durch den anderen Vertragsteil erfolgt. Dies ist der Fall, wenn die Untervermietung von Anfang an oder aufgrund späterer Vereinbarung den überwiegenden Zweck des Hauptvertrags darstellt (Sonnenschein, in: FS Seuß, 253).

**4a** Die Rspr wirft Probleme auf, wenn auch das Hauptmietverhältnis Wohnzwecken des Mieters dient, diesem aber die **Untervermietung einzelner Räume** der Wohnung gestattet ist. Hier liegt der vertragsmäßige Gebrauch des Mieters nur teilweise in einer Weitervermietung. Wird der größere Teil der Wohnung weitervermietet, könnte nach der zu Mischmietverhältnissen entwickelten Übergewichtstheorie (Rz 3) auch das Hauptmietverhältnis nicht als Wohnraummietverhältnis anerkannt werden. Auf diese Fälle ist die neuere Rspr jedoch nicht

---

[2] BGH NJW 1981, 1377 zu § 29a ZPO; BGHZ 84, 90 = NJW 1982, 1696 m krit Anm Haase JR 1982, 456 = 6 in RE Miet; BGHZ 94, 11 = NJW 1985, 1772; BayObLG WuM 1985, 51 = 39 in RE Miet; OLG Karlsruhe NJW 1982, 1290 = 9 in RE Miet m Anm Wüstefeld WuM 1981, 251; OLG Karlsruhe NJW 1984, 313 = 28 in RE Miet; Palandt-Putzo § 556 a Anm 2 a; Jakobs ZMR 1981, 295; hiergegen Mitzkus ZMR 1982, 197; aM OLG Hamburg MDR 1981, 144; LG Aachen NJW-RR 1988, 914 zu § 29a ZPO; LG Hamburg ZMR 1985, 54.

übertragbar. Bei der gewerblichen Zwischenvermietung dient die Wohnung nicht zu Wohnzwecken des Mieters. Bei Mischmietverhältnissen mit überwiegendem Geschäftsraumanteil dient nur der geringere Teil des Mietobjekts Wohnzwecken. Bei den hier in Frage stehenden Fällen ist jedoch das gesamte Mietobjekt unter Einbeziehung des Hauptmieters als Wohnung bestimmt. Dies rechtfertigt es, das Hauptmietverhältnis unabhängig von der Größe des untervermieteten Teils als Mietverhältnis über Wohnraum zu beurteilen. Das gilt etwa bei der Vermietung eines Hauses an einen Hauptmieter zum Zwecke der Bildung einer Wohngemeinschaft, auch wenn ein ständiger Wechsel der Mitglieder dieser Gemeinschaft als Untermieter gestattet ist (AG Essen WuM 1987, 83). Da der Mieter grundsätzlich nicht zum Gebrauch der Mietsache verpflichtet ist (§§ 535, 536 Rz 35), ändert ein späterer Auszug des Hauptmieters nichts an dieser Beurteilung. Dabei können die Parteien des Hauptmietverhältnisses dessen Charakter auch nicht im gegenseitigen Einvernehmen nachträglich ändern. Sie würden dadurch in die Rechtsstellung des Untermieters eingreifen, weil ein effektiver Bestandsschutz des Untermietverhältnisses entscheidend davon abhängt, daß auch das Hauptmietverhältnis Wohnraumcharakter besitzt. Ähnliche Probleme ergeben sich, wenn der Mieter ein ganzes Gebäude anmietet, das aus mehreren Wohnungen besteht, von denen er nur eine selbst bewohnt und die übrigen mit Erlaubnis des Vermieters untervermietet. Ob das Hauptmietverhältnis den Vorschriften über die Wohnraummiete unterliegt, hängt davon ab, ob der Vertragszweck überwiegend auf das eigene Wohnen des Mieters oder auf die Untervermietung gerichtet ist (OLG Stuttgart NJW 1986, 322; Sonnenschein, in: FS Seuß, 253, 266).

**2. Vertragsmäßige Beendigung durch Kündigung**

a) Es muß eine **wirksame Kündigung** vorliegen, insbesondere müssen Form und 5
Frist eingehalten (§§ 564 a Abs 1 S 1, 565) und ein Kündigungsgrund gegeben sein (§ 564 b). Die Kündigung darf nicht aus anderen Gründen unwirksam sein, da es sonst keines Widerspruchs und keiner Verlängerung des Mietverhältnisses bedarf. Für die Beendigung durch Zeitablauf gilt § 556 b. Ein Aufhebungsvertrag fällt nicht unter die Sozialklausel.

b) Eine **vertragsmäßige Beendigung** durch Kündigung tritt ein, wenn der Vermie- 6
ter von seinem im Mietvertrag vereinbarten ordentlichen Kündigungsrecht Gebrauch macht. Eine Kündigung durch den Mieter scheidet naturgemäß aus, da ein Widerspruch gegen die eigene Kündigung sinnlos ist und die Sozialklausel kein Reurecht begründen will (Abs 4 Nr 1). Enthält der Mietvertrag keine ausdrücklichen Vereinbarungen über die Kündigung, ist das Mietverhältnis vertragsmäßig beendet, wenn der Vermieter nach § 565 Abs 2 oder bei Werkmietwohnungen nach den §§ 565 b ff kündigt, weil deren Regelung dann Vertragsbestandteil ist.

c) Die hM hält die Sozialklausel bei einer **außerordentlichen befristeten Kündi-** 7
**gung** durch den Vermieter zu Recht für anwendbar (BGHZ 84, 90 = NJW 1982, 1696, 1699 = 6 in RE Miet; Schmidt-Futterer-Blank B 302; Sternel Rz IV 185; aM OLG Oldenburg NJW 1973, 1841 = 2 in RE Miet). Aus dem Ausnahmecharakter der Verweisung in § 569 a Abs 5 S 2 ist kein zwingender Schluß herzuleiten. Die ordentliche Kündigung setzt nach § 564 b ein berechtigtes Interesse des

Vermieters voraus, das mindestens ebenso schwerwiegend ist wie die Gründe für eine außerordentliche befristete Kündigung. Es besteht deshalb nach Sinn und Zweck der Sozialklausel kein Anlaß, den Schutz des Mieters einzuschränken, dem kein vertragswidriges Verhalten vorzuwerfen ist (BGH aaO).

8 d) Ein Mietverhältnis wird nicht vertragsmäßig beendet, wenn der Vermieter eine **außerordentliche fristlose Kündigung** ausspricht (Abs 4 Nr 2). Selbst wenn er in diesen Fällen aus Entgegenkommen den Weg der ordentlichen Kündigung wählt, bleibt das Recht des Mieters, die Fortsetzung zu verlangen, wegen Vorliegens des Grundes zur fristlosen Kündigung nach hM ausgeschlossen (Rz 35).

9 e) Das Mietverhältnis wird nicht vertragsmäßig beendet, wenn es im Wege der **Anfechtung** durch den Vermieter vernichtet wird. Die Frage der Anfechtung gehört nicht zum Inhalt des Vertrags.

10 f) Ein **Rücktritt** durch den Vermieter aufgrund eines vereinbarten Rücktrittsrechts kann nur nach Überlassung des Wohnraums zu einer Härte für den Mieter führen, weil erst dann die Wohnung den Mittelpunkt der Lebensführung bildet. Der Rücktritt ist nach § 570 a wie eine Kündigung zu behandeln, so daß es sich um eine vertragsmäßige Beendigung im Sinne der Sozialklausel handelt. Ein gesetzliches Rücktrittsrecht wird nach der Überlassung durch ein Recht zur außerordentlichen fristlosen Kündigung verdrängt (§ 564 Rz 45), womit § 556 a ausscheidet.

### 3. Ungerechtfertigte Härte für den Mieter oder seine Familie

#### a) Allgemeines

11 Die Beendigung des Mietverhältnisses muß für den Mieter oder für seine Familie eine ungerechtfertigte Härte bedeuten. Aus dem Ziel der Vorschrift, soziale Notstände abzuwenden, ist zu schließen, daß mit ungerechtfertigter Härte nicht die üblichen mit einem Umzug verbundenen Beschwernisse wie Wohnungssuche, Umzugskosten und Arbeitsaufwand gemeint sind. Die Beendigung des Mietverhältnisses muß vielmehr Nachteile mit sich bringen, die diese üblichen Beeinträchtigungen übersteigen und unter Berücksichtigung der gesamten Umstände im Hinblick auf den sozialen Schutzzweck nicht zumutbar sind. Der bloße Wunsch des Mieters, noch länger in der Wohnung zu verbleiben, genügt nicht (AG Detmold DWW 1988, 216).

12 Ausreichend ist eine Härte für die *Familie* des Mieters. Das Gesetz begrenzt diesen Kreis nicht, so daß hierzu alle Familienangehörigen gezählt werden können, die in derselben Wohnung wie der Mieter wohnen (BGB-RGRK-Gelhaar § 556 a Rz 8). Ein bestimmter Grad der Verwandtschaft oder Schwägerschaft ist nicht erforderlich. Auch solche Familienangehörige können betroffen sein, die in der Wohnung des Mieters einen eigenen Hausstand führen (Roquette § 556 a Rz 13).

13 Haben *mehrere Personen,* die nicht miteinander verwandt sind, den Mietvertrag abgeschlossen, genügt eine Härte in der Person eines einzelnen Mieters, um den Anspruch auf Fortsetzung des Mietverhältnisses mit allen Mietern zu begründen. Hierzu reicht der Widerspruch des betroffenen Mieters aus (anders Sternel Rz IV 191).

**b) Einzelfälle**

**aa**) Eine ungerechtfertigte Härte kann sich aus Umständen im Zusammenhang mit der **Beschaffung einer neuen Wohnung** ergeben. In Abs 1 S 2 wird ausdrücklich klargestellt, daß dies der Fall ist, wenn angemessener Ersatzwohnraum zu zumutbaren Bedingungen nicht beschafft werden kann. Eine Ersatzwohnung ist angemessen, wenn sie im Vergleich zu der bisherigen Wohnung den Bedürfnissen des Mieters entspricht und vom Preis her für ihn tragbar ist. Diese Grenze ist mangels gesetzlicher Grundlage allerdings nicht durch einen festen Prozentsatz des Einkommens zu bestimmen (aM HOPPMANN 187). Im Hinblick auf die gesamte staatliche Wohnungspolitik ist hierbei die Möglichkeit von Zuschüssen nach dem WoGeldG zu berücksichtigen, auch wenn das Bedenken besteht, daß dadurch private Lasten auf den Staat abgewälzt werden. Gewisse Verbesserungen oder Verschlechterungen, verbunden mit einer Änderung der Miethöhe, sind hinzunehmen (SCHMIDT-FUTTERER-BLANK B 311). Der Mieter braucht sich allerdings nicht auf die Unterbringung in einem Alters- oder Pflegeheim verweisen zu lassen (OLG Karlsruhe NJW 1970, 1746 = 1 a in RE Miet). 14

Eine Härte liegt nur vor, wenn Ersatzwohnraum nicht beschafft werden kann. Aus diesem Wortlaut des Gesetzes ist zu schließen, daß sich der Mieter um eine Ersatzwohnung zu **bemühen** hat (einschr LG Regensburg WuM 1983, 141). Er genügt dieser Obliegenheit nur, wenn er alle ihm persönlich und wirtschaftlich zumutbaren, also auch mit finanziellen Opfern verbundenen Schritte unternimmt (AG Bochum WuM 1980, 226). Hierzu ist notfalls erforderlich, mehrere Zeitungsinserate aufzugeben oder uU auch Makler einzuschalten (LG Aachen WuM 1985, 265 [LS]). Selbst dann kann es noch für Ausländer ausgeschlossen sein, sich Ersatzwohnraum zu beschaffen (AG Darmstadt WuM 1983, 151 [LS]). Schwierigkeiten bei der Beschaffung genügen nach dem Gesetz noch nicht. Eine Härte liegt auch dann nicht vor, wenn der Mieter neben der gekündigten Wohnung noch über ausreichenden Wohnraum in demselben Haus verfügt (LG Stuttgart WuM 1989, 249) oder wenn ihm der Vermieter dort eine geeignete Ersatzwohnung anbietet (AG Köln WuM 1989, 250). 15

Die normalen **Umzugskosten** sind hinzunehmen (AG Gelsenkirchen-Buer DWW 1988, 326; AG Schorndorf WuM 1989, 20). Ein Zwischenumzug kann für den Mieter allerdings eine Härte bedeuten, wenn er wegen einer bevorstehenden Wohnsitzveränderung (LG Mannheim WuM 1976, 269; WuM 1981, 234; AG Tübingen ZMR 1986, 60 [LS]), der Fertigstellung eines Wohnungsneubaus (OLG Karlsruhe NJW 1970, 1746 = 1 a in RE Miet m abl Anm RITTER MDR 1971, 50; LG Mannheim NJW 1964, 2307 m zust Anm BURKHARDT NJW 1965, 303), einer wegen des Auszugs der Kinder bevorstehenden Verkleinerung der Familie (LG Lübeck WuM 1988, 269) oder wegen einer Renovierung der vorgesehenen Wohnung in absehbarer Zeit ohnehin ausgezogen wäre. Dabei kann von etwa ein bis zwei Jahren ausgegangen werden (AG Dortmund-Hörde DWW 1966, 279; AG Tübingen aaO). Das gleiche gilt, wenn der Mieter eine Ersatzwohnung gefunden hat, die aber nicht sofort zur Verfügung steht (LG Wiesbaden WuM 1988, 269). Dem Mieter kann ein Zwischenumzug zugemutet werden, wenn der Zeitpunkt der Fertigstellung eines Hauses noch nicht absehbar ist (LG Köln ZMR 1976, 148; aM AG Celle NdsRpfl 1968, 230) oder wenn er sich über den zunächst angenomme- 16 nen Termin hinaus wesentlich verzögert (LG Kaiserslautern WuM 1970, 202). Ebensowenig kann sich der Mieter auf eine Härte berufen, wenn er erst ein halbes Jahr nach der Beendigung des Mietverhältnisses die Errichtung eines Einfamilienhauses beschließt (LG Köln DWW 1988, 252).

17 **bb)** Als Umstand, der im Zusammenhang mit der **bisherigen Wohnung** zu einer Härte führen kann, kommt der Verlust besonderer **finanzieller Aufwendungen** in Betracht, die der Mieter in Erwartung einer längeren Mietdauer auf die Wohnung gemacht hat, wenn die bisherige Mietzeit in keinem angemessenen Verhältnis zur Höhe der Aufwendungen steht (OLG Karlsruhe NJW 1971, 1182 = 1 b in RE Miet; OLG Frankfurt WuM 1971, 168 = 1 a in RE Miet; AG Dinslaken WuM 1981, 233; vgl aber LG Mannheim DWW 1985, 182 zu Schönheitsreparaturen). Hierbei kann es sich um Instandsetzungen, bauliche Änderungen und Baukostenzuschüsse handeln. Unerheblich ist, ob die Aufwendungen notwendig, nützlich oder überflüssig waren. Vorauszusetzen ist aber, daß sie im ausdrücklichen oder stillschweigenden Einverständnis des Vermieters erbracht worden sind, da der Mieter sonst die Wohnung durch hohe Investitionen unkündbar machen könnte (vgl LG Mainz ZMR 1986, 14). Soweit die Investitionen durch die Mietdauer im wesentlichen abgewohnt sind, können sie keine Härte mehr begründen (LG Karlsruhe ZMR 1987, 469; AG Karlsruhe DWW 1988, 49; AG Velbert WuM 1988, 430). Wird kein längerfristiges Mietverhältnis vereinbart, fallen Investitionen des Mieters ohnehin in seinen Risikobereich (AG Schorndorf WuM 1988, 20). Dies gilt auch für den Kauf passender Möbel (LG Hannover WuM 1989, 302).

18 Die bisherige **Wohndauer** genügt für sich allein nicht, um eine Härte zu begründen. Dies gilt auch bei einer Kündigung nach langer Mietzeit (OLG Karlsruhe NJW 1970, 1746 = 1 a in RE Miet). Diesem Kriterium hat der Gesetzgeber schon durch die unterschiedliche Länge der Kündigungsfristen Rechnung getragen (§ 565 Abs 2). Es müssen deshalb andere Umstände, wie etwa die Verwurzelung alter Leute in der bisherigen Umgebung, hinzutreten. Jüngeren Mietern ist es eher zuzumuten, die Wohnumgebung zu wechseln (AG Castrop-Rauxel DWW 1988, 215). Nicht ausreichend ist, daß der Vermieter eines nach § 566 S 2 als für unbestimmte Zeit geschlossenen Mietverhältnisses dem Mieter bei der Überlassung des Wohnraums eine lange, sichere Mietdauer versprochen hat, dann aber seine Willensrichtung ohne erheblichen Anlaß seitens des Mieters ändert und kündigt (OLG Karlsruhe NJW 1971, 1182 = 1 b in RE Miet). In einer unverhältnismäßig kurzen Mietdauer kann jedoch eine Härte gesehen werden, wenn etwa vier Wochen nach der Begründung des Mietverhältnisses bereits gekündigt wird (AG Arnsberg DWW 1988, 182).

19 Die Möglichkeit, dem Mieter eine **gerichtliche Räumungsfrist** nach § 721 ZPO zu gewähren, ist unerheblich für die Frage, ob durch die Kündigung eine Härte eintritt (OLG Oldenburg WuM 1970, 132 = 1 in RE Miet; OLG Stuttgart NJW 1969, 240 = 1 a in RE Miet). Ziel der Sozialklausel ist die Verlängerung des Mietverhältnisses, der ein Räumungsaufschub nicht gleichzustellen ist. Eine Ausnahme ist auch dann nicht angebracht, wenn ein Umzug in eine Ersatzwohnung in absehbarer Zeit bevorsteht. Dadurch würden die Parteien auf den Prozeßweg gedrängt, während die Sozialklausel im Prinzip von einer gütlichen Einigung ausgeht (Abs 3 S 1).

Eine Härte liegt idR nicht darin, daß der Mieter mit der bisherigen Wohnung besondere **finanzielle Vorteile** verliert, weil er dort Gelegenheit zur Untervermietung oder zu sonstigem Nebenerwerb hatte (BayObLG NJW 1970, 1748 = 1 a in RE Miet). Ebensowenig sind anderweitige Vermögensinteressen des Mieters zu berücksichtigen, die etwa darin bestehen, in der Wohnung Erbschaftsgegenstände unterbringen zu können, für die sonst kein Platz ist (LG Koblenz WuM 1987, 201). Führt die Kündigung jedoch zu einem Eingriff in die beruflichen Verhältnisse des Mieters, weil er zulässigerweise in der Wohnung ein Gewerbe ausübt und seinen Kundenstamm zu verlieren droht, kann darin eine Härte liegen (OLG Köln NJW 1968, 1834 m Anm RÖDDING NJW 1968, 2339). Das gleiche ist anzunehmen, wenn Nebeneinnahmen zum Lebensunterhalt des Mieters erforderlich sind und nicht nur dazu dienen, den Mietzins für die an sich zu große Wohnung aufzubringen. 20

cc) Als **persönlicher Umstand** führt **hohes Alter** des Mieters für sich allein nicht zu einer Härte (LG Düsseldorf DWW 1968, 381; LG Hagen WuM 1965, 184; aM AG Hanau WuM 1989, 239). Häufig kommen jedoch andere Umstände wie Krankheit, Gebrechen, Pflegebedürftigkeit, finanzielle Not, Verwurzelung in der Umgebung aufgrund langer Mietdauer, erschwerte Ersatzraumbeschaffung und ähnliches hinzu, die bei einem Mieter hohen Alters dann eher zu einer ungerechtfertigten Härte führen können als bei jüngeren Mietern.[3] 21

**Krankheit und Gebrechen** können unabhängig vom Alter einen Härtegrund darstellen (LG Kassel MDR 1965, 831; LG München I WuM 1989, 296), wenn sie den Mieter an der Wohnungssuche hindern (vgl LG Mannheim WuM 1970, 61) oder potentielle Vermieter vom Abschluß eines Vertrags abhalten (AG Stuttgart WuM 1989, 297). Eine Härte kann auch dann gegeben sein, wenn dem Mieter ein Umzug objektiv unzumutbar ist, weil dies nachteilige Auswirkungen auf Krankheitsverlauf und Genesung haben würde (AG Biberach/Riß WuM 1980, 54 m Anm von SCHOENEBECK). Die Auswirkungen müssen nicht so erheblich sein, daß schwere seelische Schäden oder der Tod drohen (AG Köln WuM 1977, 29; AG Miesbach WuM 1979, 190). Die mit der Beendigung des Mietverhältnisses verbundenen Belastungen dürfen nicht zur Gefahr einer Gesundheitsbeeinträchtigung führen (LG Hamburg WuM 1989, 238). Ist der Transport mit einem Krankenwagen oder ähnlichen Einrichtungen möglich, kann ein Wohnungswechsel zumutbar sein (AG Bad Vilbel WuM 1983, 237 [LS]). Spielt die Krankheit eines Familienangehörigen für den Umzug praktisch keine Rolle, scheidet ein Härtegrund aus (AG Hochheim MDR 1965, 489 – krankes Kleinkind). Ebenso kann es zu berücksichtigen sein, ob die aus Alters- oder Krankheitsgründen bestehende Pflegebedürftigkeit des Mieters die Bewirtschaftung der Wohnung auf Dauer unwahrscheinlich werden läßt (AG Münster WuM 1988, 364). 22

[3] OLG Karlsruhe NJW 1970, 1746 = 1 a in RE Miet m krit Anm RITTER MDR 1971, 50; LG Coburg WuM 1977, 183 – hohes Alter, schwere Krankheit; LG Hamburg WuM 1987, 223 – hohes Alter, lange Mietdauer; LG Hannover WuM 1988, 88 – hohes Alter, erschwerte Ersatzraumbeschaffung; LG Itzehoe WuM 1976, 257 – hohes Alter, Umstellung auf neue Umgebung; LG Köln WuM 1975, 210 – Alter, Krankheit; LG München I WuM 1988, 365 – hohes Alter, lange Mietdauer.

23 **Schwangerschaft** ist im Hinblick auf die erschwerte Beschaffung von Ersatzraum und wegen der mit einem Umzug verbundenen körperlichen und psychischen Strapazen ein Härtegrund, dem durch eine angemessene Verlängerung des Mietverhältnisses über den Zeitpunkt der Entbindung hinaus Rechnung zu tragen ist (LG Dortmund WuM 1966, 40).

24 **Kinderreichtum** kann ein Härtegrund sein (LG Dortmund NJW 1965, 2204 – 2 Kinder und Schwangerschaft; LG Essen WuM 1968, 198 – 5 Kinder; LG Flensburg SchlHAnz 1966, 42 – 8 Kinder). In diesen Fällen ergibt sich die Härte idR nicht aus dem Kinderreichtum allein, sondern aus den Schwierigkeiten bei der Beschaffung von Ersatzraum.

25 **Geringes Einkommen** und schlechte wirtschaftliche Verhältnisse können zu einem Härtegrund führen (LG Aachen BlGBW 1973, 58; LG Mannheim ZMR 1974, 337). Das Einkommen aller im Haushalt lebenden Familienangehörigen ist aber nur zu berücksichtigen, wenn die bisherige Wohnung und die als angemessen vorausgesetzte Ersatzwohnung auf die Wohnbedürfnisse der gesamten Familie zugeschnitten sind. Da § 556 a nicht nur die Belange wirtschaftlich schwacher Mieter schützt, schließt ein höheres Einkommen seine Anwendung nicht aus (LG Essen ZMR 1966, 330; LG Kassel WuM 1966, 76). Entscheidend ist ein Zusammenwirken mit anderen Umständen wie Alter, Krankheit und Schwierigkeiten bei der Ersatzraumbeschaffung.

26 Eine **Erschwerung der Berufsausübung** oder der Ausbildung des Mieters oder seiner Familienangehörigen kann eine Härte bedeuten. Dies gilt für die Wohnung eines Arztes in der Nähe eines Krankenhauses oder eines Musikers in einem Einfamilienhaus. Die Ausbildung wird erschwert, wenn durch Wohnungssuche oder Wohnungswechsel ein bevorstehendes Examen gefährdet (LG Aachen WuM 1986, 252) oder kurz vor der Entlassung noch ein Schulwechsel erforderlich wird (LG Mainz WuM 1970, 101; LG Wuppertal MDR 1970, 332). Gleichzustellen ist der Abschluß einer Dissertation (AG Tübingen ZMR 1986, 60 [LS]). Längere Schulwege müssen idR in Kauf genommen werden (AG Bensberg MDR 1966, 508 m Anm WEIMAR). Unerheblich ist auch der Verlust eines Kindergartenplatzes (AG Neumünster WuM 1989, 298 [LS]). Grundsätzlich ist die vertragsmäßige Beendigung des Mietverhältnisses keine ungerechtfertigte Härte, wenn der Mieter in der Wohnung mit Einverständnis des Vermieters ein Hobby ungestört ausüben kann, das er in den meisten anderen Wohnungen nicht betreiben könnte (OLG Karlsruhe NJW 1971, 1183 = 1 b in RE Miet – Brieftaubenzucht).

### 4. Berechtigte Interessen des Vermieters

#### a) Allgemeines

27 Gegenüber den Härtegründen für den Mieter sind auf seiten des Vermieters dessen berechtigte Interessen an einer Beendigung des Mietverhältnisses durch Kündigung zu berücksichtigen. Dies sind grundsätzlich die gleichen Interessen, die nach § 564 b Abs 1 und 2 für die Wirksamkeit der Kündigung erforderlich sind. Mangelt es bereits daran, kommt es auf die Sozialklausel nicht mehr an. Im übrigen dürfen bei der Würdigung der berechtigten Interessen des Vermieters nur solche Gründe berücksichtigt werden, die in dem Kündigungsschreiben nach

§ 564 a Abs 1 S 2 angegeben sind. Darüber hinaus kommen nur solche Gründe in Betracht, die nachträglich, dh nach Abgabe der Kündigungserklärung entstanden sind (§ 556 a Abs 1 S 3). Dieses Erfordernis gilt auch dann, wenn der Vermieter von der erleichterten Kündigungsmöglichkeit bei Einliegerwohnraum nach § 564 b Abs 4 Gebrauch macht, da diese Sonderregelung die sonstigen Schutzvorschriften für den Mieter nicht verdrängt. Die Anwendung der Sozialklausel muß sich aber an der Wertentscheidung des Gesetzgebers orientieren, die den Vermieter solcher Einliegerwohnungen hat begünstigen wollen (AG Arnsberg DWW 1987, 18). Auch im übrigen ist bei der Auslegung der Sozialklausel die neuere Rspr zu § 564 b (dort Rz 42 a) zu berücksichtigen, die den Schutz des Eigentums wesentlich stärker betont als früher. Eine anderweitige Gewichtung der Interessen ist damit aber grundsätzlich nicht verbunden (LG München I WuM 1989, 296).

**b) Einzelfälle**

**aa)** Der Vermieter hat ein berechtigtes Interesse an der Beendigung des Mietver- **28**
hältnisses bei **erheblichen, schuldhaften Pflichtverletzungen** des Mieters (§ 564 b Abs 2 Nr 1; dort Rz 17 ff). In Betracht kommen etwa Zahlungsverzug, vertragswidriger Gebrauch, insbesondere unbefugte Untervermietung, und Belästigungen des Vermieters. Diese Gründe dürfen allerdings nicht ein Gewicht erreichen, das eine fristlose Kündigung durch den Vermieter rechtfertigen würde, weil dann eine Fortsetzung des Mietverhältnisses nach Abs 4 Nr 2 ausscheidet.

**bb) Starke Spannungen** zwischen den Mietparteien können zugunsten des Ver- **29**
mieters berücksichtigt werden, auch wenn nicht mehr festzustellen ist, auf wessen Veranlassung sie zurückzuführen sind. Entscheidend kommt es darauf an, ob es mit Rücksicht auf den zu wahrenden Hausfrieden für den Vermieter unzumutbar ist, das Mietverhältnis fortzusetzen. Unzureichend ist es, wenn der Mieter lediglich gewisse Eigenschaften aufweist, die den Vermieter stören (AG Arnsberg DWW 1988, 182).

**cc) Eigenbedarf** des Vermieters kann ein berechtigtes Interesse an der Beendi- **30**
gung des Mietverhältnisses begründen (§ 564 b Abs 2 Nr 2; dort Rz 28 ff). Dabei kommt es auf den Wohnungsbedarf des Vermieters, der zu seinem Hausstand gehörenden Personen und seiner Familienangehörigen an (AG Münster WuM 1988, 364). Bei der Würdigung kann es eine Rolle spielen, wie es zu dem Wohnungsbedarf des Vermieters gekommen ist (AG Oldenburg WuM 1983, 151 [LS]). Das Eigenbedarfsinteresse tritt zurück, wenn es zumutbar ist, daß ein lediger Familienangehöriger noch eine gewisse Zeit in der elterlichen Wohnung bleibt (AG Bochum WuM 1980, 226).

**dd)** Ein berechtigtes Interesse des Vermieters liegt vor, wenn er durch die **31**
Fortsetzung des Mietverhältnisses an einer **angemessenen wirtschaftlichen Verwertung** des Grundstücks gehindert und dadurch erhebliche Nachteile erleiden würde (§ 564 b Abs 2 Nr 3; dort Rz 55 ff). Das Interesse des Vermieters kann berechtigt sein, wenn Verkaufsverhandlungen daran scheitern oder dadurch beeinträchtigt werden, daß die Wohnung noch vermietet ist (OLG Karlsruhe NJW 1971, 1182 = 1 b in RE Miet). Das gleiche gilt, wenn der Vermieter ein großes soziales Bauvorhaben durchführen will (LG Köln WuM 1976, 163 m Anm Weimar). Die Möglichkeit, eine höhere Miete durch anderweitige Vermietung als

Wohnraum zu erzielen, scheidet ebenso aus wie ein rechtlich nicht bindendes Versprechen des Vermieters gegenüber einem anderen Mieter, diesem zunächst die Wohnung des gekündigten Mieters zur Verfügung zu stellen (OLG Karlsruhe NJW 1970, 1746, 1748 = 1 a in RE Miet; LG Mannheim WuM 1971, 58).

32 **ee)** Neben den in § 564 b Abs 2 nicht abschließend aufgeführten Fällen eines berechtigten Interesses des Vermieters kommen **sonstige Gründe** in Betracht (§ 564 b Rz 66 ff). Hierbei kann es sich auch um ein öffentliches Interesse handeln (vgl § 182 BauGB). Auch wenn Wohnraum in Studenten- oder Jugendwohnheimen nach § 564 b Abs 7 Nr 3 (dort Rz 109) insoweit nicht mehr dem Kündigungsschutz unterliegt, bleibt die Sozialklausel anwendbar. In diesem Rahmen ist auch das Rotationsprinzip zu berücksichtigen, weil ein öffentliches Interesse daran besteht, daß derartiger Wohnraum auf die Bewerber angemessen verteilt wird (LG Aachen WuM 1986, 252).

### 5. Interessenabwägung

33 Die Härte, die für den Mieter oder seine Familie in der vertragsmäßigen Beendigung des Mietverhältnisses liegt, darf auch unter Würdigung der berechtigten Interessen des Vermieters nicht zu rechtfertigen sein (Abs 1 S 1). Damit sind die im Einzelfall bestehenden Härtegründe gegen die berechtigten Interessen des Vermieters an der Beendigung des Mietverhältnisses abzuwägen. Dies ist dem Tatrichter vorbehalten und hängt von einer Würdigung des gesamten Sachverhalts ab (BayObLG WuM 1984, 9 = 20 in RE Miet). Hierbei ist der verfassungsrechtlich gewährleistete Schutz des Eigentums angemessen zu gewichten (Rz 27). Zu berücksichtigen ist auch, ob der Mieter bereits bei Vertragsabschluß die späteren Kündigungsgründe des Vermieters kannte (AG Bad Homburg WuM 1989, 303). Voraussetzung für einen erfolgreichen Widerspruch des Mieters ist, daß bei der Abwägung die Härtegründe auf seiner Seite die Interessen des Vermieters überwiegen. Das Widerspruchsrecht entfällt, wenn den Interessen des Vermieters das Übergewicht zukommt. Stehen sich dessen Interessen und die Härtegründe auf seiten des Mieters gleichgewichtig gegenüber, ist das Widerspruchsrecht ebenfalls ausgeschlossen (aM Derleder in AK §§ 556 a–556 c Rz 4).

### 6. Ausschluß des Widerspruchsrechts

34 **a)** Nach Abs 4 Nr 1 kann der Mieter eine Fortsetzung des Mietverhältnisses nicht verlangen, wenn er gekündigt hat. Der Grund für die Kündigung ist unerheblich. Die Sozialklausel ist jedoch anwendbar, wenn der Mieter früher bereits einmal gekündigt hatte, das Mietverhältnis dann kraft Gesetzes nach § 568 oder einvernehmlich fortgesetzt worden ist und nunmehr der Vermieter kündigt (LG Mannheim ZMR 1974, 337). Treffen eine **Kündigung des Mieters** und des Vermieters zusammen, ist entscheidend, auf welcher Kündigung das Ende des Mietverhältnisses beruht. Hat der Vermieter eine ordentliche Kündigung ausgesprochen, kündigt aber der Mieter fristlos während des Laufs der Kündigungsfrist, wird die Sozialklausel unanwendbar. Ein bereits vorher eingelegter Widerspruch gegen die

Kündigung des Vermieters wird wirkungslos (LG Stuttgart ZMR 1979, 274 m abl Anm BUCHHOLZ-DUFFNER).

**b)** Durch eine **außerordentliche fristlose Kündigung des Vermieters** wird das 35
Mietverhältnis nicht vertragsmäßig beendet (Rz 8). Dementsprechend bestimmt Abs 4 Nr 2, daß der Mieter eine Fortsetzung des Mietverhältnisses nicht verlangen kann, wenn ein Grund vorliegt, aus dem der Vermieter zur Kündigung ohne Einhaltung einer Kündigungsfrist berechtigt ist. Selbst wenn der Vermieter in derartigen Fällen aus Entgegenkommen eine ordentliche Kündigung ausspricht, entfällt wegen des Vorliegens des Grundes für eine fristlose Kündigung das Widerspruchsrecht. Der rücksichtsvolle Vermieter soll dadurch keinen Nachteil erleiden (AG Burgsteinfurt WuM 1975, 37; aM WEIMAR NJW 1963, 2111, 2112). Entgegen der hM (ROQUETTE § 556 a Rz 46; STERNEL Rz IV 186) kommt es nicht darauf an, daß zwischen der ordentlichen Kündigung und dem Grund zur fristlosen Kündigung ein ursächlicher Zusammenhang besteht. Aus dem Gesetz ist eine solche Einschränkung nicht zu entnehmen.

## III. Rechtsfolgen

### 1. Recht zum Widerspruch im allgemeinen

#### a) Besondere Voraussetzungen der Widerspruchserklärung

Als Rechtsfolge ist in Abs 1 S 1 bestimmt, daß der Mieter der Kündigung 36
widersprechen und die Fortsetzung des Mietverhältnisses verlangen kann.

**aa)** Für die Erklärung des Mieters, mit der er der Kündigung widerspricht und die 37
Fortsetzung des Mietverhältnisses verlangt, ist **schriftliche Form** erforderlich (§§ 556 a Abs 5 S 1, 126 Abs 1 und 3). Das Formerfordernis dient der Rechtsklarheit und soll spätere Streitigkeiten über die Frage ausschließen, ob tatsächlich ein Widerspruch erhoben worden ist. Die Form ist bei eigenhändiger Unterzeichnung, notariell beglaubigtem Handzeichen oder notarieller Beurkundung gewahrt. Dies gilt auch, wenn der Mieter eine auf Fortsetzung des Mietverhältnisses gerichtete Klage oder Widerklage erhebt. Ein gerichtliches Protokoll ersetzt die Form nur im Rahmen eines Vergleichs (§ 127 a). Ein telegraphisch übermittelter Widerspruch ist unwirksam (OLG Karlsruhe NJW 1973, 1001 = 1 c in RE Miet; anders CLASEN BlGBW 1975, 126, 127). Das gleiche gilt für einen Widerspruch im Wege der Telekopie (aM AG Schöneberg WuM 1985, 286). Auf diese materiellrechtliche Willenserklärung sind die zu prozeßrechtlichen Erklärungen entwickelten Grundsätze nicht übertragbar.

**bb)** Nach Abs 6 S 1 kann der Vermieter die Fortsetzung des Mietverhältnisses 38
ablehnen, wenn der Mieter den Widerspruch nicht spätestens zwei Monate vor der Beendigung des Mietverhältnisses dem Vermieter gegenüber erklärt hat. Diese **Frist** gilt einheitlich bei allen Kündigungsfristen des § 565. Hierbei handelt es sich nicht um eine Ausschlußfrist, sondern um eine der Verjährungsregelung vergleichbare Frist, deren Versäumung nur beachtet wird, wenn sie vom Vermieter als Einrede geltend gemacht wird (AG Recklinghausen WuM 1964, 53 m Anm SCHERER). Eine abweichende Regelung gilt bei Werkmietwohnungen (§ 565 d

Abs 2). Karenzzeiten sind nicht vorgesehen. Für die Fristberechnung gelten die §§ 186 ff. Maßgebend für die Einhaltung der Frist ist der Zugang des Widerspruchs.

**39** Nach Abs 6 S 2 kann der Mieter den Widerspruch noch im **ersten Termin des Räumungsrechtsstreits** erklären, wenn der Vermieter ihn nicht rechtzeitig vor Ablauf der Widerspruchsfrist auf die Möglichkeit des Widerspruchs und dessen Form und Frist hingewiesen hat (vgl § 564 a Abs 2). Rechtzeitig ist der Hinweis nur, wenn er dem Mieter angemessene Zeit vor Ablauf der Widerspruchsfrist zugeht, so daß ihm noch genügend Zeit zur Einholung von Rechtsrat, Überlegung, Abfassung des Widerspruchs und dessen Übermittlung verbleibt. Aus dem Gesetz läßt sich nicht entnehmen, daß der Hinweis zugleich mit der Kündigungserklärung erteilt werden muß (aM Derleder in AK §§ 556 a–556 c Rz 7). Die Hinweispflicht des Vermieters ist unverzichtbar und kann nicht im voraus erfüllt werden. Das Erfordernis der Schriftform nach Abs 5 S 1 gilt auch für den im ersten Termin des Räumungsrechtsstreits erklärten Widerspruch.

**40** Die Widerspruchsfrist ist für den Mieter nicht einzuhalten, wenn sich die *Härtegründe erst nach Fristablauf* eingestellt haben. Hat der Mieter nicht vorsorglich widersprochen, ist ihm nur noch durch Gewährung einer gerichtlichen Räumungsfrist nach § 721 ZPO zu helfen.

**41** cc) Für den **Inhalt** des Widerspruchs genügt der erkennbare Wille des Mieters, die Beendigung des Mietverhältnisses nicht gegen sich gelten zu lassen. Die Begriffe „Widerspruch“ oder „Fortsetzung des Mietverhältnisses“ brauchen nicht ausdrücklich verwendet zu werden (LG Flensburg SchlHAnz 1966, 42). Eine Begründung ist nicht erforderlich. Auf Verlangen des Vermieters soll der Mieter nach Abs 5 S 2 unverzüglich Auskunft über die Gründe des Widerspruchs erteilen. Außer Kostennachteilen im Räumungsprozeß (§ 93 b Abs 2 ZPO) sind an die Verletzung dieser Sollvorschrift durch den Mieter keine Sanktionen geknüpft. Der Mieter kann deshalb auch während des Räumungsrechtsstreits noch Gründe nachschieben (LG Wiesbaden WuM 1988, 269). Hinsichtlich der Begründung des Widerspruchs besteht kein Formzwang. Der Mieter braucht auch nicht anzugeben, für welche Zeit das Mietverhältnis fortgesetzt werden soll (vgl § 308 a Abs 1 S 1 ZPO). Von einer Bedingung darf er den Widerspruch grundsätzlich nicht abhängig machen.

**b) Wirkung des Widerspruchs**

**42** Der Widerspruch des Mieters hat keine rechtsgestaltende Wirkung, die automatisch zur Unwirksamkeit der Kündigung führen würde. Er begründet nur einen Anspruch auf Fortsetzung des Mietverhältnisses. Dieser Anspruch wird im Wege der Einigung zwischen den Parteien oder durch Gerichtsurteil erfüllt (Abs 3 S 1). Durch den Widerspruch wird zwar ein Schwebezustand ausgelöst. Dabei handelt es sich jedoch nicht um eine schwebende Unwirksamkeit der Kündigung, sondern um den zwischen jeder Begründung und Erfüllung eines Anspruchs bestehenden Zustand. Diese Beurteilung hat zur Folge, daß die Kündigung das Mietverhältnis zum maßgebenden Termin beendet, wenn die Parteien sich nicht vorher über eine Fortsetzung einigen oder ein dahin gehendes Urteil ergeht. Erst durch diese rechtsgestaltenden Akte wird der Kündigung die Wirksamkeit entzogen. Können sich die Parteien erst nach Ablauf der Kündigungsfrist einigen oder ergeht erst dann ein Urteil, wird das Mietverhältnis zwischenzeitlich beendet, so daß sich die Rechte und Pflichten der Parteien nach den §§ 556, 557 richten, deren Anwendbarkeit dann aber rückwirkend durch die Fortsetzung des Mietverhältnisses beseitigt wird. Ein neuer Mietvertrag wird auch in diesem Fall nicht abgeschlossen. Im übrigen begründet ein Widerspruch die Besorgnis der Nichterfüllung der Rückgabeschuld, so daß nach § 259 ZPO eine Klage auf zukünftige Räumung zulässig ist (§ 556 Rz 20; KARST ZMR 1988, 453).

**c) Widerruf**

Da der Widerspruch gegen die Kündigung einen Anspruch des Mieters auf Fortsetzung des Mietverhältnisses begründet, kann er nicht einseitig widerrufen werden (aM PERGANDE § 556 a Anm 6). Die durch den Widerspruch entstandene Verpflichtung des Vermieters ist nur durch einen Erlaßvertrag der Parteien nach § 397 Abs 1 aufzuheben. **43**

**2. Anspruch auf Fortsetzung des Mietverhältnisses im besonderen**

**a) Einigung der Parteien**

Das Gesetz geht in Abs 3 S 1 davon aus, daß sich die Parteien über die Fortsetzung des Mietverhältnisses einigen. Der Anspruch des Mieters ist auf die Abgabe einer Willenserklärung durch den Vermieter gerichtet. Das Fortsetzungsverlangen bildet somit ein Vertragsangebot, zu dessen Annahme der Vermieter verpflichtet ist. Die Einigung ist ein Vertrag, der den bisherigen Mietvertrag ändert (§ 305). Soll der Vertrag für eine längere Zeit als ein Jahr fortbestehen, ist die Änderung nach § 566 formbedürftig, da die Sozialklausel nicht vorrangig ist. **44**

**b) Fortsetzungsurteil**

Können sich die Parteien nicht einigen, ergeht im Rahmen eines Räumungsprozesses oder aufgrund einer vom Mieter erhobenen Fortsetzungsklage ein gerichtliches Urteil über die Fortsetzung des Mietverhältnisses (Abs 3 S 1; § 308 a ZPO). Gegenüber der Räumungsklage besteht für eine auf § 556 a gestützte Widerklage des Mieters wegen § 308 a ZPO kein Rechtsschutzbedürfnis. Umgekehrt kann der Vermieter gegenüber der selbständig zulässigen Fortsetzungsklage Widerklage auf Räumung erheben (SCHMIDT-FUTTERER-BLANK B 347). Bei der gerichtlichen Entscheidung handelt es sich um ein Gestaltungsurteil. **45**

Den Mieter trifft die *Beweislast* für die Härtegründe (AG Düren WuM 1989, 240 [LS]), den Vermieter für seine berechtigten Interessen und für Gründe, die eine fristlose Kündigung rechtfertigen und damit den Anspruch auf Fortsetzung des Mietverhältnisses ausschließen. **46**

**c) Dauer und sonstiger Inhalt des fortgesetzten Mietverhältnisses**

**aa)** Soweit die Parteien eine **Einigung** erzielen, können sie die Vertragsbedingungen im Rahmen der Vertragsfreiheit ändern. Sie können das Mietverhältnis auf bestimmte oder unbestimmte Zeit fortsetzen und den Mietzins sowie Nebenleistungspflichten ändern. **47**

48 **bb)** Wenn sich die Parteien nicht einigen, wird durch **Gerichtsurteil** über die Dauer und über die Bedingungen entschieden, nach denen das Mietverhältnis fortgesetzt wird.

**α)** Hinsichtlich der **Dauer** kommt grundsätzlich eine Fortsetzung auf *bestimmte Zeit* in Betracht, wenn abzusehen ist, bis zu welchem Zeitpunkt die Härtegründe weggefallen sein werden oder den Interessen des Mieters ein Übergewicht zukommen wird (LG Aachen WuM 1986, 252; LG München I WuM 1988, 365; AG Arnsberg DWW 1987, 18; DWW 1988, 182; vgl aber LG Lübeck WuM 1988, 269). Eine Fortsetzung ist nur für die Zeit zulässig, die unter Berücksichtigung aller Umstände angemessen ist (Abs 2 S 1).

49 Ist ungewiß, wann die Härtegründe voraussichtlich wegfallen werden, kann das Mietverhältnis durch Urteil auf *unbestimmte Zeit* fortgesetzt werden. Umstände, die eine derartige Fortsetzung rechtfertigen, sind vor allem hohes Alter, Gebrechlichkeit und unabsehbare Dauer einer Erkrankung (vgl LG Düsseldorf WuM 1969, 91; MDR 1970, 55; AG Stuttgart WuM 1989, 297), Umstände also, die nicht nur vorübergehender Natur sind (OLG Stuttgart NJW 1969, 1070 = 1 b in RE Miet). Die Schwierigkeiten der Ersatzraumbeschaffung rechtfertigen nicht ohne weiteres eine Fortsetzung auf unbestimmte Zeit. Auch wenn der Mieter selbst den Umzug in eine noch nicht vorhandene andere Wohnung anstrebt, ist das Mietverhältnis nur auf bestimmte Zeit fortzusetzen (OLG Karlsruhe NJW 1970, 1746; vgl BVerfG WuM 1987, 16).

50 Eine Fortsetzung auf *Lebenszeit* ist von der Rspr vereinzelt für zulässig gehalten worden (LG Essen WuM 1971, 24; LG Wiesbaden WuM 1968, 200). Das Gesetz sieht ausdrücklich nur eine Fortsetzung auf bestimmte oder auf unbestimmte Zeit vor. Eine Fortsetzung auf Lebenszeit kann damit nicht gleichgesetzt werden und ist deshalb jedenfalls durch Urteil außerhalb einer Einigung der Parteien unzulässig (OLG Stuttgart NJW 1969, 1070 = 1 b in RE Miet). Dem weitergehenden Interesse des Mieters kann im Rahmen eines wiederholten Widerspruchs nach § 556 c Abs 2 ausreichend Rechnung getragen werden.

51 **β)** Eine **Änderung der Vertragsbedingungen** durch das Gericht ist zulässig, wenn die Parteien sich nicht einigen können und dem Vermieter nicht zuzumuten ist, das Mietverhältnis unter den bisher geltenden Bedingungen fortzusetzen (Abs 2 S 2). Unter den **Vertragsbedingungen** ist der gesamte Inhalt des Mietvertrags zu verstehen, nicht nur der Mietzins. Neben Gebrauchsrechten des Mieters können die Nebenpflichten des Vermieters zu einer Belastung geworden sein, deren Korrektur angebracht ist.

52 Die Fortsetzung des Mietverhältnisses unter den bisher geltenden Vertragsbedingungen ist *unzumutbar,* wenn unter Berücksichtigung aller Umstände wie vor allem der Entwicklung der örtlichen Vergleichsmiete, der vertraglichen Pflichten der Parteien, ihres bisherigen Verhaltens usw das vertragliche Gleichgewicht erheblich gestört und der Vermieter dadurch übermäßig belastet wird, so daß auch bei objektiver Betrachtung ein Neuabschluß zu den bisherigen Vertragsbedingungen ausscheidet.

53 Dies gilt in erster Linie für eine Anpassung des *Mietzinses* an die ortsübliche Vergleichsmiete (LG Mannheim ZMR 1977, 30). Die Anpassung ist nicht davon abhängig, daß die formellen und materiellen Voraussetzungen des MHRG einge-

halten werden. Die Regelung der Sozialklausel ist vorrangig (LG Mannheim ZMR 1977, 30; MünchKomm-Voelskow §§ 556 a–556 c Rz 35; aM Sternel Rz IV 223). Deshalb greift auch die Kappungsgrenze des § 2 Abs 1 S 1 Nr 3 MHRG nicht ein. Ferner können vertragliche *Nebenpflichten* des Mieters wie die Übernahme von Schönheits- und sonstigen Reparaturen, Gehwegreinigung und dgl in angemessenem Umfang angepaßt werden. Dabei ist die Einschränkung zu machen, daß neue Pflichten nur dann auferlegt werden dürfen, wenn sie sich im Rahmen allgemein üblicher vertraglicher Nebenpflichten halten. Die Änderung des Vertragsinhalts kann sich auch auf einzelne Räume beschränken, so vor allem bei Eigenbedarf des Vermieters (LG Hamburg WuM 1987, 223; AG Bad Schwartau WuM 1986, 216).

### IV. Ausnahmetatbestände

### 1. Wohnraum zu nur vorübergehendem Gebrauch

**a)** Die Sozialklausel gilt nach Abs 8 nicht für Wohnraum, der zu nur **vorübergehendem** Gebrauch vermietet ist. Dies richtet sich in erster Linie nach dem vereinbarten Vertragszweck. Die Miete zu einem kurzfristigen Gebrauch muß deshalb Vertragsinhalt geworden sein. Der Entzug derartigen Wohnraums kann den Mieter nicht schwer treffen (OLG Hamm WuM 1986, 217). Eine bestimmte zeitliche Grenze läßt sich nicht generell festlegen. Vielmehr ist auf den Anlaß abzustellen, der dem Abschluß des Mietvertrags zugrunde liegt. Die zeitliche Beschränkung kann sich aus dem besonderen Zweck des Gebrauchs ergeben, wobei das Ende des Mietverhältnisses zeitlich genau bestimmt ist oder von einem Ereignis abhängt, dessen Eintritt in absehbarer Zeit zu erwarten ist (LG Hannover MDR 1971, 762). Eine kurzfristige Gebrauchsüberlassung ist die Vermietung von Hotelzimmern, Privatunterkünften oder Ferienwohnungen an Durchreisende, Feriengäste, Besucher oder aus beruflichen Gründen nur vorübergehende Bewohner. Auch die Miete eines Studentenzimmers für ein Semester oder der Aufenthalt eines auswärtigen Wissenschaftlers bis zur Erledigung eines bestimmten Forschungsprojekts gehören hierher. Derartige längere Zeiträume können wegen ihres besonderen Anlasses, der von vornherein einen begrenzten Aufenthalt erwarten läßt, als vorübergehend zu beurteilen sein. 54

**b) Nicht vorübergehend** ist die Vermietung von Wohnraum an eine Gastarbeiterfamilie (LG Hannover aaO; aM AG Frankfurt ZMR 1973, 149), an einen Studenten für die Dauer des Studiums oder jedenfalls für längere Zeit (AG Bonn WuM 1988, 23; vgl Rz 56) oder an einen Mieter bis zur Fertigstellung eines erst geplanten Neubaus. Das gleiche gilt für den Abschluß eines Mietvertrags auf wenige Monate, auch wenn zur Vermeidung von Obdachlosigkeit nur ein kurzfristiges Wohnbedürfnis befriedigt werden soll (aM LG Karlsruhe DWW 1982, 276), oder für die Aufnahme in ein Alters- oder Pflegeheim (LG Berlin WuM 1974, 265). In solchen Fällen dient der Wohnraum dazu, den allgemeinen Wohnungsbedarf des Mieters zu befriedigen. Das gleiche gilt bei der langfristigen Vermietung einer Ferienwohnung an einen Mieter, der sie ständig, wenn auch in unregelmäßi- 55 gen Abständen nutzt, oder bei Zweitwohnungen, die ebenfalls zeitweise und immer wieder den Mittelpunkt der Lebensführung bilden können (LG Hanau MDR 1980, 849; AG Miesbach WuM 1989, 241; Haake NJW 1985, 2935; Wolter 244; Zimmermann WuM 1989, 1; aM LG Braunschweig ZMR 1980, 184 u 340). Auf formale melderechtliche Kriterien kann es aber nicht ankommen (anders Haake aaO). Bildet die Ferienwohnung nicht diesen Mittelpunkt, so ist sie nur zu vorübergehendem Gebrauch vermietet (AG Viechtach NJW-RR 1987, 787). Ein vom Vermieter durchgesetzter Vermerk im Mietvertrag, daß es sich nur um eine vorübergehende Benutzung handele, kann unter diesen Umständen unwirksam sein (Abs 7; OLG Bremen aaO; OLG Hamm aaO; AG Frankfurt WuM 1981, 237).

56 c) Ob **Wohnheimplätze** zu nur vorübergehendem Gebrauch vermietet sind, kann nicht generell entschieden werden. Der Stand des Mieters als Arbeiter, Angestellter, Lehrling oder Student läßt für sich noch nicht den Schluß auf eine Vermietung zum vorübergehenden Gebrauch zu. Andererseits kann die vorübergehende Natur der Ausbildung auch den Charakter des Mietverhältnisses prägen. Gleichwohl ist die Vermietung von Wohnraum in einem Studenten-, Lehrlings- oder Schülerheim nicht schon regelmäßig als Überlassung zu vorübergehendem Gebrauch zu beurteilen (OLG Bremen WuM 1981, 1; OLG Hamburg MDR 1981, 144; OLG Hamm NJW 1981, 290 m Anm Borowsky WuM 1981, 6; NJW-RR 1986, 810; WuM 1986, 217; LG Aachen WuM 1986, 252; LG Dortmund WuM 1982, 276; LG Freiburg MDR 1980, 315; LG Marburg NJW 1977, 154; aM LG Heidelberg Justiz 1977, 59; Eckert WuM 1982, 255). Dies gilt auch nach der ausdrücklichen Ergänzung durch § 564 b Abs 7 Nr 3 und § 10 Abs 3 Nr 4 MHRG, weil der Gesetzgeber von einer entsprechenden Änderung des § 556 a abgesehen hat und auch die nebeneinander stehenden Vorschriften des § 10 Abs 3 Nr 2 und 4 MHRG zeigen, daß Wohnraum in einem derartigen Heim nicht gleichbedeutend ist mit nur vorübergehendem Gebrauch. Ebensowenig ist das Mietverhältnis über ein Zimmer in einem Arbeiterwohnheim der Sozialklausel entzogen, wenn es dem allgemeinen Wohnbedürfnis des Mieters dient (vgl AG Hamburg WuM 1985, 145).

### 2. Möblierter Wohnraum iS des § 565 Abs 3

57 Mietverhältnisse über möblierten Wohnraum sind nach Abs 8 von der Geltung der Sozialklausel ausgenommen, wenn der Raum ganz oder überwiegend vom Vermieter mit Einrichtungsgegenständen auszustatten ist, Teil der vom Vermieter selbst bewohnten Wohnung ist und nicht zum dauernden Gebrauch für eine Familie überlassen ist. Dies ist mit Mietverhältnissen der in § 565 Abs 3 genannten Art gemeint (dort Rz 29 ff).

## V. Unabdingbarkeit

58 **1.** Die Sozialklausel ist nach Abs 7 **zwingendes Recht**. Der Mieter kann deshalb nicht schon bei Vertragsabschluß auf sein Widerspruchsrecht verzichten (AG

Bochum WuM 1979, 256). Das gleiche gilt für spätere Vertragsänderungen vor Entstehung eines Widerspruchsrechts. Ist das Widerspruchsrecht aber nach einer Kündigung des Vermieters entstanden, kann der Mieter tatsächlich und deshalb auch rechtlich auf die Geltendmachung verzichten oder die Wirkungen eines bereits ausgeübten Widerspruchs durch Erlaßvertrag aufheben (Rz 43). Die Parteien können ein Mischmietverhältnis mit nicht überwiegender Nutzung zu Gewerbezwecken (Rz 3) durch Parteivereinbarung nicht dem Gewerberaummietrecht zuordnen (LG Hamburg WuM 1988, 406). Der Zweck der Vorschrift, den Mieter zu schützen, rechtfertigt den Schluß, daß abweichende Vereinbarungen der Parteien zulässig sind, soweit sie sich zugunsten des Mieters auswirken.

**2.** Ein Verstoß führt zur **Unwirksamkeit** der jeweiligen Vertragsbestimmung. Aus **59**
der Entstehungsgeschichte der Vorschrift ergibt sich, daß dies nicht die Unwirksamkeit des gesamten Vertrags zur Folge hat (Mietrecht § 556 a Rz 98). Wenn die Parteien jedoch entsprechend der Grundregel des § 139 im Mietvertrag zum Ausdruck bringen, daß die Unwirksamkeit einer Klausel den ganzen Vertrag erfassen soll, ist diese rechtsgeschäftliche Regelung zu respektieren. Ihre Gültigkeit kann ähnlich wie ein Mietaufhebungsvertrag nicht ihrerseits aufgrund des Abs 7 in Frage gestellt werden. Eine Grenze wird durch § 242 gezogen, wenn der Vermieter eine solche Klausel in Kenntnis eines Verstoßes gegen Abs 7 in den Vertrag aufnimmt.

## § 556 b

**(1) [1]Ist ein Mietverhältnis über Wohnraum auf bestimmte Zeit eingegangen, so kann der Mieter die Fortsetzung des Mietverhältnisses verlangen, wenn sie auf Grund des § 556 a im Falle einer Kündigung verlangt werden könnte. [2]Im übrigen gilt § 556 a sinngemäß.**
**(2) Hat der Mieter die Umstände, welche das Interesse des Vermieters an der fristgemäßen Rückgabe des Wohnraums begründen, bei Abschluß des Mietvertrages gekannt, so sind zugunsten des Mieters nur Umstände zu berücksichtigen, die nachträglich eingetreten sind.**

**Schrifttum:** Huber, Beendigung eines Zeitmietvertrages. Der Widerspruch des Mieters im Räumungsverfahren, DWW 1988, 36; vgl § 556 a.

### I. Allgemeines

Ein Mietverhältnis über Wohnraum auf bestimmte Zeit endet normalerweise nicht **1**
durch Kündigung, sondern durch Zeitablauf zum vertraglich vorgesehenen Termin. § 556 a ist deshalb nicht unmittelbar anwendbar. In diesen Fällen räumt § 556 b Abs 1 dem Mieter einen Anspruch auf Fortsetzung ein. Dabei gilt § 556 a sinngemäß. Zweck der Vorschrift ist eine Gleichstellung von unbefristeten und befristeten Mietverhältnissen hinsichtlich des sozialen Schutzes des Mieters. Die

Umstände, auf die sich der Mieter zur Begründung einer Härte berufen kann, werden durch Abs 2 in bestimmter Weise eingeschränkt. Bei einem Zeitmietvertrag iS des § 564 c Abs 2 ist die gesamte Vorschrift unanwendbar (dort Rz 17 ff).

## II. Voraussetzungen

### 1. Mietverhältnis über Wohnraum auf bestimmte Zeit

2 **a)** Es muß sich um ein **Mietverhältnis über Wohnraum** handeln (Vorbem 12 zu §§ 535, 536; § 556 a Rz 3).

3 **b)** Das Mietverhältnis muß auf **bestimmte Zeit** eingegangen sein. Die Mietzeit ist bestimmt, wenn der Tag der Beendigung von vornherein kalendermäßig bestimmt oder bestimmbar ist. Letzteres ist der Fall, wenn die Mietzeit nach Zeiteinheiten bemessen ist und von einem Anfangstermin an berechnet wird. Eine bestimmte Mietzeit ist vereinbart, wenn sie bis zum Eintritt eines bestimmten Ereignisses dauern soll (§ 163). Dies gilt auch für den Mietvertrag auf Lebenszeit einer Person (§ 564 Rz 2 a; § 567 Rz 3). Die Sozialklausel ist in diesem Fall mit der Modifizierung anwendbar, daß die Frist für das Fortsetzungsverlangen (Rz 13) erst mit dem Tod der Person zu laufen beginnt. Die Dauer des Mietverhältnisses ist auch dann bestimmbar, wenn es für eine Saison, Messe oder dgl abgeschlossen wird (vgl aber § 556 a Abs 8; dort Rz 54).

4 Auf einen Mietvertrag unter **auflösender Bedingung**, der nach § 565 a Abs 2 nach Eintritt der Bedingung als auf unbestimmte Zeit verlängert gilt und damit durch Kündigung beendet werden muß, ist § 556 a unmittelbar anwendbar. Mietverträge mit **Verlängerungsklausel**, die auf bestimmte Zeit eingegangen sind, sich aber mangels Kündigung ohne weiteres verlängern (§ 565 a Abs 1), unterliegen nach hM ebenfalls § 556 a, so daß die Einschränkungen des § 556 b Abs 2 hinsichtlich der Berücksichtigung bestimmter Härtegründe nicht gelten (aM Erman-Schopp § 556 b Rz 2).

5 Bei einem **Optionsrecht** des Vermieters, den auf bestimmte Zeit eingegangenen Mietvertrag durch einseitige Erklärung zu verlängern, ist § 556 b anwendbar, falls der Vermieter dieses Recht nicht ausübt und damit das Mietverhältnis zum vorgesehenen Termin endet.

6 Wenn ein auf bestimmte Zeit eingegangenes Mietverhältnis nicht durch Zeitablauf, sondern durch **außerordentliche befristete Kündigung** endet, gilt nach verbreiteter, aber umstrittener Ansicht § 556 a unmittelbar (dort Rz 7).

7 **c)** Da nach Abs 1 S 2 die Regelung des § 556 a sinngemäß gilt, greift auch der in § 556 a Abs 4 vorgeschriebene **Ausschluß** des Anspruchs auf Fortsetzung des Mietverhältnisses ein (dort Rz 34 f). Dies ist ua von praktischer Bedeutung für den Fall, daß das Mietverhältnis durch fristlose Kündigung des Vermieters oder zwar durch Zeitablauf endet, der Vermieter aber auch zur fristlosen Kündigung berechtigt gewesen wäre (Sternel Rz IV 305; aM Roquette § 556 b Rz 15). § 556 b ist auch dann nicht anwendbar, wenn es sich um ein Mietverhältnis iS des § 564 c Abs 2 handelt (dort Rz 17 ff).

### 2. Weitere sachliche Voraussetzungen

Für die Frage, ob die Beendigung des Mietverhältnisses durch Zeitablauf zu einer ungerechtfertigten Härte für den Mieter oder seine Familie führt, gelten grundsätzlich die gleichen Gründe wie bei Mietverhältnissen auf unbestimmte Zeit (§ 556 a Rz 11 ff; s aber unten Rz 9 ff). Demgegenüber sind die berechtigten Interessen des Vermieters an einer termingemäßen Beendigung des Mietverhältnisses zu berücksichtigen (§ 556 a Rz 27 ff). 8

### 3. Interessenabwägung

Für die Interessenabwägung, die zu einem Übergewicht auf seiten des Mieters führen muß, gilt nach Abs 2 eine **Besonderheit**. Hat der Mieter schon bei Vertragsabschluß die Umstände gekannt, die den Vermieter bewogen haben, ein befristetes Mietverhältnis einzugehen, sind zugunsten des Mieters nur solche Härtegründe zu berücksichtigen, die nachträglich entstanden sind. Der Mieter, der mit dieser Kenntnis einen Mietvertrag auf bestimmte Zeit abschließt, ist nicht schutzbedürftig. 9

**a)** Als besondere **Umstände auf seiten des Vermieters** kommen zB Eigenbedarf wegen des Endes eines längeren Auslandsaufenthalts, wegen einer Berufsausbildung des Vermieters oder seiner Familienangehörigen, wegen einer Vergrößerung der Familie und Aufnahme von älteren Familienangehörigen in Betracht. Auch sonstige Zwecke wie Verkauf des Grundstücks (LG Karlsruhe ZMR 1987, 469, 470) oder Abbruch des Gebäudes können eine Rolle spielen. Die besonderen Umstände, die den Vermieter zum Abschluß eines befristeten Mietvertrags bewogen haben, brauchen *nicht Vertragsinhalt* geworden zu sein. Die Befristung des Mietverhältnisses reicht allein jedoch nicht aus, um die Anwendung des Abs 2 zu rechtfertigen (Roquette § 556 b Rz 12). Ebensowenig genügt es, daß dem Mieter die Gründe des Vermieters erkennbar waren. Entscheidend ist seine positive Kenntnis. Die Kenntnis von Familienangehörigen kann im Rahmen der Vertretung nach § 166 eine Rolle spielen. Entscheidend ist der Zeitpunkt des Vertragsabschlusses. Bei nachträglicher Befristung eines zunächst auf unbestimmte Zeit abgeschlossenen Mietverhältnisses ist der Zeitpunkt der Vertragsänderung maßgebend. 10

**b) Härtegründe auf seiten des Mieters**, die schon im Zeitpunkt des Vertragsabschlusses vorliegen und damit unter Umständen nach Abs 2 nicht berücksichtigt werden dürfen, sind etwa dauernde Erkrankung oder Gebrechlichkeit, Kinderreichtum und fehlender Ersatzraum. 11

## III. Rechtsfolgen

**1.** Als Rechtsfolge ist bestimmt, daß der Mieter die **Fortsetzung des Mietverhältnisses** verlangen kann (Abs 1 S 1). Entgegen einer im Schrifttum zT vertretenen Auffassung (Palandt-Putzo § 556 b Anm 2 a) ist beim Zeitablauf befristeter 12

Mietverhältnisse kein Widerspruch erforderlich. Es genügt, daß der Mieter die Fortsetzung des beendeten Mietverhältnisses verlangt.

13 2. Die **Geltendmachung** des Anspruchs auf Fortsetzung des Mietverhältnisses ist daran gebunden, daß Frist und Form eingehalten werden. Der Mieter muß seinen Anspruch spätestens 2 Monate vor der Beendigung schriftlich (§ 126) geltend machen (§ 556 a Abs 6 S 1, Abs 5 S 1; dort Rz 37 ff). Der Schutzzweck des § 556 a Abs 6 S 2, die Rechte des Mieters nicht durch dessen Rechtsunkenntnis zu verkürzen, gebietet eine entsprechende Anwendung dieser Vorschrift. Der Mieter kann deshalb einen Anspruch auf Fortsetzung bei Wahrung der Schriftform noch im ersten Termin des Räumungsrechtsstreits geltend machen, wenn ihn der Vermieter nicht rechtzeitig vor Ablauf der Zweimonatsfrist auf die Möglichkeit sowie Form und Frist des Fortsetzungsverlangens hingewiesen hat (aM AG München DWW 1978, 150; Huber DWW 1988, 36; Roquette § 556 b Rz 14; Schmidt-Futterer-Blank B 364).

14 3. Für den **Inhalt** des Schreibens, mit dem der Mieter die Fortsetzung des Mietverhältnisses verlangt, gilt das gleiche wie im Falle des § 556 a (dort Rz 41).

15 4. Die **Erfüllung** des Anspruchs auf Fortsetzung des Mietverhältnisses geschieht durch Einigung der Parteien oder durch Gerichtsurteil (§ 556 a Rz 44 f).

16 5. Für die **inhaltliche Gestaltung** des fortgesetzten Mietverhältnisses gilt im wesentlichen das gleiche wie im Falle des § 556 a (dort Rz 47 ff). Dabei verdient der Grundsatz besondere Beachtung, daß das Gericht die Fortsetzung im Regelfall nur auf bestimmte Zeit anordnen soll.

### IV. Unabdingbarkeit

17 § 556 b ist in dem gleichen Umfang unabdingbar wie § 556 a (dort Rz 58 f). Da abweichende Vereinbarungen zugunsten des Mieters zulässig sind, können die Parteien entgegen Abs 2 vereinbaren, daß die unter diese Vorschrift fallenden Umstände auf seiten des Mieters berücksichtigt werden.

## § 556 c

**(1) Ist auf Grund der §§ 556 a, 556 b durch Einigung oder Urteil bestimmt worden, daß das Mietverhältnis auf bestimmte Zeit fortgesetzt wird, so kann der Mieter dessen weitere Fortsetzung nach diesen Vorschriften nur verlangen, wenn dies durch eine wesentliche Änderung der Umstände gerechtfertigt ist oder wenn Umstände nicht eingetreten sind, deren vorgesehener Eintritt für die Zeitdauer der Fortsetzung bestimmend gewesen war.**

**(2) [1]Kündigt der Vermieter ein Mietverhältnis, dessen Fortsetzung auf unbestimmte Zeit durch Urteil bestimmt worden ist, so kann der Mieter der Kündigung**

**widersprechen und vom Vermieter verlangen, das Mietverhältnis auf unbestimmte Zeit fortzusetzen. [2]Haben sich Umstände, die für die Fortsetzung bestimmend gewesen waren, verändert, so kann der Mieter eine Fortsetzung des Mietverhältnisses nur nach § 556 a verlangen; unerhebliche Veränderungen bleiben außer Betracht.**

**Schrifttum:** vgl § 556 a.

## I. Allgemeines

Die Vorschrift betrifft die wiederholte Verlängerung eines bereits aufgrund der **1** §§ 556 a, 556 b fortgesetzten Mietverhältnisses. Sie unterscheidet danach, ob das Mietverhältnis durch Einigung oder Urteil auf bestimmte Zeit fortgesetzt worden ist (Abs 1) oder ob die Fortsetzung auf unbestimmte Zeit durch Urteil bestimmt worden ist (Abs 2). Dem Mieter soll ein Anspruch auf weitere Fortsetzung auch dann eingeräumt werden, wenn Umstände nicht eingetreten sind, von deren Eintritt bei Bemessung einer bestimmten Zeitdauer für die frühere Fortsetzung des Mietverhältnisses ausgegangen worden war. Darüber hinaus soll zum Schutz des Mieters sichergestellt werden, daß ein durch Urteil auf unbestimmte Zeit fortgesetztes Mietverhältnis nicht eher endet, als bis sich die maßgebenden Umstände nicht unerheblich geändert haben.

## II. Wiederholte Verlängerung des auf bestimmte Zeit fortgesetzten Mietverhältnisses (Abs 1)

### 1. Voraussetzungen

**a)** Die Regelung des § 556 c ist anzuwenden, wenn das Mietverhältnis aufgrund **2** der §§ 556 a oder 556 b bereits früher fortgesetzt worden ist, gilt also in gleicher Weise für Mietverhältnisse, die ursprünglich auf unbestimmte oder auf bestimmte Zeit abgeschlossen worden waren. Ist das Mietverhältnis daraufhin **auf bestimmte Zeit verlängert** worden, greift Abs 1 ein. Hierfür müssen zunächst die allgemeinen Voraussetzungen der Sozialklausel erfüllt sein (§ 556 a Rz 11 ff; § 556 b Rz 8 ff). Der Anspruch auf Fortsetzung des Mietverhältnisses wird gegenüber den §§ 556 a, 556 b dadurch eingeschränkt, daß eine der beiden folgenden weiteren Voraussetzungen erfüllt sein muß.

**b)** Der Mieter kann die weitere Fortsetzung des Mietverhältnisses nur verlangen, **3** wenn dies durch eine **wesentliche Änderung der Umstände** gerechtfertigt ist (Abs 1 1. Alt). Mit dieser Einschränkung soll sichergestellt werden, daß ein befristet verlängertes Mietverhältnis nicht aufgrund derselben Umstände, die schon für die erste Verlängerung maßgebend waren, noch weiter fortgesetzt wird.

**aa)** Eine **Änderung der Umstände** liegt zum einen vor, wenn der *Mieter* sich auf **4** neue Tatsachen berufen kann, die nach der vorausgegangenen Verlängerung eingetreten sind. Diese neuen Tatsachen müssen die Beendigung des auf bestimmte Zeit fortgesetzten Mietverhältnisses als ungerechtfertigte Härte für den Mieter oder für seine Familie erscheinen lassen, zB nach einer früheren Erkrankung des Mieters ist nunmehr ein Familienangehöriger erkrankt. Einer Änderung der Umstände ist es zum anderen gleichzusetzen, wenn die Gründe, auf die der Mieter seinen Anspruch auf erneute Fortsetzung des Mietverhältnisses stützt, zwar schon zur Zeit der früheren Fortsetzung vorlagen, aber nicht geltend gemacht oder bei der Entscheidung nicht berücksichtigt worden sind. Die spätere Berücksichtigung ist dadurch gerechtfertigt, daß sie nicht in die Entscheidung über die Verlängerung eingegangen sind und deshalb bei der Bemessung der früheren Frist keine Rolle gespielt haben.

5 Die Frage einer weiteren Fortsetzung des auf bestimmte Zeit verlängerten Mietverhältnisses kann sich auch insoweit stellen, als die Härtegründe für den Mieter unverändert sind, die Interessenlage sich aber auf seiten des *Vermieters* gewandelt hat. Ist das Mietverhältnis etwa im Hinblick auf einen erst später besonders dringlichen Eigenbedarf des Vermieters um eine ganz bestimmte Zeit verlängert worden, ist der Grund für den Eigenbedarf zu diesem Zeitpunkt aber weggefallen, so ist es angebracht, dem Mieter wegen der fortbestehenden Härtegründe einen erneuten Anspruch auf Fortsetzung zuzubilligen.

6 **bb)** Die Änderung der Umstände muß im Verhältnis zu den bei der früheren Fortsetzung maßgebenden Gründen **wesentlich** sein. Dies ist anzunehmen, wenn den neuen oder den noch nicht berücksichtigten Tatsachen ein selbständiges Gewicht beizumessen ist, so daß sie eine neue Interessenabwägung rechtfertigen.

7 **c)** Die weitere Fortsetzung des Mietverhältnisses kann außerdem gerechtfertigt sein, „wenn **Umstände nicht eingetreten** sind, deren vorgesehener Eintritt für die Zeitdauer der Fortsetzung bestimmend gewesen war" (Abs 1 2. Alt).
**aa)** Hierbei handelt es sich um Umstände, deren **erwarteter Eintritt** die Härtegründe auf seiten des Mieters oder seiner Familie und damit ein Erfordernis der Sozialklausel entfallen läßt (LG Mannheim WuM 1975, 213). Ein Nichteintritt erwarteter Umstände ist zB anzunehmen, wenn das Mietverhältnis wegen einer Erkrankung des Mieters auf bestimmte Zeit verlängert worden ist, die Gesundheit wider Erwarten nach Ablauf der entsprechend bemessenen Zeit aber noch nicht wiederhergestellt ist. Die Bezugsfertigkeit einer in Aussicht genommenen Ersatzwohnung kann sich verzögern. Ein vorgesehener Wohnungswechsel oder Bemühungen um eine Ersatzwohnung können scheitern.

8 **bb)** Die Beispiele zeigen, daß damit die **Einschränkungen** der 1. Alt praktisch beseitigt sind. Wenn das Mietverhältnis früher auf bestimmte Zeit fortgesetzt worden ist, sich die dafür maßgebenden Gründe aber nicht wesentlich geändert haben, bleibt immer noch die Möglichkeit, auf den Nichteintritt erwarteter Umstände, dh den nicht eingetretenen, aber vorgesehenen Fortfall der ursprünglichen Umstände abzustellen.

**2. Rechtsfolgen**

9 **a)** Als Rechtsfolge ist bestimmt, daß der Mieter die **weitere Fortsetzung des Mietverhältnisses** nach den Vorschriften der §§ 556 a, 556 b verlangen kann (Abs 1). Es genügt, daß der Mieter die weitere Fortsetzung des auf bestimmte

Zeit verlängerten und nunmehr durch Zeitablauf beendeten Mietverhältnisses verlangt, ohne ausdrücklich Widerspruch erheben zu müssen (§ 556 b Rz 12; aM Palandt-Putzo § 556 c Anm 2 a bb). Das Mietverhältnis kann nach § 556 c auch mehrfach fortgesetzt werden (LG Mannheim WuM 1975, 213, 214).

**b)** Die **Geltendmachung** des Anspruchs auf Fortsetzung des Mietverhältnisses ist 10
daran gebunden, daß Frist und Form eingehalten werden. Der Mieter muß seinen Anspruch spätestens zwei Monate vor der erneuten Beendigung des fortgesetzten Mietverhältnisses schriftlich (§ 126) geltend machen (§ 556 a Abs 6 S 1, Abs 5 S 1; dort Rz 37 ff). Auch § 556 a Abs 6 S 2 ist entsprechend anzuwenden. Der Hinweis des Vermieters auf die Möglichkeit sowie Form und Frist eines erneuten Fortsetzungsverlangens wird nicht dadurch überflüssig, daß es sich um eine wiederholte Fortsetzung handelt und der Vermieter den Hinweis schon früher einmal erteilt hat.

**c)** Für den **Inhalt des Fortsetzungsverlangens**, die **Erfüllung** des Anspruchs und 11
die **inhaltliche Gestaltung** des erneut fortgesetzten Mietverhältnisses gilt das gleiche wie im Fall des § 556 a (dort Rz 41 ff). IdR wird eine Fortsetzung auf bestimmte Zeit in Betracht kommen; möglich ist auch eine solche auf unbestimmte Zeit (OLG Stuttgart NJW 1969, 1070, 1071 = 1 b in RE Miet).

## III. Wiederholte Verlängerung des auf unbestimmte Zeit fortgesetzten Mietverhältnisses

### 1. Fortgesetztes Mietverhältnis aufgrund einer Einigung

#### a) Voraussetzungen

**aa)** Im Gesetz fehlt eine ausdrückliche Regelung der Frage, nach welcher Rechts- 12
grundlage ein Mietverhältnis über Wohnraum erneut verlängert werden kann, das aufgrund einer **Einigung** der Parteien nach den §§ 556 a oder 556 b auf unbestimmte Zeit fortgesetzt worden ist, durch eine spätere Kündigung des Vermieters aber wiederum beendet wird. Da Abs 1 und Abs 2 weder dem Wortlaut noch dem Sinn nach auf diesen Fall passen, bleibt entgegen einer im Schrifttum vertretenen Auffassung (Erman-Schopp § 556 c Rz 4) nur die Lösung, bei der wiederholten Verlängerung auf § 556 a abzustellen (BGB-RGRK-Gelhaar § 556 c Rz 4; Schmidt-Futterer-Blank B 376). Dies entspricht der Situation, von der die Regelung des § 556 a ausgeht, daß nämlich ein unbefristetes Mietverhältnis durch Kündigung endet. Dem Mieter bleibt auf der Grundlage dieser Auffassung allerdings die Möglichkeit verschlossen, der Kündigung unter den erleichterten Voraussetzungen des Abs 2 zu widersprechen (Rz 17).

**bb)** Ein Mietverhältnis ist auch dann durch Einigung auf unbestimmte Zeit 13
verlängert, wenn die Parteien dies im Wege eines **Prozeßvergleichs** vereinbart haben. Für eine erneute Fortsetzung gilt § 556 a.

**cc)** Wenn ein Mietverhältnis nach dem Ablauf der Mietzeit durch **Fortsetzung des** 14
**Gebrauchs** gem § 568 kraft Gesetzes auf unbestimmte Zeit verlängert wird und der Vermieter nunmehr kündigt, ist auf jeden Fall § 556 a anzuwenden. Das Mietverhältnis ist in diesem Fall nicht durch Einigung der Parteien, sondern kraft

gesetzlicher Fiktion verlängert worden. Bei der späteren Kündigung stellt sich nicht die Frage einer erneuten, sondern die einer erstmaligen Fortsetzung aufgrund der Sozialklausel (Schmidt-Futterer-Blank B 367).

**b) Rechtsfolgen**

15 Als Rechtsfolge ergibt sich aus der Anwendung des § 556 a, daß der Mieter der Kündigung eines Mietverhältnisses, das schon früher aufgrund der Sozialklausel durch Einigung der Parteien auf unbestimmte Zeit fortgesetzt worden ist, widersprechen und vom Vermieter eine erneute Fortsetzung verlangen kann. Für den Inhalt des Fortsetzungsverlangens, die Erfüllung des Anspruchs und die inhaltliche Gestaltung gelten die Ausführungen zu § 556 a (dort Rz 41 ff).

**2. Fortgesetztes Mietverhältnis aufgrund eines Urteils (Abs 2)**

**a) Voraussetzungen**

16 **aa)** Der Vermieter kann ein aufgrund eines Urteils auf unbestimmte Zeit fortgesetztes Mietverhältnis jederzeit unter Einhaltung der gesetzlichen Frist kündigen und dadurch die Anordnung des Gerichts unterlaufen. Abs 2 verfolgt den **Zweck**, daß ein solches Mietverhältnis nicht eher endet, als bis sich die bei der gerichtlichen Entscheidung zugrunde gelegten Verhältnisse nicht unerheblich geändert haben.

17 **bb)** Haben sich die **Umstände**, die für eine unbefristete Fortsetzung des Mietverhältnisses durch Urteil bestimmend waren, **nicht geändert**, kann der Mieter nach Abs 2 S 1 der Kündigung ohne weiteres widersprechen und vom Vermieter verlangen, das Mietverhältnis weiterhin auf unbestimmte Zeit fortzusetzen. Eine unerhebliche Änderung ist dem gleichzustellen (Abs 2 S 2 HS 2). Da das Gesetz nicht auf die Voraussetzungen des § 556 a verweist, ist anzunehmen, daß der Widerspruch des Mieters an keine Form und Frist gebunden ist. Auf einen aufklärenden Hinweis des Vermieters kommt es deshalb nicht an.

18 **cc)** Wenn sich die **Umstände**, die für eine unbefristete Fortsetzung des Mietverhältnisses durch Urteil bestimmend waren, **erheblich geändert** haben, kann der Mieter eine erneute Fortsetzung des Mietverhältnisses nur nach § 556 a verlangen. Dabei ist nicht nur auf die Umstände abzustellen, die der früheren Entscheidung zugrunde gelegen haben. Entscheidend ist ein Vergleich der gesamten Sachlage zur Zeit der früheren und der nunmehr anstehenden Entscheidung. Dies bedeutet, daß der Wegfall oder die Milderung früherer Härtegründe ebenso zu berücksichtigen ist wie der Hinzutritt neuer Gründe für den Mieter oder seine Familie. In gleicher Weise ist es von Bedeutung, ob sich die berechtigten Interessen des Vermieters geändert haben.

19 Zunächst muß der Vermieter darlegen und ggf *beweisen,* daß sich die maßgebenden Umstände erheblich zuungunsten des Mieters geändert haben. Dies gilt auch für die Härtegründe auf seiten des Mieters (OLG Stuttgart NJW 1969, 1070, 1071 = 1 b in RE Miet). Demgegenüber hat der Mieter darzulegen und zu beweisen, daß es für ihn oder seine Familie gleichwohl eine ungerechtfertigte Härte bedeutet, wenn das Mietverhältnis unter den geänderten Umständen beendet wird. Die

Änderung der Umstände ist erheblich, wenn die Interessenabwägung ein anderes Ergebnis rechtfertigt.

**b) Rechtsfolgen**

**aa)** Haben sich die maßgebenden Umstände nicht oder nur unerheblich geändert, kann der Mieter einer Kündigung widersprechen und die Fortsetzung des Mietverhältnisses auf **unbestimmte Zeit** verlangen (Abs 2 S 1). Er ist dabei nicht an die Einhaltung einer bestimmten Form und Frist gebunden. Eine Änderung der Vertragsbedingungen ist mangels einer Verweisung auf § 556 a nicht möglich, soweit sich die Parteien nicht dahin gehend verständigen. 20

**bb)** Haben sich die maßgebenden Umstände erheblich geändert, kommt eine weitere Fortsetzung des Mietverhältnisses nur nach § 556 a in Betracht. Sind dessen Voraussetzungen erfüllt, kann der Mieter der Kündigung widersprechen und vom Vermieter verlangen, das Mietverhältnis **auf bestimmte oder unbestimmte Zeit** fortzusetzen (OLG Stuttgart NJW 1969, 1070, 1071 = 1 b in RE Miet). Dabei hat er Form und Frist zu wahren. 21

### IV. Unabdingbarkeit

§ 556 c ist in dem gleichen Umfang zuungunsten des Mieters nicht abdingbar wie § 556 a (dort Rz 58 f). Auch wenn Abs 2 S 1 nicht auf § 556 a verweist, ist dessen Abs 7 wegen der rechtssystematischen Einheit der Sozialklausel anwendbar. 22

## § 557

**(1) [1]Gibt der Mieter die gemietete Sache nach der Beendigung des Mietverhältnisses nicht zurück, so kann der Vermieter für die Dauer der Vorenthaltung als Entschädigung den vereinbarten Mietzins verlangen; bei einem Mietverhältnis über Räume kann er anstelle dessen als Entschädigung den Mietzins verlangen, der für vergleichbare Räume ortsüblich ist. [2]Die Geltendmachung eines weiteren Schadens ist nicht ausgeschlossen.**

**(2) [1]Der Vermieter von Wohnraum kann jedoch einen weiteren Schaden nur geltend machen, wenn die Rückgabe infolge von Umständen unterblieben ist, die der Mieter zu vertreten hat; der Schaden ist nur insoweit zu ersetzen, als den Umständen nach die Billigkeit eine Schadloshaltung erfordert. [2]Dies gilt nicht, wenn der Mieter gekündigt hat.**

**(3) Wird dem Mieter von Wohnraum nach § 721 oder § 794 a der Zivilprozeßordnung eine Räumungsfrist gewährt, so ist er für die Zeit von der Beendigung des Mietverhältnisses bis zum Ablauf der Räumungsfrist zum Ersatz eines weiteren Schadens nicht verpflichtet.**

**(4) Eine Vereinbarung, die zum Nachteil des Mieters von den Absätzen 2 oder 3 abweicht, ist unwirksam.**

**Schrifttum:** Boiczenko, Probleme des Unvermögens zur Herausgabe der Mietsache, MDR

1983, 895; EISENSCHMID, Abwicklung des Mietverhältnisses bei Ende der Mietzeit, in: Partner im Gespräch, Bd 26 (1987), 73; ders, Die Abwicklung des Wohnungsmietverhältnisses bei Ende der Mietzeit, WuM 1987, 243; FRISCH, Nutzungsentschädigung bei nicht rechtzeitiger Rückgabe der Mieträume, GrundE 1989, 113; HOFFMANN, Zur Haftung der Ehefrau im Rahmen von § 557 BGB, NJW 1968, 2327; KÜNKEL, Über den Entschädigungsanspruch nach § 557 Abs. 1 BGB, insbesondere bei Untervermietung, MDR 1962, 92; ders, Schadensersatzansprüche des Vermieters bei verzögerter Räumung einer Wohnung, NJW 1964, 2287; MÜLLER, Das Benutzungsverhältnis zwischen Vermieter und Mieter nach Gewährung einer Räumungsfrist gemäß § 721 ZPO, MDR 1971, 253; ROESCH, Zur Frage der Nutzungsentschädigung nach § 557 BGB, WuM 1970, 53; SALJE, Verletzung der Rückgabepflicht als Rechtsproblem beim „Verleih" von Videofilmkassetten, Betrieb 1983, 2453; SCHMID, Die Erbringung von Nebenleistungen durch den Vermieter, DWW 1986, 140; SCHMIDT-FUTTERER, Der Mietzinsausfall nach Rückgabe der Mietsache, ZMR 1968, 161; ders, Die Schadensersatzpflicht des Mieters wegen verspäteter Zurückgabe der Mietsache, NJW 1962, 471; SCHOPP, § 557 Abs. 1 BGB in der Mobiliarmiete, ZMR 1977, 353; WEIMAR, Zum Begriff des ortsüblichen Mietzinses gemäß § 557 Abs. 1 BGB, MDR 1970, 18; ders, Die Rechtsbeziehungen zwischen den Vertragsparteien während einer Räumungsfrist, WuM 1970, 111; WIEK, Teure Renovierung? WuM 1988, 384.

**Übersicht**



## I. Allgemeines

1 Die Vorschrift regelt Ansprüche des Vermieters für den Fall, daß der Mieter die Mietsache nach der Beendigung des Mietverhältnisses nicht oder nicht rechtzeitig zurückgibt. Hierbei handelt es sich zum einen um den Anspruch auf Nutzungsentschädigung für die Dauer der Vorenthaltung der Mietsache (Abs 1 S 1), zum anderen um die Geltendmachung eines weiteren Schadens (Abs 1 S 2, Abs 2–4). Die Vorschrift bezweckt, die Nutzungsentschädigung des Vermieters auf einen Mindestbetrag festzusetzen. Das Wahlrecht zwischen dem vereinbarten und dem ortsüblichen Mietzins bei Räumen soll den Vermieter davor bewahren, sich bei einem Anstieg des Mietpreisniveaus für einen langen Zeitraum mit einer nicht mehr angemessenen Nutzungsentschädigung begnügen zu müssen. Die Beweislast obliegt dem Vermieter als Anspruchssteller (MITTELSTEIN 511; MünchKomm-VOELSKOW § 557 Rz 20; abw zur Rückgabe WOLF-ECKERT Rz 304). Die Ansprüche auf Ersatz eines weitergehenden Schadens sind bei der Vermietung von

Wohnraum durch Abs 2–4 aus sozialen Gründen eingeschränkt worden. Es soll sichergestellt werden, daß der Mieter sich nicht durch die Sorge vor Schadensersatzansprüchen des Vermieters davon abhalten läßt, unter Berufung auf die §§ 556 a, 556 b eine Fortsetzung des Mietverhältnisses zu verlangen oder eine Räumungsfrist zu begehren. Mit Ausnahme der Wohnraummiete können die Parteien die Folgen einer Verletzung der Rückgabepflicht des Mieters abweichend regeln (vgl SALJE Betrieb 1983, 2453). Ist der Tatbestand des § 557 mangels Vorenthaltung der Mietsache nicht erfüllt, kommen gleichwohl Ansprüche nach den §§ 812 ff auf Wertersatz in Betracht, soweit der Mieter die Mietsache etwa durch Zurücklassung einzelner Gegenstände (Rz 7) noch nutzt (OLG Düsseldorf DWW 1988, 142).

## II. Nutzungsentschädigung (Abs 1 S 1)

### 1. Voraussetzungen

#### a) Mietverhältnis

Zwischen den Parteien muß ein Mietverhältnis bestanden haben. Die Vorschrift 2
gilt deshalb nicht im Verhältnis zwischen Hauptvermieter und Untermieter (LG Freiburg WuM 1989, 287; AG Hamburg DWW 1988, 216; AG München WuM 1986, 316; AG Stuttgart WuM 1973, 78). Wenn die Rspr dem Untermieter den Einwand des Rechtsmißbrauchs zubilligt, soweit diesem gegenüber einer Kündigung des Untervermieters die Schutzrechte aus den §§ 556 a, 564 b zustehen würden, wird der Vergütungsanspruch auf § 242 gestützt (BGHZ 84, 90, 99 = NJW 1982, 1696, 1698 = 6 in RE Miet; vgl § 556 a Rz 2). Ansonsten schuldet der Untermieter dem Eigentümer von dem Zeitpunkt der Kenntnis vom Wegfall des Hauptmietverhältnisses an eine Nutzungsentschädigung nach den §§ 987, 990, 991 (BGH WM 1968, 1370; LG Düsseldorf WuM 1988, 163; vgl AG Hamburg DWW 1988, 216). Im Verhältnis zwischen Hauptmieter und Untermieter ist § 557 anwendbar. Werden Haupt- und Untermietverhältnis gleichzeitig beendet, steht dem Hauptmieter mangels eigener Nutzungsberechtigung kein Anspruch auf Nutzungsentschädigung gegen den Untermieter zu (WOLF-ECKERT Rz 352). Es kann sich um die Miete beweglicher oder unbeweglicher Sachen handeln. Überläßt der Vermieter dem Mieter die Mietsache, obwohl wegen fehlender Einigung der Parteien über die Miethöhe ein Mietvertrag nicht zustande gekommen ist, so ist der Mieter zum Ersatz nach den §§ 812 Abs 1 S 1, 818 Abs 1 verpflichtet (AG Burgsteinfurt WuM 1974, 223). Das gleiche gilt bei Nichtigkeit des Mietvertrags nach § 138 Abs 1 wegen Verstoßes gegen die guten Sitten (OLG Düsseldorf ZMR 1988, 221). Als Mietverhältnis kommt im Rahmen des § 557 auch ein Leasingvertrag in Betracht (OLG Frankfurt VersR 1987, 1197; OLG Hamm NJW 1987, 445). Die Anwendung der Vorschrift wird nicht dadurch ausgeschlossen, daß bei einem Vollamortisations-Leasingvertrag die Grundvertragsdauer abgelaufen ist (BGH BB 1989, 1012 gegen OLG Düsseldorf BB 1989, 173 m Anm FRIEDRICH-GÖLZENLEUCHTER; vgl LG Hamburg NJW-RR 1986, 473).

**b) Beendigung des Mietverhältnisses**

3 Das Mietverhältnis muß beendet sein. Wann dies der Fall ist, ergibt sich grundsätzlich aus § 564 (dort Rz 2 ff; vgl § 556 Rz 3). Das Mietverhältnis muß beendet bleiben. Die Vorschrift ist deshalb nicht anwendbar, wenn das Mietverhältnis von den Parteien verlängert wird. Dies kann durch ausdrückliche Vereinbarung, stillschweigend oder durch Fortsetzung des Gebrauchs nach § 568 geschehen. Auch eine Fortsetzung nach den §§ 556 a–556 c schließt die Anwendbarkeit des § 557 aus.

**c) Vorenthaltung der Mietsache**

4 Eine Vorenthaltung liegt nur vor, wenn der Mieter die Sache nicht zurückgibt, obwohl ihm das möglich wäre, und wenn dieses Verhalten dem Willen des Vermieters widerspricht (BGHZ 90, 145, 148 = NJW 1984, 1527 = 32 in RE Miet m Anm Eckert ZIP 1984, 615; BGH NJW 1960, 909; NJW 1983, 112 = 14 in RE Miet). Im einzelnen läßt sich der Begriff der Vorenthaltung mit Schmidt-Futterer-Blank (B 375 ff) auf folgende Merkmale zurückführen:

5 **aa)** Eine Vorenthaltung setzt zunächst voraus, daß der Mieter dem Vermieter die **tatsächliche Gewalt** über die Sache nicht einräumt, der Rückgabeanspruch also nicht erfüllt wird. Dies ist gegeben, wenn der Mieter die Sache in Besitz behält (OLG Hamburg WuM 1977, 73; LG Köln MDR 1966, 239). Es kann sich um unmittelbaren oder mittelbaren Besitz handeln. Eine Fortsetzung des Gebrauchs ist grundsätzlich nicht notwendig, um den Anspruch auf Nutzungsentschädigung zu begründen (RGZ 99, 230, 231 f). Entscheidend ist, daß der Vermieter die Mietsache nicht selbst oder durch Weitervermietung nutzen kann, wie es bei der Räumung einer Wohnung durch den Mieter ohne Rückgabe der Schlüssel der Fall ist (OLG München DWW 1987, 124 m Anm Kellerhals; LG Mannheim WuM 1976, 13; AG Siegburg WuM 1986, 92 [LS]). Unerheblich ist, ob der Mieter vom Vermieter noch Kostenersatz für die Anfertigung von Schlüsseln verlangen kann (LG Wuppertal WuM 1986, 316). Ebenso wird die Mietsache vorenthalten, wenn der Mieter sie zwar räumt, den Vermieter hiervon aber nicht in Kenntnis setzt (OLG München ZMR 1985, 298). Eine Vorenthaltung liegt hingegen nicht vor, wenn der Mieter die Sache abredegemäß an den Nachmieter weitergibt, weil dieser eine durch den Vermieter zum Empfang ermächtigte Person darstellt (LG Berlin WuM 1988, 271).

6 Macht der Mieter einer beweglichen Sache ein **Zurückbehaltungsrecht** geltend, entsteht für die Dauer der Ausübung dieses Rechts kein Anspruch auf Nutzungsentschädigung, soweit sich der Mieter auf die bloße Zurückbehaltung beschränkt. Gebraucht er die Sache jedoch weiterhin, überschreitet er sein Zurückbehaltungsrecht und genießt die Gebrauchsvorteile, die dann durch § 557 abgegolten werden sollen (BGHZ 65, 56, 59 = NJW 1975, 1773 m Anm Haase JR 1976, 22).

7 Da **Teilleistungen** des Mieters bei Erfüllung der Rückgabepflicht grundsätzlich unzulässig sind, hat dies idR zur Folge, daß die gesamte Mietsache dem Vermieter vorenthalten wird, so etwa, wenn der Mieter nur einen Teil der gemieteten Räume zurückgibt und der Vermieter nicht gesondert darüber verfügen kann (BGHZ 104, 285, 289 = NJW 1988, 2665, 2666; LG Köln ZMR 1967, 201; LG Mannheim MDR 1965, 140; AG Miesbach WuM 1983, 151 [LS]; aM Sternel Rz IV 650).

Bleiben nur einzelne Gegenstände zurück, so ist der Vermieter an einer Inbesitznahme nicht gehindert, wenn der Mieter mit dem Zurücklassen keinen Eigenbesitzwillen mehr äußert (BGH aaO; OLG Düsseldorf DWW 1987, 129; 1988, 142).

Eine Vorenthaltung ist nicht gegeben, wenn der Mieter die Mietsache zwar zurückgibt, aber seine **weiteren Pflichten nicht erfüllt**, die im Rahmen der Rückgabepflicht bestehen. Dies gilt für unterbliebene Schönheitsreparaturen, Wegnahme von Einrichtungen und Beseitigung von Schäden (RG JW 1910, 939 Nr 15; BGH WM 1974, 260, 261; BGHZ 86, 204 = NJW 1983, 1049 = 18 in RE Miet m Anm Haase JR 1983, 364; OLG Hamburg WuM 1977, 73; AG Helmstedt ZMR 1986, 126 [LS]). Wird der Vermieter dadurch an einer weiteren Nutzung gehindert, kommen Schadensersatzansprüche aus Schuldnerverzug (§ 286 Abs 1) oder positiver Forderungsverletzung in Betracht (Abs 1 S 2). Gibt der Vermieter die Mietsache zurück, damit der Mieter nach Vertragsbeendigung noch die geschuldeten Schönheitsreparaturen ausführen kann, besteht deshalb auch kein Bedürfnis für eine entsprechende Anwendung des § 557 (Sternel Rz IV 654; Wiek WuM 1988, 384; aM LG Wuppertal WuM 1988, 21). Eine Vorenthaltung ist hingegen anzunehmen, wenn wegen des Zurücklassens von Einrichtungen nur eine unzulässige teilweise Räumung gegeben ist, die anders als bei unterbliebenen Schönheitsreparaturen keine Schlechterfüllung, sondern eine Nichterfüllung der Rückgabeschuld darstellt (BGHZ 104, 285, 289 = NJW 1988, 2665, 2666). 8

Eine Vorenthaltung scheidet ferner aus, wenn der Mieter durch die **Obdachlosenbehörde** wieder in die Wohnung eingewiesen wird. Es handelt sich um ein öffentlich-rechtliches Verhältnis zwischen Obdachlosenbehörde und Vermieter, das die Anwendbarkeit des § 557 zwischen Mieter und Vermieter ausschließt (LG Essen ZMR 1956, 8; aM LG Mannheim NJW 1963, 717 m Anm Adler). 9

**bb)** Die Mietsache wird dem Vermieter nur vorenthalten, wenn die **Möglichkeit der Rückgabe** besteht. Ist die Rückgabe *objektiv unmöglich,* weil die Mietsache im Zeitpunkt der Beendigung des Mietverhältnisses untergegangen ist oder später untergeht, handelt es sich nicht um eine Vorenthaltung. Der Anspruch auf Nutzungsentschädigung entsteht nicht oder endet in dem späteren Zeitpunkt (RGZ 99, 230, 232; OLG Hamm ZMR 1977, 372). Hat der Mieter den Untergang oder Verlust der Mietsache zu vertreten, schuldet er insoweit nach den allgemeinen Grundsätzen Schadensersatz (RGZ aaO). 10

Streitig ist, ob die Mietsache dem Vermieter auch dann vorenthalten wird, wenn ihre Rückgabe *subjektiv unmöglich* ist. Dieses Problem stellt sich vor allem, wenn der Mieter aus der Wohnung auszieht, aber ein Mitmieter (LG Kassel WuM 1977, 255) oder Untermieter zurückbleibt (§ 556 Rz 8). Nach verbreiteter Auffassung soll § 557 generell eingreifen. Der Mieter bleibe weiterhin mittelbarer Besitzer, da ihm der Untermieter den Besitz vermittle. Der Hauptvermieter müsse sich aber nach § 254 ein etwaiges Mitverschulden anrechnen lassen, wenn er nicht selbst rechtzeitig nach § 556 Abs 3 gegen den Untermieter vorgehe (OLG Hamburg ZMR 1953, 112; LG Göttingen MDR 1959, 928; LG Hamburg ZMR 1966, 217; aM LG Düsseldorf ZMR 1958, 298; LG Köln MDR 1959, 762; differenzierend Schmidt-Futterer-Blank B 497 ff). Der BGH (BGHZ 90, 145, 149 f = NJW 1984, 1527, 1528 = 18 in RE Miet m Anm Eckert ZIP 1984, 615) bejaht ebenfalls 11 eine Vorenthaltung, ohne aber ein Mitverschulden des Hauptvermieters anzurechnen, auch wenn der Hauptmieter wegen des Fortbestandes des Untermietvertrags nicht in der Lage sei, sich die Mietsache rechtzeitig wiederzubeschaffen. Dies habe er durch Überlassung an den Untermieter selbst veranlaßt.

**12** Die *Lösung des Problems* hängt davon ab, welcher Inhalt dem Begriff des Unvermögens beigemessen wird. Allein durch den Verlust der unmittelbaren Verfügungsgewalt wird dem Mieter die Rückgabe nicht subjektiv unmöglich, wenn er sich die Sache von dem besitzenden Dritten wiederbeschaffen kann. Dies ist bei der Untermiete aufgrund des Rückgabeanspruchs nach § 556 Abs 1 der Fall, sobald das Untermietverhältnis beendet ist. Auch für die Zwischenzeit kann deshalb eine Vorenthaltung angenommen werden. Die Veranlassung, auf die der BGH (aaO) abstellt, ist nicht das entscheidende Kriterium, da eine Vorenthaltung auch bei einer vom Mieter veranlaßten objektiven Unmöglichkeit entfällt. Für Mitmieter können sich aus dem Innenverhältnis entsprechende Ansprüche ergeben (LG Kassel WuM 1977, 255; AG Plettenberg WuM 1983, 2 [LS]). Deshalb kommt ein Anspruch auf Nutzungsentschädigung auch gegen den Ehegatten in Betracht, der die Wohnung endgültig verlassen und den Vermieter davon in Kenntnis gesetzt hat, selbst wenn ein Rückgabeanspruch aus § 556 Abs 1 gegen ihn entfällt (OLG Schleswig NJW 1982, 2672 = 5 in RE Miet; krit Boiczenko MDR 1983, 895). Bei widerrechtlicher Entziehung durch Dritte greifen Besitzschutzansprüche des Mieters ein.

**13** **cc)** Die Mietsache wird nur vorenthalten, wenn auf seiten des Vermieters ein grundsätzlicher **Rücknahmewille** besteht. Dies ist auch anzunehmen, wenn dem Mieter gerichtlich eine Räumungsfrist (§§ 721, 794 a ZPO) oder Vollstreckungsschutz (§ 765 a ZPO) eingeräumt worden ist (OLG Celle ZMR 1967, 270; LG Dortmund ZMR 1977, 79). Selbst wenn vertraglich eine Räumungsfrist vereinbart wird, bleibt die Mietsache vorenthalten, weil der Rücknahmewille des Vermieters dadurch nicht beeinträchtigt wird, solange er nicht zu einer Verlängerung des Mietverhältnisses bereit ist (BGH NJW 1983, 112 = 14 in RE Miet). Der Vermieter kann vertraglich eine besondere Mitwirkungspflicht auf sich nehmen, indem der Anspruch auf Nutzungsentschädigung noch von einer Aufforderung zur Rückgabe abhängig gemacht wird (BGH NJW 1982, 1747, 1748).

**14** **Keine Vorenthaltung** der Mietsache ist gegeben, solange der Vermieter dem Mieter zu erkennen gibt, daß er das Mietverhältnis etwa wegen angeblicher Unwirksamkeit der Kündigung nicht als beendet ansehe (BGH NJW 1960, 909; WM 1973, 383, 386; LG Hamburg WuM 1987, 224). Für diesen Zeitraum kommt es deshalb nicht darauf an, ob der Mieter zur Rückgabe in der Lage ist (BGH NJW 1960, 909, 910; anders RG WarnR 1934 Nr 176). Die Mietsache wird ebenfalls nicht vorenthalten, wenn der Vermieter zwar von der Beendigung des Mietverhältnisses ausgeht, die Mietsache aber nicht zurücknimmt, weil er mit dem Mieter einen neuen Mietvertrag abschließen will (KG ZMR 1971, 321), wenn das Mietverhältnis stillschweigend oder durch Fortsetzung des Gebrauchs nach § 568 verlängert wird (LG Köln WuM 1973, 247) oder wenn der Vermieter die Rücknahme der Mietsache ablehnt, weil der Mieter deren Zustand verändert hat und der Mieter daraufhin den Besitz aufgibt (OLG Hamburg WuM 1977, 73). Das gleiche gilt, wenn der Vermieter im Annahmeverzug ist (LG Osnabrück WuM

1984, 2 [LS]; AG Hamburg WuM 1982, 73), wenn er sich vertraglich ausbedungen hat, daß die Mietsache an einem von ihm zu bestimmenden Ort zurückzugeben ist, die Bestimmung aber noch nicht getroffen hat (OLG Hamm ZIP 1989, 45), oder wenn der Mieter ein Grundstück oder eine Wohnung nur deshalb nicht vollständig räumen kann, weil der Vermieter unter Berufung auf das Vermieterpfandrecht nach den §§ 559, 561 einen Teil der eingebrachten Sachen zurückbehält (LG Mannheim WuM 1978, 141). Wenn der Vermieter die vom bisherigen Mieter vorenthaltenen Räume weitervermietet und der neue Mieter mit dem bisherigen einen Untermietvertrag abschließt, scheidet eine Vorenthaltung aus, da der Untermieter sein Besitzrecht dann vom Hauptmieter ableitet und die fehlende Rückgabe nicht dem Willen des Hauptvermieters widerspricht. Dabei kommt es auf die Befugnis zur Untervermietung nicht an (BGHZ 85, 267 = NJW 1983, 446).

**dd)** Die Vorenthaltung beginnt mit dem **Zeitpunkt**, in dem der Mietvertrag 15
beendet ist. Sie endet, sobald der Mieter seine Rückgabepflicht erfüllt, auch wenn dies vor Ablauf einer Räumungsfrist geschieht (aM LG Wiesbaden WuM 1968, 164 m abl Anm Schmidt). Die Vorenthaltung dauert nur bis zum Auszug, längstens bis zu dem Zeitpunkt, in dem der Vermieter hiervon Kenntnis erlangt (OLG München ZMR 1985, 298). Für den weiteren Verlauf der bereits angebrochenen Abrechnungsperiode steht dem Vermieter deshalb keine Nutzungsentschädigung nach Abs 1 S 1 zu (OLG München DWW 1987, 124, 126 m Anm Kellerhals; LG Frankfurt WuM 1989, 295; AG Siegburg WuM 1986, 92 [LS]; aM OLG Hamburg ZMR 1984, 342, 345; LG Hannover WuM 1989, 77; LG Mannheim WuM 1976, 49; AG Köln WuM 1988, 111 [LS]; AG Münster WuM 1987, 273 [LS]), sondern ggf ein Schadensersatzanspruch wegen entgangenen Gewinns (Sternel Rz IV 664). Die Vorenthaltung endet auch, wenn dem Mieter die Rückgabe unmöglich wird (Rz 10).

## 2. Rechtsfolgen

### a) Allgemeines

Nach Beendigung des Mietverhältnisses entsteht zwischen den früheren Vertrags- 16
parteien für die Dauer der Vorenthaltung der Mietsache ein **gesetzliches Schuldverhältnis** (LG Wiesbaden WuM 1968, 164). Hieraus ergibt sich in erster Linie der Anspruch des Vermieters auf Nutzungsentschädigung (Rz 17 ff). Hat der Vermieter den vertraglichen Herausgabeanspruch abgetreten, erfaßt die Abtretung nicht notwendig den Entschädigungsanspruch. Dies hängt vielmehr von den Vereinbarungen ab, die Zedent und Zessionar treffen. Gegen eine Trennung beider Ansprüche bestehen keine rechtlichen Bedenken, da bei entsprechenden internen Vereinbarungen Vorenthaltung der Mietsache und Schadenseintritt nicht in derselben Person zusammentreffen müssen (offengelassen von BGH NJW 1983, 112 = 14 in RE Miet). Bei dem Anspruch auf Nutzungsentschädigung handelt es sich nach zT vertretener Ansicht um einen reinen Schadensersatzanspruch (BGH NJW 1961, 916; OLG Frankfurt VersR 1987, 1197; ZMR 1987, 177; OLG Karlsruhe ZMR 1987, 261), während andere einen vertraglichen Abwicklungsanspruch (LG Stuttgart ZMR 1987, 153; Erman-Schopp § 557 Rz 3) oder einen vertraglichen Anspruch eigener Art annehmen (BGHZ 68, 307, 310 = NJW 1977, 1335, 1336;

BGHZ 104, 285, 290 = NJW 1988, 2665, 2666). Soweit hiernach ein Schadensersatzanspruch abgelehnt wird, scheidet folgerichtig auch eine Kürzung des Anspruchs nach § 254 wegen Mitverschuldens des Vermieters aus (BGHZ 104, 285, 290 = NJW 1988, 2665, 2666; unentschieden in BGHZ 90, 145, 150 = NJW 1984, 1527, 1528; vgl aber LG Köln NJW-RR 1988, 1248). Die Höhe dieses Anspruchs ist nicht davon abhängig, ob und inwieweit der Vermieter aus der Vorenthaltung einen Schaden erlitten oder ob der Mieter die vorenthaltene Mietsache noch tatsächlich genutzt hat (RG WarnR 1934 Nr 176; BGH NJW 1961, 916; KG HRR 1934 Nr 855). Eine Unterwerfungserklärung iS des § 794 Abs 1 Nr 5 ZPO wegen des Anspruchs auf Mietzins kann deshalb auch den Anspruch aus § 557 Abs 1 S 1 erfassen, wenn es sich um eine bestimmte Geldsumme handelt und der Schadensersatzcharakter abgelehnt wird (aM OLG Frankfurt ZMR 1987, 177). Daneben bestehen für die Parteien weitere Rechte und Pflichten, die insbesondere relevant werden, wenn der Mieter die Sache weiterhin nutzt (Rz 28 ff). Die Ansprüche aus § 557 stehen nach § 571 Abs 1 dem Grundstückserwerber zu, auch wenn der Mietvertrag vor dem Eigentumswechsel aufgrund einer noch vom Veräußerer erklärten Kündigung beendet worden ist (BGHZ 72, 147 = NJW 1978, 2148 m abl Anm Haase JR 1979, 111). Die Haftung kann nach § 25 HGB denjenigen treffen, der ein erworbenes Handelsgeschäft unter der bisherigen Firma fortführt (BGH NJW 1982, 577). Nimmt der Vermieter nach Erlaß eines Räumungsurteils wiederholt Nutzungsentschädigungen entgegen, kann darin uU der Abschluß eines neuen Mietvertrags liegen (LG Hannover MDR 1979, 495).

**b) Vereinbarter Mietzins**

17 **aa)** Der Vermieter kann als **Mindestentschädigung** den vereinbarten Mietzins verlangen (Abs 1 S 1 HS 1). Dies ist der Betrag, der vertraglich zur Zeit der Beendigung des Mietverhältnisses zu entrichten war. Er braucht nicht mit dem bei Vertragsabschluß vereinbarten Mietzins übereinzustimmen, sondern kann nach einer zwischenzeitlichen Mieterhöhung höher oder durch Mängel gemindert sein, die während der Mietzeit aufgetreten sind und bei Beendigung noch vorliegen (BGH NJW 1961, 916). Eine Minderung ist dagegen ausgeschlossen, wenn sich die Mietsache erst nach Beendigung des Mietverhältnisses erstmalig oder weiter verschlechtert (MünchKomm-Voelskow § 557 Rz 10; aM Derleder in AK § 557 Rz 3; differenzierend Eisenschmid WuM 1987, 243, 244). Abgesehen von Ausnahmefällen, die nach § 242 zu beurteilen sind, kann der Vermieter daher trotz einer weiteren Verschlechterung der Sache den letzten Mietzins als Mindestentschädigung verlangen (BGH aaO). Ein im Zeitpunkt der Vertragsbeendigung geminderter Mietzins bleibt nicht maßgebend, wenn die Mängel während der Vorenthaltung der Mietsache beseitigt werden. Haben die Parteien ein Minderungs- oder Aufrechnungsverbot vereinbart, gilt dies auch für die Nutzungsentschädigung (KG HRR 1932 Nr 107; OLG Karlsruhe ZMR 1987, 261; OLG Stuttgart NJW 1956, 914). Bei einem Leasingvertrag stellt die vertraglich vorgesehene Leasingrate den vereinbarten Mietzins dar (OLG Frankfurt VersR 1987, 1197), soweit die Anwendung der Vorschrift nach Vollamortisation veralteter Geräte nicht ausgeschlossen ist (vgl LG Hamburg NJW-RR 1986, 473). Hat der Mieter vertraglich die vom Vermieter geschuldete Mehrwertsteuer als Teil des

Mietzinses übernommen, gehört auch dieser Betrag zu dem vereinbarten Mietzins (BGHZ 104, 285 291 = NJW 1988, 2665, 2667). Ist der Mietzins bei einem befristeten Mietverhältnis nach einer Zeiteinheit für die gesamte Vertragsdauer bemessen, so ist die Entschädigung danach zu berechnen, wieviel Zeiteinheiten die Dauer der Vorenthaltung insgesamt erreicht (LG Köln NJW-RR 1988, 1248). Eine nach § 5 WiStrG, § 138 BGB nichtige Mietzinsvereinbarung kann für die Nutzungsentschädigung nicht berücksichtigt werden (AG Nürtingen WuM 1982, 81).

**bb)** Die Nutzungsentschädigung umfaßt die **Nebenkosten** für Leistungen, die der Mieter weiterhin in Anspruch nimmt. Für ein Umlageverfahren sind die ursprünglichen Vereinbarungen maßgebend (LG Mannheim WuM 1962, 120, 121; MÜLLER MDR 1971, 253, 255). 18

**cc)** Die **Fälligkeit** der Nutzungsentschädigung bestimmt sich nach der Regelung, die der Mietvertrag für den Mietzins vorsah (BGH NJW 1974, 556). Fehlt eine ausdrückliche Fälligkeitsvereinbarung, gilt wegen der Ähnlichkeit beider Ansprüche § 551. 19

**dd)** Eine **Erhöhung** der Nutzungsentschädigung aufgrund gesetzlicher Vorschriften über den im Zeitpunkt der Beendigung des Mietverhältnisses vereinbarten Mietzins hinaus ist ausgeschlossen. Der Vermieter hat nur die Möglichkeit, nach Abs 1 S 1 HS 2 die ortsübliche Miete zu verlangen oder nach Abs 1 S 2 einen weitergehenden Schaden geltend zu machen (OLG Celle ZMR 1967, 270; LG Kiel NJW 1961, 319). Wertsicherungsklauseln müssen bei der Nutzungsentschädigung unberücksichtigt bleiben, da sie mit dem Vertragsende ihre Wirksamkeit verlieren (BGH MDR 1973, 492). Das gleiche gilt für die Steigerungsbeträge eines Staffelmietzinses, die erst in einem Zeitpunkt in Kraft treten sollten, der nach der Vertragsbeendigung liegt (vgl § 10 MHRG Rz 17 ff). Dies entspricht dem Zweck der Vorschrift, dem Vermieter eine Mindestentschädigung zu sichern (Rz 1). 20

**ee)** Eine **Senkung** der Nutzungsentschädigung gegenüber dem vereinbarten Mietzins ist geboten, wenn dem Mieter nach Beendigung des Mietverhältnisses Nebenräume, Gemeinschaftseinrichtungen und ähnliches nicht mehr zur Verfügung stehen, auf die ein entsprechender Teil des Mietzinses entfiel (MÜLLER MDR 1971, 253, 254). Das gleiche gilt, wenn die teilweise Rückgabe der Mietsache entgegen § 266 ausnahmsweise als zulässige Teilleistung anzuerkennen ist (LG Mannheim ZMR 1965, 211). 21

**ff)** Der Anspruch auf Nutzungsentschädigung ist eine Entschädigungsforderung iS des § 559 S 2, für die der Vermieter ein **Pfandrecht** an den eingebrachten Sachen des Mieters geltend machen kann, wenn der auszugleichende Schaden entstanden ist (RGZ 54, 301; 142, 201, 205; BGH NJW 1972, 721, 722). 22

**gg)** Die **Verjährung** des Anspruchs richtet sich nach § 197, beträgt also vier Jahre (BGHZ 68, 307 = NJW 1977, 1335 m Anm WOLF LM Nr 9 zu § 557 BGB), soweit nicht § 196 Abs 1 Nr 6 eingreift. 23

**c) Ortsübliche Vergleichsmiete**

**aa)** Anstelle des vereinbarten Mietzinses kann der Vermieter bei der Raummiete jeder Art als Nutzungsentschädigung die ortsübliche Vergleichsmiete verlangen (Abs 1 S 1 HS 2). Er hat damit als Gläubiger eine **Ersetzungsbefugnis**. Dieses 24

Recht steht ihm mehrfach zu, wenn die ortsübliche Vergleichsmiete in der Zwischenzeit steigt (Sternel Rz IV 677). Die einjährige Wartefrist und die Kappungsgrenze des § 2 Abs 1 S 1 Nr 1 und 3 MHRG gelten nicht (LG Stuttgart ZMR 1987, 153).

25 **bb)** Der Vermieter muß sein Gestaltungsrecht durch eine einseitige, empfangsbedürftige Willenserklärung ausüben. Über **Inhalt und Form** dieser Erklärung enthält das Gesetz keine besonderen Vorschriften. Entgegen einer zT vertretenen Auffassung (AG Hildesheim ZMR 1973, 15; BGB-RGRK-Gelhaar § 557 Rz 14) fehlt es für eine entsprechende Anwendung des § 2 Abs 2 MHRG am gleichen Normzweck, da die Mieterhöhung nach dieser Vorschrift eine Zustimmung des Mieters voraussetzt, die von ihm nur bei Darlegung aller den Anspruch des Vermieters begründenden Tatsachen erwartet werden kann. Im Rahmen des § 557 genügt jedoch die einseitige Erklärung. Diese Erklärung bedarf deshalb keiner Form (MünchKomm-Voelskow § 557 Rz 12) und auch nicht einer Angabe der die höhere ortsübliche Miete begründenden Tatsachen (aM Schmidt-Futterer-Blank B 509). Der notwendige Schutz des Mieters ist sichergestellt, weil der Vermieter die Beweislast dafür trägt, daß er eine höhere Nutzungsentschädigung geltend gemacht hat und daß diese der ortsüblichen Vergleichsmiete entspricht. Dies gilt auch bei Sozialwohnungen, da die verfahrensrechtlichen Vorschriften über eine Mieterhöhung nach § 10 WoBindG ein bestehendes Mietverhältnis voraussetzen (anders LG Mannheim NJW 1970, 1881).

26 **cc)** Der Anspruch auf Entschädigung nach der ortsüblichen Vergleichsmiete wird wirksam mit dem **Zugang** der Erklärung bei dem früheren Mieter (§ 130). Aus der Gestaltungswirkung der Erklärung folgt, daß diese Entschädigung nicht rückwirkend verlangt werden kann (LG Düsseldorf MDR 1970, 144; LG München WuM 1974, 7; AG Pinneberg WuM 1984, 83).

27 **dd)** Der **Umfang** der Nutzungsentschädigung richtet sich nicht nach einer aus allen Mieten innerhalb der betreffenden Gemeinde gebildeten Durchschnittsmiete. Entscheidend ist der konkrete Vergleich mit dem Mietzins, der in der Gemeinde für Räume vergleichbarer Art, Größe, Ausstattung, Beschaffenheit und Lage üblicherweise gezahlt wird (vgl § 2 Abs 1 Nr 2 MHRG; dort Rz 8 ff). Aus dem Merkmal der Üblichkeit ist zu folgern, daß eine Mehrzahl von Räumen als Vergleichsobjekte zur Verfügung stehen muß. Die Höhe der Nutzungsentschädigung für eine mängelbehaftete Wohnung richtet sich nach der ortsüblichen Vergleichsmiete für mängelbehaftete Objekte auch dann, wenn es sich um behebbare Mängel handelt (LG Hamburg WuM 1987, 390). Der kurz bevorstehende Abriß eines Hauses wirkt sich mindernd auf die Vergleichsmiete aus (LG Köln WuM 1987, 123). Soweit für den jeweiligen Ort Mietwerttabellen (§ 2 Abs 2 S 2 MHRG) aufgestellt worden sind, kann hierauf zurückgegriffen werden. Die Berufung auf Sachverständigengutachten anstelle der Benennung von Vergleichsobjekten ist möglich (Pergande NJW 1968, 129, 132). Die früher abweichende Rspr (AG Dortmund WuM 1972, 59; AG Kamen WuM 1972, 162) ist entsprechend der vom Gesetzgeber in § 2 Abs 2 S 3 MHRG getroffenen Entscheidung nicht mehr haltbar, soweit der Vermieter durch Vorlage eines solchen Gutachtens seiner Darlegungslast genügt. Die ortsübliche Vergleichsmiete bildet auch dann die Grenze, wenn der Vermieter umsatzsteuerpflichtig ist. Er kann die Umsatz-

steuer aber als weitergehenden Schadensersatz nach Abs 1 S 2 geltend machen (OLG Hamm ZMR 1980, 375). Verzugszinsen unterliegen allerdings nicht der Umsatzsteuer (vgl OLG Frankfurt MDR 1983, 225; BMF BStBl I 1983, 246).

**d) Sonstige Rechtsfolgen**

**aa)** Mit der Beendigung des Mietverhältnisses erlöschen alle vertraglichen Rechte und Pflichten. Zwischen den Parteien entsteht ein **gesetzliches Schuldverhältnis**. Die weitere Anwendbarkeit mietrechtlicher Vorschriften ist allein unter dem Gesichtspunkt geboten, dem Vermieter jeglichen Zwang zu verwehren, durch den er auf den Besitz des Mieters einwirken könnte. Hieraus ergeben sich beträchtliche Einschränkungen gegenüber den früheren mietvertraglichen Rechtsbeziehungen (vgl MÜLLER MDR 1971, 253 ff; SCHMIDT-FUTTERER-BLANK B 524 ff). **28**

**bb)** Der **Vermieter** ist verpflichtet, dem Mieter einen gefahrlosen Zugang zu ermöglichen und alle Gefahren zu beseitigen, die vom Besitz der Mietsache ausgehen können. Zu weitergehenden Instandhaltungs- oder Instandsetzungsarbeiten ist er nicht verpflichtet (LG Hamburg NJW-RR 1986, 441; WuM 1987, 390; zT abw MÜLLER aaO 255). Versorgungsleistungen und Gemeinschaftseinrichtungen sind zur Verfügung zu stellen, soweit sie erforderlich sind, um ein angemessenes Wohnen zu ermöglichen (LG Darmstadt WuM 1985, 256 [LS]; AG Miesbach WuM 1988, 57; vgl SCHMID DWW 1986, 140, 142) und nicht einen mittelbaren Druck zwecks Räumung auf den Mieter entstehen zu lassen. Der Verlegung eines Telefonanschlusses braucht der Vermieter grundsätzlich nicht zuzustimmen (AG Waldshut-Tiengen WuM 1981, 212). **29**

**cc)** Der **Mieter** ist zur Obhut über die vorenthaltene Mietsache verpflichtet. Er hat den Hausfrieden zu wahren und Rücksicht auf Mitmieter zu nehmen. Eine vertraglich übernommene Pflicht, Schönheits- und andere Reparaturen durchzuführen, wirkt nicht fort. Das gleiche gilt für sonstige besondere vertragliche Pflichten, die nicht typischerweise zum Mindestinhalt eines Mietverhältnisses gehören (weitergehend MÜLLER aaO 256). Aus Treu und Glauben kann sich für den Mieter die Pflicht ergeben, dem Vermieter den bevorstehenden oder mit hoher Wahrscheinlichkeit zu erwartenden Auszug mitzuteilen, damit sich der Vermieter rechtzeitig um einen neuen Mieter bemühen kann. Anderenfalls macht sich der Mieter schadensersatzpflichtig (LG Freiburg WuM 1980, 223). **30**

## III. Weitergehender Schadensersatz

### 1. Allgemeines

Nach Abs 1 S 2 ist es dem Vermieter nicht verwehrt, einen weiteren Schaden geltend zu machen. Die Vorschrift stellt klar, daß neben der Mindestentschädigung weitere Schadensersatzansprüche unberührt bleiben, die sich aus den allgemeinen Vorschriften ergeben. **31**

**a)** Hierzu gehören in erster Linie Ansprüche wegen **Schuldnerverzugs** nach den §§ 284 ff (BGH WuM 1965, 205, 206; OLG Düsseldorf NJW-RR 1987, 911; OLG Stuttgart BB 1962, 466; LG Frankfurt WuM 1989, 295). Der Schadensersatzan- **32**

spruch wegen Räumungsverzugs des Mieters steht nach § 571 Abs 1 dem Erwerber des Grundstücks zu, auch wenn der Mietvertrag vor dem Eigentumswechsel aufgrund einer von dem Veräußerer erklärten Kündigung beendet worden ist (BGHZ 72, 147 = NJW 1978, 2148 m abl Anm HAASE JR 1979, 111). Soweit es sich nicht um ein Mietverhältnis über Wohnraum handelt (Rz 39), beeinflußt eine gerichtliche Räumungsfrist nicht die materiellen Rechtsbeziehungen der Parteien und schließt damit auch nicht den Verzug des Mieters aus (RGZ 116, 382; RG JW 1927, 580; BGH NJW 1953, 1586). Bewilligt der Vermieter von Gewerberaum dem vorläufig vollstreckbar zur Räumung und Herausgabe verurteilten Mieter einseitig oder in einem außergerichtlichen Vergleich eine Räumungsfrist, so bedarf es hingegen der Auslegung, ob damit die Herausgabe bis zum Fristablauf gestundet sein sollte oder ob der Vermieter lediglich auf ein zwangsweises Vorgehen mit der Folge verzichtet hat, daß der Mieter bei Ausschöpfung der Frist das Risiko für jeden etwaigen Verspätungsschaden behält (BGH NJW-RR 1987, 907 m Anm HAASE JR 1987, 507). Das gleiche gilt bei der Bewilligung einer vertraglichen Räumungsfrist durch den Vermieter von Wohnraum. Weitere Schadensersatzansprüche des Vermieters können sich aus **positiver Forderungsverletzung** ergeben (LG Augsburg WuM 1967, 27; LG Mannheim WuM 1962, 120). Solche Ansprüche setzen voraus, daß der Mieter dem Vermieter die Mietsache schuldhaft vorenthält. Hierin liegt ein wesentlicher Unterschied zum Anspruch auf Nutzungsentschädigung nach Abs 1 S 1. Das Verschulden kann wegen eines Rechtsirrtums ausgeschlossen sein (AG Langen WuM 1980, 7, 8). Ein weiterer Unterschied besteht darin, daß der Vermieter den Schaden darlegen und im Streitfall beweisen muß (LG Frankfurt WuM 1989, 295).

**33** **b)** Der **Umfang** des zu ersetzenden Schadens richtet sich nach den §§ 249 ff. Damit wird der entgangene Gewinn erfaßt (§ 252). Es handelt sich vor allem um die Nutzungen, die der Vermieter bei rechtzeitiger Rückgabe der Mietsache hätte erzielen können, soweit sie höher gewesen wären als der frühere Mietzins (ROQUETTE § 557 Rz 14). Einschränkungen unter dem Gesichtspunkt der Kausalität können eingreifen, wenn der Vermieter von Wohnraum einen entgangenen Gewinn aus der Weitervermietung zu gewerblichen Zwecken geltend macht (LG Hamburg MDR 1967, 676). Als weiterer Schaden kommt auch eine anderweitige Vermögenseinbuße in Betracht, zB gestiegene Reparaturkosten. Wenn der Mieter die Räumung verzögert und den Vermieter in Ungewißheit darüber läßt, wann er ausziehen wird, hat er dafür einzustehen, daß sich wegen dieser Ungewißheit etwaige bauliche Änderungen durch den Vermieter verzögern (BGH WM 1964, 684). Zu ersetzen sind ferner Veränderungen und Verschlechterungen, die sich im Rahmen des § 548 halten. Diese Schäden werden nicht durch die Nutzungsentschädigung nach Abs 1 S 1 abgegolten, da dieser Anspruch keinen Entgeltscharakter trägt (aM SCHMIDT-FUTTERER-BLANK B 548; vgl MÜLLER MDR 1971, 253, 257). Unterliegt der Vermieter mit der Nutzungsentschädigung des Abs 1 S 1 der Umsatzsteuer, gehört die Steuer zu dem zu ersetzenden Schaden, nicht aber beim Ersatz von Verzugszinsen (Rz 27).

**34** **c)** Der Mieter kann gegenüber den Schadensersatzansprüchen des Vermieters aus § 557 Abs 1 S 2 nach § 254 den **Einwand mitwirkenden Verschuldens** geltend machen (OLG München ZMR 1989, 224; vgl LG Göttingen MDR 1959, 928), während dieser Einwand gegenüber dem Anspruch auf Nutzungsentschädigung aus S 1 ausgeschlossen ist (Rz 16).

**2. Besonderheiten bei der Vermietung von Wohnraum**

Das Gesetz enthält in Abs 2 und 3 aus sozialen Gründen eine Reihe von Einschränkungen für Wohnraummietverhältnisse jeder Art. 35

**a) Verschulden des Mieters**

Der Vermieter kann einen weiteren Schaden nur geltend machen, wenn die Rückgabe der Wohnräume infolge von Umständen unterblieben ist, die der Mieter zu vertreten hat (Abs 2 S 1 HS 1). Dieser Regelung kommt im wesentlichen eine klarstellende Funktion zu, da auch die allgemeinen Schadensersatzansprüche grundsätzlich ein Verschulden voraussetzen. Eine materiell-rechtliche Bedeutung ergibt sich wegen der Unabdingbarkeit (Abs 4) nur insoweit, als die Parteien die Voraussetzungen eines Schadensersatzanspruchs bei verspäteter Rückgabe abweichend von den allgemeinen Vorschriften vereinbart haben. 36

**b) Billigkeitserwägungen**

**aa)** Nach Abs 2 S 1 HS 2 ist der Mieter von Wohnraum nur insoweit zum Schadensersatz verpflichtet, als den **Umständen** nach die Billigkeit eine Schadloshaltung des Vermieters erfordert. Solche Umstände können darin liegen, daß sich ein erfolgversprechendes Verlangen auf Fortsetzung des Mietverhältnisses nach § 556 a erst im Prozeß als unbegründet erweist. Unbillig kann es sein, wenn der Vermieter einen entgangenen Gewinn verlangt, den er nur aufgrund solcher Maßnahmen erzielt hätte, die er ohne Stellungnahme des Mieters zu der Kündigung bereits in die Wege geleitet hatte. Das gleiche gilt, wenn der Vermieter einen hohen Gewinn ersetzt haben will, der ihm aus einem gescheiterten Verkauf des Mietobjekts entgangen ist (Schmidt-Futterer-Blank B 558). Eine Abwägung im Rahmen der Billigkeitsentscheidung kann auch zu einem vollständigen Ausschluß eines Schadensersatzanspruchs führen (LG München II ZMR 1987, 96). 37

**bb)** Ist das Mietverhältnis durch eine **Kündigung des Mieters** beendet worden, können Schadensersatzansprüche des Vermieters nicht aufgrund von Billigkeitserwägungen eingeschränkt oder ausgeschlossen werden (Abs 2 S 2). Diese Regelung bezieht sich nur auf die Billigkeitsklausel, läßt also die Voraussetzung des Verschuldens und deren Prüfung für einen Schadensersatzanspruch des Vermieters unberührt (AG Kassel WuM 1971, 13; anders Burkhardt BB 1964, 771, 774). Wird das Mietverhältnis einverständlich aufgehoben, greift Abs 2 S 2 aufgrund des eindeutigen Wortlauts nicht ein (Sternel Rz IV 690). 38

**c) Räumungsfrist durch Vollstreckungsschutz**

Über die Nutzungsentschädigung hinausgehende Schadensersatzansprüche sind ausgeschlossen, wenn dem Mieter nach § 721 oder § 794 a ZPO eine gerichtliche Räumungsfrist gewährt worden ist (Abs 3). Dieser gesetzliche Ausschluß gilt für die Dauer der Beendigung des Mietverhältnisses über den Beginn bis zum Ablauf 39 der – auch verlängerten – Räumungsfrist (LG München II ZMR 1987, 96). Anschließend kann § 557 wieder in vollem Umfang eingreifen. Die gerichtlich gewährte Räumungsfrist beeinflußt damit ohne weiteres die materiellen Rechtsbeziehungen der Parteien eines Wohnraummietverhältnisses (vgl aber Rz 32). Die Einschränkung des Abs 3 gilt nicht bei Vollstreckungsschutz nach § 765 a ZPO oder bei vertraglicher, insbesondere vergleichsweise vereinbarter Räumungsfrist. Wie sich aus der Stellung des Abs 2 S 2 ergibt, greift der Ausschluß bei gerichtlich gewährten Räumungsfristen auch im Falle einer Kündigung des Mieters ein. Aus dem Zweck des Abs 3 folgt, daß nur der Ersatz solcher Schäden ausgeschlossen wird, die durch die Vorenthaltung der Mietsache entstanden sind. Weitergehende Schadensersatzansprüche wegen Beschädigung oder Verschlechterung während der Vorenthaltung bleiben unberührt (Müller MDR 1971, 253, 257).

### 3. Unabdingbarkeit

40 Nach Abs 4 können keine Vereinbarungen getroffen werden, die bei der Vermietung von Wohnraum zum Nachteil des Mieters von den Einschränkungen weitergehenden Schadensersatzes nach Abs 2 oder 3 abweichen. So ist eine Vereinbarung unzulässig, durch die eine vom Verschulden des Mieters unabhängige Schadensersatzpflicht wegen Vorenthaltung der Mietsache begründet werden soll (LG Mannheim ZMR 1967, 310). Das gleiche gilt für einen Verzicht des Mieters auf die Berücksichtigung von Billigkeitserwägungen oder auf den Ausschluß der Schadensersatzpflicht bei Gewährung gerichtlicher Räumungsfristen. Unzulässig sind Vereinbarungen, durch die abweichend von Abs 1 die Höhe der Nutzungsentschädigung zuungunsten des Mieters festgelegt wird, da dies zum Ersatz eines weiteren Schadens in pauschalierter Form führt (aM Schmidt-Futterer-Blank B 568). Bei Formularmietverträgen ist unabhängig von der Art der Mietsache das Verbot unangemessen hoher Nutzungsvergütungen nach § 10 Nr 7 a) AGBG zu beachten (Bub DWW 1977, 76, 79).

## IV. Konkurrenzen

41 **1.** Nach hM bleiben die Vorschriften über die **Herausgabe einer ungerechtfertigten Bereicherung** und der vom Mieter als nichtberechtigtem Besitzer gezogenen **Nutzungen** uneingeschränkt neben § 557 anwendbar.[1] Bereicherungsansprüche werden bei der Abwicklung eines Vertragsverhältnisses nach der Rspr nicht durch die §§ 987 ff ausgeschlossen (BGH NJW 1968, 197). Die Gegenmeinung beruft sich darauf, daß § 557 als Sonderregelung die Vorschriften der §§ 812 ff und 987 ff ausschließe (LG Düsseldorf WuM 1967, 134; LG Mannheim NJW 1970, 1881).

---

[1] Zu § 812: BGHZ 44, 241 = NJW 1966, 248; BGHZ 68, 307 = NJW 1977, 1335; BGH NJW 1968, 197; zu §§ 292 Abs 2, 987 bzw §§ 987, 990: BGH WM 1974, 260, 261 – jedenfalls ab Rechtshängigkeit, im übrigen offengelassen; BGH ZMR 1954, 236; OLG Hamm ZIP 1989, 45; vgl aber zu § 988 LG Freiburg WuM 1989, 287.

Für die Lösung des Problems ist mit der hM davon auszugehen, daß es keine überzeugenden Anhaltspunkte dafür gibt, § 557 wolle als Sonderregelung Ansprüche aus ungerechtfertigter Bereicherung oder Ansprüche auf Ersatz der vom Mieter nach Beendigung des Mietverhältnisses gezogenen Nutzungen ausschließen. Die Einschränkung nach Abs 2 und 3 betrifft ausdrücklich nur weitergehende Schadensersatzansprüche.

**2.** Die Ansprüche auf Schadensersatz wegen Verzugs oder aus ungerechtfertigter Bereicherung, die mit dem Entschädigungsanspruch aus Abs 1 S 1 konkurrieren, **verjähren** wie dieser Anspruch in entsprechender Anwendung des § 197 in vier Jahren (Rz 23), da der Zweck der kurzen Verjährungsfrist beeinträchtigt würde, wenn der Vermieter nach Ablauf der Frist des § 197 gleichartige Ansprüche in anderer rechtlicher Konstruktion durchsetzen könnte (BGHZ 68, 307, 311 = NJW 1977, 1335, 1336 m Anm Wolf LM Nr 9 zu § 557 BGB; vgl aber Heckelmann JuS 1977, 799). Werden für die Zeit nach Beendigung des Mietverhältnisses Ansprüche auf Nutzungsentschädigung aus § 812 geltend gemacht, ohne daß die Voraussetzungen des § 557 erfüllt sind, unterliegen diese Ansprüche nach § 195 der regelmäßigen Verjährung von 30 Jahren (KG NJW 1971, 432). 42

## § 557 a

**(1) Ist der Mietzins für eine Zeit nach der Beendigung des Mietverhältnisses im voraus entrichtet, so hat ihn der Vermieter nach Maßgabe des § 347 oder, wenn die Beendigung wegen eines Umstandes erfolgt, den er nicht zu vertreten hat, nach den Vorschriften über die Herausgabe einer ungerechtfertigten Bereicherung zurückzuerstatten.**
**(2) Bei einem Mietverhältnis über Wohnraum ist eine zum Nachteil des Mieters abweichende Vereinbarung unwirksam.**

**Schrifttum:** Bachmann, Die rechtliche Behandlung der Baukostenzuschüsse unter besonderer Berücksichtigung der Rechtsprechung, ZMR 1961, 33; Eisenschmid, Abwicklung des Mietverhältnisses bei Ende der Mietzeit, in: Partner im Gespräch, Bd 26 (1987), 73; ders, Die Abwicklung des Wohnungsmietverhältnisses bei Ende der Mietzeit, WuM 1987, 243; Hadding, Die Verweisungen auf die Vorschriften über die Herausgabe einer ungerechtfertigten Bereicherung, in: FS Mühl (1981), 225; Pergande, Erschwerung der Wohnungsbaufinanzierung durch die jüngste Rechtsprechung des BGH zur Mietvorauszahlung, NJW 1970, 1171; Schopp, Die Haftung aus § 557 a BGB, ZMR 1969, 161; Sternel, Mietermodernisierung, WuM 1984, 287 u 315; Strutz, Baukostenzuschüsse und Abstandszahlungen bei einverständlich aufgelösten Geschäftsraummiet- und Pachtverträgen, NJW 1968, 1955; Wunner, Baukostenzuschuß und Bereicherungsrecht, NJW 1966, 2285.

**Übersicht**



## I. Allgemeines

1 Die Vorschrift regelt den Umfang der Rückzahlungspflicht des Vermieters für den im voraus erhaltenen Mietzins, wenn das Mietverhältnis beendet wird und die Mietvorauszahlung noch nicht abgewohnt ist. Sie differenziert danach, ob der Vermieter die Beendigung zu vertreten hat oder nicht (Abs 1). Bei Mietverhältnissen über Wohnraum sind abweichende Vereinbarungen zum Nachteil des Mieters unwirksam (Abs 2). § 557 a soll als Teil des sozialen Mietrechts eine allgemeine Regelung für die Frage treffen, nach welchen Grundsätzen der Vermieter bei einer Beendigung des Mietverhältnisses verpflichtet ist, den für eine spätere Zeit im voraus erhaltenen Mietzins zurückzuerstatten.

## II. Voraussetzungen

### 1. Mietvorauszahlungen

2 **a)** Voraussetzung für einen Rückerstattungsanspruch ist, daß der **Mietzins im voraus** für eine Zeit nach der Beendigung des Mietverhältnisses entrichtet worden ist. Die Vorschrift betrifft Mietverhältnisse aller Art und differenziert nur hinsichtlich der Unabdingbarkeit bei Mietverhältnissen über Wohnraum (Abs 2). Bei gemischten Verträgen wie zB Altenheimverträgen kommt es darauf an, ob das mietrechtliche Element überwiegt (BGH NJW 1982, 221). Das Gesetz geht davon aus, daß der Mietzins grundsätzlich am Ende der Mietzeit oder bei abschnittweiser Bemessung nach Ablauf der einzelnen Zeitabschnitte zu entrichten ist (§ 551 Abs 1). Hiervon wird in der Praxis jedenfalls bei der Bemessung nach Zeitabschnitten idR abgewichen, indem der Mietzins nach den Parteivereinbarungen für den jeweiligen Zeitabschnitt im voraus zu entrichten ist. Eine Mietvorauszahlung liegt weiter vor, wenn mit dem Betrag jeweils nur ein Teil der zukünftig fällig werdenden Mietzinsraten getilgt werden soll und ein Restbetrag nach Zeitabschnitten hinzuzuzahlen ist. Das gleiche gilt, wenn der Mietzins für die gesamte Mietzeit in einer einmaligen Geldleistung vereinbart ist, die abweichend von § 551 Abs 1 S 1 im voraus zu entrichten ist.

3 **b)** Die Vorschrift erfaßt nicht nur den reinen Mietzins, sondern das gesamte Entgelt, das der Mieter als Gegenleistung für den Gebrauch der Mietsache zahlt.

Hierzu gehören **Umlagen und sonstige Nebenkosten** für die Inanspruchnahme besonderer Einrichtungen oder Leistungen. Ebenso wird ein **Verwendungsersatzanspruch** des Mieters aufgrund von Einbauten erfaßt, wenn die Parteien die Unverzinslichkeit und Unkündbarkeit während der Dauer des Mietverhältnisses sowie die Verrechnung mit den monatlichen Mietzinsraten vereinbart haben (BGHZ 54, 347 = NJW 1970, 2289 m Anm Braxmaier LM Nr 12 zu § 547 BGB; AG Grevenbroich WuM 1989, 78). Die Vorschrift erfaßt **Darlehen und Baukostenzuschüsse** des Mieters, sofern durch eine Verrechnungsabrede die Abwohnbarkeit und damit die Beziehung zum Mietzins hergestellt worden ist (BGHZ 37, 346, 349 ff = NJW 1962, 1860, 1861; BGHZ 56, 285 = NJW 1971, 1658; OLG Hamm WuM 1970, 188; Sternel Rz III 179 ff; Wunner NJW 1966, 2285). Die Frage, inwieweit die Pflicht zur Zahlung eines Baukostenzuschusses nach vorzeitiger Beendigung des Mietverhältnisses fortbesteht, kann nicht aus § 557 a, sondern nur durch Auslegung des Vertrags beantwortet werden (BGHZ 71, 243 = NJW 1978, 1483 m Anm Haase JR 1979, 66). Die Rückerstattung verlorener Zuschüsse ist für Mietverhältnisse über Wohnraum abschließend geregelt in Art VI des Gesetzes zur Änderung des WoBauG II, anderer wohnungsbaurechtlicher Vorschriften und über die Rückerstattung von Baukostenzuschüssen vom 21. 7. 1961 (BGBl I 1041), zuletzt geändert durch Gesetz vom 24. 8. 1965 (BGBl I 969). Hierunter können auch Zahlungen des Mieters zur Errichtung einer Gemeinschaftsantenne fallen (AG Aachen WuM 1986, 336). Bei vorzeitiger Beendigung sonstiger Mietverhältnisse sind verlorene Zuschüsse nach den §§ 812 ff abzuwickeln (Sternel Rz III 190 ff).

**2. Beendigung des Mietverhältnisses**

Das Mietverhältnis muß beendet sein. Der Zeitpunkt der Beendigung ergibt sich **4**
aus § 564 (dort Rz 2 ff; § 556 Rz 3). § 557 a gilt für alle Arten der Beendigung eines Mietverhältnisses (OLG Celle MDR 1978, 492; aM für die vertragliche Aufhebung Strutz NJW 1968, 1955, 1956).

**3. Verschulden und Nichtverschulden des Vermieters**

Abs 1 unterscheidet danach, ob der Vermieter den Umstand, der zur Beendigung **5**
des Mietverhältnisses führt, zu vertreten hat oder nicht. Grundsätzlich haftet der Vermieter hinsichtlich des im voraus entrichteten Mietzinses nach Rücktrittsrecht. Hat er den Beendigungsgrund nicht zu vertreten, richtet sich die Haftung nur nach Bereicherungsrecht.

**a) Zu vertreten** hat der Vermieter den Beendigungsgrund, wenn der Mieter nach **6**
§ 542 wegen Nichtgewährung des Gebrauchs der Mietsache oder nach § 544 wegen Gesundheitsgefährdung durch die Wohnung oder einen anderen Raum kündigt, wobei aber der Vermieter wegen der über die §§ 542, 544 hinausgehenden Voraussetzungen des § 557 a die Nichtgewährung des Gebrauchs oder die Gesundheitsgefährdung zu vertreten haben muß (Pergande § 557 a Anm 3 b). Entsprechendes gilt, wenn der Mieter nach § 554 a wegen Unzumutbarkeit des Mietverhältnisses kündigt. In diesen Fällen kommt es für die Rückerstattung einer

Mietvorauszahlung nicht darauf an, ob der Mieter tatsächlich von seinem Recht zur fristlosen Kündigung Gebrauch macht oder durch den betreffenden Grund zu einer ordentlichen Kündigung veranlaßt wird.

7 **b) Nicht zu vertreten** hat der Vermieter die Beendigung, wenn der Grund vom Mieter selbst gesetzt worden ist oder wenn der Mieter von vornherein damit rechnen mußte, weil sich dies schon aus dem Mietvertrag ergibt. Dies gilt zB, wenn das Mietverhältnis durch Zeitablauf, Nichtausüben einer den Parteien zustehenden Option (aM Sternel Rz III 172) oder Eintritt einer auflösenden Bedingung endet (Erman-Schopp § 557 a Rz 7). Bei einer ordentlichen Kündigung ist es unerheblich, ob der Mieter oder der Vermieter gekündigt hat. Es kommt deshalb nicht darauf an, ob der Vermieter selbst durch eine ordentliche Kündigung das Ende des Mietverhältnisses herbeigeführt hat (so aber Sternel aaO). Entscheidend ist, daß der Vermieter den Umstand, der zu seiner eigenen Kündigung oder der des Mieters geführt hat, nicht zu vertreten hat. In gleicher Weise ist bei der einverständlichen Aufhebung des Mietvertrags durch die Parteien zu differenzieren (s aber OLG Celle MDR 1978, 492). Der Vermieter hat es ferner grundsätzlich nicht zu vertreten, wenn das Mietverhältnis durch eine außerordentliche befristete Kündigung beendet wird (Mietrecht § 557 a Rz 11 f). Auf keinen Fall hat es der Vermieter zu vertreten, wenn er von seinem Recht zur außerordentlichen fristlosen Kündigung Gebrauch macht (§§ 553, 554, 554 a).

## III. Rechtsfolgen

### 1. Allgemeines

8 Der Rückerstattungsanspruch ist vertraglicher Natur, da er sich unmittelbar aus dem Mietverhältnis ergibt. Gleichgültig, ob der Vermieter nach Rücktrittsrecht (BGHZ 16, 31, 36 = NJW 1955, 302, 303) oder Bereicherungsrecht haftet (BGHZ 54, 347, 351 = NJW 1970, 2289, 2290), handelt es sich um eine vertragliche Abwicklungspflicht. Die Verweisung betrifft nicht den Rechtsgrund, sondern stellt eine Rechtsfolgeverweisung dar, die den Umfang der Haftung des Vermieters bestimmt (BGHZ 54, 347, 351 = NJW 1970, 2289, 2290; s aber Hadding, in: FS Mühl, 254 ff). Der Inhalt der Verpflichtung hängt von der Art des im voraus entrichteten Mietzinses ab. Der Rückerstattungsanspruch entsteht mit der Beendigung des Mietverhältnisses und wird, wenn abweichende Vereinbarungen fehlen, sofort fällig. Die Verjährung richtet sich nach den allgemeinen Vorschriften (§§ 195, 198) und beträgt 30 Jahre. § 558 mit der sechsmonatigen Verjährungsfrist ist nicht anwendbar (BGHZ 54, 347, 350 = NJW 1970, 2289).

### 2. Haftung des Vermieters nach Rücktrittsrecht

9 Abs 1 geht hinsichtlich der Rechtsfolgen für den Umfang der Verpflichtung von dem Regelfall aus, daß der Vermieter nach Maßgabe des § 347, also nach Rücktrittsrecht haftet. § 347 S 1 verweist auf die Vorschriften, die für das Verhältnis zwischen dem Eigentümer und dem Besitzer von dem Eintritt der Rechtshän-

gigkeit des Eigentumsanspruchs an gelten. Diese Verweisung ist in erster Linie bedeutsam für die wenigen Fälle, in denen der Mietzins nicht in einer Geldleistung, sondern in nunmehr zurückzugebenden Sachen bestand. Bei Geldschulden ist die Verweisung insofern von Bedeutung, als der Vermieter den gesamten noch nicht abgewohnten Teil der Mietvorauszahlung sofort in einem Betrag zurückzahlen muß (PERGANDE § 557 a Anm 5; vgl BGHZ 53, 35 = NJW 1970, 93; BGHZ 56, 285 = NJW 1971, 1658). Es handelt sich um die zur Vertragspflicht ausgestaltete Rückgewähr einer Zahlung, deren Gegenleistung weggefallen ist (BGHZ 16, 31, 36 = NJW 1955, 302, 303). Für diese Rückgewähr haftet der Vermieter verschärft, wie sich aus der Gegenüberstellung mit dem Bereicherungsanspruch in § 557 a ergibt. Bei der Haftung nach Rücktrittsrecht kann der Vermieter deshalb keine Entreicherung geltend machen. Die Verweisung auf § 347 S 3 hat zur Folge, daß der Vermieter den für eine spätere Zeit im voraus erhaltenen Mietzins bereits von der Zeit des Empfangs an zu verzinsen hat (BGH NJW 1963, 709).

### 3. Haftung des Vermieters nach Bereicherungsrecht

**a)** Die Haftung des Vermieters nach Bereicherungsrecht hat für den **Umfang** der Verpflichtung zur Folge, daß er grundsätzlich das Erlangte an den Mieter herausgeben muß (§ 818 Abs 1 S 1). Diese Verpflichtung entfällt, wenn der Vermieter nicht mehr bereichert ist (§ 818 Abs 3). Entscheidend ist, ob die empfangene Mietvorauszahlung wirtschaftlich gesehen noch im Vermögen des Vermieters vorhanden ist (BGHZ 54, 347, 351 f = NJW 1970, 2289, 2290 m zust Anm WEIMAR WuM 1971, 201). Es kommt nicht darauf an, ob den Mieter ein Verschulden an der Beendigung des Mietverhältnisses trifft (BGH WM 1965, 1082, 1084; BB 1967, 733; LG Mönchengladbach WuM 1989, 78). **10**

**b)** Umstritten ist, worin nach der Beendigung des Mietverhältnisses die **Bereicherung** des Vermieters besteht. Die *Rspr* hat im Hinblick auf die als Mietvorauszahlung zu beurteilenden Baukostenzuschüsse die Auffassung entwickelt, daß die Bereicherung grundsätzlich in dem Vorteil bestehe, den der Vermieter daraus ziehen könne, daß er in der Lage sei, die Mieträume durch anderweitige Vermietung günstiger zu nutzen (BGHZ 29, 289, 297 f = NJW 1959, 1424, 1428; BGH NJW 1967, 2255, 2256; NJW 1985, 313, 315). Gelänge es dem Vermieter, die Mietsache in Zukunft zu einem Mietzins zu vermieten, der dem vom bisherigen Mieter bar gezahlten zuzüglich des jeweiligen Verrechnungsbetrags entspreche, sei der Bereicherungsanspruch des Mieters auf eine laufende Zahlung in Höhe und nach Fälligkeit der bisher vereinbarten Verrechnungsposten gerichtet. Bei Abweichungen in der Höhe des neuen Mietzinses sei die Bereicherung entsprechend niedriger oder höher. Die sofortige Zahlung des nicht getilgten restlichen Teils eines anrechenbaren Baukostenzuschusses könne der Mieter nur dann verlangen, wenn es dem Vermieter gelänge, die Mietsache sofort wieder unter Erhalt eines neuen entsprechenden Zuschusses zu vermieten (BGHZ 29, 289, 299 = NJW 1959, 1424, 1428; BGH NJW 1959, 872; LM Nr 41 zu § 812 BGB = WM 1960, 497; NJW 1964, 37; WM 1965, 1082). **11**

Im *Schrifttum* wird hingegen verbreitet die Auffassung vertreten, Bereicherungsgegenstand könne nur der noch nicht abgewohnte Baukostenzuschuß sein (BACH- **12**

MANN ZMR 1961, 33, 37; FROTZ AcP 164 [1964] 309, 327 ff; WUNNER NJW 1966, 2285, 2288). Die Lösung des Problems hat davon auszugehen, daß § 557 a eine Rechtsfolgeverweisung enthält. Dies bedeutet, daß der Vermieter verpflichtet ist, das Erlangte, nämlich den noch nicht abgewohnten Teil der Mietvorauszahlung, herauszugeben, wenn und soweit er um diesen Betrag bereichert ist. Der Bereicherungsgegenstand wird schon durch den Wortlaut des § 557 a auf den Mietzins festgelegt, denn „ihn" hat der Vermieter nach den Vorschriften über die Herausgabe einer ungerechtfertigten Bereicherung zurückzuerstatten. Entgegen der Rspr kann es nicht darauf ankommen, ob der Vermieter nach Beendigung des Mietverhältnisses in der Lage ist, die Mieträume durch anderweitige Vermietung günstiger zu nutzen (BGB-RGRK-GELHAAR § 557 a Rz 8; BRAXMAIER Anm zu BGH LM Nr 12 zu § 547 BGB; HADDING, in: FS Mühl, 238). Der Bereicherungsgegenstand liegt mit dem noch nicht abgewohnten Teil des Mietzinses fest, ggf modifiziert durch einen Anspruch auf Wertersatz nach § 818 Abs 2. Deshalb ist nur erheblich, ob die Verpflichtung des Vermieters nach § 818 Abs 3 wegen Wegfalls der Bereicherung ausgeschlossen ist.

13 c) Eine **Verzinsung** des Rückerstattungsanspruchs nach § 818 Abs 1 setzt voraus, daß der Bereicherungsschuldner tatsächlich Nutzungen gezogen hat. Im übrigen kann der Anspruch nach § 288 zu verzinsen sein, wenn der Vermieter mit der Beendigung des Mietverhältnisses nach § 284 Abs 2 in Schuldnerverzug gerät (ROQUETTE § 557 a Rz 12). Darüber hinaus kann ein Zinsanspruch auf die §§ 818 Abs 4, 819, 292 Abs 2, 987 Abs 2 gestützt werden, wenn der Vermieter im Zeitpunkt der Beendigung des Mietverhältnisses Kenntnis von seiner Rückerstattungspflicht hat oder wenn Rechtshängigkeit eingetreten ist (HADDING, in: FS Mühl, 238). Bereicherungsrechtlich ist der Anspruch erst mit der Beendigung des Mietverhältnisses zu verzinsen.

### 4. Wechsel der Parteien

14 a) Bei einem Wechsel des **Vermieters** durch Einzel- oder Gesamtrechtsnachfolge treffen die Pflichten aus § 557 a den neuen Vermieter. Bei einer Grundstücksveräußerung und in ähnlichen Fällen tritt der Erwerber aufgrund unmittelbarer oder entsprechender Anwendung des § 571 anstelle des bisherigen Vermieters in die sich aus dem Mietverhältnis ergebenden Rechte und Pflichten ein (§ 571 Rz 4 ff). Dies gilt auch für § 557 a (BGHZ 16, 31, 36 = NJW 1955, 302, 303; OLG Frankfurt ZMR 1970, 181, 183). In den §§ 573, 574 ist geregelt, ob und inwieweit einseitige Verfügungen des Vermieters und Rechtsgeschäfte zwischen Mieter und Vermieter hinsichtlich der Mietzinsforderung dem Erwerber gegenüber wirksam sind (§§ 573, 574 Rz 5 ff). Nur soweit dies anzunehmen ist, kann der Erwerber vom Mieter nach § 557 a in Anspruch genommen werden. Im übrigen muß sich der Mieter an den früheren Vermieter halten (BGH NJW 1966, 1703, 1704).

15 b) Bei einem Wechsel des **Mieters** wird im Hinblick auf Mietvorauszahlungen häufig eine Nachfolgeklausel vereinbart. Hierdurch wird es dem Mieter möglich, sich Ersatz für den noch nicht abgewohnten Teil der Mietvorauszahlung bei seinem Nachfolger zu verschaffen. Der Vermieter ist selbst dann keinen Bereicherungsansprüchen des bisherigen Mieters ausgesetzt, wenn er von dem neuen

Mieter einen höheren Mietzins erhält. Denn insoweit fehlt es an einer Bereicherung auf Kosten des bisherigen Mieters (BGH NJW 1964, 37, 38). Derartige Nachfolgeklauseln ermöglichen grundsätzlich einen völligen oder teilweisen Ausschluß des Rückerstattungsanspruchs aus § 557 a gegen den Vermieter. Bei einem Mietverhältnis über Wohnraum ist nach Abs 2 eine zum Nachteil des Mieters von den vorangehenden Vorschriften abweichende Vereinbarung unwirksam (Rz 16 f). In diesem Fall kann eine Nachfolgeklausel den Vermieter nur insoweit von Ansprüchen des Mieters befreien, als der Mieter von seinem Nachfolger tatsächlich das erhält, was ihm nach § 557 a gegen den Vermieter zustehen würde. Der neue Mieter tritt hinsichtlich der Mietvorauszahlung an die Stelle des bisherigen Mieters, den er abgefunden hat. Endet auch dieses Mietverhältnis vorzeitig, kann nunmehr der Nachfolger die Ansprüche aus § 557 a gegen den Vermieter geltend machen (BGH NJW 1966, 1705, 1707).

## IV. Unabdingbarkeit

Nach Abs 2 ist bei einem Mietverhältnis über Wohnraum (Vorbem 12 zu §§ 535, **16**
536; § 556 a Rz 3) unabhängig von seiner Art eine zum Nachteil des Mieters von der Regelung des Abs 1 abweichende Vereinbarung unwirksam. Dies gilt, wenn der Rückerstattungsanspruch des Mieters ganz ausgeschlossen oder nachteilig gegenüber der gesetzlichen Regelung modifiziert wird, zB wenn der Vermieter stets nur nach Bereicherungsrecht haften soll. Unwirksam ist es, wenn die grundsätzliche Verpflichtung des Vermieters, den nicht abgewohnten Teil der Mietvorauszahlung in einer Summe zurückzuerstatten, in der Weise durch den Mietvertrag abbedungen wird, daß der Betrag nur mit den bisherigen Raten getilgt werden soll (BGHZ 56, 285, 288 = NJW 1971, 1658, 1659; LG Kassel WuM 1975, 172). Ausgeschlossen ist es zu vereinbaren, bei vorzeitiger Beendigung des Mietverhältnisses solle eine nicht abgewohnte Mietvorauszahlung als Mietkaution oder Darlehen behandelt werden (Sternel Rz III 177). Zulässig ist es dagegen, wenn Mieter und Vermieter nach der Beendigung des Mietverhältnisses abweichende Vereinbarungen treffen, etwa eine längerfristige Stundung des gesamten Erstattungsbetrags oder eine Rückzahlung in Raten.

Unwirksam ist ferner eine abweichende Vereinbarung zugunsten des *späteren* **17**
*Erwerbers* der vermieteten Wohnräume, der nach § 571 an die Stelle des bisherigen Vermieters tritt. Dies gilt etwa für den Erwerber des Grundstücks im Wege der Zwangsversteigerung (§ 57 ZVG), der durch eine Vereinbarung der ursprünglichen Parteien des Mietvertrags von Erstattungsansprüchen des Mieters freigestellt werden soll (BGHZ 53, 35, 39 = NJW 1970, 93, 94; OLG Frankfurt ZMR 1970, 181).

## § 558

**(1) Die Ersatzansprüche des Vermieters wegen Veränderung oder Verschlechterung der vermieteten Sache sowie die Ansprüche des Mieters auf Ersatz von Verwendungen oder auf Gestattung der Wegnahme einer Einrichtung verjähren in sechs Monaten.**
**(2) Die Verjährung der Ersatzansprüche des Vermieters beginnt mit dem Zeitpunkt, in welchem er die Sache zurückerhält, die Verjährung der Ansprüche des Mieters beginnt mit der Beendigung des Mietverhältnisses.**
**(3) Mit der Verjährung des Anspruchs des Vermieters auf Rückgabe der Sache verjähren auch die Ersatzansprüche des Vermieters.**

**Schrifttum:** Dietz, Anspruchskonkurrenz bei Vertragsverletzungen (1934); Emmerich JuS 1967, 345; Eisenhuth-Pütz, Zur Verjährung der Schadensersatzansprüche des Vermieters von Wohnraum gegenüber Mietern nach Veräußerung der Mietsache, WuM 1987, 76; P Finger, Die Verjährung nach § 558 BGB, ZMR 1988, 1; Gather, Die Verjährung mietrechtlicher Ansprüche, DWW 1987, 282; Herminghausen Betrieb 1970, 1723; Hoffmann Betrieb 1969, 337; Oske ZMR 1975, 193; Schlechtriem, Vertragsordnung und außervertragliche Haftung (1972); Siebenhaar JR 1963, 46; Sternel Rz IV 628 ff; Weimar Betrieb 1976, 2291.

### I. Anwendungsbereich

1 **1.** § 558 verkürzt die Verjährungsfrist für bestimmte Ansprüche des Vermieters und des Mieters auf sechs Monate, um die Parteien zu einer raschen Auseinandersetzung ihres Verhältnisses zu veranlassen (Prot II 177 f, 194; BGHZ 93, 64; 98, 235, 237). Für alle anderen Ansprüche der Mietvertragsparteien bleibt es hingegen grundsätzlich bei der **Regelverjährungsfrist** des § 195, soweit nicht aufgrund der §§ 196 und 197 Ausnahmen eingreifen (s im einzelnen Mittelstein 524 ff; Gather aaO).

2 **2.** § 558 gilt für alle Mietverträge ohne Unterschied einschließlich des Leasings. Jedoch unterfallen bei **Leasingverträgen** dem § 558 nur die Ersatzansprüche des Leasinggebers wegen der Beschädigung oder Zerstörung des Leasinggutes, nicht hingegen sonstige Ersatzansprüche, etwa wegen vorzeitiger Beendigung des Vertrages, und ebensowenig sämtliche Ansprüche des Leasinggebers auf die Gegenleistung[1].

2a § 558 wird außerdem in einer ganzen Reihe von Fällen **entsprechend** angewandt. Die wichtigsten dieser Fälle sind Ersatzansprüche des Gastwirts wegen Beschädigung seines Hauses, da der Hotelaufnahmevertrag überwiegend Miete ist (BGHZ 71, 175), vergleichsweise geregelte Ansprüche des Vermieters (LG Berlin GE 1987, 881; AG Langen WuM 1986, 277), Ansprüche des Vermieters aus gemisch-

[1] S schon oben Vorbem 24, 26 vor §§ 535, 536; grdl BGHZ 97, 65 = NJW 1986, 1335; OLG Frankfurt BB 1982, 1385; MDR 1984, 667 = WM 1985, 421; OLG Karlsruhe BB 1985, 10; LG Osnabrück Betrieb 1982, 222; s auch unten Rz 3 a E.

ten Verträgen mit mietvertraglichen Elementen (OLG Düsseldorf DRiZ 1935 Nr 570; OLG Celle NJW 1965, 1667), zB Ansprüche einer Gemeinde, die einem Unternehmen eine Kiesgrube zur Ablagerung von Abfällen vermietet hat, wegen daraus resultierender Umweltschäden (OLG Karlsruhe BB 1988, 2130) sowie Ansprüche des Kraftfahrzeugverkäufers aus der Überlassung eines Fahrzeugs an einen Kaufinteressenten zu einer Probefahrt.[2] Bei der Kraftfahrzeugmiete steht schließlich der Anwendung des § 558 nicht entgegen, daß der Vertrag etwa wegen der Minderjährigkeit des Mieters unwirksam ist (BGHZ 47, 53).

## II. Vermieteransprüche

### 1. Grundsatz

Nach § 558 Abs 1 gilt die kurze Verjährungsfrist von sechs Monaten zunächst für 3
alle Ersatzansprüche des Vermieters wegen Veränderungen oder Verschlechterungen der vermieteten Sache, wobei nicht danach unterschieden wird, ob die Ansprüche des Vermieters auf Gesetz oder Vertrag beruhen. § 558 erfaßt daher neben etwaigen Ansprüchen aus cic (BGHZ 98, 235, 238) namentlich sämtliche, konkurrierenden **Deliktsansprüche** des Vermieters gegen den Mieter, weil nur so eine schnelle Abwicklung der Verhältnisse der Parteien erreicht werden kann,[3] und zwar selbst bei vorsätzlichem Handeln des Mieters (LG Konstanz ZMR 1985, 339). Gleichgestellt werden neuerdings überdies Ansprüche des Vermieters aus § 22 WHG wegen Verseuchung des Grundwassers (grdl BGHZ 98, 235, 238; OLG Düsseldorf ZMR 1988, 382; OLG Karslruhe BB 1988, 2130, 2131). Es muß sich aber in jedem Fall um Ansprüche des Vermieters gerade wegen Veränderungen oder Verschlechterungen der Mietsache handeln. Nicht erfaßt werden deshalb von § 558 Ersatzansprüche des Vermieters wegen einer völligen **Zerstörung** der Mietsache.[4] Für die Abgrenzung zwischen einer bloßen Verschlechterung und einer völligen Zerstörung der Sache ist hierbei darauf abzustellen, ob die Sache noch wiederhergestellt werden kann, dh ob der Vermieter überhaupt noch etwas zurückerhält oder nicht (BGHZ 49, 278; BGH NJW-RR 1988, 1358 = WM 1988, 1537, 1538 f; OLG Oldenburg MDR 1982, 492; OLG Frankfurt BB 1982, 1385). § 558 findet schließlich keine Anwendung auf die *Erfüllungsansprüche* des Vermieters einschließlich des Rückgabeanspruchs aus § 556 (BGHZ 65, 86; für das Leasing s schon o Rz 2), der Mietzinsansprüche und der Ansprüche aus § 557 (BGHZ 68, 307, 310; anders aber LG Berlin GE 1988, 943 m abl Anm Müller-Lerch).

---

[2] BGHZ 47, 53; 54, 264; 66, 315; BGH LM Nr 21 und 36 zu § 852 BGB = NJW 1964, 1225; 1968, 1472; OLG Hamm ZMR 1979, 48; zust BGHZ 98, 235, 238.

[3] St Rspr seit RGZ 62, 239 bis BGHZ 65, 86; 66, 315, 320; 68, 307, 311; 71, 175, 179 f; 93, 64, 66 f; 98, 235, 237 ff; BGH WM 1988, 909, 912; 1988, 1537 = NJW-RR 1988, 1358; OLG Düsseldorf NJW 1983, 1434.

[4] RGZ 96, 300; BGHZ 49, 278; BGH LM Nr 26 u 29 zu § 558 BGB = NJW 1981, 2406; 1984, 289; WM 1988, 1537 = NJW-RR 1988, 1358.

## 2. Beispiele

4 § 558 ist **weit** auszulegen (grdleg BGHZ 86, 71, 77 ff; 98, 235, 237 ff). Er erfaßt daher auch solche Ansprüche des Vermieters auf Schadensersatz oder auf Umgestaltung der Mietsache, die allein auf den besonderen Abreden der Parteien beruhen, selbst wenn dadurch die Haftung des Mieters weit über den gesetzlichen Rahmen hinaus erweitert wird (BGHZ 86, 71, 77ff; BGH LM Nr 36 zu § 558 BGB = WuM 1987, 154). Es spielt außerdem keine Rolle, ob der Vermieter den Zahlungsanspruch oder den Wiederherstellungsanspruch, zB den Anspruch auf Beseitigung von Einrichtungen oder Umbauten geltend macht.[4a] Ebenso unerheblich ist es, **wann** die Ansprüche des Vermieters entstanden sind; § 558 erfaßt sogar Ansprüche des Vermieters, die erst nach Ablauf des Vertrages begründet worden sind (BGHZ 54, 34, 36 f). War im Falle der Grundstücksveräußerung (§ 571) Verjährung bereits gegenüber dem Veräußerer eingetreten, so wirkt sie auch gegenüber dem Erwerber (OLG Düsseldorf ZMR 1988, 382). Selbst aus konkurrierenden Deliktsansprüchen kann der Erwerber dann nicht mehr gegen den Mieter oder einen früheren Mieter des Grundstücks vorgehen (bes weitgehend BGHZ 98, 235). Dementsprechend verjähren in der kurzen Frist des § 558 Abs 1 insbes sämtliche Ersatzansprüche des Vermieters wegen vertragswidrig unterlassener Schönheitsreparaturen und wegen sonstiger Verstöße des Mieters gegen eine von ihm vertraglich übernommene Instandsetzungspflicht[5], und zwar einschließlich bloßer vertraglicher Kostenerstattungsansprüche des Vermieters (LG Bad Kreuznach WuM 1986, 278, 279), sowie Ansprüche des Vermieters auf Ersatz seines Mietzinsausfalls (LG Berlin GE 1986, 1175 = ZMR 1987, 21 = WuM 1987, 24). Schließlich kommt es für die Anwendung des § 558 auch nicht darauf an, an welchen Sachen des Vermieters der Schaden entstanden ist. § 558 gilt ohne Rücksicht darauf, ob der Schaden an der vermieteten Sache, an mitvermieteten Sachteilen oder an solchen Sachen entstanden ist, die im alleinigen Besitz des Vermieters stehen (RGZ 75, 116; BGHZ 61, 227; 86, 71, 79 ff; BGH LM Nr 34 zu § 558 BGB = NJW 1986, 2103; LG Berlin GE 1988, 95, 97 = ZMR 1988, 63, 64). § 548 wird hier sogar dann angewandt, wenn die fraglichen Sachen im Eigentum Dritter stehen (grdl OLG Düsseldorf ZMR 1988, 256 = NJW-RR 1988, 912 = MDR 1988, 584 = BB 1988, 721; AG Nordenhamm NJW-RR 1989, 523). Ebenso unerheblich ist die Art des Schadens, für den der Vermieter Ersatz verlangt (BGH LM Nr 7 zu § 558 BGB = NJW 1965, 151; OLG Karlsruhe BB 1970, 147). Nur auf Ersatzansprüche des Vermieters wegen Personenschäden ist § 558 seinem Zweck nach unanwendbar.

---

[4a] BGHZ 86, 71, 77 ff; BGH LM Nr 41 zu § 581 BGB = NJW 1980, 389; WM 1988, 909, 911; LG Kiel WuM 1986, 277 für den Anspruch auf Wiederauffüllung des Heizöltanks.

[5] BGHZ 86, 71, 77 f; BGH LM Nr 7 und 13 zu § 558 BGB = NJW 1965, 151; 1968, 2241; LM Nr 41 zu § 581 BGB; OLG Köln MDR 1970, 593; OLG Düsseldorf MDR 1973, 676; NJW 1983, 1434; insbes BGH LM Nr 36 zu § 558 BGB = WM 1987, 596 = GE 1987, 445 = WuM 1987, 154; LG Bad Kreuznach WuM 1986, 278; LG Berlin GE 1986, 1175 = ZMR 1987, 21 = WuM 1987, 24; LG Kassel WuM 1989, 135.

### 3. Einbeziehung Dritter

5 Darf der Mieter nach dem Inhalt des Mietvertrages bei der Ausübung des vertragsmäßigen Gebrauchs Dritte hinzuziehen oder den Gebrauch sogar ganz durch Dritte, zB durch seine Angehörigen oder Arbeitnehmer, ausüben lassen, so werden diese Dritten in den Schutzbereich des Mietvertrages einbezogen, so daß etwaige deliktische Ersatzansprüche des Vermieters gegen die genannten Dritten ebenfalls einheitlich in der kurzen Frist des § 558 verjähren.[6] Besondere Bedeutung hat das für etwaige Deliktansprüche des Vermieters gegen Arbeitnehmer des Mieters, wenn durch deren Verschulden die Mietsache beschädigt wird (grdl BGH WM 1988, 1537 = GE 1988, 1107 = NJW-RR 1988, 1358. Aus ähnlichen Erwägungen heraus kommt im Falle der Grundstücksveräußerung (§ 571) dem Mieter stets eine gegenüber dem Veräußerer bereits eingetretene Verjährung im Verhältnis zum Erwerber ebenfalls zugute (s o Rz 4).

## III. Mieteransprüche

6 Nach § 558 Abs 1 gilt die kurze Verjährungsfrist von sechs Monaten auch für die Ansprüche des Mieters auf Ersatz von Verwendungen oder auf Gestattung der Wegnahme einer Einrichtung, wobei der Begriff der Verwendungen bzw Einrichtungen hier derselbe wie in den §§ 547 und 547 a ist (RGZ 152, 100; BGH LM Nr 31 zu § 558 = NJW 1986, 254). Folglich sind hier nur solche Verwendungen und Einrichtungen gemeint, die das Vertragsobjekt selbst betreffen (RG aaO). Die Ersatzansprüche des Mieters müssen außerdem schon **vor** Vertragsende entstanden sein.[7] Im übrigen aber spielt es keine Rolle, ob die Ansprüche des Mieters auf **Gesetz oder Vertrag** beruhen. § 558 gilt gleichermaßen für Ansprüche des Mieters auf Aufwendungsersatz nach § 538 Abs 2 wie für konkurrierende Ansprüche aus Geschäftsführung ohne Auftrag oder Bereicherung.[8] Beispiele aus der jüngsten Praxis sind Schadensersatzansprüche des Mieters gegen den Vermieter aus Verzug mit der Gestattung der Wegnahme, wobei die Verjährung hier jedoch erst mit Entstehung des Schadens beginnt (OLG Hamm MDR 1981, 674; WuM 1986, 280), Ansprüche des Mieters aus Abreden mit dem Vermieter über die Abwendung des Wegnahmerechts (LG Mannheim WuM 1986, 279; AG Hamburg WuM 1986, 279), Verwendungsersatzansprüche des Mieters aus Gesetz oder Vertrag gegen den dritten Eigentümer des Mietobjekts, der in den Schutzbereich des Vertrags einbezogen ist (OLG Düsseldorf ZMR 1988, 380 = MDR 1988,

---

[6] BGHZ 49, 278; 61, 227; 71, 175; BGH LM Nr 22 zu § 558 BGB = NJW 1976, 1843; WM 1988, 1537 = NJW-RR 1988, 1358; OLG Hamm ZMR 1979, 48; 1982, 113.

[7] RG JW 1936, 2305; BGHZ 54, 34; BGH LM Nr 11 zu § 558 BGB = NJW 1968, 888.

[8] ZB RGZ 95, 302; BGH LM Nr 22 zu § 538 BGB; Nr 2 und 8 zu § 558 BGB = NJW 1959, 1629; 1965, 1225; LM Nr 31 zu § 558 BGB = NJW 1986, 254 = WM 1985, 1499; LG Wuppertal WuM 1981, 230; OLG Hamm MDR 1981, 674; ebenso zB für die Ansprüche des Mieters auf Duldung der Wegnahme von Einrichtungen (§ 547 a) BGHZ 81, 146, 151; 101, 37, 43.

1056), und dementsprechend auch vertraglich geregelte Verwendungsersatzansprüche des Untermieters gegen den Hauptvermieter (BGH LM Nr 31 zu § 558 BGB = NJW 1986, 254 = WM 1985, 1499) sowie schließlich Verwendungsersatzansprüche des Mieters, die darauf gestützt werden, daß der Mieter ohne vertragliche Verpflichtung die Schönheitsreparaturen durchgeführt hat (AG Münster WuM 1986, 370).

6a **Unanwendbar** ist § 558 hingegen auf Schadensersatzansprüche des Mieters aus cic wegen einer Täuschung durch den Vermieter bei Vertragsschluß (OLG Hamm MDR 1988, 585 = BB 1988, 1842), Ersatzansprüche aus positiver Vertragsverletzung wegen einer unberechtigten Kündigung (LG Bielefeld WM 1985, 120), weiter auf alle Ansprüche des Mieters wegen Baukostenzuschüssen und Mietvorauszahlungen einschließlich der Bereicherungsansprüche wegen vorzeitiger Beendigung des Mietvertrages (BGHZ 54, 347; BGH LM Nr 11 zu § 558 BGB; MDR 1971, 126; OLG Karlsruhe NJW-RR 1986, 1394, 1395), auf Ersatzansprüche des Mieters, die auf ein anderes Rechtsverhältnis gestützt werden, das in keinem Zusammenhang mit dem Mietverhältnis steht (BGH LM Nr 22 zu § 538 BGB), sowie auf Ersatzansprüche des Untermieters gegen den Hauptvermieter, sofern nicht dieses Verhältnis ausnahmsweise vertraglich geregelt ist (BGH LM Nr 31 zu § 558 BGB = NJW 1986, 254).

## IV. Verjährungsbeginn

### 1. Ansprüche des Vermieters

7 Die Verjährung der Ersatzansprüche des Vermieters beginnt nach § 558 Abs 2 in dem Augenblick, in dem der Vermieter die Sache **zurückerhält,** weil er von diesem Augenblick an in der Lage ist, die Sache auf einen etwaigen Schaden zu untersuchen. Für den Verjährungsbeginn ist mithin entscheidend, ob der Vermieter die unmittelbare Herrschaft über das Mietobjekt in einer Weise zurückerlangt hat, die ihm die Möglichkeit verschafft, Mängel der Sache festzustellen. Hierzu wird zwar in aller Regel die körperliche Rückgabe der Sache an den Vermieter erforderlich sein; unbedingt notwendig ist dies jedoch nicht, sofern nur der Vermieter freien Zutritt zu den Mieträumen hat und außerdem weiß, daß der Mieter den Besitz nicht fortsetzt. Unerheblich ist auf jeden Fall, ob die Rückgabe der Sache vor, bei oder erst nach Vertragsbeendigung erfolgt. Die Verjährungsfrist des § 558 beginnt selbst dann zu laufen, wenn der Vertrag rechtlich noch nicht sein Ende gefunden hat, sofern nur der Vermieter tatsächlich die Sache zurückerhalten und der Mieter endgültig den Mietbesitz aufgegeben hat.[9] Als maßgebender Zeitpunkt gilt dabei in der Praxis in erster Linie die Rückgabe der Schlüssel, vorausgesetzt, daß der Mieter bereits gekündigt hat und ausgezogen ist; die

[9] ZB RGZ 128, 191; 142, 258; RG SeuffA 89 Nr 80; grdl BGHZ 98, 59; BGH LM Nr 1, 13, 26, 29, 32 u 36 zu § 558 BGB; Nr 41 zu § 581 BGB; KG GE 1985, 249, 251; OLG Celle VersR 1960, 860; OLG Frankfurt BB 1982, 1385; OLG Hamm ZMR 1986, 200; OLG Düsseldorf MDR 1987, 937 usw.

Zurückbehaltung einzelner Schlüssel durch den Mieter steht dann dem Verjährungsbeginn ebensowenig entgegen wie eine etwaige, unberechtigte Ablehnung der Schlüssel durch den Vermieter.[10] Ebenso reicht es aus, wenn der Mieter einseitig den Besitz des Grundstücks aufgibt und der Vermieter daraufhin dieses ohne weiteres untersuchen kann (OLG Düsseldorf MDR 1987, 937) oder wenn der Vermieter die fragliche Wohnung nur durch den Keller betreten kann, weil der Mieter in der Wohnung noch Renovierungsarbeiten durchführt (LG Hildesheim WuM 1987, 390). Die kurze Verjährungsfrist des § 558 beginnt sogar dann zu laufen, wenn der Mieter *während* des bestehenden Mietverhältnisses die Mietsache dem Vermieter zur Durchführung von Reparaturen zurückgibt (grdl BGHZ 98, 59 = NJW 1986, 2103 = LM Nr 34 zu § 558 BGB), während eine bloße Besichtigung der Wohnung durch den Vermieter und die anschließende Durchführung von Reparaturen mangels Rückgabe der Sache die Verjährungsfrist nicht auslöst (AG Hamm WuM 1988, 401).

**2. Ansprüche des Mieters**

Die Verjährung der Ansprüche des Mieters beginnt hingegen nach § 558 Abs 2 mit der Beendigung des Mietverhältnisses, worunter hier die **rechtliche,** nicht die tatsächliche **Beendigung** des Verhältnisses der Parteien zu verstehen ist (RGZ 128, 191; RG JW 1936, 2305). Folglich beginnt im Falle der Veräußerung des Mietobjekts die Verjährungsfrist für die Verwendungsersatzansprüche des Mieters im Augenblick der Veräußerung der Sache zu laufen, weil in diesem Augenblick das Mietverhältnis mit dem Veräußerer nach § 571 sein Ende findet (BGH LM Nr 8 zu § 558 BGB = NJW 1965, 1225). Im Interesse des Mieters wird man hier jedoch zusätzlich Kenntnis des Mieters von der Veräußerung für den Verjährungsbeginn verlangen müssen (LG Koblenz WuM 1977, 257). Stehen ausnahmsweise dem Untermieter aus einer besonderen Vereinbarung mit dem Hauptvermieter Verwendungsersatzansprüche zu, so ist für den Beginn der kurzen Verjährungsfrist des § 558 die Beendigung des Untermietverhältnisses maßgebend (BGH LM Nr 31 zu § 558 BGB = NJW 1986, 254). Bei Schadensersatzansprüchen des Mieters gegen den Vermieter wegen Verletzung seines Wegnahmerechts tritt hingegen an die Stelle der Beendigung des Mietverhältnisses die Entstehung des Schadensersatzanspruchs durch Eintritt eines Schadens (OLG Hamm MDR 1981, 674; WuM 1986, 280). **8**

**3. Hinderungsgründe**

Die Berechnung der Verjährungsfrist richtet sich nach den §§ 187 Abs 1, 188 Abs 2 und 193 (zB AG Hadamar WuM 1986, 278). Für die Hemmung und Unterbrechung der Verjährung sind die §§ 202 ff und 208 ff maßgebend. Außerdem ist stets § 852 Abs 2 entsprechend anwendbar, so daß die Verjährung der **9**

[10] KG GE 1985, 249, 251; OLG Hamm ZMR 1986, 200; LG Berlin MDR 1987, 937; GE 1987, 683; 1987, 111, 113; 1989, 99; LG Aachen WuM 1987, 154; AG Schöneberg GE 1988, 305.

Ersatzansprüche des Vermieters solange gehemmt ist, wie der Vermieter mit dem Mieter verhandelt und nicht der eine oder andere Teil die Fortsetzung der Verhandlungen verweigert.[11] Das gilt selbst dann, wenn die Ansprüche des Vermieters ausschließlich auf Vertrag gestützt werden (insbes. BGH LM Nr 36 zu § 558 BGB = NJW 1987, 2072; OLG Köln ZMR 1987, 461). Für die Annahme von Verhandlungen genügt dabei jeder echte Meinungsaustausch (BGH aaO; OLG Hamm ZMR 1986, 200, 201), so daß die Verhandlungen erst enden, wenn sie eindeutig von einer Seite abgebrochen werden (LG Berlin GE 1987, 683, 685); ebenso wenn der Mieter von vornherein sämtliche Ansprüche des Vermieters ablehnt oder lediglich einen Teilersatz anbietet (AG Butzbach WuM 1988, 22; 1989, 20). Keine Anwendung findet hingegen § 477 Abs 2 und 3 (LG Karlsruhe WuM 1982, 245; AG Butzbach WuM 1989, 20). Hat der Vermieter mehrere Ersatzansprüche, so läuft zudem für jeden einzelnen Anspruch eine gesonderte Verjährungsfrist, die gegebenenfalls gesondert unterbrochen werden muß (OLG Düsseldorf MDR 1988, 145 = NJW-RR 1988, 202). Unabhängig hiervon bleibt jedoch nach Ablauf der Verjährungsfrist immer noch eine nachträgliche Klageerhöhung wegen zwischenzeitlicher Baukostensteigerungen möglich, sofern der Vermieter von vornherein seinen gesamten Schaden eingeklagt hatte.[12] Anders behandelt werden z. T. die Gegenansprüche des Mieters. Insbes ist hier kein Raum für die entsprechende Anwendung des § 852 Abs 2 (LG Karlsruhe ZMR 1987, 154). Außerdem wird auf das Wegnahmerecht des Mieters § 202 Abs 2 entsprechend angewandt, so daß die Verjährung des Anspruchs des Mieters auf Duldung der Wegnahme von Einrichtungen durch die Geltendmachung des Vermieterpfandrechts seitens des Vermieters nicht gehemmt wird (grdl BGHZ 101, 37, 44 ff m Nachw).

## V. Abweichende Vereinbarungen

10 § 558 ist an sich nicht zwingend, so daß eine vertragliche **Verkürzung** der Verjährungsfrist möglich ist. Unzulässig ist hingegen eine vertragliche **Verlängerung** der Verjährungsfrist (§ 225 S 1) sowie ein genereller Verzicht auf die Verjährung (OLG Frankfurt NJW 1971, 1754; AG Bonn WuM 1981, 182). Hiergegen verstößt zB eine Formularklausel, daß die Verjährung erst beginnen soll, wenn der Vermieter in der Lage ist, die Ermittlungsakten der Polizei einzusehen (BGH LM Nr 29 u 32 zu § 558 BGB = NJW 1984, 289; 1986, 1608). Zulässig ist es aber, vertraglich den Termin der **Fälligkeit** der fraglichen Ansprüche hinauszuschieben (BGH aaO), außer wenn der Eintritt der Fälligkeit ganz von einer einseitigen Handlung des Vermieters abhängen soll (s BGH LM Nr 32 zu § 558 BGB = NJW 1986, 1608 = WM 1986, 388).

[11] Grdl BGHZ 93, 64, 67 ff = NJW 1985, 798; BGH LM Nr 36 zu § 558 BGB = NJW 1987, 2072; OLG Hamm ZMR 1986, 200; OLG Köln ZMR 1987, 461; LG Berlin GE 1987, 683, 685 usw.

[12] BGH LM Nr 24 zu § 558 BGB u Nr 27 zu § 906 BGB = MDR 1980, 137; NJW 1982, 1809; OLG Düsseldorf ZMR 1985, 235 f.

## § 559

**[1]Der Vermieter eines Grundstücks hat für seine Forderungen aus dem Mietverhältnis ein Pfandrecht an den eingebrachten Sachen des Mieters. [2]Für künftige Entschädigungsforderungen und für den Mietzins für eine spätere Zeit als das laufende und folgende Mietjahr kann das Pfandrecht nicht geltend gemacht werden. [3]Es erstreckt sich nicht auf die der Pfändung nicht unterworfenen Sachen.**

**Übersicht**



**Schrifttum:** Bronsch ZMR 1970, 1; NJW 1968, 1936; Eckert, Das Vermieterpfandrecht im Konkurs des Mieters, ZIP 1984, 663; Hugo Emmerich, Pfandrechtskonkurrenzen (1909); Volker Emmerich, Miete und Zwangsmaßnahmen, PiG 28, S 145; Haase JR 1971, 323; Janberg NJW 1951, 511; Noack JurBüro 1975, 1303; Siber, Das gesetzliche Pfandrecht des Vermieters, des Verpächters und des Gastwirts (1900); Vogel NJW 1951, 752; Vortmann, Raumsicherungsübereignung und Vermieterpfandrecht, ZIP 1988, 626; Weber-Rauscher, Die Kollision von Vermieterpfandrecht und Sicherungsübereignung im Konkurs des Mieters, NJW 1988, 1571; Weimar ZMR 1960, 259; 1962, 65; 1967, 196; DGVZ 1975, 129; Wasmuth, Haftung des Vermieters bei unberechtigter Ausübung des Vermieterpfandrechts, ZMR 1989, 42.

### I. Gesetzliches Pfandrecht

§ 559 räumt dem Vermieter im Anschluß an partikularrechtliche Vorbilder ein **1** gesetzliches Pfandrecht für seine Forderungen aus dem Mietverhältnis an den eingebrachten Sachen des Mieters ein. Gemäß § 1257 finden auf dieses Pfandrecht, dessen praktische Bedeutung heute gering ist, die §§ 1204 ff grundsätzlich entsprechende Anwendung. Folglich richtet sich zB der *Rang* des Vermieterpfandrechts nach dem Zeitpunkt seiner Entstehung, so daß das Vermieterpfandrecht stets allen später begründeten Rechten Dritter vorgeht (§ 1209; s unten § 563 Rz 1; BGH LM Nr 1 zu § 559 BGB = ZMR 1957, 153; LM Nr 6 zu 559 BGB = NJW 1986, 2426). Dementsprechend hat das Vermieterpfandrecht auch den Vorrang vor dem Wegnahmerecht des Mieters aufgrund des § 547 a (s BGHZ 101, 37). Außerdem muß der Vermieter die Sachen sorgfältig verwahren, sobald er sie in Besitz genommen hat (§ 1215), woran es jedoch solange fehlt, wie der Vermieter die Sachen in den Mieträumen unter der Verantwortung des Mieters beläßt (OLG Düsseldorf ZMR 1984, 383). Aus den §§ 1227 und 1004 BGB folgt schließlich noch, daß der Vermieter, notfalls im Wege der einstweiligen Verfügung, verlangen kann, daß die seinem Pfandrecht unterliegenden Gegenstände nicht entfernt werden (AG Baden-Baden WuM 1985, 123). Die *Befriedigung* des

Vermieters aus den ihm haftenden Sachen des Mieters richtet sich nach den §§ 1228 ff, so daß sie grundsätzlich durch privatrechtlichen Verkauf erfolgt (LG Mannheim WuM 1972, 200; 1978, 141; OLG Frankfurt MDR 1975, 228). Der *Anwendungsbereich* des § 559 beschränkt sich jedoch auf die Grundstücksmiete, der nach § 580 die Raummiete gleichsteht. Unanwendbar ist § 559 hingegen auf die Fahrnismiete einschließlich des Leasings und der Schiffsmiete (BGH WM 1986, 26).

## II. Voraussetzungen

### 1. Eingebrachte Sachen

2 **a)** Das Vermieterpfandrecht besteht nur an den eingebrachten und pfändbaren Sachen des Mieters. Nicht erfaßt werden also Forderungen und Ansprüche des Mieters. Ebenso zu behandeln sind **Wertpapiere,** bei denen die Forderung im Vordergrund steht wie namentlich sämtliche auf den Namen lautenden Schuldurkunden (vgl § 952 sowie für Sparbücher insbes RGZ 10, 40; 20, 133; 29, 257). Hingegen werden Inhaberpapiere wie bewegliche Sachen behandelt und unterliegen deshalb dem Vermieterpfandrecht; gleich zu behandeln sind schließlich alle indossablen Papiere wie vor allem Wechsel und Scheck (vgl § 1293).

3 **b)** Die genannten Sachen müssen außerdem vom Mieter eingebracht worden sein, wenn sie dem Vermieterpfandrecht unterliegen sollen. Unter **Einbringung** versteht man dabei das willentliche Hineinschaffen der Sachen durch den Mieter in den durch das Mietverhältnis vermittelten Machtbereich des Vermieters. Das Hineinschaffen darf nicht nur zu einem vorübergehenden Zweck erfolgen und muß auf dem Willen des Mieters beruhen (RGZ 132, 116). Die Einbringung muß daher namentlich von der bloßen **Einstellung** bestimmter Sachen durch den Mieter unterschieden werden, da durch die bloße, vorübergehende Verbringung einzelner Sache auf das gemietete Grundstück ohne Zusammenhang mit dem Mietverhältnis kein Vermieterpfandrecht begründet wird. Werden aber Sachen wie zB Kraftfahrzeuge im Zusammenhang mit dem vertragsmäßigen Gebrauch auf dem Grundstück abgestellt, so gelten sie als eingebracht. Ebenso zu behandeln sind solche Sachen, die bestimmungsgemäß aufgrund des Mietvertrages von vornherein nur zu einem vorübergehenden Zweck in den Räumen verbleiben sollen wie zB das Warenlager eines Kaufmanns (anders aber für die Tageskasse des Mieters OLG Braunschweig OLGZ 1980, 239). In jedem Fall aber muß die Einbringung **während** des Laufs eines gültigen Mietvertrages erfolgt sein, so daß erst nach Vertragsende auf das Grundstück gebrachte Sachen nicht dem Vermieterpfandrecht unterfallen.

### 2. Eigentum des Mieters

4 **a)** Die eingebrachten, beweglichen Sachen müssen im Eigentum des Mieters stehen, wenn sie dem Vermieterpfandrecht unterliegen sollen. An **Sachen Dritter** entsteht ein Pfandrecht des Vermieters in keinem Fall. Auch ein gutgläubiger

Erwerb des Vermieterpfandrechts ist nicht möglich, da es sich bei diesem um ein besitzloses, gesetzliches Pfandrecht handelt (§§ 1257, 1207).

Wenn der Mieter nur auflösend bedingtes Eigentum hat, entsteht zwar zunächst das Pfandrechts des Vermieters; entsprechend § 161 Abs 2 geht das Pfandrecht jedoch mit Bedingungseintritt unter. Wenn hingegen der Mieter aufschiebend bedingtes Eigentum hat, weil er zB die fragliche eingebrachte Sache unter **Eigentumsvorbehalt** erworben hat, so ist er noch nicht Eigentümer, so daß kein Vermieterpfandrecht entstehen kann. Dem Vermieter wird jedoch ein gesetzliches Pfandrecht an dem Anwartschaftsrecht des Mieters zugebilligt, dessen praktische Bedeutung freilich gering ist. Der Vermieter kann in diesem Fall lediglich durch Zahlung gemäß § 267 Abs 2 den Bedingungseintritt herbeiführen, wodurch er dann ein Pfandrecht an der Sache selbst erwirbt, und zwar mit Vorrang vor etwaigen in der Zwischenzeit begründeten Pfändungspfandrechten Dritter (BGHZ 35, 85; BGH LM Nr 3 zu § 559 = NJW 1965, 1475; WM 1965, 1079). Durch das Pfandrecht des Vermieters werden der Mieter und sein Verkäufer jedoch nicht daran gehindert, den Kaufvertrag nachträglich wieder aufzuheben oder abzuändern mit der Folge, daß das Anwartschaftsrecht erlischt (BGHZ 92, 280, 289 ff). Ist der Mieter schließlich nur *Vorerbe,* so ist er doch zunächst voller Eigentümer, so daß die von ihm eingebrachten Nachlaßgegenstände dem Vermieter haften (RGZ 80, 30; vgl auch RG JW 1937, 613). 5

**b)** Die eingebrachten Sachen des Mieters haften aber dem Vermieter dann nicht, wenn sie **unpfändbar** sind (§ 559 S 3). Welche Sachen darunter fallen, ergibt sich im einzelnen aus den §§ 811 und 812 ZPO (LG Köln ZMR 1964, 364; AG Köln WuM 1989, 296). Eine Art Austauschpfändung analog § 811 a ZPO ist hingegen hier nicht möglich (LG Aurich NJW 1954, 1606). Der Ausschluß der unpfändbaren Sachen vom Vermieterpfandrecht ist zwingend, so daß abweichende Vereinbarungen nicht möglich sind; unwirksam ist daher namentlich eine Abrede, nach der dem Vermieter an den unpfändbaren Sachen wenigstens ein Zurückbehaltungsrecht zustehen soll (aM früher RGSt 35, 150; 37, 118). 6

## III. Gesicherte Forderungen

### 1. Forderungen aus dem Mietverhältnis

Der Kreis der gesicherten Forderungen beschränkt sich auf Forderungen des Vermieters gerade **aus dem Mietverhältnis.** Diese Einschränkung muß stets genau beachtet werden; eine erweiternde Auslegung kommt nicht in Betracht (grdleg BGHZ 60, 22). Als Forderungen aus dem Mietverhältnis gelten dabei nur solche, die sich aus dem Wesen des Mietverhältnisses als einer entgeltlichen Gebrauchsüberlassung ergeben (BGH aaO). Die wichtigsten **Beispiele** sind die Mietzinsforderung sowie sämtliche Ersatzansprüche des Vermieters wegen einer Beschädigung der Sache oder wegen einer Verletzung der Anzeige- oder Rückgabepflicht durch den Mieter (BGHZ 60, 22, 24 f). Gesichert sind außerdem nach § 1210 etwaige Ansprüche des Vermieters auf Zinsen und Vertragsstrafe sowie die sog Nebenkosten des Vermieters als des Pfandgläubigers. Weitere Beispiele für 7

Ansprüche aus dem Mietverhältnis sind alle Ansprüche des Vermieters auf Bezahlung von Nebenkosten, Ansprüche des Vermieters auf Leistung von Baukostenzuschüssen und sonstigen Zuschüssen (BGHZ 60, 22, 25 f), Ansprüche aus § 557 sowie eine etwaige Mietausfallforderung, namentlich im Falle vorzeitiger Kündigung oder Vertragsaufhebung (BH LM Nr 51 zu § 535 BGB = NJW 1972, 721). Nicht gesichert sind hingegen im Falle des Mieterwechsels Ansprüche des Vermieters gegen die Vormänner, außer wenn der Nachfolger die Schulden seiner Vormänner übernommen hat (BGH LM Nr 3 zu § 559 BGB = NJW 1965, 1475).

**2. Nicht künftige Entschädigungsforderungen**

8 Um eine übermäßige Sicherung des Vermieters zu verhindern, sind nach § 559 S 2 zunächst die künftigen Entschädigungsforderungen des Vermieters von der Sicherung durch das Vermieterpfandrecht ausgeschlossen. Darunter fallen sämtliche Ersatzansprüche des Vermieters, die jetzt, dh im Augenblick ihrer Geltendmachung, *noch nicht liquide* sind, so daß sie jetzt noch nicht mit Erfolg eingeklagt werden können, deren Entstehung maW noch von zukünftigen Ereignissen abhängt (RGZ 54, 301; 142, 201; BGH LM Nr 51 zu § 535 BGB). Hierzu gehören auch Ansprüche des Vermieters aus § 557 sowie alle Mietzinsausfallforderungen wegen einer vorzeitigen Auflösung des Vertrages (BGH aaO). Maßgeblicher **Zeitpunkt** ist dabei immer der der Geltendmachung des Pfandrechts, wozu keine gerichtliche Geltendmachung erforderlich ist. Vielmehr genügt schon jeder Vorgang, durch den der Vermieter sein gesetzliches Pfandrecht zur Geltung bringt. Beispiele sind die Verhinderung der Entfernung der Sache, deren Inbesitznahme sowie die Erhebung der Klage auf Herausgabe der Sache oder auf vorzugsweise Befriedigung nach § 805 ZPO (RGZ 54, 301; RG JW 1934, 403; BGH LM Nr 51 zu § 535 BGB).

**3. Nicht künftige Mietzinsforderungen**

9 Das Pfandrecht kann außerdem nicht für Mietzinsforderungen für eine spätere Zeit als das laufende und das folgende Mietjahr geltend gemacht werden (§ 559 S 2). Folglich haften die eingebrachten und pfändbaren Sachen des Mieters uneingeschränkt nur für sämtliche Mietzinsrückstände (vgl aber § 563 und § 49 Abs 1 Nr 2 KO). Maßgebender Zeitpunkt für die Abgrenzung zwischen den Rückständen und den zukünftigen Mietzinsforderungen ist dabei der der Geltendmachung des Pfandrechts (s oben Rz 8).

## IV. Einzelfragen

10 **1.** Das Vermieterpfandrecht kann mit einem **Pfändungspfandrecht** des Vermieters zusammentreffen. Beide Pfandrechte stehen dann selbständig nebeneinander, so daß sich der Vermieter gegenüber dem Pfändungspfandrecht alle Einwendungen des Mieters gefallen lassen muß, die dem Schuldner gegen die Zwangsvollstreckung zustehen (OLG Frankfurt MDR 1975, 228). Übt der Vermieter schuldhaft

ein unbegründetes Pfandrecht aus, so macht er sich **ersatzpflichtig,** und zwar sowohl aus Delikt als auch aus Vertrag (OLG Frankfurt BB 1979, 136).

**2.** § 559 ist **nicht zwingend,** so daß durch den Mietvertrag die Entstehung des Vermieterpfandrechts ausgeschlossen oder von zusätzlichen Bedingungen abhängig gemacht werden kann (RGZ 141, 99). Zwingend ist jedoch § 559 S 3 (s oben Rz 6). Nicht möglich ist außerdem eine Erweiterung des § 559 durch Formularverträge (§ 9 Abs 2 AGBG). 11

**3.** Die **Beweislast** für die Entstehung des Pfandrechts trifft den Vermieter (grdl BGH LM Nr 6 zu § 559 BGB = NJW 1986, 2426 = ZMR 1986, 232, 233 ff; OLG Köln ZMR 1984, 281 Nr 16 = ZIP 1984, 89). Er muß insbes beweisen, daß die Sachen dem Mieter gehören; § 1006 ist nicht anwendbar (KG HRR 1935 Nr 1449). Hingegen obliegt dem Mieter die Beweislast für die Unpfändbarkeit einzelner vom Vermieter in Anspruch genommener Sachen (s BGH aaO). 12

## § 560

**[1]Das Pfandrecht des Vermieters erlischt mit der Entfernung der Sachen von dem Grundstück, es sei denn, daß die Entfernung ohne Wissen oder unter Widerspruch des Vermieters erfolgt. [2]Der Vermieter kann der Entfernung nicht widersprechen, wenn sie im regelmäßigen Betriebe des Geschäfts des Mieters oder den gewöhnlichen Lebensverhältnissen entsprechend erfolgt oder wenn die zurückbleibenden Sachen zur Sicherung des Vermieters offenbar ausreichen.**

**Schrifttum:** Kohl NJW 1971, 1733; Ullmann ZMR 1971, 350; Trenck-Hinterberger ZMR 1971, 329; Weimar ZMR 1972, 4, 295; Werner JR 1972, 235.

### 1. Überblick

§ 560 regelt einen besonderen Erlöschensgrund für das Pfandrecht des Vermieters. Daneben gelten für das Vermieterpfandrecht als gesetzliches Pfandrecht nach § 1257 auch alle **anderen Erlöschensgründe,** die das Gesetz für das durch Rechtsgeschäft bestellte Faustpfandrecht kennt. Die wichtigsten dieser Fälle finden sich in den §§ 1242 Abs 2 S 1, 1250 Abs 2, 1252, 1255 und 1256. 1

### 2. Entfernung

**a)** Nach § 560 S 1 erlischt das Vermieterpfandrecht grundsätzlich mit der Entfernung der Sachen des Mieters von dem Grundstück, außer wenn die Entfernung ohne Wissen oder unter Widerspruch des Vermieters erfolgt (sog Sperrecht, s u Rz 5 f; vgl § 561). Die Entfernung der Sachen ist dabei das Gegenstück zu der Einbringung der Sachen im Sinne des § 559 S 1, so daß darunter jede willentliche Wegschaffung der eingebrachten Sachen durch den Mieter oder einen Dritten fällt (RGZ 71, 418). Bei der Raummiete ist dazu erforderlich, daß die Sachen nicht nur 2 aus den gemieteten Räumen, sondern auch von dem ganzen Vermietergrundstück entfernt werden (RGSt 10, 321; RG SeuffA 73 Nr 157; zweifelhaft). Unerheblich ist hingegen, ob die Entfernung endgültig oder nur zu vorübergehenden Zwecken erfolgt, so daß das Vermieterpfandrecht an einem auf dem Vermietergrundstück abgestellten **Fahrzeug** des Mieters jedesmal erlischt, wenn der Mieter mit dem Fahrzeug das Grundstück verläßt; mit jeder Rückkehr des Fahrzeugs auf das Vermietergrundstück wird freilich das Vermieterpfandrecht erneut begründet (so OLG Karlsruhe NJW 1971, 624; OLG Hamm MDR 1981, 407; str).

3 b) Eine Entfernung von Sachen des Mieters durch den **Gerichtsvollzieher** fällt unter § 560 S 1, so daß damit das Vermieterpfandrecht erlischt; der Vermieter ist durch § 805 ZPO ausreichend geschützt (KG OLGE 19, 2; 27, 175; ebenso offenbar BGH LM Nr 6 zu § 559 BGB = NJW 1986, 2426; aM zB OLG Celle OLGE 19, 3; OLG Naumburg JW 1930, 2998 Nr 31). Bestreitet der Pfändungsgläubiger das Vorzugsrecht des Vermieters, so muß dieser gegen den widersprechenden Gläubiger Klage auf vorzugsweise Befriedigung aus dem Erlös erheben (§ 805 ZPO); einen anderen Weg hat der Vermieter zur Durchsetzung seines Rechts nicht (RGZ 51, 186, 189; s unten Rz 4, 7 und 10; § 561 Rz 9; § 563 Rz 2; zur Beweislast s BGH LM Nr 6 zu § 559 BGB).

4 In diesem Rechtsstreit steht dem Pfändungsgläubiger insbes das **Verweisungsrecht** des § 560 S 2 zu (RGZ 71, 418, 419; s unten Rz 10). Bei einer Konkurrenz mehrerer Pfändungsgläubiger ist insoweit das Prioritätsprinzip des § 804 Abs 3 ZPO entsprechend anzuwenden (hM; offen gelassen in BGHZ 27, 227, 234). Der Vermieter kann jedoch dem Pfändungsgläubiger die Verweisungseinrede dadurch aus der Hand schlagen, daß er hinsichtlich der zurückgebliebenen Sachen auf sein Pfandrecht verzichtet (BGHZ 27, 227, 234 f).

### 3. Ausnahmen

5 a) Das Vermieterpfandrecht bleibt trotz Entfernung der Mietersachen von dem Grundstück bestehen, wenn die Entfernung entweder ohne Wissen des Vermieters oder unter dessen Widerspruch erfolgt. Die Beweislast für die Voraussetzungen dieses Ausnahmetatbestandes trägt der Vermieter (AG Köln WuM 1985, 123). Entfernung **ohne Wissen** des Vermieters setzt dabei keine Heimlichkeit voraus, sofern nur der Vermieter selbst von der Entfernung nichts erfährt (Prot II 207 f). § 560 S 2 ist hier entsprechend anwendbar.

6 b) Erlangt der Vermieter von der Entfernung der Sachen des Mieters Kenntnis, so kann er sich sein Pfandrecht nur dadurch erhalten, daß er der Entfernung (sofort) widerspricht. Zur Durchsetzung dieses sog **Sperrechts** hat ihm das Gesetz außerdem in § 561 ein besonderes Selbsthilferecht eingeräumt. Macht der Vermieter hingegen von seinem Sperrecht keinen Gebrauch, so erlischt sein Pfandrecht endgültig durch die Entfernung der Sachen. Dasselbe gilt, wenn er zwar widersprochen hat, ihm aber tatsächlich nach § 560 S 2 kein Sperrecht zusteht (RGZ 71, 418; 74, 247).

## 4. Ausschlußgründe

**a)** Um den Mieter in seinen Lebens- und Geschäftsverhältnissen nicht übermäßig 7
zu behindern, hat das Gesetz dem Sperrecht des Vermieters durch § 560 S 2 enge Grenzen gezogen (BGH LM Nr 2 zu § 560 BGB = NJW 1963, 147). Es handelt sich dabei um eine im öffentlichen Interesse erlassene Schutzvorschrift zugunsten des Mieters, so daß § 560 S 2 zwingend ist. Das Sperrecht des Vermieters entfällt außerdem, wenn sich der Vermieter in Annahmeverzug befindet oder wenn die Entfernung aufgrund hoheitlicher Anordnung, insbesondere durch den *Gerichtsvollzieher,* erfolgt (s oben Rz 3). Schließlich kann der Vermieter nicht der Entfernung der Sachen durch den *Konkursverwalter* widersprechen, da hier die §§ 560 und 561 ebenfalls keine Anwendung finden (OLG Hamm OLGE 17, 3; OLG Hamburg OLGE 21, 203).

**b)** Nach § 560 S 2 entfällt das Sperrecht des Vermieters zunächst, wenn die 8
Entfernung **im regelmäßigen Betrieb** des Geschäfts des Mieters erfolgt. Denn solche Sachen werden in aller Regel alsbald vom Mieter wieder ersetzt werden (BGH LM Nr 2 zu § 560 BGB). Deshalb ist hier stets von dem konkreten Geschäftsbetrieb des Mieters auszugehen. Alle Vorgänge, die normalerweise zu diesem Geschäftsbetrieb gehören, führen zum Erlöschen des Vermieterpfandrechts, wenn sie mit einer Entfernung der Sachen des Mieters von dem vermieteten Grundstück verbunden sind. **Beispiele** sind die Veräußerung von Waren, die Ablieferung auf dem Grundstück hergestellter Produkte, die tägliche Entfernung der Tageskasse (OLG Braunschweig OLGZ 1980, 239) sowie die Ausfahrt mit Geschäftsfahrzeugen. Auch ein üblicher Saisonausverkauf gehört hierher, nicht jedoch ein Totalausverkauf und ebensowenig eine Entfernung aller verwertbaren Sachen durch die Gläubiger des Mieters (BGH LM Nr 2 zu § 560 BGB) oder ein Umzug des Mieters.

Dem Vermieter ist das Sperrecht außerdem versagt, wenn die Entfernung den 9
**gewöhnlichen Lebensverhältnissen** des Mieters entspricht. Beispiele für eine solche Entfernung sind die Mitnahme von Reiseutensilien bei Antritt einer Reise, die Verbringung reparaturbedürftiger Sachen in eine Werkstätte (Mot II 408), die Benutzung von Fahrzeugen (s oben Rz 2), nicht jedoch die Fortschaffung der wertvollsten Möbel durch den Mieter morgens um fünf Uhr (RG Recht 1909 Nr 1672).

Schließlich entfällt das Sperrecht des Vermieters noch dann, wenn die zurückblei- 10
benden Sachen zu seiner **Sicherung** offenbar **ausreichen.** Dieser Fall ist nur gegeben, wenn die verbleibenden Sachen einen solchen Wert besitzen, daß selbst ohne genauere Prüfung oder Schätzung klar ist, daß der Vermieter durch sie noch ausreichend gesichert ist (RGZ 71, 418; RG JW 1909, 657; WarnR 1913 Nr 359; SeuffA 69 Nr 5). Hieran fehlt es schon, wenn das Eigentum des Mieters an den zurückgebliebenen Sachen zweifelhaft ist (RG HRR 1928 Nr 827). Dieses sog **Verweisungsrecht** steht den Gläubigern des Mieters ebenfalls zu, die zB Sachen des Mieters auf dem vermieteten Grundstück gepfändet haben. Sie können den Vermieter ebenfalls auf die zurückgebliebenen Sachen verweisen, so daß dann der Vermieter kein Recht auf vorzugsweise Befriedigung nach § 805 ZPO hat (s oben Rz 4; RGZ 71, 418; BGHZ 27, 227).

## § 561

**(1) Der Vermieter darf die Entfernung der seinem Pfandrecht unterliegenden Sachen, soweit er ihr zu widersprechen berechtigt ist, auch ohne Anrufen des Gerichts verhindern und, wenn der Mieter auszieht, die Sachen in seinen Besitz nehmen.**

**(2) [1]Sind die Sachen ohne Wissen oder unter Widerspruch des Vermieters entfernt worden, so kann er die Herausgabe zum Zweck der Zurückschaffung in das Grundstück und, wenn der Mieter ausgezogen ist, die Überlassung des Besitzes verlangen. [2]Das Pfandrecht erlischt mit dem Ablauf eines Monats, nachdem der Vermieter von der Entfernung der Sachen Kenntnis erlangt hat, wenn nicht der Vermieter diesen Anspruch vorher gerichtlich geltend gemacht hat.**

### 1. Allgemeines

1 § 561 gibt dem Vermieter, um der Gefahr des sog Rückens des Mieters begegnen zu können, ein von den Voraussetzungen des allgemeinen Selbsthilferechts unabhängiges, besonders weitgehendes **Selbsthilferecht,** das in unserer Rechtsordnung ohne Parallele ist (OLG Düsseldorf ZMR 1983, 376, 377). Daneben hat der Vermieter außerdem noch die jedem Pfandgläubiger zum Schutze seines Rechts zustehenden Befugnisse (vgl insbes §§ 816, 823, 1227 iVm den §§ 985 und 1004).

2 Das Selbsthilferecht des Vermieters aus § 561 besteht nur hinsichtlich solcher Sachen, die dem Pfandrecht des Vermieters unterliegen und deren Entfernung er widersprechen darf (§ 561 Abs 1). Das Gesetz verweist damit im einzelnen auf die §§ 559 und 560 S 2. Eine vertragliche **Erweiterung** des Selbsthilferechts des Vermieters über diese Grenzen hinaus ist nicht möglich.

### 2. Verhinderung der Entfernung

3 Wenn der Mieter, ohne insgesamt auszuziehen, einzelne dem Pfandrecht unterliegende Sachen entfernt, indem er sie willentlich aus dem gemieteten Grundstück oder den gemieteten Räumen hinausschafft, darf der Vermieter dies auch ohne Anrufung des Gerichts verhindern (§ 561 Abs 1 Fall 1). Das Selbsthilferecht des Vermieters besteht hiernach *nur solange,* wie die Entfernung andauert und sich die fraglichen Sachen noch im Machtbereich des Vermieters, dh auf dem vermieteten Grundstück befinden. Ein Recht zur Nacheile hat der Vermieter nicht. Außerdem muß er in jedem Fall das **schonendste Mittel** wählen, um den Mieter an der Entfernung zu hindern (OLG Düsseldorf ZMR 1983, 376 f; OLG München WuM 1989, 128, 132). Nur im äußersten Fall darf er daher die Entfernung durch die Anwendung von Gewalt, zB durch das Verschließen von Türen oder durch ähnliche Maßnahmen, verhindern (vgl RG DJZ 1905, 555; JW 1908, 581; Recht 1915 Nr 1534). Außerdem darf der Vermieter seine Maßnahmen immer erst einleiten, wenn der Mieter tatsächlich mit der Entfernung der Sachen begonnen *hat* (OLG Düsseldorf ZMR 1983, 376, 377). Schließlich darf er den Mieter dadurch niemals auf Dauer von der Benutzung seiner Sachen ausschließen, da § 561 Abs 1 Fall 1 dem Vermieter kein Besitzrecht gibt (OLG Düsseldorf aaO).

### 3. Inbesitznahme bei Auszug

Zieht der Mieter insgesamt aus, so hat eine bloße Verhinderung der Entfernung der dem Vermieterpfandrecht unterliegenden Sachen keinen Sinn mehr. Deshalb gibt das Gesetz dem Vermieter für diesen Fall weitergehend die Befugnis, die Sachen in seinen Besitz zu nehmen (§ 561 Abs 1 Fall 2). Unter **Auszug** des Mieters ist dabei die endgültige Aufgabe des Besitzes an dem gemieteten Grundstück oder den gemieteten Räumen durch den Mieter zu verstehen. Das Selbsthilferecht entsteht auch hier erst, sobald der Mieter mit der Besitzaufgabe tatsächlich begonnen hat (OLG München WuM 1989, 128, 132; LG Hamburg WuM 1977, 256). Nimmt der Vermieter die Sachen des Mieters daraufhin in Besitz, so erlangt er dieselbe Rechtsstellung wie der Inhaber eines rechtsgeschäftlich bestellten Faustpfandrechts und ist folglich auch zur **Verwahrung** der Sachen verpflichtet (§ 1215; RG JW 1932, 42). Verwahrt er die Sachen des Mieters in den Mieträumen, so ist für die Anwendung des § 557 kein Raum (LG Mannheim WuM 1978, 141). 4

### 4. Herausgabeanspruch nach Entfernung

**a)** Wenn die Sachen ohne Wissen oder unter Widerspruch des Vermieters von dem vermieteten Grundstück entfernt worden sind, verleiht das Gesetz in § 561 Abs 2 dem Vermieter zusätzlich einen dinglichen Herausgabeanspruch entsprechend den §§ 1227 und 985. Der Anspruch richtet sich **gegen jeden** unmittelbaren oder mittelbaren **Besitzer** der Sachen, also nicht nur gegen den Mieter, sondern auch gegen jeden sonstigen Dritten, immer vorausgesetzt, daß sie bei Klageerhebung Besitzer der Sachen sind (KG OLGE 27, 156; OLG Hamburg OLGE 22, 251). Zur Vorbereitung des Herausgabeanspruchs hat der Vermieter außerdem einen Auskunftsanspruch (LG Mannheim WuM 1978, 92). 5

**b)** Der Anspruch geht, wenn der Mieter nicht ausgezogen ist, nur auf Herausgabe der Sache zwecks Zurückschaffung in das Grundstück bzw in die Mieträume. Sobald aber der Mieter ausgezogen ist, kann der Vermieter weitergehend Herausgabe an sich selbst verlangen, wodurch er dieselbe Rechtsstellung wie der Inhaber eines rechtsgeschäftlich bestellten Faustpfandrechts erlangt (s oben Rz 4). 6

**c)** Nach § 561 Abs 2 S 2 muß der Herausgabeanspruch binnen einer **Ausschlußfrist** von einem Monat gerichtlich geltend gemacht werden. Die Vorschriften über die Verjährung finden auf diese Frist keine Anwendung (KG OLGE 27, 156). Die Frist beginnt an dem Tag, an dem der Vermieter von der Entfernung bestimmter Sachen Kenntnis erlangt; sie läuft von diesem Tag an ohne Rücksicht darauf, ob der Vermieter weiß, wo sich die Sachen jetzt befinden und wer jetzt an ihnen Besitz hat (OLG Hamburg OLGE 22, 251). 7

Für die **gerichtliche Geltendmachung** binnen der Ausschlußfrist von einem Monat genügt hier ebenso wie im Rahmen des § 559 S 2 jedes Verhalten des Vermieters, durch das er sein Pfandrecht gerichtlich zur Geltung bringt (s oben § 559 Rz 8), dh jede Handlung des Vermieters, mit der er seinen Willen zur Aufrechterhaltung und Verfolgung seines Rechts deutlich nach außen betätigt. Eine Klageerhebung ist hierfür nicht unbedingt erforderlich (KG OLGE 27, 156; JW 1933, 921). 8

Beispiele sind der Antrag auf Erlaß einer einstweiligen Verfügung auf Zurückschaffung der Sachen (KG OLGE 20, 189; 27, 156) sowie die Einreichung des Antrags auf Hinterlegung des Erlöses beim Vollstreckungsgericht (§ 805 Abs 4 ZPO; KG JW 1933, 921). Dagegen genügt die bloße Pfändung der Sachen des Mieters wegen einer Mietzinsforderung nicht (zB OLG Hamburg OLGE 22, 251; OLG Düsseldorf OLGE 17, 5). Freilich werden nach hM durch die Versäumung der Ausschlußfrist des § 561 Abs 2 S 2 *Bereicherungs-* oder *Schadensersatzansprüche* des Vermieters gegen den Mieter oder gegen einen Dritten wegen eines Eingriffs in sein Pfandrecht nicht ausgeschlossen (RGZ 98, 345; 119, 265; BGH ZMR 1965, 375, 379; dagegen Mietrecht § 561 Rz 45 a).

9 **d)** § 561 gilt nicht für die **Pfändung** und Verwertung der Mietersachen durch andere Gläubiger. Folglich ist auch die Klage des Vermieters auf vorzugsweise Befriedigung aus § 805 ZPO nicht an die Ausschlußfrist des § 561 Abs 2 S 2 gebunden (KG OLGE 11, 311; OLG Celle OLGE 19, 3). Ebensowenig ist Raum für die Anwendung des § 561 bei Wegnahme der Mietersachen durch den Konkursverwalter des Mieters (RG LZ 1914, 1045 f; OLG Celle aaO; vgl im übrigen oben § 560 Rz 3, unten § 563 Rz 2 und 3).

## § 562

**Der Mieter kann die Geltendmachung des Pfandrechts des Vermieters durch Sicherheitsleistung abwenden; er kann jede einzelne Sache dadurch von dem Pfandrechte befreien, daß er in Höhe ihres Wertes Sicherheit leistet.**

1 **1.** Nach § 562 HS 1 kann der Mieter seine dem Vermieterpfandrecht unterliegenden Sachen zunächst dadurch frei bekommen, daß er die Geltendmachung des Vermieterpfandrechts insgesamt durch **Sicherheitsleistung** nach den §§ 232 ff abwendet. Dieses Abwendungsrecht steht nicht nur dem Mieter, sondern auch einem dritten Eigentümer der eingebrachten Sachen oder einem Pfändungsgläubiger zu, vorausgesetzt, daß ihnen das Vermieterpfandrecht vorgeht (BGH WM 1971, 1086). Die Höhe der Sicherheit richtet sich dabei stets nach der *Forderung,* derentwegen der Vermieter sein Pfandrecht ausübt.

2 **2.** Unabhängig davon kann der Mieter außerdem jederzeit jede einzelne Sache und damit gegebenenfalls auch alle Sachen zusammen dadurch von dem Vermieterpfandrecht befreien, daß er in Höhe ihres Wertes Sicherheit leistet. Dabei bemißt sich die Sicherheitsleistung im einzelnen nach den §§ 232 ff (s zB KG GE 1928, 986; 1929, 1051; OLG Dresden OLGE 36, 61).

3 **3.** Die Sicherheitsleistung hat in jedem Fall zur Folge, daß der Vermieter sein Pfandrecht nicht mehr geltend machen kann. Das Pfandrecht **erlischt** maW, so daß dem Vermieter fortan weder das Widerspruchsrecht des § 560 S 1 noch das Selbsthilferecht des § 561 Abs 1 zustehen.

## § 563

**Wird eine dem Pfandrechte des Vermieters unterliegende Sache für einen anderen Gläubiger gepfändet, so kann diesem gegenüber das Pfandrecht nicht wegen des Mietzinses für eine frühere Zeit als das letzte Jahr vor der Pfändung geltend gemacht werden.**

**1.** § 563 regelt aus der Fülle möglicher Konkurrenzen zwischen dem Vermieter- 1
pfandrecht und anderen Pfandrechten lediglich den Fall, daß mit dem Vermieterpfandrecht ein nachträglich begründetes Pfändungspfandrecht zusammentrifft (vgl auch § 49 Abs 1 Nr 2 KO). Die übrigen Konkurrenzfälle müssen daher nach dem auch hier geltenden **Prioritätsprinzip** gelöst werden. Der Rang des Vermieterpfandrechts richtet sich dabei gemäß § 1209 in Verbindung mit § 1257 nach dem Zeitpunkt seiner Entstehung, so daß es grundsätzlich allen später begründeten Rechten vorgeht (s oben § 559 Rz 1 und 5; RG JW 1906, 224; KG JW 1931, 2378).

**2.** Gegen eine **Pfändung** der Sachen des Mieters durch andere Gläubiger des 2
Mieters kann sich der Vermieter nicht wehren. Er hat weder das Widerspruchsrecht des § 560 S 1 noch das Selbsthilferecht des § 561 Abs 1, sondern ist auf das Recht auf vorzugsweise Befriedigung aus dem Erlös der Sachen beschränkt (§ 805 ZPO; s oben § 560 Rz 3, § 561 Rz 9). Für diesen Fall bestimmt nun § 563 eine Einschränkung des Vermieterpfandrechts (nur) für *Mietzinsrückstände:* Für diese kann das Pfandrecht gegenüber dem Pfändungsgläubiger nur für das letzte Jahr vor der Pfändung geltend gemacht werden, wobei maßgebender Zeitpunkt der der Pfändung ist (RGZ 34, 100). Weitergehende Beschränkungen der Vermieterrechte bestehen nicht, so daß das Recht auf vorzugsweise Befriedigung namentlich auch wegen aller gegenwärtigen Entschädigungsansprüche sowie für den Mietzins für das laufende und für das folgende Mietjahr geltend gemacht werden kann (§ 559 S 2; KG OLGE 11, 143)

**3.** Im **Konkurs** verwandelt sich das Vermieterpfandrecht in ein Recht auf abgeson- 3
derte Befriedigung aus dem Erlös der Sachen (§§ 48, 49 Abs 1 Nr 2, 127 KO). Für eine Anwendung der §§ 560 und 561 ist hier gleichfalls kein Raum; die Verwertung der Sachen obliegt vielmehr dem Konkursverwalter. Der Vermieter ist wiederum auf den Anspruch auf vorzugsweise Befriedigung aus dem Erlös beschränkt, wobei § 49 Abs 1 Nr 2 KO zu beachten ist, der im wesentlichen dem § 563 entspricht (s RGZ 34, 100; BGH LM Nr 1 zu § 49 KO).

## § 564

**(1) Das Mietverhältnis endigt mit dem Ablaufe der Zeit, für die es eingegangen ist.**
**(2) Ist die Mietzeit nicht bestimmt, so kann jeder Teil das Mietverhältnis nach den Vorschriften des § 565 kündigen.**

**Schrifttum:** BECKER, Gestaltungsrecht und Gestaltungsgrund, AcP 188 (1988), 24; BUB,

Ansprüche der Wohnungseigentümer gegen Miteigentümer auf Beendigung von Mietverhältnissen, in: Partner im Gespräch, Bd 26 (1987), 137; BYDLINSKI, Die Übertragung von Gestaltungsrechten (1986); DEGGAU, Die Kündigung von Wohnraum im Prozeß, ZMR 1982, 291; DERLEDER, Die Rechtsstellung der Wohnraummieter bei Vermögensverfall von Zwischenvermietern, ZIP 1988, 415; GROSSFELD-GERSCH, Zeitliche Grenzen von privaten Schuldverträgen, JZ 1988, 937; HEROLD, Kann die Kündigung eines Miet- oder Pachtvertrages zurückgenommen werden? GrundE 1986, 107; HILLE, Zur Anfechtung des Mietvertrages wegen arglistiger Täuschung und zu den vorvertraglichen Informationspflichten des Mieters, WuM 1984, 292; JOACHIM, Risikozurechnungen im gewerblichen Miet- und Pachtrecht, BB 1988, 779; LENHARD, Kündigung mit Wirkung vor Vollzug des Mietvertrags? DWW 1980, 166; LEYENDECKER, Die Teilkündigung im Mietrecht, GrundE 1983, 1132; MEDICUS, Die Lösung vom unerwünschten Schuldvertrag, JuS 1988, 1; NETTESHEIM, Rückgängigmachung der Bestellung von Hotelzimmern oder Ferienwohnungen, BB 1986, 547; ders, Können Reisebüros die Bestellung von Hotelzimmern und Ferienwohnungen rückgängig machen?, BB 1989, 1136; RODENBERG, Die Kündigung im Wohnungsmietrecht (1978); SCHMID, Zur Anfechtung von Wohnraummietverträgen, DWW 1985, 302; ders, Die Beendigung von Mietverhältnissen über Wohnraum, DWW 1981, 283; ders, Kündigung eines Mietverhältnisses über Wohnraum durch Klageerhebung, WuM 1981, 171; ders, Die Verwirkung im Mietrecht, DWW 1982, 259; SCHMIDT-FUTTERER, Die vorzeitige Beendigung befristeter Mietverhältnisse, WuM 1970, 69; ders, Der Mietaufhebungsvertrag, MDR 1971, 13; SCHULTZ, Mietvertragsklauseln und AGB-Recht, ZMR 1987, 41; SONNENSCHEIN, Die Beendigung des Mietverhältnisses, ZfgWBay 1988, 23; ders, Kündigung, Ablauf der Mietzeit, Aufhebungsvertrag und sonstige Beendigungstatbestände des Mietverhältnisses, in: Partner im Gespräch, Bd 26 (1987), 45; SPANGENBERG, Die Kündigung von Wohnraummiete im Prozeß, MDR 1983, 807; STARKE, Rückgängigmachung ausgeübter Gestaltungsrechte, Diss. Bielefeld (1985); STERNEL, Die Beendigung des Wohnraummietverhältnisses, ZMR 1986, 181 u 1988, 201; ders, Die Pflicht zur Begründung der Kündigung im Mietrecht, in: FS Seuß (1987), 281; WEIMAR, Kann eine unbegründete, außerordentliche Kündigung von Wohnraum in eine ordentliche Kündigung umgedeutet werden? ZMR 1967, 6 = WuM 1966, 129; ders, Die Vollmachtsklausel bei Ehegatten als Mieter, BlGBW 1979, 33.

## Übersicht

## I. Allgemeines

§ 564 gilt für Mietverhältnisse aller Art. Abs 1 bestimmt, daß ein Mietverhältnis mit dem Ablauf der Zeit endet, für die es eingegangen ist. Nach Abs 2 kann ein auf unbestimmte Zeit eingegangenes Mietverhältnis von jedem Teil nach den Vorschriften des § 565 gekündigt werden. Damit ist die Regelung in mehrfacher Hinsicht unvollständig. Zum einen sind zahlreiche Beendigungsgründe wie vor allem die außerordentliche fristlose Kündigung nicht erfaßt. Zum anderen sind bei der Kündigung eines Mietverhältnisses über Wohnraum neben dem ausdrücklich genannten § 565 die Vorschriften der später eingefügten §§ 564 a, 564 b, 565 b und 565 c zu beachten. Bedeutsam für die Beendigung eines befristeten Mietverhältnisses über Wohnraum ist ferner § 564 c. 1

## II. Beendigung durch Zeitablauf

### 1. Mietverhältnis auf bestimmte Zeit

Ein Mietverhältnis endet durch Zeitablauf, wenn es auf eine bestimmte Zeit 2
eingegangen ist. Die Dauer der Mietzeit muß im Vertrag genau bestimmt oder aufgrund des Vertragsinhalts hinreichend bestimmbar sein. Dies ist möglich bei Angabe eines bestimmten Kalendertags oder eines variablen Festtags für ein bestimmtes Jahr. Die Mietzeit ist ferner bestimmt, wenn eine feste Frist vereinbart wird, die nach Zeiteinheiten wie Tagen, Monaten oder Jahren bemessen ist und sich nach dem Beginn des Mietverhältnisses richtet. Ausreichend ist eine Fristbestimmung in der Form, daß der Gegenstand des Mietverhältnisses zu einem von vornherein zeitlich begrenzten Gebrauchszweck, für die Dauer einer bestimmten Saison, einer Messe oder eines sonstigen, nach der Verkehrssitte bestimmbaren Zeitraums überlassen wird (BGB-RGRK-Gelhaar § 564 Rz 3). Eine bestimmte Mietzeit ist auch vereinbart, wenn sie bis zum Eintritt eines bestimmten Ereignisses dauern soll. Es handelt sich um eine Zeitbestimmung iS des § 163, selbst wenn der genaue Zeitpunkt noch nicht feststeht. Ist dagegen ungewiß, ob das zukünftige Ereignis überhaupt eintreten wird, liegt eine auflösende Bedingung vor (Rz 43; vgl § 565 a Abs 2 zum Mietverhältnis über Wohnraum). Kommt ein Anspruch auf Fortsetzung des Mietverhältnisses nach § 564 c in Betracht, so kann die Berufung des Vermieters auf die Beendigung durch Zeitablauf rechtsmißbräuchlich sein, wenn er durch sein Verhalten den Mieter davon abgehalten hat, den Fortsetzungsanspruch rechtzeitig geltend zu machen (AG Frankfurt WuM 1987, 321). Eine vorzeitige Beendigung des befristeten Mietverhältnisses ist nur möglich, wenn ein Grund für eine außerordentliche Kündigung vorliegt (Rz 25 ff; vgl LG Frankfurt DWW 1986, 45; AG Miesbach WuM 1989, 22).

Umstritten ist die Frage, wie ein Mietverhältnis einzuordnen ist, das auf die 2a
*Lebenszeit* einer Person abgeschlossen ist. In Übereinstimmung mit § 163 wird zT ein Mietverhältnis auf bestimmte Zeit angenommen (LG Mannheim WuM 1987, 353; Mittelstein 141, 443), das nach einer abweichenden Meinung aber nach § 565 a zu behandeln sei (Pergande § 556 b Anm 2). Andere sehen hierin ein

Mietverhältnis auf unbestimmte Zeit (AG Bruchsal WuM 1983, 142), zT unter auflösender Bedingung (HANS § 564 Anm 6; ROQUETTE § 564 Rz 7; STERNEL Rz IV 274). Da die ordentliche Kündigung eines solchen Mietverhältnisses nach § 567 S 2 ohnehin ausgeschlossen ist (dort Rz 3), geht es bei der Streitfrage im Grunde nur um den Bestandsschutz bei Mietverhältnissen über Wohnraum. Insoweit ist es aber nicht erforderlich, von der Regel des § 163 abzuweichen. Auch bei einem Mietverhältnis auf bestimmte Zeit ist ein Eintrittsrecht des Ehegatten oder von Familienangehörigen nach § 569 a begründet (dort Rz 2). Ein solches Eintrittsrecht kann nach dem Gesetzeszweck auch für ein an sich schon beendetes Mietverhältnis angenommen werden. Es ist dann aber auf unbestimmte Zeit fortzusetzen. War das Mietverhältnis mit Ehegatten an die Lebenszeit eines von ihnen gebunden (vgl AG Bruchsal aaO), wird es nach § 569 b mit dem überlebenden Ehegatten fortgesetzt. Problematisch sind nur die Fälle, in denen die §§ 569 a, 569 b nicht eingreifen, weil bei einem Einzelmieter keine gemeinsame Hausstandsführung vorliegt oder weil das Mietverhältnis nicht beim Tod des Mieters, sondern des Vermieters oder eines Dritten enden soll. Hier sind jedoch die §§ 564 c, 556 b unmittelbar anwendbar mit der Abweichung, daß die Fristen für das Fortsetzungsverlangen des Mieters erst mit der Beendigung des Mietverhältnisses durch Tod der betreffenden Person zu laufen beginnen. Ein Fortsetzungsanspruch des Erben beim Tod eines Einzelmieters entfällt hingegen, da nach Beendigung des Mietverhältnisses keine entsprechende Rechtsposition übergeht.

**2b** Die Parteien können eine *Verbindung* zwischen einem befristeten und unbefristeten Mietverhältnis schaffen, indem bei einem auf bestimmte Zeit eingegangenen Vertrag nur einer Partei ein ordentliches Kündigungsrecht eingeräumt wird, um den Vertrag vorzeitig zu beenden (OLG Hamm ZMR 1988, 386; AG Bremen-Blumenthal WuM 1987, 395). Darin darf aber keine nach § 9 AGBG unangemessene Benachteiligung des langfristig gebundenen Vertragsteils liegen (OLG Hamm aaO). Für die Anwendung der §§ 564 b, 564 c bzw §§ 556 a, 556 b kommt es darauf an, ob das ordentliche Kündigungsrecht dem Vermieter zusteht und dieser davon Gebrauch macht oder ob der Vertrag letztlich durch Zeitablauf endet.

### 2. Mietvertrag mit Optionsrecht

**3** Ein Mietvertrag mit Optionsrecht ist ein auf bestimmte Zeit abgeschlossener Vertrag, der die Vereinbarung enthält, daß eine Partei berechtigt ist, ihn durch einseitige Erklärung zu verlängern (Vorbem 60 zu §§ 535, 536). Ein solcher Vertrag endet nach Abs 1 durch Zeitablauf, wenn die Partei nicht rechtzeitig vor Beendigung der Mietzeit von ihrem Recht Gebrauch macht (BGH WM 1967, 935). Ist keine Frist vereinbart worden, kann die Option bis zum Ablauf der Vertragszeit ausgeübt werden (OLG Düsseldorf MDR 1981, 847; AG Hamburg-Blankenese ZMR 1986, 17). Unterliegt der Mietvertrag über ein Grundstück nach § 566 der Schriftform, so muß nicht nur die Einräumung des Optionsrechts, sondern auch die Absprache über die Optionszeit, um die sich das Mietverhältnis verlängern soll, die Form wahren (BGH NJW-RR 1987, 1227).

**3. Mietvertrag mit Verlängerungsklausel**

Ein Mietvertrag mit Verlängerungsklausel ist ein auf bestimmte Zeit abgeschlosse- 4
ner Vertrag, der sich auf bestimmte oder auf unbestimmte Zeit verlängert, wenn nicht ein Vertragsteil innerhalb einer bestimmten Frist vor Ablauf des Mietverhältnisses die weitere Fortsetzung ablehnt (Vorbem 60 zu §§ 535, 536). Zu beachten ist, daß in der darin liegenden automatischen Verlängerung bei Formularverträgen eine unangemessene Benachteiligung des Mieters iS des § 9 AGBG liegen kann (OLG Karlsruhe NJW-RR 1989, 243; AG Gelsenkirchen-Buer NJW-RR 1989, 245). Wenn in Mietverträgen insoweit von Kündigung die Rede ist, handelt es sich um eine untechnische Formulierung, mit der eine Willenserklärung des Inhalts gemeint ist, eine Fortsetzung des Mietverhältnisses werde abgelehnt (RGZ 86, 60, 62; BGH NJW 1975, 40). Wird eine dahin gehende Willenserklärung rechtzeitig abgegeben, endet das Mietverhältnis nach Abs 1 durch Zeitablauf (vgl § 565 a Abs 1 zum Mietverhältnis über Wohnraum). Ist dem Mieter für diesen Fall eine Verlängerungsoption ohne ausdrückliche Bestimmung einer Optionsfrist eingeräumt, muß er dieses Recht unverzüglich nach der Kündigung des Vermieters, jedoch nicht vor Ablauf der Kündigungsfrist, ausüben (BGH NJW 1985, 2581).

**III. Beendigung durch Kündigung**

**1. Allgemeines**

Nach Abs 2 kann jeder Teil das Mietverhältnis nach den Vorschriften des § 565 5
kündigen, wenn die Mietzeit nicht bestimmt ist. Ein auf unbestimmte Zeit eingegangenes Mietverhältnis kann demnach durch ordentliche oder außerordentliche befristete Kündigung beendet werden. Diese Aussage des Gesetzes ist unvollständig, weil das auf unbestimmte Zeit eingegangene Mietverhältnis auch durch außerordentliche fristlose Kündigung beendet werden kann. Darüber hinaus spielt die außerordentliche Kündigung bei den auf bestimmte Zeit abgeschlossenen Mietverhältnissen eine Rolle.

**2. Rechtsnatur der Kündigung**

a) Die Kündigung ist eine **einseitige, empfangsbedürftige Willenserklärung**. Jeder 6
Vertragsteil ist grundsätzlich zur Kündigung berechtigt. Das Kündigungsrecht ist nicht selbständig abtretbar (LG München I WuM 1989, 282; LG Wiesbaden WuM 1987, 392; Sternel Rz I 125; abw Bydlinski 176). Die Erklärung wird wirksam, wenn sie dem anderen Vertragsteil zugeht (§§ 130–132). Bei einer Veräußerung des vermieteten Grundstücks ist dies nach § 571 der Veräußerer als Vermieter, solange der Erwerber noch nicht im Grundbuch eingetragen ist. Sollen die Nutzungen schon früher auf den Erwerber übergehen, kann in der Vereinbarung eine Bevollmächtigung des Erwerbers zur Abgabe und Entgegennahme einer Kündigungserklärung liegen (vgl LG Baden-Baden WuM 1988, 402; Rz 18 f). Es

muß sich aber um eine offene Stellvertretung handeln (LG München I aaO). Die ordnungsgemäße Absendung des Kündigungsschreibens läßt nicht den Schluß zu, daß die Kündigung dem Empfänger auch zugegangen ist (LG Berlin WuM 1987, 25). Der Beweis des Zugangs obliegt dem Kündigenden (AG Aachen WuM 1988, 111 [LS]). Die formularmäßige Fiktion des Zugangs ist nach § 10 Nr 6 AGBG unwirksam. Wird die Kündigungserklärung in den Hausbriefkasten des Empfängers geworfen, ist sie auch bei urlaubsbedingter Abwesenheit des Empfängers zugegangen, sobald nach der Verkehrsanschauung mit der nächsten Leerung des Briefkastens zu rechnen ist (LG Duisburg WuM 1987, 85; AG Lahr WuM 1987, 85). Versucht der Empfänger, den Zugang der Kündigung zu verhindern, kann der Erklärende dem durch Ersatzzustellung oder öffentliche Zustellung nach § 132 entgegentreten (AG Darmstadt WuM 1987, 392). Die Zustellung durch Niederlegung des Kündigungsschreibens beim Postamt unter Hinterlassung eines Benachrichtigungszettels beim Empfänger ist dem nicht gleichzustellen (BGHZ 67, 271, 277 = NJW 1977, 194, 195). Die Verhinderung des Zugangs durch den Adressaten kann aber dazu führen, daß er sich auf einen verspäteten Zugang nicht berufen kann (BGH aaO; OLG Hamburg WuM 1978, 120; LG Aachen WuM 1989, 250). Der Vermieter einer größeren Zahl von Wohnungen muß allerdings geeignete Empfangsvorkehrungen für den Zugang von Kündigungserklärungen durch Einschreiben treffen (LG Göttingen WuM 1989, 183). Erhält der Erklärende das Kündigungsschreiben nach einem vergeblichen Zustellungsversuch zurück, muß er die Kündigung nochmals fristgerecht versuchen, sofern dies zeitlich möglich ist, bevor er sich auf Zugangsvereitelung berufen kann (AG Hamburg WuM 1989, 80). Dies kann aber nur gelten, wenn die Zugangsvereitelung durch den Empfänger nicht schon beim ersten Zustellungsversuch offenkundig ist, so etwa bei einer Verweigerung der Annahme. Bei Personen, die nicht voll geschäftsfähig sind, muß die Kündigungserklärung an den gesetzlichen Vertreter gerichtet sein (LG Berlin ZMR 1982, 238). Stellvertretung ist bei der Kündigung zulässig (Rz 18 f). Die Schlüsselgewalt des § 1357 reicht hierzu nach umstrittener Ansicht aber nicht aus (Gernhuber, Lehrbuch des Familienrechts [3. Aufl 1980] § 19 IV 6 mwN; aM MünchKomm-Wacke [1978] § 1357 Rz 18). Hat nur ein Ehegatte die eheliche Wohnung gemietet, kann er sie allein kündigen und verstößt dadurch nicht ohne weiteres gegen die §§ 134, 138 (LG Stuttgart FamRZ 1977, 200 m Anm Bosch). Da die Kündigung eine einseitige Willenserklärung ist, braucht der Empfänger keine Gegenerklärung abzugeben. Aus seinem Schweigen können deshalb keine nachteiligen Schlüsse gezogen werden. Für die Kündigung gelten alle Vorschriften über einseitige Rechtsgeschäfte, zB die §§ 111, 174, 180, 182 Abs 3. Sie ist eine rechtsgeschäftliche Verfügung iS des § 185 Abs 1, weil über Rechte aus dem Mietverhältnis verfügt wird (RG Recht 1924 Nr 1319; LG Stuttgart MDR 1970, 682).

7 **b)** Ein **vertraglicher Ausschluß** des Kündigungsrechts ist möglich, soweit nicht zwingende gesetzliche Vorschriften oder die besondere Natur dieses Rechts entgegenstehen. So ist die allgemeine Kündigung aus wichtigem Grund (§ 242) bei allen Dauerschuldverhältnissen zwingend (BGH NJW 1951, 836). In einem Ausschluß liegt insbesondere bei Formularverträgen eine nach § 9 AGBG unangemessene Benachteiligung des anderen Vertragsteils (vgl BGH NJW 1986, 3134).

Im übrigen kann das Kündigungsrecht vertraglich nur auf bestimmte Zeit ausgeschlossen werden, auch wenn der Mietvertrag unbefristet ist. Ein Ausschluß auf Dauer stünde im Widerspruch zu Abs 2 und wäre mit dem Wesen des Mietvertrags unvereinbar, der nur ein vorübergehendes Gebrauchsrecht einräumen soll (LG Karlsruhe WuM 1979, 192). Im übrigen ist das Formerfordernis des § 566 S 1 zu beachten, wenn die Kündigung für längere Zeit als ein Jahr nicht erklärt werden kann. Ist ein Mietvertrag nach den Parteivereinbarungen frühestens für den Fall des Abbruchs des Gebäudes kündbar, ist die Abbruchgenehmigung Voraussetzung für die Wirksamkeit der Kündigung (LG Köln WuM 1980, 101, 103). Die Parteien können die Zulässigkeit der Kündigung auf bestimmte Gründe beschränken. Dies gilt auch für die als Mietverträge zu beurteilenden Dauernutzungsverträge zwischen einer Wohnungsbaugenossenschaft und ihrem Mitglied, die das ordentliche Kündigungsrecht des Vermieters auf besondere Ausnahmefälle beschränken, in denen wichtige berechtigte Interessen der Genossenschaft die Beendigung des Mietverhältnisses notwendig machen (OLG Karlsruhe WuM 1985, 77 = 42 in RE Miet). Kündigt der Vermieter trotz vertraglicher Beschränkung des Kündigungsrechts ohne Grund, ist er dem Mieter wegen positiver Forderungsverletzung zum Schadensersatz verpflichtet (BGH WM 1984, 370 = 31 in RE Miet). Bei einem auf unbestimmte Zeit abgeschlossenen Mietverhältnis kann jedoch aus der Vereinbarung, daß der Mietzins für einen bestimmten Zeitraum „verbindlich bleiben" soll, idR nicht geschlossen werden, daß das Mietverhältnis während dieser Zeit unkündbar ist (BGH ZMR 1976, 203). Das gleiche gilt für die Erklärung des Vermieters bei Vertragsabschluß, der Mieter könne „immer" wohnen bleiben (AG Karlsruhe DWW 1988, 49).

Hat der Mieter bei einem unbefristeten Mietverhältnis einen abwohnbaren **Finanzierungsbeitrag** an den Vermieter geleistet, kann im Wege der Auslegung nach 8
§ 157 aus der Verrechnungsabrede entnommen werden, daß das Recht des Vermieters zur ordentlichen Kündigung vertraglich ausgeschlossen sein soll (OLG München DWW 1964, 158; OLG Stuttgart ZMR 1959, 325, LG Hannover WuM 1980, 57; aM OLG Celle NJW 1956, 1281; LG Braunschweig ZMR 1967, 202; LG Stuttgart ZMR 1967, 112). Diese Auslegung wird idR den Interessen beider Parteien gerecht, setzt allerdings voraus, daß im Mietvertrag nicht ausdrücklich eine anderweitige Regelung getroffen ist. Das gleiche kann bei hohem Renovierungsaufwand des Mieters gelten (AG Köln MDR 1971, 762). Zu berücksichtigen ist aber, inwieweit die Investitionen des Mieters bereits wieder abgewohnt sind (AG Karlsruhe DWW 1988, 49). Möglich ist auch, daß für den Vermieter nur bestimmte der in § 564 b Abs 2 genannten Kündigungsgründe ausgeschlossen sein sollen, das Kündigungsrecht wegen Vertragsverletzung also etwa bestehenbleibt (Gundlach ZMR 1983, 218, 221). Ohne einen eindeutigen Anhaltspunkt kann diese Einschränkung jedoch nicht angenommen werden, da sie den Interessen des Mieters als des vorleistenden Teils grundsätzlich nicht entspricht.

c) Ein **gesetzlicher Ausschluß** des Kündigungsrechts ergibt sich für den Vermieter 8a
aus § 564 b, soweit der Tatbestand dieser Vorschrift für eine ordentliche Kündigung nicht erfüllt ist (dort Rz 14 ff). Das Recht des Erstehers eines Grundstücks in der Zwangsversteigerung zur außerordentlichen befristeten Kündigung nach § 57 a ZVG wird wegen der Leistung eines Finanzierungsbeitrags durch § 57 c

ZVG zeitweise ausgeschlossen. Die Leistung muß aus dem Vermögen des Mieters stammen (LG München I WuM 1989, 257). Der hieraus folgende Schutz des Mieters kann jedoch entfallen, wenn die von ihm zur Verfügung gestellten Mittel zwar dem Grundstück zugute gekommen sind, die gemieteten Räume jedoch längst vorher fertiggestellt und benutzt worden waren, der Bezug dieser Räume durch den Mieter mithin nicht mehr gefördert worden ist (OLG Hamm ZMR 1987, 465). Ebensowenig rechtfertigen bloße Instandhaltungsarbeiten durch den Mieter die Anwendung des § 57 c ZVG (OLG Düsseldorf DWW 1987, 330).

9 **d)** Die Kündigung kann vertraglich an die **Einwilligung eines Dritten** gebunden werden. Sie ist unwirksam, wenn die Einwilligung im Zeitpunkt des Zugangs der Kündigungserklärung nicht erteilt ist (§ 182 Abs 1), und kann aus Gründen der Rechtssicherheit nicht durch Genehmigung nach den §§ 185 Abs 2, 184 Abs 1 geheilt werden (LG Duisburg WuM 1966, 82; LG Kassel WuM 1966, 201). Ein solches Zustimmungserfordernis wird häufig in Verträgen zur Förderung von Werkwohnungen zwischen Arbeitgeber und Vermieter vereinbart (vgl LG Hamburg ZMR 1966, 217). Es entfällt mit dem Ende des Besetzungsrechts (BGH WM 1969, 1454). Auch bei LAG-Aufbaudarlehen werden derartige Klauseln in den Darlehensvertrag zwischen Ausgleichsamt und Vermieter aufgenommen (LG Duisburg aaO; LG Kassel aaO; AG Kiel WuM 1980, 265). Die Zustimmung des Ausgleichsamts wird durch eine vorzeitige Rückzahlung des Darlehens vor Ablauf der zehnjährigen Zweckbindungsfrist nicht überflüssig (LG Karlsruhe WuM 1967, 167). Nach Ablauf dieser Frist kann jedoch weder aus der abgelaufenen Zweckbindung noch aus dem nach § 362 erfüllten Darlehensvertrag das Erfordernis einer Zustimmung abgeleitet werden (LG Frankfurt WuM 1973, 81; aM LG Mannheim WuM 1973, 96). Derartige Zustimmungsklauseln werden vielfach als Vertrag zugunsten Dritter nach § 328 angesehen (BGH NJW 1967, 2260; LG Essen WuM 1965, 133; MDR 1969, 147).

### 3. Inhalt der Kündigung

#### a) Erklärungsinhalt im allgemeinen

10 **aa)** In der **Kündigungserklärung** muß eindeutig zum Ausdruck kommen, daß der Erklärende das Mietverhältnis beenden will. Das Wort „Kündigung" ist nicht erforderlich (LG Frankfurt ZMR 1968, 85). Die Erklärung muß einen unmißverständlichen Hinweis enthalten, aus dem auf den Kündigungswillen geschlossen werden kann (BGH LM Nr 2 zu § 595 BGB = ZMR 1957, 264; LG Frankfurt aaO). Dies ist auch bei einer Klage auf Herausgabe der Mietsache möglich (BGH aaO; LG Wiesbaden ZMR 1972, 81; aM AG Köln WuM 1974, 105). Für den Beklagten muß eindeutig erkennbar sein, daß neben der Klageerhebung als Prozeßhandlung eine Kündigung als materiell-rechtliche Willenserklärung abgegeben werden soll (BayObLG NJW 1981, 2197 = 7 in RE Miet; LG Hamburg MDR 1974, 584; LG Karlsruhe MDR 1978, 672; LG Kiel DWW 1983, 50; Deggau ZMR 1982, 291; Schmid WuM 1981, 171; Spangenberg MDR 1983, 807). Die Kündigung kann in einer konkludenten Handlung liegen, soweit nicht durch Parteivereinbarung oder Gesetz eine besondere Form vorgeschrieben ist (§ 564 a Abs 1 S 1). Die Ankündigung des vorzeitigen Auszugs im Anschluß an einen

Räumungsvergleich (AG Köln WuM 1975, 143) oder der Auszug eines Mitmieters (LG Köln WuM 1976, 145) stellen idR keine Kündigung dar.

**bb)** In der Erklärung muß kein bestimmter **Kündigungsgrund** angegeben werden. 11
Dies gilt grundsätzlich für die ordentliche und die außerordentliche Kündigung in gleicher Weise.[1] Unschädlich ist es deshalb, wenn ein unzutreffender Grund angegeben wird (RG HRR 1934 Nr 318). Entscheidend ist allein, daß im Zeitpunkt der Kündigungserklärung tatsächlich ein Grund vorliegt, der die außerordentliche Kündigung rechtfertigt. Beseitigt der Mieter nach Abmahnung wegen vertragswidrigen Gebrauchs die Vertragsverletzung noch vor Zugang der Kündigungserklärung, dann kann die außerordentliche fristlose Kündigung nicht mehr auf diese Vertragsverletzung gestützt werden (LG Duisburg NJW-RR 1986, 1345). Wird die Kündigung von dem angegebenen Grund nicht gestützt, können grundsätzlich auch nicht bekanntgegebene Gründe mit der Wirkung nachgeschoben werden, daß sie die Kündigung für den Zeitpunkt ihres Ausspruchs rechtfertigen, sofern sie bereits in diesem Zeitpunkt existierten (BGH WM 1959, 538, 542; NJW 1987, 432, 433; OLG Zweibrücken aaO; aM Sternel Rz IV 40). Die Angabe eines Grundes ist aber erforderlich, wenn die Parteien vereinbart haben, daß die Kündigung nur aus bestimmten Gründen zulässig sein soll (Roquette § 564 Rz 17). Für die Kündigung eines Mietverhältnisses über Wohnraum sieht § 564 a Abs 1 S 2 als Sollvorschrift die Angabe der Kündigungsgründe vor. Zwingend vorgeschrieben ist die Angabe von Gründen für die ordentliche Kündigung des Vermieters in § 564 b Abs 3.

**cc)** Fehlt die Angabe eines bestimmten **Kündigungstermins**, macht dies die 12
Kündigung nicht unwirksam, da es sich nicht um einen wesentlichen Bestandteil der Erklärung handelt (RG JW 1908, 270 Nr 4). Die Kündigung wird zum nächstzulässigen Termin wirksam (LG Braunschweig BlGBW 1969, 137). Das gleiche gilt, wenn die Kündigungserklärung für den angegebenen Termin wegen der nach § 565 einzuhaltenden Frist verspätet ist (OLG Hamburg OLGE 36, 64). Diese Wirkung tritt aber nur ein, wenn der Kündigende das Mietverhältnis auf jeden Fall beenden will und dieser Wille dem anderen Vertragsteil erkennbar ist. Die Kündigung kann auch für einen späteren als den nächstzulässigen Termin erklärt werden (Mittelstein 466). Ist dies der Fall, steht es jeder Partei grundsätzlich frei, bereits zu einem früheren Zeitpunkt zu kündigen, wenn die dafür maßgebende Kündigungsfrist noch einzuhalten ist. Eine Kündigung ist auch sogleich mit dem rechtlichen Beginn des Mietverhältnisses vor dessen tatsächlichem Vollzug möglich, soweit die Kündigungsfristen des § 565 gewahrt werden. Maßgebend sind die Vereinbarungen der Parteien, wann die Frist für eine vor Vollzug des Mietvertrags erklärte ordentliche Kündigung beginnt. Haben die Parteien keine Abrede getroffen, beginnt die Frist mit dem Zugang der Kündi-

---

[1] BGH WM 1959, 538, 542; WM 1975, 897, 899; NJW 1980, 777, 779; NJW 1987, 432, 433; OLG Karlsruhe NJW 1982, 2004 = 19 in RE Miet; OLG Zweibrücken OLGZ 1981, 350 = WuM 1981, 177 = 1 in RE Miet; LG Stuttgart ZMR 1985, 128; Becker AcP 188 (1988), 24, 37; aM LG Mannheim WuM 1975, 226, 227; Justiz 1976, 469; WuM 1982, 27 (LS); AG Friedberg WuM 1981, 15; AG Hamburg MDR 1985, 144; Sternel Rz IV 30, 362; ders, in: FS Seuß, 281, jeweils zur außerordentlichen Kündigung.

gungserklärung (BGHZ 73, 350 = NJW 1979, 1288 m Anm Treier LM Nr 67 zu § 535 BGB u krit Anm Haase JR 1979, 415; aM Lenhard DWW 1980, 166; MünchKomm-Voelskow § 564 Rz 16). Ebenso kann eine außerordentliche Kündigung vor dem Vollzug des Mietvertrags erklärt werden und diesen nach einer Frist (§ 565 Abs 5) oder fristlos beenden (AG Langenfeld WuM 1986, 314). Ein befristetes Mietverhältnis kann hingegen auch vor dem Einzug nicht ordentlich gekündigt werden (LG Köln WuM 1980, 29).

**b) Bedingte Kündigung**

13 **aa)** Nach verbreiteter Auffassung soll eine bedingte Kündigung generell **unzulässig** sein und zwar auch dann, wenn der Eintritt der Bedingung nur vom Willen des Kündigungsempfängers abhängig sei (Roquette § 564 Rz 15; Sternel Rz IV 25). Die hM hält die Kündigung nicht schlechthin für bedingungsfeindlich. Es komme vielmehr darauf an, ob sie genügend bestimmt und klar sei, so daß der Empfänger nicht in eine ungewisse Lage versetzt werde. Hänge der Eintritt des zukünftigen ungewissen Ereignisses allein vom Willen des Empfängers ab, sei eine derart bedingte Kündigung zulässig (BGHZ 97, 264, 267 = NJW 1986, 2245, 2246; BGH WM 1973, 694, 695; OLG Braunschweig SeuffA 57 Nr 60; OLG Dresden SeuffA 62 Nr 248; OLG Hamburg SeuffA 74 Nr 4; AG Köln WuM 1973, 253; Jauernig-Teichmann § 564 Anm 3). Da die Rücksichtnahme auf den Geschäftsgegner das entscheidende Kriterium für die Bedingungsfeindlichkeit von Willenserklärungen ist, kann mit der hM eine bedingte Kündigung als zulässig angesehen werden, wenn der Geschäftsgegner keiner Rücksichtnahme bedarf, dh wenn er es von Anfang an allein in der Hand hat, die Bedingung eintreten zu lassen oder nicht.

14 **bb)** Da die Bedingungsfeindlichkeit einer Kündigung mangels gesetzlicher Regelung allein von der gebotenen Rücksichtnahme auf den Geschäftsgegner abhängt, ist im übrigen eine bedingte Kündigung auch bei **Zustimmung des anderen Vertragsteils** zulässig (RGZ 91, 307, 309). Es macht keinen Unterschied, ob der andere Teil vorher oder nachträglich zustimmt, da die Wirksamkeit der Kündigung in jedem Fall vom Willen des Empfängers abhängt. Auch die Entstehung des Kündigungsrechts kann vereinbarungsgemäß vom Eintritt eines ungewissen zukünftigen Ereignisses abhängig gemacht werden (Soergel-Kummer § 564 Rz 19).

15 **cc)** Die bedingte Kündigung kann vor allem in der Form auftreten, daß der Vermieter dem Mieter gleichzeitig ein Angebot unterbreitet, den Mietzins durch einen Änderungsvertrag zu erhöhen. Die Kündigung ist auflösend bedingt durch die Annahme dieses Angebots. Davon zu unterscheiden ist die unbedingte **Kündigung zwecks Mieterhöhung**. Sie ist bei Mietverhältnissen über Wohnraum durch § 1 S 1 MHRG ausdrücklich ausgeschlossen. Für sonstige Mietverhältnisse ist sie nicht anders zu beurteilen als eine ordentliche Kündigung, die das Mietverhältnis nach Abs 2 beendet. Die Besonderheit besteht nur darin, daß sie in bestimmter Weise motiviert ist und mit einem Vertragsangebot des Vermieters verbunden ist, ein neues Mietverhältnis mit einem höheren Mietzins abzuschließen (Mittelstein 395, 459; Roquette § 564 Rz 18).

**c) Mehrheit von Beteiligten**

**aa)** Das Gesetz geht als selbstverständlich davon aus, daß ein einheitlicher Mietvertrag bei mehreren Mietern oder Vermietern nur von allen oder gegen alle anderen Beteiligten gekündigt werden kann.[2] Dies wird aus der **Einheitlichkeit des Mietverhältnisses** gefolgert, die vom Regelfall des § 425 abweicht (BGH WM 1964, 273, 275). Das gleiche gilt, wenn das Mietverhältnis nicht nur mit dem überlebenden Partner einer nichtehelichen Lebensgemeinschaft, sondern auch mit dem Erben des verstorbenen Mitmieters fortgesetzt wird (LG Hamburg WuM 1988, 24). Das Erfordernis der Einheitlichkeit der Kündigung gegenüber einer Personenmehrheit setzt einen unmittelbaren und engen zeitlichen Zusammenhang voraus, wenn die Kündigung den einzelnen Personen gegenüber getrennt erklärt wird (OLG Düsseldorf NJW-RR 1987, 1369). Die Kündigung durch einen von mehreren Miterben, auf die das Mietverhältnis übergegangen ist, bedarf nach § 2038 der Mitwirkung der anderen Miterben (LG Berlin WuM 1986, 326 [LS]). Wenn ein Mitmieter das Mietverhältnis ausdrücklich nur für seine Person kündigt, so liegt darin ein Angebot an den Vermieter auf Abschluß eines Aufhebungsvertrags, der sich auf den auszugswilligen Mitmieter beschränkt (AG Neuss WuM 1986, 339). Wird in einem Formularmietvertrag bestimmt, daß es für die Kündigung durch den Vermieter genügt, wenn sie einem der Mitmieter zugeht, handelt es sich im Hinblick auf § 10 Nr 6 AGBG um eine unwirksame Zugangsfiktion gegenüber den anderen Mitmietern (Bub DWW 1977, 76, 79; Sternel Rz I 362), sofern nicht die näherliegende Annahme begründet ist, daß es sich um eine grundsätzlich wirksame gegenseitige Empfangsvollmacht handelt (vgl KG WuM 1985, 12; OLG Schleswig NJW 1983, 1862; OLG Hamm WuM 1984, 20; Rz 19). 16

**bb)** Aus der Einheitlichkeit des Mietverhältnisses ergibt sich nicht, daß ein **Kündigungsgrund**, der nur in der Person eines von mehreren Mietern oder Vermietern eingetreten ist, die andere Vertragspartei berechtigt, das Mietverhältnis mit Wirkung für und gegen alle anderen Beteiligten zu kündigen. Dies richtet sich nach der gesetzlichen Vorschrift, auf die das Kündigungsrecht gestützt wird, und nach der Ausgestaltung des Vertrags (RGZ 141, 391, 392 f; BGHZ 26, 102, 104 = NJW 1958, 421, 422; OLG Celle MDR 1974, 673; OLG Düsseldorf NJW-RR 1987, 1369, alle zu § 19 KO; OLG Düsseldorf NJW-RR 1987, 1370; LG Darmstadt NJW 1983, 52; LG Düsseldorf WuM 1982, 142 [LS], alle zu § 553; s aber AG Bergheim WuM 1981, 231 zu § 544). 17

**cc)** Die Einheitlichkeit des Mietverhältnisses hat zur Folge, daß die Kündigung bei einer Mehrheit von Beteiligten durch sämtliche Personen der einen Vertragsseite gegenüber allen Personen der anderen Vertragsseite erklärt werden muß. Dabei ist auf seiten der Erklärenden oder Empfänger **Stellvertretung** zulässig. Bei Gesellschaften richtet sich dies nach der vertraglichen oder gesetzlichen Regelung 18

[2] Mot II 413; RGZ 90, 328, 330; BGHZ 26, 102, 103 = NJW 1958, 421; BGH WM 1964, 273, 275; WM 1972, 136, 137; LG Darmstadt WuM 1983, 54; LG Hamburg WuM 1977, 184; LG Hannover ZMR 1987, 18, jeweils für mehrere Mieter; LG Berlin WuM 1979, 25; AG Frankfurt ZMR 1969, 85, jeweils für mehrere Vermieter; RGZ 97, 79, 81; LG Augsburg WuM 1984, 199 (LS); AG Offenbach ZMR 1978, 204, jeweils für mehrere Mieter und Vermieter.

der Vertretung (OLG Hamburg WuM 1978, 120). Für Gemeinschaften ist § 744 maßgebend (LG Berlin WuM 1979, 25). Von der Bevollmächtigung ist eine Abtretung des Kündigungsrechts zu unterscheiden, die in isolierter Form unzulässig ist (Rz 6). Die Erteilung der Vollmacht, eine Kündigung zu erklären oder entgegenzunehmen, ist formlos wirksam (§ 167 Abs 2). Hat der Verwalter des Vermieters für diesen den Mietvertrag unterschrieben, kann daraus nicht ohne weiteres gefolgert werden, daß er auch zur Kündigung bevollmächtigt ist (LG Berlin WuM 1986, 331). Ebensowenig reicht grundsätzlich eine Prozeßvollmacht als Erklärungs- oder Empfangsvollmacht für eine Kündigung aus (LG Berlin WuM 1987, 25; AG Düsseldorf DWW 1986, 247). In der Vereinbarung, daß die Nutzungen eines Grundstücks auf den Erwerber schon vor der Umschreibung im Grundbuch übergehen sollen, und einer entsprechenden Anzeige an den Mieter kann hingegen eine Bevollmächtigung des Erwerbers zur Abgabe und Entgegennahme einer Kündigungserklärung liegen (vgl LG Baden-Baden WuM 1988, 402). Der Kündigungsempfänger kann eine Kündigung jedoch nach § 174 zurückweisen, wenn der Bevollmächtigte ihm keine Vollmachtsurkunde vorlegt (LG Berlin WuM 1979, 25; 1986, 331). Dies steht aber unter dem Vorbehalt des § 242 (AG Darmstadt ZMR 1982, 270). Der Mieter kann deshalb die Kündigung eines Hausverwalters nicht zurückweisen, dessen Bevollmächtigung er während des ganzen Mietverhältnisses anerkannt hat. Ein Rechtsanwalt ist aber kein vergleichbarer ständiger Vertreter, selbst wenn er dem Mieter als Hausanwalt des Vermieters bekannt ist (LG Hamburg WuM 1987, 209). Die Urkunde braucht sich nicht ausdrücklich auf die Kündigung zu beziehen, wenn es sich um eine umfassende Vollmacht handelt (vgl LG München II NJW-RR 1987, 1164). Eine beglaubigte Abschrift ist unzureichend, selbst wenn die Kündigung durch Vermittlung eines Gerichtsvollziehers zugestellt wird (BGH NJW 1981, 1210). Das gleiche gilt für eine unbeglaubigte Kopie der Prozeßvollmacht bei einer Kündigung durch Klageerhebung (AG Friedberg/Hessen WuM 1985, 267 [LS]). Die Zurückweisung der Kündigung wegen fehlender Vollmacht muß vom Kündigungsempfänger klar zum Ausdruck gebracht werden und kann nicht daraus hergeleitet werden, daß er die Kündigung aus anderen Gründen nicht gegen sich gelten lassen will (OLG Hamburg WuM 1978, 120).

**19** Für die *Erklärung im Namen des Vertretenen und die Bevollmächtigung* gelten die allgemeinen Grundsätze. So kann der andere Vertragsteil bei Kündigungserklärungen von einem Ehegatten oder an einen Ehegatten nicht davon ausgehen, daß insoweit ein Handeln namens und in Vollmacht des anderen Ehegatten vorliegt (LG Frankfurt WuM 1961, 37; AG Hamburg WuM 1977, 165), sofern sich dies nicht aus den gesamten Umständen ergibt (LG Mönchengladbach ZMR 1986, 438 u 439). Die Kündigung durch einen oder gegenüber einem Vertreter ohne Vertretungsmacht ist nur im Rahmen des § 180 mit Rückwirkung genehmigungsfähig. Leitet der Vermieter die schriftliche Kündigung des Mietvertrags einem vom Mieter zur Entgegennahme einer solchen Erklärung nicht bevollmächtigten Rechtsanwalt zu, ist die Erklärung dem Mieter zugegangen, sobald der Rechtsanwalt dessen Auftrag annimmt, gegen die Kündigung nicht nur wegen Fehlens einer Empfangsvollmacht, sondern auch wegen Fehlens eines Kündigungsgrundes vorzugehen (vgl BGH NJW 1980, 990). Die Vollmacht, eine Kündigung zu erklären oder entgegenzunehmen, kann im Mietvertrag erteilt werden. Sie kann bereits in einer Vollmacht für Willenserklärungen jeder Art liegen (vgl aber LG Hannover WuM 1988, 259, 260 f), sollte jedoch aus Gründen der Rechtsklarheit besser ausdrücklich auf die Kündigung Bezug nehmen. Mit dieser Maßgabe können die Parteien auch formularmäßig vereinbaren, daß es bei einer Mehrheit von Mietern genügt, wenn die Kündigungserklärung durch den Vermieter gegenüber einem der Mieter abgegeben wird (LG Berlin MDR 1984, 849). Eine weitere Einschränkung ist aber für den Ausspruch der Kündigung durch einen einzelnen Mitmieter geboten. Eine dahin gehende Vollmacht ist in Formularverträgen nach § 9 Abs 1 AGBG unwirksam, weil dadurch der Mietvertrag als Rechtsgrundlage der Vollmacht beseitigt wird (OLG Schleswig NJW 1983, 1862; LG Berlin MDR 1983, 757; Staudinger-Schlosser, AGBG § 9 Rz 41; Sternel Rz IV 10; s aber LG Mönchengladbach ZMR 1986, 439; vgl Mietrecht Rz 23). Die formularmäßige Fiktion einer gegenseitigen Bevollmächtigung ist im übrigen an § 10 Nr 5 AGBG zu messen. Die Schlüsselgewalt des § 1357 deckt nicht die Kündigung eines Mietvertrags (Rz 6).

**d) Teilkündigung**

**aa**) Eine Teilkündigung von **Nebenabreden**, aus denen sich besondere Rechte und Pflichten der Parteien im Rahmen des Mietverhältnisses ergeben, wird allgemein für unzulässig gehalten (LG Aachen ZMR 1989, 227; Mietrecht § 564 Rz 24; BGB-RGRK-Gelhaar § 542 Rz 11; Leyendecker GrundE 1983, 1132). 20

**bb**) Hinsichtlich einzelner **Teile der Mietsache** herrscht die Ansicht vor, daß eine Teilkündigung grundsätzlich unzulässig ist (OLG Schleswig NJW 1983, 49, 51 = 4 in RE Miet; LG Köln ZMR 1967, 269; LG Mannheim MDR 1976, 581; Leyendecker aaO; Roquette § 564 Rz 30, 31; Sternel Rz IV 27; aM RGZ 114, 243, 245 f). Hiernach ist eine Teilkündigung ausgeschlossen bei der Miete von Wohn- und Geschäftsräumen (LG Mannheim aaO), Wohnung und Garage (OLG Karlsruhe NJW 1983, 1499; LG Braunschweig ZMR 1986, 165; LG Mannheim WuM 1980, 134; AG Dortmund NJW-RR 1987, 207; AG Hannover WuM 1989, 6), Hofraum (AG Gelsenkirchen ZMR 1978, 341), Garten (LG Hannover WuM 1982, 83 [LS]), Dachboden (AG Nürnberg WuM 1983, 144) und bei möbliertem Wohnraum hinsichtlich der Möbel (LG Hamburg MDR 1949, 171; LG Wuppertal MDR 1949, 617). Dies kann im Zweifel auch dann angenommen werden, wenn die Garage erst später zu der Wohnung hinzugemietet wird (OLG Karlsruhe aaO; LG Duisburg WuM 1987, 211; AG Augsburg WuM 1987, 25; AG Nürtingen WuM 1987, 157). Tritt der Wohnungsmieter aber in den schon früher von einem Dritten mit demselben Vermieter abgeschlossenen Garagenmietvertrag ein, handelt es sich nicht um ein einheitliches Mietverhältnis (LG Stuttgart WuM 1987, 379). Die Einheitlichkeit eines Mietverhältnisses über Wohnung und Garage hat darüber hinaus zur Folge, daß es nach Aufteilung des Grundstücks in Wohnungs- und Teileigentum von den jeweiligen Erwerbern der Grundstücksteile nur einheitlich und gemeinsam gekündigt werden kann (AG Rastatt WuM 1988, 127). Eine Teilkündigung ist nur anzuerkennen, wenn die Parteien ihre Zulässigkeit vereinbart haben (OLG Schleswig aaO; LG Heidelberg NJW-RR 1987, 658) oder wenn die Zusammenfassung mehrerer Mietobjekte in einem Vertrag nur zufällig ist, die 21 einzelnen Sachen also nicht als rechtlich zusammengehörend vermietet sind (LG Mannheim ZMR 1977, 27; Sternel Rz IV 27). Im übrigen steht den Parteien für eine teilweise Beendigung nur der einverständlich abgeschlossene Mietaufhebungsvertrag zur Verfügung. Fehlt es an der Einheitlichkeit des Mietverhältnisses, stellt sich das Problem der Teilkündigung nicht. Dies ist der Fall, wenn die Parteien der einzelnen Mietverhältnisse nur teilweise identisch sind (LG Hamburg WuM 1986, 338), wenn sie trotz Identität die Einheitlichkeit ausdrücklich ausgeschlossen haben (AG Frankfurt WuM 1986, 254) oder wenn besondere Umstände einen entsprechenden Parteiwillen hinreichend deutlich erkennen lassen (OLG Karlsruhe NJW 1983, 1499). Derartige Umstände können etwa darin liegen, daß die Parteien für Wohnung und Garage eine unterschiedliche Vertragsdauer und abweichende Kündigungsfristen vereinbaren (LG Berlin WuM 1987, 211; aM LG Duisburg WuM 1987, 211).

**4. Form der Kündigung**

22 **a)** Ein **gesetzlicher Formzwang** ist in § 564a Abs 1 S 1 für die Kündigung eines Mietverhältnisses über Wohnraum vorgeschrieben. Eine solche Kündigung bedarf der Schriftform (§ 564a Rz 2 ff). Bei Mietverhältnissen über bewegliche oder andere unbewegliche Sachen wie Grundstücke, Geschäftsräume und Garagen ist die Kündigung formfrei wirksam und kann deshalb mündlich erklärt werden. Insoweit ist auch eine Kündigung durch konkludentes Verhalten möglich, etwa durch Räumung und jedenfalls durch Rückgabe der Schlüssel. Das gleiche gilt für eine Räumungs- und Herausgabeklage, die als Kündigung beurteilt werden kann (BGH NJW 1953, 1391; einschr Sternel Rz IV 43).

23 **b)** Die Parteien können einen **vertraglichen Formzwang** für die Kündigung vereinbaren. Eine wegen Formmangels nichtige Kündigung kann von dem Kündigenden nur durch Neuvornahme und deshalb nicht mit Rückwirkung bestätigt werden (§ 141 Abs 1). Einverständlich können die Parteien den gewillkürten Formzwang für die Zukunft und für die Vergangenheit aufheben, so daß eine an sich nichtige Kündigung doch noch wirksam werden kann (vgl BGH NJW 1968, 32, 33). Haben die Parteien eine Kündigung mittels eingeschriebenen Briefs vereinbart, ist eine Erklärung nicht unwirksam, wenn sie nur als einfacher Brief zugeht, weil durch die Vereinbarung einer bestimmten Übersendungsform im Zweifel nicht eine besondere Wirksamkeitsvoraussetzung aufgestellt, sondern nur eine Beweiserleichterung geschaffen werden soll (RGZ 77, 70; RG WarnR 1916 Nr 46). In Formularverträgen kann die Kündigung nach § 11 Nr 16 AGBG nicht an eine strengere Form als die Schriftform oder an besondere Zugangserfordernisse gebunden werden.

**5. Arten der Kündigung**

**a) Ordentliche Kündigung**

24 Durch die ordentliche Kündigung wird ein auf unbestimmte Zeit eingegangenes Mietverhältnis beendet (Abs 2). Die Wirksamkeit ist davon abhängig, daß bestimmte Kündigungsfristen eingehalten werden (§ 565). Bei einem Mietverhältnis

über Wohnraum müssen zudem die Voraussetzungen des § 564 b erfüllt sein. Im übrigen steht die ordentliche Kündigung unter dem Vorbehalt der unzulässigen Rechtsausübung.

**b) Außerordentliche Kündigung**

Das Gesetz gestattet den Parteien, sich unter bestimmten Voraussetzungen vorzeitig von dem Mietvertrag zu lösen. Dies ist nach den einzelnen Vorschriften entweder unter Einhaltung einer gesetzlichen Frist (§ 565 Abs 5) oder fristlos möglich. In beiden Fällen steht die Kündigung unter dem Vorbehalt der unzulässigen Rechtsausübung. **25**

**aa)** Die **außerordentliche befristete Kündigung** wird gerechtfertigt durch eine wesentliche Veränderung der tatsächlichen Verhältnisse gegenüber der Zeit des Vertragsabschlusses. Einer oder beiden Parteien wird das Recht eingeräumt, sich trotz eines an sich noch länger andauernden, auf bestimmte Zeit abgeschlossenen Mietverhältnisses oder trotz eines vertraglichen Kündigungsausschlusses bzw einer vertraglich oder gesetzlich (§ 565 Abs 2 S 2) nur mit einer längeren als der normalen Frist möglichen ordentlichen Kündigung vorzeitig von dem Mietverhältnis zu lösen. Bei Mietverhältnissen über Wohnraum müssen neben dem besonderen gesetzlichen Kündigungsgrund die Voraussetzungen des § 564 b erfüllt sein (dort Rz 7). **26**

Die außerordentliche befristete Kündigung ist für folgende **Fälle** gesetzlich geregelt: **27**

§ 541 b Abs 2 S 2 – Kündigungsrecht des Mieters bei Wohnungsmodernisierung mit besonderer Frist; § 549 Abs 1 S 2 – Kündigungsrecht des Mieters bei Verweigerung der Erlaubnis zur Untervermietung; § 567 S 1 – Kündigungsrecht beider Vertragsteile bei Mietvertrag über mehr als dreißig Jahre; § 569 Abs 1 – Kündigungsrecht des Erben und des Vermieters bei Tod des Mieters; § 569 a Abs 5 – Kündigungsrecht des Vermieters bei Eintritt von Familienangehörigen in das Mietverhältnis; § 569 a Abs 6 – Kündigungsrecht der Erben und des Vermieters bei Eintritt der Erben in das Mietverhältnis; § 569 b S 3 – Kündigungsrecht des überlebenden Ehegatten bei gemeinschaftlicher Miete; § 570 – Kündigungsrecht des Mieters bei Versetzung; § 1056 – Kündigungsrecht des Eigentümers bei Vermietung durch Nießbraucher über die Dauer des Nießbrauchs hinaus; § 2135 – Kündigungsrecht des Nacherben bei Vermietung durch Vorerben über die Dauer der Vorerbschaft hinaus; § 9 Abs 1 MHRG – Kündigungsrecht des Mieters bei Mieterhöhung mit besonderen Fristen; § 30 Abs 2 ErbbVO – Kündigungsrecht des Grundstückseigentümers bei Erlöschen des Erbbaurechts; § 57 a ZVG – Kündigungsrecht des Erstehers in der Zwangsversteigerung; §§ 31 Abs 3, 37 Abs 3 S 2 WEG – Kündigungsrecht des Erwerbers eines Dauerwohnrechts oder Dauernutzungsrechts in der Zwangsvollstreckung; § 19 KO – Kündigungsrecht des Vermieters und des Konkursverwalters bei Konkurs des Mieters; § 21 Abs 4 S 1 KO, § 57 a ZVG – Kündigungsrecht des Erwerbers eines vom Gemeinschuldner vermieteten oder verpachteten Grundstücks oder eingetragenen Schiffs; § 51 Abs 2 VerglO – Kündigungsrecht des vom Vergleichsverfahren betroffenen Mieters; Art 42 REGAmZ, Art 34 REGBrZ – Kündigungsrecht des Rückerstattungsberechtigten.

28 **bb)** Die **außerordentliche fristlose Kündigung** findet ihren Grund in Leistungsstörungen, die in der Person des einen bzw des anderen Vertragsteils begründet sind, oder in der Unzumutbarkeit, das Vertragsverhältnis weiter fortzusetzen (ROQUETTE § 564 Rz 22). Soweit die gesetzlichen Vorschriften abdingbar sind (s aber § 554 b), können die Parteien die Voraussetzungen enger oder weiter fassen, bestimmte Gründe ausschließen oder für gesetzlich nicht vorgesehene Gründe ein Kündigungsrecht einführen. Es ist möglich, fristlos oder wie im Arbeitsrecht mit einer beliebigen Auslauffrist zu kündigen (LG Frankfurt WuM 1989, 295; STERNEL Rz IV 368).

29 Hierzu zählen folgende **Fälle**, die gesetzlich geregelt sind:
§ 542 – fristlose Kündigung wegen Nichtgewährung des Gebrauchs der Mietsache; § 544 – fristlose Kündigung wegen Gesundheitsgefährdung; § 553 – fristlose Kündigung bei vertragswidrigem Gebrauch durch den Mieter; § 554 – fristlose Kündigung bei Zahlungsverzug des Mieters; § 554 a – fristlose Kündigung bei schuldhaft herbeigeführter Unzumutbarkeit einer Fortsetzung des Mietverhältnisses durch Verletzung von Vertragspflichten, insbesondere durch Störung des Hausfriedens. Über diese gesetzlich geregelten Fälle hinaus wird in stRspr eine fristlose Kündigung aus wichtigem Grund zugelassen, wenn in der Person einer Vertragspartei Umstände eingetreten sind, die es für den anderen Teil unzumutbar erscheinen lassen, das Mietverhältnis fortzusetzen (§ 553 Rz 9 ff).

### 6. Wirkung der Kündigung

30 **a)** Sind die tatbestandlichen Voraussetzungen erfüllt, wird das Mietverhältnis durch die Kündigung beendet. Ob der Tatbestand erfüllt ist, wird grundsätzlich für den Zeitpunkt beurteilt, in dem die Kündigungserklärung wirksam wird. Ein Vermieterwechsel beseitigt deshalb idR nicht die Wirksamkeit einer Kündigung (LG München I WuM 1983, 264; vgl aber § 564 b Rz 29). Die **Beendigung** tritt entweder fristlos oder nach Ablauf der betreffenden Kündigungsfrist ein. Der Mieter muß deshalb auch bei einem vorzeitigen Auszug nach einer Kündigung wegen Eigenbedarfs durch den Vermieter den Mietzins bis zum Ablauf der Kündigungsfrist entrichten, sofern nicht die Voraussetzungen des § 552 S 2 oder 3 vorliegen (AG Wuppertal DWW 1988, 84; aM AG Dortmund WuM 1988, 300).

31 **b)** Die Kündigung ist nach § 138 Abs 1 **nichtig**, wenn sie den anderen Vertragsteil in sittenwidriger Weise schädigen soll oder aus Verärgerung als Vergeltungsmaßnahme für dessen gesetzlich oder vertraglich berechtigtes Verhalten ausgesprochen wird (LG Hamburg WuM 1971, 115; LG Mannheim NJW 1968, 1833). Im übrigen entfaltet die Kündigung keine Wirkung, wenn sie nach § 242 als unzulässige Rechtsausübung zu beurteilen ist.

32 **c)** Ist der Tatbestand für eine bestimmte Kündigung nicht erfüllt, stellt sich die Frage einer **Umdeutung** der Erklärung in eine andere Art der Kündigung.
**aa)** Die Umdeutung einer unwirksamen **außerordentlichen fristlosen Kündigung** in eine ordentliche Kündigung wird von der hM auf der Grundlage des § 140 zugelassen. Dabei wird verbreitet darauf abgestellt, ob die fristlose Kündigung den inneren und äußeren Erfordernissen einer ordentlichen Kündigung entspricht

und erkennbar vom Willen des Kündigenden mit umfaßt ist.[3] Ein Vermieter, der eine fristlose Kündigung ausspricht, wird diese Entscheidung idR nicht ohne Rücksicht auf einen Nachfolgemieter fällen, der schon bereitsteht. Wenn die Kündigung dagegen erst nach Ablauf einer längeren Kündigungsfrist wirksam wird, kann es unsicher sein, ob sich ein Nachfolgemieter finden wird. Es kommt deshalb im jeweiligen Einzelfall auf den Willen des Kündigenden an. Aus der Anwendbarkeit des § 140 folgt aber, daß die Entscheidung nicht davon abhängt, ob der Kündigende bereits im Zeitpunkt der fristlosen Kündigung tatsächlich den Willen hatte, notfalls auch die Rechtsfolgen einer ordentlichen Kündigung herbeizuführen. Es ist vielmehr darauf abzustellen, ob er zumindest hypothetisch diesen Willen gehabt hätte, wenn er die Unwirksamkeit der fristlosen Kündigung gekannt hätte. Eine unwirksame fristlose Kündigung kann auch in ein Angebot zur einvernehmlichen Vertragsaufhebung umgedeutet werden (Rz 39; PALANDT-PUTZO § 564 Anm 3 g).

**bb)** Die Umdeutung einer **ordentlichen Kündigung** in eine außerordentliche 33
fristlose Kündigung kommt in Betracht, wenn bei einem Mietverhältnis über Wohnraum die angegebenen Kündigungsgründe nicht den Tatbestand des § 564 b Abs 2 erfüllen oder die vorhandenen Gründe nicht berücksichtigt werden können, weil sie in dem Kündigungsschreiben nicht angegeben sind. Ferner stellt sich die Frage einer Umdeutung bei sämtlichen Mietverhältnissen, wenn die ordentliche Kündigung vertraglich ausgeschlossen ist (Rz 7 f) oder wenn die ordentliche Kündigung das Mietverhältnis zu dem angegebenen Termin nicht beenden kann, weil die Kündigungsfrist nicht eingehalten wird. Grundlage der Umdeutung ist § 140 (Rz 32). Hinzukommen muß, daß tatsächlich ein gesetzlich anerkannter Grund für eine außerordentliche fristlose Kündigung im Zeitpunkt der Kündigungserklärung vorliegt. Entscheidend ist dann, ob der Kündigende zumindest hypothetisch den Willen gehabt hätte, fristlos zu kündigen, wenn er die Unwirksamkeit der ordentlichen Kündigung gekannt hätte. Unerheblich ist, ob der im Kündigungsschreiben angegebene Grund die ordentliche Kündigung nicht trägt oder ob diese mangels jeglicher Angabe von Kündigungsgründen unwirksam ist. In beiden Fällen ist die Umdeutung auf der Grundlage der hM möglich, da die Angabe eines bestimmten Grundes in der Kündigungserklärung nicht Wirksamkeitsvoraussetzung für die außerordentliche fristlose Kündigung ist (Rz 11).

*Praktisch* wird eine solche Umdeutung zB, wenn eine auf Vertragsverletzungen 34
(§ 564 b Abs 2 Nr 1) gestützte ordentliche Kündigung im Kündigungsschreiben nicht genügend substantiiert ist, der Grund zugleich aber zur außerordentlichen fristlosen Kündigung berechtigt. Ähnliches gilt, wenn Eigenbedarf oder Verhinderung wirtschaftlicher Verwertung (§ 564 b Abs 2 Nr 2, 3) unberechtigt geltend gemacht wird und daneben ein Grund zur außerordentlichen fristlosen Kündigung besteht. Wird bei der Angabe eines bestimmten Kündigungstermins die vorgeschriebene Kündigungsfrist nicht eingehalten, kann die Anwendbarkeit des § 140

[3] BGH NJW 1981, 976; LG Berlin ZMR 1986, 54; LG Düsseldorf DWW 1988, 117; LG Hannover ZMR 1971, 377; LG Mannheim NJW 1970, 328; AG Nürnberg WuM 1983, 261; HERPERS Rz 787; weitergehend HANS § 564 Anm 5 j; aM für Mietverhältnisse über Wohnraum LG Braunschweig BlGBW 1968, 33; LG Gießen ZMR 1975, 114.

damit gerechtfertigt werden, daß die verspätete ordentliche Kündigung jedenfalls für den vorgesehenen Termin wegen eines Mangels im Tatbestand unwirksam ist.

**35** Normalerweise beendet eine verspätete Kündigung das Mietverhältnis zum nächstzulässigen Termin (§ 565 Rz 4), wenn nicht auf der Grundlage des § 140 ein abweichender hypothetischer Wille des Kündigenden festzustellen ist. Ebenso liegt bei einer ordentlichen Kündigung, die wegen eines vertraglichen Ausschlusses des Kündigungsrechts unwirksam ist, ein Mangel im Tatbestand im Sinne des § 140 vor. Allerdings darf das Rechtsgeschäft, in das umgedeutet wird, keine weitergehenden Rechtswirkungen erzeugen als das ursprünglich beabsichtigte Geschäft (BGHZ 19, 269, 275 = NJW 1956, 297, 298; BGHZ 20, 363, 370 f = NJW 1956, 1198, 1200). Die außerordentliche Kündigung kann das Mietverhältnis deshalb nicht zu einem früheren Zeitpunkt beenden, als es bei Wirksamkeit der ordentlichen Kündigung der Fall gewesen wäre. Dieses Ergebnis wird erreicht, wenn bei der Umdeutung eine der gesetzlichen Kündigungsfrist entsprechende Auslauffrist berücksichtigt wird (Mietrecht § 564 b Rz 133; § 565 Rz 78 f). Fraglich bleibt, ob der Umdeutung ein Vertrauensschutz des Mieters entgegensteht. Wer aber einen wichtigen Grund zur Kündigung gesetzt hat, ist grundsätzlich nicht schutzbedürftig. Die Umdeutung führt auch hinsichtlich des § 556 a nicht zu weitergehenden Rechtsfolgen, da dem Mieter nach Abs 4 Nr 2 dieser Vorschrift selbst bei einer ordentlichen Kündigung kein Widerspruchsrecht zugestanden hätte. Die Umdeutung ist deshalb in diesen Fällen als *zulässig* anzusehen.

### 7. Widerruf der Kündigung

**36** a) Der **einseitige Widerruf** einer Kündigung ist nach § 130 Abs 1 S 2 nur möglich, wenn er vorher oder gleichzeitig mit der Kündigungserklärung zugeht. Im übrigen können die Rechtsfolgen einer durch Zugang wirksam gewordenen Kündigung nicht einseitig von dem Kündigenden durch Widerruf beseitigt werden (BayObLG NJW 1981, 2197, 2199; OLG Hamm ZMR 1979, 249; OLG Karlsruhe WuM 1982, 14 m Anm Benstz; Herold GrundE 1986, 107; Zeuner ZMR 1980, 291; differenzierend Starke 57 ff).

**37** b) Die Parteien können den Eintritt der Rechtsfolgen einer wirksam gewordenen Kündigung **einverständlich** beseitigen (BayObLG NJW 1981, 2197, 2199 = 7 in RE Miet). Das Angebot zum Abschluß eines dahin gehenden Vertrags kann in dem Widerruf einer Kündigung gesehen werden. Das gleiche gilt für eine erneute Kündigung zu einem späteren Zeitpunkt (AG Gießen WuM 1986, 254). Der Kündigungsempfänger kann dieses Angebot stillschweigend annehmen (LG Mannheim WuM 1978, 139). Heben die Parteien eine Kündigung vor Ablauf der Kündigungsfrist einverständlich auf, wird nicht ein neuer Mietvertrag abgeschlossen, sondern der bisherige Vertrag bleibt in Kraft (BGH NJW 1974, 1081; OLG Karlsruhe WuM 1982, 14 m Anm Benstz = 12 in RE Miet). Daraus folgt, daß die Schriftform nach § 566 nicht gewahrt zu werden braucht (Roquette § 564 Rz 29 mwN), sofern die Parteien nicht im Wege eines Änderungsvertrags den bisherigen Inhalt des Mietverhältnisses umgestalten (OLG München NJW 1963, 1619). Ist das Mietverhältnis durch die Kündigung bereits beendet worden, kann es durch einverständliche Aufhebung der Kündigungswirkungen nur – wenn auch mit

Rückwirkung – neu begründet werden. Die hM verzichtet auch in diesem Fall auf die Einhaltung der Voraussetzungen des § 566, da es trotz der Beendigung ein unnötiger Formalismus sei, bei Bestehen einer Vertragsurkunde die Errichtung einer neuen Urkunde zu verlangen (OLG Hamburg ZMR 1979, 249; KG HRR 1934 Nr 1014; aM Sternel Rz IV 80). Dieser Auffassung ist nicht zu folgen, da sich die Notwendigkeit des bei einem Neuabschluß zu wahrenden Formalismus aus dem Gesetz ergibt.

## IV. Beendigung aufgrund sonstiger Umstände

### 1. Aufhebungsvertrag

**a)** Die Parteien können ein auf bestimmte oder auf unbestimmte Zeit eingegange- **38**
nes Mietverhältnis durch einen Aufhebungsvertrag zu jedem beliebigen Zeitpunkt beenden. Dieser Vertrag ist im Gesetz nicht geregelt. Seine **Zulässigkeit** beruht auf der Vertragsfreiheit (§ 305). Er muß von den Parteien des Mietverhältnisses abgeschlossen werden. Der Aufhebungsvertrag mit einem Grundstückserwerber zu einem vor der Eintragung im Grundbuch liegenden Zeitpunkt ist deshalb wirkungslos (AG Leverkusen WuM 1986, 252). Der Vermieter kann dem Mieter vertraglich das Recht einräumen, sich durch Benennung eines angemessenen Ersatzmieters von dem Mietvertrag zu lösen. In diesem Fall muß der Vermieter den Mieter von dem Zeitpunkt an, zu dem ihm solche Ersatzmieter angeboten wurden, so stellen, als wenn er weitervermietet hätte (AG Essen WuM 1983, 230 m Anm Röchling). Ob eine Ersatzmieterklausel eine entsprechende Verpflichtung des Vermieters begründet, hängt allerdings von ihrem Inhalt im Einzelfall ab (LG Berlin MDR 1984, 55). Ohne eine derartige Vertragsklausel besteht eine Verpflichtung des Vermieters zum Abschluß eines Aufhebungsvertrags grundsätzlich nicht, selbst wenn der Mieter ihm einen Ersatzmieter benennt (OLG Oldenburg WuM 1981, 125; LG Berlin WuM 1979, 77; LG Darmstadt DWW 1977, 118; LG Mannheim DWW 1977, 186; Gather DWW 1985, 197). Dies gilt vor allem, wenn die restliche Mietzeit nur noch verhältnismäßig kurz ist, zB drei Monate oder weniger (OLG Oldenburg WuM 1982, 124; AG Arnsberg DWW 1988, 213; AG Flensburg DWW 1986, 19), oder wenn der Mieter aufgrund einer freien Entscheidung, die auf Veränderung seiner Wohnungssituation abzielt, das Interesse an der bisherigen Wohnung verloren hat (OLG Karlsruhe NJW 1981, 1741 = 5 in RE Miet). Ausnahmen können sich aus § 242 ergeben (§ 552 Rz 8 ff; Mietrecht § 564 Rz 45 ff; Wichardt ZMR 1982, 161; weitergehend Röchling NJW 1981, 2782). Entscheidend ist, ob ein erhebliches berechtigtes Interesse des Mieters an einer vorzeitigen Vertragsaufhebung das Interesse des Vermieters am Fortbestand des Mietverhältnisses weit überwiegt und als vorrangig anzusehen ist (OLG Hamburg DWW 1987, 71; OLG Karslruhe aaO). Dies ist etwa anzunehmen bei einem berufsbedingten Wohnungswechsel (LG Hamburg DWW 1988, 85; AG Hamburg WuM 1988, 105 [LS]) oder bei Bedarf nach einer größeren Wohnung wegen der bevorstehenden Heirat (LG Hannover WuM 1988, 12) und der Geburt eines Kindes (LG Köln WuM 1989, 283). Dem wird es in der Rspr gleichgestellt, wenn der Mieter in einer anderen Wohnung mit seinem Lebensge-

fährten zusammenziehen will (AG Wiesbaden WuM 1988, 400; offengelassen von LG Wiesbaden WuM 1989, 76). Ebenso kann das Interesse des Mieters überwiegen, eine zwölfmonatige Kündigungsfrist durch Aufhebungsvertrag abzukürzen, wenn der Vermieter gekündigt hat, berechtigte Interessen an der Ausschöpfung der langen Frist nicht ersichtlich sind und die sofortige Weitervermietung ohne weiteres möglich ist (LG Mannheim WuM 1987, 395). Die Verpflichtung zum Abschluß eines Aufhebungsvertrags kann sich auch aus einer besonderen rechtlichen Verbindung zwischen den Parteien ergeben, so etwa zwischen einer Wohnungsbaugenossenschaft und ihren Genossen (LG Hannover MDR 1978, 228).

**38a** Der Mieter muß grundsätzlich eine ausreichende Zahl zumutbarer *Ersatzmietinteressenten* benennen, damit der Vermieter eine Auswahl treffen kann (LG Hamburg WuM 1986, 326 [LS]; AG Halle WuM 1986, 314). Der Mieter übernimmt hierdurch idR aber keine Gewährleistung für die Bonität eines Ersatzmieters (LG Köln WuM 1989, 18). Wenn der Mieter aus persönlichen Gründen vorzeitig aus einem Wohnraummietvertrag entlassen werden will und ein nicht verheiratetes Paar verschiedenen Geschlechts als Ersatzmieter benennt, so ist es dem Vermieter, auch wenn er nicht in demselben Haus und nicht einmal in demselben Ort wohnt, nicht von vornherein verwehrt, dieses Paar nur aus Gründen seiner religiösen Überzeugung zum Nachteil des Mieters abzulehnen. Entscheidend kommt es auf eine Abwägung der beiderseitigen Interessen im Einzelfall an (OLG Hamm NJW 1983, 1564 = 33 in RE Miet). Ist der Ersatzmieter zumutbar, darf der Vermieter die Vertragsübernahme nicht daran scheitern lassen, daß er vom bestehenden Vertrag abweichende, ungünstigere Vertragsbedingungen fordert (LG Frankfurt ZMR 1984, 309; hierzu Schulz ZMR 1985, 8). Wenn der Vermieter nach Treu und Glauben aber nicht verpflichtet ist, einen Aufhebungsvertrag abzuschließen, steht es ihm frei, von einem gleichwohl angebotenen Ersatzmieter einen höheren Mietzins zu verlangen, ohne daß ihm ein Scheitern der Verhandlungen dann angelastet werden kann (OLG Hamburg DWW 1987, 657; LG Trier DWW 1986, 246). Im übrigen ist es rechtsmißbräuchlich, wenn der Vermieter es generell ablehnt, Vorschläge des Mieters hinsichtlich etwaiger Ersatzmieter zu prüfen (AG Gelsenkirchen WuM 1983, 231). Ist der Mieter berechtigt, einen Ersatzmieter zu stellen, so muß der Vermieter beweisen, daß er den Vertragsabschluß mit der angebotenen Person aus triftigen Gründen zurückweisen durfte (AG Köln WuM 1987, 212).

**39** b) Für das **Zustandekommen** des Aufhebungsvertrags gelten die allgemeinen Vorschriften. Der Vertrag kann auch durch schlüssiges Verhalten abgeschlossen werden, wenn sich hieraus eindeutig der Wille der Parteien ergibt, das Mietverhältnis zu beenden (OLG Köln WuM 1962, 137; LG Freiburg WuM 1989, 7; LG Mannheim WuM 1975, 188 u 226; LG Rottweil WuM 1989, 182; AG Leer DWW 1989, 86). So kann aufgrund einer unwirksamen Kündigung (BGH NJW 1981, 43 u 976; LG Freiburg WuM 1983, 289; LG Offenburg WuM 1962, 122; aM AG Offenbach WuM 1989, 7), der mehrfachen Aufforderung, zu räumen und unverzüglich eine andere Wohnung zu nehmen (LG Braunschweig WuM 1983, 138; LG Osnabrück WuM 1984, 2 [LS]), des mit einer Kündigung verbundenen Angebots, auch vorzeitig aus der Wohnung ausziehen zu dürfen (LG Lüneburg WuM 1989, 8) oder des Verlangens auf Zahlung der Miete bis zur Rückgabe der Wohnungsschlüssel (AG Aachen WuM 1975, 209) ein Aufhebungsvertrag zustande kommen. Wird dem Mieter ein dingliches Wohnrecht bestellt, kann darin die konkludente Aufhebung des Mietverhältnisses liegen (OLG Frankfurt WuM 1989, 147). Das bloße Schweigen des Empfängers einer unwirksamen Kündigung reicht aber nicht aus, da er zu einer Antwort nicht verpflichtet ist (BGH NJW 1981, 43; LG Stuttgart ZMR 1967, 9; LG Wuppertal MDR 1972, 694 m Anm Gubelt; anders LG Freiburg WuM 1984, 129). Das gleiche gilt, wenn etwaige Erklärungen des Mieters keinen auf einen Aufhebungsvertrag gerichteten rechtsgeschäftlichen Willen erkennen lassen (OLG Karlsruhe NJW 1982, 54, 56 = 11 in RE Miet; LG Köln WuM 1980, 101). Auch eine Räumung ist nicht ohne weiteres als Einverständnis mit einer unzulässigen Kündigung zu werten, wenn der Mieter nur unter dem vermeintlichen Druck der Kündigung räumt (BGH ZMR 1963, 274; AG Heidelberg WuM 1975, 67). Trägt der Vermieter dem Mieter wegen zukünftigen Eigenbedarfs ohne Einschränkung die vorzeitige Aufhebung des Mietvertrags an, kann der Mieter das Angebot jederzeit annehmen (AG Köln WuM 1987, 145). Haben Ehegatten den Mietvertrag gemeinsam abgeschlossen, kann einer von ihnen nur mit Einverständnis des anderen aus dem Mietverhältnis ausscheiden. Das Einverständnis ist nicht ohne weiteres aus einer mit dem Auszug eines Ehegatten verbundenen Trennung zu folgern (BayObLG WuM 1983, 107 = 15 in RE Miet). Vielmehr müssen alle an dem Mietverhältnis beteiligten Personen bei der Aufhebung rechtsgeschäftlich zusammenwirken (LG Berlin ZMR 1986, 312). Kündigt ein Mitmieter ausdrücklich nur für seine Person, so liegt hierin ein Angebot an den Vermieter auf Abschluß eines Aufhebungsvertrags, der das Mietverhältnis zu dem anderen Mitmieter nicht berührt (AG Neuss WuM 1986, 339). Tauscht der Mieter seine Wohnung gegen eine andere desselben Vermieters, ist idR davon auszugehen, daß eine Kündigungsfrist für das frühere Mietverhältnis nicht einzuhalten ist, sondern daß dieses vereinbarungsgemäß mit dem Bezug der neuen Wohnung endet (AG Kassel WuM 1983, 27 [LS]). Die Darlegungs- und Beweislast für das Zustandekommen trägt derjenige, der hieraus Vorteile für sich herleiten will (LG Freiburg WuM 1989, 7; LG Mannheim WuM 1973, 22). Die Vereinbarung einer pauschalen Unkostenabgeltung durch den Mieter in Höhe einer Monatsmiete für den Fall einer vorzeitigen Vertragsaufhebung ist auch in einem Formularvertrag wirksam (AG Hamburg WuM 1985, 113; AG Lübeck WuM 1985, 114; AG Norderstedt WuM 1985, 112; AG Reinbek WuM 1985, 112; hierzu Blank WuM 1985, 274; aM LG Itzehoe WuM 1989, 176; vgl § 550 a Rz 3).

**c)** Für den Aufhebungsvertrag besteht grundsätzlich **Formfreiheit**, auch wenn der 40
Mietvertrag nach § 566 formbedürftig war. Diese Vorschrift betrifft nur den Abschluß eines Vertrags für längere Zeit als ein Jahr. Haben die Parteien für die Aufhebung des Mietvertrags die Schriftform vereinbart, können sie einverständlich hiervon abweichen, weil sie ein rechtsgeschäftlich aufgestelltes Formerfordernis jederzeit beseitigen können (vgl BGH NJW 1962, 1908; Schmidt-Futterer MDR 1971, 13). Unter den Voraussetzungen des § 566 S 1 besteht hingegen Formzwang für die Vereinbarung, durch die ein Ersatzmieter an die Stelle des bisherigen Mieters tritt (BGHZ 72, 394, 397 = NJW 1979, 369, 370).

**d)** Der Aufhebungsvertrag kann unter der **Bedingung** abgeschlossen werden, daß 41
der Vermieter einen neuen Vertrag mit einem Ersatzmieter abschließt (vgl LG

Mannheim DWW 1977, 42). Verhindert der Vermieter treuwidrig den Eintritt der Bedingung, wird der Aufhebungsvertrag nach § 162 Abs 1 wirksam (LG Köln MDR 1967, 768; LG Mannheim WuM 1967, 163; WuM 1970, 58; AG Köln WuM 1987, 212; WuM 1988, 106 [LS]). Auch wenn ein Aufhebungsvertrag nicht zustande kommt, der Vermieter aber treuwidrig den Vertragsabschluß mit einem Ersatzmieter verhindert, schuldet der Mieter für die restliche Vertragszeit keinen Mietzins mehr. Dieses Ergebnis wird entweder mit Treu und Glauben nach § 242 (LG Köln WuM 1989, 283; AG Hannover WuM 1987, 146) oder mit einem Schadensersatzanspruch aus positiver Vertragsverletzung begründet (LG Köln WuM 1986, 216; AG Köln WuM 1988, 106 [LS]). Der Vermieter hat das Scheitern eines Vertrags mit dem Ersatzmieter nicht zu vertreten, wenn der Abschluß aus Gründen unterbleibt, die in der Sphäre des Ersatzmieters liegen (AG Flensburg DWW 1988, 90).

42 e) **Inhaltlich** können die Parteien in dem Aufhebungsvertrag die Rechte und Pflichten, die sich aus dem Mietvertrag für den Fall der Beendigung ergeben, ändern. Vereinbaren sie die Zahlung einer Abstandssumme durch den Vermieter für die vorzeitige Aufhebung, ist mangels einer besonderen Abrede davon auszugehen, daß der Mieter der ansonsten bestehenden Pflicht, die Schönheitsreparaturen vorzunehmen, nicht nachzukommen braucht (LG Nürnberg-Fürth WuM 1981, 159). Der Zeitpunkt der Beendigung des Mietverhältnisses wird in dem Aufhebungsvertrag bestimmt. Er kann sich aus den gesamten Umständen ergeben. Ist ein Ersatzmieter zu stellen, soll das bisherige Mietverhältnis idR in dem Zeitpunkt enden, in dem der Ersatzmieter in den Vertrag eintritt oder einen neuen Mietvertrag abschließt (vgl LG Berlin WuM 1988, 271).

### 2. Auflösende Bedingung

43 Der Fortbestand eines Mietverhältnisses kann vertraglich von einer auflösenden Bedingung abhängig gemacht werden. Mit dem Eintritt des zukünftigen ungewissen Ereignisses endet das Mietverhältnis nach § 158 Abs 2 (vgl aber zum Mietverhältnis über Wohnraum § 565 a Abs 2).

### 3. Rücktritt

44 a) Die Vorschriften der §§ 346 ff sind bei einem vertraglich **vereinbarten Rücktrittsrecht** uneingeschränkt anwendbar, solange die Mietsache dem Mieter noch nicht überlassen worden ist. Das Rücktrittsrecht kann sich aus einem Handelsbrauch ergeben, so etwa bei Zimmerbestellungen durch ein Reisebüro (OLG Frankfurt BB 1986, 1187). Im übrigen besteht bei der Miete von Hotelzimmern nicht ohne weiteres ein Rücktrittsrecht (Nettesheim BB 1986, 547). Anders kann aufgrund der Vertragsauslegung bei der Bestellung durch Reisebüros zu entscheiden sein (BGH NJW 1977, 385; Nettesheim BB 1989, 1136). Nach Überlassung wird ein vereinbartes Rücktrittsrecht bei Mietverhältnissen über Wohnraum nach § 570 a den Vorschriften über die Kündigung und ihre Folgen unterstellt. Der Rücktritt kann unter einer Bedingung erklärt werden, wenn dadurch für den

Erklärungsempfänger keine unzumutbare Ungewißheit über den neuen Rechtszustand eintritt (vgl BGHZ 97, 264 = NJW 1986, 2245).

**b)** Ein **gesetzliches Rücktrittsrecht** kann sich aus den §§ 325, 326 ergeben (Vorbem 5 ff zu § 537). Vor Überlassung der Mietsache gelten diese Vorschriften uneingeschränkt. Nach Überlassung wird ein Rücktrittsrecht der Parteien aus den §§ 325, 326 generell durch ein Recht zur außerordentlichen fristlosen Kündigung oder durch einen Schadensersatzanspruch aus § 538 verdrängt (Vorbem 10 zu § 537). 45

### 4. Anfechtung

Ein Mietverhältnis erlischt nach § 142 Abs 1, wenn es angefochten wird und ein Anfechtungsgrund besteht. Die Frage, ob und wie lange ein Mietvertrag angefochten werden kann, ist umstritten. Überwiegend wird die Auffassung vertreten, ein Mietvertrag sei auch dann noch mit Rückwirkung anfechtbar, wenn er bereits vollzogen worden sei (RGZ 102, 225, 226; 157, 173, 174; AG Hannover WuM 1983, 142; AG Mainz BlGBW 1981, 139 m abl Anm Weiland; Hille WuM 1984, 292; Schmid DWW 1985, 302). Auch hier sollte jedoch wie beim Rücktritt (Rz 44 f) differenziert werden (Mietrecht § 564 Rz 54 f; LG Köln WuM 1984, 297; AG Gelsenkirchen/Buer WuM 1984, 299; AG Köln WuM 1981, 228; Weimar ZMR 1982, 196). Als Anfechtungsgrund kommt vor allem eine arglistige Täuschung nach § 123 in Betracht, wenn der Mieter bei den Vertragsverhandlungen auf Befragen wider besseres Wissen vorsätzlich falsche Angaben über seine finanzielle Lage macht (AG Bremerhaven DWW 1987, 364; AG Miesbach WuM 1987, 379). Befindet sich der Mietinteressent in besonders schlechter finanzieller Lage, besteht für ihn eine Aufklärungspflicht gegenüber dem Vermieter, so daß die Täuschung durch Unterlassen begangen wird (AG Frankfurt DWW 1988, 89; AG Stuttgart-Bad Canstatt WuM 1986, 331). In diesen Fällen kann sich ein Anfechtungsgrund auch aus § 119 Abs 2 ergeben, wenn der Mieter bereits nach § 807 ZPO eine eidesstattliche Versicherung über sein Vermögen leisten mußte (AG Hagen WuM 1984, 296; vgl aber LG Ravensburg WuM 1984, 297). Eine arglistige Täuschung durch den Vermieter ist möglich, wenn er die Ertragslage des Mietobjekts übertrieben günstig angibt (vgl OLG Düsseldorf ZMR 1988, 462). Tatsachen, die für das Mietverhältnis unerheblich sind, begründen keine Anfechtung (AG Kaiserslautern WuM 1987, 378). 46

### 5. Unmöglichkeit der Gewährung des vertragsmäßigen Gebrauchs

Ein Mietverhältnis findet nach den §§ 275 Abs 1, 323 Abs 1 sein Ende, wenn es dem Vermieter ohne Verschulden einer der Parteien unmöglich wird, dem Mieter den vertragsmäßigen Gebrauch zu gewähren (RGZ 146, 60, 64). Hat eine der Parteien die Unmöglichkeit zu vertreten, erlischt zwar die Erfüllungspflicht des Vermieters, im übrigen besteht das Mietverhältnis aber mit verändertem Inhalt fort und kann Schadensersatzansprüche oder ein Rücktrittsrecht auslösen (BGH NJW 1974, 1551; NJW 1976, 1506). 47

### 6. Wegfall der Geschäftsgrundlage

48 Bei einem Wegfall der Geschäftsgrundlage tritt für Mietverhältnisse an die Stelle des Rücktrittsrechts ein Recht zur Kündigung aus wichtigem Grund, soweit eine Aufrechterhaltung des Vertrags unter Anpassung der Vereinbarung wegen Unzumutbarkeit ausscheidet (Vorbem 13 ff zu § 537; BGH ZMR 1973, 378, 379; LG Berlin WuM 1986, 251). Umstände, die in den Risikobereich einer Partei fallen, sind hierfür unzureichend (BGH WM 1981, 66; LG Frankfurt DWW 1986, 45; vgl JOACHIM BB 1988, 779). Die Vollvermietung eines neuen Einkaufszentrums und ein dadurch angezogener breiter Kundenstrom können Geschäftsgrundlage eines Ladenmietvertrags sein (OLG Koblenz NJW-RR 1989, 400).

### 7. Weitere Umstände

49 Bei einem Erwerb des Eigentums oder Nießbrauchs durch den Mieter erlischt der Mietvertrag, da für das kraft Gesetzes zustehende Gebrauchsrecht kein Entgelt mehr zu zahlen ist (RGZ 49, 285, 286). Wenn ein Dauerwohnberechtigter oder Dauernutzungsberechtigter die seinem Recht unterliegenden Gebäude- oder Grundstücksteile vermietet oder verpachtet hat, erlischt das Miet- oder Pachtverhältnis zugleich mit dem Dauerwohnrecht oder Dauernutzungsrecht (§§ 37 Abs 1, 31 Abs 3 WEG). Bei Veräußerung oder Heimfall des Rechts gilt § 571 (§§ 37 Abs 2 u 3 S 1, 31 Abs 3 WEG). Da der Erwerber eines vermieteten Grundstücks nach § 571 kraft Gesetzes aufgrund selbständigen Rechts und nicht als Rechtsnachfolger des Vermieters in ein bestehendes Mietverhältnis eintritt (BGH NJW 1962, 1388, 1390), erlischt grundsätzlich das Mietverhältnis mit dem bisherigen Vermieter. Für gewisse Ansprüche des Mieters haftet der frühere Vermieter weiterhin (§ 571 Rz 25). Mit dem Ende einer juristischen Person ist der Mietvertrag beendet, soweit keine Gesamtrechtsnachfolge durch Umwandlung oder Verschmelzung stattfindet (RG HRR 1942 Nr 257). Nach § 61 BauGB kann ein Mietverhältnis durch den Umlegungsplan als Verwaltungsakt im Umlegungsverfahren aufgehoben werden, ohne daß die Vorschriften über Kündigungsfristen oder Kündigungsschutz eingreifen.

## § 564 a

**(1) [1]Die Kündigung eines Mietverhältnisses über Wohnraum bedarf der schriftlichen Form. [2]In dem Kündigungsschreiben sollen die Gründe der Kündigung angegeben werden.**
**(2) Der Vermieter von Wohnraum soll den Mieter auf die Möglichkeit des Widerspruchs nach § 556 a sowie auf die Form und die Frist des Widerspruchs rechtzeitig hinweisen.**
**(3) Diese Vorschriften gelten nicht für Wohnraum, der zu nur vorübergehendem Gebrauch vermietet ist, und für Mietverhältnisse der in § 565 Abs. 3 genannten Art.**

**Schrifttum:** Becker, Gestaltungsrecht und Gestaltungsgrund, AcP 188 (1988), 24; Deggau, Die Kündigung von Wohnraum im Prozeß, ZMR 1982, 291; Glaser, Das Kündigungsrecht des Wohnungsvermieters, ZMR 1978, 321; Nassall, Schriftformerfordernisse im Wohnraummietrecht, MDR 1985, 893; Schmid, Die Beendigung von Mietverhältnissen über Wohnraum, DWW 1981, 283; ders, Kündigung eines Mietverhältnisses über Wohnraum durch Klageerhebung, WuM 1981, 171; ders, Die Schriftform im Mietrecht, DWW 1985, 38; Spangenberg, Die Kündigung von Wohnraummiete im Prozeß, MDR 1983, 807; Sternel, Die Beendigung des Wohnraummietverhältnisses, ZMR 1986, 181 u 1988, 201; ders, Die Pflicht zur Begründung der Kündigung im Mietrecht, in: FS Seuß (1987), 281; Weimar, Genügt eine Räumungsklage den Erfordernissen der schriftlichen Kündigung iS des § 564 a BGB? WuM 1969, 199; ders, Zweifelsfragen zur Belehrungspflicht bei Vermieterkündigung, WuM 1969, 177.

**Übersicht**



## I. Allgemeines

1 Die Vorschrift regelt als Teil des sozialen Mietrechts Einzelfragen der Kündigung eines Mietverhältnisses über Wohnraum. Das Erfordernis der Schriftform nach Abs 1 S 1 soll mündlichen Kündigungen vorbeugen, die nur aus einer augenblicklichen Gefühlsreaktion heraus erklärt werden. Durch die Angabe der Kündigungsgründe nach Abs 2 S 2 wird sichergestellt, daß der Mieter zum frühestmöglichen Zeitpunkt Klarheit über seine Rechtsstellung gewinnt. Der Vermieter soll zur genaueren Prüfung veranlaßt werden, damit unmotivierte und willkürliche Kündigungen nach Möglichkeit ausgeschlossen werden. Die Regelung des Abs 2 zur Belehrung über die Widerspruchsmöglichkeit soll dem rechtsunkundigen Mieter zu den Rechten verhelfen, die ihm aufgrund des § 556 a zustehen.

## II. Schriftliche Kündigung

### 1. Schriftform der Kündigungserklärung (Abs 1 S 1)

#### a) Voraussetzungen

2 **aa)** Die Vorschrift gilt nur für die Kündigung eines **Mietverhältnisses über Wohnraum** (Vorbem 12 zu §§ 535, 536; § 556 a Rz 3). Damit werden die ordentliche, die außerordentliche befristete und die außerordentliche fristlose Kündigung

in gleicher Weise erfaßt (§ 564 Rz 24 ff; einschr MünchKomm-Voelskow § 544 Rz 10; s auch AG Coesfeld WuM 1986, 326 [LS]). Da ein Mietverhältnis mit Verlängerungsklausel gem § 565 a Abs 1 nach den Vorschriften des § 565 gekündigt werden muß, ergibt sich hieraus unabhängig von der rechtlichen Qualifizierung der Erklärung, daß § 564 a unmittelbar anwendbar ist. Der Formzwang des Abs 1 S 2 erstreckt sich nicht auf andere Arten der Beendigung eines Mietverhältnisses durch rechtsgeschäftliche Erklärungen (§ 564 Rz 38 ff).

3 **bb)** Die **Schriftform** ist nach § 126 Abs 1 gewahrt, wenn die Kündigungserklärung in einer Urkunde enthalten ist, die der Kündigende eigenhändig durch Namensunterschrift oder mittels notariell beglaubigten Handzeichens unterzeichnet hat. Eine mechanische oder faksimilierte Unterschrift reicht nicht aus (AG Dortmund ZMR 1967, 15). Das gleiche gilt für ein Telegramm (Sternel Rz IV 43). Die schriftliche Form wird nach § 126 Abs 3 durch die notarielle Beurkundung ersetzt. Bei einem gerichtlichen Vergleich bildet nach § 127 a die Aufnahme der Erklärungen in ein Gerichtsprotokoll den Ersatz für die notarielle Beurkundung. Unzureichend ist es, wenn die Kündigung im Verhandlungstermin nur zu Protokoll erklärt wird (LG Berlin ZMR 1982, 238; AG Münster WuM 1987, 273 [LS]). Die abweichende Ansicht (Spangenberg MDR 1983, 807, 808) berücksichtigt nicht, daß § 127 a nur die Protokollierung eines Vergleichs betrifft. Das Wort „Kündigung“ braucht in der schriftlichen Erklärung nicht verwendet zu werden. Es genügt, wenn darin eindeutig zum Ausdruck kommt, daß der Erklärende das Mietverhältnis beenden will (§ 564 Rz 10).

4 Durch das Erfordernis der Schriftform sind einer Kündigung durch **konkludentes Verhalten** bei Mietverhältnissen über Wohnraum gewisse Grenzen gezogen. Eine solche Kündigung ist nur möglich, wenn dem Formerfordernis genügt wird. Dies ist vor allem bei schriftlicher Klageerhebung, Anmeldung im Konkurs und ähnlichen Rechtsakten möglich, soweit die Erklärung durch Zugang beim Kündigungsempfänger wirksam wird (LG Hamburg MDR 1974, 584). Bei der Kündigung durch Klageerhebung muß der Beklagte eindeutig erkennen können, daß neben der Prozeßhandlung eine materiell-rechtliche Willenserklärung abgegeben werden soll (BayObLG NJW 1981, 2197 = 7 in RE Miet; LG Mannheim WuM 1982, 27 [LS]). Beide Erklärungen fallen nicht notwendig zusammen (LG Hamburg aaO). Unabhängig von der Klageerhebung kann auch ein weiteres Vorbringen in dem Rechtsstreit eine Kündigung darstellen, wenn die andere Partei hieraus unmißverständlich auf einen Kündigungswillen schließen kann (BGH ZMR 1957, 264; Deggau ZMR 1982, 291). Um den Formzwang zu erfüllen, ist aber die Zustellung einer vom Erklärenden unterzeichneten Abschrift des Schriftsatzes erforderlich. Die Zustellung einer nur beglaubigten Abschrift von Anwalt zu Anwalt oder von Amts wegen nach den §§ 198, 208 ff ZPO genügt nicht (BGH WuM 1987, 209). Beglaubigte Kopien reichen nach der neueren Rspr aus, wenn der Kündigende den Prozeß als Rechtsanwalt selbst führt oder wenn er als Prozeßbevollmächtigter der kündigenden Partei den Beglaubigungsvermerk auf der dem Gegner zugestellten Abschrift des Schriftsatzes unterschrieben hat.[1]

[1] BGH WuM 1987, 209; OLG Hamm NJW 1982, 452 = 12 in RE Miet; OLG Zweibrücken OLGZ 1981, 350 = WuM 1981, 177 = 1 in RE Miet; LG Berlin WuM 1978, 119;

Das Erfordernis der Schriftform muß auch bei der Kündigung durch einen **Vertreter** erfüllt sein (vgl Rz 4). Die Erteilung einer dahin gehenden Vollmacht ist nach § 167 Abs 2 grundsätzlich nicht formbedürftig (LG Wiesbaden WuM 1967, 184; aM AG Frankfurt ZMR 1969, 86). Eine unwiderrufliche Vollmacht zur Kündigung unterliegt dagegen dem Formzwang, da sie den Vollmachtgeber endgültig bindet (aM PERGANDE § 564 a Anm 3). Der Schutz des Kündigungsempfängers wird dadurch gewährleistet, daß die Kündigung nach § 174 S 1 unwirksam ist, wenn der Bevollmächtigte keine Vollmachtsurkunde vorlegt und der Empfänger die Kündigung aus diesem Grunde unverzüglich zurückweist (§ 564 Rz 18). Die Vorlage einer Fotokopie ist unzureichend (AG Friedberg/Hessen WuM 1985, 267 [LS]). In diesem Fall läßt auch die nachfolgende Aufforderung zur Einsichtnahme in die bei dem Bevollmächtigten vorliegende Vollmachtsurkunde die Kündigung nicht wirksam werden (LG Mannheim WuM 1976, 207). **5**

**b) Rechtsfolgen**

**aa)** Ein Verstoß gegen den Formzwang macht die Kündigung nach § 125 S 1 nichtig. Die **Nichtigkeit** ist unheilbar. Die Kündigung muß ggf unter Einhaltung etwaiger Kündigungsfristen wiederholt werden. Ein Formmangel kann nach § 242 ausnahmsweise unbeachtlich sein, wenn der Kündigungsempfänger in Kenntnis der Rechtslage den Kündigenden arglistig davon abgehalten hat, die schriftliche Form zu wahren. **6**

**bb)** Ist der Kündigungsempfänger trotz eines Formmangels der Kündigung mit der Beendigung des Mietverhältnisses einverstanden, kann dadurch ein **Mietaufhebungsvertrag** zustande kommen, der formlos wirksam ist. Dies setzt voraus, daß sich der Kündigungsempfänger nicht lediglich in Unkenntnis der unwirksamen Kündigung beugt, sondern das Bewußtsein hat, eine rechtgeschäftliche Erklärung abzugeben (§ 564 Rz 39).

**2. Angabe der Kündigungsgründe (Abs 1 S 2)**

**a) Voraussetzungen**

**aa)** Nach Abs 1 S 2 sollen in dem Kündigungsschreiben die Gründe der Kündigung angegeben werden. Es handelt sich um eine **Sollvorschrift**, durch die kein allgemeiner Begründungszwang für die Kündigung eines Mietverhältnisses über Wohnraum aufgestellt wird. Sie geht nach dem ihr zugrunde liegenden Zweck, den Mieter zu schützen, von einer Kündigung durch den Vermieter aus, gilt ihrem Wortlaut nach aber auch für eine Kündigung durch den Mieter. **7**

**bb)** Das Gesetz läßt offen, wie **ausführlich** die Kündigungsgründe anzugeben sind. Dies ist von dem maßgebenden Zweck der Vorschrift her zu bestimmen, dem Mieter Klarheit über seine Rechtsstellung und die Erfolgsaussicht von Verteidigungsmöglichkeiten zu verschaffen (LG Göttingen WuM 1984, 133). Liegen mehrere Kündigungsgründe vor, sind sie sämtlich anzugeben. Der einzelne Kün- **8**

---

weitergehend SPANGENBERG MDR 1983, 807; differenzierend BayObLG aaO; DEGGAU ZMR 1982, 291, 293; aM LG Hamburg WuM 1977, 184; LG Karlsruhe MDR 1978, 672; SCHMID WuM 1981, 171; Mietrecht § 564 a Rz 12.

digungsgrund ist dabei so genau zu bezeichnen, daß der Mieter seine Rechtsverteidigung darauf einstellen kann. Dies ist ihm nur möglich, wenn er die zugrunde liegenden Tatsachen kennt (einschr BayObLG NJW 1981, 2197, 2199 = 7 in RE Miet). Eine schlagwortartige Angabe der Gründe ist unzureichend.

9 **cc)** Das Problem des **Nachschiebens von Kündigungsgründen** tritt bei der ordentlichen und der außerordentlichen Kündigung eines Mietverhältnisses über Wohnraum in gleicher Weise auf.

**α)** Bei der **außerordentlichen fristlosen Kündigung** kommt es darauf an, daß ein Kündigungsgrund im Zeitpunkt des Zugangs der Kündigungserklärung besteht (§ 564 Rz 11). Erweist sich ein in dem Kündigungsschreiben angegebener Grund als nicht gegeben, können grundsätzlich andere, mit der Kündigungserklärung noch nicht bekanntgegebene Gründe nachgeschoben werden, sofern sie zur Zeit des Ausspruchs bereits vorhanden waren (OLG Karlsruhe NJW 1982, 2004 = 19 in RE Miet; vgl BGHZ 27, 220 = NJW 1958, 1136; BGH NJW 1987, 432, 433; aM Sternel Rz IV 30, 366; ders, in: FS Seuß, 281). Treu und Glauben können allerdings eine Beschränkung auf den zunächst angegebenen Kündigungsgrund erfordern (BGHZ 27, 220, 225 = NJW 1958, 1136, 1137). Das Nachschieben von Kündigungsgründen verstößt zwar gegen die Sollvorschrift des Abs 1 S 2. Dieser Verstoß bleibt aber ohne Rechtsfolgen.

10 **β)** Bei der **ordentlichen und der außerordentlichen befristeten Kündigung** ist das Nachschieben von Gründen wegen Abs 1 S 2 grundsätzlich ausgeschlossen. Dies beschränkt sich auf eine Kündigung durch den Vermieter, da das Gesetz nur für diesen Fall Sanktionen an die fehlende Angabe von Kündigungsgründen knüpft (Rz 11).

**b) Rechtsfolgen**

11 Abs 1 S 2 ist eine Norm, die keine selbständige Rechtsfolge für einen Verstoß vorsieht. Die Rechtsfolgen ergeben sich aus anderen Vorschriften und bestehen zum einen darin, daß nach § 564 b Abs 3 als berechtigte Interessen des Vermieters an einer Beendigung des Mietverhältnisses nur die in dem Kündigungsschreiben angegebenen Gründe berücksichtigt werden, soweit sie nicht nachträglich entstanden sind (§ 564 b Rz 80 ff). Hieraus kann sich ergeben, daß eine Kündigung in vollem Umfang unberechtigt und damit unwirksam ist. Zum anderen sind im Rahmen eines Widerspruchs des Mieters gegen eine Kündigung bei der Würdigung der berechtigten Interessen des kündigenden Vermieters nur die in dem Kündigungsschreiben angegebenen Gründe zu berücksichtigen, soweit nicht die Gründe nachträglich entstanden sind (§ 556 a Abs 1 S 3; dort Rz 27).

## III. Belehrung über den Widerspruch nach § 556 a (Abs 2)

### 1. Voraussetzungen

12 **a)** Nach Abs 2 soll der Vermieter von Wohnraum den Mieter auf die Möglichkeit, der **Kündigung** nach § 556 a zu widersprechen, und auf Form und Frist des Widerspruchs rechtzeitig hinweisen. Damit sind die ordentliche und die außeror-

dentliche befristete Kündigung gemeint, da sich nur insoweit ein Widerspruchsrecht ergeben kann. Die Vorschrift gilt nicht für die außerordentliche fristlose Kündigung, bei der ein Widerspruchsrecht ausgeschlossen ist (§ 556a Abs 4 Nr 2). Da der Ausschluß auch eingreift, wenn der Vermieter statt dessen den Weg der ordentlichen Kündigung wählt (§ 556a Rz 35), kann in diesem Fall von der Belehrungspflicht abgesehen werden. Nach dem Zweck der Vorschrift ist es ferner geboten, die Belehrungspflicht bei einer Beendigung des Mietverhältnisses durch Zeitablauf eintreten zu lassen (Hans § 564a Anm 3; Weimar WuM 1969, 177; aM MünchKomm-Voelskow § 564a Rz 9). Der Mieter ist in diesem Fall in gleicher Weise schutzbedürftig, seinen Anspruch auf Fortsetzung nach § 556b nicht infolge Rechtsunkenntnis zu verlieren.

b) Eine **Belehrung über die Möglichkeit des Widerspruchs** ist gegeben, wenn der 13
Vermieter den Mieter darauf hinweist, daß er der Kündigung oder der Beendigung des Mietverhältnisses durch Zeitablauf widersprechen und eine Fortsetzung verlangen kann. Dabei brauchen nicht die Worte des Gesetzes verwendet zu werden. Es genügt, daß der Mieter über seine Rechte aus den §§ 556a, 556b aufgeklärt wird. Über die einzelnen Voraussetzungen für eine Fortsetzung des Mietverhältnisses braucht der Mieter dagegen nicht unterrichtet zu werden. Der Vermieter genügt seiner Obliegenheit, wenn er im Kündigungsschreiben auf den auf der Rückseite abgedruckten Wortlaut des § 556a hinweist (LG Rottweil ZMR 1980, 183 m krit Anm Glaser). Der bloße rückseitige Abdruck ist jedoch unzureichend, weil dabei die Gefahr besteht, daß der Mieter dies übersieht.

c) Eine **Belehrung über Form und Frist des Widerspruchs** ist erteilt, wenn der 14
Mieter erfahren hat, daß die schriftliche Form einzuhalten ist und daß die Erklärung spätestens zwei Monate vor der Beendigung des Mietverhältnisses dem Vermieter zugehen muß (§ 556a Abs 5 S 1, Abs 6 S 1).

d) Die Belehrung soll so **rechtzeitig** erteilt werden, daß der Mieter für einen 15
Widerspruch die Frist aus § 556a Abs 6 S 1 wahren kann. Die Belehrung braucht nicht schon im Kündigungsschreiben enthalten zu sein und unterliegt deshalb nicht dem Schriftformerfordernis des Abs 1 S 1. Wenn der Mieter auch durch die außerprozessuale Erhebung eines Widerspruchs noch kein unmittelbares Prozeßrisiko eingeht, muß ihm doch die Möglichkeit bleiben, sich vorher vor allem wegen der Interessenabwägung des § 556a beraten zu lassen. Sofern dies nicht gewährleistet ist, weil die Belehrung erst kurz vor Ablauf der Widerspruchsfrist erteilt wird, ist sie nicht rechtzeitig. Die Belehrung kann nicht im voraus erteilt werden, etwa schon im Mietvertrag (Sternel Rz IV 111) oder vor Ausspruch der Kündigung (AG Hamburg-Altona MDR 1971, 138).

## 2. Rechtsfolgen

Die Rechtsfolge ergibt sich nicht aus Abs 2, sondern besteht nach § 556a Abs 6 S 2 16
(dort Rz 39) darin, daß der Mieter für die Erhebung des Widerspruchs nicht an die Frist von zwei Monaten vor Beendigung des Mietverhältnisses gebunden ist. Er kann den Widerspruch noch im ersten Termin des Räumungsrechtsstreits erklären.

### IV. Ausnahmetatbestände (Abs 3)

17 Die Vorschriften gelten nach Abs 3 nicht für Wohnraum, der zu nur vorübergehendem Gebrauch vermietet ist (§ 556 a Rz 54 ff), und für Mietverhältnisse der in § 565 Abs 3 genannten Art, nämlich für möblierten Wohnraum als Teil der vom Vermieter selbst bewohnten Wohnung, wenn der Wohnraum nicht zum dauernden Gebrauch für eine Familie überlassen ist (§ 565 Rz 29 ff).

### V. Unabdingbarkeit

18 Im Gegensatz zu anderen Schutzvorschriften über Wohnraummietverhältnisse enthält § 564 a keinen ausdrücklichen Hinweis auf die zwingende Natur. Gleichwohl wird allgemein angenommen, daß die Parteien grundsätzlich keine abweichenden Vereinbarungen treffen können (Palandt-Putzo § 564 a Anm 1c). Zwingend ausgeschlossen sind aber nur Vereinbarungen zum Nachteil des Mieters. Abweichungen zugunsten des Mieters sind möglich. In Formularverträgen darf die Kündigungserklärung nach § 11 Nr 16 AGBG nicht an eine strengere Form als die Schriftform oder an besondere Zugangserfordernisse gebunden werden.

## § 564 b

**(1) Ein Mietverhältnis über Wohnraum kann der Vermieter vorbehaltlich der Regelung in Absatz 4 nur kündigen, wenn er ein berechtigtes Interesse an der Beendigung des Mietverhältnisses hat.**

**(2) [1]Als ein berechtigtes Interesse des Vermieters an der Beendigung des Mietverhältnisses ist es inbesondere anzusehen, wenn**

**1. der Mieter seine vertraglichen Verpflichtungen schuldhaft nicht unerheblich verletzt hat;**

**2. der Vermieter die Räume als Wohnung für sich, die zu seinem Hausstand gehörenden Personen oder seine Familienangehörigen benötigt. [2]Ist an den vermieteten Wohnräumen nach der Überlassung an den Mieter Wohnungseigentum begründet und das Wohnungseigentum veräußert worden, so kann sich der Erwerber auf berechtigte Interessen im Sinne des Satzes 1 nicht vor Ablauf von drei Jahren seit der Veräußerung an ihn berufen;**

**3. der Vermieter durch die Fortsetzung des Mietverhältnisses an einer angemessenen wirtschaftlichen Verwertung des Grundstücks gehindert und dadurch erhebliche Nachteile erleiden würde. [2]Die Möglichkeit, im Falle einer anderweitigen Vermietung als Wohnraum eine höhere Miete zu erzielen, bleibt dabei außer Betracht. [3]Der Vermieter kann sich auch nicht darauf berufen, daß er die Mieträume im Zusammenhang mit einer beabsichtigten oder nach Überlassung an den Mieter erfolgten Begründung von Wohnungseigentum veräußern will.**

**(3) Als berechtigte Interessen des Vermieters werden nur die Gründe berücksich-**

**tigt, die in dem Kündigungsschreiben angegeben sind, soweit sie nicht nachträglich entstanden sind.**

**(4) [1]Bei einem Mietverhältnis über eine Wohnung in einem vom Vermieter selbst bewohnten Wohngebäude mit nicht mehr als zwei Wohnungen kann der Vermieter das Mietverhältnis kündigen, auch wenn die Voraussetzungen des Absatzes 1 nicht vorliegen. [2]Die Kündigungsfrist verlängert sich in diesem Fall um drei Monate. [3]Dies gilt entsprechend für Mietverhältnisse über Wohnraum innerhalb der vom Vermieter selbst bewohnten Wohnung, sofern der Wohnraum nicht nach Absatz 7 von der Anwendung dieser Vorschriften ausgenommen ist. [4]In dem Kündigungsschreiben ist anzugeben, daß die Kündigung nicht auf die Voraussetzungen des Absatzes 1 gestützt wird.**

**(5) Weitergehende Schutzrechte des Mieters bleiben unberührt.**

**(6) Eine zum Nachteil des Mieters abweichende Vereinbarung ist unwirksam.**

**(7) Diese Vorschriften gelten nicht für Mietverhältnisse:**

**1. über Wohnraum, der zu nur vorübergehendem Gebrauch vermietet ist,**

**2. über Wohnraum, der Teil der vom Vermieter selbst bewohnten Wohnung ist und den der Vermieter ganz oder überwiegend mit Einrichtungsgegenständen auszustatten hat, sofern der Wohnraum nicht zum dauernden Gebrauch für eine Familie überlassen ist,**

**3. über Wohnraum, der Teil eines Studenten- oder Jugendwohnheims ist.**

**Schrifttum:** Barthelmess-Barthelmess, Zur Interessenabwägung im Rahmen berechtigter Interessen iSv § 564 b BGB, ZMR 1988, 211; Bartsch, Probleme der Zwischenmietverhältnisse über Wohnräume, ZMR 1983, 256; Beuermann, Sanierung als Kündigungsgrund, ZMR 1979, 97; Blank, Anmerkung zum Rechtsentscheid des Hanseatischen OLG vom 10. 12. 1985 – 4 U 88/85 – (WM 1986, 51), WuM 1986, 47; ders, Die ordentliche befristete Kündigung des Vermieters von Wohnraum bei schuldhaften Vertragsverletzungen des Mieters. Zur Konkretisierung des § 564 b II Nr. 1 BGB, WuM 1979, 137; ders, Der Kündigungstatbestand des Eigenbedarfs nach dem Urteil des Bundesverfassungsgerichts vom 14. 2. 1989, WuM 1989, 157; ders, Mieterschutz bei Umwandlung von Miet- in Eigentumswohnungen, in: FS Bärmann u Weitnauer (1985), 87; Brunn, Das Vertragsverhältnis des Untermieters nach Beendigung des gewerblichen Hauptmietvertrages, WuM 1988, 386; Crezelius, Untermiete und Mieterschutz, JZ 1984, 70; Derleder, Ist der gesetzliche Kündigungsschutz unverzichtbar? in: Partner im Gespräch, Bd 26 (1987), 27; ders, Der Mehrbedarf des Eigentums, WuM 1989, 217; ders, Mietrecht ohne Kündigungsschutz? WuM 1987, 171; Eekhoff-Werth, Auswirkungen des Zweiten Wohnraumkündigungsschutzgesetzes (2. Aufl 1978); Finger, Die Kündigung des Vermieters nach § 564 b BGB, ZMR 1988, 401; Gallwas, Zweckentfremdungsgenehmigung und Mieterschutz, BayVBl 1982, 737; Gather, Die Beendigung des Mietverhältnisses über Wohnraum im Lichte der Rechtsentscheide, DWW 1986, 58; ders, Mietrechtliche Fragen bei der gewerblichen Zwischenvermietung, DWW 1988, 131; Gursky, Kündigungsschutz zwischen Wohnungseigentümer und Untermieter? JR 1983, 265; Haake, Kündigungsschutz für Zweit-, Ferien- und Wochenendwohnungen? NJW 1985, 2935; Hablitzel, Zur Anwendbarkeit von § 564 b BGB bei einer Kündigung nach § 569 BGB, ZMR 1984, 289; Hagmann, Nochmals: Mieterschutz und gewerbliche Zwischenvermietung, NJW 1989, 822; Henschel, Eigentumsgewährleistung und Mieterschutz, NJW 1989, 937; Hille, Bauherrenmodell gegen Mieterschutz? WuM 1983, 46; Jakobs, Wohnraummiete bei Anmietung von Wohnungen zwecks Weitervermietung zu Wohnzwecken? ZMR 1981, 295; Kinne, Die Kündigung eines Mietverhältnisses über Wohnraum, GrundE 1987, 1182; KORFF, Das Kündigungsrecht bei Einliegerwohnungen, GrundE 1983, 740; ders, Verfahren bei Vorliegen mehrerer Kündigungsgründe, GrundE 1987, 422; LAMMEL, Besondere Probleme des § 564 b BGB in der gerichtlichen Praxis, BlGBW 1982, 165; ders, Zur Zukunft des sozialen Mietrechts, JZ 1986, 832; LECHNER, Analoge Anwendung der Sperrklausel des § 564 b II Nr. 2 BGB, WuM 1982, 36; ders, Studenten sind auch Mieter! WuM 1983, 71; LORENZ, Umwandlung von öffentlich geförderten sozialen und steuerbegünstigten Wohnungen, GrundE 1984, 247; MANTHE, Drohender Wegfall der Grunderwerbsteuerbefreiung als Kündigungsgrund, NJW 1985, 416; MATTHIES, Mieterschutz und gewerbliche Zwischenvermietung, NJW 1988, 1631; MAUTE, Vertragsübernahme kraft Richterspruches, WuM 1982, 287; MEDICUS, Die Lösung vom unerwünschten Schuldvertrag, JuS 1988, 1; MITZKUS, Zur Reichweite wohnraummietrechtlicher Schutzbestimmungen, ZMR 1982, 197; MÜLLER-GATERMANN, Soziales Mietrecht und Eigentumsgarantie, NJW 1985, 2628; VON MUTIUS, Eigentum verpflichtet – was bleibt vom Recht?, ZMR 1989, 121; NASSALL, Kündigungsschutz zwischen Vermieter und Untermieter? MDR 1983, 9; ders, Schriftformerfordernisse im Wohnraummietrecht, MDR 1985, 893; ders, Die Untermiete im Spiegel der Rechtsprechung, ZMR 1983, 333; NIEDERBERGER, Vertraglicher statt gesetzlicher Kündigungsschutz? WuM 1985, 175; OETKER, Der selbstverursachte Eigenbedarf als berechtigtes Interesse für eine ordentliche Kündigung des Wohnraummietverhältnisses nach § 564 b Abs 2 Nr 2 BGB, ZMR 1984, 77; ders, Erforderlichkeit einer sozialen Auswahl bei der ordentlichen Kündigung von Wohnraum wegen Eigenbedarf, BlGBW 1983, 202; OTTO, Mieterschutz öffentlichkeitsrechtlich? Freistellung einer Sozialwohnung ohne Zustimmung des Mieters, GWW 1986, 206; PASCHKE, Die „Eigenbedarfskündigung" im Modell der Wohnraummietrechtsordnung, ZMR 1988, 164; REICHERT, Wird das Recht des Vermieters, unter den Voraussetzungen des § 564 b Abs. 4 Satz 1 BGB zu kündigen, durch die schlichte Befristung des Mietverhältnisses ausgeschlossen? DWW 1985, 304; REINELT, Der Räumungsschutz des gutgläubigen Untermieters, NJW 1984, 2869; RIEBANDT-KORFMACHER, Verkauf „gemeinnütziger" Wohnungen auf dem Prüfstand – Schutz der Mieter, WuM 1986, 127; RODENBERG, Die Kündigung im Wohnungsmietrecht (1978), 82 ff; RÖCHLING, Wider die Vernunft. Zum Eigenbedarfsurteil des Bundesverfassungsgerichts, WuM 1989, 109; ROTH, Mieterschutz und Sozialstaatsprinzip, WuM 1987, 176; SCHMELLER, Bestandsschutz des Wohnraumuntermietverhältnisses bei Beendigung des Hauptmietverhältnisses, Diss München (1984); SCHMID, Zur Anwendbarkeit des § 564 b auf Zweitwohnungen, BlGBW 1980, 205; ders, Kann der Erwerber bei Eigenbedarf vor Eigentumsübergang nach § 564 b kündigen? BlGBW 1979, 108; ders, Schadensersatz wegen unberechtigter Kündigung, DWW 1984, 203; ders, Wohnraum, Wohnung, Einfamilienhaus, Zweifamilienhaus, Mehrfamilienhaus, BlGBW 1985, 241; SCHMIDT-FUTTERER, Das Sonderkündigungsrecht des Vermieters für Wohnraum in Ein- und Zweifamilienhäusern, ZMR 1976, 97; SCHOPP, Der Bestandsschutz bei außerordentlicher fristgerechter Kündigung von Wohnraummietverhältnissen durch den Vermieter, ZMR 1980, 97; ders, § 564 b BGB aus verfassungsrechtlicher Sicht, ZMR 1989, 205; ders, Die Eigenbedarfskündigung in der Wohnraummiete (§ 564 b Abs. 1 u. 2 Nr. 2) im Licht der einschlägigen Entscheidungen des BVerfG und des BGH, DWW 1989, 98; SCHÜREN, Mietrechtlicher Kündigungsschutz für Wohngemeinschaften, JZ 1989, 358; SCHULTE, Eigenbedarfskündigung und Eigentümerbelieben, JZ 1989, 525; SCHWAB, Interessenabwägung bei Kündigung einer Mietwohnung wegen Überbelegung, ZMR 1984, 115; SONNENSCHEIN, Kündigung, Ablauf der Mietzeit, Aufhebungsvertrag und sonstige Beendigungstatbestände des Mietverhältnisses, in: Partner im Gespräch, Bd 26 (1987), 45; VON STEBUT, Der Wegfall von Kündigungsgründen des Vermieters, NJW 1985, 289; STERNEL, Die Beendigung des Wohnraummietverhältnisses, ZMR 1986, 181 u 1988, 201; ders, Zum Kündigungsgrund „Eigenbedarf", WuM 1987, 339; ders, Mietrecht. Neuere Rechtsentscheide und Tendenzen in der Rechtsprechung, FWW 1988, 131; ders, Die Pflicht zur Begründung der Kündigung, in: FS Seuß (1987), 281; ders,

Schadensersatz bei unberechtigter Kündigung von Mietverhältnissen, MDR 1976, 265; Wetekamp, Probleme der gewerblichen Zwischenvermietung, GrundE 1986, 415; Wolter, Mietrechtlicher Bestandsschutz (1984), 251 ff; Zimmermann, Kündigungsschutz für Zweitwohnungen und Wochenendhäuser, WuM 1989, 1; Zipperer, Schadensersatzpflicht des rechtmäßig kündigenden Vermieters? WuM 1985, 135.

## Übersicht



## I. Allgemeines

**1.** Die Vorschrift ist eine der zentralen Normen des sozialen Mieterschutzes. Sie regelt den **Kündigungsschutz** von Mietverhältnissen über Wohnraum. Dieser Schutz besteht darin, daß der Vermieter ein Mietverhältnis durch ordentliche oder außerordentliche befristete Kündigung nur auflösen kann, wenn er ein berechtigtes Interesse an der Beendigung hat. Die Regelung ist im Jahre 1971 mit einigen Abweichungen zunächst als Art 1 § 1 WKSchG I erlassen worden. Mit Wirkung vom 1. 1. 1975 hat der Gesetzgeber den Kündigungsschutz als § 564 b in das BGB übernommen. 1

2 **2.** Die Erforderlichkeit eines derartigen Kündigungsschutzes wurde ursprünglich aus den Marktverhältnissen für Gebiete mit besonderem Wohnungsbedarf hergeleitet. Schon im Gesetzgebungsverfahren wurde jedoch von der vorgesehenen Einschränkung des örtlichen Anwendungsbereichs abgesehen. Auch bei der späteren Übernahme der Regelung in das BGB wurde betont, daß der Kündigungsschutz unabhängig davon erforderlich sei, ob die Lage auf dem Wohnungsmarkt ausgeglichen sei (Mietrecht § 564b Rz 2ff). Die damit verbundene Einschränkung der Vermieterrechte ist nur durch die **Sozialpflichtigkeit des Eigentums** aus Art 14 Abs 2 GG zu rechtfertigen. Sie findet daran aber zugleich ihre Grenze. Eine durch die soziale Funktion nicht gebotene Begrenzung privatrechtlicher Befugnisse kann nicht auf Art 14 Abs 2 GG gestützt werden. Dies hat nicht nur der Gesetzgeber zu beachten. Es gilt in gleicher Weise für die praktische Anwendung des § 564b (vgl BVerfGE 37, 132, 140f = NJW 1974, 1499 m Anm Fehl NJW 1974, 1939; BVerfGE 38, 348, 370f = NJW 1975, 727, 730; Friauf DWW 1977, 124). Hiernach ist es mit der Eigentumsgarantie des Art 14 Abs 1 S 1 GG zu vereinbaren, daß der Gesetzgeber in § 564b Abs 2 Nr 2 das Kündigungsrecht des Vermieters von Eigenbedarf als einem berechtigten Interesse an der Beendigung des Mietverhältnisses abhängig gemacht hat (BVerfGE 68, 361 = NJW 1985, 2633; BVerfG NJW 1988, 1075; 1989, 970). In gleicher Weise ist es mit der Eigentumsgarantie vereinbar, wenn das Kündigungsrecht des Vermieters nach § 564b Abs 2 Nr 3 voraussetzt, daß ihn die Fortsetzung des Mietverhältnisses an einer angemessenen wirtschaftlichen Verwertung des Grundstücks hindert (BVerfG NJW 1989, 972). Auch bei der verfahrensmäßigen Geltendmachung von Kündigungsgründen ist der Eigentumsschutz zu beachten (BVerfG NJW 1988, 2725). Die Bundesregierung hat in ihrem Bericht über die Auswirkungen des Zweiten Wohnraumkündigungsschutzgesetzes vom 2. 3. 1979 (BT-Drucks 8/2610, 7ff) eingehend die praktische Bedeutung des Kündigungsschutzes dargestellt (vgl Eekhoff-Werth 56ff; dies DWW 1979, 212, 213).

## II. Voraussetzungen

### 1. Mietverhältnis über Wohnraum (Abs 1)

3 Der Bestandsschutz gilt nur für Mietverhältnisse über Wohnraum (Vorbem 12 zu §§ 535, 536; § 556a Rz 3). Da der Vertragszweck entscheidend ist, werden auch Geschäftsräume erfaßt, die zu Wohnzwecken vermietet werden, selbst wenn dies baurechtswidrig ist (LG Koblenz WuM 1984, 132). Im übrigen ist die Ausgestaltung des Mietverhältnisses unerheblich, soweit nicht die Ausnahmetatbestände des Abs 4 oder des Abs 7 eingreifen (Rz 93ff, 106ff). Mit dieser Einschränkung erfaßt die Vorschrift auch Mietverhältnisse über Zweitwohnungen, möblierte Wohnungen oder Zimmer und Untermietverhältnisse, wirkt allerdings mangels vertraglicher Beziehungen nicht zugunsten des Untermieters gegenüber dem Räumungsanspruch des Hauptvermieters aus § 556 Abs 3 (AG Stuttgart WuM 1974, 180). Aus dem gleichen Grund kann der Mieter, dem ein Nichteigentümer oder ein einzelner Miteigentümer die Wohnung unberechtigt vermietet hat, den

auf § 985 gestützten Herausgabeanspruch nicht unter Berufung auf § 564 b abwehren (AG Stuttgart ZMR 1979, 117). Ausgenommen ist bei der Untervermietung der Fall, daß Hauptvermieter und -mieter zu Lasten des Untermieters rechtsmißbräuchlich zusammenwirken. Das gleiche gilt, wenn dem Untermieter bei Abschluß des Vertrags nicht bekannt war, daß sein Vermieter nicht Wohnungseigentümer ist.[1] Einer Kenntnis kann es nicht gleichgestellt werden, wenn der Untermieter aus den Umständen hätte erkennen können, daß er ein Untermietverhältnis eingeht (aM LG München I WuM 1984, 246 f). Beruft er sich auf den Kündigungsschutz, trifft ihn die Beweislast, keine Kenntnis von der Zwischenvermietung besessen zu haben (aM LG München I WuM 1984, 246). Die Beendigung des Hauptmietverhältnisses kann ein berechtigtes Interesse des Hauptmieters an der Beendigung des Untermietverhältnisses begründen (LG Kiel WuM 1982, 194). Abgesehen von den Ausnahmetatbeständen sind ferner Mietverhältnisse in Wohnheimen, insbesondere in Alten-, Senioren- und Arbeiterheimen geschützt, sofern die Raumnutzung gegenüber den sonstigen Leistungen des Heims überwiegt (vgl BGHZ 73, 350 = NJW 1979, 1288; BGH WuM 1981, 42; NJW 1982, 221, 222). Die Vermietung eines Hauses zum Betrieb eines Wohnheims ist hingegen Geschäftsraummiete (LG Hamburg NJW-RR 1986, 441). Altenpflegeheime und Heime zur Resozialisierung fallen nicht unter § 564 b, weil in diesen Fällen die Wohnraumüberlassung dem Vertrag nicht das entscheidende Gepräge gibt. Ferner gilt die Vorschrift für Werkmietwohnungen, da die schon früher geschaffenen Sondervorschriften der §§ 565 b–565 d hiermit in Einklang zu bringen sind (OLG Celle WuM 1985, 142 = 10 in RE Miet; LG Bochum WuM 1989, 242; LG Kiel WuM 1978, 32; LG Ravensburg WuM 1977, 259; LG Ulm WuM 1979, 244). Werkdienstwohnungen, bei denen der Arbeitsvertrag die Grundlage für die Überlassung des Wohnraums bildet, unterliegen nur unter den Voraussetzungen des § 565 e dem Kündigungsschutz aus § 564 b.

Die Vorschrift greift auf der Grundlage der neueren Rspr nicht ein, wenn **4**
*Behörden oder Unternehmen* Wohnräume mieten, um sie ihren Arbeitnehmern oder anderen Personen zu überlassen.[2] Dabei ist unerheblich, ob die Parteien im Mietvertrag klarstellen, daß durch die Weiterüberlassung der Wohnbedarf einer

---

[1] BGHZ 84, 90 = NJW 1982, 1696 m krit Anm Haase JR 1982, 456 = 6 in RE Miet; hierzu Bartsch ZMR 1983, 256; Brunn WuM 1986, 386; Crezelius JZ 1984, 70; Gather DWW 1988, 131; Gursky JR 1983, 265; Hille WuM 1983, 46; Matthies NJW 1988, 1631; hierzu Hagmann NJW 1989, 822; Maute WuM 1982, 287; Nassall MDR 1983, 9; ders ZMR 1983, 333; Reinelt NJW 1984, 2869; Wetekamp GrundE 1986, 415; OLG Karlsruhe NJW 1982, 1290 = 9 in RE Miet m Anm Wüstefeld WuM 1981, 251; OLG Karlsruhe NJW 1984, 313 = 28 in RE Miet; hierzu Nassall ZMR 1984, 182; aM OLG Hamburg MDR 1981, 144; LG Aachen ZMR 1988, 914; LG Hamburg ZMR 1985, 54; s Rz 4, im einzelnen § 556 a Rz 2, § 556 Rz 28.

[2] BGH NJW 1981, 1377; BGHZ 84, 90 = NJW 1982, 1696 = 6 in RE Miet; BGHZ 94, 11 = NJW 1985, 1772; BayObLG WuM 1985, 51 = 39 in RE Miet; OLG Karlsruhe NJW 1982, 1290 = 9 in RE Miet m Anm Wüstefeld WuM 1981, 251; OLG Karlsruhe NJW 1984, 313 = 28 in RE Miet; Jakobs ZMR 1981, 295; hiergegen Mitzkus ZMR 1982, 197; aM OLG Hamburg MDR 1981, 144; LG Hamburg ZMR 1985, 54; s Sonnenschein, in: FS Seuß, 253; im einzelnen § 556 a Rz 4 f.

bestimmten Person gedeckt werden soll (aM LG Hamburg WuM 1986, 317). Auch wer im übrigen eine Wohnung nur zu dem Zweck nutzt, sie auf eigene Rechnung zu vermieten, kann sich dem Eigentümer gegenüber nicht auf mietrechtlichen Bestandsschutz berufen, selbst wenn die Nutzung keinen gewerblichen Charakter hat.[3] Bei *Mischmietverhältnissen* ist entscheidend, ob der Wohnraumanteil überwiegt (BGH NJW 1977, 1394; LM Nr 1 zu § 564 b = BB 1979, 16 m Anm Haase JR 1979, 240; OLG Schleswig NJW 1983, 49 = 4 in RE Miet; LG Mannheim MDR 1976, 581; vgl Vorbem 13 zu §§ 535, 536) oder wenigstens gleichwertig ist (AG Friedberg WuM 1983, 237 [LS]; vgl OLG Schleswig aaO 50). Hierfür ist der Vertragszweck entscheidend, wie er sich aus dem Parteiwillen ergibt. Mietzins- und Flächenanteile sind wichtige Anhaltspunkte (BGH WuM 1986, 274; LG Berlin WuM 1988, 22). Läßt der Mietvertrag nicht erkennen, ob die Räume vornehmlich zu gewerblichen oder zu Wohnzwecken vermietet worden sind, und nutzt der Mieter die Räume überwiegend zum Wohnen, so kann diese Nutzung als vom Parteiwillen gedeckt angesehen werden (LG Berlin WuM 1989, 6). Ein Mischmietverhältnis mit nicht überwiegender Nutzung zu Gewerbezwecken kann wegen der Unzulässigkeit abweichender Vereinbarungen nach § 564 b Abs 6 nicht vertraglich dem Gewerberaummietrecht zugeordnet werden (LG Hamburg WuM 1988, 406). Dient das Hauptmietverhältnis eigenen Wohnzwecken des Mieters, ist ihm darüber hinaus aber das Recht eingeräumt, die Wohnung teilweise unterzuvermieten, greift der Bestandsschutz ein, auch wenn der untervermietete Teil gegenüber dem eigenen Wohnraumanteil des Hauptmieters überwiegt, falls nach dem Willen der Parteien der vorherrschende Vertragszweck im eigenen Wohnen des Mieters liegt. Dies ist etwa bei der Vermietung eines Hauses an einen Hauptmieter zum Zwecke der Bildung einer Wohngemeinschaft anzunehmen, auch wenn ein ständiger Wechsel der Mitglieder dieser Gemeinschaft als Untermieter gestattet ist (AG Essen WuM 1987, 83). Ähnliche Grundsätze gelten bei der Anmietung eines ganzen Hauses, das aus mehreren Wohnungen besteht, von denen der Mieter eine selbst bewohnt und die übrigen mit Erlaubnis des Vermieters untervermietet (OLG Stuttgart NJW 1986, 322; § 556 a Rz 4 a). Benutzt der Mieter die zu gewerblichen Zwecken gemieteten Räume mit Wissen des Vermieters zu Wohnzwecken, ändert sich der vorherrschende Vertragszweck nur, wenn hierüber Einvernehmen der Parteien besteht (LG Berlin ZMR 1988, 180). Auf die *Pacht* und ähnliche Nutzungsverhältnisse ist § 564 b grundsätzlich nicht anwendbar. Wegen der in § 581 Abs 2 vorgesehenen entsprechenden Anwendung mietrechtlicher Vorschriften gilt dies für die Pächterwohnung nach den für Mischmietverhältnisse maßgebenden Grundsätzen aber nur, wenn der übrige Anteil überwiegt (aM Schopp ZMR 1975, 97, 98). Ebensowenig liegt ein Mietverhältnis über Wohnraum vor, wenn ein unbebautes Grundstück vermietet wird und der Mieter darauf ein Gebäude errichtet und bewohnt, das als Scheinbestandteil iS des § 95 in

---

[3] OLG Karlsruhe NJW 1984, 373 = 31 in RE Miet; OLG Braunschweig WuM 1984, 237 = 3 in RE Miet m Anm Eickhoff WuM 1984, 271 u Anm Eckert WuM 1984, 273; hierzu BVerfG WuM 1985, 335; OLG Frankfurt WuM 1986, 273; OLG Stuttgart NJW 1985, 1966 = 12 in RE Miet; LG Köln WuM 1981, 185 m abl Anm Hilger u Brückner-Winterhagen.

seinem Eigentum steht und nicht in den Mietvertrag einbezogen worden ist (BGHZ 92, 70 = NJW 1984, 2878 = 40 in RE Miet m Anm HAASE JR 1985, 60 u Anm SONNENSCHEIN JZ 1985, 45). In allen Fällen steht es den Parteien frei, den Kündigungsschutz des sozialen Wohnraummietrechts vertraglich zu übernehmen (BGHZ 94, 11, 17 = NJW 1985, 1772, 1773; BVerfG WuM 1985, 335). Hierdurch werden aber nicht der Vertragszweck und damit der rechtliche Charakter als Geschäftsraummiete verändert (AG Frankfurt WuM 1988, 316). Mangels eines Mietvertrags erfaßt die Vorschrift nicht das Verhältnis zwischen den Partnern einer *nichtehelichen Lebensgemeinschaft* (FINGER JZ 1981, 497, 509 u WuM 1982, 257, 259; vgl aber DERLEDER NJW 1980, 545, 551).

**2. Kündigung des Vermieters (Abs 1)**

Die Regelung betrifft grundsätzlich nur die Kündigung eines Mietverhältnisses 5
durch den Vermieter. Der Bestandsschutz wird durch eine entsprechende Anwendbarkeit der Vorschrift nach § 564 c auf Mietverhältnisse über Wohnraum ausgedehnt, die durch Zeitablauf enden.

**a)** Damit fallen Mietverhältnisse, die auf unbestimmte Zeit eingegangen sind und 6
durch **ordentliche Kündigung** beendet werden sollen, in den Anwendungsbereich des § 564 b.

**b)** In gleicher Weise ist die Vorschrift auf die **außerordentliche befristete Kündi-** 7
**gung** eines Mietverhältnisses anwendbar, das auf bestimmte Zeit abgeschlossen ist oder bei dem die ordentliche Kündigung vertraglich für eine gewisse Zeit ausgeschlossen bzw nach dem Vertrag oder gesetzlich (§ 565 Abs 2 S 2) nur mit einer längeren als der Dreimonatsfrist möglich ist (§ 564 Rz 26 f). Das Gesetz unterscheidet nicht zwischen den einzelnen Kündigungsarten (BayObLG WuM 1985, 52 = 38 in RE Miet; OLG Hamburg NJW 1984, 60 = 19 in RE Miet; LG Berlin ZMR 1988, 181; DWW 1988, 178; LG Düsseldorf WuM 1987, 321; LG Hamburg WuM 1983, 318; aM LG Nürnberg-Fürth WuM 1985, 228; HABLITZEL ZMR 1984, 289).

**c)** Ein Mietvertrag mit **Verlängerungsklausel** (Vorbem 60 zu §§ 535, 536) endet 8
durch Zeitablauf, wenn ein Vertragsteil innerhalb der vorgesehenen Frist die weitere Fortsetzung des Mietverhältnisses ablehnt (§ 564 Rz 4). Entscheidend ist, daß in diesen Fällen ein Mietverhältnis über Wohnraum gemäß § 565 a Abs 1 nach den Vorschriften des § 565 gekündigt werden muß, wenn es sich nicht aufgrund der vertraglichen Klausel verlängern soll. Auf dieser Grundlage ist § 564 b unmittelbar anwendbar (LG Itzehoe WuM 1975, 169; LG Kaiserslautern ZMR 1986, 167; aM LG Kaiserslautern NJW 1975, 1325).

**d)** Ein Mietvertrag mit **Optionsrecht** (Vorbem 60 zu §§ 535, 536) ist ein auf 9
bestimmte Zeit abgeschlossener Vertrag, der durch Zeitablauf endet, wenn die berechtigte Partei nicht rechtzeitig von ihrem Optionsrecht Gebrauch macht. Relevant wird ein Bestandsschutz nur, wenn das Optionsrecht lediglich dem Vermieter zusteht und nicht ausgeübt wird (§ 564 Rz 3). In diesem Fall greift § 564 c ein. Bei entsprechender Vertragsgestaltung kann die Ausübung eines Optionsrechts zur Folge haben, daß hinfort ein Mietverhältnis auf unbestimmte

Zeit vorliegt. Auf die dann zur Vertragsbeendigung erforderliche Kündigung ist § 564 b unmittelbar anwendbar (LG Mannheim WuM 1974, 260).

10 **e)** Ein Mietvertrag über Wohnraum, der unter einer **auflösenden Bedingung** abgeschlossen ist, gilt nach Eintritt der Bedingung als auf unbestimmte Zeit verlängert und kann nur nach den Vorschriften des § 565 gekündigt werden (§ 565 a Abs 2). Für diese Kündigung gilt § 564 b.

11 **f)** Das vertragliche **Rücktrittsrecht** (§ 564 Rz 44) ist bei einem Mietverhältnis über Wohnraum nach § 570 a den Vorschriften über die Kündigung unterworfen, sobald der Wohnraum überlassen ist. Der Rücktritt ist daher wie eine Kündigung zu behandeln und unterliegt der Regelung des § 564 b. Wird das Rücktrittsrecht vor Überlassung des Wohnraums ausgeübt, besteht kein Bedürfnis für einen Bestandsschutz. Das gesetzliche Rücktrittsrecht (§ 564 Rz 45) wird nur vor Überlassung des Wohnraums relevant. Eine Anwendung des § 564 b kommt nicht in Betracht, da ein Bestandsschutz nicht erforderlich ist. Nach der Überlassung wird das Rücktrittsrecht durch das Recht zur außerordentlichen fristlosen Kündigung oder durch einen Schadensersatzanspruch aus § 538 verdrängt, so daß insoweit auch § 564 b ausscheidet (Rz 12).

12 **g)** Die **außerordentliche fristlose Kündigung** fällt nicht unter § 564 b, da der Bestandsschutz nicht solchen Mietern zugute kommen soll, die in schwerwiegender Weise gegen ihre vertraglichen Pflichten verstoßen. Dies ergibt sich mittelbar aus Abs 2 Nr 1.

13 **h)** Der **Mietaufhebungsvertrag** (§ 564 Rz 38 ff) wird von § 564 b grundsätzlich nicht erfaßt, da das Mietverhältnis nicht durch Kündigung beendet wird. Dies steht jedoch unter dem Vorbehalt des Abs 6, der einer Umgehung des Bestandsschutzes, etwa durch bindende Mietaufhebungsangebote, Grenzen setzt (Mietrecht § 564 b Rz 19). Ebensowenig ist § 564 b auf die **Anfechtung** eines Mietvertrags (§ 564 Rz 46), auf den **Wegfall der Geschäftsgrundlage** (§ 564 Rz 48) und auf das **Erlöschen eines Dauerwohn- oder Dauernutzungsrechts** (§ 564 Rz 49) anwendbar.

### 3. Berechtigtes Interesse des Vermieters an der Beendigung des Mietverhältnisses (Abs 1 und 2)

#### a) Allgemeines

14 **aa)** Die ordentliche Kündigung bietet den Parteien im Normalfall die Möglichkeit, sich von einem Mietvertrag als Dauerschuldverhältnis zu lösen, ohne daß hierfür ein bestimmter Grund maßgebend sein muß. § 564 b macht demgegenüber die Kündigung des Vermieters davon abhängig, daß er ein berechtigtes Interesse an der Beendigung des Mietverhältnisses hat (Abs 1). Der **Begriff** des berechtigten Interesses wird im Gesetz nicht näher erläutert. Die Entstehungsgeschichte und der sachliche Zusammenhang mit den Vorschriften des § 556 a und des früheren § 4 Abs 1 MietSchG (Mietrecht § 564 b Rz 22 ff) zeigen, daß mit den Interessen die Gründe gemeint sind, die auf seiten des Vermieters für eine Beendigung des Mietverhältnisses vorliegen. Der Mieter kann demgegenüber ohne besonderen Grund ordentlich kündigen.

15 **bb)** Der weite Kreis möglicher Kündigungsgründe wird dadurch eingeschränkt, daß es sich um berechtigte Interessen des Vermieters handeln muß. Die Prüfung

verlagert sich entscheidend auf die **Berechtigung** der Gründe, die den Vermieter zu einer Kündigung bewogen haben. Dieser Begriff wird vom Gesetz nicht allgemein bestimmt, so daß bei seiner Auslegung auf die geltende Rechts- und Sozialordnung abzustellen ist. Dabei ist in besonderem Maße die Wertordnung der Grundrechte zu berücksichtigen (BGHZ 92, 213, 219 = NJW 1985, 130, 131 = 43 in RE Miet). Durch Art 14 Abs 2 GG wird der rechtliche Bezugspunkt festgelegt, nach dem zu entscheiden ist, ob sich die Kündigungsgründe des Vermieters gegenüber der Sozialpflichtigkeit des Eigentums durchsetzen und damit berechtigt sind. Da eine vermietete Wohnung in einem sozialen Bezug und einer sozialen Funktion steht, unterliegt sie dem Postulat einer am Gemeinwohl orientierten Nutzung. Dieses Postulat umfaßt das Gebot, Rücksicht auf die Belange des Mieters zu nehmen, der auf die Nutzung der Wohnung angewiesen ist. An die Voraussetzungen für eine Kündigung sind deshalb strenge Anforderungen zu stellen (BayObLG WuM 1983, 129 = 16 in RE Miet). Auf der anderen Seite steht die verfassungsrechtlich garantierte Eigentumsfreiheit, der in gleicher Weise wie dem Gebot einer sozialgerechten Eigentumsordnung Rechnung zu tragen ist. Der Ausschluß einer willkürlichen, ohne beachtliche Gründe veranlaßten Kündigung ist verfassungsrechtlich aber nicht zu beanstanden, weil eine derartige Ausübung von Eigentümerbefugnissen im Hinblick auf die soziale Bedeutung der Wohnung für den Mieter keinen Schutz durch die Verfassung genießt (BVerfGE 68, 361, 371 = NJW 1985, 2633, 2634). Damit kann die Eigentumsgarantie eine Nutzung nicht schützen, bei der die soziale Funktion der Wohnung mißachtet wird. Ebensowenig rechtfertigt die Sozialpflichtigkeit des Eigentums aber eine Begrenzung privatrechtlicher Befugnisse, die durch die soziale Funktion der Wohnung nicht geboten ist (BVerfGE 37, 132, 140 f = NJW 1974, 1499 m Anm Fehl NJW 1974, 1939). Der Eigentümer kann deshalb grundsätzlich allein darüber bestimmen, welchen Wohnbedarf er für sich und den begünstigten Personenkreis geltend machen will (BVerfGE 68, 361, 372 f = NJW 1985, 2633, 2634; BVerfG NJW 1988, 1075 m Anm Schulte JZ 1988, 611). Hierfür reichen vernünftige und nachvollziehbare Gründe aus (BVerfG NJW 1989, 970; BGHZ 103, 91 = NJW 1988, 904 m Anm Schulte JZ 1988, 611; hierzu Paschke ZMR 1988, 164). Vorschriften über den Kündigungsschutz dürfen auch nicht in die Substanz des Eigentums eingreifen, indem sie Privatnützigkeit und Verfügungsbefugnis wirtschaftlich ihres Sinnes entleeren (BVerfG NJW 1989, 972).

**cc)** Als berechtigte Interessen des Vermieters an der Beendigung des Mietverhält- **16**
nisses sind nach Abs 2 „insbesondere" die schuldhafte Verletzung vertraglicher Verpflichtungen durch den Mieter (Nr 1), Eigenbedarf des Vermieters (Nr 2) und die Verhinderung wirtschaftlicher Verwertung des Grundstücks (Nr 3) anzusehen. Damit enthält das Gesetz eine nur **beispielhafte Aufzählung** gesetzlicher Kündigungsgründe.

**b) Erhebliche, schuldhafte Verletzung vertraglicher Verpflichtungen durch den Mieter (Abs 2 Nr 1)**

**aa) Allgemeines**

17 Der Vermieter hat ein berechtigtes Interesse an der Beendigung des Mietverhältnisses, wenn der Mieter seine vertraglichen Verpflichtungen schuldhaft nicht unerheblich verletzt hat. Dies ist der Fall, wenn Gründe vorliegen, die den Vermieter an sich zur fristlosen Kündigung nach den §§ 553 bis 554 a berechtigen würden. Das gleiche gilt bei schuldhaften Vertragsverletzungen von geringerer Bedeutung, die kein Recht zur außerordentlichen fristlosen Kündigung ergeben, aber dennoch nicht unerheblich sind. Vor der Kündigung ist idR eine Abmahnung des pflichtwidrigen Verhaltens erforderlich (LG Münster WuM 1985, 266 [LS]). Besteht der Kündigungsgrund in einem Streit zwischen mehreren Mietern, wird dieser Streit aber später durch einen Schiedsvergleich beigelegt, entfällt auch das Kündigungsrecht (AG Köln WuM 1988, 57).

**bb) Tatbestandsmerkmale im einzelnen**

18 **α)** Der Mieter muß eine **Verletzungshandlung** durch Tun oder Unterlassen begangen haben, die einen Verstoß gegen seine vertraglichen Pflichten bedeutet. Gleichzustellen ist eine Verletzungshandlung durch Personen, für deren Verhalten der Mieter nach § 278 oder § 549 Abs 3 einzustehen hat (Rz 20). Es kann sich um Haupt- oder Nebenpflichten handeln. Besteht neben dem Mietvertrag ein selbständiger Dienstvertrag, so stellt dessen Verletzung nicht zugleich eine Verletzung des Mietvertrags dar (LG Kiel WuM 1986, 218). Unerheblich ist, ob sich die Pflicht aus dem Gesetz oder als besondere Vereinbarung aus dem Mietvertrag ergibt. Die beharrliche Weigerung des Mieters, erforderliche Schönheitsreparaturen auszuführen, kann deshalb einen Kündigungsgrund bilden (LG Hamburg WuM 1984, 85). Das gleiche gilt für die Verletzung der Pflicht aus § 545 zur Anzeige von Mängeln der Mietsache (LG Düsseldorf DWW 1988, 117) oder der vertraglich übernommenen Pflicht zur Treppenhausreinigung (AG Frankfurt/Hoechst WuM 1988, 153; aM AG Friedberg WuM 1986, 231 [LS]). Ein Eingriff in die Bausubstanz mittels eines Mauerdurchbruchs durch eine tragende Wand stellt eine Vertragsverletzung dar (LG Berlin MDR 1988, 146). Unterlassungspflichten werden verletzt, wenn der Mieter in gesetz- oder vertragswidriger Weise tätig wird, zB die Wohnung ganz oder teilweise ohne Erlaubnis des Vermieters untervermietet (§ 549) oder entgegen den vertraglichen Vereinbarungen Haustiere hält. Spiegeln die Mieter bei Abschluß des Mietvertrags vor, sie seien verheiratet, weil der Vermieter zu erkennen gegeben hat, er wolle nur an ein verheiratetes Paar vermieten, so handelt es sich um eine Vertragsverletzung (AG Hannover WuM 1983, 142). Dagegen scheidet ein Vertragsverstoß aus, wenn der Mieter Kaufinteressenten auf die mietvertragliche Rechtslage hinweist (LG Schweinfurt WuM 1988, 58) oder wenn er sich bei Behörden über Lärm im Haus beschwert (AG Köln WuM 1989, 245).

19 **β)** Die Pflichtverletzung muß **erheblich** sein. Die Erheblichkeit bezieht sich nicht auf das Verschulden, wie sich aus der Formulierung in § 564 b Abs 2 Nr 1 ergibt (PALANDT-PUTZO § 564 b Anm 6 a cc; aM BLANK WuM 1979, 137). Die Pflichtverletzung muß von einigem Gewicht sein, braucht aber nicht wie im Fall des § 554 a

so weit zu gehen, daß dem Vermieter eine Fortsetzung des Mietverhältnisses nicht zugemutet werden kann. Einmalige Verstöße ohne Wiederholungsgefahr kommen nur in Betracht, wenn dadurch das Vertrauensverhältnis der Parteien nachhaltig gestört worden ist (AG Köln WuM 1988, 126). Unerheblich sind die gelegentliche Verweigerung des Zutritts zur Wohnung gegenüber Handwerkern (LG Mannheim WuM 1987, 320) oder Kaufinteressenten (AG Erkelenz WuM 1986, 251) sowie einzelne Vertragsverletzungen, die nicht sonderlich ins Gewicht fallen (LG Hamburg WuM 1989, 22). Einzelne geringfügige Verstöße können durch ständige Wiederholung einen erheblichen Umfang gewinnen (AG Itzehoe WuM 1979, 266, 267).

**γ)** Die Pflichtverletzung muß **schuldhaft** begangen worden sein (§ 276). Bei **20** zweifelhafter Rechtslage kann ein Verschulden des Mieters ausscheiden (LG Hagen WuM 1988, 58). Für das Verschulden seiner gesetzlichen Vertreter oder Erfüllungsgehilfen hat der Mieter nach § 278 in gleichem Umfang einzustehen wie für eigenes Verschulden. Überläßt der Mieter den Gebrauch der Wohnung ganz oder teilweise einem Dritten, etwa einem Untermieter, hat er auch ein dem Dritten anzulastendes Verschulden nach § 549 Abs 3 zu vertreten (LG Bamberg WuM 1974, 197, 199). Bei Schuldunfähigkeit des Mieters oder seines Erfüllungsgehilfen ist das berechtigte Interesse des Vermieters nicht aus Abs 2 Nr 1 herzuleiten, sondern kann ggf auf Unzumutbarkeit als sonstigen Grund (Rz 78) gestützt werden (LG Mannheim NJW 1976, 1407). Im letzteren Fall kann ein eigenes Verschulden des Mieters darin liegen, daß er einen schuldunfähigen Erfüllungsgehilfen ausgewählt oder nicht genügend beaufsichtigt hat.

**δ)** Die **Beweislast** trifft den Vermieter hinsichtlich der Verletzungshandlung und **21** ihrer Erheblichkeit. Für das Verschulden richtet sie sich nach dem jeweiligen Gefahrenkreis.

**cc) Einzelfälle**

**α)** Bei **Zahlungsverzug** des Mieters mit der Entrichtung des Mietzinses hat der **22** Vermieter ein berechtigtes Interesse, wenn zugleich die Voraussetzungen des § 554 für eine fristlose Kündigung erfüllt sind. Eine Pflichtverletzung ist auch zu bejahen, wenn dessen Voraussetzungen im einzelnen nicht erfüllt sind. Entscheidend ist dann, ob die Pflichtverletzung wenigstens iS des § 564 b Abs 2 Nr 1 erheblich ist. Aus § 554 Abs 2 Nr 1 ist zu entnehmen, daß hinsichtlich des Umfangs ein Rückstand nur dann als erheblich anzusehen ist, wenn er den Mietzins für einen Monat übersteigt. Im Rahmen des § 564 b kann für die Erheblichkeit der Pflichtverletzung nichts anderes gelten. Für die Dauer des Zahlungsverzugs enthält das Gesetz keinen unmittelbaren Anhaltspunkt. Da ein Rückstand nur erheblich ist, wenn er den Mietzins für einen Monat übersteigt, sollte bei der üblichen monatlichen Zahlungsweise davon ausgegangen werden, daß auch die Dauer des Zahlungsverzugs einen Monat überschreiten muß. Anders kann es etwa bei vierteljährlicher Zahlungsweise sein. Unabhängig von den Voraussetzungen des § 554 ist eine fristlose Kündigung bei ständig unpünktlicher Zahlung auch nach § 554 a gerechtfertigt (vgl LG Berlin WuM 1989, 19; LG Duisburg ZMR 1988, 99; LG Stuttgart WuM 1988, 18). In gleicher Weise wird hierdurch ein Recht zur ordentlichen Kündigung begründet, ohne daß es einer vorherigen Abmahnung bedarf (aM LG Berlin aaO), weil diese Voraussetzung auch im Rahmen des § 554 a grundsätzlich nicht besteht (vgl LG Duisburg WuM 1988, 17; § 554 a Rz 10).

**23** *Gegenstand* des Zahlungsverzugs müssen nicht der Mietzins und Nebenkosten (OLG Koblenz NJW 1984, 2369, 2370 = 10 in RE Miet) sein, die als Entgelt für die Raumüberlassung oder zusätzliche Vermieterleistungen zu entrichten sind (so aber Schmidt-Futterer-Blank B 595). Im Unterschied zu § 554 ist in § 564 b Abs 2 Nr 1 allgemein von der Verletzung vertraglicher Verpflichtungen die Rede. Auch der Verzug mit einer Kaution, Mietvorauszahlung, einem Mieterdarlehen, Baukostenzuschuß oder mit Schadensersatz wird deshalb erfaßt (Schmid DWW 1982, 77, 84).

**24** Da Abs 2 Nr 1 *Verschulden* voraussetzt (Rz 20), muß der Zahlungsverzug durch Vorsatz oder Fahrlässigkeit eingetreten sein. Ein im Grunde schuldloser Geldmangel, der nach § 279 zur Begründung des Verzugs genügt, ist im Rahmen des § 564 b unzureichend (aM Schmid DWW 1982, 77, 83). Auch hier greift jedoch die Verschuldensvermutung des § 285 ein (LG Kiel WuM 1984, 54). Das gleiche gilt, wenn der Verzug aufgrund eines entschuldbaren Rechts- oder Tatsachenirrtums eingetreten ist, etwa bei einer Minderung des Mietzinses, die sich nach einer gerichtlichen Beweisaufnahme als unberechtigt erweist (LG Köln WuM 1976, 145, 146), oder bei der Kürzung eines preisrechtlich fragwürdigen Mietzinses (LG Berlin WuM 1983, 343).

**25** Die an sich mögliche *Heilung* des Verzugs ist auf den Eintritt der Rechtsfolgen einer wirksam gewordenen Kündigungserklärung ohne Einfluß, auch wenn der rückständige Betrag vor Ablauf der Kündigungsfrist gezahlt wird. Die abweichende Auffassung, die eine entsprechende Anwendung des § 554 Abs 2 Nr 2 befürwortet (LG Augsburg WuM 1987, 388; AG Schöneberg WuM 1978, 128; Derleder in AK § 564 b Rz 15), berücksichtigt nicht, daß das Nachholungsrecht in dieser Vorschrift gerechtfertigt ist, weil der Zahlungsverzug nach den §§ 279, 285 ohne Verschulden des Mieters eintreten kann. Im Rahmen des § 564 b Abs 2 Nr 1, der tatbestandlich Verschulden voraussetzt, ist ein solches Recht überflüssig (MünchKomm-Voelskow § 564 b Rz 43).

**26** **β) Ein vertragswidriger Gebrauch** begründet für den Vermieter ein berechtigtes Interesse, wenn zugleich die Voraussetzungen für eine außerordentliche fristlose Kündigung nach § 553 erfüllt sind. Für § 564 b Abs 2 Nr 1 reichen auch geringere Verstöße aus, sofern sie erheblich sind. Der Mieter verletzt den Vertrag, wenn er seine Gebrauchsrechte überschreitet oder die Wohnung bzw die sonstigen Grundstücks- und Gebäudeteile entgegen seiner Obhuts- und Erhaltungspflicht vernachlässigt oder in die Bausubstanz eingreift (LG Berlin MDR 1988, 146). Bei der Miete möblierten Wohnraums gilt dies auch für die Einrichtungsgegenstände (AG Münster WuM 1978, 70). Eine erhebliche Vertragsverletzung kann allerdings nicht darin gesehen werden, daß der Mieter den mitgemieteten Garten nur nachlässig pflegt oder einen Ziergarten als Naturgarten hält (LG Darmstadt WuM 1983, 151 [LS]; AG Darmstadt WuM 1982, 246; AG Friedberg WuM 1982, 251 [LS]). Das gleiche gilt, wenn der Mieter das Haustürschloß gelegentlich so einstellt, daß es von außen geöffnet werden kann (AG Bad Homburg WuM 1983, 123 [LS]). Ob die Meinungsäußerung eines Mieters durch das Anbringen von

Plakaten in den Fenstern der Mietsache einen vertragswidrigen Gebrauch darstellt, hängt ganz von den Umständen des Einzelfalls ab (BayObLG NJW 1984, 496 = 22 in RE Miet). Eine im Mietvertrag nicht vorgesehene Tierhaltung begründet nicht ohne weiteres ein Kündigungsrecht, wenn der Vermieter dies stillschweigend geduldet hat (LG Mannheim WuM 1974, 74), auch etwa bei anderen Mietern (LG Freiburg WuM 1986, 247), wenn statt des erlaubten Hundes eine Katze gehalten wird (AG Düren WuM 1983, 59 [LS]) oder wenn es sich nur um eine unerhebliche Vertragsverletzung handelt (LG Gießen ZMR 1976, 147).

Eine besondere Form des vertragswidrigen Gebrauchs ist die *unerlaubte Überlassung der Wohnung an Dritte* (§§ 535, 536 Rz 22; § 549 Rz 1), insbesondere durch Untervermietung. Sie ist in aller Regel eine erhebliche Vertragsverletzung, ohne daß es noch einer besonderen Feststellung der Rechtsbeeinträchtigung bedarf (BGH NJW 1985, 2527 m krit Anm Lammel WuM 1986, 8; OLG Frankfurt WuM 1988, 395). Hieraus kann sich ein Recht zur fristlosen (§ 553) und zur ordentlichen Kündigung nach § 564 b Abs 2 Nr 1 ergeben. Im Regelfall ist von dem Vermieter eine Abmahnung des vertragswidrigen Gebrauchs zu verlangen, bevor er von dem bei der Wohnraummiete besonders einschneidenden Recht zur Kündigung Gebrauch macht (Schmidt-Futterer-Blank B 599; aM BGB-RGRK-Gelhaar § 564 b Rz 13). Dies steht im Einklang mit der in § 553 ausdrücklich bestimmten Voraussetzung. Die tageweise Betreuung eines fremden Kindes wird vom Wohnzweck gedeckt, auch wenn der Mieter hierfür ein Entgelt erhält (AG Stuttgart WuM 1988, 52). Der Mieter ist berechtigt, den Ehegatten, Kinder und nächste Angehörige, uU auch Hausbedienstete, aufzunehmen, ohne gegen § 549 zu verstoßen (dort Rz 1). Nimmt ein Mieter seine Freundin auf, ohne die Erlaubnis des Vermieters einzuholen, besteht kein Kündigungsgrund, wenn der Mieter nach § 549 Abs 2 einen Anspruch auf die Erlaubnis hat (LG Kassel NJW-RR 1987, 1495). In einer Überbelegung der Wohnung, die durch die wachsende Kinderzahl eingetreten ist, kann idR kein vertragswidriger Gebrauch gesehen werden. Im Einzelfall kommt aber eine Kündigung aus sonstigen Gründen in Betracht (OLG Hamm NJW 1983, 48 = 24 in RE Miet; Schwab ZMR 1984, 115; Rz 79). Geschwister des Mieters gehören nach der Rspr nicht zu diesem Personenkreis (BayObLG WuM 1984, 13 = 26 in RE Miet). Dies ist jedoch eine Frage der nach § 157 für den Umfang des vertragsmäßigen Gebrauchs maßgebenden Verkehrssitte. Im übrigen berechtigt eine Überbelegung erst dann zur Kündigung, wenn Substanzschäden an der Wohnung (LG München I WuM 1983, 22), andere Vermögenseinbußen durch übermäßige Inanspruchnahme sonstiger Vermieterleistungen oder die Belästigung von Mitbewohnern zu befürchten sind. Überbelegung kann auch ein Kündigungsgrund sein, wenn die Anzahl der in der Wohnung lebenden Personen durch den Mietvertrag begrenzt ist (LG Köln WuM 1981, 161) oder wenn die zukünftige Benutzung durch eine erheblich anwachsende Familie wegen Größe und Zuschnitts der Wohnung nicht stillschweigende Voraussetzung bei Eingehung des Mietverhältnisses war (LG Düsseldorf WuM 1983, 141). Dem entspricht es, wenn eine Überbelegung, die durch eine auf Dauer angelegte Aufnahme von Familienangehörigen eingetreten ist, für den Vermieter als unzumutbar zu beurteilen ist (BayObLG NJW 1984, 60; OLG Karlsruhe WuM **26a**

1987, 180; LG Darmstadt WuM 1987, 393). Allerdings ist nicht jede geringfügige Überschreitung der Personenzahl als erhebliche Vertragsverletzung zu beurteilen.

27 **γ) Belästigungen** des Vermieters und seiner Hausstandsangehörigen oder anderer Mieter können eine ordentliche Kündigung rechtfertigen, auch wenn die strengeren Voraussetzungen für eine fristlose Kündigung nach § 554 a nicht erfüllt sind. Hierzu gehören Beleidigungen (AG Gießen ZMR 1982, 240; vgl aber LG Offenburg WuM 1986, 250; AG Friedberg WuM 1986, 231 [LS]) und andere Straftaten. Das gleiche gilt für Störungen des Hausfriedens und Verstöße gegen die Hausordnung sowie für Beeinträchtigungen durch Lärm, Geruch (LG Köln WuM 1984, 55) oder Schmutz (LG Bamberg WuM 1974, 197). Normaler Kinderlärm ist hinzunehmen (AG Aachen WuM 1975, 38). Auch im übrigen hängt die Toleranzgrenze von der Zusammensetzung des Mieterkreises und den Wohnverhältnissen im Einzelfall ab (LG Oldenburg WuM 1983, 317). Gelegentliches Duschen am späten Abend begründet kein berechtigtes Interesse (AG Osnabrück WuM 1972, 107). Bei Streitigkeiten unter den Mietern kann der Vermieter der Mietpartei kündigen, von deren Auszug er sich am ehesten die Wiederherstellung des Hausfriedens verspricht (LG Duisburg WuM 1975, 209; einschr STERNEL Rz IV 386).

**c) Eigenbedarf des Vermieters (Abs 2 Nr 2)**

**aa) Allgemeines**

28 Ein berechtigtes Interesse an der Beendigung des Mietverhältnisses ist anzuerkennen, wenn der Vermieter die Räume als Wohnung für sich, die zu seinem Hausstand gehörenden Personen oder seine Familienangehörigen benötigt. Dabei hat das Gericht nicht nur die vom Vermieter geltend gemachten Tatsachen zu berücksichtigen, sondern aufgrund einer umfassenden Würdigung aller Umstände des Einzelfalls zu entscheiden, ob er ein vernünftiges, billigenswertes Interesse an der Erlangung der Wohnung hat (OLG Karlsruhe NJW 1983, 579 = 24 in RE Miet). Dieses Interesse wird dadurch bestimmt, daß der Vermieter als Eigentümer darin frei ist, seine Lebensführung unter Nutzung seines Eigentums so zu gestalten, wie er das für richtig hält (BVerfGE 68, 361, 375 = NJW 1985, 2633, 2635; BVerfG NJW 1988, 1075 m Anm SCHULTE JZ 1988, 611). Dabei genügen vernünftige und nachvollziehbare Gründe für den Wunsch nach eigener Nutzung (BVerfG NJW 1989, 970; BGHZ 103, 91 = NJW 1988, 904 m Anm SCHULTE JZ 1988, 611; hierzu PASCHKE ZMR 1988, 164). Es muß sich nicht um ein dringendes Interesse handeln. Das Interesse muß auch nicht sofort zu befriedigen sein. Es reicht aus, wenn der geltend gemachte Eigenbedarf erst längere Zeit nach dem Ausspruch der Kündigung eintritt und der Mietvertrag zu diesem späteren Zeitpunkt gekündigt wird (BayObLG NJW 1982, 1159 = 12 in RE Miet; LG Stuttgart WuM 1976, 56), etwa im Hinblick auf die zu erwartende Vergrößerung der Familie (zweifelnd LG Braunschweig WuM 1985, 266 [LS]) oder die zukünftige Aufnahme einer Pflegeperson für den Vermieter, ohne daß diese Person aber im Zeitpunkt der Kündigung schon unbedingt feststehen müßte (OLG Hamm WuM 1986, 269). In jedem Fall muß ein schon im Zeitpunkt der Kündigung **konkretes Interesse** des Vermieters an der künftigen Rückgabe der Räume bestehen (OLG

Karlsruhe WuM 1976, 99). Eine Kündigung auf Vorrat ist unwirksam. Auch im übrigen bildet der Mißbrauch der Eigentümerbefugnisse eine Grenze. Mißbräuchlich ist etwa die Geltendmachung eines weit überhöhten Wohnbedarfs, die Inanspruchnahme einer Wohnung, die die Nutzungswünsche des Eigentümers überhaupt nicht erfüllen kann oder eine Kündigung wegen Eigenbedarfs, der schon im Zeitpunkt des Abschlusses des Mietvertrags bestanden hat (BVerfG NJW 1989, 970, 971; LG Karlsruhe WuM 1988, 276; AG Köln WuM 1988, 70 [LS]). Will der Eigentümer in derartigen Fällen die Wohnung entweder später selbst nutzen oder ist er sich über seinen Eigenbedarf noch nicht endgültig schlüssig, kann er seine Interessen auf der Grundlage des § 564 c Abs 2 durch ein befristetes Mietverhältnis ohne Bestandsschutz für den Mieter wahren (BVerfG aaO). Im übrigen ist die Kündigung wegen Eigenbedarfs aber nicht schon deshalb rechtsmißbräuchlich, weil sie nach kurzer Dauer des Mietverhältnisses ausgesprochen wird (AG Detmold DWW 1988, 216). Die konkreten Gegeninteressen des Mieters entfalten erst bei der Prüfung der Sozialklausel des § 556 a Rechtswirkungen (BVerfG NJW 1989, 970, 971; BGHZ 103, 91 = NJW 1988, 904; vgl aber BVerfG NJW 1988, 1075, 1076; offengelassen von BVerfG NJW 1988, 2233; s auch OLG Frankfurt NJW 1988, 2248, 2249; LG Frankfurt WuM 1988, 275; Barthelmess-Barthelmess ZMR 1988, 211; Finger ZMR 1988, 401). Dies schließt jedoch nicht aus, die Berechtigung der Interessen des Vermieters an einem generellen Interesse des Mieters auf Beibehaltung der Wohnung zu messen, das im Gesetz schon in dem unterschiedlichen personalen Bezug der Kündigung wegen Eigenbedarfs und wegen Hinderung angemessener wirtschaftlicher Verwertung angelegt ist und damit die Sozialpflichtigkeit des Eigentums in verschiedenem Maße bestimmt (vgl BVerfG NJW 1989, 972, 973).

Liegt Eigenbedarf zwar im Zeitpunkt der Kündigung vor, entfällt er aber vor **28a** Beendigung des Mietverhältnisses, so kann es eine unzulässige Rechtsausübung sein, wenn der Vermieter an der Kündigung festhält (LG Hamburg WuM 1989, 256; LG Karlsruhe WuM 1980, 249; LG Köln ZMR 1978, 85 m Anm Weimar), und bei Räumung durch den Mieter eine Schadensersatzpflicht des Vermieters zur Folge haben (LG Düsseldorf WuM 1976, 70; Rz 89). Der Vermieter muß den Mieter nach Treu und Glauben über den **Wegfall des Eigenbedarfs** aufklären (vgl BayObLG NJW 1987, 1654). Die Konstruktion, das Mietverhältnis aufgrund der ursprünglich wirksamen Kündigung enden zu lassen, dem Vermieter aber die nachträgliche Nebenpflicht zur Fortsetzung des Mietverhältnisses aufzuerlegen, ist umständlich (so aber von Stebut NJW 1985, 289). Bietet der Mieter die gekündigte Wohnung zum Tausch mit der Wohnung des Vermieters an, kann es treuwidrig sein, wenn der Vermieter das Angebot nicht annimmt (LG Stuttgart WuM 1988, 276). Der Eigenbedarf entfällt nicht ohne weiteres dadurch, daß dem Vermieter, der von einem jahrelangen Auslandsaufenthalt zurückgekehrt ist, noch vor dem Auszug des Mieters eine neue Tätigkeit im Ausland ohne dauerhafte Aussicht angeboten wird (AG Kulmbach WuM 1985, 118). Ebensowenig scheidet Eigenbedarf aus, wenn dem Eigentümer im Zeitpunkt der Kündigung eine oder mehrere andere freie Wohnungen zur Verfügung stehen, sofern er nicht seinen Wohnbedarf in den anderen Wohnungen ohne wesentliche Abstriche befriedigen könnte (BVerfG NJW 1989, 970, 972; Rz 42b). Der Wegfall des

Eigenbedarfs ist unbeachtlich, wenn er nach rechtskräftiger Titulierung des Räumungsanspruchs eintritt (LG Köln WuM 1984, 248).

29 Grundsätzlich kann nur der Vermieter eine **Kündigung** wegen Eigenbedarfs aussprechen, sich dabei allerdings nach § 164 vertreten lassen. Auch der Nießbraucher ist als Vermieter zur Kündigung wegen Eigenbedarfs berechtigt. Der Erwerber eines Grundstücks kann sich wegen § 571 erst mit der Eintragung in das Grundbuch auf Eigenbedarf berufen (LG Kiel WuM 1977, 228; AG Bühl WuM 1988, 112; AG Friedberg WuM 1980, 41; AG Lennestadt WuM 1978, 175). War Eigenbedarf des früheren Vermieters zu bejahen, verliert dessen Kündigung ihre Wirkung, wenn das Grundstück vor der Beendigung des Mietverhältnisses veräußert wird und damit das Erlangungsinteresse des Veräußerers fortfällt (Rz 28; s zur Einliegerwohnung Rz 93).

30 Die **Beweislast** für den geltend gemachten Eigenbedarf trägt der Vermieter (LG Kaiserslautern WuM 1989, 299; LG Koblenz WuM 1976, 98). Soweit es sich um beachtliche subjektive Gründe handelt, sind sie als innerer Vorgang einem Beweis nicht zugänglich (AG Detmold DWW 1988, 216). Sie müssen deshalb hinreichend konkret dargelegt werden, um nachvollzogen und als billigenswert beurteilt werden zu können.

**bb) Tatbestandsmerkmale im einzelnen (Abs 2 Nr 2 S 1)**

31 **α)** Zu dem Personenkreis, für den ein Wohnungsbedarf bestehen muß, gehört der **Vermieter**. Er muß die Absicht haben, die in Anspruch genommene Wohnung selbst zu beziehen. Der Vermieter benötigt die Wohnung nicht für sich, wenn er auf dem Umweg über eine Vermietung seine Pflicht als Hauseigentümer, Schnee zu räumen, erfüllen lassen will (AG Lübeck WuM 1972, 193, 194; AG Offenbach WuM 1986, 326 [LS]) oder wenn er wegen seines eigenen Alters die Wohnung einem Mieter überlassen will, der Haus und Garten instand setzt (AG Osnabrück WuM 1975, 55). Hat der Grundstückseigentümer den Mietvertrag nicht selbst abgeschlossen, sondern ein Verwalter im eigenen Namen, ist nur der letztere Vermieter. Ein Eigenbedarf des Grundstückseigentümers kann deshalb nach Abs 2 Nr 2 im Rahmen einer Kündigung durch den Verwalter nicht berücksichtigt werden. Der Wohnungsbedarf des Grundstückseigentümers kommt nur als berechtigtes Interesse des kündigenden Verwalters aus sonstigen Gründen in Betracht (Rz 79). Nach den gleichen Grundsätzen ist das Problem zu lösen, daß ein Miteigentümer Eigenbedarf hat, bei dem Vertragsabschluß durch den anderen Miteigentümer aber nicht Partei des Mietvertrags geworden ist (vgl aber LG Karlsruhe WuM 1989, 241).

32 Handelt es sich um eine **Mehrheit von Vermietern** in Bruchteils- oder Gesamthandsgemeinschaft, reicht es ohne Rücksicht auf die Höhe der einzelnen Beteiligung aus, wenn der Eigenbedarf nur für einen der Vermieter besteht (PALANDT-PUTZO § 564 b Anm 7 a aa). Dies ist auch anzunehmen, wenn sich die Vermieter als Eheleute trennen wollen und ein Ehegatte die gekündigte Wohnung beziehen soll (LG Hannover WuM 1986, 255). Personenhandelsgesellschaften schließen den Mietvertrag nach § 124 Abs 1 HGB zwar unter ihrer Firma ab. Mangels Rechtsfähigkeit der Gesellschaft treffen die Rechte und Pflichten jedoch die Gesellschafter. Insoweit kann deshalb auch Eigenbedarf für einen Gesellschafter

geltend gemacht werden (aM LG Karlsruhe WuM 1985, 148). Kündigen muß allerdings die Gesamtheit (§ 564 Rz 16).

**Unternehmen und Behörden**, die als Vermieter Bedarf an Wohnungen für Arbeit- 33
nehmer und Bedienstete haben, können sich unabhängig von ihrer Rechtsform nicht auf Eigenbedarf berufen, da sie die Räume nicht „als Wohnung für sich" benötigen. Dies gilt vor allem für juristische Personen (BayObLG WuM 1981, 32, 35 = 2 in RE Miet; AG Bergheim WuM 1985, 147; AG Köln WuM 1988, 161; aM BGB-RGRK-Gelhaar § 564 b Rz 17). Ein berechtigtes Interesse an der Kündigung wegen betriebsbedingten Wohnungsbedarfs kommt aber aus sonstigen Gründen in Betracht (Rz 68 f).

**β)** Der Wohnungsbedarf für **Hausstands- und Familienangehörige** des Vermieters 34
kann die Kündigung rechtfertigen. Abs 2 Nr 2 enthält keine Begriffsbestimmungen dieses Personenkreises.

**αα) Hausstandsangehörige** sind alle Personen, die schon seit längerer Zeit und auf 35
Dauer in den Haushalt des Vermieters aufgenommen sind und in enger Hausgemeinschaft mit ihm leben. Hierzu gehören die Ehefrau, Kinder, sonstige Familienangehörige, Hausgehilfinnen und Pflegepersonen. Das gleiche gilt für Freunde, Auszubildende, Gesellen in Handwerksbetrieben und Arbeitnehmer in der Landwirtschaft. Arbeitnehmer, die nicht in den Hausstand aufgenommen sind, zählen nicht zu diesem Personenkreis (LG Landau/Pfalz WuM 1985, 146). Der Wohnungsbedarf kann darin zum Ausdruck kommen, daß der Vermieter für sich und die zu seinem Hausstand gehörenden Personen zusammen eine größere Wohnung benötigt. Ein durch Hausstandsangehörige in der Person des Vermieters begründeter Wohnungsbedarf besteht auch dann, wenn der Vermieter die bisherige, zu klein gewordene Wohnung beibehalten will und einzelne Hausstandsangehörige in die zu kündigende neue Wohnung umziehen sollen. Dabei macht es keinen Unterschied, ob die Hausgemeinschaft nach dem Umzug bestehenbleibt oder aufgehoben wird.

Eigenbedarf kann auch wegen der Nutzung von Wohnraum durch eine Person 36
entstehen, die bisher nicht im Haushalt des Vermieters lebt, wenn der Vermieter diese Person in Zukunft zu seiner Pflege oder ähnlichen dringenden Zwecken benötigt (LG Bielefeld WuM 1972, 178; LG Osnabrück WuM 1976, 124; AG Solingen WuM 1984, 2 [LS]). Entscheidend kommt es zwar auf einen Wohnungsbedarf für die zum Hausstand des Vermieters gehörenden Personen an. Da als Grundlage für den Eigenbedarf aber nicht nur gegenwärtige, sondern auch mit einiger Sicherheit eintretende zukünftige Umstände in Betracht kommen (Schopp ZMR 1975, 97, 100), kann auch ein gegenwärtiger oder zukünftiger Wohnungsbedarf berücksichtigt werden, der erst durch die **Aufnahme eines neuen Hausstandsangehörigen** entsteht (BayObLG NJW 1982, 1159 = 12 in RE Miet; AG Jülich WuM 1987, 167 [LS]; AG Karlsruhe DWW 1988, 49; Sternel Rz IV 134; ders WuM 1987, 339, 341). Vorauszusetzen ist grundsätzlich die konkrete Aussicht, daß eine bestimmte Person in die zu räumende Wohnung aufgenommen werden soll (LG Bielefeld aaO; LG Wuppertal WuM 1982, 282 [LS]) und daß die Hilfe für den Vermieter nicht ohne Bereitstellung einer Wohnung beschafft werden kann (LG Osnabrück aaO). Bei einer langen Kündigungsfrist braucht die Hilfsperson

im Zeitpunkt der Kündigung noch nicht festzustehen (OLG Hamm WuM 1986, 269). Steht der Bedarfsgrund wegen der Pflegebedürftigkeit oder des Alters des Vermieters fest, handelt es sich nicht um eine unzulässige Vorratskündigung (Rz 28).

**37** **ββ)** Haben **Familienangehörige** des Vermieters Wohnungsbedarf, ist dies als berechtigtes Interesse an einer Kündigung anzuerkennen. Auf die Hausstandszugehörigkeit kommt es nicht an. Es spielt deshalb keine Rolle, ob der Vermieter selbst eine größere Wohnung benötigt, weil er Familienangehörige bei sich aufnehmen will, oder ob die zu räumende Wohnung nur für Familienangehörige vorgesehen ist. Ebenso unerheblich ist es, ob die Familienangehörigen bisher in der Wohnung des Vermieters oder in einer fremden Wohnung lebten.

**38** Welcher Personenkreis im einzelnen unter den **Begriff** der Familienangehörigen fällt, ergibt sich nicht unmittelbar aus § 564 b. Die formale Abgrenzung in Anlehnung an § 8 Abs 2 WoBauG II, die ua auf einen bestimmten Grad der Verwandtschaft oder Schwägerschaft abstellt, wird mit Recht als zu weitgehend abgelehnt, da das WobauG II mit der Förderung des sozialen Wohnungsbaus einen anderen Zweck verfolgt als § 564 b (LG Osnabrück WuM 1976, 55, 56; Sternel Rz IV 139; ders WuM 1987, 339, 342). Auf jeden Fall gehören der Ehegatte, Eltern und Kinder zur Familie (OLG Karlsruhe NJW 1982, 889 = 16 in RE Miet m Anm Schwab DWW 1983, 172; LG Aachen WuM 1989, 250; LG Frankfurt DWW 1988, 324; LG Kaiserslautern MDR 1982, 56; AG Düsseldorf WuM 1989, 301; AG Münster WuM 1988, 364). Das gleiche gilt für das Verhältnis zwischen Großeltern und Enkeln (AG Köln WuM 1989, 250) sowie zwischen Schwiegereltern und Kindern (AG Friedberg/Hessen WuM 1985, 116 [LS]). Nach der Scheidung sind weder die frühere Ehefrau (AG Köln NJW-RR 1988, 1485) noch die frühere Schwiegermutter (LG Frankfurt DWW 1987, 232) als Familienangehörige einzuordnen. Überwiegend wird der Personenkreis nicht fest begrenzt, sondern nur durch die Pflege familiärer Beziehungen (Sternel aaO) oder ein enges Familienverhältnis (Schmidt WuM 1971, 193, 194) eingeschränkt. Geschwister sind schon wegen ihres nahen Verwandtschaftsgrades als Familienangehörige anzusehen (BayObLG WuM 1984, 14 = 24 in RE Miet; s aber BayObLG WuM 1984, 13 = 26 in RE Miet; Rz 26 a). Der Verlobte der Tochter des Vermieters gehört noch nicht zu dem begünstigten Personenkreis (AG Pinneberg WuM 1987, 70 [LS]). Verbreitet wird darauf abgestellt, ob der Vermieter rechtlich oder wie bei Geschwistern und Stiefkindern wenigstens moralisch verpflichtet ist, Unterhalt und sonstige Fürsorge zu gewähren (LG Braunschweig WuM 1972, 127, 129; LG Mannheim WuM 1982, 282 [LS]; LG Osnabrück WuM 1976, 55, 56; Schmidt-Futterer NJW 1972, 5; ders MDR 1972, 560). Ähnlich wie in § 569 a (dort Rz 13) ist eine klare Grenze letztlich nur dadurch zu ziehen, daß alle Personen, die mit dem Mieter nicht verwandt oder verschwägert sind, ohne Rücksicht auf etwaige moralische Verpflichtungen vom Anwendungsbereich der Vorschrift ausgenommen werden. Sonst verliert das Tatbestandsmerkmal der Familienangehörigen jede eigenständige Funktion.

**39** Will der Vermieter den Mietvertrag mit einem Familienangehörigen kündigen, damit ein **anderer Angehöriger** die Wohnung beziehen kann, ist neben dem Grad der Verwandtschaft oder Schwägerschaft das persönliche Verhältnis zu dem

Vermieter zu vergleichen, das dessen Wunsch nach anderweitiger Nutzung begründet. Deshalb ist Familienangehörigen auch bei einer Konkurrenz zu Hausstandsangehörigen ohne familiäre Beziehungen nicht in jedem Fall der Vorrang einzuräumen.

**γ)** Der Vermieter muß die Räume als **Wohnung** für sich oder den berechtigten 40
Personenkreis benötigen. Ein berechtigter Eigenbedarf liegt deshalb nicht vor, wenn die zu kündigende Wohnung wegen einer Erweiterung des Unternehmens durch den Vermieter zu geschäftlichen Zwecken genutzt werden soll (LG Karlsruhe WuM 1980, 249; LG Köln WuM 1974, 103). Eine gelegentliche Nutzung eines Teils der Räume zu Wohnzwecken rechtfertigt kein anderes Ergebnis (AG Osnabrück WuM 1989, 300). Die Einrichtung eines häuslichen Büros oder Arbeitszimmers ist unzureichend (LG Karlsruhe WuM 1980, 249; AG Köln WuM 1982, 251 [LS]). Eine Verwendung zu Wohnzwecken liegt aber vor, wenn nur untergeordnete Teile geschäftlichen Zwecken dienen sollen (LG Hamburg WuM 1986, 87). Das gleiche gilt, wenn der Vermieter seine bisherige Wohnung zu gewerblich genutzten Räumen umgestalten will und deshalb für sich eine neue Wohnung benötigt. Allein das Interesse an der Wohnung als wirtschaftlichem Wert rechtfertigt keine Kündigung wegen Eigenbedarfs. Deshalb ist der Wunsch des Eigentümers, die vermietete Wohnung selbst zu nutzen, um die Grunderwerbsteuer nicht zahlen zu müssen, für Eigenbedarf als Kündigungsgrund bisher überwiegend als unzureichend beurteilt worden, wenn nicht ein anderweitiger Wohnungsbedarf hinzukam (LG Bonn WuM 1978, 51; LG Freiburg WuM 1982, 212; LG Köln WuM 1980, 248 [LS]; AG Köln WuM 1982, 307 [LS]). Diese Auffassung ist nach der neueren Rechtsprechung des BVerfG und des BGH (Rz 28) nicht mehr zu halten, da der Wunsch des Vermieters, die eigene Wohnung aus Gründen der Steuerersparnis selbst zu nutzen, vernünftig und nachvollziehbar ist (LG Hamburg WuM 1987, 27; s Rz 79 a). Wegen der Reform der Grunderwerbsteuer ab 1. 1. 1983 (GrEStG vom 17. 12. 1982 [BGBl I 1777]), mit der die Steuerbefreiung wegen Eigennutzung abgeschafft worden ist, entfällt diese Problematik seit dem 1. 1. 1988, da die maßgebliche Frist für die Eigennutzung noch bis zu diesem Zeitpunkt lief (§ 3 Abs 2 GrEStG vom 29. 3. 1940 [RGBl I 585]).

**δ)** Der Vermieter muß die Räume als Wohnung für sich oder den berechtigten 41
Personenkreis **benötigen**. Dieses Tatbestandsmerkmal ist in der früheren Rspr und ebenso im Schrifttum verbreitet in der Weise ausgelegt worden, daß durch den beanspruchten Wohnraum einem bestehenden Mangel des Vermieters an eigengenutzten oder eigennutzbaren Wohnräumen für sich oder den begünstigten Personenkreis abzuhelfen sei. Der Vermieter müsse sich in einer wohnbedarfstypischen Lage befinden. Er müsse unzureichend oder teurer als in dem beanspruchten Wohnraum untergebracht sein (KG NJW 1981, 1048; Voraufl Rz 41 ff mwN; vgl noch LG Stade WuM 1988, 277; AG Münster WuM 1986, 318; AG Neuss WuM 1987, 25). Demgegenüber ist im Anschluß an die früheren Ausführungen des BVerfG zur Verfassungsmäßigkeit des § 564 b Abs 2 Nr 2 (BVerfGE 68, 361 = NJW 1985, 2633) die Auffassung entwickelt worden, der bloße Wunsch des Eigentümers, seine eigene Wohnung zu beziehen oder begünstigte Personen dort

wohnen zu lassen, begründe den Eigenbedarf unabhängig davon, welche Gründe für diesen Wunsch bestünden und wie die bisherige Unterbringung aussehe (OLG Hamburg NJW 1986, 852 m krit Anm BLANK WuM 1986, 47; SCHULTE JZ 1985, 530). Diese Ansicht findet im Gesetz keine Grundlage. Der bloße Wunsch, in der eigenen Wohnung zu leben, ist rechtlich etwas anderes als die Wohnung zu benötigen, wie es vom Gesetz formuliert wird. Dies kommt auch in dem abweichenden Tatbestand des § 564 c Abs 2 Nr 2 a) zum Ausdruck, der auf den Willen zur Eigennutzung abstellt (§ 564 c Rz 19).

**42** In der neueren Rspr hat sich nunmehr die Auffassung durchgesetzt, daß die Absicht des Vermieters, in den vermieteten Räumen selbst zu wohnen oder eine der begünstigten Personen wohnen zu lassen, nur ausreicht, wenn er hierfür **vernünftige und nachvollziehbare Gründe** hat (BGHZ 103, 91 = NJW 1988, 904 m Anm SCHULTE JZ 1988, 611; hierzu PASCHKE ZMR 1988, 164; vgl zuvor OLG Zweibrücken DWW 1987, 230). Diese Formel hat Eingang in die Rspr der Instanzgerichte gefunden (LG Hamburg WuM 1988, 275; LG München I WuM 1988, 365; AG Castrop-Rauxel DWW 1988, 215; AG Gelsenkirchen-Buer DWW 1988, 326) und ist vom BVerfG bestätigt worden (NJW 1989, 970; hierzu BLANK WuM 1989, 157; DERLEDER WuM 1989, 217; HENSCHEL, NJW 1989, 937; RÖCHLING WuM 1989, 109; SCHOPP ZMR 1989, 205; ders DWW 1989, 98; SCHULTE JZ 1989, 525). Der Vermieter hat grundsätzlich allein darüber zu bestimmen, welchen Wohnbedarf er für sich und den begünstigten Personenkreis geltend machen will (BVerfGE 68, 361, 372 f = NJW 1985, 2633, 2634; BVerfG NJW 1988, 1075 m Anm SCHULTE JZ 1988, 611; LG Gießen WuM 1988, 289 m Anm KREMER). Eine bisher unzureichende Unterbringung ist nicht erforderlich (BGHZ 103, 91, 96 f = NJW 1988, 904 f). Da der Kündigungsschutz des § 564 b den Mieter nur vor einer willkürlichen Kündigung schützen soll (BVerfG aaO; BGH aaO; LG Hamburg WuM 1987, 26), ist eine Nachprüfung seines Entschlusses, die Wohnung selbst zu nutzen, aus verfassungsrechtlichen Gründen nicht unbeschränkt zulässig. Aufgrund der bei einer Eigenbedarfskündigung bestehenden Interessen mit starkem personalem Bezug hängt der Wunsch nach eigener Nutzung eng mit den persönlichen Vorstellungen, Bedürfnissen und Zukunftsplänen eines Menschen zusammen (BVerfG NJW 1989, 970, 971).

**42a** Im **einzelnen** sind vernünftige und nachvollziehbare Gründe des Vermieters, die Wohnung zu erlangen, vor allem dann gegeben, wenn tatsächlich eine Bedarfssituation im Sinne einer Mangellage für ihn oder den begünstigten Personenkreis besteht. Eine solche Bedarfssituation ist anzunehmen, wenn der Vermieter oder eine der begünstigten Personen in einer anderen Wohnung unzureichend (AG Düsseldorf WuM 1989, 301) oder zu teuer untergebracht ist. Ein berechtigtes Interesse liegt deshalb etwa vor, wenn der Vermieter wegen seiner Heirat und aus beruflichen Gründen eine größere Wohnung benötigt (LG München I WuM 1989, 296) oder wenn er von der gekündigten Wohnung aus das Haus verwalten will (LG Berlin WuM 1989, 300). Das gleiche gilt, wenn der erwachsene Sohn der Vermieter in der Wohnung der Eltern lebt und ihm dort lediglich ein Schlafzimmer zu seiner ausschließlichen Benutzung zur Verfügung steht (LG Frankfurt DWW 1988, 324). Ein Wohnbedarf des unverheirateten Sohnes des Vermieters ist auch zu berücksichtigen, wenn er durch das Zusammenleben mit einer Frau in nicht ehelicher Lebensgemeinschaft hervorgerufen wird (OLG Karlsruhe NJW 1982, 889 m Anm Schwab DWW 1983, 172). Entscheidend ist aber nicht der Wille des Familienangehörigen, sondern der Wille des Vermieters, der den Bedarf des Angehörigen zu einem eigenen macht (BayObLG WuM 1986, 271). Ebenso ist die Kündigung wegen Eigenbedarfs begründet, wenn die zu kündigende Wohnung zum Getrenntleben der Vermieter genutzt werden soll (LG Berlin WuM 1989, 301; LG Hannover WuM 1986, 255). Unzureichend ist es für eine Kündigung, wenn die vorgesehenen Personen die Wohnung wegen fehlender Wohnberechtigung nach dem WoBindG nicht nutzen dürfen (LG Aachen WuM 1985, 203; LG Braunschweig WuM 1983, 343 [LS]; LG Essen WuM 1979, 147 m Anm Tiefenbacher ZMR 1979, 273; LG Siegen WuM 1987, 416; AG Hannover WuM 1983, 343; OVG Münster NJW-RR 1986, 12). Die fehlende Wohnberechtigung des Vermieters spielt keine Rolle, wenn die Wohnung von wohnberechtigten Hausstands- oder Familienangehörigen bezogen werden soll (LG Hannover WuM 1984, 330). Der Eigenbedarf ist nur berechtigt, wenn er von einiger Dauer sein wird und nicht nur als Übergangslösung für wenige Monate oder für eine Wohnung auf Probe geltend gemacht wird, während sich der Vermieter auch anderweitig behelfen kann (LG Osnabrück WuM 1980, 207 [LS]; LG Waldshut-Tiengen WuM 1978, 5). Das gleiche ist anzunehmen, wenn die Wohnung wegen eines nur zeitweisen Aufenthaltes des Vermieters während der meisten Zeit unbenutzt sein würde (AG München WuM 1989, 299). Benötigt der Vermieter die Wohnung jedoch, weil ihm wegen einer Kündigung durch seinen eigenen Vermieter ein Wohnungsverlust droht, führt auch die wegen eines Neubaus nur vorübergehende Nutzungsabsicht für etwa ein Jahr zu einem begründeten Eigenbedarf (AG Bonn WuM 1980, 53).

Im übrigen muß die beanspruchte Wohnung die Nutzungswünsche des Vermieters **42b** überhaupt erfüllen können, ohne daß bei einer dahin gehenden Prüfung die Vorstellung des Gerichts verbindlich an die Stelle der Planung des Vermieters gesetzt werden dürfte (BVerfG NJW 1989, 970, 971). So kann die Wohnung etwa aus persönlichen oder sachlichen Gründen für die vorgesehene Person ungeeignet sein (OLG Karlsruhe WuM 1983, 9; LG Berlin MDR 1983, 133; LG Frankfurt WuM 1989, 246). Andererseits können auch rein persönliche Gründe für die Berechtigung des Eigenbedarfs sprechen, wenn die in einem oberen Stockwerk gelegene Wohnung für den Vermieter nach einem Schlaganfall zu beschwerlich ist (AG Stuttgart WuM 1989, 297) oder wenn der in hohem Lebensalter stehende Vermieter, der an einer lauten Straße wohnt, aus gesundheitlichen Gründen die ruhig gelegene Wohnung beansprucht (LG Karlsruhe WuM 1974, 261). Das Recht, die ruhigere Wohnung zu beziehen, muß dem Vermieter allerdings unabhängig von seinem Alter zugestanden werden. Die Kündigung ist ferner berechtigt, wenn der in einem Altersheim wohnende Vermieter in das eigene Haus ziehen möchte, um sich von der dort wohnenden Tochter und einer in den Haushalt aufzunehmenden Pflegerin betreuen zu lassen (BVerfGE 68, 361, 374 = NJW 1985, 2633, 2635). Auch sonst können gesundheitliche Gründe eine Rolle spielen (AG Düsseldorf DWW 1987, 103; WuM 1989, 301). Ebenso ist der kürzere Weg zur Arbeit ein die Kündigung rechtfertigender Grund (LG München I WuM 1988, 365). Er steht auf der Grenze zwischen persönlichen und wirtschaftlichen Gründen, die in gleicher Weise anzuerkennen sind (LG Hamburg WuM 1987, 27). Dies gilt etwa, wenn der Mietzins, den der Vermieter für die zu eigenen Wohnzwecken gemietete Wohnung zu zahlen hat, höher ist als der aus einer vermieteten Wohnung erzielte Ertrag (LG München I aaO; vgl LG Kaiserslautern WuM 1989, 299). Das gleiche ist anzunehmen, wenn der Vermieter seine bisherige Wohnung gewinnbringend vermieten will und deshalb die zu kündigende Wohnung beansprucht. Abzulehnen ist allerdings die Ansicht, wegen der Eigentumsgarantie könne der Vermieter bei der Geltendmachung von Eigenbedarf nicht auf eine bestimmte Wohnungsgröße beschränkt werden (so aber Müller-Gatermann NJW 1985, 2628). Diese Beschränkung ergibt sich bei einem bestehenden Mietverhältnis aus der Sozialpflichtigkeit des Eigentums. Unter dem Gesichtspunkt des Mißbrauchs der Eigentümerbefugnisse kann deshalb in gewissen Grenzen wegen des primären Rechts des Vermieters, seinen Wohnbedarf selbst zu bestimmen, auch geprüft werden, ob mit dem Erlangungswunsch ein weit überhöhter Wohnbedarf geltend gemacht wird (BVerfG NJW 1989, 970, 971; Blank WuM 1989, 157, 159).

**42c** Bestehen die Gründe für eine Eigenbedarfskündigung schon bei Abschluß des Mietvertrags, ist die spätere Kündigung **rechtsmißbräuchlich.** Die Eigenbedarfskündigung kann deshalb grundsätzlich nur auf Gründe gestützt werden, die nach Abschluß des Mietvertrags entstanden sind (LG Braunschweig WuM 1987, 131 [LS]; LG Karlsruhe WuM 1988, 276; AG Hamburg-Altona WuM 1987, 131 [LS]). Dies folgt aus dem Vertrauensgrundsatz, der sich aus § 242 ergibt. Der Vermieter setzt sich zu seinem eigenen Verhalten in Widerspruch, wenn er einen Mietvertrag auf unbestimmte Zeit abschließt, obwohl er entweder entschlossen ist oder zumindest erwägt, die Wohnung selbst in Gebrauch zu nehmen (BVerfG NJW 1989, 970, 972). Für diesen Fall stellt das Gesetz in § 564 c Abs 2 die Möglichkeit zur Verfügung, ein nicht dem Bestandsschutz unterliegendes Mietverhältnis auf bestimmte Zeit abzuschließen. Da der Vertrauensgrundsatz aber nur bei mangelnder Aufklärung des Mieters über die etwaige spätere Eigennutzung eingreifen kann, muß es genügen, daß der Vermieter dem Mieter diese Absicht im Zeitpunkt des Vertragsabschlusses offenbart, um den späteren Einwand des Rechtsmißbrauchs auszuschließen (vgl AG Frankfurt WuM 1983, 123 [LS]). Dies setzt in Analogie zu § 564 c Abs 2 S 1 Nr 3 eine schriftliche Mitteilung des Vermieters voraus. Auf diese Weise kann die Entstehung eines Vertrauenstatbestandes verhindert werden, ohne daß der Vermieter auf den Abschluß eines befristeten Mietverhältnisses angewiesen ist. Nach Ablauf von fünf Jahren fehlt es ohnehin an einem verfassungsrechtlich zureichenden Grund, dem Vermieter die Berufung auf die Kündigungsfolgen zu versagen, weil der Eigenbedarf schon früher absehbar gewesen wäre (BVerfG NJW 1989, 970, 972; LG Hamburg WuM 1989, 249; LG Stuttgart WuM 1989, 249). Darüber hinaus ist eine Kündigung nicht schon dann rechtsmißbräuchlich, wenn dem Vermieter im Zeitpunkt der Erklärung eine oder mehrere andere freie Wohnungen zur Verfügung stehen, für die Inanspruchnahme der gekündigten Wohnung aber vernünftige und nachvollziehbare Gründe vorliegen (BVerfG NJW 1989, 970, 971; LG Düsseldorf WuM 1989, 248; LG Hannover WuM 1989, 302; anders noch LG Düsseldorf WuM 1988, 111 [LS]; LG Frankfurt WuM 1987, 224; LG Köln WuM 1986, 95 [LS]; AG Marburg WuM

1989, 247; Voraufl Rz 42 b mwN). Kann der vom Vermieter bestimmte Wohnbedarf in den Alternativobjekten ohne wesentliche Abstriche befriedigt werden, ist das Beharren auf der Eigennutzung der gekündigten Wohnung hingegen willkürlich und mißbräuchlich (BVerfG aaO; LG Berlin GrundE 1989, 511).

Nach verbreiteter Auffassung steht es dem Vermieter frei, welchem von **mehreren Mietern** er wegen Eigenbedarfs kündigt (AG Düsseldorf DWW 1976, 238; AG Köln WuM 1985, 117; MünchKomm-Voelskow § 564 b Rz 51). Teilweise wird von diesem Grundsatz eine Ausnahme gemacht, wenn die Kündigung für den Mieter eine erhebliche Härte bedeuten würde, während andererseits im Hause ein Mietverhältnis besteht, für das offenkundig eine Kündigung nicht zu einer besonderen Härte führen wird (LG Lübeck WuM 1988, 269; AG Büdingen WuM 1980, 225; AG Krefeld NJW 1978, 1265; Sternel Rz IV 137). Ähnlich ist der Vorschlag, bei einer Austauschbarkeit zwischen verschiedenen möglichen Wohnungen keine soziale Auswahl zwischen den Mietern vorzunehmen, sondern allein auf die sozialen Verhältnisse des zu kündigenden Mieters abzustellen (Oetker BlGBW 1983, 202). Der von Rspr und Schrifttum gewählte Lösungsansatz ist allerdings zu modifizieren, um Belange unbeteiligter Mieter nicht in Rechtsstreitigkeiten anderer Parteien einzuführen. Deshalb kann der Vermieter von dem gekündigten Mieter nicht darauf verwiesen werden, er solle den Mietvertrag mit einem anderen Mieter kündigen. Der Vermieter muß aber vernünftige und nachvollziehbare Gründe für die Inanspruchnahme der gekündigten Wohnung haben. Er kann zwischen mehreren Mietern für die Kündigung nur dann frei auswählen, wenn er jede dieser Wohnungen in gleicher Weise benötigt (LG Augsburg WuM 1986, 318). Eine solche Gleichwertigkeit wird höchst selten anzunehmen sein. 43

Teilweise wird die Auffassung vertreten, ein vom Vermieter **selbst herbeigeführter Eigenbedarf** reiche als Kündigungsgrund nicht aus (LG Düsseldorf WuM 1978, 236; LG Hamburg ZMR 1976, 121; ZMR 1985, 54 [LS]; AG Friedberg WuM 1980, 228). Es kommt jedoch nicht entscheidend auf Verursachung oder Verschulden hinsichtlich des Eigenbedarfs an, sondern auf das Merkmal der Treuwidrigkeit im Verhältnis zu dem betroffenen Mieter, das in der Geltendmachung eines selbst herbeigeführten Eigenbedarfs liegen kann. Das Kündigungsrecht darf dem Vermieter nicht allein deshalb versagt werden, weil er den Bedarfsgrund willentlich herbeigeführt hat. Hierdurch würde die Befugnis des Vermieters mißachtet, sein Leben unter Gebrauch seines Eigentums so einzurichten, wie er dies für richtig hält (BVerfG NJW 1989, 970, 971). 44

So ist es **nicht treuwidrig,** wenn der Vermieter den Eigenbedarf durch Heirat, Kinder oder sonstige Aufnahme von Familienangehörigen verursacht. Das gleiche gilt, wenn der Vermieter seine Wohnung wegen ehelicher Streitigkeiten verläßt (LG Köln WuM 1975, 210, 211). Hat jemand Wohnungsbedarf und kauft er deshalb ein Haus, so kann er sich nunmehr ohne Treuwidrigkeit auf Eigenbedarf berufen, auch wenn er das Haus in Kenntnis der vollständigen Vermietung erworben hat (LG Frankfurt WuM 1978, 174; LG Freiburg ZMR 1979, 50). Ebensowenig steht es einer Kündigung entgegen, wenn der Vermieter das Haus gekauft hat, obwohl er in einer anderen Wohnung ausreichend untergebracht ist, sofern er für die Inanspruchnahme vernünftige und nachvollziehbare Gründe hat. Die Kündigung ist begründet, wenn die Wohnung zum Getrenntleben der Ver- 45 mieter benutzt werden soll (LG Hannover WuM 1986, 255). Auf den Grund der Trennung kann es nicht ankommen. Auch der freiwillige Wechsel des Arbeitsplatzes und ein dadurch verursachter Eigenbedarf an der günstiger gelegenen Wohnung können nicht dazu führen, eine Kündigung im Verhältnis zum Mieter als treuwidrig zu beurteilen. Selbst wenn der Vermieter durch sein Verhalten die Kündigung seines bisherigen Mietverhältnisses durch seinen eigenen Vermieter veranlaßt hat, kann er sich auf Eigenbedarf berufen, weil das Verhalten gegenüber seinem Vermieter in keiner Beziehung zu seinem eigenen Mieter steht (Schmidt-Futterer-Blank B 633). Er braucht es grundsätzlich auch nicht auf einen Kündigungswiderspruch gegenüber seinem Vermieter ankommen zu lassen, da ihm das Risiko von Prozeßkosten nicht zugemutet werden kann (BayObLG NJW 1981, 2197, 2201 = 7 in RE Miet; LG Mannheim ZMR 1978, 121). Ebenso ist der durch eine eigene Kündigung verursachte Eigenbedarf berechtigt, wenn der Vermieter eine Wohnung im eigenen Haus beziehen will, weil er sich dort von einer Pflegeperson betreuen lassen kann (vgl BVerfGE 68, 361, 374 = NJW 1985, 2633, 2635). Das gleiche gilt, wenn der Vermieter das Haus, in dem er wohnt, veräußert und wegen seiner Räumungspflicht Eigenbedarf herbeiführt (aM LG Augsburg WuM 1984, 227 [LS]; LG Düsseldorf WuM 1978, 236). Der Grund der Veräußerung ist unerheblich angesichts der verfassungsrechtlich geschützten Freiheit, über das Eigentum zu verfügen.

46 **Treuwidrig** kann es sein, wenn der Vermieter den Grund für den Eigenbedarf nur deshalb herbeigeführt hat, um einen unbequemen Mieter loszuwerden (vgl AG Stuttgart WuM 1989, 248). Ein nur vorgeschobener Eigenbedarf macht die Kündigung ohnehin nicht wirksam, sondern kann Schadensersatzansprüche des Mieters auslösen (vgl AG Köln WuM 1989, 245; Rz 88 ff).

**cc) Wartezeit nach der Begründung von Wohnungseigentum (Abs 2 Nr 2 S 2)**

47 Ist an den vermieteten Wohnräumen nach der Überlassung an den Mieter Wohnungseigentum begründet und veräußert worden, kann sich der Erwerber, der nach § 571 in den Mietvertrag eintritt, nicht vor Ablauf von drei Jahren seit der Veräußerung auf Eigenbedarf berufen (Abs 2 Nr 2 S 2). Für den Erwerber einer umgewandelten Sozialmietwohnung wird das Kündigungsrecht weiter eingeschränkt. Ist das Wohnungseigentum nach der Überlassung an einen Mieter begründet worden, darf er sich dem Mieter gegenüber nicht auf Eigenbedarf berufen, solange die Wohnung als öffentlich gefördert gilt (§ 6 Abs 7 WoBindG). An die Stelle der Wartezeit des Abs 2 Nr 2 S 2 tritt die Nachwirkungsfrist der öffentlichen Bindung nach § 16 WoBindG (LG München I NJW-RR 1986, 889). Da die bürgerlich-rechtliche Wartezeit nach § 6 Abs 7 S 2 WoBindG unberührt bleibt, gilt die längere der beiden Fristen, ohne daß es zu einer Kumulation kommt (Sonnenschein NJW 1980, 2055, 2058; vgl zur Sonderregelung im Land Berlin § 32 Abs 2 WoBindG; § 11 BMietG XII; § 4 GVW, dort Rz 2 ff).

48 **α)** Ein **Umwandlungsfall** setzt voraus, daß nach der Überlassung der Wohnung an den Mieter Wohnungseigentum begründet worden ist. Die Wohnung ist dem Mieter überlassen, wenn er in die Lage versetzt ist, sie vertragsgemäß in Gebrauch zu nehmen. Dies wird idR mit der Besitzverschaffung zusammenfallen. Es kommt aber nicht darauf an, ob der Mieter die Wohnung tatsächlich bezogen hat. Schon

der Besitz begründet die Schutzbedürftigkeit. Das Wohnungseigentum kann durch die vertragliche Einräumung von Sondereigentum (§ 3 WEG) oder durch Teilung (§ 8 WEG) begründet werden (§ 2 WEG). Die Bestellung eines Dauerwohnrechts nach den §§ 31 ff WEG und einer beschränkt persönlichen Dienstbarkeit nach § 1093 wird von dem eindeutigen Wortlaut nicht erfaßt (aM Barthelmess § 564 b Rz 84 zum Dauerwohnrecht).

**β)** Das Wohnungseigentum muß **veräußert** worden sein (§§ 873, 925). Da es nicht 49
auf die Person des Veräußerers ankommt, fällt auch eine Veräußerung durch Testamentsvollstrecker oder Konkursverwalter unter Abs 2 Nr 2 S 2 (vgl zum gutgläubigen Erwerb Mietrecht § 564 b Rz 78). Der Veräußerer braucht nicht mit der Person identisch zu sein, die das Wohnungseigentum begründet hat, so etwa bei Erbfolge. Die Vorschrift erfaßt ferner Verfügungen über das Wohnungseigentum, die im Wege der Zwangsversteigerung getroffen werden, weil eine rechtsgeschäftliche Natur der Veräußerung nicht vorausgesetzt wird (aM AG Weinheim DWW 1989, 86; Blank, in: FS Bärmann u Weitnauer, 102).

**γ)** Das Gesetz geht von einer bestimmten **zeitlichen Reihenfolge** der einzelnen 50
Vorgänge aus. Zunächst muß die Wohnung an den Mieter überlassen worden sein. Danach muß Wohnungseigentum begründet und veräußert worden sein. Die Begründung von Wohnungseigentum ohne anschließende Veräußerung setzt für den bisherigen Vermieter keine Wartefrist in Lauf. Die Vorschrift greift auch nicht ein, wenn jemand eine leerstehende Eigentumswohnung erwirbt, dann vermietet und anschließend weiterveräußert, wenn also die Begründung des Wohnungseigentums zeitlich vor der Überlassung an den Mieter liegt. Ein Schutz des Mieters ist dagegen geboten, wenn das Verfahren zur Begründung des Wohnungseigentums bereits vor Überlassung der Wohnung eingeleitet war, aber erst später durch die Grundbucheintragung abgeschlossen worden ist (Schmid BlGBW 1982, 41, 43; aM AG Weinheim DWW 1975, 189; BGB-RGRK-Gelhaar § 564 b Rz 26). Solange die Eigenschaft als Eigentumswohnung noch nicht begründet ist, bleibt die Anwendung der Vorschrift nach ihrem Zweck gerechtfertigt. Dies gilt auch, wenn der Mieter Kenntnis von der vorgesehenen oder bereits eingeleiteten Begründung von Wohnungseigentum hat und dennoch den Mietvertrag abschließt. Die Vorschrift enthält keinen Anhaltspunkt, um diese Umstände nach § 242 zu Lasten des Mieters zu berücksichtigen.

Die Wartezeit des Abs 2 Nr 2 S 2 greift nicht ein, wenn das Grundstück als Ganzes 51
an eine *Miteigentümer- oder Gesamthandsgemeinschaft* veräußert wird, die dann erst nach § 3 WEG Sondereigentum an den einzelnen Wohnungen begründet (KG WuM 1987, 138; AG Castrop-Rauxel DWW 1988, 215; AG Heidelberg WuM 1976, 15; aM Blank, in: FS Bärmann u Weitnauer, 101). Hier liegt die Veräußerung zeitlich vor der Begründung des Wohnungseigentums und betrifft auch nicht dieses, sondern das Grundstück als solches. Der Fall ist nicht anders zu beurteilen als die Veräußerung des ganzen Grundstücks an einen einzelnen Erwerber, der anschließend eine der Wohnungen in Anspruch nimmt (Rz 45). Das gleiche gilt, wenn die Aufteilung in Wohnungseigentum zeitlich mit der Zuweisung von Sondereigentum in einem Rechtsakt verbunden wird (KG aaO; anders AG Frankfurt WuM 1981, 233; Sternel Rz IV 145). Eine Veräußerung findet jedoch statt, wenn sämtliche Bruchteilseigentümer erst später einem Miteigentümer

durch Auflassung und Eintragung das alleinige Wohnungseigentum an einer bestimmten vermieteten Wohnung übertragen (BayObLG NJW 1982, 451 = 10 in RE Miet; Blank aaO). Das gleiche gilt für die Veräußerung an einen Gesamthänder. Die Begründung eines schuldrechtlichen Nutzungsrechts ist einer Veräußerung nach dem klaren Wortlaut der eng auszulegenden Sondervorschrift nicht gleichzustellen.

**52** **δ)** Die **dreijährige Wartefrist** beginnt, wenn die Veräußerung des Wohnungseigentums durch Einigung und Eintragung nach den §§ 873, 925 wirksam geworden ist (LG München I WuM 1979, 124 m Anm Pütz; AG Mannheim WuM 1979, 218). Das Ende der Frist ist nach § 188 Abs 2 zu bestimmen. Bei einer mehrfachen Veräußerung nach einer Umwandlung lassen Sinn und Zweck der Vorschrift es zu, dem Erwerber, der kündigen will, die in der Person seiner Rechtsvorgänger abgelaufene Wartezeit anzurechnen (BayObLG NJW 1982, 451 = 10 in RE Miet; aM Schmid WuM 1982, 34, 35; Sternel Rz IV 146). Der Mieter soll eine dreijährige Schonfrist haben, nachdem eine Eigentumswohnung veräußert worden ist. Darauf kann er sich bereits nach der ersten Veräußerung einstellen (MünchKomm-Voelskow § 564 b Rz 61). Tritt nach der Veräußerung ein Mieterwechsel ein, indem der Erwerber die Wohnung einem neuen Mieter überläßt, kann er sich unabhängig von dem Ablauf der Wartezeit seit seinem Erwerb auf Eigenbedarf berufen, wenn dieser Grund erst nach der Neuvermietung eintritt. Es handelt sich nicht mehr um einen Umwandlungsfall.

**53** Da sich der Vermieter nicht vor Ablauf der Wartezeit auf Eigenbedarf „berufen" kann, ist erst nach diesem **Zeitpunkt** eine Kündigungserklärung möglich, die auf Eigenbedarf gestützt wird (OLG Hamm NJW 1981, 584 = 4 in RE Miet; LG Bonn WuM 1978, 51, 53; LG München I NJW-RR 1986, 889 zu § 6 Abs 7 WoBindG; AG Bad Vilbel WuM 1988, 70 [LS]; aM LG München I WuM 1979, 124 m abl Anm Pütz; Schmid WuM 1982, 34, 35). Dabei kommt es nicht auf die Abgabe der Erklärung an, sondern auf den Zugang.

**54** Von der Wartezeit werden nur Kündigungen wegen Eigenbedarfs in den **gesetzlich bestimmten Umwandlungsfällen** erfaßt. Daraus folgt zum einen, daß trotz der Umwandlung einer Mietwohnung in eine Eigentumswohnung die Kündigung des Erwerbers auf andere Gründe wie schuldhafte Vertragsverletzung (Abs 2 Nr 1) oder Verhinderung wirtschaftlicher Verwertung (Abs 2 Nr 3) gestützt werden kann. Es ist nicht angebracht, die Vorschrift auf sonstige Gründe für ein berechtigtes Interesse analog anzuwenden, weil ihr Zweck nicht so weit reicht, wie sich aus der systematischen Stellung ergibt (BayObLG NJW 1981, 2197, 2200 = 7 in RE Miet; Sternel Rz IV 146; aM LG Bonn WuM 1978, 51, 52 f; Lechner WuM 1982, 36; vgl Blank, in: FS Bärmann u Weitnauer, 106 ff). Zum anderen hat die auf Umwandlungsfälle beschränkte Regelung zur Folge, daß daneben eine allgemeine, gesetzlich nicht geregelte Wartezeit für sämtliche anderen Fälle der Veräußerung von Wohnraum, seien es Ein- oder Zweifamilienhäuser, Mietwohnhäuser oder schon vor Überlassung an den Mieter geschaffene Eigentumswohnungen, nicht anerkannt werden kann (LG Frankfurt WuM 1978, 174; Blank aaO 92; Köhler § 115 Rz 24; aM LG Wiesbaden WuM 1980, 229, hierzu Schulz DWW 1982, 10).

**d) Verhinderung wirtschaftlicher Verwertung des Grundstücks (Abs 2 Nr 3)**

**aa) Allgemeines**

Ein berechtigtes Interesse an der Beendigung des Mietverhältnisses ist nach Abs 2 55
Nr 3 S 1 gegeben, wenn der Vermieter durch die Fortsetzung des Mietverhältnisses an einer angemessenen wirtschaftlichen Verwertung des Grundstücks gehindert und dadurch erhebliche Nachteile erleiden würde. Dadurch soll die Wirtschaftlichkeit des Haus- und Grundbesitzes gesichert werden. Die Regelung ist mit der Eigentumsgarantie des Art 14 Abs 1 S 1 GG vereinbar (BVerfG NJW 1989, 972). Der Gesetzgeber hat gegenüber der Schutzbedürftigkeit des Mieters beachtet, daß das grundgesetzlich geschützte Eigentum durch Privatnützigkeit gekennzeichnet ist und damit die Grundlage privater und unternehmerischer Initiative bildet. Allerdings hat das Interesse an freier wirtschaftlicher Verfügbarkeit einen geringeren personalen Bezug als bei der Kündigung wegen Eigenbedarfs, so daß der gesetzgeberische Gestaltungsraum hier weiter ist (BVerfG aaO). Bei der Auslegung sind Privatnützigkeit und Verfügungsbefugnis als Kern des Eigentumsrechts zu beachten. Der sozialstaatlich gebotene Kündigungsschutz darf deshalb nicht in einer Weise in die Substanz des Eigentums eingreifen, die eine wirtschaftliche Verwertung als sinnlos erscheinen läßt (BVerfG aaO). Ob die Voraussetzungen der Vorschrift erfüllt sind, ist vom Vermieter darzulegen und zu beweisen (BayObLG NJW 1984, 372 = 23 in RE Miet; LG Aachen MDR 1983, 670; LG Hannover WuM 1981, 41; LG München I WuM 1981, 234; AG Köln WuM 1983, 91 [LS]).

**bb) Tatbestandsmerkmale im einzelnen (Abs 2 Nr 3 S 1)**

**α)** Durch ein bestehendes Mietverhältnis muß die **wirtschaftliche Verwertung des** 56
**Grundstücks** betroffen sein. Zur wirtschaftlichen Verwertung gehören der Verkauf (BVerfG NJW 1989, 972, 973; LG Mainz ZMR 1986, 14; AG Bad Homburg WuM 1989, 303; AG Wesel WuM 1986, 88) und die Nutzung durch entgeltliche Gebrauchsüberlassung, insbesondere durch Vermietung oder Verpachtung. Die weitere Vermietung als Wohnraum mit dem Zweck, höhere Mieteinnahmen zu erzielen, scheidet nach Abs 2 Nr 3 S 2 aus (Rz 64). Ebensowenig stellt die Bindung des Erben an eine Gefälligkeitsmiete rechtlich eine Minderung der wirtschaftlichen Verwertung dar (AG Osnabrück WuM 1989, 256). Möglich ist eine Vermietung oder Verpachtung zu gewerblichen oder freiberuflichen Zwecken oder an eine Behörde. Dabei darf der Vermieter nicht gegen das Verbot der Zweckentfremdung von Wohnraum nach Art 6 MRVerbG verstoßen (Rz 59). Soll in Zukunft ein Mischmietverhältnis begründet werden, kommt es darauf an, daß der geschäftliche Anteil gegenüber dem Wohnraumanteil überwiegt. Eine wirtschaftliche Verwertung kann auch darin liegen, daß der Vermieter die Räume für den Betrieb seines eigenen Unternehmens verwenden will (AG Velbert WuM 1988, 430; AG Völklingen MDR 1973, 677; vgl LG Düsseldorf WuM 1985, 151). Aus dem Begriff der wirtschaftlichen Verwertung ergibt sich, daß die zukünftige Verwendung zumindest von der Planung her finanzielle Vorteile mit sich bringen soll, bei unentgeltlicher Übertragung oder Gebrauchsüberlassung also ausscheidet. Eine wirtschaftliche Verwertung kann auch in der Bestellung dinglicher Rechte wie etwa Nießbrauch, Dauerwohnrecht oder Erbbaurecht liegen. Ausge-

schlossen ist nach Abs 2 Nr 3 S 3 die Begründung von Wohnungseigentum zum Zwecke der Veräußerung (Rz 65). Abbruch und Wiederaufbau oder der bloße Umbau eines Gebäudes können als wirtschaftliche Verwertung zu beurteilen sein (AG Biberach/Riß WuM 1980, 54 m abl Anm von Schoenebeck), auch wenn das Gebäude anschließend wieder zu Wohnzwecken mit höheren Mieteinnahmen verwendet werden soll (Beuermann ZMR 1979, 97, 98; Blank ZMR 1981, 321, 323; aM AG München BlGBW 1985, 41). In diesen Fällen muß schon im Zeitpunkt der Kündigung ein konkretes Interesse des Vermieters an der künftigen Rückgabe der Wohnräume bestehen. Dies setzt voraus, daß auch die geplante wirtschaftliche Verwertung bereits konkretisiert ist (LG Düsseldorf WuM 1985, 151; AG Bonn WuM 1979, 150).

**57** Ähnliche Probleme wie im Falle des Eigenbedarfs (Rz 31) ergeben sich, wenn **Grundstückseigentümer und Vermieter nicht identisch** sind. Nach dem Wortlaut der Vorschrift kommt es auf die wirtschaftliche Verwertung durch den Vermieter an. Soll die Verwertung nicht durch den Vermieter erfolgen, kann für diesen allenfalls aus sonstigen Gründen ein Kündigungsrecht entstehen (Rz 79). Möglich ist es jedoch, daß Eigentümer und Vermieter in gleicher Weise an einer wirtschaftlichen Verwertung gehindert werden. Dies ist der Fall, wenn der Eigentümer das Grundstück von einem Verwalter in dessen Namen zu Wohnzwecken vermieten läßt, in Zukunft aber einer gewerblichen Vermietung durch denselben Verwalter zuführen will.

**58** **β)** Die wirtschaftliche Verwertung muß **angemessen** sein. Der Begriff der Angemessenheit ist im Gesetz nicht erläutert. Er ergibt sich aus den Grundsätzen, die allgemein für die Anerkennung als berechtigtes Interesse gelten (Rz 15). Unter Beachtung der sozialen Funktion der Wohnung müssen die Interessen des Vermieters mit der geltenden Rechts- und Sozialordnung in Einklang stehen. Die geplante Verwertung muß mit der Sozialpflichtigkeit des Eigentums zu vereinbaren sein. Da Privatnützigkeit und Verfügungsbefugnis den Kern des Eigentumsrechts ausmachen, ist eine Verwertung des Grundstücks im Wege des Verkaufs grundsätzlich als angemessen zu beurteilen. Der Verwendungszweck hinsichtlich des Erlöses ist unerheblich, da eine dahin gehende Bestimmung nach der Eigentumsgarantie allein dem Eigentümer obliegt. Im Einklang mit den zu § 564 b Abs 2 Nr 2 entwickelten Grundsätzen (Rz 42 ff) ist für die Angemessenheit lediglich vorauszusetzen, daß die Verwertung von vernünftigen und nachvollziehbaren Gründen getragen sein muß (vgl BVerfG NJW 1989, 970). Eine Grenze bildet der Mißbrauch der Eigentümerbefugnisse (vgl Paschke ZMR 1988, 161, 168). Es spielt deshalb keine Rolle, ob der Eigentümer den Erlös aus einem Verkauf zur Verbesserung der eigenen Wohnverhältnisse (anders noch LG Frankfurt DWW 1988, 324 m Anm Schulz; Voraufl Rz 58), zur Investition in ein Unternehmen oder eine freiberufliche Praxis (AG Bad Homburg WuM 1989, 303), zur Begleichung von Verbindlichkeiten (anders noch AG Nürnberg WuM 1988, 360) oder zu sonstigen beliebigen Zwecken einsetzen will. Er braucht sich auch nicht auf andere Finanzierungsmöglichkeiten verweisen zu lassen (anders noch LG Hamburg WuM 1989, 256). Der Zugriff auf sein gesamtes Vermögen ist dem Eigentümer auch zu dem Zweck garantiert, unternehmerische Verluste durch Rückgriff auf andere Vermögensteile auszugleichen (BVerfG NJW 1989, 972,

973). Ausreichend ist auch eine günstige Verkaufsgelegenheit, selbst wenn das Grundstück nur in Geld umgesetzt werden soll (anders noch LG Berlin DWW 1988, 178; Voraufl Rz 58). Das Kündigungsrecht entfällt nicht schon deshalb, weil der Eigentümer das Grundstück zu einem früheren Zeitpunkt in vermietetem Zustand erworben hat (OLG Koblenz WuM 1989, 164). Eine Offenlegung der wirtschaftlichen Verhältnisse kann vom Vermieter nicht verlangt werden (vgl LG München II DWW 1988, 45). Hiernach kann die Nutzung für das eigene Unternehmen oder die Vermietung für gewerbliche oder freiberufliche Zwecke oder an eine Behörde angemessen sein, wenn das Grundstück nach Lage und Beschaffenheit hierzu prädestiniert ist (Rz 64). Dies steht im Einklang mit einer auch im öffentlichen Interesse gebotenen bestmöglichen Nutzung der wirtschaftlichen Ressourcen, gilt jedoch wegen der sozialen Funktion der Wohnung nicht schrankenlos. Insgesamt ist damit festzustellen, daß die früher verbreitet aufgestellten Einschränkungen bei Beurteilung der Angemessenheit der Verwertung auf der Grundlage der vom BVerfG (aaO) getragenen Auffassung weitgehend nicht mehr aufrechtzuerhalten sind.

Eine **Zweckentfremdung** von Wohnraum ist grundsätzlich nur angemessen, wenn **59**
örtlich ein ausreichendes Wohnungsangebot besteht (AG Völklingen MDR 1973, 677). Sie darf nicht gegen das Verbot des Art 6 MRVerbG verstoßen. Die Kündigung steht deshalb nicht im Einklang mit der Rechtsordnung, wenn die Zweckentfremdungsgenehmigung im Zeitpunkt der Kündigung noch nicht erteilt ist (OLG Hamburg OLGZ 1981, 221 = NJW 1981, 2308 = 1 in RE Miet; AG Göttingen WuM 1975, 126 m Anm Tibbe). Da die Wirksamkeitsvoraussetzungen im Zeitpunkt des Zugangs der Kündigungserklärung vorliegen müssen (§ 564 Rz 30), wird eine wegen fehlender Zweckentfremdungsgenehmigung unwirksame Kündigung nicht durch spätere Erteilung rückwirkend geheilt (Sternel Rz IV 149; aM Löwe NJW 1972, 1913, 1917; vgl OVG Münster NJW 1982, 1771). Aus der Zweckentfremdungsgenehmigung als solcher kann jedoch kein berechtigtes Interesse hergeleitet werden (Gallwas BayVBl 1982, 737).

Die gleichen Erwägungen gelten für den Abbruch von Wohnhäusern, wenn dies **60**
der **Sanierung** nach dem BauGB dient oder wenn baufällige Häuser durch modernen Ansprüchen genügende Bauten ersetzt werden sollen. Die Abbruchgenehmigung allein begründet noch kein berechtigtes Interesse an der Kündigung (LG Berlin WuM 1989, 254; LG Münster WuM 1974, 128; vgl aber BGB-RGRK-Gelhaar § 564 b Rz 27). Es müssen anerkennenswerte wirtschaftliche Gründe hinzukommen. So liegen Sanierungsmaßnahmen und die Modernisierung eines veralteten Gebäudes durch Umbau auch im öffentlichen Interesse (AG Gelsenkirchen DWW 1974, 286). Der Abbruch eines Gebäudes und sein Ersatz durch einen Neubau können wirtschaftlich gerechtfertigt sein, wenn eine größere Rentabilität des Grundstücks zu erzielen ist. Im Gegensatz zur Zweckentfremdungsgenehmigung (Rz 59) ist eine Abbruchgenehmigung jedoch nicht Wirksamkeitsvoraussetzung für eine Kündigung (LG Bochum WuM 1989, 242; LG Itzehoe WuM 1983, 143). Spekulationszwecke sind im Hinblick auf die soziale Funktion der Wohnung generell nicht als angemessen anzuerkennen. Dies gilt etwa, wenn der Vermieter ein Wohnhaus abreißen will, um auf dem Grundstück Eigentumswohnungen zu errichten und zu verkaufen (AG Wiesbaden WuM 1972, 194; WuM 1973, 7), oder

wenn ein Hausgrundstück nur erworben wird, um es nach einem Umbau gewinnbringend zu verkaufen (AG Bonn WuM 1979, 150). An dieser Rspr ist auch auf der Grundlage einer stärkeren Betonung des Eigentumsschutzes (BVerfG NJW 1989, 972) im Hinblick auf den Mißbrauch von Eigentümerbefugnissen festzuhalten.

61 **γ)** Die Fortsetzung des Mietverhältnisses muß ein **Hindernis** für die angemessene wirtschaftliche Verwertung des Grundstücks darstellen. Dies bedeutet, daß das zu kündigende Mietverhältnis der geplanten wirtschaftlichen Verwertung in entscheidender Weise entgegensteht. Es muß Kausalität iS der Adäquanztheorie vorliegen. Ein Hindernis liegt deshalb nicht vor, wenn der Vermieter die Maßnahmen in der vorgesehenen Weise auch ohne Kündigung des Mietverhältnisses treffen kann, selbst wenn die Wohnung hierbei vorübergehend unbenutzbar sein sollte (AG München WuM 1986, 334). Dies gilt etwa, wenn die Unrentabilität durch zulässige Modernisierungsmaßnahmen aufgrund der Duldungspflicht des Mieters aus § 541 b[4] oder durch Mieterhöhungen nach den §§ 2 ff MHRG beseitigt werden kann. Ebenso sind wegen der Duldungspflicht aus § 541 a notwendige Reparaturarbeiten zu beurteilen (LG Köln aaO; AG Köln WuM 1981, 106; AG Konstanz aaO). Ein berechtigtes Interesse an der Beendigung des Mietverhältnisses ist hingegen anzunehmen, wenn bei der Modernisierung eines Altbaus mit sanitären Räumen die zu kündigende Wohnung durch den Umbau wegfallen soll (BayObLG NJW 1984, 372 = 23 in RE Miet m krit Anm Degen WuM 1984, 18). Ausgeschlossen ist eine Kündigung, wenn das Haus trotz bestehender Mietverhältnisse verkauft werden kann, ohne daß die Geltendmachung von Rechtsmängeln nach § 434 zu befürchten ist (aM AG Kappeln WuM 1978, 70 m abl Anm Holtschoppen), oder wenn der Grundstücksverkauf wegen bestehender Mietverhältnisse lediglich erschwert wird (LG Berlin WuM 1981, 105). Die Absicht des Käufers, in das Haus einzuziehen, begründet kein berechtigtes Interesse des Verkäufers an einer Kündigung (AG Ahlen WuM 1983, 27 [LS]). Ebensowenig ist der Wunsch nach einer mieterfreien Veräußerung ausreichend (LG Düsseldorf WuM 1987, 321). Die Kündigung ist auch nicht allein deswegen begründet, weil sich ein unvermietetes Haus besser verkaufen läßt (LG Mainz WuM 1987, 394; AG Darmstadt WuM 1987, 320). Macht ein bestehendes Mietverhältnis das Haus unverkäuflich (LG Osnabrück ZMR 1988, 232; AG Rendsburg WuM 1977, 228; AG Solingen WuM 1974, 128) oder läßt sich das Haus deshalb nicht so günstig verkaufen (LG Karlsruhe ZMR 1987, 469; LG Mainz ZMR 1986, 14; AG Bad Homburg WuM 1989, 303; AG Hamburg AIZ 1972, 400; aM AG Lübeck MDR 1977, 141 m abl Anm Hinzmann DWW 1977, 21), ohne daß dies entscheidend auf einem stagnierenden Grundstücksmarkt beruht, ist ein Hindernis gegeben. Hierbei muß der Vermieter nachweisen, daß ein bestimmter Kaufinteressent vom Kauf des Grundstücks zu dem verlangten Preis wegen der Vermietung Abstand genommen hat (LG Darmstadt WuM 1987, 320). Auch ein bei bestehendem Mietverhält-

[4] LG Darmstadt WuM 1983, 236 (LS); LG Freiburg WuM 1979, 148; LG Köln WuM 1989, 255; LG Mannheim MDR 1977, 231; AG Aachen WuM 1986, 335; AG Augsburg WuM 1983, 236 (LS); AG Konstanz WuM 1989, 255; Blank ZMR 1981, 321, 323; Degen WuM 1983, 275.

nis ungünstiger Verkauf kann allerdings noch eine angemessene wirtschaftliche Verwertung darstellen (LG Kleve WuM 1988, 276; AG Münster WuM 1982, 27 [LS]; AG Wesel WuM 1986, 88; vgl LG München I WuM 1984, 247).

**δ)** Der Vermieter müßte erhebliche **Nachteile** erleiden, wenn er durch die 62
Fortsetzung des Mietverhältnisses an der geplanten wirtschaftlichen Verwertung des Grundstücks gehindert würde. Der Abschluß eines Mietvertrags und die daraus folgende Pflicht, auf die Belange des Mieters Rücksicht zu nehmen, rechtfertigen es, dem Vermieter nicht schon bei jedwedem wirtschaftlichen Nachteil ein Kündigungsrecht einzuräumen. Die Einbußen dürfen jedoch keinen Umfang annehmen, der die Nachteile weit übersteigt, die dem Mieter durch den Verlust der Wohnung entstehen (BVerfG NJW 1989, 972, 973). Der Nachteil für den Vermieter kann darauf beruhen, daß das Grundstück nicht nutzungsfähig ist oder daß die objektive Nutzungsmöglichkeit wegen des eingesetzten Kapitals zu geringe Einnahmen oder zu hohe Aufwendungen mit sich bringt. Dabei spielt es keine Rolle, ob der Vermieter wegen anderer Einkünfte nicht auf einen höheren Mietzins angewiesen ist (vgl aber LG Düsseldorf WuM 1981, 162). Entscheidend ist nur die Rendite des vermieteten Objekts. Der Vermieter muß vor einer Kündigung aber versuchen, die Rendite durch andere geeignete Maßnahmen zu verbessern (LG Kleve WuM 1988, 276). Auf die Verwertung anderer Vermögensobjekte darf er nicht verwiesen werden (vgl LG Osnabrück ZMR 1988, 232). Auch der bei fortbestehendem Mietverhältnis geringere Verkaufserlös des Grundstücks führt zu einer Vermögenseinbuße (BVerfG NJW 1989, 972, 973). Ebenso ist es für den Vermieter nachteilig, falls er daran gehindert wird, durch einen Umbau die Mieteinnahmen zu verbessern, selbst wenn er dann immer noch einen Verlust erwirtschaften, dieser aber wesentlich geringer sein würde als ohne die geplante Baumaßnahme (LG München I WuM 1981, 234). Zu berücksichtigen sind ferner wirtschaftliche Einbußen, die nicht das Grundstück, sondern andere Tätigkeitsbereiche des Vermieters betreffen. So kann es nachteilig sein, wenn durch das bestehende Mietverhältnis eine räumliche Ausweitung des in demselben Haus betriebenen Unternehmens des Vermieters verhindert wird. Das gleiche gilt, wenn wegen eines gescheiterten Grundstücksverkaufs Investitionen im Unternehmen oder andere gewinnbringende Geschäfte unterbleiben müssen oder nur durch teurere Kredite finanziert werden können. Anstelle wirtschaftlicher Nachteile kommen auch solche persönlicher Natur in Betracht, da der Wortlaut der Vorschrift insoweit offen ist. Dies ist der Fall, wenn der Vermieter das Grundstück verkaufen will, um für den Erlös aus gesundheitlichen Gründen an einem anderen Ort ein Eigenheim zu kaufen. Ein mit der Vermietung verbundener steuerlicher Nachteil wird nicht erfaßt, wenn er darauf beruht, daß der Vermieter die Wohnung nicht selbst beziehen kann (vgl LG Stade WuM 1988, 277). Dieser Grund ist im Wege der Eigenbedarfskündigung geltend zu machen (Rz 40). In diesen Fällen fehlt es bereits an einem Nachteil, wenn die Steuerbelastung durch einen Abschlag beim Kauf des vermieteten Grundstücks ausgeglichen wird (LG Frankfurt WuM 1986, 317). Die Berufung des Vermieters auf einen Nachteil kann rechtsmißbräuchlich sein, wenn ihm der Nachteil bereits bei Abschluß des Mietvertrags bekannt war (AG Nürnberg WuM 1988, 366).

Die Nachteile müssen für den Vermieter **erheblich** sein. Sie müssen von einem 63 solchen Gewicht sein, daß die mit dem Bestandsschutz verbundene Einschränkung der Eigentümerbefugnisse auch im Hinblick auf die Sozialpflichtigkeit des Eigentums als unerträglich erscheint (LG Berlin DWW 1988, 178). Dies läßt sich nur im Einzelfall unter Berücksichtigung der persönlichen und wirtschaftlichen Verhältnisse des Vermieters beurteilen (Schmidt-Futterer-Blank B 656). Erzielt der Vermieter eine angemessene Rendite, erleidet er durch die Fortsetzung des Mietverhältnisses keinen erheblichen Nachteil, auch wenn er nach einer Kündigung einen noch höheren Mietzins erhalten könnte (AG Hamburg WuM 1979, 54). Ein erheblicher Nachteil liegt auch dann nicht vor, wenn eine niedrige Rendite nach einer Kündigung durch Umbaumaßnahmen nur geringfügig gesteigert werden könnte (vgl LG Bonn WuM 1987, 225). Andererseits darf der Anwendungsbereich der Kündigungsvorschrift nicht auf die Fälle ansonsten drohenden Existenzverlustes beschränkt werden. Auch Vermögenseinbußen, die die wirtschaftliche Existenz des Vermieters noch nicht ernsthaft in Frage stellen, sind von Verfassungs wegen zu beachten (BVerfG NJW 1989, 972, 973). Das BVerfG (aaO) hat jedoch davon abgesehen, die Grenzen für die Erträglichkeit einer Vermögenseinbuße abstrakt zu bestimmen (vgl LG Karlsruhe ZMR 1987, 469; LG Mainz ZMR 1986, 14).

**cc) Ausgeschlossene Gründe (Abs 2 Nr 3 S 2 und 3)**

64 **α)** Nach Abs 2 Nr 3 S 2 kann es nicht als angemessene wirtschaftliche Verwertung anerkannt werden, wenn die zu kündigende Wohnung anderweitig als Wohnraum vermietet werden soll, um dadurch eine **höhere Miete** zu erzielen. Der Vermieter soll das für eine Mieterhöhung in den §§ 2 ff MHRG vorgeschriebene Verfahren nicht durch Kündigung und Neuabschluß mit einem anderen Mieter umgehen können (§ 1 MHRG). Betroffen wird nur die Weitervermietung der zu kündigenden Wohnung an Dritte als Wohnraum (LG Osnabrück WuM 1973, 63; AG Hamburg WuM 1973, 213). Die Vorschrift greift auch ein, wenn der Vermieter ein Mietwohnhaus in Zukunft als Wohnheim für Arbeiter oder Studenten nutzen will, indem die Wohnungen zimmerweise an einzelne Personen vermietet werden (Barthelmess § 564 b Rz 99). Nicht erfaßt wird dagegen eine Weitervermietung, nachdem der Vermieter eine große Wohnung in mehrere kleine Wohnungen oder Appartements umgebaut hat (Schmidt-Futterer-Blank B 654; aM LG Düsseldorf WuM 1981, 162; AG Dortmund WuM 1984, 55; Barthelmess aaO), weil dann nicht die bisherige Wohnung weitervermietet wird. Das gleiche gilt, wenn umgekehrt durch Sanierung und Zusammenlegung von Kleinwohnungen zu Großwohnungen eine Ertragssteigerung zu erwarten ist (LG Berlin GrundE 1989, 311; AG Oldenburg WuM 1980, 226 m abl Anm Körtge). Ebensowenig greift der Ausschlußgrund vom Ausgangspunkt der neueren Rspr her ein, nach der es sich nicht um ein Mietverhältnis über Wohnraum handelt, wenn Behörden oder Unternehmen Wohnräume mieten, um sie ihren Arbeitnehmern zu überlassen (Rz 4).

**β)** Nach Abs 2 Nr 3 S 3 kann es nicht als angemessene wirtschaftliche Verwertung
65 anerkannt werden, daß der Vermieter die Mieträume im Zusammenhang mit einer beabsichtigten oder nach Überlassung an den Mieter erfolgten **Begründung von Wohnungseigentum** veräußern will. Damit soll verhindert werden, daß die

Kündigungsbeschränkung des Abs 2 Nr 2 S 2 schon vom Veräußerer zugunsten des Erwerbers umgangen wird. Ist der Vermieter nicht mit dem Eigentümer identisch und wird im Hinblick auf eine geplante Veräußerung ein Kündigungsrecht aus sonstigen Gründen zugelassen (Rz 79), greift bei einer Veräußerung als Eigentumswohnung die Beschränkung nach Abs 2 Nr 3 S 3 entsprechend ein. Problematisch ist, daß das Gesetz auf die Absicht des Vermieters abstellt, Wohnungseigentum zu begründen. Dieses rein subjektive Moment wird praktisch kaum noch nachweisbar sein, wenn sich der Vermieter bei der Kündigung darauf beruft, das ganze Grundstück veräußern zu wollen (Rz 56), und angeblich erst später seine Pläne ändert. Eine solche Umgehung ist nur dadurch zu vermeiden, daß an die Kündigungsberechtigung nach Abs 2 Nr 3 S 1 hinsichtlich der Darlegung der Gründe strenge Maßstäbe angelegt werden.

**e) Sonstige Gründe**
**aa) Allgemeines**

Die Vorschrift des Abs 2 enthält keine abschließende Aufzählung der als berechtigte Interessen anzuerkennenden Kündigungsgründe (Rz 16). Andere Gründe müssen ein ähnliches Gewicht haben wie die gesetzlichen Fälle (KG NJW 1981, 1048 = 2 in RE Miet), da sonst der Schutzzweck des Gesetzes vereitelt wird. **66**

**bb) Einzelfälle**

**α)** Ein berechtigtes Interesse wegen **Betriebsbedarfs** im weitesten Sinne ist dadurch gekennzeichnet, daß die zu kündigende Wohnung an Betriebsangehörige vermietet werden soll. Betriebsbedarf kann jede Organisation haben, die eine anderweitig vermietete Wohnung einem ihrer Mitglieder zur Verfügung stellen will. Dies gilt für natürliche und juristische Personen in gleicher Weise. Auf den gewerblichen Charakter kommt es nicht an. **67**

**αα)** Hauptanwendungsfall ist die Inanspruchnahme einer **Werkwohnung** (§§ 565 b–565 e; Röder, Das betriebliche Wohnungswesen im Spannungsfeld von Betriebsverfassungsrecht und Wohnungsmietrecht [1983] 218 ff). In diesen Fällen besteht ein berechtigtes Interesse an der Kündigung, wenn das Dienstverhältnis beendet wird und der Vermieter den Wohnraum für andere Bedienstete benötigt. Dabei macht es keinen Unterschied, ob der Dienstberechtigte selbst Vermieter ist oder ob ihm ein Belegungsrecht an werkfremden Werkwohnungen zusteht (AG Oberhausen WuM 1973, 164). Das Dienstverhältnis mit dem Wohnungsinhaber braucht im Zeitpunkt der Kündigung noch nicht beendet zu sein. Es reicht aus, wenn dies mit Sicherheit bevorsteht. Zur Beendigung des Dienstverhältnisses müssen weitere konkrete Gründe für die Inanspruchnahme der Wohnung hinzukommen (LG Mannheim WuM 1973, 22). Dies ist der Fall, wenn ein anderer Arbeitnehmer die zu kündigende Wohnung beziehen soll, sich Arbeitnehmer um eine frei werdende Wohnung beworben haben und zumindest einer bereit ist, in die zu kündigende Wohnung einzuziehen (LG Aachen WuM 1985, 149; LG Karlsruhe WuM 1974, 243; LG Tübingen ZMR 1987, 20). Ein zur Kündigung berechtigender Wohnungsbedarf für einen Landarbeiter besteht, wenn der Hof sonst nicht, auch nicht durch Aushilfskräfte, bewirtschaftet werden kann (LG Lübeck WuM 1985, 148). Das gleiche gilt, wenn der Vermieter in seinem Betrieb **68**

einen neuen Arbeitnehmer einstellen will, der den Abschluß des Arbeitsvertrags von der Bereitstellung einer Werkwohnung abhängig macht (aM AG Gelsenkirchen-Buer WuM 1973, 138, 139). Ein lediglich abstrakter Bedarf wegen der etwaigen späteren Einstellung eines Arbeitnehmers ist unzureichend (LG Itzehoe WuM 1985, 152). Einem betriebsfremden Mieter kann der Vermieter nur kündigen, wenn er ein nachweisbares und billigenswertes Interesse hat, daß gerade diese Werkwohnung einem Arbeitnehmer zur Verfügung gestellt wird.[5] Das gleiche ist anzunehmen, wenn die Eigenschaft als Werkwohnung erst nach der Kündigung begründet werden soll (AG Bonn DWW 1975, 166; aM Derleder in AK § 564 b Rz 37). So kann die Wohnung für den Leiter eines benachbarten Altenpflegeheims in Anspruch genommen werden, wenn dessen bisherige Wohnung in dem Heim mit weiteren Pflegebetten eingerichtet werden soll (AG Remscheid WuM 1985, 149). Die Kündigung ist auch gerechtfertigt, wenn das Haus einer Kirchengemeinde in Zukunft für Wohn- und Diensträume des Pfarrers genutzt werden soll (LG Mannheim ZMR 1978, 121) oder wenn es notwendig wird, einen Hausmeister unterzubringen (LG Freiburg WuM 1989, 245; LG Hamburg MDR 1980, 315; LG Tübingen WuM 1980, 248; vgl aber AG Bad Homburg WuM 1988, 274). Allein darin, daß der Mieter nicht Arbeitnehmer des Vermieters ist, liegt kein Kündigungsgrund (AG Köln WuM 1985, 154). Betriebsbedarf kann vertraglich als Kündigungsgrund auch ausgeschlossen werden (vgl LG Darmstadt WuM 1988, 22).

**69** Die Kündigung einer Werkmietwohnung ist nach § 87 Abs 1 Nr 9 BetrVerfG an die **Zustimmung des Betriebsrats** gebunden. Es handelt sich um eine Wirksamkeitsvoraussetzung, die im Zeitpunkt der Kündigung vorliegen muß (LG Aachen ZMR 1984, 280). Ist die Zustimmung erteilt, wird sie aber nicht schriftlich vorgelegt, kann der Mieter die Kündigung unverzüglich zurückweisen, sofern der Betriebsrat ihn nicht von der Zustimmung unterrichtet hat (§§ 182 Abs 3, 111 S 2 und 3). Die zurückgewiesene Kündigung wird unwirksam und muß wiederholt werden. Dieses Mitbestimmungsrecht des Betriebsrats besteht nach hM allerdings nur so lange, wie das Arbeitsverhältnis nicht beendet ist (LG Ulm WuM 1979, 244; Dietz-Richardi, BetrVerfG [6. Aufl 1982] § 87 Rz 473; aM Schmidt-Futterer-Blank B 935).

**70** **ββ)** Ein weiterer Fall des Betriebsbedarfs im weitesten Sinne ist die Inanspruchnahme von **Wohnheimplätzen**. Soweit Mietverträge über solchen Wohnraum dem Bestandsschutz des § 564 b unterliegen und nicht als Ausnahmetatbestand nach Abs 7 ausgeklammert sind (Rz 109), ist ein Kündigungsinteresse als berechtigt anzuerkennen, wenn das Arbeits-, Ausbildungs- oder Betreuungsverhältnis beendet ist und der Platz für einen anderen Bewerber benötigt wird (Schmidt-Futterer-Blank B 686). Auch ohne Beendigung der Ausbildung kann gekündigt werden, wenn der Mieter aufgrund eines Rotationssystems von vornherein nur mit einer zeitlich begrenzten Überlassung rechnen durfte (LG Aachen MDR 1982, 494; LG Dortmund WuM 1982, 276). Pflegebedürftigkeit oder unabsehbare

---

[5] LG Hannover NJW 1974, 1094; LG Landau/Pfalz WuM 1985, 146; AG Bergheim WuM 1985, 147; AG Braunschweig WuM 1984, 226 (LS); AG Miesbach WuM 1983, 344; AG Witzenhausen WuM 1983, 23.

Erkrankung im Altersheim rechtfertigt keine Kündigung, da sonst die beabsichtigte Gleichstellung mit anderen Mietverhältnissen nicht erreicht würde (aM SCHMIDT-FUTTERER-BLANK aaO).

**γγ)** Betriebsbedarf ist für eine **Genossenschaftswohnung** anzuerkennen, wenn der Wohnungsinhaber aus der Genossenschaft ausscheidet und die Wohnung für einen anderen Genossen benötigt wird (LG Hamburg WuM 1988, 430; SCHMIDT-FUTTERER-BLANK B 680). Die fehlende Mitgliedschaft allein rechtfertigt die Kündigung nicht, wenn kein konkreter Bedarf für andere Genossen besteht (Rz 68). Die Kündigung ist auch dann nicht berechtigt, wenn der Mieter schon den Beitritt zu der Genossenschaft erklärt hat (LG Bremen WuM 1975, 149) oder zum Beitritt bereit ist. Die Unterbelegung einer Genossenschaftswohnung mit einem Genossen rechtfertigt selbst bei Bedarf für andere Genossen keine Kündigung, weil hier das allgemeine Freimachungsinteresse gegenüber dem Gesichtspunkt der Vertragstreue zu dem bisherigen Mieter und dessen Interesse am Bestandsschutz zurücktreten muß (OLG Karlsruhe WuM 1984, 43 = 35 in RE Miet). 71

**β)** Eine weitere Fallgruppe wird durch ein **öffentliches Interesse** an der Beendigung des Mietverhältnisses gekennzeichnet. Das öffentliche Interesse kann neben dem privaten Interesse des Vermieters bestehen oder dieses erst maßgeblich bestimmen. 72

**αα)** Hierzu zählt die von Anfang an **fehlbelegte Sozialwohnung**. Die überwiegende Auffassung billigt dem Vermieter ein Kündigungsrecht zu (OLG Hamm NJW 1982, 2563 mwN = 19 in RE Miet; AG Köln WuM 1983, 192; aM LG Köln MDR 1976, 143; STERNEL Rz IV 159). Die fehlende Wohnberechtigung allein kann die Kündigung allerdings nicht rechtfertigen (LG Arnsberg WuM 1978, 9; AG Köln WuM 1985, 202). Es müssen besondere Umstände hinzukommen. Dies gilt etwa für einen konkreten Bedarf hinsichtlich der zu kündigenden Sozialwohnung, der dadurch manifestiert wird, daß die zuständige Stelle nach § 4 Abs 8 WoBindG von dem Vermieter verlangt, das Mietverhältnis zu kündigen und die Wohnung einem Wohnungssuchenden zu überlassen, der wohnberechtigt ist (LG Hamburg WuM 1980, 265; aM LG Münster WuM 1979, 246). Auch die Gefahr wirtschaftlicher Nachteile für den Vermieter durch Strafzinsen oder Entzug der öffentlichen Darlehensmittel nach § 25 WoBindG reicht aus (OLG Hamm aaO; LG Osnabrück WuM 1988, 429; AG Köln WuM 1985, 202; aM LG Münster aaO; AG Leverkusen WuM 1985, 154). Das BayObLG (WuM 1985, 283 m krit Anm DOSTALL = 45 in RE Miet) will hingegen die Kündigung einer öffentlich geförderten Wohnung bereits dann zulassen, wenn die Behörde die Kündigung wegen Bedarfs der Wohnung verlangt, ohne dem Vermieter wirtschaftliche Nachteile für den Fall anzudrohen, daß er die Kündigung unterläßt. Dabei fehlt jedoch der erforderliche Umschlag von einem öffentlichen in ein privates Interesse (Rz 77). Dies wäre nur zu bejahen, wenn hinter jedem Kündigungsverlangen der Behörde immanent die Androhung von Strafzinsen oder des Entzugs der öffentlichen Mittel stünde. Auf die Kenntnis des Mieters hinsichtlich der Wohnungsbindung kommt es nicht an (LG Düsseldorf WuM 1978, 30). 73

Fällt die Wohnberechtigung des Mieters erst nach Abschluß des Mietvertrags weg, weil sich sein Einkommen erhöht oder die Zahl der zu berücksichtigenden Personen verringert hat, bietet § 564 b keine Grundlage für eine Kündigung. Der 74

Gesetzgeber hat das Problem der *nachträglich fehlbelegten Sozialwohnung* insoweit noch nicht bewältigt.

75 **ββ)** Öffentliche Interessen sind erheblich, wenn eine Wohnung mit **Wohnungsfürsorgemitteln** der öffentlichen Hand gefördert worden ist (§ 6 Abs 2 c WobauG II). Scheidet ein Bediensteter aus dem öffentlichen Dienst aus, kann die Behörde vom Vermieter verlangen, das Mietverhältnis zu kündigen, um die Wohnung einem anderen Bediensteten zur Verfügung zu stellen. Unter diesen Voraussetzungen ist ein berechtigtes Interesse des Vermieters an der Kündigung anzuerkennen. Dies ist auch anzunehmen, wenn der Berechtigte die Wohnung geräumt hat und nur die geschiedene Ehefrau als nichtberechtigte Mitmieterin in der Wohnung verblieben ist (LG München I WuM 1988, 213) oder wenn der nach § 569 a in das Mietverhältnis eingetretene Familienangehörige nicht selbst wohnberechtigt ist (LG Koblenz WuM 1987, 201). Eine Wohnberechtigung des Familienangehörigen nach dem WoBindG ist unzureichend, wenn er nicht zu dem Kreis der Personen gehört, für die das Belegungsrecht ausgeübt werden kann (LG München I WuM 1987, 415). Das gleiche gilt, wenn eine zweckgebundene **LAG-Wohnung**, die mit einem Aufbaudarlehen nach § 254 Abs 3 LAG gefördert worden ist, fehlbelegt ist.

76 **γγ)** Der Vermieter hat ein berechtigtes Interesse, wenn ein Gebäude bei **Sanierungsmaßnahmen** nach dem BauGB alsbald ganz oder teilweise beseitigt werden muß (LG Kiel SchlHAnz 1982, 134; ZMR 1983, 233; Barthelmess § 564 b Rz 119 a). Die Kündigungsberechtigung läßt sich darauf stützen, daß das öffentliche Interesse an der Sanierung ein privates Interesse an der Beendigung des Mietverhältnisses auslöst (§§ 137, 182 BauGB). Wegen der Mitwirkungsverpflichtung, die sich aus diesen Sollvorschriften für private Grundstückseigentümer ergibt, bedarf es keiner besonderen Abrißverfügung mehr, wenn Vermieter und Sanierungsträger nicht identisch sind (aM LG Kiel ZMR 1983, 234). Die Kündigung ist nicht davon abhängig, daß dem Mieter entsprechend dem Rechtsgedanken des § 182 Abs 2 BauGB gleichzeitig angemessener Ersatzwohnraum angeboten wird (so aber LG Wuppertal WuM 1981, 191), weil diese Vorschrift sich nur auf die Sozialklausel des § 556 a bezieht und die hiernach bestehende Obliegenheit des Mieters, sich um Ersatzwohnraum zu bemühen (dort Rz 15), dem Vermieter auferlegt, wenn das öffentliche Interesse berücksichtigt werden soll. Die gleichen Erwägungen gelten auf der Grundlage des § 182 BauGB bei der Anordnung von Baumaßnahmen und Abbruchgeboten.

77 **δδ)** Öffentliche Interessen allein begründen im übrigen kein berechtigtes Interesse des Vermieters an der Beendigung des Mietverhältnisses. Dies gilt etwa für ein Bauvorhaben, das die Errichtung eines Mehrzweckgebäudes mit Parkplätzen, Geschäftsräumen und Wohnungen zum Gegenstand hat (OLG Frankfurt OLGZ 1981, 228 = NJW 1981, 1277 = 1 in RE Miet). Es bedarf vielmehr eines Umschlags auf die privatrechtliche Ebene. Dies ist der Fall, wenn die Kündigung zur **Erfüllung öffentlich-rechtlicher Pflichten** des Vermieters erforderlich ist. Am deutlichsten wird dies bei einer Identität von Vermieter und öffentlicher Körperschaft (BayObLG NJW 1981, 580 = 2 in RE Miet; Prahl BlGBW 1981, 233). So kann eine Gemeinde zur Kündigung berechtigt sein, falls die Wohnung benötigt wird, um öffentlich-rechtliche Pflichten der Versorgung Obdachloser mit Wohnraum zu erfüllen und wenn für den zu kündigenden Mieter Ersatzraum zur

Verfügung steht (BayObLG NJW 1972, 685 = 1 in RE Miet). Das gleiche ist anzunehmen, wenn eine Gemeinde als Vermieterin den Abriß eines Hauses plant, um eine zur Verkehrsberuhigung erforderliche Straßenführung zu ermöglichen (LG Bochum WuM 1989, 242). Auch ein privater Vermieter kann zwecks Erfüllung öffentlich-rechtlicher Pflichten ein berechtigtes Interesse haben. Dies gilt etwa, wenn die Ordnungsbehörde eine Verfügung gegen den Vermieter erläßt, nach der das Wohnhaus wegen Einsturzgefahr abzureißen (Barthelmess § 564 b Rz 119; aM AG Köln WuM 1984, 2 [LS]) oder eine behördlich nicht genehmigte Benutzung zu Wohnzwecken aufzugeben ist (aM LG Koblenz WuM 1984, 132; AG Freiburg WuM 1987, 393; AG Hamburg-Blankenese WuM 1980, 55). Die gesetzliche Risikoverteilung wird dadurch nicht verschoben, weil in derart kraß gelagerten Fällen eine Instandsetzungspflicht des Vermieters oder ein Fortbestand des Mietverhältnisses in aller Regel wegen Unzumutbarkeit ausscheiden wird.

**γ)** Eine weitere Fallgruppe läßt sich durch **Unzumutbarkeit** einer längeren Fort- **78**
setzung des Mietverhältnisses kennzeichnen, etwa bei schuldlosen Vertragsverletzungen durch den Mieter. Aus der Regelung des Abs 2 Nr 1 als Leitbild ergibt sich allerdings, daß dem schuldlosen Vertragsverstoß ein ähnliches Gewicht zukommen muß. Dies ist bei wiederholter, krankheitsbedingter Störung der Mitmieter in ihrer Nachtruhe (LG Mannheim NJW 1976, 1407; AG Hamburg WuM 1988, 20), bei wiederholtem, durch schuldlosen Geldmangel verursachtem Zahlungsverzug oder bei einem uneinsichtigen, wenn auch schuldlosen Beharren auf einem irrigen Rechtsstandpunkt (LG Hagen WuM 1988, 58) anzunehmen.

**δ)** Ein berechtigtes Kündigungsinteresse aus **anderen Gründen** kann vorliegen, **79**
wenn ihnen ein ähnliches Gewicht beizumessen ist wie den gesetzlich geregelten Beispielen. Dies gilt etwa für die Kündigung durch einen Verwalter, der die Wohnung im eigenen Namen vermietet hat. Kraft des Verwaltervertrags muß er die Interessen des Grundstückseigentümers verfolgen. Tritt ein berechtigtes Interesse wie Eigenbedarf oder Verhinderung der wirtschaftlichen Verwertung nur in der Person des Eigentümers ein, ist auch ein Kündigungsinteresse des Verwalters zu bejahen. Auf der Grundlage des Verwaltervertrags wird das Interesse des Eigentümers zu einem eigenen Interesse des Verwalters. Zu beachten ist allerdings, daß dadurch nicht die Einschränkungen nach Abs 2 Nr 2 S 2 (Rz 47 ff) und Nr 3 S 3 (Rz 65) umgangen werden. Eine Überbelegung der Wohnung durch eine wachsende Kinderzahl, die nicht als vertragswidriger Gebrauch zu beurteilen ist, kann als sonstiger Grund die Kündigung rechtfertigen (OLG Hamm NJW 1983, 48 = 24 in RE Miet). Die Überbelegung muß aber eine gewichtige Beeinträchtigung der Interessen des Vermieters darstellen, was nur anhand der Umstände des Einzelfalls beurteilt werden kann. Ist das Hauptmietverhältnis vom Eigentümer wirksam gekündigt worden, hat der Hauptmieter ein berechtigtes Interesse an der Beendigung des Untermietverhältnisses (LG Kiel WuM 1982, 194; einschr Nassall ZMR 1983, 333, 339; Wetekamp GrundE 1986, 415, 417).

Der drohende *Wegfall einer Grunderwerbsteuerbefreiung* wegen unterlassener **79a**
Eigennutzung rechtfertigt keine Kündigung aus sonstigen Gründen (aM BayObLG NJW 1984, 1560 = 19 in RE Miet, hierzu krit Manthe NJW 1985, 416; LG Bonn WuM 1978, 51; LG München I ZMR 1985, 385; Barthelmess § 564 b Rz 120). Die beabsichtigte Eigennutzung ist als Eigenbedarf in Abs 2 Nr 2 gere-

gelt. Hierfür ist es ausreichend, wenn der Vermieter vernünftige und nachvollziehbare Gründe hat (Rz 42 ff). Die Möglichkeit einer Steuerersparnis ist als ein derartiger Grund einzuordnen (Rz 40; abw noch Voraufl).

### 4. Angabe der Kündigungsgründe in dem Kündigungsschreiben (Abs 3)

**80** Als berechtigte Interessen des Vermieters an der Beendigung des Mietverhältnisses werden nur die Gründe berücksichtigt, die in dem Kündigungsschreiben angegeben sind. Die allgemeinen Wirksamkeitsvoraussetzungen der Kündigung bleiben unberührt (§ 564 Rz 5 ff; § 564 a Rz 2 ff).

**81** a) Die **Angabe der Kündigungsgründe** im Kündigungsschreiben ist schon aufgrund der Sollvorschrift des § 564 a Abs 1 S 2 erforderlich (dort Rz 7 ff). Nach § 564 b Abs 3 muß der Vermieter die Gründe im Kündigungsschreiben angeben, da hiervon die Wirksamkeit der Kündigung abhängt (LG Karlsruhe MDR 1978, 672; LG Ulm WuM 1979, 244). Im Gesetz ist nicht geregelt, wie ausführlich dies geschehen muß. Insoweit gilt das gleiche wie zu § 564 a (dort Rz 8). Sämtliche Kündigungsgründe sind anzugeben. Der Vermieter darf sich nicht darauf beschränken, den Gesetzestext wiederzugeben (LG Darmstadt WuM 1986, 339; AG Darmstadt WuM 1989, 245). Der einzelne Grund muß so genau bezeichnet werden, daß er identifiziert und von anderen Gründen unterschieden werden kann (BayObLG WuM 1985, 50; LG München I WuM 1989, 296; AG Bad Homburg WuM 1989, 303; AG Wuppertal DWW 1988, 211) und daß der Mieter seine Rechtsverteidigung darauf einstellen kann (AG Coesfeld WuM 1989, 298; AG Friedberg/Hessen WuM 1979, 243). Die Kündigung muß erkennen lassen, daß sie von vernünftigen und nachvollziehbaren Gründen getragen wird (LG Hamburg WuM 1988, 275). Die formellen Anforderungen dürfen aber nicht überspannt werden. Tatsachen, die den Kündigungsgrund nur ausfüllen oder ergänzen, können später noch nachgeschoben werden (AG Wuppertal aaO). Genügt das Kündigungsschreiben den vom Gesetz aufgestellten formalen Anforderungen, muß das Gericht in einem Rechtsstreit deshalb auch allen Behauptungen nachgehen, mit denen der Vermieter in prozessual zulässiger Weise den bereits vorprozessual in Anspruch genommenen gesetzlichen Tatbestand auszufüllen sucht (BVerfG NJW 1988, 2725). Wenn der Vermieter wegen schuldhafter, erheblicher Vertragsverletzungen kündigt, hat er Zahl, Dauer und Zeitpunkt konkreter Vorgänge darzulegen. Bei der Kündigung wegen Eigenbedarfs sind konkrete Angaben über die Gründe für die Inanspruchnahme der Wohnung und über die betroffenen Personen zu machen.[6] Unzureichend ist die Begründung, wenn sich der Vermieter auf die Angabe beschränkt, die Wohnung dringend für die eigene Nutzung zu benötigen (LG Berlin WuM 1988, 401). Mit Namen braucht die Person nicht genannt zu werden. Es genügt, daß die Zugehörigkeit zu dem berechtigten Personenkreis erkennbar ist. Die generelle Bezeichnung als Fami-

---

[6] BayObLG NJW 1981, 2197 = 7 in RE Miet; WuM 1985, 50, 51 = 42 in RE Miet; OLG Karlsruhe WuM 1989, 124; LG Dortmund WuM 1975, 148; LG Hannover WuM 1984, 62 (LS); LG Kleve WuM 1987, 26; LG Mannheim WuM 1974, 30, 31; WuM 1976, 77; LG München I ZMR 1985, 386; WuM 1988, 366; vgl LG Aachen WuM 1985, 149, 150f.

lienangehöriger entspricht diesen Anforderungen nicht (LG Hamburg WuM 1988, 111 [LS]). Auch wenn der Vermieter dem Mieter die Gründe schon vorher mündlich (LG Hamburg WuM 1975, 124; AG Friedberg/Hessen WuM 1984, 2 [LS]; aM LG Mannheim MDR 1976, 757) oder anderweitig schriftlich (AG Friedberg/Hessen WuM 1983, 237 [LS]) mitgeteilt hat, ist eine spezifizierte Angabe im Kündigungsschreiben nicht entbehrlich (BayObLG NJW aaO). Bei einer Kündigung wegen der Verhinderung angemessener wirtschaftlicher Verwertung sind die vorgesehene Verwertung, mögliche Vertragspartner und die Gründe für die drohende Behinderung darzulegen (LG Darmstadt WuM 1986, 339; LG Frankfurt DWW 1988, 324 m Anm Schulz; LG München I WuM 1981, 234; ZMR 1985, 386; AG Waldkirch WuM 1985, 267 [LS]). Eine bis ins einzelne gehende Kalkulation braucht der Vermieter nicht mitzuteilen (LG Köln WuM 1989, 255; vgl aber LG Göttingen WuM 1984, 133). Unzureichend ist die bloße Erklärung, das Grundstück könne nur nach Beendigung des Mietverhältnisses wirtschaftlich sinnvoll genutzt werden (LG Berlin WuM 1989, 254). Bei der Kündigung aus sonstigen Gründen, etwa wegen Betriebsbedarfs, gelten ähnliche Grundsätze wie beim Eigenbedarf, so daß der bloße Hinweis, die Wohnung werde dringend für einen Bediensteten benötigt, ungenügend ist (OLG Stuttgart WuM 1986, 132). Einschränkungen der dem Vermieter abverlangten weitgehenden Offenlegung seiner persönlichen und wirtschaftlichen Verhältnisse können sich aus Gründen des Persönlichkeitsschutzes und zur Wahrung von Geschäftsgeheimnissen ergeben.

**b)** Grundsätzlich muß ein Kündigungsgrund vorliegen, wenn die Erklärung durch 82
Zugang wirksam wird (§ 564 Rz 30). Das Erfordernis der Angabe im Kündigungsschreiben bezieht den Zeitpunkt der Abgabe der Erklärung mit ein (AG Lübeck WuM 1973, 7). Deshalb ist es ausgeschlossen, eine von vornherein unwirksame Kündigung durch **Nachschieben von Gründen** zu heilen (OLG Zweibrücken OLGZ 1981, 350 = WuM 1981, 177 = 1 in RE Miet; LG Hamburg MDR 1975, 143; LG Karlsruhe MDR 1978, 672; LG Mannheim WuM 1976, 77; LG München I ZMR 1985, 386; AG Hannover WuM 1983, 343; AG Miesbach WuM 1989, 241).

**c)** Ausnahmsweise sind nach Abs 3 HS 2 nicht im Kündigungsschreiben angege- 83
bene, **nachträglich entstandene Kündigungsgründe** zu berücksichtigen. Grundsätzlich soll der Vermieter bei neuen Kündigungsgründen zu einer erneuten Kündigung gezwungen sein. Im Einklang mit § 556 a Abs 1 S 3 darf sich der Vermieter jedoch auf solche Gründe berufen, deren Angabe im Kündigungsschreiben ihm objektiv unmöglich war.

**aa)** Ein nachträglicher Kündigungsgrund liegt vor, wenn er **nach Abgabe der** 84
**Kündigungserklärung** entstanden ist. Im übrigen ist es unerheblich, ob dies vor oder nach Ablauf der Kündigungsfrist oder erst während eines Räumungsrechtsstreits geschehen ist. Ein Kündigungsgrund ist spätestens dann entstanden, wenn der Vorgang abgeschlossen ist, aus dem der Vermieter sein Kündigungsrecht herleitet. Bei Vertragsverletzungen durch den Mieter kommt es auf das Ende der Verletzungshandlung an (Mietrecht § 564 b Rz 127 zu fortgesetzten Pflichtverletzungen). Der Eigenbedarf wird durch objektive und subjektive Momente geprägt. Lag die objektive Bedarfssituation schon vor dem maßgebenden Zeitpunkt vor, faßt der Vermieter aber erst später den Entschluß einer entsprechenden Nutzung,

etwa bei Familienangehörigen die Bedarfssituation zu einer eigenen zu machen, kann daraus nicht die nachträgliche Entstehung eines Kündigungsgrundes hergeleitet werden. Entscheidend ist die objektive Bedarfslage, da sich der Vermieter sonst regelmäßig auf die Ausnahmeregelung des Abs 3 HS 2 berufen könnte. Anders kann zu entscheiden sein, wenn sich die Bedarfslage nachträglich verschärft. Für den Kündigungsgrund wegen Verhinderung angemessener wirtschaftlicher Verwertung kommt es darauf an, ob eine bestimmte Maßnahme geplant ist. Die Konkretisierung kann durch Aufnahme von Vorbereitungshandlungen eintreten.

**85** Die Berücksichtigung eines nachträglich entstandenen Kündigungsgrundes hängt nicht davon ab, ob er mit einem schon früher vorliegenden Grund *gleichartig* ist. So ist es zB möglich, bei einer auf bestimmte Vertragsverletzungen gestützten Kündigung nachträglich andere Pflichtverletzungen oder Eigenbedarf zu berücksichtigen (Schmidt-Futterer-Blank B 714; aM Palandt-Putzo § 564 b Anm 5 d).

**86** **bb)** Die **Bedeutung der Ausnahmeregelung** des Abs 3 HS 2 besteht darin, daß die Wirksamkeit einer Kündigung durch das Nachschieben eines später entstandenen Grundes erhalten bleibt, wenn der im Kündigungsschreiben angegebene, tragende Grund nachträglich fortgefallen ist (LG Aachen WuM 1984, 227 [LS]; LG Gießen WuM 1984, 226 [LS]; LG Hamburg WuM 1989, 256; BGB-RGRK-Gelhaar § 564 b Rz 36; Schmidt-Futterer-Blank B 716). Auf die Gleichartigkeit der Kündigungsgründe kommt es nach dem Gesetzeswortlaut nicht an (Schmidt-Futterer-Blank aaO). Eigenbedarf und Verhinderung wirtschaftlicher Verwertung setzen ein fortbestehendes Erlangungsinteresse des Vermieters voraus. Ist der Kündigungsgrund bei Ablauf der Kündigungsfrist entfallen, ist die Kündigung nicht mehr gerechtfertigt (Rz 28). Dieses Ergebnis kann der Vermieter vermeiden, indem er nach Abs 3 HS 2 einen nachträglich entstandenen Kündigungsgrund nachschiebt (aM Derleder in AK § 564 b Rz 41; Sternel Rz IV 105; Wolter 271 f). Ist die Kündigung zunächst wirksam, muß sich der Mieter auf die Beendigung des Mietverhältnisses einstellen.

## III. Rechtsfolgen

**87** Das berechtigte Interesse ist ein gesetzliches Tatbestandsmerkmal für den Eintritt der Rechtswirkungen einer ordentlichen und außerordentlichen befristeten Kündigung des Mietverhältnisses über Wohnraum. Fehlt das berechtigte Interesse, liegt ein Mangel im Tatbestand vor, der die Kündigung unwirksam macht (§ 564 Rz 33 ff zur Umdeutung). Ein Rückgriff auf § 134 ist überflüssig. Zieht der Mieter nach einer wirksamen Kündigung vorzeitig aus, muß er den Mietzins gleichwohl bis zum Ablauf der Kündigungsfrist entrichten, soweit nicht die Voraussetzungen des § 552 S 2 oder 3 erfüllt sind. Dies gilt auch bei einer Kündigung wegen Eigenbedarfs (AG Wuppertal DWW 1988, 84; aM AG Dortmund WuM 1988, 300).

## IV. Schadensersatz wegen unberechtigter Kündigung

### 1. Allgemeines

Ist die Kündigung nach § 564 b unberechtigt und damit unwirksam, können sich für den Mieter, der aufgrund dieser Kündigung einen Schaden erlitten hat, Ersatzansprüche gegen den Vermieter ergeben (Schopp MDR 1977, 198; Schmid DWW 1984, 203; Seier ZMR 1978, 34; Sternel MDR 1976, 265). Hierfür kommen mehrere Anspruchsgrundlagen in Betracht (Rz 89 f). Die Beweislast trifft den Mieter (LG Aachen WuM 1976, 201; LG Koblenz WuM 1980, 10; LG Itzehoe WuM 1984, 225 m Anm Reinke). Anhaltspunkte können sich aus dem Verhalten des Vermieters nach Auszug des Mieters ergeben (LG Münster WuM 1984, 248; LG Saarbrücken WuM 1989, 251; AG Aschaffenburg WuM 1984, 249). Wenn der Vermieter nach einer Kündigung den geltend gemachten Eigenbedarf nicht realisiert, sondern die Wohnung erneut an Dritte vermietet, steht dem Mieter auch nach der Räumung oder dem Ablauf der Kündigungsfrist nach § 242 ein Auskunftsanspruch über die hierfür maßgebenden Gründe zu (LG München I WuM 1986, 219 u 220; aM LG München II WuM 1986, 220 m Anm Zimmermann). Ein Schadensersatzanspruch wegen eines vorgetäuschten Kündigungsgrundes kommt auch dann in Betracht, wenn der Mieter unter dem Druck der angedrohten Kündigung einen Aufhebungsvertrag abschließt (LG Saarbrücken WuM 1986, 255). Die Verjährung richtet sich nach den für die einzelnen Anspruchsgrundlagen maßgebenden Vorschriften. Die kurze Verjährungsfrist des § 558 Abs 1 greift nicht ein (LG Bielefeld WuM 1985, 120; AG Heidelberg WuM 1975, 67, 69). Ersatzansprüche können ausgeschlossen sein, wenn sich der Mieter nach einer unwirksamen Kündigung sein Interesse an der Wohnung in einem Mietaufhebungsvertrag finanziell ausgleichen läßt (AG Lechenich WuM 1985, 119). 88

### 2. Anspruchsgrundlagen

**a)** Eine unwirksame Kündigung kann einen Anspruch des Mieters aus **positiver** 89
**Forderungsverletzung** auslösen. Der Vermieter ist zur Rücksichtnahme verpflichtet und hat alles zu unterlassen, was den Mieter schädigen kann. Er darf deshalb nicht bewußt wahrheitswidrig einen Kündigungsgrund, so vor allem Eigenbedarf, vorschieben, um den Mieter zur Räumung der Wohnung zu veranlassen. Andernfalls macht er sich schadensersatzpflichtig (LG Berlin ZMR 1988, 387; LG Bonn WuM 1988, 402; LG Freiburg WuM 1985, 116; LG Hannover ZMR 1987, 57; LG Landau/Pfalz WuM 1987, 27; LG Saarbrücken WuM 1989, 251; AG Aschaffenburg WuM 1984, 249; AG Essen WuM 1974, 197; AG Heidelberg WuM 1973, 185; WuM 1975, 67; vgl AG Kulmbach WuM 1985, 118). Das gleiche gilt, wenn der Vermieter die unberechtigte Kündigung nur fahrlässig ausgesprochen hat (LG Freiburg WuM 1978, 122; WuM 1979, 215; WuM 1989, 251; LG Kiel NJW 1975, 1973 m abl Anm Fehl; LG Waldshut-Tiengen WuM 1978, 5; vgl BGHZ 89, 296, 301 f = NJW 1984, 1028, 1029). Ebenso kann ein unberechtigtes Räumungsverlangen im Anschluß an eine unwirksame Mieterhöhungserklärung eine Vertragsverletzung darstellen (AG Frankfurt WuM 1984, 129). Nimmt der

Vermieter eine Kündigung wegen vorgetäuschten Eigenbedarfs zurück, schließt dies die Kausalität für einen Schaden des Mieters nicht aus, wenn der Mieter bereits einen neuen Mietvertrag abgeschlossen und die Wohnung bezogen hat (LG Kassel WuM 1987, 85). Widerspricht der Mieter einer unberechtigten Kündigung wegen Eigenbedarfs und kündigt der Vermieter sodann nach Abs 4 wegen Einliegerwohnraums, ist dem Mieter jedenfalls hinsichtlich der Räumung aus der früheren unberechtigten Kündigung kein Schaden entstanden (AG Dortmund WuM 1982, 254 [LS]). Eine auf Abs 4 gestützte wirksame Kündigung stellt keine Vertragsverletzung dar (aM Zipperer WuM 1985, 135). Bei Unredlichkeit kommt ein Anspruch aus § 826 in Betracht. Fällt der Kündigungsgrund später weg, muß der Vermieter den Mieter darauf hinweisen (BayObLG NJW 1987, 1654; hierzu Bertram ZMR 1987, 324; OLG Karlsruhe NJW 1982, 54 = 11 in RE Miet; LG Berlin ZMR 1988, 387; LG Düsseldorf WuM 1976, 70; LG Essen WuM 1981, 183; LG Karlsruhe MDR 1981, 231; LG Saarbrücken WuM 1989, 251). Das gleiche gilt, wenn sich der Vermieter insgeheim vorbehält, ob er von dem an sich begründeten Eigenbedarf hinsichtlich der beanspruchten Wohnung nach dem Auszug des Mieters tatsächlich Gebrauch machen wird (LG Dortmund WuM 1985, 226). Die Hinweispflicht besteht nicht mehr nach Rechtskraft des Räumungsurteils (LG Köln WuM 1984, 248) oder nach Räumung durch den Mieter (OLG Karlsruhe aaO; LG Berlin aaO; AG Hamburg WuM 1985, 117). In diesen Fällen kommt eine Haftung nur in den engen Grenzen des § 826 in Betracht (LG Aachen WuM 1987, 394). Ohne besondere Anhaltspunkte braucht sich der Vermieter nach Ausspruch einer Kündigung nicht zu vergewissern, ob die Absicht seiner Familienangehörigen, die gekündigte Wohnung zu beziehen, noch fortbesteht (LG Köln WuM 1980, 48). Auch der Vermieter kann vom Bezug der geräumten Wohnung absehen, ohne sich schadensersatzpflichtig zu machen, wenn sich die Kosten eines geplanten Umbaus nachträglich als zu hoch herausstellen (AG Köln WuM 1985, 117). Ebensowenig besteht ein Schadensersatzanspruch, wenn der Angehörige, für den der Vermieter Eigenbedarf geltend gemacht hat, die Wohnung bezieht, der Mietvertrag aber von dem Lebensgefährten abgeschlossen wird (AG Friedberg/Hessen WuM 1985, 116 [LS]). Je nach den Umständen, die den Anschein einer ungerechtfertigten Eigenbedarfskündigung erwecken, sind hohe Anforderungen an den Rechtfertigungsversuch des Vermieters zu stellen (LG Konstanz WuM 1986, 256).

**90** **b)** Eine unwirksame Kündigung kann zu Schadensersatzansprüchen aus **unerlaubter Handlung** führen. Hierfür genügt nicht ohne weiteres die bloße Erklärung des Vermieters, die Wohnung wegen Eigenbedarfs zu benötigen, wenn nicht fälschlich Tatsachen geltend gemacht werden, die grundsätzlich geeignet sind, einen Eigenbedarf zu begründen (LG Wiesbaden WuM 1980, 229). Wird der Kündigungsgrund bewußt wahrheitswidrig vorgespiegelt, kann darin eine sittenwidrige vorsätzliche Schädigung iS des § 826 liegen (OLG Celle OLGZ 1979, 64; OLG Karlsruhe WuM 1976, 99, 101; LG Aachen WuM 1987, 394; LG Köln WuM 1980, 48). Außerdem kommt ein Anspruch aus § 823 Abs 2 iVm § 263 StGB in Betracht, wenn in der unberechtigten Kündigung und ihrer Durchsetzung ein Betrug liegt (OLG Zweibrücken ZMR 1983, 237 m Anm Reichert ZMR 1983, 307; LG Köln WuM 1980, 48; aM Schickedanz ZMR 1975, 196, 197). Darüber hinaus kann auch § 564 b als Schutzgesetz iS des § 823 Abs 2 anerkannt werden (OLG Karlsruhe WuM 1976, 99, 101; LG Düsseldorf ZMR 1976, 281; AG Waldshut-Tiengen WuM 1977, 115; BGB-RGRK-GELHAAR § 564 b Rz 40; Mietrecht § 564 b Rz 136; aM OLG Hamm NJW 1984, 1044 = 41 in RE Miet; vgl hierzu ZIPPERER WuM 1985, 135). Die Gegenmeinung berücksichtigt nicht hinreichend, daß der vertragstreue Mieter mit dem Schutz vor dem Verlust der Wohnung auch vor den Kosten und anderen meist erheblichen Unzuträglichkeiten bewahrt werden soll, die jeder Wohnungswechsel mit sich bringt. Dies kommt in der Gesetzesbegründung eindeutig zum Ausdruck (Begr zum RegE BT-Drucks 7/2011, 7 f; Ausschußbericht BT-Drucks 7/2638, 1). Es geht nicht um eine „übereilte" Wohnungsaufgabe und deren Kosten, sondern um den Druck, den jede Kündigung auf den Mieter ausübt, wenn sie nicht ohne weiteres als unwirksam zu beurteilen ist. Die im Interesse des redlichen Vermieters gebotene Einschränkung des Anwendungsbereichs des § 564 b als Schutzgesetz ist über das Tatbestandsmerkmal des Verschuldens nach § 823 Abs 2 S 2 möglich.

### 3. Umfang des zu ersetzenden Schadens

**a)** Der vom Vermieter zu ersetzende Schaden umfaßt die **gesamte Vermögenseinbuße**, die dem Mieter infolge der unberechtigten Kündigung adäquat kausal entstanden ist. In erster Linie ist der Schadensersatzanspruch auf Wiedereinräumung des Besitzes gerichtet (LG Bonn WuM 1988, 402). Zum Schaden gehören ferner neben den reinen Umzugskosten für die Beförderung des Umzugsguts (vgl Rspr Rz 89 f) Makler- oder Inseratskosten für die Suche einer neuen Wohnung (LG Konstanz WuM 1986, 256; AG Augsburg WuM 1978, 130; AG Heidelberg WuM 1975, 67), ggf die Differenz zur höheren neuen Miete (STERNEL MDR 1976, 265, 269; vgl aber LG Berlin ZMR 1988, 387) oder der neben der alten Miete zu zahlende neue Mietzins (AG Essen WuM 1974, 197), die Belastung mit der bisherigen Mietzinsverpflichtung (LG Köln WuM 1981, 197 [LS]), ferner Kosten für Renovierung der neuen oder alten Wohnung, Gardinen, Telefonummeldung (AG Augsburg aaO; AG Hamburg-Harburg WuM 1978, 65), Inanspruchnahme von Urlaub für die Renovierung der neuen Wohnung (AG Essen aaO), der Verlust noch nicht abgewohnter Investitionen (OLG Karlsruhe WuM 1976, 99, 101; AG Heidelberg WuM 1973, 185) sowie Aufwendungen für die gerichtliche und außergerichtliche Inanspruchnahme eines Rechtsanwalts (AG Hamburg-Altona WuM 1985, 121; AG Kirchheim ZMR 1982, 371; AG München WuM 1980, 196; WuM 1985, 121). Es besteht kein Grund, für den Umfang des zu ersetzenden Schadens zwischen den einzelnen Anspruchsgrundlagen Unterschiede zu machen (Mietrecht § 564 b Rz 137). 91

**b)** Der Umfang des zu ersetzenden Schadens kann bei einem **Mitverschulden** nach § 254 einzuschränken sein. Bevor der Mieter die Wohnung räumt, muß er prüfen, ob die angegebenen Gründe stichhaltig sind (AG Aschaffenburg WuM 1984, 249; aM LG Kassel WuM 1987, 85) und die Kündigung somit berechtigt ist und ob ein Widerspruch nach § 556 a Erfolg verspricht (LG Freiburg WuM 1979, 215; LG Hamburg MDR 1976, 844, hierzu SCHOPP MDR 1977, 198 und SEIER ZMR 1978, 34; AG Hannover WuM 1985, 116 [LS]). Es ist ihm zumutbar, sachverständigen 92

Rechtsrat einzuholen (OLG Karlsruhe Justiz 1976, 126, 127). Je gewichtiger die Gründe sind, die für die Wirksamkeit der Kündigung sprechen, um so weniger ist dem Mieter zuzumuten, sich mit dem Vermieter auseinanderzusetzen. Auf einen Rechtsstreit braucht er es nicht ankommen zu lassen (BGHZ 89, 296, 307 = NJW 1984, 1028, 1031; LG Dortmund WuM 1985, 226; LG Freiburg WuM 1978, 122; WuM 1985, 116; aM LG Tübingen WuM 1980, 248). Der Abschluß eines Mietaufhebungsvertrags aufgrund einer unwirksamen Kündigung beseitigt nicht deren Ursächlichkeit (OLG Karlsruhe NJW 1982, 54 = 11 in RE Miet; AG Aschaffenburg aaO; AG Hamburg-Harburg WuM 1978, 65; vgl LG Saarbrücken WuM 1986, 255), selbst wenn der Mieter die Unwirksamkeit der nicht formgerecht begründeten Kündigung erkannt hat, aufgrund mündlich dargelegter schlüssiger Kündigungsgründe das Mietverhältnis dann doch einvernehmlich beendet (BayObLG NJW 1982, 2003 = 14 in RE Miet). Das gleiche gilt, wenn das Interesse an der Wohnung in einem Mietaufhebungsvertrag finanziell abgegolten wird (AG Lechenich WuM 1985, 119). Hat der Vermieter den Kündigungsgrund arglistig vorgespiegelt, kann ein etwaiges Mitverschulden des Mieters idR unberücksichtigt bleiben.

## V. Ausnahmetatbestände

### 1. Vermietung von Einliegerwohnraum (Abs 4)

#### a) Allgemeines

93 Nach Abs 4 kann der Vermieter bei einem Mietverhältnis über eine Wohnung in einem von ihm selbst bewohnten Wohngebäude mit nicht mehr als zwei Wohnungen auch dann kündigen, wenn die Voraussetzungen des Abs 1 nicht vorliegen. Die Kündigung ist ohne ein berechtigtes Interesse möglich. Die nach § 565 oder nach der vertraglichen Vereinbarung maßgebende Kündigungsfrist verlängert sich in diesem Fall um drei Monate. In dem Kündigungsschreiben ist darauf hinzuweisen, daß die Kündigung nicht auf Abs 1 gestützt wird. Das gleiche gilt für Wohnraum innerhalb der Vermieterwohnung, soweit die Anwendbarkeit des § 564 b nach Abs 7 nicht ausgeschlossen ist. Die Regelung bezweckt, dem Vermieter wegen des engen Zusammenlebens der Parteien die Kündigung zu erleichtern.

#### b) Tatbestandsmerkmale im einzelnen

94 **aa**) Es muß sich um ein **Mietverhältnis über eine Wohnung** handeln. Der Begriff der Wohnung ist nicht mit dem vom Gesetz sonst verwendeten Begriff des Wohnraums identisch, sondern geht darüber hinaus. Die Wohnung ist eine selbständige, räumlich und wirtschaftlich gesonderte Wohneinheit, die eine selbständige Haushaltsführung ermöglicht (KG JW 1925, 1127 Nr 4; Schmid BlGBW 1985, 241, 242). Dazu sind grundsätzlich eigene Küche oder Kochgelegenheit (vgl BFH BStBl II 1983, 660 = NJW 1984, 383), wenigstens mit den erforderlichen Anschlüssen (LG Braunschweig WuM 1985, 64; vgl BFH BStBl II 1981, 152 = BB 1981, 485 m Anm Ebling; BStBl II 1985, 151 = BB 1985, 450), Wasserversorgung und Toilette erforderlich (LG Bochum WuM 1984, 133; LG Essen WuM 1977,

206). Maßgebend ist die Verkehrsanschauung. Unzureichend sind Anschlußleitungen unter Putz (AG Wolfratshausen WuM 1985, 267 [LS]). Unerheblich ist, aus wieviel Räumen die Wohnung besteht und ob Nebenräume vorhanden sind. Ein einzelnes Zimmer erhält durch Waschbecken und Elektroanschlüsse noch nicht den Charakter einer Wohnung (AG Siegburg WuM 1979, 218 m krit Anm Holtschoppen).

**bb)** Die Wohnung muß in einem **Wohngebäude** liegen. Dient ein Gebäude zum **95**
Teil Wohnzwecken, zum Teil geschäftlichen Zwecken, ist entscheidend, ob der Wohnraumanteil überwiegt (aM Schmid BlGBW 1982, 70). Dies hängt vom Nutzungswert der Räume ab. Die von der Rspr vertretene Auffassung, ein Gebäude, das neben den Wohnungen auch gewerblich genutzt werde, sei generell vom Anwendungsbereich des Abs 4 ausgenommen (OLG Frankfurt NJW 1982, 188 = 5 in RE Miet m abl Anm Pfeifer DWW 1981, 322; krit Schmid aaO), wird vom Gesetzeszweck nicht gedeckt.

**cc)** Das Wohngebäude darf **nicht mehr als zwei Wohnungen** aufweisen. Ob bei **96**
Mischgebäuden ein untergeordneter geschäftlicher Raumanteil vorliegt, etwa ein Geschäft oder Büroräume im Erdgeschoß, ist unerheblich (LG Stuttgart ZMR 1979, 274 m Anm Buchholz-Duffner). Das Gesetz stellt nicht darauf ab, daß das Gebäude *nur* zwei Wohnungen aufweist. Die Vermietung von weiteren Einzelräumen in geringer Zahl, die nicht zu einer Wohnung zusammengeschlossen sind (AG Heidelberg WuM 1983, 144), schließt die Anwendbarkeit des Abs 4 nicht aus (aM LG Düsseldorf WuM 1978, 53). Eine Vielzahl von Pensionszimmern für Feriengäste kann den Charakter eines Wohngebäudes aber entscheidend verändern (LG Mannheim WuM 1978, 91). Die Regelung ist auch unanwendbar, wenn sich im Keller- oder Dachgeschoß eine jederzeit beziehbare dritte Wohnung befindet. Es kommt nicht darauf an, daß diese Räume unter Verstoß gegen baurechtliche Bestimmungen zu Wohnräumen umgebaut worden sind und daß das Gebäude ursprünglich als Zweifamilienhaus konzipiert war (LG Bochum WuM 1984, 133; AG Bad Vilbel WuM 1983, 237 [LS]). Ebenso ist unerheblich, ob die dritte Wohnung leersteht (LG Köln WuM 1985, 63). Die Vorschrift greift hingegen ein, wenn der Mieter in einem Haus mit drei Wohnungen im Laufe des Mietverhältnisses eine weitere Wohnung zwecks einheitlicher Nutzung mit der zunächst angemieteten Wohnung hinzugemietet und die beiden Wohnungen nach außen miteinander verbunden hat, auch wenn diese Umbauarbeiten mit vertretbarem Aufwand jederzeit wieder rückgängig gemacht werden können (OLG Karlsruhe WuM 1983, 253 = 27 in RE Miet). Umgekehrt erhöht die Aufteilung einer großen Wohnung in zwei getrennte Wohnungen und deren selbständige Vermietung die Wohnungszahl, selbst wenn die Verbindung über vorhandene Türen ohne weiteres wiederhergestellt werden könnte. Auch im übrigen kommt es nicht darauf an, ob die Wohnungen einen separaten Haus- oder Wohnungseingang haben (LG Essen WuM 1977, 206; LG Hamburg WuM 1983, 23; s aber LG Hamburg WuM 1981, 42; hierzu Korff GrundE 1983, 740; LG Bochum WuM 1987, 158) oder ob das Haus bei getrennten Hauseingängen wenigstens freistehend ist (aM LG Hannover WuM 1979, 78). Die Rspr stellt für die Voraussetzung, daß sich in dem Gebäude nicht mehr als zwei Wohnungen befinden, zT auf den Zeitpunkt der Begründung des Mietverhältnisses ab, damit der Bestandsschutz

nicht durch nachträgliche bauliche Änderungen ausgehöhlt werden könne (OLG Hamburg NJW 1983, 182 = 9 in RE Miet; Korff aaO; offengelassen von OLG Karlsruhe aaO). Dies widerspricht dem Prinzip, daß die Voraussetzungen für eine Kündigung nach dem Zeitpunkt zu beurteilen sind, in dem die Erklärung wirksam wird. Der treuwidrigen Aushöhlung des Bestandsschutzes kann durch § 242 entgegengetreten werden. Der erst für die Zukunft geplante Ausbau um eine weitere Wohnung ist in jedem Fall unerheblich (LG Mannheim WuM 1981, 234; LG Wiesbaden WuM 1981, 162).

**97** **dd)** Das Wohngebäude muß **vom Vermieter selbst bewohnt** sein. Wegen des engen Zusammenlebens der Parteien soll die Kündigung erleichtert sein. Als Vermieter ist aber nicht der das Haus bewohnende Miteigentümer zu beurteilen, der den Mietvertrag nicht als Partei abgeschlossen hat (LG Karlsruhe WuM 1989, 241). Auf nebeneinanderliegende Reihenhäuser oder Bungalow-Wohnungen ist die Vorschrift nicht anwendbar (LG Hannover WuM 1979, 78). Der Vermieter braucht sich nicht ständig in dem Gebäude aufzuhalten (LG Berlin WuM 1980, 134; LG Hamburg WuM 1983, 23). Er muß aber einen so intensiven Wohngebrauch ausüben, daß die Gefahr gegenseitiger Beeinträchtigungen besteht. Dies hängt von den Räumlichkeiten im Einzelfall ab (vgl AG Arnsberg DWW 1988, 182). Unerheblich ist, ob der Vermieter erst später als der Mieter in das Haus eingezogen ist. Die Vorschrift ist nach ihrem Zweck auch in diesem Fall anwendbar, so daß es nicht auf die Verhältnisse zur Zeit des Vertragsabschlusses ankommt (OLG Koblenz OLGZ 1981, 455 = WuM 1981, 204 = 1 in RE Miet; aM Sternel Rz IV 243). Zieht der Mieter vor Beendigung des Mietverhältnisses aus dem Wohngebäude aus, ist der Grund für die erleichterte Kündigung nicht mehr gegeben, so daß die Berufung auf die Wirkungen einer bereits ausgesprochenen Kündigung treuwidrig ist (vgl Rz 28). Das gleiche ist anzunehmen, wenn der Vermieter nach Ausspruch der Kündigung stirbt und die Erben nicht in dem Haus wohnen (LG Karlsruhe WuM 1989, 257). Wird das Grundstück nach Kündigung der Einliegerwohnung veräußert, wirkt die Kündigung nach Abs 4 nur dann für und gegen den Erwerber, wenn dieser eine Wohnung in dem Gebäude bezieht (AG Delmenhorst WuM 1983, 151 [LS]).

**98** *Vermieter* ist derjenige, der als Vertragspartei den Mietvertrag abgeschlossen hat. Dies braucht nicht der Eigentümer zu sein (aM Derleder in AK § 564 b Rz 6). Die Vorschrift greift auch ein, wenn mehrere Vermieter den Vertrag abgeschlossen haben, von denen nur einer in dem Gebäude wohnt. Dies gilt für eine Miteigentümergemeinschaft in gleicher Weise wie für eine Gesamthandsgemeinschaft. Die Vorschrift ist jedoch unanwendbar bei einer juristischen Person als Vermieterin, da diese das Gebäude nicht selbst bewohnen kann.

**99** **ee)** Nach Abs 4 S 3 gilt die erleichterte Kündigungsmöglichkeit entsprechend für Mietverhältnisse über **Wohnraum innerhalb der vom Vermieter selbst bewohnten Wohnung**, sofern der Wohnraum nicht nach Abs 7 vom Anwendungsbereich des § 564 b ausgeschlossen ist. Damit werden Mietverhältnisse über Wohnraum erfaßt, der nicht die Merkmale einer selbständigen Wohnung (Rz 94) aufweist. Hierzu gehören Leerzimmer und nicht überwiegend vom Vermieter mit Möbeln auszustattende Zimmer, die nicht nur auf vorübergehende Zeit an Einzelpersonen oder Familien vermietet sind. Ferner zählen hierzu möblierte Wohnräume, die einer Familie zum dauernden Gebrauch überlassen sind.

Der Wohnraum liegt *innerhalb* der vom Vermieter selbst bewohnten Wohnung, **100** wenn ein enger Zusammenhang zwischen den beiden Wohnbereichen besteht, so daß der vermietete Wohnraum objektiv als Teil der Vermieterwohnung erscheint und ein besonders enges räumliches Zusammenleben der Parteien die Folge ist. Unzureichend ist es, wenn der Mieter einen Einzelraum im Dachgeschoß oder Souterrain bewohnt oder wenn das Zimmer vom Treppenhaus aus separat zugänglich ist, selbst wenn im übrigen eine nicht benutzte Verbindungstür zur Vermieterwohnung besteht. Handelt es sich baulich um ein Einfamilienhaus, sind solche Einzelräume immer Teil der Vermieterwohnung. Die Regelung des Abs 4 S 3 beschränkt sich aber nicht auf Ein- oder Zweifamilienhäuser, sondern gilt ihrem Zweck entsprechend auch für Wohnraum innerhalb der Vermieterwohnung, die in einem Mehrfamilienhaus (KG NJW 1981, 2470 = 3 in RE Miet; LG Berlin ZMR 1980, 339) oder in einem ansonsten geschäftlich genutzten Gebäude liegt. Angesichts des Gesetzeszwecks ist die in Abs 4 S 3 vorgeschriebene entsprechende Anwendung der S 1 und 2 nicht als Tatbestandsverweisung mit einer daraus folgenden Beschränkung auf Ein- oder Zweifamilienhäuser zu interpretieren, sondern als Rechtsfolgeverweisung (Sternel Rz IV 242; aM Schmidt-Futterer-Blank B 704). Da es auf die Eigentumsverhältnisse nicht ankommt, werden auch Untermietverhältnisse innerhalb der vom Vermieter selbst gemieteten Wohnung erfaßt (LG Berlin ZMR 1980, 339).

**c) Rechtsfolgen**

**aa)** Die Kündigung ist nach Abs 4 S 1 oder 3 wirksam, auch wenn der Vermieter **101** kein berechtigtes Interesse an der Beendigung des Mietverhältnisses iS von Abs 1 und 2 hat. Die Wirksamkeit der Kündigung hängt deshalb nicht von der Angabe der **Kündigungsgründe** nach Abs 3 ab. Der Ausschluß der Kündigung zum Zwecke der Mieterhöhung nach § 1 MHRG gilt auch hier (LG Stuttgart ZMR 1979, 274, 275 m Anm Buchholz-Duffner).

**bb)** Nach Abs 4 S 2 verlängert sich die **Kündigungsfrist** um drei Monate. Maßge- **102** bend ist die Frist, die sich aus § 565 oder bei einer Abweichung zugunsten des Mieters (§ 565 Rz 39) aus dem Vertrag ergibt.

**cc)** Nach Abs 4 S 4 ist in dem **Kündigungsschreiben** anzugeben, daß die Kündigung **103** nicht auf die Voraussetzungen des Abs 1 gestützt wird. Die damit bezweckte Klarstellung hängt nicht davon ab, daß der Vermieter den Gesetzeswortlaut des S 4 verwendet. Er muß nur hinreichend zum Ausdruck bringen, daß er von seinem Sonderkündigungsrecht Gebrauch macht. Es genügt, wenn in dem Kündigungsschreiben auf ein vorangegangenes Schreiben Bezug genommen wird, in dem auf das Sonderkündigungsrecht des Abs 4 hingewiesen worden ist (LG Berlin ZMR 1980, 319). Im Hinblick auf den Gesetzeszweck reicht ferner die Angabe der richtig berechneten verlängerten Kündigungsfrist aus (aM Sternel Rz IV 247). Sind keine Kündigungsgründe angegeben, kann daraus mangels anderer Anhaltspunkte nicht auf eine Kündigung nach Abs 4 geschlossen werden, da es sich ebensogut um eine nach Abs 3 unwirksame normale Kündigung handeln kann.

**dd)** Hat der Vermieter tatsächlich ein berechtigtes Interesse an der Beendigung **104**

des Mietverhältnisses, steht ihm ein **Wahlrecht** zu, ob er unter den Voraussetzungen der Abs 1–3 mit normaler Kündigungsfrist oder unter den erleichterten Voraussetzungen des Abs 4 mit verlängerter Frist kündigt (AG Waiblingen WuM 1979, 123). Aus der Erklärung muß hervorgehen, ob und wie der Vermieter sein Wahlrecht ausübt (LG Landau WuM 1986, 144). Eine Begründung der Kündigung schließt die Anwendung des Abs 4 nicht aus, da dies nach § 556 a Abs 1 S 3 für die Sozialklausel bedeutsam ist (AG Arnsberg DWW 1987, 18). Nach verbreiteter Auffassung ist die einmal getroffene Wahl grundsätzlich unwiderruflich (Schmidt-Futterer-Blank B 698). Für eine Unwiderruflichkeit bietet das Gesetz jedoch keine Anhaltspunkte (OLG Karlsruhe NJW 1982, 391 = 12 in RE Miet m abl Anm Benstz WuM 1982, 15). Sie ist auch nicht zum Schutz des Mieters geboten. Ebenso wie im Normalfall einer Kündigung, bei der zu einem späteren als dem nächstmöglichen Termin gekündigt wird, kann sich der Mieter auch hier nicht darauf verlassen, daß der Vermieter nicht doch noch zu dem früheren Zeitpunkt kündigt. Durch einen solchen Wechsel von einer Kündigung nach Abs 4 zu einer Kündigung nach Abs 1 können allenfalls Schadensersatzansprüche ausgelöst werden, wenn der Vermieter ein besonderes Vertrauen erweckt hat, daß es bei dem späteren Termin bleiben werde. Ein Wechsel der Kündigung von Abs 1 zu Abs 4 ist dagegen nur von Bedeutung, wenn die Wirkungen der ersten Kündigung von den Parteien einverständlich beseitigt werden, weil sonst das Mietverhältnis zu dem früheren Zeitpunkt endet (OLG Karlsruhe aaO). Zulässig ist auch eine Kündigung in der Weise, daß sich der Vermieter entweder primär auf die normale Kündigung nach Abs 1 und hilfsweise auf sein Sonderkündigungsrecht aus Abs 4 stützt oder daß er die umgekehrte Reihenfolge der Kündigungsarten wählt (OLG Hamburg NJW 1983, 182 = 9 in RE Miet; LG Landau WuM 1986, 144; LG Oldenburg WuM 1986, 118; LG Wiesbaden WuM 1981, 162).

**105** **ee)** Nach Abs 5 läßt das Sonderkündigungsrecht des Vermieters die **Schutzrechte des Mieters** unberührt (Rz 110). Die Anwendbarkeit der §§ 556 a Abs 1 S 3 und 564 a Abs 1 S 2 hat zur Folge, daß der Vermieter abweichend von Abs 4 (Rz 101) gehalten ist, bestimmte Kündigungsgründe anzugeben (AG Arnsberg DWW 1987, 18).

### 2. Vermietung zu nur vorübergehendem Gebrauch (Abs 7)

**106** Nach Abs 7 werden bestimmte Mietverhältnisse über Wohnraum vom Kündigungsschutz ausgenommen. Sie sind durch eine Vermietung zum vorübergehenden Gebrauch im weitesten Sinne gekennzeichnet. Entsprechende oder weitgehend entsprechende Regelungen finden sich in den §§ 556 a Abs 8, 564 a Abs 3, 565 Abs 2 S 3 und Abs 3, 565 a Abs 3 und § 10 Abs 3 Nr 2–4 MHRG.

**107** **a)** Hierzu zählen Mietverhältnisse über Wohnraum, der nach dem vereinbarten Vertragszweck **zu nur vorübergehendem Gebrauch** vermietet ist (Nr 1; § 556 a Rz 54 ff).

**108** **b)** Ferner sind Mietverhältnisse über Wohnraum ausgenommen, der **Teil der vom Vermieter selbst bewohnten Wohnung** ist und den der Vermieter ganz oder überwiegend mit Einrichtungsgegenständen auszustatten hat, sofern der Wohnraum nicht zum dauernden Gebrauch für eine Familie überlassen ist (Nr 2; § 565 Rz 29 ff).

c) Durch das Gesetz zur Erhöhung des Angebots an Mietwohnungen vom 20. 12. 1982 (BGBl I 1912) sind unter den Ausnahmetatbestand Mietverhältnisse über Wohnraum aufgenommen worden, der **Teil eines Studenten- oder Jugendwohnheims** ist (Nr 3). Die Regelung gilt auch für Mietverträge, die vor dem 1. 1. 1983 abgeschlossen worden sind (OLG Bremen WuM 1989, 122; LG Bremen WuM 1988, 160). Damit hat der Gesetzgeber einen Vorschlag aufgegriffen, der bereits im Gesetzgebungsverfahren des WKSchG II eine Rolle gespielt hatte, seinerzeit aber vom Vermittlungsausschuß zurückgewiesen worden war (BT-Drucks 7/2775, 7/2812). Nachdem die Rspr abgelehnt hatte, solche Mietverhältnisse als zu nur vorübergehendem Gebrauch zu beurteilen (OLG Bremen WuM 1981, 8 = 1 in RE Miet; OLG Hamm NJW 1981, 290 m Anm BOROWSKY WuM 1981, 6 = 3 in RE Miet; § 556 a Rz 56), hielt der Gesetzgeber im Hinblick auf den zu geringen Bestand an Wohnheimplätzen die Fluktuation der Belegung aus Gründen der Gleichbehandlung für notwendig. Den Trägern von Studenten- und Jugendwohnheimen bereitete die aufgrund der Rspr eingetretene Rechtslage nicht mehr lösbare Schwierigkeiten, an dem sog Rotationssystem festzuhalten, das durch eine zeitliche Begrenzung des einzelnen Mietvertrags einer möglichst großen Zahl von Bewerbern zu einem Wohnheimplatz verhelfen soll (Begr zum Gesetzentw BT-Drucks 9/2079, 11; STERNEL MDR 1983, 265, 269; krit LECHNER WuM 1983, 71). Ein Studentenwohnheim dient dem fremdnützigen Zweck, bei geeigneter baulicher Anlage und Ausstattung eine Vielzahl von Studenten mit preisgünstigem Wohnraum zu versorgen. Gemeinschaftseinrichtungen müssen nicht vorhanden sein (AG Freiburg WuM 1987, 128). Wohnen in einem Haus auch andere Mieter und wird der Mietzins als Marktmiete berechnet, handelt es sich nicht um ein Studentenwohnheim (AG München BlGBW 1985, 41). Wie die Begründung des früheren Vorschlags zeigt (BT-Drucks 7/2775, 2), sind unter Jugendwohnheimen auch Schüler- und Lehrlingswohnheime zu verstehen. Die Sozialklausel des § 556 a bleibt grundsätzlich anwendbar (Rz 110). 109

## VI. Weitergehende Schutzrechte des Mieters (Abs 5)

Nach Abs 5 bleiben weitergehende Schutzrechte des Mieters unberührt. Der Vermieter muß die zum Schutz des Mieters zwingend vorgeschriebenen Kündigungsfristen des § 565 Abs 2 einhalten. Ist die Kündigung nach § 564 b wirksam, bleibt dem Mieter das Recht, der Kündigung nach den §§ 556 a oder 556 c zu widersprechen und die Fortsetzung des Mietverhältnisses zu verlangen (LG Stuttgart ZMR 1979, 274 m Anm BUCHHOLZ-DUFFNER). Dies gilt auch bei der Wohnraumvermietung an Studenten, sofern es sich nicht um eine Vermietung zu nur vorübergehendem Gebrauch handelt (vgl OLG Hamm WuM 1986, 217; AG Bonn WuM 1988, 23). Greift die Kündigung durch, kann das Gericht dem Mieter von Amts wegen bzw auf Antrag eine angemessene Räumungsfrist bewilligen (§§ 721, 794 a ZPO). 110

### VII. Unabdingbarkeit (Abs 6)

111 **1.** Da nach Abs 6 eine zum Nachteil des Mieters von den Vorschriften des § 564 b abweichende Vereinbarung unwirksam ist, ist es **unzulässig**, vertraglich zu bestimmen, daß ein Mischmietverhältnis mit nicht überwiegender gewerblicher Nutzung dem Gewerberaummietrecht zugeordnet wird (LG Hamburg WuM 1988, 406), daß der Vermieter generell ohne ein berechtigtes Interesse kündigen darf oder daß schuldlose Vertragsverletzungen durch den Mieter ohne weiteres ausreichen. Ebensowenig kann von vornherein jede wirtschaftliche Verwertung des Grundstücks vom Mieter als Kündigungsgrund akzeptiert werden. Auch die Vereinbarung sonstiger Kündigungsgründe, die dem gesetzlichen Leitbild nicht entsprechen, ist unzulässig. Das gleiche gilt von Vereinbarungen, in denen die Angabe von Gründen im Kündigungsschreiben für überflüssig erklärt wird oder durch die das Sonderkündigungsrecht des Abs 4 auf gesetzlich nicht vorgesehene Fälle ausgedehnt wird. Ebensowenig ist es zulässig, eine Wohnung unter der Bedingung zu vermieten, daß sie zurückzugeben sei, wenn sie als Werkwohnung für einen Betriebsangehörigen benötigt werde (LG Landau/Pfalz WuM 1985, 146). Die Kündigungsfrist des Abs 4 S 2 kann nicht verkürzt werden. Die Kennzeichnung als Sonderkündigung nach Abs 4 S 4 ist unverzichtbar. Die Unwirksamkeit beschränkt sich allerdings auf die jeweilige Klausel, soweit die Parteien im Mietvertrag nicht ausdrücklich die uneingeschränkte Geltung des § 139 vereinbaren (§ 556 a Rz 59).

112 **2. Zulässig** sind Vereinbarungen, die zugunsten des Mieters von § 564 b abweichen. So ist es möglich, die Voraussetzungen der Kündigungsgründe zu erschweren, etwa nur vorsätzliche Vertragsverletzungen oder Eigenbedarf für den Vermieter persönlich als ausreichend anzuerkennen. Das Kündigungsrecht kann für bestimmte Gründe ausgeschlossen werden (LG Mannheim WuM 1975, 72; WuM 1977, 258; LG Kaiserslautern MDR 1983, 56; Gundlach ZMR 1983, 218, 221). Dies gilt auch für Betriebsbedarf als Kündigungsgrund, wenn der Charakter als Werkmietwohnung vertraglich nach Ablauf einer bestimmten Zeit enden soll (LG Darmstadt WuM 1988, 22). Das Kündigungsrecht kann auch, wie in den Nutzungsverträgen der Wohnungsbaugenossenschaften, auf besondere Ausnahmefälle beschränkt werden (OLG Karlsruhe WuM 1985, 77; Riebandt-Korfmacher WuM 1986, 127, 128 f). Ebenso ist die Geltendmachung des Sonderkündigungsrechts für den Vermieter verzichtbar (OLG Karlsruhe aaO). Er kann auch eine über Abs 4 S 2 hinausgehende Kündigungsfrist zugestehen. Möglich ist es, die Kündigung für eine gewisse Zeit ganz auszuschließen oder an die Zustimmung Dritter zu binden (§ 564 Rz 7 ff). Auch der Abschluß eines Mietaufhebungsvertrags wird durch die Unabdingbarkeit des Kündigungsschutzes grundsätzlich nicht ausgeschlossen.

## § 564c

**(1) [1]Ist ein Mietverhältnis über Wohnraum auf bestimmte Zeit eingegangen, so kann der Mieter spätestens zwei Monate vor der Beendigung des Mietverhältnisses durch schriftliche Erklärung gegenüber dem Vermieter die Fortsetzung des Mietverhältnisses auf unbestimmte Zeit verlangen, wenn nicht der Vermieter ein berechtigtes Interesse an der Beendigung des Mietverhältnisses hat. [2]§ 564b gilt entsprechend.**

**(2) [1]Der Mieter kann keine Fortsetzung des Mietverhältnisses nach Absatz 1 oder nach § 556b verlangen, wenn**

**1. das Mietverhältnis für nicht mehr als fünf Jahre eingegangen ist,**

**2. der Vermieter**

**a) die Räume als Wohnung für sich, die zu seinem Hausstand gehörenden Personen oder seine Familienangehörigen nutzen will oder**

**b) in zulässiger Weise die Räume beseitigen oder so wesentlich verändern oder instand setzen will, daß die Maßnahmen durch eine Fortsetzung des Mietverhältnisses erheblich erschwert würden,**

**3. der Vermieter dem Mieter diese Absicht bei Vertragsschluß schriftlich mitgeteilt hat und**

**4. der Vermieter dem Mieter drei Monate vor Ablauf der Mietzeit schriftlich mitgeteilt hat, daß diese Verwendungsabsicht noch besteht.**

**[2]Verzögert sich die vom Vermieter beabsichtigte Verwendung der Räume ohne sein Verschulden, kann der Mieter eine Verlängerung des Mietverhältnisses um einen entsprechenden Zeitraum verlangen; würde durch diese Verlängerung die Dauer des Mietverhältnisses fünf Jahre übersteigen, kann der Mieter die Fortsetzung des Mietverhältnisses auf unbestimmte Zeit nach Absatz 1 verlangen.**

**Schrifttum:** Barthelmess, Zur Frage des Kündigungsschutzes bei befristeten Mietverhältnissen, NJW 1974, 1230; Blank, Rechtliche und soziale Probleme des neuen Zeitmietvertrags nach § 564c II BGB, WuM 1983, 36; Gather, Bestandsschutz und befristete Mietverhältnisse, DWW 1981, 86; Eckert, Zeitmietverträge bei geplantem Eigenbedarf und erheblichen baulichen Maßnahmen – eine kritische Betrachtung des § 564c BGB, WuM 1983, 33; Goch, Kündigungsschutz bei befristeten Mietverhältnissen, ZMR 1978, 134; Gramlich, Das Gesetz zur Erhöhung des Angebots an Mietwohnungen, NJW 1983, 417; Köhler, Das neue Mietrecht 1983. Gesetz zur Erhöhung des Angebots an Mietwohnungen (1983); Lechner, Aktuelle Probleme des Mietrechts, ZMR 1982, 166; Nassall, Schriftformerfordernisse im Wohnraummietrecht, MDR 1985, 893; Röder, Der Abschluß von Zeitmietverträgen und die Duldungsverpflichtung des Mieters bei Wohnungsmodernisierungen, NJW 1983, 2665; Schmid, Das Gesetz zur Erhöhung des Angebots an Mietwohnungen, BlGBW 1983, 61; Schopp, Art 1 des Gesetzes zur Erhöhung des Angebots an Mietwohnungen, ZMR 1983, 109; Sternel, Die Beendigung des Wohnraummietverhältnisses, ZMR 1988, 201, 205; ders, Neues Wohnraummietrecht. Zum Gesetz zur Erhöhung des Angebots an Mietwohnungen, MDR 1983, 265; Strunz, Zeitmietverträge über Wohnraum, BlGBW 1984, 112; Weimar, Der Rechtsschutz des Mieters bei befristeten Wohnraummietverträgen ohne Verlängerungsklausel, BlGBW 1980, 191.

**Übersicht**



## I. Allgemeines

1 Die Vorschrift regelt den Bestandsschutz befristeter Mietverhältnisse über Wohnraum. Der Mieter kann spätestens zwei Monate vor der Beendigung des Mietverhältnisses durch schriftliche Erklärung gegenüber dem Vermieter die Fortsetzung des Mietverhältnisses auf unbestimmte Zeit verlangen, wenn nicht der Vermieter ein berechtigtes Interesse an der Beendigung hat (Abs 1). Die Regelung ist durch das Gesetz zur Erhöhung des Angebots an Mietwohnungen vom 20. 12. 1982 (BGBl I 1912) in das BGB eingefügt worden und stimmt in ihrem Abs 1 inhaltlich nahezu überein mit dem früheren Art 2 WKSchG II. Sie bezweckt, daß § 564 b nicht durch die Vereinbarung befristeter Mietverhältnisse umgangen wird. Neu sind die Ausnahmetatbestände des Abs 2. In der Praxis hatte sich gezeigt, daß Vermieter, die nur für vorübergehende Zeit Wohnraum vermieten konnten, weil sie ihn in absehbarer Zeit der eigenen Nutzung zuführen oder besondere Baumaßnahmen durchführen wollten, es vorzogen, den Wohnraum leerstehen zu lassen. Sie wollten das Risiko einer Kündigung und etwaigen Verlängerung des Mietverhältnisses nicht auf sich nehmen. Um diesem Bedürfnis Rechnung zu tragen und gleichzeitig dem teilweise bestehenden Wohnungsmangel abzuhelfen, hat der Gesetzgeber den Bestandsschutz unter besonderen Voraussetzungen eingeschränkt (Begr z Gesetzentw BT-Drucks 9/2079, 7, 14).

## II. Voraussetzungen (Abs 1)

### 1. Mietverhältnis über Wohnraum auf bestimmte Zeit

2 **a)** Es muß sich um ein Mietverhältnis über Wohnraum handeln (Vorbem 12 zu §§ 535, 536; § 556 a Rz 3), das **auf bestimmte Zeit** eingegangen ist. Die Mietzeit ist bestimmt, wenn der Tag der Beendigung kalendermäßig bestimmt oder bestimmbar ist (§ 556 b Rz 3; § 564 Rz 2 ff). Hierzu gehören auch Mietverhältnisse, die

durch Änderungsvertrag oder richterlichen Gestaltungsakt nach § 556 a Abs 3 oder § 5 HausratVO befristet worden sind. Ein Mietverhältnis mit Verlängerungsklausel unterliegt hinsichtlich der Beendigung nach § 565 a Abs 1 in jedem Fall den Kündigungsvorschriften, so daß die §§ 564 b, 556 a anzuwenden sind. Aus den gleichen Gründen scheidet § 564 c für ein Mietverhältnis aus, das zwar auf bestimmte Zeit eingegangen ist, aber unter einer auflösenden Bedingung steht (§ 565 a Abs 2). Anwendbar ist die Vorschrift hingegen für ein Mietverhältnis mit Optionsrecht, da sich dessen Anwendungsbereich und der gesetzliche Anspruch aus § 564 c nicht decken müssen. Befristet ist auch ein Mietverhältnis, das auf Lebenszeit einer bestimmten Person abgeschlossen ist (§ 564 Rz 2 a). Soweit in diesem Fall ein Bestandsschutz geboten ist, greift § 564 c mit der Modifizierung ein, daß die Frist für das Fortsetzungsverlangen (Rz 8) erst mit dem Tod der Person zu laufen beginnt.

**b)** Auf den **Abschlußzeitpunkt** des Mietverhältnisses kommt es nicht an. Anders 3
als bei der Regelung des früheren Art 2 WKSchG II, der auf den 28. 11. 1971, dh den Tag des Inkrafttretens des WKSchG I abstellte, ist auf einen bestimmten Anfangstermin verzichtet worden, weil der Gesetzgeber davon ausging, daß ältere Zeitmietverträge keine praktische Bedeutung mehr haben (Begr z Gesetzentw BT-Drucks 9/2079, 14).

**2. Bevorstehende Beendigung des Mietverhältnisses durch Zeitablauf**

Die Vorschrift ist nur anwendbar bei einer Beendigung des befristeten Mietver- 4
hältnisses durch Zeitablauf (§ 564 Rz 2). Dies heißt nicht, daß die Beendigung unmittelbar bevorstehen muß. Endet das Mietverhältnis durch außerordentliche fristlose Kündigung, entfällt jeglicher Bestandsschutz für den Mieter. Gegenüber einer außerordentlichen befristeten Kündigung ist der Mieter nach § 564 b und § 556 a geschützt.

**3. Fortsetzungsverlangen des Mieters**

**a)** Das Mietverhältnis wird nicht kraft Gesetzes fortgesetzt. Der Mieter muß durch 5
eine an den Vermieter gerichtete **Willenserklärung** form- und fristgerecht die Fortsetzung verlangen.

**b)** Da der **Inhalt** der Willenserklärung des Mieters gesetzlich nicht näher vorge- 6
schrieben ist, genügt sein erkennbarer Wille, das Mietverhältnis über den Endtermin hinaus fortzusetzen. Die Angabe von Gründen ist nicht notwendig. Gibt der Mieter Härtegründe iS der Sozialklausel an, ist seine Erklärung dennoch als Angebot nach § 564 c auszulegen, da ihm diese Vorschrift das stärkere Recht gewährt (Sternel Rz IV 286). Eine Grenze findet diese Auslegung jedoch am Wortlaut der Erklärung, wenn sich der Mieter ausdrücklich auf § 556 b beruft.

**c)** Für die Erklärung des Fortsetzungsverlangens ist gesetzlich **Schriftform** vorge- 7
schrieben. Die Erklärung muß nach § 126 in einer vom Mieter eigenhändig durch Namensunterschrift oder mittels notariell beglaubigten Handzeichens unterzeichneten Urkunde enthalten sein. Eine Telekopie ist unzureichend, da auf diese materiell-rechtliche Willenserklärung die zu prozeßrechtlichen Erklärungen ent-

wickelten Grundsätze nicht übertragbar sind (aM AG Schöneberg WuM 1985, 286). Vertretung ist zulässig.

8 **d)** Die Erklärung ist an eine **Frist** gebunden. Der Mieter muß spätestens zwei Monate vor der Beendigung des Mietverhältnisses gegenüber dem Vermieter erklären, daß er die Fortsetzung verlange. Für die Rechtzeitigkeit der einseitigen, empfangsbedürftigen Willenserklärung ist der Zugang maßgebend (§§ 130 ff). Die Frist ist nach § 188 Abs 2 HS 2 iVm § 187 Abs 2 zu berechnen. Die Regelung des § 193 ist anwendbar (AG München WuM 1980, 196). Der Vermieter ist nicht verpflichtet, den Mieter auf den bevorstehenden Ablauf der Frist hinzuweisen (LG Frankfurt NJW-RR 1986, 1146; LG Lüneburg DWW 1985, 322). Es handelt sich um eine Ausschlußfrist. Wird sie vom Mieter versäumt, verliert er endgültig seine Rechte aus dieser Vorschrift (AG München DWW 1978, 150). Wegen der entsprechenden Frist in § 556 a Abs 6 S 1 kann er sich auf die Sozialklausel nach § 556 b Abs 1 S 2 iVm § 556 a Abs 6 S 2 nur dann noch berufen, wenn der Vermieter den in § 564 a Abs 2 bezeichneten Hinweis nicht rechtzeitig erteilt hat (§ 556 b Rz 13).

### 4. Fehlen eines berechtigten Interesses des Vermieters an der Beendigung des Mietverhältnisses und entsprechende Geltung des § 564 b

9 **a)** Der Mieter hat nur dann das Recht, die Fortsetzung des Mietverhältnisses zu verlangen, wenn nicht der Vermieter ein berechtigtes Interesse an der Beendigung des Mietverhältnisses hat (Abs 1 S 1 HS 2). § 564 b gilt entsprechend (Abs 1 S 2). Welche Gründe als **berechtigte Interessen** des Vermieters anzuerkennen sind, ergibt sich aus der entsprechenden Anwendung des § 564 b (dort Rz 14 ff). Ihnen kann nicht dadurch ein anderes Gewicht gegeben werden, daß der Mietvertrag „probeweise" abgeschlossen wird und deshalb die Anforderungen an die Erheblichkeit einer Pflichtverletzung des Mieters herabzusetzen wären (OLG Stuttgart NJW 1982, 2673 = 6 in RE Miet). Hat der Hauptmieter ein eigenes begründetes Interesse an der Aufhebung des Hauptmietvertrags, ist er nicht verpflichtet, diesen Vertrag aufrechtzuerhalten, nur um das befristete Untermietverhältnis fortsetzen zu können (LG Darmstadt WuM 1982, 194). Die berechtigten Interessen müssen im Zeitpunkt der vertraglich vorgesehenen Beendigung des Mietverhältnisses bestehen. Lagen sie schon bei Abschluß des Vertrags vor, können sie nicht berücksichtigt werden (AG Frankfurt WuM 1981, 236), soweit nicht die Ausnahmen des Abs 2 eine andere Regelung aufstellen (Rz 17 ff).

10 **b)** Wegen der Verweisung auf § 564 b und damit auf dessen Abs 4 gilt bei der Vermietung von **Einliegerwohnraum** iS dieser Vorschrift (dort Rz 93 ff) auch für befristete Mietverhältnisse ein eingeschränkter Bestandsschutz. Ein solches Mietverhältnis kann durch Zeitablauf zum vorgesehenen Zeitpunkt enden, auch wenn der Vermieter nach § 564 b Abs 1 und 2 kein berechtigtes Interesse an der Beendigung hat (Sternel Rz IV 283; aM Löwe NJW 1975, 9, 12). Der Vermieter muß sich entsprechend § 564 b Abs 4 S 4 ausdrücklich auf diesen Sondertatbestand berufen, damit für den Mieter die Rechtslage klargestellt ist. Dies hat zur Folge, daß sich das Mietverhältnis entsprechend S 2 dieser Vorschrift um drei Monate

über den vertraglichen Endtermin hinaus verlängert (Mietrecht Art 2 WKSchG Rz 23 mwN).

c) Wegen der Verweisung auf § 564 b ist eine **schriftliche Geltendmachung** der berechtigten Interessen durch den Vermieter erforderlich (dort Rz 80 ff). Daraus folgt für den Zeitpunkt der Geltendmachung, daß sich der Vermieter vor der vertraglich vorgesehenen Beendigung des Mietverhältnisses gegenüber einem Fortsetzungsverlangen des Mieters auf seine berechtigten Interessen berufen muß (AG Frankfurt WuM 1981, 237). Mangels ausdrücklicher anderweitiger Regelung des Gesetzes muß hierfür der letzte Tag des Mietverhältnisses genügen. Aus der entsprechenden Anwendbarkeit des § 564 b Abs 3 ergibt sich ferner, daß dem Vermieter ein Nachschieben von Gründen nur unter den eingeschränkten Voraussetzungen dieser Vorschrift gestattet ist (dort Rz 83 ff). 11

## III. Rechtsfolgen

### 1. Allgemeines

Die Vorschrift räumt dem Mieter einen materiell-rechtlichen Anspruch gegen den Vermieter ein, das auf bestimmte Zeit eingegangene Mietverhältnis nach dem vertraglich vorgesehenen Endtermin auf unbestimmte Zeit fortzusetzen. Eine Änderung der Vertragsbedingungen kann weder der Mieter noch der Vermieter fordern. In dem form- und fristgerecht erhobenen Fortsetzungsverlangen liegt der Antrag auf Abschluß des Verlängerungsvertrags (Rz 5 ff), den der Vermieter unter den Voraussetzungen des Abs 1 abzuschließen verpflichtet ist. Der Mieter ist nach § 145 an diesen Antrag gebunden. 12

### 2. Ablehnung des Fortsetzungsverlangens durch den Vermieter

a) Ist die Ablehnung des Fortsetzungsverlangens durch den Vermieter **rechtmäßig**, weil er ein berechtigtes Interesse an der fristgerechten Beendigung des Mietverhältnisses hat, steht dem Mieter kein Anspruch auf Fortsetzung zu. Das Mietverhältnis endet nach § 564 Abs 1 durch Zeitablauf. Das gleiche gilt unabhängig vom Vorliegen berechtigter Interessen, wenn der Vermieter von Einliegerwohnraum iS des § 564 b Abs 4 seine Ablehnung auf diesen Sondertatbestand stützt, wobei jedoch die Verlängerung um drei Monate entsprechend § 564 b Abs 4 S 2 zu berücksichtigen ist (Rz 10). Wegen der entsprechenden Geltung des § 564 b Abs 5 bleiben in beiden Fällen weitergehende Schutzrechte des Mieters unberührt. Kann der Vermieter das Fortsetzungsverlangen des Mieters wegen berechtigter Interessen abwehren, hat der Mieter die Möglichkeit, nach § 556 b iVm § 556 a die Fortsetzung des Mietverhältnisses zu verlangen. Es empfiehlt sich deshalb, neben dem auf § 564 c gestützten Fortsetzungsverlangen gleichzeitig die Rechte aus der Sozialklausel hilfsweise geltend zu machen. 13

b) Ist die Ablehnung des Fortsetzungsverlangens durch den Vermieter **rechtswidrig**, weil er kein berechtigtes Interesse an der Beendigung des Mietverhältnisses hat, ist der Anspruch des Mieters aus § 564 c begründet. Das gleiche gilt, wenn der 14

Vermieter seine Ablehnung nicht form- und fristgemäß erklärt hat (Rz 11). Die Auffassung, der Verlängerungsvertrag komme durch stillschweigende Annahme seitens des Vermieters schon dann zustande, wenn dieser das Fortsetzungsverlangen des Mieters nicht spätestens bis zum vertraglichen Endtermin des Mietverhältnisses ablehne (Barthelmess § 564 c Rz 21; Sternel Rz IV 295), steht nicht im Einklang mit den Grundsätzen des Vertragsrechts, nach denen Schweigen idR nicht als Willenserklärung zu behandeln ist. Der Anspruch wird nur durch eine einverständlich abgegebene oder gerichtlich erzwungene Willenserklärung des Vermieters erfüllt (Rz 15 f). Im übrigen kommt nur eine Verlängerung durch Fortsetzung des Gebrauchs nach § 568 in Betracht.

### 3. Einverständnis des Vermieters

**15** Stimmt der Vermieter dem Fortsetzungsverlangen ausdrücklich oder durch schlüssiges Verhalten zu, wird das Mietverhältnis von dem an sich vorgesehenen Endtermin an auf unbestimmte Zeit, im übrigen aber zu den bisherigen Vertragsbedingungen fortgesetzt. Die Zustimmung ist rechtlich als Annahme des im Fortsetzungsverlangen liegenden Vertragsangebots des Mieters zu werten. Es ist unerheblich, ob der Vermieter das Angebot vor oder nach Ablauf der vertraglich vorgesehenen Mietzeit annimmt. Die Vereinbarung kann formlos getroffen werden (AG Frankfurt WuM 1987, 321), da § 566 wegen der gesetzlich ohnehin nur auf unbestimmte Zeit vorgesehenen Fortsetzung nicht eingreift.

### 4. Gerichtliche Geltendmachung

**16** Der Mieter hat unter den Voraussetzungen des Abs 1 einen Anspruch auf Fortsetzung des Mietverhältnisses, der durch Abgabe einer entsprechenden Willenserklärung des Vermieters zu erfüllen ist. Dies kann der Mieter im Wege der Leistungsklage erzwingen. Die gerichtliche Zuständigkeit richtet sich nach § 23 Nr 2 a) GVG, § 29 a ZPO. Mit der Rechtskraft eines der Klage stattgebenden Urteils gilt die Willenserklärung als abgegeben (§ 894 ZPO). Sie wirkt auf den vertraglich vorgesehenen Endtermin zurück. Für eine Gestaltungsklage bildet die Vorschrift keine Rechtsgrundlage, da dem Gericht keine das Mietverhältnis betreffende Rechtsgestaltung obliegt. Eine Feststellungsklage ist für das Klageziel des Mieters unzureichend. Nach hM muß der Mieter den Anspruch auf Fortsetzung des Mietverhältnisses gegenüber einer Räumungsklage des Vermieters durch Widerklage geltend machen, die unter den Voraussetzungen des § 530 Abs 1 ZPO noch im Berufungsverfahren erhoben werden kann (LG Berlin WuM 1986, 340; LG Bonn MDR 1976, 495; LG Kaiserslautern ZMR 1975, 306, 307; AG Münster WuM 1988, 364; aM AG Ebersberg WuM 1988, 23; AG Uelzen WuM 1989, 23 m Anm Hinkelmann; vgl Sternel Rz IV 296).

## IV. Ausnahmetatbestände (Abs 2)

### 1. Allgemeines

Aufgrund der Verweisung in Abs 1 S 2 ist § 564 b in vollem Umfang entsprechend anwendbar. Damit werden zunächst die in § 564 b Abs 7 aufgeführten Mietverhältnisse, die durch einen im weitesten Sinne vorübergehenden Gebrauch gekennzeichnet sind (dort Rz 106 ff), vom Anwendungsbereich des § 564 c ausgenommen. Darüber hinaus enthält diese Vorschrift in Abs 2 besondere Ausnahmetatbestände, die dem Vermieter in bestimmten Fällen eine andere Verwendung des Wohnraums ermöglichen sollen.[1] Diese Voraussetzungen müssen kumulativ erfüllt sein (AG Ebersberg WuM 1988, 23), soweit nicht bei der Art der Verwendung (Rz 19 ff) Alternativen zugelassen sind. 17

### 2. Voraussetzungen

**a)** Das Mietverhältnis darf für **nicht mehr als fünf Jahre** eingegangen sein. Die Absicht des Vermieters zu einer anderweitigen Verwendung des Wohnraums soll hinreichend bestimmt sein. Als einigermaßen überschaubar erschien dem Gesetzgeber hierfür ein Zeitraum bis zu fünf Jahren (Begr z Gesetzentw BT-Drucks 9/2079, 8, 15). Für die Fristberechnung ist der Beginn des Mietverhältnisses maßgebend, nicht der Zeitpunkt des Vertragsabschlusses. 18

**b)** Die Vorschrift sieht alternativ zwei **Arten der Verwendung** vor, die eine Ausnahme vom Bestandsschutz rechtfertigen. Beide Arten können auch nebeneinander oder hilfsweise geltend gemacht werden. 19

**aa)** Die eine Ausnahme ist gegeben, wenn der Vermieter die Räume als Wohnung für sich, die zu seinem Hausstand gehörenden Personen oder seine Familienangehörigen nutzen will. Anders als nach dem Wortlaut des § 564 b Abs 2 Nr 2 (dort Rz 41 ff) ist es bei der **Eigennutzung** nicht erforderlich, daß der Vermieter die Räume benötigt. Es reicht aus, daß er den Willen hat, sie selbst oder durch ihm nahestehende Personen zu nutzen. Im Ergebnis macht dies jedoch nach der neueren Rspr (BVerfGE 68, 361 = NJW 1985, 2633; BVerfG NJW 1988, 1075; 1989, 970; BGHZ 103, 91 = NJW 1988, 904), nach der vernünftige Gründe für eine Eigennutzung als berechtigtes Interesse iS des § 564 b Abs 2 Nr 2 genügen, keinen Unterschied. Wenn § 564 c Abs 2 dem Vermieter ermöglichen soll, die Wohnung ohne Darlegung eines berechtigten Interesses zurückzuerhalten (Begr z Gesetzentw BT-Drucks 9/2079, 7, 15), spricht dies im Grunde für geringere Anforderungen gegenüber § 564 b. Den vernünftigen Gründen iS dieser Vorschrift steht indessen nur der Mißbrauchstatbestand gegenüber. Dies gilt nach § 242 jedoch in gleicher Weise bei § 564 c Abs 2. Damit hat die Rspr den vom Gesetzgeber gewollten Unterschied zwischen § 564 b und § 564 c insoweit weginterpretiert. Wegen der in § 564 c bei Vertragsschluß vorgeschriebenen Mitteilung

[1] Blank WuM 1983, 36; Eckert WuM 1983, 33; Köhler 42 ff; Röder NJW 1983, 2665, 2667; Schmid BlGBW 1983, 61, 63; Schopp ZMR 1983, 109, 111; Sternel MDR 1983, 265, 270.

der Verwendungsabsicht kann hier allenfalls die Mißbrauchsgrenze höher angesetzt werden. Der Kreis der begünstigten Personen stimmt mit § 564b überein (dort Rz 31 ff). Nach dem Wortlaut der Vorschrift muß eine Verwendung der Räume als Wohnung beabsichtigt sein. Der Begriff der Wohnung ist aber im Rahmen des Bestandsschutzes weiter als der des Wohnraums (§ 564b Rz 94). Hiernach wäre Wohnraum, der nicht den Anforderungen einer Wohnung genügt, vom Anwendungsbereich der Ausnahmeklausel ausgeschlossen. Dies entspricht jedoch nicht dem Zweck der Vorschrift, dem Wohnungsmarkt zusätzlichen Wohnraum zuzuführen.

20 **bb)** Die andere Ausnahme betrifft den Fall, daß der Vermieter in zulässiger Weise die Räume beseitigen oder so wesentlich verändern oder instand setzen will, daß die Maßnahmen durch eine Fortsetzung des Mietverhältnisses erheblich erschwert würden. Der Gesetzgeber hielt es für notwendig, dem Anliegen der Vermieter, nicht das Risiko einer Kündigung und etwaigen Verlängerung des Mietverhältnisses auf sich nehmen zu müssen, auch außerhalb förmlich festgelegter Sanierungsgebiete (§§ 142, 152 BauGB) oder Modernisierungsschwerpunkte (§ 11 ModEnG) Rechnung zu tragen (Begr z Gesetzentw BT-Drucks 9/2079, 7). Die vorgesehenen **Baumaßnahmen** können in einem vollständigen Abriß oder in Änderungen oder Instandsetzungen bestehen, die so wesentlich sind, daß eine Fortdauer des Mietverhältnisses sie erheblich erschweren würde. Die Begründung zum Gesetzentwurf (aaO) nennt als Beispiele, daß der Vermieter bei der Modernisierung eines Gebäudes jeweils zwei kleine Wohnungen zu einer größeren vereinigt oder daß morsche Holzdecken eines Altbaus ersetzt werden müssen. Auch Maßnahmen, die nicht nur bei leerer Wohnung durchführbar sind, kommen in Betracht, wenn eine Duldung durch den Mieter nicht gewährleistet ist. Unerheblich ist, ob die beabsichtigte Baumaßnahme wirtschaftlich sinnvoll ist oder ob der Vermieter bei ihrem Unterbleiben erhebliche Nachteile iS des § 564b Abs 2 Nr 3 erleiden würde.

21 Die beabsichtigten Maßnahmen müssen **zulässig** sein. Hierbei kann es auf öffentlich-rechtliche Genehmigungen zum Abbruch, Bau oder zur Zweckentfremdung eines Gebäudes ankommen. Eine dahin gehende Genehmigung muß noch nicht in dem Zeitpunkt vorliegen, in dem das Mietverhältnis abgeschlossen wird (aM Blank WuM 1983, 36, 38). Es kommt im Zeitpunkt des Vertragsabschlusses auch nicht auf die generelle Möglichkeit an, eine derartige Genehmigung zu erreichen. Da es um den Bestandsschutz bei Beendigung des Mietverhältnisses geht, ist für die Zulässigkeit allein dieser Zeitpunkt entscheidend. Spätestens dann muß eine Genehmigung vorliegen. Darüber hinaus kann die Zulässigkeit auch nach zivilrechtlichen Normen erforderlich sein. Stehen zB eine Dienstbarkeit oder andere private Rechte Dritter der vorgesehenen Maßnahme entgegen, ist eine Einschränkung des Bestandsschutzes eines Mietverhältnisses nicht gerechtfertigt. Es ist Sache des Vermieters, zunächst die Rechte Dritter zu beseitigen.

22 **c)** Der Vermieter muß dem Mieter die besondere Verwendungsabsicht **bei Vertragsschluß schriftlich mitgeteilt** haben. Bei Änderung eines bestehenden Vertrags ist dieser Zeitpunkt maßgebend. Da Zweifel über ein subjektives Moment ausgeschlossen werden sollen, ist inhaltlich eine hinreichende Konkretisierung erforderlich. Hieran sind jedoch nicht die gleichen Anforderungen zu stellen wie im

Rahmen einer Kündigung nach § 564 b (dort Rz 81). Da es bei der Mitteilung im Zeitpunkt des Vertragsabschlusses nicht um eine unmittelbare Rechtsverteidigung des Mieters geht, sondern um eine Eigenbindung des Vermieters, genügt eine hinreichende Bestimmbarkeit. Der Vermieter kann zB hinsichtlich der Person, der er den Wohnraum überlassen will, mehrere Möglichkeiten offenlassen, sofern nur alle benannten Personen zu dem begünstigten Kreis gehören. Eine namentliche Benennung wird nicht vorausgesetzt. Die Angabe einer bestimmten Personengruppe genügt. Ebensowenig brauchen bereits konkrete Baupläne für eine bauliche Änderung vorzuliegen. Vage und schlagwortartige Angaben sind unzureichend.

Für die Mitteilung ist *Schriftform* vorgeschrieben (§ 126). Sie muß bei Vertragsab- 23
schluß vorliegen. Dies bedeutet nicht, daß sie in den Mietvertrag aufgenommen werden muß. Ein gesondertes Schreiben neben dem uU auch formlosen Mietvertrag reicht aus. Ein späterer Zugang erfüllt die Voraussetzung nicht. In Anbetracht des häufig nicht genau fixierbaren Zeitpunktes für das Zustandekommen des Vertrags sollten die Anforderungen nicht überspannt werden. Sofern der Vermieter seine Absicht nicht schon zeitlich vor dem Vertragsabschluß mitgeteilt hat, reicht ein unmittelbarer zeitlicher Zusammenhang aus.

**d)** Der Vermieter muß dem Mieter drei Monate vor Ablauf der Mietzeit schriftlich 24
mitgeteilt haben, daß die **Verwendungsabsicht noch besteht** (§ 126). Auch hierdurch sollen Zweifel ausgeschlossen werden. Entscheidend ist, daß die früher mitgeteilte Verwendungsabsicht in diesem späteren Zeitpunkt noch vorliegt. Ein Wechsel zu einer früher nicht genannten Verwendungsabsicht kommt nicht in Betracht. Im Falle einer zwischenzeitlichen Veräußerung kann die Absicht von Baumaßnahmen vom Erwerber übernommen werden (Barthelmess § 564 c Rz 67). Die Absicht der Eigennutzung scheidet hingegen grundsätzlich aus, wenn die Identität des begünstigten Personenkreises und dessen Stellung zum Vermieter bei einer Veräußerung nicht gewahrt bleiben (aM Barthelmess aaO). Für die Einhaltung der Frist ist der Zugang beim Mieter maßgebend.

### 3. Rechtsfolgen

**a)** Sofern die Voraussetzungen des Abs 2 im Zeitpunkt der Beendigung des 25
Mietverhältnisses erfüllt sind, kann der Mieter **keine Fortsetzung** des Mietverhältnisses nach Abs 1 verlangen. Gleichfalls ausgeschlossen wird der Anspruch auf Fortsetzung aus § 556 b. Für den Vermieter soll über den Zeitpunkt der Beendigung des Mietverhältnisses keine Unsicherheit entstehen, so daß er Wohnraum auch nicht im Hinblick auf die Sozialklausel leerstehen läßt. Aus den gleichen Gründen ist die Gewährung einer Räumungsfrist nach den §§ 721 Abs 7, 794 a Abs 5 ZPO ausgeschlossen. Unberührt bleibt die Möglichkeit, die Räumung aufgrund der vollstreckungsrechtlichen Härteklausel des § 765 a ZPO hinauszuschieben.

**b)** Liegen die Voraussetzungen des Abs 2 bei Beendigung des Mietverhältnisses 26
nicht vor, kann der Mieter die **Fortsetzung** auf unbestimmte Zeit nach Abs 1 verlangen. Dies gilt auch, wenn die besondere Verwendungsabsicht des Vermieters in diesem Zeitpunkt nicht mehr besteht. Der Vermieter kann das nach Abs 1

auf unbestimmte Zeit fortgesetzte Mietverhältnis nur noch unter den Voraussetzungen des § 564 b beenden.

#### 4. Sonderregelung bei schuldloser Verzögerung der beabsichtigten Verwendung

27 **a)** Wenn sich die vom Vermieter beabsichtigte Verwendung der Räume ohne sein Verschulden verzögert, greift nach Abs 2 S 2 HS 1 eine Sonderregelung ein. Verschuldensmaßstab ist § 276. Ein Verschulden des Vermieters ist nicht gegeben, wenn sich die beabsichtigte Verwendung aufgrund von Umständen verzögert, auf die er keinen Einfluß hat. Dies gilt zB, wenn aus unvorhersehbaren Gründen eine Baugenehmigung noch nicht erteilt oder eine beabsichtigte Eigennutzung noch nicht realisierbar ist. Der Mieter kann in diesem Fall nur eine Verlängerung des Mietverhältnisses um einen entsprechenden Zeitraum verlangen, dh auf **bestimmte Zeit**, die sich danach richtet, in welchem Zeitpunkt die Verwendungsabsicht des Vermieters voraussichtlich zu verwirklichen ist. Dies ist ggf zu schätzen. Hingegen ist nicht eine Verlängerung auf unbestimmte Zeit unter der auflösenden Bedingung einer Realisierung der Verwendungsabsicht gemeint, wie sich aus dem systematischen Zusammenhang sämtlicher Einzelregelungen des § 564 c ergibt.

28 **b)** Wenn die Dauer des Mietverhältnisses durch die Verlängerung fünf Jahre übersteigen würde, kann der Mieter die Fortsetzung auf **unbestimmte Zeit** nach Abs 1 verlangen (Abs 2 S 2 HS 2). Bei derart langfristigen Verzögerungen kommt dem Interesse des Mieters, Klarheit über seinen weiteren Verbleib in der Wohnung zu erlangen, größeres Gewicht zu als dem Interesse des Vermieters an der erleichterten Beendigung des Vertrags (Begr z Gesetzentw BT-Drucks 9/2079, 15).

29 **c)** Der Mieter muß auch in den Fällen des Abs 2 S 2 die in Abs 1 vorgeschriebene **Form und Frist** für sein Fortsetzungsverlangen einhalten. Zwar ist nur im zweiten Fall auf Abs 1 verwiesen. Der systematische Zusammenhang ergibt jedoch, daß dies auch im ersten Fall zu gelten hat. Eine Ausnahme vom Erfordernis der Frist ist nur dann zu machen, wenn die Verzögerung dem Mieter erst zu einem Zeitpunkt bekannt wird, in dem er die Frist nicht mehr wahren kann. Die Gegenansicht, die das Fortsetzungsverlangen grundsätzlich nicht an eine Frist binden will (Barthelmess § 564 c Rz 129 f; Palandt-Putzo § 564 c Anm 5 a), berücksichtigt nicht, daß diese Frist im Interesse des Vermieters besteht, rechtzeitig Klarheit über den Fortbestand des Mietverhältnisses zu gewinnen. Auf eine gesetzlich nicht vorgesehene Mitteilung der Verzögerung kann es dabei nicht ankommen.

30 **d)** Nach dem Prinzip, daß jede Partei die **Behauptungs- und Beweislast** für das Vorliegen aller Tatbestandsmerkmale der ihr günstigen Rechtsnormen trägt, muß der Mieter darlegen und beweisen, daß die Voraussetzungen für eine Verlängerung des Mietverhältnisses auf bestimmte bzw auf unbestimmte Zeit nach Abs 2 S 2 erfüllt sind. Dies ist allerdings nicht unproblematisch, da es sich weitgehend um Umstände aus dem Bereich des Vermieters handelt. Deshalb sind ggf wegen der größeren Sachnähe des Vermieters Ausnahmen zuzulassen.

### V. Unabdingbarkeit

31 Da die Verweisung des Abs 1 S 2 die Regelung des § 564 b in vollem Umfang erfaßt, gilt auch dessen Abs 6 (dort Rz 111 f). Eine zum Nachteil des Mieters von § 564 c abweichende Vereinbarung ist unwirksam. Unzulässig ist es deshalb, die gesetzlichen Bestimmungen zugunsten des Vermieters auszuschließen oder abzuändern. So können die in Abs 2 Nr 2 zugelassenen Verwendungsarten nicht vertraglich erweitert werden (LG Lübeck WuM 1988, 277). Der Schutz des Mieters kann auch nicht durch die Vereinbarung eines „Mietverhältnisses auf Probe" eingeschränkt werden (OLG Stuttgart NJW 1982, 2673 = 6 in RE Miet). Die Unwirksamkeit beschränkt sich auf die jeweilige Klausel und erfaßt grundsätzlich nicht den ganzen Mietvertrag (§ 556 a Rz 59). Zulässig sind dagegen abweichende Vereinbarungen zugunsten des Mieters. Das gleiche gilt für einen Mietaufhebungsvertrag (AG Frankfurt WuM 1985, 257 [LS]).

## § 565

**(1) Bei einem Mietverhältnis über Grundstücke, Räume oder im Schiffsregister eingetragene Schiffe ist die Kündigung zulässig,**

**1. wenn der Mietzins nach Tagen bemessen ist, an jedem Tag für den Ablauf des folgenden Tages;**

**2. wenn der Mietzins nach Wochen bemessen ist, spätestens am ersten Werktag einer Woche für den Ablauf des folgenden Sonnabends;**

**3. wenn der Mietzins nach Monaten oder längeren Zeitabschnitten bemessen ist, spätestens am dritten Werktag eines Kalendermonats für den Ablauf des übernächsten Monats, bei einem Mietverhältnis über Geschäftsräume, gewerblich genutzte unbebaute Grundstücke oder im Schiffsregister eingetragene Schiffe jedoch nur für den Ablauf eines Kalendervierteljahres.**

**(2) [1]Bei einem Mietverhältnis über Wohnraum ist die Kündigung spätestens am dritten Werktag eines Kalendermonats für den Ablauf des übernächsten Monats zulässig. [2]Nach fünf, acht und zehn Jahren seit der Überlassung des Wohnraums verlängert sich die Kündigungsfrist um jeweils drei Monate. [3]Eine Vereinbarung, nach welcher der Vermieter zur Kündigung unter Einhaltung einer kürzeren Frist berechtigt sein soll, ist nur wirksam, wenn der Wohnraum zu nur vorübergehendem Gebrauch vermietet ist. [4]Eine Vereinbarung, nach der die Kündigung nur für den Schluß bestimmter Kalendermonate zulässig sein soll, ist unwirksam.**

**(3) Ist Wohnraum, den der Vermieter ganz oder überwiegend mit Einrichtungsgegenständen auszustatten hat, Teil der vom Vermieter selbst bewohnten Wohnung, jedoch nicht zum dauernden Gebrauch für eine Familie überlassen, so ist die Kündigung zulässig,**

**1. wenn der Mietzins nach Tagen bemessen ist, an jedem Tag für den Ablauf des folgenden Tages;**

**2. wenn der Mietzins nach Wochen bemessen ist, spätestens am ersten Werktag einer Woche für den Ablauf des folgenden Sonnabends;**

**3. wenn der Mietzins nach Monaten oder längeren Zeitabschnitten bemessen ist, spätestens am Fünfzehnten eines Monats für den Ablauf dieses Monats.**

**(4) Bei einem Mietverhältnis über bewegliche Sachen ist die Kündigung zulässig,**

**1. wenn der Mietzins nach Tagen bemessen ist, an jedem Tag für den Ablauf des folgenden Tages;**

**2. wenn der Mietzins nach längeren Zeitabschnitten bemessen ist, spätestens am dritten Tag vor dem Tag, mit dessen Ablauf das Mietverhältnis endigen soll.**

**(5) Absatz 1 Nr. 3, Absatz 2 Satz 1, Absatz 3 Nr. 3, Absatz 4 Nr. 2 sind auch anzuwenden, wenn ein Mietverhältnis unter Einhaltung der gesetzlichen Frist vorzeitig gekündigt werden kann.**

**Schrifttum:** Bodié, Kündigungsfrist bei Wohnungswechsel innerhalb eines Hauses, WuM 1969,137; Derleder, Die Rechtsstellung der Wohnraummieter bei Vermögensverfall von Zwischenvermietern, ZIP 1988, 415; Eckstein, Zur Anwendung des AGB-Gesetzes auf kündbare Leasingverträge, BB 1986, 2144; Glaser, Das Kündigungsrecht des Wohnungsvermieters, ZMR 1978, 321; Häring, Fristen und Verjährung bei Immobilien, BlGBW 1979, 204; Kaufmann, Zur Überlassung von Wohnraum, ZMR 1964, 293; Korff, Zur Wirksamkeit der in einem Formularvertrag vereinbarten einjährigen Kündigungsfrist, ZMR 1985, 259; Michaelis, Die Kündigungsfristen gemäß § 565 n. F. bei Wohnungswechsel innerhalb eines Hauses, ZMR 1966, 198; Riebandt-Korfmacher, Verkauf „gemeinnütziger" Wohnungen auf dem Prüfstand – Schutz der Mieter, WuM 1986, 127; Sonnenschein, Kündigung, Ablauf der Mietzeit, Aufhebungsvertrag und sonstige Beendigungstatbestände des Mietverhältnisses, in: Partner im Gespräch, Bd 26 (1987), 45; Sternel, Die Beendigung des Wohnraummietverhältnisses, ZMR 1986, 181 u 1988, 201; Weimar, Die Kündigungsfristen bei Wohnungswechsel im selben Haus, WuM 1969, 36.

**Übersicht**



## I. Allgemeines

1 Die Vorschrift regelt die gesetzlichen Kündigungsfristen bei Mietverhältnissen und bezieht sich in Abs 2 S 3 und 4 hinsichtlich der Mietverhältnisse über Wohnraum auch auf vertraglich vereinbarte Kündigungsfristen. Sie differenziert im

einzelnen nach der Art des Mietgegenstandes und nach der Bemessung des Mietzinses. Der Zweck gesetzlicher Kündigungsfristen besteht allgemein darin, den Parteien zwischen dem Zugang der Kündigungserklärung und dem Ende des Mietverhältnisses eine angemessene Vorbereitungszeit einzuräumen, damit der Mieter die Mietsache zurückgeben und sich rechtzeitig Ersatz beschaffen kann, während dem Vermieter genügend Zeit bleibt, sich einen neuen Mieter zu suchen. Bei einem Mietverhältnis über Wohnraum verlängert sich die Kündigungsfrist mit der Dauer der Überlassung des Wohnraums, um dem Mieter, der mit seiner Wohnung besonders verwachsen ist, einen kurzfristigen Wechsel zu ersparen und ihm Gelegenheit zu geben, sich in Ruhe um eine andere Wohnung zu bemühen.

## II. Geltungsbereich der Vorschrift

Die Vorschrift gilt mit den gesetzlichen Kündigungsfristen primär für Mietverhält- 2
nisse, die auf unbestimmte Zeit eingegangen sind. Mietverhältnisse auf bestimmte Zeit werden nur erfaßt, wenn es sich um eine außerordentliche befristete Kündigung handelt oder wenn ein Vertrag mit Verlängerungsklausel Wohnraum betrifft (§ 565 a Abs 1). Das gleiche gilt für auflösend bedingte Mietverhältnisse über Wohnraum nach Eintritt der Bedingung (§ 565 a Abs 2). Auf Werkmietwohnungen des § 565 b und Werkdienstwohnungen des § 565 e ist die Vorschrift neben der Sonderregelung des § 565 c anwendbar. Sie gilt für Mieter und Vermieter in gleicher Weise (LG Mannheim WuM 1987, 395). Die zum Schutz des Mieters verlängerten Kündigungsfristen des Abs 2 S 2 können sich allerdings auch zu seinen Ungunsten auswirken, wenn er mangels abweichender Vereinbarungen an die bis zu einem Jahr reichenden Kündigungsfristen gebunden ist. Hiervon kann er sich nur nach § 242 lösen, wenn die Voraussetzungen für die Gestellung eines Ersatzmieters erfüllt sind (§§ 552 Rz 8 ff, 564 Rz 38 ff), wenn der Vermieter gehalten ist, dem Mieter eine kürzere Kündigungsfrist einzuräumen, falls dieser den mit einem Umbau verbundenen Beeinträchtigungen entgehen will (AG Dortmund WuM 1980, 246), wenn der Mieter gewichtige Gründe für eine Verkürzung der Frist geltend machen kann und dem Vermieter die sofortige Weitervermietung ohne weiteres möglich ist (LG Mannheim WuM 1987, 395) oder wenn der Vermieter dem Mieter nahegelegt hatte, sich eine andere Wohnung zu suchen (AG Bensheim WuM 1983, 235 [LS]). Tauscht der Mieter seine Wohnung gegen eine andere desselben Vermieters, ist idR davon auszugehen, daß eine Kündigungsfrist für das frühere Mietverhältnis nicht einzuhalten ist, sondern daß dieses vereinbarungsgemäß mit dem Bezug der neuen Wohnung endet (AG Kassel WuM 1983, 27 [LS]).

## III. Fristberechnung

**1.** Die einzelnen Kündigungsfristen sind nach den Auslegungsvorschriften der 3
§§ 187 ff zu berechnen (§ 186). In § 565 wird jeweils festgelegt, an welchem Tag gekündigt werden muß. Dies ist der **Kündigungstag**, an dem die Kündigungserklä-

rung durch Zugang beim Empfänger wirksam werden muß. Im Interesse der Rechtssicherheit ist entgegen einer früher vertretenen Auffassung (RG JW 1907, 705) an dem Grundsatz festzuhalten, daß eine Kündigungsfrist dem Gekündigten als Mindestfrist ungeschmälert erhalten bleiben muß und daß § 193 deshalb im Prinzip unanwendbar ist.[1] Die Kündigung kann sogleich mit dem rechtlichen Beginn des Mietverhältnisses vor dessen tatsächlichem Vollzug erklärt werden. Haben die Parteien für diesen Fall keine Abrede getroffen, beginnt die Frist mit dem Zugang der Kündigungserklärung (BGHZ 73, 350 = NJW 1979, 1288; vgl § 564 Rz 12).

4 **2.** Der **Kündigungstermin** ist der Tag, zu dem die Kündigung das Mietverhältnis beendet. Er ergibt sich aus den einzelnen Bestimmungen des § 565. Das Mietverhältnis endet mit Ablauf des Kündigungstermins. Unerheblich ist, ob dieser Tag auf einen Sonnabend, einen Sonn- oder Feiertag fällt. Das Mietverhältnis verlängert sich nicht nach § 193, da diese Vorschrift allein auf den Ablauf einer Frist nicht anwendbar ist (aM Erman-Schopp § 565 Rz 5, 18). Soweit für den Ablauf eines Monats gekündigt werden kann, ist damit der jeweilige Kalendermonat gemeint. Die Kündigungserklärung braucht nicht die Angabe eines bestimmten Kündigungstermins zu enthalten. Sie wird in diesem Fall zum nächstzulässigen Termin wirksam. Das gleiche gilt, wenn die für den angegebenen Termin einzuhaltende Kündigungsfrist versäumt ist, der Kündigende das Mietverhältnis aber auf jeden Fall beenden will und dieser Wille dem anderen Vertragsteil erkennbar ist (§ 564 Rz 12). Bei einer irrtümlich vorzeitigen Kündigung des Mieters kann für den Vermieter eine Hinweispflicht bestehen (LG Rottweil WuM 1989, 182). Der Vermieter kann sich auch mit einer nicht fristgemäßen Kündigung einverstanden erklären (AG Köln WuM 1986, 92 [LS]). Auch die Umdeutung in eine außerordentliche fristlose Kündigung kommt in Betracht (§ 564 Rz 33 ff). Gibt der Mieter die Mietsache schon vor dem Kündigungstermin zurück, bleibt die Verpflichtung, bis zum Ende der Mietzeit den Mietzins zu entrichten, grundsätzlich unberührt (AG Wuppertal DWW 1988, 84; aM AG Dortmund WuM 1988, 300; vgl § 564 Rz 30).

5 **3.** Zwischen dem Kündigungstag und dem Kündigungstermin liegt die **Kündigungsfrist**.

### IV. Kündigungsfristen bei Mietverhältnissen über Grundstücke, Räume und eingetragene Schiffe (Abs 1)

6 **1.** Die Kündigungsfrist bei Mietverhältnissen über Grundstücke, Räume außer Wohnraum sowie im Schiffsregister eingetragene Schiffe richtet sich danach, für welche Zeitabschnitte der Mietzins nach dem Vertrag bemessen ist. Die Regelung

[1] Vgl BAG NJW 1970, 1470; BGHZ 59, 265, 267 f = NJW 1972, 2083; Palandt-Putzo § 565 Anm 1 f; Sternel Rz IV 51; s aber BGH NJW 1975, 40 zum Mietvertrag mit Verlängerungsklausel; vgl Mietrecht § 565 Rz 9 ff.

gilt nur für Mietverträge, die eine der genannten Mietsachen zum **Gegenstand** haben.

**a)** Ein **Grundstück** iS des BGB ist ein abgegrenzter Teil der Erdoberfläche, der im **7**
Grundbuch als „Grundstück" geführt wird. Unter Abs 1 fällt auch die Vermietung von Teilen eines Grundstücks. Dies gilt zum einen, wenn die vermietete Grundstücksfläche hinter der grundbuch- und katastermäßig ausgewiesenen Größe des Grundstücks zurückbleibt. Hierzu rechnet die Vermietung des Grund und Bodens sowie eines Verkaufs- oder Ausstellungsstandes auf einem Platz oder in einer Halle. Zum anderen liegt Grundstücksmiete vor, wenn Teile eines Gebäudes wie Schaufenster oder Ausstellungskästen sowie Wandflächen für Reklamezwecke oder zur Anbringung von Automaten vermietet werden und diese Teile nicht unter den Begriff des Raumes fallen.

**b)** Ein **Raum** ist ein allseits umschlossener Teil eines festen Gebäudes, der so groß **8**
ist, daß sich ein Mensch darin aufhalten kann. Unter den Begriff fallen alle unbeweglichen, mit dem Erdboden fest verbundenen Bauwerke, die zum Aufenthalt von Menschen bestimmt und geeignet sind. Die Vermietung von Räumen in beweglichen Sachen wie Wohnwagen, Gerätewagen, Eisenbahnwagen oder Schiffen, ausgenommen die eingetragenen Schiffe, fällt unter Abs 4. Für die Vermietung von Wohnraum als Sonderfall der Raummiete gelten die Abs 2 und 3.

**aa)** Ein **Mietverhältnis über Räume** iS des Abs 1 liegt vor, wenn ein ganzes **9**
Gebäude oder Innenräume von Gebäuden zu anderen als Wohnzwecken vermietet sind. Hierzu gehören Räume, die geschäftlichen Zwecken dienen wie Fabrikgebäude, Häuser mit Läden und Büros, Gaststätten und Lagerräume. Auch Räume, die zu sonstigen Zwecken vermietet werden, wie Garagen (LG Mannheim WuM 1974, 73; AG Gronau WuM 1974, 178), Sporthallen und Vortragssäle fallen unter diese Vorschrift.

**bb)** Für die Kündigung eines **Mischmietverhältnisses**, bei dem Wohnräume und **10**
Geschäftsräume zusammen vermietet werden, kommt es darauf an, ob die Verträge nur äußerlich verbunden sind. Lassen sie sich ohne weiteres trennen, sind für jeden Vertrag die für ihn geltenden Vorschriften maßgebend, für den Vertrag über Geschäftsräume also Abs 1. Handelt es sich um einen einheitlichen Vertrag, ist entscheidend, welcher Vertragsteil nach dem Parteiwillen im Vordergrund steht. Hierfür sind Mietwert und Größe der Räume maßgebend. Überwiegt der geschäftliche Raumanteil, liegt ein einheitlicher Mietvertrag über Geschäftsräume vor. Die Kündigungsfrist richtet sich nach Abs 1 (LG Mannheim MDR 1966, 419; LG Wiesbaden WuM 1964, 169; LG Berlin MDR 1981, 407 [LS]).

**c)** Der Kündigungsregelung des Abs 1 unterliegen im Schiffsregister **eingetragene** **11**
**Schiffe**. Die Kündigung von nicht eingetragenen Schiffen richtet sich nach Abs 4.

**2.** Im einzelnen hängen die **Kündigungsfristen** des Abs 1 davon ab, für welche **12**
Zeitabschnitte der Mietzins nach den Vereinbarungen der Parteien bemessen ist. In der Bemessung des Mietzinses bringen die Parteien zum Ausdruck, für welchen Zeitraum der vereinbarte Betrag das Entgelt für die Überlassung der Mietsache darstellen soll. Die Bemessung ist nicht mit der Zahlungsweise identisch (§ 551 Abs 2). Für die Kündigungsfrist ist nur die Bemessung des Mietzinses entschei-

dend (RGZ 64, 270). Mangels abweichender Vereinbarungen entspricht die Zahlungsweise jedoch idR der Bemessung.

13 **a)** Im einzelnen ergibt sich aus Abs 1, daß bei der Bemessung des Mietzinses **nach Tagen** an jedem Tag für den Ablauf des folgenden Tages gekündigt werden kann (Nr 1). Die Kündigungsfrist beträgt also mindestens 24 Stunden.

14 **b)** Ist der Mietzins **nach Wochen** bemessen, kann spätestens am ersten Werktag einer Woche für den Ablauf des folgenden Sonnabends gekündigt werden (Nr 2). Die Kündigung muß also spätestens am Montag wirksam werden. Damit beträgt die Kündigungsfrist idR 5 Tage. Fällt der Montag auf einen am Erklärungsort staatlich anerkannten allgemeinen Feiertag, ist erst der Dienstag der erste Werktag der Woche. Das Gesetz selbst verkürzt die Kündigungsfrist.

15 **c)** Ist der Mietzins **nach Monaten oder längeren Zeitabschnitten** bemessen, muß die Kündigung spätestens am dritten Werktag eines Kalendermonats für den Ablauf des übernächsten Monats wirksam werden (Nr 3 HS 1). Die Kündigungsfrist beträgt damit idR drei Monate, abzüglich der Karenzzeit von drei Werktagen. Für die Karenzzeit werden Sonnabend (LG Berlin GrundE 1989, 509), Sonntag und ein am Erklärungsort staatlich anerkannter allgemeiner Feiertag nicht mitgezählt. Da das Gesetz ausdrücklich auf den dritten Werktag abstellt, verkürzt es selbst die Kündigungsfrist.

16 Für Mietverhältnisse über *Geschäftsräume, gewerblich genutzte unbebaute Grundstücke oder im Schiffsregister eingetragene Schiffe* muß bei der Bemessung des Mietzinses nach Monaten oder längeren Zeitabschnitten spätestens am dritten Werktag eines Kalendermonats gekündigt werden, die Kündigung kann aber nur für den Ablauf eines Kalendervierteljahres erklärt werden (Nr 3 HS 2). Der Begriff des Geschäftsraums wird fast allgemein als Gegensatz zum Wohnraum verstanden. Die Vorschriften über die Geschäftsraummiete werden nicht dadurch unanwendbar, daß der Mieter die Räume abredewidrig zu Wohnzwecken nutzt. Als gewerbliche Nutzung sind alle Tätigkeiten zu verstehen, die auf Erwerb gerichtet sind, ohne daß der Gewerbebegriff anderer Gesetze oder die Absicht der Gewinnerzielung entscheidend sind.

17 **d)** Die Kündigungsvorschriften des Abs 1 sind **abdingbar**. Die Parteien können längere oder kürzere Fristen vereinbaren. Bei Formularmietverträgen ist § 11 Nr 12 c) AGBG zu beachten (STAUDINGER-SCHLOSSER AGBG § 11 Nr 12 Rz 21 ff; SCHEFFLER MDR 1982, 20). Behält sich der Verwender in einem langfristig abgeschlossenen Mietvertrag über gewerbliche Räume einseitig das Recht vor, den Vertrag mit halbjähriger Frist zum Schluß eines jeden Kalendervierteljahres zu kündigen, so liegt darin eine nach § 9 AGBG unangemessene Benachteiligung des anderen Vertragsteils (OLG Hamm ZMR 1988, 386).

### V. Kündigungsfristen bei Mietverhältnissen über Wohnraum (Abs 2 und 3)

#### 1. Regelfall des Mietverhältnisses über Wohnraum (Abs 2)

18 **a)** Bei einem **Mietverhältnis über Wohnraum** (Vorbem 12 zu §§ 535, 536; § 556 a Rz 3) ist die Kündigung nach Abs 2 S 1 spätestens am dritten Werktag eines

Kalendermonats für den Ablauf des übernächsten Monats zulässig. Dieser Vorschrift unterliegen auch Mischmietverhältnisse, sofern der Wohnraumanteil überwiegt oder dem Anteil der Geschäftsräume gleichwertig ist. Ein Wohnraummietverhältnis wird nicht dadurch dem Anwendungsbereich des Abs 2 entzogen, daß der Mieter die Räume abredewidrig zu anderen Zwecken nutzt. Bei Werkmietwohnungen kann die ordentliche Kündigung anstelle des § 565 Abs 2 auf § 565 c gestützt werden.

**b)** Die **Kündigungsfrist** beträgt nach Abs 2 S 1 idR drei Monate, abzüglich der 19
Karenzzeit von drei Werktagen. Sonnabend, Sonntag und ein am Erklärungsort staatlich anerkannter allgemeiner Feiertag werden für die Karenzzeit nicht mitgezählt.

**c)** Eine **Verlängerung der Kündigungsfrist** um jeweils drei Monate tritt nach Abs 2 20
S 2 ein, wenn bestimmte Zeiten seit der Überlassung des Wohnraums verstrichen sind. Nach fünfjähriger Dauer verlängert sich die Kündigungsfrist von drei auf sechs Monate, nach achtjähriger Dauer auf neun Monate und nach zehnjähriger Dauer auf maximal zwölf Monate. Hiervon ist jeweils die Karenzzeit von drei Werktagen abzuziehen. Hat der Vermieter gekündigt und besteht auf seiner Seite kein berechtigtes Interesse an der Ausschöpfung der langen Kündigungsfrist, so kann nach § 242 eine Abkürzung der Frist geboten sein, wenn der Mieter hierfür gewichtige Gründe geltend machen kann und dem Vermieter die sofortige Weitervermietung ohne weiteres möglich und zumutbar ist (LG Mannheim WuM 1987, 395).

**aa)** Eine **Überlassung** liegt vor, wenn der Mieter in die Lage versetzt ist, den 21
Wohnraum vertragsgemäß in Gebrauch zu nehmen. Dies fällt idR mit der Besitzverschaffung zusammen (BGHZ 65, 137 = NJW 1976, 105; §§ 535, 536 Rz 6). Wird zunächst der Mietvertrag abgeschlossen und erlangt der Mieter dabei die tatsächliche Gewalt über die Wohnung, ist sie ihm überlassen, ohne daß es darauf ankommt, wann er die Wohnung bezieht. Ist der Wohnraum schon vor Abschluß des Mietvertrags überlassen worden, ist dieser frühere Zeitpunkt maßgebend. Dabei ist unerheblich, auf welchem Rechtsgrund die Besitzübertragung zunächst beruhte (LG Bielefeld ZMR 1965, 274; aM AG Dortmund MDR 1964, 923).

**bb)** Der Besitz muß **freiwillig** übertragen worden sein. Eine eigenmächtige Besitz- 22
ergreifung durch den Mieter ist unzureichend. Nicht anzurechnen ist eine Besitzzeit, die wie bei der Einweisung Obdachloser durch eine Behörde auf öffentlich-rechtlichen Vorschriften beruht (aM Sternel Rz IV 54).

**cc)** Fraglich ist im einzelnen, wie sich eine **Änderung der rechtlichen oder** 23
**tatsächlichen Verhältnisse**, die für die Überlassung des Wohnraums maßgebend sind, auswirkt.

**α)** Dies gilt zunächst für **Vertragsänderungen** im weitesten Sinne. Da es für den Zeitpunkt der Überlassung des Wohnraums nicht auf den Abschluß des Mietvertrags ankommt, ist es für die Berechnung des Überlassungszeitraums unerheblich, wenn die Parteien nach Ablauf bestimmter Zeitabschnitte unter Aufhebung des bisherigen Vertrags einen neuen Mietvertrag abschließen (LG Düsseldorf WuM 1973, 189; LG Stade DWW 1987, 233). Unmaßgeblich ist es auch, wenn der ursprüngliche Mietvertrag inhaltlich geändert wird. Das gleiche gilt, wenn sich das

Mietverhältnis nach § 568 durch Fortsetzung des Gebrauchs, aufgrund einer vertraglichen Verlängerungsklausel, einer Vereinbarung der Parteien nach Beendigung durch Zeitablauf oder Kündigung sowie nach Eintritt einer auflösenden Bedingung auf unbestimmte Zeit verlängert.

24 **β)** Ein **Parteiwechsel** berührt den Bestand des Mietverhältnisses grundsätzlich nicht. Auf dieser Grundlage kann einem neuen Mieter bei Eintritt in einen bestehenden Mietvertrag die Besitzzeit seines Vorgängers angerechnet werden, wenn die Identität des Mietverhältnisses gewahrt bleibt, also Rechtsnachfolge auf seiten des Mieters vorliegt (BGB-RGRK-GELHAAR § 565 Rz 8; aM MünchKomm-VOELSKOW § 565 Rz 14). Deshalb ist auch die Zeit, in der der Mieter aufgrund eines Mietvertrags seines früheren Ehegatten die Wohnung berechtigt bewohnt hat, mit zu berücksichtigen (OLG Stuttgart NJW 1984, 875 = 8 in RE Miet). Scheidet ein Mitmieter aus dem Mietverhältnis aus, ist dies für die Wohndauer des verbliebenen Mieters unerheblich (AG Melsungen WuM 1987, 273 [LS]). In gleicher Weise wird die Dauer der Überlassung nicht durch einen Vermieterwechsel beeinträchtigt (AG Oberhausen WuM 1965, 186; RIEBANDT-KORFMACHER WuM 1986, 127, 131).

25 **γ)** Eine **Unterbrechung der Besitzzeit** ist unschädlich, wenn es sich nur um eine vorübergehende Besitzaufgabe handelt, das Mietverhältnis aber im übrigen fortbesteht. Dies gilt etwa, wenn ein Student den Wohnraum während der Semesterferien vollständig räumt und ihn dem Vermieter für diese Zeit zu anderweitiger Nutzung überläßt.

26 **δ)** Nach hM wird einem Mieter nicht die Besitzzeit angerechnet, die er vor Begründung eines Hauptmietverhältnisses als **Untermieter** in der Wohnung verbracht hat (LG Bielefeld ZMR 1965, 274; LG Düsseldorf MDR 1969, 763). Dies steht jedoch nicht im Einklang mit dem auch von Vertretern der hM gebilligten Ansatz, daß nicht der Abschluß des Mietvertrags entscheidend ist, sondern die tatsächliche Überlassung des Wohnraums. Hinzu kommt, daß ein Wechsel auf seiten des Eigentümers bzw Vermieters nach allgemeiner Auffassung unschädlich ist. Für die Realisierung des Zwecks der Vorschrift, dem durch langen Aufenthalt mit seiner Wohnung besonders verwachsenen Mieter einen kurzfristigen Wechsel zu ersparen, macht es keinen Unterschied, ob der Besitz von einem früheren Eigentümer oder Vermieter als Rechtsvorgänger des jetzigen Vermieters oder im Rahmen eines Untermietverhältnisses vom Hauptmieter übertragen worden ist. Der entscheidende Umstand liegt darin, daß der Vermieter mit dem früheren Untermieter den nunmehr zu kündigenden Mietvertrag abgeschlossen hat und deshalb schon in diesem Zeitpunkt die Dauer der Überlassung kennt. Aus diesen Gründen ist mit der Mindermeinung die Besitzzeit als Untermieter anzurechnen, soweit eine Identität des Wohnraums gewahrt ist (AG Hagen WuM 1969, 167; BODIÉ WuM 1965, 37, 38; STERNEL Rz IV 54; WEIMAR WuM 1969, 36; vgl BGH WuM 1989, 140 zu § 571). Nach der neueren Rspr handelt es sich nicht um ein Mietverhältnis über Wohnraum, wenn Behörden oder Unternehmen Wohnräume mieten, um sie ihren Arbeitnehmern zu überlassen (§ 556a Rz 4, § 564b Rz 4). Die Verlängerung der Kündigungsfrist kommt dem Wohnungsinhaber deshalb nur zugute, wenn dieser Schutz auch einem Untermieter zugestanden wird.

27 **ε)** Bei einem **Wohnungswechsel innerhalb des Hauses** ist streitig, ob sich die

Dauer der Überlassung an den Mieter nach der Besitzzeit der letzten, zu kündigenden Wohnung richtet (LG Aachen WuM 1971, 60; LG Düsseldorf MDR 1969, 397) oder ob die gesamte Mietzeit in dem Haus unabhängig von der jeweiligen Wohnung maßgebend ist (LG Bonn WuM 1987, 322; LG Kaiserslautern WuM 1970, 135; LG Mannheim WuM 1976, 207; AG Bochum WuM 1987, 56; AG Offenbach WuM 1987, 322; Sternel Rz IV 55). Nach dem Wortlaut der Vorschrift kommt es auf die Überlassung „des" Wohnraums an. Damit kann nur der zu kündigende Wohnraum gemeint sein. Um das rechtspolitisch erwünschte Ergebnis einer Anrechnung früherer Wohnzeiten zu erzielen, liegt es nahe, auf eine ergänzende Vertragsauslegung abzustellen. Jeder Wohnungswechsel des Mieters ist mit einer Änderung oder einem Neuabschluß des Mietvertrags verbunden. Bei Identität des Vermieters ist es deshalb angebracht, die Anrechnung früherer Wohnzeiten als vertraglich vereinbart anzusehen.

**dd)** Für die **Berechnung des Überlassungszeitraums** ist die Zeit zwischen der 28
Überlassung des Wohnraums und dem Zugang der Kündigungserklärung maßgebend, nicht aber der Kündigungstermin, zu dem das Mietverhältnis beendet werden soll (LG Koblenz Glaser ES 1 Nr 539; AG Hamburg-Harburg MDR 1970, 240; Sternel ZMR 1986, 181; aM AG Lüdinghausen WuM 1985, 267 [LS]). Dies ergibt sich aus der Formulierung des Gesetzes, daß sich die Kündigungsfrist erst dann verlängert, wenn „seit" der Überlassung ein bestimmter Zeitraum verstrichen ist. Eine bereits laufende Kündigungsfrist wird nicht verlängert, weil sich die Rechtsfolgen einer Kündigung danach richten, welche Vorschriften im Zeitpunkt ihres Wirksamwerdens maßgebend sind.

### 2. Mietverhältnis über möblierten Wohnraum in der Wohnung des Vermieters (Abs 3)

**a)** Die Sonderregelung des Abs 3 erfaßt nur Mietverhältnisse über möblierten 29
Wohnraum, schränkt diesen **Anwendungsbereich** aber durch bestimmte Voraussetzungen weiter ein.

**aa)** Zwischen den Parteien muß ein **Mietverhältnis über Wohnraum** bestehen 30
(Vorbem 12 zu §§ 535, 536), aus dem sich für den Vermieter die Verpflichtung ergibt, den Wohnraum ganz oder überwiegend mit Einrichtungsgegenständen auszustatten.

**α)** Die **Verpflichtung** muß sich aus dem Mietvertrag ergeben. Sie kann von Anfang an bestehen oder durch Vertragsänderung später begründet werden. Maßgebend für die Geltung des Abs 3 ist der Zeitpunkt der Kündigungserklärung. Dabei ist unerheblich, ob der Vermieter seine Verpflichtung erfüllt hat. Haben die Parteien die ursprünglich begründete Ausstattungsverpflichtung später im Wege der Vertragsänderung aufgehoben, greifen die Kündigungsvorschriften des Abs 2 ein.

**β)** Für den **Umfang der Möblierung** ist die vertragliche Vereinbarung maßgebend. 31
Ganz auszustatten ist der Wohnraum, wenn sämtliche Einrichtungsgegenstände, die der Mieter für eine normale Lebensführung benötigt, vom Vermieter zu stellen sind. Überwiegend auszustatten ist der Wohnraum, wenn der Vermieter nach Zahl und wirtschaftlicher Bedeutung mehr als die Hälfte der bei voller

Möblierung benötigten Einrichtungsgegenstände zu stellen hat. Hierzu gehören die für eine normale Ausstattung erforderlichen Möbel sowie Herd, Spüle, Beleuchtungskörper, Teppiche, Bettzeug und Bilder. Auch fest eingebaute Gegenstände wie sanitäre Einrichtungen und Einbaumöbel sind zu berücksichtigen. Da es nur auf die Verpflichtung ankommt, ist es unerheblich, ob die tatsächlich zur Verfügung gestellten Gegenstände mangelhaft sind (aM Schmidt-Futterer-Blank C 555). Die Miete eines Leerzimmers fällt nicht deshalb unter die Vorschrift, weil der Mieter ein möbliertes Zimmer mitbenutzen darf (AG Münster WuM 1987, 323).

32 **bb)** Der Wohnraum muß **Teil der vom Vermieter selbst bewohnten Wohnung** sein. Es muß ein räumlicher oder wirtschaftlich-funktionaler Zusammenhang bestehen (AG Halle WuM 1983, 144). Dies ist der Fall, wenn dem Mieter ein einzelner Raum innerhalb der abgeschlossenen Wohnung des Vermieters überlassen wird. Dabei macht es keinen Unterschied, ob es sich um eine Etagenwohnung oder um ein Einfamilienhaus handelt. Erfaßt werden auch Mansarden, Souterrainräume oder vom Treppenhaus separat zugängliche Räume, die außerhalb der abgeschlossenen Wohnung des Vermieters liegen, aber mit dessen Wohnbereich wegen der gemeinschaftlichen Benutzung von Küche, Bad oder Toilette einen räumlichen Zusammenhang aufweisen, oder die im Bereich der Wirtschaftsräume des Vermieters liegen (AG Tübingen WuM 1988, 59).

33 **cc)** Der Wohnraum darf **nicht zum dauernden Gebrauch für eine Familie überlassen** sein.

**α)** Das BGB enthält keine Begriffsbestimmung der **Familie**. Im allgemeinen wird darunter die Gesamtheit der durch Ehe, Verwandtschaft und Schwägerschaft verbundenen Personen verstanden (Roquette § 565 Rz 30; Schmidt-Futterer-Blank C 557). Auf den Grad der Verwandtschaft oder Schwägerschaft kommt es nicht an. Maßgebend ist vielmehr die darauf beruhende enge Beziehung der Personen, die darin zum Ausdruck kommt, daß der Wohnraum den Mittelpunkt der gemeinsamen Lebensführung bildet. Die nichteheliche Lebensgemeinschaft wird nicht erfaßt. Im übrigen ist es unerheblich, ob die Personen bereits vor der Begründung des zu kündigenden Mietverhältnisses zusammen gewohnt haben. Es kommt auch nicht darauf an, ob alle oder nur eine von ihnen Partei des Mietvertrags wird. Da der Wohnraum zum dauernden Gebrauch „für" eine Familie überlassen sein muß, ist ein subjektives Moment erforderlich, das ein entsprechendes Bewußtsein auf seiten des Überlassenden voraussetzt und in die vertragliche Vereinbarung eingeht. Nimmt der alleinstehende Mieter mit Zustimmung des Vermieters eine weitere Person, zB nach der Heirat die Ehefrau oder einen Verwandten, in die Wohnung auf, ist der Wohnraum nunmehr an eine Familie überlassen. Eine solche Überlassung setzt jedoch voraus, daß der Vermieter im Wege der Vertragsänderung zustimmt und damit der Familie den Besitz einräumt. Hat der Vermieter den Wohnraum an Personen überlassen, die nicht verwandt sind und heiraten diese später, ist der Wohnraum erst dann zum dauernden Gebrauch für eine Familie überlassen, wenn die Parteien den Mietvertrag entsprechend ändern. Dies ist stillschweigend möglich.

34 **β)** In gleicher Weise muß die Miete des Wohnraums **zum dauernden Gebrauch** Inhalt des Vertrags geworden sein. Dauernder Gebrauch steht im Gegensatz zum

vorübergehenden Gebrauch. Für die Abgrenzung ist der Vertragszweck maßgebend (§ 556 a Rz 54 ff).

**b)** Die **Kündigungsfristen** des Abs 3 richten sich nach der Bemessung des Mietzinses. Ist der Mietzins nach Tagen bemessen, ist die Kündigung an jedem Tag für den Ablauf des folgenden Tages zulässig (Nr 1). Ist der Mietzins nach Wochen bemessen, kann spätestens am ersten Werktag einer Woche für den Ablauf des folgenden Sonnabends gekündigt werden (Nr 2). Ist der Mietzins nach Monaten oder längeren Zeitabschnitten bemessen, ist die Kündigung spätestens am Fünfzehnten eines Monats für den Ablauf dieses Monats zulässig (Nr 3). **35**

### 3. Abweichende Vereinbarungen (Abs 2 S 3 und 4)

**a)** Nach Abs 2 S 3 ist eine Vereinbarung, die den Vermieter zur Kündigung unter Einhaltung einer kürzeren Frist berechtigen soll, nur wirksam, wenn der **Wohnraum zu nur vorübergehendem Gebrauch** vermietet ist. Dies richtet sich nach dem Vertragszweck (§ 556 a Rz 54 ff). Darüber hinaus können die Parteien die gesetzlichen Kündigungsfristen für Mietverhältnisse über möblierten Wohnraum iS des Abs 3 abkürzen oder beliebig anderweitig regeln, da diese Vorschrift kein Verbot abweichender Vereinbarungen enthält. **36**

**b)** Aus Abs 2 S 3 ergibt sich, daß die gesetzlichen Kündigungsfristen bei allen Mietverhältnissen über **Wohnraum zum dauernden Gebrauch** nicht durch Parteivereinbarung für eine Kündigung durch den Vermieter abgekürzt werden dürfen. Dabei macht es keinen Unterschied, ob es sich um möblierten oder unmöblierten Wohnraum handelt und ob der Wohnraum für eine Familie oder für Alleinstehende überlassen ist. Alle Mietverhältnisse, die unter Abs 2 und nicht unter Abs 3 fallen, unterliegen dieser Beschränkung. Die Unabdingbarkeit gilt sowohl für die regelmäßige Kündigungsfrist des Abs 2 S 1 als auch für die nach der Dauer der Überlassung verlängerten Fristen des S 2. **37**

Da die Unabdingbarkeit der gesetzlichen Fristen nur für eine Kündigung durch den Vermieter vorgeschrieben ist, können die Parteien für eine Kündigung durch den Mieter **kürzere Fristen** vereinbaren (LG Baden-Baden WuM 1988, 402; LG Berlin ZMR 1986, 55, 56; LG Wiesbaden WuM 1988, 59; AG Marburg ZMR 1979, 46). Den Interessen des Mieters kommt es entgegen, wenn von den nach der Dauer der Überlassung verlängerten Fristen des Abs 2 S 2 abgewichen wird. Die Vereinbarung kürzerer Kündigungsfristen für beide Parteien ist insoweit unwirksam, als sie den Vermieter gegenüber der gesetzlichen Regelung begünstigt. Für die Kündigung durch den Mieter kann sie dagegen grundsätzlich aufrechterhalten werden (LG Karlsruhe WuM 1988, 403; AG Köln WuM 1970, 82; aM Korff MDR 1965, 89, 90). Im Einzelfall richtet sich dies nach § 139 (LG Köln WuM 1988, 404). **38**

Durch die Unabdingbarkeit sollen **Mindestfristen** für die Kündigung durch den Vermieter festgelegt werden. Zulässig ist deshalb eine Vereinbarung, mit der die Kündigungsfrist für den Mieter, den Vermieter oder für beide Parteien gegenüber der gesetzlichen Regelung verlängert wird (OLG Nürnberg WuM 1967, 202; LG Berlin ZMR 1986, 55, 56; LG Düsseldorf WuM 1973, 189; LG Mannheim DWW 1975, 42). Dies kann formularmäßig vereinbart werden, ohne gegen § 9 Abs 2 Nr 1 **39**

AGBG zu verstoßen, da § 565 Abs 2 S 2 auch eine einjährige Kündigungsfrist als angemessen einstuft (Korff ZMR 1985, 259; aM AG Lübeck ZMR 1985, 164). Steht die Klausel an völlig untergeordneter Stelle des Formulars, wird sie nach § 3 AGBG nicht Vertragsbestandteil (AG Langenfeld WuM 1988, 88). Die Parteien können auch einen anderen Kündigungstag als den dritten Werktag eines Kalendermonats bestimmen, also etwa eine Kündigung spätestens am Ersten oder Fünfzehnten eines Monats, sofern dabei die gesetzlichen Mindestfristen eingehalten werden (Pergande NJW 1964, 1925, 1926). Ferner ist es zulässig, unter Einhaltung der Mindestfrist eine nach festen Zeitabschnitten bemessene Kündigungsfrist zu vereinbaren, für die der Tag der Kündigung nicht von vornherein durch einen bestimmten Tag der Woche oder des Monats festgelegt wird.

**40** **c)** Nach Abs 2 S 4 ist eine Vereinbarung, nach der die Kündigung nur für den **Schluß bestimmter Kalendermonate** zulässig sein soll, unwirksam (AG Marburg ZMR 1979, 46). Hiervon wird auch die Kündigung zum Schluß eines Quartals erfaßt (LG Karlsruhe WuM 1988, 403; LG Köln WuM 1988, 404). Diese Regelung betrifft sämtliche Mietverhältnisse über Wohnraum iS des Abs 2 S 1 und macht auch bei einer Überlassung zu nur vorübergehendem Gebrauch (Abs 2 S 3) keine Ausnahme. Mietverhältnisse über möblierten Wohnraum iS des Abs 3 werden nicht erfaßt. Unwirksam sind deshalb auch Verlängerungsklauseln, soweit sie eine Verlängerung auf bestimmte Zeit jeweils mit der Möglichkeit der Kündigung zum Schluß eines bestimmten Kalendermonats vorsehen, wie es bei der Verlängerung um ein Jahr der Fall ist (Blank WuM 1985, 274; Roquette § 565 Rz 40). Die Folge ist eine Verlängerung auf unbestimmte Zeit. Andere Termine schließt der Gesetzeswortlaut nicht aus, soweit hierdurch nicht die zwingenden Kündigungsfristen unter Verstoß gegen Abs 2 S 3 zu Lasten des Mieters verkürzt werden (Sternel Rz I 187). Dies ist bei Verlängerungsklauseln zu beachten. Insoweit ist wegen des Gesetzeszwecks, eine Zusammenballung von Kündigungen an bestimmten Terminen zu verhindern, auch eine entsprechende Anwendung des Abs 2 S 4 nicht angebracht. Ob die Unwirksamkeit die gesamte Klausel erfaßt oder ob die Regelung etwa hinsichtlich einer damit verbundenen Verkürzung der Kündigungsfrist als Begünstigung des Mieters aufrechterhalten bleibt, ist nach § 139 zu beurteilen (vgl LG Karlsruhe aaO; LG Köln aaO; Rz 38).

### VI. Kündigungsfristen bei Mietverhältnissen über bewegliche Sachen (Abs 4)

**41** Bei einem Mietverhältnis über bewegliche Sachen ist für die Kündigungsfrist die Bemessung des Mietzinses maßgebend. Zu den beweglichen Sachen gehören auch deren Innenräume und die nicht im Schiffsregister eingetragenen Schiffe. Ist der Mietzins nach Tagen bemessen, kann an jedem Tag für den Ablauf des folgenden Tages gekündigt werden (Nr 1). Die Kündigungsfrist beträgt in diesem Fall mindestens 24 Stunden. Bei der Bemessung des Mietzinses nach längeren Zeitabschnitten muß die Kündigung spätestens am dritten Tag vor dem Tag wirksam werden, mit dessen Ablauf das Mietverhältnis endigen soll (Nr 2). Die Kündigungsfrist beträgt damit mindestens drei Tage. In beiden Fällen ist § 193 für die Fristberechnung unanwendbar.

## VII. Kündigungsfristen bei Mischverträgen und Sonderformen

### 1. Allgemeines

Da die Miete die Grundform der entgeltlichen Überlassung einer Sache zum 42 Gebrauch bildet, enthalten viele Verträge mietrechtliche Elemente und können deshalb als Mischverträge und Sonderformen der Miete gekennzeichnet werden (Vorbem 18 ff, 47 ff zu §§ 535, 536). Haben die Parteien keine Vereinbarungen über die Fristen für eine ordentliche Kündigung getroffen, stellt sich die Frage, ob § 565 maßgebend ist. Generell entscheidend ist dabei, ob das mietvertragliche oder ein anderes Element überwiegt und ob sich die einzelnen Teile rechtlich trennen lassen. Ist es im Einzelfall nicht möglich, jede Leistung gesondert dem Recht des jeweiligen Vertragstyps zu unterstellen, was für die Kündigung idR auch die Beendigung der sonstigen Vertragsbeziehungen nach § 139 zur Folge hat, sind insgesamt diejenigen Vorschriften maßgebend, die für den rechtlichen oder wirtschaftlichen Schwerpunkt des Vertrags gelten (vgl BGHZ 2, 331, 333 = NJW 1951, 705). Vor allem wenn das mietrechtliche Element die Grundlage für die Ausübung aller weiteren Rechte aus dem Vertrag bildet, ist es angemessen, die Kündigungsvorschriften des Mietrechts einheitlich auf den ganzen Vertrag anzuwenden.

### 2. Einzelne Mischverträge

Wird ein *Zimmer mit Frühstück* vermietet, liegt das Schwergewicht auf dem 43 mietvertraglichen Element. Es handelt sich um ein Mietverhältnis über Wohnraum, dessen Kündigungsfrist sich jeweils nach der Art des Wohnraums und dem Zweck der Überlassung insgesamt nach Abs 2 oder 3 richtet. Der *Beherbergungsvertrag* zur Aufnahme in einer Pension oder einem Hotel ist in seinem wesentlichen Kern ein Mietvertrag über möblierten Wohnraum. Regelmäßig wird er auf bestimmte Zeit abgeschlossen. Ist dies nicht der Fall, wird im Wege der ergänzenden Vertragsauslegung die Vereinbarung kürzerer Kündigungsfristen anzunehmen sein, wie sie Abs 3 enthält. Dies ist nicht nur zugunsten des Mieters möglich, sondern wegen der Vermietung zu nur vorübergehendem Gebrauch auch für die Kündigung durch den Vermieter (Abs 2 S 3). *Wohnheimverträge* mit einem Alters-, Arbeiter- oder Studentenheim sind Mietverhältnisse über Wohnraum, deren Kündigung sich nach Abs 2 richtet, auch wenn andersartige Nebenleistungen erbracht werden. Insoweit stellt sich nur die Frage, ob es sich um Mietverträge auf vorübergehende Zeit handelt (Rz 36). Grundstücksmiete iS des Abs 1 ist gegeben, wenn auf einem *Campingplatz* eine Stellfläche vermietet wird und zusätzliche Dienstleistungen erbracht werden. *Tresor- oder Schrankfachverträge* mit Banken sind Mietverträge mit Verwahrungselementen. Soweit die Stahlschränke fest mit dem Grundstück verbunden sind, handelt es sich um die Miete von Grundstücksteilen, für die Abs 1 als Kündigungsregelung gilt. Der Vertrag über eine *Hausmeisterwohnung* ist Arbeits- oder Dienstvertrag iVm der Überlassung einer Werkmiet- oder Werkdienstwohnung (§§ 565 b–565 e).

### 3. Sonderformen

44 *Leasingverträge* finden sich in der Praxis in den unterschiedlichsten Formen. Sie können nach der jeweiligen Ausgestaltung Kauf, Miete oder ein Mischvertrag mit miet- und kaufrechtlichen Elementen sein (Vorbem 18 ff zu §§ 535, 536). Sind sie als reine Miete zu beurteilen oder überwiegen die mietrechtlichen Elemente, greifen die Kündigungsvorschriften des § 565 ein, die sich im einzelnen nach dem Gegenstand des Vertrags und der Bemessung der Vergütung richten (vgl LG Hamburg NJW-RR 1986, 473, 475). IdR wird die Kündigungsfrist von den Parteien vertraglich bestimmt (vgl Eckstein BB 1986, 2144). *Automatenaufstellverträge* werden als Sammelbegriff für die unterschiedlichsten Vertragsformen verwendet (Vorbem 47 f zu §§ 535, 536). Ein Mietvertrag über eine bewegliche Sache iS des Abs 4 liegt vor, wenn ein Automatenaufsteller einem Unternehmer Automaten überläßt, damit dieser Waren verkaufen oder sonstige Leistungen anbieten kann. Unerheblich ist, ob dem Mieter zugleich ein Kaufrecht eingeräumt ist. Wird einem Automatenaufsteller eine Wand- oder Bodenfläche an einem allgemein zugänglichen Ort vermietet, damit er selbst Waren oder Leistungen anbieten kann, handelt es sich um Grundstücksmiete iS des Abs 1 (von Olshausen-Schmidt, Automatenrecht [1972] B 45 f). Raummiete ist gegeben, wenn einem Automatenaufsteller ein ganzer Raum vermietet wird, in dem er eine Automatenspielhalle einrichten will (BGHZ 47, 202, 206 = NJW 1967, 1414, 1416). Für Automatenaufstellverträge, nach denen die Geräte in den Gewerbebetrieb eines anderen, der am Umsatz beteiligt ist, eingegliedert werden, läßt die heute hM die Kündigung ohne Rücksicht auf die im Einzelfall praktizierten Abrechnungszeiträume der Parteien in Anlehnung an Abs 1 Nr 3 nur bis zum dritten Werktag eines Monats für den Ablauf des übernächsten Monats zu (LG Köln NJW 1972, 2127; von Olshausen-Schmidt B 92; Raisch BB 1968, 526, 531).

## VIII. Außerordentliche befristete Kündigung (Abs 5)

45 **1.** In einer Reihe gesetzlich abschließend geregelter Fälle wird den Parteien das Recht eingeräumt, das Mietverhältnis vorzeitig unter Einhaltung der **gesetzlichen Frist** zu kündigen (§ 564 Rz 26 f). Mit der gesetzlichen Frist sind nicht sämtliche Fristen des § 565 Abs 1–4 gemeint. In Abs 5 wird dieser Begriff vielmehr unabhängig von der Bemessung des Mietzinses auf die jeweils längste Frist der vorangehenden Kündigungsregelungen beschränkt. Eine Ausnahme bildet nur das normale Mietverhältnis über Wohnraum, für das die kürzere Grundregel maßgebend ist. Dies gilt unabhängig davon, wie lange der Wohnraum überlassen ist, da Abs 5 nicht auf Abs 2 S 2 verweist (LG Aachen WuM 1989, 250; LG Köln WuM 1973, 255). In § 541 b Abs 2 S 2 und § 9 Abs 1 S 1 und 2 MHRG werden die Kündigungsfristen selbständig festgelegt.

**2.** Da die Regelungen des Abs 1 Nr 3, Abs 3 Nr 3 und Abs 4 Nr 2 nicht zwingend sind, können die Parteien die Fristen auch für den Fall der vorzeitigen Kündigung durch **abweichende Vereinbarungen** regeln. Voraussetzung ist, daß sich die Einhaltung der gesetzlichen Fristen nicht aus der zwingenden Natur der Vorschrift ergibt, auf die sich das außerordentliche Kündigungsrecht gründet. 46

## § 565 a

**(1) Ist ein Mietverhältnis über Wohnraum auf bestimmte Zeit eingegangen und ist vereinbart, daß es sich mangels Kündigung verlängert, so tritt die Verlängerung ein, wenn es nicht nach den Vorschriften des § 565 gekündigt wird.**
**(2) [1]Ist ein Mietverhältnis über Wohnraum unter einer auflösenden Bedingung geschlossen, so gilt es nach Eintritt der Bedingung als auf unbestimmte Zeit verlängert. [2]Kündigt der Vermieter nach Eintritt der Bedingung und verlangt der Mieter auf Grund des § 556 a die Fortsetzung des Mietverhältnisses, so sind zu seinen Gunsten nur Umstände zu berücksichtigen, die nach Abschluß des Mietvertrages eingetreten sind.**
**(3) Eine zum Nachteil des Mieters abweichende Vereinbarung ist nur wirksam, wenn der Wohnraum zu nur vorübergehendem Gebrauch vermietet ist oder es sich um ein Mietverhältnis der in § 565 Abs. 3 genannten Art handelt.**

**Schrifttum:** Gundlach, Zum befristeten Mietvertrag mit Verlängerungsklausel, ZMR 1977, 134; Lehmann, Rechtsgutachten über die entscheidende Vorschrift des sozialen Mietrechts, DWW 1960, 98; Roesch, Zum Rechtscharakter mit Verlängerungsklausel abgeschlossener befristeter Mietverträge, WuM 1977, 177; H Westermann, Leitsätze zu dem Rechtsgutachten über die vorgesehene Änderung des BGB durch Einfügung eines § 565 a, DWW 1960, 100.

**Übersicht**



### I. Allgemeines

Die Vorschrift stellt befristete Mietverhältnisse über Wohnraum mit Verlängerungsklausel und auflösend bedingte Mietverhältnisse über Wohnraum hinsichtlich der Beendigung den auf unbestimmte Zeit eingegangenen Mietverhältnissen gleich. Dadurch soll dem Mieter der Schutz des sozialen Mietrechts gegenüber einer derartigen Vertragsgestaltung erhalten bleiben. Dies hat zur Folge, daß neben den Kündigungsfristen des § 565 die Voraussetzungen der §§ 564 a, 564 b 1 erfüllt sein müssen und daß der Mieter nach § 556 a der Kündigung widersprechen und vom Vermieter die Fortsetzung des Mietverhältnisses verlangen kann.

## II. Geltungsbereich im allgemeinen

2 Es muß sich um ein Mietverhältnis über Wohnraum handeln (Vorbem 12 zu §§ 535, 536; § 556 a Rz 3). Unerheblich ist, ob der Wohnraum möbliert ist, ob er zu nur vorübergehendem Gebrauch vermietet ist oder ob ein Mietverhältnis der in § 565 Abs 3 genannten Art vorliegt. Diese Kriterien sind nur für die Frage entscheidend, ob die Parteien abweichende Vereinbarungen treffen können (Abs 3) und ob der Vertrag vom Geltungsbereich der einzelnen Schutzvorschriften erfaßt wird. Die Vorschrift gilt auch für Untermietverhältnisse. Bei Mischmietverhältnissen ist entscheidend, ob sie insgesamt als Wohnraummiete zu beurteilen sind (Vorbem 13 zu §§ 535, 536). Dauernutzungsverträge mit Wohnungsbaugenossenschaften gehören zu den Mietverhältnissen über Wohnraum. § 565 a ist ferner auf Werkmietwohnungen iS des § 565 b (AG Gelsenkirchen-Buer WuM 1973, 138) und unter den Voraussetzungen des § 565 e auf Werkdienstwohnungen anzuwenden. Die Vorschrift greift nicht ein, wenn die Nutzung des Wohnraums auf anderen Rechtsgrundlagen als einem Mietvertrag beruht.

## III. Befristetes Mietverhältnis über Wohnraum mit Verlängerungsklausel (Abs 1)

### 1. Voraussetzungen

3 **a)** Das Mietverhältnis über Wohnraum muß auf **bestimmte Zeit** eingegangen sein. Die Mietzeit ist bestimmt, wenn der Tag der Beendigung des Mietverhältnisses nach dem Vertrag von vornherein kalendermäßig bestimmt oder hinreichend bestimmbar ist (§ 556 b Rz 3).

4 **b)** Der Mietvertrag muß eine **Verlängerungsklausel** enthalten. Durch eine solche Klausel vereinbaren die Parteien, daß sich das Mietverhältnis auf bestimmte oder auf unbestimmte Zeit verlängert, wenn nicht ein Vertragsteil innerhalb einer bestimmten Frist vor Ablauf des Mietverhältnisses die weitere Fortsetzung ablehnt (§ 564 Rz 4). Es ist also eine besondere Erklärung erforderlich, um die Verlängerung zu verhindern. Hiervon zu unterscheiden ist die Vereinbarung eines Optionsrechts, das den Parteien gestattet, den Vertrag durch einseitige Erklärung zu verlängern (§ 564 Rz 3). Wird das Optionsrecht nicht ausgeübt, endet das Mietverhältnis nach § 564 Abs 1 durch Zeitablauf. Für die Anwendung des § 565 a ist kein Raum.

### 2. Rechtsfolgen

5 Als Rechtsfolge schreibt Abs 1 vor, daß die **Verlängerung des Mietverhältnisses** eintritt, wenn es nicht nach den Vorschriften des § 565 gekündigt wird.
**a)** Für welche **Dauer** sich das Mietverhältnis verlängert, hängt vom Inhalt der

Verlängerungsklausel ab. Ein befristetes Mietverhältnis kann auf unbestimmte Zeit verlängert werden, wenn die Parteien dies ausdrücklich vereinbaren oder wenn im Vertrag eine Verlängerung ohne konkrete Zeitangabe vorgesehen ist und sich auch im Wege der Auslegung kein anderer Parteiwille ermitteln läßt. Ein solches Mietverhältnis unterliegt in Zukunft allen Kündigungsvorschriften, die für unbefristete Mietverhältnisse gelten (LG Augsburg WuM 1966, 169). Sieht der Mietvertrag vor, daß sich das Mietverhältnis nach Ablauf der zunächst vorgesehenen Mietzeit einmalig um eine fest bestimmte Zeit verlängert, bleibt es befristet. Nach Ablauf dieser Frist endet es gem § 564 Abs 1, ohne daß es einer Kündigung bedarf. In diesem Fall sind die für befristete Mietverhältnisse maßgebenden Vorschriften anwendbar (§§ 564 c, 556 b; vgl zur mehrfachen Verlängerung um eine fest bestimmte Zeit AG Arnsberg DWW 1987, 80; AG Würzburg WuM 1978, 191; Mietrecht § 565 a Rz 8).

**b)** Die Verlängerung tritt nur ein, wenn das Mietverhältnis nicht nach den Vorschriften des § 565 **gekündigt** wird. Daraus folgt unabhängig von der rechtlichen Qualifizierung einer solchen Erklärung die unmittelbare Anwendbarkeit der einschlägigen mietrechtlichen Kündigungsvorschriften (LG Kaiserslautern ZMR 1986, 167; aM LG Kaiserslautern NJW 1975, 1325; LG Wuppertal NJW 1976, 2215). **6**

**aa)** Die Erklärung, mit der die Verlängerung des Mietverhältnisses abgelehnt wird, bedarf nach § 564 a Abs 1 S 1 der **schriftlichen Form**. Auch die übrigen Bestimmungen dieser Vorschrift sind anwendbar. **7**

**bb)** Der Vermieter kann die Verlängerung des Mietverhältnisses nur ablehnen, wenn ihm ein **Kündigungsgrund** iS des § 564 b zur Seite steht (§ 564 b Rz 8; LG Gießen NJW 1976, 1455, hierzu Gundlach ZMR 1977, 134). **8**

**cc)** Die Parteien müssen die **Kündigungsfristen** des § 565 einhalten, wenn sie erklären, das Mietverhältnis nicht fortsetzen zu wollen (LG Frankfurt WuM 1981, 10 m Anm Ronimi; AG Arnsberg DWW 1987, 80). Maßgebend sind jeweils nach der Art des Mietverhältnisses die Fristen des § 565 Abs 2 oder 3. Die Erklärung kann unter Wahrung der gesetzlichen Kündigungsfrist bereits vor Ablauf der vereinbarten Mietzeit abgegeben werden, damit der Vertrag zum frühestmöglichen Termin beendet wird (LG Mannheim WuM 1970, 11). Dabei macht es keinen Unterschied, ob die anstehende Verlängerung auf bestimmte oder auf unbestimmte Zeit eintreten soll. Dies ist nur für die Folgezeit von Bedeutung. Ein auf unbestimmte Zeit verlängertes Mietverhältnis kann nunmehr in den Grenzen des § 565 Abs 2 oder 3 beliebig zu jedem der dort vorgesehenen Kündigungstermine beendet werden. Verlängert sich das Mietverhältnis auf bestimmte Zeit, kann es nur zum Ablauf der jeweiligen Verlängerungsperiode gekündigt werden (AG Arnsberg aaO), falls es nicht ohnehin durch Zeitablauf nach § 564 Abs 1 endet. **9**

**dd)** Aus der Anwendbarkeit sämtlicher Kündigungsvorschriften folgt, daß der Mieter einer Erklärung des Vermieters, mit der die Verlängerung des Mietverhältnisses abgelehnt wird, widersprechen und die Fortsetzung aufgrund der **Sozialklausel** verlangen kann. Nach hM unterliegen Mietverträge mit Verlängerungsklausel unmittelbar § 556 a, so daß die Einschränkungen des § 556 b Abs 2 hin- **10**

sichtlich der Berücksichtigung bestimmter Härtegründe nicht gelten (§ 556 a Rz 2; § 556 b Rz 4).

### IV. Mietverhältnis über Wohnraum unter auflösender Bedingung (Abs 2)

#### 1. Voraussetzungen

11 Das Mietverhältnis über Wohnraum muß unter einer auflösenden Bedingung geschlossen sein. Bedingung ist eine rechtsgeschäftliche Bestimmung, durch die das Ende des Mietverhältnisses vom Eintritt eines zukünftigen, ungewissen Ereignisses abhängig gemacht wird. Die Parteien können Ereignisse beliebiger Art zum Gegenstand der Bedingung machen, auch wenn es von ihrem Willen abhängt, ob und wann die Bedingung eintritt. Dies gilt etwa, wenn das Mietverhältnis bei Auszug eines Mitmieters enden soll (LG Göttingen WuM 1989, 184), wenn der Mietvertrag über eine Werkwohnung vom Fortbestand des Arbeitsvertrags abhängt (LG Düsseldorf WuM 1985, 151) oder wenn der Nutzungsvertrag über eine Genossenschaftswohnung an die Mitgliedschaft in der Genossenschaft gebunden ist (LG Lübeck WuM 1970, 201; AG Hattingen ZGenW 1969, 179 m Anm Roquette). Ein Mietvertrag auf Lebenszeit einer Person ist nicht auflösend bedingt, sondern befristet, da der Tod ein zukünftiges gewisses Ereignis ist (§ 564 Rz 2 a; s aber AG Bruchsal WuM 1983, 142).

#### 2. Rechtsfolgen

12 **a)** Nach Eintritt der Bedingung gilt das Mietverhältnis als auf **unbestimmte Zeit** verlängert (Abs 2 S 1). Es handelt sich um eine gesetzliche Fiktion, die unabhängig vom Parteiwillen eintritt und deshalb keinen Anfechtungsgrund bei irrigen Vorstellungen der Parteien abgibt. Sie ist von Bedeutung bei auflösend bedingten Mietverhältnissen, die auf bestimmte oder auf unbestimmte Zeit eingegangen sind.

13 **b)** Die Verlängerung des Mietverhältnisses nach Eintritt der Bedingung hat zur Folge, daß es von den Parteien einseitig grundsätzlich nur noch durch **Kündigung** zu beenden ist.

**aa)** Hinsichtlich **Formzwang** (§ 564 a), **Kündigungsgrund** (§ 564 b) und **Kündigungsfrist** (§ 565) gilt das gleiche wie zum Mietverhältnis mit Verlängerungsklausel (Rz 7 ff).

14 **bb)** Der Mieter kann einer Kündigung des Vermieters aufgrund der **Sozialklausel** des § 556 a widersprechen und die Fortsetzung des Mietverhältnisses verlangen. Kündigt der Vermieter ein auf unbestimmte Zeit eingegangenes Mietverhältnis vor Eintritt der Bedingung, gelten für die Berücksichtigung der beiderseitigen Interessen im Rahmen des § 556 a keine Einschränkungen. Kündigt der Vermieter dagegen nach Eintritt der Bedingung, sind nach § 565 a Abs 2 S 2 im Rahmen der Interessenabwägung des § 556 a zugunsten des Mieters nur solche Umstände zu berücksichtigen, die nach Abschluß des Mietvertrags eingetreten sind (vgl § 556 b Rz 9). Im Schrifttum wird die Auffassung vertreten, daß die Einschränkung des

Abs 2 S 2 nur gelte, wenn der Vermieter unmittelbar nach Bedingungseintritt zum erstmöglichen Termin kündige (SCHMIDT-FUTTERER-BLANK B 878). Wie die Parallele zu § 556 b zeigt, entspricht es dem Zweck des Gesetzes, daß der Mieter bei Vereinbarung einer auflösenden Bedingung das zur Geschäftsgrundlage gewordene Interesse des Vermieters an der Rückgabe des Wohnraums grundsätzlich gegen sich gelten lassen muß. Dieses Interesse des Vermieters besteht jedoch, wenn und solange er einen Kündigungsgrund iS des § 564 b hat. Es kann daher auch erst später begründet sein, wenn ihm zur Zeit des Bedingungseintritts noch kein Grund für eine Beendigung zum nächsten Kündigungstermin zur Seite stand. Für die Frage, ob ein zugunsten des Mieters berücksichtigungsfähiger Umstand nach Abschluß des Mietvertrags entstanden ist, kommt es darauf an, wann der Vorgang begonnen hat, aus dem der Mieter die ungerechtfertigte Härte für eine Vertragsbeendigung herleitet (§ 564 b Rz 83 ff). Dabei ist zu beachten, daß ein vor Abschluß des Mietvertrags entstandener Umstand seinen Charakter durch das spätere Hinzutreten weiterer Umstände entscheidend verändern und in einer Gesamtbeurteilung dann als nachträglicher Umstand zu beurteilen sein kann.

### V. Unabdingbarkeit (Abs 3)

Eine von den Vorschriften des Abs 1 oder 2 zum Nachteil des Mieters abweichende Vereinbarung ist nach Abs 3 wirksam, wenn der Wohnraum zu nur vorübergehendem Gebrauch vermietet ist (§ 556 a Rz 54 ff) oder wenn es sich um ein Mietverhältnis der in § 565 Abs 3 genannten Art handelt (§ 565 Rz 29 ff). Im übrigen ist eine für den Mieter nachteilige Vereinbarung unwirksam. Dies gilt zB für die Klausel, daß das Mietverhältnis mit Eintritt der auflösenden Bedingung ohne weiteres beendet wird (LG Göttingen WuM 1989, 184) oder für die im Mietvertrag über eine Werkmietwohnung getroffene Abrede, das Mietverhältnis ende spätestens drei Monate nach Beendigung des Dienstverhältnisses (LG Düsseldorf WuM 1985, 151). 15

## § 565 b

**Ist Wohnraum mit Rücksicht auf das Bestehen eines Dienstverhältnisses vermietet, so gelten die besonderen Vorschriften der §§ 565 c und 565 d.**

## § 565 c

**[1]Ist das Mietverhältnis auf unbestimmte Zeit eingegangen, so ist nach Beendigung des Dienstverhältnisses eine Kündigung des Vermieters zulässig**

1. **spätestens am dritten Werktag eines Kalendermonats für den Ablauf des nächsten Monats, wenn der Wohnraum weniger als zehn Jahre überlassen war und für einen anderen zur Dienstleistung Verpflichteten dringend benötigt wird;**
2. **spätestens am dritten Werktag eines Kalendermonats für den Ablauf dieses**

**Monats, wenn das Dienstverhältnis seiner Art nach die Überlassung des Wohnraums, der in unmittelbarer Beziehung oder Nähe zur Stätte der Dienstleistung steht, erfordert hat und der Wohnraum aus dem gleichen Grunde für einen anderen zur Dienstleistung Verpflichteten benötigt wird.**
**[2]Im übrigen bleibt § 565 unberührt.**

## § 565 d

**(1) Bei Anwendung der §§ 556 a, 556 b sind auch die Belange des Dienstberechtigten zu berücksichtigen.**
**(2) Hat der Vermieter nach § 565 c Satz 1 Nr. 1 gekündigt, so gilt § 556 a mit der Maßgabe, daß der Vermieter die Einwilligung zur Fortsetzung des Mietverhältnisses verweigern kann, wenn der Mieter den Widerspruch nicht spätestens einen Monat vor der Beendigung des Mietverhältnisses erklärt hat.**
**(3) Die §§ 556 a, 556 b gelten nicht, wenn**
**1. der Vermieter nach § 565 c Satz 1 Nr. 2 gekündigt hat;**
**2. der Mieter das Dienstverhältnis gelöst hat, ohne daß ihm von dem Dienstberechtigten gesetzlich begründeter Anlaß gegeben war, oder der Mieter durch sein Verhalten dem Dienstberechtigten gesetzlich begründeten Anlaß zur Auflösung des Dienstverhältnisses gegeben hat.**

## § 565 e

**Ist Wohnraum im Rahmen eines Dienstverhältnisses überlassen, so gelten für die Beendigung des Rechtsverhältnisses hinsichtlich des Wohnraums die Vorschriften über die Miete entsprechend, wenn der zur Dienstleistung Verpflichtete den Wohnraum ganz oder überwiegend mit Einrichtungsgegenständen ausgestattet hat oder in dem Wohnraum mit seiner Familie einen eigenen Hausstand führt.**

**Schrifttum:** Burkhardt, Das Mietrecht über Werkwohnungen in den „weißen" Kreisen, WuM 1965, 89; Ehrenforth, Kündigung von Werkwohnungen, BB 1964, 1441; Fuchs, Mietrechtliche Fragen bei der Überlassung von Werkwohnungen, BlGBW 1967, 204; Gassner, Rechtsanwendung beim doppeltypischen Vertrag am Beispiel der Werkdienstwohnung, AcP 186 (1986), 325; Häring, Das Recht der Werks- und Dienstwohnungen, GrundE 1986, 418; Kleffmann, Der Kündigungsgrund des Betriebsbedarfs bei Fortbestehen des Dienstverhältnisses mit einem Ehegatten, ZMR 1982, 131; Koenig, Die Kündigungsvorschriften für Dienstwohnungen (Werkmiet- und Werkdienstwohnungen) in den weißen Kreisen, WuM 1967, 160; Nassall, Zum Einwand des Rechtsmißbrauchs beim Räumungsverlangen nach § 556 Abs 3 BGB, ZMR 1984, 182; Otto, Rechtsfragen bei Werkswohnungen, ZMR 1972, 235; Röder, Das betriebliche Wohnungswesen im Spannungsfeld von Betriebsverfassungsrecht und Wohnungsmietrecht (1983); Roquette, Die Kündigung von Werkwohnungen, BlGBW 1967, 201; Schmidt-Futterer, Die Kündigung von Werkswohnungen nach neuem Recht, BB 1972, 1058; ders-Blank, Die Werkdienstwohnung nach neuem Recht, BB 1976, 1033.

**Übersicht**



## I. Allgemeines

In den §§ 565 b–565 e werden Sondervorschriften für die Kündigung von Werkwohnungen aufgestellt, deren Überlassung mit einem Dienst- oder Arbeitsverhältnis verknüpft ist. Dem Vermieter soll für den Fall der Beendigung des Dienstverhältnisses ermöglicht werden, das Mietverhältnis schneller zu beenden, als dies nach den §§ 565, 556 a möglich ist. Damit dienen die Vorschriften als Ausnahme von den Regelungen des sozialen Mietrechts in erster Linie den Interessen des Vermieters. Damit wirkt sich die Regelung aber auch zugunsten nachfolgender Arbeitnehmer aus. Zu beachten ist, daß die Kündigung von Werkmietwohnungen nach § 87 Abs 1 Nr 9 BetrVerfG grundsätzlich der Zustimmung des Betriebsrats bedarf (LG Aachen ZMR 1984, 280; § 564 b Rz 69). § 565 e bezweckt auch den Schutz des anderen Vertragsteils. **1**

## II. Geltungsbereich der Vorschriften

### 1. Allgemeines

Die Regelung der §§ 565 b–565 e gilt für Werkwohnungen. Die Merkmale einer vollständigen Wohnung (§ 564 b Rz 94) brauchen nicht vorzuliegen. Unerheblich ist, ob der Wohnraum vom Dienstberechtigten oder von Dritten überlassen wird, sofern nur eine besondere Verknüpfung mit dem Dienstverhältnis besteht. Es **2** spielt ferner keine Rolle, ob der Wohnraum neben dem Dienstverpflichteten weiteren Personen, wie etwa Familienangehörigen, zur Nutzung überlassen wird und ob auch insoweit vertragliche Beziehungen begründet werden (STERNEL Rz IV 255).

**2. Werkmietwohnungen**

3 Der unmittelbare Geltungsbereich der §§ 565 b–565 d beschränkt sich auf Werkmietwohnungen. Nach der **Begriffsbestimmung** des § 565 b ist damit Wohnraum gemeint, der mit Rücksicht auf das Bestehen eines Dienstverhältnisses vermietet ist.

4 **a)** Im Vordergrund steht das **Dienstverhältnis**. Ein Dienstvertrag ist ein schuldrechtlicher gegenseitiger Vertrag, durch den sich der eine Teil zur Leistung der versprochenen Dienste, der andere Teil zur Leistung der versprochenen Vergütung verpflichtet. Abweichend vom Anwendungsbereich der §§ 611 ff ist für den Begriff des Dienstverhältnisses iS des § 565 b entscheidend, daß es sich um unselbständige, weisungsgebundene Arbeitsleistungen handelt, wie sie im Rahmen eines Arbeitsverhältnisses erbracht werden. Auf die Art der zu leistenden Dienste und ihre Ausübung im Haupt- oder Nebenberuf kommt es nicht an. Auch Dienste höherer Art wie bei angestellten Ärzten, Juristen oder leitenden Angestellten werden in einem Abhängigkeitsverhältnis erbracht. Es braucht sich nicht um Dienstleistungen im Rahmen eines gewerblichen Unternehmens zu handeln. Jede abhängige Tätigkeit in einem beliebigen Berufszweig, also etwa in der Land- oder Forstwirtschaft, in einem freiberuflichen Unternehmen oder in einem Privathaushalt, wird erfaßt. Dies gilt auch für Arbeitsverhältnisse im öffentlichen Dienst, die mit Arbeitern oder Angestellten auf privatrechtlicher Grundlage abgeschlossen werden. Öffentlich-rechtliche Dienstverhältnisse von Beamten, Richtern und Soldaten bilden nach hM keine Grundlage für die Überlassung einer Werkmietwohnung (Mietrecht §§ 565 b–565 e Rz 8).

5 **b)** Neben dem Dienstverhältnis muß ein **Mietverhältnis über Wohnraum** bestehen (Vorbem 12 zu §§ 535, 536; § 556 a Rz 3). Dienstverpflichteter und Mieter müssen identisch sein. Weitere Personen können als akzessorische Mitmieter den Mietvertrag abschließen (vgl § 4 HausratVO; SCHETTLER ZMR 1983, 325, 329). Sie können auch selbst in einem Dienstverhältnis zu demselben Dienstberechtigten stehen wie etwa ein Arbeitnehmerehepaar (LG Ulm WuM 1979, 244). Zwischen Dienstberechtigtem und Vermieter braucht keine Personengleichheit zu bestehen. Auf dieser Grundlage lassen sich werkseigene und werksfremde Werkmietwohnungen unterscheiden (Vorbem 52 zu §§ 535, 536; RÖDER 53). Steht hingegen die Überlassung des Wohnraums im Vordergrund und entrichtet der Mieter lediglich einen Teil des Entgelts in Form von Dienstleistungen, so handelt es sich nicht um eine Werkmietwohnung (LG Aachen ZMR 1989, 227).

6 **c)** Kennzeichnend ist die besondere **Verknüpfung zwischen Dienstverhältnis und Mietverhältnis**. § 565 b bringt dies dadurch zum Ausdruck, daß der Wohnraum „mit Rücksicht auf das Bestehen eines Dienstverhältnisses vermietet" sein muß. Dies bedeutet nicht, daß Dienstleistung und Vermietung Teile eines einheitlichen Rechtsgeschäfts sein müssen. Die Parteien brauchen auch keine ausdrückliche

Vereinbarung zu treffen, daß beide Verträge verknüpft sein sollen. Es genügt, daß das Dienstverhältnis Geschäftsgrundlage für den Mietvertrag ist (LG Aachen WuM 1985, 149). Dies setzt voraus, daß der Vermieter bei Abschluß des Vertrags eine entsprechende Mitteilung macht oder daß die Verknüpfung für den Mieter aus den gesamten Umständen erkennbar ist (AG Darmstadt WuM 1985, 153; Röder 51; Roquette § 565 b Rz 6; Sternel Rz IV 252). Das Dienstverhältnis muß nicht schon bei Abschluß des Mietvertrags bestehen. Es reicht aus, wenn beide Verträge gleichzeitig abgeschlossen werden oder wenn der bevorstehende Abschluß eines Dienstvertrags als Geschäftsgrundlage in den Mietvertrag eingeht. Wird dagegen ein normaler Mietvertrag abgeschlossen und geht der Mieter erst später und unvorhergesehen ein Dienstverhältnis zu dem Vermieter ein, wird die Wohnung allein dadurch nicht zur Werkwohnung (AG Hamburg WuM 1985, 152). Ist das Dienstverhältnis vor Abschluß des Mietvertrags über normalen Wohnraum begründet worden, kann dem Wohnraum später nicht durch einfache Erklärung (AG Darmstadt aaO) oder besondere Vereinbarungen der Charakter einer Werkmietwohnung gegeben werden, weil der Mieter dadurch nachträglich seine Rechte entgegen den zwingenden Vorschriften der §§ 565 Abs 2, 565 a verkürzen würde. Es bleibt den Parteien nur die Möglichkeit, den Mietvertrag aufzuheben und durch einen neuen Vertrag über eine Werkmietwohnung zu ersetzen. Umgekehrt kann der Charakter als Werkmietwohnung durch Abschluß eines neuen Mietvertrags, der nicht mit einem Dienstverhältnis verknüpft ist, verlorengehen (AG Köln WuM 1985, 154). Ebenso kann der Charakter als Werkmietwohnung vertraglich von vornherein auf eine bestimmte Zeit beschränkt werden, nach deren Ablauf die Wohnung nur noch den allgemeinen mietrechtlichen Vorschriften unterliegt (LG Darmstadt WuM 1988, 22).

### 3. Werkdienstwohnungen

**a)** Um eine Werkdienstwohnung handelt es sich, wenn Wohnraum im Rahmen 7
eines Dienstverhältnisses überlassen ist. Kennzeichnend für die Werkdienstwohnung ist, daß nicht ein Dienst- und ein Mietvertrag nebeneinander bestehen, sondern daß die Überlassung des Wohnraums ihre **Rechtsgrundlage** in dem Dienstvertrag findet und Teil der Vergütung für die geleisteten Dienste ist (BAG BB 1975, 1159; Gassner AcP 186 [1986], 325, 327 ff; Röder 55). Es kommt nicht darauf an, ob eine offene oder verdeckte Anrechnung stattfindet. Solange das Arbeitsverhältnis besteht, sind auf einen derart gemischten Vertrag die §§ 535 ff hinsichtlich der Rechte und Pflichten der Parteien für die Raumnutzung entsprechend anwendbar. Die Beendigung richtet sich grundsätzlich nach Dienstvertragsrecht, da dieser Vertragstyp im Vordergrund steht. Mietrecht ist nach § 565 e nur unter bestimmten Voraussetzungen anwendbar (Rz 38 ff). Übernimmt der Mieter einer Wohnung erst später die Dienste eines Hausmeisters, wird nicht allein hierdurch die Eigenschaft als Werkdienstwohnung begründet, selbst wenn Miete und Arbeitslohn gleich hoch sind und gegeneinander verrechnet werden (AG Hamburg WuM 1985, 152).

**b)** Der Begriff des **Dienstverhältnisses** iS des § 565 e ist mit dem des § 565 b 8
identisch (Rz 4). Zwischen den Parteien muß ein Dienstvertrag über unselbstän-

dige, weisungsgebundene Arbeitsleistungen abgeschlossen werden, dessen Bestandteil die Überlassung des Wohnraums ist. Als Beispiele sind Verträge zu nennen, in deren Rahmen Wohnungen an Hausmeister, landwirtschaftliche Arbeiter und an Angestellte von Unternehmen, Krankenhäusern oder Heimen überlassen werden.

9 c) Da bei Werkdienstwohnungen die Überlassung des Wohnraums Teil des Dienstvertrags ist, kommt eine solche Vertragsgestaltung nur bei **Identität der Parteien** in Betracht. Dies bedeutet nicht, daß der Dienstberechtigte zugleich Eigentümer der Wohnung sein muß. Es lassen sich werkseigene und werksfremde Werkdienstwohnungen unterscheiden.

#### 4. Bergarbeiterwohnungen und Bergmannswohnungen

10 Nach § 7 a des Gesetzes zur Förderung des Bergarbeiterwohnungsbaues im Kohlenbergbau idF vom 4. 5. 1957 (BGBl I 418) sind die §§ 565 b–565 e grundsätzlich auf Bergarbeiterwohnungen iS dieses Gesetzes anwendbar (ausführlich Hans § 565 b Anm 5). Der Kündigungsschutz ist dadurch verstärkt, daß diese Vorschriften nicht eingreifen, solange die Wohnung einer in § 5 Abs 1 des Gesetzes bezeichneten Person oder Familie vermietet oder überlassen ist. Auch eine Kündigung nach § 565 Abs 2 ist nicht möglich (AG Wattenscheid WuM 1967, 84). Das gleiche gilt nach § 24 des Gesetzes für Bergmannswohnungen iS des § 3 Abs 1 b) des Gesetzes über Bergmannssiedlungen vom 10. 3. 1930 (RGBl I 32), zuletzt geändert durch Art III des 2. ÄndG zur Förderung des Bergarbeiterwohnungsbaues vom 4. 5. 1957 (BGBl I 416).

#### 5. Öffentlich geförderte Werkmietwohnungen und Werkdienstwohnungen

11 Nach Art IV § 4 Abs 1 MietRÄndG II sind die §§ 565 b–565 e auf öffentlich geförderte Werkwohnungen nur anzuwenden, wenn das Mietverhältnis weniger als fünf Jahre besteht. Bei längerer Mietdauer gelten die allgemeinen Vorschriften. Der Kündigungsschutz wird zugunsten des Mieters verstärkt (Mietrecht §§ 565 b–565 e Rz 17 f; vgl LG Darmstadt WuM 1988, 22).

### III. Kündigung von Werkmietwohnungen (§ 565 c)

#### 1. Voraussetzungen im allgemeinen (S 1)

12 a) In § 565 c S 1 wird dem Vermieter ein Sonderkündigungsrecht eingeräumt, wenn ein **Mietverhältnis über eine Werkmietwohnung** vorliegt (Röder 235 ff). Dienstvertrag und Mietvertrag müssen nach § 565 b in der Weise miteinander verknüpft sein, daß der Wohnraum mit Rücksicht auf das Bestehen des Dienstverhältnisses vermietet ist (Rz 3 ff). Auf die Art des Wohnraums und die in § 565 Abs 2 und 3 getroffenen Unterscheidungen kommt es nicht an.

13 b) Das Mietverhältnis muß auf **unbestimmte Zeit** eingegangen sein. Hierzu zählen wegen § 565 a Abs 1 und 2 auch Mietverträge mit Verlängerungsklausel und

auflösend bedingte Mietverhältnisse (LG Aachen WuM 1985, 149). Das gleiche gilt für ein Mietverhältnis, bei dem kein Endtermin vorgesehen ist, sondern bei dem die Parteien für eine bestimmte Zeit die ordentliche Kündigung vertraglich ausgeschlossen haben (aM LG Dortmund WuM 1965, 151). Ein auf bestimmte Zeit eingegangenes Mietverhältnis (§ 564 Rz 2) fällt nach dem eindeutigen Wortlaut nicht unter § 565 c. Auch für eine entsprechende Anwendung besteht kein Bedürfnis, da die Parteien durch die Vereinbarung einer bestimmten Mietzeit zum Ausdruck bringen, daß der Mietvertrag unabhängig vom Arbeitsvertrag enden soll (Schmidt-Futterer-Blank B 890).

c) Die **Beendigung des Dienstverhältnisses** muß eingetreten sein. Stehen mehrere **14**
Mitmieter, wie etwa ein Arbeitnehmerehepaar, in einem Dienstverhältnis zu demselben Dienstberechtigten, reicht es nicht aus, wenn das Dienstverhältnis nur mit einem der Ehegatten beendet ist (LG Ulm WuM 1979, 244; differenzierend Kleffmann ZMR 1982, 131). Entscheidend ist die rechtlich wirksame Beendigung, nicht die tatsächliche Aufgabe der Arbeit durch den Arbeitnehmer (MünchKomm-Voelskow § 565 c Rz 1; aM LG Essen ZMR 1966, 148). Im übrigen ist entscheidend, daß die Kündigungserklärung nach der Beendigung des Dienstverhältnisses zugeht und damit wirksam wird (LG Kiel WuM 1978, 32). Will der Vermieter den Mietvertrag kündigen, bevor das Dienstverhältnis beendet ist, gelten die allgemeinen Vorschriften der §§ 564 a, 564 b und 565. Eine in diesem Fall unberechtigt auf § 565 c gestützte Kündigungserklärung wirkt auf den sich aus § 565 ergebenden nächstzulässigen Termin, wenn der Vermieter das Mietverhältnis auf jeden Fall beenden will und dieser Wille dem Mieter erkennbar ist. Für die Ansicht, daß das ordentliche Kündigungsrecht des Vermieters bei Werkmietwohnungen bis zur Beendigung des Dienstverhältnisses stillschweigend ausgeschlossen sei (Schmidt-Futterer-Blank B 888 mwN), bietet das Gesetz keine Grundlage.

**2. Weitere Voraussetzungen und Rechtsfolgen**

**a) Allgemeines**

§ 565 c räumt dem Vermieter einer Werkmietwohnung nach Beendigung des **15**
Dienstverhältnisses ein Kündigungsrecht ein, für das kürzere Fristen als nach § 565 gelten. Dabei unterscheidet die Vorschrift in den Voraussetzungen zwischen gewöhnlichen Werkmietwohnungen (S 1 Nr 1) und funktionsgebundenen Werkmietwohnungen, die in unmittelbarer Beziehung oder Nähe zur Stätte der Dienstleistung stehen (S 1 Nr 2). Die Vorschrift betrifft nicht die Kündigung des Mietverhältnisses durch den Mieter. Für ihn gelten die allgemeinen Vorschriften, insbesondere § 565, vor und nach der Beendigung des Dienstverhältnisses in gleicher Weise.

**b) Gewöhnliche Werkmietwohnungen (S 1 Nr 1)**

**aa**) Das Sonderkündigungsrecht des S 1 Nr 1 setzt in seinem **Tatbestand** über die **16**
allgemeinen Merkmale (Rz 12 ff) hinaus voraus, daß es sich um eine gewöhnliche Werkmietwohnung handelt. Im Gegensatz zu der besonders engen Verknüpfung des S 1 Nr 2 erschöpft sich die Funktion dieser Wohnung darin, daß der Dienstverpflichtete ganz allgemein mit Rücksicht auf das Dienstverhältnis darin wohnt.

17 **α)** Der Wohnraum muß **weniger als zehn Jahre überlassen** sein. Wenn das Mietverhältnis zehn Jahre gedauert hat, soll auf die Verkürzung der Kündigungsfrist verzichtet werden. Dann gelten die Fristen des § 565 (LG Kiel WuM 1986, 218; AG Wermelskirchen WuM 1980, 249). Entscheidend für den Zeitpunkt der Überlassung ist nicht der Abschluß des Mietvertrags, sondern der Tag der Besitzübertragung (§ 565 Rz 21). Das Ende des Überlassungszeitraums wird nicht durch die Abgabe der Kündigungserklärung bestimmt, sondern durch den Tag des Zugangs.

18 **β)** Der Wohnraum muß **für einen anderen zur Dienstleistung Verpflichteten dringend benötigt** werden. § 564 b gilt auch für die Kündigung von Werkmietwohnungen (dort Rz 3). Der Kündigungsgrund des Betriebsbedarfs (§ 564 b Rz 68) ist aber durch das Erfordernis der Dringlichkeit modifiziert, das in § 564 b generell nicht vorausgesetzt wird. Im Ergebnis macht dies jedoch keinen Unterschied. Der dringende Betriebsbedarf kann entsprechend der Regelung des früheren § 22 MietSchG bejaht werden, wenn der Vermieter den Wohnraum für einen Nachfolger des Mieters in dem Dienstverhältnis oder im Betriebsinteresse für einen anderen Betriebsangehörigen benötigt. Im Zeitpunkt der Kündigung des Mieters muß der Dienstvertrag mit dem neuen Arbeitnehmer noch nicht abgeschlossen sein. Dringender Betriebsbedarf kann auch bei der Einstellung neuer Arbeitskräfte gegeben sein. Erforderlich ist, daß Bewerbungen um eine frei werdende Werkmietwohnung vorliegen und ein Bewerber bereit ist, die Wohnung zu übernehmen (LG Karlsruhe WuM 1974, 243). Bei den werksfremden Werkmietwohnungen ist der Betriebsbedarf des Dritten als Kündigungsgrund für den Vermieter entscheidend. Eine Verwendung zu gewerblichen Zwecken, etwa für eine Betriebserweiterung, ist unzureichend.

19 **bb)** Die **Kündigung** ist spätestens am dritten Werktag eines Kalendermonats für den Ablauf des nächsten Monats zulässig (S 1 Nr 1). Damit beträgt die Kündigungsfrist idR zwei Monate, abzüglich der Karenz von drei Werktagen. Sonnabend, Sonntag und ein am Erklärungsort staatlich anerkannter Feiertag werden für die Karenzzeit nicht mitgezählt. Dadurch kann sich die gesetzlich vorgesehene Kündigungsfrist weiter verkürzen (aM Palandt-Putzo § 565 c Anm 2 c). Da sich die materielle Wirksamkeit der Kündigung im übrigen nach § 564 b richtet, gilt auch Abs 3 dieser Vorschrift über die Angabe von Kündigungsgründen (§ 564 b Rz 80 ff). Der dringende Betriebsbedarf muß also in dem Kündigungsschreiben angegeben sein. Dabei darf sich der Vermieter nicht darauf beschränken, den Gesetzeswortlaut zu wiederholen. Ohne daß überzogene Anforderungen gestellt werden dürfen, muß wenigstens der aktuelle Stand des Betriebsbedarfs angegeben werden. Anderenfalls ist die Kündigung unwirksam (OLG Celle WuM 1985, 142, 143; OLG Stuttgart WuM 1986, 132; AG Oberhausen DWW 1972, 315). Von der Angabe eines bestimmten Nachfolgemieters kann die Wirksamkeit des Kündigungsschreibens aber nicht abhängig gemacht werden, da ein dringender Betriebsbedarf auch ohne namentliche Benennung dargelegt werden kann (vgl OLG Stuttgart aaO).

20 Eine Kündigung mit verkürzter Frist ist nicht nur für den ersten möglichen **Termin** zulässig (so aber AG Oberhausen aaO). Das Sonderkündigungsrecht braucht auch nicht in angemessener Zeit nach der Beendigung des Dienstverhältnisses ausgeübt

zu werden (so aber LG Aachen WuM 1985, 149, 150; Nassall ZMR 1984, 182, 183; Sternel Rz IV 263) und wird deshalb nicht verwirkt. Diese Einschränkungen finden im Gesetz keine Stütze. Hierfür spricht auch, daß der Gesetzgeber vergleichbare Einschränkungen in § 569 Abs 1 S 2 und § 569 a Abs 5 S 1, Abs 6 S 2 ausdrücklich geregelt hat.

c) **Funktionsgebundene Werkmietwohnungen (S 1 Nr 2)**

**aa)** Stützt der Vermieter das Sonderkündigungsrecht auf S 1 Nr 2, ist nach dem **Tatbestand** über die allgemeinen Merkmale (Rz 12 ff) hinaus erforderlich, daß es sich um eine funktionsgebundene Werkmietwohnung handelt. 21

**α)** Das Dienstverhältnis muß seiner Art nach die Überlassung des Wohnraums, der in unmittelbarer Beziehung oder Nähe zur Stätte der Dienstleistung steht, erfordert haben. Entscheidend ist die **besonders enge Verknüpfung von Dienst- und Mietverhältnis**. Eine weitere Entfernung zur Stätte der Dienstleistung ist unzureichend, da sich das Wort „unmittelbar" auch auf die Nähe zur Arbeitsstelle bezieht. Die räumliche Nähe zwischen Wohnung und Betrieb ist aber nicht allein maßgebend. Vielmehr muß die besondere Art der Tätigkeit ein Wohnen in unmittelbarer Nähe des Betriebs erfordern (LG Osnabrück WuM 1977, 9). Als Beispiele sind Wohnungen für Pförtner, Hausmeister, Betriebsfeuerwehr, Klinikarzt und Krankenschwester zu nennen. Die Überlassung einer Wohnung an eine Aushilfskraft, die nur bei Bedarf zur Mithilfe im Betrieb verpflichtet sein soll, begründet keine derartige Funktionsbindung (LG Kiel WuM 1986, 218). 22

**β)** Der Wohnraum muß **aus dem gleichen Grunde für einen anderen zur Dienstleistung Verpflichteten benötigt** werden. Es ist erforderlich, daß die Art der Dienstleistungen es notwendig macht, einen anderen Arbeitnehmer in der Wohnung, also in Ortsnähe, unterzubringen (LG Osnabrück WuM 1977, 9). Es muß sich um einen konkreten Bedarf handeln (LG Itzehoe WuM 1985, 152). Der neue Mieter braucht nicht der Nachfolger des ausgeschiedenen Mieters am Arbeitsplatz zu sein (aM Schmidt-Futterer-Blank B 894; Sternel Rz IV 267). Das Gesetz verlangt nach Wortlaut und Zweck nur einen besonders engen Funktionszusammenhang, nicht die Identität der Dienstleistungen, wenn es voraussetzt, die Wohnung müsse „aus dem gleichen Grunde" benötigt werden. Auch der Name des zukünftigen Mieters muß noch nicht benannt werden (LG Berlin GrundE 1989, 511). 23

**γ)** Im **Verhältnis zu anderen Kündigungsvorschriften** gilt, daß die Dauer der Überlassung für die funktionsgebundene Wohnung unerheblich ist. Sind die besonderen Voraussetzungen des S 1 Nr 2 nicht erfüllt, kann die Kündigung auf den sich aus S 1 Nr 1 oder aus § 565 ergebenden Kündigungstermin wirken, wenn der Vermieter auf jeden Fall kündigen will und dies dem Mieter erkennbar ist. Darüber hinaus ist es zulässig, daß der Vermieter eine Kündigung ausdrücklich nur auf S 1 Nr 1 stützt, da beide Tatbestände sich nicht gegenseitig ausschließen. 24

**bb)** Die **Kündigung** der funktionsgebundenen Werkmietwohnung ist spätestens am dritten Werktag eines Kalendermonats für den Ablauf dieses Monats zulässig (S 1 Nr 2). Damit wird die Kündigungsfrist auf weniger als einen Monat verkürzt (s im übrigen Rz 19 f). 25

### 3. Anwendbarkeit des § 565 (S 2)

26 Nach § 565c S2 bleibt im übrigen § 565 unberührt. Dies bedeutet, daß der Vermieter anstelle einer auf § 565c gestützten Kündigung mit den Fristen des § 565 kündigen kann. Ihm steht ein Wahlrecht zu (aM BGB-RGRK-GELHAAR § 565b Rz4). Handelt es sich um Wohnraum iS des § 565 Abs3, sind die Kündigungsfristen noch kürzer als nach § 565c.

## IV. Anwendung der Sozialklausel bei der Beendigung des Mietverhältnisses über eine Werkmietwohnung (§ 565 d)

### 1. Berücksichtigung der Belange des Dienstberechtigten (Abs 1)

27 **a)** Nach Abs 1 sind bei der Anwendung der §§ 556a, 556b auch die Belange des Dienstberechtigten zu berücksichtigen (RÖDER 243ff). Der **Geltungsbereich** der Vorschrift umfaßt in gleicher Weise die Beendigung des Mietverhältnisses durch ordentliche Kündigung seitens des Vermieters oder durch Zeitablauf. Es kommt nicht darauf an, ob der Vermieter von seinem Sonderkündigungsrecht nach § 565c Gebrauch gemacht oder unter Einhaltung der Fristen des § 565 gekündigt hat.

28 **b)** Die Berücksichtigung der Belange des Dienstberechtigten bedeutet, daß bei einer Identität von Vermieter und Dienstberechtigtem, also bei den werkseigenen Werkmietwohnungen, die **Interessen des Kündigenden** nicht nur in seiner Eigenschaft als Vermieter, sondern über § 556a hinaus auch als Arbeitgeber zu berücksichtigen sind. Bei werksfremden Werkmietwohnungen wird es möglich, in die Interessenabwägung zwischen den Parteien des Mietvertrags auf seiten des Vermieters die Belange des Arbeitgebers, eines Dritten, einzubeziehen. Die Interessen des Dienstberechtigten bestehen idR darin, daß er die Werkwohnung für einen anderen Arbeitnehmer benötigt (AG Mühlheim ZMR 1968, 12; AG Oberhausen WuM 1973, 174). Diesen Interessen kommt angesichts der vom Mieter akzeptierten Verknüpfung von Dienst- und Mietverhältnis besonderes Gewicht zu, wenn das Dienstverhältnis beendet ist. Persönliche Belange des Mieters werden häufig zurücktreten müssen. Das Interesse des Dienstberechtigten kann ferner darin liegen, einen unverträglichen Arbeitnehmer nach dem Ausscheiden aus dem Dienst auch aus dem Wohnbereich seiner früheren Kollegen zu entfernen, um eine Störung des Betriebsfriedens von außen zu verhindern. Betriebliches Interesse ist ferner gegeben, wenn der Wohnraum zu gewerblichen Zwecken, etwa zu einer Betriebserweiterung, verwendet werden soll (aM SCHMIDT-FUTTERER-BLANK B 898), auch wenn dies keine Sonderkündigung nach § 565c rechtfertigt.

### 2. Verkürzung der Widerspruchsfrist bei der Sonderkündigung gewöhnlicher Werkmietwohnungen (Abs 2)

**a)** Stützt der Vermieter die ordentliche Kündigung einer gewöhnlichen Werkmietwohnung (Rz 16) auf § 565 c S 1 Nr 1, muß der Mieter den Widerspruch abweichend von § 556 a Abs 6 S 1 spätestens **einen Monat** vor der Beendigung des Mietverhältnisses dem Vermieter gegenüber erklären. Entscheidend ist der Zeitpunkt des Zugangs. Die Abkürzung der Widerspruchsfrist entspricht der Verkürzung der regelmäßigen Kündigungsfrist durch § 565 c S 1 Nr 1. 29

**b)** Im übrigen bleibt § 556 a **unberührt**. Dies bedeutet, daß der Mieter den Widerspruch noch im ersten Termin des Räumungsrechtsstreits erklären kann, wenn der Vermieter nicht rechtzeitig vor Ablauf der Widerspruchsfrist den in § 564 a Abs 2 bezeichneten Hinweis erteilt hat (§ 556 a Abs 6 S 2). Für den Widerspruch gegen die Beendigung eines befristeten Mietverhältnisses über eine Werkmietwohnung durch Zeitablauf bleibt es bei der Zweimonatsfrist, da § 556 b von § 565 d Abs 2 nicht betroffen ist. 30

### 3. Ausschluß der Sozialklausel (Abs 3)

#### a) Sonderkündigung funktionsgebundener Werkmietwohnungen (Nr 1)

Nach Abs 3 Nr 1 gilt § 556 a nicht, wenn der Vermieter das Mietverhältnis über eine funktionsgebundene Werkmietwohnung (Rz 12 ff) unter Berufung auf § 565 c S 1 Nr 2 gekündigt hat. Kündigt der Vermieter unter Einhaltung der Fristen des § 565, bleibt dem Mieter das Widerspruchsrecht erhalten. Unerheblich ist es dann, ob dem Vermieter ein Sonderkündigungsrecht zustand und er nur aus Entgegenkommen die längere Kündigungsfrist des § 565 eingehalten hat (LG Aachen WuM 1985, 149, 151). 31

#### b) Auflösung des Dienstverhältnisses auf Veranlassung des Mieters (Nr 2)

**aa)** Nach Abs 3 Nr 2 HS 1 gelten die §§ 556 a, 556 b nicht, wenn der **Mieter** das Dienstverhältnis gelöst hat, ohne daß ihm von dem Dienstberechtigten gesetzlich begründeter Anlaß gegeben war. Die Regelung betrifft jede Art von Werkmietwohnungen. 32

**α)** Der Mieter muß das Dienstverhältnis gelöst haben. Für die **Auflösung** kommen neben der ordentlichen und der außerordentlichen Kündigung insbesondere eine Anfechtung und ein Aufhebungsvertrag in Betracht. Die Auffassung, der Mieter müsse das Dienstverhältnis gekündigt haben (Erman-Schopp §§ 565 b–565 e Rz 21), findet im Gesetz keine Stütze. 33

**β)** Der Dienstberechtigte darf dem Mieter hierzu **keinen gesetzlich begründeten Anlaß** gegeben haben. Ein solcher Anlaß liegt vor, wenn der Dienstberechtigte einen wichtigen Grund zur fristlosen Kündigung des Dienstverhältnisses durch den Dienstverpflichteten, den Mieter, gesetzt hat (vgl § 626). Nach umstrittener Auffassung kann diese Voraussetzung auch ohne wichtigen Grund zur fristlosen Kündigung gegeben sein. Das BAG nimmt dies an, wenn der Mieter aufgrund schuldhaften, rechtswidrigen Verhaltens des Vermieters einen gesetzlichen oder wichtigen Kündigungsgrund hatte und dieses Verhalten für die Auflösung des 34

Arbeitsverhältnisses kausal war. Entscheidend kommt es auf ein vorwerfbares Verhalten des Vermieters bzw Arbeitgebers an (BAG ZMR 1958, 165, 166; LAG Hamm ZMR 1965, 87).

35 **bb)** Nach Abs 3 Nr 2 HS 2 gelten die §§ 556 a, 556 b nicht, wenn der Mieter durch sein Verhalten dem **Dienstberechtigten** gesetzlich begründeten Anlaß zur Auflösung des Dienstverhältnisses gegeben hat. Die Sozialklausel wird unabhängig von der Art der Werkmietwohnung ausgeschlossen.

36 **α)** Der Dienstberechtigte muß das Dienstverhältnis gelöst haben. Eine bestimmte Art der **Auflösung** ist nicht vorgeschrieben. Es gelten die gleichen Grundsätze wie zu HS 1 (Rz 33).

37 **β)** Der Mieter muß hierzu durch sein Verhalten einen **gesetzlich begründeten Anlaß** gegeben haben. Wie bei HS 1 (Rz 34) ist nicht ein wichtiger Grund zur fristlosen Kündigung iS des § 626 erforderlich. Es genügen minderschwere Gründe, die im Verhalten des Arbeitnehmers liegen und die Kündigung deshalb nicht nach § 1 Abs 2 KSchG als sozial ungerechtfertigt erscheinen lassen (aM Palandt-Putzo § 565 d Anm 3 c).

## V. Anwendung des Mietrechts auf Werkdienstwohnungen (§ 565 e)

### 1. Voraussetzungen

38 **a)** Es muß sich um eine **Werkdienstwohnung** handeln (Gassner AcP 186 [1986], 325, 327; Röder 259 ff). Hierzu gehört jeder Wohnraum, der im Rahmen eines Dienstverhältnisses überlassen ist (Rz 7). Unerheblich ist, ob die Merkmale einer vollständigen Wohnung gegeben sind (Rz 2). Erfaßt wird auch Wohnraum, der entsprechend dem Dienstverhältnis zu nur vorübergehendem Gebrauch überlassen ist.

39 **b)** Der zur Dienstleistung Verpflichtete muß den Wohnraum ganz oder überwiegend **mit Einrichtungsgegenständen ausgestattet** haben. Zu den Einrichtungsgegenständen gehören die für eine normale Ausstattung erforderlichen Möbel sowie Herd, Spüle, Beleuchtungskörper, Teppiche, Bettzeug und Bilder. Für den Umfang kommt es auf die tatsächlich vorhandene Ausstattung an. Ganz ausgestattet hat der Dienstverpflichtete den Wohnraum, wenn er sämtliche Einrichtungsgegenstände gestellt hat. Die Eigentumsverhältnisse sind unerheblich, soweit die Gegenstände nicht vom Dienstberechtigten oder bei werksfremden Werkdienstwohnungen vom Hauseigentümer stammen. Überwiegend ausgestattet hat der Dienstverpflichtete den Wohnraum, wenn er nach Zahl und wirtschaftlicher Bedeutung mehr als die Hälfte der Einrichtungsgegenstände gestellt hat. Maßgebend sind die Verhältnisse bei Beendigung des Dienstverhältnisses.

40 **c)** Alternativ setzt § 565 e voraus, daß der zur Dienstleistung Verpflichtete in dem Wohnraum **mit seiner Familie einen eigenen Hausstand** führt. In diesem Fall kommt es nicht auf die Ausstattung mit Einrichtungsgegenständen an. Der Begriff der Familie umfaßt Ehepaare, auch wenn sie kinderlos sind, Verwandte und Verschwägerte, ohne daß es auf einen bestimmten Grad der Verwandtschaft

ankommt. Der Dienstverpflichtete führt in dem Wohnraum einen eigenen Hausstand, wenn dort der Mittelpunkt seiner Lebens- und Wirtschaftsführung liegt.

**2. Rechtsfolgen**

Als Rechtsfolge ist bestimmt, daß für die Beendigung des Rechtsverhältnisses hinsichtlich des Wohnraums die Vorschriften über die Miete entsprechend gelten (vgl GASSNER AcP 186 [1986], 325, 342 ff). **41**

**a)** Wenn der **Dienstvertrag auf bestimmte Zeit** abgeschlossen ist, endet das Rechtsverhältnis über den Wohnraum nach § 564 Abs 1 durch Zeitablauf zusammen mit dem Dienstverhältnis. Die entsprechende Anwendbarkeit der mietrechtlichen Vorschriften hat zur Folge, daß der Dienstverpflichtete nach § 564 c oder § 556 b die Fortsetzung als Mietverhältnis verlangen kann, soweit die Voraussetzungen dieser Vorschriften erfüllt sind.

**b)** Bei einem **Dienstvertrag auf unbestimmte Zeit** endet das Rechtsverhältnis über den Wohnraum nicht automatisch mit der Beendigung des Dienstverhältnisses. Es muß nach den mietrechtlichen Vorschriften gesondert beendet werden. **42**

**aa)** Solange das Rechtsverhältnis über den Wohnraum nicht beendet ist, besteht zwischen den Parteien ein **gesetzliches Schuldverhältnis** (ROQUETTE § 565 e Rz 8). Der Wohnungsinhaber hat über die Beendigung des Dienstverhältnisses hinaus einen Anspruch auf weitere Überlassung des Wohnraums. Dem entspricht seine Pflicht, ein Nutzungsentgelt zu entrichten. Das Nutzungsentgelt kann nach dem Teil der früheren Tätigkeitsvergütung bestimmt werden, der für die Überlassung der Werkdienstwohnung angerechnet wurde. War in dem Vertrag insoweit kein bestimmter Betrag ausgewiesen, ist in entsprechender Anwendung des § 557 Abs 1 S 1 HS 2 das ortsübliche Entgelt für vergleichbare Werkdienstwohnungen maßgebend (aM ROQUETTE § 565 e Rz 19). **43**

**bb)** Die **Beendigung** des Rechtsverhältnisses hinsichtlich des Wohnraums nach den mietrechtlichen Vorschriften setzt idR eine Kündigung voraus. Dies gilt wegen § 565 a auch bei Vereinbarung einer Verlängerungsklausel oder auflösenden Bedingung. **44**

**α)** Die **Kündigungserklärung** bedarf nach § 564 a Abs 1 S 1 der schriftlichen Form. Auch die übrigen Bestimmungen des § 564 a einschließlich der Ausnahmeklausel sind anwendbar. **45**

**β)** Der Kündigende muß die **Kündigungsfristen** des § 565 Abs 2 einhalten. Dies gilt für beide Parteien in gleicher Weise. Für die verlängerten Fristen kommt es auf die Dauer der Überlassung des Wohnraums an. Die auf § 565 gestützte Kündigung kann schon erklärt werden, solange das Dienstverhältnis noch besteht. Dadurch ist es möglich, beide Rechtsverhältnisse zu demselben Zeitpunkt zu beenden (ROQUETTE § 565 e Rz 12). Die entsprechende Anwendbarkeit mietrechtlicher Vorschriften bedeutet, daß auch die Bestimmungen über Werkmietwohnungen eingreifen. Der zur Verfügung über die Werkdienstwohnung Berechtigte kann die Kündigung deshalb nach seiner Wahl auf § 565 c stützen, um die Kündigungsfristen abzukürzen. **46**

**γ)** Für die Kündigung der Werkdienstwohnung durch den Verfügungsberechtigten **47**

ist ein **Kündigungsgrund** iS des § 564 b erforderlich, soweit nicht der Ausnahmetatbestand des Abs 7 HS 1 für Wohnraum zu nur vorübergehendem Gebrauch vorliegt. Als Kündigungsgrund kommt in erster Linie Betriebsbedarf in Betracht (§ 564 b Rz 68 f). Die Kündigungsgründe sind nach § 564 b Abs 3 grundsätzlich in dem Kündigungsschreiben anzugeben (§ 564 b Rz 80 ff; AG Stuttgart WuM 1974, 126).

48 **δ)** Zu den entsprechend anwendbaren Vorschriften gehört § 556 a. Wird die Kündigung auf § 565 gestützt, gilt die **Sozialklausel** ohne Einschränkungen, allerdings nach § 565 d unter Berücksichtigung der Belange des Dienstberechtigten. Bei einer Kündigung nach § 565 c ist die Sozialklausel nur nach Maßgabe des § 565 d Abs 2 anwendbar oder in den Fällen des Abs 3 ganz ausgeschlossen (Rz 31 ff).

49 **cc)** Das Rechtsverhältnis hinsichtlich des Wohnraums kann sich nach § 568 aufgrund einer **Fortsetzung des Gebrauchs** durch den Wohnungsinhaber über das Ende des Dienstverhältnisses bzw des Mietverhältnisses hinaus verlängern.

50 **dd)** Die Parteien können während des Bestehens oder nach dem Ende des Dienstvertrags einen **Mietvertrag** über die Wohnung abschließen, so daß alle mietrechtlichen Vorschriften unmittelbar anwendbar werden. Der Mietvertrag kann durch konkludentes Verhalten zustande kommen. Ohne Abschluß eines Mietvertrags beruhen die Rechte und Pflichten der Parteien hinsichtlich der Wohnung ausschließlich auf dem Dienstverhältnis. Über die Sonderregelung des § 565 e hinaus ist deshalb kein Raum, andere mietrechtliche Vorschriften, zB über das Mieterhöhungsverfahren nach dem MHRG, entsprechend anzuwenden (aM Gassner AcP 186 [1986], 325, 346 ff).

## VI. Abweichende Vereinbarungen

51 **1.** Die §§ 565 b–565 e enthalten keine Vorschriften über abweichende Vereinbarungen. Dies bedeutet nicht, daß die Regelung in vollem Umfang abdingbar ist. Soweit die allgemeinen mietrechtlichen Vorschriften unmittelbar oder wie nach § 565 e entsprechend anwendbar sind, gelten die insoweit maßgebenden Bestimmungen über Zulässigkeit und Grenzen abweichender Vereinbarungen (vgl LG Düsseldorf WuM 1985, 151 zu § 565 a Abs 3). Soweit die §§ 565 c, 565 d **zum Nachteil des Mieters** von den allgemeinen Vorschriften abweichen, können die Parteien die Rechte des Mieters wegen der jeweils maßgebenden Unabdingbarkeitsklauseln nicht noch weiter verkürzen, weil darin zugleich ein Verstoß gegen die einzelne Klausel liegt.

52 **2.** Zulässig ist, daß die Parteien die Anwendbarkeit der §§ 565 c, 565 d vertraglich **zugunsten des Mieters** bzw Nutzungsberechtigten ausschließen. Den Parteien steht es auch frei, die Eigenschaft als Werkwohnung von vornherein auszuschließen oder zeitlich zu befristen (vgl LG Darmstadt WuM 1988, 22).

## VII. Gerichtliche Zuständigkeiten

**1.** Für den Rechtsstreit über eine **Werkmietwohnung** ist nach § 23 GVG , § 29 a ZPO ausschließlich das Amtsgericht sachlich und örtlich zuständig. Wird im Rahmen eines Werkförderungsvertrags (Rz 2) zwischen dem Darlehensgeber und dem Bauherrn ein Mietvertrag über von diesem zu errichtende Wohnungen abgeschlossen, die an die Bediensteten des Darlehensgebers vermietet werden sollen, handelt es sich nicht um einen Mietvertrag über Wohnraum iS dieser Vorschriften (BGH NJW 1981, 1377). **53**

**2.** Da für eine **Werkdienstwohnung** nach § 565 e die Vorschriften über die Miete entsprechend gelten, gehört ein Rechtsstreit, der im Zusammenhang mit der Beendigung des Rechtsverhältnisses über den Wohnraum steht, nach § 23 GVG, § 29 a ZPO in die ausschließliche Zuständigkeit des Amtsgerichts (LG Detmold WuM 1969, 28). Dies gilt nach § 29 a Abs 2 ZPO nicht, wenn es sich um Wohnraum der in § 556 a Abs 8 genannten Art handelt. Ist der Tatbestand des § 565 e nicht erfüllt, bleibt es bei der Zuständigkeit des Arbeitsgerichts, soweit es sich nicht um eine Klage auf Räumung des Wohnraums handelt. Hierfür ist nach § 29 a Abs 1 S 2 ZPO in jedem Fall das Amtsgericht unabhängig vom Rechtsgrund der Klage zuständig (Mietrecht §§ 565 b–565 e Rz 74). **54**

# § 566

**[1]Ein Mietvertrag über ein Grundstück, der für längere Zeit als ein Jahr geschlossen wird, bedarf der schriftlichen Form. [2]Wird die Form nicht beobachtet, so gilt der Vertrag als für unbestimmte Zeit geschlossen; die Kündigung ist jedoch nicht für eine frühere Zeit als für den Schluß des ersten Jahres zulässig.**

**Übersicht**




**Schrifttum:** Bernard, Formbedürftige Rechtsgeschäfte (1979); Ganschezian-Finck ZMR 1973, 129; Häsemeyer, Die gesetzliche Form der Rechtsgeschäfte (1971); Kania ZMR 1976, 1; Köhler § 7 (S 22); Nassall, Schriftformerfordernis im Wohnraummietrecht, MDR 1985, 893; Oswald ZMR 1960, 198; Otto ZMR 1968, 35; Roquette DR 1950 961; ZMR 1970, 33; Sternel Rz I 190 ff; Weimar MDR 1961, 289; ZMR 1969, 225.

## I. Zweck

1 § 566, der für langfristige Grundstücksmietverträge Schriftform vorschreibt, verfolgt vor allem den Zweck, dem Grundstückserwerber, der nach § 571 in bestehende Mietverträge eintreten muß, die Möglichkeit zu verschaffen, sich über den Umfang der auf ihn übergehenden Bindungen zu unterrichten (st Rspr seit RGZ 86, 30, 32; zuletzt BGHZ 55, 71, 77; 72, 394, 399; 81, 46 usw). Daneben soll durch die Schriftform für solche Mietverträge die Beweisbarkeit langfristiger Abreden der Parteien sichergestellt werden. Schließlich hat die Schriftform hier noch eine gewisse Warnfunktion (RG HRR 1933 Nr 873; JW 1937, 1701; BGHZ 81, 46). Im Ergebnis verfolgt § 566 daher völlig disparate Zwecke, worauf vor allem die großen Auslegungsschwierigkeiten beruhen, die seit jeher mit seiner Anwendung verbunden sind.

## II. Anwendungsbereich

### 1. Grundstücksmiete

2 § 566 gilt nur für Miet- und Pachtverträge über Grundstücke, Teile von Grundstücken, Wohnräume und sonstige Räume (§ 580) einschließlich der Untermietverträge (BGHZ 81, 46; BGH WM 1982, 431, 433). Die Höhe des Mietzinses spielt dabei keine Rolle (BGH LM Nr 45 zu § 535 BGB). Ist aber der Grundstücksmietvertrag nur Teil eines gemischten Vertrages, so können andere Formvorschriften den Vorrang haben. Wichtig ist dies namentlich für *§ 313,* wenn dem Mieter in dem Mietvertrag ein Vorkaufs- oder Ankaufsrecht eingeräumt wird.[1] Keine Grundstücksmietverträge im Sinne des § 566 sind außerdem **Vorverträge** zu Mietverträgen,[2] die Begründung eines Vormietsrechts (s oben Vorbem 59 f zu 535, 536) und idR auch nicht Automatenaufstellverträge (BGHZ 47, 202; s oben Vorbem 47 f zu §§ 535, 535) sowie Unternehmenspachtverträge (BGH WM 1982, 431).

### 2. Dauer

3 § 566 setzt voraus, daß der Grundstücksmietvertrag für eine längere Zeit als ein Jahr abgeschlossen wird, wobei die Jahresfrist vom Beginn des Mietverhältnisses ab, nicht vom Vertragsschluß ab gerechnet wird. Diese Voraussetzung ist erfüllt, wenn der Vertrag erstmals zu einem nach Ablauf des ersten Vertragsjahres liegenden Zeitpunkt kündbar ist, außerdem wenn die Parteien vereinbaren, daß der Vertrag automatisch für eine bestimmte Zeit weiterlaufen soll, wenn er nicht zum Schluß des ersten Jahres gekündigt wird (RG HRR 1933 Nr 873), sowie wenn

---

[1] RGZ 72, 385; 97, 219; 148, 105; BGH LM Nr 29 zu § 139 BGB = ZMR 1963, 206; WM 1967, 935; LG Bonn WuM 1983, 136.

[2] BGH LM Nr 1, 6,11 und 19 zu § 566 BGB = NJW 1954, 71; ZMR 1962, 177; 1964, 79; NJW 1970, 1596.

der Mieter aufgrund einer **Verlängerungsklausel** oder einer Option die Möglichkeit besitzt, einseitig den Vertrag über ein Jahr hinaus zu verlängern (BGH WM 1963, 172; insbes LM Nr 28 zu § 566 BGB = NJW-RR 1987, 1227; s o Vorbem 60 zu §§ 536, 537 und u Rz 6). § 566 wird entsprechend seinem Zweck darüber hinaus angewendet, wenn die Dauer des Vertrages von einem zukünftigen, ungewissen Ereignis abhängig gemacht wird, jedenfalls wenn der Vertrag nach den Vorstellungen der Parteien hiernach länger als ein Jahr laufen wird, wie es insbes bei Abschluß eines Mietvertrages auf Lebenszeit des Mieters idR der Fall sein dürfte (§ 567; BGH LM Nr 1 zu § 567 BGB = NJW 1958, 2062; RGZ 97, 219; s unten § 567 Rz 3).

## III. Schriftform

### 1. Allgemeines

**a)** Sind die genannten Voraussetzungen (oben Rz 2 f) erfüllt, so bedarf der Vertrag 4
der Schriftform. Was dazu im einzelnen erforderlich ist, ergibt sich aus den §§ 126 und 127 a, so daß vor allem ein bloßer *Briefwechsel* der Parteien in aller Regel für § 566 nicht ausreicht (RGZ 59, 245; 95, 83; BGHZ 99, 54, 58; BGH LM Nr 45 zu § 535 BGB; Nr 26 zu § 566 BGB = NJW-RR 1986, 944 = WM 1986, 792). Bei Erklärungen unter Abwesenden genügt es außerdem nicht, daß die eine Partei die ihr von der anderen zugesandte Urkunde unterschreibt; vielmehr ist zusätzlich noch *Zugang* der formgerechten Erklärung des Annehmenden bei der antragenden Partei erforderlich.[3] Die gesetzlich vorgeschriebene Schriftform wird aber in jedem Fall ersetzt durch notarielle Beurkundung des Vertrages oder durch dessen Aufnahme in einen gerichtlichen Vergleich (§§ 126 Abs 3, 127 a). Haben die Parteien den Vertrag formlos geschlossen, so können sie schließlich die Beurkundung jederzeit mit Wirkung ex tunc *nachholen*.

**b)** Aus § 126 Abs 2 ergibt sich außerdem das Erfordernis der **Einheitlichkeit der** 5
**Urkunde**. Dies bedeutet, daß die von den Parteien unterzeichnete Urkunde stets alle wesentlichen Abreden enthalten muß, aus denen sich nach dem Willen der Parteien der Vertrag zusammensetzt. Eine *Bezugnahme* auf andere Urkunden genügt infolgedessen dem gesetzlichen Schriftformerfordernis nur, wenn sie als Anlagen der unterzeichneten Urkunde beigefügt und mit dieser körperlich fest verbunden werden (grdleg RGZ 105, 289, 292; BGHZ 40, 255, 262 ff; 59, 39, 41; BGH LM Nr 29 zu § 139 BGB). Bei der Miete werden indessen heute von diesem Grundsatz bei Verlängerungs- und Änderungsverträgen aus praktischen Gründen zahlreiche Ausnahmen zugelassen (s unten Rz 8 sowie § 2 MHRG Rz 22).

[3] RGZ 87, 196; 105, 60; BGHZ 40, 255, 261; BGH LM Nr 7 zu § 566 BGB = NJW 1962, 1388; LG Berlin ZMR 1984, 337.

## 2. Umfang

6 Das Schriftformerfordernis gilt grundsätzlich **für sämtliche Abreden**, aus denen sich nach dem Willen der Parteien der Vertrag zusammensetzen soll, dh für den gesamten Vertragsinhalt einschließlich aller Nebenabreden, die einen Bestandteil des Mietvertrags bilden sollen.[4] Deshalb müssen immer beurkundet werden die Vereinbarungen über Gegenstand und Dauer des Vertrages (RG JW 1906, 348) einschließlich des Verlängerungszeitraums im Falle einer Option (BGH LM Nr 28 zu § 566 BGB = NJW-RR 1987, 1227; s o Rz 3), weiter die Abreden über die Höhe des Mietzinses (BGH LM Nr 2 zu § 566 BGB; Nr 1 zu 567 BGB) sowie eine etwaige Zusicherung von Eigenschaften (RG JW 1937, 675). Dasselbe gilt für die generelle Erlaubnis der Untervermietung sowie für solche Abreden, durch die ein Vorvertrag zum endgültigen Mietvertrag erhoben wird (BGH LM Nr 6 und 19 zu § 566 BGB). *Formlos* möglich sind hingegen stets selbständige Nebenabreden, die nach dem Willen der Parteien keinen Bestandteil des Mietvertrages bilden sollen (BGH LM Nr 1 zu § 1136 BGB = MDR 1966, 756). Dasselbe gilt für Abreden über einmalige Leistungen einer Partei bei Vertragsschluß als bloße Gegenleistung für die Bereitschaft der anderen zum Vertragsabschluß (RGZ 123, 171; BGH LM Nr 1 zu § 567), für Abreden mit Dritten aus Anlaß des Vertragsschlusses (BGH NJW 1966, 250), für die Genehmigung der Untervermietung im Einzelfall (RG LZ 1930, 840; str), für die Vereinbarung der nachträglichen Beurkundung des zunächst formlos abgeschlossenen Vertrages (RGZ 104, 131), für eine kurzfristige Minderung des Mietzinses (BGH LM 7 zu § 126 BGB = ZMR 1969, 339) sowie für die Aufhebung des Vertrages (BGHZ 65, 49, 55).

## 3. Insbes Änderungen und Ergänzungen

7 **a)** Da der gesamte Vertragsinhalt beurkundet werden muß (oben Rz 6), bedürfen nachträgliche Ergänzungen oder Änderungen des Vertrages ebenfalls grundsätzlich der in § 566 S 1 vorgeschriebenen Schriftform. Beispiele sind eine Verlängerung des Vertrages über ein Jahr hinaus (RGZ 105, 60; BGH WM 1963, 172; LG Berlin GE 1988, 1113), eine deutliche Erhöhung des Mietzinses (RG JW 1929, 3226; BGHZ 50, 39, 44; 99, 54, 58 f; BGH WM 1964, 710; 1970, 1480), die Verschiebung des Vertragsbeginns (BGHZ 99, 54, 59), die nachträgliche Einführung der Staffelmiete (AG Köln WuM 1984, 227), die nachträgliche Vereinbarung eines Baukostenzuschusses (BGH WM 1966, 1335) sowie die Erweiterung der vermieteten Räume um rund ein Viertel (BGH WM 1963, 172). Dasselbe gilt nach dem zu § 549 Gesagten für die Abreden der Beteiligten bei Eintritt eines neuen Mieters in den Mietvertrag (s oben § 549 Rz 3).

8 **b)** Das Erfordernis der *Einheitlichkeit* der Urkunde (s oben Rz 5) gilt an sich auch für derartige Ergänzungs- und Verlängerungsverträge (BGHZ 40, 255; 50, 39; BGH WM 1970, 1480). Die daraus resultierende Notwendigkeit einer körperlichen Verbindung zwischen dem Ergänzungsvertrag und der ursprünglichen Ver-

---

[4] RGZ 118, 105; 123, 171; BGHZ 40, 255, 262 ff; BGH LM Nr 2 und 6 zu § 566 BGB; Nr 1 zu § 567 BGB = NJW 1954, 425; ZMR 1962, 177; NJW 1958, 2062.

tragsurkunde war indessen der Praxis stets ausgesprochen lästig, so daß immer wieder Ausnahmen zugelassen wurden, etwa wenn der Nachtrag selbst schon sämtliche wesentlichen Abreden der Parteien enthält oder wenn aufgrund der Bezugnahme eindeutig feststeht, daß es im übrigen bei den ursprünglichen Abreden verbleiben soll.[5] Deshalb steht heute fest, daß Ergänzungs- und Verlängerungsverträge dem Schriftformerfordernis genügen, wenn sie **entweder** mit der ursprünglichen Vertragsurkunde körperlich fest verbunden werden **oder** auf den ursprünglichen Vertrag in der neuen Urkunde eindeutig Bezug genommen wird, so daß kein Zweifel daran bestehen kann, daß es im übrigen bei dem ursprünglichen Vertrag bleiben soll, vorausgesetzt daß die neue Urkunde ebenfalls von beiden Parteien unterzeichnet ist (grdl BGH NJW-RR 1988, 201 = ZMR 1988, 133 = WM 1988, 270 = WuM 1988, 50; LG Berlin GE 1988, 1113). Formlos möglich sind außerdem eine Aufhebung des Mietvertrages (oben Rz 6), ein Verzicht des Vermieters auf einen Teil des Mietzinses (BGH LM Nr 1 zu § 567 BGH) sowie sämtliche Vertragsänderungen, deren Laufzeit ein Jahr nicht übersteigt. Schließlich wird § 566 noch auf sog unwesentliche Änderungen des Mietvertrages nicht angewandt, wobei jedoch die Abgrenzung erhebliche Schwierigkeiten bereitet (s RG HRR 1931 Nr 403; BGHZ 99, 54, 58; BGH WM 1963, 172).

## IV. Rechtsfolgen

### 1. Allgemeines

**a)** Nach § 566 S 2 hat ein Verstoß gegen das Erfordernis der Schriftform lediglich zur Folge, daß der Vertrag als für *unbestimmte Zeit* geschlossen gilt und erstmals zum Schluß des ersten Jahres kündbar ist. Dabei handelt es sich um eine gesetzliche *Fiktion,* die in jedem Fall ohne Rücksicht auf den Willen der Parteien eingreift (zB RGZ 86, 30; 118, 105; RG JW 1929, 318; 1929, 3226). Voraussetzung ist aber, daß überhaupt ein wirksamer Mietvertrag vorliegt. Hieran kann es zB fehlen, wenn die vereinbarte Schriftform (unten Rz 13) nach den Abreden der Parteien (ausnahmsweise) konstitutive Bedeutung besaß (vgl RG JW 1908, 105; 1908, 446; 1912, 389; BGH WM 1966, 979; besonders weitgehend OLG Düsseldorf ZMR 1988, 54). Von diesen Ausnahmefällen abgesehen, können aber die Parteien jederzeit die Beurkundung *nachholen;* ein Anspruch darauf besteht freilich nur, wenn die Parteien dies zusätzlich vereinbart hatten. Eine derartige Vereinbarung der Beurkundung ist stets formlos möglich (RGZ 104, 131; s oben Rz 6, unten Rz 12, 16). 9

**b)** Da § 566 auch für nachträgliche **Änderungen** oder Ergänzungen des Vertrages gilt (oben Rz 7 f), hat ein Formverstoß bei solchen nachträglichen Ergänzungen oder Änderungen ebenfalls grundsätzlich zur Folge, daß jetzt der Mietvertrag insgesamt der gesetzlich vorgeschriebenen Schriftform entbehrt, so daß er fortan auf unbestimmte Zeit läuft und nach Ablauf eines Jahres nach der Änderung 10

---

[5] BGHZ 42, 333, 338 f; 52, 25, 28 f; 55, 248, 250 f; BGH LM Nr 22 zu § 566 BGB = NJW 1974, 1081; LM Nr 7 zu § 126 BGB.

kündbar ist.[6] Die neuere Praxis beschränkt jedoch die Rechtsfolgen des Formverstoßes nach Möglichkeit auf die Änderungen und Ergänzungen (s BGHZ 50, 39, 43 f; 65, 49, 54). Hat der Vermieter schließlich mit Rücksicht auf eine (formlose) Verlängerung des Mietvertrages in eine Herabsetzung des Mietzinses eingewilligt, so kann er die Differenz zu dem ursprünglichen Mietzins nach § 812 Abs 1 S 2 Fall 2 nachfordern, wenn der Zweck der Herabsetzung, die Verlängerung des Vertrages, nicht erreicht wird, weil der Mieter mit Rücksicht auf den Formverstoß jetzt nach § 566 S 2 kündigt (grdl BGH LM Nr 26 zu § 566 BGB = NJW-RR 1986, 944 = ZMR 1986, 230 = WM 1986, 772).

**2. Kündigung**

**11** Ist die Schriftform nicht beachtet, so ist der Vertrag mit den Fristen des § 565 frühestens zum Schluß des ersten Jahres kündbar (§ 566 S 2). Umstritten ist, wann die Jahresfrist zu laufen beginnt. Bei einem durch Übergabe des Grundstücks oder der Räume vollzogenen Mietverhältnis sollte jedenfalls auf den Zeitpunkt der Übergabe abgestellt werden, an dessen Stelle der Zeitpunkt des (formlosen) Abschlusses eines Änderungs- oder Ergänzungsvertrages tritt, wenn der Vertrag erst hierdurch seine Schriftform einbüßt (ebenso zB Sternel Rz I 201; offengelassen in BGHZ 99, 54, 61). Bei einem noch nicht durch Übergabe des Grundstücks oder der Räume vollzogenen Mietvertrags ist für den Fristbeginn hingegen nach Meinung des BGH (BGHZ 99, 54, 59 f = LM Nr 27 zu § 566 BGB = NJW 1987, 948) der Zeitpunkt des Vertragsabschlusses bzw der nachfolgende Zeitpunkt des (formlosen) Abschlusses eines Änderungs- oder Ergänzungsvertrages maßgebend.

**11a** In Ausnahmefällen kann die Berufung einer Partei auf den Formmangel *treuwidrig* sein, so daß dann eine vorzeitige Kündigung des Vertrages aufgrund des § 566 S 2 ausscheidet. Nach der neuesten Rechtsprechung kommt diese Annahme indessen nur noch in Betracht, wenn die Nichtanerkennung des Vertrages nicht nur zu einem harten, sondern zu einem schlechthin untragbaren Ergebnis führte, weil der Vermieter den Mieter arglistig oder sonst schuldhaft von der Beobachtung des § 566 abgehalten hatte, wenn er sich sonst einer besonders schweren Treupflichtverletzung schuldig gemacht hat oder wenn bei Formnichtigkeit des Vertrages die Existenz des Mieters bedroht wäre.[7] Auch in einem solchen Ausnahmefall wirkt jedoch der Einwand der Arglist immer nur zwischen den Vertragsparteien, niemals aber gegenüber dem Grundstückserwerber, der nach § 571 in den Mietvertrag eintritt, so daß sich dieser stets auf den Formmangel berufen kann (BGHZ 40, 255, 261; BGH LM Nr 7 zu § 566 BGB).

**12** Die Kündigung ist außerdem treuwidrig, wenn die Parteien wirksam eine *Beur-*

---

[6] So zB RGZ 51, 179; 105, 60; 108, 105; 123, 171; BGHZ 50, 39, 44; 99, 54, 58 f = NJW 1987, 948 = LM Nr 27 zu § 566 BGB; BGH WM 1964, 710; 1966, 1335; 1970, 1480; kritisch dazu Mietrecht § 566 Rz 34, 46 ff; Müller ZMR 1970, 86.

[7] Grdleg BGHZ 85, 315; 92, 164; 99, 54; BGH LM Nr 1 zu § 242 [Ca] BGB; Nr 2 zu § 566 BGB = ZMR 1955, 292; NJW 1954, 425; BGH WM 1963, 172; 1964, 710; 1970, 1480; LG München I ZMR 1988, 308 usw.

*kundung* des Vertrages *vereinbart* hatten (s oben Rz 6, 9) oder wenn dem Mietvertrag ein (ebenfalls formlos möglicher) **Vorvertrag** zugrundeliegt (s oben Rz 2), da sich aus solchen Vereinbarungen stets ein Anspruch auf Nachholung der Form für den Hauptvertrag ergibt, der einer auf den formlosen Hauptvertrag gestützten Kündigung entgegengesetzt werden kann.[8]

## V. Schriftformklausel

**1.** Von einer Schriftformklausel spricht man, wenn die Parteien für ihren Vertrag Schriftform vereinbart haben (s §§ 125 S 2, 154 Abs 2). In derartigen Fällen muß stets sorgfältig geprüft werden, ob die Einhaltung der vertraglich vereinbarten Form konstitutive oder nur **deklaratorische** Bedeutung haben soll. Mit Rücksicht auf § 566 S 2 wird man im Zweifel bei Mietverträgen das letztere anzunehmen haben (RG JW 1912, 389; 1929, 318; LG Düsseldorf WuM 1986, 133; anders aber zB OLG Düsseldorf ZMR 1988, 54). Von der Wirksamkeit des Vertrages ist dementsprechend vor allem dann auszugehen, wenn dem Mieter aufgrund des formlosen Vertrages die Sache bereits überlassen worden ist (BGH LM Nr 16 zu § 84 HGB = NJW 1983, 1727; anders OLG Düsseldorf aaO). Hat die Vereinbarung der Schriftform jedoch ausnahmsweise **konstitutive** Bedeutung, so ist der Vertrag bei einem Verstoß gegen das Schriftformerfordernis nichtig (§§ 125 S 2, 154 Abs 2). Für eine Anwendung des § 566 S 2 ist dann kein Raum mehr (s oben Rz 9; RG JW 1912, 389; BGH WM 1966, 979). Zieht der Mieter in einem solchen Fall gleichwohl schon in die fraglichen Räume ein, so richtet sich der dadurch konkludent zustandegekommene Mietvertrag nicht nach dem ursprünglich geplanten, aber nichtigen Vertrag, sondern nach der tatsächlichen Handhabung (OLG Düsseldorf ZMR 1988, 54). 13

**2. a)** In schriftlichen Mietverträgen findet sich häufig die Klausel, daß **Änderungen** und **Ergänzungen** des Vertrages der Schriftform bedürfen. Solche Klauseln sind unbedenklich, zumal sie häufig nur den § 566 wiederholen, können aber von den Parteien jederzeit formlos wieder *aufgehoben* werden, wofür es genügt, daß feststeht, daß die Parteien das mündlich Vereinbarte tatsächlich gewollt haben.[9] Auch eine Aufhebung des Vertrages ist in solchen Fällen stets formlos möglich (BGHZ 66, 378, 381). 14

**b)** Ohne Bedeutung sind Schriftformklauseln schließlich idR in **Formularverträgen**, da nach § 4 AGBG Individualvereinbarungen in jedem Fall vorgehen. Folglich sind formlose Vertragsänderungen jederzeit möglich, sofern nur der 15

[8] RGZ 86, 30, 35; 97, 219, 223; 104, 131, 132; 141, 370, 373; BGH LM Nr 1 zu § 242 [Ca] BGB; Nr 45 zu § 535 BGB; Nr 11 zu § 566 BGB = ZMR 1964, 79.

[9] BGHZ 49, 364; 66, 378; BGH LM Nr 20 zu § 125 BGB; Nr 57 zu § 242 (Ba) BGB; Nr 3 zu § 505 BGB; WM 1966, 1335; 1976, 26; OLG Karlsruhe WuM 1983, 166 = 26 in RE Miet; OLG München WuM 1989, 128, 133; Mietrecht § 566 Rz 65 f; anders aber zB LG Baden-Baden ZMR 1984, 167; enger auch OLG Düsseldorf ZMR 1988, 58 = NJW-RR 1988, 398; Sternel Rz I 212.

Nachweis der Änderung derjenigen Partei, die aus ihr Rechte herleiten will, gelingt. Soll hingegen durch die fragliche Klausel gerade die Möglichkeit zu derartigen nachträglichen, formlosen Vertragsänderungen ausgeschlossen werden, so verstößt sie auf jeden Fall gegen § 9 Abs 2 AGBG und ist deshalb unwirksam.[10]

### VI. Abweichende Vereinbarungen

16 § 566 ist zwingend, so daß die Parteien nicht vereinbaren können, daß ein Vertrag trotz des Verstoßes gegen § 566 für längere Zeit als ein Jahr fest abgeschlossen sein soll. Möglich bleibt aber in jedem Fall die formlose Abrede, daß der Vertrag noch nachträglich beurkundet werden soll (RGZ 104, 131; s oben Rz 6, 9, 12).

### VII. Beweislast

17 Eine über ein Rechtsgeschäft aufgenommene Vertragsurkunde hat stets die Vermutung der Vollständigkeit und Richtigkeit für sich. Deshalb trägt immer derjenige die Beweislast, der behauptet, daß neben den beurkundeten Abreden noch zusätzlich andere, mündliche Abreden getroffen worden seien (vgl BGH LM Nr 24 zu § 242 [Be] BGB).

## § 567

**[1]Wird ein Mietvertrag für eine längere Zeit als dreißig Jahre geschlossen, so kann nach dreißig Jahren jeder Teil das Mietverhältnis unter Einhaltung der gesetzlichen Frist kündigen. [2]Die Kündigung ist unzulässig, wenn der Vertrag für die Lebenszeit des Vermieters oder des Mieters geschlossen ist.**

1 **1.** § 567 S 1, nach dem alle Mietverträge spätestens nach 30 Jahren kündbar sind, *bezweckt* die Verhinderung der vertraglichen Schaffung einer Erbmiete oder ähnlicher Verhältnisse (RGZ 73, 341; 121, 11; 130, 143). Die Vorschrift ist deshalb **zwingend**, so daß ein vertraglicher Ausschluß des Kündigungsrechts nach 30 Jahren nicht möglich ist (RGZ 66, 216; BGH LM Nr 2 und 31 zu § 581 BGB). Aus dem erwähnten Zweck des § 567 folgt außerdem, daß die Vorschrift *entsprechend* auf sämtliche anderen, miet- oder pachtähnlichen Rechtsverhältnisse anzuwenden ist.[1] Voraussetzung ist aber in jedem Fall ein Vertragsschluß auf eine längere Zeit als *30 Jahre*. Ein solcher Vertragsschluß liegt auch vor, wenn der Vertrag zwar nur für 30 Jahre abgeschlossen, dem Mieter jedoch eine Verlänge-

---

[10] Im einzelnen str; s insbes BGHZ 82, 21; BGH LM Nr 3 zu § 9 (Ca) AGBG = NJW 1986, 1809 = WM 1986, 712; WM 1985, 320; OLG München WuM 1989, 128, 133; LG München I ZMR 1988, 143, 147; Sternel Rz I 210.

[1] RGZ 121, 11; RG LZ 1917, 801; BGH LM Nr 31 zu § 581 BGB; Gegenbeispiele in BGHZ 64, 288; BGH LM Nr 22 zu § 1018 BGB.

rungsoption für weitere Jahre eingeräumt ist (RGZ 130, 143) oder wenn das Kündigungsrecht einer Partei für eine längere Zeit als 30 Jahre ausgeschlossen ist. Verträge für eine längere Zeit als 30 Jahre sind nicht etwa nichtig. Der Verstoß 2 gegen § 567 S 1 hat vielmehr lediglich zur **Folge**, daß der Vertrag spätestens nach 30 Jahren mit gesetzlicher Frist (§ 565) kündbar ist; im übrigen bleibt der Vertrag wirksam.[2] Die Dreißigjahresfrist beginnt dabei erst mit Überlassung der Sache an den Mieter. Ein bestimmter Kündigungstermin ist vom Gesetz nicht vorgeschrieben.

**2.** Von dem Verbot einer längeren Bindung als auf 30 Jahre macht § 567 S 2 eine 3 Ausnahme für Verträge, die für die **Lebenszeit** des Vermieters oder des Mieters abgeschlossen sind. Das ist eine eng auszulegende Ausnahmevorschrift (OLG München HRR 1942 Nr 852), so daß sie weder auf juristische Personen noch auf erbrechtliche Verhältnisse anwendbar ist (LG Mannheim DWW 1968, 258). Solche Verträge auf Lebenszeit einer Person bedürfen stets der Form des § 566 (BGH LM Nr 1 zu § 567 BGB; s oben § 566 Rz 3).

## § 568

**[1]Wird nach dem Ablaufe der Mietzeit der Gebrauch der Sache von dem Mieter fortgesetzt, so gilt das Mietverhältnis als auf unbestimmte Zeit verlängert, sofern nicht der Vermieter oder der Mieter seinen entgegenstehenden Willen binnen einer Frist von zwei Wochen dem anderen Teile gegenüber erklärt. [2]Die Frist beginnt für den Mieter mit der Fortsetzung des Gebrauchs, für den Vermieter mit dem Zeitpunkt, in welchem er von der Fortsetzung Kenntnis erlangt.**

**Schrifttum:** Bodié NJW 1967, 1068; WuM 1966, 130; 1968, 43; Bullert NJW 1967, 139; Esser, Wert und Bedeutung der Rechtsfiktionen (2. Aufl 1969); Ganschezian-Finck NJW 1971, 2051; Giebner ZMR 1970, 3; Haase WuM 1970, 113; JR 1972, 58; Hans ZMR 1967, 65; Köhler § 15 (S 47 ff); Oswald ZMR 1970, 67; Schroers WuM 1974, 65; Sternel Rz IV 81 ff; Weimar ZMR 1963, 65; 1965, 3; WuM 1967, 143; MDR 1966, 981.

### 1. Bedeutung

§ 568 regelt die Frage, was geschehen soll, wenn der Mieter trotz Beendigung des 1 Mietverhältnisses den Gebrauch der Sache fortsetzt. Damit ist *bezweckt,* die Entstehung eines vertragslosen Zustandes in derartigen Fällen zu verhindern.[1] Deshalb enthält § 568 keine bloße Vermutung, sondern eine echte **Fiktion** der Vertragsverlängerung, so daß es auf einen etwaigen, abweichenden Willen der Parteien nicht ankommt (BGH LM Nr 2 zu § 568 BGB; LG Berlin GE 1986, 659). Ebensowenig möglich ist eine Anfechtung mit der Folge, daß die Verlängerung

[2] RGZ 130, 143; RG BayZ 1927, 290; BGH LM Nr 2 zu § 281 BGB.

[1] BayObLGZ 1981, 300 = NJW 1981, 2751 = WuM 1981, 253 = 9 in RE Miet; OLG Schleswig NJW 1982, 449 = 3 in RE Miet; OLG Hamm WuM 1983, 48 = 27 in RE Miet.

des Mietverhältnisses nicht eintritt (s RGZ 140, 314; BayObLGZ 1981, 300 = 9 in RE Miet).

**2. Anwendungsbereich**

2 § 568 gilt für alle Miet- und Pachtverhältnisse und für jede Beendigungsart (RAGE 15, 281; LG Mannheim WuM 1977, 229). Auch im Falle einer fristlosen Kündigung aus wichtigem Grunde ist § 568 grundsätzlich anwendbar (BGH LM Nr 22 zu § 305 BGB = NJW 1980, 1577; LG Karlsruhe MDR 1981, 847). Selbst wenn der Mieter der Kündigung nach den §§ 556a oder 556b widerspricht, bleibt Raum für die Anwendung des § 568. Dasselbe gilt bei Beendigung des Mietverhältnisses durch einen Aufhebungsvertrag, außer wenn in diesem Vertrag zugleich eine vertragliche Abbedingung des § 568 liegt (BGH WM 1965, 411; LG Mannheim WuM 1977, 229). Für die Anwendung des § 568 ist jedoch kein Raum mehr, wenn die Beendigung des Mietverhältnisses, sei es durch Urteil, sei es durch Vereinbarung der Parteien, feststeht und dem Mieter lediglich noch eine **Räumungsfrist** bewilligt worden ist (LG Mannheim ZMR 1969, 220; LG Essen WuM 1984, 252f; AG Frankfurt NJW-RR 1988, 204). In solchen Fällen kann es sich daher, wenn der Vermieter mit der Vollstreckung des Räumungsurteils übermäßig lange zuwartet, lediglich fragen, ob er infolgedessen seinen Herausgabeanspruch verwirkt hat oder ob die Durchsetzung des Urteils sonst mißbräuchlich ist.[2]

**3. Gebrauchsfortsetzung**

3 Die Fiktion der Vertragsverlängerung setzt vor allem voraus, daß der Mieter trotz Beendigung des Mietverhältnisses den Gebrauch der Sache fortsetzt. Entscheidend ist dabei allein die **tatsächliche Fortsetzung** des Gebrauchs durch den Mieter, dh die Fortsetzung des bisherigen, vertragsmäßigen Gebrauchs über den Zeitpunkt der Vertragsbeendigung hinaus.[3] Dazu ist erforderlich, daß der Mieter die Sache tatsächlich behält und weiterhin für eine nicht völlig unerhebliche Zeit entsprechend dem an sich beendeten Mietvertrag gebraucht (BayObLGZ 1981, 300 = NJW 1981, 2759 = 9 in RE Miet). Deshalb greift § 568 zB ein, wenn der Mieter den Untermieter in der Wohnung weiter wohnen läßt (s BGH LM Nr 42 zu § 535 BGB), wobei es auf einen fortbestehenden Besitzmittlungswillen des Mieters nicht ankommt (BGH LM Nr 2 zu § 568 BGB), oder wenn er zwar auszieht, aber seine Möbel in der Wohnung zurückläßt (LG Köln WuM 1975, 85).

**4. Widerspruch**

4 **a)** Trotz Fortsetzung des Gebrauchs durch den Mieter nach Beendigung des Mietverhältnisses wird eine Verlängerung des Mietverhältnisses dann nicht fin-

[2] Vgl OLG Hamm WuM 1981, 257 = 11 in RE Miet; LG Hannover ZMR 1979, 248; LG Essen WuM 1984, 252f; AG Frankfurt NJW-RR 1988, 204.

[3] BGH LM Nr 42 zu § 535 BGB = WM 1969, 298; LM Nr 2 zu § 568 BGB = NJW 1986, 1020; LM Nr 3 zu § 568 BGB = NJW-RR 1988, 76 = WM 1988, 88.

giert, wenn der Vermieter oder der Mieter ihren entgegenstehenden Willen binnen einer Frist von zwei Wochen dem anderen Teil gegenüber erklären. Dieser Widerspruch ist eine einseitige, bedingungsfeindliche, empfangsbedürftige Willenserklärung, die dem Gegner binnen der Zweiwochenfrist tatsächlich zugehen muß und aus der sich eindeutig ergeben muß, daß der Erklärende unter keinen Umständen mit einer Fortsetzung des Mietverhältnisses zu den bisherigen Bedingungen einverstanden ist. Eine besondere Form ist für den Widerspruch nicht vorgeschrieben, so daß er auch konkludent erklärt werden kann.[4] Bei mehreren Vermietern oder Mietern muß der Widerspruch von allen Vertragsparteien ausgehen und allen Parteien zugehen.

Ein Widerspruch liegt hiernach *zB* regelmäßig in der Stundung des Herausgabeanspruchs, in der Gewährung einer bloßen Räumungsfrist, in der Erhebung der Räumungsklage, im Beginn der Zwangsvollstreckung, in dem Verlangen nach sofortiger Räumung und nach hM sogar in der Forderung des Vermieters nach einer Heraufsetzung des Mietzinses,[5] *nicht* aber bei Zeitmietverträgen (§ 564 c) in der bloßen Mitteilung der fortbestehenden, eigenen Verwendungsabsicht des Vermieters nach § 564 c Abs 2 S 1 Nr 4 (s unten § 564 c Rz 24). 5

**b)** Die **Widerspruchsfrist** beträgt 2 Wochen und beginnt für den *Mieter* in dem Augenblick zu laufen, in dem das Mietverhältnis endet; es ist nicht erforderlich, daß der Mieter von der Beendigung des Mietverhältnisses Kenntnis hat (BGH LM Nr 22 zu § 305 BGB = NJW 1980, 1577). Beim *Vermieter* setzt der Fristbeginn hingegen positive Kenntnis von der Fortsetzung des Gebrauchs durch den Mieter voraus, wobei bei einer Mehrzahl von Vermietern diese Kenntnis alle Vermieter haben müssen (BayObLGZ 1981, 300 = NJW 1981, 2759 = 9 in RE Miet). Da der Widerspruch binnen der Zweiwochenfrist dem Gegner zugehen muß, genügt die Erhebung der **Räumungsklage** binnen der Zweiwochenfrist für die Fristwahrung nur, wenn die Klage dem Gegner während der Frist tatsächlich zugestellt wird; für die entsprechende Anwendung der §§ 270 Abs 3 und 495 ZPO ist hier kein Raum.[6] 6

Der Widerspruch kann schon **vor Fristbeginn**, insbes in Verbindung mit der Kündigung des Mietverhältnisses erklärt werden. Nach Fristbeginn ist dann keine Wiederholung des Widerspruchs mehr erforderlich, vorausgesetzt, daß zwischen der Erklärung des Widerspruchs und der Beendigung des Mietverhältnisses nicht nur ein loser zeitlicher, sondern ein enger sachlicher Zuammenhang besteht. Darüber hinaus ist eine Wiederholung des Widerspruchs außerdem dann entbehrlich, wenn sie offenbar sinnlos ist, weil der Vermieter schon einen neuen Mietver- 7

---

[4] BayObLGZ 1981, 300 = NJW 1981, 2759 = 9 in RE Miet; OLG Schleswig NJW 1982, 449 = WuM 1982, 65 = 3 in RE Miet; BGH LM Nr 3 zu § 568 BGB = NJW-RR 1988, 76.

[5] Vgl RGZ 140, 314, 317; BGH LM Nr 42 zu § 535 BGB; OLG Schleswig NJW 1982, 449 = 3 in RE Miet; LG Itzehoe WuM 1982, 298; s im übrigen auch unten Rz 8.

[6] Sehr str; wie hier zB LG Karlsruhe MDR 1981, 847; LG Duisburg WuM 1980, 236; LG Wiesbaden WuM 1969, 97; ZMR 1971, 181; LG Hamburg WuM 1975, 57; LG Paderborn MDR 1984, 581 Nr 57; aM LG Itzehoe WuM 1982, 298; s Mietrecht § 568 Rz 20.

trag über die fraglichen Räume abgeschlossen oder der Mieter eine andere Wohnung gemietet hat.[7]

8 Mit einer **fristlosen Kündigung** kann hiernach ebenfalls ohne weiteres der Widerspruch schon vor Fristbeginn verbunden werden. Da der Widerspruch zudem konkludent erklärt werden kann (s oben Rz 4), wird sich gerade in diesen Fällen der Widerspruch besonders häufig aus den Umständen ergeben, insbes wenn der Vermieter nach § 554 a wegen Unzumutbarkeit der Vertragsfortsetzung kündigt oder wenn er sofortige Räumung verlangt.[8] Jedoch kann nicht darüber hinaus im Falle der fristlosen Kündigung generell auf den zusätzlichen Widerspruch verzichtet werden (LG Hamburg WuM 1975, 57; aM zu Unrecht LG Itzehoe WuM 1982, 298).

### 5. Rechtsfolgen

9 **a)** Wenn die Voraussetzungen des § 568 erfüllt sind, verlängert sich der alte Mietvertrag automatisch auf unbestimmte Zeit. Der Vertrag erfährt lediglich insofern eine Änderung, als an die Stelle der vereinbarten Kündigungsfrist die gesetzlichen Fristen des § 565 treten (vgl RGZ 140, 314; RAGE 15, 281; BayObLGZ 1981, 300 = 9 in RE Miet). Eine weitergehende Wirkung hat § 568 nicht; insbes führt er nicht zur Präklusion des Vermieters mit seinen Kündigungsgründen, so daß er eine fristlose Kündigung jederzeit wiederholen kann (anders freilich LG Bochum ZMR 1971, 56; AG Tempelhof-Kreuzberg MDR 1988, 146). Hat hingegen eine Partei der Fortsetzung wirksam widersprochen, so hat das Mietverhältnis endgültig sein Ende gefunden. Die Fortsetzung des Gebrauchs durch den Mieter stellt dann eine Vorenthaltung im Sinne des § 557 dar.

10 **b)** § 568 ist nicht zwingend, so daß **abweichende Vereinbarungen** möglich sind. Doch kann dies nur für Individualvereinbarungen gelten; eine Abbedingung des § 568 durch Formularverträge ist nicht möglich (§ 9 Abs 2 AGBG; aM OLG Hamm WuM 1983, 48 = NJW 1983, 826; LG Hannover WuM 1988, 259, 260).

## § 569

**(1) [1]Stirbt der Mieter, so ist sowohl der Erbe als der Vermieter berechtigt, das Mietverhältnis unter Einhaltung der gesetzlichen Frist zu kündigen. [2]Die Kündigung kann nur für den ersten Termin erfolgen, für den sie zulässig ist.**
**(2) Die Vorschriften des Absatzes 1 gelten nicht, wenn die Voraussetzungen für eine Fortsetzung des Mietverhältnisses nach den §§ 569 a oder 569 b gegeben sind.**

---

[7] So im Anschluß an den BGH (LM Nr 42 zu § 535 BGB; WM 1965, 411; LM Nrn 2 u 3 zu § 568 BGB) BayObLGZ 1981, 300 = NJW 1981, 2751 = 9 in RE Miet; OLG Hamburg NJW 1981, 2258 = WuM 1981, 205 = 4 in RE Miet; OLG Schleswig NJW 1982, 449 = WuM 1982, 65 = 3 in RE Miet; LG Köln WuM 1987, 225 (für eine ordentliche Kündigung).

[8] Grdl BGH LM Nr 3 zu § 568 BGB = NJW-RR 1988, 76 = WM 1988, 88 = WuM 1988, 59 = ZMR 1988, 18; OLG Hamburg NJW 1981, 2258; OLG Schleswig NJW 1982, 449.

**Schrifttum:** BUSCHMANN, Das Hausrecht nach dem Tode des Mieters, BlGBW 1972, 125; ERMAN, Zur Kündigung der Miete bei Tod, Versetzung usw., DJZ 1904, 683; FRANCKE, Tod eines Mitmieters, SeuffBl 77, 161; HABLITZEL, Zur Anwendbarkeit von § 564 b BGB bei einer Kündigung nach § 569 BGB, ZMR 1984, 289; ders, Das Kündigungsrecht nach § 569 BGB, ZMR 1980, 289; HARTKOPF, Nochmals: Eintritt in das Mietverhältnis durch nicht verwandte Mitbewohner, GWW 1987, 312; HEROLD, Tod des Geschäftsraummieters und Kündigungsrecht, BlGBW 1967, 151; KORFF, Erben treten in den Mietvertrag ein, GrundE 1978, 798; KRESS, Ist das in § 569 BGB dem Erben eingeräumte Kündigungsrecht gegebenenfalls vom Testamentsvollstrecker auszuüben? SeuffBl 74, 229; VON SELDENECK, Rechtsprobleme beim Tode alleinwohnender Mieter, GrundE 1987, 654.

**Übersicht**



## I. Allgemeines

Der Tod des Mieters ist kein Grund, der das Mietverhältnis beendet. Der Erbe 1 tritt im Wege der Gesamtrechtsnachfolge in die Rechte und Pflichten des Mieters ein (§§ 1922 Abs 1, 1967 Abs 1). Der Tod des Mieters, dessen Person für den Vermieter häufig von wesentlicher Bedeutung ist, verändert die Verhältnisse jedoch idR so einschneidend, daß das Mietverhältnis nicht unbeeinflußt bleibt. Für den Erben des Mieters besteht oft kein Bedürfnis, das Mietverhältnis fortzusetzen. Abs 1 S 1 räumt deshalb dem Erben und dem Vermieter ein Recht zur außerordentlichen befristeten Kündigung ein.

## II. Voraussetzungen (Abs 1 S 1)

### 1. Mietverhältnis

Zwischen dem Erblasser als Mieter und dem Vermieter muß ein Mietverhältnis 2 bestanden haben. Erfaßt werden Mietverhältnisse aller Art. Hierzu können auch Leasingverträge gehören (LG Gießen NJW 1986, 2116). Bei der Miete von Wohnraum ist die Sonderregelung der §§ 569 a, 569 b zu beachten. Im übrigen kommt es auf die Unterscheidung zwischen Wohnraum- und Geschäftsraummiete nicht an. Unerheblich ist ferner, ob das Mietverhältnis befristet oder unbefristet ist. Es spielt auch keine Rolle, ob die Räume möbliert oder unmöbliert vermietet sind und ob die Mietsache auf Dauer oder zu nur vorübergehendem Gebrauch überlassen ist.

**2. Tod des Mieters**

3 **a)** Der **Mieter** muß gestorben und beerbt worden sein. Gleichbedeutend mit dem natürlichen Tod ist die Todeserklärung eines Verschollenen (§ 9 Abs 1 VerschG). Der Tod des Vermieters begründet kein Recht zur außerordentlichen Kündigung.

4 **b)** Haben **mehrere Mieter** den Vertrag abgeschlossen und stirbt einer von ihnen, steht weder dem Vermieter noch dem Erben ein Kündigungsrecht zu, da das Mietverhältnis unteilbar ist und nur von allen oder gegenüber allen anderen Beteiligten gekündigt werden kann (KG JW 1932, 3362 Nr 2; MITTELSTEIN 487 mwN; aM FRANCKE SeuffBl 77, 161; PERGANDE § 569 Anm 4). Haben die Parteien jedoch entsprechende Vereinbarungen getroffen, kann die Vorschrift auch beim Tode eines von mehreren Mitmietern anwendbar sein (RGZ 90, 328, 330 f; OLG Hamburg JW 1938, 3038; STERNEL Rz IV 537 f).

5 **c)** Die Beendigung einer **juristischen Person** im Wege der Auflösung ist dem Tod einer natürlichen Person für § 569 nicht gleichzustellen (BRANDNER NJW 1960, 127, 128; MünchKomm-VOELSKOW § 569 Rz 5; STERNEL Rz IV 538). Auch die im Schrifttum zT befürwortete entsprechende Anwendung (ERMAN-SCHOPP § 569 Rz 5) kommt nicht in Betracht, weil bei der Miete durch eine juristische Person nicht die gleiche Interessenlage besteht.

## III. Rechtsfolgen

### 1. Allgemeines

6 Dem Erben des Mieters und dem Vermieter wird ein Recht zur außerordentlichen befristeten Kündigung eingeräumt. Hierfür gelten die allgemeinen Vorschriften über die Kündigung eines Mietverhältnisses.

### 2. Kündigungsrecht des Erben

7 **a)** Das Recht zur außerordentlichen befristeten Kündigung steht dem **Erben** des Mieters zu. Wer Erbe ist, richtet sich nach den §§ 1922 ff. Entscheidend ist die materielle Erbberechtigung. Eine Legitimation ist für einseitige Rechtsgeschäfte wie die Kündigung aus § 569 nicht vorgeschrieben (KG JW 1918, 517; aM KG OLGE 28, 154). Die Legitimation spielt nur insofern eine Rolle, als ein Scheinerbe, für den unrichtigerweise ein Erbschein ausgestellt ist, das Mietverhältnis aufgrund des § 2367 mit Wirkung für und gegen den wahren Erben kündigen kann. Das Kündigungsrecht des Erben wird nicht dadurch ausgeschlossen, daß er ein geerbtes Handelsgeschäft unter der bisherigen Firma fortführt und nach den §§ 25, 27 HGB für die Geschäftsverbindlichkeiten unbeschränkt haftet (RGZ 130, 52). Ist Nachlaßverwaltung oder Testamentsvollstreckung angeordnet, steht das Kündigungsrecht dem Nachlaßverwalter oder Testamentsvollstrecker zu (RGZ 74, 35).

8 **b)** Hat der Mieter **mehrere Erben** hinterlassen, kann das Recht zur außerordentlichen Kündigung nach allgemeinen Grundsätzen (§ 564 Rz 16) und wegen § 2040

nur von allen Erben gemeinsam ausgeübt werden. Die Erben müssen nicht in einem einheitlichen Rechtsakt kündigen. Es genügt, wenn sie einen Miterben bevollmächtigen oder in dessen Kündigung einwilligen. Bei vollmachtlosem Handeln gilt § 180.

### 3. Kündigungsrecht des Vermieters

**a)** In gleicher Weise wie dem Erben steht dem **Vermieter** ein Recht zur außeror- 9
dentlichen befristeten Kündigung zu. Handelt es sich um mehrere Vermieter, können sie von ihrem Kündigungsrecht nur einheitlich Gebrauch machen (§ 564 Rz 16). Die Kündigung muß grundsätzlich gegenüber dem Erben erklärt werden. Unter den Voraussetzungen der §§ 2366, 2367 kann sie auch durch Erklärung gegenüber einem Scheinerben mit Wirkung für und gegen den wahren Erben wirksam werden. Handelt es sich um mehrere Erben, muß der Vermieter allen gegenüber kündigen. Dies gilt auch, wenn nur einer der Miterben die Mietsache in Gebrauch genommen hat (anders OLG München HRR 1940 Nr 1299).

**b)** Da die **Schutzvorschriften** des sozialen Mietrechts zugunsten des Mieters 10
unberührt bleiben, kann der Vermieter ein Mietverhältnis über Wohnraum nur kündigen, wenn er die in § 564 a Abs 1 S 1 vorgeschriebene Schriftform wahrt und ihm ein berechtigtes Interesse iS des § 564 b zur Seite steht (BayObLG WuM 1985, 52= 38 in RE Miet; OLG Hamburg NJW 1984, 60 = 19 in RE Miet; LG Berlin ZMR 1988, 181; LG Hamburg WuM 1983, 318; AG Hamburg WuM 1980, 256; aM Hablitzel ZMR 1980, 289 u 1984, 289). Nach umstrittener Ansicht kann der Erbe der außerordentlichen befristeten Kündigung unter den Voraussetzungen des § 556 a widersprechen und die Fortsetzung des Mietverhältnisses verlangen (AG Hannover WuM 1981, U 4 [LS]; § 556 a Rz 7). Dabei ist eine Härte iS der Sozialklausel nicht bereits auszuschließen, wenn der Erbe die Wohnung des Erblassers bisher noch nicht bewohnt hat. Dieses Recht steht ihm als Rechtsnachfolger zu. Die Härte ist im Hinblick darauf zu beurteilen, ob ihm dieses Recht unter Berücksichtigung seiner bisherigen Wohnverhältnisse und der entgegenstehenden Interessen des Vermieters verwehrt werden kann.

### 4. Kündigungsfrist

Erbe und Vermieter sind berechtigt, das Mietverhältnis unter Einhaltung der 11
gesetzlichen Frist zu kündigen. Diese Frist ergibt sich aus § 565 Abs 5 (dort Rz 45). Sie richtet sich nach dem Mietgegenstand und gilt für beide Teile in gleicher Weise.

### 5. Kündigungstermin (Abs 1 S 2)

**a)** Die Kündigung kann nur für den **ersten Termin** ausgesprochen werden, für den 12
sie zulässig ist. Dieser Termin richtet sich nach den Kündigungsfristen, die gem § 565 Abs 5 bei einem Mietverhältnis der betreffenden Art einzuhalten sind (dort Rz 45). Dabei ist nicht allein auf die sich nach dem Todeszeitpunkt objektiv ergebende Kündigungsmöglichkeit abzustellen. Entscheidend ist, ob die Kündi-

gung dem Berechtigten bei Anwendung der im Verkehr erforderlichen Sorgfalt subjektiv möglich ist (RGZ 74, 35, 38 f; LG Köln MDR 1967, 845). Dies setzt auf seiten des Erben voraus, daß er vom Tod des Mieters, von seiner Erbfolge sowie von Name und Adresse des Vermieters Kenntnis erlangt hat. Entsprechendes gilt für den Vermieter (OLG Hamm WuM 1981, 263; LG Berlin ZMR 1988, 181; LG Köln WuM 1973, 255). Sobald der Tod bekannt ist, besteht eine Erkundigungspflicht hinsichtlich der weiteren Umstände, wenn die Kündigungsfrist nicht als versäumt gelten soll (OLG Hamm aaO). Eine Kündigung ist aber noch nicht möglich, solange etwaige Miterben unbekannt sind, weil die Kündigung nur von oder gegenüber allen Miterben gemeinsam erklärt werden kann (Rz 8). Die Frage des erstzulässigen Termins ist durch die spätere Einfügung des § 564 b und dessen Anwendbarkeit (Rz 10) nicht in dem Sinne modifiziert worden, daß auch ein späterer Termin durch den Vermieter noch wahrgenommen werden kann, wenn ihm erst dann ein berechtigtes Interesse zur Seite steht. Die Zulässigkeit der Kündigung ist nach dem Zweck des § 569 allein unter dem Gesichtspunkt der Frist zu beurteilen, nicht aber nach der Begründetheit.

13 b) Der Kündigungstermin ist nicht von der **Annahme der Erbschaft** abhängig. Die Kündigung ist schon dem vorläufigen Erben möglich, ohne daß er dadurch eine Annahme der Erbschaft erklären würde (§ 1959 Abs 2). Ebenso kann der Vermieter gegenüber dem vorläufigen Erben kündigen. Die Wirkung der Kündigung wird durch eine spätere Ausschlagung der Erbschaft nicht in jedem Fall beeinträchtigt (§ 1959 Abs 2 und 3; s aber § 1958).

14 c) Ist eine **Testamentsvollstreckung** angeordnet und erstreckt sie sich auf das Mietverhältnis, kann nur der Testamentsvollstrecker kündigen. Dies ist ihm erst nach der Annahme des Amtes möglich (§ 2202 Abs 1). Auf eine vorherige Testamentseröffnung kommt es nicht an (RGZ 74, 35, 37). Der Erbe kann auch vor der Annahme des Amtes durch den Testamentsvollstrecker nicht kündigen, da seine Verfügungsbefugnis schon vom Erbfall an beschränkt ist (BGHZ 25, 275, 282 = JZ 1958, 167 m Anm Coing). Beschränkungen des Erben aufgrund der **Nachlaßverwaltung** treten dagegen erst mit deren Anordnung ein (§ 1984 Abs 1 S 1). Soweit dem Erben die Verwaltungsbefugnis entzogen ist, kann der Vermieter gegenüber dem Testamentsvollstrecker oder Nachlaßverwalter kündigen. Für die Entgegennahme einer Kündigung wird die Empfangszuständigkeit des Erben nicht beeinträchtigt, da er hierbei keine Verfügung trifft.

15 d) Stirbt der Mieter nach Abschluß des Mietvertrags, aber **vor Beginn der Mietzeit**, ist es nach dem Zweck des § 569 geboten, die außerordentliche Kündigung sofort zuzulassen. Deshalb kann auch der erstzulässige Kündigungstermin vor Beginn der Mietzeit liegen (KG OLGE 20, 191; aM Mittelstein 489).

### IV. Ausnahmetatbestände (Abs 2)

16 Die Vorschriften des Abs 1 gelten nicht, wenn bei einem Mietverhältnis über Wohnraum die Voraussetzungen der §§ 569 a oder 569 b für eine Fortsetzung mit dem Ehegatten oder anderen Familienangehörigen des gestorbenen Mieters gegeben sind.

### V. Abweichende Vereinbarungen

**1.** Nach nahezu einhelliger Meinung ist Abs 1 **kein zwingendes Recht** (RGZ 74, 35, 37; OLG Hamburg OLGE 7, 464; OLGE 11, 314; zweifelnd ROQUETTE § 569 Rz 19). Abweichende Vereinbarungen sind deshalb auch zu Lasten des Erben möglich, da keine unverzichtbaren Schutzrechte des sozialen Mietrechts betroffen werden und der Erbe in vollem Umfang in die Rechtsstellung des Erblassers eintritt. Das Kündigungsrecht kann bei der Wohnraum- und der Geschäftsraummiete nach § 9 AGBG wegen der zugrunde liegenden besonderen Situation nicht formularmäßig eingeschränkt oder ausgeschlossen werden (ULMER-BRANDNER-HENSEN, AGBG [5. Aufl 1987] Anh §§ 9–11 Rz 509; STERNEL Rz IV 541; aM MünchKomm-VOELSKOW § 569 Rz 10). Diese Bedenken bestehen nicht bei der Miete anderer Sachen. Ebenso ist der formularmäßige Ausschluß bei Leasingverträgen zulässig (LG Gießen NJW 1986, 2116). 17

**2.** Die Ausnahmeregelung des Abs 2 ist insoweit **zwingender Natur**, als dies nach § 569 a Abs 7 für die dortigen Bestimmungen gilt (§ 569 a Rz 42). § 569 b enthält eine dem § 569 entsprechende Regelung und ist insoweit selbst abdingbar (§ 569 b Rz 12). 18

## § 569 a

**(1) [1]In ein Mietverhältnis über Wohnraum, in dem der Mieter mit seinem Ehegatten den gemeinsamen Hausstand führt, tritt mit dem Tode des Mieters der Ehegatte ein. [2]Erklärt der Ehegatte binnen eines Monats, nachdem er von dem Tode des Mieters Kenntnis erlangt hat, dem Vermieter gegenüber, daß er das Mietverhältnis nicht fortsetzen will, so gilt sein Eintritt in das Mietverhältnis als nicht erfolgt; § 206 gilt entsprechend.**

**(2) [1]Wird in dem Wohnraum ein gemeinsamer Hausstand mit einem oder mehreren anderen Familienangehörigen geführt, so treten diese mit dem Tode des Mieters in das Mietverhältnis ein. [2]Das gleiche gilt, wenn der Mieter einen gemeinsamen Hausstand mit seinem Ehegatten und einem oder mehreren anderen Familienangehörigen geführt hat und der Ehegatte in das Mietverhältnis nicht eintritt. [3]Absatz 1 Satz 2 gilt entsprechend; bei mehreren Familienangehörigen kann jeder die Erklärung für sich abgeben. [4]Sind mehrere Familienangehörige in das Mietverhältnis eingetreten, so können sie die Rechte aus dem Mietverhältnis nur gemeinsam ausüben. [5]Für die Verpflichtungen aus dem Mietverhältnis haften sie als Gesamtschuldner.**

**(3) Der Ehegatte oder die Familienangehörigen haften, wenn sie in das Mietverhältnis eingetreten sind, neben dem Erben für die bis zum Tode des Mieters entstandenen Verbindlichkeiten als Gesamtschuldner; im Verhältnis zu dem Ehegatten oder den Familienangehörigen haftet der Erbe allein.**

**(4) Hat der Mieter den Mietzins für einen nach seinem Tode liegenden Zeitraum im voraus entrichtet und treten sein Ehegatte oder Familienangehörige in das**

**Mietverhältnis ein, so sind sie verpflichtet, dem Erben dasjenige herauszugeben, was sie infolge der Vorausentrichtung des Mietzinses ersparen oder erlangen.**
**(5) [1]Der Vermieter kann das Mietverhältnis unter Einhaltung der gesetzlichen Frist kündigen, wenn in der Person des Ehegatten oder Familienangehörigen, der in das Mietverhältnis eingetreten ist, ein wichtiger Grund vorliegt; die Kündigung kann nur für den ersten Termin erfolgen, für den sie zulässig ist. [2]§ 556 a ist entsprechend anzuwenden.**
**(6) [1]Treten in ein Mietverhältnis über Wohnraum der Ehegatte oder andere Familienangehörige nicht ein, so wird es mit dem Erben fortgesetzt. [2]Sowohl der Erbe als der Vermieter sind berechtigt, das Mietverhältnis unter Einhaltung der gesetzlichen Frist zu kündigen; die Kündigung kann nur für den ersten Termin erfolgen, für den sie zulässig ist.**
**(7) Eine von den Absätzen 1, 2 oder 5 abweichende Vereinbarung ist unwirksam.**

**Schrifttum:** BURKHARDT, Die Sonderrechtsnachfolge in ein Mietverhältnis über Wohnraum (§§ 569 a, 569 b BGB), WuM 1964, 161; HARTKOPF, Nochmals: Eintritt in das Mietverhältnis durch nicht verwandte Mitbewohner, GWW 1987, 312; KLAS, Fortsetzung des Mietverhältnisses nach § 569 a BGB und eheähnliche Lebensgemeinschaften, ZMR 1982, 289; KORFF, Erben treten in den Mietvertrag ein, GrundE 1978, 798; SIEGELMANN, Die Rechtslage nach dem Tode eines Ehegatten im neuen Wohnungsmietrecht, WuM 1965, 199 = BlGBW 1965, 127; SCHILDGE, Die nichteheliche Lebensgemeinschaft im Mietrecht (1986); TEGGE, Die nichteheliche Lebensgemeinschaft im Mietrecht, Diss Göttingen (1983).

**Übersicht**



## I. Allgemeines

1 Nach den allgemeinen erbrechtlichen Bestimmungen geht ein Mietverhältnis beim Tode des Mieters im Wege der Gesamtrechtsnachfolge auf den Erben über (§§ 1922 Abs 1, 1967; vgl § 569). Demgegenüber tritt nach § 569 a bei einem

Mietverhältnis über Wohnraum eine Sonderrechtsnachfolge des Ehegatten oder der Familienangehörigen ein, mit denen der Mieter einen gemeinsamen Hausstand geführt hat. Bei einem gemeinschaftlichen Mietvertrag von Eheleuten greift § 569 b als Sonderregelung ein. Der Bestandsschutz soll dem Ehegatten und den Familienangehörigen des verstorbenen Mieters unabhängig davon zugute kommen, ob sie dessen Erben sind. Diese Personen sind in besonderer Weise schutzbedürftig, weil für sie die gemeinsame Wohnung den Mittelpunkt der Lebensführung bildet. Bei öffentlich geförderten Wohnungen sind § 2 b Abs 2 S 2 und § 4 Abs 7 HS 2 WoBindG zu beachten.

## II. Eintritt des Ehegatten in das Mietverhältnis (Abs 1)

### 1. Voraussetzungen (Abs 1 S 1)

#### a) Mietverhältnis über Wohnraum

Es muß ein Mietverhältnis über Wohnraum bestehen (Vorbem 12 zu §§ 535, 536; § 556 a Rz 3). Es kann sich um ein Mietverhältnis auf bestimmte oder auf unbestimmte Zeit handeln. Die Vorschrift kann auch bei einem auf die Lebenszeit einer bestimmten Person eingegangenen Mietverhältnis eingreifen (§ 564 Rz 2 a). Der Abschluß kann auf Dauer oder zu nur vorübergehendem Gebrauch vorgenommen sein. Die Merkmale einer selbständigen Wohnung (§ 564 b Rz 94) brauchen nicht vorzuliegen. Der Wohnraum kann unmöbliert oder möbliert vermietet sein. Auch Wohnraum iS des § 565 Abs 3 und Werkwohnungen (§§ 565 b–565 e) werden erfaßt. **2**

#### b) Tod des Mieters

**aa)** Der **Mieter** muß gestorben sein. Gleichbedeutend mit dem natürlichen Tod ist die Todeserklärung eines Verschollenen (§ 9 Abs 1 VerschG). Bei bloßer Verschollenheit oder einem Wegzug des Mieters in das Ausland greift die Vorschrift nicht ein (LG Bonn WuM 1985, 374 [LS]). **3**

**bb)** Haben **mehrere Mieter** den Vertrag abgeschlossen und stirbt einer von ihnen, soll die Vorschrift nach einer im Schrifttum zT vertretenen Auffassung nicht gelten, weil der verstorbene Mieter alleiniger Mieter gewesen sein müsse (Hans § 569 a Anm 1; MünchKomm-Voelskow § 569 a Rz 12). Diese Auffassung differenziert nur in unzureichender Weise zwischen den verschiedenen Gestaltungsmöglichkeiten. Ist nur der andere Ehegatte Mitmieter, wird das Mietverhältnis nach § 569 b ausschließlich mit ihm fortgesetzt. Ist eine beliebige andere Person Mitmieter, steht dem Ehegatten oder den Familienangehörigen des verstorbenen Mitmieters nach Abs 1 oder 2 ein Eintrittsrecht zu. Der Schutz dieser Personen ist unabhängig davon geboten, ob der verstorbene Mieter allein oder neben anderen Personen Mietpartei war. Der Wortlaut des Abs 1 S 1, der vom „Tode des Mieters" spricht, schließt nicht aus, daß noch weitere Mieter vorhanden sind. Sind der Ehegatte und andere Personen Mitmieter, steht dem Ehegatten ein Eintrittsrecht hinsichtlich des Anteils des verstorbenen Mieters zu. Aus den gleichen **4**

Gründen ist § 569 a anwendbar, wenn der Wohnraum von einer Personengesellschaft gemietet und von einem verstorbenen Gesellschafter bewohnt worden ist.

**c) Führung eines gemeinsamen Hausstandes mit dem Ehegatten**

5 **aa)** Das Eintrittsrecht des Abs 1 beschränkt sich auf den **Ehegatten** des verstorbenen Mieters. Wer Ehegatte ist, richtet sich nach den Vorschriften des Eherechts. Diese Eigenschaft beginnt mit der standesamtlichen Eheschließung (§§ 11 ff EheG). Sie endet, wenn die Ehe rechtskräftig für nichtig erklärt (§ 23 EheG), aufgehoben (§ 29 EheG) oder geschieden ist (§ 1564). Eine nichteheliche Lebensgemeinschaft ist keine Ehe und rechtfertigt deshalb nicht die Anwendung des § 569 a.

6 **bb)** Der verstorbene Mieter muß mit dem Ehegatten in dem Wohnraum einen **gemeinsamen Hausstand** geführt haben. Dies setzt voraus, daß der Wohnraum für den Verstorbenen und den Ehegatten den Mittelpunkt der gemeinsamen Lebens- und Wirtschaftsführung gebildet hat (vgl LG Düsseldorf WuM 1987, 225). Entscheidend kommt es auf die häusliche, nicht auf die persönliche und geistige Gemeinschaft der Ehegatten an. Ist die Ehe insoweit gescheitert, wird die häusliche Gemeinschaft aber aufrechterhalten, bleibt § 569 a anwendbar. Eine vorübergehende Trennung, etwa aus beruflichen Gründen oder infolge Verbüßung einer Freiheitsstrafe, hebt den gemeinsamen Hausstand idR nicht auf. Das gleiche gilt, wenn die Ehegatten aufgrund zwingender äußerer Umstände für eine nicht absehbare Zeit räumlich getrennt leben, sofern sie die Absicht haben, die eheliche Verbindung in dem noch möglichen Rahmen aufrechtzuerhalten und die volle eheliche Gemeinschaft wiederherzustellen. Durch eine dauernde Trennung wird der gemeinsame Hausstand auf jeden Fall aufgegeben. Nicht erforderlich ist, daß die Scheidungsklage erhoben wird. Auch wenn die Ehegatten räumlich getrennt dieselbe Wohnung beibehalten, kann der gemeinsame Hausstand aufgehoben sein (aM Hans § 569 a Anm 2 b).

**2. Rechtsfolgen**

**a) Eintritt des Ehegatten in das Mietverhältnis (Abs 1 S 1)**

7 Der Ehegatte tritt mit dem Tode des Mieters in das Mietverhältnis ein. Es handelt sich um eine Sonderrechtsnachfolge kraft Gesetzes, die unabhängig von einer etwaigen Stellung als Erbe ist. Hierdurch entsteht allerdings kein gesetzliches Mietverhältnis. Der Ehegatte tritt in vollem Umfang in die Rechtsstellung des bisherigen Mieters ein. Er wird entweder Alleinmieter oder Mitmieter (Rz 4). Die Dauer der Überlassung des Wohnraums, die für eine spätere Kündigung nach § 565 Abs 2 S 2 maßgebend ist, wird einschließlich der Besitzzeit des Rechtsvorgängers berechnet (OLG Stuttgart WuM 1984, 45 = 8 in RE Miet; § 565 Rz 24).

**b) Ablehnungsrecht des Ehegatten (Abs 1 S 2)**

8 **aa)** Der Ehegatte kann innerhalb eines Monats, nachdem er von dem Tode des Mieters Kenntnis erlangt hat, dem Vermieter gegenüber erklären, daß er das Mietverhältnis nicht fortsetzen will. In diesem Fall gilt sein Eintritt in das Mietverhältnis als nicht erfolgt. Die **Ablehnung** ist eine einseitige, empfangsbe-

dürftige Willenserklärung (§§ 130 ff). Sie ist nicht nach § 564 a Abs 1 S 1 formbedürftig, da es sich nicht um eine Kündigung handelt.

**bb)** Die **Ablehnungsfrist** beträgt einen Monat. Sie beginnt in dem Zeitpunkt, in 9
dem der Ehegatte Kenntnis vom Tode des Mieters erlangt hat. Eine Erkundigungspflicht besteht nicht, da das Gesetz nicht auf die Möglichkeit einer Kenntnisnahme abstellt. Auf die Kenntnis des Ablehnungsrechts kommt es nicht an. Die Frist ist nach den §§ 186 ff zu berechnen. Ist der Ehegatte geschäftsunfähig oder in der Geschäftsfähigkeit beschränkt, ohne einen gesetzlichen Vertreter zu haben, gilt § 206 entsprechend (Abs 1 S 2 HS 2). Dadurch wird der Fristablauf gehemmt. Wird die Ablehnungsfrist versäumt, kann der Ehegatte seinen Eintritt in das Mietverhältnis auch bei Rechtsunkenntnis nicht anfechten, da ein Irrtum hinsichtlich der gesetzlichen Sonderrechtsnachfolge keinen Anfechtungsgrund iS der §§ 119 ff abgibt. Ihm steht auch kein Recht zur Kündigung nach Abs 6 zu, selbst wenn er zugleich Erbe des Vermieters ist.

**cc)** Die fristgerechte Ablehnungserklärung des Ehegatten hat die **Wirkung**, daß 10
sein Eintritt in das Mietverhältnis als nicht erfolgt gilt (Abs 1 S 2 HS 1). Damit wird die bereits vollzogene Sonderrechtsnachfolge rückwirkend beseitigt. Dies ermöglicht das Eintrittsrecht anderer Familienangehöriger (Abs 2 S 2) oder eine Gesamtrechtsnachfolge etwaiger Erben (Abs 6).

## III. Eintritt von Familienangehörigen in das Mietverhältnis (Abs 2)

### 1. Voraussetzungen (Abs 2 S 1 und 2)

**a)** Es muß ein **Mietverhältnis über Wohnraum** bestehen. Insoweit gilt das gleiche 11
wie beim Eintrittsrecht des Ehegatten (Rz 2).

**b)** Der **Tod des Mieters** muß eingetreten sein (Rz 3). Auch wenn einer von 12
mehreren Mitmietern gestorben ist, kommt ein Eintrittsrecht von Familienangehörigen in Betracht, soweit ihnen nicht der Ehegatte des verstorbenen Mieters vorgeht (Rz 4, 15).

**c)** Der verstorbene Mieter muß in dem Wohnraum mit einem oder mehreren 13
anderen **Familienangehörigen einen gemeinsamen Hausstand** geführt haben.

**aa)** Das BGB enthält keine Begriffsbestimmung der **Familienangehörigen** (§ 564 b Rz 38). Im allgemeinen wird der Begriff dem Zweck der Vorschrift entsprechend sehr weit interpretiert. Dies ist gerechtfertigt, um die Wohnung als Mittelpunkt der Lebens- und Wirtschaftsführung einer in besonderer Weise verbundenen Personengruppe zu erhalten. Dementsprechend umfaßt der Begriff der anderen Familienangehörigen Verwandte und Verschwägerte, ohne daß es auf einen bestimmten Grad der Verwandtschaft oder Schwägerschaft ankommt. Teilweise werden Pflegekinder und Verlobte zu den Familienangehörigen gezählt. Auch eine nichteheliche Lebensgemeinschaft (LG Hamburg WuM 1989, 304) oder bloße Freundschaft sollen genügen (Finger WuM 1982, 257, 259; Klas ZMR 1982, 289; Sternel Rz I 78; Tegge 120; de Witt-Huffmann, Nichteheliche Lebensgemeinschaft, 2. Aufl [1986], Rz 408 ff). Vereinzelt wird hierfür verlangt, daß die Wohnung für die Partner einer nichtehelichen Lebensgemeinschaft der

Mittelpunkt einer auf Dauer angelegten gemeinsamen Lebens- und Wirtschaftsführung war (LG Hannover NJW 1986, 727). Teilweise wird der Lebensgefährte auch im Rahmen des § 1969 als Familienangehöriger angesehen (OLG Düsseldorf NJW 1983, 1566). Dieser Auffassung ist nicht zu folgen. Eine klare Grenze für den Begriff der Familienangehörigen ist nur dadurch zu ziehen, daß alle Personen, die mit dem Mieter nicht verwandt oder verschwägert sind, ohne Rücksicht auf moralische Verpflichtungen vom Anwendungsbereich des § 569 a ausgenommen werden. Sonst verliert das Tatbestandsmerkmal der Familienangehörigkeit jede Funktion, weil der Kreis der Berechtigten nur noch durch die Hausstandszugehörigkeit begrenzt wird (LG Karlsruhe MDR 1982, 147; AG Freiburg WuM 1989, 184; Langohr ZMR 1983, 222, 225 f; Schildge 68 ff). Will der Mieter seinem Lebensgefährten die Wohnung sichern, muß er ihn als Erben einsetzen (vgl Hartkopf GWW 1987, 312).

14 **bb)** Das Eintrittsrecht steht den Familienangehörigen zu, mit denen der Mieter in dem Wohnraum einen **gemeinsamen Hausstand** geführt hat (LG Düsseldorf WuM 1987, 225; Rz 6). Heiratet ein Kind und bleibt es in der Wohnung, wird dadurch nicht ohne weiteres der gemeinsame Hausstand aufgegeben. Maßgebend ist, ob eine gemeinsame Wirtschaftsführung in einem einheitlichen Haushalt beibehalten wird. Lebte der Mieter selbst bereits seit mehreren Jahren in einem Altersheim, hat er mit der Tochter, die in der Mietwohnung geblieben ist, keinen gemeinsamen Hausstand geführt (AG Hannover WuM 1981, U 4 [LS]).

15 **d)** Das Eintrittsrecht der anderen Familienangehörigen besteht nur, wenn **nicht der Ehegatte in das Mietverhältnis eintritt** (Abs 2 S 2). Der Ehegatte ist bevorrechtigt. Ist eine beliebige andere Person Mitmieter, wird das Eintrittsrecht der Familienangehörigen nicht ausgeschlossen. Dies gilt auch, wenn ein anderer Familienangehöriger außer dem Ehegatten Mitmieter ist, weil das Gesetz insoweit einzelne Familienangehörige nicht privilegiert. Sind Familienangehörige bereits Mitmieter, haben sie noch ein Eintrittsrecht hinsichtlich des dem verstorbenen Mieter zustehenden Anteils an dem Mietverhältnis und verdrängen damit die Erben.

### 2. Rechtsfolgen

#### a) Eintritt von Familienangehörigen in das Mietverhältnis (Abs 2 S 1)

16 Der berechtigte Familienangehörige tritt mit dem Tode des Mieters in das Mietverhältnis ein (Abs 2 S 1). Es handelt sich um eine Sonderrechtsnachfolge kraft Gesetzes, die das Mietverhältnis im übrigen unberührt läßt (Rz 7). Sie wirkt auf den Zeitpunkt des Todes zurück, auch wenn zuvor der Ehegatte eingetreten ist und erst später wirksam abgelehnt hat. Dadurch kann sich zwischen dem Vermieter und dem ablehnenden Ehegatten ein bereicherungsrechtlicher Ausgleichsanspruch wegen der rechtsgrundlosen Nutzung der Wohnung vor der Ablehnung ergeben (§ 812 Abs 1 S 2). Der eintretende Familienangehörige kann nach § 281 Abs 1 Abtretung dieses Anspruchs verlangen. Ein unmittelbarer Bereicherungsausgleich zwischen dem Ehegatten und dem Familienangehörigen kommt wegen des Vorrangs der Leistungskondiktion des Vermieters nicht in Betracht. Treten mehrere Familienangehörige in das Mietverhältnis ein, werden sie zu gleichen

Teilen Gesamtschuldner und Gesamthandsgläubiger iS der §§ 421, 432. Sie können die Rechte aus dem Mietverhältnis nur gemeinsam ausüben (Abs 2 S 4).

**b) Ablehnungsrecht der Familienangehörigen (Abs 2 S 3)**

**aa)** Den Familienangehörigen steht das Recht zu, den Eintritt in das Mietverhältnis abzulehnen. Für die **Ablehnung** gelten Abs 1 S 2 und die dortigen Ausführungen entsprechend (Abs 2 S 3 HS 1; Rz 8 ff). Bei mehreren Familienangehörigen kann jeder für sich ablehnen (Abs 2 S 3 HS 2). 17

**bb)** Die **Ablehnungsfrist** beträgt für Familienangehörige einen Monat, nachdem sie vom Tode des Mieters Kenntnis erlangt haben. Der Fristablauf kann aufgrund der entsprechenden Anwendung des § 206 wegen eines Mangels in der Geschäftsfähigkeit gehemmt sein (Abs 2 S 3 HS 1 iVm Abs 1 S 2; Rz 9). Die Frist beginnt nicht schon mit der Kenntnis vom Tode des Mieters, wenn zuvor der Ehegatte eintrittsberechtigt ist, sondern erst, wenn der eintrittsberechtigte Familienangehörige auch Kenntnis von der Ablehnungserklärung des Ehegatten hat. Dies entspricht dem Prinzip, daß ein Recht spätestens dann auszuschlagen ist, wenn es in der Person des Berechtigten eingetreten ist (vgl § 1944 Abs 2). Die Frist beginnt deshalb frühestens in dem Zeitpunkt, in dem die Ablehnungserklärung des Ehegatten durch Zugang beim Vermieter wirksam geworden ist und damit der Eintritt der Familienangehörigen stattgefunden hat. 18

**cc)** Die fristgerechte Ablehnungserklärung des Familienangehörigen hat die **Wirkung**, daß sein Eintritt in das Mietverhältnis als nicht erfolgt gilt (Abs 2 S 3 iVm Abs 1 S 2). Die bereits vollzogene Sonderrechtsnachfolge wird rückwirkend beseitigt. Bei mehreren Familienangehörigen tritt diese Wirkung nur in der Person des Ablehnenden ein. Dies kann einen bereicherungsrechtlichen Ausgleich hinsichtlich der bisherigen Nutzung der Wohnung durch den Ablehnenden zur Folge haben (Rz 16). 19

**IV. Haftung der eintretenden Personen für Erblasserschulden (Abs 3)**

**1.** Die gesetzliche Sonderrechtsnachfolge des Ehegatten oder der Familienangehörigen hat nach den allgemeinen Vorschriften zur Folge, daß der Eintretende als Schuldner für die Verbindlichkeiten aus dem Mietverhältnis einzustehen hat, die vom Zeitpunkt der Rechtsnachfolge an entstanden sind. Abs 3 ordnet darüber hinaus eine **gesamtschuldnerische Haftung** dieser Personen neben dem Erben für die bis zum Tode des Mieters entstandenen Verbindlichkeiten an. 20

**2.** Zu den **Verbindlichkeiten** aus dem Mietverhältnis gehören rückständige Mietzinsen, Umlagen, Nebenkosten und Schadensersatzforderungen, die noch nicht beglichen sind. Der Eintretende haftet nicht für Schulden, die sich aus Verträgen des verstorbenen Mieters mit Dritten, zB über Strom- oder Wärmelieferung, Renovierung der Wohnung und Reparaturen, ergeben. 21

**3.** Der Vermieter kann jeden der Schuldner nach seiner Wahl ganz oder zum Teil in Anspruch nehmen (§ 421). Nach Abs 3 HS 2 haftet allerdings im **Innenverhält-** 22

**nis** zwischen Ehegatte oder Familienangehörigen einerseits und dem Erben andererseits der letztere allein. Wer als Sonderrechtsnachfolger den Vermieter befriedigt, kann deshalb Ausgleich von dem Erben verlangen (§ 426 Abs 2). Dies schließt nicht aus, daß auch zwischen mehreren eingetretenen Familienangehörigen ein Ausgleich stattfinden kann, da sie im Verhältnis zueinander als Gesamtschuldner zu gleichen Anteilen verpflichtet sind (§ 421 Abs 1). Der Rückgriff eines Sonderrechtsnachfolgers gegen den Erben hat nicht zur Voraussetzung, daß er selbst kein Erbe ist. Ist von mehreren Miterben einer nach Abs 1 oder 2 in das Mietverhältnis eingetreten und wird er von dem Vermieter in Anspruch genommen, kann er gegen seine Miterben im Regreßwege vorgehen. Dabei ist seine Doppelstellung als Sonderrechtsnachfolger und als Miterbe zu berücksichtigen (Mietrecht § 569 a Rz 30).

23 **4.** Die Haftung aus Abs 3 ist nur davon abhängig, daß der **Eintritt in das Mietverhältnis** stattgefunden hat. Der Vermieter kann den Sonderrechtsnachfolger also schon vor Ablauf der Ablehnungsfrist des Abs 1 S 2 in Anspruch nehmen. Die Haftung wird nicht dadurch ausgeschlossen, daß der Vermieter von seinem Recht zur außerordentlichen befristeten Kündigung nach Abs 5 Gebrauch macht. Diese Kündigung beendet das Mietverhältnis mit dem Eingetretenen nicht rückwirkend.

### V. Ausgleich von Mietvorauszahlungen (Abs 4)

24 **1.** Der Eintritt des Ehegatten oder der Familienangehörigen ändert nichts an der **Identität des Mietverhältnisses**. Hat der Mieter den Mietzins für einen nach seinem Tode liegenden Zeitpunkt im voraus entrichtet, ist die Vorauszahlung auf die späteren Mietzinsraten des Eintretenden anzurechnen und vermindert dessen eigene Belastung. Abs 4 schreibt vor, daß der Ehegatte oder die Familienangehörigen dem Erben dasjenige herauszugeben haben, was sie infolge der Vorausentrichtung des Mietzinses ersparen oder erlangen.

25 **2.** Es muß eine **Mietvorauszahlung** des verstorbenen Mieters vorliegen, die im Zeitpunkt seines Todes noch nicht abgewohnt ist. Der Begriff der Mietvorauszahlung entspricht dem des § 557 a (dort Rz 2 f). Die Vorschrift erfaßt nicht nur den reinen Mietzins, sondern das gesamte Entgelt, das der Mieter als Gegenleistung für den Gebrauch der Mietsache im voraus an den Vermieter entrichtet hat. Hierzu gehören zB Umlagen und sonstige Nebenkosten für besondere Leistungen des Vermieters.

26 **3.** Die **Verpflichtung zur Herausgabe** trifft denjenigen, der in das Mietverhältnis eingetreten ist. Mehrere Familienangehörige haften entsprechend Abs 2 S 5 als Gesamtschuldner. Gläubiger ist der Erbe oder eine Mehrheit von Erben. Ist der Eingetretene zugleich Erbe, besteht die Verpflichtung auch dann, wenn noch weitere Miterben vorhanden sind. Allerdings kann der Eingetretene idR den auf ihn entfallenden Anteil abziehen.

27 **a)** Herauszugeben ist zum einen die **Ersparnis** des Eingetretenen. Sie besteht

darin, daß er wegen der Vorauszahlung keine oder nur geringere eigene Mietzinsraten an den jeweiligen Fälligkeitstagen zu entrichten braucht. Daraus folgt, daß die Ersparnis nicht ohne weiteres von Anfang an mit dem vollen Betrag der Mietvorauszahlung gleichzusetzen ist. Der Anspruch des Erben entsteht erst an dem einzelnen Fälligkeitstag in der Höhe, in der durch Verrechnung der Mietvorauszahlung die Ersparnis des Sonderrechtsnachfolgers eingetreten ist (Roquette § 569 a Rz 31). Wenn der Mietzins von Anfang an in voller Höhe der Vorauszahlung für einen bestimmten Zeitraum getilgt sein soll, erspart der Eintretende sofort den vollen Betrag der noch nicht abgewohnten Vorauszahlung. In diesem Fall hat er den Restbetrag auf einmal herauszugeben.

**b)** Zum anderen hat der Eingetretene das **Erlangte** herauszugeben. Aufgrund der 28 Sonderrechtsnachfolge unter Ausschluß des Erben stehen dem Eingetretenen nach der Beendigung des Mietverhältnisses auch die Ansprüche aus § 557 a hinsichtlich des noch nicht abgewohnten Teils einer Mietvorauszahlung zu. Der Anspruch entsteht mit der Beendigung des Mietverhältnisses und ist sofort fällig (§ 557 a Rz 8).

**c)** Die Verpflichtung des Eingetretenen besteht selbst dann, wenn aufgrund 29 **erbrechtlicher Haftungsbeschränkungen** ein Rückgriff des Eingetretenen für Erblasserschulden aus dem Mietverhältnis nach Abs 3 HS 2 nicht durchzusetzen ist. Haftung und Anspruch des Erben aus Abs 3 und 4 stehen nicht in einem gegenseitigen Abhängigkeitsverhältnis.

## VI. Kündigungsrecht des Vermieters (Abs 5)

**1.** Dem Vermieter steht ein **Recht zur außerordentlichen befristeten Kündigung** 30 zu, wenn in der Person des Ehegatten oder Familienangehörigen, der in das Mietverhältnis eingetreten ist, ein wichtiger Grund vorliegt (Abs 5 S 1 HS 1).

**a)** Der Begriff des **wichtigen Grundes** ist nicht in jedem Fall mit solchen Umstän- 31 den gleichzusetzen, die zur fristlosen Kündigung berechtigen würden. Damit wäre das Recht zur außerordentlichen befristeten Kündigung für den Vermieter überflüssig. Im Schrifttum wird das Vorliegen eines wichtigen Grundes überwiegend nach den zu § 549 für den Fall der Untervermietung entwickelten Grundsätzen beurteilt (Palandt-Putzo § 569 a Anm 5 a). Hiernach kommt es entscheidend darauf an, ob dem Vermieter aufgrund der Umstände des Einzelfalls zugemutet werden kann, das Mietverhältnis mit dem Eintretenden fortzusetzen. Dies ist nicht der Fall bei persönlicher Feindschaft, der Gefahr einer Beeinträchtigung des Vermieters oder anderer Mieter durch persönliche Eigenschaften, den Beruf oder die Lebensweise des Eintretenden, insbesondere durch einen unsittlichen Lebenswandel. Das gleiche gilt bei Zahlungsunfähigkeit des Eintretenden, da anders als bei der Untervermietung hier kein Hauptmieter vorhanden ist, der für den Mietzins haftet. Es muß sich also um Kündigungsgründe handeln, die in der Person des Eintretenden liegen. Hierzu zählt auch die fehlende Wohnberechtigung hinsichtlich einer öffentlich oder mit Wohnungsfürsorgemitteln geförderten Wohnung (LG Koblenz WuM 1987, 201). Eine durch den Tod des bisherigen Mieters verursachte Unterbelegung ist kein wichtiger Grund, da sie nicht von der

Person, sondern von der Größe der Wohnung abhängt. Die Unterbelegung kann deshalb grundsätzlich auch keine Kündigung aus § 564 b rechtfertigen (OLG Karlsruhe WuM 1984, 43 = 35 in RE Miet). Insoweit müssen andere Gründe hinzutreten, bei Eintritt in das Mietverhältnis über eine Genossenschaftswohnung (OLG Karlsruhe aaO) etwa fehlende Mitgliedschaft des Eintretenden und Bedarf für einen Genossen (§ 564 b Rz 111). Ebensowenig ist ein Kündigungsgrund gegeben, wenn durch den Eintritt in das Mietverhältnis eine Überversorgung des Familienangehörigen entsteht, weil dieser noch eine zweite Wohnung innehat (aM LG Nürnberg-Fürth WuM 1985, 228). Es muß dem Eintretenden überlassen bleiben, sich die passende Wohnung auszuwählen. Ein ordentliches Kündigungsrecht des Vermieters wegen Betriebsbedarfs im weiteren Sinne (§ 564 b Rz 67 ff, 71) kann allenfalls hinsichtlich der Wohnung bestehen, die nicht den Mittelpunkt der Lebensführung des überversorgten Mieters bildet.

32 b) Treten **mehrere Familienangehörige** in das Mietverhältnis ein, wird dem Vermieter ein Kündigungsrecht zugebilligt, auch wenn nur bei einem von ihnen ein wichtiger Grund vorliegt (Mietrecht § 569 a Rz 40).

33 c) Das Kündigungsrecht ist ausgeschlossen, wenn ein Ehegatte oder Familienangehöriger, in dessen Person ein wichtiger Grund gegeben ist, in ein bereits **zwischen mehreren anderen Personen bestehendes Mietverhältnis** eintritt. Der frühere Mitmieter des Verstorbenen kann in seinen Rechten nicht durch die Sonderrechtsnachfolge aus § 569 a beeinträchtigt werden.

34 2. Für die **Kündigung** durch den Vermieter gelten die allgemeinen Vorschriften. Sie ist bei mehreren Familienangehörigen jedem Beteiligten gegenüber zu erklären (§ 564 Rz 16). Die Kündigungserklärung hat die Voraussetzungen des § 564 a zu erfüllen. Dem Vermieter muß ein Kündigungsgrund iS des § 564 b zur Seite stehen (§ 564 b Rz 7; aM LG Nürnberg-Fürth WuM 1985, 228).

35 a) Der Vermieter kann unter Einhaltung der **gesetzlichen Frist** kündigen. Diese Frist ergibt sich aus § 565 Abs 5 iVm Abs 2 S 1 (dort Rz 45). Die Kündigung muß spätestens am dritten Werktag eines Kalendermonats für den Ablauf des übernächsten Monats wirksam werden.

36 b) Die Kündigung kann nur für den **ersten Termin** ausgesprochen werden, für den sie zulässig ist (Abs 5 S 1 HS 2). Hierbei kommt es wie bei § 569 nicht rein objektiv auf den Zeitpunkt an, in dem der Mieter gestorben ist. Entscheidend ist vielmehr, wann es dem Vermieter erstmals subjektiv möglich war, von seinem Kündigungsrecht Gebrauch zu machen (§ 569 Rz 12; LG Berlin WuM 1985, 292). Im Schrifttum wird dem Vermieter zT zugestanden, er brauche die Kündigung frühestens nach Ablauf der Ablehnungsfrist des Abs 1 S 2 oder Abs 2 S 3 zu erklären, weil erst dann der Sonderrechtsnachfolger feststehe (MünchKomm-Voelskow § 569 a Rz 18; Roquette § 569 a Rz 35). Diese Auffassung findet im Gesetz keine Stütze. Subjektiv möglich ist die Kündigung dem Vermieter bereits, wenn er vom Eintritt des Ehegatten in das Mietverhältnis Kenntnis hat. Lehnt der Ehegatte den Eintritt später ab, geht die Kündigung ins Leere. Der Vermieter hat die Kündigung zum nächstzulässigen Termin gegenüber den nunmehr eintrittsberechtigten Familienangehörigen zu wiederholen.

37 c) Nach Abs 5 S 2 ist § 556 a auf die außerordentliche befristete Kündigung

entsprechend anzuwenden (vgl LG Koblenz WuM 1987, 201). Dies hat nicht zur Folge, daß die **Sozialklausel** entgegen § 556 a Abs 4 Nr 2 auch dann anwendbar ist, wenn ein Grund vorliegt, aus dem der Vermieter zur fristlosen Kündigung berechtigt ist. Wählt der Vermieter in diesem Fall aus Entgegenkommen den Weg der außerordentlichen befristeten Kündigung, bleibt die Sozialklausel ausgeschlossen (§ 556 a Rz 35).

## VII. Fortsetzung des Mietverhältnisses mit dem Erben (Abs 6)

**1.** Die Fortsetzung des Mietverhältnisses mit dem Erben hat nach Abs 6 zur **38** **Voraussetzung**, daß der Ehegatte oder andere Familienangehörige nicht in das Mietverhältnis eintreten. Die Vorschrift stellt den Eintritt der erbrechtlichen Nachfolge klar, die durch die Sonderrechtsnachfolge nach Abs 1 oder 2 zunächst verdrängt worden ist. Die erbrechtliche Nachfolge kann jedoch dann nicht mehr eingreifen, wenn die Sonderrechtsnachfolge stattgefunden, der Vermieter das Mietverhältnis aber nach Abs 5 gekündigt hat.

**2.** Die **Rechtsfolgen** bestehen in einer Fortsetzung des Mietverhältnisses mit dem **39** Erben und in einem außerordentlichen Kündigungsrecht beider Parteien.

**a)** Die **Fortsetzung des Mietverhältnisses** bedeutet, daß der Erbe oder eine Miterbengemeinschaft im Wege der Gesamtrechtsnachfolge in alle Rechte und Pflichten aus dem Mietverhältnis eintritt. Die Fortsetzung beginnt mit dem Tode des Mieters, da der vorherige Eintritt von Sonderrechtsnachfolgern durch die Ablehnung rückwirkend beseitigt wird (Abs 1 S 2, Abs 2 S 3). Hieraus kann sich für den Vermieter ein bereicherungsrechtlicher Ausgleichsanspruch wegen Nutzung der Wohnung gegen den ablehnenden Sonderrechtsnachfolger ergeben (§ 812 Abs 1 S 2), auf dessen Abtretung der Erbe einen Anspruch aus § 281 Abs 1 hat (vgl Rz 16). Der Erbe haftet für alle Verbindlichkeiten aus dem Mietverhältnis nach den erbrechtlichen Vorschriften.

**b)** Nach Abs 6 S 2 steht sowohl dem Erben als auch dem Vermieter ein **Recht zur** **40** **außerordentlichen befristeten Kündigung** zu. Hierbei ist die gesetzliche Frist einzuhalten, die sich aus § 565 Abs 5 iVm Abs 2 S 1 ergibt (dort Rz 45). Sie beträgt drei Monate abzüglich der Karenzzeit von drei Werktagen. Die Kündigung kann nur für den ersten Termin ausgesprochen werden, für den sie zulässig ist (§ 569 Rz 12). Das Kündigungsrecht steht dem Erben auch zu, wenn er zuvor als Ehegatte oder Familienangehöriger in das Mietverhältnis eingetreten war, den Eintritt aber fristgerecht abgelehnt hat. Dies ergibt sich aus seiner Doppelstellung als Erbe und Eintrittsberechtigter. Das Kündigungsrecht ist ausgeschlossen, wenn der Eintritt nach Abs 1 oder 2 endgültig ist. Damit entfällt der Tatbestand des Abs 6 S 1. Der Vermieter ist nicht gezwungen, dem Erben schon vor der Ablehnung durch eintrittsberechtigte Personen vorsorglich zu kündigen, selbst wenn der Erbe zugleich eintrittsberechtigt ist. Dem Vermieter ist es subjektiv frühestens möglich, die Kündigung auszusprechen, wenn der Erbe durch Fortsetzung des Mietverhältnisses nach Abs 6 S 1 empfangszuständig geworden ist und der Vermieter hiervon Kenntnis erlangt hat.

41 c) Die Anwendung der **Sozialklausel** auf die außerordentliche befristete Kündigung durch den Vermieter ist nach umstrittener Ansicht nicht schon wegen der Kündigungsart ausgeschlossen (§ 556 a Rz 7). Auch dem nicht hausstandszugehörigen Erben ist das Widerspruchsrecht in seiner Eigenschaft als Gesamtrechtsnachfolger des Mieters nicht zu versagen, da der Bestandsschutz nunmehr für ihn als Mietpartei eingreift. Entscheidend ist, ob die Beendigung des Mietverhältnisses für ihn eine nicht zu rechtfertigende Härte darstellt (§ 569 Rz 10).

### VIII. Unabdingbarkeit (Abs 7)

42 Die Bestimmungen des § 569 a sind nur zT unabdingbar. Dies gilt für das Eintrittsrecht des Ehegatten und der Familienangehörigen (Abs 1 und 2) sowie für das Recht des Vermieters zur außerordentlichen befristeten Kündigung gegenüber diesen Sonderrechtsnachfolgern (Abs 5). Allerdings kann eine andere Kündigungsfrist vereinbart werden, soweit hierzu im Rahmen des § 565 Raum ist (§ 565 Rz 46). Hinsichtlich der Sozialklausel sind die zwingenden Vorschriften des § 556 a einzuhalten (§ 556 a Rz 58 f). Das gleiche gilt für die §§ 564 a–564 c.

## § 569 b

**[1]Ein Mietverhältnis über Wohnraum, den Eheleute gemeinschaftlich gemietet haben und in dem sie den gemeinsamen Hausstand führen, wird beim Tode eines Ehegatten mit dem überlebenden Ehegatten fortgesetzt. [2]§ 569 a Abs. 3, 4 gilt entsprechend. [3]Der überlebende Ehegatte kann das Mietverhältnis unter Einhaltung der gesetzlichen Frist kündigen; die Kündigung kann nur für den ersten Termin erfolgen, für den sie zulässig ist.**

**Schrifttum:** vgl § 569 a.

### I. Allgemeines

1 Nach den allgemeinen erbrechtlichen Bestimmungen geht ein Mietverhältnis beim Tode des Mieters im Wege der Gesamtrechtsnachfolge auf den Erben über (§§ 1922 Abs 1, 1967; vgl § 569). Dies gilt grundsätzlich auch hinsichtlich eines Anteils an einem Mietverhältnis, wenn der Verstorbene neben anderen Personen Mitmieter war. Demgegenüber ergibt sich aus § 569 b eine Sonderrechtsnachfolge des überlebenden Ehegatten in den Anteil des Verstorbenen, wenn Eheleute gemeinschaftlich Wohnraum gemietet und darin einen gemeinsamen Hausstand geführt haben. Dies dient dem Zweck, dem Ehegatten unabhängig von einer Erbfolge die Wohnung allein zu erhalten.

## II. Voraussetzungen (S 1)

**1.** Es muß ein **Mietverhältnis über Wohnraum** bestehen. Insoweit gilt das gleiche wie zu § 569 a (dort Rz 2). 2

**2.** Die Eheleute müssen den Wohnraum gemeinschaftlich gemietet haben. Ob es sich bei den Mietern um Eheleute handelt, richtet sich nach den Vorschriften des Eherechts. Entscheidend ist, ob die Ehe im Zeitpunkt des Todes eines der Ehegatten rechtlich besteht. Ein **gemeinschaftliches Mietverhältnis der Eheleute** liegt vor, wenn beide als Mitmieter desselben Wohnraums berechtigt und verpflichtet sind. Dies setzt voraus, daß beide den Mietvertrag als Partei auf der Mieterseite abgeschlossen haben. Die Unterschrift unter dem Vertrag macht einen Ehegatten nicht ohne weiteres zur Partei, wenn am Beginn der Vertragsurkunde nur der andere Ehegatte als Mieter genannt ist (Pergande § 569 b Anm 39). Der Ehegatte braucht den Mietvertrag nicht von Anfang an mit abgeschlossen zu haben, sondern kann auch später im Wege der Vertragsänderung eingetreten sein. Allein durch die Aufnahme in die gemieteten Räume wird der Ehegatte allerdings nicht Vertragspartei, selbst wenn der Vermieter nicht widerspricht. § 569 b geht davon aus, daß nur die Eheleute Mitmieter sind. Ist neben den Eheleuten noch eine weitere Person Mitmieter, steht dem überlebenden Ehegatten nach § 569 a Abs 1 ein Eintrittsrecht in den Anteil des Verstorbenen zu (§ 569 a Rz 4). Eine entsprechende Anwendung des § 569 b auf den Partner einer nichtehelichen Lebensgemeinschaft scheidet aus, da der Gesetzeswortlaut eindeutig ist und keine Regelungslücke besteht (LG Hamburg WuM 1988, 24; aM Tegge 124). Dies hat zur Folge, daß der überlebende Partner das Mietverhältnis nicht allein, sondern zusammen mit dem Erben des Verstorbenen fortsetzt (LG Hamburg aaO). 3

**3.** Die Eheleute müssen in dem Wohnraum einen **gemeinsamen Hausstand** geführt haben. Hierbei handelt es sich um die gleiche Voraussetzung wie in § 569 a Abs 1 (dort Rz 6). 4

**4.** Einer der Ehegatten muß gestorben sein. Gleichbedeutend mit dem natürlichen **Tod** ist die Todeserklärung eines Verschollenen (§ 9 Abs 1 VerschG). 5

## III. Rechtsfolgen

### 1. Fortsetzung des Mietverhältnisses mit dem überlebenden Ehegatten (S 1)

Das Mietverhältnis wird mit dem überlebenden Ehegatten fortgesetzt. Damit wird einerseits klargestellt, daß dieser Ehegatte in seiner Rechtsstellung als Mitmieter durch den Tod des anderen Ehegatten nicht beeinträchtigt wird. Darüber hinaus führt die Vorschrift materiell zu einer Sonderrechtsnachfolge kraft Gesetzes in den Anteil des verstorbenen Ehegatten an dem Mietverhältnis. Hierdurch wird zugunsten des überlebenden Ehegatten eine Gesamtrechtsnachfolge der Erben in 6 diesen Anteil ausgeschlossen. Der Überlebende wird alleiniger Mieter. Im übrigen wird das Mietverhältnis inhaltlich unverändert fortgesetzt. Die Dauer der Überlassung des Wohnraums, die für eine spätere Kündigung nach § 565 Abs 2 S 2 maßgebend ist, wird nach der längsten Besitzzeit berechnet, so daß dem überlebenden Ehegatten in jedem Fall die Gesamtzeit zugute kommt (§ 565 Rz 24). Die Sonderrechtsnachfolge des Ehegatten tritt unabhängig von einer etwaigen Stellung als Erbe ein.

**2. Haftung für Mietverbindlichkeiten des verstorbenen Ehegatten (S 2)**

7 **a)** § 569 a Abs 3 gilt entsprechend. Der überlebende Ehegatte haftet neben dem Erben für die bis zum Tode des anderen Ehegatten entstandenen Verbindlichkeiten aus dem Mietverhältnis als **Gesamtschuldner** (§ 569 a Abs 3 HS 1; dort Rz 20 ff).

8 **b)** Die entsprechende Geltung des § 569 a Abs 3 HS 2 hat zur Folge, daß im **Innenverhältnis** zwischen dem überlebenden Ehegatten und dem Erben der letztere allein haftet. Dies bedeutet aber grundsätzlich nicht, daß der Erbe die gesamten Mietverbindlichkeiten aus der Zeit vor dem Erbfall zu begleichen hat. Wegen der Verpflichtung der Gesamtschuldner zu gleichen Anteilen muß der überlebende Ehegatte den auf ihn entfallenden Teil selbst tragen. Die volle Ausgleichspflicht trifft den Erben nur, wenn der Erblasser im Innenverhältnis der Ehegatten allein für die Mietverbindlichkeiten aufkommen sollte. Ein Rückgriff gegen den Erben wird nicht dadurch ausgeschlossen, daß der überlebende Ehegatte selbst Miterbe ist. Dabei ist aber seine Doppelstellung als Sonderrechtsnachfolger und als Miterbe zu berücksichtigen (§ 569 a Rz 22).

**3. Ausgleich von Mietvorauszahlungen (S 2)**

9 § 569 a Abs 4 gilt entsprechend. Der Ehegatte ist verpflichtet, dem Erben dasjenige herauszugeben, was er infolge einer Mietvorauszahlung des Verstorbenen erspart oder erlangt (§ 569 a Rz 24 ff). Insoweit ist ähnlich wie bei der Schuldenhaftung (Rz 8) idR davon auszugehen, daß Mietvorauszahlungen beiden Mitmietern in gleicher Weise zugute kommen sollen. Der Ehegatte ist also nur zur Herausgabe des Teils verpflichtet, der auf den Erblasser entfällt und damit in den Nachlaß gehört.

**4. Kündigungsrecht des überlebenden Ehegatten (S 3)**

10 **a)** Dem **überlebenden Ehegatten** steht ein Recht zur außerordentlichen befristeten Kündigung zu (S 3 HS 1). Hierbei ist die gesetzliche Kündigungsfrist einzuhalten, die sich aus § 565 Abs 5 iVm Abs 2 S 1 ergibt (dort Rz 45). Sie beträgt drei Monate abzüglich der Karenzzeit von drei Werktagen. Die Kündigung kann nur für den ersten Termin ausgesprochen werden, für den sie zulässig ist (S 3 HS 2; LG Berlin ZMR 1986, 54, 55; § 569 Rz 12). Sie bedarf nach § 564 a Abs 1 S 1 der Schriftform und beendet das gesamte Mietverhältnis, betrifft also nicht nur den

übergegangenen Anteil. Da sie nicht auf den Zeitpunkt des Todes des anderen Ehegatten zurückwirkt, scheidet eine ersatzweise Nachfolge kraft Erbrechts aus.

**b)** Dem **Vermieter** steht im Rahmen des § 569 b kein außerordentliches Kündigungsrecht zu. Auch sein Kündigungsrecht aus § 569 ist nach Abs 2 dieser Vorschrift ausgeschlossen. Ihm bleibt grundsätzlich nur der Weg einer ordentlichen Kündigung mit den sich aus § 565 Abs 2 S 1 oder 2 ergebenden Fristen, sofern es sich um ein unbefristetes Mietverhältnis handelt. **11**

### IV. Abweichende Vereinbarungen

§ 569 b kann durch Parteivereinbarungen geändert oder abbedungen werden (MünchKomm-Voelskow § 569 b Rz 4). Die Vorschrift ist nicht zwingend, weil sowohl der Vermieter als auch der überlebende Ehegatte am Vertragsabschluß beteiligt sind. Damit kann es ihnen überlassen bleiben, eine geeignete Regelung zu treffen. Wegen der zwingenden Vorschriften über den Bestandsschutz ist es aber ausgeschlossen, das Mietverhältnis für den Fall des Todes eines Ehegatten insgesamt für beendet zu erklären (§ 565 a Abs 2). Das außerordentliche Kündigungsrecht des überlebenden Ehegatten ist im Hinblick auf die zugrunde liegende besondere Situation nicht formularmäßig abdingbar (Sternel Rz IV 543). Weitere Einschränkungen können sich aus anderen zwingenden Vorschriften ergeben (§ 565 Abs 2 S 3). **12**

## § 570

**[1]Militärpersonen, Beamte, Geistliche und Lehrer an öffentlichen Unterrichtsanstalten können im Falle der Versetzung nach einem anderen Orte das Mietverhältnis in Ansehung der Räume, welche sie für sich oder die Familie an dem bisherigen Garnison- oder Wohnorte gemietet haben, unter Einhaltung der gesetzlichen Frist kündigen. [2]Die Kündigung kann nur für den ersten Termin erfolgen, für den sie zulässig ist.**

### 1. Zweck

§ 570, der ein besonderes Kündigungsrecht im Falle der Versetzung des Mieters begründet, hat die Aufgabe, die freie Versetzbarkeit der Beamten im Interesse des Staates zu fördern, unbehindert durch möglicherweise lange Kündigungsfristen des Beamten; zugleich sollen die vom Staat zu tragenden Umzugskosten des Beamten in Grenzen gehalten werden (KG OLGE 11, 319; 13, 375; OLG Hamm OLGZ 1985, 332 = WuM 1985, 213 = 49 in RE Miet). Da sich jedoch der Anwendungsbereich des § 570 auf Beamte und eine Reihe gleichstehender Personen beschränkt, ist die Vereinbarkeit des § 570 mit dem Gleichheitssatz des Art 3 GG zweifelhaft. Gleichwohl lehnt die hM eine entsprechende Anwendung des **1**

§ 570 auf alle Arbeitnehmer ab (BayObLGZ 1985, 88, 92f = 43 in RE Miet = WuM 1985, 140ff; wohl auch OLG Hamm aaO).

**2. Anwendungsbereich**

2 § 570 gilt seinem Wortlaut nach zunächst für **Militärpersonen**; das sind sämtliche Soldaten im Sinne des Soldatengesetzes vom 22.4.1969 (BGBl I 314). Ebenso sind **Beamte** im Sinne des § 570 nur Beamte im staatsrechtlichen Sinne (KG OLGE 11, 319) ohne Rücksicht darauf, ob es sich bei ihnen um Bundes-, Landes- oder Gemeindebeamten handelt. Gleichzustellen sind ihnen heute mit Rücksicht auf Art3 GG alle Angestellten des Staates (aM zB OLG Karlsruhe JW 1935, 3400). Ganz entsprechend gehören zu den **Geistlichen** im Sinne des § 570 heute sämtliche Personen, die in einer Religionsgemeinschaft nach einer vorgeschriebenen Ausbildung aufgrund eines geregelten Berufungsverfahrens hauptberuflich ein geistliches Amt ausüben. Ihnen sind hier gleichfalls sämtliche sonstigen Mitarbeiter der Religionsgemeinschaften gleichzustellen. Zu den **Lehrern** an öffentlichen Unterrichtsanstalten gehören schließlich auch die Hilfslehrer, die Privatdozenten und die sonstigen Hochschullehrer (LG Hamburg ZMR 1982, 114).

**3. Versetzung**

3 Unter einer Versetzung im Sinne des § 570 ist jede Übertragung eines neuen Amtes unter endgültigem Ausscheiden aus dem bisherigen Amt zu verstehen. Darunter fällt auch der **Wechsel** eines Beamten aus dem Bereich eines Dienstherren in den Bereich eines anderen, und zwar selbst dann, wenn sich der Beamte um das neue Amt beworben hat und er daraufhin aufgrund einer Auswahl in das Amt berufen wird (vgl zB RG Recht 1916 Nr16; KG OLGE 17, 14; OLG Dresden OLGE 11, 316; 13, 377). Auch die Zurückberufung des Beamten in sein altes Amt gehört folglich hierher (RG JW 1916, 261; OLG Hamburg Recht 1912 Nr992). Gleichzustellen ist mit Rücksicht auf den Zweck des § 570 die erstmalige Berufung eines Beamten in ein öffentliches Amt (OLG Karlsruhe JW 1935, 3400; aM aber OLG Hamm WuM 1985, 213 = OLGZ 1985, 332). § 570 gilt schließlich noch, wenn der Beamte erst während des Laufs des Mietvertrages in ein öffentliches Amt berufen und sodann versetzt wird (OLG Karlsruhe aaO; KG OLGE 13, 375; anders OLG Hamm aaO).

4 *Keine* Versetzung sind hingegen die bloße Abordnung zur Aushilfe, zur Vertretung oder zur Ausbildung (OLG Stettin OLGE 11, 315), der Eintritt in den Ruhestand, die Entlassung aus dem Dienst oder das freiwillige Ausscheiden aus dem Dienst (KG OLGE 17, 14; OLG Hamburg OLGE 24, 356).

**4. Kündigung**

5 Unter den Voraussetzungen des § 570 haben die begünstigten Personen ein außerordentliches Kündigungsrecht mit gesetzlicher Frist (s § 565 Abs5). Die Kündigung ist jedoch erst möglich, sobald die Versetzung des Beamten in ein

anderes Amt beschlossen und dem Beamten dienstlich mitgeteilt ist, während es nicht erforderlich ist, daß dem Beamten schon die Versetzungsurkunde überreicht worden ist (OLG Königsberg OLGE 7, 465; OLG Rostock OLGE 28, 155; OLG Colmar Recht 1913 Nr 2058). Die Kündigung kann dann vom Mieter nur zu dem **ersten möglichen Termin** nach Eröffnung des Versetzungsbeschlusses ausgesprochen werden (LG Hamburg ZMR 1982, 114; LG München II WuM 1984, 110). Dasselbe Kündigungsrecht steht dem Ehegatten des Mieters zu (Giese WuM 1973, 197). Versäumt der Mieter diesen ersten, zulässigen Termin, so erlischt das Kündigungsrecht. – Durch Vertrag kann das im öffentlichen Interesse begründete Kündigungsrecht *nicht ausgeschlossen* werden (LG Berlin JW 1935, 2659; str).

## § 570 a

**Bei einem Mietverhältnis über Wohnraum gelten wenn der Wohnraum an den Mieter überlassen ist, für ein vereinbartes Rücktrittsrecht die Vorschriften dieses Titels über die Kündigung und ihre Folgen entsprechend.**

**1.** § 570 a ist 1963 in das Gesetz eingefügt worden, um zu verhindern, daß der 1
neue Kündigungsschutz für Wohnraummieter durch die Vereinbarung vertraglicher Rücktrittsrechte umgangen werden kann. Der Anwendungsbereich des § 570 a beschränkt sich deshalb auf Wohnraummietverhältnisse (dazu Vorbem 12 f zu §§ 535, 536).

**2.** Für Wohnraummietverhältnisse besagt § 570 a, daß *nach* Überlassung des 2
Wohnraums an den Mieter der vertraglich vorbehaltene Rücktritt **wie eine Kündigung** zu behandeln ist. Vor Überlassung des Wohnraums an den Mieter kann mithin von beiden Parteien ein vertraglich vorbehaltenes Rücktrittsrecht uneingeschränkt ausgeübt werden. Nach Überlassung des Wohnraums wird hingegen dieses Rücktrittsrecht zwingend in ein Kündigungsrecht umgedeutet, so daß sich dessen Voraussetzungen und Folgen uneingeschränkt nach den Kündigungsvorschriften des BGB für Wohnraummietverhältnisse beurteilen. Zu beachten ist dabei jedoch, daß sich § 570 a nur auf vertragliche Rücktrittsrechte bezieht; für *gesetzliche* Rücktrittsrechte bleibt es mithin bei der Geltung der allgemeinen Vorschriften (s dazu aber oben Vorbem 7 zu § 537, §§ 542, 543 Rz 2; BGHZ 50, 312, 315).

## § 571

**(1) Wird das vermietete Grundstück nach der Überlassung an den Mieter von dem Vermieter an einen Dritten veräußert, so tritt der Erwerber an die Stelle des Vermieters in die sich während der Dauer seines Eigentums aus dem Mietverhältnis ergebenden Rechte und Verpflichtungen ein.**
**(2) [1]Erfüllt der Erwerber die Verpflichtungen nicht, so haftet der Vermieter für den von dem Erwerber zu ersetzenden Schaden wie ein Bürge, der auf die Einrede**

**der Vorausklage verzichtet hat. [2]Erlangt der Mieter von dem Übergange des Eigentums durch Mitteilung des Vermieters Kenntnis, so wird der Vermieter von der Haftung befreit, wenn nicht der Mieter das Mietverhältnis für den ersten Termin kündigt, für den die Kündigung zulässig ist.**

**Übersicht**



**Schrifttum:** Dörner, Dynamische Relativität (1985); Dulckeit, Die Verdinglichung obligatorischer Rechte (1951); Emmerich, Miete u Zwangsmaßnahmen, PiG 28, S 145; Finger JR 1974, 8; Fricke ZMR 1979, 65; Haegele Rechtspfleger 1973, 349; Köhler § 16 (S 52 ff); Löning, Die Grundstücksmiete als dingliches Recht (1930); Medicus JuS 1974, 612; M Paschke-H Oetker Zur Dogmatik des Sukzessionsschutzes im Wohnraummietrecht, NJW 1986, 3174; Picker, Der Anspruch auf Verwendungsersatz und das Prinzip „Kauf bricht nicht Miete“, NJW 1982, 8; A Riebandt-Korfmacher, Verkauf gemeinnütziger Wohnungen auf dem Prüfstand, WuM 1986, 127; Ronimi WuM 1980, 1; Roquette MDR 1957, 712; NJW 1957, 1440; 1962, 1551; Scholz, Kündigung nach Vermieterwechsel, WuM 1983, 279; ders, Der Grundstückskäufer vor Eigentumsübergang, ZMR 1988, 285; Söllner, Mietvertragliche Sachmängelhaftung des Grundstückserwerbers gegenüber Dritten, JuS 1970, 159; ders, Anm JZ 1968, 183; 1969, 634; Sternel Rz I 45 ff; Wolter, Mietrechtlicher Bestandsschutz (1984), S 47, 95 ff; Weimar BlGBW 1960, 122; MDR 1960, 195; 1966, 817; ZMR 1965, 198.

## I. Bedeutung

1 **1.** § 571 hat im Anschluß an das preußische und französische Recht und in bewußter Abkehr von der gemeinrechtlichen Praxis den Rechtsgrundsatz **„Kauf bricht nicht Miete“** in das BGB übernommen. Bezweckt war damit vor allem ein Schutz des Mieters gegen seine vorzeitige „Austreibung“ bei einer Veräußerung des vermieteten Grundstücks (Mot II 383 f; Prot II 137 f). Von diesem mieterschützenden Zweck ist deshalb bei der Interpretation des § 571 stets in erster Linie auszugehen.[1]

2 **2.** Durch § 571 ist die Grundstücksmiete nicht zu einem dinglichen Recht ausge-

[1] OLG Karlsruhe OLGZ 1981, 207 = NJW 1981, 1278 = 4 in RE Miet; WuM 1985, 77, 79 = 42 in RE Miet.

staltet worden (vgl für die Fahrnismiete § 986 Abs 2); § 571 hält vielmehr an der schuldrechtlichen Natur der Miete fest und ordnet lediglich für den Fall der Veräußerung des vermieteten Grundstücks den Eintritt des Erwerbers in das gesamte Mietverhältnis für die Dauer seines Eigentums an Stelle des Veräußerers an. Der Eintritt des Erwerbers vollzieht sich dabei unmittelbar *kraft Gesetzes* als Folge seines Eigentumserwerbs. Oder anders gewendet: Im Augenblick des Eigentumsübergangs entsteht in der Person des Erwerbers ein neues Mietverhältnis, freilich mit demselben Inhalt wie mit dem Veräußerer.[2] Der Vermieter muß dies dem Mieter mitteilen (§ 242), damit er sich auf den Wechsel einstellen kann (AG Charlottenburg GE 1989, 230).

Hieraus folgt vor allem, daß der Abschluß eines Mietvertrages über ein Grund- 3
stück selbst nach dessen Überlassung an den Mieter *keine Verfügung* über das Grundstück darstellt, so daß zB ein gutgläubiger Erwerb des Mietrechts vom Nichteigentümer nach § 893 nicht möglich ist (RGZ 106, 109; 124, 325). Ebensowenig ist § 883 Abs 2 auf die Vermietung eines Grundstücks durch den Eigentümer nach Bestellung einer **Vormerkung** zugunsten eines Dritten anwendbar; vielmehr geht selbst in diesem Fall der Mieterschutz unbedingt dem Schutz des Vormerkungsberechtigten vor.[3]

## II. Anwendungsbereich

### 1. Grundstücksmiete

§ 571 gilt nur für die Vermietung und Verpachtung von Grundstücken, Grund- 4
stücksteilen, Räumen und eingetragenen Schiffen (§§ 571, 580, 580 a, 581 Abs 2; BGH LM Nr 2 zu § 69 KO = NJW 1976, 2264; vgl noch für Eigenjagdbezirke § 14 BJagdG). Grundstücksmiete ist dabei nach § 580 auch die Vermietung von **Gebäudeteilen**, zB von Außenwänden oder Dächern von Gebäuden zur Anbringung von Reklameschriften oder Automaten (OLG München NJW 1972, 1995; OLG Hamm MDR 1976, 143; str). Dasselbe gilt für Verträge über die Ausbeutung von *Bodenschätzen,* zB für Verträge über die Ausbeutung von Kies oder Kohle.[4]

*Gemischte* Verträge fallen unter § 571 nur, wenn sie überwiegend Grundstücks- 5
miete sind. Daher findet § 571 auf **Altenheimverträge** keine Anwendung, wenn bei ihnen die dienstvertraglichen Elemente überwiegen (BGH LM Nr 26 zu § 571 BGB = NJW 1982, 221; vgl oben Vorbem 51 zu §§ 535, 536; unten Rz 7 a). Ebenso zu beurteilen sind Verträge, bei denen der Schwerpunkt des Vertragsver-

---

[2] St Rspr seit RGZ 59, 177, 188 bis BGHZ 53, 174, 179; BGH LM Nr 7 zu § 566 BGB = NJW 1962, 1388; OLG Hamm OLGZ 1982, 326 = WuM 1982, 47 = 14 in RE Miet; LG München I WuM 1985, 26; eingehend Dörner aaO.

[3] BGHZ 13, 1; BGH LM Nr 13 zu § 883 BGB = MDR 1974, 919; s oben Vorbem 11 zu §§ 535, 536.

[4] RGZ 94, 279; RG JW 1919, 674; BGH LM Nr 2 zu § 581 BGB; WM 1985, 419 m Nachw; BayObLGZ 1910, 280.

hältnisses in der Gestattung des Betriebes eines Gewerbes in den Räumen eines anderen besteht (sog *Platzmiete*). § 571 ist daher namentlich nicht anwendbar auf die typischen Automatenaufstellverträge (BGHZ 47, 202) sowie auf die Gestattung des Betriebes eines Gewerbes in einer dem Publikumsverkehr zugänglichen, großen Halle (RGZ 108, 369; RG JW 1924, 1962; BGH LM Nr 11 und 31 zu § 581 BGB). Ebensowenig gilt § 571 schließlich für Verträge von Grundstückseigentümern mit der Bundespost über die Anbringung eines Kabelverzweigers auf dem Grundstück, weil es hier an der Vereinbarung einer Gegenleistung seitens der Bundespost fehlt; die bloße Verpflichtung der Bundespost zur Beseitigung aller Schäden stellt keine Vereinbarung über einen Mietzins im Sinne des § 535 S 2 dar[5].

**2. Entsprechende Anwendbarkeit**

**6** § 571 ist in einer ganzen Reihe weiterer Fälle *kraft Gesetzes* entsprechend anwendbar, so nach § 1056 im Falle der Beendigung des Nießbrauchs, nach § 2135 im Falle des Eintritts der Nacherbfolge, nach den §§ 11 und 30 ErbbauVO im Falle der Veräußerung und des Erlöschens des Erbbaurechts (dazu u § 577 Rz 1 a), nach § 37 Abs 2 WEG im Falle der Veräußerung des Dauerwohn- oder Dauernutzungsrechts (§ 31 WEG) und der Ausübung des Heimfallanspruchs durch den Eigentümer (zB AG und LG Stuttgart WuM 1988, 404), insbesondere nach den §§ 57 ff ZVG im Falle der **Zwangsversteigerung** sowie nach § 21 Abs 4 KO im Falle der Veräußerung des Grundstücks durch den Konkursverwalter (wegen der Einzelheiten s Mietrecht § 571 Rz 18 ff, 34 ff). In den Fällen der Zwangsversteigerung und des Konkurses ist jedoch dem Erwerber ein besonderes Kündigungsrecht durch § 57 a ZVG eingeräumt worden, das freilich bei der Wohnraummiete den Beschränkungen der §§ 564 a und 564 b unterliegt (BGHZ 84, 90, 100 f; s Emmerich, PiG 28, S 145, 150 ff).

**7** Jenseits dieser gesetzlich geregelten Fälle wird § 571 entsprechend nur in den Fällen der Aufgabe und Aneignung eines Grundstücks nach § 928 sowie in den Fällen der Rückerstattung angewandt (RGZ 103, 166, 177 f; BGHZ 11, 27, 34 f). Eine entsprechende Anwendung des § 571 kommt außerdem in Betracht, wenn ein mit einem Wohnhaus bebautes Grundstück im Eigentum einer Personengesellschaft steht und sodann das Eigentum an dem Grundstück durch die Veräußerung der Anteile an der Gesellschaft auf Dritte übertragen wird. Zwar tritt dann der Eigentumswechsel außerhalb des Grundbuchs ein; um Umgehungen des Mieterschutzes zu verhindern, muß jedoch auf solche Konstruktionen § 571 entsprechend angewandt werden (so zutreffend LG München I WuM 1985, 26 f).

**7a** Im übrigen halten die Gerichte indessen daran fest, daß § 571 eine eng auszulegende Sondervorschrift darstellt, die einer entsprechenden Anwendung in gesetzlich nicht geregelten Fällen nicht zugänglich ist (BGH LM Nr 7 und 26 zu § 571 BGB = NJW 1964, 765; 1982, 221). § 571 kann daher *nicht* entsprechend angewandt werden auf die Leihe (OLG Düsseldorf ZMR 1989, 19; AG München

[5] So zutreffend LG Frankfurt NJW 1985, 1228; anders zB KG ArchPF 1967, 319; OLG Hamburg ArchPF 1961, 257; 1965, 272.

LZ 1925, 387), auf einfache Patentlizenzverträge (BGHZ 83, 251, 257f), auf Altenheimverträge mit überwiegend dienstvertraglichen Elementen (oben Rz 5; BGH LM Nr 26 zu § 571 BGB) sowie auf die Überlassung einer Wohnung durch einen Ehemann an seine Frau als Teil des Unterhalts (RG LZ 1921, 413; BGH LM Nr 7 zu § 571 BGB). Ebensowenig anwendbar ist § 571 dementsprechend auf *Vorverträge* zu Mietverträgen, auf die zusätzliche Verpflichtung der Mietvertragsparteien zur nachträglichen Beurkundung eines zunächst formlos abgeschlossenen, langfristigen Mietvertrages sowie auf obligatorische Abreden mit dinglich Berechtigten (BGH LM Nr 2 zu § 69 KO = NJW 1976, 2264).

## III. Voraussetzungen

### 1. Eigentum des veräußernden Vermieters

§ 571 ist nur anwendbar, wenn der Vermieter zugleich Eigentümer und Veräuße- 8
rer des Grundstücks ist.[6] § 571 gilt daher zunächst nicht für Mietverträge mit dem Scheineigentümer oder mit dem vormerkungsberechtigten Grundstücksbesitzer und ebensowenig für einen Mietvertrag mit dem Grundstückskäufer nach Auflassung, aber vor Eintragung. Seine Anwendung setzt vielmehr stets **Identität** zwischen Veräußerer, Vermieter und Eigentümer voraus. Diese Identität wird zwar nicht durch Rechtsnachfolge auf der Seite des Vermieters ausgeschlossen (BayObLGZ 1981, 343 = 10 in RE Miet für die Erbfolge), fehlt aber zB, wenn nur einer von mehreren Miteigentümern das Grundstück vermietet hatte, das Grundstück sodann aber von allen Miteigentümern veräußert wird.[7] § 571 ist daher hier nur anwendbar, wenn die übrigen Miteigentümer dem Mietvertrag zumindest konkludent zugestimmt hatten (s oben Vorbem 58 zu §§ 535, 536). Veräußert der bisherige Alleineigentümer und Vermieter einen Miteigentumsanteil an einen Dritten, so gilt § 571 ebenfalls mit der Folge, daß der Erwerber neben dem Vermieter als Gesamtschuldner in den Mietvertrag eintritt. Ebenso bei Veräußerung an mehrere Personen (s LG Hamburg u AG Rastatt WuM 1988, 127) sowie bei Realteilung des Grundstücks mit anschließender Veräußerung der Grundstücksteile an verschiedene Personen (RGZ 124, 195; BGH LM Nr 2 zu § 427 BGB = NJW 1973, 455; AG Nürnberg WuM 1983, 144; AG Köln WuM 1986, 109 für die Aufteilung in Wohnungseigentum).

### 2. Veräußerung

**a)** Zweite Voraussetzung für die Anwendung des § 571 ist, daß das Grundstück 9
von dem Vermieter an den Dritten veräußert worden ist. Das Gesetz knüpft somit

[6] Grdleg BayObLGZ 1981, 343 = NJW 1982, 451 = 10 in RE Miet; OLG Karlsruhe OLGZ 1981, 207 = NJW 1981, 1278; LG Berlin GE 1987, 1263 = ZMR 1988, 61 = WuM 1988, 367.

[7] BGH LM Nr 22 zu § 571 BGB = NJW 1974, 1551; OLG Karlsruhe OLGZ 1981, 207 = 4 in RE Miet.

den Eintritt des Erwerbers in das Mietverhältnis an den **Übergang des Eigentums** an dem Grundstück. Solange der Erwerber nicht Eigentümer des Grundstücks durch Auflassung und Eintragung geworden ist, bleibt der Veräußerer Vermieter (RGZ 84, 409; BGH LM Nr 3 zu § 505 BGB; Nr 4 zu § 571 BGB; GE 1989, 37 = ZMR 1989, 57). *Vor* Eigentumsübergang kann mithin nur der Veräußerer eine Mietzinserhöhung nach dem MHRG verlangen (LG Köln WuM 1978, 108; LG Hamburg WuM 1985, 310; LG München I WuM 1989, 282). Nur ihm steht der Mietzins zu; nur er kann außerdem nach § 541 a die Duldung von Modernisierungsmaßnahmen verlangen und die hierzu erforderliche Mitteilung an den Mieter richten, während eine Mitteilung des Erwerbers unwirksam ist und die Duldungspflicht des Mieters daher nicht auszulösen vermag (AG Charlottenburg GE 1984, 765). Schließlich steht auch das Kündigungsrecht nach wie vor ausschließlich dem Veräußerer zu, so daß eine vom Erwerber ausgesprochene Kündigung unwirksam ist und nicht etwa durch dessen späteren Eigentumserwerb geheilt wird (LG Mannheim MDR 1977, 933; LG Hamburg WuM 1977, 260; AG München WuM 1985, 121; LG München I WuM 1989, 282). Vorausgesetzt wird dabei außerdem immer ein freiwilliger, rechsgeschäftlicher Eigentumsübergang, so daß § 571 auf einen Eigentumsübergang nach öffentlichem Recht, insbes durch *Enteignung,* nicht angewandt werden kann (vgl OLG Bamberg NJW 1970, 2108; LG Münster WuM 1979, 221; LG Berlin GE 1984, 867).

10 **b)** Den Parteien steht es aber natürlich jederzeit frei, etwas anderes, zB einen **vorzeitigen Eintritt** des Erwerbers in den Mietvertrag zu vereinbaren, wozu es freilich stets der Mitwirkung des Mieters bedarf (RG HRR 1931 Nr 495; LG Wuppertal WuM 1981, 230). Außerdem kann je nach den Umständen des Einzelfalles in der Übertragung des Eigenbesitzes auf den Erwerber zugleich eine **Abtretung** der Mietzinsforderung liegen (KG OLGE 11, 144; JW 1931, 2746; LG Mannheim MDR 1977, 933). Umstritten ist hingegen, ob der Veräußerer den Erwerber auch schon zur Kündigung vor Eigentumserwerb ermächtigen kann. Richtigerweise dürfte die Frage zu verneinen sein (LG Hamburg WuM 1977, 260; aM zB LG Düsseldorf WuM 1972, 96).

### 3. Gültiger Mietvertrag

11 Die Anwendung des § 571 setzt weiter an sich den Bestand eines gültigen Grundstücksmietvertrages voraus, in den der Erwerber mit Eigentumsübergang eintreten kann. Aus praktischen Gründen wird § 571 jedoch außerdem angewandt, wenn der Vertrag schon vor Eigentumsübergang, zB infolge einer Kündigung des Veräußerer, sein Ende gefunden hatte; der Erwerber tritt dann in das bei Eigentumsübergang bestehende **Abwicklungsverhältnis** ein (BGHZ 71, 147; OLG Königsberg OLGE 23, 40). Entsprechend ist schließlich der umgekehrte Fall zu behandeln, daß der Mietvertrag zwar nach den Abreden der Parteien erst zu einem Zeitpunkt nach Eigentumsübergang beginnen sollte, das Grundstück dem Mieter aufgrund des Vertrages aber schon vor Eigentumsübergang vom Veräußerer übergeben worden war (BGHZ 42, 333, 340; 62, 297, 301).

#### 4. Überlassung

a) Letztes Tatbestandsmerkmal des § 571 ist schließlich die Überlassung des vermieteten Grundstücks an den Mieter vor Eigentumsübergang. Unter Überlassung des Grundstücks ist dabei hier dasselbe wie in § 536 zu verstehen (s deshalb oben §§ 535, 536 Rz 6f). Maßgebend sind mithin in erster Linie die Abreden der Parteien, nach denen zur Überlassung im Regelfall eine **Übergabe** der Sache durch Verschaffung des unmittelbaren Besitzes erforderlich sein wird.[8] Notwendig ist dies jedoch nicht; vielmehr gibt es durchaus Fälle, in denen es genügt, daß die Sache dem Mieter vom Vermieter in einer Weise zugänglich gemacht wird, daß dieser zu den vereinbarten Zeiten den vereinbarten Gebrauch von der Sache machen kann,[9] zB eine Garageneinfahrt auf fremdem Grundstück benutzen darf (BGH WM 1989, 724, 726; OLG Karlsruhe ZMR 1988, 257). Die Übergabe kann dem Vertragsbeginn außerdem vorausgehen, zB bei Abschluß eines Mietvertrages mit dem jetzigen Untermieter für die Zeit nach Ablauf des Untermietvertrages (BGH WM 1989, 153 = NJW-RR 1989, 77 = ZMR 1989, 59). 12

b) § 571 verlangt nur Überlassung der Sache an den Mieter vor Eigentumsübergang, *nicht* hingegen **Fortbestand** des Mieterbesitzes im Augenblick des Eigentumsüberganges. Der Erwerber tritt daher selbst dann in dem Mietvertrag ein, wenn der Mieter die Sache inzwischen an einen Dritten, zB an den Untermieter, weitergegeben oder den Besitz an ihr unfreiwillig verloren hat (KG OLGE 11, 144). Hingegen ist kein Raum für die Anwendung des § 571, wenn sich der Mieter in Annahmeverzug befindet (KG aaO). 13

### IV. Rechtsfolgen

Nach § 571 Abs 1 tritt der Erwerber unter den genannten Voraussetzungen (oben Rz 8 ff) anstelle des Vermieters in die sich während der Dauer seines Eigentums aus dem Mietverhältnis ergebenden Rechte und Verpflichtungen ein. Solange er Eigentümer ist, wird er mithin an Stelle des bisherigen Vermieters zum Vertragspartner des Mieters und hat daher für diese Zeit sämtliche Rechte und Pflichten des Vermieters. Bestreitet der Mieter den Eintritt des Erwerbers, so muß dieser den lückenlosen **Nachweis** für seinen Eigentumserwerb gerade vom Vermieter erbringen (LG Berlin GE 1984, 867). 14

#### 1. Vermieterrechte

a) Der Eintritt des Erwerbers in die Vermieterrechte erfolgt automatisch kraft Gesetzes mit Eigentumserwerb und umfaßt ohne Ausnahme alle sich **aus dem Mietverhältnis** ergebenden Rechte und Verpflichtungen, nicht hingegen Rechte 15

---

[8] RG Gruchot 67 (1925), 303; BGHZ 65, 137; BGH LM Nr 4 zu § 57 c ZVG = NJW 1984, 579 = WM 1983, 1364; OLG Karlsruhe ZMR 1988, 257, 258.

[9] BGHZ 65, 137; BGH LM Nr 1 zu § 578 BGB; Nr 31 zu § 581 BGB = MDR 1966, 229; 1968, 233; BGH WM 1989, 153, 154; 1989, 724, 726; OLG Karlsruhe ZMR 1988, 257.

und Verpflichtungen **aus sonstigen Abreden** der Parteien, mögen sie auch mit dem Mietvertrag wirtschaftlich verbunden sein. Entscheidend ist vielmehr allein ihre rechtliche Selbständigkeit (RGZ 71, 404, 408; RG JW 1906, 58; 1939; 286; OLG Breslau JW 1929, 1998). Für die häufig schwierige *Abgrenzung* ist hierbei darauf abzustellen, welche Abreden nach dem Willen der Parteien jeweils einen untrennbaren Bestandteil des Mietvertrages bilden sollen. Die Praxis zählt hierzu in erster Linie die typischen Mietvertragsklauseln, wozu namentlich die Abreden über den Gegenstand des Vertrages, den Mietzins, die Überlassung und die Rückgabe der Sache gehören (RGZ 71, 404, 408; RG JW 1906, 58). Generelle Regeln lassen sich indessen kaum aufstellen; die Abgrenzung ist vielmehr immer eine Frage des Einzelfalles.

**16** **b)** Der Erwerber muß den Mietvertrag in dem Zustand hinnehmen, in dem er sich im Augenblick des Eigentumsüberganges befindet. Folglich wirken auch alle nachträglichen **Änderungen** und Ergänzungen für und gegen ihn, selbst wenn sie nur mündlich verabredet sind, während nach Eigentumsübergang Vertragsänderungen und -ergänzungen nur noch mit ihm vereinbart werden können (BGH LM Nr 33 zu § 535 BGB = NJW 1966, 1703; LM Nr 4 zu § 571 BGB).

**17** **c)** Wenn der Mieter den Vertrag im Augenblick des Eigentumsübergangs *anfechten* konnte, bleibt trotz Eigentumsübergangs der Veräußerer der Anfechtungsgegner, so daß er gegebenenfalls wegen einer Täuschung dem Mieter schadensersatzpflichtig ist (LG Frankfurt WuM 1980, 11 m abl Anm Ronimi 1). Ebensowenig geht ein bereits entstandenes **Kündigungsrecht** des veräußernden Vermieters auf den Erwerber über; hatte der Vermieter das Kündigungsrecht noch nicht ausgeübt, so erlischt das Recht vielmehr mit Eigentumsübergang. Wenn aber der Veräußerer den Vertrag schon gekündigt hatte, so ändert der nachfolgende Eigentumsübergang an der Wirksamkeit der Kündigung nichts mehr; der Mieter muß vielmehr räumen (LG München I WuM 1983, 263). Der Erwerber kann hingegen nur kündigen, wenn die Voraussetzungen des Kündigungsrechts wenigstens teilweise in seiner Person erfüllt worden sind, wobei etwaige vor der Kündigung einzuhaltende Wartefristen, zB nach § 564 b Abs 2 Nr 2 S 2, für den Erwerber weiterlaufen (grdleg BayObLGZ 1981, 343 = WuM 1982, 46; LG Duisburg ZMR 1988, 99, 100).

**18** **d)** Mit dem Eigentumswechsel tritt in dem Mietverhältnis als Dauerschuldverhältnis eine Zäsur ein, so daß *schon* vorher *begründete Ansprüche* des Vermieters auf Mietzins oder Schadensersatz grundsätzlich beim Veräußerer und Vermieter verbleiben und nicht auf den Erwerber übergehen (KG OLGE 11, 144; BGH NJW 1964, 1024; insbes GE 1989, 37 = ZMR 1989, 57). Die Mietzinsansprüche müssen mithin zwischen Vermieter und Erwerber *aufgeteilt* werden, wobei aus praktischen Gründen auf den Zeitpunkt der Fälligkeit der jeweiligen Mietzinsrate abzustellen ist (KG OLGE 11, 144). Folglich steht dem Erwerber überhaupt kein Mietzinsanspruch zu, wenn nach dem Mietvertrag der Mietzins auf einmal im voraus zu zahlen war (sog Einmalmiete; RGZ 94, 279; 127, 116). Ist der Mietzins hingegen nach periodischen Zeitabschnitten bemessen, so gelten für Vorausverfügungen des Vermieters die §§ 573 f. Ganz anders beurteilt werden schließlich etwaige schon begründete **Herausgabeansprüche** des Vermieters: Da der Erwerber in das Abwicklungsverhältnis nach Beendigung des Mietverhältnisses eintritt (oben Rz 11), muß hier angenommen werden, daß mit Eigentumsübergang der Herausgabeanspruch des Vermieters erlischt, während der Erwerber einen neuen Herausgabeanspruch erwirbt, zu dessen Ausübung er aber jederzeit den veräußernden Vermieter ermächtigen kann (BGHZ 71, 147).

**2. Vermieterpflichten**

**a)** Da der Erwerber an Stelle des Veräußerers in den Mietvertrag als neuer Vermieter eintritt, treffen ihn fortan sämtliche Pflichten des Vermieters aus dem Mietvertrag ohne Rücksicht darauf, ob er die auf ihn übergehenden Pflichten kannte oder nicht (OLG München NJW 1972, 1995). Es muß sich aber immer um Pflichten gerade aus dem Mietvertrag handeln. Pflichten aus mit dem Mietverhältnis nur wirtschaftlich verbundenen, rechtlich jedoch **selbständigen Nebenabreden** gehen ebensowenig auf den Erwerber über wie Verpflichtungen des Vermieters gegenüber Dritten, selbst wenn sie sich auf den Mietvertrag beziehen.[10] **19**

**b)** Der Erwerber ist – als neuer Vermieter – zur **Erfüllung** des Vertrages verpflichtet und muß deshalb dem Mieter den vertragsmäßigen Gebrauch gewähren, wofür er bei Nichterfüllung oder Schlechterfüllung wie jeder Vermieter haftet (RGZ 119, 353; RG HRR 1933 Nr 1312). Zu Vorverträgen s oben Rz 7. **20**

**c)** Der Erwerber haftet nicht für schon vor dem Eigentumsübergang entstandene Ansprüche des Mieters gegen den bisherigen Vermieter. Das gilt namentlich für schon entstandene **Verwendungsersatzansprüche** des Mieters aus § 547, wobei man jedoch zum Schutze des Mieters annehmen muß, daß die Verjährung dieser Ansprüche erst mit dem Augenblick beginnt, in dem der Mieter von dem Eigentumsübergang Kenntnis erlangt (s oben § 558 Rz 8). Aus demselben Grund muß man annehmen, daß sich ein Wegnahmerecht, selbst wenn die fraglichen Einrichtungen bereits vor Eigentumsübergang mit dem Grundstück verbunden worden sind, nach diesem Zeitpunkt gegen den Erwerber richtet (OLG München WuM 1985, 90, 91). Werden die genannten Ansprüche des Mieters aus den §§ 547 und 547 a nach den Abreden der Parteien erst nach dem Eigentumsübergang fällig, so haftet für sie auf jeden Fall der Erwerber (insbes BGH LM Nr 29 zu § 571 BGB = NJW 1988, 705 m Nachw). Kündigungsgegner für den Mieter ist jetzt ebenfalls nur noch der Erwerber; ebenso schließlich analog § 576, wenn dem Mieter von dem Veräußerer der Eigentumsübergang angezeigt worden ist, selbst wenn sich die Anzeige nachträglich als unrichtig erweist (LG Baden-Baden WuM 1988, 402). **21**

Schädigt hingegen erst der Erwerber den Mieter, so kann der Mieter nur von ihm Schadensersatz verlangen. Für die Frage, ob der Erwerber dabei nach § 538 ohne Verschulden oder nur im Falle des Verschuldens **haftet**, kommt es auch nach Eigentumsübergang allein darauf an, ob der fragliche Mangel seinerzeit schon bei Vertragsschluß vorgelegen hatte oder erst danach entstanden ist (BGHZ 49, 350, 352; BGH WarnR 1972 Nr 284). Bei nachträglich entstandenen Mängeln ist jedoch zu beachten, daß den Erwerber eine **Prüfungs-** und **Verkehrssicherungs-** **22**

[10] BGHZ 48, 244; BGH LM Nr 9 zu § 571 BGB = NJW 1965, 2198; OLG Frankfurt NJW 1964, 453; Söllner JZ 1968, 183.

**pflicht** trifft, so daß er sich bei Erwerb des Grundstücks eingehend über dessen Zustand unterrichten muß (RG JW 1924, 1962; LG Mönchengladbach VersR 1965, 1187).

23 **d)** Der Erwerber muß außerdem sämtliche Abreden über die **Vertragsbeendigung** gegen sich gelten lassen. Das gilt insbes für alle vertraglichen Kündigungsbeschränkungen (LG Hagen NJW 1960, 1468), selbst wenn sie mit einem gemeinnützigen Wohnungsunternehmen vereinbart sind und dieses das Grundstück sodann an einen Privatmann veräußert (LG Kaiserslautern MDR 1983, 56), sowie für Verlängerungsoptionen und Vormietrechte (RGZ 103, 349; BGHZ 55, 71). Der Erwerber tritt schließlich in die Verpflichtung des Vermieters zur Rückzahlung eines Baukostenzuschusses oder zur Verrechnung von Mietzinsvorauszahlungen ein (Vorbem 37 zu §§ 535, 536; BGHZ 16, 31; 37, 346; 53, 35) und muß auch eine Nachfolgeklausel gegen sich wirken lassen (BGHZ 48, 244, 248).

### 3. Abweichende Vereinbarungen

24 § 571 ist nicht zwingend, so daß abweichende Vereinbarungen möglich sind, wobei aber stets alle drei Beteiligten zusammenwirken müssen (RG BayZ 1926, 190; KG JW 1925, 2266; LG Berlin GE 1989, 409). Durch zweiseitige Absprachen zwischen Vermieter und Erwerber oder Vermieter und Mieter ist eine Abänderung des § 571 zum Nachteil des jeweils nicht beteiligten Dritten nicht möglich. Ebensowenig kann § 571 durch Formularverträge zum Nachteil des Mieters abgeändert werden (§§ 9 Abs 2, 24 AGBG).

## V. Stellung des Vermieters

### 1. Haftung

25 Nach Eigentumsübergang richtet sich der Erfüllungsanspruch des Mieters nur noch gegen den Erwerber (oben Rz 20). Um zu verhindern, daß sich dadurch die Position des Mieters gegenüber der Situation bei Vertragsschluß verschlechtert, ist in § 571 Abs 2 zusätzlich eine **selbstschuldnerische Bürgschaft** des ursprünglichen Vermieters für die Erfüllung der den Erwerber treffenden Verpflichtungen angeordnet worden. Dasselbe gilt, wenn der Erwerber schon kraft Gesetzes, zB aufgrund des § 547, oder aufgrund des Vertrages, etwa als Entschädigung für eine vorzeitige Kündigung, zu einer Geldleistung verpflichtet ist (BGHZ 51, 273 m Anm Söllner JZ 1969, 634). Eine entsprechende Regelung enthält schließlich noch § 579 S 2 für den Fall der Weiterveräußerung des Grundstücks durch den Erwerber.

### 2. Befreiung

26 Nach § 571 Abs 2 S 2 wird der Vermieter von seiner bürgenähnlichen Haftung befreit, wenn der Mieter von dem Eigentumsübergang gerade durch eine **Mitteilung** des Vermieters (dazu BGHZ 45, 11), also nicht auf andere Weise, Kenntnis

erlangt und daraufhin *nicht* das Mietverhältnis für den ersten, zulässigen Termin *kündigt.* § 571 Abs 2 S 2 begründet mithin kein zusätzliches Kündigungsrecht des Mieters, sondern geht von der ordentlichen Kündigungsmöglichkeit mit gesetzlicher Frist aus, so daß eine Haftungsbefreiung des Vermieters ausscheidet, wenn der Mietvertrag auf eine bestimmte Zeit abgeschlossen ist. Ob der Mieter von der Kündigungsmöglichkeit Gebrauch macht, spielt im übrigen für die Rechtsfolge keine Rolle: Immer haftet der Vermieter ihm (nur) bis zum ersten, möglichen, ordentlichen Kündigungstermin, nicht jedoch über diesen Zeitpunkt hinaus.

### 3. Abweichende Vereinbarungen

§ 571 Abs 2 ist nicht zwingend, so daß schon im voraus dem Vermieter die 27
bürgenähnliche Haftung im Mietvertrag erlassen werden kann. Doch gilt dies nur für Individualvereinbarungen, nicht hingegen für Formularverträge (§ 9 Abs 2 Nr 1 AGBG).

## § 572

**[1]Hat der Mieter des veräußerten Grundstücks dem Vermieter für die Erfüllung seiner Verpflichtungen Sicherheit geleistet, so tritt der Erwerber in die dadurch begründeten Rechte ein. [2]Zur Rückgewähr der Sicherheit ist er nur verpflichtet, wenn sie ihm ausgehändigt wird oder wenn er dem Vermieter gegenüber die Verpflichtung zur Rückgewähr übernimmt.**

**Schrifttum:** Emmerich, Miete und Zwangsmaßnahmen, PiG 28, S 145; Köhler § 17; Patzer DWW 1975, 157; Rödding BB 1968, 934; Schopp ZMR 1969, 1; Sternel Rz III 235 ff; Stückmann ZMR 1972, 328; Weimar Betrieb 1976, 1212.

**1.** Aufgrund des Mietvertrages hat der Mieter dem Vermieter häufig Sicherheit zu 1
leisten. In welcher Form dies zu geschehen hat, ergibt sich in erster Linie aus den Abreden der Parteien. Die bei weitem üblichste Form der Sicherheitsleistung ist heute die Zahlung einer sog **Barkaution** (s dazu den § 550 b von 1982). Daneben kommen je nach den Abreden der Parteien noch alle anderen in § 232 geregelten Formen der Sicherheitsleistung einschließlich der Stellung eines Bürgen in Betracht. In jedem Fall geht dann der *Anspruch* des Vermieters auf Leistung der Sicherheit bei Veräußerung des Grundstücks nach § 571 auf den Erwerber über (AG Köln WuM 1981, 18). Mit § 572 hat all dies nichts zu tun. Diese Vorschrift regelt vielmehr aus Klarstellungsgründen allein die Rechtslage hinsichtlich einer schon *geleisteten* Sicherheit.

**2.** Hat der Mieter die Sicherheit schon geleistet, so *tritt* nach § 572 S 1 der 2
Erwerber *in* die dadurch begründeten *Rechte* des Vermieters ein. Welche Rechte dies sind, richtet sich dabei nach der Art der bestellten Sicherheit. Hat der Mieter dem Vermieter zB eine Barkaution geleistet, so erlangt der Erwerber einen Anspruch auf Auszahlung des vom Mieter geleisteten Betrages gegen den Vermie-

ter (RGZ 53, 247; RG JW 1905, 80; OLG Hamburg MDR 1970, 1015; OLG Düsseldorf MDR 1983, 405), und zwar einschließlich der Zinsen (AG Pinneberg WuM 1981, 21). Wenn der Mieter hingegen einen Bürgen gestellt hat, so tritt der Erwerber ohne weiteres an Stelle des Vermieters in die Rechte aus der Bürgschaft gegen den Bürgen ein (RG WarnR 1913 Nr 286; BGH NJW 1982, 875; BGHZ 95, 88 m Anm Emmerich JuS 1986, 63). Und im Falle der Sicherungsübereignung wird der Erwerber schließlich automatisch kraft Gesetzes Eigentümer der zur Sicherheit übereigneten Sachen.

3 Im Regelfall wird sich ein Anspruch des Erwerbers auf **Herausgabe** der jeweiligen Sicherheit bereits aus den Abreden der Parteien ergeben (RGZ 53, 247; RG JW 1905, 80; OLG Hamburg MDR 1970, 1015). Weitere Herausgabeansprüche können sich je nach Fallgestaltung aus den §§ 952, 985 und 1251 ergeben. Der Vermieter kann dann die Herausgabe der Sicherheit nur verweigern, wenn er noch eigene, offene Ansprüche gegen den Mieter hat und sich derentwegen aus der Sicherheit befriedigen will (RG JW 1905, 80; OLG Frankfurt NJW-RR 1987, 786). Abweichende Abreden sind zwar jederzeit möglich; die Beweislast dafür trägt jedoch der Erwerber, der außerdem einen Auskunftsanspruch gegen den Veräußerer hinsichtlich der noch vorhandenen Kaution hat (OLG Frankfurt aaO). Schließlich steht nach hM auch dem Mieter gegen den Vermieter aufgrund des Mietvertrages ein Anspruch auf Aushändigung der geleisteten Sicherheit an den Erwerber zu (so schon Prot I 262; LG Köln WuM 1987, 351 ff; OLG Karlsruhe GE 1989, 89 = NJW-RR 1989, 267 = WuM 1989, 63; LG Hannover WuM 1989, 75).

4 **3.** Nach § 572 S 2 ist der Erwerber nur dann zur Rückgewähr der Sicherheit an den Mieter (bei Vertragsende) verpflichtet, wenn ihm die Sicherheit ausgehändigt wurde oder wenn er dem Vermieter gegenüber die Verpflichtung zur Rückgewähr übernommen hat. Die Art der **Aushändigung** richtet sich dabei wiederum nach der Art der Sicherheit (s AGe Heidelberg und Ebersberg WuM 1984, 83). Es genügt, wenn der Erwerber in irgendeiner Form über die Sicherheit verfügen kann. Geld und Wertpapiere sind daher an den Erwerber herauszugeben (RG WarnR 1913 Nr 286), während eine Kaution an ihn auszuzahlen ist. Gleich steht eine Verrechnung der Kaution mit Ansprüchen des Vermieters gegen den Erwerber (s OLG Düsseldorf MDR 1983, 405; LG München II WuM 1986, 320). Die Aushändigung ändert aber nichts an der Forthaftung des Vermieters für die Rückgewähr der Sicherheitsleistung bei Vertragsende, weil hier § 571 Abs 2 nicht anwendbar ist.[1] Die Bedingungen der Rückgewährpflicht bei Vertragsende richten sich hierbei wiederum in erster Linie nach dem Vertrag (AG Groß-Gerau ZMR 1985, 54 Nr 11; s im übrigen oben § 550 b Rz 8).

5 Nach § 572 S 2 ist der Erwerber schließlich noch dann zur Rückgewähr der Sicherheit verpflichtet, wenn er dem Vermieter gegenüber in dem der Veräußerung zugrunde liegenden Rechtsgeschäft die **Verpflichtung** zur Rückgewähr der

[1] RG JW 1905, 80; OLG Stettin OLGE 20, 119; OLG Karlsruhe GE 1989, 89; LG Hannover WuM 1987, 352; LG Stuttgart NJW-RR 1988, 651; LG Köln WuM 1989, 290, 291; – anders zB LG Berlin GE 1986, 237; AG Heidelberg WuM 1984, 83.

Sicherheitsleistung übernommen hat. Es handelt sich hierbei um einen Fall der gesetzlich geregelten Schuldmitübernahme, da daneben die Haftung des Vermieters bestehen bleibt. Keine Anwendung findet § 572 schließlich auf den rechtsgeschäftlichen Eintritt eines neuen Vermieters anstelle des bisherigen Vermieters in den Vertrag; da sich hierdurch an der Identität des Vertragsverhältnisses nichts ändert (so § 549 Rz 5 a), haftet der neue Vermieter vielmehr stets nach Maßgabe des Vertrages auf Rückgabe der Kaution (AG Oldenburg WuM 1988, 267).

Im **Konkurs** des Vermieters ist von § 21 Abs 1 KO auszugehen. Da hiernach der 6
Konkursverwalter in vollem Umfang in den Mietvertrag eintritt, findet § 572 keine Anwendung, so daß der Anspruch des Mieters auf Rückgabe der Sicherheiten eine Masseforderung ist (Emmerich, PiG 28, S 156 f; anders zB Eckert ZIP 1983, 770 ff). Handelt es sich hingegen um eine Barkaution, so steht dem Mieter sogar ein Aussonderungsrecht zu (§ 43 KO), da die Barkaution stets auf einem treuhänderischen Sonderkonto anzulegen ist (so § 550 b Rz 5). Ebenso zu beurteilen ist die Rechtslage, wenn über das Grundstück die **Zwangsverwaltung** angeordnet ist. Da hier der Verwalter in jeder Hinsicht an die Stelle des Vermieters tritt (§§ 150, 152 ZVG), ist er ebenso wie der Vermieter uneingeschränkt zur Rückgabe der Sicherheiten, insbes zur Rückzahlung einer Kaution verpflichtet; für die Anwendung des § 572 S 2 ist kein Raum.[2] Im Vergleichsverfahren über das Vermögen des Vermieters gehört schließlich die Forderung auf Rückgabe der Sicherheiten nicht zu den Vergleichsforderungen und ist deshalb in voller Höhe zu erfüllen (Emmerich, PiG 28, S 160; Wolf-Eckert Tz 437).

## § 573

**[1]Hat der Vermieter vor dem Übergang des Eigentums über den Mietzins, der auf die Zeit der Berechtigung des Erwerbers entfällt, verfügt, so ist die Verfügung insoweit wirksam, als sie sich auf den Mietzins für den zur Zeit des Übergangs des Eigentums laufenden Kalendermonat bezieht; geht das Eigentum nach dem fünfzehnten Tage des Monats über, so ist die Verfügung auch insoweit wirksam, als sie sich auf den Mietzins für den folgenden Kalendermonat bezieht. [2]Eine Verfügung über den Mietzins für eine spätere Zeit muß der Erwerber gegen sich gelten lassen, wenn er sie zur Zeit des Überganges des Eigentums kennt.**

## § 574

**[1]Ein Rechtsgeschäft, das zwischen dem Mieter und dem Vermieter in Ansehung der Mietzinsforderung vorgenommen wird, insbesondere die Entrichtung des Mietzinses, ist dem Erwerber gegenüber wirksam, soweit es sich nicht auf den Mietzins für eine spätere Zeit als den Kalendermonat bezieht, in welchem der Mieter von dem Übergang des Eigentums Kenntnis erlangt; erlangt der Mieter die**

[2] LG Stuttgart NJW 1977, 1885; AG Usingen NJW-RR 1987, 10; Emmerich, PiG 28, S 154; – anders aber zB LG Berlin GE 1987, 517, 519; AG Hamburg WuM 1987, 396; AG Brühl WuM 1986, 63; offengelassen in BGH WM 1978, 1326, 1327.

**Kenntnis nach dem fünfzehnten Tage des Monats, so ist das Rechtsgeschäft auch insoweit wirksam, als es sich auf den Mietzins für den folgenden Kalendermonat bezieht. [2]Ein Rechtsgeschäft, das nach dem Übergange des Eigentums vorgenommen wird, ist jedoch unwirksam, wenn der Mieter bei der Vornahme des Rechtsgeschäfts von dem Übergange des Eigentums Kenntnis hat.**

**Schrifttum:** Emmerich, Miete und Zwangsmaßnahmen, PiG 28, S 145; Köhler § 18; Sternel Rz III 72, 159 ff.

### I. Anwendungsbereich

1 **1.** Nach § 571 Abs 1 tritt der Erwerber mit dem Augenblick des Eigentumsübergangs kraft Gesetzes als Vermieter in den Mietvertrag ein. Von diesem Augenblick an steht ihm daher der Mietzins aus eigenem Recht zu (s oben § 571 Rz 18). Folglich müßten Verfügungen des Vermieters über den Mietzins für die Zeit nach Eigentumsübergang als Verfügungen eines Nichtberechtigten an sich unwirksam sein. Da dies jedoch häufig zu untragbaren Konsequenzen für die Beteiligten führte, hat der Gesetzgeber versucht, in den wiederholt geänderten §§ 573 bis 575 einen gerechten Ausgleich der Interessen aller Beteiligten herbeizuführen (s Prot II 146 f; unten Rz 10).

2 **2.** Die §§ 573 ff sind ebenso wie § 571 in zahlreichen anderen Fällen kraft Gesetzes entsprechend anwendbar (s oben § 571 Rz 6 f). Hervorzuheben ist namentlich die entsprechende Anwendbarkeit der §§ 573 S 1, 574 und 575 im Falle der **Zwangsversteigerung** gemäß § 57 ZVG, nur daß hier an die Stelle des Eigentumsübergangs als des für die Wirksamkeit von Vorausverfügungen maßgeblichen Zeitpunkts der der Beschlagnahme des Grundstücks tritt, so daß Vorausverfügungen heute den Ersteher in aller Regel nicht mehr belasten werden (s Emmerich S 151). Wegen Baukostenzuschüssen s aber oben Vorbem 66 zu §§ 535, 536.

3 Im Falle der **Zwangsverwaltung** richtet sich hingegen die Wirksamkeit von Vorausverfügungen des Vollstreckungsschuldners nicht nach den §§ 57 und 57 b ZVG, sondern nach den (sachlich im wesentlichen übereinstimmenden) §§ 1124 und 1125, jedenfalls wenn, wie in aller Regel, ein Grundpfandgläubiger das Verfahren betreibt (Emmerich S 153). Freilich wird auch hier eine Ausnahme für Baukostenzuschüsse und gleichstehende Mieterleistungen anerkannt. Das ZVG beschränkt zudem nicht die Befugnis des Verwalters zu Verfügungen und Rechtsgeschäften über den Miet- und Pachtzins (§ 57 Abs 3 ZVG). Die Wirkungen solcher Rechtsgeschäfte des Verwalters richten sich daher ausschließlich nach den §§ 573 und 574 BGB, wobei maßgebender Zeitpunkt nicht der der Beschlagnahme, sondern der des Zuschlags ist (RG JW 1933, 1658; OLG München BayZ 1907, 22; OLG Hamburg OLGE 20, 193). Für den Fall des Konkurses s im übrigen noch § 21 Abs 2 und 4 KO (und dazu Emmerich S 156).

4 **3.** Keine Anwendung finden die §§ 573 ff schließlich bei Bestellung eines **Nießbrauchs** an dem Grundstück, da dies eine Verfügung über das Grundstück selbst,

nicht hingegen über die einzelnen Mietzinsforderungen ist, so daß allein § 577 anzuwenden ist (RGZ 68, 10; 81, 146; RG JW 1908, 135).

## II. Die erfaßten Rechtsgeschäfte

### 1. Allgemeines

Das Gesetz trennt in den §§ 573 bis 575 zwischen Verfügungen des Vermieters 5 über den Mietzins, Rechtsgeschäften zwischen Mieter und Vermieter in Ansehung der Mietzinsforderung (zu denen das Gesetz ausdrücklich insbes die Entrichtung des Mietzinses rechnet) sowie der Aufrechnung des Mieters gegen die Mietzinsforderung. Die genaue Abgrenzung zwischen diesen drei Fällen, die deshalb wichtig ist, weil für sie je unterschiedliche Wirksamkeitsvoraussetzungen gelten, ist unklar und umstritten (s im einzelnen Mietrecht § 573 Rz 2, 6 ff; § 574 Rz 2 ff). Man wird zu unterscheiden haben: Unter § 571 fallen zunächst sämtliche *Vertragsänderungen*, selbst wenn sie den Mietzins betreffen, so daß sie den in den Vertrag eintretenden Erwerber stets binden, und zwar ganz ohne Rücksicht auf die §§ 573 ff (s unten Rz 6). § 573 betrifft demgegenüber nur solche *Rechtsgeschäfte* zwischen den Mietvertragsparteien *mit Bezug auf den Mietzinsanspruch*, die nicht zugleich eine Vertragsänderung enthalten, worauf der vom Gesetz besonders hervorgehobene Fall der Entrichtung des Mietzinses, dh der Erfüllung, hinweist. Für die *Aufrechnung des Mieters* enthält daneben § 575 eine weitere Sondervorschrift, so daß schließlich als Anwendungsbereich des § 573 nur *einseitige Verfügungen* des Vermieters über den Mietzins vor dem Eigentumsübergang übrig bleiben, deren Wirkungen wenigstens teilweise in die Zeit nach Eigentumsübergang reichen; gleich stehen Verfügungen des Vermieters durch Vertrag mit *Dritten*, namentlich also die *Abtretung* oder Verpfändung der Mietzinsforderung (im einzelnen sehr str).

### 2. Einzelfälle

**a)** *§ 573* gilt vor allem für die Aufrechnung des Vermieters, weiter für die 6 Abtretung und die Verpfändung der Mietzinsforderung sowie schließlich für die Pfändung des Mietzinsanspruchs durch Gläubiger des Vermieters (s RGZ 58, 181; 59, 177; 64, 415; 76, 116). Umstr ist hingegen die Rechtslage namentlich bei **vertraglichen Änderungen** des Mietzinsanspruchs. Die Praxis ist insoweit zunächst davon ausgegangen, daß sämtliche Verfügungen über den Mietzins gemäß dem *ursprünglichen* Mietvertrag, namentlich die Vereinbarung einer sog Einmalmiete, ebenso wie die Abrede der Verrechnung der Mietzinsforderung gegen die Forderung des Mieters auf Rückzahlung eines Darlehens gegen den Erwerber wirken (RGZ 94, 279; 127, 116; 136, 407; 144, 194; RG JW 1933, 1658; 1939, 286), während *nachträgliche* Vertragsänderungen mit Bezug auf den Mietzins meistens als Vorausverfügungen im Sinne des § 573 oder des § 574 behandelt wurden (KG JW 1936, 1465; DR 1942, 1094). Hingegen will der BGH heute vor allem danach unterscheiden, *wie* der Mietzins *berechnet* wird: Wird er nach periodischen

Zeitabschnitten berechnet, so soll jede Vereinbarung über eine Vorauszahlung, auch wenn sie schon im ursprünglichen Mietvertrag enthalten ist, eine Vorausverfügung im Sinne des § 574 darstellen; ausgenommen werden jedoch wiederum Mietvorauszahlungen, die zum Aufbau des Grundstücks verwendet worden sind, namentlich also Baukostenzuschüsse (BGHZ 6, 202; 15, 296; 16, 31; insbes 37, 346 usw; s oben Vorbem 66 zu §§ 535, 536). Entgegen dieser Praxis ist jedoch daran festzuhalten, daß der Erwerber stets in den Mietvertrag in der Fassung eintreten muß, die der Vertrag gerade im Augenblick des Eigentumsübergangs hat, so daß Vertragsänderungen schon nach § 571 ohne Rücksicht auf die §§ 573 ff immer gegen ihn wirken (oben Rz 5; BGH LM Nr 33 zu § 535 BGB = NJW 1966, 1703).

7 **b)** Unter *§ 574* fallen demgegenüber nach dem Gesagten nur solche Rechtsgeschäfte zwischen den Mietvertragsparteien mit Bezug auf den Mietzinsanspruch, die nicht zugleich eine Vertragsänderung enthalten. *Beispiele* sind außer der vom Gesetz selbst hervorgehobenen Vorauszahlung des Mietzinses (BGH LM Nr 33 zu § 535) der Erlaß der Mietzinsforderung (im Gegensatz zu deren Herabsetzung durch Vertragsänderung), weiter die Stundung der Mietzinsforderung, die Annahme einer anderen Leistung an Erfüllungs Statt, die Umwandlung der Mietzinsforderung sowie der Aufrechnungsvertrag (BGH aaO; OLG Düsseldorf ZMR 1972, 376; OLG Celle ZMR 1978, 342).

## III. Wirksamkeit

8 **1. a)** Vorausverfügungen des Vermieters vor Eigentumsübergang im Sinne des *§ 573* sind grundsätzlich nur für den Mietzins für den zur Zeit des Eigentumsübergangs laufenden Kalendermonat wirksam; lediglich bei Eigentumsübergang in der zweiten Monatshälfte ist die Verfügung auch für den nächsten Kalendermonat wirksam, wobei es immer auf den Kalendermonat ankommt, selbst wenn das Mietverhältnis während eines Monats begonnen hat. Die Kenntnis des Erwerbers spielt insoweit keine Rolle (OLG Rostock OLGE 27, 160).

9 **b)** Hat der Erwerber die Vorausverfügungen zur Zeit des Eigentumsübergangs positiv **gekannt**, so sind die Vorausverfügungen des Vermieters über den Mietzins darüber hinaus sogar unbeschränkt wirksam. Unerheblich ist hierbei, auf welche Weise der Erwerber Kenntnis von den Vorausverfügungen erlangt hat. Dem Mieter sollte dadurch die Möglichkeit eröffnet werden, seine Rechte aufgrund einer Vorausverfügung durch deren Mitteilung an den Erwerber zu wahren (Prot II 146). Ebenso zu beurteilen ist schließlich die Rechtslage, wenn der Erwerber den Vorausverfügungen *zustimmt* (OLG Posen OLGE 10, 170).

10 **2.** In den Fällen des *§ 574* kommt es demgegenüber nicht auf den Zeitpunkt des Eigentumsübergangs, sondern auf den Zeitpunkt an, in dem der Mieter, aus welcher Quelle auch immer, von dem Übergang des Eigentums **positive Kenntnis** erlangt hat (vgl § 407 Abs 1; RG JW 1905, 641). Selbst Rechtsgeschäfte des Mieters mit dem Vermieter in Ansehung des Mietzinses nach Eigentumsübergang sind mithin noch wirksam, solange nicht der Mieter von dem Eigentumsübergang positiv erfährt. § 574 erweist sich damit als ausgesprochene Mieterschutzbestim-

mung, während § 573 ganz im Gegensatz hierzu einen Schutz des Erwerbers gegen Vorausverfügungen des Vermieters bezweckt.

## § 575

**[1]Soweit die Entrichtung des Mietzinses an den Vermieter nach § 574 dem Erwerber gegenüber wirksam ist, kann der Mieter gegen die Mietzinsforderung des Erwerbers eine ihm gegen den Vermieter zustehende Forderung aufrechnen. [2]Die Aufrechnung ist ausgeschlossen, wenn der Mieter die Gegenforderung erworben hat, nachdem er von dem Übergange des Eigentums Kenntnis erlangt hat, oder wenn die Gegenforderung erst nach Erlangung der Kenntnis und später als der Mietzins fällig geworden ist.**

**1.** Nach § 574 ist die Aufrechnung an sich ausgeschlossen, sobald der Mieter von dem Eigentumsübergang Kenntnis erlangt hat. In diesem Falle greift jedoch § 575 ein, der entsprechend dem Vorbild des § 406 dem Mieter eine einmal erworbene Aufrechnungslage selbst dann *erhält,* wenn er vor Erklärung der Aufrechnung Kenntnis von dem Eigentumsübergang erlangt. Die Art der Gegenforderung, mit der der Mieter aufrechnet, spielt dabei keine Rolle. 1

**2.** § 575 gilt nicht für die Minderung nach § 537 oder für ein Zurückhaltungsrecht. 2
Er ist auch nicht anwendbar, wenn eine Aufrechnung durch den Mietvertrag wirksam ausgeschlossen ist (s § 552 a). Außerdem ist die Aufrechnung durch § 575 S 2 in Anlehnung wiederum an § 406 in zwei weiteren Fällen **ausgeschlossen**, nämlich einmal, wenn der Mieter nach dem Eigentumsübergang eine Forderung gegen den Vermieter erworben hat und dabei bereits Kenntnis von dem Eigentumsübergang hatte, sowie zum anderen dann, wenn seine Gegenforderung bei Eigentumsübergang zwar dem Grunde nach schon begründet war, aber erst später als die Mietzinsforderung fällig geworden ist (vgl BGHZ 19, 153; 56, 111; 58, 327; BGH LM Nr 2 zu § 54 KO; JZ 1962, 92).

## § 576

**(1) Zeigt der Vermieter dem Mieter an, daß er das Eigentum an dem vermieteten Grundstück auf einen Dritten übertragen habe, so muß er in Ansehung der Mietzinsforderung die angezeigte Übertragung dem Mieter gegenüber gegen sich gelten lassen, auch wenn sie nicht erfolgt oder nicht wirksam ist.**
**(2) Die Anzeige kann nur mit Zustimmung desjenigen zurückgenommen werden, welcher als der neue Eigentümer bezeichnet worden ist.**

**Schrifttum:** Canaris, Die Vertrauenshaftung im deutschen Privatrecht (1971), S 451 ff; Köhler § 22; Weimar ZMR 1963, 2; MDR 1966, 817.

**1.** § 576, der dem § 409 nachgebildet ist, soll den Mieter in seinem *Vertrauen* auf 1
eine Anzeige des Vermieters über den erfolgten Eigentumsübergang *schützen.*

Voraussetzung ist, daß die Anzeige gerade vom Vermieter ausgeht und sich inhaltlich auf die bereits erfolgte Übertragung des Eigentums an dem vermieteten Grundstück bezieht. Eine Anzeige durch den Erwerber steht nicht gleich; dieser muß vielmehr umgekehrt auf Verlangen des Mieters sein Eigentum durch einen Grundbuchauszug nachweisen (LG Kaiserslautern WuM 1986, 229; s u Rz 5).

2 **2.** Die Anzeige hat die **Wirkung**, daß der Mieter den Erwerber hinsichtlich der Mietzinszahlung als seinen neuen Gläubiger behandeln darf, aber nicht behandeln muß. Der Mieter *kann* folglich auf die Anzeige hin mit befreiender Wirkung an den Erwerber zahlen, selbst wenn es tatsächlich nicht zum Eigentumsübergang gekommen ist (BGHZ 56, 339, 349; 64, 117; BGH BB 1956, 639) und selbst wenn ihm dies bekannt ist (RGZ 126, 183; RG JW 1926, 2529; LG Baden-Baden WuM 1988, 402, 403; enger BGH WM 1955, 830). Der Mieter kann jedoch statt dessen in diesem Fall auch stets auf den Schutz des § 576 verzichten und an den wirklichen Berechtigten zahlen (BGHZ 64, 117; KG OLGE 18, 7).

3 § 576 gilt nur für Leistungen des Mieters auf die Mietzinsforderung. Ebenso zu behandeln ist nach § 242 ein Kündigung des Mieters (LG Baden-Baden WuM 1988, 402, 403). Hingegen kann der Mieter auf die bloße Anzeige hin mit dem Erwerber nicht sonstige *Vertragsänderungen* wirksam vereinbaren.

4 **3.** Eine **Rücknahme** der Anzeige ist nach § 576 Abs 2 nur mit Zustimmung des in der Anzeige bezeichneten, neuen Eigentümers möglich. Der Mieter kann folglich die Anzeige als wirksam behandeln, solange ihm nicht vom Vermieter die Zustimmung des Dritten mit der Rücknahme nachgewiesen worden ist (RG JW 1926, 2529).

5 **4.** Wenn der Vermieter dem Mieter den Eigentumsübergang nicht angezeigt hat, der (angebliche) Erwerber dem Mieter jedoch einen **Grundbuchauszug** vorlegt, aus dem sich sein Eigentum ergibt, ist zugunsten des Mieters § 893 entsprechend anwendbar, so daß er dann ebenfalls mit befreiender Wirkung an den Erwerber zahlen kann (Prot II 147; str).

## § 577

**[1]Wird das vermietete Grundstück nach der Überlassung an den Mieter von dem Vermieter mit dem Rechte eines Dritten belastet, so finden die Vorschriften der §§ 571 bis 576 entsprechende Anwendung, wenn durch die Ausübung des Rechtes dem Mieter der vertragsmäßige Gebrauch entzogen wird. [2]Hat die Ausübung des Rechtes nur eine Beschränkung des Mieters in dem vertragsmäßigen Gebrauche zur Folge, so ist der Dritte dem Mieter gegenüber verpflichtet, die Ausübung zu unterlassen, soweit sie den vertragsmäßigen Gebrauch beeinträchtigen würde.**

**Schrifttum:** Dammertz, Wohnungsrecht und Dauerwohnrecht (1970); Dulckeit, Die Verdinglichung obligatorischer Rechte (1951); Köhler § 21; Kollhosser BB 1973, 820; Löning, Die Grundstücksmiete als dingliches Recht (1930).

**1. a)** *§ 577 S 1* erstreckt die Regelung der §§ 571 bis 576 auf den Fall, daß der Vermieter und Grundstückseigentümer (vgl KG OLGE 20, 98) *nach* Überlassung des Grundstücks an den Mieter dieses mit einem dinglichen Recht belastet, durch dessen Ausübung dem Mieter der vertragsmäßige Gebrauch entzogen würde (BFHE 138, 242, 244). **Anwendungsfälle** des § 577 S 1 sind aus dem BGB der Nießbrauch und das Wohnungsrecht des § 1093, darüber hinaus das Erbbaurecht aufgrund der ErbbauVO, das Dauerwohnrecht, das Dauernutzungsrecht und das Wohnungserbbaurecht aufgrund des WEG (§§ 30 und 31) sowie gegebenenfalls nach Landesrecht die früheren Altenteilsrechte. 1

Die geringsten Probleme wirft dabei die Bestellung eines **Erbbaurechts** auf, da sie der Veräußerung des Grundstücks so nahe steht, daß die §§ 571 bis 576 uneingeschränkt auf diesen Vorgang angewendet werden können (BGH LM Nr 31 zu § 581 BGB). Daraus folgt zugleich, daß bei Erlöschen des Erbbaurechts der Mietvertrag an den Eigentümer zurückfällt, wobei die §§ 571 ff entsprechend anzuwenden sind. War in der Zwischenzeit das Grundstück veräußert worden, so tritt demgemäß der neue Eigentümer in dem Mietvertrag ein (OLG Celle WuM 1984, 193 = ZMR 1985, 18 = 7 in RE Miet). Ebenso ist die Rechtslage schließlich zu beurteilen, wenn erst der Erbbauberechtigte den Mietvertrag abgeschlossen hatte und dann das Erbbaurecht veräußert wird oder erlischt, während ein Übergang des Eigentums in diesem Falle ohne Einfluß auf den Mietvertrag ist (OLG Celle aaO). 1a

**b)** Bestellt der Eigentümer nach Überlassung der vermieteten Räume an den Mieter an denselben Räumen einen Dritten ein **Wohnungsrecht**, so tritt nach § 577 S 1 der Wohnungsberechtigte ebenfalls kraft Gesetzes in den Mietvertrag ein, wodurch zugleich der Eigentümer aus der Vermieterstellung verdrängt wird, jedenfalls wenn das Wohnungsrecht im wesentlichen dieselben Räume wie der Mietvertrag umfaßt (BGHZ 59, 51); andernfalls bleibt nur eine entsprechende Anwendung des § 577 S 2 übrig. Erlischt das Wohnungsrecht, so fällt der Mietvertrag an den Eigentümer zurück, wobei wiederum die §§ 571 ff entsprechend anwendbar sind. 2

**c)** Hauptanwendungsfall des § 577 S 1 ist die nachträgliche Bestellung eines **Nießbrauchs** an dem vermieteten und dem Mieter bereits überlassenen Grundstück durch den Vermieter und Eigentümer des Grundstücks. Nach § 577 S 1 tritt dann der Nießbraucher unmittelbar kraft Gesetzes in den Mietvertrag ein, so daß ihm vom Augenblick der Nießbrauchsbestellung ab kraft eigenen Rechts die *Mietzinsen* gebühren.[1] Da der Eintritt des Nießbrauchers auf Gesetz beruht, findet § 1822 keine Anwendung, so daß selbst bei Minderjährigkeit des Nießbrauchers dessen Eintritt in den Mietvertrag keiner vormundschaftsgerichtlichen Genehmigung bedarf (BGH NJW 1983, 1780 = LM Nr 27 zu § 571 BGB = 16 in RE Miet). Ein Grundstückserwerber tritt freilich dann nicht in den Vertrag ein, wenn sich der Veräußerer und Vermieter den Nießbrauch vorbehält, weil er dann selbst – fortan als Nießbraucher – unverändert Vermieter bleibt (BGH aaO; BFHE 138, 242, 243); der neue Eigentümer kann lediglich bei Beschädigung der Sache selbst Schadensersatz fordern (§ 823 Abs 1; OLG Frankfurt ZMR 1986, 356 = DWW 1986, 290). In allen übrigen Fällen wird jedoch der Eigentümer durch den 3

Nießbraucher völlig aus seiner Vermieterstellung verdrängt (BGH LM Nr 14 zu § 535 BGB; sehr str).

3a Folglich können sowohl der Nießbraucher als auch der Mieter ohne jede Mitwirkung des Vermieters den Mietvertrag *kündigen*. Beide können außerdem jederzeit eine Änderung oder Aufhebung des Vertrages vereinbaren, und zwar sogar mit Wirkung für die Zeit nach Beendigung des Nießbrauchs (aM OLG Celle OLGE 33, 320). Alle *Vertragspflichten* treffen jetzt ausschließlich den Nießbraucher als neuen Vermieter (OLG Hamburg OLGE 33, 304), so daß zB nur er vom Mieter Beseitigung etwaiger Schäden verlangen kann (OLG Kiel OLGE 39, 239). Für *Vorausverfügungen* des Eigentümers und Vermieters über den Mietzins gelten uneingeschränkt die §§ 573 ff.[2] Werden über § 573 hinaus Mietzinsforderungen durch Gläubiger des Vermieters *gepfändet,* so kann der Nießbraucher folglich nach § 771 ZPO intervenieren (OLG Dresden SächsArch 2, 563; 3, 168; 3, 584). Eine Ausnahme gilt nur bei einer Pfändung der Mietzinsforderungen durch einen vorgehenden Hypothekengläubiger (RGZ 81, 146, 149 f). *Erlischt* schließlich der Nießbrauch vor Ablauf des Mietvertrages, so fällt der Mietvertrag an den Eigentümer und Vermieter zurück, wobei die §§ 571 ff entsprechend anwendbar sind (KG OLGE 39, 240; OLG Dresden SeuffA 65 Nr 92).

4 **2.** *§ 577 S 2* regelt den Fall, daß das Grundstück nach seiner Vermietung und Überlassung an den Mieter mit einer Grunddienstbarkeit oder einer beschränkten persönlichen **Dienstbarkeit** belastet wird, wenn durch deren Ausübung das Gebrauchsrecht des Mieters beeinträchtigt würde. In einem solchen Fall tritt der aus der Dienstbarkeit Berechtigte zwar nicht in den Mietvertrag ein; er muß aber das vorgehende Gebrauchsrecht des Mieters respektieren, so daß er vom Mieter nicht Unterlassung verlangen kann.

5 **3.** § 577 ist *nicht zwingend,* kann aber immer nur im Einzelfall durch Individualvereinbarung unter Mitwirkung aller drei Beteiligten abbedungen werden.

## § 578

**Hat vor der Überlassung des vermieteten Grundstücks an den Mieter der Vermieter das Grundstück an einen Dritten veräußert oder mit einem Rechte belastet, durch dessen Ausübung der vertragsmäßige Gebrauch dem Mieter entzogen oder beschränkt wird, so gilt das gleiche wie in den Fällen des § 571 Abs. 1 und des § 577, wenn der Erwerber dem Vermieter gegenüber die Erfüllung der sich aus dem Mietverhältnis ergebenden Verpflichtungen übernommen hat.**

**Schrifttum:** Löning, Die Grundstücksmiete als dingliches Recht (1930); Tauber Gruchot 49 (1905) 228; Weimar ZMR 1954, 65.

1 **1.** Die §§ 571 und 577 setzen übereinstimmend voraus, daß das Grundstück dem Mieter schon vor seiner Veräußerung oder Belastung überlassen worden ist. Andernfalls, dh bei *Veräußerung* oder Belastung des Grundstücks *vor* seiner

etwaigen späteren *Überlassung* an den Mieter, bleibt es hingegen grundsätzlich bei der Regel **„Kauf bricht Miete"**, so daß der Erwerber in keinerlei vertragliche Beziehungen zu dem Mieter tritt und der Mieter kein Besitzrecht gegenüber dem Erwerber erlangt (s OLG Celle SeuffA 56 Nr 147). Der Mieter ist statt dessen auf Schadensersatzansprüche gegen den Vermieter aus § 325 Abs 1 beschränkt, so daß der letztere naturgemäß ein großes Interesse daran hat, daß der Grundstückserwerber seine Verpflichtungen aus dem Mietvertrag übernimmt. Einen Weg hierzu eröffnet ihm § 578 durch die Zulassung einer Erfüllungsübernahme durch bloßen Vertrag zwischen Vermieter und Erwerber.

§ 578 schreibt weder eine besondere Form noch einen besonderen Zeitpunkt für 2
die Vereinbarung der **Erfüllungsübernahme** vor. Die Vereinbarung kann daher sogar konkludent (vgl BGH LM Nr 1 zu § 578 BGB) und selbst noch nach Eigentumsübergang auf den Erwerber abgeschlossen werden (str).

**2.** Die **Wirkung** der Erfüllungsübernahme besteht darin, daß der Erwerber im 3
Augenblick des Eigentumsübergangs ebenso wie in den Fällen der §§ 571 Abs 1 und 577 S 1 ohne weiteres kraft Gesetzes in die in diesem Augenblick bestehenden Mietverhältnisse eintritt. Der Eintritt bedarf nicht der Zustimmung des Mieters. Es kommt auch nicht auf die Kenntnis des Erwerbers oder des Mieters an (BGH LM Nr 1 zu § 578 BGB); der Erwerber wird vielmehr kraft Gesetzes zum Vermieter für die Zeit seines Eigentums, so daß ihm jetzt auch der Mietzins zusteht (KG OLGE 11, 144).

## § 579

**[1]Wird das vermietete Grundstück von dem Erwerber weiterveräußert oder belastet, so finden die Vorschriften des § 571 Abs. 1 und der §§ 572 bis 578 entsprechende Anwendung. [2]Erfüllt der neue Erwerber die sich aus dem Mietverhältnis ergebenden Verpflichtungen nicht, so haftet der Vermieter dem Mieter nach § 571 Abs. 2.**

**1.** Nach § 579 scheidet im Falle der **Weiterveräußerung** des vermieteten Grund- 1
stücks der erste Erwerber aus dem Mietvertrag wieder aus; an seine Stelle tritt kraft Gesetzes der zweite Erwerber für die Dauer seines Rechts (ein Beispiel in BGH WM 1989, 153). Dasselbe gilt, wenn zB der erste Erwerber ein Erbbaurecht oder einen Nießbrauch bestellt. In jedem Fall sind die §§ 572 bis 578 entsprechend anzuwenden.

**2.** Ergänzend bestimmt § 579 S 2, daß im Falle der Weiterveräußerung nicht etwa 2
der Veräußerer, sondern stets der **(erste) Vermieter** dem Mieter nach § 571 Abs 2 *haftet*. War jedoch in der Zwischenzeit der Vermieter schon nach § 571 Abs 2 S 2 von seiner bürgenähnlichen Haftung befreit worden, so lebt diese Haftung auch nicht im Falle der Weiterveräußerung wieder auf; vielmehr trifft dann den jeweiligen Veräußerer die bürgenähnliche Haftung des Vermieters (str).

## § 580

**Die Vorschriften über die Miete von Grundstücken gelten, soweit nicht ein anderes bestimmt ist, auch für die Miete von Wohnräumen und anderen Räumen.**

**Schrifttum:** FRIEMEL MDR 1957, 71; RAISCH BB 1968, 526; WEIMAR MDR 1960, 195; Betrieb 1972, 1957.

1 **1.** Das Mietrecht des BGB (§§ 535 bis 580a) gilt sowohl für die Miete von beweglichen Sachen (sog Fahrnismiete) als auch für die Grundstücksmiete; das Gesetz enthält indessen zahlreiche Sondervorschriften nur für die Grundstücksmiete. Nach § 580 steht in diesen Fällen der Grundstücksmiete stets die Raummiete einschließlich der Wohnraummiete gleich. Unter einem **Raum** versteht man dabei allgemein einen allseits umschlossenen Teil eines festen Gebäudes, der so groß ist, daß sich ein Mensch darin aufhalten kann. Ein Sonderfall dieser Raummiete ist die praktisch besonders bedeutsame Wohnraummiete (zur Abgrenzung s oben Vorbem 12f zu §§ 535, 536). Keine Raummiete ist hingegen die Vermietung einzelner Räume in beweglichen Sachen wie Schiffen, Wohnwagen und Eisenbahnwagen (vgl zB OLG Kiel OLGE 12, 69; LG Bochum ZMR 1975, 334).

2 **2.** Einen umstrittenen Grenzfall stellt die Vermietung von **Grundstücksteilen** wie Hauswänden und Dachflächen dar, da das Gesetz in § 580 die Vermietung solcher Grundstücksteile, zB zu Reklamezwecken oder zur Anbringung von Automaten, nicht wie die Raummiete ausdrücklich der Grundstücksmiete gleichgestellt hat. Da es jedoch ganz unangemessen wäre, in derartigen Fällen eine Fahrnismiete anzunehmen, überwiegt zu Recht die Auffassung, daß – über den Wortlaut des § 580 hinaus – hier ebenfalls eine *Grundstücksmiete* vorliegt.[1]

## § 580a

**(1) Die Vorschriften der §§ 571, 572, 576 bis 579 gelten im Fall der Veräußerung oder Belastung eines im Schiffsregister eingetragenen Schiffs sinngemäß.**
**(2) [1]Eine Verfügung, die der Vermieter vor dem Übergang des Eigentums über den auf die Zeit der Berechtigung des Erwerbers entfallenden Mietzins getroffen hat, ist dem Erwerber gegenüber wirksam. [2]Das gleiche gilt von einem Rechtsgeschäft, das zwischen dem Mieter und dem Vermieter über die Mietzinsforderung vorgenommen wird, insbesondere von der Entrichtung des Mietzinses; ein Rechtsgeschäft, das nach dem Übergang des Eigentums vorgenommen wird, ist jedoch unwirksam, wenn der Mieter bei der Vornahme des Rechtsgeschäfts von dem Übergang des Eigentums Kenntnis hat. [3]§ 575 gilt sinngemäß.**

1 **Durch das Schiffsregistergesetz von 1940 (RGBl I 1499) sind im See- und Binnenschiffsregister eingetragene Schiffe in vielen Beziehungen Grundstücken gleichgestellt worden. § 580a zieht daraus die Folgerungen für die Schiffsmiete** durch die Verweisung auf die §§ 571, 572 und 576 bis 579. Lediglich für Vorausverfügungen über den Mietzins gelten nach § 580a Abs 2 Besonderheiten.

§ 580 a ist entsprechend anwendbar auf **Flugzeuge**, die in die Luftfahrzeugrolle eingetragen sind (§ 98 des Gesetzes über Rechte an Luftfahrzeugen vom 26. 2. 1959, BGBl I 57). § 580 a gilt hingegen nicht für Schiffdocks, die immer wie bewegliche Sachen zu behandeln sind (BGHZ 32, 76, 90), und auch nicht für Charterverträge, bei denen es sich durchweg um Frachtverträge handelt (BGH WM 1986, 26). 2

# Zweites Gesetz über den Kündigungsschutz für Mietverhältnisse über Wohnraum (Zweites Wohnraumkündigungsschutzgesetz – 2. WKSchG)

vom 18. Dezember 1974 (BGBl I 3603)

## Vorbemerkungen zum WKSchG

**Schrifttum:** BÄRMANN, Historische Bedeutung und Entwicklung des Kündigungsschutzes im Mietrecht, in: Partner im Gespräch, Bd 26 (1987), 11; DERLEDER, Ist der gesetzliche Kündigungssschutz unverzichtbar?, in: Partner im Gespräch, Bd 26 (1987), 27; ECKART-SCHULZ-STAHL, Zur Wirkung des II. Wohnraumkündigungsschutzgesetzes: Eine kontrakttheoretische Analyse, in: Ansprüche, Eigentums- und Verfügungsrechte, Schriften des Vereins für Socialpolitik, NF Bd 140 (1984), 705 ff; EEKHOFF, Zur Kontroverse um die ökonomischen Auswirkungen des Zweiten Wohnraumkündigungsschutzgesetzes, DWW 1981, 138; ders-WERTH, Auswirkungen des Zweiten Wohnraumkündigungsschutzgesetzes (2. Aufl 1978); dies, Das Zweite Wohnraumkündigungsschutzgesetz bleibt umstritten, DWW 1979, 212; FRIAUF, Wohnhausbesitz im Spannungsfeld zwischen Eigentumsfreiheit und sozialer Bindung, DWW 1977, 124; GRAF, Die Vergleichsmiete in verfassungsrechtlicher Sicht, NJW 1976, 1480; HAMM, Die rechtspolitische Leistungsfähigkeit der Regelungen der Miethöhe für nicht preisgebundenen Wohnraum, Diss Bonn (1981); VON HIPPEL, Der Schutz des Schwächeren (1982), 19 ff; KIMMINICH, Die verfassungsrechtliche Beurteilung des Gesetzes über den Kündigungsschutz für Mietverhältnisse über Wohnraum (1973); Kronberger Kreis, Mehr Markt in der Wohnungswirtschaft (1984); LAMMEL, Die Zukunft des sozialen Mietrechts, JZ 1986, 832; VON MUTIUS, Eigentum verpflichtet – was bleibt vom Recht?, ZMR 1989, 121; NIEDERBERGER, Vertraglicher statt gesetzlicher Kündigungsschutz? WuM 1985, 175; SCHLICH, Das Zweite Wohnraumkündigungsschutzgesetz. Eine Notwendigkeit im sozialen Rechtsstaat, WuM 1979, 1; SCHMIDT-FUTTERER-BLANK, Das Mieterhöhungsverfahren für nichtpreisgebundenen Wohnraum. Ein Beitrag zur Regelung in den Kündigungsschutzgesetzen und der Entscheidung des BVerfG vom 23. 4. 1974, MDR 1975, 1; SCHNITZER, Das Zweite Wohnraumkündigungsschutzgesetz. Eine Untersuchung anhand der Tax-Preis-Theorie (1984); WEITNAUER, Der Schutz des Schwächeren im Zivilrecht (1975), 24 ff; WIDMER, Die Aufgabe des Wohnungsmietrechts (1984); WOLTER, Mietrechtlicher Bestandsschutz. Historische Entwicklung seit 1800 und geltendes Wohnraum-Kündigungsschutzrecht (1984).

### I. Entstehungsgeschichte

#### 1. WKSchG I

1 Ende 1970 brachte die Bundesregierung den Entwurf eines Gesetzes über Maßnahmen zur Verbesserung des Mietrechts und zur Begrenzung des Mietanstiegs in das Gesetzgebungsverfahren ein (Mietrecht Vorbem 4 ff zum WKSchG). Dieses sog Artikelgesetz sah ua eine Verbesserung der Sozialklausel des § 556 a BGB und

einen verstärkten Kündigungsschutz für Gebiete mit besonderem Wohnungsbedarf vor. Der Rechtsausschuß des Deutschen Bundestages schlug eine Änderung vor, durch die die regionale Begrenzung des Kündigungsschutzes beseitigt und eine besondere Regelung für Mieterhöhungen eingefügt wurden. Nachdem der Deutsche Bundestag den Gesetzentwurf verabschiedet hatte, wurde noch mehrfach der Vermittlungsausschuß damit befaßt. Dieser schlug zuletzt eine Aufteilung in das Gesetz über den Kündigungsschutz für Mietverhältnisse über Wohnraum und in das Gesetz zur Verbesserung des Mietrechts und zur Begrenzung des Mietanstiegs sowie zur Regelung von Ingenieur- und Architektenleistungen vor. Der Bundestag verabschiedete beide Gesetzentwürfe entsprechend diesem Vorschlag. Das MRVerbG mit der Änderung der §§ 556 a, 564 a BGB konnte daraufhin verkündet werden und am 10. 11. 1971 in Kraft treten (BGBl I 1745). Gegen das WKSchG legte der Bundesrat nach Art 77 Abs 3 GG Einspruch ein. Dieser Einspruch wurde vom Bundestag zurückgewiesen, so daß das Gesetz verkündet werden und am 26. 11. 1971 in Kraft treten konnte (BGBl I 1839). Es ist nach Art 3 § 2 Abs 3 mit Ablauf des 31. 12. 1974 außer Kraft getreten.

### 2. WKSchG II

Anfang 1974 legte die Bundesregierung den Entwurf eines Zweiten Gesetzes über **2**
den Kündigungsschutz für Mietverhältnisse über Wohnraum vor (Mietrecht Vorbem 8 ff zum WKSchG). Dieser Entwurf sah vor allem die dauerhafte Übernahme des in Art 1 § 1 WKSchG I geregelten Kündigungsschutzes als § 564 b in das BGB vor und gestaltete die Vorschrift des Art 1 § 3 WKSchG I in ein besonderes Gesetz zur Regelung der Miethöhe um. Der Rechtsausschuß des Deutschen Bundestages machte zahlreiche Änderungsvorschläge. Nachdem der Bundestag den Gesetzentwurf entsprechend den Vorschlägen des Rechtsausschusses verabschiedet hatte, rief der Bundesrat den Vermittlungsausschuß an. Der Vermittlungsausschuß bestätigte die vom Bundestag beschlossene Fassung. Da der Bundesrat keinen Einspruch einlegte, konnte das WKSchG II verkündet werden (BGBl I 1974, 3603) und am 1. 1. 1975 in Kraft treten.

Das WKSchG II ist durch Art 2 § 2 des ÄndG zum BBauG vom 18. 8. 1976 (BGBl **3**
I 2221), durch Art 3 des Gesetzes zur Änderung des WoModG vom 27. 6. 1978 (BGBl I 878) und durch Art 2 des Gesetzes zur Erhöhung des Angebots an Mietwohnungen vom 20. 12. 1982 (BGBl I 1912) geändert worden. Sein Kernstück, das MHRG, wird durch das Gesetz zur dauerhaften sozialen Verbesserung der Wohnungssituation im Land Berlin vom 14. 7. 1987 (BGBl I 1625) in wesentlichen Punkten modifiziert.

## II. Zweck der Regelung im allgemeinen

Das WKSchG soll den Mieter durch einen verstärkten Kündigungsschutz und ein **4**
besonderes Mieterhöhungsverfahren vor den Folgen eines unausgeglichenen Wohnungsmarktes und den dadurch ermöglichten Auswüchsen sichern (Mietrecht Vorbem 11 ff zum WKSchG). Da die Regelungen nicht mehr befristet, sondern

auf Dauer angelegt sein sollen, sind die Vorschriften über den Kündigungsschutz als Bestandteil des sozialen Mietrechts in § 564 b BGB übernommen und in systematischem Zusammenhang mit den allgemeinen Kündigungsschutzvorschriften verankert worden. Die Regelung der Mieterhöhung ist dagegen in einem besonderen, unbefristeten Gesetz verblieben. Auch insoweit wäre bei einer Bereinigung des Mietrechts die Übernahme in das BGB angebracht (SONNENSCHEIN, Die Bereinigung des Mietrechts im Bürgerlichen Gesetzbuch [1985], 50). Das WKSchG geht von dem Grundsatz aus, daß es wegen der überragenden Bedeutung der Wohnung als Mittelpunkt der Lebensführung durch das Sozialstaatsprinzip des Art 20 Abs 1 GG geboten ist, den vertragstreuen Mieter vor willkürlichen Kündigungen und damit vor dem Verlust seiner Wohnung zu schützen. Als Ausgleich sollen Mieterhöhungen in angemessenem Rahmen und in einem besonderen Verfahren zulässig sein, um die Wirtschaftlichkeit des Hausbesitzes zu erhalten und eine Anpassung an die allgemeine Marktentwicklung zu ermöglichen. Die Kündigung als Druckmittel soll insoweit ausgeschlossen sein.

## III. Auswirkungen der Regelung in der Praxis

5 In dem Bericht der Bundesregierung über die Auswirkungen des Zweiten Wohnraumkündigungsschutzgesetzes von 2. 3. 1979 (BT-Drucks 8/2610) wird aufgrund empirischer Untersuchungen zu den wesentlichen Vorschriften des Gesetzes Stellung genommen. Der Teil des Berichts, der sich mit den Auswirkungen auf die Beendigung von Wohnraummietverhältnissen durch Kündigung beschäftigt, läßt auf eine überwiegend positive Einschätzung dieser Vorschriften in der Praxis schließen. Der Kündigungsschutz wird von den Organisationen der Mieter grundsätzlich bejaht. Auch nach der Aussage von Mietrichtern hat sich die Regelung im wesentlichen bewährt. Die Einschätzung der Wohnungswirtschaft ist hingegen zwiespältig. Die Auswirkungen auf Miethöhe und Investitionsverhalten werden von der damaligen Bundesregierung grundsätzlich nicht negativ beurteilt (Bericht aaO 10 ff; vgl aber Vorbem 6 ff zu § 1 MHRG).

## IV. Verfassungsrechtliche Problematik

6 Der Kündigungsschutz sowie der Ausschluß der Änderungskündigung und die Begrenzung von Mieterhöhungen durch das Prinzip der Vergleichsmiete schränken die Befugnisse des Vermieters erheblich ein. Es handelt sich um gesetzliche Regelungen, durch die Inhalt und Schranken des verfassungsrechtlich gewährleisteten Eigentums bestimmt werden (Art 14 Abs 1 S 2 GG).

7 Das BVerfG hält den Ausschluß der Änderungskündigung sowie die Begrenzung der Mietpreise bei laufenden Mietverhältnissen auf die ortsübliche Vergleichsmiete nach der Regelung des WKSchG I entgegen einer im Schrifttum zT vertretenen Auffassung (KIMMINICH 48 ff; NEIDER ZMR 1973, 228) für verfassungsgemäß (BVerfGE 37, 132 = NJW 1974, 1499 m Anm FEHL NJW 1974, 1939). Dabei stützt sich das BVerfG im wesentlichen auf die Sozialpflichtigkeit des

Eigentums nach Art 14 Abs 2 GG. Hieraus ergibt sich das Gebot, die Belange des Mieters zu berücksichtigen, der auf die Nutzung der Wohnung als Mittelpunkt der Lebensführung angewiesen ist. Auf der anderen Seite ist die verfassungsrechtlich garantierte Eigentumsfreiheit zu berücksichtigen. Beiden Seiten muß der Gesetzgeber Rechnung tragen und dabei die schutzwürdigen Interessen aller Beteiligten in einen gerechten Ausgleich und ein ausgewogenes Verhältnis bringen (BVerfGE 37, 132, 140 = NJW 1974, 1499). Die Belange des Vermieters werden bei einem korrekt durchgeführten Mieterhöhungsverfahren ausreichend gewahrt. Dabei sind die formalen Anforderungen nicht zu überspannen (BVerfGE 49, 244 = NJW 1979, 31).

Auf dieser Grundlage sind auch gegen das WKSchG II keine generellen verfas- **8**
sungsrechtlichen Bedenken zu erheben (BVerfGE 53, 352 = NJW 1980, 1617 m Anm NIEDERBERGER WuM 1980, 193; Mietrecht Vorbem 18 zum WKSchG; vgl BVerfGE 50, 108 = NJW 1979, 757; aM AG Charlottenburg ZMR 1982, 306 m Anm KREIKEBOHM u ders-MEYER BlGBW 1982, 128). Der Ausschluß der Änderungskündigung zum Zwecke der Mieterhöhung in § 1 S 1 MHRG ist als verfassungsgemäß bestätigt worden. Mehrfach hat das BVerfG auch die Regelung des Mieterhöhungsverfahrens in § 2 MHRG für verfassungsgemäß erklärt. Dabei wird aber immer wieder betont, daß der Schutz des Eigentums aus Art 14 Abs 1 GG und der damit eng verzahnte Anspruch auf Gewährung effektiven Rechtsschutzes aus Art 19 Abs 4 GG es verbieten, die mit den mietrechtlichen Vorschriften verbundenen Beschränkungen des Eigentums durch eine restriktive Auslegung und Handhabung der verfahrensrechtlichen Voraussetzungen für das Mieterhöhungsverlangen übermäßig zu verstärken.[1] Dies bedeutet aber nicht, daß die Garantie des Grundeigentums einen Anspruch auf den größtmöglichen wirtschaftlichen Nutzen einräumt (BVerfG WuM 1987, 78). Auch die Kappungsgrenze des § 2 Abs 1 S 1 Nr 3 MHRG ist deshalb nicht verfassungswidrig (BVerGE 71, 230 = NJW 1986, 1669 m krit Anm GATHER DWW 1986, 95). Ebenso ist es mit der Eigentumsgarantie des Art 14 GG vereinbar, daß das Kündigungsrecht des Vermieters nach § 564 b Abs 2 Nr 2 BGB von Eigenbedarf als einem berechtigten Interesse an der Beendigung des Mietverhältnisses abhängig ist (BVerfGE 68, 361 = NJW 1985, 2633 m Anm SCHULTE JZ 1985, 530; hierzu MÜLLER-GATERMANN NJW 1985, 2628). Allerdings haben sich die Fachgerichte auch bei der Auslegung und Anwendung dieser Vorschrift innerhalb der Grenzen zu halten, die dem Gesetzgeber durch Art 14 Abs 1 und 2 GG bei der inhaltlichen Ausgestaltung der Eigentümerbefugnisse gezogen sind. Hiernach hat der Vermieter allein darüber zu bestimmen, welchen Wohnbedarf er für sich und den begünstigten Personenkreis geltend machen will (BVerfGE 68, 361, 372 f = NJW 1985, 2633, 2634; BVerfG NJW 1988, 1075 m Anm SCHULTE JZ 1988, 611). Sein Entschluß, die Wohnung selbst zu nutzen, ist deshalb nicht unbeschränkt nachprüfbar. Eine Grenze bildet der Mißbrauch der Eigentümerbefugnisse. Mißbräuchlich ist der Wunsch zur

[1] BVerfGE 53, 352, 358 = NJW 1980, 1617; BVerfG WuM 1981, 53; WuM 1982, 146 m Anm VON SCHOENEBECK; NJW 1987, 313 m Anm KATLEIN ZMR 1986, 273; NJW 1989, 969; FRIAUF DWW 1977, 124, 127; krit WEITNAUER 28 ff; vgl BVerwG NJW-RR 1988, 776 zur Mietpreisbindung bei Altbauwohnraum in Berlin.

eigenen Nutzung indessen nicht, wenn der Vermieter hierfür vernünftige und nachvollziehbare Gründe anführt (BVerfG NJW 1989, 970, 971; vgl BGHZ 103, 91 = NJW 1988, 904 m Anm SCHULTE JZ 1988, 611; hierzu PASCHKE ZMR 1988, 164; s auch BVerfG NJW 1988, 2233). In gleicher Weise steht die Regelung des § 564 b Abs 2 Nr 3 S 1 BGB, die das Kündigungsrecht des Vermieters davon abhängig macht, daß ihn die Fortsetzung des Mietverhältnisses an einer angemessenen wirtschaftlichen Verwertung des Grundstücks hindert und daß er dadurch erhebliche Nachteile erleidet, mit der Eigentumsgarantie in Einklang. Eine die Kündigung rechtfertigende Verwertung ist grundsätzlich auch der Verkauf des vermieteten Grundstücks, ohne daß dies auf den Fall eines sonst drohenden Existenzverlustes beschränkt werden darf (BVerfG NJW 1989, 972, 973). Auch bei der verfahrensmäßigen Geltendmachung von Kündigungsgründen ist der Eigentumsschutz zu beachten, so daß die Rechte des Vermieters nicht unverhältnismäßig eingeschränkt werden dürfen (BVerfG NJW 1988, 2725).

**Artikel 1**
**Änderung des Bürgerlichen Gesetzbuchs**

1. Vgl § 564 b.
2. Vgl § 565 Abs 3.

**Artikel 2**

Aufgehoben durch Art 3 Nr 3 des Gesetzes zur Erhöhung des Angebots an Mietwohnungen vom 20. 12. 1982 (BGBl I 1912). Vgl § 564 c BGB.

**Artikel 3**

## Gesetz zur Regelung der Miethöhe (MHRG)

### Vorbemerkungen zu § 1 MHRG

**Übersicht**



**Schrifttum:** Bundesregierung, Bericht vom 10. 5. 1976, BT-Dr 7/5160; Bericht vom 2. 3. 1979, BT-Dr 8/2610; DERLEDER NJW 1975, 1677; WuM 1976, 197, 221; EMMERICH, Die Anforderungen zur Erstellung und zur Anerkennung von Mietpreisspiegeln, in: EMMERICH ua, Mietpreisermittlung, Düsseldorf (1980); ders, Mietspiegel, FWW 1988, 35; FREUND-BARTHELMESS ZMR 1975, 33; HAACK WuM 1978, 41; D IPSEN Arch für Kommunalwissenschaften Bd 15 (1976), 262; KÖHLER §§ 139 ff; LÖWE NJW 1975, 9; NIEDERBERGER, Mietspiegel, 3. Aufl (1979); ders, Mietspiegel als Instrument zur Ermittlung der ortsüblichen Vergleichsmiete (1980); VON STEBUT, Der soziale Schutz als Regelungsproblem des Vertragsrechts (1982); SCHNEIDER/KORNEMANN, Soziale Wohnungsmarktwirtschaft (1977); STERNEL Rz III 480 ff; WOLTER, Mietrechtlicher Bestandsschutz (1984), S 358 ff.

## I. Geschichte

Das Miethöheregelungsgesetz (MHRG) ist ein Teil des 2. Wohnraumkündigungsschutzgesetzes (**WKSchG II**), das mit Wirkung vom 1. 1. 1975 an die Stelle des WKSchG I vom 25. 11. 1971 (BGBl I S 1839) getreten ist (s im einzelnen oben die Vorbem 1 ff zum WKSchG). Durch dieses Gesetz war erstmals die Änderungskündigung zum Zwecke der Mietzinserhöhung generell ausgeschlossen und durch das Recht des Vermieters ersetzt worden, vom Mieter die Zustimmung zu einer Erhöhung des Mietzinses bis zur Höhe der ortsüblichen Vergleichsmiete zu verlangen. Außerdem war dem Vermieter das Recht eingeräumt worden, Betriebskostensteigerungen in einem stark vereinfachten Verfahren auf den Mieter abzuwälzen. Verfassungsrechtliche Bedenken gegen diese Regelung, die zunächst bis zum 31. 12. 1974 befristet war, bestanden nicht (s oben Vorbem 6 ff zum WKSchG). **1**

Da sich nach Meinung der Bundesregierung das WKSchG I bewährt hatte, wurde es durch das **WKSchG II** vom 18. 12. 1974 (BGBl I 3603) in ein **Dauerrecht** verwandelt. Zugleich wurde jedoch die gesetzliche Regelung in zahlreichen Punkten mit dem Ziel geändert, die Möglichkeiten des Vermieters zur Erhöhung des Mietzinses zu verbessern. Die dadurch stark angeschwollene Regelung wurde in einem besonderen Gesetz zur Regelung der Miethöhe *(MHRG)* zusammengefaßt, das Bestandteil des WKSchG II ist (Art 3). Auch gegen diese Regelung bestehen keine verfassungsrechtlichen Bedenken (BVerfGE 49, 244; 53, 352; BVerfG WM 1985, 414 = WuM 1985, 75). **2**

In der Folgezeit kam es zu einem starken Rückgang des Mietwohnungsbaus, der wenigstens zum Teil auf die Beschränkung der Vermieterrechte durch das WKSchG II zurückgeführt wurde. Die Bundesregierung entschloß sich deshalb zu einer partiellen Rückkehr zu marktwirtschaftlichen Prinzipien in der Wohnungswirtschaft. Dementsprechend wurde durch das **Gesetz zur Erhöhung des Angebots von Mietwohnungen** vom 20. 12. 1982 (BGBl I 1912), in Kraft getreten am 1. 1. 1983, das MHRG erneut in wichtigen Punkten geändert. Hervorzuheben sind die zahlreichen Erleichterungen für Mieterhöhungen nach § 2 MHRG sowie die generelle Zulassung von Staffelmieten durch § 10 Abs 2 MHRG. In Berlin gilt schließlich seit dem 1. 1. 1988 auf Grund des sog GVW vom 14. 7. 1987 (BGBl I 1625) ein Übergangsrecht (s u nach Art 8 WKSchG). **3**

## II. Überblick

### 1. Regelungskonzept

Das Konzept des MHRG ist nur verständlich vor dem Hintergrund des 1971 wieder eingeführten Kündigungsschutzes zugunsten des Mieters (vgl jetzt insbes **4**

§ 564 b BGB). Denn die notwendige Folge dieser Wiedereinführung des Kündigungsschutzes war das Verbot jeder Änderungskündigung mit dem Zweck der Mietzinserhöhung (s jetzt § 1 S 1 MHRG). Da jedoch ein Mietpreisstopp weder beabsichtigt noch vertretbar war, mußte auf andere Weise ein Ausgleich geschaffen werden, um dem Vermieter weiterhin wirtschaftlich notwendige Mietzinserhöhungen zu ermöglichen. Dabei war aber zugleich sicherzustellen, daß die hiernach zugelassenen Mietzinserhöhungen auf das Maß des wirtschaftlich Vertretbaren beschränkt blieben. Diesen beiden, schon auf den ersten Blick nur schwer zu vereinbarenden Zielsetzungen versucht dementsprechend das MHRG durch eine im einzelnen sehr komplizierte Regelung gerecht zu werden.

**5** Das MHRG hat weder einen Preisstopp für Mietverträge noch eine gesetzliche Stoppmiete eingeführt. **Bei Abschluß** eines Mietvertrages sind die Parteien in der Vereinbarung der Mietzinshöhe vielmehr nach wie vor *frei* (anders nur in Berlin auf Grund des § 3 GVW). Auch für eine spätere, einverständliche Erhöhung des Mietzinses bestehen keinerlei Beschränkungen (§ 10 Abs 1 MHRG). Umstr ist lediglich, ob auf solche nachträglichen einvernehmlichen Erhöhungen des Mietzinses das **HausTWG** anwendbar ist (dagegen LG Hamburg WuM 1989, 169; LG Hannover WuM 1989, 189; LG Frankfurt WuM 1989, 188). Selbst Staffelmieten können für einen Zeitraum von max 10 Jahren seit dem 1. 1. 1981 (Art 4 Nr 3 Änderungsgesetz 1982) wieder vereinbart werden (§ 10 Abs 2 MHRG). Eingeschränkt ist lediglich die Möglichkeit des Vermieters zur **einseitigen Erhöhung** des Mietzinses *nach* Vertragsschluß bei den meisten Wohnraummietverhältnissen im Wege der sog Änderungskündigung (wegen der Ausnahmen s § 10 Abs 3 MHRG). Im einzelnen ist dabei vor allem zwischen dem Grundtatbestand des § 2 und den Sondertatbeständen der §§ 3 bis 7 MHRG zu unterscheiden. Die bei weitem größte, praktische Bedeutung kommt hierbei dem § 2 MHRG zu, nach dem der Vermieter höchstens einmal im Jahr von dem Mieter die Zustimmung zu einer Vertragsänderung dahingehend verlangen kann, daß der Mietzins auf das Niveau der ortsüblichen Vergleichsmiete angehoben wird (für Berlin s auch § 2 GVW). Zum Ausgleich hat der Mieter nach § 9 Abs 1 MHRG ein außerordentliches, befristetes Kündigungsrecht, das jedoch ohne jede praktische Bedeutung geblieben ist.

**2. Kritik**

**6** Die wirtschaftspolitische Berechtigung des neuen Mieterschutzes ist seit der Verabschiedung des WKSchG I Ende des Jahres 1971 umstritten (s eingehend Mietrecht Vorbem 18 ff zu § 1 MHRG). Ebenso umstritten sind die Auswirkungen des MHRG namentlich auf den Mietwohnungsbau. Diesen Problemen ist hier nicht im einzelnen nachzugehen. Die folgenden Ausführungen beschränken sich vielmehr auf die wichtigsten **Einwände**, die **gegen das Konzept** des MHRG vorzubringen sind, weil nur auf ihrem Hintergrund die zahlreichen Schwierigkeiten verständlich werden, mit denen die Anwendung des Gesetzes in der Praxis belastet ist.

**7** **a)** Die Konzeption des Gesetzgebers leidet zunächst an einer unübersehbaren **Widersprüchlichkeit**. Denn einerseits soll der Mietzins am Marktpreis orientiert bleiben (§ 2 MHRG); auf der anderen Seite ist jedoch dieses Konzept in wichtigen Punkten zugunsten der Kostenmiete durchbrochen worden, da dem Vermieter die Möglichkeit gegeben wurde, alle Kosten etwaiger Modernisierungsmaßnahmen sowie Erhöhungen der Betriebskosten und der Kapitalkosten aufgrund der §§ 3 bis 5 MHRG auf die Mieter abzuwälzen. Beides paßt aber offenkundig nicht zusammen und führt zu schweren Systembrüchen – mit allen bekannten Folgen für die Anwendung des Gesetzes.

**b)** Zudem trifft die **Grundvorstellung** des Gesetzgebers, auf der der zentrale § 2 des Gesetzes beruht, schwerlich zu. Der Gesetzgeber ist hier von der Vorstellung ausgegangen, daß sich der Mietzins am Markt im Spiel von Angebot und Nachfrage in erster Linie nach dem Wohnwert der Wohnungen ausrichtet (Begr zum RegE, BT-Drucks 7/2011, 10). Inzwischen hat sich jedoch herausgestellt, daß die Wohnwertmerkmale des § 2 Abs 1 MHRG tatsächlich nur zu einem *geringen* Teil die vorhandenen Mietpreisdifferenzen erklären, so daß auf dem Markt noch ganz *andere* Faktoren mit weit größerer Bedeutung für die Mietpreisentwicklung wirksam sein müssen, auf die das Gesetz jedoch in § 2 keine Rücksicht nimmt. Außerdem hat sich gezeigt, daß es **Teilmärkte** für bestimmte, sozial unterprivilegierte Mieter gibt, denen der Zugang zum allgemeinen Wohnungsmarkt versperrt ist, ohne daß es bisher gelungen wäre, diese Teilmärkte in das gesetzliche Konzept des § 2 MHRG zu integrieren (vgl OLG Stuttgart WuM 1982, 129 f = 3 in RE Miet). Vor allem aber trifft die Vorstellung des Gesetzgebers nicht zu, auf dem Wohnungsmarkt gebe es stets *einen* Marktpreis, der sich im Spiel von Angebot und Nachfrage für vergleichbare Wohnungen herausbildet und der, wie auch immer, mit zumutbarem Aufwand ermittelt werden kann. Denn tatsächlich schwanken die Mietzinsen am Markt stets in einer sehr großen *Bandbreite* um einen kaum zu ermittelnden Mittelwert, so daß die Gerichte bei der Festlegung des jeweils maßgeblichen Vergleichsmietenniveaus vor nahezu unlösbaren Aufgaben stehen. **8**

Der Gesetzgeber sieht einen Ausweg aus diesem Dilemma vor allem in der vermehrten Aufstellung von sog **Mietspiegeln** durch die Gemeinden (vgl den neuen § 2 Abs 5 MHRG und dazu die Begr zum RegE, BT-Drucks 9/2079, S 8 f, 17). Auch die Gerichte ziehen Mietspiegel, wo immer diese vorliegen, stets jedem anderen Verfahren zur Ermittlung der ortsüblichen Vergleichsmiete bei weitem vor.[1] Neuerdings sind jedoch auch wiederholt kritische Stimmen laut geworden.[1a] In der Tat ist Aufstellung von Mietspiegeln nach wie vor mit so vielen nur schwer lösbaren Problemen belastet, daß sie häufig nur ein verhältnismäßig grobes Abbild der hochkomplexen Verhältnisse auf dem Wohnungsmarkt zu geben **9**

[1] LG Mannheim ZMR 1977, 282; LG Hamburg WuM 1978, 134; 1978, 146 ff; 1979, 63; LG Bochum WuM 1982, 18; LG Landau ZMR 1985, 129; LG Frankfurt WuM 1989, 148; w Nachw für Berlin in: Der Berliner Mietspiegel (Berlin 1989) sowie u § 2 MHRG Rz 27 a, § 2 GVW Rz 18.

[1a] Vgl. für Frankfurt AG Frankfurt NJW-RR 1989, 12 = WuM 1989, 25 = ZMR 1988, 467 (dagegen LG Frankfurt WuM 1989, 148); für Dortmund AG Dortmund WuM 1989, 26; für Berlin AG Schöneberg GE 1989, 47.

vermögen (s statt aller EMMERICH, in: Mietpreisermittlung, S 50ff; ders FWW 1988, 35).

10 **c)** Angesichts dessen bleibt im Grunde nichts anderes übrig, als sich von der Vorstellung zu lösen, die ortsübliche Vergleichsmiete in § 2 Abs 1 MHRG sei eine empirische Größe, die durch empirisch-statistische Verfahren mit hinreichender Genauigkeit ermittelt werden könnte. Bei dem Begriff der ortsüblichen Vergleichsmiete handelt es sich vielmehr nach dem Gesagten um einen **normativen Begriff**, in den unvermeidlich Wertungen des Rechtsanwenders im Einzelfall einfließen. Bei Lichte besehen hat damit der Gesetzgeber in § 2 MHRG den Gerichten die Aufgabe übertragen, im Einzelfall den ihnen angemessen erscheinenden Mietzins, selbstverständlich unter umfassender Berücksichtigung der Marktverhältnisse, festzusetzen.

## III. Anwendungsbereich

11 **1.** Das MHRG gilt nur für einseitige, nachträgliche Mietzinserhöhungen bei **Wohnraum**mietverhältnissen; ausgenommen von seinem Anwendungsbereich sind jedoch die in § 10 Abs 3 MHRG nF genannten Mietverhältnisse. Auf **Mischmietverhältnisse** ist das Gesetz schließlich nur anwendbar, wenn der Schwerpunkt der Regelung bei der Wohnraummiete liegt; gleich zu behandeln sind die Fälle, in denen Wohnraummiete und gewerbliche Miete gleichberechtigt nebeneinander stehen.[2] Anders nur, wenn (ausnahmsweise) die Mietverträge über die Wohn- und die Geschäftsräume rechtlich trennbar sind, wofür der Vermieter die Beweislast trägt. Bei der Vermietung eines Hauses mit Garage kommt es dementsprechend ebenfalls darauf an, ob über die Garage ein rechtlich selbständiger Mietvertrag abgeschlossen worden ist. Ist das letztere der Fall, so gilt für die Erhöhung des Mietzinses hinsichtlich der Garage das MHRG nicht. Gleich zu behandeln dürfte der Fall sein, daß ausnahmsweise eine Teilkündigung nach § 543 BGB hinschtlich der Garage möglich ist.[2a]

12 Das MHRG gilt hiernach zB für zeitlich befristete oder sonst unkündbare Mietverträge, für Untermietverträge, für möblierte Wohnungen, für Einliegerwohnungen (§ 564b Abs 4 BGB), für Bundesbedienstetenwohnungen (KG GE 1987, 341), für Dienstwohnungen, selbst wenn das Verhältnis öffentlich-rechtlich ausgestaltet ist (VG Oldenburg WuM 1986, 193), für Mietverhältnisse, die nach § 5 HausratsVO vom 21. 10. 1944 (RGBl I 256) begründet worden sind (vgl aber BayObLGZ 1973, 227; 1973, 240 = NJW 1973, 2295 u 2299), für sog Lastenausgleichswohnungen, für Werkmietwohnungen (RÖDER MDR 1982, 276) und Wohnheime (AG Hamburg WuM 1985, 145) sowie schließlich für Wohnungen der

---

[2] Vgl insbes BGH LM Nr 2 zu MiethöheRegG = NJW 1977, 1394; OLG Schleswig WuM 1982, 266 = 4 in RE Miet; BARTHELMESS Einf 25–29 vor § 1; s oben Vorbem 13 zu §§ 535, 536.

[2a] S oben §§ 542, 543 Rz 15; LG Darmstadt WuM 1981, 111; LG Mannheim NJW 1974, 1713; AG Köln WuM 1984, 197; AG Brühl WuM 1985, 338; HUMMEL ZMR 1987, 81; SCHULTE ZMR 1988, 81.

gemeinnützigen Wohnungsunternehmen, immer unter der Voraussetzung, daß nicht ausnahmsweise § 10 Abs 3 MHRG eingreift (OLG Karlsruhe OLGZ 1981, 81, 83 = 3 in RE Miet). Keine Anwendung findet das Gesetz hingegen auf *Altenheim- und Pflegeverträge*, jedenfalls wenn die dienstvertraglichen Elemente überwiegen (s oben Vorbem 51 zu §§ 535, 536; zuletzt OLG Karlsruhe ZMR 1988, 94, 95; LG Köln WuM 1986, 376).

*Preisgebundener* Wohnraum (§ 10 Abs 3 Nr 1 MHRG) unterliegt dem MHRG, 13
sobald die Preisbindung endet. In diesen Fällen kann ein Verlangen auf Mietzinserhöhung nach § 2 MHRG schon vor Ablauf der Preisbindung für die Zeit danach gestellt werden (s unten § 10 Rz 26). Dasselbe gilt bei Ablauf eines Besetzungsrechtes nach § 87 a Abs 4 des II WoBauG (LG Düsseldorf ZMR 1985, 339; LG Arnsberg ZMR 1985, 340).

**2.** Sonderregelungen finden sich vor allem für Berlin in dem GVW vom 14. 7. 1987 14
(BGBl I 1625; dazu u nach Art 8 WKSchG) sowie allgemein im ModEnG von 1976 in der Fassung vom 27. 6. 1978 (BGBl I 878) und vom 20. 12. 1982 (BGBl I 1912) und in § 87 Abs 1 Nr 9 Betriebsverfassungsgesetz.[3]

## IV. Konkurrenzen

Mietzinserhöhungen nach § 2 und nach § 3 MHRG schließen sich nicht gegenseitig aus. 15
Nach Baumaßnahmen hat der Vermieter vielmehr die **Wahl**, ob er nach *§ 3* oder nach *§ 2 MHRG* vorgehen will (s unten § 3 MHRG Rz 13). Die *§§ 4* und *5 MHRG* enthalten hingegen Sondervorschriften zu § 2 MHRG. Konkurrenzen sind dabei idR schon wegen der ganz unterschiedlichen, tatbestandlichen Voraussetzungen ausgeschlossen (vgl insbes LG Frankfurt WuM 1982, 78; LG Braunschweig WuM 1982, 79). Daraus folgt zugleich, daß Mietzinserhöhungen nach den §§ 3 bis 5 MHRG nicht an die Obergrenze der ortsüblichen Vergleichsmiete (§ 2 Abs 1 Nr 2 MHRG) gebunden sind, sondern dieses Niveau überschreiten können (zB AG Essen-Borbeck WuM 1982, 215). Zu beachten bleibt aber § 5 WiStG.[4]

## V. Prozessuales

**1.** Für Klagen aufgrund des §§ 2 bis 7 MHRG ist sachlich und örtlich ausschließ- 16
lich das **Amtsgericht zuständig,** in dessen Bezirk sich der Wohnraum befindet (§ 29 a Abs 1 S 1 ZPO; dazu grdleg BGHZ 89, 275, 281 ff = 28 in RE Miet). Weil dies zur Folge hat, daß Prozesse aufgrund des MHRG grundsätzlich stets bei den

---

[3] Vgl dazu Mietrecht Vorbem 54 ff zu § 1 MHRG; BAG BB 1973, 845 = AP Nr 1 zu § 87 BetrVerfG 1972 – Werkmietwohnungen –; BB 1975, 1159; LG Duisburg WuM 1983, 112 m abl Anm Grau; LG Freiburg WuM 1985, 154; Sternel Rz III 7; Röder MDR 1982, 276.

[4] OLG Karlsruhe NJW 1984, 62 = 29 in RE Miet m Nachw für Fälle des § 3 MHRG; aM aber OLG Hamm NJW 1983, 1915 = 26 in RE Miet für Fälle des § 5 MHRG.

Landgerichten enden, ist durch Art III des 3. MietRÄndG von 1967 in der Fassung vom 5. 6. 1980 (BGBl I 657) die Zuständigkeit der Oberlandesgerichte und des BGH zum Erlaß von *Rechtsentscheiden* auf den gesamten Bereich des MHRG erstreckt worden.

**17** Die Berechnung des **Streitwerts** für Klagen des Vermieters aufgrund des MHRG ist nach wie vor umstritten[5]. Man muß dabei sorgfältig zwischen dem Gebührenstreitwert und dem Beschwerdewert für Berufungen unterscheiden, da § 16 Abs 5 GKG in der Fassung vom 13. 6. 1980 (BGBl I 680) eine gesetzliche Regelung lediglich für den Gebührenstreitwert gebracht hat (BVerfGE 68, 376, 382 f); er ist hiernach höchstens auf den einjährigen Differenzbetrag zwischen der bisherigen und der begehrten Miete festzusetzen[6]. Noch nicht geklärt ist, ob dasselbe für den Beschwerdewert für Berufungen zu gelten hat (ausdrücklich offengelassen in BVerfG aaO m Nachw). Die Entscheidung hängt vor allem davon ab, ob insoweit von § 3 ZPO oder von den §§ 8 u 9 ZPO (in Verbindung mit § 511 a Abs 1 ZPO) auszugehen ist, worüber nicht nur durch Rechtsentscheid entschieden werden kann (so jedenfalls OLG Schleswig GE 1988, 165 = WuM 1988, 428). Legt man § 3 ZPO zugrunde, so wird der Beschwerdewert im Regelfall (ebenfalls) auf den einjährigen Differenzbetrag zwischen der bisherigen und der begehrten Miete festzusetzen sein[7], während die Anwendung der §§ 8 u 9 ZPO zu wesentlich höheren Streitwerten (in der Regel dreifacher jährlicher Differenzbetrag) führt[8]. Zu folgen ist hier im Interesse des Mieterschutzes der zuerst genannten Meinung. Aus demselben Grunde sollten bei § 3 MHRG ebenfalls sowohl der Gebühren- als auch der Beschwerdewert auf den Jahresbetrag der Mietzinserhöhung beschränkt werden[9].

---

[5] Vgl im einzelnen Baumbach-Lauterbach-Hartmann, ZPO, 47. Aufl (1989), § 3 Anhang sv „Mietverhältnis"; Barthelmess § 2 MHRG Rz 197–204; Stein-Jonas-Schumann, ZPO (20. Aufl) § 8 Rz 4, 16 f, § 9 Rz 3; Thomas-Putzo, ZPO (15. Aufl) § 3 Anm 2 sv „Mietstreitigkeiten".

[6] S OLG Karlsruhe WuM 1979, 155; OLG Hamburg WuM 1976, 64; OLG Köln WuM 1985, 126; LG Kaiserslautern ZMR 1979, 82; LG Bremen WuM 1982, 131; AG Braunschweig WuM 1985, 127 usw.

[7] LG Hamburg MDR 1977, 496 = ZMR 1977, 246; LG Köln WuM 1985, 129; LG Frankenthal WuM 1985, 130; LG Berlin MDR 1986, 323 Nr 75; GE 1986, 753, 755; 1986, 755; LG Hamburg WuM 1987, 60; LG Köln WuM 1987, 159.

[8] LG Braunschweig WuM 1979, 250; LG Mannheim u LG Lübeck WuM 1985, 128; LG Bonn WuM 1985, 129; LG Berlin MDR 1986, 323 Nr 79; GE 1985, 743; 1986, 755; 1988, 1167 = ZMR 1989, 24; WuM 1987, 60; LG Köln ZMR 1986, 124 = WuM 1986, 121; LG Hagen ZMR 1987, 97; LG Bonn WuM 1989, 27; LG München I ZMR 1986, 90.

[9] LG Hamburg MDR 1982, 148 = WuM 1985, 127; LG Hannover MDR 1981, 232; Barthelmess § 3 MHRG Rz 58; s Emmerich, PiG 13, 60 f.

## § 1 MHRG

**[1]Die Kündigung eines Mietverhältnisses über Wohnraum zum Zwecke der Mieterhöhung ist ausgeschlossen. [2]Der Vermieter kann eine Erhöhung des Mietzinses nach Maßgabe der §§ 2 bis 7 verlangen. [3]Das Recht steht dem Vermieter nicht zu, soweit und solange eine Erhöhung durch Vereinbarung ausgeschlossen ist oder der Ausschluß sich aus den Umständen, insbesondere der Vereinbarung eines Mietverhältnisses auf bestimmte Zeit mit festem Mietzins ergibt.**

**Schrifttum:** Freund-Barthelmess NJW 1976, 2191; ZMR 1977, 1, 33; Köhler § 141; Schultz ZMR 1983, 289; Sternel Rz III 533 ff; ders ZMR 1975, 321; Weimar WuM 1975, 261; Betrieb 1979, 879.

### 1. Überblick

§ 1 MHRG betont in den Sätzen 1 und 2 zunächst das Grundanliegen des MHRG, 1
das in der Ersetzung der Änderungskündigung mit dem Zweck der Mietzinserhöhung bei sämtlichen Wohnraummietverhältnissen durch die besonderen Erhöhungsverfahren nach den §§ 2 bis 7 des Gesetzes besteht. Satz 3 fügt hinzu, daß dies alles aber immer nur mangels abweichender Abreden der Parteien gilt. Der Grundsatz der Vertragsfreiheit (§ 305 BGB) hat mithin in jedem Fall Vorrang. Das bedeutet zugleich, daß einverständliche Mietzinserhöhungen stets ohne Rücksicht auf das MHRG möglich bleiben (anders nur in Berlin nach § 3 GVW). Für derartige Vertragsänderungen gelten daher nur die allgemeinen Schranken der Vertragsfreiheit, wie sie sich namentlich aus den verschiedenen Wucherverboten ergeben (s oben Vorbem 68 f zu §§ 535, 536). Doch kann den Vermieter bei Abschluß einer solchen Änderungsvereinbarung je nach den Umständen des Einzelfalles die Pflicht treffen, den Mieter über seine Rechte aufgrund des MHRG aufzuklären, so daß er bei einer Verletzung dieser Pflicht aus *cic* zur Rückgängigmachung der Änderungsvereinbarung verpflichtet ist (LG Hannover WuM 1979, 262). Gegebenenfalls kann der Mieter außerdem in solchen Fällen die Änderungsvereinbarung anfechten (§§ 119, 123 BGB).

### 2. Keine Änderungskündigung

§ 1 MHRG enthält in Satz 1 zunächst ein generelles, gesetzliches Verbot (§ 134 2
BGB) jeder Kündigung eines Wohnraummietverhältnisses zum Zwecke der Mietzinserhöhung (ebenso für die bloße Drohung mit einer Kündigung AG Köln WuM 1988, 167 sowie für das Erhöhungsverlangen AG Köln WuM 1989, 81). Dieses Verbot bezieht sich jedoch nur auf die **ordentliche Kündigung** nach § 564 b BGB sowie auf die gleichstehenden Fälle des § 565 a BGB und des § 564 c Abs 1 S 2 BGB (s oben § 564 c Rz 11), so daß eine außerordentliche Kündigung des Vermieters jederzeit möglich bleibt. Auch die ordentliche Kündigung ist zudem nur verboten, wenn sie gerade *zum Zwecke* der Mietzinserhöhung erfolgt. Jede ordentliche Kündigung mit einem anderen Zweck bleibt mithin erlaubt. Dabei

trägt der Mieter die **Beweislast** dafür, daß der Vermieter mit der Kündigung in erster Linie eine Mietzinserhöhung bezweckt.

3 Wenn der Vermieter jedoch zunächst vergeblich, möglicherweise sogar wiederholt, eine Mietzinserhöhung durchzusetzen versucht hatte und erst im Anschluß hieran nach § 564 b BGB kündigt, spricht eine Vermutung dafür, daß er in Wirklichkeit eine Änderungskündigung mit dem Zweck der Mietzinserhöhung aussprechen will (vgl LG Osnabrück WuM 1973, 63; LG Köln WuM 1974, 9). Eine gegen § 1 S 1 MHRG verstoßende, ordentliche Kündigung ist nichtig (oben Rz 2; § 134 BGB).

### 3. Vertraglicher Ausschluß der Mietzinserhöhung

4 **a)** Nach § 1 S 3 MHRG kann der Vermieter keine Erhöhung des Mietzinses nach den §§ 2 bis 7 des Gesetzes verlangen, wenn und solange eine Erhöhung durch Vereinbarung der Parteien ausdrücklich oder konkludent ausgeschlossen ist. Ob eine solche Ausschlußvereinbarung vorliegt, ist allein eine Frage der **Auslegung** der Parteiabreden im Einzelfall; jedoch ist nach § 1 S 3 MHRG idR ein Ausschluß bei Vereinbarung eines Mietverhältnisses auf bestimmte Zeit mit festem Mietzins anzunehmen, woran dann auch Formularklauseln nichts ändern können (AG Siegburg WuM 1987, 354). Einer besonderen Form bedarf die Ausschlußvereinbarung nur in den Fällen des § 566 BGB. Sie gilt zudem immer nur für Mietzinserhöhungen aufgrund des MHRG, nicht hingegen für Mietzinssenkungen, zu denen der Vermieter mithin in den Fällen der §§ 4 Abs 4 und 5 Abs 3 MHRG selbst bei Bestehen einer Ausschlußvereinbarung verpflichtet bleibt.

5 **b)** Der **Umfang** des Ausschlusses von Mietzinserhöhungen hängt von den Abreden der Parteien ab. Der Ausschluß kann zB auf den Grundtatbestand des § 2 MHRG oder auf die Sondertatbestände der §§ 3–7 des Gesetzes beschränkt sein. In der Vereinbarung einer Teilinklusivmiete wird dementsprechend idR (nur) ein Ausschluß von Mietzinserhöhungen wegen Kostensteigerungen nach § 4 MHRG liegen, während Mietzinserhöhungen nach § 2 MHRG möglich bleiben; über die Heizkosten ist nach der HeizkostenVO ohnehin stets gesondert abzurechnen (s OLG Zweibrücken OLGZ 1981, 347 = NJW 1981, 1622; LG Nürnberg-Fürth WuM 1983, 148 f; LG Köln WuM 1985, 346).

6 Eine **zeitliche Begrenzung** des Ausschlusses ist gleichfalls möglich. Vor allem bei befristeten oder auflösend bedingten Mietverhältnissen gilt der Ausschluß grundsätzlich nur für die ursprünglich vorgesehene Vertragsdauer, nicht jedoch für den sich anschließenden Verlängerungszeitraum aufgrund der §§ 565 b oder 565 a Abs 2. Ebenso zu behandeln sind Mietverträge, die zunächst für eine feste Zeit abgeschlossen sind und danach auf unbestimmte Zeit fortlaufen sollen, wenn sie nicht rechtzeitig gekündigt werden (vgl § 1 S 3 MHRG). Hier sind Mietzinserhöhungen ebenfalls idR nur für die ursprüngliche, fest vereinbarte Vertragsdauer ausgeschlossen, während danach Mietzinserhöhungen aufgrund des MHRG möglich bleiben; das Mieterhöhungsverlangen kann dann bereits *vor Ablauf* der zunächst vereinbarten, festen Vertragszeit gestellt werden mit der Folge, daß auch schon die Fristen des § 2 Abs 3 und 4 und des § 9 MHRG sofort noch vor Ablauf

der festen Vertragsdauer zu laufen beginnen.[1] Wirksam werden kann die Mietzinserhöhung freilich selbst dann immer erst in der Zeit **nach** Ablauf der festen Vertragsdauer (LG Mannheim WuM 1985, 310). Im übrigen kommt hier letztlich alles auf die Abreden der Parteien an. Es ist ebensowohl möglich, daß eine Mietzinserhöhung schon *während* der zunächst vereinbarten Vertragsdauer möglich sein soll,[2] wie es möglich ist, daß sich aus den Abreden der Parteien ein Ausschluß von Mietzinserhöhungen auch für den *Verlängerungs*zeitraum ergibt.

**c)** Je nach den Umständen des Einzelfalles kann sich ein vertraglicher Ausschluß des Rechts des Vermieters zur Mietzinserhöhung außerdem ergeben aus der Vereinbarung eines Mietverhältnisses auf Lebenszeit des Mieters (§ 567 BGB; LG Lübeck MDR 1972, 612; LG Mannheim WuM 1987, 353), aus dem Ausschluß des ordentlichen Kündigungsrechts des Vermieters, aus der vertraglichen Bindung seines Kündigungsrechtes an die Zustimmung einer Behörde (s zB § 245 Abs 3 LAG; LG Arnsberg ZMR 1985, 340) oder eines Dritten, aus der ausdrücklichen Vereinbarung einer Festmiete oder einer Umsatzmiete in Verbindung mit einer Mindestmiete (BGH LM Nr 10 zu § 19 1. BMietG; Nr 23 zu § 18 1. BMietG = MDR 1964, 142; NJW 1969, 1383), weiter aus der Vereinbarung einer ausgesprochenen Gefälligkeitsmiete (LG Freiburg WuM 1981, 212) sowie aus der Leistung eines **Baukostenzuschusses** seitens des Mieters, jedenfalls solange während des sog Anrechnungszeitraums eine ordentliche Kündigung des Vermieters ausgeschlossen ist.[3] Schließlich kann das Recht des Vermieters zur Mietzinserhöhung nach dem MHRG noch durch Vereinbarungen mit Dritten zugunsten des Mieters ausgeschlossen werden. Besonders nahe liegt diese Annahme bei **Werkförderungsverträgen** mit dem Arbeitgeber des Mieters, wenn der Arbeitgeber aufgrund dieses Vertrages ein Mitwirkungsrecht bei Mietzinserhöhungen hat (s oben Vorbem 52 zu §§ 535, 536; insbes OLG Hamm NJW-RR 1986, 808 = ZMR 1986, 287, 289 f). In diesem Zusammenhang ist schließlich auch noch auf § 14 ModEnG hinzuweisen. 7

**d)** Das MHRG enthält eine abschließende Regelung für Mietzinserhöhungen bei Wohnraummietverhältnissen. Daneben ist ein Rückgriff auf die Grundsätze über den Wegfall der **Geschäftsgrundlage** nicht mehr möglich (s oben Vorbem 17 zu § 537; LG Lübeck WuM 1972, 58; LG Hannover WuM 1980, 57; AG Dortmund WuM 1985, 155, 156). 8

---

[1] OLG Zweibrücken OLGZ 1981, 347; 1982, 213 = WuM 1981, 153; 1981, 273 = 2 und 3 in RE Miet; OLG Hamm NJW 1982, 829 = WuM 1982, 294 = 23 in RE Miet; OLG Frankfurt ZMR 1983, 317 = 8 in RE Miet.

[2] Worauf insbes die Vereinbarung einer Wertsicherungsklausel hindeutet, s LG Frankfurt WuM 1976, 31; ZMR 1982, 117; LG Köln ZMR 1980, 151; LG Berlin GE 1984, 923 = MDR 1985, 58 = ZMR 1985, 59 Nr 15 (gegen AG Charlottenburg GE 1984, 535); AG Braunschweig WuM 1982, 299; BARTHELMESS § 1 MHRG Rz 34; SCHULTZ ZMR 1983, 289, 290 f.

[3] Str, wie hier zB LG Frankfurt WuM 1974, 220; LG Hannover WuM 1979, 168; 1980, 57; LG Bonn WuM 1981, 108; s oben Vorbem 64 zu §§ 535, 536; Mietrecht § 1 MHRG Rz 20 ff; BARTHELMESS § 1 MHRG Rz 39; aM zB SCHULTZ ZMR 1983, 291 m Nachw sowie LG Berlin GE 1986, 501, wenn zugleich eine Wertsicherungsklausel vereinbart worden ist.

## § 2 MHRG

**(1) [1]Der Vermieter kann die Zustimmung zu einer Erhöhung des Mietzinses verlangen, wenn**

**1. der Mietzins, von Erhöhungen nach den §§ 3 bis 5 abgesehen, seit einem Jahr unverändert ist,**

**2. der verlangte Mietzins die üblichen Entgelte nicht übersteigt, die in der Gemeinde oder in vergleichbaren Gemeinden für nicht preisgebundenen Wohnraum vergleichbarer Art, Größe, Ausstattung, Beschaffenheit und Lage in den letzten drei Jahren vereinbart oder, von Erhöhungen nach § 4 abgesehen, geändert worden sind, und**

**3. der Mietzins sich innerhalb eines Zeitraums von drei Jahren, von Erhöhungen nach den §§ 3 bis 5 abgesehen, nicht um mehr als 30 vom Hundert erhöht.**

**[2]Von dem Jahresbetrag des verlangten Mietzinses sind die Kürzungsbeträge nach § 3 Abs. 1 Satz 3 bis 7 abzuziehen, im Falle des § 3 Abs. 1 Satz 6 mit elf vom Hundert des Zuschusses.**

**(2) [1]Der Anspruch nach Absatz 1 ist dem Mieter gegenüber schriftlich geltend zu machen und zu begründen. [2]Dabei kann insbesondere Bezug genommen werden auf eine Übersicht über die üblichen Entgelte nach Absatz 1 Satz 1 Nr 2 in der Gemeinde oder in einer vergleichbaren Gemeinde, soweit die Übersicht von der Gemeinde oder von Interessenvertretern der Vermieter und der Mieter gemeinsam erstellt oder anerkannt worden ist (Mietspiegel); enthält die Übersicht Mietzinsspannen, so genügt es, wenn der verlangte Mietzins innerhalb der Spanne liegt. [3]Ferner kann auf ein mit Gründen versehenes Gutachten eines öffentlich bestellten oder vereidigten Sachverständigen verwiesen werden. [4]Begründet der Vermieter sein Erhöhungsverlangen mit dem Hinweis auf entsprechende Entgelte für einzelne vergleichbare Wohnungen, so genügt die Benennung von drei Wohnungen.**

**(3) [1]Stimmt der Mieter dem Erhöhungsverlangen nicht bis zum Ablauf des zweiten Kalendermonats zu, der auf den Zugang des Verlangens folgt, so kann der Vermieter bis zum Ablauf von weiteren zwei Monaten auf Erteilung der Zustimmung klagen. [2]Ist die Klage erhoben worden, jedoch kein wirksames Erhöhungsverlangen vorausgegangen, so kann der Vermieter das Erhöhungsverlangen im Rechtsstreit nachholen; dem Mieter steht auch in diesem Fall die Zustimmungsfrist nach Satz 1 zu.**

**(4) Ist die Zustimmung erteilt, so schuldet der Mieter den erhöhten Mietzins von dem Beginn des dritten Kalendermonats ab, der auf den Zugang des Erhöhungsverlangens folgt.**

**(5) [1]Gemeinden sollen, soweit hierfür ein Bedürfnis besteht und dies mit einem für sie vertretbaren Aufwand möglich ist, Mietspiegel erstellen. [2]Bei der Aufstellung von Mietspiegeln sollen Entgelte, die aufgrund gesetzlicher Bestimmungen an Höchstbeträge gebunden sind, außer Betracht bleiben. [3]Die Mietspiegel sollen im Abstand von zwei Jahren der Marktentwicklung angepaßt werden. [4]Die Bundesregierung wird ermächtigt, durch Rechtsverordnung mit Zustimmung des Bundesrates Vorschriften über den näheren Inhalt und das Verfahren zur Aufstellung und**

**Anpassung von Mietspiegeln zu erlassen. [5]Die Mietspiegel und ihre Änderungen sollen öffentlich bekannt gemacht werden.**

**(6) Liegt im Zeitpunkt des Erhöhungsverlangens kein Mietspiegel nach Absatz 5 vor, so führt die Verwendung anderer Mietspiegel, insbesondere auch die Verwendung veralteter Mietspiegel, nicht zur Unwirksamkeit des Mieterhöhungsverlangens.**

**Übersicht**



**Schrifttum:** S schon oben vor § 1 MHRG sowie BReg, Bericht, BT-Drucks 8/2610; Alles, Die Ermittlung der ortsüblichen Vergleichsmieten, WuM 1988, 241; Barthelmess WuM 1983, 63; ZMR 1985, 289; P Becker, Miete und Mieterhöhungen bei preisfreien Neubauwohnungen in Berlin, GE 1986, 881; Blümmel GE 1983, 143; Burkhardt JurBüro 1975, 561; Deggau, Zur Verfassungswidrigkeit der Kappungsgrenze, NJW 1984, 218; Derleder WuM 1983, 221; ders-Schlemmermeyer WuM 1978, 225; Emmerich, Aktuelle Probleme des privaten Mietrechts, FWW 1987, 122; ders, Mietspiegel, FWW 1988, 35; Fricke ZMR 1976, 325; Gärtner NJW 1980, 153; Gelhaar MDR 1981, 446; GE 1983, 1040; Gramlich NJW 1983, 417; Heitgress WuM 1983, 44; Hemming WuM 1983, 183; Heublein-Kuda WuM 1983, 95; Hummel, Klageänderung im Mieterhöhungsverfahren, WuM 1986, 78; W Isenmann, Muß der Gutachter Vergleichswohnungen benennen?, ZMR 1984, 38; 1985, 42; NJW 1982, 1681; W Jung, Von der Berechtigung des Vermieters, bei Beendigung der Preisbindung einer Wohnung die marktübliche Vergleichsmiete fordern zu können, ZMR 1986, 427; Klas WuM 1983, 98; Köhler §§ 142–150; ders NJW 1979, 1535; ders ZMR 1983, 217; Kohl NJW 1981, 320; W Kummer, Zur Benennung von Vergleichswohnungen, WuM 1985, 39; Landfermann, Gesetz zur Erhöhung des Angebots an Mietwohnungen (1983) 38 ff; Langenberg ZMR 1980, 161; Linthe ZMR 1979, 353; 1981, 67; Marienfeld BlGBW 1977, 211; ZMR 1976, 225, 257; M Meier, Zur Erstattungsfähigkeit der vorprozessualen Sachverständigenkosten im Mieterhöhungsverfahren, ZMR 1984, 149; Niederberger WuM 1980, 189; Riedmaier, Das System der Vergleichsmiete in der neuen Rechtsprechung, ZMR 1987, 1; Röbbert Betrieb 1983, 161; Röder MDR 1982, 276; Scharf WuM 1985, 137; Schmidt-Futterer MDR 1975, 89; FWW 1976, 61; ders-Blank MDR 1975, 1; Scholz NJW 1983, 1822; Schopp ZMR 1977, 257; 1982, 353; Schultz ZMR 1983, 289; Schulz-Trieglaff WuM 1977, 249; BBauBl 1977, 378; Sternel Rz III 548 ff; ders ZMR 1983, 73; MDR 1983, 356; Weimar WuM 1976, 89; BlGBW 1977, 158; Betrieb 1977, 854; ZMR 1978, 325; R Vogel – R Welter, Auslaufende Mietpreisbindung und Kappungsgrenze, NJW 1984, 1220; Wiek WuM

1981, 169; BlGBW 1982, 21; WINTER WuM 1977, 85; U WULLKOPF, Sachkunde und Methodik bei Sachverständigengutachten nach § 2 MHRG, WuM 1985, 3; ZIMMERMANN WuM 1984, 64; Grundsätze des Wohnraummietverhältnisses, PiG 10 (1983) (mit Beiträgen von STERNEL [127] und BUB [175]); Der Mietzins für Wohnraum unter besonderer Berücksichtigung des neuen Mietrechts, PiG 13 (1983) (mit Beiträgen von DERLEDER [11], STERNEL [31] und EMMERICH [51]).

## I. Zweck

1 Der 1975 in Kraft getretene und 1982 zuletzt geänderte § 2 MHRG ist die zentrale Vorschrift des ganzen Gesetzes. Nach ihm kann der Vermieter grundsätzlich einmal im Jahr vom Mieter eine Anpassung des vereinbarten Mietzinses an das Niveau der ortsüblichen Vergleichsmiete verlangen. Mit dieser Regelung hat der Gesetzgeber einen *doppelten* Zweck verfolgt (s oben Vorbem 4 zu § 1 MHRG): Auf der einen Seite soll der Mieter vor überhöhten Mietzinsforderungen des Vermieters geschützt werden, die nur aufgrund einer Mangellage am Markt durchsetzbar wären, indem Mietzinssteigerungen in jedem Fall auf das ortsübliche Niveau begrenzt werden; auf der anderen Seite soll aber auch dem Vermieter ein angemessener, marktorientierter Ertrag gewährleistet werden.[1] § 2 MHRG darf deshalb keinesfalls als reine Mieterschutzbestimmung verstanden werden; bei seiner Interpretation ist vielmehr neben dem selbstverständlich gebotenen Mieterschutz *mit gleichem Rang* der Anspruch des Vermieters auf einen angemessenen, am Markt orientierten Ertrag zu berücksichtigen (BVerfGE 49, 244; 53, 352; WuM 1982, 146; WM 1989, 108, 109).

## II. Überblick

### 1. Allgemeines

2 § 2 MHRG gibt dem Vermieter unter bestimmten Voraussetzungen gegen den Mieter einen Anspruch auf Zustimmung zu einer Vertragsänderung durch Anhebung des Mietzinses auf das Niveau der ortsüblichen Vergleichsmiete. Diese Voraussetzungen sind, daß der Mietzins, von Erhöhungen nach den §§ 3 bis 5 MHRG abgesehen, seit einem Jahr unverändert geblieben ist (Abs 1 Nr 1) und daß die Mietzinssteigerungen der letzten drei Jahre zusammen, wiederum von Erhöhungen nach den §§ 3 bis 5 abgesehen, insgesamt nicht mehr als 30% betragen (Abs 1 Nr 3). Schließlich ist noch erforderlich, daß der vereinbarte Mietzins unter dem Niveau der sog ortsüblichen Vergleichsmiete liegt (Abs 1 Nr 2). Sind diese Voraussetzungen erfüllt, so kann der Vermieter von dem Mieter eine Erhöhung des Mietzinses verlangen. Eine Zustimmungspflicht des Mieters

[1] Grdleg BVerfGE 37, 132; 49, 244; 53, 352 m Anm EMMERICH JuS 1979, 514; 1980, 755; BayObLGZ 1981, 105; 1981, 214 = NJW 1981, 1219 u 2259; dazu EMMERICH JuS 1981, 921; Mietrecht § 2 MHRG Rz 3 ff.

besteht jedoch nur, wenn der Vermieter seinen Anspruch schriftlich geltend macht und begründet (Abs 2 S 1). Die wichtigste Form der Begründung ist dabei die Bezugnahme auf einen sog Mietspiegel (Abs 2 S 2). Zur Aufstellung dieser Mietspiegel sind die Gemeinden seit 1983 aufgrund des neuen Abs 5 unter bestimmten Voraussetzungen verpflichtet. Als weitere Begründungsformen nennt das Gesetz außerdem noch die Verweisung auf ein begründetes Gutachten eines öffentlich bestellten oder vereidigten Sachverständigen sowie die Benennung von drei anderen Wohnungen.

Durch das Erhöhungsverlangen wird eine Überlegungsfrist von mindestens zwei Monaten ausgelöst (Abs 3 S 1), damit der Mieter die Angaben des Vermieters über die Höhe der örtlichen Vergleichsmiete nachprüfen und sich darüber schlüssig werden kann, ob er den Antrag des Vermieters auf Vertragsänderung, der in dem Erhöhungsverlangen liegt, annehmen will oder nicht. Stimmt der Mieter zu, so wird der Vertrag entsprechend geändert, so daß der Mieter von dem in Absatz 4 bestimmten Zeitpunkt ab den erhöhten Mietzins schuldet. Stimmt der Mieter hingegen nicht zu, so kann der Vermieter binnen einer weiteren Klagefrist von zwei Monaten Klage auf Zustimmung des Mieters zu der Vertragsänderung erheben (Abs 3 S 1). Wird die Klage erhoben, ohne daß ihr ein wirksames Erhöhungsverlangen vorausgegangen ist, so kann das Erhöhungsverlangen noch während des Rechtsstreits nachgeholt werden (Abs 3 S 2 idF von 1982). Hat die Klage daraufhin Erfolg, so schuldet der Mieter den erhöhten Mietzins von dem in Abs 4 bestimmten Zeitpunkt ab. Der Vermieter ist jedoch nicht verpflichtet, während der Klagefrist die Zustimmungsklage zu erheben; er kann statt dessen, wenn ihm dies günstiger erscheint, ein erneutes Erhöhungsverlangen an den Mieter richten, womit das geschilderte Verfahren von neuem beginnt. Hingegen löst die Unterlassung der Klageerhebung binnen der Klagefrist nicht mehr wie nach der früheren Fassung des § 2 Abs 3 S 2 MHRG eine Sperrfrist von neun Monaten aus. 3

## 2. Übergangsrecht

§ 2 MHRG gilt in seiner jetzigen Fassung **seit dem 1. 1. 1983**. Da das Änderungsgesetz von 1982 keine Übergangsvorschriften enthält, entstand sofort ein lebhafter Streit darüber, **von wann ab** die einzelnen Neuregelungen anzuwenden sind. Weil die Frage jedoch mittlerweile nahezu jede Bedeutung verloren hat, mögen hier die folgenden Hinweise genügen[2]: § 2 MHRG gilt auch für alle Mietverhältnisse, die vor dem 1. 1. 1983 begründet worden sind. Hat aber der Vermieter von dem Mieter aufgrund eines solchen Altvertrages schon **vor** dem 1. 1. 1983 eine Mietzinserhöhung verlangt, so bleibt es bei der Anwendung des alten Rechts. Die Neuregelung ist nur anwendbar, wenn das Mieterhöhungsverlangen dem Mieter 3a

[2] S im eizelnen Barthelmess § 2 MHRG Rz 7a ff m Nachw; Heublein/Kuda WuM 1983, 95; Köhler 70; Klas WuM 1983, 98; Landfermann 40, 42 ff; Sternel, PiG 13, 48. Zusammenstellung der Rspr in WuM 1982, 232 ff, 294 ff, 322 ff, 344; NJW 1983, 2947; WuM 1984, 26 ff, 111; ZMR 1984, 172 f.

erst nach dem 31. 12. 1982 *zugegangen* ist.[3] In Rechtsstreitigkeiten, die am 1. 1. 1983 schon anhängig waren, sind freilich die neuen Verfahrensvorschriften (insbes § 2 Abs 3 S 2) sofort zu beachten (OLG Schleswig ZMR 1984, 28 = 9 in RE Miet).

## III. Wartefrist

4 **1.** Nach Abs 1 Nr 1 des § 2 MHRG kann der Vermieter von dem Mieter die Zustimmung zu einer Erhöhung des Mietzinses nur verlangen, wenn der Mietzins, von Erhöhungen nach den §§ 3 bis 5 des Gesetzes abgesehen, **seit einem Jahr unverändert** ist. Mit dieser Regelung wollte der Gesetzgeber eine gewisse Kontinuität in die Mietzinsentwicklung bringen und den Mieter vor allzu rasch aufeinanderfolgenden Mietzinserhöhungen schützen (OLG Oldenburg WuM 1981, 83; 1982, 105 = 9 und 20 in RE Miet). Die Wartefrist *beginnt* mit Vertragsschluß oder mit der letzten Mietzinserhöhung, sei es durch Vereinbarung der Parteien, sei es nach § 2 MHRG, wobei es keine Rolle spielt, ob der Vermieter überhaupt einen Anspruch auf Mietzinserhöhung hatte; es genügt die bloße Tatsache der Mietzinserhöhung (AG Calw WuM 1984, 27; Sternel MDR 1983, 74; ders, PiG 13, 36). Dabei richtet sich der Fristbeginn nach § 2 Abs 4 MHRG, so daß der Zeitpunkt der Fälligkeit der letzten Mietzinserhöhung maßgebend ist. Bei Eintritt eines neuen Mieters tritt an die Stelle des Vertragsschlusses der Eintritt des neuen Mieters als maßgebender Zeitpunkt (AG Frankfurt WuM 1982, 77), jedenfalls wenn aus diesem Anlaß der Mietzins erhöht wurde (s Sternel Rz III 608). Gleich steht schließlich die Erhöhung der Kostenmiete vor Ende der Preisbindung, wenn danach das MHRG gilt (LG Hagen WuM 1986, 139).

5 **2.** Ein *vor Ablauf* der Wartefrist abgesandtes Erhöhungsverlangen des Vermieters ist (entgegen der frühen hM) nicht etwa unwirksam, löst freilich auch nicht die Fristen des § 2 Abs 3 und 4 MHRG aus; diese Fristen beginnen vielmehr erst mit Ende der Wartefrist zu laufen.[4] Ein sofortiger Fristbeginn noch während des Laufs der Wartefrist scheidet nach deren Zweck aus (anders AG Frankfurt WuM 1988, 367).

---

[3] Ebenso OLG Frankfurt WuM 1984, 9; 1984, 26 = 10 und 11 in RE Miet; NJW 1984, 1971 = WuM 1984, 124 = 13 in RE Miet; OLG Koblenz WuM 1984, 47 = ZMR 1984, 140 = 8 in RE Miet; LG München I NJW 1984, 243.

[4] OLG Oldenburg OLGZ 1981, 197 = WuM 1981, 83; WuM 1982, 105 = 9 und 20 in RE Miet; OLG Frankfurt ZMR 1983, 317 = WuM 1983, 73; GE 1988, 407 = ZMR 1988, 230 = WuM 1988, 144 = NJW-RR 1988, 722; OLG Hamm ZMR 1987, 150 = WuM 1987, 114; zustimmend BVerfG WuM 1987, 207; sehr fraglich; aM zB Mietrecht § 2 MHRG Rz 18 f m Nachw; Derleder WuM 1983, 224; Sternel, PiG 13, 36; ders Rz II 613 f.

## IV. Erhöhungsbetrag

Der Anspruch des Vermieters auf Änderung des Mietvertrages durch Erhöhung 6 des Mietzinses setzt – außer der Einhaltung der Wartefrist (dazu oben Rz 4) – vor allem voraus, daß der vereinbarte Mietzins hinter der ortsüblichen Vergleichsmiete zurückbleibt, so daß die Anwendung des § 2 MHRG stets den **Vergleich** zweier Größen erforderlich macht (Nr 2 des § 2 Abs 1 MHRG). Diese beiden Größen sind der vereinbarte Mietzins (unten Rz 7) sowie die ortsübliche Vergleichsmiete (unten Rz 8 ff). Die Ermittlung beider Größen ist häufig mit erheblichen Schwierigkeiten verbunden; oft lassen sie sich nur grob schätzen, so daß grundsätzlich nur *spürbare* Unterschiede von 5% bis 10% den Anspruch des Vermieters auf Mietzinserhöhung auszulösen vermögen (LG Mannheim MDR 1976, 316; AG Freiburg WuM 1985, 324; str).

### 1. Ausgangsmietzins

Ausgangsmietzins ist in § 2 MHRG nicht notwendig die sog Grund- oder Kalt- 7 miete; es kommt vielmehr insoweit auf die Abreden der Parteien an[5]. Haben sie eine Brutto- oder **Warmmiete** vereinbart, so ist diese **insgesamt** nach § 2 MHRG zu erhöhen (durch Vergleich mit der ortsüblichen Brutto- oder Warmmiete); einer vorherigen Herausrechnung von Nebenkosten bedarf es dann nicht. Daraus ergeben sich freilich erhebliche Schwierigkeiten, wenn sich der Vermieter zur Begründung seines Erhöhungsverlangens auf einen Mietspiegel berufen will, weil diese in aller Regel auf Netto- oder **Kaltmieten** aufbauen. In einem solchen Falle bleibt daher dem Vermieter nichts anderes übrig, als den vereinbarten Mietzins durch Ausscheidung des (jetzigen, s LG Frankfurt WuM 1985, 315; LG Karlsruhe WuM 1985, 328) Nebenkostenanteils an der Miete auf die (hypothetische) Grundmiete umzurechnen, damit die beiden Größen vergleichbar werden. Bei einer derartigen Umrechnung wird freilich häufig ohne Schätzungen nach § 287 ZPO nicht auszukommen sein. Die Umrechnung hat zudem nur Bedeutung für die Begründung des Mieterhöhungsverlangens nach § 2 MHRG; ihr korrespondiert nicht etwa ein Anspruch auf eine entsprechende Änderung des Mietvertrages durch Umstellung der Brutto- oder Inklusivmiete auf eine Nettomiete mit gesonderter Abrechnung der Nebenkosten. Ein derartiger Anspruch ergibt sich vielmehr nur hinsichtlich der Heizungskosten aus der HeizkostenVO (zB LG Berlin GE 1987, 1263 = ZMR 1988, 61; LG Stade WuM 1988, 279; AG Hamburg-Altona WuM 1987, 227).

Erweist sich eine rechnerische Umstellung der Brutto- in eine Nettomiete als 7a unmöglich, weil der Nebenkostenanteil an der Miete nicht zu ermitteln ist, so muß

---

[5] Grdleg OLG Stuttgart NJW 1983, 2329 = WuM 1983, 285 m Anm Haberstumpf 313 = 7 in RE Miet; OLG Hamburg WuM 1984, 24 = ZMR 1984, 206 = 20 in RE Miet; OLG Hamm WuM 1983, 311 = 38 in RE Miet; OLG Koblenz NJW 1985, 333 = WuM 1985, 15 = 11 in RE Miet; LG Düsseldorf ZMR 1985, 164; 1985, 339 f; LG Kiel WuM 1985, 64 u 65; LG Berlin WuM 1980, 81; LG Nürnberg-Fürth WuM 1983, 148; Mietrecht § 2 MHRG Rz 22 ff; Barthelmess Einf 1 ff vor § 1 MHRG, § 2 MHRG Rz 9.

der Vermieter sein Erhöhungsverlangen auf andere Weise begründen, zB durch Vorlage eines Sachverständigengutachtens (vgl zuletzt LG Kiel WuM 1985, 64 u 65; LG Frankfurt aaO; LG Köln WuM 1985, 313; LG Hamburg WuM 1985, 314). Entsprechend ist zu verfahren, wenn nach dem Mietvertrag der Vermieter die Schönheitsreparaturen tragen muß, während in den Mietspiegel nur Mietzinsen aufgrund solcher Verträge eingegangen sind, nach denen der Mieter die Schönheitsreparaturen tragen muß. Folglich kann der Vermieter hier zu dem Mietspiegelwert einen Zuschlag verlangen, der dem Wert der von ihm zu tragenden Schönheitsreparaturen entspricht, wobei für die Berechnung von § 28 Abs 2 II BV auszugehen ist (OLG Koblenz NJW 1985, 333 = WuM 1985, 15 = 11 in RE Miet).

**2. Vergleichsmiete**

8 **a)** Der von den Parteien vereinbarte Mietzins (oben Rz 7) muß der sog Vergleichsmiete gegenübergestellt werden, worunter das Gesetz (Nr 2 des § 2 Abs 1 MHRG) die üblichen Entgelte versteht, die in der Gemeinde oder in vergleichbaren Gemeinden für nicht preisgebundenen Wohnraum vergleichbarer Art, Größe, Ausstattung, Beschaffenheit und Lage in den letzten drei Jahren vereinbart oder, von Erhöhungen nach § 4 MHRG abgesehen, geändert worden sind. § 2 MHRG stellt mithin vor allem die Aufgabe, diese sog ortsübliche Vergleichsmiete zu ermitteln.

9 Die ortsübliche Vergleichsmiete wird allgemein als der für vergleichbare Wohnungen **am Markt tatsächlich durchschnittlich gezahlte Mietzins** definiert. Es handelt sich hierbei mithin um einen objektiven Maßstab, der anhand eines repräsentativen Querschnitts der Mietzinsen für im Sinne des Gesetzes vergleichbare Wohnungen zu ermitteln ist. Dabei kann es sich auch um eine Spanne handeln (LG Lübeck WuM 1989, 306). Hierbei werden freilich seit dem Änderungsgesetz von 1982 nur noch Daten **aus den letzten drei Jahren** vor dem Erhöhungsverlangen berücksichtigt. Alle anderen Daten müssen hingegen bei der Ermittlung des repräsentativen Querschnitts vernachlässigt werden. Dasselbe gilt für sog **Ausreißer**, dh für ungewöhnlich hohe oder ungewöhnlich niedrige Mieten, die nur aus den besonderen Verhältnissen des Einzelfalls erklärlich sind.[6]

9a Die sog **Aktualisierung** des Vergleichsmietenbegriffs durch seine Beschränkung auf Entgelte aus den letzten 3 Jahren hat eine Fülle zusätzlicher Probleme aufgeworden[7]. Fraglich ist zunächst, **welche Daten** aus diesem Zeitraum überhaupt zu berücksichtigen sind. Das Gesetz spricht in § 2 Abs 1 Nr 2 von Entgelten, die in den letzten drei Jahren vereinbart oder, von Erhöhung nach § 4 abgesehen,

---

[6] Grdleg BVerfGE 37, 132, 143; 53, 352, 358; BVerfG WuM 1981, 53; BayObLGZ 1981, 105; 1981, 214 = NJW 1981, 1219 u 2259 = 5 und 6 in RE Miet; OLG Karlsruhe OLGZ 1982, 335 = NJW 1982, 242 = WuM 1982, 16 = 13 in RE Miet; OLG Hamm WuM 1983, 108 = 32 in RE Miet; OLG Köln WuM 1978, 76; LG Landau ZMR 1985, 129; Mietrecht § 2 MHRG Rz 23 ff; Emmerich in: ders ua, Mietpreisermittlung (1980) 46 ff.

[7] S dazu insbes Barthelmess § 2 MHRG Rz 27 ff; Derleder in: Mietzins 20, 24; WuM 1983, 221; Landfermann 38 ff; Sternel Rz III 573 ff; ders ZMR 1983, 75; MDR 1983, 357.

geändert worden sind. Darunter fallen sicher alle Neuabschlüsse, alle einvernehmlichen Mieterhöhungen (mit Ausnahme der dem § 4 entsprechenden) sowie Mieterhöhungen aufgrund des §§ 2, 3 und 5 MHRG. Nicht zu berücksichtigen sind mithin Betriebskostenerhöhungen nach § 4 (oder aufgrund eines Vertrages der Parteien) sowie Staffelmieten nach § 10 Abs 2 MHRG, wohl aber sämtliche Mietzinssenkungen (alles str).

Umstr ist sodann der **Zeitpunkt**, von dem ab zurückzurechnen ist. Nach der **9b** Systematik des § 2 MHRG kann dies indessen nur der Zeitpunkt des Zugangs des Erhöhungsverlangens beim Mieter sein. Jedoch bleibt der Vermieter (zumindest solange die Mieten kontinuierlich steigen) befugt, zur **Begründung** seines Erhöhungsverlangens auf ältere Entgelte zurückzugreifen; bei Mietspiegeln ist dies ohnehin unvermeidlich. Im Grunde handelt es sich somit bei der Dreijahresfrist nur um eine Anweisung des Gesetzgebers an die Aufsteller von Mietspiegeln sowie an die Sachverständigen, welche Entgelte sie ausschließlich berücksichtigen dürfen. Unklar ist schließlich noch, in welchem **Verhältnis** Alt- und Neumieten in die Berechnung der Vergleichsmiete eingehen müssen. Die Rechtsprechung verlangt insoweit lediglich ein **ausgewogenes** Verhältnis (BayObLGZ 1981, 105 = WuM 1981, 100 = NJW 1981, 1219 = 5 in RE Miet), dh die gewählte Lösung muß sachlich vertretbar sein; sie darf maW nicht geradezu willkürlich sein, zB durch ausschließliche Berücksichtigung von Neumieten. Mehr ist nicht erforderlich.

Zur **Ermittlung** der ortsüblichen Vergleichsmiete greifen die Gerichte heute, wo **10** immer möglich, auf Mietspiegel zurück, deren Aufstellung vom Gesetzgeber nachdrücklich gefördert wird (§ 2 Abs 5). Wo aber solche Mietspiegel fehlen, bereitet nach wie vor die Ermittlung der ortsüblichen Vergleichsmiete erhebliche Schwierigkeiten. Auch Sachverständigengutachten helfen hier nur selten weiter.

**b)** Bei Ermittlung der am Markt üblichen Durchschnittsmiete darf nach § 2 Abs 1 **11** Nr 2 und 3 MHRG nur auf den Mietzins für solchen nicht preisgebundenen Wohnraum in derselben Gemeinde oder in vergleichbaren Gemeinden abgestellt werden, der gerade hinsichtlich des **Wohnwerts** mit der fraglichen Wohnung vergleichbar ist *und* für den der Mietzins in den letzten drei Jahren vereinbart oder geändert worden ist. Der Wohnwert ist dabei allein nach den Kriterien Art, Größe, Ausstattung, Beschaffenheit und Lage der Wohnung zu beurteilen. Dies bedeutet, daß für die Vergleichbarkeit der Wohnungen ausschließlich auf die genannten Wohnwertmerkmale abzustellen ist, während alle anderen Merkmale, mögen sie am Markt noch so hoch bewertet werden, für den Vergleich irrelevant sind (OLG Hamm WuM 1983, 108 = 32 in RE Miet). Die Vergleichbarkeit der Wohnungen ist hierbei schon dann zu bejahen, wenn sie hinsichtlich der Wohnwertmerkmale nur im *wesentlichen* oder annähernd miteinander vergleichbar sind, da es kaum jemals zwei Wohnungen gibt, die in *jeder* Beziehung vergleichbar sind. Unterschiede im einzelnen spielen mithin keine Rolle, während größere Unterschiede gegebenenfalls durch frei zu schätzende Zu- und Abschläge auszugleichen sind (BGH LM Nr 6 zu § 24 1. BMietG = NJW 1964, 656; OLG Köln WuM 1978, 76).

Als erstes Wohnwertmerkmal nennt das Gesetz die **Art** des Wohnraums. Hierunter **12** versteht man die Struktur des Hauses und des Wohnraums. Gemeint sind Merkmale wie Altbau oder Neubau, Baujahr (soweit dadurch der Wohnwert beeinflußt wird), die Zahl der Räume sowie die Art des Hauses als Einfamilien-, Reihen- oder Mehrfamilienhaus. Aber auch Neubauwohnungen und umfassend renovierte Altbauwohnungen können je nach den Umständen des Einzelfalles durchaus vergleichbar sein (LG Mannheim WuM 1975, 172; LG Bochum WuM 1982, 18; AG Osnabrück WuM 1985, 65). Hingegen gehören die *Kosten* der Erbauung und die Art und Weise der *Finanzierung* des Wohnraums nicht zu den Wohnwertmerkmalen, weil durch diese Umstände der objektive Wohnwert nicht beeinflußt wird (OLG Karlsruhe WuM 1982, 67 = 15 in RE Miet; LG Bonn WuM 1982, 22).

13 Mit der **Größe** ist neben der Zimmerzahl vor allem die in Quadratmetern meßbare Wohnfläche der eigentlichen Wohnräume gemeint, die früher allgemein nach der DIN 283 (zB AG Brühl WuM 1985, 326), gelegentlich auch nach den §§ 42–44 der II. BV gemessen wurde. Nach Rücknahme der DIN 283 im August 1983 (s WuM 1984, 113f) wird überwiegend auf die Umstände des Einzelfalls abgestellt mit der Folge, daß zB Balkone oder Loggien bei der Berechnung der Wohnungsgröße je nach Lage und Wohnwert nur mit einem Viertel bis maximal der Hälfte ihrer Fläche anzusetzen sind (grdl BayObLGZ 1983, 195 = WuM 1983, 254; LG Köln ZMR 1986, 124, 125; LG Hamburg WuM 1987, 87; LG Berlin GE 1986, 501 = ZMR 1986, 243). Nach anderen soll hingegen weiter die DIN 283 anzuwenden sein (LG München I WuM 1984, 113; LG Hamburg WuM 1987, 354), während wieder andere von den §§ 42ff der II. BV ausgehen wollen (so für Berlin AG Tiergarten GE 1988, 1001). Richtig kann nach Rücknahme der DIN 283 nur die zuletzt genannte Meinung sein (ebenso Sternel Rz III 585). Die danach ermittelte tatsächliche Wohnungsgröße ist selbst dann der Mietzinserhöhung zugrunde zu legen, wenn die Parteien im Vertrag unrichtig eine größere Wohnungsgröße festgelegt haben (LG Hamburg WuM 1987, 354; AG Köln WuM 1984, 283). Ist umgekehrt im Vertrag eine zu kleine Wohnungsgröße angegeben, so ist für die Mietzinsberechnung von der vertraglich fixierten Größe auszugehen, wie aus § 1 S 3 MHRG folgt (AG Köln WuM 1987, 159).

13a Zur **Ausstattung** gehört alles, was dem Mieter außer den Räumen vom Vermieter zur ständigen Benutzung zur Verfügung gestellt wird. Beispiele sind die sanitären Einrichtungen, eingebaute Küchen, die Heizung, die Fußböden, besondere Isolierungen, Gemeinschaftsantennen, Raumteiler uäm (BayObLGZ 1981, 214 = NJW 1981, 2259 = 6 in RE Miet; LG Mannheim WuM 1978, 32). Solche Einrichtungen sind jedoch nur dann zu berücksichtigen, wenn sie *vom Vermieter* stammen, nicht hingegen, wenn sie vom Mieter stammen; im letzteren Fall ist deshalb zum Vergleich auf Wohnungen ohne derartige Einrichtungen abzustellen, außer wenn die Parteien etwas Abweichendes vereinbart haben oder wenn der Vermieter dem Mieter die Kosten für die von ihm geschaffenen Einrichtungen ersetzt hat (BayObLGZ 1981, 214). Das gilt selbst bei Wechsel des Vermieters (LG Köln WuM 1985, 326) oder des Mieters, sofern der Nachmieter die Einbauten des Vormieters übernommen hat (LG Hamburg WuM 1987, 126).

14 Mit **Beschaffenheit** des Wohnraums meint das Gesetz einmal Zuschnitt, Zustand und Zahl der Räume einschließlich der mitvermieteten Hausteile, zum anderen

Art und Gestaltung der ganzen Umgebung im weitesten Sinne. Beispiele sind außer der Raumeinteilung der Zustand von Nebenräumen und Treppenhäusern sowie das Vorhandensein einer Garage oder eines Gartens. Unvergleichbar sind hiernach zB Einzelhäuser und Doppelhaushälften (VG Oldenburg WuM 1986, 193, 194). Hingegen gehört nicht hierher die Frage, ob die Wohnung Mängel aufweist, weil dann der Mietzins nach § 537 BGB zu mindern ist (OLG Celle WuM 1982, 180; LG Mannheim WuM 1986, 223; LG Traunstein ZMR 1986, 294). Etwas anderes gilt nur für *unbehebbare* Mängel wie zB erheblichen Fluglärm, so daß in solchen Fällen mit frei zu schätzenden Abschlägen auf die Vergleichsmiete zu arbeiten ist (LG Wiesbaden WuM 1981, 164; LG Mannheim WuM 1977, 124). Soll später dieser (geminderte) Mietzins erneut nach § 2 MHRG erhöht werden, so muß der Minderungsbetrag ebenfalls proportional erhöht werden (AG Charlottenburg GE 1984, 539).

Als letztes Wohnwertmerkmal nennt das Gesetz schließlich noch die **Lage**. 15
Darunter fällt sowohl die Lage in einem bestimmten Ortsteil als auch die in demselben Haus, so daß nur Wohnungen in gleichen oder doch in im wesentlichen ähnlichen Wohngebieten vergleichbar sind (LG Hamburg WuM 1979, 60; VG Oldenburg WuM 1986, 193, 194).

**c)** Wohnungen, die hinsichtlich der genannten Merkmale (oben Rz 11 ff) miteinan- 16
der vergleichbar sind, dürfen grundsätzlich nur berücksichtigt werden, wenn sie **in derselben Gemeinde** im Sinne eines einheitlichen Wohngebiets liegen. Auf vergleichbare Wohnungen in *Nachbargemeinden* ist statt dessen nur abzustellen, wenn in derselben Gemeinde keine vergleichbaren Wohnungen zu finden sind und wenn obendrein die Wohnungsmärkte in beiden Gemeinden im wesentlichen dieselben Merkmale aufweisen (s OLG Stuttgart WuM 1982, 108; LG München II WuM 1986, 259); vergleichbar in diesem Sinne sind etwa Nürnberg und Erlangen, nicht aber Münster und Telgte (AG Warendorf WuM 1988, 66) oder Ahaus und Bocholt (AG Ahaus WuM 1988, 66). Wenn es aber überhaupt keine vergleichbaren Wohnungen gibt, bleibt nichts anderes übrig, als die Vergleichsmiete nach § 287 ZPO zu schätzen (AG Straubing WuM 1985, 326).

**d)** In den Vergleich dürfen schließlich nur **frei finanzierte**, dh nicht preisge- 17
bundene Wohnungen einbezogen werden. Daraus ergibt sich das Problem, wie die Wohnungen der **gemeinnützigen Wohnungsunternehmen** zu behandeln sind, da diese Unternehmen, wollten sie früher nicht die Vorteile der Gemeinnützigkeit verlieren, nur angemessene Preise verlangen durften (§ 7 Abs 2 des früheren, demnächst aber außer Kraft tretenden Wohnungsgemeinnützigkeitsgesetz). Indessen handelte es sich hierbei nur um eine interne Bindung der gemeinnützigen Wohnungsunternehmen ohne jede Außenwirkung im Verhältnis zum Mieter (OLG Hamm OLGZ 1981, 478 = NJW 1981, 2262 = 9 in RE Miet). Für Mietzinserhöhungen der gemeinnützigen Wohnungsunternehmen gilt daher uneingeschränkt das MHRG. Zur Begründung ihres Erhöhungsverlanges dürfen sie sich dabei ohne weiteres auf Mietspiegel beziehen, obwohl bei deren Aufstellung heute nach § 2 Abs 5 S 2 MHRG die von diesen Unternehmen geforderten Mietzinsen nicht mehr berücksichtigt werden dürfen. In dem Erhöhungsverlangen brauchte dementsprechend nicht dargelegt zu werden, daß der geforderte Mietzins den Anforderungen des Wohnungsgemeinnützigkeits-

gesetzes entspricht; im Verhältnis zum Mieter gilt vielmehr ausschließlich das MHRG.[8]

**17a** Für gemeinnützige Wohnungsunternehmen lehnte die Praxis mithin die Anerkennung eines sog Sonder- oder *Teilmarktes* ab. Auch sonst ist die Rechtsprechung insoweit ganz restriktiv (OLG Hamm WuM 1983, 78 = 28 in RE Miet). Teilmärkte bestehen nach ihr zB außerdem nicht für Wohnungen der Stationierungskräfte (OLG Hamm aaO), für Wohngemeinschaften (OLG Hamm WuM 1983, 108 = 32 in RE Miet), für Studenten und vergleichbare Personenkreise (LG Aachen MDR 1983, 492 = ZMR 1983, 408) sowie für Werkwohnungen (Röder MDR 1982, 276; anders aber LG Göttingen WuM 1985, 154). In allen diesen Fällen richtet sich folglich die Zulässigkeit einer Mietzinserhöhung ausschließlich nach den §§ 1 und 2 MHRG.

### 3. Kürzungsbeträge

**18** Nach **Modernisierungsmaßnahmen** hat der Vermieter die Wahl, ob er nach § 2 oder nach § 3 MHRG vorgehen will (s oben Vorbem 15 zu § 1 MHRG). Wählt der Vermieter den Weg über § 2 MHRG, so sind nach Abs 1 S 2 von dem Jahresbetrag der ortsüblichen Vergleichsmiete die Kürzungsbeträge des § 3 Abs 1 S 3 bis 7 MHRG abzuziehen, damit auch der Mieter in den Genuß dieser öffentlichen Mittel zur Wohnungsmodernisierung kommt (AG Hamburg WuM 1984, 283; s im einzelnen unten § 3 Rz 19 ff).

### 4. Kappungsgrenze[9]

**19** **a)** Durch das Änderungsgesetz von 1982 ist mit Wirkung vom 1. 1. 1983 ab eine Obergrenze für Mietzinserhöhungen aufgrund des § 2 MHRG eingeführt worden. Denn nach der neuen Nr 3 des § 2 Abs 1 MHRG setzt der Anspruch auf Mietzinserhöhung außerdem noch voraus, daß sich der Mietzins innerhalb eines Zeitraums von drei Jahren, von Erhöhungen nach den §§ 3 bis 5 MHRG abgesehen, nicht um mehr als **30%** erhöht hat. Mit dieser Regelung wird der **Zweck** verfolgt zu verhindern, daß die Mietzinserhöhung in Einzelfällen ein zu starkes Ausmaß annimmt. Deshalb darf die Mietzinserhöhung in drei Jahren nur maximal 30% der jeweiligen Ausgangsmiete betragen, wobei aber Obergrenze stets das Niveau der

[8] OLG Hamm OLGZ 1981, 478 = NJW 1981, 2262 = WuM 1981, 226 = 9 in RE Miet; OLG Karlsruhe WuM 1982, 67 = 15 in RE Miet; OLG Frankurt NJW 1982, 1822 = WuM 1982, 128 = 6 in RE Miet; OLG Braunschweig WuM 1982, 316 = 1 in RE Miet; LG Bonn WuM 1982, 22; LG Mannheim WuM 1980, 181; anders zB LG Göttingen WuM 1985, 154.

[9] **Schrifttum:** Barthelmess § 2 MHRG Rz 47–61; ders WuM 1983, 64; Deggau NJW 1984, 218; Derleder WuM 1983, 224; ders, PiG 13, S 25; Gelhaar DWW 1983, 58; Hannig GWW 1983, 66; Heitgress WuM 1983, 44; Hemming WuM 1983, 183; Heublein/Kuda WuM 1983, 95; Klas WuM 1983, 98; Köhler § 142 A; ders ZMR 1983, 217; Landfermann 40 ff; Röbbert Betrieb 1983, 161; Scholz NJW 1983, 1822; Sternel Rz III 625 ff; ders ZMR 1983, 75 f; MDR 1983, 356, 358; ders in: Mietzins 37 f, 48; Vogel/Welter NJW 1983, 432; 1984, 1220.

ortsüblichen Vergleichsmiete ist. Unberücksichtigt bleiben hierbei freilich Mietzinserhöhungen nach den §§ 3 bis 5 des Gesetzes (s die Begr zum RegE, BT-Drucks 9/2079, 16). Weitere vergleichbare Kappungsgrenzen gelten in **Berlin** für Altbauten auf Grund der §§ 2 und 3 GVW sowie allgemein ab 1. 1. 1990 für die bisher **gemeinnützigen Wohnungsunternehmen**, sofern die Länder von der Ermächtigung in StRefG 1989 Gebrauch machen, Mietzinserhöhungen nach Aufhebung der Gemeinnützigkeit in den ersten drei Jahren auf maximal 15% zu beschränken.

**b)** Die Neuregelung gilt für alle Mietzinserhöhungen, bei denen das Erhöhungs- **19a**
verlangen des Vermieters dem Mieter *nach* dem 31. 12. 1982 zugegangen ist (oben Rz 3 a). Wegen der darin liegenden Verschlechterung der Vermieterposition gegenüber der früheren Rechtslage (sog unechte Rückwirkung) waren ursprünglich wiederholt verfassungsrechtliche Bedenken gegen die Neuregelung erhoben worden,[10] die jedoch nicht begründet sind[11].

**c)** Der **Anwendungsbereich** der Neuregelung ist umstr. Nach dem insoweit **19b**
eindeutigen Gesetzeswortlaut kann aber zunächst nicht zweifelhaft sein, daß die Dreijahresfrist auch den **Zeitraum** vor Inkrafttreten der Neuregelung am 1. 1. 1983 umfaßt, sofern nur § 2 Abs 1 Nr 3 MHRG überhaupt anwendbar ist (dazu oben Rz 3a, 19a). Folglich ist, wenn das Erhöhungsverlangen dem Mieter nach dem 31. 12. 1982 zugegangen ist, in die Dreijahresfrist der gesamte Zeitraum vor dem 1. 1. 1983 einzubeziehen.[12] **Sachlich** enthält das Gesetz ebenfalls keinerlei Anhaltspunkte für eine Einschränkung seines Anwendungsbereichs. Die sog Kappungsgrenze ist daher insbes maßgebend, wenn die (gesetzliche oder vertragliche) *Preisbindung* für die Wohnung *endet* und der Vermieter infolgedessen erstmals zur frei vereinbarten Miete übergeht, wenn sich der Vermieter, zB bei einer Werkswohnung (AG Düsseldorf WuM 1987, 264), bislang mit einer sehr niedrigen Miete begnügt hat und jetzt erstmals den Mietzins auf das Niveau der ortsüblichen Vergleichsmiete anheben will, wenn der Mietzins sonst seit Jahren nicht geändert worden ist, sowie in vergleichbaren Fällen[13] und daher selbst bei Vereinbarung einer Brutto- oder Inklusivmiete.[13a] Selbst durch den formalen Neuabschluß des Mietvertrages innerhalb des Dreijahreszeitraums kann an der Anwendung der Kappungsgrenze nichts geändert werden, weil andernfalls die gesetzliche Regelung zur Disposition der Parteien stünde (AG Gelsenkirchen WuM 1986, 343). Für Mehrleistungen kann der Vermieter aber immer einen zusätzlichen Mietzins verlangen (LG Hamburg WuM 1989, 307).

---

[10] S statt aller AG Neuß WuM 1983, 296f; LG Darmstadt WuM 1984, 27; LG Hannover ZMR 1984, 172; Barthelmess § 2 MHRG Rz 49 f m Nachw; Deggau NJW 1984, 218.

[11] Grdl BVerfGE 71, 230 = NJW 1986, 1726 m Anm Emmerich JuS 1986, 647; ebenso zuvor schon BayObLGZ 1984, 4; OLG Frankfurt NJW 1984, 1971; s Emmerich, PiG 26, S 130.

[12] BVerfGE 71, 230; OLG Frankfurt NJW 1984, 1971; OLG Celle WuM 1984, 274.

[13] BVerfGE 71, 230 m Anm Emmerich JuS 1986, 647; BayObLGZ 1984, 4 = NJW 1984, 742 = WuM 1984, 48 = 27 in RE Miet m Nachw; OLG Karlsruhe WuM 1984, 125 = 38 in RE Miet; OLG Celle WuM 1984, 193 = ZMR 1985, 18.

[13a] LG Karlsruhe WuM 1985, 328; LG München I WuM 1985, 330; AG Hamburg WuM 1985, 329; AG Köln 1985, 330; AG Hannover WuM 1987, 125, 126; str.

**19c** **d)** Bei der Berechnung der Kappungsgrenze ist zu beachten, daß das Gesetz in § 2 Abs 1 Nr 3 darauf abstellt, wann sich der Mietzins „erhöht". **Maßgeblicher Zeitpunkt**, von dem ab zurückzurechnen ist, ist mithin der der Fälligkeit des erhöhten Mietzinses nach § 2 Abs 4 MHRG, nicht etwa der Zeitpunkt des Zugangs des Erhöhungsverlangens oder ein sonstiger, anderer Zeitpunkt,[14] bei einem Urteil daher der Zeitpunkt der Rechtskraft und bei einem gerichtlichen Vergleich der des Abschlusses (AG Passau WuM 1988, 24). In dem von diesem Zeitpunkt ab zurückgerechneten Zeitraum sind sodann **alle Mietzinserhöhungen** mit Ausnahme derjenigen nach den §§ 3 bis 5 MHRG zu berücksichtigen, ggf mithin auch solche nach dem WoBindG, wenn es sich um eine aus der Preisbindung entlassene Wohnung handelt (oben Rz 19b). Dies bedeutet, daß aus dem Ursprungsmietzins (oder dem ausnahmsweise davon abweichenden, sonstigen, niedrigsten Mietzins der letzten 3 Jahre) (nur) die Mietzinserhöhungen nach den §§ 3 bis 5 MHRG (und gleichstehende, einverständliche Mietzinserhöhungen; aM zB AG Brühl WuM 1985, 329 f) herauszurechnen sind, *soweit* sie in dem Dreijahreszeitraum angefallen sind, hingegen nicht frühere Erhöhungen nach den §§ 3 bis 5, die mithin in voller Höhe in den Ursprungsmietzins, die sog Grundmiete, eingehen (AG Dortmund WuM 1984, 112 f). Auf die so ermittelte „Grundmiete" ist sodann die Kappungsgrenze anzuwenden (wenn die Mietzinserhöhung ohne sie über § 2 MHRG hinausginge). Schließlich sind die ausgeschiedenen Beträge der nach § 2 MHRG erhöhten „Grundmiete" wieder hinzuzurechnen. Der Vermieter ist hierbei nicht etwa verpflichtet, eine nach dem Gesagten zulässige Mietzinserhöhung gleichmäßig auf den ganzen Zeitraum von drei Jahren zu **verteilen**; er kann vielmehr sofort zu Beginn der Frist den Mietzins auf einmal um 30% erhöhen.

**19d** **e)** In der nach § 2 Abs 2 MHRG erforderlichen **Begründung** des Erhöhungsverlangens braucht die Einhaltung der Kappungsgrenze nicht nachgewiesen zu werden (grdl BayObLG NJW-RR 1988, 721). Die Einhaltung gehört aber zur Schlüssigkeit der Klage und muß deshalb in der Klageschrift dargetan werden (OLG Koblenz WuM 1984, 47 = ZMR 1984, 140 f = 8 in RE Miet). Ein **Verstoß** gegen die Kappungsgrenze hat nicht etwa die Unwirksamkeit des Erhöhungsverlangens zur Folge, sondern bewirkt nur, daß dieses im Ausmaß der Überschreitung der Kappungsgrenze unwirksam ist; im übrigen aber bleibt es wirksam (LG Bonn WuM 1985, 311; AG München ZMR 1988, 67 Nr 19). Ein schuldhafter Verstoß gegen die Kappungsgrenze kann außerdem Schadensersatzpflichten des Vermieters auslösen (LG Landau WuM 1987, 27, 29). Nach Meinung des BayObLG (NJW-RR 1988, 721 = ZMR 1988, 228 = WuM 1988, 117) kann jedoch das Mieterhöhungsverlangen bereits **vor** Ablauf der Dreijahresfrist für die Zeit nach deren Ablauf gestellt werden, wobei durch ein solches vorzeitiges Erhöhungsverlangen schon der Lauf der Zustimmungsfrist ausgelöst wird, so daß der Mietzins unmittelbar nach Ablauf der Dreijahresfrist erneut erhöht werden kann.

---

[14] Ebenso zB LG Hamburg WuM 1984, 111; AG Köln NJW 1983, 2947; LG München II ZMR 1986, 57; str.

## V. Erhöhungsverlangen

**1.** Sind die Voraussetzungen des § 2 Abs 1 MHRG erfüllt (oben Rz 4 ff), so kann der Vermieter von dem Mieter die Zustimmung zu einer Änderung des Mietvertrages dahingehend verlangen, daß der Mietzins auf das Niveau der ortsüblichen Vergleichsmiete angehoben wird. Den Abschluß des hierzu nach § 305 BGB stets erforderlichen Änderungsvertrages muß dabei der Vermieter, um anschließend seinen Anspruch gerichtlich durchsetzen zu können, in einer ganz bestimmten Form dem Mieter antragen (s Abs 2 des § 2 MHRG). Dieses sog Mieterhöhungsverlangen ist somit der Sache nach nichts anderes als ein (besonders **formalisierter) Antrag** im Sinne des § 145 BGB auf Abschluß eines Änderungsvertrages nach § 305 BGB, dh eine einseitige, empfangsbedürftige Willenserklärung, durch deren Zugang beim Mieter ein sog vorgerichtliches Vorverfahren ausgelöst wird.[15] Geht das Erhöhungsverlangen von einem Bevollmächtigten des Vermieters aus, so kann es der Mieter entsprechend *§ 174 BGB* zurückweisen, wenn der Bevollmächtigte dabei nicht eine Vollmachtsurkunde vorlegt (OLG Hamm NJW 1982, 2076 = WuM 1982, 204). An den Inhalt der Vollmachtsurkunde dürfen dabei freilich keine übertriebenen Anforderungen gestellt werden; es genügt vielmehr, wenn sich aus der Urkunde die Vollmacht mit hinreichender Deutlichkeit ergibt (LG München II ZMR 1987, 152). Jedoch reicht eine bloße Prozeßvollmacht hierfür nicht aus (LG Karlsruhe WuM 1985, 320). Legt der Bevollmächtigte entgegen § 174 BGB keine Vollmachtsurkunde vor, so kann das Mieterhöhungsverlangen noch nach sechs Tagen zurückgewiesen werden (LG München I WuM 1986, 259). 20

**2.** Der Zustimmungsanspruch des Vermieters ist als unselbständiges, vertragliches Nebenrecht *nicht* selbständig *abtretbar* (BGH LM Nr 4 zu § 1092 BGB = NJW 1964, 2296; LG Hamburg WuM 1979, 260; 1980, 59; 1985, 310). Im Falle der **Veräußerung** des Grundstücks steht der Zustimmungsanspruch nach § 571 BGB dem Erwerber erst vom Augenblick seines Eigentumserwerbs ab zu; vorher kann der Erwerber, selbst wenn ihm die Mietzinsansprüche abgetreten worden sind, vom Mieter keine Mietzinserhöhung nach § 2 MHRG verlangen (s oben § 571 Rz 9; insbes OLG Celle WuM 1984, 193 = 7 in RE Miet); aber ein schon vom Veräußerer ausgesprochenes Erhöhungsverlangen wirkt zu seinen Gunsten fort (Sternel, PiG 13, S 39). Sobald aber das Eigentum übergegangen ist, kann nur noch der Erwerber (als neuer Vermieter) eine Mietzinserhöhung vom Mieter verlangen; der Veräußerer kann jetzt nur noch als offener Vertreter für den Erwerber tätig werden, wobei § 174 BGB zu beachten ist (AG Hamburg WuM 1986, 139 m Anm Reichert). Ob eine Geltendmachung des Mieterhöhungsverlangens im Wege der Prozeßstandschaft, zB durch den Zessionar des Mietzinsanspru- 21

[15] BayObLGZ 1982, 78 = WuM 1982, 105 = 11 in RE Miet; WuM 1985, 53, 54 = ZMR 1985, 100 = 41 in RE Miet; NJW-RR 1988, 721 = ZMR 1988, 228 = WuM 1988, 117; OLG Hamm NJW 1982, 2076 = WuM 1982, 204 = 18 in RE Miet; ZMR 1983, 127 = 29 in RE Miet; WuM 1984, 20 = 39 in RE Miet; OLG Frankfurt WuM 1984, 26 = 11 in RE Miet.

ches, möglich ist, erscheint zweifelhaft (bejahend offenbar LG Karlsruhe WuM 1988, 88, 89).

**21a** Sind an dem Mietvertrag auf einer oder auf beiden Seiten **mehrere** Personen **beteiligt**, so muß das Erhöhungsverlangen von allen Vermietern ausgehen und sämtlichen Mietern zugehen, außer wenn sich die Beteiligten entsprechend gegenseitig bevollmächtigt haben. Selbst dann muß jedoch stets das Erhöhungsverlangen tatsächlich an *alle* Mieter, wenn auch durch einen von ihnen vertreten, gerichtet sein. Ein an nur einen Mieter gerichtetes Erhöhungsverlangen ist in jedem Falle unwirksam, weil die Mieter die Zustimmung zu der Mietzinserhöhung als Gesamtschuldner, und zwar als unteilbare Leistung, schulden.[16] Umstr ist, ob hier eine formularmäßige, gegenseitige Empfangsbevollmächtigung der Mieter genügt; überwiegend wird die Frage heute bejaht.[17] Außerdem wird es heute für zulässig erklärt, daß die Parteien im Mietvertrag (ausdrücklich) etwas anderes vereinbaren; selbst formularmäßig kann daher bestimmt werden, daß ein Mieterhöhungsverlangen gegenüber einem Mieter auch gegenüber allen andern Mietern wirksam sein soll (grdl KG WuM 1985, 12 = ZMR 1985, 22; LG Duisburg WuM 1988, 433). Aber selbst in diesem Falle bleibt es dabei, daß die Mieter die Zustimmungserklärung stets gemeinsam, als Gesamthänder, schulden, so daß der Vermieter sie von allem zusammen verlangen kann mit der Folge, daß die Mieter im Prozeß **notwendige Streitgenossen** sind und deshalb gemeinsam verklagt werden müssen. Eine Klage nur gegen einen einzelnen Mieter ist daher unzulässig (grdl KG GE 1986, 225 = ZMR 1986, 117 = NJW-RR 1986, 439).

**22** **3.** Für das Erhöhungsverlangen ist durch § 2 Abs 2 MHRG eine besondere **Form** vorgeschrieben worden (dazu SCHULTZ ZMR 1983, 294 u 405; GELHAAR GE 1983, 1040; NASSALL MDR 1985, 893, 895 f). Der Anspruch muß schriftlich geltend gemacht *und* begründet werden. Maßgebend ist somit § 126 BGB, so daß grundsätzlich eine eigenhändige Unterschrift unter dem Erhöhungsverlangen erforderlich ist. Eine Ausnahme gilt nur in dem Sonderfall des § 8 MHRG (dazu LG Berlin WuM 1985, 313). Von diesem Sonderfall abgesehen muß aber § 126 BGB genau beachtet werden, so daß insbes alle Urkunden eine Einheit iS der Lehre von der Urkundeneinheit bilden (s oben § 566 BGB Rz 5, 8) und von der Unterschrift des Vermieters gedeckt sein müssen. Doch gilt dies in voller Strenge nur für das eigentliche Mieterhöhungsverlangen des Vermieters, nicht hingegen für die beigefügte Begründung, so daß insoweit eine bloße Bezugnahme oder Verweisung auf beigefügte Urkunden genügt. Für Mietspiegel und Gutachten folgt dies schon aus § 2 Abs 2 S 2 u 3; für die Hinweise auf Vergleichswohnungen kann nichts anderes

---

[16] OLG Celle OLGZ 1982, 254 = WuM 1982, 102 = ZMR 1982, 245 = 2 in RE Miet; BayObLGZ 1983, 30 = WuM 1983, 107 = 15 in RE Miet; OLG Hamm ZMR 1983, 127; WuM 1984, 20 = 29 und 39 in RE Miet; OLG Schleswig NJW 1983, 1862 = WuM 1983, 130 = 7 in RE Miet; OLG Koblenz ZMR 1984, 30 = NJW 1984, 244 = WuM 1984, 18 = 7 in RE Miet; KG WuM 1985, 12 = ZMR 1985, 22, 24; NJW-RR 1986, 439 = ZMR 1986, 117 = GE 1986, 225; s EMMERICH, PIG 26, S 131f.

[17] Vgl zuletzt OLG Schleswig NJW 1983, 1862 = WuM 1983, 130 = 7 in RE Miet; OLG Hamm ZMR 1983, 127; WuM 1984, 20 = 29 und 39 in RE Miet.

gelten. Schließlich brauchen diese beigefügten Urkunden auch nicht von der Unterschrift des Vermieters gedeckt zu sein[18].

**4.** Das Erhöhungsverlangen muß die gewünschte Vertragsänderung und insbes 23
den Erhöhungsbetrag genau bezeichnen und den unbedingten **Willen** des Vermieters erkennen lassen, eine entsprechende Vertragsänderung zu erreichen.[19] Das Erhöhungsverlangen ist daher unwirksam, wenn der Vermieter darin zugleich eine andere Vertragsänderung verlangt, ohne diese eindeutig von der Mietzinserhöhung nach § 2 MHRG zu trennen (OLG Hamburg WuM 1983, 49; LG Hamburg WuM 1987, 86), oder wenn er, anstatt die Zustimmung des Mieters zu einer Vertragsänderung zu erbitten, einseitig einfach den Mietzins erhöht (AG Schöneberg GE 1988, 1001, 1003). Entbehrlich ist freilich die Angabe des Erhöhungs**zeitpunktes**.[20] Daher ist die Nennung eines zu frühen Erhöhungszeitpunkts unschädlich; es gilt dann vielmehr einfach die gesetzliche Regel des § 2 Abs 4 MHRG. Nennt der Vermieter hingegen einen späteren Zeitpunkt, so ist er hieran gebunden. Der Vermieter kann außerdem (entgegen § 145 BGB) sein Erhöhungsverlangen nachträglich jederzeit ermäßigen oder *zurücknehmen*; lediglich eine nachträgliche Erhöhung ist ausgeschlossen (LG Stuttgart NJW 1974, 1252; im einzelnen str).

## VI. Begründung des Erhöhungsverlangens

### 1. Allgemeines

Das Erhöhungsverlangen muß schriftlich begründet werden (§ 2 Abs 2 S 1 24
MHRG). Mit diesem ungewöhnlichen Formerfordernis verfolgt der Gesetzgeber den **Zweck**, dem Mieter eine Nachprüfung zu ermöglichen, ob das Erhöhungsverlangen berechtigt ist, damit er sich während der anschließenden Überlegungsfrist (§ 2 Abs 3 S 1 MHRG) darüber schlüssig werden kann, wie er sich zu dem Verlangen des Vermieters stellen will.[21] Durch den Begründungszwang soll der

[18] Grdl KG WuM 1984, 101 = ZMR 1984, 168 = GE 1984, 325 = 25 in RE Miet; LG Berlin WuM 1983, 291 = ZMR 1983, 405; ZMR 1985, 340 = WuM 1985, 317.

[19] § 145 BGB; BGHZ 26, 310, 314; BGH LM Nr 32 zu § 125 BGB = MDR 1971, 479; LG Flensburg WuM 1973, 46.

[20] OLG Koblenz NJW 1983, 1961 = WuM 1983, 132 = 5 in RE Miet; zust BayObLG WuM 1984, 240 = ZMR 1984, 356 = 30 in RE Miet.

[21] BVerfGE 49, 244, 249 f; 53, 352; BVerfG WuM 1982, 146; ZMR 1986, 272 = WuM 1986, 237 = GE 1986, 849; WM 1989, 108 = ZMR 1989, 142; BGHZ 26, 310, 312 f; 84, 392, 395 f; 89, 284, 291 ff = 11 u 27 in RE Miet; BGH WuM 1982, 325 = 12 in RE Miet; BGH 13 in RE Miet; OLG Karlsruhe OLGZ 1982, 335 = NJW 1982, 242 = WuM 1982, 16 = 13 in RE Miet; OLG Stuttgart OLGZ 1982, 255 = WuM 1982, 108 = 2 in RE Miet; OLG Schleswig ZMR 1984, 28 = 9 in RE Miet; KG WuM 1984, 101 = GE 1984, 325 = ZMR 1984, 168 = 25 in RE Miet; OLG Hamburg WuM 1984, 24, 25 = 20 in RE Miet; BayObLG WuM 1985, 53, 54; NJW-RR 1988, 721 = WuM 1988, 177; LG Nürnberg-Fürth NJW-RR 1988, 400.

Vermieter zugleich davon abgehalten werden, ein Erhöhungsverlangen sozusagen „ins Blaue hinein", dh willkürlich und ohne sachliche Rechtfertigung zu stellen, wovon sich der Gesetzgeber obendrein die Förderung einer außergerichtlichen Einigung der Parteien erhofft hat. Tatsächlich werden mehr als 99% der Fälle außergerichtlich erledigt (s EMMERICH, PiG 13, S 54).

**25** Hieraus folgt, daß die Begründung des Erhöhungsverlangens unter keinen Umständen mit dem *Beweis* der ortsüblichen Vergleichsmiete im Prozeß verwechselt werden darf, weil es sich dabei um grundverschiedene Dinge handelt (BVerfGE 53, 352). Während sich nämlich der Beweis der ortsüblichen Vergleichsmiete allein nach der ZPO richtet (§§ 286 f), genügt es für die Begründung des Erhöhungsverlangens bereits, daß der Mieter anhand der Hinweise des Vermieters die Berechtigung der Mietzinserhöhung *überprüfen* und sich ein eigenes Bild hiervon machen kann. Weitergehende Anforderungen dürfen hingegen an die Begründung des Erhöhungsverlanges nicht gestellt werden, um dem Vermieter die Durchsetzung seines berechtigten Anspruchs auf Mietzinserhöhung nicht übermäßig zu erschweren.[22] Das Erhöhungsverlangen ist daher nur dann (ausnahmsweise) mangels Begründung unwirksam, wenn der Vermieter ganz auf eine Begründung verzichtet oder wenn er lediglich eine solche Begründung gibt, die schon auf den ersten Blick kein Erhöhungsverlangen nach § 2 MHRG zu rechtfertigen vermag, weil sie von ganz falschen Voraussetzungen ausgeht, weil sie zB allein auf Preis- und Kostensteigerungen abstellt (zust KG WuM 1984, 101, 103 = 25 in RE Miet; LG Köln WuM 1974, 10; LG Gießen WuM 1975, 16). Freilich ist heute selbst in solchen Fällen in aller Regel eine Nachholung des Erhöhungsverlangens während des Rechtsstreits möglich (s unten Rz 48).

## 2. Mietspiegel

**26** Nach Abs 2 S 2 des § 2 MHRG kann zur Begründung des Erhöhungsverlangens „insbesondere" Bezug genommen werden auf eine Übersicht über die üblichen Entgelte nach Abs 1 S 1 Nr 2 in der Gemeinde oder in einer vergleichbaren Gemeinde, soweit die Übersicht von der Gemeinde *oder* von Interessenvertretern der Vermieter und der Mieter gemeinsam erstellt oder anerkannt worden ist. Einzelheiten der Aufstellung dieser sog Mietspiegel regelt das Gesetz in Abs 5. Abs 6 fügt jedoch hinzu, daß die Bezugnahme auf Mietspiegel, die den Anforderungen des Abs 5 des § 2 MHRG nicht (mehr) genügen, nicht zur Unwirksamkeit des Erhöhungsverlangens führt. Schließlich ist noch bestimmt, daß es bei der Angabe von Mietzinsspannen in dem Mietspiegel zur Begründung ausreicht, wenn der verlangte Mietzins innerhalb der Spanne liegt (§ 2 Abs 2 S 2 HS 2 MHRG).

**27** **a)** Mietspiegel gelten in der Praxis allgemein als das bei weitem zuverlässigste Instrument zur Ermittlung der ortsüblichen Vergleichsmiete (s oben Vorbem 9 zu

[22] BGHZ 84, 392 = 11 bis 13 in RE Miet; BGHZ 89, 284, 291 ff = 27 in RE Miet; BVerfG WuM 1982, 46; ZMR 1986, 272 = WuM 1986, 237; WM 1989, 109 = ZMR 1989, 142; OLGe Schleswig u Hamburg sowie KG (vorige Fußn).

§ 1 MHRG). Die Bundesregierung fördert deshalb mit Nachdruck die Aufstellung von Mietspiegeln durch möglichst viele Gemeinden. Diese positive Beurteilung der Mietspiegel ist jedoch allenfalls berechtigt, wenn sie wenigstens den Mindestanforderungen des § 2 MHRG genügen (s EMMERICH FWW 1988, 35). Andere „Mietspiegel", zB Mietspiegel, die allein von den Interessenvertretern der Vermieter oder der Mieter oder von Maklerverbänden aufgestellt worden sind, sind hingegen nicht verwertbar, so daß auf sie nicht zur Begründung eines Erhöhungsverlangens Bezug genommen werden kann (LG Essen WuM 1973, 24; AG Frankfurt ZMR 1988, 467 = NJW-RR 1989, 12 = WuM 1989, 25; AG Dortmund WuM 1989, 26; anders aber – zu Unrecht – LG Frankfurt WuM 1989, 148). Denn die Mieter- und Vermieterverbände besitzen keine Tarifautonomie; ebensowenig haben die Gemeinden die Befugnis zur einseitigen (hoheitlichen) Festsetzung von Mietpreisen (AG Frankfurt aaO; AG Schöneberg GE 1989, 47). Deshalb sind die Gemeinden auch nicht befugt, Mietspiegel, die sie zusammen mit den Verbänden der Mieter und Vermieter aufgestellt haben, später einseitig aufgrund irgendwelcher Statistiken „fortzuschreiben"; vielmehr ist nach Ablauf von zwei Jahren stets eine Neuaufstellung des Mietspiegels unter Berücksichtigung des § 2 MHRG und unter Mitwirkung der Verbände der Mieter und Vermieter erforderlich (AG Frankfurt aaO; LG Hildesheim WuM 1987, 356; anders – unrichtig – LG Frankfurt aaO).

Der Mietspiegel, der auf dem mit Abstand größten Datenmaterial beruht, ist der **27a** **Berliner Mietspiegel** von 1987 (eingehend Der Berliner Mietspiegel [Berlin 1989]; EMMERICH FIW 1988, 35; s u die Erläuterungen zu § 2 GVW). Obwohl dieses Datenmaterial nicht unter strenger Beachtung empirisch-statistischer Gesetze erhoben worden ist, wird der Berliner Mietspiegel dennoch von den Gerichten überwiegend als Mittel zur Begründung des Erhöhungsverlangens (§ 2 Abs 2 MHRG) **und** als Mittel zur Erkenntnis der Vergleichsmiete im Prozeß (im Wege des Freibeweises) als geeignet angesehen. Bei der Einordnung der konkreten Wohnung in die in den Mietspiegel angegebenen Mietzinsspannen orientieren sich die Gerichte dabei zudem ganz überwiegend an den dem Mietspiegel beigefügten positiven und negativen Wohnwertmerkmalen, so daß vom Mittelwert der Mietzinsspanne auszugehen ist, wenn weder die positiven noch die negativen Wohnwertmerkmale überwiegen.[22a]

Erste Voraussetzung für das Vorliegen eines wirksamen Mietspiegels ist, daß er **28** eine Übersicht über die *üblichen Entgelte* in der Gemeinde oder in vergleichbaren Gemeinden für nicht preisgebundenen Wohnraum vergleichbarer Art, Größe, Ausstattung, Beschaffenheit und Lage gibt, die in den *letzten drei Jahren* vereinbart oder, von Erhöhung nach § 4 abgesehen, geändert worden sind (Abs 2 S 2 HS 2 iVm Abs 1 Nr 2 des § 2 MHRG; s die Begr z RegE, BT-Drucks 9/2079, 17).

---

[22a] AG Charlottenburg GE 1988, 893; 1988, 1003; 1988, 1059; 1988, 1171; 1989, 51; AG Tiergarten GE 1988, 895; 1988, 1061; LG Berlin GE 1989, 145; 1989, 473; 1989, 509; AG Neukölln GE 1988, 1053; 1988, 1169; AG Tempelhof-Kreuzberg GE 1988, 1055; AG Schöneberg GE 1988, 1061; AG Tiergarten GE 1989, 51; – anders jedoch hinsichtlich der Einordnung der Wohnung in die Mietzinsspanne mit eingehender Begründung AG Schöneberg GE 1989, 47; s u § 2 GVW Rz 18.

Daraus folgt zunächst, daß in dem Mietspiegel weder die Entgelte für preisgebundenen Wohnraum noch solche Entgelte berücksichtigt werden dürfen, die aufgrund anderer, gesetzlicher Bestimmungen an Höchstbeträge gebunden sind (§ 2 Abs 5 S 2 MHRG), worunter vor allem die Mieten der gemeinnützigen Wohnungsunternehmen zu verstehen sind, die bisher (aus steuerlichen Gründen) grundsätzlich nur die sog Kostenmiete verlangen durften. Ein Verstoß hiergegen beeinträchtigt jedoch nicht die Wirksamkeit des Mietspiegels.

**28a** Aus § 2 Abs 1 Nr 2 folgt weiter, daß außerdem solche Mietzinsen außer Betracht zu bleiben haben, die letztmalig, von Erhöhungen nach § 4 abgesehen, vor mehr als drei Jahren geändert worden sind, weil solche **Altmieten** nicht mehr die erforderliche Marktorientierung aufweisen (§ 2 Abs 1 Nr 2 MHRG; sog aktualisierte Mietspiegel, s oben Rz 9 f). Umstr ist die Einbeziehung von Staffelmieten und von Zeitmieten (vgl § 564 c); da jedoch auch alle diese Mieten in das Marktpreisniveau eingehen, sprechen wohl überwiegende Gründe für ihre Berücksichtigung. Schließlich ordnet das Gesetz in S 3 des § 2 Abs 5 noch an, daß die Mietspiegel im Abstand von zwei Jahren der Marktentwicklung *angepaßt* werden müssen, damit sie die Marktverhältnisse zutreffend widerspiegeln können. Dies ist nicht durch Fortschreibung des Mietspiegels anhand irgendwelcher Statistiken, sondern nur durch Neuaufstellung des Mietspiegels unter genauer Beachtung der gesetzlichen Vorschriften (§ 2 MHRG) möglich (LG Hildesheim WuM 1987, 356; AG Frankfurt NJW-RR 1989, 12 = WuM 1989, 25; anders LG Frankfurt WuM 1989, 148). Aus Abs 6 des § 2 MHRG folgt jedoch, daß ein Verstoß gegen diese Anpassungspflicht ebenfalls nicht die Unwirksamkeit der Mietspiegel nach sich zieht (s unten Rz 30).

**29** **b)** Weiter ist erforderlich, daß der Mietspiegel entweder von einer Gemeinde oder von den Interessenvertretern der Vermieter und der Mieter gemeinsam aufgestellt worden ist. Gleich steht der Fall, daß der Mietspiegel zwar nur von einer Seite aufgestellt, sodann aber von der anderen ganz oder teilweise ausdrücklich als richtig anerkannt worden ist. Die größte Autorität genießen dabei natürlich die von **Gemeinden** aufgestellten Mietspiegel. Deshalb bestimmt jetzt § 2 **Abs 5** S 1 MHRG, daß Gemeinden, soweit hierfür ein Bedürfnis besteht und dies mit einem für sie vertretbaren Aufwand möglich ist, Mietspiegel erstellen *sollen*. Die Einzelheiten der Aufstellung und der Anpassung von Mietspiegeln sollen in einer von der Bundesregierung zu erlassenden Rechtsverordnung geregelt werden (Abs 5 S 4 des § 2 MHRG), mit deren Erlaß jedoch offenbar auf absehbare Zeit nicht mehr zu rechnen ist. Ob aus der gesetzlichen Regelung der Schluß gezogen werden darf, daß von Gemeinden aufgestellte Mietspiegel wenigstens der Zustimmung der wichtigsten Mieter- und Vermieterverbände bedürfen (so AG Dortmund WuM 1989, 26), erscheint fraglich; man kann in einem solchen Fall lediglich die Frage stellen, ob der Mietspiegel mit hinreichender Genauigkeit die Marktverhältnisse widerspiegelt.

**30** Nach § 2 Abs 2 S 2 MHRG reicht zur Begründung des Erhöhungsverlangens die **Bezugnahme** auf einen Mietspiegel aus, der den genannten Anforderungen genügt (oben Rz 27 ff). **Abs 6** fügt jedoch hinzu, daß die Verwendung anderer und insbes *veralteter Mietspiegel* dann nicht zur Unwirksamkeit des Erhöhungsverlangens führt, wenn bei Abgabe des Erhöhungsverlangens kein Mietspiegel vorliegt, der den Anforderungen des § 2 Abs 5 MHRG entspricht.[23] Freilich muß auch dieser „andere" Mietspiegel iS des § 2 Abs 6 MHRG stets noch ein Mietspiegel iS des § 2 MHRG, nicht irgendeine andere Übersicht sein; dh es muß sich um einen Mietspiegel iS des § 2 MHRG handeln, bei dem lediglich das besondere Aufstellungsverfahren nach Abs 5 nicht beachtet worden ist oder der veraltet ist, weil er aus der Zeit vor dem 1. 1. 1983 stammt oder weil er nicht alle 2 Jahre an die Marktentwicklung angepaßt worden ist. Ungeeignet als Begründung ist daher die Bezugnahme auf einen „Mietspiegel", der von unzuständigen Stellen stammt (o Rz 27), dem die wichtigsten Verbände der Mieter oder Vermieter nicht zugestimmt haben (o Rz 29), der schon auf den ersten Blick wertlos ist oder der zu Wohnungen der fraglichen Art gar keine Aussagen enthält, zB Leerfelder ausweist (LG Bochum WuM 1982, 18; LG Hamburg WuM 1982, 21). Der Vermieter kann außerdem immer nur Bezug nehmen auf einen bei Zugang seines Erhöhungsverlangens gültigen Mietspiegel; spätere Mietspiegel können daher nur als Begründung für ein **neues** Erhöhungsverlangen dienen (LG Bielefeld WuM 1983, 24). Aus Abs 5 S 3 des § 2 MHRG folgt schließlich, daß weder der Vermieter noch das Gericht die Befugnis besitzen, veraltete Mietspiegel durch *Zuschläge* zu aktualisieren;[24] erscheinen dem Vermieter die Mietspiegelsätze zu niedrig, so muß er eine andere Begründung für sein Erhöhungsverlangen wählen.

Zulässig ist aber die Verwendung von Mietspiegeln von *Nachbargemeinden*, wobei **30a**
der Vermieter grundsätzlich keine weiteren Angaben zur Vergleichbarkeit der Gemeinden machen muß (OLG Stuttgart WuM 1982, 108 = OLGZ 1982, 255; LG Nürnberg-Fürth NJW-RR 1988, 400; AG Darmstadt WuM 1988, 129). Weist der Mietspiegel wie idR *Mietzinsspannen* aus, so genügt es außerdem, wenn der verlangte Mietzins innerhalb der Spanne liegt; hingegen braucht der Vermieter keine zusätzliche Begründung mehr für die Einordnung seines Erhöhungsverlangens in die Mietzinsspanne zu geben (§ 2 Abs 2 S 2 HS 2 MHRG). Dabei bleibt freilich zu beachten, daß diese Erleichterungen **nur** für die Begründung des Erhöhungsverlangens, nicht für den etwa nachfolgenden Rechtsstreit gelten; in diesem trägt vielmehr der Vermieter die volle Beweislast für die Vergleichbarkeit der Nachbargemeinden sowie für die Berechtigung jeder Überschreitung des Mittelwertes (s Barthelmess § 2 MHRG Rz 89; für den Berliner Mietspiegel s schon o Rz 27 a).

Da Mietspiegel und ihre Änderungen grundsätzlich öffentlich bekannt gemacht **31**
werden sollen (§ 2 Abs 5 S 5 MHRG), kann davon ausgegangen werden, daß die Mietspiegel idR jedermann ohne weiteres zugänglich sind. Der Mietspiegel muß deshalb dem Erhöhungsverlangen nur **beigefügt** werden, wenn er ausnahmsweise nicht allgemein zugänglich ist (OLG Braunschweig WuM 1982, 272; LG Nürn-

[23] Ebenso schon OLG Hamburg NJW 1983, 1803; 1983, 1805 = WuM 1983, 11; 1983, 80 = 12 und 16 in RE Miet; OLG Stuttgart OLGZ 1982, 255 = WuM 1982, 108 = 2 in RE Miet; LG Bochum WuM 1982, 18; s dazu Barthelmess § 2 MHRG Rz 84; des WuM 1983, 63, 67; Derleder, PiG 13, 23 f; Sternel ZMR 1983, 73, 77; MDR 1983, 359.

[24] OLG Stuttgart OLGZ 1982, 255 = WuM 1982, 108 = 2 in RE Miet; OLG Hamburg NJW 1983, 1803, 1805 = WuM 1983, 11, 80 = 12 und 16 in RE Miet; aM zB Voelskow in: MünchKomm § 2 MHRG Rz 42 b.

berg-Fürth WuM 1988, 279). In dem Erhöhungsverlangen muß aber die *Wohnung* anhand der Unterscheidungsmerkmale des Mietspiegels soweit *beschrieben* werden, daß der Mieter auf Anhieb die betreffende Gruppe und Untergruppe des Mietspiegels finden und daraus ablesen kann, ob das Verlangen des Vermieters berechtigt ist oder nicht, soweit nicht die betreffenden Merkmale dem Mieter ohnehin genau bekannt sind.[24a]

**32** c) Kommt es im Anschluß an das Erhöhungsverlangen des Vermieters zum **Prozeß**, so hat der Mietspiegel hier nur noch die Funktion eines Parteigutachtens und ist folglich wie der gesamte Parteivortrag vom Gericht frei zu würdigen (OLG Hamburg NJW 1983, 1803 = 12 in RE Miet). Die Gerichte gehen jedoch Einwänden des Mieters gegen die Richtigkeit eines Mietspiegels nur noch in Ausnahmefällen nach, sobald sie sich einmal von der Zuverlässigkeit des Mietspiegels überzeugt haben (vgl LG Mannheim WuM 1978, 32; LG Hamburg WuM 1978, 146; s oben Vorbem 9 zu § 1 MHRG, oben Rz 27, 27a, unten Rz 51).

### 3. Sachverständigengutachten

**33** a) Zur Begründung des Erhöhungsverlangens kann nach § 2 Abs 2 S 3 MHRG ferner auf ein mit Gründen versehenes Gutachten eines öffentlich bestellten oder vereidigten Sachverständigen verwiesen werden. Solche Gutachten dienen in der Praxis als Begründungsmittel vor allem dort, wo (noch) keine Mietspiegel von den Gemeinden aufgestellt worden sind oder diese inzwischen völlig veraltet sind (s oben Rz 28, 30). Das Gutachten muß aber stets von einem nach § 36 Abs 1 GewO **öffentlich bestellten** oder **vereidigten Sachverständigen** stammen. Gutachten anderer Sachverständiger reichen nur dort (ausnahmsweise) aus, wo die nach Landesrecht für die öffentliche Bestellung von Sachverständigen zuständige Industrie- und Handelskammer grundsätzlich keine Sachverständigen öffentlich bestellt, sondern sich darauf beschränkt, lediglich im Einzelfall auf Anfrage jeweils geeignete Sachverständige zu benennen.[25] Der Sachverständige muß außerdem für ein Gebiet bestellt sein, in das die Mietzinsbewertung fällt. Es ist hingegen nicht erforderlich, daß der Sachverständige gerade speziell für die Mietzinsbewertung bestellt worden ist, wenn nur zu seinem Tätigkeitsbereich – unter anderem auch – die Mietzinsbewertung gehört (BGHZ 83, 366, 369 ff Anm Treier LM Nr 4 zu MiethöheRegG; BayObLGZ 1987, 260). Deshalb genügen zB zur Begründung des Erhöhungsverlangens Gutachten von Sachverständigen für Grundstücks- und Gebäudeschätzungen (BGHZ 83, 366 gegen OLG Oldenburg OLGZ 1981, 196). Es ist außerdem nicht erforderlich, daß der Sachverständige gerade von der Industrie- und Handelskammer bestellt worden ist, in deren Bezirk die fragliche Wohnung liegt, zumal es keine Rolle spielt, aus welchen Quellen der Sachverständige sein besonderes Wissen schöpft (BayObLGZ 1987, 260 = NJW-RR 1987,

---

[24a] LG Osnabrück WuM 1985, 316; LG Nürnberg-Fürth WuM 1988, 279; AG Schöneberg GE 1988, 837, 839; AG Tiergarten GE 1988, 1001; AG Spandau GE 1988, 839.

[25] OLG Hamburg WuM 1983, 256; 1984, 45 = 17 u 21 in RE Miet; offengelassen in BGH LM Nr 4 zu 3. MietRÄndG = NJW 1984, 237 = 26 in RE Miet; LG Berlin WuM 1982, 246.

1302 = ZMR 1987, 426 = WuM 1987, 312). Aus demselben Grund stehen Sachverständige aus den übrigen Mitgliedstaaten der Europäischen Gemeinschaft deutschen Sachverständigen in jeder Hinsicht gleich (Art 59 EWG-Vertrag); eine Zurückweisung von Gutachten solcher Sachverständiger wäre mit Art 7 EWG-Vertrag unvereinbar. Erfüllt der Sachverständige alle genannten Voraussetzungen, so spielt es schließlich auch keine Rolle, wenn er zugleich als Makler tätig ist (OLG Oldenburg OLGZ 1981, 200 = WuM 1981, 150).

**b)** Das Gutachten muß dem Erhöhungsverlangen, zu dessen Begründung es dient, **34** als Anlage **beigefügt** werden (OLG Braunschweig WuM 1982, 272 = 2 in RE Miet). Darauf kann nur dann ausnahmeweise verzichtet werden, wenn der Mieter das Gutachten aufgrund eines früheren Verfahrens ohnehin schon besitzt (LG München II WuM 1983, 147; anders LG Berlin ZMR 1987, 310 = WuM 1987, 265). Vor allem aber muß das Gutachten aktuell (LG Hannover WuM 1987, 125, 126) und mit Gründen versehen sein, damit der Mieter, entsprechend dem Zweck des Begründungserfordernisses (oben Rz 24), in der Lage ist, sich selbst anhand des Gutachtens ein Bild über die Berechtigung des Verlangens des Vermieters zu machen. Die Anforderungen, die an die hiernach stets erforderliche **Begründung** des Gutachtens zu stellen sind, schwanken in der Praxis erheblich[26]. Jedenfalls dürfen an das Gutachten *keine* übertriebenen Anforderungen gestellt werden (grdl BVerfG ZMR 1986, 272 = WuM 1986, 232 = NJW 1987, 313; WuM 1986, 239 = GE 1986, 849; Emmerich, PiG 26, S. 130 f). Es genügt vielmehr grundsätzlich, wenn der Sachverständige von einem zutreffenden Begriff der ortsüblichen Vergleichsmiete ausgegangen ist, wenn er ordentlich und gründlich unter Beachtung der Denkgesetze gearbeitet hat, objektiv und neutral vorgegangen ist und seinen spezifischen Sachverstand richtig angewandt hat, indem er versucht hat, die konkrete Wohnung in das tatsächliche örtliche Mietpreisgefüge einzuordnen. Mehr ist nicht erforderlich; insbes steht es der Verwendbarkeit des Gutachtens (als Begründungsmittel!) nicht entgegen, wenn sich das Gutachten nachträglich als unrichtig erweist, da es in dem jetzigen Stadium des Verfahrens noch nicht um den Beweis der vom Vermieter behaupteten Höhe der Vergleichsmiete geht (vgl u Rz 37), so daß es genügt, wenn das Gutachten nur in sich schlüssig ist (BVerfG aaO). Es reicht m a W aus, wenn der Mieter aufgrund des Gutachtens einen ersten, sachlich fundierten Eindruck von der Höhe der Vergleichsmiete erhält. Selbst für diesen beschränkten Zweck reicht freilich die bloße Berufung des Sachverständigen auf seine Berufserfahrung niemals aus (zB LG Aachen WuM 1987, 356); das Gutachten muß vielmehr stets möglichst **konkret** sein, weil es sonst nicht nachprüfbar ist.

Hieraus folgt, daß in solchen Gemeinden, in denen *Mietspiegel* bereits existieren, **35** der Sachverständige grundsätzlich hierzu Stellung nehmen muß, da nicht davon ausgegangen werden kann, daß der Sachverständige über umfangreicheres Daten-

[26] Vgl im einzelnen insbes OLG Karlsruhe NJW 1983, 1863; WuM 1983, 133 = 20 und 25 in RE Miet; OLG Frankfurt NJW 1981, 2820 = WuM 1981, 273 = 4 in RE Miet; OLG Oldenburg OLGZ 1981, 194 = WuM 1981, 150 = 7 in RE Miet; OLG Hamburg WuM 1983, 11 = 12 in RE Miet; LG München I ZMR 1986, 169; LG Itzehoe WuM 1986, 238; LG Aachen WuM 1987, 356; Emmerich, PiG 26, S 130 f; Sternel Rz III 676 ff.

material als die Aufsteller von Mietspiegeln verfügt (LG Stuttgart NJW 1974, 1252; LG Hamburg MDR 1976, 934; enger OLG Frankfurt WuM 1985, 216 = ZMR 1985, 232). Das Gutachten ist deshalb unverwertbar, wenn der Sachverständige ohne jede Begründung von dem Mietspiegel für die betreffende Gemeinde abweicht (LG Köln WuM 1982, 77; LG Bielefeld WuM 1983, 24; s auch BayObLGZ 1987, 260 = NJW-RR 1987, 1302). Eine **Besichtigung** der betreffenden Wohnung durch den Sachverständigen ist hingegen nicht stets erforderlich. Sie ist insbes dann entbehrlich, wenn es, zB in einer großen Wohnanlage, zahlreiche Wohnungen gleicher Art gibt und der Sachverständige eine andere, entsprechende Wohnung besichtigt hat.[27]

**36** Der Sachverständige muß sich einen möglichst *repräsentativen Überblick* über den betreffenden Wohnungsmarkt verschaffen. Das Gesetz schreibt ihm jedoch nicht vor, wie er dabei vorzugehen hat. Die Art der Materialsammlung und das Verfahren bei deren Auswertung sind maW dem Sachverständigen überlassen, sofern er dabei nur mit dem nötigen Sachverstand vorgeht (BayObLGZ 1987, 260). Daraus folgt vor allem, daß der Sachverständige in seinem Gutachten (entgegen der früher hM; zuletzt AG Lübeck WuM 1989, 259) nicht bestimmte **Vergleichsobjekte** in identifizierbarer Weise oder allgemein zu bezeichnen braucht, sondern sich mit dem pauschalen Hinweis auf ihm bekannte Vergleichsobjekte und die dafür gezahlten Mieten begnügen kann, wenn er nur angibt, daß ihm solche Wohnungen bekannt sind, wie er sie ermittelt hat, anhand welcher Kriterien er die Vergleichbarkeit der Wohnungen beurteilt hat und wie danach die betreffende, konkrete Wohnung in das allgemeine Mietpreisgefüge einzuordnen ist. Nennt er Vergleichswohnungen, so steht es der Verwertbarkeit des Gutachtens außerdem nicht entgegen, wenn diese größer oder kleiner als die fragliche Wohnung sind, da es einmal ohnehin nur auf den Quadratmeterpreis ankommt und da zum anderen der Sachverständige etwaige Unterschiede durch Zu- und Abschläge ausgleichen kann (BVerfG ZMR 1986, 272; WuM 1986, 239). Aber ein Gutachten, das von einem falschen Begriff der Vergleichsmiete ausgeht und sich etwa darauf beschränkt, eine „angemessene" oder eine Kostenmiete durch Hochrechnung irgendwelcher Kostenfaktoren zu ermitteln, ist und bleibt wertlos, so daß es nicht zur Begründung des Mieterhöhungsverlangens geeignet ist (zB BVerfG WuM 1986, 239; LG Itzehoe WuM 1986, 238). Kommt das Gutachten schließlich zu einem anderen Ergebnis als der Vermieter in seinem Erhöhungsverlangen, so sollte man das Gutachten deshalb nicht als schlechthin wertlos behandeln (AG Kiel WuM 1984, 110), sondern davon ausgehen, daß eine Begründung des Erhöhungsverlangens nur vorliegt, soweit das Gutachten reicht, so daß der Vermieter anschließend mit der Klage auch nur in dieser Höhe die Zustimmung des Mieters zu einer Mietzinserhöhung verlangen kann (AG München WuM 1988, 62; s Sternel Rz III 675).

**37** **c)** Kommt es aufgrund des Erhöhungsverlangens des Vermieters zu einem **Prozeß** mit dem Mieter, so hat das vom Vermieter zur Begründung seines Erhöhungsverlangens vorgelegte Sachverständigengutachten lediglich die Bedeutung eines Par-

---

[27] OLG Oldenburg OLGZ 1981, 200 = WuM 1981, 150 = 7 in RE Miet; OLG Celle WuM 1982, 180 = 4 in RE Miet.

teigutachtens, dessen Beweiswert vom Gericht frei zu würdigen ist (§ 286 ZPO; Nachw oben bei Rz 34). Die **Kosten** des zur Begründung des Erhöhungsverlangens eingeholten Gutachtens hat in jedem Fall der Vermieter zu tragen.[28]

#### 4. Vergleichsobjekte

**a**) Der Vermieter kann sein Erhöhungsverlangen schließlich noch dadurch begründen, daß er auf entsprechende Entgelte für einzelne, vergleichbare Wohnungen hinweist, wobei heute stets die Benennung von **drei** Wohnungen genügt (§ 2 Abs 2 S 4 MHRG idF von 1982). *Zweck* dieser Vorschrift ist es, dem Vermieter durch Herabsetzung der Anforderungen an die Begründung des Erhöhungsverlangens die Durchsetzung seines gesetzlichen Anspruchs auf Anpassung des Mietzinses an die ortsübliche Vergleichsmiete zu *erleichtern*, so daß es unzulässig ist, an die Benennung der Vergleichswohnungen so übertriebene Anforderungen zu stellen, daß sie der Vermieter idR mit zumutbarem Aufwand gar nicht erfüllen kann; es darf vielmehr stets nur verlangt werden, was dem Vermieter unter normalen Umständen möglich und zumutbar ist.[29] **38**

**b**) Daraus folgt vor allem, daß (entgegen der früher hM) die drei Vergleichswohnungen in dem Erhöhungsverlangen nur so **bezeichnet** zu werden brauchen, daß der Mieter sie unschwer auffinden und auf ihre Vergleichbarkeit überprüfen kann, während weitergehende Angaben entbehrlich sind. Deshalb reicht es in aller Regel aus, wenn die Vergleichswohnungen durch ihre Adresse, das Geschoß, die wesentlichen Ausstattungsmerkmale und vor allem den Quadratmeterpreis beschrieben sind; entbehrlich sind hingegen weitergehende Angaben, etwa über die Größe der Vergleichswohnungen sowie namentlich die Benennung der Mietvertragsparteien.[30] Anders jedoch, wenn die vom Vermieter benannten Vergleichswohnungen schon auf den ersten Blick so erhebliche Besonderheiten aufweisen, daß ihre Vergleichbarkeit mit der fraglichen Wohnung des Mieters zweifelhaft sein muß; (nur) in diesem Fall dürfen daher zusätzliche Angaben über die Vergleichswohnung verlangt werden (grdl BVerfG WM 1989, 108, 109 = ZMR 1989, 142). Handelt es sich um ein Mehrfamilienhaus mit zahlreichen Wohnungen auf derselben Ebene, so wird man außerdem i d R Angaben über den Namen des Mieters oder über die genaue Lage der Vergleichswohnung auf der betreffenden Ebene zu verlangen haben, damit der Mieter überhaupt in der Lage ist, die Angaben des Vermieters nachzuprüfen (LG Kaiserlautern ZMR 1986, 363 m **39**

---

[28] Zuletzt LG Münster MDR 1984, 57; LG Frankenthal und LG Bremen WuM 1984, 114 f; LG Bonn WuM 1985, 331; G Meier ZMR 1984, 149; str.

[29] Grdleg BVerfGE 49, 244, 249 f; 53, 352; BVerfG WuM 1982, 146 = 4 in RE Miet; BGHZ 84, 392 m Anm Emmerich (JuS 1983, 148) u Treier (LM Nr 5 zu MiethöheRegG); BGH WuM 1982, 324 = 12 in RE Miet; BGH 13 in RE Miet; s Sternel Rz III 680 ff.

[30] BVerfG und BGH (vorige Fußn); OLG Koblenz WuM 1984, 6 = 5 in RE Miet; KG WuM 1984, 73 = 21 in RE Miet; LG Berlin GE 1985, 1257; aM zuvor insbes BayObLGZ 1981, 283; 1982, 78; 1982, 173 = 8, 11 und 13 in RE Miet; OLG Schleswig 2 in RE Miet; OLG Oldenburg 21 in RE Miet; AG Bad Homburg WuM 1989, 305f; s Emmerich JuS 1983, 148.

Anm Reichert; LG Berlin GE 1985, 1257 = ZMR 1985, 341; GE 1986, 1119 = ZMR 1987, 22 = WuM 1987, 226). Der bloße Hinweis auf zwei Häuser, in denen sich (beliebige) Vergleichswohnungen befinden sollen, reicht daher in keinem Fall als Begründung aus (LG Stade WuM 1988, 278). Schließlich darf das Gericht stets nur solche Vergleichswohnungen berücksichtigen, zu denen sich die Parteien überhaupt äußern konnten; die Gerichtsbekanntheit einer Vergleichswohnung reicht nicht aus (BVerfG WuM 1988, 141).

**39a** Es bestehen grundsätzlich keine Bedenken dagegen, daß sich der Vermieter die genannten Daten über eine *Datenzentrale* beschafft (BGHZ 84, 392). Außerdem spielt es für die Wirksamkeit des Erhöhungsverlangens keine Rolle, ob die Mieter der Vergleichswohnungen die Besichtigung durch den Mieter überhaupt gestatten (OLG Schleswig ZMR 1984, 28 = NJW 1984, 245 = 9 in RE Miet) und ob der Mietzins der Vergleichswohnungen genau dem geforderten Mietzins entspricht oder dahinter zurückbleibt; im zuletzt genannten Fall ist das Erhöhungsverlangen jedoch insoweit unwirksam, als der geforderte, neue Mietzins den der billigsten Vergleichswohnungen übersteigt. Das Gesagte gilt selbst dann, wenn der Mietzins von zwei der genannten drei oder vier Vergleichswohnungen hinter dem geforderten Mietzins zurückbleibt; unerheblich ist schließlich noch der durchschnittliche Mietzins der genannten Vergleichswohnungen.[31]

**40** **c)** Während nach der früheren Fassung des § 2 Abs 2 MHRG „idR die Benennung von drei Wohnungen anderer Vermieter" erforderlich war, ist seit der Änderung von 1982 „die Benennung von drei Wohnungen" ausreichend. Der Gesetzgeber wollte dadurch die Heranziehung von Wohnungen aus dem **Bestand des Vermieters** selbst zulassen (s Zimmermann WuM 1984, 64). Die früher lebhaft umstrittene Frage, ob die drei Vergleichswohnungen grundsätzlich drei verschiedenen, *anderen* Vermietern gehören müssen, hat sich damit erledigt; folglich kann der Vermieter sein Erhöhungsverlangen fortan stets auch mit drei anderen, ihm gehörigen Wohnungen begründen, selbst wenn sie im selben Haus liegen.[32] Es ist zwar zuzugeben, daß der Erkenntniswert einer solchen „Begründung" gegen Null tendiert (s LG Wuppertal WuM 1985, 324 u 325, auch zu den Einwendungen des Mieters im Prozeß); das Ergebnis ist jedoch vom Gesetzgeber gewollt und daher hinzunehmen (zutr LG Berlin GE 1988, 729). Umgekehrt folgt aus der Neufassung des § 2 Abs 2 S 4 MHRG freilich auch, daß seit dem 1. 1. 1983 stets die Benennung von (wenigstens) drei Vergleichwohnungen desselben oder eines oder mehrerer anderer Vermieter nötig ist (KG WuM 1983, 73 = 21 in RE Miet).

---

[31] Grdl OLG Karlsruhe WuM 1984, 21 = 33 in RE Miet; zustimmend BayObLG WuM 1984, 278 = 31 in RE Miet; WuM 1984, 279 = 34 in RE Miet; WuM 1984, 276 = 33, 35 u 36 in RE Miet usw.

[32] OLG Frankfurt WuM 1984, 123 = ZMR 1984, 250 = 14 in RE Miet; OLG Karlsruhe NJW 1984, 2167 = WuM 1984, 188 = 39 in RE Miet; LG Berlin ZMR 1985, 341; GE 1988, 729; LG Wuppertal WuM 1985, 325; merkwürdigerweise immer noch str; anders zB AG Sinzig WuM 1986, 342; AG Rendsburg ZMR 1987, 25 m Anm Schopp; AG Bad Homburg WuM 1983, 292; AG Kaiserslautern WuM 1985, 324; AG Meldorf WuM 1984, 27; Derleder WuM 1983, 222 f; Sternel ZMR 1983, 78; MDR 1983, 359; ders, PiG 13, S 44 ff.

Weniger als drei Wohnungen dürfen es daher in keinem Fall mehr sein (str). – Wegen der Bedeutung dieser Begründungserleichterungen im nachfolgenden Rechtsstreit s oben Rz 30 a.

**d)** Schließlich ist noch erforderlich, daß die vom Vermieter benannten, anderen Wohnungen mit der Wohnung des Mieters nach Wohnwertmerkmalen **vergleichbar** sind und (grundsätzlich) in derselben Gemeinde wie die Wohnung des Mieters liegen (LG München II WuM 1982, 131). Das Erhöhungsverlangen ist folglich nicht ordnungsgemäß begründet, wenn die Wohnungen schon auf den ersten Blick nichts miteinander gemein haben, sondern verschiedenen Märkten angehören, wie es zB der Fall ist, wenn Wohnungen mit Einzimmer-Appartements (LG Heidelberg WuM 1982, 214; AG Köln WuM 1988, 60, 61 f) oder Wohnungen in guter und in ganz schlechter Lage verglichen werden (LG Kassel WuM 1984, 227; s auch BVerfG WM 1989, 109 = ZMR 1989, 142; LG Göttingen WuM 1985, 154), weiter wenn eine Dachgeschoßwohnung mit lauter Schrägen mit einer normalen Wohnung verglichen wird (AG Wolfenbüttel WuM 1986, 343), wenn zum Vergleich gewerblich genutzte Räume herangezogen werden (AG Kaiserslautern WuM 1985, 124) oder wenn der Mietzins für die Vergleichswohnung erheblich unter dem vom Vermieter geforderten Mietzins liegen, so daß beide Wohnungen schon auf den ersten Blick verschiedenen Kategorien angehören. Umstritten ist schließlich, ob die verglichenen Wohnungen wenigstens annähernd dieselbe Größe haben müssen; die überwiegende Meinung tendiert heute zur Verneinung dieser Frage, da es hier allein auf den Quadratmeterpreis ankomme.[33] 41

### 5. Andere Begründungen

Die im Gesetz näher geregelten Beweismittel (S 2 bis 4 des § 2 Abs 2 MHRG) sind nicht die allein zulässigen, mit denen der Vermieter sein Erhöhungsverlangen begründen kann; vielmehr sind außerdem alle anderen Beweismittel zugelassen, sofern nur die Angaben für den Mieter nachprüfbar sind. **Beispiele** solcher anderen Beweismittel sind Gutachten oder Urteile über vergleichbare Wohnungen, die amtliche Wohngeldstatistik (LG Hamburg WuM 1978, 134; 1978, 146), Mietgutachten oder Auskünfte der Gemeinden sowie die Offenkundigkeit der Ortsüblichkeit eines bestimmten Mietzinses, **nicht** jedoch gerichtsbekannte Vergleichswohnungen, solange sich die Parteien zu ihnen nicht äußern konnten (BVerfG WuM 1988, 141), sowie die Mietpreisübersichten der Finanzämter, weil diese andere Zwecke verfolgen (LG Lüneburg WuM 1987, 29; anders AG Büdingen WuM 1989, 81). 42

## VII. Zustimmung des Mieters

**1.** Das Mieterhöhungsverlangen des Vermieters ist nichts anderes als ein Antrag auf Abschluß eines Änderungsvertrages (oben Rz 20), den der Mieter jederzeit 43

[33] BVerfGE 53, 352; BVerfG WuM 1982, 146; WM 1989, 108 = ZMR 1989, 142; BayObLGZ 1982, 173 = WuM 1982, 154, 155.

während der Fristen des § 2 Abs 3 S 1 MHRG annehmen kann. Hat der Vermieter Klage erhoben, so ist die Annahme des Antrags folglich noch nach Ablauf dieser Fristen möglich; wenn der Vermieter hingegen keine Klage erhoben hat, stellt die Annahme des Mieters nach Fristablauf nur einen neuen Antrag dar, dem der Vermieter freilich in aller Regel zustimmen dürfte (s §§ 150 Abs 1, 151 BGB). Die Annahme setzt dabei nicht voraus, daß das Erhöhungsverlangen des Vermieters den Anforderungen des § 2 MHRG entspricht, da sich die Parteien stets außerhalb des § 2 MHRG über eine Mietzinserhöhung einigen können; ob dies der Fall ist, ist immer nur eine Frage der Auslegung der Parteierklärungen im Einzelfall (KG ZMR 1982, 378). Dies gilt uneingeschränkt auch im Anwendungsbereich des GVW Berlin. Wegen etwaiger Gegenansprüche aufgrund des Mietvertrages oder wegen etwaiger Mängel hat der Mieter freilich kein Zurückbehaltungsrecht gegenüber dem Mieterhöhungsverlangen des Vermieters (LG Berlin ZMR 1984, 339 = WuM 1985, 331); es stellt deshalb einen neuen Antrag jetzt des Mieters dar, wenn er die Zustimmung zu der Mietzinserhöhung von der Beseitigung bestimmter Mängel abhängig macht, so daß der Vermieter aufgrund seines vorausgegangenen Mieterhöhungsverlangens immer noch berechtigt ist, Klage zu erheben (AG Tiergarten GE 1988, 157).

**43a** Da eine bestimmte *Form* für die Zustimmung des Mieters in § 2 MHRG nicht vorgeschrieben ist (wegen § 566 BGB s u Rz 43 b), kann die Zustimmung durch Annahme des Antrags des Vermieters jederzeit auch konkludent erfolgen. Es ist dabei immer eine Frage der Auslegung des Parteiverhaltens im Einzelfall, ob in einem bestimmten Verhalten des Mieters, namentlich in der einmaligen oder wiederholten anstandslosen *Zahlung* des verlangten erhöhten Mietzinses bereits eine Zustimmung des Mieters liegt, so daß dieser fortan daran gebunden ist, weil dadurch der Mietvertrag entsprechend geändert wurde (eingehend Beuermann § 10 MHRG Rz 15 ff). Die Anforderungen der Gerichte schwanken dementsprechend erheblich. Namentlich die Berliner Gerichte neigen deutlich dazu, jedenfalls ab einer drei- oder viermaligen anstandslosen Zahlung des verlangten erhöhten Mietzinses eine konkludente Zustimmung des Mieters anzunehmen.[34] Hingegen verbietet es sich nach den Interessen beider Parteien i d R, bereits in der bloßen ein- oder zweimaligen Zahlung eine Zustimmung des Mieters zu sehen, insbes wenn der Mieter irrtümlich glaubte, etwa aufgrund einer Wertsicherungsklausel zur Zahlung des erhöhten Mietzinses verpflichtet zu sein (OLG Hamburg ZMR 1985, 237, 238; AG Braunschweig WuM 1984, 169). Ebensowenig ist Raum für die Annahme einer konkludenten Zustimmung des Mieters, wenn der Vermie-

[34] OLG Hamburg ZMR 1985, 237, 238; LG Berlin MDR 1982, 235; GE 1984, 179, 181; 1987, 687 = WuM 1987, 266 = ZMR 1987, 309; GE 1987, 881 = WuM 1987, 158 = ZMR 1987, 269; ZMR 1985, 387; WuM 1987, 311; GE 1989, 411; AG Tempelhof-Kreuzberg GE 1984, 767; AG Wedding GE 1988, 1171; LG Hamburg WuM 1978, 193; LG Essen WuM 1984, 110; AG Braunschweig WuM 1984, 169; AG Dortmund WuM 1985, 29; Schultz ZMR 1983, 295; Beuermann § 10 MHRG Rz 15 ff; – ebenso sogar für eine zweimalige Zahlung AG Tiergarten GE 1988, 145; AG Spandau GE 1988, 893; sowie für eine einmalige Zahlung des Mieters LG Braunschweig WuM 1986, 142 m Anm Schneider; AG Frankfurt ZMR 1989, 180; LG Berlin WuM 1989, 308.

ter ihn ausdrücklich um eine besondere, möglicherweise mit Rücksicht auf § 566 BGB sogar schriftliche Zustimmung gebeten hat (AG Schöneberg GE 1988, 893; 1988, 155). Schließlich bindet es den Mieter auch nicht auf Dauer, wenn er einmal aus Anlaß eines Mieterhöhungsverlangens des Vermieters einer bestimmten Einordnung seiner Wohnung in den Mietspiegel zugestimmt hat (LG Essen WuM 1984, 110).

**Schriftform** ist für die Annahmeerklärung nur in den Fällen des § 566 BGB erforderlich, jedenfalls wenn es sich um eine wesentliche Vertragsänderung handelt (s oben § 566 BGB Rz 7); der Vermieter hat dann gegen den Mieter aufgrund des § 2 MHRG einen Anspruch auf Einhaltung der gesetzlich vorgeschriebenen Schriftform (eingehend Beuermann § 10 MHRG Rz 20 ff). Über eine bloße, vertragliche Schriftformklausel können sich die Parteien hingegen im Falle des § 2 MHRG jederzeit gemeinsam hinwegsetzen (s oben § 566 BGB Rz 14). Schließlich hindert den Mieter nichts, dem Antrag des Vermieters lediglich *teilweise* zuzustimmen, so daß der Vermieter dann nur wegen der Differenz Klage auf Zustimmung zu erheben braucht (OLG Karlsruhe WuM 1984, 21, 22 = 33 in RE Miet; LG Bonn WuM 1985, 311; AG Hamburg WuM 1985, 312); erhebt der Vermieter hingegen keine Klage, so wird auch durch die Teilzustimmung des Mieters die Wartefrist ausgelöst, so daß ein neues Mieterhöhungsverlangen nicht mehr möglich ist (AG Hamburg aaO). **43b**

**2.** Die **Fälligkeit** des erhöhten Mietzinses richtet sich in erster Linie nach den Abreden der Parteien (§ 10 Abs 1 MHRG). Nur wenn die Parteien keine besonderen Abreden über diese Frage getroffen haben, gilt § 2 Abs 4 MHRG, wobei es dann auf den Zeitpunkt, zu dem der Mieter den Antrag des Vermieters angenommen hat, nicht ankommt (s im einzelnen unten Rz 53). **44**

## VIII. Zustimmungsklage

### 1. Fristen

Der Zugang eines (wirksamen) Mieterhöhungsverlangens beim Mieter löst verschiedene Fristen aus. Die erste ist die sog Überlegungs- oder Zustimmungsfrist von zwei Monaten (§ 2 Abs 3 S 1 MHRG), an die sich eine weitere Klagefrist von ebenfalls zwei Monaten anschließt, wenn der Mieter binnen der Zustimmungsfrist dem Erhöhungsverlangen nicht zustimmt (§ 2 Abs 3 S 1 MHRG). Hingegen zieht der Ablauf der Klagefrist seit dem Änderungsgesetz von 1982 *nicht* mehr eine weitere Sperrfrist von nochmals neun Monaten nach sich. Unberührt bleibt aber die Wartefrist des Abs 1 Nr 1, sobald der Mieter einem Erhöhungsverlangen zugestimmt hat (oben Rz 4 f). **45**

**a)** Die **Zustimmungsfrist**, früher meistens Überlegungsfrist genannt, beträgt mindestens zwei Monate und beginnt mit Ablauf des Monats, in dem dem Mieter das Erhöhungsverlangen zugegangen ist. Die Berechnung der Frist richtet sich dann nach den §§ 187 ff BGB, so daß auch § 193 BGB Anwendung findet (str). Erst mit **46**

Ablauf der Zustimmungsfrist beginnt die Klagefrist von ebenfalls zwei Monaten zu laufen (dazu unter Rz 49).

47 Aus dem Zweck der Zustimmungsfrist, dem Mieter ausreichend Zeit zur Entscheidung über das Erhöhungsverlangen des Vermieters zu geben, folgt, daß die Einhaltung der Zustimmungsfrist **Prozeßvoraussetzung** für die anschließende Zustimmungsklage ist.[35] Eine vor Ablauf der Zustimmungsfrist erhobene Zustimmungsklage ist mithin unzulässig. Da es jedoch stets genügt, daß die Prozeßvoraussetzungen im Augenblick der letzten mündlichen Verhandlung vor der letzten Instanz vorliegen, reicht es auch hier aus, wenn die Zustimmungsfrist erst in diesem Augenblick abgelaufen ist, so daß eine vorher erhobene und infolgedessen zunächst unzulässige Klage durch Fristablauf *während* des Rechtsstreits nachträglich zulässig werden kann. Die Einhaltung der Zustimmungsfrist ist außerdem *entbehrlich*, weil ohne Sinn, wenn der Mieter bestimmt und endgültig seine Zustimmung zu dem Erhöhungsverlangen des Vermieters verweigert hat (KG OLGZ 1981, 83 = WuM 1981, 54 m Anm EMMERICH JuS 1981, 458).

48 **b)** Nach Ablauf der Zustimmungsfrist muß der Vermieter spätestens binnen einer weiteren Frist von zwei Monaten Klage erheben, wenn er nicht seinen Anspruch auf Zustimmung des Mieters zu der gewünschten Vertragsänderung aufgrund des bereits gestellten Erhöhungsverlangens verlieren will (§ 2 Abs 3 S 1 MHRG). Die Frist beginnt am ersten Tag nach Ablauf der Zustimmungsfrist und endet am letzten Tag des folgenden, zweiten Kalendermonats (§ 188 Abs 2 BGB). Die Frist wird nicht dadurch gehemmt, daß ihr Endtermin in die Gerichtsferien fällt (LG Hamburg WuM 1978, 54; LG München I WuM 1985, 317). Die **Klagefrist** ist eine Ausschlußfrist, gegen deren Versäumung es keine Wiedereinsetzung in den vorigen Stand gibt (§ 233 ZPO; AG Mölln WuM 1985, 319). Zur Fristwahrung reicht jedoch nach § 270 Abs 3 ZPO Einreichung einer Klage noch vor Fristablauf aus, sofern nur die Zustellung demnächst erfolgt. Eine *nach* Fristablauf erhobene Klage ist hingegen stets als unzulässig abzuweisen (LG Frankenthal NJW 1985, 273 = WuM 1985, 318). Nach Streichung der früheren Sperrfrist hindert den Vermieter indessen nichts, in diesem Fall ein neues Erhöhungsverlangen zu stellen, wodurch dann freilich die Fristen des § 2 Abs 3 S 1 MHRG erneut ausgelöst werden (LG Frankenthal aaO).

49 **c)** Der Lauf der Zustimmungsfrist und damit auch der Klagefrist wird nur durch Zugang eines wirksamen, vor allem ordnungsgemäß begründeten Mieterhöhungsverlangens ausgelöst.[36] Eine auf ein **unwirksames Erhöhungsverlangen** gestützte Zustimmungsklage ist mithin (mangels Ablaufs der Zustimmungsfrist) stets unzulässig. Hierbei bleibt aber zu beachten, daß die Zulässigkeit der Klage lediglich ein **formell** ordnungsgemäßes Mieterhöhungsverlangen voraussetzt, während es keine Rolle spielt, ob dessen Begründung inhaltlich zutrifft, da es sich hierbei allein um

---

[35] Dazu und zum Folgenden eingehend insbes BayObLGZ 1982, 78; 1982, 173 = WuM 1982, 105 u 154; BayObLG ZMR 1985, 100 = WuM 1985, 53; KG OLGZ 1981, 83 = WuM 1981, 54 m Anm EMMERICH JuS 1981, 458; OLG Koblenz WuM 1982, 127 = 3 in RE Miet; OLG Hamburg WuM 1983, 11 = 12 in RE Miet; EMMERICH, PiG 13, S 55 ff.

[36] OLG Koblenz WuM 1982, 127 = 3 in RE Miet; BayObLGZ 1982, 78; 1982, 173 = 11 und 13 in RE Miet; BayObLG WuM 1985, 53 = 41 in RE Miet.

eine Frage der Begründetheit, nicht der Zulässigkeit der Klage handelt; folglich steht es zB der Zulässigkeit der Klage nicht entgegen, wenn die Angaben über die Vergleichswohnungen in dem Mieterhöhungsverlangen nicht zutreffen oder wenn sich später das Sachverständigengutachten als unrichtig erweist (grdl BVerfG ZMR 1986, 272 = NJW 1987, 313 = WuM 1986, 237; BayObLG ZMR 1985, 100 = WuM 1985, 53; Emmerich, PiG 26, S 130 f).

Nach § 2 Abs 3 S 2 MHRG in der Fassung von 1982 kann außerdem der Mangel, **49a** daß der Klage kein wirksames Erhöhungsverlangen vorausgegangen ist, jederzeit während des Rechtsstreits dadurch behoben werden, daß der Vermieter ein wirksames Erhöhungsverlangen nachholt, wodurch dann freilich erneut die Zustimmungsfrist des § 2 Abs 3 S 1 MHRG ausgelöst wird; zugleich wird dadurch dann der Zeitpunkt der Fälligkeit der erhöhten Miete gem § 2 Abs 4 MHRG hinausgeschoben.[37] Eine derartige **Nachholung** eines wirksamen Erhöhungsverlangens wird sogar gegenüber weiteren Mietern für möglich erachtet (AG Aachen WuM 1984, 137). Kostennachteile drohen dem Mieter hiervon nicht, da er nach Zugang eines wirksamen Erhöhungsverlangens während des Rechtsstreits den Antrag des Vermieters mit der Kostenfolge des § 93 ZPO anerkennen oder ihm mit der Kostenfolge der §§ 91a, 93 ZPO zustimmen kann (KG WuM 1984, 101, 103 = GE 1984, 325; AG Bonn WuM 1983, 56).

Erforderlich ist aber in jedem Fall eine echte *„Nachholung“* des Erhöhungsver- **49b** langens im Rechtsstreit, so daß der Vermieter nicht etwa ein wegen mangelnder Begründung unwirksames Erhöhungsverlangen im Rechtsstreit einfach ergänzen (heilen) kann, indem er zB die fehlende Begründung nachschiebt; er muß vielmehr stets ein vollständiges, schriftliches und begründetes Erhöhungsverlangen an den Mieter richten, das als solches, dh für sich allein den Anforderungen des § 2 Abs 2 MHRG genügt (LG Mannheim WuM 1985, 310; LG Osnabrück WuM 1985, 316, 317; LG Kaiserslautern ZMR 1986, 363). Daraus folgt vor allem, daß die Nachholung nicht schon in der Klageschrift gesehen werden kann (AG Bad Homburg WuM 1983, 113; AG Köln WuM 1985, 321). Auch sonst ist im Rechtsstreit eine Nachholung des Erhöhungsverlangens durch Zustellung eines **Schriftsatzes** nur möglich, wenn die Natur des Schriftsatzes als Nachholung des (materiellen) Mieterhöhungsverlangens eindeutig klargestellt wird (LG Mannheim WuM 1985, 320; LG Fulda NJW-RR 1988, 912; AG Köln WuM 1985, 321) und dabei zugleich das Schriftformerfordernis des § 2 Abs 2 S 1 MHRG beachtet wird; die beglaubigte Abschrift eines Schriftsatzes genügt daher nur, wenn die Beglaubigung vom Prozeßvertreter des Vermieters stammt; außerdem muß dabei noch § 174 BGB beachtet werden (oben Rz 20; LG Karlsruhe WuM 1985, 320; Emmerich, PiG 13, S 57). Schließlich scheidet die Möglichkeit einer „Nachholung“ des Erhöhungsverlangens überhaupt aus, wenn der Klage gar kein oder kein ernst gemeintes Erhöhungsverlangen vorausgegangen ist (LG Frankenthal WuM 1985, 318; LG Dortmund NJW-RR 1988, 12). Dasselbe gilt, wenn der Vermieter

[37] OLG Schleswig ZMR 1984, 28 = 9 in RE Miet; ebenso schon früher BayObLG (vorige Fußn); s im einzelnen Barthelmess § 2 MHRG Rz 168–172; ders WuM 1983, 66; Emmerich, PiG 13, 56 f; Sternel Rz III 711 ff; ders ZMR 1983, 78 f; MDR 1983, 360; Scholz NJW 1983, 1825.

auf jede Begründung verzichtet hatte oder wenn er das Erhöhungsverlangen nur mündlich gestellt hatte (EMMERICH, PiG 13, S 38; AG Bonn NJW 1984, 246; str). Ebensowenig ist eine Nachholung im **zweiten Rechtszug** möglich, weil dadurch im Grunde ein neuer Prozeß beginnen würde (LG Hamburg WuM 1985, 323; STERNEL Rz III 732, 759).

**49c** Im Rechtsstreit stellt ein neues, wirksames Erhöhungsverlangen (anstelle des ersten unwirksamen) einen neuen Streitgegenstand, seine Einführung in den Prozeß mithin eine **Klageänderung** dar, die jedoch nach dem Zweck der Neuregelung, dem Vermieter die Durchsetzung seines Anspruchs auf Mietzinserhöhung zu erleichtern, im ersten Rechtszug in aller Regel als sachdienlich zuzulassen sein dürfte (§ 263 ZPO; AGe Gießen u Bad Homburg WuM 1985, 321 u 323; str). Eine Klageänderung ist nur dann zu verneinen, wenn sich die verschiedenen Erhöhungsverlangen ausnahmsweise auf denselben Erhöhungszeitpunkt beziehen, weil sie dann denselben Streitgegenstand betreffen (LG Oldenburg ZMR 1983, 34; LG Berlin ZMR 1985, 130 m Anm SCHULTE).

**49d** Aus **§ 139 ZPO** ist weiter zu folgern, daß der Vorsitzende in allen Zweifelsfällen verpflichtet ist, den Vermieter auf die Bedenken gegen die Wirksamkeit seines Erhöhungsverlangens und auf die Möglichkeit der Nachholung eines Erhöhungsverlangens sowie dann nach dieser Nachholung den Mieter auf die Möglichkeit der sofortigen Zustimmung oder Anerkennung mit der Kostenfolge der §§ 91 a und 93 ZPO hinzuweisen. Daraus folgt jedoch nicht, daß das Gericht dem Vermieter außerdem noch bei der **Terminierung** entgegenkommen müßte; stellt sich vielmehr in der mündlichen Verhandlung heraus, daß das Erhöhungsverlangen unwirksam ist und daß die Klage infolgedessen abweisungsreif ist, so hat das Gericht auf Antrag des Beklagten entsprechend zu entscheiden.[38] Es liegt kein Aussetzungsfall vor (§§ 148, 149 ZPO); ebensowenig ist das Gericht verpflichtet, die mündliche Verhandlung zu *vertagen* und einen neuen Verhandlungstermin erst nach Ablauf der Zustimmungsfrist anzusetzen (§ 227 ZPO). Die Parteien haben lediglich die Möglichkeit, nach § 251 ZPO übereinstimmend das Ruhen des Verfahrens zu beantragen. Das Gericht wird dem jedoch nur zustimmen, wenn Aussicht auf eine außergerichtliche Einigung der Parteien besteht.

### 2. Antrag

**50** Die Klage auf Erteilung der Zustimmung des Mieters ist eine **Leistungsklage**, so daß der Antrag auf Abgabe einer Willenserklärung durch den Mieter gerichtet sein muß; mit der Zahlungsklage kann die Zustimmungsklage grundsätzlich nicht verbunden werden (§ 259 ZPO). Der *Antrag* muß gemäß § 253 ZPO bestimmt sein, so daß der Vermieter in der Klage genau angeben muß, um welchen Betrag der Mietzins aus welchem konkreten Mietverhältnis zu welchem Zeitpunkt erhöht werden soll (LG Braunschweig MDR 1984, 1026 = WuM 1985, 318). Ein

---

[38] LG Hamburg WuM 1985, 321 ff; AG Bad Homburg WuM 1985, 323; AG Lübeck WuM 1983, 51; EMMERICH, PiG 13, 57 f; STERNEL Rz III 714, 731; aM BARTHELMESS § 2 MHRG Rz 171.

unbezifferter Antrag ist unzulässig (s LG Freiburg MDR 1975, 60). Sind auf einer oder beiden Seiten *mehrere* Personen beteiligt, so müssen sie außerdem stets gemeinsam klagen oder gemeinsam verklagt werden (LG Hamburg WuM 1973, 186). Die Klage ist schlüssig, wenn der Vermieter substantiiert die Erfüllung aller Tatbestandsmerkmale des § 2 MHRG vorträgt (BVerfGE 53, 352; s Emmerich, PiG 13, S 59 ff; Sternel Rz III 727 ff).

### 3. Beweis

Der Vermieter trägt die Beweislast für **alle Voraussetzungen** des von ihm be- 51
haupteten Anspruchs auf Zustimmung des Mieters zu der gewünschten Vertragsänderung. Besondere Schwierigkeiten bereitet ihm dabei naturgemäß der Beweis der von ihm behaupteten Höhe der ortsüblichen Vergleichsmiete. IdR wird er diesen Beweis freilich schon durch die Bezugnahme auf einen ordnungsgemäß aufgestellten und veröffentlichten Mietspiegel führen können (zu dessen Bedeutung im Prozeß s oben schon Rz 32; s im übrigen eingehend Sternel Rz III 741 ff).

Im Prozeß können beide Parteien ihren **Vortrag** jederzeit in jeder Richtung 52
**ergänzen**, vertiefen und berichtigen. Der Vermieter ist dabei nicht an das Begründungsmittel gebunden, auf das er sein Erhöhungsverlangen gestützt hat. Im Rechtsstreit kann er sich vielmehr auf jedes andere, zulässige Beweismittel stützen; eine Klageänderung liegt hierin nicht.[39] Unklar ist, wie zu entscheiden ist, wenn sich der Antrag des Vermieters lediglich auf die Erhöhung der Nettomiete bezog, durch Urteil der Mieter jedoch irrtümlich zur Zustimmung zur Erhöhung der Bruttomiete verurteilt wird. In solchen Fällen dürfte mit Rücksicht auf die Rechtskraft des Urteils davon auszugehen sein, daß der Vertrag in Zukunft entsprechend dem (falschen) rechtskräftigen Urteil umgestaltet ist (§ 894 ZPO; AG Charlottenburg GE 1988, 257 m Anm Schultz; anders zB AG Charlottenburg GE 1988, 255).

## IX. Fälligkeit

Nach § 2 Abs 4 MHRG idF von 1982 schuldet der Mieter den erhöhten Mietzins 53
nach Erteilung der Zustimmung, sei es freiwillig, sei es durch rechtskräftiges Urteil, vom Beginn des **dritten** Kalendermonats ab, der auf den Zugang des Erhöhungsverlangens folgt. Die Fälligkeit des erhöhten Mietzinses fällt folglich mit dem Beginn der Klagefrist zusammen. Auf den Zeitpunkt, zu dem das Urteil ergeht oder rechtskräftig wird, kommt es nicht an (AG Köln WuM 1984, 134; anders zB AG Braunschweig WuM 1986, 343). Infolgedessen können sich bei längerer Prozeßdauer und Erfolg der Zustimmungsklage ganz erhebliche Rückstände ergeben, mit denen der Mieter sofort in Verzug ist, so daß er dafür Verzugszinsen schuldet (§§ 284 Abs 2, 286 Abs 1, 288 und 289 BGB; LG Köln

[39] BVerfGE 37, 132, 149; 53, 352; BVerfG WuM 1988, 247; BGH LM Nr 3 zu § 24 1. BMietG = NJW 1960, 1248; BayObLG WuM 1985, 53, 54 = ZMR 1985, 100; AG Hagen WuM 1985, 28.

WuM 1979, 195; 1980, 76; AG Köln WuM 1984, 134). Die daraus an sich folgende Kündigungsmöglichkeit des Vermieters (§ 554 BGB) ist jedoch durch § 9 Abs 2 MHRG eingeschränkt worden.

54 Erhebt der Vermieter schuldhaft eine **unbegründete** Mieterhöhungsklage, so kann hierin grundsätzlich keine positive Vertragsverletzung des Vermieters gesehen werden, da die Inanspruchnahme der staatlichen Gerichte zur Durchsetzung vermeintlicher Ansprüche jedermann jederzeit offensteht; eine andere Beurteilung kommt nur in besonders schwerwiegenden Fällen grob leichtfertigen Vorgehens des Vermieters in Betracht (AG Itzehoe gegen AG Hannover WuM 1985, 122).

## § 3 MHRG

**(1) [1]Hat der Vermieter bauliche Maßnahmen durchgeführt, die den Gebrauchswert der Mietsache nachhaltig erhöhen, die allgemeinen Wohnverhältnisse auf die Dauer verbessern oder nachhaltig Einsparungen von Heizenergie bewirken (Modernisierung), oder hat er andere bauliche Änderungen aufgrund von Umständen, die er nicht zu vertreten hat, durchgeführt, so kann er eine Erhöhung der jährlichen Miete um elf vom Hundert der für die Wohnung aufgewendeten Kosten verlangen. [2]Sind die baulichen Änderungen für mehrere Wohnungen durchgeführt worden, so sind die dafür aufgewendeten Kosten vom Vermieter angemessen auf die einzelnen Wohnungen aufzuteilen. [3]Werden die Kosten für die baulichen Änderungen ganz oder teilweise durch zinsverbilligte oder zinslose Darlehen aus öffentlichen Haushalten gedeckt, so verringert sich der Erhöhungsbetrag nach Satz 1 um den Jahresbetrag der Zinsermäßigung, der sich für den Ursprungsbetrag des Darlehens aus dem Unterschied im Zinssatz gegenüber dem marktüblichen Zinssatz für erststellige Hypotheken zum Zeitpunkt der Beendigung der Maßnahme ergibt; werden Zuschüsse oder Darlehen zur Deckung von laufenden Aufwendungen gewährt, so verringert sich der Erhöhungsbetrag um den Jahresbetrag des Zuschusses oder des Darlehens. [4]Ein Mieterdarlehen, eine Mietvorauszahlung oder eine von einem Dritten für den Mieter erbrachte Leistung für die baulichen Änderungen stehen einem Darlehen aus öffentlichen Haushalten gleich. [5]Kann nicht festgestellt werden, in welcher Höhe Zuschüsse oder Darlehen für die einzelnen Wohnungen gewährt worden sind, so sind sie nach dem Verhältnis der für die einzelnen Wohnungen aufgewendeten Kosten aufzuteilen. [6]Kosten, die vom Mieter oder für diesen von einem Dritten übernommen oder die mit Zuschüssen aus öffentlichen Haushalten gedeckt werden, gehören nicht zu den aufgewendeten Kosten im Sinne des Satzes 1. [7]Mittel der Finanzierungsinstitute des Bundes oder eines Landes gelten als Mittel aus öffentlichen Haushalten.**

**(2) Der Vermieter soll den Mieter vor Durchführung der Maßnahmen nach Absatz 1 auf die voraussichtliche Höhe der entstehenden Kosten und die sich daraus ergebende Mieterhöhung hinweisen.**

**(3) [1]Der Anspruch nach Absatz 1 ist vom Vermieter durch schriftliche Erklärung gegenüber dem Mieter geltend zu machen. [2]Die Erklärung ist nur wirksam, wenn**

**in ihr die Erhöhung aufgrund der entstandenen Kosten berechnet und entsprechend den Voraussetzungen nach Absatz 1 erläutert wird.**
**(4) [1]Die Erklärung des Vermieters hat die Wirkung, daß vom Ersten des auf die Erklärung folgenden Monats an der erhöhte Mietzins an die Stelle des bisher zu entrichtenden Mietzinses tritt; wird die Erklärung erst nach dem Fünfzehnten eines Monats abgegeben, so tritt die Wirkung erst vom Ersten des übernächsten Monats an ein. [2]Diese Fristen verlängern sich um drei Monate, wenn der Vermieter dem Mieter die voraussichtliche Mieterhöhung nach Absatz 2 nicht mitgeteilt hat oder wenn die tatsächliche Mieterhöhung gegenüber dieser Mitteilung um mehr als zehn vom Hundert nach oben abweicht.**

**Übersicht**



**Schrifttum:** Blank NJW 1978, 2183; Blümmel GE 1984, 296; Börner Betrieb 1983, Beil Nr 7; Derleder NJW 1975, 1677; WuM 1976, 197; Freund-Barthelmess NJW 1976, 2191; ZMR 1977, 1, 33; Gelhaar ZMR 1978, 164; Gellwitzki ZMR 1978, 225; 1980, 353; Hamm NJW 1979, 2496; Hermes ZMR 1976, 229; Köhler §§ 151–159; Kummer WuM 1981, 145; von Lackum ZMR 1979, 193; Marienfeld ZMR 1978, 38; Mitzkus NJW 1981, 199; W Schilling, Wohnungsmodernisierung mit gemieteten Einrichtungen?, ZMR 1987, 406; Schriever, Berücksichtigung von Aufwendungsersatz gem § 541b Abs 3 BGB bei den Kosten einer Modernisierung, ZMR 1988, 85; Sonnenschein, Das Mieterhöhungsverlangen bei baulichen Änderungen, PiG 13, S 65; Sternel Rz III 761 ff; Warnecke ZMR 1976, 228; Weimar ZMR 1976, 34.
Zur Modernisierung durch den Mieter s bes Gundlach ZMR 1983, 218; Kahlen ZMR 1984, 2; Landfermann NJW 1982, 2344; Schopp ZMR 1982, 353; Sternel Rz II 220 ff; ders, Mietermodernisierung, PiG 16, S 105 = WuM 1984, 287, 315.

## I. Zweck

**1** § 3 MHRG, der letztmalig 1978 geändert worden ist, bezweckt in erster Linie die umfassende Modernisierung des zum Teil erheblich überalterten Wohnungsbestandes.[1] Der Zweck des § 3 MHRG, dessen Verwirklichung im öffentlichen

[1] Vgl OLG Hamburg OLGZ 1981, 367; WuM 1983, 13, 16 = 3 und 11 in RE Miet; OVG Berlin ZMR 1978, 62; 1978, 189; GE 1984, 333.

Interesse liegt, deckt sich daher weithin mit dem des Modernisierungs- und Energieeinsparungsgesetzes (**ModEnG**) vom 12. 7. 1978 (BGBl I 993). Darüber hinaus steht die Regelung des § 3 MHRG auch sachlich in engstem Zusammenhang mit der des ModEnG. Hinzuweisen ist insoweit vor allem auf die allgemein zugleich für § 3 MHRG übernommenen Definitionen der §§ 3 und 4 ModEnG sowie auf die unmittelbar auf den §§ 2 und 3 MHRG aufbauende Mietpreisbindung nach den §§ 14 bis 16 ModEnG im Falle der Förderung von Modernisierungsmaßnahmen durch öffentliche Mittel (s Mietrecht § 3 MHRG Rz 7 ff m Nachw).

## II. Duldungspflicht

2 **1.** Bauliche Maßnahmen der in § 3 MHRG bezeichneten Art werden häufig in die dem Mieter überlassene Wohnung eingreifen, so daß sich die Frage stellt, ob der Mieter zur Duldung der fraglichen Maßnahmen verpflichtet ist. Diese Frage beurteilt sich nicht nach § 3 MHRG, sondern allein nach den §§ 541 a und 541 b BGB. Will der Mieter die Durchführung der Modernisierungsmaßnahmen nicht hinnehmen, so ist der Vermieter folglich in jedem Fall genötigt, zuvor gegen den Mieter auf **Duldung** nach den §§ 541 a und 541 b BGB zu **klagen** (OLG Hamm OLGZ 1981, 329 = NJW 1981, 1622 = WuM 1981, 129; KG NJW-RR 1988, 1420 = WuM 1988, 389). Sobald jedoch der Mieter die Durchführung der Maßnahmen tatsächlich einmal geduldet hat, kann er sich später nach Treu und Glauben nicht mehr darauf berufen, an sich nicht zur Duldung verpflichtet gewesen sein (so LG Hamburg WuM 1979, 170).

3 **2.** Umstritten war früher, ob die Erfüllung der Voraussetzungen der §§ 541 a und 541 b BGB für die Anwendung des § 3 MHRG genügt (sog Duldungstheorie) oder ob darüber hinaus eine Zustimmung des Mieters zu den Modernisierungsmaßnahmen erforderlich ist (sog Zustimmungstheorie), weil und soweit durch die vom Vermieter geplanten Maßnahmen der Leistungsgegenstand und damit der Vertrag geändert werden (§ 305 BGB). Dieser Streit ist mittlerweile im Interesse einer möglichst unbehinderten, umfassenden Wohnungsmodernisierung zugunsten der **Duldungstheorie** und gegen die weitergehende Zustimmungstheorie entschieden. Das bedeutet, daß der Vermieter wegen der Modernisierungsmaßnahmen eine Mietzinserhöhung vom Mieter grundsätzlich in **zwei** Fällen verlangen kann, zunächst wenn der Mieter der Modernisierung tatsächlich zugestimmt hat, sodann aber auch, wenn der Mieter nur zur Duldung nach § 541 b BGB verpflichtet war. Im zweiten Fall muß freilich beachtet werden, daß die Duldungspflicht des Mieters die rechtzeitige Mitteilung der Maßnahmen nach § 541 b Abs 2 S 2 BGB voraussetzt (s eingehend o § 541 b BGB Rz 11 b). Fehlt eine solche Mitteilung, so entfällt folglich mit der Duldungspflicht des Mieters zugleich das Recht der Vermieters zur Mietzinserhöhung nach § 3 MHRG. Auf die Mitwirkung des Mieters kommt es hingegen in keinem Fall an; entscheidend ist vielmehr immer

nur, ob er zugestimmt hat oder ob er nach § 541 b BGB zur Duldung verpflichtet war.[2]

### III. Voraussetzungen

#### 1. Bauherr

§ 3 MHRG ist nur anwendbar, wenn die fraglichen Maßnahmen vom Vermieter stammen. Bauherr muß maW in jedem Fall der **Vermieter** sein. § 3 MHRG ist hingegen unanwendbar, wenn die Maßnahmen von *Dritten* (wenn auch letztlich auf Kosten des Vermieters) durchgeführt werden (str). § 3 MHRG gilt daher weder für Modernisierungsmaßnahmen des Mieters (BayObLGZ 1981, 214 = NJW 1981, 2259 = WuM 1981, 208 = 6 in RE Miet) noch für Maßnahmen der öffentlichen Hand wie zB Erschließungsmaßnahmen, selbst wenn deren Kosten nachträglich auf den Vermieter umgelegt werden (OLG Hamm NJW 1983, 2331; LG Hildesheim WuM 1985, 340). Außerdem ist erforderlich, daß der Bauherr im Augenblick der Durchführung der Maßnahmen bereits Vermieter war. § 3 MHRG findet daher keine Anwendung, wenn der Grundstückserwerber noch vor seiner Eintragung im Grundbuch (s § 571 BGB und dazu o § 571 BGB Rz 9) und damit vor Eigentumserwerb die Maßnahmen durchführt, weil er in diesem Augenblick noch nicht Vermieter ist (AG Hamburg WuM 1987, 30; 1987, 356). 4

#### 2. Baumaßnahmen

§ 3 MHRG gilt außerdem nur für *bauliche* Maßnahmen und Änderungen des Vermieters. Die Anwendung des § 3 MHRG setzt folglich stets voraus, daß in bezug auf die Wohnung, das Haus oder das ganze Grundstück ein neuer, baulicher Zustand geschaffen wird, der zumindest wirtschaftlich in sachlichem Zusammenhang mit dem Mietgebrauch steht, wobei von den Legaldefinitionen der §§ 3 und 4 ModEnG ausgegangen werden kann (OLG Hamm NJW 1983, 2331 = WuM 1983, 287 = 34 in RE Miet). Unanwendbar ist § 3 MHRG hingegen auf bloße, vom Vermieter angebrachte **Einrichtungen und Ausstattungen**, wenn und solange sie frei beweglich bleiben oder doch jederzeit wieder entfernt werden können, weil es dann an dem erforderlichen, neuen, baulichen Zustand fehlt (vgl für die Auswechslung technischer Geräte AG Kiel WuM 1977, 171; anders aber im Rahmen des § 5 WiStG für die nachträgliche Möblierung der Wohnung durch den Vermieter LG Mannheim WuM 1987, 362; s Schilling ZMR 1987, 406). 5

---

[2] Grdl KG GE 1988, 993 m Anm Blümmel 963 = NJW-RR 1988, 1420 = WuM 1988, 389 = ZMR 1988, 422 m Anm Schultz 460; OLG Hamburg OLGZ 1981, 340 = NJW 1981, 2066 = WuM 1981, 127 = 2 in RE Miet; OLG Hamm OLGZ 1981, 329 = 8 in RE Miet; OLG Karlsruhe NJW 1984, 62 = WuM 1983, 314 = 29 in RE Miet, alle im Anschluß an den Bericht der BReg, BT-Drucks 8/2610, 13 f; anders Voraufl Rz 3; s Emmerich JuS 1981, 767.

### 3. Modernisierung

6 § 3 Abs 1 S 1 MHRG unterscheidet im Anschluß an die §§ 3 und 4 ModEnG Modernisierungsmaßnahmen und andere bauliche Änderungen sowie innerhalb der Modernisierungsmaßnahmen weiter Maßnahmen der Gebrauchswerterhöhung, der Verbesserung der Wohnverhältnisse und der Einsparung von Heizenergie.

7 **a)** Modernisierungsmaßnahmen fallen zunächst unter § 3 MHRG, wenn es sich um Baumaßnahmen des Vermieters (oben Rz 4 f) handelt, die den **Gebrauchswert** der Mietsache **nachhaltig erhöhen**, wobei wegen der Einzelheiten auf die §§ 3 und 4 ModEnG zu verweisen ist. Aus diesen Vorschriften folgt, daß der Begriff der Gebrauchswerterhöhung weit auszulegen ist.[3] Er umfaßt daher sämtliche Maßnahmen des Vermieters, durch die die Nutzbarkeit der Wohnung als solche für den Mieter verbessert wird, weil das Wohnen bequemer, sicherer, gesünder oder angenehmer wird. Die Gebrauchswerterhöhung muß aber *nachhaltig*, dh von Dauer und eindeutig spürbar sein, so daß ganz geringfügige Erhöhungen des Gebrauchswerts auszuscheiden haben. Dabei ist ein objektiver Maßstab anzulegen, so daß es auf die Einstellung des einzelnen, konkret betroffenen Mieters nicht ankommt (zB LG München I WuM 1989, 27). Jedoch muß in jedem Fall *Nutznießer* der Maßnahmen der Mieter bleiben. Maßnahmen, die allein dem Vermieter zu Gute kommen, fallen in keinem Fall unter § 3 MHRG, so daß zB eine Umstellung der Heizungsanlage nicht zu einer Gebrauchswerterhöhung führt, wenn der Betrieb der Anlage allein dem Vermieter obliegt.[4] Ebenso zu beurteilen sind Maßnahmen, durch die lediglich die Nutzfläche der Wohnung vergrößert wird; auch sie enthalten keine Erhöhung des Gebrauchswerts der Wohnung für den Mieter (LG Kiel WuM 1977, 120; 1977, 125; VG Berlin GE 1984, 339). Dasselbe gilt schließlich für die bloße Restaurierung einer schönen alten Fassade (AG Köln WuM 1987, 31).

8 Innerhalb der so verstandenen Modernisierungsmaßnahmen unterscheidet das Gesetz nicht weiter zwischen notwendigen, nützlichen und Luxusmaßnahmen, so daß grundsätzlich auch die letzteren die Folgen des § 3 MHRG auslösen können (Problem der Luxusmodernisierung; s dazu auch unten Rz 17 aE). Eine Aufzählung der wichtigsten, hiernach vom Gesetz erfaßten Modernisierungsmaßnahmen findet sich in § 4 Abs 1 ModEnG. **Beispiele** sind der Ersatz einfach verglaster Fenster durch Doppelfenster oder durch eine sonstige Isolierverglasung (OLG Celle WuM 1981, 151 = 1 in RE Miet; LG Oldenburg WuM 1980, 86; OVG Berlin GE 1988, 951; enger AG Charlottenburg GE 1988, 951), der Einbau einer Zentralheizung oder einer Warmwasserversorgungsanlage (OVG Berlin WuM 1974, 90; ZMR 1978, 62), eine Umstellung der Heizung, sofern damit Vorteile für den Mieter verbunden sind (LG München I WuM 1989, 27), eine Verbesserung des Wohnungszuschnitts (OVG Berlin GE 1988, 951), der Anbau eines Balkons

---

[3] KG OLGZ 1966, 149; LG Hamburg MDR 1974, 494; s im übrigen oben §§ 541 a, 541 b Rz 5 ff m Nachw.

[4] KG OLGZ 1966, 149; OVG Berlin WuM 1974, 90; LG Hamburg MDR 1974, 494; aM zB BVerwGE 27, 202; BVerwG ZMR 1976, 304.

oder der Einbau einer Gegensprechanlage und einer Gemeinschaftsantenne (LG München I WuM 1989, 27), weiter der Einbau von Bädern oder Toiletten sowie die Verlegung besserer Bodenbeläge (OVG Berlin GE 1984, 333 ff), stärkerer Steigleitungen oder von Leitungen mit höheren Anschlußwerten (OVG Berlin ZMR 1978, 189). Weitere Beispiele sind die Aufstellung von Müllboxen und die Betonierung der Hoffläche (OVG Berlin GE 1984, 333 m Anm Blümmel 296 m Nachw), **nicht** jedoch der Einbau einer Steuerungsanlage für die Heizung (VG Berlin GE 1984, 337) oder die Beleuchtung von Hof, Keller und Treppen, weil der Vermieter dazu ohnehin verpflichtet ist (VG Berlin GE 1984, 339). Bei dem Einbau eines Fahrstuhls kommt es schließlich auf die Umstände des Einzelfalles an (OVG Berlin GE 1984, 333).

**b**) Baumaßnahmen berechtigen den Vermieter außerdem dann zur Mietzinserhöhung, wenn sie eine dauernde **Verbesserung der allgemeinen Wohnverhältnisse** zur Folge haben. Nach § 4 Abs 2 ModEnG fallen darunter insbes die Anlage und der Ausbau von nicht öffentlichen Gemeinschaftsanlagen wie Kinderspielplätzen, Grünanlagen, Stellplätzen und anderen Verkehrsanlagen. Weitere Beispiele sind der Anschluß an die Kanalisation oder an Versorgungsleitungen, der Anschluß an das Breitbandkabelnetz der Bundespost (str, s oben § 541 b BGB Rz 5 a; anders zuletzt AG Hanau WuM 1989, 189), der Bau von Garagen, der Einbau einer Waschküche sowie die Beseitigung störender Nebengebäude oder Mauern. 9

**c**) Seit 1978 erfaßt § 3 schließlich alle Maßnahmen, die nachhaltig **Einsparungen von Heizenergie** bewirken (ebenso § 3 Abs 2 ModEnG). Eine Aufzählung solcher Maßnahmen findet sich in § 4 Abs 3 ModEnG sowie in der auf der Grundlage des § 6 Abs 3 ModEnG 1978 abgeschlossenen Verwaltungsvereinbarung, der ein Katalog energiesparender Maßnahmen beigefügt ist (abgedruckt in Mietrecht § 3 MHRG Rz 35 e). Aus diesen Beispielskatalogen folgt vor allem, daß die Anwendung des § 3 MHRG auf energiesparende Maßnahmen nicht voraussetzt, daß durch sie zugleich der Wohnwert der einzelnen Wohnungen erhöht wird. Die erzielten Einsparungen müssen aber nachhaltig, dh von Dauer und wesentlich sein, so daß eine bloße Energieeinsparung von lediglich 5% in keinem Fall als Grundlage für eine Mietzinserhöhung nach § 3 MHRG ausreicht (AG Köln WuM 1986, 344). Weiter ist erforderlich, daß die erzielten Einsparungen wenigstens mittelbar dem Mieter zugute kommen, da Kostensenkungen, die allein dem Vermieter nutzen, eine Mietzinserhöhung für den Mieter nach § 3 MHRG nicht zu rechtfertigen vermögen (str). Die Maßnahmen müssen überhaupt wirtschaftlich vertretbar sein, so daß die Mietzinserhöhung nicht außer Verhältnis zu der Energieeinsparung stehen darf. Diese Grenze ist jedenfalls überschritten, wenn die Mietzinserhöhung die erzielte Energieeinsparung um 20% übersteigt.[4a] Je nach den Umständen des Falles können aber die Umstellung der Heizung von Öl auf Gas oder die Verbesserung der Hausfassade unter § 3 MHRG fallen, wenn mit diesen Maßnahmen erhebliche Energieeinsparungen verbunden sind (LG Berlin GE 1989, 41; AG Rheine WuM 1987, 127). 10

**d**) Von den Modernisierungsmaßnahmen müssen vor allem die **Instandsetzungs-** 11

[4a] OLG Karlsruhe OLGZ 1985, 252 = WuM 1985, 17 = ZMR 1984, 411 = GE 1984, 1079; zust. KG GE 1986, 231 = ZMR 1986, 119; LG Freiburg WuM 1985, 340.

**maßnahmen** unterschieden werden, da deren Kosten den Vermieter nach § 536 BGB treffen (ebenso § 3 Abs 3 und 4 ModEnG; LG Oldenburg WuM 1980, 86; AG Darmstadt WuM 1982, 299). Keine Modernisierungsmaßnahmen sind daher *zB* die Erneuerung des Hausanstrichs (AG Bremerhaven WuM 1980, 14; AG Köln WuM 1987, 31), der Anstrich des Treppenhauses, sonstige Schönheitsreparaturen, die Erneuerung des Daches oder der elektrischen Anlagen (AG Darmstadt WuM 1977, 213), die Beleuchtung von Hof, Keller und Treppen (VG Berlin GE 1984, 339; s oben Rz 8) sowie die Ersetzung verrotteter Fenster durch neue Fenster (LG Oldenburg WuM 1980, 86; AG Darmstadt WuM 1982, 299). Das schließt nicht aus, daß im Einzelfall Instandsetzungs- und Modernisierungsmaßnahmen zusammenfallen können. Für die Anwendung des § 3 MHRG ist dann eine Aufteilung der Kosten erforderlich (s unten Rz 16).

### 4. Andere bauliche Änderungen

12 § 3 MHRG gilt schließlich noch für solche baulichen Änderungen, die auf Umständen beruhen, die der Vermieter nicht zu vertreten hat. Gedacht ist hierbei vor allem an solche Maßnahmen, die auf behördlichen Anordnungen beruhen und die auch ein sorgfältiger Vermieter weder voraussehen noch vermeiden konnte.[5] *Beispiele* sind Modernisierungsgebote nach § 39 e BBauG, die Umstellung von Stadtgas auf Erdgas, die nachträgliche Verkabelung von Freileitungen, der nachträgliche Einbau der Kanalisation (LG Wiesbaden WuM 1982, 77; LG München II WuM 1985, 66 m Anm Winterfeld), der Einbau von Grenzwertgebern in Öltanks oder von Sicherheitstüren in Fahrstühlen sowie der Ausbau von Zufahrtswegen, Kinderspielplätzen und Parkplätzen. Überflüssige und vermeidbare bauliche Änderungen hat der Vermieter freilich ebenso zu vertreten (iS eines Verschuldens gegen sich selbst) wie solche Maßnahmen, zu deren Vornahme er dem Mieter gegenüber vertraglich verpflichtet ist (s unten Rz 16; Sonnenschein 73).

## IV. Erhöhungsbetrag

13 **1.** Nach Durchführung der baulichen Maßnahmen hat der Vermieter die **Wahl**, ob er nach § 2 oder nach § 3 MHRG vorgeht (s oben Vorbem 15 zu § 1 MHRG; OLG Hamm WuM 1983, 17 = ZMR 1983, 102). Wenn sich der Vermieter für die Mietzinserhöhung nach § 3 MHRG entschieden hat, ist die Folge, daß er in der Zukunft den einheitlichen, erhöhten Mietzins nur noch nach § 2 MHRG durch Vergleich der Miete mit dem Mietzins für renovierte Wohnungen erhöhen kann; ein gesonderter Zuschlag für die Renovierung scheidet dann für die Zukunft aus (LG Hamburg WuM 1985, 339; 1989, 82). Wählt er hingegen für den Weg nach § 2 MHRG, so kann er anschließend den bereits erhöhten Mietzins nicht nochmals nach § 3 MHRG erhöhen, sofern er seinem Erhöhungsverlangen nach § 2 MHRG bereits die Vergleichsmiete für modernisierten Wohnraum zugrundege-

---

[5] OLG Hamburg MDR 1975, 493; LG Hamburg MDR 1974, 759; Blümmel GE 1984, 296 f; LG München II WuM 1985, 66 m Anm Winterfeld.

legt hat (LG Dortmund WuM 1985, 339); nur wenn er von der Vergleichsmiete für nicht modernisierten Wohnraum ausgegangen ist, ist folglich anschließend noch Raum für eine Mietzinserhöhung nach § 3 MHRG (OLG Hamm WuM 1983, 17 = ZMR 1983, 102). Ergänzend sind jedoch in jedem Fall die §§ 14 und 15 ModEnG zu beachten, die bei Förderung der Maßnahmen durch öffentliche Mittel eine (vertragliche) Mietpreisbindung zur Folge haben (s oben Rz 1).

**2.** Geht der Vermieter nach § 3 MHRG vor, so kann er eine Erhöhung der **jährlichen Miete** um **11%** der aufgewandten Kosten verlangen. Mit der jährlichen Miete ist dabei der insgesamt im letzten Jahr vom Mieter gezahlte Mietzins und nicht etwa der zwölffache Betrag des im letzten Monat vor der Modernisierung gezahlten Mietzinses gemeint (str). 14

**3.** Berücksichtigungsfähig sind außerdem nur die dem Vermieter **tatsächlich entstandenen Baukosten** einschließlich der Baunebenkosten, und zwar in ihrer Gesamtheit.[6] *Nicht* dazu gehören die Finanzierungskosten des Vermieters (OLG Hamburg OLGZ 1981, 367 = NJW 1981, 2820 = 3 in RE Miet), bei einer Fenstermodernisierung auch nicht die Kosten für ein Gerüst sowie für den Architekten (AG Hamburg WuM 1985, 341), die Aufwendungen des Mieters aus Anlaß der Baumaßnahmen, die der Vermieter ersetzen muß (§ 541 b Abs 3 BGB, str), vom Mieter oder von Dritten für den Mieter übernommene Kosten sowie namentlich alle Kosten, die mit Zuschüssen aus öffentlichen Haushalten gedeckt werden (§ 3 Abs 1 S 5 und 7 MHRG). 15

Sind die Modernisierungsmaßnahmen mit **Instandsetzungsmaßnahmen** verbunden (oben Rz 11), zB bei der Ersetzung alter, verrotteter, einfacher Fenster durch moderne Isolierverglasung, so müssen die Gesamtkosten im Wege der Schätzung auf die Verbesserungs- und die Instandsetzungsmaßnahmen aufgeteilt werden. Im Rahmen des § 3 MHRG durch Abzug zu berücksichtigen sind dann freilich nur diejenigen auf die Instandsetzungsmaßnahmen entfallenden Kosten, die im Augenblick der Vornahme der Modernisierungsmaßnahmen bereits *fällig* waren. Nicht abzuziehen sind hingegen, jedenfalls nach hM, die nur fiktiven, ersparten, zukünftigen Reparaturkosten, etwa bei der Ersetzung an sich noch brauchbarer, alter Fenster durch moderne, weit bessere Fenster.[7] Dem ist jedoch nicht zu folgen, weil dadurch die Gefahr begründet wird, daß der Vermieter Reparaturmaßnahmen vorzieht, um sie alsdann als Verbesserungsmaßnahmen auf Kosten des Mieters durchführen zu können. 16

Aus der Treuepflicht des Vermieters gegenüber dem Mieter (§ 242 BGB) folgt, daß der Vermieter nicht befugt ist, auf Kosten des Mieters einen unnötigen und 16a

---

[6] OLG Hamburg OLGZ 1981, 367 = NJW 1981, 2820 = WuM 1981, 152 = 3 in RE Miet; OVG Berlin WuM 1974, 90; ZMR 1978, 63; 1978, 189; GE 1984, 333.

[7] OLG Hamm OLGZ 1981, 329 = NJW 1981, 1622 = WuM 1981, 129 = 8 in RE Miet; OLG Hamburg WuM 1983, 13, 16 = ZMR 1983, 309 = 11 in RE Miet; OLG Celle WuM 1981, 151 = 1 in RE Miet; LG Dortmund ZMR 1979, 281; 1980, 249; LG Hamburg MDR 1978, 935; 1981, 1021; zust zB Barthelmess § 3 MHRG Rz 47; s Emmerich JuS 1981, 767; Kummer WuM 1981, 145.

**übertriebenen Aufwand** zu treiben (o Rz 12), so daß immer nur die üblichen, vernünftigen und angemessenen Kosten auf den Mieter umgelegt werden dürfen (LG Hamburg WuM 1986, 344; AG Hamburg WuM 1986, 344). Daraus ergibt sich jedoch nicht die Pflicht des Vermieters, die fraglichen Baumaßnahmen stets zuvor auszuschreiben (LG Hamburg aaO). Außerdem kann die Verwendung von Mahagoniholz nicht in jedem Fall als Luxus bezeichnet werden, da mit ihr erhebliche Vorteile verbunden sein können (LG Hamburg aaO).

**17** **4.** In **Mehrfamilienhäusern** werden die baulichen Maßnahmen idR gleichzeitig mehrere oder sogar alle Wohnungen betreffen. Für diesen Fall bestimmt S 2 des § 3 Abs 1 MHRG, daß die umlagefähigen Kosten vom Vermieter angemessen auf die einzelnen Wohnungen aufzuteilen sind. Die Kosten müssen folglich auf alle begünstigten Mieter, nicht nur auf einzelne von ihnen, umgelegt werden, und zwar angemessen, dh nach billigem Ermessen (§ 315 BGB). Im Zweifel wird sich die Aufteilung dabei nach der Wohnfläche zu richten haben; jedoch kommen auch andere Kriterien in Betracht, etwa wenn einzelne Wohnungen stärker als andere von den fraglichen Maßnahmen profitieren (LG Frankfurt WuM 1983, 115; AG München WuM 1986, 91; s auch unten Rz 21).

**18** **5.** Sind die Kosten des Vermieters durch **Zuschüsse** oder **Darlehen Dritter** und insbesondere der öffentlichen Hand verbilligt worden (vgl insbes § 13 ModEnG), so darf der Vermieter die auf diese Weise ersparten Kosten nicht auf die Mieter umlegen. Deshalb müssen, damit die Mieter gleichfalls in den Genuß derartiger Zuschüsse und Darlehen kommen, von den Baukosten bestimmte Kürzungsbeträge abgezogen werden, selbst wenn der Vermieter nicht nach § 3, sondern nach § 2 MHRG vorgeht (§§ 2 Abs 1 S 2 und 3 Abs 2 S 3–7 MHRG).

**19** Eine Kürzung kommt zunächst in Betracht, wenn die Kosten ganz oder teilweise durch zinsverbilligte oder zinslose Darlehen aus öffentlichen Haushalten oder der Finanzierungsinstitute des Bundes oder eines Landes gedeckt werden (§ 3 Abs 1 S 3 und 7 MHRG). Dasselbe gilt, wenn Zuschüsse oder Darlehen zur Deckung der laufenden Aufwendungen gewährt werden (§ 3 Abs 1 S 3 HS 2 MHRG). Ebenso zu behandeln sind schließlich Mieterdarlehen, Mietvorauszahlungen und Leistungen, die von Dritten wie zB von einem Arbeitgeber für den Mieter für die baulichen Änderungen erbracht werden (S 4 des § 3 Abs 1 MHRG). Die **Berechnung** des Kürzungsbetrages ist dabei immer dieselbe: Es muß zunächst der jährliche Erhöhungsbetrag (s oben Rz 15 f) ermittelt werden; davon ist dann der jährlich vom Vermieter tatsächlich *absolut* ersparte Betrag infolge der Zinsverbilligung oder der Zuschüsse abzuziehen. Der Rest kann auf die Mieter umgelegt werden.

**20** Ist die Finanzierung für die einzelnen Wohnungen unterschiedlich erfolgt, so muß der Erhöhungsbetrag **für jede Wohnung gesondert** berechnet werden. Deshalb ist es nötig, grundsätzlich für jede einzelne Wohnung gesondert festzustellen, wie hoch die jeweiligen Darlehen und Zuschüsse sind. Nur wenn dies nicht möglich ist, sind die Kürzungsbeträge nach S 5 des § 3 Abs 1 MHRG nach dem Verhältnis der für die einzelnen Wohnungen aufgewandten Kosten aufzuteilen (s oben Rz 18). Eine weitere Kürzung des schließlich zu zahlenden, neuen Mietzinses kann sich noch ergeben, wenn der Mieter vor Durchführung der Maßnahmen an sich zur *Minderung* berechtigt war, der Mietzins aber bisher tatsächlich noch nicht gemindert worden war. Bestehen dann die Mängel auch nach der Durchführung der Maßnahmen fort, so ist die zunächst nach § 3 MHRG erhöhte Miete anschließend wieder gemäß § 537 Abs 1 BGB zu mindern (BGH LM Nr 9 zu § 18 1. BMietG; LG Mannheim WuM 1978, 95).

**6.** Der Erhöhungssatz beträgt seit dem 1. 7. 1978 **11%** der berücksichtigungsfähi- 21
gen Kosten abzüglich der Kürzungsbeträge. Eine Kappungsgrenze besteht dabei an sich nicht, so daß der erhöhte Mietzins durchaus das Niveau der ortsüblichen Vergleichsmiete überschreiten kann. Eine *Obergrenze* ergibt sich indessen aus den Wucherverboten des § 302 a StGB und des § 5 WiStG.[8] Die praktische Bedeutung der Streitfrage ist freilich seit der Änderung des § 5 WiStG von 1982 nur noch gering (s oben Vorbem 68 zu §§ 535, 536 BGB). – Eine **Befristung** der Mietzinserhöhung sieht das Gesetz nicht vor, so daß der Vermieter den nach § 3 erhöhten Mietzins selbst dann noch verlangen kann, wenn die Baumaßnahmen längst bezahlt sind.

## V. Verfahren

Während § 2 MHRG dem Vermieter lediglich einen Anspruch auf Zustimmung 22
des Mieters zu einer Vertragsänderung gibt, verleiht § 3 MHRG ebenso wie die §§ 4 und 5 des Gesetzes dem Vermieter ein **Gestaltungsrecht**, durch dessen Ausübung er ohne Mitwirkung des Mieters einseitig den Mietzins erhöhen kann. Dieses Gestaltungsrecht wird durch die sog Erhöhungserklärung ausgeübt, der außerdem grundsätzlich ein Hinweis des Vermieters auf die voraussichtliche Höhe der entstehenden Kosten und die sich daraus ergebende Mieterhöhung vorausgehen soll (§ 3 Abs 2 MHRG).

### 1. Hinweispflicht

Nach § 3 Abs 2 MHRG soll der Vermieter den Mieter *vor* Durchführung der 23
Baumaßnahmen auf die voraussichtliche Höhe der entstehenden Kosten und die sich daraus ergebende Mieterhöhung hinweisen. Zweck dieser Regelung ist es, dem Mieter eine sachgerechte Ausübung seines besonderen Kündigungsrechts aus § 9 Abs 1 S 2 MHRG zu ermöglichen (OLG Hamburg WuM 1983, 13, 14 = 11 in RE Miet). Deshalb muß der Hinweis **vor Beginn** der Baumaßnahmen erfolgen, und zwar innerhalb angemessener **Frist**, für deren Länge der vergleichbare § 541 b Abs 2 S 1 BGB im Einzelfall einen Anhalt zu geben vermag. Eine besondere **Form** ist für den Hinweis nicht vorgeschrieben, so daß sogar ein mündlicher Hinweis ausreicht. Er muß jedoch stets, um wirksam zu sein, sowohl die voraussichtliche Höhe der entstehenden Baukosten als auch die sich daraus ergebende Mieterhö-

[8] Str, wie hier OLG Karlsruhe WuM 1983, 314 = 29 in RE Miet; AG Tiergarten GE 1989, 155, aM insbes OLG Hamm WuM 1983, 18 = NJW 1983, 1915 = 26 in RE Miet.

hung, und zwar möglichst exakt, umfassen, damit der Mieter abschätzen kann, was auf ihn zukommt (AG Recklinghausen WuM 1982, 78). Ein *Verstoß* des Vermieters gegen die Hinweispflicht hat freilich grundsätzlich nur zur Folge, daß sich die Fälligkeit des erhöhten Mietzinses um drei Monate verschiebt (s unten Rz 30), so daß die Hinweispflicht überwiegend als bloße Obliegenheit des Vermieters bezeichnet wird (OLG Hamburg aaO; OLG Hamm WuM 1983, 287 = 34 in RE Miet). Dies ändert jedoch nichts daran, daß ein schuldhafter Verstoß des Vermieters gegen die Hinweispflicht zugleich eine positive Vertragsverletzung darstellen kann.

## 2. Erhöhungserklärung

**24** **a)** Nach § 3 Abs 3 MHRG ist der Anspruch auf Mietzinserhöhung wegen Baumaßnahmen vom Vermieter durch schriftliche Erklärung gegenüber dem Mieter geltend zu machen. Dies kann, da der Anspruch auf den erhöhten Mietzins erst nach Durchführung der Baumaßnahmen entsteht, ebenfalls erst *nach Abschluß* der Baumaßnahmen geschehen (OLG Hamburg WuM 1983, 13 = 11 in RE Miet). Eine vorher abgegebene Erklärung ist unwirksam, kann aber jederzeit nach Abschluß der Maßnahmen wiederholt werden (BayObLG ZMR 1972, 26).

**25** **b)** Die Erhöhungserklärung ist eine einseitige, empfangsbedürftige Willenserklärung, für die **Schriftform** vorgeschrieben ist (§§ 126, 130 BGB iVm § 8 MHRG; BGH LM Nr 26/27 zu § 18 1. BMietG = NJW 1970, 1078) und die gegenüber allen Mietern abgegeben werden muß, wofür eine gegenseitige Bevollmächtigung der Mieter durch Formularvertrag grundsätzlich ausreicht (§ 9 Abs 2 AGBG; LG Kiel WuM 1986, 371). Die Erklärung muß auf die Erhöhung des Mietzinses wegen der Durchführung bestimmter Baumaßnahmen gerichtet sein, den Willen des Vermieters erkennen lassen, fortan einen bestimmten, höheren Mietzins zu fordern, und außerdem nach S 2 des § 3 Abs 3 MHRG begründet sein.

**26** Erster und wichtigster Bestandteil der **Begründung** der Erhöhungserklärung ist die **Berechnung** des auf die einzelne Wohnung entfallenden Erhöhungsbetrages. Die Berechnung muß dabei von den Gesamtkosten der Baumaßnahme ausgehen und diese auf die einzelnen, durchgeführten Maßnahmen aufschlüsseln. Außerdem muß die Begründung Aufschluß über die Finanzierung der Maßnahmen geben. Schließlich ist aus den genannten Angaben in übersichtlicher und für den Mieter ohne weiteres verständlicher Weise der auf die einzelnen Wohnungen entfallende Erhöhungsbetrag abzuleiten, wobei der jeweils angewandte Verteilungsschlüssel zu nennen ist.[9] Zur Überprüfung der Berechnung hat der Mieter dabei ein Recht auf **Einsicht** in die bei dem Vermieter liegenden Belege.[10] Schließlich muß in der Erhöhungserklärung noch der auf den einzelnen Mieter

---

[9] S BGH LM Nr 8, 13 und 26/27 zu § 18 1. BMietG; LG Hagen WuM 1978, 242; LG Hamburg WuM 1973, 64; 1976, 236; LG Frankfurt WuM 1983, 115; LG Köln WuM 1989, 308.

[10] S LG Hamburg WuM 1976, 236; LG Kassel MDR 1965, 140; LG Münster ZMR 1972, 214.

entfallende Erhöhungsbetrag selbst genau als Ergebnis der Berechnung genannt werden (str).

Der zweite Bestandteil der nach S 2 des § 3 Abs 3 MHRG erforderlichen Begründung ist die **Erläuterung** der Erhöhungserklärung entsprechend den Voraussetzungen nach Abs 1. Gemeint ist damit die Erläuterung und Begründung der durchgeführten Maßnahmen im einzelnen (LG Hamburg WuM 1982, 247). **27**

**c)** Verstößt die Erhöhungserklärung gegen die genannten Anforderungen, so ist sie unwirksam und löst keinerlei Rechtsfolgen aus. Hatte der Mieter schon zuvor vorläufig einen erhöhten Mietzins gezahlt, so kann er diesen folglich jetzt zurückfordern, da für die Zahlungen ein Rechtsgrund fehlte (§ 812 Abs 1 S 1 BGB; LG Köln WuM 1985, 341). Der Vermieter kann die Erhöhungserklärung aber jederzeit *nachholen*. Auch hindert den Mieter nichts, sich auf eine unwirksame Erhöhungserklärung hin mit dem Vermieter über eine Mietzinserhöhung zu einigen.[11] Verzögert der Vermieter die Erhöhungserklärung, so kann das Recht verwirkt sein (LG Hamburg WuM 1989, 308). **28**

## VI. Fälligkeit

Ist die Erhöhungserklärung wirksam, so wird der Mietzins von dem in § 3 Abs 4 S 1 MHRG bestimmten Zeitpunkt ab erhöht, wobei das Gesetz danach unterscheidet, ob dem Mieter die Erhöhungserklärung bis zum Ende des 15. Tages eines Monates oder danach zugeht. Nach S 2 des § 3 Abs 4 MHRG wird die Fälligkeit darüberhinaus um weitere 3 Monate hinausgeschoben, wenn der Vermieter gegen seine Hinweispflicht verstoßen hat (s oben Rz 24). **29**

## VII. Klage

Wenn der Mieter trotz des Vorliegens der Voraussetzungen des § 3 MHRG den erhöhten Mietzins nicht freiwillig zahlt, muß der Vermieter Zahlungsklage erheben. Zuständig ist das Amtsgericht nach § 29a ZPO. Die **Beweislast** für sämtliche Voraussetzungen des Erhöhungsrechts trägt dabei der Vermieter (AG Dillingen WuM 1982, 300; LG Hamburg ZMR 1988, 183 Nr 20). **30**

## VIII. Abweichende Vereinbarungen

§ 3 MHRG ist nach § 10 Abs 1 des Gesetzes zwingend, so daß Vereinbarungen, die zum Nachteil des Mieters von § 3 MHRG abweichen, unwirksam sind (s BGH LM Nr 10 zu § 18 1. BMietG = NJW 1963, 205; LG Osnabrück WuM 1978, 10; SONNENSCHEIN 79). Das gilt aber immer nur für im voraus getroffene Abreden. **31**

---

[11] Eingehend OLG Hamburg ZMR 1983, 25, 26 f; WuM 1983, 13, 14 f = 10 und 11 in RE Miet; LG Mannheim NJW 1975, 316; LG Osnabrück WuM 1978, 10; vgl noch für den Fall der Zuvielforderung BGH LM Nr 13 zu § 18 1. BMietG; s auch unten Rz 31.

Aus Anlaß einer *konkreten* Baumaßnahme können sich die Parteien hingegen selbstverständlich jederzeit über eine beliebige Mietzinserhöhung einigen (vgl § 10 Abs 1 MHRG; oben Rz 28). § 3 MHRG kann außerdem vertraglich verschärft oder sogar ganz ausgeschlossen werden (§ 1 S 3 MHRG). Ein konkludenter Ausschluß des Erhöhungsrechts des Vermieters kann sich zB aus der Vereinbarung einer Umsatzmiete in Verbindung mit einer Mindestmiete ergeben (BGH LM Nr 23 zu § 18 1. BMietG). Auch aus der Leistung hoher Zuschüsse des Mieters zu den Baukosten des Vermieters kann ein Ausschluß weitergehender Mietzinserhöhungen zu folgern sein.

## § 4 MHRG

**(1) [1]Für Betriebskosten im Sinne des § 27 der Zweiten Berechnungsverordnung dürfen Vorauszahlungen nur in angemessener Höhe vereinbart werden. [2]Über die Vorauszahlungen ist jährlich abzurechnen.**
**(2) [1]Der Vermieter ist berechtigt, Erhöhungen der Betriebskosten durch schriftliche Erklärung anteilig auf den Mieter umzulegen. [2]Die Erklärung ist nur wirksam, wenn in ihr der Grund für die Umlage bezeichnet und erläutert wird.**
**(3) [1]Der Mieter schuldet den auf ihn entfallenden Teil der Umlage vom Ersten des auf die Erklärung folgenden Monats oder, wenn die Erklärung erst nach dem Fünfzehnten eines Monats abgegeben worden ist, vom Ersten des übernächsten Monats an. [2]Soweit die Erklärung darauf beruht, daß sich die Betriebskosten rückwirkend erhöht haben, wirkt sie auf den Zeitpunkt der Erhöhung der Betriebskosten, höchstens jedoch auf den Beginn des der Erklärung vorausgehenden Kalenderjahres zurück, sofern der Vermieter die Erklärung innerhalb von drei Monaten nach Kenntnis von der Erhöhung abgibt.**
**(4) [1]Ermäßigen sich die Betriebskosten, so ist der Mietzins vom Zeitpunkt der Ermäßigung ab entsprechend herabzusetzen. [2]Die Ermäßigung ist dem Mieter unverzüglich mitzuteilen.**

**Schrifttum:** Bertram, Heizkostenabrechnung nach Gradtagszahlen, ZMR 1988, 367; Blümmel, Heizung und Heizkostenabrechnung (1982); Gather, Ausgewählte Fragen zur Heizkostenverordnung, FWW 1986, 139; ders, Wichtige Rechtsfragen bei der Behandlung von Betriebskosten, FWW 1985, 155; Glaser, Die umlegungsfähigen Sammelheizungskosten, BlGBW 1980, 102; ders, Umlegung der Kosten des Wasserverbrauchs auf die Mieter, BlGBW 1980, 49; Goch, Die Umlage von Nebenkosten im freifinanzierten Wohnungsbau, WuM 1977, 25; Hannig, Zur Betriebskostenumlage im Mietrecht, in: FS Seuß (1987), 185; Hermsdörfer, Zum Rechtsschutz des Vermieters gegen nachveranlagte Grundbesitzabgaben sowie zu deren Abwälzbarkeit auf den Mieter, ZMR 1986, 390; Hertle, Anforderungen an eine Umlageabrechnung, ZMR 1986, 78; Korff, Zum Begriff der „Heizungskosten", DWW 1978, 86; Kruhöffer, Hieb- und stichfest. Betriebskostenabrechnung im Test, GWW 1988, 246; Langenberg, Die Erhöhung von Betriebskostenpauschalen gemäß § 4 Abs 2, 3 MHG, ZMR 1982, 65; Lau, Zur Umlegung von Mietnebenkosten, ZMR 1978, 357; Lechner, „Angemessene Vorauszahlungen" – ein folgenloser juristischer Programmsatz?, WuM 1983, 5; Lenhard, Die Mietzinsanhebung nach § 4 Abs. 2 und 3 MHG auf dem Hintergrund von § 10 Abs. 1 MHG, DWW 1979, 104; Nassall, Schriftformerfordernisse im Wohnraummietrecht, MDR 1985, 893; Pardey, Änderung des Umlegungsmaßstabes für

Mietnebenkosten, ZMR 1978, 97; PERUZZO, Heizkostenabrechnung nach Verbrauch (3. Aufl 1985); ders, Heizkostenabrechnung nach Verbrauch, NJW 1981, 801; ders, Probleme bei der Anwendung der Heizkosten-Verordnung, FWW 1985, 139; PFEILSCHIFTER, Die neuen Anschlußmöglichkeiten an das Kabelfernsehen, die Kosten-Nutzen-Relation und die Probleme der Kostenverteilung im Mehrfamilienhaus, WuM 1987, 279; PÜTZ, Die Betriebskostenabrechnung, WuM 1979, 69; RIEDMAIER, Das System der Vergleichsmiete in der neueren Rechtsprechung, ZMR 1987, 1; RODENBERG-SOBOTA, Die Nebenkosten im Wohnungsmietrecht (3. Aufl 1986); RUPP, Der Umlegungsschlüssel für Wassergeld und Warmwasser, BlGBW 1979, 5; SCHMID, Die Probleme der Nebenkosten bei vermietetem Wohnungseigentum, GrundE 1983, 788; ders, Umlegung der Kosten von Heizung und Warmwasser, die außerhalb der Wohnung entstehen, BlGBW 1984, 202; SCHMIDT-FUTTERER, Die Verjährung und Verwirkung der Ansprüche auf Heizkosten, BB 1971, 943; SCHOPP, Fragen zur Heizkostenabrechnung nach Verbrauch, ZMR 1986, 301; STANCKE, Zur Frage einer korrekten Abgrenzung zwischen Betriebs- und Instandhaltungskosten, FWW 1987, 194; STELLWAAG, Betriebskostenumlage bei nur teilweise vermietetem Wohnraum, DWW 1987, 36; STERNEL, Heiz- und Nebenkosten. Umlage – Erhöhung – Abrechnung, WuM 1981, 73; STRUNZ, Zur Umlegung von Betriebs- und Kapitalkostenerhöhungen, ZMR 1984, 219 u 1988, 330; TEITGE, Zur Umlage von Verwaltungskosten, DWW 1986, 90; WEIMAR, Betriebskostenpauschale und Vorauszahlung auf die Betriebskosten, Betrieb 1982, 687; WICHARDT, Zur Abrechnung von Nebenkosten, ZMR 1980, 1; WIEK, Toleranzgrenze für Heizkostennachforderungen?, BlGBW 1983, 108; ZEUNER, Die Substantiierungspflicht des Mieters bei Einwendungen gegen Nebenkostenabrechnungen im Prozeß, ZMR 1981, 161.

## Übersicht



## I. Allgemeines

Die Vorschrift betrifft Betriebskosten für vermieteten Wohnraum. In Abs 1 wird **1** klargestellt, daß die Parteien Vorauszahlungen in angemessener Höhe vereinbaren können, über die jährlich abzurechnen ist. Nach Abs 2 und 3 steht dem Vermieter das Recht zu, Erhöhungen der Betriebskosten durch schriftliche Erklärung anteilig auf den Mieter umzulegen. Hierdurch wird eine einfache und praktikable Weitergabe von Kostensteigerungen ermöglicht, die schwer kalkulierbar sind und regelmäßig außerhalb der Einflußsphäre des Vermieters liegen. Im Interesse des Mieters besteht nach Abs 4 die Verpflichtung des Vermieters, bei einer Ermäßigung der Betriebskosten den Mietzins entsprechend herabzusetzen. Für dieses Verfahren besteht allerdings kein Bedürfnis, wenn die Parteien Vorauszahlungen und die Abrechnung der tatsächlich entstandenen Kosten vereinbart haben, weil alle Erhöhungen oder Ermäßigungen der Betriebskosten ohnehin in die Abrechnung eingehen (vgl AG Ludwigshafen WuM 1987, 228).

## II. Vorauszahlungen auf Betriebskosten (Abs 1)

### 1. Vereinbarung (Abs 1 S 1)

2 **a)** Nach Abs 1 S 1 dürfen für **Betriebskosten** iS des § 27 II. BVO Vorauszahlungen nur in angemessener Höhe vereinbart werden. Unter den Begriff der Betriebskosten fallen die Kosten, die dem Eigentümer bzw Erbbauberechtigten durch das Eigentum am Grundstück bzw Erbbaurecht oder durch den bestimmungsmäßigen Gebrauch des Gebäudes oder der Wirtschaftseinheit, der Nebengebäude, Anlagen, Einrichtungen und des Grundstücks laufend entstehen. Durch die Bezugnahme auf § 27 II. BVO ist für den Vermieter auch ohne ausdrückliche Vertragsabrede die Möglichkeit eröffnet, die Wirtschaftseinheit zur Grundlage der Abrechnung zu machen (aM LG Köln WuM 1983, 202; WuM 1989, 82; AG Köln WuM 1983, 201). Eine Wirtschaftseinheit ist nach § 2 Abs 2 S 3 II. BVO eine Mehrheit von Gebäuden, die demselben Eigentümer gehören, in örtlichem Zusammenhang stehen und deren Errichtung ein einheitlicher Finanzierungsplan zugrunde gelegt worden ist. Dieser Begriff setzt die Identität zwischen Eigentümer und Vermieter der gesamten Anlage voraus (KG DWW 1987, 153). Haben die Parteien die Abrechnung nach der Wirtschaftseinheit nicht mietvertraglich geregelt, steht dem Vermieter bei Vorliegen der Voraussetzungen ein Bestimmungsrecht nach den §§ 315, 316 BGB zu (vgl OLG Koblenz WuM 1987, 208; AG Neuss DWW 1988, 148; AG Schöneberg GrundE 1989, 251; aM AG Freiburg WuM 1985, 372 [LS]). Hierbei ist der Vermieter verpflichtet, zum Zwecke einer genauen Erfassung die Wirtschaftseinheit möglichst klein zu halten, soweit eigene Versorgungseinrichtungen vorliegen (vgl LG Mainz DWW 1987, 16; AG Bonn WuM 1987, 358; AG Braunschweig WuM 1987, 266; AG Cham NJW-RR 1988, 1484; AG Köln WuM 1989, 83; Sternel Rz III 358). Handelt es sich nicht um eine Wirtschaftseinheit in diesem Sinne, ist die Zusammenfassung unzulässig (AG Köln WuM 1984, 230 [LS]). Die Anlage 3 zu § 27 II. BVO enthält eine abschließende Aufzählung der Betriebskosten. Dadurch wird der Anwendungsbereich des § 4 MHRG bestimmt. Zugleich ergibt sich daraus im Hinblick auf § 10 Abs 1 die Grenze für Vorauszahlungen und Erhöhungen sowie generell für die Abwälzung auf den Mieter.

2a Welche Betriebskosten der Mieter im einzelnen zu tragen hat, richtet sich nach den *Vereinbarungen der Parteien.*[1] Ist hierüber nichts bestimmt, sind sämtliche Nebenkosten mit dem Mietzins abgegolten (OLG Stuttgart NJW 1983, 2329 = 7 in RE Miet). Die Abwälzung bedarf stets einer eindeutigen Vereinbarung und kann

[1] BayObLG WuM 1985, 18 = 37 in RE Miet; OLG Düsseldorf ZMR 1984, 20; LG Kiel DWW 1984, 238; LG Köln WuM 1982, 277; AG Dortmund WuM 1982, 161; vgl §§ 535, 536 Rz 25 f.

nicht allein auf § 4 (AG Wuppertal WuM 1980, 18), eine Verkehrssitte (LG Arnsberg WuM 1989, 309) oder auf die HeizkostenVO (AG Offenbach WuM 1984, 302) gestützt werden. Es reicht aus, wenn die Parteien inhaltlich auf Anlage 3 zu § 27 II. BVO Bezug nehmen und die Kostenhöhe annähernd bestimmbar ist, damit der Mieter übersehen kann, welche Verpflichtungen er auf sich nimmt.[2] Unter dieser Voraussetzung kann sich der Vermieter auch vorbehalten, später neu eingeführte Betriebskosten umzulegen (AG Hamburg WuM 1987, 323; vgl aber LG Hannover WuM 1988, 259). Zur Wirksamkeit der Vereinbarung ist nicht erforderlich, daß die einzelnen Betriebskosten im Mietvertrag genau bezeichnet werden (OLG Karlsruhe WuM 1986, 9; LG Hagen WuM 1987, 160 m Anm KLEFFMANN). Die Umlagefähigkeit wird nicht dadurch beeinträchtigt, daß nur für einzelne Kostenarten Vorauszahlungen vereinbart sind, während andere Kosten im Vertrag ohne weitere Kennzeichnung aufgeführt sind (AG Neuss DWW 1987, 298; AG Schwetzingen WuM 1987, 31). Soweit bestimmte Betriebskosten im Vertrag aufgeführt sind, kommt dem die Bedeutung zu, daß alle anderen Arten grundsätzlich nicht umgelegt werden sollen (LG Frankfurt WuM 1986, 93). Ist nach dem Mietvertrag die Umlage der verbrauchsbezogenen Betriebskosten vereinbart, sind hierunter die Kosten für Strom, Wasser, Kanalbenutzung und Müllabfuhr zu verstehen (AG Augsburg WuM 1984, 230 [LS]). Hat der Mieter die Kosten des Wasserverbrauchs übernommen, so gehören hierzu auch die Abwassergebühren, die verbrauchsabhängig bestimmt werden (AG Arnsberg DWW 1988, 150; aM LG Köln WuM 1988, 307; AG Dortmund WuM 1987, 359). Außergewöhnliche Stromkosten, deren Verbrauch allein vom Vermieter bestimmt wird, werden von der Klausel nicht erfaßt (AG Lüdenscheid WuM 1987, 87 m Anm EISENHUTH). Im übrigen gehen Unklarheiten in Formularverträgen nach § 5 AGBG zu Lasten des Vermieters (AG Brühl WuM 1984, 230 [LS]; AG Lippstadt DWW 1988, 87). Die pauschale Überwälzung aller Nebenkosten in einem Formularvertrag (LG Braunschweig NJW-RR 1986, 639) ist deshalb ebenso unwirksam wie die Verpflichtung des Mieters zur Zahlung sog Hausgebühren (LG Stuttgart WuM 1987, 161). Ist eine Inklusiv- oder Teilinklusivmiete vereinbart, hat der Vermieter keinen Anspruch auf spätere Änderung dieser Mietzinsstruktur, zB hinsichtlich einer Aufteilung in Kaltmiete und umlegungsfähige Betriebskosten (LG Hamburg WuM 1985, 314; LG Köln WuM 1985, 313; AG Kiel WuM 1985, 306 [LS]). Auch nach Wegfall der Mietpreisbindung können Betriebskosten, die in der Durchschnittsmiete enthalten waren, nur im Rahmen einer vertraglichen Vereinbarung umgelegt werden (OLG Oldenburg WuM 1984, 274 = 22 in RE Miet; LG Aachen WuM 1985, 342; AG Oberndorf WuM 1988, 219). Für eine ergänzende Vertragsauslegung (so AG Bonn WuM 1984, 339 [LS]) oder eine auf § 242 BGB gestützte Vertragsanpassung (so LG Mainz ZMR 1985, 129 m Anm HOLLAND-CUNZ, hierzu OEHME ZMR 1986, 45; JUNG ZMR 1986, 427; AG Bad Iburg WuM 1985, 342) hinsichtlich der nicht erfaßten Betriebskosten ist nach den

---

[2] BayObLG WuM 1984, 104 m Anm LÖWE WuM 1984, 192; WuM 1984, 192 = 29 in RE Miet; OLG Karlsruhe WuM 1986, 9; LG Frankfurt WuM 1983, 258 m abl Anm RÖCHLING; aM LG Hamburg WuM 1982, 86 (LS); LG München I WuM 1984, 106; AG Lippstadt DWW 1988, 88; AG Münster WuM 1983, 239 (LS).

Grundsätzen des Vertragsrechts kein Raum. Auch eine gesonderte Umlegung der bisher in der Kostenmiete enthaltenen Betriebskosten scheidet aus. Insoweit kommt nur eine Mieterhöhung nach § 4 Abs 2 in Betracht (AG Neuss WuM 1983, 114). Vereinbarungen über umlagefähige Betriebskosten werden nicht dadurch geändert, daß der Mieter nicht geschuldete Betriebskosten zahlt (LG Hagen WuM 1987, 161; AG Dortmund WuM 1987, 359; vgl OLG Hamburg WuM 1988, 347) oder daß er wenige Male (LG Kiel DWW 1984, 238) oder auch über mehrere Jahre nicht vertragsgemäße Betriebskostenabrechnungen unbeanstandet läßt (LG Wuppertal WuM 1982, 300; AG Braunschweig WuM 1986, 333; aM AG Wuppertal WuM 1985, 343). Ebensowenig tritt dadurch eine Änderung ein, daß der Vermieter einzelne Kostenarten mehrere Jahre lang nicht geltend macht (AG Wesel WuM 1988, 309; aM AG Uelzen WuM 1989, 309).

**3** Zu den Betriebskosten iS der *Anlage 3* zu § 27 II. BVO gehören die laufenden öffentlichen Lasten des Grundstücks wie die Grundsteuer, die Kosten der Wasser- und Warmwasserversorgung (§ 8 Abs 2 HeizkostenVO) und die Heizungskosten (§§ 535, 536 Rz 23 ff; Mietrecht § 4 MHRG Rz 6 a; § 7 Abs 2 HeizkostenVO). Die Heizungskosten umfassen in erster Linie den verbrauchten Brennstoff (LG Wuppertal WuM 1979, 141 m Anm Goch), die Kosten der Lieferung, des Betriebsstroms, der Bedienung, der Überwachung und Pflege sowie der Reinigung der Anlage[3] und des Betriebsraums (aM AG Friedberg/Hessen WuM 1986, 262 [LS]). Auch die Kosten für Immissionsschutzmessungen zählen hierzu (AG Dortmund WuM 1983, 325; vgl aber AG Braunschweig WuM 1985, 345; AG Heilbronn WuM 1989, 261; AG Köln WuM 1985, 370 [LS]). Die Kosten für das Ablesen von Wärmemeßgeräten stehen dem Betrieb der Heizung näher als dem allgemeinen, nicht umlegungsfähigen Verwaltungsaufwand. Sie werden deshalb grundsätzlich vom Betriebskostenbegriff erfaßt.[4] Die zusätzlichen Kosten für eine bei Auszug des Mieters erforderliche Zwischenablesung fallen jedoch mangels anderer Vereinbarungen in den Risikobereich des Vermieters (AG Braunschweig WuM 1982, 170 [LS]; AG Lechenich WuM 1981, U 23 [LS]; AG Rendsburg WuM 1981, 105). Hat der Mieter vertraglich die Kosten der Sammelheizung übernommen, ist es eine Frage der Auslegung, welche einzelnen Kostenarten erfaßt werden (BayObLG WuM 1985, 18 = 37 in RE Miet). Unter den Kosten der Fernwärme sind nicht nur die reinen Verbrauchskosten zu verstehen, sondern alle Kosten, die der Fernwärmelieferant dem Vermieter als bei der Wärmeerzeugung entstanden berechnet (vgl BGH NJW 1984, 969, 970). Als Betriebskosten sind weiter zu nennen Aufwendungen für den Betrieb von Fahrstühlen, wozu auch die Notrufbereitschaft gehört (AG Hamburg WuM 1987, 127), Straßenreinigung, Müllabfuhr, Entwässerung, Hausreinigung, Ungezieferbekämpfung (AG Frankfurt WuM 1989, 171), Gartenpflege, Beleuchtung, Schornsteinreinigung, Sach- und Haft-

---

[3] LG Kiel DWW 1984, 238; AG Hamburg WuM 1982, 310 (LS); AG Langenfeld WuM 1983, 123 (LS); aM AG Bremen WuM 1976, 255; Wichardt ZMR 1980, 1; einschr AG Hagen ZMR 1987, 59.

[4] AG Miesbach WuM 1980, 221 m Anm Poll; Glaser BlGBW 1978, 233; aM AG Bergheim WuM 1983, 123 (LS); AG Köln WuM 1983, 239 (LS); AG Lüdenscheid NJW 1976, 298.

pflichtversicherung (LG Hamburg WuM 1989, 191), nicht aber Rechtsschutz- (AG Bonn WuM 1987, 274 [LS]) und Mietausfallversicherung (AG Frankfurt WuM 1988, 170), ferner Aufwendungen für den Hauswart einschließlich der Lohnnebenkosten (AG Kleve WuM 1989, 28 [LS]), für den Betrieb der Gemeinschaftsantenne, der mit einem Breitbandkabelnetz verbundenen privaten Verteilanlage einschließlich der laufenden monatlichen Grundgebühren der Breitbandanschlüsse (AG Münster WuM 1989, 190; s aber AG Hanau WuM 1989, 189; vgl Pfeilschifter WuM 1987, 279, 289), ferner Kosten einer maschinellen Wascheinrichtung und sonstige Aufwendungen, die mit der Bewirtschaftung unmittelbar zusammenhängen. Hierzu zählen etwa die Kosten für die sicherheitstechnische Überprüfung und Wartung einer Blitzschutzanlage (AG Bremervörde WuM 1987, 198), nicht aber die Wartungskosten für eine Klingel-Sprechanlage, da hierin nur eine Instandhaltung (Rz 3a) liegt (AG Hamburg WuM 1988, 308).

Andere Nebenkosten als die in der Anlage 3 zu § 27 II. BVO genannten Betriebs- **3a** kosten kann der Mieter nach § 10 Abs 1 (dort Rz 6) nicht übernehmen (OLG Karlsruhe WuM 1988, 204; OLG Koblenz WuM 1986, 50). *Ausgeschlossen* sind deshalb allgemeine Verwaltungskosten[5] sowie Instandhaltungs- und Instandsetzungskosten.[6] Dies gilt auch für die Kosten einer Beschichtung des Heizöltanks (LG Frankenthal/Pfalz ZMR 1985, 302) und die Miete eines Gastanks (AG Bad Kreuznach WuM 1989, 310). Ferner fallen Erbbauzinsen nicht unter den Begriff der Betriebskosten (LG Osnabrück WuM 1987, 267; AG Frankfurt WuM 1983, 149; AG Osnabrück WuM 1985, 344). Da mangels eines Darlehens auch der Tatbestand des § 5 MHRG nicht erfüllt ist, kommt allenfalls eine entsprechende Anwendung dieser Vorschrift in Betracht (dort Rz 6). Fiktive Aufwendungen für die eigene Hausmeistertätigkeit kann der Vermieter nicht abrechnen (LG Lübeck WuM 1987, 360; LG Wiesbaden WuM 1984, 82). Das gleiche gilt für sonstige in Eigenleistung erbrachte Arbeiten des Vermieters (AG Neuss WuM 1987, 228). Bei einem einheitlich umgelegten Betrag sind die nicht zu den Betriebskosten zählenden Aufwendungen herauszurechnen (AG Neumünster WuM 1988, 62). Auf die Bezeichnung der von der Umlegung ausgeschlossenen Nebenkosten im Mietvertrag kommt es nicht an (LG Göttingen ZMR 1989, 95 m abl Anm Katlein).

**b)** Der Mieter ist zu **Vorauszahlungen** auf die Betriebskosten nur verpflichtet, **4** wenn dies vereinbart ist (AG Köln WuM 1982, 307 [LS]). Hierfür trifft den Vermieter die Beweislast (AG Rheine WuM 1980, 42). Abs 1 räumt keinen

---

[5] LG Bonn WuM 1988, 398; LG Bremen WuM 1988, 397; LG Frankfurt WuM 1982, 78 m Anm Schneider; WuM 1985, 367 (LS); LG Hannover ZMR 1987, 58; LG München ZMR 1981, 205; LG Stuttgart WuM 1988, 84; AG Freiburg WuM 1982, 215; AG Hameln WuM 1983, 239 (LS); AG Hannover WuM 1982, 195 (LS); AG Königstein NJW-RR 1989, 270; AG Wolfratshausen ZMR 1986, 60; aM LG Braunschweig WuM 1982, 79 m abl Anm Schneider; LG Konstanz DWW 1988, 87; LG Wiesbaden ZMR 1981, 121 m abl Anm Barthelmess; AG Düsseldorf DWW 1983, 20; AG Elmshorn WuM 1988, 398; vgl Teitge DWW 1986, 90.

[6] LG Braunschweig ZMR 1973, 154; LG Mönchengladbach ZMR 1988, 266; LG München I WuM 1978, 184; vgl Stancke FWW 1987, 194.

gesetzlichen Anspruch auf Vorauszahlungen ein (LG Hamburg WuM 1978, 242). Ebensowenig kann diese Verpflichtung ohne weiteres durch ergänzende Vertragsauslegung begründet werden (vgl OLG Düsseldorf ZMR 1988, 97). Es besteht mangels vertraglicher Regelung auch kein Anspruch, eine vereinbarte Vorauszahlung zu erhöhen, die sich später als zu niedrig erweist (LG Köln WuM 1983, 59 [LS]; WuM 1974, 153; aM AG Köln WuM 1985, 330). Auch Abs 2 ist insoweit nicht anwendbar. Haben die Parteien vereinbart, die Vorauszahlungen bei einem Ansteigen der Betriebskosten zu erhöhen, muß der Vermieter sein Erhöhungsverlangen in der Weise erläutern, daß der Mieter die zugrunde liegenden Tatsachen ohne Schwierigkeiten nachprüfen kann (LG Essen ZMR 1981, 207 m Anm Tiefenbacher; LG Mannheim WuM 1978, 124). Dies setzt idR eine Abrechnung über die bisher entstandenen Kosten (AG Köln WuM 1982, 139 [LS]) und eine Erhöhung der Gesamtsumme der Betriebskosten voraus (AG Hamburg WuM 1988, 66 [LS]). Zulässig ist, eine prozentuale Erhöhung nach den Kosten der vergangenen Abrechnungsperiode zu vereinbaren oder dem Vermieter das Recht einzuräumen, die Vorauszahlungen nach § 315 BGB jeweils angemessen festzusetzen (LG Kassel WuM 1986, 345; AG Solingen WuM 1984, 195 [LS]). Das gleiche gilt bis zur Grenze der Angemessenheit auch für eine Vereinbarung, die den Vermieter berechtigt, einen außerordentlichen Vorschuß zu verlangen, wenn die Heizölpreise so weit steigen, daß sie durch die bisherigen Vorschüsse nicht gedeckt sind (AG Ludwigshafen ZMR 1980, 180). Aus der HeizkostenVO ergeben sich keine zwingenden Bestimmungen über die Modalitäten der Vorauszahlungen (AG Frankfurt WuM 1987, 230).

5 Von den Vorauszahlungen zu unterscheiden ist die **Betriebskostenpauschale**, zu deren Zahlung sich der Mieter unabhängig vom tatsächlichen Verbrauch verpflichtet und bei der deshalb eine spätere Abrechnung unterbleibt (§§ 535, 536 Rz 30). § 4 ist hierauf grundsätzlich nicht anzuwenden (LG Essen ZMR 1982, 79). Die HeizkostenVO steht einer solchen Vereinbarung nur entgegen, soweit sie in § 2 abweichende rechtsgeschäftliche Vereinbarungen ausschließt (BayObLG WuM 1988, 257; OLG Hamm WuM 1986, 267; OLG Schleswig WuM 1986, 330). Dies gilt auch für eine früher vereinbarte pauschale Warmmiete (BayObLG aaO) und eine Heizkostenpauschale (OLG Hamm aaO). Für diesen Geltungsbereich sind deshalb früher vereinbarte Pauschalen teilweise aufzulösen (vgl §§ 535, 536 Rz 25, 30). Da der Gesetzgeber jedoch keine Zwangsmittel verhängt hat, können die Parteien die Pauschale auch hinsichtlich der Heizungskosten beibehalten, solange beide einverstanden sind (vgl Schmidt-Futterer-Blank C 283 a). Bei einer Umstellung ist allerdings zu beachten, daß der Vermieter weiterhin mit solchen Kosten belastet bleibt, die er auch früher getragen hat (AG Köln WuM 1986, 321). Bei einer Umstellung kann der Vermieter keine höheren Vorauszahlungen verlangen, als der Mieter bisher als Pauschale geleistet hat (LG Hamburg WuM 1986, 213). Verwenden die Parteien einen anderen Begriff, ist es eine Frage der Auslegung, ob eine Pauschale gemeint ist (AG Neumarkt WuM 1986, 240). Hierfür kann die bisherige Übung einen Anhaltspunkt bilden (AG Remscheid WuM 1985, 255 [LS]; vgl AG Königstein/Taunus WuM 1985, 366 [LS]). Andererseits kann auch bei Verwendung des Wortes Pauschale in Wirklichkeit eine Vorauszahlung gemeint sein, wenn die Parteien zugleich die Abrechnung am

Ende der Heizperiode vereinbaren (AG Landsberg DWW 1986, 19). Unklarheiten gehen bei formularvertraglichen Abreden nach § 5 AGBG zu Lasten des Verwenders. Dies führt idR zur Annahme einer Pauschale (vgl LG Wiesbaden WuM 1987, 274; AG Hamburg-Altona WuM 1988, 66 [LS]). Die spätere Erhöhung der Pauschale ist nur kraft einer Parteivereinbarung möglich, die auch schon im ursprünglichen Mietvertrag getroffen werden kann.[7] Im letzteren Fall unterliegt die spätere Erhöhungserklärung der Regelung des § 4 insoweit, als sie nicht zum Nachteil des Mieters von den Anforderungen dieser Vorschrift abweichen darf (LG Köln WuM 1985, 375 [LS]; AG Köln WuM 1985, 146). Auch eine Anpassung wegen Änderung der Geschäftsgrundlage kommt nicht ohne weiteres in Betracht (AG Walsrode WuM 1979, 12; weitergehend AG Mönchengladbach-Rheydt ZMR 1981, 309).

**c)** Vorauszahlungen dürfen nur in **angemessener Höhe** vereinbart werden. Ange- 6
messen sind die Vorauszahlungen, wenn sie an der Höhe der zu erwartenden Betriebskosten ausgerichtet werden. Es kann von den Erfahrungswerten der vergangenen Jahre ausgegangen werden (AG Solingen WuM 1984, 195 [LS]), wobei diese Werte wegen möglicher Kostensteigerungen überschritten werden können. Bei Unklarheiten steht dem Mieter ein Auskunftsanspruch auf betragsmäßige Aufschlüsselung zu (AG Wuppertal WuM 1983, 239 [LS]). Die Vorauszahlungen können unabhängig vom tatsächlichen, jahreszeitlich schwankenden Verbrauch in gleichbleibender Höhe vereinbart werden. Bei einer Änderung der Berechnungsgrundlagen, zB durch Auszug eines Angehörigen, kann der Mieter sofort eine Anpassung der Vorauszahlungen auf die angemessene Höhe verlangen, da dieser Umstand bei der Abrechnung ohnehin zu berücksichtigen ist (aM AG Köln WuM 1983, 274 [LS]). Dies führt nicht zu einer unzumutbaren Erschwernis, sollte aber auf Fälle eines erheblichen Differenzbetrags beschränkt bleiben, der außerhalb der normalen Schwankungsbreite liegt. Zu einer eigenmächtigen Kürzung der Vorauszahlungen ist der Mieter nicht berechtigt, wenn er den Betrag für zu hoch hält (AG Karlsruhe DWW 1988, 327). Auch unangemessen hoch vereinbarte Vorauszahlungen kann der Mieter nicht ohne weiteres einseitig herabsetzen (AG Hamburg WuM 1988, 89). Ist der Verstoß jedoch offenkundig, so ist die Vereinbarung nach § 10 Abs 1 hinsichtlich des unangemessen hohen Teils der Vorauszahlungen unwirksam. Insoweit ist der Mieter auch zur Kürzung berechtigt.

**d) Entstehung und Fälligkeit** der Vorauszahlungen hat das Gesetz den Parteiver- 7
einbarungen überlassen. Hierfür kann die Zahlungsweise des Mietzinses maßgeblich sein, was mangels ausdrücklicher Regelung als stillschweigend vereinbart gelten darf. Rückständige Vorauszahlungen kann der Vermieter nicht mehr verlangen, wenn er bereits zur Abrechnung über den betreffenden Zeitraum verpflichtet ist (LG Köln WuM 1988, 63; vgl OLG Hamburg DWW 1988, 379). Zieht der Mieter vor Beendigung des Mietverhältnisses aus, bleibt seine Pflicht zur Zahlung von Nebenkostenvorauszahlungen grundsätzlich unberührt (AG Osnabrück WuM 1986, 323 [LS]; AG Steinfurt WuM 1987, 70 [LS]; Sternel

---

[7] LG Darmstadt WuM 1981, U 23 (LS); WuM 1982, 307 (LS); LG Köln WuM 1982, 301; aM AG Waiblingen WuM 1988, 129; Langenberg ZMR 1982, 65.

Rz III 329). Eine Ausnahme ist nach § 242 BGB insoweit geboten, als verbrauchsabhängige Nebenkosten nach dem Auszug des Mieters nicht mehr entstehen können (AG Arnsberg DWW 1988, 213; AG Osnabrück WuM 1986, 234 [LS]).

**2. Abrechnung (Abs 1 S 2)**

8 **a)** Der Vermieter muß über die Vorauszahlungen jährlich abrechnen. Diese Pflicht entfällt nicht deshalb, weil die erforderlichen Unterlagen auf dem Postwege verlorengegangen sind (AG Kassel WuM 1984, 90 [LS]). Unterliegt das Grundstück der Zwangsverwaltung, trifft diese Pflicht den Zwangsverwalter, auch wenn die Abrechnung einen früheren Zeitraum betrifft (AG Hamburg WuM 1987, 396). Der **Inhalt** der Abrechnungspflicht entspricht dem der Rechenschaftslegung iS des § 259 BGB (§§ 535, 536 Rz 27; BGH NJW 1982, 573; Kruhöffer GWW 1988, 246; Schmid GrundE 1983, 788). Sie ist auf Mitteilung einer Rechnung gerichtet, dh einer geordneten Gegenüberstellung von Einnahmen und Ausgaben. Die Abrechnung muß einschließlich der zugrunde gelegten Ausgangswerte allgemeinverständlich und nachvollziehbar sein (LG Berlin MDR 1985, 324; WuM 1986, 187; LG Freiburg WuM 1983, 265; AG Arnsberg DWW 1988, 212; AG Bensheim WuM 1980, 232). Diesen Anforderungen wird eine durch Computer erstellte Abrechnung gerecht, wenn sie unter Beachtung der auf der Rückseite angegebenen Hinweise nachvollziehbar ist (LG Detmold ZMR 1986, 171). Bei Abrechnung der Heizungskosten muß der Brennstoffverbrauch genau angegeben werden. Hierzu sind der Bestand zu Beginn und am Ende der Heizperiode, ggf durch Schätzung, und die in der Zwischenzeit bezogene Menge zu ermitteln (LG Aachen WuM 1983, 62 [LS]; LG Köln WuM 1985, 303 [LS]; LG Wuppertal WuM 1979, 141 m Anm Goch; vgl aber LG Hamburg ZMR 1986, 15). Dabei sind nur die Einstandspreise ansatzfähig (OLG Koblenz WuM 1986, 282). Eine ordnungsgemäße Messung mittels einer Öluhr oder eines Peilstabes kann nur nach Lage des Einzelfalls verlangt werden (s aber LG Hamburg WuM 1983, 274 [LS]). Der Wärmeverbrauch darf nicht im wesentlichen auf einer Schätzung beruhen (LG Köln WuM 1985, 294; AG Münster WuM 1987, 230). Bei einem gegenüber den Vorjahren außerordentlich hohen Verbrauch ist eine besondere Erläuterung erforderlich (AG Köln WuM 1987, 360; AG München WuM 1989, 261; vgl LG Wuppertal WuM 1989, 194). Für eine vermietete Eigentumswohnung können gegenüber dem Mieter keine höheren Heizkosten abgerechnet werden, als an die Eigentümergemeinschaft zu zahlen sind (AG Berlin-Tiergarten WuM 1989, 86). Bei einem Mieterwechsel innerhalb der Verbrauchsperiode müssen die Kosten möglichst genau aufgeteilt werden (§§ 535, 536 Rz 30 a). Hierfür kommt eine Zwischenablesung oder eine Berechnung nach Gradtagszahlen in Betracht (LG Hamburg DWW 1988, 147; LG Mannheim WuM 1988, 405; Bertram ZMR 1988, 367; Schmidt-Futterer-Blank C 276; aM LG München I DWW 1988, 46; AG Brake NJW-RR 1988, 1484; AG Köln WuM 1989, 87). Ab 1. 3. 1989 ist für die Kostenaufteilung bei Nutzerwechsel § 9 b HeizkostenVO maßgebend (vgl Müller GrundE 1989, 214; Otto GWW 1989, 152). Im übrigen hat der ausziehende Mieter die jahresweise anfallenden Betriebskosten zeitanteilig zu tragen. Bei festen Gebühren kommt es darauf an, ob der Fälligkeitstermin noch in die Dauer

seines Mietverhältnisses fällt (AG Olpe DWW 1987, 79). Bei einer gemischten Nutzung des Grundstücks ist die Grundsteuer in der Abrechnung hinsichtlich der Wohnräume und der Gewerberäume aufzuteilen (LG Frankfurt WuM 1986, 234 [LS]; AG Frankfurt WuM 1988, 170; AG Köln WuM 1986, 234; vgl aber LG Lübeck WuM 1989, 83). Hierbei kann von dem einheitlich erlassenen Steuerbescheid ausgegangen werden (AG Frankfurt WuM 1987, 360). Soweit nicht durch die §§ 7, 8 HeizkostenVO zwingende Regelungen aufgestellt werden, richtet sich der Umlegungsmaßstab für die gesamten Betriebskosten nach dem Mietvertrag oder einer ergänzenden Vertragsauslegung (Rz 14; §§ 535, 536 Rz 30a; vgl OLG Hamm WuM 1986, 267; OLG Koblenz WuM 1987, 208). Die Beweislast für die der Betriebskostenabrechnung zugrunde liegenden Positionen trägt der Vermieter, auch wenn der Mieter von seinem Recht auf Einsicht in die Berechnungsunterlagen keinen Gebrauch gemacht hat (LG Hildesheim WuM 1986, 345). Eine besondere Form für die Abrechnung ist gesetzlich nicht vorgeschrieben. Ausgeschlossen ist es, in früheren Abrechnungen vergessene Posten für spätere Perioden einzusetzen (AG Köln WuM 1984, 90 [LS]). Insoweit ist nur eine Korrektur der früheren Abrechnung möglich, soweit der Nachzahlungsanspruch nicht verwirkt ist (Rz 11).

**b)** Der Umfang der **Abrechnungsperiode** darf ein Jahr nicht überschreiten (AG **9**
Friedberg/Hessen WuM 1983, 239 [LS]). Längere Zeiträume können von den Parteien nicht vereinbart werden (§ 10 Abs 1). Eine Abrechnung für kürzere Zeit ist hingegen gestattet, da dies für den Mieter nicht nachteilig ist (aM AG Waldshut-Tiengen WuM 1985, 349). Das Gesetz schließt nicht aus, daß unterschiedliche Betriebskosten zu verschiedenen Zeitpunkten abgerechnet werden. Der Abrechnungszeitraum braucht nicht mit dem Kalenderjahr übereinzustimmen und nicht ständig gleich lang zu sein, wenn die Parteien ihn nicht vertraglich festgelegt haben. Abrechnungszeitraum und Kostenerfassungszeitraum dürfen denselben Jahreszeitraum aber nicht übersteigen (AG Waiblingen WuM 1987, 323).

**c)** Die **Fälligkeit** eines Rückzahlungs- oder Nachzahlungsanspruchs tritt erst nach **10**
ordnungsgemäßer Abrechnung ein (OLG Hamm WuM 1982, 72; LG Hamburg WuM 1977, 94; LG Köln WuM 1989, 28; LG Regensburg ZMR 1984, 307; LG Wiesbaden ZMR 1985, 273; vgl aber LG Offenburg WuM 1989, 29). Verlangt der Mieter Einsicht in die Abrechnungsunterlagen, kann er die Zahlung bis zur Gestattung der Einsichtnahme nach § 273 BGB verweigern (AG Dortmund WuM 1980, 241). Wird der Saldo, der sich aus der Abrechnung ergibt, vorbehaltlos ausgeglichen, so ist die Partei mit nachträglichen Einwendungen ausgeschlossen, die bereits gegen die Rechnungserteilung hätten geltend gemacht werden können (LG Aachen WuM 1987, 50; vgl AG Nettetal WuM 1987, 357). Mangels anderer Vereinbarungen ist der Anspruch sofort fällig (§ 271 BGB). Der Zwangsverwalter ist zur Erstattung eines Guthabens nur verpflichtet, soweit ihm die Vorauszahlungen vom Vermieter ausgehändigt worden sind (AG Hamburg WuM 1987, 396). Die Verjährung richtet sich nach § 197 BGB (§§ 535, 536 Rz 34; OLG Hamburg WuM 1988, 83; OLG Hamm WuM 1982, 72). Hat der Mieter einen Rückzahlungsanspruch, kann der Vermieter hiergegen nicht mit Forderungen aufrechnen, die nach § 558 BGB verjährt sind (AG Oberndorf WuM 1986, 253).

11 **d)** Der Vermieter muß innerhalb einer angemessenen Frist abrechnen (vgl §§ 535, 536 Rz 28). Eine **Verletzung der Abrechnungspflicht** berechtigt den Mieter, weitere Vorauszahlungen (LG Mannheim WuM 1974, 145; AG Hamburg WuM 1989, 191) oder die Begleichung einer Restschuld zu verweigern. Der Anspruch auf eine Nachzahlung ist verwirkt, wenn der Vermieter die Abrechnung verzögert und der Mieter deshalb darauf vertrauen darf, nicht mehr für einen zurückliegenden Abrechnungszeitraum in Anspruch genommen zu werden.[8] Dies ist weitgehend eine Frage der tatsächlichen Würdigung (OLG Hamm WuM 1983, 107 = 31 in RE Miet; OLG Karlsruhe WuM 1981, 271 = 8 in RE Miet). Allerdings darf die Verzögerung nicht durch den Mieter verursacht worden sein (LG Wiesbaden WuM 1984, 195 [LS]). Für die Dauer der Verzögerung wird meistens auf ein Jahr abgestellt, wobei vom Ablauf der Abrechnungsperiode ausgegangen wird (OLG Hamburg DWW 1988, 379; LG Bonn WuM 1979, 235; AG Gronau DWW 1988, 213; Mietrecht § 4 MHRG Rz 14). Verwirkung kann auch dadurch eintreten, daß der Vermieter auf Einwendungen des Mieters gegen die Abrechnung lange schweigt (AG Plön WuM 1988, 132). Hat der Vermieter für mehrere zurückliegende Perioden Abrechnungen erstellt und zahlt der Mieter ohne nähere Bestimmung einen Teilbetrag, so kann der Vermieter diesen Betrag nicht auf die verwirkten Forderungen anrechnen (OLG Karlsruhe WuM 1987, 50). Auf der anderen Seite ist auch ein Erstattungsanspruch des Mieters nicht verwirkt, wenn dieser Anspruch innerhalb eines Jahres nach der Abrechnung geltend gemacht wird (AG Friedberg/Hessen WuM 1982, 282 [LS]). Verwirkt werden kann auch schon der Anspruch auf die Abrechnung (LG Hamburg WuM 1987, 117). Die Vereinbarung einer bestimmten Vorauszahlung schafft für den Mieter grundsätzlich keinen Vertrauenstatbestand des Inhalts, die Vorauszahlung decke in etwa die anfallenden Nebenkosten ab. Die Nachzahlung ist deshalb nicht auf einen bestimmten Prozentsatz begrenzt.[9] Ausnahmen können gemacht werden, wenn der Vermieter bei Abschluß des Vertrags durch bestimmte Erklärungen bewußt ein besonderes Vertrauen des Mieters hinsichtlich der Höhe der zu erwartenden Betriebskosten erweckt hat (LG Arnsberg NJW-RR 1988, 397; AG Worms WuM 1985, 374 [LS]). Hieraus kann auch ein Schadensersatzanspruch des Mieters aus cic entstehen (AG Frankfurt WuM 1987, 252; AG Rendsburg NJW-RR 1988, 398).

---

[8] BGHZ 91, 62, 71 = NJW 1984, 2466, 2468 = 36 in RE Miet; BGH NJW 1984, 1684, 1689; OLG Frankfurt ZMR 1983, 410; OLG Hamm WuM 1982, 72; KG WuM 1981, 270 = 5 in RE Miet; LG Wiesbaden ZMR 1985, 273.

[9] OLG Stuttgart NJW 1982, 2506 = 5 in RE Miet m abl Anm Lechner WuM 1983, 5; LG Lübeck WuM 1981, 45; aM AG Eschweiler WuM 1980, 233; AG Hamburg WuM 1982, 247; Wiek BlGBW 1983, 108.

## III. Umlegung erhöhter Betriebskosten (Abs 2 und 3)

### 1. Allgemeines

Nach Abs 2 ist der Vermieter berechtigt, Erhöhungen der Betriebskosten durch schriftliche Erklärung anteilig auf den Mieter umzulegen. Die Vorschrift ist im Gegensatz zu Abs 1 für die Fälle maßgebend, in denen die Betriebskosten durch den Mietzins abgegolten werden und keine Einzelabrechnung erfolgt (vgl AG Ludwigshafen WuM 1987, 228). Der Vermieter ist dabei grundsätzlich nicht an die Obergrenze der ortsüblichen Vergleichsmiete oder des § 5 WiStrG (vgl OLG Hamm NJW 1983, 1915 = 26 in RE Miet) gebunden. Dies ist durch die Einfügung des § 5 Abs 1 S 3 WiStrG sichergestellt worden. Es handelt sich um ein Gestaltungsrecht, dessen Ausübung unmittelbar zu einem Zahlungsanspruch führt. Eine Zustimmung des Mieters ist nicht erforderlich. Die Rechte des Vermieters aus § 4 können vertraglich ausgeschlossen werden (§ 1 S 3). Ein solcher Ausschluß kann ausdrücklich vereinbart sein oder sich aus den Umständen, insbesondere aus der Vereinbarung eines befristeten Mietverhältnisses mit festem Mietzins oder einer Betriebskostenpauschale, ergeben. Das gleiche ist anzunehmen, wenn die Parteien als Mietzins vorbehaltlos einen Bruttobetrag vereinbart haben, durch den die nicht bezifferten Nebenkosten pauschal mit abgegolten sein sollen.[10] Ist bei einer solchen Vereinbarung jedoch eine Erhöhungsmöglichkeit für den Fall vorbehalten, daß eine Neuordnung der Gebühren für bestimmte Betriebskosten eintritt, kann der Vermieter Erhöhungen geltend machen, die auf gestiegenen Kostenansätzen beruhen, nicht aber verbrauchsbedingte Kostensteigerungen (AG Hamburg WuM 1985, 145). 12

### 2. Erhöhung der Betriebskosten

**a)** Es muß eine **Erhöhung** der Betriebskosten (Rz 2 ff) eingetreten sein. Dies ist der Fall, wenn die gesamten Betriebskosten höher geworden sind als zur Zeit des Vertragsabschlusses oder einer späteren Neufestsetzung nach § 4. Es kommt nicht auf die Erhöhung einer einzelnen Betriebskostenart an, sondern auf den Gesamtbetrag (LG Berlin MDR 1981, 849). Maßgebend ist ein Vergleich mit der letzten Festlegung des Mietzinses, dh einer Vereinbarung oder einseitigen Erhöhung (AG Köln WuM 1987, 162). Unerheblich ist, ob die Betriebskosten im Mietvertrag gesondert ausgewiesen oder in einer einheitlichen Mietsumme enthalten sind, sofern darin nicht ein Ausschluß des Erhöhungsrechts zu sehen ist (Rz 12). Auch eine neu hinzutretende Betriebskostenart ist zu berücksichtigen, wenn der Mieter nach dem Mietvertrag verpflichtet ist, die betreffende Kostenart zu tragen. Dies kann nach den Regeln der ergänzenden Vertragsauslegung auch für solche neuen Kosten gelten, die wegen der technischen Entwicklung oder infolge gesetzlicher Vorschriften hinzugekommen sind und an die die Parteien bei Abschluß des 13

[10] OLG Zweibrücken NJW 1981, 1622 = 2 in RE Miet; LG Braunschweig WuM 1985, 373 (LS); LG Karlsruhe WuM 1985, 328; LG Kiel WuM 1985, 64; LG Nürnberg-Fürth WuM 1983, 148; vgl OLG Hamm WuM 1983, 311 = 38 in RE Miet.

Vertrags nicht gedacht hatten (BayObLG WuM 1985, 18 = 37 in RE Miet). Kosten, die der Mieter nicht übernommen hat, sind vertraglich ausgeschlossen. Dieser Ausschluß erstreckt sich auf das Erhöhungsrecht des Vermieters (LG Braunschweig WuM 1985, 373 [LS]; AG Hannover WuM 1977, 172). Soweit dem Vermieter das Erhöhungsrecht zusteht, kann er abweichend von § 2 Abs 1 Nr 1 mehrere kurzfristig aufeinanderfolgende Erhöhungen ohne zeitliche Verzögerung auf den Mieter überwälzen. Auf die Vorhersehbarkeit der Kostensteigerung kommt es nicht an. Deshalb ist die durch den Wegfall einer Grundsteuervergünstigung eintretende Erhöhung umlegbar (OLG Karlsruhe NJW 1981, 1051 = 2 in RE Miet; aM AG Lampertheim WuM 1981, 57). Grundsätzlich ist auch unerheblich, ob es sich um eine vermeidbare Erhöhung der Betriebskosten handelt. Dem Vermieter steht eine gewisse Ermessensfreiheit zu. Er ist aber nach § 242 BGB gehalten, nicht auf dem Wege des § 4 Abs 2 völlig in seinem Belieben stehende Kosten auf den Mieter abzuwälzen.

**14** **b)** Dem Vermieter ist eine **anteilige Umlegung** der Betriebskosten auf den Mieter gestattet (Abs 2 S 1). Gesetzlich wird der Umlegungsmaßstab durch die Verordnung über die verbrauchsabhängige Abrechnung der Heiz- und Warmwasserkosten (HeizkostenVO) vorgeschrieben (Rz 5; §§ 535, 536 Rz 25; eingehend Peruzzo, Heizkostenabrechnung nach Verbrauch [3. Aufl 1985]; ders NJW 1981, 801; ders FWW 1985, 139). Im übrigen können die Parteien den Umlegungsmaßstab vertraglich bestimmen (§§ 535, 536 Rz 30 a; vgl LG Lübeck WuM 1989, 83). Dies ist auch für spätere Erhöhungen maßgebend. Die Vereinbarung kann stillschweigend getroffen werden (LG Berlin MDR 1981, 405). Allein die Zahlung von Betriebskosten durch den Mieter ist allerdings nicht als Einverständnis mit dem zugrunde liegenden Umlegungsmaßstab zu beurteilen (LG Hannover WuM 1978, 123 m Anm Schopp MDR 1979, 57). Wegen der vertraglichen Bindung ist eine einseitige Änderung durch den Vermieter, insbesondere durch Aushang eines Rundschreibens (AG Düren WuM 1980, 40), nicht möglich (LG Köln WuM 1978, 93, 95; WuM 1982, 55 [LS]). Haben die Parteien vertraglich keinen Umlegungsmaßstab festgelegt, steht das Bestimmungsrecht dem Vermieter zu und ist aufgrund der §§ 315, 316 BGB nach billigem Ermessen auszuüben (LG Köln WuM 1978, 207; AG Neuss DWW 1988, 148; AG Wuppertal DWW 1988, 282; vgl LG Bonn WuM 1988, 220). Dabei ist eine Verteilung nach dem Flächenmaßstab nicht schlechthin unbillig. Dies ist vielmehr eine Frage der Beurteilung im Einzelfall (OLG Hamm NJW 1984, 984; AG Hamburg ZMR 1989, 25). Ebenso entspricht die Bestimmung der Billigkeit, wenn sie bei einer vermieteten Eigentumswohnung an der Teilungserklärung ausgerichtet wird (LG Düsseldorf DWW 1988, 210). Unbillig kann hingegen die Umlage verbrauchsunabhängiger Betriebskosten nach Personenzahl sein, wenn verschieden große Wohnungen von einer unterschiedlichen Personenzahl genutzt werden (AG Neuss WuM 1988, 131). Wird eine fehlerhafte Abrechnung berichtigt, darf der Maßstab nicht verändert werden (AG Gelsenkirchen WuM 1987, 361). Im übrigen hat der Mieter bei im wesentlichen gleichbleibenden Verhältnissen keinen Anspruch auf dessen Änderung (AG Hamburg WuM 1988, 171). Ein grundlegender Wandel der tatsächlichen Verhältnisse kann den einmal gewählten Maßstab jedoch unbillig werden lassen. Eine vereinbarungsgemäß dem Grunde nach zulässige einseitige Änderung des Umlegungsmaßstabs ist nur für die Zukunft möglich (AG Hamburg WuM 1983, 2 [LS]). Dies kann auch in einem Formularvertrag vereinbart werden (AG Kassel WuM 1985, 373 [LS]). Auf jeden Fall muß der Maßstab für alle Räume einheitlich bestimmt werden (AG Dülmen WuM 1983, 325). Ausnahmen sind zu machen, wenn die Erhöhung von Betriebskosten auf schadhafte Installationen im Hause (LG Frankfurt NJW-RR 1987, 659), in einer der Wohnungen (AG Bergisch Gladbach WuM 1984, 230 [LS]) oder auf Modernisierungsmaßnahmen eines bestimmten Mieters zurückzuführen ist (Sternel WuM 1984, 287, 291). In derartigen Fällen hat nur die betroffene Partei die Mehrbelastung zu tragen, soweit sie in ihren Verantwortungsbereich fällt. Eine unterschiedliche Aufteilung ist auch hinsichtlich der Grundsteuer erforderlich, soweit sie auf Wohnräume und gewerblich genutzte Räume entfällt (LG Frankfurt WuM 1986, 234 [LS]; AG Frankfurt WuM 1988, 170; AG Köln WuM 1986, 234 [LS]; vgl aber LG Lübeck WuM 1989, 83). Im übrigen kommt es nicht auf die unterschiedliche tatsächliche Nutzung an (vgl BGHZ 92, 18 = NJW 1984, 2576 – Fahrstuhl; ebenso Schmidt-Futterer-Blank C 334; aM AG Hamburg WuM 1988, 170; LG Wuppertal WuM 1984, 230 [LS] – Heizung; vgl zur Umlage bei nur teilweise vermietetem Wohnraum Stellwaag DWW 1987, 36).

### 3. Geltendmachung der Umlegung (Abs 2)

**a)** Die Umlegung ist durch **schriftliche Erklärung** des Vermieters gegenüber dem **15**
Mieter geltend zu machen (Abs 2 S 1). Die Erklärung muß bei einer Mehrheit von Mietern an alle Mieter gerichtet werden (OLG Celle WuM 1982, 102 = 2 in RE Miet; OLG Koblenz NJW 1984, 244 = 7 in RE Miet). Dies gilt bei Ehegatten auch dann, wenn sie getrennt leben und einer von ihnen ohne einverständliche Aufhebung des mit ihm bestehenden Mietverhältnisses aus der Wohnung ausgezogen ist (BayObLG WuM 1983, 107 = 15 in RE Miet). Die Bevollmächtigung eines Mitmieters ist möglich (OLG Schleswig NJW 1983, 1862 = 7 in RE Miet). Es handelt sich um eine einseitige, empfangsbedürftige Willenserklärung, die dem gesetzlichen Formerfordernis des § 126 genügen muß. In § 8 ist hinsichtlich der eigenhändigen Unterschrift eine Ausnahme zugelassen, wenn die Erklärung mit Hilfe automatischer Einrichtungen gefertigt ist.

**b)** Für den **Inhalt** der Erklärung verlangt Abs 2 S 2 als Wirksamkeitsvorausset- **16**
zung, daß der Grund für die Umlage bezeichnet und erläutert wird (AG Hannover WuM 1985, 122), etwa durch Hinweis auf die eine Kostensteigerung verursachende Stelle wie Gemeinde oder Stadtwerke und das Datum des Gebührenbescheids oder der Rechnung. Wie sich aus dem Wortlaut der Vorschrift ergibt, müssen die Bezeichnung und Erläuterung des Grundes von der Schriftform der Erklärung umfaßt sein (LG Berlin WuM 1985, 313; abw KG WuM 1984, 101 = 25 in RE Miet zu § 2). Da dem Mieter eine Nachprüfung möglich sein soll, muß der Erhöhungsbetrag zumindest als Differenzbetrag zwischen früheren und neuen Kosten erkennbar (LG Berlin MDR 1981, 849) oder berechenbar sein. Die Angabe eines Zeitpunkts, von dem an der Vermieter die erhöhte Miete verlangt, ist nicht erforderlich, soweit sich der Zeitpunkt der Erhöhung unmittelbar aus Abs 3 S 1 ergibt (vgl OLG Koblenz NJW 1983, 1861 = 5 in RE Miet). Eine

rückwirkende Erhöhung nach Abs 3 S 2 setzt hingegen zur näheren Bestimmung inhaltlich entsprechende Angaben voraus.

**17** **c)** Ein **Verstoß** gegen Abs 2 macht die Erhöhungserklärung unwirksam. Dies kann Schadensersatzansprüche des Mieters auslösen, der seine Rechte durch einen Anwalt wahren läßt (AG Hannover WuM 1985, 122). Die rügelose Zahlung eines rechtswidrig angeforderten Erhöhungsbetrags führt nicht zu einer Vereinbarung über die Mietzinserhöhung (LG Itzehoe WuM 1980, 60). Der Mieter kann die ohne rechtlichen Grund geleisteten Zahlungen nach § 812 Abs 1 S 1 BGB herausverlangen (vgl OLG Karlsruhe WuM 1986, 166). Wird die Einsichtnahme in die Belege verweigert, steht dem Mieter nach § 273 BGB nur ein Zurückbehaltungsrecht hinsichtlich des erhöhten Betrags zu, das die Wirksamkeit der Erhöhung unberührt läßt.

### 4. Wirkungseintritt der Umlegung (Abs 3)

**18** **a)** Die Erklärung, mit der der Vermieter eine Umlegung erhöhter Betriebskosten geltend macht, wird nach § 130 BGB mit dem **Zugang** beim Mieter wirksam.

**19** **b)** Bei einer **zukünftigen Erhöhung** der Betriebskosten schuldet der Mieter den auf ihn entfallenden Teil der Umlage vom Ersten des auf die Erklärung folgenden Monats an. Ist die Erklärung erst nach dem Fünfzehnten eines Monats abgegeben worden, tritt diese Wirkung am Ersten des übernächsten Monats ein (Abs 3 S 1). Entscheidend ist der Zeitpunkt des Zugangs. Eine Vereinbarung, daß der Zeitpunkt der Entstehung der höheren Betriebskosten maßgebend sein soll, ist nach § 10 Abs 1 unwirksam (LG Düsseldorf WuM 1985, 366 [LS]; AG Bremerhaven WuM 1987, 227; AG Hamburg-Altona WuM 1985, 372 [LS]).

**20** **c)** Bei einer **rückwirkenden Erhöhung** der Betriebskosten läßt Abs 3 S 2 in begrenztem Umfang eine rückwirkende Überwälzung der anteiligen Umlage auf den Mieter zu.

**aa)** Die Erklärung des Vermieters, mit der die Umlage geltend gemacht wird, muß darauf beruhen, daß sich die Betriebskosten **rückwirkend** erhöht haben. Dies ist der Fall, wenn sich die Erhöhung auf eine Zeit bezieht, die vor der jeweiligen Geltendmachung gegenüber dem Vermieter liegt (vgl Hermsdörfer ZMR 1986, 390).

**21** **bb)** Der Vermieter muß seine Erklärung **innerhalb von drei Monaten nach Kenntnis** von der Erhöhung abgeben. Hierfür trifft ihn die Beweislast (LG Bonn WuM 1985, 373 [LS]). Unter Abgabe ist wie im Fall des Abs 3 S 1 HS 2 (Rz 19) der Zugang beim Mieter zu verstehen. Die Dreimonatsfrist beginnt mit der positiven Kenntnis des Vermieters von der Erhöhung. Legt der Vermieter gegen einen Gebührenbescheid Rechtsmittel ein, kommt es für die Kenntnis auf den Bescheid oder das Urteil an, durch den die Erhöhung endgültig festgestellt wird (LG München DWW 1978, 99 m Anm Glock-Bub). Vertraglich können die Parteien die Frist zu Lasten des Vermieters verkürzen (vgl LG Hannover WuM 1984, 335).

**22** **cc)** Die Rückwirkung der Umlage erstreckt sich grundsätzlich auf den **Zeitraum**, für den die erhöhte Belastung vom Vermieter zu tragen ist. Das Gesetz begrenzt diesen Zeitraum für die vom Mieter zu zahlende Umlage auf den Beginn des der

Erklärung des Vermieters vorausgehenden Kalenderjahres. Entscheidend ist der Zugang.

**dd)** Nach der **Beendigung des Mietverhältnisses** ist eine rückwirkend erhöhte Umlage gegenüber dem früheren Mieter ausgeschlossen, da der Mietvertrag als Grundlage für eine auf § 4 gestützte einseitige Änderung weggefallen ist (vgl AG Gelsenkirchen WuM 1981, 138). 23

## IV. Herabsetzung des Mietzinses bei Ermäßigung der Betriebskosten (Abs 4)

### 1. Allgemeines

Ermäßigen sich die Betriebskosten, ist der Vermieter verpflichtet, den Mietzins vom Zeitpunkt der Ermäßigung ab entsprechend herabzusetzen und dem Mieter die Ermäßigung unverzüglich mitzuteilen. Der Mietzins wird nicht kraft Gesetzes gesenkt. Es bedarf einer Gestaltungserklärung des Vermieters, auf die der Mieter einen klagbaren Anspruch hat. 24

### 2. Ermäßigung der Betriebskosten

Es muß eine Ermäßigung der Betriebskosten (Rz 2 f) eingetreten sein (Abs 4 S 1). Dies ist der Fall, wenn die gesamten Betriebskosten niedriger geworden sind als zur Zeit des Vertragsabschlusses oder einer Neufestsetzung nach § 4. Entscheidend ist der Gesamtbetrag, nicht eine einzelne Betriebskostenart. Unerheblich ist, ob der Mietzins zuvor nach Abs 2 wegen gestiegener Betriebskosten erhöht worden ist (vgl aber § 5 Abs 3). Der Umlegungsmaßstab für die Ermäßigung entspricht den bei einer Erhöhung anzuwendenden Grundsätzen (Rz 14). 25

### 3. Mitteilung der Ermäßigung

Nach Abs 4 S 2 ist die Ermäßigung dem Mieter unverzüglich, dh ohne schuldhaftes Zögern (§ 121 Abs 1 S 1 BGB), mitzuteilen, nachdem der Vermieter von der Ermäßigung der Betriebskosten Kenntnis erlangt hat. Eine Begründung und besondere Form sind für die Erklärung nicht vorgeschrieben. 26

### 4. Wirkungseintritt der Herabsetzung

Die Herabsetzung des Mietzinses beruht auf einer einseitigen, empfangsbedürftigen Willenserklärung des Vermieters, der Mitteilung des Abs 4 S 2. Diese Erklärung wird nach § 130 BGB mit dem Zugang beim Mieter wirksam. Davon zu unterscheiden ist der Zeitpunkt, zu dem der Mietzins herabgesetzt wird. Abs 4 S 1 verpflichtet den Vermieter, den Mietzins vom Zeitpunkt der Ermäßigung der Betriebskosten ab entsprechend herabzusetzen. Der Mieter hat auf die Abgabe dieser Willenserklärung einen im Wege der Leistungsklage durchzusetzenden Anspruch (anders Emmerich, Das gerichtliche Mieterhöhungsverfahren, in: Partner im Gespräch, Bd 13 [1983] 51, 62). Sobald der Mietzins durch die Gestaltungs- 27 erklärung des Vermieters rückwirkend herabgesetzt worden ist, entsteht ein Bereicherungsanspruch des Mieters auf Rückzahlung der zuviel entrichteten Betriebskosten (§ 812 Abs 1 S 2 BGB).

## § 5 MHRG

**(1) Der Vermieter ist berechtigt, Erhöhungen der Kapitalkosten, die nach Inkrafttreten dieses Gesetzes infolge einer Erhöhung des Zinssatzes aus einem dinglich gesicherten Darlehen fällig werden, durch schriftliche Erklärung anteilig auf den Mieter umzulegen, wenn**

**1. der Zinssatz sich**
   **a) bei Mietverhältnissen, die vor dem 1. Januar 1973 begründet worden sind, gegenüber dem am 1. Januar 1973 maßgebenden Zinssatz,**
   **b) bei Mietverhältnissen, die nach dem 31. Dezember 1972 begründet worden sind, gegenüber dem bei Begründung maßgebenden Zinssatz**
   **erhöht hat,**

**2. die Erhöhung auf Umständen beruht, die der Vermieter nicht zu vertreten hat,**

**3. das Darlehen der Finanzierung des Neubaues, des Wiederaufbaues, der Wiederherstellung, des Ausbaues, der Erweiterung oder des Erwerbs des Gebäudes oder des Wohnraums oder von baulichen Maßnahmen im Sinne des § 3 Abs. 1 gedient hat.**

**(2) § 4 Abs. 2 Satz 2 und Absatz 3 Satz 1 gilt entsprechend.**

**(3) [1]Ermäßigt sich der Zinssatz nach einer Erhöhung des Mietzinses nach Absatz 1, so ist der Mietzins vom Zeitpunkt der Ermäßigung ab entsprechend, höchstens aber um die Erhöhung nach Absatz 1, herabzusetzen. [2]Ist das Darlehen getilgt, so ist der Mietzins um den Erhöhungsbetrag herabzusetzen. [3]Die Herabsetzung ist dem Mieter unverzüglich mitzuteilen.**

**(4) Das Recht nach Absatz 1 steht dem Vermieter nicht zu, wenn er die Höhe der dinglich gesicherten Darlehen, für die sich der Zinssatz erhöhen kann, auf eine Anfrage des Mieters nicht offengelegt hat.**

**(5) Geht das Eigentum an dem vermieteten Wohnraum von dem Vermieter auf einen Dritten über und tritt dieser anstelle des Vermieters in das Mietverhältnis ein, so darf der Mieter durch die Ausübung des Rechts nach Absatz 1 nicht höher belastet werden, als dies ohne den Eigentumsübergang möglich gewesen wäre.**

**Schrifttum:** BILDA, Zur Hypothekenzinserhöhung über vereinbarte Höchstsatzklauseln hinaus, ZMR 1975, 161; DERLEDER, Inflatorische Impulse des Gesetzes zur Regelung der Miethöhe?, WuM 1976, 197 und 221; VON LACKUM, Zur kapitalkostenbedingten Mieterhöhung gemäß Paragraph 5 MHG, DWW 1981, 225; NASSALL, Schriftformerfordernisse im Wohnraummietrecht, MDR 1985, 893; PFEILSCHIFTER, Grundbucheinsichtsrecht und Gutglaubensschutz für Mieter und Mietinteressenten, WuM 1986, 327; RIEDMAIER, Das System der Vergleichsmiete in der neueren Rechtsprechung, ZMR 1987, 1; STRUNZ, Zur Umlegung von Betriebs- und Kapitalkostenerhöhungen, ZMR 1984, 219 u 1988, 330; WEIMAR, Die Möglichkeit der Umlage von Erhöhungen der Hypotheken- und Grundschuldzinsen auf den Wohnraummieter, Betrieb 1975, 631; ders, Zur Zinssteigerungsumlage gem. § 5 MHRG,

BlGBW 1982, 5; WETEKAMP, Die Mieterhöhung nach den §§ 2, 3, 5 und 10 MHG, DWW 1988, 199.

**Übersicht**



## I. Allgemeines

Die Vorschrift betrifft Kapitalkosten für vermieteten Wohnraum. Nach Abs 1 1 steht dem Vermieter unter bestimmten Voraussetzungen das Recht zu, Erhöhungen der Kapitalkosten, die auf einer Erhöhung des Zinssatzes für ein dinglich gesichertes Baudarlehen beruhen, durch schriftliche Erklärung anteilig auf den Mieter umzulegen. Die Wirtschaftlichkeit des Hausbesitzes soll bei starken Bewegungen auf dem Kapitalmarkt gewahrt bleiben. Eine Ermäßigung der Kapitalkosten führt im Gegensatz zur Regelung des § 4 Abs 4 nur dann zur Herabsetzung des Mietzinses, wenn der Vermieter zuvor die Miete wegen gestiegener Kapitalkosten erhöht hat. Anderenfalls würden jene Vermieter benachteiligt, die auf eine frühere Erhöhung verzichtet oder zu einem nicht kostendeckenden Mietzins vermietet haben. Die Vorschrift stellt auf Gesichtspunkte der Kostendeckung ab, was für die gesetzliche Regelung der Mietverhältnisse über frei finanzierten Wohnraum systemwidrig ist. Deshalb ist eine enge Auslegung geboten (OLG Hamburg NJW 1984, 2895 = 22 in RE Miet).

## II. Umlegung erhöhter Kapitalkosten (Abs 1, 2, 4, 5)

### 1. Allgemeines

Die Vorschrift ermöglicht es dem Vermieter, abweichend von dem in § 2 vorge- 2 schriebenen Verfahren eine Mieterhöhung wegen gestiegener Kapitalkosten durch schriftliche Erklärung einseitig gegenüber dem Mieter durchzusetzen. Dabei ist der Vermieter nicht an die Obergrenze der ortsüblichen Vergleichsmiete (AG Essen-Borbeck WuM 1982, 215 m abl Anm DE NOCKER) oder des § 5 WiStrG (OLG Hamm WuM 1983, 18 = 26 in RE Miet) gebunden. Dies ist auch nach der Neufassung des § 5 Abs 1 S 2 und 3 WiStrG durch Art 3 Nr 5 des Gesetzes zur Erhöhung des Angebots an Mietwohnungen vom 20. 12. 1982 (BGBl I 1912) anzunehmen (aM AG Lüdenscheid WuM 1987, 229; STERNEL Rz III 845). Hiernach ist zwar im Rahmen des § 5 WiStrG die Kostendeckung im Rahmen der Angemessenheitsprüfung des Mietzinses zu berücksichtigen. Dies schließt jedoch nicht aus, eine Mieterhöhung unter den Voraussetzungen des § 5 MHRG ohne eine derartige Begrenzung zuzulassen. Der Gesetzgeber hat in dieser Vorschrift das reine Kostendeckungsprinzip ohne zusätzliche Angemessenheitsprüfung zugrunde gelegt. Für diesen speziellen Anwendungsbereich muß § 5 WiStrG zurücktreten, solange der Gesetzgeber das Konkurrenzverhältnis nicht eindeutig bestimmt. Bei dem Recht auf Mieterhöhung handelt es sich um ein Gestaltungsrecht, dessen Ausübung unmittelbar zu einem Zahlungsanspruch des Vermieters führt. Der Mieter hat gegenüber einer Umlegung erhöhter Kapitalkosten ein Kündigungsrecht nach § 9 Abs 1 S 2.

**2. Erhöhung der Kapitalkosten**

**3** Der Vermieter ist berechtigt, Erhöhungen der Kapitalkosten, die nach Inkrafttreten des MHRG infolge einer Erhöhung des Zinssatzes aus einem dinglich gesicherten Darlehen fällig werden, durch schriftliche Erklärung anteilig auf den Mieter umzulegen. Da § 5 eine Sonderregelung darstellt, kann der Vermieter abweichend von § 2 Abs 1 Nr 1 mehrere kurzfristig aufeinanderfolgende Erhöhungen der Kapitalkosten ohne zeitliche Verzögerung auf den Mieter umlegen.

**4** a) Der Begriff der **Kapitalkosten** ist im MHRG nicht ausdrücklich geregelt. Gemeint sind damit nur Fremdkapitalkosten. Eine im öffentlich geförderten Wohnungsbau maßgebende Begriffsbestimmung der Fremdkapitalkosten enthält § 21 II. BVO. Von diesem Begriff kann auch im Rahmen des § 5 ausgegangen werden, da die II. BVO eine Grundlage für den Erlaß dieser Vorschrift bildete. Hiernach gehören zu den Kapitalkosten die Zinsen für Fremdmittel, auch Sonderzinsen wegen eines besonderen Auszahlungskurses (LG Lüneburg WuM 1985, 352 [LS]), laufende Kosten, die aus Bürgschaften für Fremdmittel entstehen, sonstige wiederkehrende Leistungen aus Fremdmitteln, namentlich Rentenschulden, Erbbauzinsen sowie laufende Nebenleistungen, vor allem Verwaltungskostenbeiträge. Tilgungsbeträge sind ausgeschlossen (OLG Hamburg NJW 1984, 2895 = 22 in RE Miet).

**5** b) Umlagefähig sind nur Zinsen für ein **dinglich gesichertes Baudarlehen**. Der Begriff des Darlehens ergibt sich aus § 607 BGB. Nach Abs 1 Nr 3 muß das Darlehen der Finanzierung des Neubaues, des Wiederaufbaues, der Wiederherstellung, des Ausbaues, der Erweiterung oder des Erwerbs des Gebäudes oder des Wohnraums gedient haben. Gleichgestellt sind bauliche Maßnahmen iS des § 3 Abs 1, wobei aber die Grundfinanzierung derartiger Maßnahmen durch das Recht auf Mieterhöhung nach dieser Vorschrift abgedeckt wird, so daß nur spätere Zinssteigerungen für diese Finanzierungsmittel von § 5 erfaßt werden.

**6** aa) Die Mieterhöhung ist auf solche Fälle beschränkt, in denen das Grundstück als Pfandobjekt für **Baudarlehen** dient, die für Maßnahmen im gesetzlich umschriebenen Sinne verwendet worden sind. Die Finanzierungszwecke sind insofern zu präzisieren, als auch der Erwerb des Grundstücks hierunter fällt, wenn das Gebäude selbst anderweitig finanziert worden ist oder wenn es sich um ein angrenzendes, selbständiges Grundstück handelt, das den Mietern zum Gebrauch überlassen ist. Da ein Erbbaurecht nicht den Begriff des Darlehens iS des § 607 BGB erfüllt, wird eine Erhöhung des Erbbauzinses nicht vom Gesetzeswortlaut erfaßt. Angesichts des gesetzgeberischen Zwecks ist allerdings eine entsprechende Anwendung erwägenswert (vgl § 4 Rz 3 a).

**bb)** Das Darlehen muß **dinglich gesichert** sein. Als dingliche Sicherung kommt im 7
allgemeinen eine Hypothek oder Grundschuld in Betracht (§§ 1113, 1191 BGB). Aus dem Gesetzeswortlaut läßt sich nicht entnehmen, daß das Darlehen durch das vermietete Grundstück gesichert sein muß. Deshalb reicht eine Sicherung durch andere Grundstücke des Vermieters oder dritter Personen aus (Mietrecht § 5 MHRG Rz 9). Angesichts des Gesetzeszwecks, eine Mieterhöhung nur bei Baudarlehen zuzulassen und diesen Zusammenhang durch die dingliche Sicherung zu gewährleisten (Mietrecht § 5 MHRG Rz 9), kann eine Kapitalkostenerhöhung auch hinsichtlich solcher Darlehensteilbeträge geltend gemacht werden, die den dinglich gesicherten Darlehensbetrag übersteigen (aM AG Lampertheim WuM 1985, 352).

**c)** Es muß eine **Erhöhung der Kapitalkosten** eingetreten sein. Dies bedeutet, daß 8
die Kapitalkosten insgesamt gestiegen sein müssen. Nicht maßgebend ist der sich aus einer Zinserhöhung ergebende Unterschiedsbetrag, sondern der dadurch bei den gesamten Fremdkapitalkosten eintretende Differenzbetrag. Damit werden zunächst alle Schwankungen bei den sonstigen Bestandteilen der Fremdkapitalkosten ausgeglichen. Eine umlagefähige Mehrbelastung ist auch dann nicht gegeben, wenn eine Erhöhung des Zinssatzes wegen zwischenzeitlicher Tilgungsleistungen nicht zu einer Erhöhung der Gesamtkapitalkosten führt (AG Hamburg WuM 1982, 301; mißverständlich AG Köln WuM 1983, 182 [LS]). Zur Ermittlung der Mehrbelastung sind die Zinsbeträge gegenüberzustellen, die sich zur Zeit des entscheidenden Stichtags (Rz 11) und der Mieterhöhungserklärung nach dem maßgebenden Zinssatz für die jeweilige Darlehensvaluta ergeben (OLG Hamburg NJW 1984, 2895 = 22 in RE Miet).

**d)** Die Steigerung der Kapitalkosten muß infolge einer **Erhöhung des Zinssatzes** 9
für das Baudarlehen eingetreten sein.

**aa)** Nur eine auf gestiegenen **Zinsen** beruhende Erhöhung der Kapitalkosten ist umzulegen. Zinsen sind wiederkehrende Vergütungen für den Gebrauch eines Kapitals, die nach Bruchteilen dieses Kapitals berechnet und im voraus dem Betrage nach bestimmt oder bestimmbar sind. Es kommt nicht auf die Bezeichnung an, sondern auf den wirtschaftlichen Kern, der in der Vergütung für den Gebrauch eines Kapitals bestehen muß (RGZ 168, 284, 285; BGH MDR 1971, 203; OLG Hamburg NJW 1984, 2895, 2896 = 22 in RE Miet; CANARIS NJW 1978, 1891). Hiernach gehört zu den Zinsen nur ein Teil der in § 21 II. BVO genannten Fremdkapitalkosten. Auszuscheiden sind Bürgschaftsprovisionen, Erbbauzinsen, soweit eine entsprechende Anwendung abgelehnt wird (Rz 6), Kaufpreisraten sowie Verzugs- und Strafzinsen. Das gleiche gilt für Leistungen, die nicht dem Betrag nach bestimmt oder bestimmbar sind, und für einmalige Abzüge wie Disagio, Kredit- und Bearbeitungsgebühren sowie mit der Sicherung des Baudarlehens zusammenhängende Kosten wie Lebensversicherung und Eintragungsgebühren. Nach Ansicht des OLG Stuttgart (NJW 1984, 1903 = 10 in RE Miet) kann ein Disagio in entsprechender Anwendung des § 5 anteilig auf den Mieter umgelegt werden, wenn anläßlich einer Zinssatzänderung statt eines variablen ein fester Zinssatz in Verbindung mit einem Disagio vereinbart wird. Wirtschaftlich betrachtet trete das Disagio an die Stelle höherer Festzinsen, die bei entsprechender Vereinbarung umzulegen gewesen wären. Dieses Argument trifft jedoch auch auf andere einmalige Leistungen des Darlehensnehmers zu, die offen oder versteckt einen Zinscharakter tragen. Die Ansicht ist abzulehnen, weil § 5 als Sondervorschrift eng auszulegen ist und nach dem Wortlaut nur Zinssatzerhöhungen erfaßt, nicht aber andere Kapitalkostensteigerungen. Ebensowenig können analog § 5 Kapitalbeschaffungskosten (aM LG München I ZMR 1985, 302) oder ein Disagio (aM AG Braunschweig WuM 1985, 352; AG Lampertheim WuM 1985, 352) bei der Ermittlung des Ausgangszinssatzes berücksichtigt werden. Zinsen für Darlehen zur Vor- und Zwischenfinanzierung von Baukrediten werden dagegen erfaßt (OLG Karlsruhe WuM 1982, 273 = 21 in RE Miet). Tilgungsstreckungsbeträge sind insoweit zu berücksichtigen, als sie nach der im Einzelfall zugrunde liegenden Gestaltung des Darlehensvertrags eine zinsmäßige Vergütung für die Überlassung der vollen Darlehensvaluta darstellen (OLG Hamburg aaO; vgl Bodenstaff, Die Tilgungsstreckung, BB 1967, 356).

10 **bb) Zinssatz** ist der nach Bruchteilen des überlassenen Kapitals berechnete Maßstab für die Vergütung. Der Grund für die Erhöhung des Zinssatzes wird durch § 5 nicht bestimmt. Er kann deshalb nicht auf Ursachen beschränkt werden, die vom Kapitalmarkt ausgelöst werden (aM LG Freiburg WuM 1983, 115). Es kann auch nicht danach differenziert werden, ob die Zinssteigerung, wie etwa bei Wegfall befristeter Zinsermäßigungen (Rz 15), voraussehbar war oder nicht (aM LG Mannheim WuM 1977, 189; AG Köln WuM 1981, 240 [LS]; Sternel Rz III 839).

11 **cc)** Das Gesetz beschränkt durch eine **Stichtagsregelung** das Recht zur Mieterhöhung. Zum einen wird eine zeitliche Grenze dadurch gezogen, daß nur solche Zinserhöhungen in Betracht kommen, die nach Inkrafttreten des WKSchG II, dh dem 1. 1. 1975 (Art 8 Abs 1), infolge einer Erhöhung des Zinssatzes fällig werden. Für die Fälligkeit der Zinsen ist der Darlehensvertrag oder mangels ausdrücklicher Regelung § 608 BGB maßgebend. Eine weitere Grenze legt Abs 1 Nr 1 fest, indem als Bezugspunkte für die Zinssatzerhöhung bei Mietverhältnissen, die vor dem 1. 1. 1973 begründet worden sind, der am 1. 1. 1973 maßgebende Zinssatz, bei Mietverhältnissen, die nach dem 31. 12. 1972 begründet worden sind, der bei Begründung maßgebende Zinssatz bestimmt werden. In jedem Fall muß das dinglich gesicherte Darlehen schon im Zeitpunkt der Begründung des Mietverhältnisses bestanden haben (LG Hamburg MDR 1982, 58; AG Duisburg-Hamborn WuM 1989, 84 m Anm Schultz; Schmidt-Futterer-Blank C 397). Eine nachträgliche Verschuldung soll nicht den Mieter belasten. Bei Eintritt eines Grundstückserwerbers ist auf den Vertragsabschluß mit dem früheren Vermieter abzustellen (AG Heidelberg WuM 1981, 238 m Anm Zimmermann; AG Hamburg WuM 1981, 112 m Anm Zimmermann WuM 1981, 239 u Anm Weimar ZMR 1982, 217 sowie von Lackum DWW 1981, 225; vgl Rz 26). Nur der sich hiernach ergebende Differenzbetrag ist umlagefähig.

12 **dd)** Die **Höhe** der umlagefähigen Zinsen wird durch § 5 nicht absolut begrenzt.

Eine Schranke bildet allerdings § 138 BGB. Eine nichtige Zinsvereinbarung zwischen Darlehensgläubiger und Vermieter begründet keine Rechte aus § 5.

**e)** Die Erhöhung der Kapitalkosten muß auf Umständen beruhen, die der **Vermieter nicht zu vertreten** hat (Abs 1 Nr 2). Ausgangspunkt ist § 276 BGB, wonach Vorsatz und Fahrlässigkeit zu vertreten sind. Dieser Beurteilungsmaßstab wird relevant, wenn auf eine Vertragspflicht des Vermieters abgestellt wird, den Mieter nicht unnötig zu belasten. Im übrigen kann auf die vergleichbare Regelung des § 23 Abs 1 S 2 II. BVO zurückgegriffen werden, die verhindern soll, daß eine bei vernünftiger wirtschaftlicher Betrachtungsweise überflüssige Verteuerung der Wohnung auf den Mieter, der hierauf keinen Einfluß hat, abgewälzt wird (vgl BGH Betrieb 1971, 769, 771). **13**

**aa)** Hiernach hat der Vermieter eine überflüssige und vermeidbare Kapitalkostenerhöhung **zu vertreten** (OLG Hamburg MDR 1975, 493; LG Hamburg MDR 1974, 759, 760). Dies ist der Fall, wenn er mit der Tilgung in Verzug gerät und wegen einer Kündigung ein teureres Darlehen aufnehmen muß. Das gleiche gilt bei einem Verkauf aus einer wirtschaftlichen Notlage und dem dadurch ausgelösten Fortfall einer günstigen Zinsklausel für den Rechtsnachfolger, weil diese Umstände dem Risiko der Vermieterseite zuzuordnen sind (vgl OLG Hamburg aaO). Ebenso ist zu entscheiden, wenn die Erhöhung der Kapitalkosten auf einer Umschuldung beruht, die aus Anlaß einer Grundstücksveräußerung vorgenommen wird (OLG Hamm NJW 1982, 891 = 14 in RE Miet; LG Hamburg MDR 1982, 58; AG Hamburg-Wandsbek WuM 1982, 80). Dies wird nunmehr auch durch Abs 5 sichergestellt (Rz 26). Eine Umfinanzierung zur Ablösung öffentlicher Bindungen ist idR zu vertreten, weil auch die Vorschriften über den öffentlich geförderten Wohnungsbau die Wirtschaftlichkeit des Grundbesitzes zu gewährleisten suchen und die damit verknüpften Bindungen dem Vermieter nicht unzumutbar sind (LG München I WuM 1985, 27). Ebenso ist der Ersatz von Eigenkapital durch teurere Fremdmittel zu vertreten (LG Frankfurt WuM 1983, 324; aM MünchKomm-Voelskow Anh § 564 b BGB, § 5 MHRG Rz 10). **14**

**bb) Nicht zu vertreten** hat der Vermieter solche Kostensteigerungen, die bei einer ordnungsgemäßen, wirtschaftlichen Verwaltung des Grundstücks auch im Hinblick auf das Interesse des Mieters an möglichst geringen Kosten unvermeidbar sind. Dies ist bei Zinssteigerungen aufgrund entsprechender Klauseln im Darlehensvertrag anzunehmen, die auf den allgemeinen Kapitalmarktzins abstellen. Derartige Klauseln sind üblich. Auch der Fortfall einer befristeten Zinsermäßigung ist für den Vermieter unvermeidbar, wenn mit dem Darlehensgeber keine anderen Vereinbarungen möglich waren (aM OLG Karlsruhe NJW 1982, 893 = 14 in RE Miet; LG Freiburg MDR 1982, 58; WuM 1983, 115). Die Umlegung der bei einer Umschuldung entstandenen Mehrkosten scheitert nicht daran, daß das abgelöste Darlehen nur der Zwischenfinanzierung gedient hat und daß auch das neue Darlehen seinerseits der Zwischenfinanzierung dient (OLG Karlsruhe WuM 1982, 273 = 21 in RE Miet). **15**

**f)** Dem Vermieter ist nach Abs 1 eine **anteilige Umlegung** der Kapitalkostenerhöhung auf den Mieter gestattet. Für den Umlegungsmaßstab gelten die gleichen Grundsätze wie zu § 4 (dort Rz 14). Handelt es sich um Ausbauten, Erweiterun- **16**

gen oder Umbauten, die nur einem Teil der Mieter zugute gekommen sind, können die Kosten lediglich insoweit umgelegt werden.

### 3. Geltendmachung der Umlegung

17 a) Die Umlegung erhöhter Kapitalkosten ist durch **schriftliche Erklärung** des Vermieters gegenüber dem Mieter geltend zu machen (Abs 1). Dies gilt auch, wenn die Parteien bereits im Mietvertrag eine Mieterhöhung für den Fall der Kapitalkostensteigerung vorgesehen haben (vgl AG Hamburg-Wandsbek WuM 1984, 336). Es handelt sich um ein Gestaltungsrecht, das durch einseitige, empfangsbedürftige Willenserklärung auszuüben ist. Sie muß bei einer Mehrheit von Mietern an alle Mieter gerichtet werden (OLG Celle WuM 1982, 102 = 2 in RE Miet; OLG Koblenz NJW 1984, 244 = 7 in RE Miet). Dies gilt bei Ehegatten auch dann, wenn sie getrennt leben und einer von ihnen ohne einverständliche Aufhebung des mit ihm bestehenden Mietverhältnisses aus der Wohnung ausgezogen ist (BayObLG WuM 1983, 107 = 15 in RE Miet). Die Bevollmächtigung eines Mitmieters ist möglich (OLG Schleswig NJW 1983, 1862 = 7 in RE Miet). Die Erklärung muß dem gesetzlichen Formerfordernis des § 126 BGB genügen, soweit nicht bei Anfertigung mit automatischen Einrichtungen die Ausnahme des § 8 eingreift.

18 b) Für den **Inhalt** der Erklärung verweist Abs 2 auf § 4 Abs 2 S 2. Hiernach ist für die Wirksamkeit der Erklärung erforderlich, daß in ihr der Grund für die Umlage bezeichnet und erläutert wird (LG München I WuM 1985, 352; AG Braunschweig WuM 1985, 352). Erhöhungsbetrag und Umlegungsmaßstab müssen bestimmt oder bestimmbar angegeben werden (LG Köln WuM 1983, 324). Die Angabe eines Zeitpunkts, von dem an der Vermieter die erhöhte Miete verlangt, ist nicht erforderlich, soweit sich der Zeitpunkt der Erhöhung unmittelbar aus Abs 2 iVm § 4 Abs 3 S 1 ergibt (vgl OLG Karlsruhe NJW 1983, 1861 = 5 in RE Miet). Der Mieter hat aufgrund des Erhöhungsverlangens ein berechtigtes Interesse nach § 12 GBO, das Grundbuch einzusehen (AG München WuM 1982, 218; vgl Rz 23). Im übrigen gelten die Ausführungen zu § 4 entsprechend (dort Rz 16 f).

### 4. Wirkungseintritt der Umlegung

19 Die Erklärung, mit der der Vermieter eine Umlegung erhöhter Kapitalkosten geltend macht, wird nach § 130 BGB mit dem Zugang wirksam. Wegen der Verpflichtung des Mieters verweist § 5 Abs 2 auf § 4 Abs 3 S 1. Mangels einer Verweisung auf § 4 Abs 3 S 2 ist damit im Gegensatz zu den Betriebskosten eine Umlegung rückwirkend erhöhter Kapitalkosten ausgeschlossen. Der Mieter schuldet den auf ihn entfallenden Teil der Umlage vom Ersten des auf die Erklärung folgenden Monats an. Ist die Erklärung erst nach dem Fünfzehnten eines Monats zugegangen, tritt diese Wirkung am Ersten des übernächsten Monats ein (§ 4 Rz 19). Der Vermieter kann seine Erklärung schon vor Fälligkeit der ersten erhöhten Zinsrate abgeben, so daß Zinserhöhung und Mieterhöhung zusammenfallen. Die Umlage ist mangels abweichender Vereinbarungen mit dem Mietzins fällig.

**5. Ausschluß und Begrenzung des Rechts zur Mieterhöhung**

**a)** Ein **vertraglicher Ausschluß** der Rechte des Vermieters aus § 5 ist nach § 1 S 3 möglich. Eine solche Vereinbarung kann ausdrücklich getroffen werden oder sich aus den Umständen, insbesondere aus einer Befristung des Mietverhältnisses bei festem Mietzins, ergeben. Neben einem allgemeinen Ausschluß der Mieterhöhung ist eine besondere Vereinbarung hinsichtlich gestiegener Kapitalkosten nicht erforderlich. **20**

**b)** Nach Abs 4 besteht ein **gesetzlicher Ausschluß** des Rechts zur Mieterhöhung, wenn der Vermieter die Höhe der dinglich gesicherten Darlehen, für die sich der Zinssatz erhöhen kann, auf eine Anfrage des Mieters nicht offengelegt hat. **21**

**aa)** Der Mieter muß eine **Anfrage** an den Vermieter gerichtet haben. Sie hat inhaltlich die Höhe der dinglich gesicherten Darlehen zu betreffen, für die sich der Zinssatz erhöhen kann. Form, Zeitpunkt und Anzahl sind gesetzlich nicht festgelegt. Daraus ist zu schließen, daß der Mieter die Anfrage während der ganzen Vertragsdauer in angemessenen Zeitabständen wiederholen kann. Gegenüber der im Schrifttum zT vertretenen Ansicht, die Anfrage könne schon vor Abschluß des Mietvertrags von einem Mietinteressenten an den Vermieter gerichtet werden (Schmidt-Futterer-Blank C 416), ist zu bedenken, daß es zu einem unzumutbaren Eingriff in die Privatsphäre des Vermieters führen würde, wenn er seine Verschuldung gegenüber jedem beliebigen Mietinteressenten offenbaren müßte. Dies ist auf einen abschlußreifen Vertrag zu begrenzen. Ohne Anfrage ist der Vermieter nicht verpflichtet, den Mieter bei Vertragsabschluß oder später auf die Finanzierung mit dinglich gesicherten Darlehen hinzuweisen (LG Itzehoe WuM 1985, 351). **22**

**bb)** Der Vermieter hat auf die Anfrage des Mieters die Höhe der dinglich gesicherten Darlehen, für die sich der Zinssatz erhöhen kann, offenzulegen. Damit wird der **Inhalt der Mitteilung** gesetzlich festgelegt. Er umfaßt nur die Höhe der Baudarlehen, für die eine umlagefähige Zinssatzerhöhung in Betracht kommt. Name des Gläubigers, Art und Dauer der Belastung, Zinssatz und Inhalt etwaiger Zinsklauseln sind nach dem Gesetzeswortlaut nicht mitzuteilen. Da es sich nicht um eine Rechenschaftslegung iS der §§ 259 f BGB handelt, ist der Vermieter nicht gezwungen, dem Mieter Einblick in die Unterlagen zu gestatten. Über Form und Frist trifft das Gesetz keine Regelung. Die Anfrage ist deshalb formlos innerhalb einer angemessenen Frist zu beantworten. Unabhängig hiervon haben Mieter und Mietinteressent im Hinblick auf die Gefahr einer Mieterhöhung aus § 5 MHRG ein berechtigtes Interesse, nach § 12 Abs 1 GBO Einsicht in das Grundbuch zu nehmen (OLG Hamm WuM 1986, 348; Pfeilschifter WuM 1986, 327; vgl Rz 18). **23**

**cc)** Der Mieter hat keinen Anspruch auf Offenlegung. Die **Rechtsfolge** eines Verstoßes des Vermieters gegen Abs 4 besteht in dem Ausschluß des Rechts auf Mieterhöhung. Der Verstoß kann darin liegen, daß der Vermieter auf Anfrage die Offenlegung ganz unterläßt oder eine wahrheitswidrige bzw unvollständige Antwort erteilt. Der Rechtsausschluß besteht für die gesamte Dauer des Mietverhältnisses und betrifft sämtliche Baudarlehen, auch soweit sie von einer nur teilweise unrichtigen Antwort nicht betroffen waren. **24**

25 **dd)** Die **Beweislast** für den Zugang der Anfrage beim Vermieter obliegt dem Mieter. Der Vermieter muß beweisen, daß er die erforderlichen Angaben richtig und rechtzeitig gemacht hat.

26 **c)** Mit Abs 5 ist durch das Gesetz zur Erhöhung des Angebots an Mietwohnungen vom 20. 12. 1982 (BGBl I 1912) eine **Begrenzung** der Mieterhöhung eingefügt worden. Geht das Eigentum an dem vermieteten Wohnraum von dem Vermieter auf einen Dritten über und tritt dieser anstelle des Vermieters in das Mietverhältnis ein, so darf der Mieter durch die Ausübung des Rechts nach Abs 1 nicht höher belastet werden, als dies ohne den Eigentumsübergang möglich gewesen wäre. Hierdurch soll klargestellt werden, daß höhere Zinsbelastungen, die durch einen Eigentumsübergang und eine damit verbundene höhere Verschuldung verursacht werden, nicht auf den Mieter abgewälzt werden können (Begr z Gesetzentw BT-Drucks 9/2079, 17). Dies entspricht der neueren Rspr (OLG Hamm NJW 1982, 891 = 14 in RE Miet; OLG Karlsruhe NJW 1982, 893 = 14 in RE Miet; LG Hamburg MDR 1982, 58). Die Vorschrift ist primär auf eine Veräußerung iS des § 571 BGB zugeschnitten. Ihr Anwendungsbereich erfaßt jedoch auch gesetzliche oder vertragliche Fälle der Einzel- oder Gesamtrechtsnachfolge hinsichtlich des vermieteten Wohnraums und des Mietverhältnisses.

## III. Herabsetzung des Mietzinses bei Ermäßigung des Zinssatzes (Abs 3)

### 1. Allgemeines

27 Der Vermieter ist nach Abs 3 verpflichtet, den Mietzins herabzusetzen, wenn sich der Zinssatz für ein dinglich gesichertes Baudarlehen nach einer aufgrund des Abs 1 vorgenommenen Mieterhöhung wieder ermäßigt. Gleichgestellt ist die Tilgung des Darlehens. Die Herabsetzung ist dem Mieter unverzüglich mitzuteilen. Der Mietzins wird nicht kraft Gesetzes gesenkt. Der Vermieter muß eine Gestaltungserklärung abgeben, auf die der Mieter einen klagbaren Anspruch hat.

### 2. Ermäßigung des Zinssatzes

28 Der Zinssatz ermäßigt sich, wenn der Vergütungsmaßstab gesenkt wird. Eine Verminderung des tatsächlich zu zahlenden Zinsbetrags bei fortschreitender Tilgung ist unerheblich. Der Zweck der Vorschrift, den Mieter bis zur Grenze einer früheren Mieterhöhung wieder zu entlasten, läßt es zu, eine Ermäßigung auch dann zu berücksichtigen, wenn die frühere Erhöhung wegen eines anderen Darlehens vorgenommen worden ist.

### 3. Tilgung des Darlehens

29 Der Mietzins ist nach Abs 3 S 2 herabzusetzen, wenn das dinglich gesicherte Baudarlehen vollständig getilgt ist und damit keine Zinskosten mehr anfallen. Der Mietzins ist nur bis zu einem früheren Erhöhungsbetrag herabzusetzen, ohne daß

es bei der Finanzierung durch mehrere dinglich gesicherte Baudarlehen darauf ankommt, ob die frühere Erhöhung auf dem getilgten Darlehen beruhte.

### 4. Umfang der Herabsetzung

Der Mietzins ist nach einer Ermäßigung des Zinssatzes entsprechend herabzusetzen, höchstens aber um eine auf Abs 1 gestützte frühere Erhöhung (Abs 3 S 1). Das gleiche gilt bei einem Fortfall der Zinskosten wegen Tilgung des Darlehens (Abs 3 S 2). Damit bleiben dem Vermieter die von Anfang an in den Mietzins einkalkulierten Zinsbeträge erhalten, da eine Anpassung an die tatsächlichen Kapitalkosten nicht vorgeschrieben ist. Der Mietzins ist entsprechend dem bei der vorausgegangenen Erhöhung angewandten Umlegungsmaßstab herabzusetzen. Dabei ist allerdings zu differenzieren, wenn eine vorangegangene Erhöhung wegen des Verwendungszwecks des Darlehens nur einen Teil der Mieter belastet hat (Rz 16). Insoweit kann es bei der anteiligen Ermäßigung darauf ankommen, für welches von mehreren Darlehen die Kapitalkosten nunmehr sinken. 30

### 5. Mitteilung der Herabsetzung

Die Herabsetzung des Mietzinses ist dem Mieter nach Abs 3 S 3 unverzüglich mitzuteilen. Im übrigen gilt das gleiche wie bei einer Ermäßigung der Betriebskosten nach § 4 Abs 4 S 2 (dort Rz 26). 31

### 6. Wirkungseintritt der Herabsetzung

Die Willenserklärung des Vermieters, mit der er den Mietzins einseitig herabsetzt, wird nach § 130 BGB durch den Zugang beim Mieter wirksam. Der Mieter kann im Wege der Leistungsklage die Abgabe einer entsprechenden Willenserklärung des Vermieters durchsetzen (§ 1 Rz 27). Der Vermieter ist verpflichtet, den Mietzins vom Zeitpunkt der Ermäßigung des Zinssatzes ab zu senken. Der überzahlte Mietzins ist nach Bereicherungsrecht zu erstatten (§§ 812 ff BGB). 32

## § 6 MHRG

**(1) [1]Hat sich der Vermieter von öffentlich gefördertem oder steuerbegünstigtem Wohnraum nach dem Wohnungsbaugesetz für das Saarland in der Fassung der Bekanntmachung vom 7. März 1972 (Amtsblatt des Saarlandes S. 149), zuletzt geändert durch Artikel 3 des Wohnungsbauänderungsgesetzes 1973 vom 21. Dezember 1973 (Bundesgesetzbl. I S. 1970), verpflichtet, keine höhere Miete als die Kostenmiete zu vereinbaren, so kann er eine Erhöhung bis zu dem Betrag verlangen, der zur Deckung der laufenden Aufwendungen für das Gebäude oder die Wirtschaftseinheit erforderlich ist. [2]Eine Erhöhung des Mietzinses nach den §§ 2, 3 und 5 ist ausgeschlossen.**

**(2) [1]Die Erhöhung nach Absatz 1 ist vom Vermieter durch schriftliche Erklärung gegenüber dem Mieter geltend zu machen. [2]Die Erklärung ist nur wirksam, wenn**

**in ihr die Erhöhung berechnet und erläutert wird. [3]Die Erklärung hat die Wirkung, daß von dem Ersten des auf die Erklärung folgenden Monats an der erhöhte Mietzins an die Stelle des bisher zu entrichtenden Mietzinses tritt; wird die Erklärung erst nach dem Fünfzehnten eines Monats abgegeben, so tritt diese Wirkung erst von dem Ersten des übernächsten Monats an ein.**
**(3) Soweit im Rahmen der Kostenmiete Betriebskosten im Sinne des § 27 der Zweiten Berechnungsverordnung durch Umlagen erhoben werden, kann der Vermieter Erhöhungen der Betriebskosten in entsprechender Anwendung des § 4 umlegen.**
**(4) [1]Ermäßigen sich die laufenden Aufwendungen, so hat der Vermieter die Kostenmiete mit Wirkung vom Zeitpunkt der Ermäßigung ab entsprechend herabzusetzen. [2]Die Herabsetzung ist dem Mieter unverzüglich mitzuteilen.**
**(5) Die Absätze 1 bis 4 gelten entsprechend für Wohnraum, der mit Wohnungsfürsorgemitteln für Angehörige des öffentlichen Dienstes oder ähnliche Personengruppen unter Vereinbarung eines Wohnungsbesetzungsrechts gefördert worden ist, wenn der Vermieter sich in der in Absatz 1 Satz 1 bezeichneten Weise verpflichtet hat.**

## I. Allgemeines

1 Die Vorschrift enthält eine Sonderregelung über Erhöhung und Herabsetzung des Mietzinses für öffentlich geförderten und steuerbegünstigten Wohnraum im Saarland sowie für dort belegenen Wohnraum, der mit Wohnungsfürsorgemitteln für Angehörige des öffentlichen Dienstes oder ähnliche Personengruppen unter Vereinbarung eines Wohnungsbesetzungsrechts gefördert worden ist. Die öffentliche Förderung des Wohnungsbaus beruht im Saarland auf Sonderbestimmungen (WobauG für das Saarland idF vom 10. 9. 1985 [ABl Saarland 1185], geändert durch WoBauÄndG 1988 vom 21. 2. 1989 [BGBl I 242]; Förderungsbestimmungen zum WobauG für das Saarland idF vom 10. 9. 1985 nebst Anlage [ABl Saarland 1200] und Änderung der Anlage vom 21. 6. 1988 [ABl Saarland 548]). Die Besonderheit besteht darin, daß die Bindung an die Ziele des öffentlich geförderten Wohnungsbaus und die Verpflichtung des Vermieters zur Einhaltung der Kostenmiete auf privatrechtlicher Grundlage beruhen. Die Vorschriften des MHRG sollen sicherstellen, daß der öffentlich geförderte Wohnungsbau im Saarland behandelt wird wie der im übrigen Bundesgebiet preisgebundene Wohnraum, für den die Kostenmiete durch gesetzliche Vorschriften festgelegt ist.

## II. Erhöhung der Kostenmiete (Abs 1, 2, 5)

### 1. Voraussetzungen

2 **a)** Nach Abs 1 S 1 muß ein **Mietverhältnis über Wohnraum** vorliegen, der nach dem WobauG Saar öffentlich gefördert oder als steuerbegünstigt anerkannt ist. Gleichgestellt wird nach Abs 5 Wohnraum, der mit Wohnungsfürsorgemitteln für

Angehörige des öffentlichen Dienstes oder ähnliche Personengruppen unter Vereinbarung eines Wohnungsbesetzungsrechts gefördert worden ist (vgl § 87a Abs 1 S 1 WobauG II).

**b)** Der Vermieter muß sich verpflichtet haben, keine höhere Miete als die 3
**Kostenmiete** zu vereinbaren. Diese Verpflichtung ist nach § 29 Abs 2 WobauG Saar in dem Vertrag über die Gewährung öffentlicher Mittel auf privatrechtlicher Grundlage gegenüber der öffentlichen Hand einzugehen.

**c)** Die **laufenden Aufwendungen** für das Gebäude oder die Wirtschaftseinheit 4
dürfen von dem bisher vereinbarten Mietzins nicht gedeckt sein. Für das Gebäude, das den Wohnraum enthält, ist eine Wirtschaftlichkeits- und Lastenberechnung aufzustellen. In der Berechnung sind die laufenden Aufwendungen zu ermitteln und den Erträgen gegenüberzustellen. Laufende Aufwendungen sind die entstehenden Kapitalkosten und bestimmte Bewirtschaftungskosten.

**2. Rechtsfolgen**

**a)** Der Vermieter hat ein **Recht auf Mieterhöhung** bis zu dem Betrag, der zur 5
Deckung der laufenden Aufwendungen für das Gebäude oder die Wirtschaftseinheit erforderlich ist. Er braucht die Differenz nicht voll auszuschöpfen.

**b)** Für die **Geltendmachung** der Mieterhöhung ist eine schriftliche Erklärung 6
gegenüber dem Mieter vorgeschrieben (Abs 2 S 1). Es handelt sich um ein Gestaltungsrecht, das durch einseitige, empfangsbedürftige Willenserklärung auszuüben ist (vgl Abs 2 S 3). Die Erklärung muß dem gesetzlichen Formerfordernis des § 126 BGB genügen, soweit nicht bei Anfertigung mit automatischen Einrichtungen die Ausnahme des § 8 eingreift.

**c)** Der **Inhalt** der Erklärung muß neben dem Verlangen nach Mieterhöhung eine 7
Berechnung und Erläuterung dieser Erhöhung enthalten (Abs 2 S 2). Eine Wirtschaftlichkeitsberechnung ist entgegen § 10 Abs 1 S 3 und 4 WoBindG nicht beizufügen, da diese Regelung für das Saarland nicht gilt (§ 33 b WoBindG) und § 6 MHRG keine entsprechende Vorschrift enthält.

**d)** Der **Wirkungseintritt** der Mieterhöhung setzt nach § 130 BGB den Zugang der 8
Erklärung voraus. Nach Abs 2 S 3 schuldet der Mieter den erhöhten Mietzins vom Ersten des auf die Erklärung folgenden Monats an. Ist die Erklärung erst nach dem Fünfzehnten eines Monats zugegangen, tritt diese Wirkung am Ersten des übernächsten Monats ein. Dem Mieter steht ein Kündigungsrecht aus § 9 Abs 1 S 2 zu. Eine Erhöhung des Mietzinses nach den §§ 2, 3 und 5 ist ausgeschlossen (Abs 1 S 2).

**III. Umlegung erhöhter Betriebskosten (Abs 3)**

**1.** Der Vermieter kann **Erhöhungen** der Betriebskosten in entsprechender An- 9
wendung des § 4 umlegen, soweit im Rahmen der Kostenmiete Betriebskosten iS des § 27 II. BVO durch Umlagen erhoben werden. Diese Sonderregelung ist erforderlich, weil von der nach § 6 maßgebenden Kostenmiete nur die laufenden Aufwendungen erfaßt werden (§ 29 Abs 2 WobauG Saar), hierzu aber nach Nr 15

Abs 2 der Anlage zu den Förderungsbestimmungen zum WobauG Saar nur ein Teil der Betriebskosten gehört. Außerhalb der laufenden Aufwendungen sind durch Umlage Kosten der Wasserversorgung, der zentralen Heizungsanlage, des Fahrstuhlbetriebs, der Straßenreinigung und Müllabfuhr zu decken.

10 2. Für eine **Ermäßigung** der Betriebskosten, die durch Umlage erhoben werden, ist § 4 Abs 4 entsprechend anzuwenden, auch wenn in § 6 Abs 3 eine ausdrückliche Verweisung fehlt.

## IV. Herabsetzung der Kostenmiete (Abs 4)

11 Bei einer Ermäßigung der laufenden Aufwendungen, die in der Kostenmiete berücksichtigt sind (§ 29 Abs 2 WobauG Saar), ist der Vermieter nach Abs 4 S 1 verpflichtet, die Kostenmiete mit Wirkung vom Zeitpunkt der Ermäßigung ab entsprechend herabzusetzen. Die Aufwendungen haben sich ermäßigt, wenn der Gesamtbetrag der einzelnen Kostenansätze gegenüber der Zeit des Vertragsabschlusses oder einer späteren Neufestsetzung nach § 6 niedriger geworden ist. Der Vermieter ist verpflichtet, dem Mieter die Herabsetzung der Kostenmiete unverzüglich mitzuteilen. Die Regelung entspricht § 4 Abs 4 S 2 (dort Rz 26).

## § 7 MHRG

**(1) [1]Für Bergmannswohnungen, die von Bergbauunternehmen entsprechend dem Vertrag über Bergmannswohnungen, Anlage 8 zum Grundvertrag zwischen der Bundesrepublik Deutschland, den vertragschließenden Bergbauunternehmen und der Ruhrkohle Aktiengesellschaft vom 18. Juli 1969 (Bundesanzeiger Nr. 174 vom 18. September 1974), bewirtschaftet werden, kann die Miete bei einer Erhöhung der Verwaltungskosten und der Instandhaltungskosten in entsprechender Anwendung des § 30 Abs. 1 der Zweiten Berechnungsverordnung und des § 5 Abs. 3 Buchstabe c des Vertrages über Bergmannswohnungen erhöht werden. [2]Eine Erhöhung des Mietzinses nach § 2 ist ausgeschlossen.**
**(2) [1]Der Anspruch nach Absatz 1 ist vom Vermieter durch schriftliche Erklärung gegenüber dem Mieter geltend zu machen. [2]Die Erklärung ist nur wirksam, wenn in ihr die Erhöhung berechnet und erläutert wird.**
**(3) Die Erklärung des Vermieters hat die Wirkung, daß von dem Ersten des auf die Erklärung folgenden Monats an der erhöhte Mietzins an die Stelle des bisher zu entrichtenden Mietzinses tritt; wird die Erklärung erst nach dem Fünfzehnten eines Monats abgegeben, so tritt diese Wirkung erst von dem Ersten des übernächsten Monats an ein.**
**(4) Im übrigen gelten die §§ 3 bis 5.**

**Schrifttum:** Eickhoff-Wuttig, Der Rahmen zulässiger Mieterhöhungen für Bergmannswohnungen im Geltungsbereich des Ruhrkohlevertrages, ZMR 1983, 147; Schopp, Zur Grundlage von § 7 MHG, dem Vertrag über Bergmannswohnungen, ZMR 1982, 1.

## I. Allgemeines

Es handelt sich um eine begrenzte Sonderregelung für die in Abs 1 bezeichneten Bergmannswohnungen. Bergarbeiterwohnungen sind durch das Gesetz zur Förderung des Bergarbeiterwohnungsbaues im Kohlenbergbau vom 23. 10. 1951 (BGBl I 865), zuletzt geändert durch § 23 WoModG vom 23. 8. 1976 (BGBl I 2429), einem Sonderrecht unterstellt worden. Das Sonderrecht gilt nach § 24 Abs 2 des Gesetzes zum großen Teil auch für Bergmannswohnungen iS des § 3 Abs 1 b) des Gesetzes über Bergmannssiedlungen vom 10. 3. 1930 (RGBl I 32), zuletzt geändert durch Art III des 2. ÄndG zur Förderung des Bergarbeiterwohnungsbaues vom 4. 5. 1957 (BGBl I 416). Bergarbeiterwohnungen und Bergmannswohnungen unterliegen einer Zweckbindung. Sie dürfen nur an Wohnungsberechtigte iS des § 4 des Gesetzes vermietet werden. Darüber hinaus sind im Vertragswerk zur Neuordnung des Ruhrbergbaus zwischen der Bundesrepublik Deutschland, der Ruhrkohle AG und den beteiligten Bergbauunternehmen vom 18. 7. 1969 (auszugsweise in BAnz Nr 174 vom 18. 8. 1974, 12) die ohne öffentliche Förderung errichteten Bergmannswohnungen bestimmten Preisbindungsvorschriften unterworfen worden (§ 5 Abs 3 des Vertrags, Anlage 8 zum Grundvertrag). Die Sonderregelung des § 7 MHRG bezweckt, daß für die Bergmannswohnungen, die von der Ruhrkohle AG bewirtschaftet werden, entsprechend den früheren Bestimmungen nur Erhöhungen der Kapitalkosten und gewisser Bewirtschaftungskosten abgewälzt werden. 1

## II. Erhöhung des Mietzinses wegen gestiegener Verwaltungs- und Instandhaltungskosten (Abs 1–3)

### 1. Voraussetzungen

**a)** Nach Abs 1 S 1 muß ein **Mietverhältnis über eine Bergmannswohnung** vorliegen, die von einem Bergbauunternehmen entsprechend dem Vertrag über Bergmannswohnungen, Anlage 8 zum Grundvertrag zwischen der Bundesrepublik Deutschland, den vertragschließenden Bergbauunternehmen und der Ruhrkohle AG vom 18. 7. 1969 bewirtschaftet wird (LG Dortmund ZMR 1982, 23; Eickhoff-Wuttig ZMR 1983, 147; Schopp ZMR 1982, 1). Hiervon sind Altbau- und frei finanzierte Wohnungen betroffen. 2

**b)** Es muß eine **Erhöhung der Verwaltungskosten oder der Instandhaltungskosten** eingetreten sein (Abs 1 S 1). Wegen der Bezugnahme auf § 30 II. BVO ergibt sich der Begriff dieser Bewirtschaftungskosten aus den Vorschriften der Verordnung (§§ 26, 28 II. BVO). Andere Bewirtschaftungskosten wie Abschreibung, Betriebskosten und Mietausfallwagnis (§ 24 Abs 1 II. BVO) werden nicht erfaßt. 3

### 2. Rechtsfolgen

**a)** Der Vermieter hat ein **Recht auf Mieterhöhung** bis zu den nach § 26 für die Verwaltungskosten und nach § 28 II. BVO iVm § 5 Abs 3 S 1 c) des Vertrags über 4

Bergmannswohnungen maßgebenden Beträgen. Für die Geltendmachung ist eine schriftliche Erklärung gegenüber dem Mieter vorgeschrieben (Abs 2 S 1). Es handelt sich um ein Gestaltungsrecht, das durch einseitige, empfangsbedürftige Willenserklärung auszuüben ist (Abs 3). Die Erklärung muß dem gesetzlichen Formerfordernis des § 126 BGB genügen, soweit nicht bei Anfertigung mit automatischen Einrichtungen die Ausnahme des § 8 eingreift. Inhaltlich muß die Erklärung neben dem Verlangen nach Mieterhöhung eine Berechnung und Erläuterung enthalten (Abs 2 S 2).

5 **b)** Der **Wirkungseintritt** der Mieterhöhung setzt nach § 130 BGB den Zugang der Erklärung voraus. Der Mieter schuldet den erhöhten Mietzins vom Ersten des auf die Erklärung folgenden Monats an. Ist die Erklärung erst nach dem Fünfzehnten eines Monats zugegangen, tritt diese Wirkung am Ersten des übernächsten Monats ein. Dem Mieter steht ein Kündigungsrecht aus § 9 Abs 1 S 2 zu. Eine Erhöhung des Mietzinses nach § 2 ist ausgeschlossen (Abs 1 S 2).

### III. Erhöhung des Mietzinses wegen baulicher Änderungen und gestiegener Betriebs- oder Kapitalkosten (Abs 4)

6 Nach Abs 4 gelten im übrigen die §§ 3–5. Damit kann der Mietzins auch bei baulichen Änderungen sowie gestiegenen Betriebs- und Kapitalkosten unter den Voraussetzungen der genannten Vorschriften erhöht werden.

### IV. Herabsetzung des Mietzinses

7 Eine Herabsetzung des Mietzinses ist in § 7 nicht ausdrücklich vorgesehen. Soweit sich die Betriebs- oder Kapitalkosten ermäßigen, ergibt sich die dahin gehende Pflicht des Vermieters aus der Verweisung des Abs 4 auf § 4 Abs 4 (dort Rz 24 ff) und § 5 Abs 3 (dort Rz 27 ff). Eine Herabsetzung des Mietzinses ist in § 5 Abs 3 S 2 des Vertrags über Bergmannswohnungen vorgesehen, wenn die Fremdkapitalkosten der zum Bau dieser Wohnungen aufgenommenen Darlehen sinken.

## § 8 MHRG

**Hat der Vermieter seine Erklärungen nach den §§ 2 bis 7 mit Hilfe automatischer Einrichtungen gefertigt, so bedarf es nicht seiner eigenhändigen Unterschrift.**

**Schrifttum:** Köhler, Die Problematik automatisierter Rechtsvorgänge, insbesondere von Willenserklärungen, AcP 182 (1982) 126; Nassall, Schriftformerfordernisse im Wohnraummietrecht, MDR 1985, 893; Schultz, Sind Vervielfältigungsmaschinen als automatische Einrichtungen bei Mieterhöhungserklärungen verwertbar?, ZMR 1984, 217.

## I. Allgemeines

Die Erklärungen des Vermieters, die nach den §§ 2–7 zur Geltendmachung einer Mieterhöhung erforderlich sind, bedürfen nach diesen Vorschriften grundsätzlich der schriftlichen Form (§ 126 BGB). § 8 läßt eine Ausnahme vom Erfordernis der eigenhändigen Unterschrift zu, wenn die Erklärung mit Hilfe automatischer Einrichtungen gefertigt ist. Die Vorschrift soll nach dem Vorbild des § 10 Abs 1 S 5 WoBindG den Bedürfnissen moderner Bürotechnik Rechnung tragen. **1**

## II. Voraussetzungen

Es muß sich um eine Mieterhöhungserklärung nach den §§ 2–7 handeln, die mit Hilfe automatischer Einrichtungen gefertigt ist. Entsprechend dem Zweck der Vorschrift sind hierunter alle Verfahren zu verstehen, durch die ein Schriftstück mittels einer selbsttätigen Vorrichtung zum Zwecke der Arbeitserleichterung im Büro vervielfältigt werden kann. Hierzu gehört die Vervielfältigung durch Druck, Umdruckverfahren, Matrize, Fotokopie (aM AG Kiel WuM 1988, 169 [LS]), Fotografie, Speicherschreibmaschinen und vor allem die Herstellung durch Schreibautomaten elektronischer Datenverarbeitungsanlagen (AG Bremerhaven WuM 1980, 136). Es spielt keine Rolle, ob dies erkennbar ist. Erklärungen durch Fernschreiber, Fernkopie oder Telegramm fallen nicht unter die Bestimmung. Die Erklärung muß grundsätzlich einschließlich ihres wesentlichen Inhalts, also Absender, Verlangen nach Mieterhöhung nebst Erläuterung und Berechnung, automatisch hergestellt sein. Unzureichend ist deshalb die Verwendung von Vordrukken, auch wenn sie mit Hilfe automatischer Einrichtungen gefertigt sind, soweit sie handschriftlich oder mit einer normalen Schreibmaschine ergänzt werden müssen (OLG Schleswig WuM 1983, 338 = 8 in RE Miet; hierzu SCHULTZ ZMR 1984, 217; AG Duisburg WuM 1984, 334). Bei der Adresse kann nach dem Zweck der Vorschrift eine Ausnahme zugelassen werden. **2**

## III. Rechtsfolgen

Die Mieterhöhungserklärung bedarf nicht der eigenhändigen Unterschrift des Vermieters. Die Vorschrift macht damit nicht eine schriftliche Urkunde entbehrlich (LG Berlin WuM 1983, 291). Die Absenderangabe des Vermieters muß auf jeden Fall als Abschluß der Erklärung in Gestalt einer vervielfältigten Unterschrift, Namensangabe des Zeichnenden oder eines Stempels erscheinen. Bei juristischen Personen oder Handelsgesellschaften muß der handlungsberechtigte Vertreter erkennbar sein. Die bloße Firmenbezeichnung reicht nicht als Unterschrift aus (LG Essen MDR 1979, 57). **3**

## § 9 MHRG

**(1) [1]Verlangt der Vermieter eine Mieterhöhung nach § 2, so ist der Mieter berechtigt, bis zum Ablauf des zweiten Monats, der auf den Zugang des Erhöhungsverlangens folgt, für den Ablauf des übernächsten Monats zu kündigen. [2]Verlangt der Vermieter eine Mieterhöhung nach den §§ 3, 5 bis 7, so ist der Mieter berechtigt, das Mietverhältnis spätestens am dritten Werktag des Kalendermonats, von dem an der Mietzins erhöht werden soll, für den Ablauf des übernächsten Monats zu kündigen. [3]Kündigt der Mieter, so tritt die Mieterhöhung nicht ein.**

**(2) Ist der Mieter rechtskräftig zur Zahlung eines erhöhten Mietzinses nach den §§ 2 bis 7 verurteilt worden, so kann der Vermieter das Mietverhältnis wegen Zahlungsverzugs des Mieters nicht vor Ablauf von zwei Monaten nach rechtskräftiger Verurteilung kündigen, wenn nicht die Voraussetzungen des § 554 des Bürgerlichen Gesetzbuchs schon wegen des bisher geschuldeten Mietzinses erfüllt sind.**

**Schrifttum:** Derleder, Zum Kündigungsrecht des Mieters nach einer Mieterhöhung, MDR 1976, 802; Schmid, § 9 Abs. 2 MHG und die Möglichkeiten seiner entsprechenden Anwendung, WuM 1982, 199; Schmidt-Futterer, Die Kündigung des Mieters wegen Mieterhöhung, WuM 1976, 65.

### I. Allgemeines

1 Die Vorschrift räumt in Abs 1 dem Mieter ein vorzeitiges Kündigungsrecht gegenüber einer auf die Bestimmungen des MHRG gestützten Mieterhöhungserklärung des Vermieters ein. Sie gilt für befristete und unbefristete Mietverhältnisse in gleicher Weise. Entsprechend der Regelung des § 11 WoBindG soll der Mieter einer Mieterhöhung durch Kündigung aus dem Wege gehen können. Es handelt sich um eine außerordentliche befristete Kündigung, für die abweichend von § 565 Abs 5 BGB besondere Kündigungsfristen bestimmt sind. In Abs 2 wird das Kündigungsrecht des Vermieters wegen Zahlungsverzugs des Mieters mit dem nach den §§ 2–7 erhöhten Mietzins beschränkt. Dies soll sicherstellen, daß der Mieter in seinen Entschließungen, ob er einer nach § 2 geforderten Mieterhöhung zustimmen will, nicht mittelbar durch eine drohende Kündigung beeinflußt wird. Darüber hinaus soll gewährleistet sein, daß nicht wegen der Mieterhöhungsbeträge, die während eines Rechtsstreits aufgelaufen sind, alsbald nach der Rechtskraft des Urteils nach § 554 BGB gekündigt werden kann. Eine auf andere Gründe gestützte Kündigung des Mieters bleibt unberührt, wenn er später von seinem Sonderkündigungsrecht aus § 9 Gebrauch macht (LG Wiesbaden WuM 1988, 265).

## II. Kündigungsrecht des Mieters (Abs 1)

### 1. Voraussetzungen

#### a) Mieterhöhungsverlangen des Vermieters

Der Vermieter muß eine Mieterhöhung nach den §§ 2, 3, 5, 6 oder 7 verlangen. 2
Ausgenommen vom vorzeitigen Kündigungsrecht ist die Mieterhöhung nach § 4 wegen erhöhter Betriebskosten. Nach überwiegender Auffassung kommt es unabhängig von der Wirksamkeit nur auf das tatsächliche Verlangen nach Mieterhöhung an, da es dem Mieter idR nicht möglich ist, die Wirksamkeit innerhalb angemessener Zeit gerichtlich überprüfen zu lassen (Mietrecht § 9 MHRG Rz 7 mwN; LG Braunschweig WuM 1986, 323 [LS]; AG Brakel WuM 1983, 349; AG Ibbenbüren WuM 1982, 216; aM AG Bergisch Gladbach WuM 1983, 182 [LS]; Sternel Rz III 859). Das Kündigungsrecht entsteht frühestens mit Zugang einer Mieterhöhungserklärung (§§ 130 ff BGB). Es ist ausgeschlossen, wenn sich der Mieter damit durch Zustimmung nach § 2 oder in sonstiger Weise hinsichtlich der übrigen Fälle einverstanden erklärt (AG Solingen WuM 1982, 142 [LS]). Hat der Mieter zunächst gekündigt, erklärt er sich dann aber mit der Mieterhöhung einverstanden, können die Parteien den Eintritt der Rechtsfolgen der wirksam gewordenen Kündigung nur einverständlich beseitigen (§ 564 BGB Rz 36 f).

#### b) Sonstige Kündigungsvoraussetzungen

**aa)** Ein bestimmter **Inhalt** ist für die Kündigungserklärung des Mieters nicht 3
vorgeschrieben. Er braucht weder einen Kündigungsgrund noch einen Kündigungstermin anzugeben (§ 564 Rz 11 f). Die Kündigung wirkt zum nächstzulässigen Termin. Die Angabe der Kündigungsgründe ist nur als Sollvorschrift in § 564 a Abs 1 S 2 BGB vorgesehen.

**bb)** Die Kündigungserklärung bedarf nach § 564 a Abs 1 S 1 BGB der **Schriftform** 4
(§ 126 BGB).

**cc)** Die **Fristen** für eine Kündigung sind in Abs 1 hinsichtlich der einzelnen 5
Mieterhöhungserklärungen unterschiedlich geregelt. Wird die Mieterhöhung auf verschiedene Gründe gestützt, steht dem Mieter ein Wahlrecht zu, auf welche Kündigungsregelung er sich berufen will. Macht er insoweit keine Angaben, wirkt die Kündigung zum nächstzulässigen Termin. Die Fristen sind nach den §§ 187 ff BGB zu berechnen. Eine Wiedereinsetzung in den vorigen Stand bei Fristversäumnis ist nicht vorgesehen. Dabei spielt es keine Rolle, ob der Mieter zunächst den Ausgang eines Rechtsstreits um die Mieterhöhung abgewartet hat. Eine Verlängerung der Frist zur Ausübung des vorzeitigen Kündigungsrechts ist für diesen Fall nicht vorgesehen (Mietrecht § 9 MHRG Rz 15).

**α)** Verlangt der Vermieter eine **Mieterhöhung nach § 2**, kann der Mieter bis zum 6
Ablauf des zweiten Monats, der auf den Zugang des Erhöhungsverlangens folgt, für den Ablauf des übernächsten Monats kündigen (Abs 1 S 1). Daraus ergibt sich, daß dem Mieter zunächst eine Überlegungsfrist wie in § 2 Abs 3 S 1 von mindestens zwei Monaten zur Ausübung der Kündigung erhalten bleibt. Die Kündigungsfrist selbst beträgt nochmals mindestens zwei Monate bis zum Ablauf des übernächsten Monats.

7 **β)** Wenn der Vermieter eine **Mieterhöhung nach den** §§ **3, 5–7** verlangt, kann der Mieter das Mietverhältnis spätestens am dritten Werktag des Kalendermonats, von dem an der Mietzins erhöht werden soll, für den Ablauf des übernächsten Monats kündigen (Abs 1 S 2).

### 2. Rechtsfolgen

8 Die Vorschrift räumt dem Mieter ein Recht zur außerordentlichen befristeten Kündigung ein. Neben der Beendigung des Mietverhältnisses hat die Kündigung zur Folge, daß die Mieterhöhung nicht eintritt (Abs 1 S 3). Dies ist insoweit bedeutsam, als sich der Mietzins vor dem in Abs 1 bestimmten Kündigungstermin erhöhen würde. Der Mieter, der sich deshalb von dem Mietverhältnis lösen will, soll auch nicht mehr vorübergehend belastet werden. Ist die Mieterhöhung schon vor der Kündigung eingetreten, fällt sie rückwirkend fort. Beruft sich der Mieter auf andere Gründe und kündigt er deshalb zu einem anderen Termin, als in Abs 1 vorgesehen ist, handelt es sich nicht um eine vorzeitige Kündigung iS dieser Vorschrift. Die Mieterhöhung wird deshalb nicht beeinträchtigt.

## III. Kündigungsrecht des Vermieters (Abs 2)

9 **1.** Wenn der Mieter rechtskräftig zur Zahlung eines erhöhten Mietzinses nach den §§ 2–7 verurteilt worden ist, steht dem Vermieter ein Kündigungsrecht wegen Zahlungsverzugs des Mieters mit den **Erhöhungsbeträgen** aus § 554 BGB nicht vor Ablauf von zwei Monaten nach der rechtskräftigen Verurteilung zu. Der Mieter soll in seinen Entschließungen gegenüber einem Mieterhöhungsverlangen nicht beeinträchtigt werden und bei Aufnahme eines Rechtsstreits nicht alsbald wegen der aufgelaufenen Erhöhungsbeträge einer Kündigung ausgesetzt sein. Die Regelung schließt im Gegensatz zu Abs 1 eine Mieterhöhung wegen gestiegener Betriebskosten nach § 4 ein. Hierdurch wird der Vermieter gezwungen, auch bei den einseitigen Erhöhungsrechten der §§ 3–7 vor einer Kündigung Zahlungsklage zu erheben (AG Altena WuM 1988, 25). Ungenau ist der Wortlaut des Gesetzes im Hinblick auf die nach § 2 erforderliche Zustimmungsklage. In diesem Fall ist nicht zusätzlich eine Zahlungsklage geboten, um § 9 Abs 2 zu genügen. Eine vor Ablauf von zwei Monaten ausgesprochene Kündigung ist nichtig (§ 134 BGB) und kann auch nicht zu einem späteren Zeitpunkt Rechtswirkungen entfalten. Der zeitweise Ausschluß des Kündigungsrechts wegen Zahlungsverzugs gilt nicht, wenn die Mieterhöhung auf einer Vereinbarung der Parteien beruht, da es dann an einem Urteil fehlt (aM Schmid WuM 1982, 199).

10 **2.** Das Kündigungsrecht des Vermieters aus § 554 BGB wird durch Abs 2 nicht beeinträchtigt, soweit der Mieter mit dem **bisher geschuldeten Mietzins** in Verzug gerät.

## § 10 MHRG

**(1) Vereinbarungen, die zum Nachteil des Mieters von den Vorschriften der §§ 1 bis 9 abweichen, sind unwirksam, es sei denn, daß der Mieter während des Bestehens des Mietverhältnisses einer Mieterhöhung um einen bestimmten Betrag zugestimmt hat.**

**(2) [1]Abweichend von Absatz 1 kann der Mietzins für bestimmte Zeiträume in unterschiedlicher Höhe schriftlich vereinbart werden. [2]Die Vereinbarung eines gestaffelten Mietzinses darf nur einen Zeitraum bis zu jeweils zehn Jahren umfassen. [3]Während dieser Zeit ist eine Erhöhung des Mietzinses nach den §§ 2, 3 und 5 ausgeschlossen. [4]Der Mietzins muß jeweils mindestens ein Jahr unverändert bleiben und betragsmäßig ausgewiesen sein. [5]Eine Beschränkung des Kündigungsrechts des Mieters ist unwirksam, soweit sie sich auf einen Zeitraum von mehr als vier Jahren seit Abschluß der Vereinbarung erstreckt.**

**(3) Die Vorschriften der §§ 1 bis 9 gelten nicht für Mietverhältnisse**

**1. über preisgebundenen Wohnraum,**

**2. über Wohnraum, der zu nur vorübergehendem Gebrauch vermietet ist,**

**3. über Wohnraum, der Teil der vom Vermieter selbst bewohnten Wohnung ist und den der Vermieter ganz oder überwiegend mit Einrichtungsgegenständen auszustatten hat, sofern der Wohnraum nicht zum dauernden Gebrauch für eine Familie überlassen ist,**

**4. über Wohnraum, der Teil eines Studenten- oder Jugendwohnheims ist.**

**Schrifttum:** Barthelmess, Die Neuregelung des Miethöhegesetzes, WuM 1983, 63; Blank, Die Wirksamkeit von Mietanpassungsklauseln bei befristeten und unbefristeten Mietverhältnissen über Wohnraum, WuM 1974, 1; Bödicker, Zur Auslegung des § 10 Abs 2 S 5 MHG, ZMR 1988, 326; Deggau, Probleme der Mieterhöhung bei dem Übergang von preisgebundenem zu nicht preisgebundenem Wohnraum, BlGBW 1983, 81; Dürkes, Wertsicherungsklauseln (9. Aufl 1982), D 380 ff; Gather, Das Mietpreisrecht des freifinanzierten Wohnungsbaus im Licht der Rechtsentscheide, DWW 1983, 186; Gramlich, Das Gesetz zur Erhöhung des Angebots an Mietwohnungen, NJW 1983, 417; Graul, Altbauten: Staffelmieten als überlegenswerte Alternative, GrundE 1988, 210; Hannig, Mieten nach dem WGG-Wegfall, GWW 1988, 532; ders, Mieterhöhungen bei einer gemeinnützigen Wohnungsbaugenossenschaft, GWW 1988, 36; Köhler, Das neue Mietrecht 1983. Gesetz zur Erhöhung des Angebots an Mietwohnungen (1983); Landfermann, Gesetz zur Erhöhung des Angebots an Mietwohnungen. Erläuterungen und Materialien (1983); Lechner, Aktuelle Probleme des Mietrechts, ZMR 1982, 166, 171; ders, Studenten sind auch Mieter!, WuM 1983, 71; Lenhard, Die Mietzinsanhebung nach § 4 Abs. 2 und 3 MHG auf dem Hintergrund von § 10 Abs. 1 MHG, DWW 1979, 104; Löwe, Unabdingbarkeit des Wohnraumkündigungsschutzgesetzes, NJW 1972, 2109; Michaelis, Sind an der Wohnungstür gegebene Zustimmungen zu Mieterhöhungen wirksam?, WuM 1989, 2; Müller, Zur Zulässigkeit von Staffelmietvereinbarungen bei ehemals preisgebundenen Berliner Altbauten, GrundE 1988, 912; Schultz, Probleme der §§ 1, 2 MHG in der Praxis des Mietprozesses, ZMR 1983, 289; Sternel, Neues Wohnraummietrecht. Zum Gesetz zur Erhöhung des Angebots an Mietwohnungen, MDR 1983, 356, 361; Weimar, Mieterhöhungen außerhalb des förmlichen Mieterhöhungsverfahrens gemäß § 2 MHG, ZMR 1978, 325; ders, Mieterhöhungsvereinbarung bei frei finanzierten Wohnungen, Betrieb 1979, 879; Wetekamp, Die Mieterhöhung nach den §§ 2, 3, 5 und 10 MHG, DWW 1988, 199; Wichardt, Wirksamkeit von einseitigen Willenserklärungen während der Preisbindung von Wohnraum, ZMR 1980, 99.

**Übersicht**



## I. Allgemeines

1 Die Vorschrift stellt in Abs 1 HS 1 den Grundsatz auf, daß Vereinbarungen, die zum Nachteil des Mieters von den Vorschriften der §§ 1–9 abweichen, unwirksam sind. Sie soll solchen Vertragsbestimmungen entgegenwirken, die mit den Grundgedanken des sozialen Mietrechts im allgemeinen und den Zielen des MHRG im besonderen nicht zu vereinbaren sind. Eine Ausnahme läßt Abs 1 HS 2 für den Fall zu, daß der Mieter während des Bestehens des Mietverhältnisses einer Mieterhöhung um einen bestimmten Betrag zustimmt. Eine weitere Ausnahme findet sich in Abs 2, der die Vereinbarung eines gestaffelten Mietzinses unter bestimmten Voraussetzungen für zulässig erklärt. In Abs 3 werden gewisse Mietverhältnisse vom Geltungsbereich des MHRG ausgenommen, da sich Mieterhöhungen für preisgebundenen Wohnraum nach besonderen Vorschriften richten und die übrigen Mietverhältnisse generell vom Schutz des sozialen Mietrechts ausgenommen sind.

## II. Abweichende Vereinbarungen (Abs 1)

### 1. Grundsatz der Unabdingbarkeit (Abs 1 HS 1)

#### a) Nachteilige Vereinbarungen

2 Vereinbarungen, die zum Nachteil des Mieters von den Vorschriften der §§ 1–9 abweichen, sind unwirksam. Eine Vereinbarung ist für den Mieter nachteilig, wenn der Vermieter objektiv eine günstigere Rechtsstellung erhält, als sie ihm in

formeller oder materieller Hinsicht durch das MHRG eingeräumt wird. Ist eine Klausel generell geeignet, die Rechtsstellung des Mieters insoweit zu verschlechtern, kommt es nicht darauf an, ob sich der Mieter im Einzelfall aufgrund der Klausel auch einmal besser stehen könnte (OLG Koblenz OLGZ 1981, 459 = WuM 1981, 207 = 2 in RE Miet; LG Hamburg WuM 1975, 194). Unerheblich ist, ob die nachteilige Klausel bei Vertragsabschluß oder später als Vertragsänderung vereinbart wird (OLG Karlsruhe WuM 1988, 204). Da das MHRG nur auf ein Mietverhältnis über Wohnraum anwendbar ist, kommt es bei einem Mischmietverhältnis darauf an, ob die Nutzung zu Wohnzwecken gegenüber der gewerblichen Nutzung überwiegt (vgl § 556 a Rz 3, § 564 b Rz 4).

**aa)** Der **Ausschluß der Kündigung** zum Zwecke der Mieterhöhung (§ 1 S 1) kann nicht durch Vereinbarung der Parteien abbedungen werden, da der Schutz des MHRG damit hinfällig wäre. **3**

**bb)** Eine von der **Mieterhöhung im Wege des Vergleichsmieteverfahrens** nach § 2 zum Nachteil des Mieters abweichende Vereinbarung ist ausgeschlossen. Enthält ein Mietvertrag über Wohnraum eine Vereinbarung, nach der bei einer Nutzung zu anderen als Wohnzwecken ein vom Vermieter festzusetzender Zuschlag zu zahlen ist, liegt in der Abrede zugleich eine Änderung der Rechtsnatur des Vertrags für den Fall der anderweitigen Nutzung. Da der Vertrag anschließend nicht mehr unter das MHRG fällt, ist die Vereinbarung nicht unwirksam. Der Zuschlag muß später auch nicht im Verfahren des § 2 MHRG erhöht werden (BayObLG WuM 1986, 205). Das Verbot nachteiliger Vereinbarungen gilt für die vorgeschriebenen formellen und materiellen Voraussetzungen. So ist eine *Schiedsgutachterklausel* unwirksam, soweit der Mieter dadurch im voraus einer Leistungsbestimmung durch den Gutachter zustimmt (LG Frankfurt WuM 1974, 156; LG Freiburg WuM 1987, 267; LG Hamburg MDR 1981, 848; aM LG Wiesbaden ZMR 1974, 148). Ein Schiedsgutachter kann nicht das ordentliche Gerichtsverfahren oder das Schiedsgerichtsverfahren der §§ 1025 ff ZPO ersetzen. Die Parteien können über die Maßstäbe, nach denen die Wohnung in eine Mietspiegeltabelle einzugruppieren ist, nur für den Einzelfall einer beabsichtigten Mieterhöhung nach § 10 Abs 1 HS 2 eine verbindliche Regelung treffen. Eine solche Regelung ist bei nachfolgenden Mieterhöhungsverlangen wirkungslos (LG Essen WuM 1984, 110). Ebensowenig können die Parteien vertraglich eine größere Wohnfläche festlegen, als tatsächlich vorhanden ist, weil dies zu einem über der ortsüblichen Vergleichsmiete liegenden Mietzins führen würde (AG Köln WuM 1984, 283 [LS]). In der Bevollmächtigung eines Mitmieters, Willenserklärungen des Vermieters und damit auch Mieterhöhungserklärungen mit Wirkung für und gegen alle Mitmieter entgegenzunehmen, liegt kein Verstoß gegen das MHRG, weil hierbei Vorschriften des allgemeinen Zivilrechts über Zugang und Bevollmächtigung betroffen sind, denen gegenüber das MHRG keine Sonderregelung aufstellt (OLG Hamm WuM 1984, 20 = 39 in RE Miet; KG WuM 1985, 12 = 31 in RE Miet). Die in einem Mietvertrag über eine mit LAG-Mitteln geförderte Wohnung (Rz 25) getroffene Vereinbarung, der Vermieter dürfe den Mietzins einseitig bis zur Höhe der jeweiligen Kostenmiete anheben, ist wegen Verstoßes gegen das für solche Wohnungen nach § 2 vorgeschriebene Verfahren unwirksam (AG Norderstedt WuM 1982, 157). Zu beachten ist auch, daß Klauseln, durch die sich der **4**

Mieter zu bestimmten Renovierungsleistungen verpflichtet, nicht gegen § 2 verstoßen dürfen, weil diese Leistungen rechtlich zum Entgelt gehören (vgl AG Stuttgart ZMR 1987, 180).

**4a** Vor allem für *Mietanpassungsklauseln* ist neben dem Vergleichsmieteverfahren kein Raum. Solche Klauseln sind nach hM unwirksam, soweit sie abweichend von § 2 eine höhere Mietzinsverpflichtung begründen sollen (LG Hamburg WuM 1976, 187). Dies gilt für Wertsicherungsklauseln, Spannungsklauseln und Leistungsvorbehalte in gleicher Weise, weil sie dem Mieter wegen der vertraglichen Bindung die freie Entscheidung nehmen, ob er der später dementsprechend geforderten Mieterhöhung zustimmen will (Mietrecht § 10 MHRG Rz 11; vgl Dürkes, Wertsicherungsklauseln, D 380 ff). Dabei kommt es grundsätzlich nicht darauf an, ob sich solche Klauseln im Einzelfall auch einmal zugunsten des Mieters auswirken können (LG Saarbrücken WuM 1983, 145). Die Mieterhöhung aufgrund von Anpassungsklauseln wird durch das WKSchG nicht berührt, wenn die Erhöhung bereits vor dem Inkrafttreten des Gesetzes wirksam geworden ist (BGH WM 1977, 418, 419). Das Verbot von Mietanpassungsklauseln betrifft nur die unter das MHRG fallenden Mietverhältnisse, also nicht die nach § 10 Abs 3 ausgenommenen Mietverhältnisse, die nicht als Wohnraummiete zu beurteilenden Heimverträge (OLG Karlsruhe WuM 1989, 151), Mischmietverhältnisse mit überwiegendem Mietanteil für die Geschäftsräume (BGH WM 1977, 643) und Geschäftsraummietverhältnisse. Eine Sonderregelung enthält Abs 2 für die Vereinbarung eines Staffelmietzinses (Rz 17 ff; vgl zur früheren Rechtslage Mietrecht § 10 MHRG Rz 12; OLG Schleswig NJW 1981, 1964 = 1 in RE Miet; LG Frankfurt WuM 1981, 43).

**5** **cc)** Die Parteien können nicht zum Nachteil des Mieters von den Voraussetzungen des § 3 für **Mieterhöhungen wegen baulicher Änderungen** abweichen. Es dürfen weder einzelne materielle noch formelle Voraussetzungen modifiziert werden. Die vor Beginn des Mietverhältnisses getroffene Vereinbarung, wonach der Mieter einen verlorenen Zuschuß zur Renovierung der Fenster und für den Einbau einer Heizung leisten soll, ist deshalb unwirksam (AG Freiburg WuM 1985, 364 [LS]).

**6** **dd)** Das gleiche gilt für die **Mieterhöhung wegen gestiegener Betriebskosten**. Die Vereinbarung unangemessen hoher Vorauszahlungen ist wegen Verstoßes gegen § 4 Abs 1 unzulässig. Ebenso ist ein vertraglicher Verzicht auf die jährliche Abrechnung und die Vereinbarung eines längeren Abrechnungszeitraums zu beurteilen. Dabei dürfen der Abrechnungszeitraum und der Kostenerfassungszeitraum denselben Jahreszeitraum nicht übersteigen (AG Waiblingen WuM 1987, 323). Ein kürzerer Abrechnungszeitraum ist zulässig (aM AG Waldshut-Tiengen WuM 1985, 349). Unwirksam ist nach überwiegender Auffassung die Übernahme von Nebenkosten durch den Mieter, die nicht unter die Betriebskosten iS des § 4 fallen, zB Verwaltungskosten,[1] Instandhaltungsko-

---

[1] OLG Karlsruhe WuM 1988, 204; OLG Koblenz NJW 1986, 995; LG Frankfurt WuM 1982, 78 m Anm Schneider; WuM 1985, 367 (LS); LG Hannover ZMR 1987, 58; LG München ZMR 1981, 205; AG Freiburg WuM 1982, 215; AG Hameln WuM 1983, 239 (LS); AG Hannover WuM 1982, 195 (LS); AG Wolfratshausen ZMR 1986, 60; aM LG

sten,[2] Kosten einer Rechtsschutzversicherung (AG Bonn WuM 1987, 274 [LS]) und Bankunkosten (OLG Karlsruhe aaO). Auf die Bezeichnung im Mietvertrag kommt es nicht an (LG Göttingen ZMR 1989, 95 m Anm KATLEIN). Unwirksam ist auch eine Vertragsbestimmung, mit der die Vereinbarung einer späteren Mieterhöhung in Betriebskostenform für den Fall der Installation einer Gemeinschaftsantenne vorweggenommen wird, soweit es sich um die Anschaffungskosten handelt (LG Köln WuM 1989, 24). Das gleiche gilt für Erbbauzinsen, die keine umlagefähigen Betriebskosten sind (LG Osnabrück WuM 1987, 267; AG Frankfurt WuM 1983, 149; AG Osnabrück WuM 1985, 344). Insoweit ist eine entsprechende Anwendung des § 5 erwägenswert (dort Rz 6). Bei einem einheitlichen Mietverhältnis über Wohnraum und Garage erstreckt sich die Unwirksamkeit einer Nebenkostenvereinbarung auf die Beträge, die auf die Garage entfallen (LG Hildesheim WuM 1987, 50). Im übrigen macht es keinen Unterschied, ob hinsichtlich der nicht abwälzbaren Nebenkosten eine Pauschale, monatliche Vorauszahlungen oder eine jährliche Einzelabrechnung vereinbart wird (vgl OLG Karlsruhe WuM 1988, 204). Eine Vereinbarung, daß der Zeitpunkt der Entstehung der höheren Betriebskosten maßgebend sein soll, ist wegen Verstoßes gegen § 4 Abs 3 S 1 unwirksam (LG Düsseldorf WuM 1985, 366 [LS]; AG Bremerhaven WuM 1987, 227; AG Hamburg-Altona WuM 1985, 372 [LS]).

**ee)** Ähnliches wie zu den Betriebskosten gilt für die Berücksichtigung von **Kapitalkosten** nach § 5. Die Parteien können nicht vereinbaren, gestiegene Kapitalkosten auf dem Wege der Betriebskostenabrechnung umzulegen (AG Köln WuM 1984, 62 [LS]). **7**

**ff)** Das **Kündigungsrecht** des Mieters aus § 9 Abs 1 kann vertraglich weder aufgehoben noch beschränkt werden. Die Parteien können nicht vereinbaren, daß die Mieterhöhung trotz der Kündigung für die restliche Vertragszeit eintreten soll. Die Schutzfrist aus § 9 Abs 2 gegenüber einer fristlosen Kündigung wegen Zahlungsverzugs kann nicht abgekürzt werden. **8**

**b) Vorteilhafte Vereinbarungen**

Vereinbarungen, die zum Vorteil für den Mieter von den Vorschriften der §§ 1–9 abweichen, sind ebenso zulässig wie Vereinbarungen, die sich weder positiv noch negativ auf seine Rechtsstellung auswirken. Vorteilhaft ist es für den Mieter, wenn vereinbart wird, die Mieterhöhung solle einen bestimmten oder bestimmbaren Betrag, der unter der Vergleichsmiete des § 2 liegt, nicht überschreiten (LG Münster DWW 1977, 20). Ebenso kann die Kappungsgrenze des § 2 Abs 1 S 1 Nr 3 zugunsten des Mieters niedriger bemessen werden. Es ist möglich, die Wartefrist des § 2 Abs 1 S 1 Nr 1 (LG Hamburg MDR 1981, 848) und die Überlegungsfrist des § 2 Abs 3 S 1 zu verlängern oder die Mieterhöhung an die Zustimmung eines Dritten zu binden (LG Düsseldorf WuM 1981, 286). Vorteil- **9**

Braunschweig WuM 1982, 79 m abl Anm SCHNEIDER; LG Wiesbaden ZMR 1981, 121 m abl Anm BARTHELMESS; WuM 1985, 367; AG Düsseldorf DWW 1983, 20.

[2] LG Bremen WuM 1988, 397; LG Hildesheim WuM 1987, 50; LG Mönchengladbach ZMR 1988, 266.

haft ist es, wenn die Mieterhöhung wegen baulicher Änderungen nach § 3 Abs 1 S 1 unter der Grenze von 11 vH der aufgewendeten Kosten bleiben soll. Die Frist des § 4 Abs 3 S 2 für die rückwirkende Geltendmachung gestiegener Betriebskosten kann zugunsten des Mieters verkürzt werden (vgl LG Hannover WuM 1984, 335). Auch im übrigen können die Parteien strengere formelle und materielle Voraussetzungen für ein Mieterhöhungsverlangen nach den §§ 2–7 aufstellen. Es ist ferner zulässig, den Wirkungseintritt der Mieterhöhung vertraglich über den gesetzlich vorgeschriebenen Zeitpunkt hinauszuschieben und die Kündigungsfristen des § 9 Abs 1 zu verkürzen.

**c) Rechtsfolgen**

10 **aa)** Als Rechtsfolge bestimmt Abs 1 HS 1 die **Unwirksamkeit** einer zum Nachteil des Mieters von den §§ 1–9 abweichenden Vereinbarung. Damit ist Nichtigkeit von Anfang an gemeint. Sind Teile einer Vertragsbestimmung unwirksam, ist die Aufrechterhaltung im übrigen nach § 139 BGB zu beurteilen. Diese Vorschrift wird durch Abs 1 nicht ausgeschlossen (OLG Schleswig NJW 1981, 1964 = 1 in RE Miet; AG Bremerhaven WuM 1987, 227; aM Schmidt-Futterer-Blank C 488). Im übrigen bleibt der Mietvertrag von der Unwirksamkeit einer einzelnen Bestimmung grundsätzlich unberührt (vgl § 556 a Rz 59). Dies gilt auch bei Nichtigkeit einer Wertsicherungsklausel (OLG Celle OLGZ 1982, 219).

11 **bb)** Soweit der Mieter aufgrund einer unwirksamen Vereinbarung oder einseitigen Erhöhungserklärung nach den §§ 3–7 eine erhöhte Miete gezahlt hat, ist ihm der Vermieter nach den Vorschriften der §§ 812 ff BGB über die ungerechtfertigte Bereicherung zur **Rückzahlung** verpflichtet (LG Hildesheim WuM 1987, 50; LG Mönchengladbach ZMR 1988, 266; LG Stuttgart WuM 1988, 17 m Anm Lang DWW 1988, 17). Zu beachten ist, daß eine vorbehaltlose Zahlung der erhöhten Miete als konkludente Zustimmung zu einer nach Abs 1 HS 2 zulässigen Mieterhöhung um einen bestimmten Betrag beurteilt werden kann (Rz 12) und damit einen Bereicherungsanspruch ausschließt. Bei den einseitigen Erhöhungserklärungen des Vermieters scheidet dies idR jedoch aus, da für den Mieter in diesem Fall kein Anlaß besteht, eine den Mietvertrag betreffende Erklärung abzugeben. Auch der Vermieter erwartet eine solche Erklärung regelmäßig nicht (vgl OLG Karlsruhe WuM 1986, 166, 168; aM LG Berlin WuM 1987, 158).

**2. Zustimmung zur Mieterhöhung um einen bestimmten Betrag (Abs 1 HS 2)**

**a) Voraussetzungen**

12 **aa)** Durch Abs 1 HS 2 hat der Gesetzgeber klargestellt, daß freiwillige Vereinbarungen über Mieterhöhungen abweichend von den gesetzlichen Vorschriften getroffen werden können. Die **Zustimmung des Mieters** muß vorliegen. Das Gesetz geht davon aus, daß die Mieterhöhung durch einen Änderungsvertrag vereinbart wird. Das Zustandekommen richtet sich nach den allgemeinen Vor-

schriften (§§ 145 ff BGB). Die Zustimmung kann deshalb unter Bedingungen erklärt werden (AG Rendsburg WuM 1983, 234 [LS]). In diesem Fall kann das Angebot nur einheitlich angenommen oder abgelehnt werden (LG Hamburg WuM 1987, 86). Stimmt der Mieter unter einer Bedingung zu, etwa hinsichtlich der Beseitigung von Mängeln, so ist der Vermieter für den Eintritt der Bedingung beweispflichtig (LG Itzehoe WuM 1986, 341). Ist das Angebot des Vermieters unwirksam, kann die Zustimmung des Mieters als neues Angebot beurteilt werden, das vom Vermieter anzunehmen ist (AG Köln WuM 1985, 67 [LS]). An eine bloße Absichtserklärung, dem Mieterhöhungsverlangen zuzustimmen, ist der Mieter nicht gebunden (LG Hamburg WuM 1985, 310). Zulässig ist auch eine teilweise Zustimmung (BayObLG WuM 1988, 117; OLG Karlsruhe WuM 1984, 21, 22 = 33 in RE Miet; LG Bonn WuM 1985, 311; AG Hamburg WuM 1985, 312). Soweit nicht vertraglich oder gesetzlich nach § 566 BGB Formbedürftigkeit besteht, sind die Erklärungen formlos wirksam. Durch eine formlos vereinbarte Mieterhöhung wird eine Schriftformklausel nur abbedungen, wenn sich dies eindeutig aus dem Parteiwillen ergibt (LG Hannover MDR 1979, 937). Im übrigen kann in der vorbehaltlosen Zahlung des verlangten Erhöhungsbetrags eine konkludente Annahmeerklärung des Mieters liegen (LG Berlin WuM 1985, 311; WuM 1987, 266; WuM 1989, 308; LG Braunschweig WuM 1986, 142 m Anm Schneider; LG Duisburg WuM 1989, 192 m Anm Schultz; AG Frankfurt DWW 1987, 263). Dies ist eine Frage der Auslegung (Sternel Rz III 422). Die Häufigkeit der Zahlungen ist nicht entscheidend. Unerheblich ist auch, ob sich der Mieter bewußt ist, gesetzliche Schutzrechte einzubüßen, wenn das Angebot des Vermieters nicht mit den formellen und materiellen Voraussetzungen der §§ 2 ff übereinstimmt (LG Aachen WuM 1988, 280). Allerdings kommt durch einmalige Zahlung des erhöhten Mietzinses keine stillschweigende Vertragsänderung zustande, wenn der rechtlich unerfahrene Mieter nicht erkennen kann, daß in dem Verlangen des Vermieters auf Mieterhöhung nur ein Vertragsangebot liegt (AG Dortmund WuM 1985, 29). Auch bei einseitigen Erhöhungserklärungen des Vermieters scheidet eine konkludente Annahme durch den Mieter idR aus (Rz 11). Ebensowenig tritt die Mieterhöhung allein durch Zahlungen des Mieters ein, wenn die Parteien die Wohnung irrtümlich für preisgebunden hielten und das Mieterhöhungsverfahren nach § 10 WoBindG durch einseitige Erklärung betrieben worden ist (AG Braunschweig WuM 1984, 169). Ist ein fester Mietzins unter ausdrücklichem Ausschluß des Erhöhungsrechts vereinbart, kann nicht ohne weiteres darin, daß der Mieter freiwillig einen höheren Mietzins zahlt, eine konkludente Aufhebung der früheren Sondervereinbarung gesehen werden (AG Bielefeld WuM 1980, 197). Bei einem derartigen Vertrag kann auch nicht aus der einmaligen Zustimmung des Mieters zu einer Mieterhöhung hergeleitet werden, weitere Erhöhungen seien gegen den Willen des Mieters zulässig (LG Düsseldorf WuM 1986, 322 [LS]). Das Gesetz über den Widerruf von Haustürgeschäften und ähnlichen Geschäften vom 16. 1. 1986 (BGBl I 122) ist nach seinem Sinn und Zweck auf die Mieterhöhungsvereinbarung als Änderungsvertrag zu einem bestehenden Dauerschuldverhältnis nicht anwendbar, da der Gesetzgeber gerade in den §§ 2 und 10 Abs 1 MHRG eine einvernehmliche Vertragsänderung anstrebt, die sonst erheblich behindern würde (LG Hamburg WuM 1988, 169; aM AG

Frankfurt WuM 1988, 169; AG Hamburg-Wandsbek WuM 1987, 324; AG Hofgeismar WuM 1989, 186; Michaelis WuM 1989, 2). Dies wird teilweise auch mit dem Recht der Europäischen Gemeinschaften begründet (LG Frankfurt WuM 1989, 188; LG Hannover WuM 1989, 189). In krassen Fällen einer Überrumpelung des Mieters kann ohnehin mit § 242 geholfen werden (vgl auch AG Hamburg WuM 1989, 187).

13 **bb)** Die Vereinbarung muß eine **Mieterhöhung** betreffen. Hierfür kommen neben § 2, der schon gesetzlich eine Zustimmungserklärung des Mieters voraussetzt, die §§ 3–7 in Betracht, die eine einseitige Mieterhöhung zulassen. Nach Sinn und Zweck der Ausnahmeregelung werden auch die Wartefrist des § 2 Abs 1 S 1 Nr 1 und der Zeitpunkt des Wirkungseintritts einer Mieterhöhung erfaßt (LG Hamburg NJW 1973, 1287; LG Köln WuM 1973, 172). Nicht unter den Begriff der Mieterhöhung fallen abweichende Vereinbarungen über Kündigungsvorschriften (§ 1 S 1, § 9), Mietherabsetzung (§ 4 Abs 4, § 5 Abs 3, § 6 Abs 4, § 7 Abs 4) und Betriebskostenvorauszahlungen (§ 4 Abs 1).

14 **cc)** Die Parteien müssen eine Mieterhöhung um einen **bestimmten Betrag** vereinbaren. Dies ist der Fall, wenn der Erhöhungsbetrag ohne fremde Hilfe und außerhalb des Mietvertrags liegender Umstände zu berechnen ist. Der Betrag muß sich aus der Vereinbarung selbst ergeben oder durch Bezugnahme auf einen bestimmten Prozentsatz der bisherigen Miete zu ermitteln sein. Unzulässig ist es, die genaue Bestimmung einer späteren Berechnung des Vermieters (LG Osnabrück WuM 1978, 10) oder eines Dritten, wie etwa eines Sachverständigen mit einem Mietwertgutachten (LG Freiburg WuM 1987, 267) bzw eines Schiedsgutachters, vorzubehalten. Unzulässig ist deshalb auch die Vereinbarung von Mietanpassungsklauseln jeder Art, soweit sie zum Nachteil des Mieters von den §§ 1–9 abweichen.

15 **dd)** Die Vereinbarung muß während des **Bestehens des Mietverhältnisses** getroffen werden. Damit sind alle abweichenden Vereinbarungen vor oder bei Abschluß des Mietvertrags ausgeschlossen. Auf die Überlassung des Wohnraums kommt es nicht an (Barthelmess § 10 Rz 36; aM Derleder in AK § 10 Rz 5), soweit dieses Merkmal nicht nach § 571 BGB entscheidend ist. Der Grundstückserwerber kann eine Mieterhöhungsvereinbarung erst nach Vollendung des Erwerbs treffen, weil er erst dann in die Vermieterstellung einrückt (AG Schwelm WuM 1985, 303 [LS]).

**b) Rechtsfolgen**

16 Eine Vereinbarung, die zum Nachteil des Mieters von den §§ 1–9 abweicht, ist unter den Voraussetzungen des Abs 1 HS 2 wirksam. Eine Grenze bilden die Vorschriften des § 5 WiStrG zur Mietpreisüberhöhung und des § 302 a StGB zum Wucher (§ 134 BGB). Darüber hinaus wirkt der nach Abs 1 HS 2 abgeschlossene Änderungsvertrag auf die Vorschriften des MHRG zurück. Im Anschluß an eine einvernehmliche Mieterhöhung ist eine Kündigung durch den Mieter nach § 9 nicht gegeben. Ein Änderungsvertrag löst die einjährige Wartefrist des § 2 Abs 1 S 1 Nr 1 für Mieterhöhungen im Wege des Verfahrens nach § 2 aus. Bei teilweiser Zustimmung des Mieters (Rz 12) kann dies aber nur gelten, wenn das weitergehende Verlangen des Vermieters unbegründet war oder wenn in der Vereinbarung

ein Verzicht des Vermieters auf den höheren Betrag liegt (vgl LG Hamburg WuM 1987, 86). Wird der Änderungsvertrag von den Parteien einverständlich aufgehoben, entfällt auch wieder die Wartefrist (vgl AG Hamburg WuM 1985, 306 [LS]). Nicht betroffen werden Mieterhöhungen nach den §§ 3–7, bei denen keine Wartefrist eingreift. Hat der Mieter einem Vertragsangebot des Vermieters iS des Abs 1 HS 2 nicht zugestimmt, greift die Klagefrist des § 2 Abs 3 S 1 nicht ein, da es sich nicht um ein Erhöhungsverlangen iS dieser Vorschrift handelt (LG Mannheim WuM 1977, 142).

## III. Vereinbarung eines gestaffelten Mietzinses (Abs 2)

### 1. Allgemeines

Durch das Gesetz zur Erhöhung des Angebots an Mietwohnungen vom 20. 12. 1982 (BGBl I 1912) ist als Ausnahme vom Vergleichsmieteverfahren die Vereinbarung eines gestaffelten Mietzinses zugelassen worden.[3] Die Vorschrift ist am 1. 1. 1983 in Kraft getreten, gilt jedoch nach Art 4 Nr 3 des Gesetzes für nach dem 31. 12. 1980 bezugsfertig gewordenen Wohnraum schon rückwirkend ab 1. 1. 1981. Im übrigen ist sie auf Neubau- und Altbauwohnungen in gleicher Weise anwendbar. Daraus folgt, daß eine vor dem 1. 1. 1983 getroffene Vereinbarung eines Staffelmietzinses bei Altbauwohnungen nach § 10 Abs 1 unwirksam ist, selbst wenn die erste Mietzinssteigerung erst später eintreten sollte (LG Köln WuM 1987, 362). In diesen Fällen ist nur eine Heilung durch Neuvornahme nach § 141 BGB möglich. Das gleiche gilt bei den vor dem 1. 1. 1981 bezugsfertig gewordenen Neubauwohnungen. Ist hingegen bei dem nach dem 31. 12. 1980 bezugsfertig gewordenen Wohnraum vor dem 1. 1. 1983 ein Staffelmietzins vereinbart worden, so ist aufgrund der Übergangsregelung eine rückwirkende Heilung eingetreten. Damit sollte dem Vertrauensschutz Rechnung getragen werden, der wegen der schon früher vorgelegten Gesetzentwürfe für erforderlich gehalten wurde (krit Schmidt-Futterer-Blank C 525). Zu dem durch die Übergangsregelung begünstigten Wohnraum können auch früher gewerblich genutzte Räume gehören, wenn sie unter wesentlichem Bauaufwand iS des § 17 WobauG II umgewandelt worden sind (LG Berlin WuM 1987, 229). Mit dieser rechtspolitisch umstrittenen Zulassung eines Staffelmietzinses soll der Wohnungsbau verstärkt werden, indem Investitionsentscheidungen durch eine feste Kalkulation erleichtert werden. Bei älteren Gebäuden ist im Hinblick auf die regelmäßig erheblichen Kosten der Unterhaltung ein entsprechendes Bedürfnis anerkannt worden (Begr z Gesetzentw BT-Drucks 9/2079, 9). Der Mieter kann die auf ihn zukommenden Belastungen durch den Mietzins besser übersehen. Für beide Parteien werden die mit Mieterhöhungen nach § 2 verbundenen Unsicherheiten ausgeschlossen. Die 17

---

[3] Barthelmess WuM 1983, 63, 67; Gramlich NJW 1983, 417, 418; Graul GrundE 1988, 210; Köhler 72 ff; Landfermann 52 ff; Müller GrundE 1988, 912; Sternel MDR 1983, 356, 361.

Vorschrift birgt aber für jede Partei im Vergleich zu der nach § 2 erreichbaren Höhe des Mietzinses auch beträchtliche Risiken in sich.

### 2. Voraussetzungen

#### a) Gestaffelter Mietzins

18 Der Mietzins kann für bestimmte Zeiträume in unterschiedlicher Höhe vereinbart werden. Ein derart gestaffelter Mietzins muß betragsmäßig ausgewiesen sein (AG Hamburg-Blankenese WuM 1984, 135 m Anm Heitgress). Dies kann durch Angabe bestimmter Steigerungsbeträge (aM OLG Braunschweig WuM 1985, 213 = 4 in RE Miet m krit Anm Pfeifer DWW 1985, 179; Heitgress aaO; Sternel MDR 1983, 356, 361) oder des jeweils insgesamt zu zahlenden Mietzinses geschehen. Die Vereinbarung eines einzigen Steigerungsbetrags reicht aus (AG Rheinbach WuM 1987, 362; Sternel Rz III 427). Die Angabe des während der jeweiligen Zeiträume maßgebenden monatlichen Gesamtmietzinses kann nach dem Gesetzeszweck nicht verlangt werden (so aber OLG Braunschweig aaO), da der Mieter auch bei einer Beschränkung auf die einzelnen Steigerungsbeträge „Höhe und Zeitpunkt der künftigen Mieterhöhung beurteilen" kann (vgl Begr z Gesetzentw aaO 9). Die einzelnen Steigerungsbeträge können unterschiedlich hoch sein. Unzureichend ist es, wenn die Steigerung nur in Prozenten ausgedrückt wird, weil dies für den Mieter zu unübersichtlich ist (vgl Begr z RegE eines MietRÄndG 1981 BT-Drucks 9/791, 20; AG Hamburg-Blankenese aaO; aM Barthelmess § 10 Rz 61). Die bestehende Vergleichsmiete bildet keine Grenze, sondern nur die Verbote des Mietwuchers (§ 302 a StGB) und der Mietpreisüberhöhung (§ 5 WiStrG). Die Vorschrift ist auf einen Staffelmietzins zugeschnitten, der sich stufenweise erhöht. Eine gestaffelte Senkung des Mietzinses wird nicht erfaßt und ist demnach ohne weiteres zulässig, da Abs 2 auf Abs 1 Bezug nimmt und diese Vorschrift nur Mieterhöhungen betrifft.

#### b) Zeitraum

19 Die Vereinbarung eines gestaffelten Mietzinses darf einen Zeitraum bis zu jeweils zehn Jahren umfassen. Damit ist eine absolute Grenze nur für die einzelne Vereinbarung gesetzt. Die Vereinbarung eines längeren Zeitraums wird nicht unmittelbar von Abs 1 erfaßt, da diese Vorschrift nur die §§ 1–9 betrifft. Es liegt jedoch ein Verstoß gegen § 134 BGB vor, der insoweit zur Nichtigkeit der Vereinbarung führt, als der Zeitraum von 10 Jahren überschritten wird (anders Köhler 79). Es wird nicht ausgeschlossen, nach Ablauf dieses Zeitraums erneut einen gestaffelten Mietzins zu vereinbaren. Der Mietzins muß jeweils mindestens ein Jahr unverändert bleiben, um den Mieter wie im Vergleichsmieteverfahren nicht kurzfristig ständigen Mieterhöhungen auszusetzen.

#### c) Vereinbarung

20 Der gestaffelte Mietzins kann bei Neuabschluß eines Mietvertrags vereinbart werden. In gleicher Weise steht es den Parteien frei, eine dahin gehende Vereinbarung später im Wege eines Änderungsvertrags zu treffen. Bei einem bestehenden Mietverhältnis hat der Vermieter jedoch keinen darauf gerichteten Anspruch.

Unerheblich ist, ob es sich um ein Mietverhältnis auf bestimmte oder unbestimmte Zeit handelt.

**d) Form**

Für die Vereinbarung ist Schriftform vorgeschrieben (§ 126 BGB). Soweit ein Mietvertrag auf die Dauer von mehr als einem Jahr abgeschlossen wird, ergibt sich der Formzwang aus § 566 BGB. Aus § 566 S 2 BGB ist aber nicht zweifelsfrei zu entnehmen, daß bei fehlender Schriftform auch die Staffelmietvereinbarung unwirksam ist. Deshalb hat der Gesetzgeber das Schriftformerfordernis wiederholt (Begr z Gesetzentw aaO 17). **21**

### 3. Rechtsfolgen

**a) Mieterhöhung**

Nach Ablauf des jeweils bestimmten Zeitraums tritt die maßgebende Mieterhöhung aufgrund der vertraglichen Vereinbarung ein. Weitere Erklärungen der Parteien sind nicht erforderlich. Ist die Zeitspanne, für die ein gestaffelter Mietzins vereinbart worden ist, insgesamt abgelaufen, gilt der am Ende erreichte Mietzins in dieser Höhe weiter, bis eine Mieterhöhung aufgrund der §§ 2 ff vorgenommen oder eine neue Vereinbarung über einen gestaffelten Mietzins einvernehmlich durch einen Änderungsvertrag getroffen wird. **22**

**b) Ausschluß anderweitiger Mieterhöhungen**

Für die Dauer einer Staffelmietvereinbarung ist eine Erhöhung des Mietzinses nach den §§ 2, 3 und 5 ausgeschlossen. Eine Kombination der Staffelmiete mit diesen Formen der Mieterhöhung ist dem Vermieter verwehrt. Ausgenommen ist nur eine Mieterhöhung wegen gestiegener Betriebskosten nach § 4. Soweit die Voraussetzungen der einjährigen Wartefrist des § 2 Abs 1 S 1 Nr 1 nach Eintritt der letzten Erhöhungsstufe eingehalten werden, kann das Vergleichsmieteverfahren auch schon vor dem Ende der Staffelmietzeit eingeleitet werden (Rz 26; BARTHELMESS § 10 Rz 71). **23**

### 4. Ausschluß einer Beschränkung des Kündigungsrechts

Obwohl es unerheblich ist, ob das Mietverhältnis auf bestimmte oder unbestimmte Zeit eingegangen wird, geht der Gesetzgeber davon aus, daß die Vermieter zur Absicherung ihrer Kalkulation den Mietern Verträge vorlegen werden, in denen neben der Vereinbarung eines gestaffelten Mietzinses auch das Kündigungsrecht des Mieters für längere Zeit ausgeschlossen ist. Unter Berücksichtigung der möglichen Zwangslage der Wohnungssuchenden beim Abschluß eines Mietvertrags ist deshalb in Abs 2 S 5 der Ausschluß des Kündigungsrechts des Mieters auf vier Jahre begrenzt worden (Begr z Gesetzentw aaO 18). Dies gilt nicht nur für den befristeten Ausschluß einer ordentlichen Kündigung, der für ein ansonsten auf unbestimmte Zeit abgeschlossenes Mietverhältnis vereinbart wird. Auch ein auf längere Zeit als vier Jahre befristetes Mietverhältnis kann wegen der darin liegenden Kündigungsbeschränkung nach Ablauf von vier Jahren vom Mieter **24** ordentlich gekündigt werden. Der Vermieter bleibt hingegen für die gesamte Vertragszeit gebunden. Da das Kündigungsrecht des Mieters für einen Zeitraum von höchstens vier Jahren seit Abschluß der Staffelmietvereinbarung ausgeschlossen werden kann, ist auch erst nach Ablauf dieses Zeitraums ähnlich wie im Fall der Kündigung durch den Vermieter einer umgewandelten Eigentumswohnung nach § 564 b Abs 2 Nr 2 S 2 (dort Rz 53) die Abgabe der Kündigungserklärung zulässig (Barthelmess § 10 Rz 75; aM LG Bonn ZMR 1989, 13; Bödicker ZMR 1988, 326; Gramlich NJW 1983, 417, 418 f). Die Kündigungsfrist kommt deshalb noch hinzu.

## IV. Geltungsbereich des MHRG (Abs 3)

### 1. Preisgebundener Wohnraum (Nr 1)

**25** **a)** Das MHRG gilt nicht für preisgebundenen Wohnraum. Eine **gesetzliche Mietpreisbindung** besteht für die mit öffentlichen Mitteln geförderten Sozialwohnungen (§§ 1 ff WoBindG), für die mit Wohnungsfürsorgemitteln geförderten steuerbegünstigten oder frei finanzierten Neubauwohnungen (§§ 87 a, 111 WobauG II; OLG Karlsruhe OLGZ 1981, 81 = Justiz 1981, 78 = 3 in RE Miet; Schultz ZMR 1983, 289 zu öffentlich geförderten Wohnungen in Berlin) sowie für die mit Annuitätshilfen geförderten steuerbegünstigten Neubauwohnungen (§§ 88–88 c WobauG II). Die zunächst bis zum 31. 12. 1989 für Altbauwohnungen in Berlin vorgesehene Mietpreisbindung (Altbaumietenverordnung Berlin vom 21. 3. 1961 [BGBl I 230], §§ 15, 18 Abs 1 Nr 3 BMietG II idF des Art 1 Nr 1 und 2 des Dritten Gesetzes zur Änd mietrechtlicher und mietpreisrechtlicher Vorschriften im Land Berlin vom 3. 8. 1982 [BGBl I 1106]) ist mit der Aufhebung des BMietG II durch § 8 Abs 2 Nr 2 GVW am 1. 1. 1988 außer Kraft getreten. Diese Preisbindung für Altbauwohnungen in Berlin verstieß nicht gegen Art 14 GG (BGH WuM 1979, 209; BVerwG NJW-RR 1986, 1139; 1988, 776). Unerheblich ist es, wenn der Wohnraum in anderer Weise öffentlich gefördert oder verbilligt ist. Deshalb gilt das MHRG auch für Wohnraum der gemeinnützigen Wohnungsunternehmen (LG Braunschweig NJW 1973, 1053; LG Mannheim NJW 1975, 316; Hannig GWW 1988, 36; ders GWW 1988, 532 zur Mietpreisbildung nach Aufhebung des WGG). LAG-Wohnungen sind wegen der Förderung mit Ausgleichsmitteln nach § 254 Abs 3 LAG nicht preisgebunden (AG Norderstedt WuM 1982, 157). Ebenso unterliegen öffentlich geförderte Wohnheime nach § 20 WoBindG nicht der Preisbindung (AG Hamburg WuM 1985, 145). Soweit die Parteien eine vertragliche Preisbindung vereinbart haben, ist das MHRG anwendbar. Die Preisbindung kann aber einem auf § 2 gestützten Mieterhöhungsverlangen entgegengehalten werden (OLG Hamm WuM 1986, 169).

**26** **b)** Das **Verfahren einer Mieterhöhung** nach den Vorschriften des MHRG kann nach der neueren Rspr schon während der Dauer der Preisbindung durch ein Zustimmungsverlangen nach § 2 oder eine einseitige Mieterhöhungserklärung nach den §§ 3 ff eingeleitet werden, wenn der Vermieter damit die Erhöhung des

Mietzinses für die Zeit ab Beendigung der Preisbindung erreichen will (OLG Hamm WuM 1980, 262 m abl Anm HERPERS = NJW 1981, 234 m Anm KÖHLER = 2 in RE Miet; KG NJW 1982, 2077 = 7 in RE Miet; DEGGAU BlGBW 1983, 81; GATHER DWW 1983, 186). Dies steht in Widerspruch zu der vom OLG Hamm (NJW 1981, 584 = 4 in RE Miet) vertretenen Auffassung, daß die Kündigung wegen Eigenbedarfs einer umgewandelten Eigentumswohnung nach § 564 b Abs 2 Nr 2 S 2 BGB erst nach Ablauf der dreijährigen Wartefrist ausgesprochen werden kann. Dieser Schutz, der über die Kündigungsfristen des § 565 Abs 2 BGB hinausgeht, soll dem Mieter ungeschmälert zugute kommen. Das gleiche läßt sich für das Mieterhöhungsverfahren des § 2 vertreten, mit dem der Mieter nicht schon während der Zeit belastet werden soll, zu der das Mietverhältnis wegen der Preisbindung noch nicht unter das MHRG fällt. Davon zu unterscheiden ist der Fall, daß eine Erhöhung des Mietzinses bei Wohnraum, der dem MHRG unterliegt, auf bestimmte Zeit durch Vereinbarung der Parteien ausgeschlossen ist. Hier kann der Vermieter schon vor Ablauf der vertraglich bestimmten Zeit eine Mieterhöhung verlangen, die nach Ablauf dieser Zeit wirksam werden soll (OLG Hamm NJW 1983, 829 = 23 in RE Miet).

**2. Wohnraum zu nur vorübergehendem Gebrauch (Nr 2)**

Wohnraum, der zu nur vorübergehendem Gebrauch vermietet ist (GATHER DWW 1983, 186), unterliegt nicht dem MHRG. Dies entspricht der in anderen Vorschriften bestimmten Ausnahme von der Geltung des sozialen Mietrechts (§ 556 a Rz 54 ff). 27

**3. Möblierter Einliegerwohnraum (Nr 3)**

Ausgenommen vom Geltungsbereich des MHRG ist Wohnraum, der Teil der vom Vermieter selbst bewohnten Wohnung ist und den der Vermieter ganz oder überwiegend mit Einrichtungsgegenständen auszustatten hat, sofern der Wohnraum nicht zum dauernden Gebrauch für eine Familie überlassen ist. Dies entspricht dem Tatbestand des § 565 Abs 3 BGB (dort Rz 29 ff). 28

**4. Studenten- und Jugendwohnheim (Nr 4)**

Nach der durch das Gesetz zur Erhöhung des Angebots an Mietwohnungen vom 20. 12. 1982 (BGBl I 1912) eingefügten Regelung der Nr 4 gelten die Vorschriften des MHRG nicht für Mietverhältnisse über Wohnraum, der Teil eines Studenten- oder Jugendwohnheims ist. Diese Ausnahme entspricht dem Tatbestand des § 564 b Abs 7 Nr 3 BGB (dort Rz 109; krit LECHNER WuM 1983, 71; vgl im übrigen zu Heimverträgen § 556 a Rz 56, § 564 b Rz 3, 70). 29

## Artikel 4
## Anwendung auf bestehende Mietverhältnisse

**(1) Ein Mietverhältnis, das zur Zeit des Inkrafttretens dieses Gesetzes besteht, richtet sich von diesem Zeitpunkt an nach dem neuen Recht.**
**(2) Artikel 3 § 3 ist auch auf vor Inkrafttreten dieses Gesetzes begonnene bauliche Änderungen anzuwenden, die nach Inkrafttreten dieses Gesetzes beendet werden.**

Die Vorschrift enthält eine Übergangsregelung für die zur Zeit des Inkrafttretens des WKSchG II bestehenden Mietverhältnisse. Sie unterliegen von diesem Zeitpunkt an dem neuen Recht, dh dem WKSchG II. Dieser Zeitpunkt ist nach Art 8 Abs 1 grundsätzlich der 1. 1. 1975.

## Artikel 5
## Geltung für mieterschutzfreie Mietverhältnisse über Wohnraum im Land Berlin

**Die Artikel 1 bis 4 gelten im Land Berlin für Mietverhältnisse über Wohnraum, auf die die §§ 1 bis 19 und 24 bis 31 des Mieterschutzgesetzes nicht anzuwenden sind.**

Mit Ablauf des 31. 12. 1975 ist das MietSchG in Berlin außer Kraft getreten (Art 1 § 2 Nr 3 des Dritten G zur Änd des Schlußtermins für den Abbau der Wohnungszwangswirtschaft und über weitere Maßnahmen auf dem Gebiete des Mietpreisrechts im Land Berlin vom 30. 10. 1972 [BGBl I 2051]). Damit bestehen insoweit keine Ausnahmen mehr vom Anwendungsbereich des WKSchG II, so daß Art 5 gegenstandslos geworden ist (vgl zur Sonderregelung des § 564 b Abs 2 Nr 2 BGB im Land Berlin § 32 Abs 2 WoBindG; § 11 BMietG XII; § 4 GVW, dort Rz 2 ff).

## Artikel 6
## Sondervorschriften für München und Hamburg

**(1) In der kreisfreien Stadt München und im Landkreis München (Gebietsstand bis zum 30. Juni 1972) sowie in der Freien und Hansestadt Hamburg gilt Artikel 3 § 2 bis zum 31. Dezember 1976 mit der Maßgabe, daß bei Wohnungen, die bis zum 20. Juni 1948 bezugsfertig geworden sind und weniger als sechs Wohnräume einschließlich Küche haben, die Zustimmung zu einer Erhöhung des Mietzinses höchstens für einen Betrag verlangt werden kann, der die Grundmiete nicht um mehr als zehn vom Hundert übersteigt.**
**(2) Grundmiete im Sinne des Absatzes 1 ist die Miete, die am 31. Dezember 1974 preisrechtlich zulässig war, abzüglich folgender in ihr enthaltener Beträge:**
**1. Umlagen für Wasserverbrauch,**
**2. Kosten des Betriebs der zentralen Heizungs- und Warmwasserversorgungsanlagen,**

**3. Umlagen für laufende Mehrbelastungen seit dem 1. April 1945,**
**4. Untermietzuschläge,**
**5. Zuschläge wegen Nutzung von Wohnraum zu anderen als Wohnzwecken,**
**6. Mieterhöhungen für Wertverbesserungen nach § 12 der Altbaumietenverordnung.**

Die Sondervorschriften für Altbauwohnungen in der kreisfreien Stadt München und im Landkreis München sowie in der Freien und Hansestadt Hamburg sind durch Zeitablauf mit dem 31. 12. 1976 außer Kraft getreten.

### Artikel 7
### Berlin-Klausel

**Dieses Gesetz gilt nach Maßgabe des § 13 Abs. 1 des Dritten Überleitungsgesetzes vom 4. Januar 1952 (Bundesgesetzbl. I S. 1) auch im Land Berlin.**

### Artikel 8
### Inkrafttreten

**(1) Dieses Gesetz tritt am 1. Januar 1975 in Kraft.**
**(2) Soweit das Mieterschutzgesetz noch in Geltung ist, treten die Artikel 1 bis 4 mit dessen Außerkrafttreten in Kraft. Das Inkrafttreten des Artikels 5 nach Absatz 1 bleibt hiervon unberührt.**

# Gesetz zur dauerhaften sozialen Verbesserung der Wohnungssituation im Land Berlin (GVW)

vom 14. Juli 1987 (BGBl. I 1625 = GVBl. Berlin 1987, 1988)

**Übersicht**



## Vorbemerkungen

**Schrifttum:** Der Berliner Mietspiegel (1989); BEUERMANN, Miete und Mieterhöhung bei preisfreiem Wohnraum, 1987, S 169 ff.; BLÜMMEL, Das neue Recht der Altbauten, GE 1987, 739, 890, 952 und 1010; ders, Hinweise zum Umgang mit dem Mietspiegel, GE 1987, 1131; ders, Miet- und Betriebskostenerhöhung, GE 1988, 1182; EMMERICH, Rechtsfragen des Mieterhöhungsverfahrens nach § 2 des Miethöhegesetzes, GE 1988, 426; ders, Mietspiegel, Rechtsfragen bei der Aufstellung, FWW 1988, 35; GIESE, Verirrungen, Verwirrungen, Verzerrungen, GE 1988, 2; ders, Überlegungen zum Berliner Mietspiegel, GE 1988, 54; ders, Weitere Probleme bei der Anwendung des Berliner Mietspiegels, GE 1988, 547; ders, Zum Begriff der ortsüblichen Miete, GE 1988, 654; KINNE, Das neue Recht der Altbauten, GE 1987, 843; H.-D. MÜLLER, Das neue Recht der Altbauten, GE 1987, 796; ders, Steuerbegünstigte Wohnungen werden 1988 preisfrei, GE 1987, 961; ders, Werden hohe, preisrechtlich zulässige Mieten unzulässig?, GE 1987, 1014; ders, Zur Zulässigkeit von Staffelmietvereinbarungen, GE 1988, 912; OSKE, Mieterhöhung zum 1. Januar möglich, GE 1987, 950; STERNEL Rz II 857 ff.

## I. Entstehungsgeschichte

1 **1.** Das MHRG gilt (ua) nicht für preisgebundenen Wohnraum (§ 10 Abs 3 Nr 1 MHRG). Darunter ist insbesondere die gesetzliche Preisbindung für Altbauwohnungen zu verstehen (s im einzelnen o § 10 MHRG Rz 25). Diese Preisbindung war im Bundesgebiet mit Ausnahme Berlins zuletzt in München und Hamburg

Ende 1974 aufgehoben worden[1]. Infolgedessen bestand die Preisbindung für Altbauwohnungen seitdem nur noch in Berlin fort. Sie war hier – trotz unverkennbarer verfassungsrechtlicher Bedenken der Gerichte gegen die ständige Verlängerung der Preisbindung[2] – letztmalig durch das 3. Mietrechtsänderungsgesetz Berlin vom 3. 8. 1982[3] für neu abgeschlossene Verträge bis Ende 1987 und für bestehende Verträge bis Ende 1989 verlängert worden, da der Gesetzgeber angenommen hatte, spätestens zu den genannten Zeitpunkten werde der Wohnungsmarkt in Berlin so ausgeglichen sein, daß ein bruchloser Übergang zu der im übrigen Bundesgebiet aufgrund des MHRG geltenden Rechtslage möglich sei.

Indessen haben sich in der Folgezeit nach Meinung des Gesetzgebers diese **2** Erwartungen nicht in vollem Umfang erfüllt. Die Regierungsfraktionen kamen vielmehr zu der Überzeugung, verschiedene Umstände hätten dazu geführt, daß ein unmittelbarer Übergang zur Rechtslage nach dem MHRG zumindest auf verschiedenen Marktsektoren zu sozialen Härten führen könnte[4]. Die Parlamentarier standen dabei namentlich unter dem Eindruck massiver Mieterproteste gegen die Aufhebung der Mietpreisbindung für Altbauwohnungen sowie mehrerer Entwürfe der Oppositionsparteien, die durchweg auf eine zeitlich unbefristete Verlängerung der Mietpreisbindung für Altbauwohnungen in Berlin abzielten[5]. Das Ergebnis war die Verabschiedung des Gesetzes zur dauerhaften sozialen Verbesserung der Wohnungssituation im Land Berlin am 14. Juli 1987, meistens GVW abgekürzt, durch das das MHRG für eine Übergangszeit in Berlin für Altbauwohnungen nur mit Einschränkungen in Kraft gesetzt wurde, um nach Möglichkeit soziale Härte beim Übergang von der Mietpreisbindung zum MHRG zu vermeiden. Zu diesem Zweck wurde namentlich eine besondere Kappungsgrenze (§ 2 Abs 1 GVW) sowie erstmals eine Beschränkung für Mieterhöhungen bei der Neuvermietung von Altbauwohnungen (§ 3 Abs 1 GVW) vorgesehen.

Die Ausschußmehrheit war sich hierbei darüber einig, daß für die Anwendung des **3** neuen Rechts ein Mietspiegel von zentraler Bedeutung sein werde. Deshalb wurde ergänzend bestimmt, daß abweichend vom MHRG bei Aufstellung des Mietspiegels auch Entgelte der früher preisgebundenen Altbauwohnungen zugrunde gelegt werden dürften (§ 2 Abs 2 GVW). Hingegen wurde es entgegen verschiedenen Anträgen abgelehnt, in der Vorschrift über die bei der Neuvermietung zulässige Miete (§ 3 GVW) an den Mietspiegel anzuknüpfen, weil diesem hierdurch eine im MHRG nicht vorgesehene Bedeutung verliehen werde[6].

Das GVW ist am 22. 7. 1987 verkündet worden und im wesentlichen am 1. 1. 1988 **4**

---

[1] 2. Gesetz zur Änderung mietpreisrechtlicher Vorschriften in der kreisfreien Stadt München und im Landkreis München sowie in der Freien und Hansestadt Hamburg vom 30. 10. 1972, BGBl I 2054.

[2] Grdl BGH LM Nr 2 zu 10. BMG = NJW 1979, 2579 = WuM 1979, 209; anders aber BVerwG NJW-RR 1988, 776 = GE 1988, 685 m Nachw.

[3] BGBl I, 1106.

[4] Vgl den Entwurf der Fraktionen der CDU/CSU und FDP zum GVW, BT-Dr 11 (1987)/304; den Ausschußbericht, BT-Dr 11 (1987)/490.

[5] S Beuermann S 169; Emmerich aaO.

[6] Vgl den Ausschußbericht aaO, S 15.

in Kraft getreten (§ 10 Abs 1 S 1 GVW). Nach § 10 Abs 2 GVW ist seine Geltung bis zum 31. 12. 1944 befristet. Von diesem Zeitpunkt ab wird mithin das MHRG (voraussichtlich) ohne jede Einschränkung in Berlin ebenso wie im übrigen Bundesgebiet gelten.

5 **2.** Nach der Verkündung des GVW bemühte sich der Berliner Senat intensiv darum, noch rechtzeitig vor Inkrafttreten des GVW am 1. 1. 1988 einen *Mietspiegel* zumindest für die Berliner Altbauwohnungen aufzustellen. In Zusammenarbeit mit den Verbänden der Vermieter und der Mieter wurde deshalb unverzüglich ein umfangreiches Datenmaterial erhoben[7]. Der daraus abgleitete Berliner Mietspiegel für Altbauwohnungen wurde schließlich am 17. 11. 1987 vom Berliner Senat anerkannt[8]. Der Anwendungsbereich des Mietspiegels beschränkt sich jedoch auf die bis Ende 1987 preisgebundenen Altbauwohnungen. Für Neubauwohnungen, für die das MHRG in Berlin ebenso wie im übrigen Bundesgebiet seit 1975 ohne jede Einschränkung gilt, hat er daher keine Bedeutung (zu den Rechtsfragen, die sich hieraus ergeben, s u § 2 GVW Rz 13 ff).

## II. Überblick

6 Das GVW gilt nur für Altbauwohnungen, die bis Ende 1987 preisgebunden waren (§ 1 GVW). Für diese Wohnungen bringt das Gesetz bis Ende 1994 (§ 10 Abs 2 GVW) gewisse Änderungen des MHRG. Die wichtigsten sind die folgenden:

7 **1.** Kernstück des MHRG ist dessen § 2, nach dem der Vermieter grundsätzlich einmal jährlich einen Anspruch gegen den Mieter auf Zustimmung zur Erhöhung des Mietzinses auf das Niveau der ortsüblichen Vergleichsmiete hat. Diese Vorschrift ändert § 2 GVW in drei Punkten ab: 1. Die Wartefrist der Nr 1 des § 2 Abs 1 MHRG entfällt (§ 2 Abs 1 S 2 GVW); 2. die Kappungsgrenze beträgt abweichend von § 2 Abs 1 Nr 3 MHRG 5% pro Jahr; 3. bei der Aufstellung des ersten Mietspiegels dürfen abweichend von § 2 MHRG auch die bis Ende 1987 preisgebundenen Mieten für Altbauwohnungen zugrunde gelegt werden.

8 **2.** Das MHRG enthält keinerlei Schranken für Mietzinsvereinbarungen bei Neuabschluß eines Mietvertrages (s o Vorbem zu § 1 MHRG Rz 5). Hiervon abweichend bestimmt § 3 GVW, um einen abrupten Mietzinsanstieg bei der Neuvermietung von Altbauwohnungen nach dem 1. 1. 1988 zu verhindern, daß bis zum 31. 12. 1991 bei Abschluß eines neuen Mietvertrages der vereinbarte Mietzins den „bisherigen Mietzins, dem darin bisher nicht enthaltene Erhöhungsbeträge nach den §§ 3 bis 5 MHRG hinzugerechnet werden dürfen", nicht um mehr als 10% übersteigen darf; außerdem findet dann wieder die Wartefrist des § 2 Abs 1 Nr 1 MHRG Anwendung (§ 3 Abs 2 GVW).

9 **3.** § 4 GVW sieht einen besonderen Kündigungsschutz bei der Umwandlung von Altbauwohnungen in Wohnungseigentum vor. Die Vorschrift modifiziert insofern für eine Übergangszeit den § 564b Abs 2 Nr 2 BGB.

---

[7] Der Mietspiegel beruht auf Daten für über 93 000 Altbauwohnungen.

[8] Alle Einzelheiten bei Emmerich FWW 1988, 35 ff m Nachw; Der Berliner Mietspiegel (1989).

**4.** § 5 GVW bringt eine eigenartige Regelung für Mietzinsvereinbarungen, die nach dem bisherigen Mietpreisrecht für Altbauwohnungen teilweise unwirksam waren. Solche Vereinbarungen werden vom 1. 1. 1988 ab „im Rahmen des § 3 GVW" zulässig; dh der bisherige Mietzins wird kraft Gesetzes um 10% erhöht und gilt in dieser Form – trotz des früheren Verstoßes gegen das Mietpreisrecht – fort. 10

**5.** Die §§ 6 und 7 GVW enthalten Übergangsvorschriften. Während § 6 die Abwicklung von Verfahren betrifft, die vor dem 1. 1. 1988 aufgrund mietpreisrechtlicher Vorschriften anhängig gemacht worden waren, bestimmt § 7 GVW, daß Mietzinserhöhungen aufgrund der §§ 3 bis 5 MHRG wegen Modernisierungsmaßnahmen, wegen Betriebskostenerhöhung oder wegen der Steigerung der Kapitalkosten grundsätzlich nur möglich sind, wenn die genannten Kostensteigerungen nach dem 1. 1. 1988 eingetreten sind. Hiervon gibt es jedoch verschiedene Ausnahmen. 11

## Erster Abschnitt
## Überleitung preisgebundenen Altbauwohnraums im Land Berlin in das allgemeine Mietrecht

### § 1
### Anwendung des Gesetzes zur Regelung der Miethöhe

**Für Wohnraum im Land Berlin, der bis zum 24. Juni 1948 bezugsfertig geworden ist oder in der Zeit vom 25. Juni 1948 bis zum 1. Dezember 1949 bezugsfertig geworden und ohne öffentliche Mittel im Sinne des § 3 des Ersten Wohnungsbaugesetzes geschaffen worden ist und der bis zum 31. Dezember 1987 preisgebunden ist (preisgebundener Altbauwohnraum), gilt in der Zeit vom 1. Januar 1988 bis zum 31. 12. 1994 das Gesetz zur Regelung der Miethöhe mit den sich aus den §§ 2, 3 und 5 bis 7 ergebenden Maßgaben.**

### 1. Bestimmung des Anwendungsbereichs

§ 1 GVW umschreibt den Anwendungsbereich des GVW durch die exakte Definition des Begriffs der preisgebundenen Altbauwohnungen. Er soll zum Ausdruck bringen, daß seit dem 1. 1. 1988 auch für diese preisgebundenen Altbauwohnungen das MHRG grundsätzlich gilt, freilich nur mit den sich aus den folgenden Vorschriften des GVW ergebenden Modifikationen[1]. Soweit jedoch das GVW keine Änderungen des MHRG enthält, gilt das MHRG fortan für bisher preisgebundene Berliner Altbauwohnungen ebenso wie für alle anderen nicht mehr preisgebundenen Wohnungen ohne jede Einschränkung. Anzuwenden sind daher namentlich die §§ 1 und 10 MHRG über den Vorrang vertraglicher Abreden und über die Zulässigkeit von Staffelmieten[2]. 1

[1] Ausschußbericht, BT-Dr 11/490, S 14 (1. Sp).
[2] Ausschußbericht aaO; Beuermann § 1 GVW Rz 2 und 3; Müller GE 1988, 912.

**2. Preisgebundene Altbauwohnungen**

2 Preisgebundene Altbauwohnungen, für die das GVW nach seinem § 1 allein gilt, sind alle Wohnungen in Berlin, die bis zum 24. 6. 1948 bezugsfertig geworden sind oder die in der Zeit vom 25. 6. 1948 bis zum 31. 13. 1949 bezugsfertig wurden und die ohne öffentliche Mittel iS des § 3 des 1. Wohnungsbaugesetzes geschaffen worden sind, *sofern* sie tatsächlich bis zum 31. 12. 1987 der gesetzlichen Mietpreisbindung, zuletzt aufgrund des 3. Mietrechtsänderungsgesetzes Berlin vom 3. 8. 1982[3], unterlegen haben. Für alle anderen Berliner Wohnungen gilt mithin das MHRG (vorbehaltlich des § 10 Abs 3 MHRG) ohne jede Einschränkung. Das sind namentlich alle Neubauwohnungen, die nach dem 1. 1. 1950 bezugsfertig geworden sind, weiter diejenigen Altbauwohnungen, die schon vor dem 31. 12. 1987 aus der Preisbindung entlassen worden sind, sowie schließlich sämtliche steuerbegünstigten Wohnungen, bei denen die Preisbindung allein in der Inanspruchnahme von Steuerbegünstigungen ihren Grund hatte; letzteres ergibt sich aus § 8 Abs 2 Nrn 10 und 11 GVW, durch die das 1. Wohnungsbaugesetz sowie die §§ 85 und 105 Abs 1 S 2 des 2. Wohnungsbaugesetzes ersatzlos aufgehoben worden sind[4].

**3. Ausschlußvereinbarung**

3 Aus der uneingeschränkten Anwendbarkeit des § 1 MHRG auch auf die früher preisgebundenen Berliner Altbauwohnungen folgt insbes, daß der Vermieter bei solchen Wohnungen seit dem 1. 1. 1988 ebenso wie bei allen anderen Wohnungen im Anwendungsbereich des MHRG *keine* Mietzinserhöhung verlangen kann, solange und soweit eine Erhöhung des Mietzinses durch Vereinbarungen der Parteien ausdrücklich oder konkludent ausgeschlossen ist (§ 1 S 3 MHRG). Vor der Anwendung des MHRG in Verbindung mit dem GVW auf Berliner Altbauwohnungen muß deshalb stets die Prüfung stehen, ob die Parteien nicht im Einzelfall vertraglich eine Mietzinserhöhung ausgeschlossen haben; nach § 1 S 3 MHRG ist das zu vermuten, wenn es sich um einen Mietvertrag auf bestimmte Zeit mit festem Mietzins handelt. Maßgebend sind jedoch letztlich stets die Abreden der Parteien. Namentlich ist es nicht erforderlich, daß sich der Ausschluß von Mietzinserhöhungen nach dem MHRG in Verbindung mit dem GVW auf sämtliche Formen möglicher Mietzinserhöhungen für die ganze Dauer des Mietverhältnisses erstreckt. Der Ausschluß kann vielmehr sowohl der Zeit wie dem Umfang nach beschränkt sein. Wegen der Einzelheiten ist im übrigen auf die Erläuterungen zu § 1 S 3 MHRG zu verweisen (o § 1 MHRG Rz 4 ff).

**4. Nur Wohnraummietverhältnisse**

4 **a)** Außerdem ist zu beachten, daß das MHRG und damit auch das GVW nur für Wohnraummietverhältnisse und nicht für sonstige Mietverhältnisse gelten (s o

[3] BGBL I, 1106.
[4] S eingehend H-D. Müller GE 1987, 961; Kinne GE 1987, 843 f.

Vorbem zu § 1 MHRG Rz 11 ff). Mischmietverhältnisse, die teils dem Wohnraummietrecht, teils dem sonstigen Mietrecht unterliegen, kennt das MHRG nicht; ein Mietverhältnis kann vielmehr nur entweder (insgesamt) ein Wohnraummietverhältnis oder ein sonstiges Mietverhältnis sein. In allen Zweifelsfällen richtet sich hierbei die Abgrenzung danach, welcher Verwendungszweck der Räume für die Parteien bei Vertragsschluß im Vordergrund gestanden hat[5].
Namentlich bei den früheren *Mischmietverhältnissen* setzt mithin die Anwendung **5** des MHRG in Verbindung mit dem GVW stets die vorherige Prüfung voraus, welcher Verwendungszweck für die Parteien bei Vertragsschluß tatsächlich im Vordergrund gestanden hat. Nur wenn dies der Wohnzweck war, findet nach dem Gesagten das MHRG in Verbindung mit dem GVW, dann jedoch insgesamt für das ganze Mietverhältnis Anwendung. Kam es hingegen den Parteien in erster Linie auf die gewerbliche Nutzung an, so ist für die Anwendung des MHRG ebensowenig wie für die des GVW Raum; es gelten dann vielmehr allein die allgemeinen Vorschriften des BGB für Mietverhältnisse.

### 5. § 10 MHRG

**a)** Das GVW enthält außerdem keine Einschränkung des § 10 MHRG, so daß **6** § 10 MHRG gleichfalls in vollem Umfang für Berliner Altbauwohnungen gilt[6]. Daraus folgt einmal, daß sämtliche Abreden der Parteien, die zum Nachteil des Mieters von dem MHRG *oder* dem GVW abweichen, unwirksam sind, während alle neutralen und vorteilhaften Vereinbarungen wirksam bleiben[7]. Zum anderen ergibt sich aus § 10 MHRG, daß sich Vermieter und Mieter *während* des Bestehens eines Mietverhältnisses jederzeit ohne Rücksicht auf MHRG und GVW über jede beliebige Mietzinserhöhung oder -ermäßigung einigen können (§ 10 Abs 1 MHRG).[8] Für derartige einverständliche Mietzinsänderungen gelten m a W lediglich die allgemeinen Schranken der Privatautonomie, wie sie hier namentlich § 5 WiStG, § 302a StGB und § 138 BGB zu entnehmen sind. Hingegen sind die Parteien dabei nicht an die ortsübliche Vergleichsmiete (§ 2 MHRG) oder an die verschiedenen Kappungsgrenzen des § 2 MHRG und des § 2 GVW gebunden. MHRG und GVW enthalten mithin nur Schranken für „einseitige" Mietzinserhöhungen, die der Vermieter gegen den Widerstand des Mieters durchsetzen will.
**b)** § 10 Abs 2 MHRG läßt sich 1982 die Vereinbarung von *Staffelmieten* zu. Das **7** gilt seit dem 1. 1. 1988 auch für Berliner Altbauwohnungen.[9] Für den Vermieter kann dies mit Rücksicht auf die Kappungsgrenzen der §§ 2 und 3 GVW eine durchaus interessante Alternative sein (wegen der Einzelheiten s o § 10 MHRG Rz 17 ff). Haben die Parteien eine solche Staffelmiete vereinbart, so scheiden freilich während des vereinbarten Zeitraums, der höchstens 10 Jahre betragen darf

---

[5] S im einzelnen o Vorbem zu § 535, 536 BGB Rz 12 f, Vorbem zu § 1 MHRG Rz 11 ff.
[6] Ausschußbericht, BT-Dr 11/490, S 14; Beuermann § 1 GVW Rz 2 f.
[7] S im einzelnen o § 10 MHRG Rz 2 ff.
[8] Str, anders zB Sternel Rz III 528, 857e; Lammel NJW 1989, 213.
[9] Blümmel GE 1987, 638; Graul GE 1988, 210; Müller GE 1988, 912; Sternel Rz III 857e; zum Übergangsrecht s AG Neukölln GE 1988, 1061.

(§ 10 Abs 2 S 2 MHRG), alle Mietzinserhöhungen nach den §§ 2, 3 und 5 MHRG (in Verb mit den §§ 2 und 7 GVW) aus. Zu beachten ist jedoch bei Neubabschluß eines Mietvertrages über Altbauwohnungen § 3 GVW, so daß für die erste Stufe der Staffelmiete die Kappungsgrenze des § 3 Abs 1 GVW eingreift[10]. Anders jedoch, wenn die Vereinbarung über die Staffelmiete nachträglich, dh während eines schon bestehenden Mietverhältnisses getroffen wird, weil für solche nachträglichen Vertragsänderungen die Kappungsgrenzen der §§ 2 und 3 GVW nicht gelten[11].

## § 2
## Begrenzung der Miethöhe bei Erhöhungsverlangen

**(1) Abweichend von § 2 Abs. 1 Satz 2 Nr. 3 des Gesetzes zur Regelung der Miethöhe kann der Vermieter die Zustimmung zu einer Erhöhung des Mietzinses unter der Voraussetzung verlangen, daß der Mietzins sich innerhalb eines Zeitraums von einem Jahr, von Erhöhungen nach den §§ 3 bis 5 des Gesetzes zur Regelung der Miethöhe oder nach vergleichbaren preisrechtlichen Vorschriften abgesehen, nicht um mehr als 5 vom Hundert erhöht. § 2 Abs. 1 Satz 2 Nr. 1 des Gesetzes zur Regelung der Miethöhe ist nicht anzuwenden.**
**(2) Abweichend von § 2 Abs. 1 Satz 1 Nr. 2 und Abs. 5 Satz 2 des Gesetzes zur Regelung der Miethöhe können bei der erstmaligen Aufstellung eines Mietspiegels, der längstens bis zum 31. Dezember 1989 gilt, auch die Entgelte zugrunde gelegt werden, die aufgrund gesetzlicher Bestimmungen bis zum 31. Dezember 1987 an Höchstbeträge gebunden waren.**

**Schrifttum:** S o Vorbem zu § 1.

**Übersicht**



### I. Überblick

1 Nach § 2 MHRG kann der Vermieter vom Mieter unter bestimmten Voraussetzungen die Zustimmung zur Erhöhung des Mietzinses auf das Niveau der orstüblichen Vergleichsmiete verlangen. Diese Voraussetzungen sind nach § 2 Abs 1 MHRG im wesentlichen die Einhaltung einer Wartefrist von einem Jahr, das Zurückbleiben der vereinbarten Miete hinter der ortsüblichen Vergleichsmiete sowie die Beachtung der Kappungsgrenze (maximal 30% in drei Jahren). Sind die

[10] Zutreffenden BEUERMANN § 1 GVW Rdnr 3; MÜLLER GE 1988, 912, 914.
[11] S o Rz 6 m Nachw zum Streitstand.

genannten Voraussetzungen erfüllt, so hat der Vermieter einen Anspruch gegen den Mieter auf Zustimmung zu einer Vertragsänderung durch eine entsprechende Erhöhung des Mietzinses, bei dessen Geltendmachung er freilich nach § 2 Abs 2 und 3 MHRG bestimmte Förmlichkeiten und Fristen beachten muß. Voraussetzung ist außerdem, daß es sich überhaupt um ein Wohnraummietverhältnis handelt, daß die Mietzinserhöhung nach § 2 MHRG nicht vertraglich ausgeschlossen ist und daß keine Staffelmiete nach § 10 Abs 2 MHRG vereinbart worden ist (s o § 1 GVW Rz 3 ff).

Das GVW ändert für die früher preisgebundenen Berliner Altbauwohnungen die geschilderte Regelung durch § 2 (lediglich) in zwei Punkten: 1. Die Wartefrist der Nr 1 des § 2 Abs 1 MHRG entfällt; 2. es gilt eine andere Kappungsgrenze von 5% pro Jahr. 2

Eine weitere Änderung des § 2 MHRG ergibt sich aus § 2 Abs 2 GVW, der die Aufstellung des ersten Berliner Mietspiegels regelt. Um diese Vorschrift zu verstehen, muß man sich vergegenwärtigen, daß § 2 MHRG den Begriff der ortsüblichen Vergleichsmiete nur auf nicht preisgebundenen Wohnraum bezieht (§ 2 Abs 1 Nr 2 MHRG), weshalb § 2 Abs 5 S 2 MHRG folgerichtig bestimmt, daß bei der Aufstellung von Mietspiegeln alle Entgelte, die aufgrund gesetzlicher Bestimmungen an Höchstbeträge gebunden sind, außer Betracht bleiben sollen. Diese beiden Vorschriften sind durch § 2 Abs 2 GVW (nur) für die Aufstellung des ersten Berliner Mietspiegels, der längstens bis zum 31. 12. 1989 gelten darf, außer Kraft gesetzt worden, womit der Gesetzgeber erreichen wollte, daß schon zum Beginn der freien Mietzinsbildung ein Mietspiegel aufgestellt werden konnte, der auch für früher preisgebundene Altbauwohnungen verwendbar ist[1]. Dementsprechend sind in der Tat bei der Aufstellung des ersten Berliner Mietspiegels, der im November 1987 vom Berliner Senat anerkannt worden ist, lediglich die Mieten früher preisgebundener Altbauwohnungen berücksichtigt worden, so daß der Mietspiegel nur für Altbauwohnungen gilt[2]. 3

## II. Wartefrist

Nach § 2 Abs 1 Nr 1 MHRG setzt der Anspruch des Vermieters auf Erhöhung des Mietzinses ua voraus, daß der Mietzins, von Erhöhungen nach den §§ 3 bis 5 MHRG abgesehen, seit einem Jahr unverändert ist. Mit der Einführung dieser sog. Wartefrist wollte der Gesetzgeber seinerzeit eine gewisse Kontinuität in die Mietzinsentwicklung bringen und dem Mieter vor allzu rasch aufeinanderfolgenden Mietzinserhöhungen schützen (s o § 2 MHRG Rz 4 f). Nach § 2 Abs 1 S 2 GVW gilt die Wartefrist jedoch nicht im Anwendungsbereich des GVW, dh nicht für früher preisgebundene Berliner Altbauwohnungen. Bei diesen sind folglich, ohne daß ein sachlicher Grund hierfür erkennbar wäre, durchaus mehrfache Mietzinserhöhungen während eines Jahres möglich, *vorausgesetzt,* daß sich der 4

---

[1] Ausschußbericht, BT-Dr 11/490, S 14 (r Sp u) – 15 (l Sp o).

[2] Wegen der Einzelheiten s Emmerich FWW 1988, 35; ders GE 1988, 426, bes 431; Der Berliner Mietspiegel (1989); Sternel Rz III 857b; s im übrigen u Rz 13 ff.

Vermieter dabei an die Obergrenze des § 2 MHRG und des § 2 Abs 1 S 1 GVW (ortsübliche Vergleichsmiete und Kappungsgrenze von 5% pro Jahr) hält.[2a] Hieraus ergibt sich außerdem, daß bei früher preisgebundenen Altbauwohnungen seit dem 1. 1. 1988 Mietzinserhöhungen nach § 2 MHRG in Verb mit § 2 GVW selbst dann – innerhalb der genannten Schranken – möglich sind, wenn der Mietzins noch im Jahre 1987 nach dem alten Preisrecht erhöht worden ist. Denn die Wartefrist ist für Berliner Altbauwohnungen generell aufgehoben[3].

5 Aus der Unanwendbarkeit der Wartefrist folgte schließlich noch, daß in Berlin die *erste Mietzinserhöhung* nach § 2 MHRG in Verb mit § 2 GVW noch unter der Geltung des alten Preisrechts spätestens im Oktober 1987 sofort zum 1. 1. 1988 ausgesprochen werden konnte[4]. Denn durch die Rechtsprechung ist geklärt, daß beim Übergang von der Preisbindung zur Anwendung des MHRG das Erhöhungsverlangen stets noch unter der Geltung der Preisbindung für den ersten Termin nach Ablauf der Preisbindung gestellt werden kann (s o § 10 MHRG Rz 26). Dies muß dann auch in Berlin gelten, zumal hier für Neubauwohnungen das MHRG ohnehin schon seit 1975 uneingeschränkt in Kraft ist.

## III. Kappungsgrenze

### 1. § 2 Abs 1 Nr 3 MHRG

6 Durch das Änderungsgesetz von 1982 ist in die Vorschrift des § 2 Abs 1 MHRG als weitere Schranke für Mietzinserhöhungen eine sog Kappungsgrenze eingefügt worden, um zu starke Mietzinssprünge zu vermeiden (s im einzelnen o § 2 MHRG Rz 19 ff). Die Kappungsgrenze beträgt nach § 2 Abs 1 Nr 3 MHRG 30% in drei Jahren und stellt neben der ortsüblichen Vergleichsmiete eine *weitere* Obergrenze für Mietzinserhöhungen dar. Beide Schranken sind m a W stets *nebeneinander* zu beachten. Die hierin liegende Beschränkung der Vermieterrechte ist mit dem GG vereinbar[5].

7 Die Kappungsgrenze wird in der Weise ermittelt, daß vom Zeitpunkt der Fälligkeit des erhöhten Mietzinses ab (o § 2 MHRG Rz 19c) zurückgerechnet werden muß; in diesem Zeitraum sind sodann sämtliche Mietzinserhöhungen mit Ausnahme derjenigen aufgrund der §§ 3 bis 5 MHRG für die Ermittlung der Kappungsgrenze zu addieren. Das gilt selbst dann, wenn die Parteien, um die Kappungsgrenze zu umgehen, formal in dem fraglichen Zeitraum einen neuen Mietvertrag abgeschlossen haben[6]. Hatten die Parteien eine Inklusiv- oder Teilinklusivmiete vereinbart, so erfaßt die Kappungsgrenze außerdem stets diese insge-

---

[2a] AG Schöneberg GE 1989, 249.

[3] Beuermann § 2 GVW Rz 9 f; Kinne GE 1987, 843 (849); H.-D. Müller GE 1987, 796 (799).

[4] Sehr str, wie hier Beuermann § 2 GVW Rz 6; Müller GE 1987, 796, 901 und 1014; Osse GE 1987, 950; anders insbes Kinne GE 1987, 843; Sternel Rz III 857a.

[5] BVerfGE 71, 230 m Anm Emmerich JuS 1986, 547.

[6] AG Gelsenkirchen WuM 1986, 343.

samt und nicht etwa abzüglich der in dem einheitlichen Mietzins enthaltenen jeweiligen Nebenkosten (o § 2 MHRG Rz 19b).

**2. § 2 Abs 1 S 1 GVW**

Die geschilderte Regelung des § 2 Abs 1 MHRG hat das GVW nicht vollständig **8** übernommen. Vielmehr bestimmt § 2 Abs 1 S 1 GVW, daß „abweichend" von § 2 Abs 1 S 1 Nr 3 MHRG die Kappungsgrenze nur 5% pro Jahr beträgt. Der Gesetzgeber wollte damit erreichen, daß lediglich Erhöhungsschritte von jährlich 5% zulässig sind, um noch über das MHRG hinaus zu starke Mietzinssprünge zu verhindern, wie sie für bestimmte Berliner Altbauwohnungen bei einer sofortigen Anpassung an das Niveau der ortsüblichen Vergleichsmiete befürchtet wurden[7].

**a) An Stelle des § 2 Abs 1 Nr 3 MHRG**

Aus dem § 2 Abs 1 GVW ergibt sich nicht eindeutig, ob die besondere Berliner **9** Kappungsgrenze (5% pro Jahr) neben die allgemeine Kappungsgrenze des § 2 Abs 1 Nr 3 MHRG (30% in drei Jahren)[8] oder an deren Stelle treten soll. Die Frage kann Bedeutung haben, wenn es für Altbauwohnungen in den vergangenen Jahren, aus welchen Gründen auch immer, zu besonders starken Mietzinssteigerungen gekommen war. Nach dem Zweck der gesetzlichen Regelung (o Rz 8) dürfte aber anzunehmen sein, daß die besondere Berliner Kappungsgrenze *an die Stelle* der allgemeinen Kappungsgrenze treten soll. Hier spricht auch die Formulierung des § 2 Abs 1 S 1 GVW (: „Abweichend von ...").

**b) Mietzins**

Ausgangspunkt für die Berechnung der Kappungsgrenze ist der „Mietzins", der **10** ein Jahr vor Fälligkeit des nach § 2 MHRG in Verb mit § 2 Abs 1 GVW erhöhten Mietzinses gegolten hat. Fraglich ist, ob damit der tatsächlich gezahlte Mietzins oder die *preisrechtlich zulässige Miete* gemeint ist, da die gezahlte Miete häufig über der zulässigen Miete lag. Die Antwort auf diese Frage ergibt sich aus § 5 GVW. Denn nach dieser Vorschrift werden Verstöße gegen das alte Mietpreisrecht durch das GVW nur in beschränktem Umfang geheilt[9]. Damit wäre es kaum vereinbar, bei der Berechnung der Kappungsgrenze aufgrund des § 2 Abs 1 S 1 GVW statt dessen an die tatsächlich gezahlte Miete anzuknüpfen, weil dies zur Folge hätte, daß § 5 GVW schon nach kurzer Zeit obsolet wäre (ebenso AG Tempelhof-Kreuzberg GE 1989, 103). Denn jeder Vermieter, der bisher eine preisrechtlich nicht zulässige Miete verlangt hatte, würde dann sofort, vorausgesetzt daß die Zahlmiete immer noch unter der ortsüblichen Vergleichsmiete liegt, zu Mietzinserhöhungen nach § 2 MHRG in Verb mit § 2 GVW schreiten, womit er sich der Anwendung des § 5 GVW entziehen könnte. Dies hat freilich auf der anderen Seite unvermeidbar die nachteilige Folge, daß jedenfalls bei der ersten Mietzinserhöhung aufgrund des § 2 MHRG in Verb mit § 2 GVW stets zu prüfen

[7] Ausschußbericht BT-Dr 11/490, S 14 (r Sp u).
[8] So BEUERMANN § 2 GVW Rz 1.
[9] Wegen der Einzelheiten s die Erläuterungen zu § 5 GWV.

ist, ob die seinerzeit verlangte Miete preisrechtlich zulässig war. Insofern behält m a W das alte Mietpreisrecht (vorerst) noch eine gewisse Bedeutung; dies ist jedoch die unausweichliche Konsequenz der wenig glücklichen Regelung des § 5 GVW.

11 Der Ausgangsmietzins, der als Basis für die Berechnung der Kappungsgrenze dient, umfaßt hierbei sämtliche früheren *Zuschläge,* da diese heute keine gesonderte Bedeutung mehr haben, ausgenommen freilich die Beträge für Heizungskosten und Warmwasser, über die nach dem alten Mietpreisrecht und der HeizkostenVO stets gesondert abgerechnet wurde[10]. In den Mietzins sind mithin insbes einzurechnen der frühere Komfortzuschlag, der Instandhaltungszuschlag, der Wohnwertzuschlag, der Wertverbesserungszuschlag, etwaige Betriebskosten sowie bei Mischmietverhältnissen der sog Gewerberaumzuschlag nach § 15 AMVOB, soweit das betreffende Mischmietverhältnis nach neuem Recht als Wohnraummietverhältnis gilt (dazu o § 1 GVW Rz 5). Unberücksichtigt bleiben hingegen die Kosten für Heizung und Warmwasser, weil das GVW überall auf dem bisherige Mietpreisrecht aufbaut. Oder anders gewendet: Ausgangsmietzins für die Berechnung der Kappungsgrenze ist die bisherige, *preisrechtlich zulässige Bruttokaltmiete;* hatten die Parteien unter Verstoß gegen das Mietpreisrecht eine höhere Miete vereinbart, so ist der Ausgangsmietzins hingegen der höhere nach den §§ 5 und 3 GVW berechnete Mietzins.

**c) Ergebnis**

12 § 2 Abs 1 S 1 GVW bedeutet folglich, daß die bisherige (preisrechtlich zulässige) Bruttokaltmiete jährlich um 5% erhöht werden darf, vorausgesetzt daß die ortsübliche Vergleichsmiete noch höher liegt, wobei in die Jahresfrist auch die Zeit vor Inkrafttreten des GVW, dh das ganze Jahr 1987, eingerechnet wird. Jedoch bleiben hierbei alle Mietzinserhöhungen nach den §§ 3 bis 5 MHRG oder nach den entsprechenden preisrechtlichen Vorschriften (s dazu die Erläuterungen zu § 7 GVW außer Betracht.

## IV. Berliner Mietspiegel

13 **1.** Seit der sog Aktualisierung des Vergleichsmietenbegriffs im Jahre 1982 bestimmt § 2 Abs 1 Nr 2 MHRG, daß bei der Ermittlung der ortsüblichen Vergleichsmiete nur noch die Mietzinsen für *nicht* preisgebundenen, nach objektiven Wohnwertmerkmalen vergleichbaren Wohnraum aus den letzen drei Jahren berücksichtigt werden dürfen (s o § 2 MHRG Rz 9a ff). Die Folgerungen hieraus für die Aufstellung von Mietspiegeln durch Gemeinden zieht der ebenfalls 1982 in das Gesetz eingefügte Abs 5 des § 2 MHRG, nach dessen Satz 2 bei der Aufstellung

---

[10] S Beuermann § 2 GVW Rz 1 bis 4; Kinne GE 1987, 843 (849); Müller GE 1987, 796 (799); Sternel Rz III 857a; ebenso für das Ende der Preisbindung LG München I und AG Köln WuM 1985, 330 f; Holland-Cunz ZMR 1985, 130. Zur durchaus problematischen Rechtslage bei rückwirkenden Mietzinserhöhungen nach dem alten Preisrecht s GE 1988, 268.

von Mietspiegeln Entgelte, die aufgrund gesetzlicher Bestimmungen an Höchstbeträge gebunden sind, dh eben preisgebundene Mietzinsen, außer Betracht bleiben sollen (s o § 2 MHRG Rz 28). Im Gegensatz hierzu können jedoch nach § 2 Abs 2 GVW bei der erstmaligen Aufstellung eines Mietspiegels, der längstens bis zum 31. 12. 1989 gilt (s dazu § 2 Abs 5 S 3 MHRG), „auch die Entgelte zugrundegelegt werden, die aufgrund gesetzlicher Bestimmungen bis zum 31. 12. 1987 an Höchstbeträge gebunden waren", dh die gesetzlich gebundenen Mietzinsen für Altbauwohnungen. Wie schon ausgeführt (o Rz 3), sollte hierdurch die sofortige Aufstellung eines Mietspiegels, mit dem sogleich nach Inkrafttreten des GVW Mieterhöhungsverlangen begründet werden können, erleichtert werden[11].

Obwohl es in § 2 Abs 2 GVW ausdrücklich heißt, daß bei der Aufstellung des ersten Berliner Mietspiegels „auch" die früher preisgebundenen Mietzinsen berücksichtigt werden „können" (nicht müssen), ist in der Praxis die Vorschrift doch dahin verstanden worden, daß sie zur Aufstellung eines Mietspiegels *nur* für früher preisgebundene Berliner Altbauwohnungen berechtige[12]. Dementsprechend beruht der im November 1987 vom Berliner Senat anerkannte Mietspiegel für Berliner Altbauwohnungen *allein* auf den früher preisgebundenen Mietzinsen für Altbauwohnungen, so daß sich sein Anwendungsbereich ausdrücklich auf solche Altbauwohnungen beschränkt. 14

Für *Neubauwohnungen* hat der Mietspiegel daher keinerlei Bedeutung, so daß er hier noch nicht einmal zur Begründung des Erhöhungsverlangens Verwendung finden kann (§ 2 Abs 2 S 2 MHRG). Ein Mieterhöhungsverlangen für eine Berliner Neubauwohnung, das mit dem Mietspiegel für Altbauwohnungen begründet würde, wäre mithin (mangels einer ordnungsmäßigen Begründung) unwirksam, so daß dadurch weder die Zustimmungs- noch die folgende Klagefrist ausgelöst würden. Eine anschließende Klage auf Zustimmung des Mieters zur Mietzinserhöhung wäre m a W unzulässig (s o § 3 MHRG Rz 25). 15

**2.** Die Aufstellung eines Mietspiegels (nur) für früher preisgebundene Berliner Altbauwohnungen war nur vertretbar, wenn man davon ausgeht, daß § 2 Abs 2 GVW – über seinen Wortlaut hinaus – die gesetzliche Anerkennung eines *Teilmarktes* speziell für früher preisgebundenen Berliner Altbauwohnraum enthält, so daß es zulässig und sinvoll war, einen Mietspiegel lediglich für diesen Teilmarkt aufzustellen. Das ist deshalb problematisch, weil die Anerkennung solcher Teilmärkte an sich mit der Grundkonzeption des MHRG unvereinbar ist (o § 2 MHRG Rz 17 f). Denn nach § 2 Abs 1 Nr 2 MHRG darf die Vergleichbarkeit von Wohnungen *allein* anhand der dort genannten objektiven Wohnwertmerkmale beurteilt werden. Alle anderen Faktoren wie zB die Nationalität des Mieters, die sog subjektiven Merkmale, müssen hingegen, obwohl sie tatsächlich einen erheblichen Einfluß auf die Mietpreisbildung ausüben, bei der Ermittlung der ortsüblichen Vergleichsmiete und damit bei der Aufstellung von Mietspiegeln vernachlässigt werden, woraus sich die Unzulässigkeit der Bildung von Teilmärkten ergibt, die auf der Maßgeblichkeit solcher zusätzlichen, subjektiven Faktoren beruhen. 16

---

[11] Ausschußbericht, BT-Dr 11/490, S. 14 f.

[12] S zum folgenden eingehend Emmerich FWW 1988, 35; ders GE 1988, 426, 431; Der Berliner Mietspiegel (1989), insbes Blank, das, S 51.

17 Welche Folgerungen hieraus für die Zulässigkeit des auf Altbauwohnungen beschränkten Berliner Mietspiegels zu ziehen sind, ist offen. § 2 Abs 2 GVW besagt an sich nur, daß bei der Aufstellung eines Mietspiegels wegen der großen Bedeutung der früher preisgebundenen Altbauwohnungen für den Berliner Markt (über 400 000 Wohnungen mit über 1 Mio Mietern) auch die Mietzinsen dieser Altbauwohnungen berücksichtigt werden dürfen, weil der Mietspiegel sonst eben die tatsächlichen Berliner Verhältnisse nicht möglichst realitätsnah widerspiegelte. Ob man angesichts dessen weitergehend § 2 Abs 2 GVW als Anerkennung eines Teilmarkts für Berliner Altbauwohnungen interpretieren kann, wie es der Sache nach mit der Aufstellung eines Mietspiegels nur für Altbauwohnungen geschehen ist, ist durchaus zweifelhaft.

18 Die Berliner **Gerichte** sind jedoch den angedeuteten Bedenken gegen die Verwendbarkeit des Berliner Mietspiegels bisher einhellig nicht gefolgt. Sie halten vielmehr durchweg den Berliner Mietspiegel wegen des ungewöhnlich breiten Datenmaterials, auf dem er beruht, nicht nur als Mittel zur Begründung des Erhöhungsverlangens für geeignet (§ 2 Abs 2 MHRG), sondern ziehen ihn darüber hinaus auch (im Wege des Freibeweises) allgemein als Mittel zur Erkenntnis der Höhe der ortsüblichen Vergleichsmiete heran, zumal die freien Mieten ohnehin durchweg höher als die Mietspiegelwerte sind.[12a] Alle Einwände gegen die Repräsentanz des Mietspiegels sind damit zurückgewiesen, vor allem wohl deshalb, weil er sich in der Praxis bisher durchaus bewährt hat[13]. Da der Berliner Mietspiegel in den einzelnen Rasterfeldern durchweg **Mietzinsspannen** aufweist, ergibt sich daraus die weitere Frage, nach welchen Kriterien die Miete für die konkrete, einzelne Wohnung in die jeweilige Mietzinsspanne einzuordnen ist. Entsprechend den vom Berliner Senat dem Mietspiegel beigefügten sog „Orientierungshilfen“ richten sich die Gerichte insoweit überwiegend, aber nicht einhellig nach den in der Orientierungshilfe genannten, wohnwerterhöhenden oder -senkenden Merkmalen und gehen folglich von dem Mittelwert der Mietzinsspanne aus, wenn weder die wohnwerterhöhenden noch die wohnwertsenkenden Merkmale überwiegen. Will der Vermieter eine höhere Miete als dem Mittelwert der jeweiligen Mietzinsspanne entsprechend erreichen, so trägt er daher die volle Darlegungs- und gegebenenfalls Beweislast für das Vorliegen von wohnwerterhöhenden Merkmalen, das sein Verlangen allein zu rechtfertigen vermag. Wenn der Vermieter solche Merkmale nicht substantiiert vorträgt, bleibt es daher ohne weiteres bei dem Mittelwert der jeweiligen Mietzinsspanne[14].

---

[12a] Eingehend LG Berlin GE 1989, 473.

[13] S schon o § 2 Rz 27a sowie insbes AG Tiergarten GE 1988, 735; 1988, 1061; 1989, 51; AG Charlottenburg GE 1988, 893; 1988, 1059; 1989, 51; 1989, 419; AG Neukölln GE 1988, 153; 1988, 1059; 1988, 1169; AG Tempelhof-Kreuzberg GE 1988, 1055; LG Berlin GE 1989, 91, 93; 1989, 145; insbes 1989, 473, 475; 1989, 509; AG Schöneberg GE 1989, 249, 251; 1989, 419; Sternel Rz III 857b.

[14] S zB AG Charlottenburg GE 1988, 893; 1988, 1003; 1988, 1159; 1988, 1171; 1989, 51; AG Neukölln GE 1988, 1053; 1988, 1169; AG Tempelhof-Kreuzberg GE 1988, 1055; AG Tiergarten GE 1988, 735; 1988, 1061 usw; – zurückhaltend aber AG Schöneberg GE 1988,

## § 3
## Begrenzung der Miethöhe bei Neuvermietung

**(1) Bis zum 31. Dezember 1991 darf bei Abschluß eines Mietvertrages der vereinbarte Mietzins den bisherigen Mietzins, dem darin bisher nicht enthaltene Erhöhungsbeträge nach den §§ 3 bis 5 des Gesetzes zur Regelung der Miethöhe hinzugerechnet werden dürfen, nicht um mehr als 10 vom Hundert übersteigen.**
**(2) Eine Erhöhung des Mietzinses nach § 2 ist im Falle des Absatzes 1 nicht vor Ablauf eines Jahres nach Abschluß des Mietvertrages zulässig.**

**Übersicht**



### I. Überblick

1 Noch der Gesetzgeber des MHRG von 1974 hatte sich – trotz seines sozialen Anliegens – bemüht, die Vertragsfreiheit so wenig wie möglich zu beschränken. Das MHRG enthält deshalb weder Beschränkungen der Vertragsfreiheit bei Neuabschluß eines Vertrages (s o Vorbem zu § 1 MHRG Rz 11) noch Schranken für einverständliche, spätere Abänderungen des Mietvertrages (§ 10 Abs 1 MHRG). In beiden Beziehungen gelten vielmehr allein die allgemeinen Schranken der Vertragsfreiheit (s namentlich § 138 BGB, § 5 WiStG und § 302 a StGB).

2 An dieser grundsätzlichen Entscheidung zugunsten der Vertragsfreiheit hat der Gesetzgeber des GVW nur hinsichtlich späterer, einverständlicher Abänderungen des Mietzinses festgehalten (s o § 1 GVW Rz 6). Hingegen hat er – weit über das MHRG hinaus – für Vereinbarungen über die Höhe des Mietzinses bei *Neuabschluß* eines Mietvertrages erstmalig in § 3 Schranken aufgestellt, wobei ihm die verschiedenen Kappungsgrenzen des § 2 MHRG und des § 2 GVW zum Vorbild gedient haben, so daß jetzt für den Neuabschluß von Mietverträgen über *Altbauwohnungen* für eine Übergangszeit (1988 bis 1991) eine Art *Stichtagsmietenregelung* gilt[1].

3 Zur Begründung dieser (erstaunlichen) Regelung heißt es in dem Ausschußbericht[2], mit § 3 GVW werde bezweckt, ein sprunghaftes Ansteigen des Vergleichsmietenniveaus durch den Abschluß neuer Verträge zu verhindern. Da sich hierfür eine Anknüpfung an den Mietspiegel verboten habe, sei nur übrig geblieben, an den bisherigen Mietzins anzuknüpfen. Darunter sei der zuletzt zwischen den

---

1061; ablehnend sogar mit Rücksicht darauf, daß nach dem alten Mietpreisrecht ganz andere Kriterien für die Mietzinshöhe maßgebend waren, AG Schöneberg GE 1989, 47.

[1] Wegen der Einzelheiten s Kinne GE 1987, 843 (848 f); H.-D. Müller GE 1987, 796 (800 f); Emmerich GE 1988, 426, 437 f; Sternel Rz III 857c.

[2] BT-Dr 11/490, S 15.

Parteien des bisherigen Mietverhältnisses vereinbarte oder durch eine zulässige einseitige Mieterhöhung entstandene Mietzins zu verstehen, der durchaus von dem tatsächlich gezahlten Mietzins abweichen könne. § 3 GVW sei aber keine Preisvorschrift; er führe m a W keine neue Preisbindung für Mietzinsen ein, so daß bei der Aufstellung von Mietspiegeln in Zukunft nach § 3 GVW vereinbarte Mietzinsen unbedenklich zu berücksichtigen seien.

4 § 3 GVW beschränkt Mietzinserhöhungen beim Neuabschluß von Mietverträgen über Altbauwohnungen nach dem 1. 1. 1988 außerdem durch die Einführung einer zusätzlichen *Wartefrist* (§ 3 Abs 2 GVW). Damit ist offenbar ebenfalls bezweckt – die Materialien schweigen sich hierüber aus –, einen sprunghaften Anstieg der Mietzinsen beim Neuabschluß von Mietverträgen oder unmittelbar danach zu verhindern, damit das allgemeine Mietpreisniveau, dh die ortsübliche Vergleichsmiete, nicht zu schnell steigt. Die ganze Regelung des § 3 GVW verfolgt mithin ausgesprochen den *Zweck,* im Interesse einer Beruhigung des Berliner Mietwohnungsmarktes einen dämpfenden Einfluß auf das Vergleichsmietenniveau auszuüben.

## II. Kappungsgrenze bei Neuabschluß

### 1. Neuabschluß

5 Der Anwendungsbereich des § 3 GVW beschränkt sich auf den Abschluß von Mietverträgen über früher preisgebundenen Altbauwohnraum (§ 1 GVW) in der Zeit zwischen dem 1. 1. 1988 und dem 1. 12. 1991. Gemeint ist damit der *Neuabschluß* von Mietverträgen, wie sich aus der gesetzlichen Überschrift (Begrenzung der Miethöhe bei *Neu*vermietungen) ergibt. § 2 Abs 1 GVW stellt damit zunächst die Aufgabe, den Neuabschluß von Mietverträgen von bloßen nachträglichen Abänderungen (für die gem § 10 Abs 1 MHRG keinerlei besondere Schranken gelten)[3] abzugrenzen.

6 § 3 GVW betrifft zunächst nur auf Vertrag beruhende Änderungen. Für *gesetzliche* Änderungen, zB für den gesetzlichen Eintritt eines neuen Vermieters (§ 571 BGB) oder eines neuen Mieters an Stelle des bisherigen (§ 569 BGB), hat er mithin keinerlei Bedeutung, zumal damit ohnehin niemals eine Mietzinserhöhung verbunden ist. Durchaus zweifelhaft ist hingegen schon die Rechtslage, wenn durch Vertrag der Beteiligten neben oder an die Stelle des bisherigen Vermieters oder Mieters ein *neuer* Mieter oder Vermieter tritt (s. dazu im einzelnen o § 549 BGB Rz 2 ff). Hinsichtlich des neuen Mieters oder Vermieters liegt dann zweifelsfrei ein Neuabschluß vor. Nach dem Zweck der gesetzlichen Regelung (o Rz 4) wird man deshalb hier § 3 Abs 1 GVW anzuwenden haben, obwohl sich daraus nur schwer lösbare Konflikte mit § 10 Abs 1 MHRG ergeben, so wenn zB durch

---

[3] Str, anders zB Lammel NJW 1989, 213 (aber ohne Grundlage im Gesetz); wieder anders Sternel Rz III 528, 857a (Geltung der Kappungsgrenze des § 2 Abs 1 GVW); s u Rz 15.

Vertrag der Beteiligten *neben* den bisherigen Mieter ein weiterer Mieter tritt und bei dieser Gelegenheit der Mietzins neu festgesetzt wird[4].

Eine Neuvermietung iS des § 3 Abs 1 GVW liegt außerdem wohl vor, wenn der Mietvertrag auf neue Räume erstreckt oder insgesamt auf eine neue Grundlage gestellt wird, hingegen unter keinen Umständen dann, wenn der alte Vertrag lediglich in einzelnen Punkten abgeändert wird. Dazu zwingt schon § 10 Abs 1 MHRG, der auch für Berliner Altbauwohnungen gilt (o § 1 GVW Rz 6). Trotzdem sind die Widersprüche zwischen § 3 GVW und § 10 Abs 1 MHRG, die durch die zusätzliche Wartefrist des § 3 Abs 2 GVW nur mühsam überbrückt werden, nicht zu übersehen. 7

**2. Bisheriger Mietzins**

Ausgangsmietzins für die eigenartige Kappungsgrenze des § 3 Abs 1 GVW ist der 8 (letzte) bisherige Mietzins, worunter die Gesetzesverfasser den zuletzt zwischen den Parteien des vorausgegangenen Mietvertrages vereinbarten oder durch eine zulässige einseitige Mieterhöhung zustande gekommenen Mietzins verstanden, der sich nicht notwendigerweise mit dem gezahlten Mietzins decken müsse[5]. Gleichwohl ist fraglich, ob § 3 Abs 1 GVW auf die letzte preisrechtlich *zulässige* Miete oder auf die letzte *vereinbarte und gezahlte* Miete abstellt, die angesichts der verbreiteten Verstöße gegen das Mietpreisrecht durchaus höher sein konnte. Obwohl die Frage zweifelhaft ist und etwa bei § 2 Abs 1 GVW ebenso wie bei § 5 GVW anders zu entscheiden ist (s o § 2 GVW Rz 10f; u § 5 GVW Rz 3), sprechen doch hier überwiegende Gründe dafür, auf die zuletzt tatsächlich vereinbarte und gezahlte Miete als Referenzgröße für die Berechnung der bei Neuabschluß zulässigen Miete abzustellen, und zwar einfach deshalb, weil § 3 MHRG als schwerwiegender Eingriff in die Privatautonomie so eng wie möglich ausgelegt werden muß[6]. Das Ergebnis ist zwar eine kaum verständliche Privilegierung gesetzesuntreuer gegenüber gesetzestreuen Vermietern, jedoch unvermeidlich, wenn man § 3 GVW mit der ganzen Systematik des MHRG und des BGB in Einklang bringen will. Die andere Ansicht müßte zudem folgerichtig den Vermieter sogar ggf zu einer Mietzinssenkung zwingen!

Abzustellen ist dabei allein auf die *Abreden* in dem letzten, dem Neuabschluß 9 vorausgegangenen Mietvertrag. Zahlte der letzte Mieter einen niedrigeren Mietzins als hiernach vereinbart und geschuldet, etwa weil er zu Recht den Mietzins gemindert oder mit Gegenforderungen aufgerechnet hatte, so ist dies für die Berechnung der Kappungsgrenze des § 3 Abs 1 GVW ohne Bedeutung[7]. Selbst wenn die Mängel, derentwegen der Vormieter gemindert hatte, jetzt noch vorliegen, bleibt die Minderung bei der Berechnung der zulässigen, neuen Miete außer

[4] Ebenso Beuermann § 3 GVW Rz 1; Emmerich aaO; gegen die Anwendung des § 3 GVW bei einem Parteiwechsel aber Sternel Rz III 857c.

[5] Ausschußbericht, BT-Dr 11/490, S 15.

[6] Ebenso Beuermann § 3 GVW Rz 2; anders Sternel aaO.

[7] Ausschußbericht aaO.

Betracht. Der neue Mieter muß vielmehr Beseitigung der Mängel verlangen (§ 536 BGB) oder seinerseits mindern (§ 537 BGB).

**10** Der Mietzinsbegriff dürfte im übrigen hier derselbe wie bei § 2 GVW sein (s o § 2 GVW Rz 11). Gemeint ist m a W die letzte tatsächlich gezahlte *Bruttokaltmiete* einschließlich aller Zuschläge, die jetzt keine Bedeutung mehr haben[8]. Daraus ergeben sich freilich erhebliche, vom Gesetzgeber offenkundig nicht bedachte Berechnungsprobleme, wenn die Parteien bei Neuabschluß des Mietvertrages zu einem anderen Mietzinsbegriff, etwa anstelle der bisherigen Bruttokaltmiete zu einer reinen Nettomiete oder einer Teilinklusivmiete übergehen[9]. Es wird dann nichts anderes übrig bleiben, als die von den Parteien ausgeschiedenen Kostenbestandteile fiktiv in die Miete wieder einzurechnen, um die beiden Größen überhaupt vergleichbar zu machen, wobei von den vermutlichen Kosten bei Vertragsschluß auszugehen sein dürfte – eine sicher wenig befriedigende Vorgehensweise.

### 3. Erhöhungsbeträge

**11** Nach § 3 Abs 1 GVW dürfen dem bisherigen Mietzins für die Berechnung der Kappungsgrenze bei Neuabschluß eines Mietvertrages darin bisher nicht enthaltene Erhöhungsbeträge nach den §§ 3 bis 5 MHRG hinzugerechnet werden. Der Gesetzgeber wollte damit erreichen, daß der Vermieter, wenn er nach dem Auszug des letzten Mieters und vor Abschluß des neuen Mietvertrages die Wohnung modernisiert hat, die deshalb nach § 3 MHRG gerechtfertigte Mietzinserhöhung ohne Rücksicht auf § 3 GVW vornehmen kann[10]. Gleich stehen in der Zwischenzeit eingetretene Erhöhungen der Betriebs- oder Kapitalkosten (§§ 4 und 5 MHRG). Umstritten ist hierbei, ob die fraglichen Erhöhungsbeträge der bisherigen Miete *vor* Berechnung des Zuschlages von 10%[11] oder erst danach[12] hinzuzurechnen sind. Der Unterschied besteht darin, daß im ersten Fall der Zuschlag von 10% auch auf die fraglichen Erhöhungsbeträge berechnet wird, nicht hingegen im zweiten Fall. Der Wortlaut des § 3 Abs 1 GVW spricht hier mehr für die erste Lösung; die Erhöhungsbeträge sind m a W zu dem Ausgangsmietzins, dh zu der bisher gezahlten Bruttokaltmiete (o Rz 10), *vor* Berechnung der Kappungsgrenze von 10% hinzuzuaddieren.

### 4. Rechtsfolgen

**12** a) § 3 Abs 1 GVW ist zwar keine Preisvorschrift[13]; er stellt jedoch, wie sich aus seinem Wortlaut („... darf ... nicht ...") ergibt, ein *gesetzliches* Verbot iS des § 134 BGB dar. Entgegenstehende Vereinbarungen sind mithin unwirksam, wobei sich freilich die Unwirksamkeit (wie in allen vergleichbaren Fällen) auf

[8] Ebenso Sternel aaO.
[9] S dazu Beuermann § 3 GVW Rz 5.
[10] Ausschußbericht, BT-Dr 11/490, S 15 (r Sp).
[11] So zB Müller GE 1987, 796 (800 f); Sternel aaO.
[12] So zB Beuermann § 3 GVW Rz 6.
[13] Ausschußbericht aaO.

denjenigen Teil der Mietzinsabrede beschränkt, der gegen § 3 Abs 1 GVW verstößt, während der Vertrag im übrigen wirksam bleibt[14]. Den darüber hinausgehenden Teil des Mietzinses schuldet der Mieter mithin nicht. Hat er den überhöhten Mietzins schon gezahlt, so steht ihm nach § 812 Abs 1 S 1 BGB ein *Rückforderungsrecht* zu.

Der Bereicherungsanspruch des Mieters setzt voraus, daß ihm der bisherige **13** Mietzins, dh die Abreden des Vermieters mit dem letzten Vormieter über die Höhe des Mietzinses, überhaupt bekannt sind. Häufig wird dies nicht der Fall sein. Dann stellt sich die Frage, ob der Mieter einen *Auskunftsanspruch* gegen den Vermieter über dessen Abreden mit dem letzten Vormieter hat[15]. Da jedoch ein allgemeiner Auskunftsanspruch dem deutschen Recht fremd ist, kann sich ein solcher Anspruch immer nur im Einzelfall aus § 242 BGB ergeben, wenn die eine Partei unschwer Auskunft erteilen kann und die andere in entschuldbarer Unkenntnis über für sie wesentliche Umstände ist. Unter dem alten Mietpreisrecht sind diese Voraussetzungen von den Berliner Gerichten wiederholt für vergleichbare Fälle bejaht worden[16]. Es ist deshalb anzunehmen, daß die Gerichte für den Anwendungsbereich des § 3 GVW eine entsprechende Haltung einnehmen werden[17].

**b)** Der Bereicherungsanspruch des Mieters wegen Zahlung einer überhöhten, **14** gegen § 3 Abs 1 GVW verstoßenden Miete entfällt, wenn er *trotz* der ihm *bekannten* Unwirksamkeit der Abrede wegen des Verstoßes gegen § 3 Abs 1 GVW den Mietzins vorbehaltlos gezahlt hat. Das folgt unmittelbar aus § 814 BGB[18]. Einverständlich können sich mithin die Mietvertragsparteien jederzeit über § 3 Abs 1 GVW hinwegsetzen, indessen grundsätzlich nur für die Vergangenheit, während es für die Zukunft bei der Unwirksamkeit der gegen § 3 Abs 1 GVW verstoßenden Mietzinsabrede bleibt, da § 3 Abs 1 GVW zwingendes Recht ist.

Diese Rechtslage ist freilich ebenfalls nicht endgültig. Denn § 3 Abs. 1 GVW hat **15** nichts an *§ 10 Abs 1 MHRG* geändert. *Nach* Abschluß des Mietvertrages sind die Vertragsparteien mithin (in den Grenzen des § 5 WiStG) in der Vereinbarung der Mietzinshöhe frei[19]. Da die Wartefrist des § 3 Abs 2 GVW dann gleichfalls nicht beachtet zu werden braucht, können sich folglich die Parteien schon unmittelbar nach Abschluß des Mietvertrages ohne Rücksicht auf § 3 GVW über jeden beliebigen Mietzins einigen (§ 10 Abs 1 MHRG). Von Fall zu Fall kann daher in der vorbehaltlosen Zahlung des überhöhten, weil gegen § 3 Abs 1 GVW verstoßenden Mietzinses durchaus eine konkludente, durch § 10 Abs 1 MHRG gedeckte, nachträgliche Abänderung des Mietvertrages gesehen werden[20].

---

[14] Beuermann § 3 GVW Rz 7 ff; Sternel aaO.
[15] Bejahend LG Berlin GE 1989, 501; Beuermann § 3 GVW Rz 12; Sternel aaO.
[16] S insbes LG Berlin GE 1980, 569 m abl Anm Becker; GE 1987, 457.
[17] Ebenso H.-D. Müller GE 1987, 796 (801); LG Berlin GE 1989, 501.
[18] Ebenso im Ergebnis aufgrund der Annahme von Verwirkung (?) Beuermann § 3 GVW Rz 11.
[19] S o Rz 5; anders Lammel NJW 1989, 213; Sternel Rz III 528, 857e.
[20] S o § 2 MHRG Rz 43; anders Beuermann § 3 GVW Rz 9.

### III. Wartefrist

16 Die Vorschrift des § 3 Abs 2 GVW ergänzt den § 3 Abs 1 GVW durch die Einführung einer besonderen Wartefrist. Der Vermieter kann nämlich hiernach eine Erhöhung des Mietzinses nach § 3 GVW in Verbindung mit § 2 GVW „im Falle des Abs 1“ erst *ein Jahr* nach Abschluß des Mietvertrages verlangen. Der Sinn dieser Bestimmung ist dunkel. Wörtlich verstanden beschränkt sich ihr Anwendungsbereich auf den Fall, daß der Vermieter bei Neuvermietung der Wohnung den bisherigen Mietzins gerade um 10% erhöht hat (§ 3 Abs 1 GVW). Die merkwürdige Folge wäre indessen, daß bei jeder geringeren Erhöhung des Mietzinses, etwa um 8% oder 9%, die Wartefrist schon wieder entfiele, so daß der Vermieter dann bereits unmittelbar nach Abschluß des Mietvertrages eine Erhöhung des Mietzinses auf das Niveau der ortsüblichen Vergleichsmiete (§ 2 MHRG in Verb mit § 2 GVW) verlangen könnte.

17 Bei einer solchen Interpretation verlöre indessen die Regelung des § 3 GVW jeden Sinn. Entgegen seinem Wortlaut ist deshalb § 3 Abs 2 GVW dahin zu verstehen, daß die Wartefrist in *jedem* Fall des Neuabschlusses eines Mietvertrages über Altbauwohnungen nach dem 1. 1. 1988 eingreift, mag der Vermieter dabei den bisherigen Mietzins erhöht haben oder nicht[21]. Denn nur bei dieser Auslegung läßt sich der Zweck der ganzen Regelung, übermäßige Mietzinssprünge zu verhindern (o Rz 3), zumindest partiell erreichen. Dafür spricht im übrigen auch die Interpretation des § 2 Abs 1 Nr 1 MHRG, der offenbar als Vorbild für § 3 Abs 2 GVW gedient hat (s o § 2 MHRG Rz 4).

## Zweiter Abschnitt
## Sondervorschrift über den Kündigungsschutz
## § 4
## Kündigungsschutz bei Umwandlungen von Altbaumietwohnungen in Eigentumswohnungen

**Ist an einer vermieteten preisgebundenen Altbauwohnung nach Überlassung an den Mieter Wohnungseigentum begründet und das Wohnungseigentum bis zum 31. Dezember 1987 veräußert worden, darf sich der Erwerber gegenüber dem Mieter auf berechtigte Interessen an der Beendigung des Mietverhältnisses im Sinne des § 564b Abs. 2 Nr. 2 des Bürgerlichen Gesetzbuchs vor Ablauf des siebten Kalenderjahres nach dem Jahr der Veräußerung, längstens jedoch bis zum 31. Dezember 1990, nicht berufen. Satz 2 gilt nicht für Wohnraum, über den der auf die Veräußerung gerichtete Vertrag vor dem 1. Januar 1980 abgeschlossen worden ist.**

[21] Ebenso Sternel aaO.

### 1. Zweck

Nach § 564b Abs 2 Nr 2 S 2 BGB ist die Möglichkeit, ein Wohnraummietverhältnis wegen Eigenbedarfs zu kündigen, eingeschränkt, wenn an der Wohnung erst nach ihrer Überlassung an den Mieter Wohnungseigentum begründet und anschließend das Wohnungseigentum an einen Dritten veräußert worden ist; die Beschränkung besteht darin, daß der Erwerber des Wohnungseigentums sich erst nach Ablauf von *drei* Jahren auf Eigenbedarf zur Begründung der Kündigung berufen kann (wegen der Einzelheiten s o § 564b BGB Rz 47 ff). Abweichend hiervon betrug jedoch in Berlin für preisgebundenen Altbauwohnraum aufgrund des § 11 des XII. BMG (in Verb mit Art 6 § 4 des 3. Mietrechtsänderungsgesetzes vom 3. 8. 1982[1]) die Sperrfrist grundsätzlich *sieben* Jahre[2]. Diese Sonderregelung, die an sich erst am 31. 12. 1994 außer Kraft treten sollte, ist durch das GVW (§ 8 Abs 2 Nrn 8 und 9) aufgehoben worden, so daß eine Übergangsregelung erforderlich wurde, die sich jetzt in § 4 GVW findet[3]. 1

### 2. Inhalt

**a)** Durch § 4 GVW wird der bisherige Kündigungsschutz aufgrund des § 11 des XII. BMG gelockert, jedoch nicht völlig aufgehoben[4]. Keinerlei Besonderheiten gelten hiernach fortan mehr, wenn die Veräußerung *nach dem 31. 12. 1987* erfolgt ist; in diesen Veräußerungsfällen ist mithin seit dem 1. 1. 1988 uneingeschränkt § 564b Abs 2 Nr 2 S 2 BGB wie im übrigen Bundesgebiet anzuwenden. 2

Anders verhält es sich hingegen mit Veräußerungsfällen aus der Zeit *zwischen* dem 1. 1. *1980* und dem 31. 12. *1987*. Für diese Fälle bleibt es nach § 4 S 1 GVW grundsätzlich bei der früheren, siebenjährigen Sperrfrist. Der Kündigungsschutz endet jedoch spätestens am 31. 12. 1990, dh nach Ablauf der dreijährigen Sperrfrist des § 564b Abs 2 Nr 2 S 2 BGB unter der Geltung des GVW[5]. 3

**b)** Wieder anders soll offenbar die Rechtslage für noch ältere Veräußerungsfälle sein, da § 4 S 2 GVW hinzufügt, daß S 1 (siebenjährige Sperrfrist) nicht für Veräußerungsfälle aus der Zeit *vor dem 1. 1. 1980* gilt. Ungeregelt ist jedoch, welche Vorschriften dann maßgebend sein sollen, weil die hier früher eingreifenden Vorschriften (§ 11 des XII. BMG in Verb mit Art 6 § 4 des dritten Mietrechtsänderungsgesetzes Berlin) durch das GVW ersatzlos aufgehoben worden sind. Die Folge kann nur sein, daß für diese Fälle, sofern sie überhaupt noch praktisch werden sollten, fortan die allgemeinen Vorschriften, dh jetzt § 564b 4

---

[1] BGBl I, S 1106 = GVBl Berlin 1982, 1424.

[2] S im einzelnen H.-D. Müller GE 1987, 796 (801 f); Kinne GE 1987, 843 (853); Sternel Rz III 857e, IV 145.

[3] Vgl die Begründung zum Entwurf des GVW, BT-Dr 11/304, S 2.

[4] H.-D. Müller GE 1987, 796 (802); Kinne und Sternel aaO.

[5] Sternel aaO.

Abs 2 Nr 2 S 2 BGB maßgebend sein sollen[6]. Die Rechtslage entspricht folglich derjenigen für alle Veräußerungsfälle seit dem 1. 1. 1988 (o. Rz 2).

## Dritter Abschnitt
## Übergangsvorschriften
## § 5
## Wirksamwerden früherer Mietzinsvereinbarungen

**(1) Soweit eine vor dem 1. Januar 1988 getroffene Vereinbarung über den Mietzins nach § 26 Abs. 2 des Ersten Bundesmietengesetzes in der im Land Berlin geltenden, im Bundesgesetzblatt Teil III, Gliederungsnummer 402-19, veröffentlichten bereinigten Fassung, zuletzt geändert durch Gesetz vom 3. August 1982 (BGBl. I S. 1106), unwirksam war, wird sie im Rahmen des § 3 wirksam.**
**(2) Soweit vor dem 1. Januar 1988 eine Vereinbarung über den Mietzins für die Zeit ab 1. Januar 1990 getroffen worden ist, wird sie zu diesem Zeitpunkt im Rahmen des § 3 wirksam.**

### 1. Überblick

1 § 5 GVW bringt eine eigenartige Übergangsregelung für Mietzinsvereinbarungen, die nach dem bisherigen Mietpreisrecht für Altbauwohnungen teilweise unwirksam waren. Der Gesetzgeber hat damit einen Bestandsschutz für Altverträge angestrebt, der darin besteht, daß bislang unwirksame Vereinbarungen ab 1. 1. 1988 im Rahmen der Begrenzung des § 3 GVW wirksam werden[1].

2 § 5 GVW bezweckt damit eine eigenartige Lösung eines altbekannten Problems, nämlich die Frage, was aus Altverträgen, die seinerzeit gegen die Preisbindung verstießen, nach deren Ende werden soll. Gesetzliche Regelungen dieser Frage finden sich (außer in § 5 GVW) namentlich noch in § 26 Abs 2 des I. BMG und in § 8 Abs 2 S 1 WoBindG, die beide bestimmen, daß gegen die Preisbindung verstoßende Abreden nur *soweit* oder *solange* unwirksam sind, wie sie gegen die Preisbindung verstoßen. Trotz dieser Formulierung ist hier jedoch umstritten, ob derartige Altverträge fortan vollwirksam sind[2] oder ob sie gem den §§ 134 und 139 BGB nur in Höhe der (früher) preisrechtlich zulässigen Miete wirksam sind und bleiben[3]. Vor dem Hindergrund dieser dem Gesetzgeber natürlich bekannten Diskussion kann § 5 GVW nur bedeuten, daß man für den Anwendungsbereich des GVW eine *vermittelnde* Lösung anstrebte[4].

---

[6] Anders H.-D. Müller aaO; vgl zu einem solchen „Uraltfall" auch AG Charlottenburg GE 1988, 307.

[1] S die Begründung zum Entwurf, BT-Dr 11/304; zust AG Neukölln GE 1988, 1061, 1063.

[2] LG Berlin GE 1986, 505; LG München DWW 1976, 33; etwas enger Beuermann § 10 MHRG Rz 65 bis 67.

[3] So insbes LG Hamburg WuM 1976, 115 (116) = MDR 1976, 402; WuM 1976, 266 (267) = ZMR 1977, 152; Barthelmess § 10 MHRG Rz 89 Abs 2.

[4] S Emmerich GE 1988, 426, 428.

## 2. § 5 Abs 1 GVW

**a)** Abreden über den Mietzins in Altverträgen, die vor dem 1. 1. 1988 abgeschlossen worden sind und gegen das seinerzeit geltende Mietpreisrecht verstoßen haben (so daß sie zT unwirksam waren), werden nach § 5 Abs 1 GVW im Rahmen des § 3 GVW wirksam. Nach dem Gesagten (o Rz 2) kann dies nur bedeuten, daß die Abreden nicht etwa in vollem Umfang wirksam werden sollen, zumal dann ganz unverständlich wäre, wieso der (gesetzesuntreue) Vermieter noch mit einem Zuschlag von 10% belohnt werden sollte, vielmehr ist hier von der früher *preisrechtlich zulässigen* Miete auszugehen und diese (unter Einbeziehung etwaiger Zuschläge nach den §§ 3 bis 5 MHRG) um 10% zu erhöhen. Bisheriger Mietzins im Sinne des § 5 Abs 1 GVW in Verb mit § 3 Abs 1 GVW ist folglich die bisher preisrechtlich zulässige Miete, erhöht um 10%[5]. Die weitergehende Mietzinsabrede ist und bleibt hingegen unwirksam (§ 134 BGB in Verb mit § 5 GVW). Steht dem Mieter hiernach ein Rückforderungsanspruch gegen den Vermieter zu (§ 812 Abs 1 S 1 BGB), so wird man ihm außerdem nach § 242 BGB einen Auskunftsanspruch gegen den Vermieter hinsichtlich der früher preisrechtlich zulässigen Miete zubilligen müssen[6]. Im übrigen unterliegen alte Mietverträge fortan in vollem Umfang dem neuen Recht. Eine nach früherem Recht unzulässige Kautionsabrede ist daher seit dem 1. 1. 1988 im Rahmen des § 550b BGB wirksam[7]. 3

**b)** § 5 GVW kam jedoch nach seinem Sinn und Zweck keine Anwendung finden, wenn die früher preisrechtlich zulässige Miete zwischen den Parteien verbindlich durch *Urteil* oder Verwaltungsakt festgesetzt worden ist[8]. Es ist nicht vorstellbar, daß rechtskräftige Urteile oder bestandskräftige Verwaltungsakte automatisch durch § 5 in Verb mit § 3 GVW abgeändert werden sollten. Ohne ausdrückliche gesetzliche Anordnung bleibt es vielmehr in solchen Fällen bei dem rechtskräftigen Urteil oder Verwaltungsakt. 4

**c)** § 5 GVW ändert außerdem nichts an den allgemeinen Schranken der Privatautonomie; er enthält maW keine Einschränkung des **§ 5 WiStG,** des § 302a StGB oder des § 138 BGB. Soweit eine nach § 5 in Verb mit § 3 GVW geheilte Mietzinsabrede im Einzelfall immer noch gegen § 5 WiStG verstoßen sollte, bleibt sie mithin im Ausmaß des Verstoßes gegen § 5 WiStG (oder gegen die anderen genannten Vorschriften) unwirksam[9]. Hingegen stellt die ortsübliche Vergleichsmiete (§ 2 MHRG in Verb mit § 2 GVW) keine gesetzliche Obergrenze für die 5

---

[5] Beuermann § 5 GVW Rz 1; Kinne GE 1987, 843 (853); H.-D. Müller GE 1987, 1014 (1016f); Sternel Rz III 857d; ebenso AG Schöneberg GE 1988, 1057; LG Berlin GE 1989, 99; 1989, 145; anders (ortsübliche Vergleichsmiete?) AG Schöneberg GE 1988, 839.

[6] AG Schöneberg GE 1988, 1057; LG Berlin GE 1989, 145; s o § 3 GVW Rz 13.

[7] AG Wedding GE 1988, 1007; LG Berlin GE 1989, 147; anders freilich für eine alte Staffelmietabrede AG Neukölln GE 1988, 1061; für die Zahlung einer verbotenen Kaution LG Berlin GE 1989, 93; WuM 1989, 236.

[8] Eingehend Beuermann § 5 GVW Rz 4 bis 7.

[9] Ebenso zutreffend Beuermann § 5 GVW Rz 1; Sternel Rz III 857d; anders offenbar H.-D. Müller GE 1987, 1014ff.

Heilung früher schwebend unwirksamer Mietzinsabreden nach § 5 in Verb mit § 3 GVW dar. Die Obergrenze wird vielmehr durch den sog Wesentlichkeitszuschlag (20%) des § 5 Abs 1 S 2 WiStG zur ortsüblichen Vergleichsmiete markiert.

**3. § 5 Abs 2 GVW**

6 § 5 Abs 2 GVW fügt hinzu, daß Vereinbarungen aus der Zeit vor Inkrafttreten des GVW am 1. 1. 1988 für die *Zeit ab 1. 1. 1990* zu diesem Zeitpunkt ebenfalls nur im Rahmen des § 3 wirksam werden. Hintergrund dieser auf den ersten Blick nur schwer verständlichen Vorschrift ist die vor Inkrafttreten des GVW geltende Rechtslage. Danach sollte nämlich die Mietpreisbindung für Altverträge ohne jede Übergangsregelung am 31. 12. 1989 enden (s o Vorbem zu § 1 GVW Rz 1 f). Die Parteien konnten folglich vor dem 1. 1. 1988 für die Zeit ab 1. 1. 1990 (in den Schranken des § 5 WiStG) beliebige Abreden über die Höhe des Mietzinses treffen. Hier greift jetzt § 5 Abs 2 GVW (als neue Schranke der Privatautonomie) ein, indem er bestimmt, daß solche (bisher voll wirksamen) Abreden am 1. 1. 1990 nur im Rahmen des § 3 GVW wirksam werden, im übrigen aber fortan unwirksam sind. Das bedeutet, daß solche Abreden ebenfalls nur in Höhe der zuletzt preisrechtlich zulässigen Miete, erhöht um 10% nach § 3 Abs 1 GVW (s o Rz 3) und weiter erhöht um die jährlich nach § 3 Abs 2 GVW in Verb mit § 2 GVW (und § 2 MHRG) zulässigen Mietzinserhöhungen wirksam werden, vorausgesetzt hier, daß die ortsübliche Vergleichsmiete nicht niedriger ist[10].

**4. Bisher preisrechtlich zulässige Mieten**

7 Das GVW enthält keine Übergangsregelung für bisher preisrechtlich *zulässige* Mieten. Daraus ist zu schließen, daß für solche Abreden seit dem 1. 1. 1988 uneingeschränkt die allgemeinen Vorschriften gelten sollen. Soweit in Ausnahmefällen, etwa wegen besonders weitreichender Modernisierungsmaßnahmen, bisher preisrechtlich zulässige Mieten fortan gegen *§ 5 WiStG* verstoßen, sind sie mithin im Ausmaß des Verstoßes unwirksam[11]. Das GVW hat für diese Abreden keinen Bestandsschutz gebracht und konnte dies auch sinnvollerweise nicht tun, da für irgendeine Einschränkung des § 5 WiStG kein Anlaß bestand, zumal diese Vorschrift durch das Änderungsgesetz von 1982 ohnehin schon zugunsten der Vermieterseite erheblich eingeschränkt worden ist.

---

[10] Berechnungsbeispiel bei Beuermann § 5 GVW Rz 9.

[11] Anders zu Unrecht eingehend H.-D. Müller GE 1987, 1014 ff.

## § 6
## Abwicklung anhängiger Verfahren

**(1) Ist über ein aufgrund mietpreisrechtlicher Vorschriften anhängiges Verfahren bei Außerkrafttreten dieser Vorschriften noch nicht entschieden worden, bleiben die bisher maßgeblichen Vorschriften anwendbar.**
**(2) Führt eine unanfechtbare Entscheidung nach Absatz 1 zu einer Änderung der Miete, sind die Beteiligten so zu stellen, als sei die geänderte Miete am 31. Dezember 1987 vereinbart gewesen. Der Vermieter kann Erklärungen gegenüber dem Mieter, die er bei Kenntnis der geänderten Miete hätte abgeben können, innerhalb von sechs Monaten nach dem Eintritt der Unanfechtbarkeit der Entscheidung nachholen. Ergibt sich ein Anspruch des Mieters auf Rückerstattung überhöhten Mietzinses oder auf Herabsetzung des Mietzinses, kann dieser Anspruch innerhalb gleicher Frist geltend gemacht werden.**
**(3) Führen nachgeholte Erklärungen des Vermieters zu einer Erhöhung des Mietzinses, gilt § 9 des Gesetzes der Regelung der Miethöhe entsprechend.**

### 1. Überblick

§ 6 GVW soll die Abwicklung anhängiger Verfahren vor den Preisstellen für Mieten, der Widerspruchsbehörde sowie den Verwaltungsgerichten regeln[1]. Zu diesem Zweck bestimmt Abs 1 der Vorschrift, daß am 31. 12. 1987 anhängige Verfahren auch fernerhin nach den früheren preisrechtlichen Vorschriften abzuwickeln sind. Abs 2 regelt die zivilrechtlichen Auswirkungen der in solchen Verfahren ergehenden, bestandskräftigen Entscheidungen der Verwaltungsbehörden sowie der rechtskräftigen Entscheidungen der Verwaltungsgerichte. Abs 3 erklärt schließlich das Sonderkündigungsrecht des Mieters nach § 9 MHRG in den vorliegenden Fällen für entsprechend anwendbar. 1

### 2. § 6 Abs 1 GVW

**a)** § 6 Abs 1 GVW betrifft die Überleitung der am 31. 12. 1987, dem Tag des Außerkrafttretens der alten, mietpreisrechtlichen Vorschriften (§ 8 GVW), anhängigen Verfahren vor den Mietpreisstellen und den Verwaltungsgerichten. Die wichtigsten dieser Verfahren waren die Verfahren zur Festsetzung des Wertverbesserungszuschlags (§ 11 Abs 6 AMVOB) und des Gewerbezuschlags (§ 15 Abs 2 AMVOB)[2]. Solche Verfahren waren am 1. 1. 1988 *anhängig,* wenn der Antrag bei der zuständigen Stelle spätestens am 31. 12. 1987 eingegangen war. Ist dies der Fall, so bleibt das gesamte alte Preisrecht einschließlich der dort vorgesehenen Zuständigkeiten der bezirklichen Preisstellen für Mieten, der Widerspruchsbehörde und der Verwaltungsgerichte weiterhin in Kraft, so daß noch nach dem 1. 1. 1988 auf das alte Preisrecht gestützte Entscheidungen der Preisstellen, 2

[1] Begr zum Entwurf, BT-Dr 11/304; KINNE GE 1987, 843 (853 f).
[2] S eingehend BEUERMANN § 6 Rz 3 und 10.

der Widerspruchsbehörde und der Verwaltungsgerichte ergehen können[3]. Die zivilrechtlichen Auswirkungen solcher Entscheidungen regelt § 6 Abs 2 GVW.

3 **b)** Anders ist die Rechtslage, wenn bis zum 31. 12. 1987 ein Verfahren vor den bezirklichen Preisstellen, der Widerspruchsbehörde oder den Verwaltungsgerichten *nicht mehr anhängig* gemacht worden war. In diesem Fall ist zu unterscheiden: Hatte der Vermieter noch unter der Geltung des alten Rechts, dh bis zum Ablauf des 31. 12. 1987, zB einen Wertverbesserungszuschlag nach § 11 Abs 6 AMVOB vom Mieter *verlangt,* so ist die Berechtigung dieses Verlangens weiterhin nach dem alten Mietpreisrecht zu beurteilen; zuständig dafür sind jedoch jetzt allein die ordentlichen Gerichte, da für diese Fälle § 6 Abs 1 GVW die Zuständigkeit der Preisstellen, der Widerspruchsbehörden und der Verwaltungsgerichte nicht aufrechterhalten hat[4]. Wieder anders hingegen, wenn der Vermieter bis zum Ablauf des 31. 12. 1987 zB wegen Modernisierungsmaßnahmen, die er im Laufe des Jahres 1987 durchgeführt hatte, noch *keinen* Wertverbesserungszuschlag nach altem Recht *verlangt* hatte. Denn in diesem Fall greift § 7 Abs 2 GVW ein, der bestimmt, daß sich die Rechtslage fortan nach dem entsprechenden § 3 MHRG beurteilt. Der Vermieter kann folglich jetzt den Mietzins wegen der im Jahre 1987 durchgeführten Modernisierungsmaßnahmen unter den Voraussetzungen und in dem Verfahren des § 3 MHRG (der sachlich weithin mit § 11 Abs 6 AMVOB übereinstimmt) erhöhen[5].

### 3. § 6 Abs 2 GVW

4 § 6 Abs 2 GVW regelt die *zivilrechtlichen* Auswirkungen von Entscheidungen der Verwaltungsbehörden und der Verwaltungsgerichte, die *nach dem 1. 1. 1988* aufgrund des alten Mietpreisrechts in den noch anhängigen und nach § 6 Abs 1 GVW nach altem Recht abzuwickelnden Verfahren ergehen. Die Auswirkungen bestehen in der gesetzlichen Fiktion, daß die behördlich oder gerichtlich geänderte Miete bereits am 31. 12. 1987 vereinbart gewesen ist[6]. Darauf aufbauende Mieterhöhungserklärungen des Vermieters können dann binnen einer Ausschlußfrist von 6 Monaten nachgeholt werden (§ 6 Abs 2 S 2 GVW), und zwar mit Rückwirkung zum 1. 1. 1988. Die sich hieraus ergebende Miete ist der Ausgangsmietzins, den der Vermieter gegebenenfalls anschließend erneut nach § 2 GVW in Verb mit § 2 MHRG erhöhen kann.

5 Wird die Miete hingegen *herabgesetzt,* so kann der Mieter ebenfalls binnen einer Ausschlußfrist von 6 Monaten seine Rückforderungsansprüche aus § 812 Abs 1

---

[3] ZB AG Tempelhof-Kreuzberg GE 1988, 1003.

[4] Ebenso zutr H.-D. Müller GE 1988, 1005 gegen AG Tempelhof-Kreuzberg (aaO), nach dem der Anspruch des Vermieters dann – mangels Zuständigkeit der Preisstellen – entfallen soll (?).

[5] S u § 7 GVW Rz 1 f; eingehend Beuermann § 6 GVW Rz 4 bis 9; H.-D. Müller GE 1988, 1005; s zB KG GE 1988, 993 = NJW-RR 1988, 1420 = WuM 1988, 389; vgl auch für die entsprechenden Übergangsprobleme, die sich aus dem Mietrechtsänderungsgesetz von 1982 ergeben hatten, o § 2 MHRG Rz 3a m Nachw.

[6] Beuermann § 6 GVW Rz 12.

S 1 BGB geltend machen. Eine gerichtliche Geltendmachung ist hierzu nicht erforderlich; es genügt vielmehr die ausdrückliche Geltendmachung des Anspruchs gegenüber dem Vermieter[7].

**4. § 6 Abs 3 GVW**

Wenn der Vermieter aufgrund des § 6 Abs 2 GVW nachträglich den Mietzins mit Rückwirkung zum 1. 1. 1988 erhöht (s o Rz 4), steht dem Mieter zum Ausgleich das Sonderkündigungsrecht des § 9 MHRG zu. Die Mietzinserhöhung tritt dann nicht ein; vielmehr findet der Vertrag sein Ende. 6

## § 7
## Übergangsregelung zu den §§ 3 bis 5 des Gesetzes zur Regelung der Miethöhe

**(1) Bei Anwendung der §§ 3 bis 5 des Gesetzes zur Regelung der Miethöhe auf Mietverhältnisse, die bis zum 31. Dezember 1987 begründet worden sind, dürfen nur Veränderungen berücksichtigt werden, die nach diesem Zeitpunkt eingetreten sind, sofern sich nicht aus den nachfolgenden Absätzen etwas anderes ergibt.**
**(2) Ist eine Mieterhöhung im Sinne des § 11 der Altbaumietenverordnung Berlin in der im Bundesgesetzblatt Teil III, Gliederungsnummer 402-22, veröffentlichten bereinigten Fassung, zuletzt geändert durch Verordnung vom 28. Oktober 1982 (BGBl. I S. 1472), aufgrund baulicher Maßnahmen, die bis zum 31. Dezember 1987 durchgeführt worden sind, bis zu diesem Zeitpunkt nicht geltend gemacht worden, darf sie nach den Vorschriften des Gesetzes zur Regelung der Miethöhe geltend gemacht werden.**
**(3) Soweit nach § 4 des Zwölften Bundesmietengesetzes eine Mieterhöhung wegen gestiegener Betriebskosten bis zum 31. Dezember 1987 nicht geltend gemacht worden ist, darf sie nach den Vorschriften des Gesetzes zur Regelung der Miethöhe geltend gemacht werden.**
**(4) Soweit bis zum 31. Dezember 1987 in preisrechtlich zulässiger Weise Mieterhöhungen wegen gestiegener Betriebskosten durch einseitige Erklärung gegenüber dem Mieter geltend gemacht worden sind, dürfen sie auch nach dem 31. Dezember 1987 in dieser Form geltend gemacht werden.**

**1. Überblick**

§ 7 GVW enthält die Übergangsregelung zu den § 3 bis 5 MHRG. Die genannten Vorschriften des MHRG gelten hiernach grundsätzlich nur für Modernisierungsmaßnahmen, Betriebskostenerhöhungen und Kapitalkostensteigerungen aus der Zeit *nach* Inkrafttreten des GVW, dh seit dem 1. 1. 1988 (§ 7 Abs 1 GVW). Sind die Modernisierungsmaßnahmen hingegen noch vor Inkrafttreten des MHRG abgeschlossen worden (zum maßgeblichen Zeitpunkt s o § 3 MHRG Rz 24) oder haben sich die Betriebskosten noch vor dem 1. 1. 1988 erhöht, so bleibt es 1

[7] Beuermann § 6 GVW Rz 13; Kinne GE 1987, 843 (854).

grundsätzlich bei dem bisherigen Mietpreisrecht (§ 11 AMVOB; § 4 des XII. BMG). Hatte der Vermieter danach eine Mietzinserhöhung noch aufgrund des alten Rechts bis zum 31. 12. 1987 verlangt, so bleibt das alte Mietpreisrecht auch nach dem 1. 1. 1988 anwendbar. Nur wenn der Vermieter dies versäumt hatte, kann er jetzt noch die Mieterhöhung nachholen, wobei freilich an die Stelle des alten Mietpreisrechts die entsprechenden Vorschriften des MHRG (§§ 3 und 4) treten (s dazu o § 6 GVW Rz 3).

**2. Modernisierungsmaßnahmen**

**2** § 3 MHRG gibt dem Vermieter das Recht, bei Modernisierungsmaßnahmen die jährliche Miete einseitig um 11% der reinen Baukosten zu erhöhen. Diese Vorschrift gilt in Berlin uneingeschränkt nur für solche Modernisierungsmaßnahmen, die *nach* dem 31. 12. 1987, dh unter der Geltung des GVW abgeschlossen worden sind (s o § 3 MHRG Rz 24). Sind die Maßnahmen hingegen schon *vorher,* dh bis zum Ablauf des 31. 12. 1987 beendet worden, so bleibt es grundsätzlich bei der Anwendbarkeit der dem § 3 MHRG im wesentlichen entsprechenden, preisrechtlichen Vorschrift des § 11 AMVOB. Voraussetzung ist jedoch, daß der Vermieter noch unter der Geltung des alten Rechts eine Mietzinserhöhung nach § 11 AMVOB verlangt hatte (s o § 6 GVW Rz 3; KG GE 1988, 993). Hatte er dies hingegen versäumt, so kann er aufgrund des § 7 Abs 2 GVW immer noch wegen der bis zum 31. 12. 1987 abgeschlossenen Modernisierungsmaßnahmen eine Mietzinserhöhung geltend machen, deren Voraussetzung sich jetzt freilich nach § 3 MHRG richten, während ein Verfahren zur Festsetzung des Wertverbesserungszuschlags nicht mehr eingeleitet werden kann; maßgebend ist fortan vielmehr allein § 3 MHRG.

**3. Betriebskostenerhöhungen**

**3** **a)** Durch § 4 Abs 2 MHRG ist dem Vermieter das Recht verliehen worden, unter bestimmten Voraussetzungen Erhöhungen der Betriebskosten einseitig durch schriftliche Erklärung auf den Mieter umzulegen. Mit Rücksicht auf § 1 S 3 MHRG hat der Vermieter die Möglichkeit hierzu indessen nur, wenn die Umlage der Betriebskosten durch den Mietvertrag nicht ausdrücklich oder konkludent ausgeschlossen worden ist, wenn m a W hinsichtlich der betreffenden Betriebskosten keine Brutto-, sondern eine Nettomiete vereinbart worden ist (s o § 4 MHRG Rz 2a und 12). Für jede Art von Betriebskosten iS des § 27 der II. BV muß mithin vor Anwendung des § 4 Abs 2 MHRG geprüft werden, ob diese Kosten nicht schon in der Miete enthalten sind; denn nur wenn das zu verneinen ist, weil über sie gesondert abgerechnet wird, ist Raum für die Anwendung des § 4 Abs 2 MHRG. Nur in diesem Fall ist daher auch die Übergangsvorschrift des § 7 GVW heranzuziehen.

**4** Dem § 4 Abs 2 MHRG entsprach in Berlin bis zum 31. 12. 1987 für Altbauwohnungen im wesentlichen der *§ 4 des XII. BMG.* Deshalb deckt sich die Übergangsregelung für Betriebskostenerhöhungen aufgrund des § 7 GVW im wesentlichen mit derjenigen bei Modernisierungsmaßnahmen (s deshalb o Rz 3). Gewisse

Modifikationen ergeben sich indessen aus dem Umstand, daß anders als § 4 Abs 2 MHRG (s o Rz 3) die Umlage der Betriebskosten nach § 4 des XII. BMG *nicht* eine entsprechende Vereinbarung zwischen den Mietvertragsparteien voraussetzte, woraus sich die eigenartige Vorschrift des § 7 Abs 4 GVW erklärt[1].

**b)** Grundsatz ist somit gemäß § 7 Abs 1 GVW bei Erhöhungen der Betriebskosten ebenso wie bei Modernisierungsmaßnahmen, daß § 4 Abs 2 MHRG nur für solche Erhöhungen der Betriebskosten gilt, die unter der Geltung des GVW, dh seit dem 1. 1. 1988, eingetreten sind. Bei früheren Betriebskostenerhöhungen bleibt es hingegen bei der Geltung des alten Mietpreisrechtes (§ 4 des XII. BMG), *vorausgesetzt* daß der Vermieter noch nach altem Recht bis zum 31. 12. 1987 die erforderlichen Erklärungen abgegeben oder ein Verfahren eingeleitet hatte (s o § 6 GVW Rz 2f). Hatte er hingegen bis zum 31. 12. 1987 unter dem alten Recht keine Mieterhöhung mehr geltend gemacht, so tritt nach § 7 Abs 3 GVW an die Stelle des inzwischen nicht mehr geltenden § 4 des XII. BMG der sachlich übereinstimmende § 4 MHRG (§ 7 Abs 3 GVW). Die Mietzinserhöhung wegen der noch vor dem 1. 1. 1988 eingetretenen Betriebskostenerhöhung kann dann folglich immer noch unter den Voraussetzungen und in den Formen des § 4 Abs 2 MHRG nachgeholt werden. 5

**c)** Gemäß § 7 Abs 3 GVW gilt das Gesagte (o Rz 5) – abweichend von den §§ 1 S 3 und 4 Abs 2 MHRG – außerdem auch dann, wenn im Mietvertrag eine gesonderte Umlage der Betriebskosten (wie es Voraussetzung für die unmittelbare Anwendung des § 4 Abs 2 MHRG ist) *nicht* vorgesehen war, weil die Mietvertragsparteien aufgrund des früheren Mietpreisrechts ohne weiteres von dieser Umlagemöglichkeit ausgegangen waren[2]. Selbst in diesem Fall kann mithin der Vermieter jetzt bei einer Erhöhung der Betriebskosten gem § 4 Abs 2 MHRG eine Mieterhöhung verlangen. Dies betrifft freilich lediglich solche Erhöhungen der Betriebskosten, die *nach* dem 1. 1. 1988 eintreten[3]. Der Sache nach enthält somit § 7 Abs 4 GVW für bestehende Mietverträge über Berliner Altbauwohnungen eine Einschränkung des § 1 S 3 MHRG in Verb mit § 4 Abs 2 MHRG (s o Rz 3). Eine ausdrückliche oder konkludente Vereinbarung der Umlagemöglichkeit der betreffenden Betriebskosten ist hier m a W nicht erforderlich, weil sie sich nämlich für solche Altverträge über Altbauwohnungen früher ohne weiteres aus dem Mietpreisrecht ergab. Für die Zukunft gilt freilich auch für Altverträge ohne Einschränkung der § 1 S 3 MHRG, so daß es, wenn die Parteien *jetzt,* dh *nach* dem 1. 1. 1988, ausdrücklich oder konkludent die Möglichkeit zur Umlage der betreffenden Betriebskosten ausschließen, fortan hierbei sein Bewenden hat. 6

## 4. Kapitalkostenerhöhungen

§ 5 MHRG läßt schließlich noch eine einseitige Umlage erhöhter Kapitalkosten auf den Mieter zu. Insoweit bestehen im Anwendungsbereich des GVW keinerlei 7

---

[1] S Emmerich GE 1988, 426, 439.
[2] S Beuermann § 7 GVW Rz 4.
[3] Bei Betriebskostenerhöhungen bis zum 31. 12. 1987 gilt unmittelbar § 4 des XII. BMG oder (über § 7 Abs 3 GVW) § 4 Abs 2 MHRG (s o Rz 5); AG Schöneberg GE 1989, 251.

Besonderheiten. § 5 MHRG gilt folglich aufgrund des § 7 Abs 1 GVW für Altbauwohnungen uneingeschränkt (nur) für solche Kapitalkostenerhöhungen, die nach dem 31. 12. 1987, dh unter der Geltung des GVW eingetreten sind; frühere Erhöhungen von Kapitalkosten sind hingegen allein nach dem alten Mietpreisrecht zu beurteilen.

## Vierter Abschnitt
## Änderung sonstigen Rechts
### § 8
### Außer Kraft tretende Vorschriften

**(1) Am Tage nach der Verkündigung dieses Gesetzes treten außer Kraft:**

**1. § 7 des Zwölften Bundesmietengesetzes vom 3. August 1982 (BGBl. I S. 1106), geändert durch Gesetz vom 8. Dezember 1986 (BGBl. I S. 2191),**

**2. Verordnung über die Ertragsberechnung nach § 7 des Zwölften Bundesmietengesetzes (Ertragsberechnungsverordnung Zwölftes Bundesmietengesetz – EBerVO-XII. BMG) vom 1. November 1983 (GVBl. Berlin S. 1395), geändert durch Verordnung vom 10. Dezember 1985 (GVBl. Berlin S. 2417).**

**(2) Am 1. Januar 1988 treten außer Kraft:**

**1. Erstes Bundesmietengesetz in der im Land Berlin geltenden Fassung vom 23. Juni 1960 (BGBl. I S. 389), zuletzt geändert durch Gesetz vom 3. August 1982 (BGBl. I S. 1106);**

**2. Zweites Bundesmietengesetz vom 23. Juni 1960 (BGBl. I S. 389), zuletzt geändert durch Gesetz vom 3. August 1982 (BGBl. I S. 1106),**

**3. Drittes Bundesmietengesetz vom 24. August 1965 (BGBl. I S. 969), zuletzt geändert durch Gesetz vom 19. Dezember 1969 (BGBl. I S. 2357);**

**4. Sechstes Bundesmietengesetz vom 19. Dezember 1969 (BGBl. I S. 2357, 2358);**

**5. Achtes Bundesmietengesetz vom 30. Oktober 1972 (BGBl. I S. 2051, 2052),**

**6. Zehntes Bundesmietengesetz vom 17. November 1975 (BGBl. I S. 2867), zuletzt geändert durch Gesetz vom 24. Juli 1979 (BGBl. I S. 1202),**

**7. Elftes Bundesmietengesetz vom 24. Juli 1979 (BGBl. I S. 1202);**

**8. Zwölftes Bundesmietengesetz vom 3. August 1982 (BGBl. I S. 1106), geändert durch Gesetz vom 8. Dezember 1986 (BGBl. I S. 2192);**

**9. Artikel 5 und 6 §§ 2 bis 4 des Dritten Gesetzes zur Änderung mietrechtlicher und mietpreisrechtlicher Vorschriften im Land Berlin vom 3. August 1982 (BGBl. I S. 1106);**

**10. Erstes Wohnungsbaugesetz in der im Bundesgesetzblatt Teil III, Gliederungsnummer 2330-1, veröffentlichten bereinigten Fassung, zuletzt geändert durch Gesetz vom 11. Juli 1985 (BGBl. I S. 1277);**

**11. §§ 85 und 105 Abs. 1 Satz 2 des zweiten Wohnungsbaugesetzes in der Fassung der Bekanntmachung vom 11. Juli 1985 (BGBl. I S. 1284, 1661), geändert durch Gesetz vom 8. Dezember 1986 (BGBl. I S. 2191);**

**12. Verordnung über den Mietpreis für den bis zum 31. Dezember 1949 bezugsfertig gewordenen Wohnraum in Berlin (Altbaumietenverordnung Berlin – AMVOB) in der im Bundesgesetzblatt Teil III, Gliederungsnummer 402-22,**

**veröffentlichten bereinigten Fassung, zuletzt geändert durch Verordnung vom 28. Oktober 1982 (BGBl. I S. 1472);**

**13. Gesetz über preisrechtliche Mietsenkung für Wohnraum vom 15. Mai 1953 (GVBl. Berlin S. 317), geändert durch Gesetz vom 10. Dezember 1974 (GVBl. Berlin S. 2802);**

**14. Verordnung über den Ausgleich von Mehrbelastungen des Hausbesitzes vom 8. Juni 1953 (GVBl. Berlin S. 391), geändert durch Verordnung vom 11. Dezember 1957 (GVBl. Berlin S. 1793);**

**15. Verordnung zur Durchführung des § 31 des Ersten Bundesmietengesetzes vom 18. Mai 1961 (GVBl. Berlin S. 665);**

**16. Verordnung über den Ausgleich von Gebührenmehrbelastungen des Hausbesitzes vom 25. November 1961 (GVBl. Berlin S. 1645, 1572);**

**17. Zweite Verordnung über den Ausgleich von Gebührenmehrbelastungen des Hausbesitzes vom 16. Oktober 1963 (GVBl. Berlin S. 1030);**

**18. Dritte Verordnung über den Ausgleich von Mehrbelastungen des Hausbesitzes vom 16. November 1964 (GVBl. Berlin S. 1250);**

**19. Vierte Verordnung über den Ausgleich von Mehrbelastungen des Hausbesitzes vom 13. Mai 1968 (GVBl. Berlin S. 581);**

**20. Fünfte Verordnung über den Ausgleich von Mehrbelastungen des Hausbesitzes vom 16. Dezember 1969 (GVBl. Berlin S. 2563);**

**21. Sechste Verordnung über den Ausgleich von Mehrbelastungen des Hausbesitzes vom 23. November 1971 (GVBl. Berlin S. 1996);**

**22. Verordnung über Mieterhöhungen bei preisgebundenem Wohn- und Geschäftsraum sowie zur Änderung der Verordnung über die Ertragsberechnung nach § 2 des Achten Bundesmietengesetzes vom 30. April 1974 (GVBl. Berlin S. 1059);**

**23. Erste Verordnung über Mieterhöhungen für preisgebundenen Altbauwohnraum nach § 1 Abs. 2 des Zehnten Bundesmietengesetzes vom 11. Mai 1977 (GVBl. Berlin S. 931);**

**24. Zweite Verordnung über Mieterhöhungen für preisgebundenen Altbauwohnraum nach § 1 Abs. 2 des Zehnten Bundesmietengesetzes vom 7. August 1979 (GVBl. Berlin S. 1354);**

**25. Erste Verordnung über Mieterhöhungen für preisgebundenen Altbauwohnraum nach § 1 Abs. 1 des Elften Bundesmietengesetzes (Erste Mieterhöhungsverordnung Elftes Bundesmietengesetz – I. MErhVO-XI. BMG) vom 11. November 1980 (GVBl. Berlin S. 2445);**

**26. Zweite Verordnung über Mieterhöhungen für preisgebundenen Altbauwohnraum nach § 1 Abs. 1 des Elften Bundesmietengesetzes (Zweite Mieterhöhungsverordnung Elftes Bundesmietengesetz – II. MErhVO-XI. BMG) vom 20. Oktober 1981 (GVBl. Berlin S. 1322);**

**27. Erste Verordnung über Mieterhöhungen nach dem Zwölften Bundesmietengesetz (1. MHV – XII. BMG) vom 1. November 1983 (GVBl. Berlin S. 1394);**

**28. Zweite Verordnung über Mieterhöhungen nach dem Zwölften Bundesmietengesetz (2. MHV – XII. BMG) vom 16. Oktober 1984 (GVBl. Berlin S. 1534);**

**29. Dritte Verordnung über Mieterhöhungen nach dem Zwölften Bundesmietengesetz (3. MHV – XII. BMG) vom 15. Oktober 1985 (GVBl. Berlin S. 2218);**

**30. Vierte Verordnung über Mieterhöhungen nach dem Zwölften Bundesmietengesetz (4. MHV – XII. BMG) vom 23. Oktober 1986 (GVBl. Berlin S. 1714).**

## Fünfter Abschnitt
## Schlußvorschriften
### § 9
### Berlin-Klausel

**Dieses Gesetz gilt nach Maßgabe des § 13 Abs. 1 des Dritten Überleitungsgesetzes auch im Land Berlin.**

### § 10
### Inkrafttreten und Außerkrafttreten

**(1) Das Gesetz tritt mit Ausnahme des § 8 Abs. 1 am 1. Januar 1988 in Kraft. § 8 Abs. 1 tritt am Tage nach der Verkündung in Kraft.**
**(2) Das Gesetz tritt mit Ablauf des 31. Dezember 1994 außer Kraft.**

1 **1.** Das GVW ist im Bundesgesetzblatt Nr 37 vom 22. 7. 1987 verkündet worden. § 8 Abs 1 GVW ist folglich am 23. 7. 1987 in Kraft getreten. Im übrigen gilt das GVW seit dem 1. 1. 1988 und wird am 31. 12. 1994 (voraussichtlich) wieder außer Kraft treten (§ 10 Abs 2 GVW).

2 **2.** Folglich sind die in § 8 Abs 1 GVW genannten, preisrechtlichen Vorschriften bereits am 23. 7. 1987 außer Kraft getreten. Die übrigen preisrechtlichen Vorschriften, die § 8 Abs 2 GVW im einzelnen auflistet, haben ihre Gültigkeit hingegen erst im Ablauf des 31. 12. 1987 verloren[1]. Konkludent ist damit auch die alte Preisstoppverordnung vom 26. 11. 1936 endgültig in Berlin außer Kraft getreten[2].

---

[1] Zu § 8 Abs 2 Nrn 10 und 11 GVW s eingehend H.-D. Müller GE 1987, 961.
[2] Beuermann § 10 GVW Rz 3 f.

# Anhang

## Entscheidungen des Bundesverfassungsgerichts zum Mietrecht
## Rechtsentscheide des Bundesgerichtshofs, des Bayerischen Obersten Landesgerichts, des Kammergerichts und der Oberlandesgerichte

**Bundesverfassungsgericht**

| | |
|---|---|
| 1. 7. 1964, 1 BvR 375/62 | BVerfGE 18, 121 = NJW 1964, 1848 = ZMR 1964, 335 = DWW 1964, 329 = MDR 1964, 903 |
| 23. 4. 1974, 1 BvR 6/74 und 2270/73 | BVerfGE 37, 132 = NJW 1974, 1499 = WuM 1974, 169 = ZMR 1974, 297 = DWW 1974, 184 = MDR 1974, 907 |
| 4. 2. 1975, 2 BvL 5/74 | BVerfGE 38, 348 = NJW 1975, 727 = WuM 1975, 90 = ZMR 1975, 210 = DWW 1975, 89 = MDR 1975, 465 |
| 25. 11. 1977, 1 BvR 829/77 | WuM 1982, 329 |
| 10. 10. 1978, 1 BvR 180/77 | BVerfGE 49, 244 = NJW 1979, 31 = WuM 1979, 6 = ZMR 1979, 146 = DWW 1978, 240 = 1 in RE Miet |
| 19. 12. 1978, 1 BvL 3/78 | BVerfGE 50, 108 = NJW 1979, 757 = 2 in RE Miet |
| 21. 2. 1980, 1 BvR 126/80 | WuM 1981, 77 |
| 12. 3. 1980, 1 BvR 759/77 | BVerfGE 53, 352 = NJW 1980, 1617 = WuM 1980, 123 = ZMR 1980, 202 = DWW 1980, 123 = MDR 1980, 732 = 3 in RE Miet |
| 2. 12. 1980, 1 BvR 1222/77 | BVerfGE 55, 244 = NJW 1981, 863 = ZMR 1981, 111 = DWW 1981, 47 |
| 20. 1. 1981, 1 BvR 709/80 | WuM 1981, 53 |
| 14. 7. 1981, 1 BvR 107/80 | WuM 1982, 146 = DWW 1981, 263 = 4 in RE Miet |
| 26. 8. 1983, 1 BvR 593/83 | WuM 1983, 349 = ZMR 1984, 179 |
| 8. 1. 1985, 1 BvR 700 und 1141/83 | BVerfGE 68, 376 = NJW 1985, 2249 = WuM 1985, 110 = ZMR 1985, 157 = MDR 1985, 552 |
| 8. 1. 1985, 1 BvR 792 und 501/83 | BVerfGE 68, 361 = NJW 1985, 2633 = WuM 1985, 75 = ZMR 1985, 154 = DWW 1985, 97 = MDR 1985, 550 = 5 in RE Miet |
| 25. 3. 1985, 1 BvR 70/85 | NJW 1985, 2250 = WuM 1986, 80 L |
| 28. 9. 1985, 1 BvR 1140/84 | WuM 1985, 335 |

| | |
|---|---|
| 5. 11. 1985, 2 BvR 1255/85 | WuM 1987, 16 |
| 4. 12. 1985, 1 BvL 23/84; 1 BvL 1/85; 1 BvR 439 und 652/84 | BVerfGE 71, 230 = NJW 1986, 1669 = WuM 1986, 101 = ZMR 1986, 156 = DWW 1986, 93 = MDR 1986, 643 = 6 in RE Miet |
| 24. 3. 1986, 2 BvR 198/86 | WuM 1986, 267 |
| 5. 5. 1986, 1 BvR 12/85 u. a. | WuM 1986, 239 |
| 14. 5. 1986, 1 BvR 494/85 | NJW 1987, 313 = NJW-RR 1987, 137 L = WuM 1986, 237 = ZMR 1986, 272 = DWW 1986, 173 = MDR 1986, 821 |
| 27. 6. 1986, 1 BvR 1436/84 | WuM 1989, 63 = ZMR 1989, 211 |
| 19. 1. 1987, 1 BvR 1343/86 | WuM 1987, 78 = ZMR 1987, 133 = DWW 1987, 68 |
| 16. 6. 1987, 1 BvR 1113/86 | BVerfGE 76, 93 = NJW 1988, 1015 = WuM 1987, 207 = ZMR 1987, 324 = DWW 1987, 212 = 10 in RE Miet |
| 18. 1. 1988, 1 BvR 787/87 | NJW 1988, 1075 = WuM 1988, 46 = ZMR 1988, 129 = DWW 1988, 77 |
| 8. 3. 1988, 2 BvR 19/87 | WuM 1988, 141 = DWW 1988, 162 |
| 24. 6. 1988, 1 BvR 736/88 | NJW 1988, 2233 = WuM 1988, 245 |
| 1. 7. 1988, 1 BvR 1390/87 | NJW 1988, 2725 = WuM 1988, 246 = ZMR 1989, 210 |
| 8. 11. 1988, 1 BvR 1527/87 | WuM 1989, 62 = ZMR 1989, 142 = DWW 1989, 20 |
| 14. 2. 1989, 1 BvR 308, 336 und 356/88 | NJW 1989, 970 = WuM 1989, 114 = ZMR 1989, 138 = DWW 1989, 46 = MDR 1989, 516 |
| 14. 2. 1989, 1 BvR 1131/87 | NJW 1989, 972 = WuM 1989, 118 = ZMR 1989, 136 = DWW 1989, 77 = MDR 1989, 517 |
| 9. 3. 1989, 1 BvR 914/88 | WuM 1989, 279 |
| 15. 3. 1989, 1 BvR 1428/88 | WuM 1989, 278 |

**Bundesgerichtshof**

| | |
|---|---|
| 28. 1. 1981, VIII ARZ 6/80 | BGHZ 79, 288 = NJW 1981, 1040 = WuM 1981, 123 = ZMR 1982, 60 = DWW 1982, 123 = MDR 1981, 492 = 1 in RE Miet |
| 21. 4. 1982, VIII ARZ 16/81 | BGHZ 84, 90 = NJW 1982, 1696 = WuM 1982, 178 = ZMR 1982, 274 = DWW 1982, 211 = MDR 1982, 747 = 6 in RE Miet |
| 21. 4. 1982, VIII ARZ 2/82 | BGHZ 83, 366 = NJW 1982, 1701 = WuM 1982, 177 = ZMR 1982, |

| | |
|---|---|
| | 340 = DWW 1982, 212 = MDR 1982, 748 = 7 in RE Miet |
| 8. 7. 1982, VIII ARZ 3/82 | BGHZ 84, 345 = NJW 1982, 2186 = WuM 1982, 240 = ZMR 1982, 366; 1983, 65 = DWW 1982, 270 = MDR 1982, 925 = 9 in RE Miet |
| 20. 9. 1982, VIII ARZ 1/82 | BGHZ 84, 392 = NJW 1982, 2867 = ZMR 1983, 69 = MDR 1983, 126 = 11 in RE Miet |
| 20. 9. 1982, VIII ARZ 5/82 | WuM 1982, 324 = DWW 1982, 301 = 12 in RE Miet |
| 20. 9. 1982, VIII ARZ 13/82 | 13 in RE Miet |
| 21. 9. 1983, VIII ARZ 2/83 | NJW 1984, 236 = WuM 1984, 3 = ZMR 1984, 174 = DWW 1983, 307 = MDR 1984, 225 = 23 in RE Miet |
| 2. 11. 1983, VIII ARZ 9/83 | NJW 1984, 237 = WuM 1984, 4 = ZMR 1984, 286 = DWW 1984, 20 = MDR 1984, 484 = 26 in RE Miet |
| 11. 1. 1984, VIII ARZ 6/83 | BGHZ 89, 275 = NJW 1984, 1615 = WuM 1984, 119 = ZMR 1984, 174 = MDR 1984, 573 = 28 in RE Miet |
| 11. 1. 1984, VIII ARZ 10/83 | BGHZ 89, 284 = NJW 1984, 1032 = WuM 1984, 70 = ZMR 1984, 209 = DWW 1984, 98 = MDR 1984, 663 = 27 in RE Miet |
| 11. 1. 1984, VIII ARZ 13/83 | BGHZ 89, 316 = NJW 1984, 722 = WuM 1984, 68 = ZMR 1984, 121 = DWW 1984, 46 = MDR 1984, 570 = 29 in RE Miet |
| 11. 4. 1984, VIII ARZ 16/83 | BGHZ 91, 62 = NJW 1984, 2466 = WuM 1984, 185 = ZMR 1984, 339 = DWW 1984, 165 = MDR 1984, 836 = 36 in RE Miet |
| 3. 10. 1984, VIII ARZ 2/84 | BGHZ 92, 213 = NJW 1985, 130 = WuM 1985, 7 = ZMR 1985, 50 = DWW 1985, 24 = MDR 1985, 401 = 43 in RE Miet |
| 30. 10. 1984, VIII ARZ 1/84 | BGHZ 92, 363 = NJW 1985, 480 = WuM 1985, 46 = ZMR 1985, 84 = DWW 1985, 50 = MDR 1985, 400 = 45 in RE Miet |
| 8. 1. 1986, VIII ARZ 4/85 | NJW 1986, 2102 = NJW-RR 1986, 1021 L = WuM 1986, 209 = ZMR 1986, 192 = DWW 1986, 97 = 65 in RE Miet |

| | |
|---|---|
| 1. 7. 1987, VIII ARZ 9/86 | BGHZ 101, 253 = NJW 1987, 2575 = NJW-RR 1987, 1229 L = WuM 1987, 306 = ZMR 1987, 415 = DWW 1987, 219 = MDR 1987, 927 = 93 in RE Miet |
| 1. 7. 1987, VIII ARZ 2/87 | BGHZ 101, 244 = NJW 1987, 2372 = NJW-RR 1987, 1159 L = WuM 1987, 310 = ZMR 1987, 412 = MDR 1987, 929 = 94 in RE Miet |
| 20. 1. 1988, VIII ARZ 4/87 | BGHZ 103, 91 = NJW 1988, 904 = NJW-RR 1988, 459 L = WuM 1988, 47 = ZMR 1988, 130 = DWW 1988, 78 = MDR 1988, 489 |
| 6. 7. 1988, VIII ARZ 1/88 | BGHZ 105, 71 = NJW 1988, 2790 = NJW-RR 1988, 1480 L = WuM 1988, 294 = ZMR 1988, 455 = DWW 1988, 314 = MDR 1988, 1051 |
| 21. 9. 1988, VIII ARZ 4/88 | NJW-RR 1989, 78 L = ZMR 1989, 12 = MDR 1989, 58 |

**Bayerisches Oberstes Landesgericht**

| | |
|---|---|
| 21. 7. 1970, Allg. Reg. 20/70 | BayObLGZ 1970, 169 = NJW 1970, 1748 = WuM 1970, 185 = ZMR 1970, 308 = DWW 1970, 309 = MDR 1970, 931 = 1 a in RE Miet |
| 30. 11. 1971, Allg. Reg. 31/71 | BayObLGZ 1971, 363 = NJW 1972, 685 = WuM 1972, 8 = ZMR 1972, 375 = DWW 1972, 108 = MDR 1972, 243 = 1 b in RE Miet |
| 21. 11. 1980, Allg. Reg. 83/80 | BayObLGZ 1980, 360 = NJW 1981, 580 = WuM 1981, 32 = ZMR 1981, 93 = MDR 1981, 318 = 2 in RE Miet |
| 19. 1. 1981, Allg. Reg. 103/80 | BayObLGZ 1981, 1 = NJW 1981, 1275 = WuM 1981, 80 = ZMR 1982, 84 = MDR 1981, 583 = 3 in RE Miet |
| 9. 2. 1981, Allg. Reg. 126/80 | BayObLGZ 1981, 15 = NJW 1981, 994 = WuM 1981, 82 = ZMR 1982, 82 = MDR 1981, 498 = 4 in RE Miet |
| 19. 3. 1981, Allg. Reg. 7/81 | BayObLGZ 1981, 105 = NJW 1981, 1219 = WuM 1981, 100 = ZMR 1982, 213 = MDR 1981, 674 = 5 in RE Miet |

| | |
|---|---|
| 24. 6. 1981, Allg. Reg. 41/81 | BayObLGZ 1981, 214 = NJW 1981, 2259 = WuM 1981, 208 = ZMR 1982, 158 = 6 in RE Miet |
| 14. 7. 1981, Allg. Reg. 32/81 | BayObLGZ 1981, 232 = NJW 1981, 2197 = WuM 1981, 200 = ZMR 1981, 334; 1982, 50 = DWW 1981, 234 = MDR 1981, 1020 = 7 in RE Miet |
| 20. 8. 1981, Allg. Reg. 30/81 | BayObLGZ 1981, 283 = NJW 1981, 2818 = WuM 1981, 255 = ZMR 1982, 20 = MDR 1982, 57 = 8 in RE Miet |
| 1. 9. 1981, Allg. Reg. 58/81 | BayObLGZ 1981, 300 = NJW 1981, 2759 = WuM 1981, 253 = ZMR 1982, 16 = MDR 1982, 56 = 9 in RE Miet |
| 24. 11. 1981, Allg. Reg. 64/81 | BayObLGZ 1981, 343 = NJW 1982, 451 = WuM 1982, 46 = ZMR 1982, 88 = MDR 1982, 322 = 10 in RE Miet |
| 9. 2. 1982, Allg. Reg. 105/81 | BayObLGZ 1982, 78 = NJW 1982, 1292 = WuM 1982, 105 = ZMR 1982, 82 = DWW 1982, 124 = MDR 1982, 494 = 11 in RE Miet |
| 2. 3. 1982, Allg. Reg. 115/81 | BayObLGZ 1982, 135 = NJW 1982, 1159 = WuM 1982, 125 = ZMR 1982, 368 = MDR 1982, 582 = 12 in RE Miet |
| 1. 4. 1982, Allg. Reg. 68/81 | BayObLGZ 1982, 173 = WuM 1982, 154 = ZMR 1982, 372 = MDR 1982, 672 = 13 in RE Miet |
| 25. 5. 1982, RE-Miet 2/82 | BayObLGZ 1982, 217 = NJW 1982, 2003 = WuM 1982, 203 = ZMR 1982, 277 = MDR 1982, 931 = 14 in RE Miet |
| 21. 2. 1983, Allg. Reg. 112/81 | BayObLGZ 1983, 30 = WuM 1983, 107 = ZMR 1983, 247 = DWW 1983, 71 = 15 in RE Miet |
| 25. 2. 1983, RE-Miet 1/82 | BayObLGZ 1983, 50 = WuM 1983, 129 = ZMR 1983, 352; 1984, 12 = MDR 1983, 580 = 16 in RE Miet |
| 20. 7. 1983, RE-Miet 6/82 | BayObLGZ 1983, 195 = WuM 1983, 254 = ZMR 1984, 66 = DWW 1985, 118 = MDR 1983, 1027 = 17 in RE Miet |
| 14. 9. 1983, RE-Miet 8/82 | BayObLGZ 1983, 228 = NJW 1984, |

| | |
|---|---|
| | 60 = WuM 1983, 309 = ZMR 1984, 13 = MDR 1984, 55 = 18 in RE Miet |
| 17. 10. 1983, RE-Miet 6/83 | BayObLGZ 1983, 245 = NJW 1984, 1560 = ZMR 1984, 24 = DWW 1984, 22 = MDR 1984, 146 = 19 in RE Miet |
| 21. 10. 1983, RE-Miet 4/82 | WuM 1984, 9 = ZMR 1984, 23 = DWW 1984, 21 = 20 in RE Miet |
| 21. 10. 1983, RE-Miet 11/83 | NJW 1984, 246 L = WuM 1984, 10 = ZMR 1984, 33 = DWW 1984, 22 = 21 in RE Miet |
| 4. 11. 1983, RE-Miet 13/83 | NJW 1984, 496 = WuM 1984, 12 = ZMR 1984, 83 = MDR 1984, 234 = 22 in RE Miet |
| 17. 11. 1983, RE-Miet 1/83 | BayObLGZ 1983, 271 = NJW 1984, 372 = WuM 1984, 16 = ZMR 1984, 59 = MDR 1984, 234 = 23 in RE Miet |
| 24. 11. 1983, RE-Miet 5/82 | BayObLGZ 1983, 280 = WuM 1984, 14 = ZMR 1984, 89 = 24 in RE Miet |
| 29. 11. 1983, RE-Miet 3/82 | WuM 1984, 9 = ZMR 1984, 99 = 25 in RE Miet |
| 29. 11. 1983, RE-Miet 9/82 | BayObLGZ 1983, 285 = WuM 1984, 13 = ZMR 1984, 87 = MDR 1984, 316 = 26 in RE Miet |
| 23. 1. 1984, RE-Miet 14/83 | BayObLGZ 1984, 4 = NJW 1984, 742 = WuM 1984, 48 = ZMR 1984, 138 = DWW 1984, 47 = MDR 1984, 405 = 27 in RE Miet |
| 24. 2. 1984, RE-Miet 3/84 | BayObLGZ 1984, 38 = NJW 1984, 1761 L = WuM 1984, 104 = ZMR 1984, 203 = DWW 1984, 73 = 28 in RE Miet (Datum 26. 2.) |
| 22. 5. 1984, RE-Miet 7/83 | WuM 1984, 192 = ZMR 1984, 317 = 29 in RE Miet |
| 9. 7. 1984, RE-Miet 7/82 | WuM 1984, 240 = ZMR 1984, 356 = 30 in RE Miet |
| 19. 7. 1984, RE-Miet 2/83 | WuM 1984, 278 = ZMR 1985, 24 = 31 in RE Miet |
| 19. 7. 1984, RE-Miet 3/83 | WuM 1984, 275 = ZMR 1984, 355 = 32 in RE Miet |
| 19. 7. 1984, RE-Miet 4/83 | WuM 1984, 276 = 33 in RE Miet |
| 19. 7. 1984, RE-Miet 5/83 | WuM 1984, 279 = 34 in RE Miet |
| 19. 7. 1984, RE-Miet 12/83 | WuM 1984, 276 = 35 in RE Miet |

| | |
|---|---|
| 19. 7. 1984, RE-Miet 1/84 | WuM 1984, 276 = ZMR 1985, 26 = 36 in RE Miet |
| 16. 10. 1984, RE-Miet 4/84 | WuM 1985, 18 = ZMR 1985, 17 = DWW 1985, 73 = 37 in RE Miet |
| 4. 12. 1984, RE-Miet 2/84 | BayObLGZ 1984, 279 = WuM 1985, 52 = ZMR 1985, 97 = DWW 1985, 28 = MDR 1985, 324 = 38 in RE Miet |
| 11. 12. 1984, RE-Miet 10/83 | WuM 1985, 51 = ZMR 1985, 98 = DWW 1985, 73 = 39 in RE Miet |
| 17. 12. 1984, RE-Miet 8/83 | BayObLGZ 1984, 299 = NJW 1985, 1716 = WuM 1985, 49 = ZMR 1985, 92 = MDR 1985, 500 = 40 in RE Miet |
| 17. 12. 1984, RE-Miet 9/83 | WuM 1985, 53 = ZMR 1985, 100 = 41 in RE Miet |
| 17. 12. 1984, RE-Miet 6/84 | WuM 1985, 50 = ZMR 1985, 96 = 42 in RE Miet |
| 12. 3. 1985, RE-Miet 1/85 | BayObLGZ 1985, 88 = WuM 1985, 140 = ZMR 1985, 198 = 43 in RE Miet |
| 23. 5. 1985, RE-Miet 2/85 | BayObLGZ 1985, 201 = WuM 1985, 217 = ZMR 1985, 272 = MDR 1985, 767 = 44 in RE Miet |
| 23. 7. 1985, RE-Miet 3/85 | WuM 1985, 283 = ZMR 1985, 335 = DWW 1985, 258 = MDR 1985, 1030 = 45 in RE Miet |
| 25. 3. 1986, RE-Miet 4/85 | BayObLGZ 1986, 78 = NJW-RR 1986, 892 = WuM 1986, 205 = ZMR 1986, 193 = DWW 1986, 149 = MDR 1986, 676 = 46 in RE Miet |
| 12. 6. 1986, RE-Miet 1/86 | NJW-RR 1986, 1145 = WuM 1986, 271 = 47 in RE Miet |
| 4. 2. 1987, RE-Miet 2/86 | BayObLGZ 1987, 36 = NJW 1987, 1950 = NJW-RR 1987, 971 L = WuM 1987, 112 = ZMR 1987, 174 = MDR 1987, 498 = 48 in RE Miet |
| 9. 7. 1987, RE-Miet 1/87 | BayObLGZ 1987, 243 = NJW-RR 1987, 1298 = WuM 1987, 344 |
| 21. 7. 1987, RE-Miet 3/87 | BayObLGZ 1987, 254 = NJW-RR 1987, 1301 = WuM 1987, 348 = ZMR 1987, 432 = MDR 1987, 1026 |
| 23. 7. 1987, RE-Miet 2/87 | BayObLGZ 1987, 260 = NJW-RR 1987, 1302 = WuM 1987, 312 = ZMR 1987, 426 = MDR 1987, 1027 |
| 10. 3. 1988, RE-Miet 2/88 | BayObLGZ 1988, 70 = NJW-RR |

| | |
|---|---|
| | 1988, 721 = WuM 1988, 117 = ZMR 1988, 228 = DWW 1988, 162 = MDR 1988, 586 |
| 8. 4. 1988, RE-Miet 1/88 | NJW 1988, 1796 = NJW-RR 1988, 906 L = WuM 1988, 205 = ZMR 1988, 253 = DWW 1988, 164 = MDR 1988, 675 |
| 23. 6. 1988, RE-Miet 3/88 | BayObLGZ 1988, 222 = NJW-RR 1988, 1293 = WuM 1988, 257 = ZMR 1988, 384 = DWW 1988, 249 = MDR 1988, 967 |

**Kammergericht Berlin**

| | |
|---|---|
| 12. 1. 1981, 8 W RE Miet 4154/80 | OLGZ 1981, 83 = WuM 1981, 54 = ZMR 1981, 158 = 1 in RE Miet |
| 25. 2. 1981, 8 W RE Miet 5071/80 | OLGZ 1981, 205 = NJW 1981, 1048 = WuM 1981, 81 = ZMR 1981, 154 = MDR 1981, 586 = 2 in RE Miet |
| 21. 4. 1981, 8 W RE Miet 1397/81 | OLGZ 1981, 325 = NJW 1981, 2470 = WuM 1981, 154 = ZMR 1981, 243 = MDR 1981, 760 = 3 in RE Miet |
| 22. 6. 1981, 8 W RE Miet 4340/80 | OLGZ 1981, 462 = NJW 1981, 2307 = WuM 1981, 198 = ZMR 1981, 309 = 4 in RE Miet |
| 14. 8. 1981, 8 W RE Miet 3471/81 | WuM 1981, 270 = ZMR 1982, 182 = 5 in RE Miet |
| 29. 1. 1982, 8 W RE Miet 4902/81 | NJW 1982, 2077 = ZMR 1982, 241 = DWW 1982, 149 = 7 in RE Miet |
| 3. 3. 1982, 8 W RE Miet 2291/81 | NJW 1982, 1468 = ZMR 1983, 213 = 8 in RE Miet |
| 24. 5. 1982, 8 W RE Miet 988/82 | WuM 1982, 289 = ZMR 1982, 378 = 9 in RE Miet |
| 28. 5. 1982, 8 W RE Miet 4712/81 | WuM 1982, 293 = ZMR 1982, 318 = 10 in RE Miet |
| 9. 8. 1982, 8 W RE Miet 4905/81 | WuM 1982, 262 = ZMR 1983, 141 = 11 in RE Miet |
| 3. 2. 1983, 8 W RE Miet 5683/81 | NJW 1983, 2453 = WuM 1983, 81 = ZMR 1983, 280 = 12 in RE Miet |
| 28. 2. 1983, 8 W RE Miet 2922/82 | WuM 1983, 135 = ZMR 1984, 384 = 13 in RE Miet |
| 14. 3. 1983, 8 W RE Miet 5383/82 | WuM 1983, 128 = ZMR 1983, 351 = 14 in RE Miet |
| 14. 3. 1983, 8 W RE Miet 5384/82 | WuM 1983, 128 = ZMR 1983, 351 = 15 in RE Miet |

| | |
|---|---|
| 6. 4. 1983, 8 W RE Miet 1247/83 | WuM 1983, 228 = ZMR 1983, 413 = 16 in RE Miet |
| 11. 5. 1983, 8 W RE Miet 1734/82 | WuM 1983, 281 = ZMR 1983, 413 = 18 in RE Miet |
| 24. 6. 1983, 8 W RE Miet 3712/82 | WuM 1983, 283 = ZMR 1984, 240 = 19 in RE Miet |
| 4. 7. 1983, 8 W RE Miet 980/83 | WuM 1983, 282 = ZMR 1984, 176 = DWW 1984, 22 = 20 in RE Miet |
| 19. 8. 1983, 8 W RE Miet 3513/83 | WuM 1984, 73 = DWW 1984, 191 = 21 in RE Miet |
| 19. 12. 1983, 8 W RE Miet 4298/83 | WuM 1984, 42 = 22 in RE Miet |
| 22. 2. 1984, 8 W RE Miet 194/84 | WuM 1984, 101 = ZMR 1984, 168 = DWW 1984, 102 = 25 in RE Miet |
| 23. 2. 1984, 8 W RE Miet 328/84 | WuM 1984, 100 = DWW 1984, 191 = 26 in RE Miet |
| 5. 3. 1984, 8 W RE Miet 97/84 | WuM 1984, 93 = ZMR 1985, 52 = DWW 1984, 191 = 27 in RE Miet |
| 26. 3. 1984, 8 W RE Miet 6193/83 | WuM 1984, 279 = 28 in RE Miet |
| 19. 7. 1984, 8 W RE Miet 1709/84 | WuM 1984, 277 = ZMR 1985, 25 = 29 in RE Miet |
| 20. 9. 1984, 8 W RE Miet 3390/84 | WuM 1984, 319 = DWW 1985, 26 = 30 in RE Miet |
| 25. 10. 1984, 8 W RE Miet 4148/84 | NJW-RR 1986, 173 = WuM 1985, 12 = ZMR 1985, 22 = DWW 1985, 149 = 31 in RE Miet |
| 3. 1. 1985, 8 W RE Miet 6148/83 | WuM 1985, 285 = ZMR 1985, 297 = 32 in RE Miet |
| 27. 6. 1985, 8 RE Miet 874/85 | OLGZ 1985, 347 = NJW 1985, 2031 = WuM 1985, 248 = ZMR 1985, 263 = DWW 1985, 204 = 33 in RE Miet |
| 19. 9. 1985, 8 RE Miet 1661/85 | OLGZ 1985, 477 = NJW 1986, 137 = NJW-RR 1986, 17 L = WuM 1985, 335 = ZMR 1985, 406 = DWW 1985, 312 = 34 in RE Miet |
| 30. 9. 1985, 8 RE Miet 2799/85 | NJW-RR 1986, 237 = WuM 1985, 387 = ZMR 1985, 412 = DWW 1985, 315 = 35 in RE Miet |
| 7. 10. 1985, 8 RE Miet 2800/85 | WuM 1986, 13 = ZMR 1985, 411 = 36 in RE Miet |
| 14. 10. 1985, 8 RE Miet 3920/85 | WuM 1985, 387 = ZMR 1985, 411 = DWW 1986, 15 = 37 in RE Miet |
| 5. 12. 1985, 8 RE Miet 5205/85 | NJW-RR 1986, 439 = WuM 1986, 106 = ZMR 1986, 117 = DWW 1986, 70 = 38 in RE Miet |

| | |
|---|---|
| 12. 12. 1985, 8 RE Miet 5626/85 | WuM 1986, 108 = ZMR 1986, 119 = 39 in RE Miet |
| 12. 1. 1987, 8 RE Miet 3505/86 | WuM 1987, 183 = ZMR 1987, 222 = DWW 1987, 153 = 40 in RE Miet |
| 29. 1. 1987, 8 RE Miet 6223/86 | WuM 1987, 181 = ZMR 1987, 220 = DWW 1987, 153 = 41 in RE Miet |
| 4. 3. 1987, 8 RE Miet 244/87 | WuM 1987, 314 = ZMR 1987, 218 = DWW 1987, 156 = 42 in RE Miet |
| 26. 3. 1987, 8 RE Miet 6750/86 | NJW-RR 1987, 847 = WuM 1987, 138 = ZMR 1987, 216 = DWW 1987, 150 = 43 in RE Miet |
| 30. 4. 1987, 8 RE Miet 6660/86 | WuM 1987, 208 = ZMR 1987, 306 = DWW 1987, 228 = 44 in RE Miet |
| 29. 2. 1988, 8 RE Miet 6717/87 | OLGZ 1988, 341 = NJW-RR 1988, 1039 = WuM 1988, 142 = ZMR 1988, 219 = DWW 1988, 140 |
| 1. 9. 1988, 8 RE Miet 4048/88 | = NJW-RR 1988, 1420 = WuM 1988, 389 = ZMR 1988, 422 = DWW 1988, 371 |

**Oberlandesgericht Braunschweig**

| | |
|---|---|
| 15. 3. 1982, 1 UH 1/82 | WuM 1982, 316 = DWW 1982, 243 = 1 in RE Miet |
| 19. 4. 1982, 1 UH 1/81 | WuM 1982, 272 = 2 in RE Miet |
| 27. 6. 1984, 1 W 15/84 | WuM 1984, 237 = DWW 1984, 287 = 3 in RE Miet |
| 29. 3. 1985, 1 UH 1/85 | NJW-RR 1986, 91 = WuM 1985, 213 = DWW 1985, 179 = 4 in RE Miet |

**Hanseatisches Oberlandesgericht in Bremen**

| | |
|---|---|
| 7. 11. 1980, 1 UH 1/80 (a) | WuM 1981, 8 = ZMR 1982, 238 = MDR 1981, 586 = 1 in RE Miet |
| 30. 8. 1982, 1 UH 1/82 (a) | NJW 1983, 689 = WuM 1982, 317 = DWW 1982, 335 = 2 in RE Miet |
| 21. 9. 1988, 1 UH 1/88 (a) | ZMR 1989, 220 |
| 12. 12. 1988, 1 UH 2/88 (b) | WuM 1989, 122 = ZMR 1989, 218 |

**Oberlandesgericht Celle**

| | |
|---|---|
| 16. 3. 1981, 2 UH 1/80 | NJW 1981, 1625 = WuM 1981, 151 = ZMR 1981, 246 = DWW 1981, 151 = MDR 1981, 761 = 1 in RE Miet |
| 20. 1. 1982, 2 UH 1/81 | OLGZ 1982, 254 = WuM 1982, 102 = ZMR 1982, 245 = DWW 1982, 195 = 2 in RE Miet |

| | |
|---|---|
| 27. 4. 1982, 2 UH 2/81 | WuM 1982, 180 = ZMR 1982, 341 = MDR 1982, 672 = 4 in RE Miet |
| 28. 9. 1982, 2 UH 1/82 | WuM 1982, 317 = ZMR 1983, 27 = DWW 1982, 362 = 5 in RE Miet |
| 8. 11. 1983, 2 UH 1/83 | WuM 1984, 5 = ZMR 1984, 318 = DWW 1984, 22 = 6 in RE Miet |
| 22. 3. 1984, 2 UH 2/83 | WuM 1984, 193 = ZMR 1984, 18 = DWW 1984, 289 = 7 in RE Miet |
| 19. 7. 1984, 2 UH 1/84 | WuM 1985, 9 = ZMR 1985, 10 = 8 in RE Miet |
| 27. 7. 1984, 2 UH 2/84 | WuM 1984, 274 = ZMR 1984, 413 = DWW 1984, 261 = 9 in RE Miet |
| 4. 2. 1985, 2 UH 3/84 | WuM 1985, 142 = ZMR 1985, 160 = DWW 1985, 231 = 10 in RE Miet |

**Oberlandesgericht Frankfurt**

| | |
|---|---|
| 23. 6. 1971, 14 W 14/71 | WuM 1971, 168 = 1 a in RE Miet |
| 6. 3. 1981, 20 RE Miet 1/80 | OLGZ 1981, 228 = NJW 1981, 1277 = WuM 1981, 126 = MDR 1981, 673 = 1 b in RE Miet |
| 12. 3. 1981, 20 RE Miet 2/80 | OLGZ 1981, 219 = WuM 1981, 123 = ZMR 1981, 178 = 2 in RE Miet |
| 22. 9. 1981, 20 RE Miet 1/81 | NJW 1982, 453 = WuM 1981, 272 = ZMR 1982, 15 = DWW 1981, 293 = MDR 1982, 147 = 3 in RE Miet |
| 5. 10. 1981, 20 RE Miet 2/81 | NJW 1981, 2820 = WuM 1981, 273 = ZMR 1982, 22 = DWW 1981, 294 = MDR 1982, 147 = 4 in RE Miet |
| 2. 11. 1981, 20 RE Miet 3/81 | NJW 1982, 188 = WuM 1982, 15 = ZMR 1982, 154 = DWW 1981, 322 = MDR 1982, 235 = 5 in RE Miet |
| 3. 3. 1982, 20 RE Miet 1/82 | NJW 1982, 1822 = WuM 1982, 128 = ZMR 1982, 342 = MDR 1982, 672 = 6 in RE Miet |
| 23. 7. 1982, 20 RE Miet 2/82 | NJW 1983, 2395 = ZMR 1983, 139 = DWW 1982, 361 = 7 in RE Miet |
| 23. 12. 1982, 20 RE Miet 4/82 | WuM 1983, 73 = ZMR 1983, 317 = DWW 1983, 48 = 8 in RE Miet |
| 28. 12. 1982, 20 RE Miet 3/82 | NJW 1983, 1004 = ZMR 1983, 215 = DWW 1983, 48 = 9 in RE Miet |
| 8. 12. 1983, 20 RE Miet 1/83 | NJW 1984, 741 = WuM 1984, 26 = ZMR 1984, 48 = DWW 1984, 19 = MDR 1984, 235 = 10 in RE Miet |
| 14. 12. 1983, 20 RE Miet 2/83 | WuM 1984, 9 = ZMR 1984, 173 = 11 in RE Miet |

| | |
|---|---|
| 20. 12. 1983, 20 RE Miet 3/83 | WuM 1984, 50 = ZMR 1984, 95 = DWW 1984, 72 = 12 in RE Miet |
| 19. 3. 1984, 20 RE Miet 1/84 | NJW 1984, 1971 = WuM 1984, 124 = ZMR 1984, 251 = DWW 1984, 137 = MDR 1984, 582 = 13 in RE Miet |
| 20. 3. 1984, 20 RE Miet 2/84 | WuM 1984, 123 = ZMR 1984, 250 = DWW 1984, 138 = MDR 1984, 582 = 14 in RE Miet |
| 5. 11. 1984, 20 RE Miet 3/84 | WuM 1985, 16 = ZMR 1985, 59 = 15 in RE Miet |
| 26. 3. 1985, 20 RE Miet 1/85 | WuM 1985, 180 = ZMR 1985, 202 = DWW 1985, 283 = 16 in RE Miet |
| 4. 4. 1985, 20 RE Miet 3/85 | WuM 1985, 139 = ZMR 1985, 200 = MDR 1985, 586 = 17 in RE Miet |
| 15. 4. 1985, 20 RE Miet 4/85 | WuM 1985, 216 = ZMR 1985, 232 = 18 in RE Miet |
| 19. 4. 1985, 20 RE Miet 2/85 | ZMR 1985, 233 = 19 in RE Miet |
| 29. 7. 1985, 20 RE Miet 5/85 | WuM 1985, 285 = ZMR 1985, 336 = DWW 1985, 283 = MDR 1985, 939 = 20 in RE Miet |
| 3. 12. 1985, 20 RE Miet 6/85 | OLGZ 1986, 88 = WuM 1986, 13 = ZMR 1986, 89 = 21 in RE Miet |
| 14. 7. 1986, 20 RE Miet 1/86 | NJW-RR 1986, 1211 = WuM 1986, 273 = ZMR 1986, 360 = DWW 1986, 241 = MDR 1986, 938 = 22 in RE Miet |
| 20. 10. 1986, 20 RE Miet 2/86 | NJW 1987, 152 L = NJW-RR 1986, 1393 = WuM 1986, 331 = ZMR 1987, 15 = DWW 1986, 289 = 23 in RE Miet |
| 25. 3. 1988, 20 RE Miet 1/88 | NJW-RR 1988, 722 = WuM 1988, 144 = ZMR 1988, 230 = DWW 1988, 104 = MDR 1988, 587 |
| 3. 6. 1988, 20 RE Miet 2/88 | WuM 1988, 209 = MDR 1988, 779 |
| 8. 6. 1988, 20 RE Miet 3/88 | WuM 1988, 208 = MDR 1988, 779 |
| 10. 10. 1988, 20 RE Miet 4/88 | NJW-RR 1989, 10 = WuM 1988, 395 = ZMR 1988, 461 = DWW 1988, 347 = MDR 1989, 67 |

**Hanseatisches Oberlandesgericht zu Hamburg**

| | |
|---|---|
| 10. 7. 1969, 4 RE Miet 1/69 | WuM 1970, 148 = ZMR 1971, 29 = 1 a in RE Miet |
| 25. 3. 1981, 4 U 201/80 | NJW 1981, 2308 = WuM 1981, 155 = ZMR 1982, 90 = 1 b in RE Miet |

| | |
|---|---|
| 22. 4. 1981, 4 U 200/80 | OLGZ 1981, 340 = WuM 1981, 127 = ZMR 1981, 213 = 2 in RE Miet |
| 14. 5. 1981, 4 U 203/80 | OLGZ 1981, 367 = NJW 1981, 2820 = WuM 1981, 152 = ZMR 1981, 245 = 3 in RE Miet |
| 27. 7. 1981, 4 U 27/81 | OLGZ 1981, 484 = NJW 1981, 2258 = WuM 1981, 205 = ZMR 1981, 339 = DWW 1981, 264 = 4 in RE Miet |
| 17. 12. 1981, 4 U 130/81 | OLGZ 1982, 319 = NJW 1982, 1157 = WuM 1982, 41 = ZMR 1982, 186 = DWW 1982, 26 = 5 in RE Miet |
| 18. 12. 1981, 4 U 179/81 | WuM 1982, 290 = 6 in RE Miet |
| 7. 4. 1982, 4 U 167/81 | NJW 1983, 182 = WuM 1982, 151 = ZMR 1982, 282 = 9 in RE Miet |
| 3. 5. 1982, 4 U 215/81 | WuM 1982, 177 = ZMR 1983, 25 = 10 in RE Miet |
| 6. 10. 1982, 4 U 133/82 | WuM 1983, 13 = ZMR 1983, 309 = DWW 1982, 362 = MDR 1983, 133 = 11 in RE Miet |
| 12. 11. 1982, 4 U 174/82 | NJW 1983, 1803 = WuM 1983, 11 = ZMR 1983, 135 = MDR 1983, 230 = 12 in RE Miet |
| 15. 11. 1982, 4 U 181/81 | NJW 1983, 1004 L = WuM 1983, 20 = ZMR 1983, 100 = MDR 1983, 230 = 13 in RE Miet |
| 20. 12. 1982, 4 U 1/82 | NJW 1983, 828 = WuM 1983, 50 = ZMR 1983, 209 = DWW 1983, 47 = 14 in RE Miet |
| 20. 12. 1982, 4 U 25/82 | NJW 1983, 580 L = WuM 1983, 49 = DWW 1983, 47 = MDR 1983, 405 = 15 in RE Miet |
| 16. 2. 1983, 4 U 7/83 | NJW 1983, 1805 = WuM 1983, 80 = ZMR 1983, 245 = 16 in RE Miet |
| 3. 8. 1983, 4 U 124/83 | NJW 1983, 2455 = WuM 1983, 255 = ZMR 1984, 65 = 18 in RE Miet |
| 21. 9. 1983, 4 U 42/83 | OLGZ 1983, 493 = NJW 1984, 60 = WuM 1983, 310 = ZMR 1984, 247 = DWW 1983, 307 = MDR 1984, 56 = 19 in RE Miet |
| 2. 11. 1983, 4 U 79/83 | WuM 1984, 24 = ZMR 1984, 206 = 20 in RE Miet |
| 30. 12. 1983, 4 U 8/83 | WuM 1984, 45 = ZMR 1984, 91 = DWW 1984, 20 = MDR 1984, 317 = 21 in RE Miet |
| 10. 5. 1984, 4 U 205/83 | NJW 1984, 2895 = WuM 1984, 190 |

| | |
|---|---|
| | = ZMR 1984, 315 = DWW 1984, 168 = MDR 1984, 759 = 22 in RE Miet |
| 26. 9. 1985, 4 U 62/85 | WuM 1986, 12 = ZMR 1985, 410 = DWW 1985, 283 = 23 in RE Miet |
| 10. 12. 1985, 4 U 88/85 | OLGZ 1986, 104 = NJW 1986, 852 = NJW-RR 1986, 381 L = WuM 1986, 51 = ZMR 1986, 86 = DWW 1986, 14 = MDR 1986, 318 = 24 in RE Miet |
| 19. 1. 1988, 4 U 242/87 | NJW 1988, 1097 = WuM 1988, 83 = ZMR 1988, 92 = DWW 1988, 39 = MDR 1988, 409 |
| 30. 1. 1989, 4 U 229/88 | NJW-RR 1989, 458 = WuM 1989, 126 = ZMR 1989, 146 |

**Oberlandesgericht Hamm**

| | |
|---|---|
| 26. 8. 1968, 4 ReMiet 1/86 | NJW 1968, 2339 = WuM 1968, 180 = ZMR 1969, 18 = MDR 1968, 923 = 1 in RE Miet |
| 9. 10. 1980, 4 ReMiet 2/80 | WuM 1980, 262 = ZMR 1981, 56 = MDR 1981, 144 = 2 in RE Miet |
| 31. 10. 1980, 4 ReMiet 1/80 | OLGZ 1981, 65 = NJW 1981, 290 = WuM 1981, 5 = MDR 1981, 232 = 3 in RE Miet |
| 3. 12. 1980, 4 ReMiet 3/80 | OLGZ 1981, 71 = NJW 1981, 584 = WuM 1981, 35 = ZMR 1981, 115 = DWW 1981, 47 = MDR 1981, 319 = 4 in RE Miet |
| 13. 1. 1981, 4 ReMiet 5/80 und 6/80 | OLGZ 1981, 74 = WuM 1981, 53 = ZMR 1981, 153 = DWW 1981, 48 = MDR 1981, 406 = 5 in RE Miet |
| 27. 2. 1981, 4 ReMiet 4/80 | OLGZ 1981, 211 = NJW 1981, 1049 = WuM 1981, 77 = ZMR 1981, 179 = DWW 1981, 149 = MDR 1981, 584 = 6 in RE Miet |
| 31. 3. 1981, 4 ReMiet 3/81 | OLGZ 1981, 337 = NJW 1981, 2585 = WuM 1981, 124 = ZMR 1981, 219 = 7 in RE Miet |
| 27. 4. 1981, 4 ReMiet 2/81 | OLGZ 1981, 329 = NJW 1981, 1622 = WuM 1981, 129 = ZMR 1981, 216 = DWW 1981, 126 = MDR 1981, 761 = 8 in RE Miet |
| 14. 7. 1981, 4 ReMiet 1/81 | OLGZ 1981, 470 = NJW 1981, 2362 = WuM 1981, 196 = ZMR 1981, |

| | |
|---|---|
| | 342 = DWW 1981, 200 = MDR 1981, 1019 = 9 in RE Miet |
| 14. 7. 1981, 4 ReMiet 4/81 | OLGZ 1981, 478 = NJW 1981, 2262 = WuM 1981, 226 = ZMR 1981, 345 = 10 in RE Miet |
| 1. 10. 1981, 4 ReMiet 6/81 | OLGZ 1982, 112 = NJW 1982, 341 = WuM 1981, 257 = ZMR 1982, 13 = DWW 1981, 293 = MDR 1982, 147 = 11 in RE Miet |
| 23. 11. 1981, 4 ReMiet 8/81 | NJW 1982, 452 = WuM 1982, 44 = ZMR 1982, 151 = DWW 1982, 23 = 12 in RE Miet |
| 27. 12. 1981, 4 ReMiet 5/81 | OLGZ 1982, 326 = NJW 1982, 891 = WuM 1982, 47 = DWW 1982, 58 = MDR 1982, 410 = 14 in RE Miet |
| 1. 2. 1982, 4 ReMiet 7/81 | NJW 1982, 1401 (Datum: 8. 3. 1982) = ZMR 1982, 218 (Datum: 8. 3. 1982) = MDR 1982, 672 = 15 in RE Miet |
| 24. 2. 1982, 4 ReMiet 12/81 | NJW 1982, 1403 = WuM 1982, 150 = ZMR 1982, 217 = DWW 1982, 152 = 16 in RE Miet |
| 19. 5. 1982, 4 ReMiet 10/81 | NJW 1982, 2005 = WuM 1982, 201 = ZMR 1982, 314 = DWW 1982, 214 = MDR 1982, 852 = 17 in RE Miet |
| 28. 5. 1982, 4 ReMiet 11/81 | NJW 1982, 2076 = WuM 1982, 204 = ZMR 1982, 374 = DWW 1982, 213 = MDR 1982, 851 = 18 in RE Miet |
| 14. 7. 1982, 4 ReMiet 4/82 | OLGZ 1983, 330 = NJW 1982, 2563 = WuM 1982, 244 = ZMR 1982, 369 = DWW 1982, 243 = MDR 1982, 1020 = 19 in RE Miet |
| 23. 7. 1982, 4 ReMiet 3/82 | WuM 1982, 290 = ZMR 1983, 318 = 20 in RE Miet |
| 17. 8. 1982, 4 ReMiet 1/82 | OLGZ 1982, 481 = NJW 1982, 2876 = WuM 1982, 318 = DWW 1982, 308 = MDR 1983, 56 = 21 in RE Miet |
| 17. 8. 1982, 4 ReMiet 2/82 | NJW 1983, 2392 = ZMR 1983, 28 = DWW 1982, 311 = MDR 1983, 58 = 22 in RE Miet |
| 9. 9. 1982, 4 ReMiet 8/82 | NJW 1983, 829 = WuM 1982, 294 = ZMR 1983, 71 = DWW 1982, 313 = MDR 1983, 320 = 23 in RE Miet |

| | |
|---|---|
| 6. 10. 1982, 4 ReMiet 13/81 | NJW 1983, 48 = WuM 1982, 323 = ZMR 1983, 66 = DWW 1982, 335 = MDR 1983, 133 = 24 in RE Miet |
| 30. 10. 1982, 4 ReMiet 6/82 | NJW 1983, 289 = WuM 1983, 17 = ZMR 1983, 102 = 25 in RE Miet |
| 23. 11. 1982, 4 ReMiet 10/82 | OLGZ 1983, 107 = NJW 1983, 1915 = WuM 1983, 18 = ZMR 1983, 314 = DWW 1983, 17 = MDR 1983, 230 = 26 in RE Miet |
| 9. 12. 1982, 4 ReMiet 12/82 | NJW 1983, 826 = WuM 1983, 48 = ZMR 1983, 97 = DWW 1983, 19 = MDR 1983, 319 = 27 in RE Miet |
| 28. 12. 1982, 4 ReMiet 5/82 | OLGZ 1983, 242 = NJW 1983, 947 L = WuM 1983, 78 = ZMR 1983, 207 = DWW 1983, 48 = MDR 1983, 492 = 28 in RE Miet |
| 3. 2. 1983, 4 ReMiet 7/82 | OLGZ 1983, 246 = NJW 1983, 1332 = WuM 1983, 76 = ZMR 1983, 348 = MDR 1983, 491 = 30 in RE Miet |
| 21. 2. 1983, 4 ReMiet 15/82 | WuM 1983, 107 = ZMR 1983, 411 = DWW 1983, 100 = 31 in RE Miet |
| 3. 3. 1983, 4 ReMiet 9/82 | OLGZ 1983, 223 = NJW 1983, 1622 = WuM 1983, 108 = ZMR 1983, 238 = 32 in RE Miet |
| 6. 4. 1983, 4 ReMiet 13/82 | NJW 1983, 1564 = WuM 1983, 228 = ZMR 1983, 277 = DWW 1983, 148 = MDR 1983, 842 = 33 in RE Miet |
| 30. 5. 1983, 4 ReMiet 2/83 | NJW 1983, 2331 = WuM 1983, 287 = ZMR 1983, 416 = MDR 1983, 843 = 34 in RE Miet |
| 27. 9. 1983, 4 ReMiet 14/82 | OLGZ 1984, 74 = NJW 1984, 984 = WuM 1983, 315 = ZMR 1984, 14 = DWW 1983, 278 = MDR 1984, 146 = 37 in RE Miet |
| 3. 10. 1983, 4 ReMiet 3/83 | WuM 1983, 311 = ZMR 1984, 97 = DWW 1983, 279 = 38 in RE Miet |
| 24. 11. 1983, 4 ReMiet 1/83 | WuM 1984, 20 = ZMR 1984, 284 = 39 in RE Miet |
| 16. 1. 1984, 4 ReMiet 4/83 | NJW 1984, 1469 = WuM 1984, 51 = ZMR 1984, 141 = DWW 1984, 104 = 40 in RE Miet |
| 31. 1. 1984, 4 ReMiet 7/83 | OLGZ 1984, 343 = NJW 1984, 1044 = WuM 1984, 94 = ZMR 1984, 129 = DWW 1984, 133 = MDR 1984, 495 = 41 in RE Miet |

| | |
|---|---|
| 4. 4. 1984, 4 ReMiet 5/83 | NJW 1984, 2835 = WuM 1984, 148 = ZMR 1984, 321 = MDR 1984, 670 = 42 in RE Miet |
| 4. 4. 1984, 4 ReMiet 2/84 | NJW 1985, 2034 = WuM 1984, 121 = ZMR 1984, 282 = MDR 1984, 670 = 43 in RE Miet |
| 11. 7. 1984, 4 ReMiet 11/82 | WuM 1984, 238 = ZMR 1984, 354 = DWW 1984, 216 = 44 in RE Miet |
| 18. 7. 1984, 4 ReMiet 8/83 | NJW 1985, 1847 = WuM 1984, 239 = ZMR 1984, 407 = DWW 1984, 218 = 45 in RE Miet |
| 31. 8. 1984, 4 ReMiet 3/84 | WuM 1984, 330 = ZMR 1984, 413 = DWW 1984, 311 = 46 in RE Miet |
| 10. 9. 1984, 4 ReMiet 1/84 | WuM 1984, 321 = ZMR 1984, 414 = DWW 1984, 287 = 47 in RE Miet |
| 28. 2. 1985, 4 ReMiet 5/84 | WuM 1985, 178 = ZMR 1985, 201 = MDR 1985, 587 = 48 in RE Miet |
| 22. 4. 1985, 4 ReMiet 7/84 | OLGZ 1985, 332 = WuM 1985, 213 = ZMR 1985, 267 = MDR 1985, 767 = 49 in RE Miet |
| 13. 3. 1986, 4 ReMiet 1/85 | OLGZ 1987, 347 = NJW-RR 1986, 812 = WuM 1986, 206 = ZMR 1986, 292 = DWW 1986, 177 = MDR 1986, 760 = 50 in RE Miet |
| 13. 3. 1986, 4 ReMiet 3/85 | OLGZ 1987, 102 = NJW 1986, 2321 = WuM 1986, 201 = ZMR 1986, 281 = DWW 1986, 206 = MDR 1986, 759 = 51 in RE Miet |
| 14. 3. 1986, 4 ReMiet 2/85 | OLGZ 1987, 319 = NJW-RR 1986, 808 = WuM 1986, 169 = ZMR 1986, 287 = DWW 1986, 208 = MDR 1986, 760 = 52 in RE Miet |
| 2. 7. 1986, 4 ReMiet 4/85 | OLGZ 1987, 121 = NJW-RR 1987, 8 = WuM 1986, 267 = ZMR 1986, 436 = DWW 1987, 69 = MDR 1986, 1030 = 53 in RE Miet |
| 24. 7. 1986, 4 ReMiet 1/86 | OLGZ 1988, 72 = NJW-RR 1986, 1212 = WuM 1986, 269 = ZMR 1986, 398 = DWW 1986, 242 = MDR 1986, 1030 = 54 in RE Miet |
| 30. 12. 1986, 30 ReMiet 2/86 | NJW-RR 1987, 400 = WuM 1987, 114 = ZMR 1987, 150 = DWW 1987, 160 = MDR 1987, 499 = 55 in RE Miet |
| 25. 3. 1987, 30 ReMiet 1/86 | NJW-RR 1987, 968 = WuM 1987, |

| | |
|---|---|
| | 248 = ZMR 1987, 267 = DWW 1987, 226 = 56 in RE Miet |
| 26. 8. 1987, 30 ReMiet 1/87 | NJW-RR 1987, 1304 = WuM 1987, 346 = ZMR 1987, 462 = DWW 1987, 295 = MDR 1987, 1025 |
| 28. 9. 1987, 30 ReMiet 3/86 | NJW-RR 1988, 145 = WuM 1988, 10 = ZMR 1988, 58 |
| 4. 5. 1988, 30 ReMiet 2/87 | NJW-RR 1988, 1037 = WuM 1988, 203 = ZMR 1988, 262 = DWW 1988, 205 = MDR 1988, 676 |

**Oberlandesgericht Karlsruhe**

| | |
|---|---|
| 3. 7. 1970, 1 RE-Miet 1/70 | NJW 1970, 1746 = WuM 1970, 145 = ZMR 1970, 309 = DWW 1970, 307 = MDR 1970, 849 = 1 a in RE Miet |
| 31. 3. 1971, 1 RE-Miet 2/70 | OLGZ 1971, 414 = NJW 1971, 1182 = WuM 1971, 96 = ZMR 1971, 221 = DWW 1971, 264 = MDR 1971, 666 = 1 b in RE Miet |
| 16. 2. 1973, 5 RE-Miet 1/72 | NJW 1973, 1001 = WuM 1973, 240 = ZMR 1973, 146 = DWW 1973, 278 = MDR 1973, 501 = 1 c in RE Miet |
| 4. 11. 1980, 10 W 47/80 (R) | OLGZ 1981, 78 = NJW 1981, 1051 = WuM 1981, 56 = ZMR 1981, 58 = DWW 1982, 121 = 2 in RE Miet |
| 4. 12. 1980, 10 W 30/80 (R) | OLGZ 1981, 81 = NJW 1981, 1380 L = WuM 1981, 270 = ZMR 1982, 192 = DWW 1982, 123 = 3 in RE Miet |
| 10. 2. 1981, 3 RE-Miet 1/81 | OLGZ 1981, 207 = NJW 1981, 1278 = WuM 1981, 179 = ZMR 1982, 190 L = DWW 1982, 122 = 4 in RE Miet |
| 25. 3. 1981, 3 RE-Miet 2/81 | OLGZ 1981, 354 = NJW 1981, 1741 = WuM 1981, 173 = ZMR 1981, 269 = DWW 1982, 122 = 5 in RE Miet |
| 1. 7. 1981, 9 RE-Miet 1/81 | OLGZ 1981, 466 = NJW 1981, 2823 = WuM 1981, 195 = ZMR 1982, 184 = DWW 1982, 122 = 6 in RE Miet |
| 7. 7. 1981, 3 RE-Miet 3/81 | OLGZ 1982, 85 = WuM 1981, 248 = ZMR 1982, 344 = DWW 1982, 123 = 7 in RE Miet |

| | |
|---|---|
| 7. 7. 1981, 9 RE-Miet 2/81 | WuM 1981, 271 = ZMR 1982, 184 = DWW 1982, 124 = 8 in RE Miet |
| 24. 7. 1981, 3 RE-Miet 4/81 | OLGZ 1982, 96 = NJW 1982, 1290 = WuM 1981, 249 = ZMR 1982, 208 = DWW 1982, 118 = 9 in RE Miet |
| 22. 9. 1981, 3 RE-Miet 5/81 | OLGZ 1982, 111 = NJW 1982, 344 = WuM 1982, 10 = ZMR 1982, 345 = DWW 1982, 123 = 10 in RE Miet |
| 7. 10. 1981, 3 RE-Miet 6/81 | OLGZ 1982, 117 = NJW 1982, 54 = WuM 1982, 11 = ZMR 1982, 50 = DWW 1982, 119 = 11 in RE Miet |
| 27. 10. 1981, 3 RE-Miet 10/81 | OLGZ 1982, 331 = NJW 1982, 391 = WuM 1982, 14 = ZMR 1983, 95 = DWW 1982, 54 = 12 in RE Miet |
| 10. 11. 1981, 3 RE-Miet 7/81 | OLGZ 1982, 335 = NJW 1982, 242 = WuM 1982, 16 = DWW 1981, 323 = 13 in RE Miet |
| 23. 12. 1981, 3 RE-Miet 8/81 | NJW 1982, 893 = WuM 1982, 68 = ZMR 1983, 103 = DWW 1982, 54 = 14 in RE Miet |
| 23. 12. 1981, 3 RE-Miet 9/81 | NJW 1982, 890 = WuM 1982, 67 = 15 in RE Miet |
| 14. 1. 1982, 9 RE-Miet 3/81 | NJW 1982, 889 = WuM 1982, 151 = DWW 1982, 271 = 16 in RE Miet |
| 2. 2. 1982, 3 RE-Miet 11/81 | NJW 1982, 1161 = WuM 1982, 128 = DWW 1982, 240 = 18 in RE Miet |
| 8. 6. 1982, 3 RE-Miet 1/82 | NJW 1982, 2004 = WuM 1982, 241 = ZMR 1983, 133 = DWW 1982, 272 = 19 in RE Miet |
| 20. 7. 1982, 3 RE-Miet 2/82 | NJW 1983, 1863 = WuM 1982, 269 = ZMR 1983, 243 = DWW 1982, 305 = 20 in RE Miet |
| 9. 8. 1982, 9 RE-Miet 1/82 | WuM 1982, 273 = DWW 1982, 307 = 21 in RE Miet |
| 24. 8. 1982, 3 RE-Miet 3/82 | NJW 1982, 2829 = WuM 1982, 291 = 22 in RE Miet |
| 7. 10. 1982, 9 RE-Miet 4/81 | WuM 1983, 165 = DWW 1984, 21 = 23 in RE Miet |
| 26. 10. 1982, 3 RE-Miet 4/82 | NJW 1983, 579 = WuM 1983, 9 = 24 in RE Miet |
| 29. 12 1982, 9 RE-Miet 2/82 | WuM 1983, 133 = 25 in RE Miet |
| 30. 3. 1983, 3 RE-Miet 1/83 | OLGZ 1983, 455 = NJW 1983, 1499 = WuM 1983, 166 = ZMR 1984, 273 = 26 in RE Miet |
| 10. 6. 1983, 9 RE-Miet 1/83 | OLGZ 1983, 370 = NJW 1984, 2953 |

| | |
|---|---|
| | = WuM 1983, 253 = DWW 1983, 173 = 27 in RE Miet |
| 4. 7. 1983, 9 RE-Miet 3/82 | NJW 1984, 313 = WuM 1983, 251 = ZMR 1984, 196 = DWW 1983, 200 = 28 in RE Miet |
| 19. 8. 1983, 3 RE-Miet 3/83 | OLGZ 1983, 488 = NJW 1984, 62 = WuM 1983, 314 = ZMR 1984, 201 = DWW 1983, 276 = 29 in RE Miet |
| 24. 10. 1983, 3 RE-Miet 2/83 | WuM 1984, 7 = ZMR 1984, 68 = 30 in RE Miet |
| 24. 10. 1983, 3 RE-Miet 4/83 | NJW 1984, 373 = WuM 1984, 10 = ZMR 1984, 52 = 31 in RE Miet |
| 9. 12. 1983, 9 RE-Miet 5/83 | WuM 1984, 7 = 32 in RE Miet |
| 15. 12. 1983, 9 RE-Miet 2/83 | WuM 1984, 21 = DWW 1984, 71 = 33 in RE Miet |
| 23. 12. 1983, 9 RE-Miet 3/83 | WuM 1984, 51 = DWW 1984, 71 = 34 in RE Miet |
| 23. 12. 1983, 9 RE-Miet 4/83 | OLGZ 1985, 106 = NJW 1984, 2584 = WuM 1984, 43 = 35 in RE Miet |
| 11. 1. 1984, 3 RE-Miet 5/83 | 36 in RE Miet |
| 11. 1. 1984, 3 RE-Miet 6/83 | 37 in RE Miet |
| 28. 2. 1984, 9 RE-Miet 1/84 | WuM 1984, 125 = 38 in RE Miet |
| 7. 5. 1984, 3 RE-Miet 1/84 | NJW 1984, 2167 = WuM 1984, 188 = ZMR 1984, 311 = 39 in RE Miet |
| 9. 8. 1984, 3 RE-Miet 6/84 | OLGZ 1985, 240 = NJW 1985, 142 = WuM 1984, 267 = ZMR 1984, 417 = DWW 1985, 51 = 40 in RE Miet |
| 20. 9. 1984, 9 RE-Miet 6/83 | OLGZ 1985, 252 = WuM 1985, 17 = ZMR 1984, 411 = 41 in RE Miet |
| 21. 1. 1985, 3 RE-Miet 8/84 | OLGZ 1986, 437 = NJW-RR 1986, 89 = WuM 1985, 77 = ZMR 1985, 122 = 42 in RE Miet |
| 18. 10. 1985, 3 RE-Miet 1/85 | NJW-RR 1986, 91 = WuM 1986, 9 = ZMR 1986, 51 = DWW 1986, 70 = 43 in RE Miet |
| 26. 3. 1986, 3 RE-Miet 1/86 | NJW-RR 1986, 887 = WuM 1986, 166 = ZMR 1986, 239 = DWW 1986, 150 = 44 in RE Miet |
| 7. 1. 1987, 3 RE-Miet 2/86 | WuM 1987, 79 = ZMR 1987, 148 = DWW 1987, 126 = 45 in RE Miet |
| 16. 3. 1987, 3 RE-Miet 1/87 | NJW 1987, 1952 = NJW-RR 1987, 1043 L = WuM 1987, 180 = ZMR 1987, 263 = DWW 1987, 192 = 46 in RE Miet |
| 6. 5. 1988, 9 RE-Miet 1/88 | NJW-RR 1988, 1036 = WuM 1988, |

| | |
|---|---|
| | 204 = DWW 1988, 168 = MDR 1988, 675 |
| 30. 11. 1988, 9 RE-Miet 2/88 | NJW-RR 1989, 267 = WuM 1989, 63 = ZMR 1989, 89 = DWW 1989, 50 = MDR 1989, 357 |

**Oberlandesgericht Koblenz**

| | |
|---|---|
| 25. 5. 1981, 4 W-RE 277/81 | OLGZ 1981, 455 = WuM 1981, 204 = ZMR 1981, 371 = DWW 1982, 119 = 1 in RE Miet |
| 5. 6. 1981, 4 W-RE 248/81 | OLGZ 1981, 459 = WuM 1981, 207 = DWW 1982, 122 = 2 in RE Miet |
| 8. 2. 1982, 4 W-RE 10/82 | WuM 1982, 127 = ZMR 1982, 243 = DWW 1982, 151 = 3 in RE Miet |
| 12. 1. 1983, 4 W-RE 654/82 | WuM 1983, 73 = ZMR 1983, 412 = DWW 1983, 49 = 4 in RE Miet |
| 16. 2. 1983, 4 W-RE 497/82 | WuM 1984, 6 = ZMR 1984, 96 = DWW 1984, 137 = 5 in RE Miet |
| 11. 3. 1983, 4 W-RE 69/83 | NJW 1983, 1861 = WuM 1983, 132 = ZMR 1983, 246 = DWW 1983, 126 = 6 in RE Miet |
| 13. 10. 1983, 4 W-RE 171/83 | NJW 1984, 244 = WuM 1984, 18 = ZMR 1984, 30 = DWW 1984, 19 = 7 in RE Miet |
| 6. 1. 1984, 4 W-RE 608/83 | WuM 1984, 47 = ZMR 1984, 140 = 8 in RE Miet |
| 24. 2. 1984, 4 W-RE 668/83 | WuM 1984, 123 = ZMR 1984, 208 = DWW 1984, 192 = 9 in RE Miet |
| 26. 7. 1984, 4 W-RE 386/84 | OLGZ 1985, 247 = NJW 1984, 2369 = WuM 1984, 269 = ZMR 1984, 351 = 10 in RE Miet |
| 8. 11. 1984, 4 W-RE 571/84 | NJW 1985, 333 = WuM 1985, 15 = ZMR 1985, 58 = DWW 1985, 52 = 11 in RE Miet |
| 7. 1. 1986, 4 W-RE 720/85 | OLGZ 1986, 117 = NJW 1986, 995 = WuM 1986, 50 = ZMR 1986, 87 = DWW 1986, 42 = 12 in RE Miet |
| 8. 4. 1987, 4 W-RE 181/87 | NJW-RR 1987, 719 = WuM 1987, 141 = ZMR 1987, 268 = DWW 1987, 160 = 13 in RE Miet |
| 8. 5. 1987, 4 W-RE 800/86 | NJW-RR 1987, 1043 = WuM 1987, 208 = ZMR 1987, 305 = DWW 1987, 194 = 14 in RE Miet |
| 1. 3. 1989, 4 W-RE 695/88 | WuM 1989, 164 = ZMR 1989, 216 = DWW 1989, 102 |

**Oberlandesgericht Köln**

| | |
|---|---|
| 28. 6. 1968, 2 W 103/68 | NJW 1968, 1834 = WuM 1968, 179 = ZMR 1969, 17 |
| 9. 3. 1987, 2 W 325/86 | ZMR 1987, 375 |

**Oberlandesgericht Oldenburg**

| | |
|---|---|
| 23. 6. 1970, 5 UH 1/70 | WuM 1970, 132 = ZMR 1970, 329 = 1 in RE Miet |
| 3. 8. 1973, 5 UH 1/73 | NJW 1973, 1841 = ZMR 1974, 14 = 2 in RE Miet |
| 11. 9. 1980, 5 UH 2/80 | OLGZ 1981, 198 = WuM 1982, 121 = 3 in RE Miet |
| 14. 10. 1980, 5 UH 9/80 | OLGZ 1981, 383 = 4 in RE Miet |
| 14. 10. 1980, 5 UH 10/80 | WuM 1982, 100 = 5 in RE Miet |
| 10. 11. 1980, 5 UH 11/80 | OLGZ 1981, 202 = WuM 1981, 177 = ZMR 1981, 91 = 6 in RE Miet |
| 19. 12. 1980, 5 UH 13/80 | OLGZ 1981, 194 = WuM 1981, 150 = ZMR 1981, 184 = DWW 1981, 72 = 7 in RE Miet |
| 22. 12. 1980, 5 UH 1/80 | OLGZ 1981, 196 = WuM 1981, 55 = ZMR 1981, 184 = 8 in RE Miet |
| 23. 12. 1980, 5 UH 3/80 | OLGZ 1981, 197 = WuM 1981, 83 = 9 in RE Miet |
| 2. 1. 1981, 5 UH 4/80 | OLGZ 1981, 200 = WuM 1981, 150 = 10 in RE Miet |
| 2. 1. 1981, 5 UH 5/80 | 11 in RE Miet |
| 2. 1. 1981, 5 UH 6/80 | 12 in RE Miet |
| 2. 1. 1981, 5 UH 7/80 | 13 in RE Miet |
| 2. 1. 1981, 5 UH 8/80 | 14 in RE Miet |
| 22. 1. 1981, 5 UH 14/80 | WuM 1982, 100 = 15 in RE Miet |
| 19. 2. 1981, 5 UH 12/80 | OLGZ 1981, 315 = WuM 1981, 125 = 16 in RE Miet |
| 23. 4. 1981, 5 UH 1/81 | WuM 1982, 124 = ZMR 1982, 285 = 17 in RE Miet |
| 26. 5. 1981, 5 UH 2/81 | WuM 1982, 123 = 18 in RE Miet |
| 13. 7. 1981, 5 UH 3/81 | WuM 1982, 101 = 19 in RE Miet |
| 4. 12. 1981, 5 UH 4/81 | WuM 1982, 105 = ZMR 1983, 242 = 20 in RE Miet |
| 25. 2. 1982, 5 UH 1/82 | NJW 1982, 1291 = WuM 1982, 126 = ZMR 1983, 180 = DWW 1982, 185 = 21 in RE Miet |
| 23. 11. 1983, 5 UH 1/83 | WuM 1984, 274 = 22 in RE Miet |

**Schleswig-Holsteinisches Oberlandesgericht in Schleswig**

| | |
|---|---|
| 24. 3. 1981, 6 RE-Miet 1/80 | OLGZ 1981, 375 = NJW 1981, 1964 = WuM 1981, 149 = ZMR 1981, |

| | |
|---|---|
| | 319 = MDR 1981, 760 = 1 in RE Miet |
| 1. 6. 1981, 6 RE-Miet 1/81 | OLGZ 1981, 456 = NJW 1981, 2261 = WuM 1981, 181 = ZMR 1981, 374 = MDR 1981, 936 = 2 in RE Miet |
| 23. 11. 1981, 6 RE-Miet 2/81 | OLGZ 1982, 228 = NJW 1982, 449 = WuM 1982, 65 = ZMR 1982, 144 = DWW 1982, 119 = MDR 1982, 322 = 3 in RE Miet |
| 18. 6. 1982, 6 RE-Miet 3/81 | NJW 1983, 49 = WuM 1982, 266 = ZMR 1983, 17 = DWW 1982, 302 = MDR 1982, 1020 = 4 in RE Miet |
| 25. 6. 1982, 6 RE-Miet 1/82 | NJW 1982, 2672 = WuM 1982, 264 = ZMR 1983, 15 = DWW 1982, 275 = MDR 1982, 1019 = 5 in RE Miet |
| 17. 1. 1983, 6 RE-Miet 3/82 | WuM 1983, 75 = ZMR 1983, 305 = DWW 1983, 124 = MDR 1983, 491 = 6 in RE Miet |
| 22. 3. 1983, 6 RE-Miet 4/82 | NJW 1983, 1862 = WuM 1983, 130 = ZMR 1983, 249 = DWW 1984, 19 = MDR 1983, 670 = 7 in RE Miet |
| 13. 8. 1983, 6 RE-Miet 2/82 | WuM 1983, 338 = ZMR 1984, 242 = 8 in RE Miet |
| 31. 10. 1983, 6 RE-Miet 1/83 | OLGZ 1984, 95 = NJW 1984, 245 = WuM 1984, 23 = ZMR 1984, 28 = MDR 1984, 234 = 9 in RE Miet |
| 1. 6. 1984, 6 RE-Miet 2/83 | WuM 1984, 327 = ZMR 1985, 60 = DWW 1984, 310 = 11 in RE Miet |
| 15. 1. 1986, 6 RE-Miet 1/85 | WuM 1986, 330 = DWW 1986, 293 = 12 in RE Miet |
| 3. 10. 1986, 6 RE-Miet 1/86 | WuM 1987, 140 = 13 in RE Miet |

**Oberlandesgericht Stuttgart**

| | |
|---|---|
| 11. 11. 1968, 8 W 71/68 | OLGZ 1969, 14 = NJW 1969, 240 = WuM 1969, 25 = ZMR 1969, 57 = DWW 1969, 34 = MDR 1969, 314 = 1 a in RE Miet |
| 6. 3. 1969, 8 W 324/68 | OLGZ 1969, 322 = NJW 1969, 1070 = WuM 1969, 95 = ZMR 1969, 242 = 1 b in RE Miet |
| 7. 7. 1981, 8 RE Miet 1/81 | OLGZ 1981, 467 = NJW 1981, 2365 = WuM 1981, 225 = ZMR 1981, 318 = DWW 1981, 234 = MDR 1981, 936 = 1 c in RE Miet |
| 2. 2. 1982, 8 RE Miet 4/81 | OLGZ 1982, 255 = NJW 1982, 945 |

| | |
|---|---|
| | = WuM 1982, 108 = ZMR 1982, 215 = DWW 1982, 120 = MDR 1982, 583 = 2 in RE Miet |
| 26. 2. 1982, 8 RE Miet 5/81 | OLGZ 1983, 114 = NJW 1982, 1160 = WuM 1982, 129 = ZMR 1982, 176 = DWW 1982, 241 = MDR 1982, 495 = 3 in RE Miet |
| 10. 3. 1982, 8 RE Miet 3/81 | NJW 1982, 1294 = WuM 1982, 124 = ZMR 1983, 14 = MDR 1982, 672 = 4 in RE Miet |
| 10. 8. 1982, 8 RE Miet 6/81 | OLGZ 1983, 118 = NJW 1982, 2506 = WuM 1982, 272 = ZMR 1982, 366 = MDR 1982, 1021 = 5 in RE Miet |
| 20. 8. 1982, 8 RE Miet 7/81 | OLGZ 1983, 68 = NJW 1982, 2673 = WuM 1982, 269 = ZMR 1983, 17 = MDR 1983, 57 = 6 in RE Miet |
| 13. 7. 1983, 8 RE Miet 2/83 | NJW 1983, 2329 = WuM 1983, 285 = ZMR 1983, 389 = DWW 1983, 227 = MDR 1983, 938 = 7 in RE Miet |
| 30. 12. 1983, 8 RE Miet 3/83 | NJW 1984, 875 = WuM 1984, 45 = ZMR 1984, 136 = DWW 1984, 106 = MDR 1984, 405 = 8 in RE Miet |
| 11. 4. 1984, 8 RE Miet 1/84 | OLGZ 1984, 466 = NJW 1984, 2226 = WuM 1984, 187 = ZMR 1984, 309 = MDR 1984, 669 = 9 in RE Miet |
| 26. 4. 1984, 8 RE Miet 1/83 | NJW 1984, 1903 = WuM 1984, 191 = ZMR 1984, 314 = DWW 1985, 119 = MDR 1984, 759 = 10 in RE Miet |
| 28. 8. 1984, 8 RE Miet 4/83 | OLGZ 1985, 244 = NJW 1984, 2585 = WuM 1984, 266 = ZMR 1984, 406 = MDR 1984, 1027 = 11 in RE Miet |
| 25. 10. 1984, 8 RE Miet 2/84 | NJW 1985, 1966 = WuM 1985, 80 = ZMR 1985, 14 = MDR 1985, 236 = 12 in RE Miet |
| 2. 9. 1985, 8 RE Miet 4/84 | WuM 1986, 208 = ZMR 1986, 237 = DWW 1986, 98 = 13 in RE Miet |
| 7. 11. 1985, 8 RE Miet 3/84 | NJW 1986, 322 = NJW-RR 1986, 93 L = WuM 1986, 10 = ZMR 1986, 52 = 14 in RE Miet |
| 22. 11. 1985, 8 RE Miet 1/85 | NJW-RR 1986, 567 = WuM 1986, |

| | |
|---|---|
| | 132 = ZMR 1986, 236 = 15 in RE Miet |
| 6. 3. 1986, 8 RE Miet 4/84 | NJW 1986, 2115 = NJW-RR 1986, 1021 L = WuM 1986, 210 = ZMR 1986, 237 = DWW 1986, 96 = 16 in RE Miet |
| 9. 3. 1987, 8 RE Miet 1/86 | NJW-RR 1987, 788 = WuM 1987, 114 = ZMR 1987, 179 = MDR 1987, 499 = 17 in RE Miet |
| 30. 9. 1988, 8 RE Miet 1/88 | NJW-RR 1989, 11 = WuM 1988, 395 = ZMR 1988, 463 = DWW 1988, 346 = MDR 1989, 68 |
| 17. 2. 1989, 8 RE Miet 2/88 | NJW-RR 1989, 520 = WuM 1989, 121 = ZMR 1989, 176 = DWW 1989, 80 = MDR 1989, 546 |

**Oberlandesgericht Zweibrücken**

| | |
|---|---|
| 17. 2. 1981, 3 W 191/80 | OLGZ 1981, 350 = WuM 1981, 177 = ZMR 1982, 112 = DWW 1982, 119 = MDR 1981, 585 = 1 in RE Miet |
| 21. 4. 1981, 3 W 29/81 | OLGZ 1981, 347 = NJW 1981, 1622 = WuM 1981, 153 = ZMR 1982, 116 = DWW 1982, 121 = 2 in RE Miet |
| 17. 8. 1981, 3 W-RE 66/81 | OLGZ 1982, 213 = WuM 1981, 273 = ZMR 1982, 115 = DWW 1981, 238 = 3 in RE Miet |
| 5. 10. 1981, 3 W-RE 77/81 | WuM 1982, 177 = ZMR 1982, 115 = 4 in RE Miet |
| 15. 5. 1987, 3 W-RE 57/87 | WuM 1987, 181 = ZMR 1987, 303 = DWW 1987, 230 = 5 in RE Miet |

# Sachregister

Halbfette Zahlen ohne Zusatz bezeichnen die Paragraphen des BGB. Magere Zahlen und Buchstaben bezeichnen die Randnummern der Kommentierung.